La protection de la partie faible dans les relations contractuelles

Comparaison entre le droit français et les droits des pays du Maghreb

Logiques Juridiques

Fondée par Gérard Marcou

Dirigée par Jean-Claude Némery et Thomas Perroud

Le droit n'est pas seulement un savoir, il est d'abord un ensemble de rapports et pratiques que l'on rencontre dans presque toutes les formes de sociétés. C'est pourquoi il a toujours donné lieu à la fois à une littérature de juristes professionnels, produisant le savoir juridique, et à une littérature sur le droit, produite par des philosophes, des sociologues ou des économistes notamment.

Parce que le domaine du droit s'étend sans cesse et rend de plus en plus souvent nécessaire le recours au savoir juridique spécialisé, même dans des matières où il n'avait jadis qu'une importance secondaire, les ouvrages juridiques à caractère professionnel ou pédagogique dominent l'édition, et ils tendent à réduire la recherche en droit à sa seule dimension positive. À l'inverse de cette tendance, la collection « Logiques juridiques » des éditions L'Harmattan est ouverte à toutes les approches du droit. Tout en publiant aussi des ouvrages à vocation professionnelle ou pédagogique, elle se fixe avant tout pour but de contribuer à la publication et à la diffusion des recherches en droit, ainsi qu'au dialogue scientifique sur le droit. Comme son nom l'indique, elle se veut plurielle.

Dernières parutions

Thérèse DE VILLETTE, *La justice réparatrice. Une justice nouvelle enracinée dans la tradition africaine*, 2021.

Romain FEYDEL, *Le refinancement d'entreprises en difficulté, L'optimisation juridique du concept de capital-retournement*, 2021

Nicolas DEMONTROND, *Le préfet stratège. La déconcentration en Basse-Normandie de 1981 à 2017*, 2021.

Marie-Laure BESSON, *L'obligation de délivrance dans les baux commerciaux,* 2021.

Louise FORT et Jean-Baptiste GUYONNET (dir.), *Consentement et droit public,* 2021.

Souleymane DIARRA, *La responsabilité contractuelle, du transporteur aérien, en droit malien, Contribution à l'étude de l'application des conventions internationales dans un contexte africain,* 2021.

Mariam Hamzeh TARCHICHI, *Le droit international de la délimitation des frontières,* 2021.

Rahma BENTIROU MATHLOUTHI, *Le droit à un environnement sain en droit européen, Dynamique normative et mise en œuvre jurisprudentielle*, 2020

Abobaker BENYAHMED

La protection de la partie faible dans les relations contractuelles

Comparaison entre le droit français et les droits des pays du Maghreb

Préface de
Ali BENCHENEB et Julia HEINICH

L'Harmattan

5-7, rue de l'Ecole-Polytechnique, 75005 Paris

www.editions-harmattan.fr

ISBN : 978-2-343-21431-3
EAN : 9782343214313

Dédicace

A mes parents et ma sœur décédés, pour les valeurs et les principes qu'ils m'ont inculqués. Ils resteront toujours pour moi une lumière face à l'obscurité des épreuves de cette vie. J'aurais souhaité leur présenter ce travail, mais ainsi va la vie.

A l'ensemble de ma famille, pour leur soutien sans faille, pour leurs encouragements sans limite et pour leur présence dans les moments de doute.

A la défunte Madame le Professeur Laurence RAVILLON. Je n'oublie pas ce qu'elle fut et demeure la source de mes premiers pas vers ce travail.

A Monsieur le Professeur Ali BENCHENEB pour son soutien sans faille. Véritable modèle de professionnalisme, il constituera une réelle source d'inspiration pour mon avenir.

A Madame le Professeur Julia HEINICH que je remercie particulièrement pour sa grande bienveillance et ses conseils éclairants. Evoluer à son contact fut pour moi une source de motivation sans pareil.

A mes amis, pour leur aide, leur soutien inconditionnel et leurs prières pour ma réussite.

A chaque personne ayant contribué à la réussite de ce travail, je n'ai pas de mots suffisants pour vous exprimer ma gratitude.

Préface

L'ouvrage qu'offre à lire Monsieur BENYAHMED est le résultat d'un travail de recherches entreprises dans le cadre d'un doctorat en droit.

Par son titre déjà, il renseigne sur la personnalité de son auteur qui veut que le droit protège le faible, là où le faible est souvent le consommateur envisagé dans une relation contractuelle déséquilibrée dès le départ par son positionnement sur le marché, par le développement d'une économie stimulée fondamentalement par la consommation.

Par son sous- titre, il révèle l'ampleur de la recherche, si ce n'est ses résultats.

L'étude ici éditée ne se limite pas en effet à la mise en évidence de la substance juridique d'un pays qui serait convoquée pour protéger la partie faible.

Elle prend appui sur le droit français et une importante littérature juridique dédiée pour explorer les droits des pays maghrébins, à défaut d'un droit maghrébin qui exprimerait l'existence réelle d'une entité régionale et aurait sur les droits nationaux l'influence qu'exerce désormais le droit de l'Union européenne.

Cette exploration n'est d'ailleurs pas sans mérite à raison des difficultés d'accès aux sources, de la faiblesse de la production doctrinale et de la quasi-inexistence de jurisprudences, difficultés qui pourraient conduire au renoncement devant l'ampleur de la tâche.

Elle conduit, cependant, à une présentation analytique de l'état des droits de protection des personnes réputées faibles – notion qui, au demeurant, n'est pas comprise de manière uniforme dans les pays étudiés – révélatrice de l'insuffisance de la protection subjective traditionnelle du consentement, y compris lorsque la personne protégée se voit reconnaitre la possibilité de remettre en cause sa propre acceptation.

Même la montée en cadence du formalisme contractuel notamment mais pas exclusivement en matière de commerce électronique ne suffit pas pour atteindre l'objectif recherché d'autant que ce que l'auteur évoque au titre de « la réalisation de la protection » - le pluriel eut été plus adéquat tant les différentiations sont grandes d'un pays à l'autre – peut laisser sceptique quant à l'efficacité réelle des normes de protection.

Si la protection de l'intégrité du consentement de la personne « faible » dans la relation contractuelle s'avère limitée, le regard se porte alors forcément sur le déséquilibre contractuel généré par l'offre de produits et/ou de services et la demande de la partie faible, ce qui conduit à se préoccuper autant du contenu du contrat, spécialement aux clauses abusives, que des pratiques commerciales trompeuses.

Ce discours législatif contemporain se veut audacieux et peut même paraitre séduisant.

Parce qu'il se préoccupe de l'objet des écritures contractuelles mais aussi de leurs effets pervers.

Parce qu'il montre également un dépassement du droit civil et pour tout dire un décloisonnement des matières juridiques, redonnant sens au concept de système juridique autant qu'à celui d'abus de droit.

L'ouvrage de M. BENAYHMED intéressera donc les chercheurs et praticiens français et des pays du Maghreb qui se préoccupent de la protection des consommateurs et plus généralement de celle des parties faibles dans les relations contractuelles, ce qui inclut certains professionnels. Il pourrait même inspirer les législateurs des pays étudiés pour permettre d'améliorer la protection accordée à ces contractants qui méritent de la part du droit une attention particulière.

Ali BENCHENEB
Professeur émérite à l'université de Bourgogne-Franche-Comté
et Ancien Recteur d'académie

Julia HEINICH
Professeur à l'université de Bourgogne-Franche-Comté
et Directrice du Centre Innovation et Droit (CID)

Liste des principales abreviations

Act. Jurisp. : Actualité jurisprudentielle
AJCA : AJ Contrats d'affaires
Al. : Alinéa
Art. : Article
Bull. O. Mar. : Bulletin officiel marocain
C. ass. : Code des assurances
C. civ. A. : Code civil algérien
C. civ. F. : Code civil français
C. civ. L. : Code civil libyen
C. com : Code du commerce
C. consom : Code de la consommation
C. mon. Fin. : Code monétaire et financier
C. pénale : Code pénal
C. pr. civ. : Code de procédure civile
C. trav. : Code du travail
CA : Cour d'appel
Cah. jurisp. : Cahiers de jurisprudence
Cass. : Cour de cassation
Cass. soc. : Arrêt de la chambre sociale
CE : Conseil d'Etat
CGV : Conditions générales de vente
ch. : Chambre
Chron. : Chronique
COC : Les Codes tunisien, marocain et mauritanien des obligations et des contrats.
Com : chambre commerciale de la Cour de cassation
D. : Dalloz
D. aff. : Recueil Dalloz affaires
D. crit. : Recueil Dalloz critique
Def. : Defrénois.
Dr. pén. : Revue de Droit pénal (en France)
Éd. : Edition
Gaz. Pal : Gazette du Palais en droit français.
Ibid. : renvoie au même ouvrage cité dans la note précédente
Infra : ci-dessous
JCP E : Semaine juridique, éditon entreprise
JCP E : La revue La Semaine Juridique - Entreprise et Affaires.

JCP G : Semaine juridique, éditon générale
JCP N : Semaine juridique, éditon notariale
JOL. : Journal Officiel libyen
JORA : Journal Officiel de la république algérienne
JORF. : Journal Officiel de la république française
JORIM : Journal Officiel de la république islamique mauritanienne
JORT : Journal Officiel de la république tunisienne
JOUE : Journal officiel de l'Union européenne
LEDB : L'ESSENTIEL Droit bancaire en droit français
LEDC : L'ESSENTIEL Droit des contrats en droit français
LGDJ : Librairie générale de droit et de jurisprudence
N° : Numéro
obs. : Observations de jurisprudence
op. cit.: Opere citato
p.: Page
Pet. Aff. : Revue Les Petites Affiches
préc. : Précité
PUF : Presse universitaire de France
RAM : Revue d'arbitrage et de médiation.
RDAI : Revue de Droit des Affaires Internationale.
RDC : Revue des contrats en droit français.
Rep. com. Dalloz: Répertoire commercial Dalloz
Rep. not. Defrénois : Répertoire notarial Defrénois
Rep. Soc : Répertoire de droit des sociétés Dalloz
Rev. Cass : Revue de la Cour de cassation tunisienne.
RLD com. : Revue Lamy droit commercial
RLDA : Revue Lamy droit des affaires
RLDC : Revue Lamy droit civil
RTD civ. : Revue trimestrielle de droit civil
RTD com : Revue trimestrielle de droit commercial
s. : Suivant
Sem. soc. Lamy ; Semaine sociale Lamy
spéc. : Spécialement
Supra : ci-dessus
t. : Tome
T. civ : Tribunal civil
T. com : Tribunal commercial
t. : Tome
TGI : Tribunal de grande instance
vol. : Volume

Sommaire

apparaît que la partie faible peut être le travailleur face à son employeur, l'assuré face à son assureur, le locataire face à son bailleur, l'emprunteur face à son prêteur, l'adhérant dans le cadre d'un contrat d'adhésion[9], etc.

Ensuite, les droits spéciaux ont, progressivement, pris en compte de nouvelles catégories de contractants en situation de faiblesse, au premier rang desquelles se trouve la catégorie des consommateurs[10].

Avec l'apparition de cette dernière, nous assistons à un changement de paradigme qualitatif dans la détermination de la notion de la partie faible dans le cadre de la relation contractuelle. La notion de consommateur elle-même a subi une évolution importante dans ces dernières années dans les droits des pays étudiés ; nous parlerons de consommateur en général ou de e-consommateur[11]. Le consumérisme est le produit d'une réaction contre les excès de la société de consommation et des abus qu'elle engendre de la part de certains professionnels. En effet, il porte sur l'idée que le consommateur est manipulé par la publicité et le marketing, générateurs de besoins artificiels et d'illusions d'une fausse abondance.

5. D'ailleurs, le mot consumérisme a plusieurs sens, dans un sens courant, il définit l'action concertée de consommateurs face aux entreprises ; dans un sens plus sociologique, il définit un mode de vie lié essentiellement à la consommation de biens et services, confortée par une théorie qui considère l'augmentation toujours accrue de la consommation comme un bénéfice économique[12].

Le consumérisme est apparu aux Etats-Unis, pays où les consumers unions ont vu le jour dès 1936, les dangers de la société de consommation ont été successivement dénoncés par des philosophes tels que Marcuse, des économistes tels que Galbraith ou encore des hommes politiques tels que le président Kennedy. Sans entrer dans les détails, nous pouvons dire que la notion de consommateur s'est, de plus en plus, répandue dans les systèmes juridiques de tous les pays, y compris les pays objets de notre étude[13]. L'affirmation des droits de base du consommateur – que nous sommes tous- par le président Kennedy lors d'un discours devant le congrès, conforte cette doctrine[14]. Ainsi, le terme de consommateur incarne de façon générique l'ensemble des personnes supposées faibles à priori dans la relation contractuelle.

---

[9] Art. 149 du Code civil libyen et Art. 110 du Code civil algérien.

[10] **G. RAYMOND**, *Droit de la consommation*, LexisNexis, 4e éd., 2017, n° 3, p. 3.

[11] **J. JULIEN**, *Droit de la consommation*, LGDJ, 2e éd., 2017, n° 20, p. 44 ; **N.-A ALRAHALY**, *Les pratiques modernes dans les affaires de consommation*, en droit marocain, en arabe, La librairie AR-RASHAD (LR), 2014, p. 74 et s.

[12] **N. SAUPHANOR**, *L'influence du droit de la consommation sur le système juridique*, LGDJ, 2000, n° 3, p. 2 et s.

[13] Sur la définition de la notion de consommateur dans les droits des pays étudiés, V., *Infra.*, p. 179.

[14] Le président John Kennedy ouvrait le débat avec sa fameuse proclamation au Congrès en 1962 : Les consommateurs, nous tous, par définition ». A ce sujet V., **F. CHABAS**, *Leçons de droit civil ; Obligations*, 9e éd., Montchrestien, 1998, n° 32 ; **S. PIEDELIEVRE**, *Droit de la consommation*, Economica, 2e éd., 2014, p. 2 ; **Y. PICOD**, *Droit de la consommation*, SIREY-Dalloz, 4e éd. 2018, p. 1 et 2.

6. De surcroît, l'évolution des droits spéciaux conduit également à assimiler certains contractants à des « personnes à priori faibles », bien qu'ils n'entrent pas par nature dans cette catégorie. Mais, l'évolution et les changements de la vie économique et sociale font apparaître, de plus en plus, l'une des parties de la relation contractuelle comme en situation de faiblesse par rapport à l'autre. Cette approche émerge lorsque des contractants se trouvent dans des positions économiques, sociales, professionnelles, techniques, ou de compréhension et de connaissances déséquilibrées. En ce sens, Madame RAVILLON[15] a indiqué que c'est cela explique que la vulnérabilité économique fasse peu à peu son apparition et que le phénomène de l'inégalité des parties soit prégnant entre professionnels. En effet, nombreux sont les professionnels qui, parce qu'ils sont en situation d'infériorité économique ou de dépendance intellectuelle ou technique par rapport à leurs partenaires, sont privés de tout pouvoir de négociation sur le contenu de leur contrat et sont, de fait, obligés d'accepter des clauses abusives[16].

Quelle que soit la nature du déséquilibre significatif, le traitement des législations actuelles est similaire : « il s'agit, au nom de la justice contractuelle, de supprimer la cause du déséquilibre et au nom de la sécurité juridique, de maintenir le contrat »[17]. Par conséquent, des professionnels peuvent apparaître, quelquefois, comme une partie faible dans le cas de relations contractuelles caractérisées par un déséquilibre. Le besoin de protection trouve sa raison d'être dans la condition de faiblesse entre les parties au contrat.

Ainsi, les déséquilibres contractuels significatifs dans les droits et obligations des parties, qui montrent le rapport de force existant entre un contractant (ci-après partie faible) et son cocontractant (ci-après partie forte), justifient la nécessité de protection du contractant « faible ».

7. Compte tenu de ce qui précède, nous pouvons dire que la situation de faiblesse en matière de contrat, relève de deux grandes catégories :

La première réside dans la situation de faiblesse inhérente à la personne, indépendamment de l'existence ou non d'une relation juridique spécifique avec une autre personne (le mineur par exemple). La deuxième naît de la faiblesse en présence d'un déséquilibre entre les parties dans une relation juridique. Dans ce dernier cas, une de ces parties se trouve dans une situation de faiblesse à l'égard de l'autre.

Plus précisément, la situation de faiblesse d'une partie apparaît à l'examen de ses différentes capacités physiques et intellectuelles. Elle peut, en premier lieu, résulter d'une infériorité intellectuelle dans laquelle se trouve une partie au contrat. Tel est le cas du mineur ou du majeur dont les facultés mentales sont altérées. La faiblesse peut, en second lieu, découler des compétences respectives

---

[15] **L. RAVILLON**, « La vulnérabilité en droit du commerce international », in **ROUVIERE (F.),** *Le droit à l'épreuve de la vulnérabilité : études de droit français et comparé*, Bruylant-Bruxelles, 2010, p. 249.

[16] V. sur ce sujet, **D. MAZEAUD**, « La protection par le droit commun », in Les clauses abusives entre professionnels, sous la dir. de **C. AMIX, D. MAZEAUD**, Economica, 1996, pp. 24 et 25.

[17] **V. LASBORDES**, *Les contrats déséquilibrés*, PUAM, 2000, n° 798, p. 671.

des parties puisque la plupart des contrats met en présence un contractant professionnel (plus fort) et un particulier profane ou professionnel non averti en la matière. D'un côté, il y a un individu qui détient des compétences techniques, juridiques et commerciales et de l'autre côté, il y a un contractant qui ne les possède pas[18].

La situation de faiblesse est donc inhérente à l'être humain en raison de son âge, de ses facultés physiques ou intellectuelles, de son ignorance, de son inexpérience. De plus, la faiblesse inhérente à la situation personnelle d'une partie, également qualifiée d'infériorité, de méconnaissance, peut être définie comme la faiblesse du cocontractant dont l'état de développement mental en soi, ou le niveau de connaissance dans la matière du contrat, s'avère insuffisant pour porter un jugement éclairé et pertinent sur la portée des engagements respectifs[19].

8. Autrement dit, pour les situations de faiblesse classique, les mesures de protection concernent la personne en situation de faiblesse elle-même (intuitu personae). Par contre, pour les autres situations de faiblesse, ce n'est pas la personne du protégé qui est ciblée par les mesures protectrices, mais c'est la partie adverse que l'on vise et dont on paralyse ou conditionne l'activité ; c'est le plus fort que l'on maîtrise afin qu'il n'exploite pas injustement le faible[20].

9. Par ailleurs, l'étendue de la protection de la partie faible a également connu des évolutions importantes.

La protection de droit commun des pays étudiés reposait sur des principes généraux et certains concepts. On peut citer à titre d'exemples l'objet, la cause, la bonne foi, l'équité, l'ordre public, l'abus de droit[21]. En outre, certaines techniques et mesures ont pu être utilisées au profit des contractants. Elles renvoient entre autres règles de capacité des mineurs, à certains interdits judiciaires et légaux, aux vices de consentement, aux vices cachés, sans oublier l'enrichissement sans cause, la nullité, ou encore la résolution, ...[22].

---

[18] **CH. BOURRIER**, *La faiblesse d'une partie au contrat*, Thèse, Université de Bourgogne, 2001, n° 12, p. 23 ; **M. HAMMOUD**, *La protection du consommateur des services bancaires et des services d'assurance*, Thèse, en cotutelle l'Université Panthéon-Assas (paris II) et l'Université libanaise, 2012, n° 24, p 19.

[19] **H. JACQUEMIN**, *Le formalisme contractuel, mécanisme de protection de la partie faible*, Larcier, 2010, n° 31, p. 64.

[20] Sur ce sujet V., **J.-P. CHAZAL**, « la protection de la partie faible chez josserand, ou la tentative de maintenir le comparomis républicain », https://www.sciencespo.fr, consulté le 20 juin 2018.

[21] **P. MORVAN**, *Le principe de droit privé*, LGDJ., 1999, n° 148, p. 134 et n° 211, p. 187 et s ; **C. ALBIGES**, *De l'équité en droit privé*, LGDJ, 2000, n° 10, p. 8 ; **A. BENCHENEB**, *Introduction générale à la règle de droit en Algérie*, E.U.D, 2012, n° 74, p. 65 ; **H. BENSALIMAH**, *La bonne foi dans l'exécution du contrat ; selon la disposition de l'article 243 du Code tunisien des obligations et des contrats*, sans éditeur, en arabe, 1993, p.64 et s.

[22] Sur ce sujet, V. **F. GORPHE**, *Le principe de la bonne foi*, Dalloz, 1928, p. 10 ; **K. BOU LAABI**, *La bonne foi dans la matière de contractuelle*, Thèse, en arabe, Université de Tunis El Manar, 2008, p. 7 ; **M. AL-BADWI ALAZHARI**, *Les obligations en droit libyen, vol. 1, Les sources d'obligations*, en arabe, Centre National, Tripoli- Libye, 4e éd, 2013, pp. 105, 131 et 347 ; **A. OULD ABDEDAYM**, *La théorie générale des obligations en droit mauritanien*, 3e éd., 2009, pp. 129 et 242.

En dehors des notions des Codes civils, la protection a pu s'appuyer sur des principes nouveaux parfois en lien avec une prise en compte des droits fondamentaux. Ainsi, la proportionnalité, la justice contractuelle[23], l'égalité participent à la protection des parties au contrat[24]. Cependant, l'intervention législative dans ces pays a pu s'étendre et se développer surtout sur la base d'une consécration et d'un renforcement de la protection préventive et curative au moyen d'une adoption de techniques spécifiques et particulières en la matière[25] : telle l'obligation d'information, de conseil ou de mise en garde, de la lutte contre les clauses ou les pratiques abusives et illicites, de l'octroi de délai de réflexion ou rétractation, etc.

L'extension de cette protection s'est étendue davantage sur les différentes étapes du processus contractuel. Elle ne se limite désormais plus à la période de la conclusion ou d'exécution du contrat, mais elle couvre, de plus en plus, toutes les phases : phases précontractuelles (négociation, rédaction) et phases contractuelles englobant l'exécution, le suivi et les conflits éventuels.

10. L'évolution de la protection de la partie faible se retrouve également dans la multiplication des entités chargées d'assurer sa mise en œuvre. En effet, jusqu'ici, le juge avait le pouvoir et les compétences quasi-monopolistiques d'intervention pour le contrôle de l'application des législations et/ou de la protection des contractants en cause. Actuellement, les législateurs tentent de conférer aux organismes administratifs des rôles, des compétences et des pouvoirs qui s'approchent de plus en plus de celui du juge. D'ailleurs, les associations de consommateurs jouent un rôle accru dans la promotion voire la mise en place de l'objectif de la protection en la matière.

11. De manière générale, la protection de la partie faible est un sujet en évolution constante et qui mérite une intervention législative régulière pour prendre des mesures adéquates nécessaires à l'adaptation aux évolutions constatées.

C'est pourquoi, les législateurs des ordres juridiques étudiés ont tenté d'une manière ou d'une autre d'adopter des textes prenant en compte la situation de la partie faible.

En France, les réformes constantes témoignent de la volonté du législateur de protéger la partie la plus faible au contrat. Au nombre de ces réformes, figure l'ordonnance n° 2016-131 du 10 février 2016 portant réforme du droit des

---

[23] **V. LASBORDES** a indiqué que le terme de justice est susceptible de deux acceptions : la justice distributive d'une part, et la justice commutative ou justice corrective, d'autre part, dont la justice contractuelle constitue une application. Retenir l'une ou l'autre acception n'est pas sans conséquence à l'égard de la prise en compte du déséquilibre postérieur à la formation du contrat ; **V. LASBORDES**, *Les contrats déséquilibrés*, op. cit., n° 75, p. 92 ; **M. CHELEBK**, *L'interdiction en droit libyen*, Université Ouverte Tripoli, 2002, 143 et s.

[24] **D. BERTHIAU**, *Le principe d'égalité et le droit civil des contrats*, LGDJ, 1999, n° 223, p. 126 et s ; **S. LE GAC-PECH**, *La proportionnalité en droit privé des contrats*, LGDJ, 2000, p. 6.

[25] **A. MOHIM**, *La protection du consommateur-contractant ; étude et analyse approfondies à la lumière de l'actualité de la loi n° 31-08 édictant des mesures de protection du consommateur*, en arabe, Dar Al Afak AlMaghribia, 2017, pp. 15, 139 et 207.

contrats, du régime général et de la preuve des obligations[26]. Il est à rappeler que cette ordonnance a consacré la révision du Code civil, le plus célèbre des Codes napoléoniens, datant de plus de deux siècles. La réforme du droit de la consommation[27] et d'autres législations dans les domaines divers ne sauraient être passées sous silence[28].

Les législateurs des pays maghrébins tentent également de suivre leurs homologues français. Nous constatons qu'ils ont adopté surtout sur ces dix dernières années plusieurs lois et décrets pour assurer la protection de la partie faible dans différents domaines des rapports contractuels[29], traduisant la volonté de ces derniers de veiller à renforcer le plus possible la protection de la partie faible est de rétablir l'équilibre entre les parties et lutter contre les abus.

L'étude de la protection de la partie faible fait partie des sujets à la fois historiquement récurrents et en même temps modernes. Ce faisant, dans son principe, la protection légale de la partie faible dans la relation contractuelle est une constante. Cependant, le sujet relatif à la protection de la partie faible est d'une actualité qui a un impact pratique et évident sur notre vie quotidienne. Aussi, l'étude comparative de l'efficacité des règles de droit français et de celles des pays maghrébins est-elle indispensable afin d'envisager quelles pourraient être les solutions face au développement des relations contractuelles contemporaines. L'intérêt d'une telle étude (II) nécessite la détermination d'une problématique (I) claire et précise et d'un champ d'étude circonscrit (III).

I- La problématique

12. Ce sujet soulève un problème central : celui de l'efficacité des règles de la protection de la partie faible aussi bien en droit français qu'en droit des pays maghrébins ? De ce problème, découlent plusieurs problématiques. En effet, le sujet portant sur la protection de la partie faible peut être analysé ou appréhendé sous des angles différents en fonction du droit applicable dans chaque système juridique. Mais un approfondissement global de « *la protection de la partie faible dans la relation contractuelle* » dans une perspective comparative nous

[26] L'Ordonnance française n° 2016-131 du 10 févr. 2016 portant réforme du droit des contrats, du régime général et de la preuve des obligations, *JORF*, n° 0035, 11 févr. 2016, texte n° 26.

[27] L'Ordonnance française n° 2016-301, 14 mars 2016 relative à la partie législative du Code de la consommation, *JORF*., n°0064,16 mars 2016, texte n° 29.

[28] A titre d'exemple, V., La loi française n° 2015-990, dite « loi Macron », 6 août 2015 pour la croissance, l'activité et l'égalité des chances économiques, *JORF*, n°0181, 7 août 2015, p. 13537.

[29] Les dispositions relatives à la protection du consommateur dans le Code de commerce libyen n° 23 de l'année 2010, *JOL*, 2010 ; Le décret exécutif algérien n° 13-378 du 9 novembre 2013 fixant les conditions et les modalités relatives à l'information du consommateur ; Le décret exécutif algérien n° 13-327, 20 sept. 2013 fixant les conditions et les modalités de mise en œuvre de la garantie des biens et des services ; la loi algérienne n° 18-05 du 10 mai 2018 relative au commerce électronique, *JORA*, n°28, 16 mai 2018, p. 4 ; Le décret marocain n° 2-12-503, 11 sept. 2013 pris pour l'application de certaines dispositions de la loi n° 31-08 édictant des mesures de protection du consommateur, *Bull. O. Mar.*, n° 6192, 3 oct. 2013, p. 2395, … etc.

permettrait d'étudier le droit français et les droits des pays maghrébins afin de mieux connaître les caractéristiques d'une telle combinaison. Dans ce sens, une série de questions se pose : Quelle est l'étendue de la notion de la partie faible ? Quels sont les contours de la protection octroyée à ces contractants ? Quelles sont les conséquences juridiques d'une telle protection ?

Pour la finalité de cette étude, nous tentons de répondre à la question suivante : Quelle est la protection offerte à la partie faible dans la relation contractuelle dans les différents systèmes juridiques et comment celle-ci est-elle mise en œuvre ? En d'autres termes, la question que nous nous sommes posés est de savoir par quels moyens ces droits préservent les intérêts de la partie faible dans la relation contractuelle face à la partie forte et comment sont réprimées les atteintes à ceux-ci. Cette question une fois résolue, il importera de saisir l'application et l'appréciation de ces moyens.

13. La question du fondement d'un droit est à distinguer de celle de ses sources. S'interroger sur les sources du droit de la protection du contractant revient à se demander qui, du constituant, du parlement ou du juge, institue ces règles juridiques. S'interroger sur les fondements d'un droit, au contraire, implique de se demander pourquoi ces règles existent. Pourquoi telle ou telle règle juridique existe ? Quel est le principe qui inspire sa création, qui justifie que dans un contrat donné, l'une des parties soit protégée ?

14. Toutefois, en raison de la présence fréquente d'éléments perturbateurs dans les contrats en général et les contrats de consommation en particulier, la question fondamentale qui vient tout naturellement à l'esprit est celle de savoir si les règles classiques de droit des contrats des différents pays sont encore adaptées à l'époque actuelle ou si elles sont dépassées par le développement trop rapide dans ce domaine. On pourrait en outre se demander si l'encadrement juridique offert au contractant réputé le plus faible est à même de lui procurer une protection efficace.

Est-ce que les règles protectrices de la partie faible dans les droits des pays étudiés permettent de concilier la liberté contractuelle et la nécessité de la protection ? Le système juridique prend-il en compte dans la relation contractuelle la protection de la partie faible et la liberté contractuelle en lien avec la vie économique[30] ? Quelles sont les institutions modernes qui interviennent dans la législation de chaque pays ? Ces ajouts offrent-ils une protection plus efficace à la partie faible ? Quels sont les pays ayant réalisé des adaptations législatives dans le but d'améliorer les règles protectrices des parties faibles ? Dans les droits des pays maghrébins existe-t-il un système plus protecteur ?

Cette recherche a donc pour finalité de tenter de répondre à la plupart de ces questions.

---

[30] Le Professeur **MAZEAUD** estime que « *il ne s'agit pas de refondre totalement, mais de moderniser le droit des contrats en conservant l'esprit du code, favorable à un consensualisme propre aux échanges économiques, tout en assurant la protection des plus faibles* » (**D. MAZEAUD**, « Droit des contrats : réforme à l'horizon ! », D., 6 févr. 2014 n° 5, p. 292).

II- L'intérêt de la recherche :

15. Notre sujet présente plusieurs intérêts. Si l'intérêt juridique d'une réflexion autour de la notion de partie faible est de première importance, (1), l'objet même de la réflexion intègre une dimension socio-économique par référence à l'idée de relations contractuelles (2). Enfin, l'angle sous lequel cette étude est abordée, à savoir une approche comparative (3), participe de son intérêt.

1- L'intérêt juridique :

16. Il existe en effet, aujourd'hui, un très embarrassant contraste entre les droits communs et les droits spéciaux des contrats relatifs à la question de la protection de la partie faible. En premier lieu, les instruments du droit commun (Codes civils français, libyen et algérien, Codes tunisien, marocain et mauritanien des obligations et des contrats) ne sont plus, loin s'en faut, le reflet fidèle et sincère de la lettre et de l'esprit du droit contractuel contemporain. Un très grand nombre de règles essentielles des droits positifs sont purement et simplement absentes de ces Codes. Si leur réforme s'impose, c'est en second lieu parce qu'ils ne sont plus vraiment l'écrin du droit commun des contrats, ni la source de ses règles fondamentales. Aujourd'hui, l'essentiel du droit des contrats se trouve pour une très large part, soit dans le droit de la consommation, soit dans d'autres droits ou dans d'autres règlementations[31].

17. Faute d'être gravé dans le Code civil, le droit commun des contrats est aujourd'hui éparpillé, émietté, éclaté. Autant de vices qui nuisent à son intelligibilité, à sa cohérence et à la sécurité juridique.

Plus précisément, les règles juridiques qui composent la protection de la partie faible ne sont pas une branche du droit privé. Une branche est une division ou subdivision du droit objectif. Or, le droit de la protection du contractant ne se divise pas, il rassemble et transcende toutes les branches du droit privé, afin de réunir au sein d'un même corps les règles juridiques qui visent à protéger l'une des parties au contrat. Nous pouvons le définir comme l'ensemble des règles juridiques qui ont pour objet ou pour effet de protéger, dans un contrat donné, l'un des contractants. C'est ce corps de règles que nous nous proposons d'étudier. Ici, le système français se rapproche du système des pays maghrébins où les Codes civils et les Codes des obligations et des contrats dans ces pays, à l'instar du Code civil français, ne sont plus vraiment l'écrin des droits communs. Dans ce sens, un auteur a pu indiquer ; « *ce qui saute aux yeux de l'observateur du droit de la protection du contractant, même neutre et impartial, c'est avant tout la diversité des règles juridiques qui le composent, diversité qui confine, de prime abord, à l'incohérence* »[32].

---

[31] V. **N. SAUPHANOR**, *L'influence du droit de la consommation sur le système juridique*, op. cit., n° 25, p. 19 ; **D. MAZEAUD**, « Droit des contrats : réforme à l'horizon ! », *D.*, 6 févr. 2014 n° 5, p. 292.

[32] **L. BRUNEAU**, *Contribution à l'étude des fondements de la protection du contractant*, Thèse, Université de Toulouse, 2005, p.12.

Par exemple, en droit français, le délai d'une durée de sept jours en matière de démarchage à domicile, de vente à distance ou pour tout acte sous seing privé ayant pour objet l'acquisition d'un bien immobilier à usage d'habitation, cette durée passe à dix jours en matière de formation professionnelle et de contrat de jouissance d'immeuble à temps partagé, à quinze jours en matière de démarchage financier et d'opération de placement d'assurance, à trente jours en matière d'assurance sur la vie ou d'opération de capitalisation ainsi qu'en matière d'accident de la circulation à propos de l'offre d'indemnité transactionnelle de l'assureur.

18. En effet, l'étude des différents textes liés à la protection de la partie faible de chaque système juridique des pays étudiés nous paraît très importante pour mieux connaître les spécificités et les caractéristiques d'une telle combinaison des règles protectrices. De plus, il ressort de ce rapide tour d'horizon du droit de la protection du contractant, un sentiment d'incohérence, de flou que le législateur aggrave par la légèreté de sa plume. Face à un tel spectacle, il est nécessaire de chercher à donner du sens à ce corpus de règles dont l'importance quantitative ne peut être niée.

2- L'intérêt socio-économique :

19. Nous notons une certaine insuffisance des règles de droit commun pour établir la protection des parties dans les contrats en matière de consommation, notamment en matière de contrats électroniques :

Ces contrats sont un simple acte d'achat de biens ou de prestations de service pour satisfaire un besoin personnel. Mais ces contrats ont connu une mutation profonde, consécutivement à l'évolution des données socio-économiques et technologiques aussi bien au niveau national qu'international[33].

Sans doute, l'inefficacité du système de protection des contractants les plus faibles s'explique, en grande partie, par l'absence de dispositifs adaptés ou en adéquation avec l'évolution des rapports contractuels. Cela peut être constaté dans le domaine des contrats électroniques, où certains pays comme la Libye et la Mauritanie n'ont consacré, jusqu'à maintenant, que des textes disparates pour le commerce électronique[34].

20. L'étude de la protection de la partie faible dans les contrats du commerce électronique est au cœur de l'une des problématiques du droit, à savoir son adaptation aux révolutions technologiques et aux grandes évolutions économiques. Ainsi, le droit classique a dû s'adapter, sans renier ses concepts traditionnels, à la survenance du nouvel outil d'échanges à distance que constitue l'informatique, notamment dans le domaine du commerce, et les réseaux sur

[33] **A. FILALI**, « Le droit de la consommation : une adaptation du droit commun des contrats », en droit algérien, *Les Annales De l'Université d'Alger* 1, n° 27, Tome II, juill. 2015, p. 5.

[34] **A. MESHIRI**, *La spécificité de conclusion du contrat par l'internet*, Thèse, en arabe, Université Al-Fatah Tripoli- Libye, 2008, p. 11.

lesquels il s'appuie. De même, le droit a été amené à prendre en compte l'intérêt économique attaché à la recherche du développement du commerce que permet ce nouvel outil, notamment en recherchant les conditions de la confiance des agents économiques qui y participent[35].

21. Dans cette étude, nous allons analyser les règles juridiques applicables, dans les différents pays, relatives au contrat électronique afin de trouver un certain nombre de cohérences entre les règles de droit commun et celles relatives au contrat électronique, en particulier dans le domaine de la protection du contractant jugé plus faible dans la relation contractuelle[36].

Nous avons constaté que la valeur juridique du contrat conclu par voie électronique dépend en principe de la valeur juridique de l'écriture et de la signature électronique, alors que tel n'est pas le cas en droit de quelques pays maghrébins, malgré l'existence de plusieurs projets de lois en la matière[37].

Plus précisément, dans les pays étudiés, l'on utilise également, de plus en plus, les transactions électroniques et l'on conclut des contrats en ligne, au niveau national, mais aussi international. Le commerce électronique fait désormais partie du quotidien des citoyens de ces pays, surtout depuis ces dernières années. Par conséquent, la partie faible qui conclut un contrat en ligne, n'est pas protégée s'il n'y a pas de véritable régime spécifique de protection[38].

Dans les pays maghrébins, l'évolution numérique s'est produite surtout dans les dernières années, où l'internet est devenu plus accessible, et l'achat en ligne a pris son élan. Néanmoins, si on compare l'évolution de l'internet et plus précisément celle du commerce électronique dans ces pays par rapport à l'évolution mondiale, cette évolution est très lente. Cela est dû d'une part au manque d'infrastructures, et d'autre part, à l'absence de règles juridiques efficaces qui encadrent ces nouvelles technologies, notamment en droits libyen et mauritanien. D'ailleurs, certains sites de vente en ligne n'acceptent pas de faire des livraisons dans certaines localités éloignées de la grande ville dans les pays du Maghreb[39].

22. La possibilité des citoyens des pays du Maghreb de conclure des contrats en ligne à l'échelle nationale et internationale existe ; mais ces derniers sont exposés à des risques, notamment du fait de l'inexistence d'un système juridique

---

[35] Sur ce sujet, V., **D. AHI-DISDET**, *L'obligation d'information dans les contrats du commerce électronique*, Thèse, Université d'Avignon et des Pays de Vaucluse, 2011, p. 26 ; **N.-A ALRAHALY**, *Les pratiques modernes dans les affaires de consommation*, en droit marocain, op. cit., p. 35 et s.

[36] **A. JABER**, *Les contrats conclus par voie électronique : étude comparée*, Thèse, Université Montpellier I, 2012, p. 30.

[37] A titre d'exemple, en Libye, il existe un projet de la loi de commerce électronique du 2014, présenté par le ministère de l'économie, www.ect.gov.ly, consulté le 18 dec. 2014.

[38] **M. KADIRI**, *Problématiques dans la conclusion des contrats dans le commerce électronique*, en arabe, SOMADIL, Casablanca, 2013, p. 21.

[39] Sur ce sujet V., **D. NOUAMAN**, *La responsabilité civile découlant de paiement électronique par la carte bancaire* : Etude comparée, Imprimerie nationale Marrakech, Maroc, 2010, p. 7.

approprié qui aborde toutes les questions dans ce domaine[40]. Par conséquent, la partie faible est crédule et croit ce que lui dit le professionnel, elle ne sait pas qu'elle a des droits. En effet, le développement des moyens de communication offre aujourd'hui la possibilité aux professionnels de diffuser des publicités ou des propositions d'achat dans des pays variés, sans engager de frais importants. D'ailleurs, l'utilisation croissante du réseau internet permet à chacun de recevoir des offres de ventes ou de prestations de services, et d'y souscrire sans avoir à se déplacer[41].

Face à ce développement, les législateurs devraient protéger, d'abord la partie faible qui contracte en ligne, et ensuite, proposer des lois qui permettent au commerce électronique de se développer tout en l'encadrant. En l'absence de telles dispositions, on est obligé de revenir aux règles de droit commun de ces pays pour essayer de protéger le contractant jugé plus faible.

23. Nous notons aussi une insuffisance du contrat face à la capacité d'influence. Au stade de sa formation, comme de son exécution, le contrat n'a jamais été en mesure d'éliminer ni même d'atténuer la capacité d'influence du contractant fort, en général le professionnel.

De même, la position dominante, qui est en règle générale celle de la partie forte, fait de lui l'auteur exclusif du contrat, apte à en définir seul le contenu en fonction de ses intérêts et à refuser toute modification que la partie faible pourrait souhaiter. Dans une large mesure, le pouvoir de fait de la partie forte écarte toute possibilité de négociation précontractuelle et réduit le contrat au rang de contrat d'adhésion. Au stade de son exécution, le contrat reste souvent fragile face à l'influence du contractant fort ; celle-ci lui permet de transgresser ses propres prévisions contractuelles sans que la partie faible n'ose nécessairement réagir du fait de son infériorité ou de sa dépendance par exemple par crainte de perdre son emploi ou l'usage du local objet du bail. Il est donc vain d'attendre du contrat qu'il garantisse le contractant faible contre les effets de la capacité d'influence du contractant fort[42].

24. Ce pouvoir a-juridique est l'expression d'une capacité d'influence de la partie forte, qui trouve sa source en dehors du droit et notamment du contrat, qui ne provient d'aucune norme mais de simples éléments de fait générateurs d'un déséquilibre économique et social - détention des moyens de production, domination économique, pénurie ou précarité de l'emploi, … - [43].

Ces faits placent la partie faible en position d'infériorité et la contraignent à se conformer aux exigences de la partie forte, bien qu'elles n'aient pas de

---

[40] **M. KADIRI**, *Problématiques dans la conclusion des contrats dans le commerce électronique*, op. cit., p. 127.

[41] **H. BUREAU**, *Le droit de la consommation transfrontière*, Litec, 1999, n° 2, p. 7 ; **A. ALKRGI**, *Le système contractuel numérique et les régimes de la protection électronique*, en droit marocain, Librairie Rachad (Settat-Maroc), 2015, p. 5 et s.

[42] **H. BUREAU**, *Le droit de la consommation transfrontière*, op. cit., n° 2, p. 8 ; **C. ALBIGES**, *De l'équité en droit privé*, LGDJ, 2000, n° 299, p. 195 et s.

[43] **S. LE GAC-PECH**, *La proportionnalité en droit privé des contrats*, op. cit., n° 297, p. 122 et s.

fondements juridiques. C'est sur le plan du contenu des dispositions légales et du degré d'encadrement de l'influence de la partie forte que se situent les différences entre les pays. Les particularismes étatiques s'expriment à travers le niveau de protection accordé à la partie faible. Face à la capacité d'influence de la partie forte et de tous les professionnels en général, née du déséquilibre économique et social, le contrat s'est montré impuissant, entérinant l'inégalité qui existe de fait entre les parties[44].

3- L'intérêt d'une approche comparative

25. Il existe des études juridiques dans chacun des pays ici étudiés qui abordent la protection de la partie faible dans la relation contractuelle. Cependant, aucune de celles-ci n'a fait la comparaison entre les droits des pays du Maghreb et de la France. Ces pays ont pourtant de nombreux points communs ; ils sont en effet liés économiquement et historiquement et ont une proximité géographique.

26. Tous les pays du Maghreb à l'exception de la Libye font partie des pays francophones. Cependant, la meilleure illustration se démontre par le fait que certaines dispositions des Codes civils des pays maghrébins, y compris même la Libye, sont soit totalement, soit partiellement inspirées du Code français. Ces dispositions encore utilisées de nos jours n'ont pas subi de modifications majeures.

En outre, l'influence du droit français sur les droits de pays maghrébins est encore prégnante. C'est ce qui nous a motivé dans l'élaboration de cette étude. Quant au droit français, il nous semble pouvoir constituer sinon un modèle du moins un repère essentiel pour le développement et l'amélioration des systèmes juridiques des pays maghrébins dans le domaine de la protection de la partie faible.

27. En effet, les principaux droits civils des pays maghrébins, y compris les Codes civils, les Codes du commerce, etc. trouvent historiquement leurs origines dans le droit français à titre principal et dans d'autres droits à titre secondaire[45]. Or, les nouvelles législations, notamment celles des droits de commerce électronique et de consommation, ne sont pas forcément prises du droit français et ont quelques différences par rapport à ce dernier ; ce qui justifie l'étude comparée que nous allons effectuer afin de mettre en exergue les points de convergence et de divergence entre les systèmes juridiques de ces différents pays.

De plus, la plupart des lois des pays maghrébins consacrées à la protection de la partie faible, comme les droits de la consommation, les droits de commerce

---

[44] **N. COLLET-THIRY**, *L'encadrement contractuel de la subordination*, Thèse, Université Panthéon-Assas (paris II), 2012, p. 18.

[45] Comme le droit italien, le droit suisse, le droit égyptien et le droit islamique. Sur ce sujet V. **A. BENCHENEB**, « Aspects caractéristiques du droit algérien des contrats d'affaires », *RDAI*, n°1, 2001, p. 31 et s ; V. égal. **Abdel-K. EL-AARAARY**, *Les ressources des obligations ; La théorie du contrat de vente*, en droit marocain, en arabe, Dar Elamane, 6e éd., 2018, n° 4, p. 6.

électronique, etc., sont nouvelles, et il semble qu'elles n'abordent pas tous les détails comparativement avec des dispositions de droit français.

28. Par ailleurs, l'intérêt d'étude comparative est également de tenter et de contribuer au développement d'une réflexion sur ces questions qui se situent au croisement des systèmes juridiques, des droits communs et des droits spéciaux dans les pays du Maghreb ainsi qu'en France. Sans prétendre à l'exhaustivité, cette étude aiderait à identifier les outils, les techniques et les moyens utilisés et appliqués, en amont comme en aval, par les législateurs, français et des pays maghrébins, afin d'arriver à une protection la plus complète et la plus efficace de la partie faible dans les relations contractuelles.

29. L'intérêt de l'étude se situe donc au carrefour des règles de droit commun et les législations liées à la protection de la partie faible dans les droits des pays étudiés. Par conséquent, nous essaierons de démontrer que, dans les systèmes juridiques étudiés, l'efficacité des règles de la protection trouve sa source aussi bien dans le droit commun que dans les droits spéciaux.

III- Un champ d'étude circonscrit

30. Les techniques juridiques de protection de la partie faible sont multiples et diverses en conformité avec la diversité des branches du droit dans les pays comparés. Mener une recherche minutieuse dans toutes ces branches peut s'avérer impossible.

C'est la raison pour laquelle, le droit des contrats retiendra prioritairement notre attention. Mais, au gré des besoins de la démonstration, des incursions peuvent avoir lieu dans telles ou telles autres branches du droit.

A l'intérieur du droit des contrats, les nouvelles techniques protectrices seront privilégiées. En effet, celles-ci connaissent un essor et une évolution dans les différents ordres juridiques, précisément depuis ces dix dernières années.

31. Nous aborderons uniquement les principes du droit commun qui soutiendront notre démonstration. Ainsi, des principes comme la bonne foi, l'équité, l'usage, la loyauté, la justice contractuelle, la sécurité contractuelle ne feront pas l'objet de développements précis. En effet, ces principes ou ces notions peuvent faire ou ont déjà fait l'objet d'études très approfondies.

De même, la cause ou le contenu, selon que l'on se situe dans les pays magrébins ou désormais en France, et l'objet du contrat et l'enrichissement sans cause (dit enrichissement injustifié depuis l'ordonnance française de 2016)[46], bien que techniques générales de protection, n'appelleront pas d'analyses particulières.

32. Les vices du consentement sont hors de notre périmètre de recherche. En effet, d'une part, les vices de consentement ont fait l'objet de nombreuses études, d'autre part, l'impact de ces vices, la violence exceptée, sur les techniques de protection de la partie faible a peu varié depuis plusieurs décennies. C'est

---

[46] L'Ordonnance française n° 2016-301, 14 mars 2016 relative à la partie législative du Code de la consommation, *JORF.*, n°0064,16 mars 2016, texte n° 29.

pourquoi, l'étude de la violence fera l'objet d'un certain développement dans le cadre de notre recherche.

Mais, en général, les vices de consentement permettent de réprimer certains abus de position économique. Cependant, ces cas sont très limités pour construire une protection efficace à la multiplication des contrats d'adhésion où le déséquilibre des prestations est quelquefois étonnant. De plus, les vices de consentement ne peuvent être retenus que lorsqu'ils ont existé au moment de la formation du contrat même s'ils n'ont été découverts qu'ultérieurement. Ainsi, ils ne résolvent absolument pas les difficultés qui peuvent survenir au cours de l'exécution du contrat.

33. Par ailleurs, nous pouvons dire que si les législateurs des pays étudiés essayent d'assurer une protection efficace de la partie faible, il reste souvent des cas de déséquilibre contractuel qu'il appartient au juge de régler. Ainsi, face à l'absence de réciprocité et face aux déséquilibres en matière contractuelle, le juge aura à évaluer la nature de la convention ou du contrat, son contenu, ainsi que les circonstances entourant sa formation et son exécution[47].

De par son actualité, cette étude met en exergue la protection de la partie faible face à la partie forte à la lumière du rapprochement entre les six systèmes juridiques. Pour ce faire, la démarche comparative s'est imposée d'évidence.

34. L'étude abordera le sujet à partir des règles communes régissant les différents secteurs dans les différents pays, afin d'éviter de se perdre dans les détails. C'est pourquoi, chaque idée sera illustrée par un ou plusieurs exemples pertinents.

Les techniques de protection de la partie faible sont d'une multiplicité avérée. Les règles de protection s'appliquent, en effet, à la formation, à l'exécution et à l'extinction du contrat. Certaines sont inhérentes à la situation de la partie faible ; d'autres ont trait à l'équilibre même du contrat. C'est pourquoi, il est utile de s'attacher à l'examen de l'organisation de la protection de la partie faible (Première Partie). Mais, cette organisation n'atteint sa plénitude que par une intervention tantôt judiciaire tantôt non-judiciaire. D'où, l'importance de mettre en exergue la réalisation de la protection de la partie faible (Seconde Partie).

---

[47] **D. M. PHILLIPPE**, « Changement de circonstances et bouleversement de l'économie contractuelle », *Revue internationale de droit comparé*, 1988, n° 40-3, pp. 675-676.

Première partie : L'organisation de la protection de la partie faible

35. Les principes de l'autonomie de la volonté et de la liberté contractuelle ou le principe du consensualisme ont beaucoup perdu de leur force avec les nouvelles orientations des droits spéciaux dont le but est la protection du contractant en situation de faiblesse au contrat. Il y a une évolution du contrat due au législateur qui prend de plus en plus en considération les situations concrètes des personnes auxquelles les règles juridiques vont s'appliquer. Ainsi sont pris en compte notamment l'état du marché dans lequel s'inscrivent le contrat et les spécificités des contractants. C'est cela qui a permis l'apparition et le développement de droit spéciaux obéissant à des considérations économiques et sociales nées de différents statuts contractuels spéciaux, tels ceux des consommateurs, assurés, travailleurs ou celui des salariés[48], toutes ces catégories représentant la partie la plus faible au contrat.

36. Les législations protectrices du contractant faible trouvent en effet leur raison d'être dans l'absence de connaissance de la partie faible et dans le déséquilibre structurel entre les parties contractantes dans la relation contractuelle. Ces législations sont ainsi une réaction législative aux fins de protéger la partie plus faible. Cette réaction du législateur résulte de la prise de conscience de la faiblesse d'un des contractants qui est à l'origine du déséquilibre contractuel dans la relation avec le professionnel. Le droit de la consommation a été à plusieurs reprises un point de départ pour l'évolution de la législation. Cette prise de conscience de la nécessité de protection du consommateur a débuté en France suivie par les pays du Maghreb. Ainsi, le développement de la grande distribution, de la consommation de masse, a fait naître un besoin de protection pour ceux qui sont à la fois « *les rois et les esclaves* » de la société consumériste[49].

Autrement dit, parce que le monde de la consommation est parsemé de nombreux pièges, les législateurs des pays étudiés tentent de prendre en charge la protection de la partie faible[50].

---

[48] **D. ALLAG-ZENNAKI**, *Contrats : Négociation ; Construction ; Rédaction*, DAR EL ADIB, 2016, p. 34.

[49] **M. LEVENEUR-AZEMAR**, *Etude sur les clauses limitatives ou exonératoires de responsabilité*, Th., Université Panthéon-Assas (Paris II), 2016, n° 193, p.125.

[50] Le souci de protection de la partie faible (consommateur) a donné naissance en 2013 à l'Union maghrébine de défense du consommateur entre les cinq pays de l'UMA (Tunisie, Algérie, Libye, Maroc et Mauritanie). « *L'Union maghrébine de défense du consommateur, dont l'assemblée constitutive s'est tenue vendredi, dans la capitale tunisienne, devrait entrer en activité en septembre 2013* », a précisé à l'agence TAP Slim Saad Allah, vice-président de l'Organisation de Défense du

Les législateurs des pays étudiés ont recours à des législations spéciales de protection, notamment dans le droit de la consommation, ainsi qu'à un droit commun, pour remédier à cet état de fait et assurer une protection plus efficace du contractant qualifié de partie faible. La protection a pour objet de compenser une situation de faiblesse. Ces correctifs au déséquilibre de la relation contractuelle se caractérisent par leur quasi universalité[51].

37. Dans cette étude, il convient de faire une distinction fondamentale entre trois grands blocs juridiques, notamment en ce qui concerne les droits communs : Le premier de ces blocs est le droit français, le deuxième est le bloc des droits tunisien, marocain et mauritanien. Le troisième bloc est constitué des droits libyen et algérien.

Toutefois, ces trois blocs commencent à se différencier par leurs contenus à travers les nouvelles législations. En effet, on peut constater certaines disparités et spécificités, selon les pays. Il découle de cette constatation que le travail qui sera mené s'attachera à faire ressortir les points communs mais également les points de divergence de chaque législation.

En tout état de cause, le souci de protection de la faiblesse inhérente à la situation de contractant constitue toujours une priorité législative et ce depuis longtemps, parce qu'elle se manifeste déjà au stade de la formation du rapport contractuel. (Titre I). De plus, le déséquilibre contractuel croissant impose

---

Consommateur (ODC). La structure de cette Union a pour objectif de diffuser une culture de consommation solide dans les sociétés maghrébines et de soutenir les efforts des pays de la région en matière de défense du consommateur en organisant une coopération entre eux, (https://www.maghress.com/fr/lesechos/113116).

[51] Les législateurs des pays étudiés, surtout depuis ces dernières années, ont adopté de nouvelles dispositions pour renforcer la protection de la partie faible. Ils ont imposé l'obligation d'information, ont rétabli l'équilibre dans les rapports contractuels et ont lutté contre les clauses abusives. Nous pouvons constater cela dans différents textes, par exemple, la loi française n° 2014-344 du 17 mars 2014 relative à la consommation, *JORF.*, n°0065 du 18 mars 2014, p. 5400. Les dispositions relatives à la protection du consommateur dans le Code de commerce libyen n° 23 de l'année 2010, *J.O.L.*, 2010. Le décret exécutif algérien n° 13-378 du 9 nov. 2013 fixant les conditions et les modalités relatives à l'information du consommateur, *JORA.*, n°58, 18 nov. 2013, p. 8. Le décret marocain n° 2-12-503, 11 sept. 2013 pris pour l'application de certaines dispositions de la loi n° 31-08 édictant des mesures de protection du consommateur, *Bull. O. Mar.*, n° 6192, 3 oct. 2013, p. 2395, etc. Quant aux législations consuméristes en droit libyen, on doit remarquer que le législateur libyen a adopté dans une nouvelle annexe des textes sur la protection du consommateur lors de la réforme du Code de commerce de 2010. Cependant, d'une manière générale, les textes sur la protection du consommateur dans le Code de commerce peuvent soulever la question de la division classique entre les branches du droit. En effet, si le Code de commerce concerne principalement l'organisation des affaires commerciales entre les commerçants, le droit de la consommation définit l'ensemble des règles applicables entre professionnels et consommateurs. Ce droit de la consommation a ainsi pour mission de protéger les consommateurs qui sont naturellement en position de faiblesse vis-à-vis des professionnels. Par conséquent, il est préférable que les textes qui concernent la protection du consommateur soient autonomes, ou qu'ils s'intègrent dans les textes du droit civil qui contient par nature de nombreux textes et principes protecteurs du consommateur, tels que la bonne foi ou les vices du consentement.

toujours au législateur d'améliorer les droits pour rétablir l'équilibre dans le contenu même du contrat (Titre II).

Titre I : La protection inhérente à la situation de partie faible

38. Les relations contractuelles se résument en principe autour d'un postulat plutôt ambigu selon lequel chaque partie est présumée capable de défendre ses intérêts personnels. Or, la réalité apporte tous les jours la preuve manifeste du contraire. Certaines personnes, confrontées aux aléas de la vie (manque de vigueur physique, d'autorité, de compétence...), sont incapables de se défendre. C'est le lot quotidien de la personne dite faible. Cette dernière a besoin de protection afin qu'elle ne soit pas lésée dans ses relations contractuelles.

La partie faible, qui ne possède pas certaines compétences intellectuelles, peut ne pas saisir toutes les conséquences d'un contrat. Le problème réside essentiellement dans l'insuffisante lucidité du contractant quant à la portée et la signification exacte de son engagement[52]. Les parties au contrat ne sont pas sur un pied d'égalité dans la mesure où, sur le plan informationnel, il existe entre elles un déséquilibre. C'est notamment pour cette raison que le contractant faible a besoin de la protection du législateur.

39. Cette protection recouvre non seulement les supports classiques utilisés pour la conclusion d'un contrat mais elle doit également s'élargir aux nouveaux types de supports, notamment les supports utilisés dans le commerce électronique. Or ces supports vont accroître le besoin de protection. Comme l'indique J.-P. Chazal, « *les faibles d'aujourd'hui ne sont plus toujours les faibles d'autrefois* »[53]. De plus, la situation de faiblesse dans tel ou tel pays n'existe pas forcément dans les autres pays étudiés, autrement dit la faiblesse d'ici n'est pas forcement la faiblesse de là-bas.

Dans le cadre de la protection inhérente à la partie faible au stade de la formation du contrat, il est possible de constater que les législateurs des pays étudiés adoptent deux types de protection. D'une part, une protection préventive pour attirer l'attention, informer et conseiller la partie faible sur le contenu du contrat, les risques et les conséquences de ses engagements, c'est-à-dire, une protection de la partie faible aux fins d'éclairage de son consentement (Chapitre I). D'autre part, une protection curative si la partie faible n'est pas en mesure d'apprécier la portée de ses engagements à l'égard de la partie forte le professionnel ; Ceci est notamment le cas lorsque la partie faible s'engage trop rapidement. C'est pourquoi, la loi la protège en accordant, selon les cas, un délai de réflexion avant le consentement ou un délai de rétractation du consentement pour que ce consentement soit effectif. Il s'agit d'une protection de la partie faible permettant la remise en cause de son consentement (Chapitre II).

---

[52] **CH. BOURRIER**, *La faiblesse d'une partie au contrat*, Thèse, Université de Bourgogne, 2001, n° 16, p 28.

[53] **J-P. CHAZAL**, *La protection de la partie faible dans la doctrine de Louis Josserand* : La tentative de maintenir le compromis républicain, Lyon : Inconnu, 2014, p. 230

Chapitre I : La protection du consentement

40. Selon la conception classique, la formation du contrat suppose la rencontre de deux volontés concordantes, traditionnellement analysées comme une offre et une acceptation. L'engagement de chacune des parties est si fondamental que le principe des Codes civils des pays étudiés vise expressément le consentement de la partie qui s'oblige. Dès que celui-ci est donné, le contrat est créé et les contractants sont tenus de respecter ce à quoi ils se sont engagés. Mais les effets juridiques, intimement liés à la doctrine de l'autonomie de la volonté et à la force obligatoire des contrats, ne sont moralement et juridiquement défendables que si le contractant s'est engagé en connaissance de cause. Au moment où il conclut le contrat, le contractant doit se faire une représentation claire et exacte de ce qui constitue la substance de la relation contractuelle[54].

41. Face à l'ignorance, l'inexpérience, la vulnérabilité d'une partie dans un contrat, le problème réside dans l'insuffisante lucidité du contractant quant à la portée et la signification exacte de son engagement. Puisqu'il est impossible de rétablir la discussion sur le contenu du contrat, le contractant en état de faiblesse doit au moins être en mesure de connaître parfaitement ce à quoi il s'engage par une information claire et précise. Dès lors, les législateurs et les juges, se sont penchés sur l'exigence d'un consentement éclairé, garantissant à la partie faible une bonne information afin qu'il puisse contracter en pleine connaissance de cause[55]. La partie faible doit pouvoir compter sur une information véritable, honnête et sincère, le plus souvent associée à un formalisme qualifié de nos jours de protecteur[56]. Pour ce faire, des règles de forme particulières imposent la remise d'un écrit dont le contenu est défini avec précision par le législateur. Ce formalisme impératif est indispensable pour donner une valeur juridique à la manifestation de volonté. De par ses exigences, le formalisme peut garantir une réponse adaptée à la faiblesse d'une partie. Ce n'est qu'à partir du moment où celle-ci est dûment informée, oralement ou par écrit, que son consentement sera libre et éclairé[57].

Ainsi, au titre des techniques de protection du consentement, le formalisme prend une place singulière. Ce n'est pas tellement le contenu de l'information qui caractérise ces techniques, mais plutôt la forme de celle-ci. Le formalisme vise à imposer une forme spécifique dans l'optique de protéger le contractant.

---

[54] **J-L AUBERT et F. COLLART DUTILLEUL**, *Le contrat : droit des obligations*, Dalloz, 5e éd., 2017, p. 92.

[55] On verra que les législateurs et les juges des pays étudiés considèrent le droit à l'information comme l'un des mécanismes majeurs de toute politique de défense des parties faibles dans les relations contractuelles. L'obligation d'information est affirmée explicitement dans les nouvelles lois relatives à la protection du consommateur des pays comparés.

[56] **D. MAHI-DISDET**, *L'obligation d'information dans les contrats du commerce électronique*, Thèse, Université d'Avignon et des Pays de Vaucluse, 2011, n° 14 et 15, PP. 10 et 11.

[57] **L. BRUNEAU**, *Contribution à l'étude des fondements de la protection du contractant*, Thèse, Toulouse, 2005, n° 458, p. 391.

Le formalisme (Section I) et l'information (Section II) sont donc deux mécanismes de protection visant à garantir la qualité du consentement qui pourrait être amoindri par l'existence d'une faiblesse inhérente à la partie qui s'engage.

Section I : L'exigence du formalisme

42. Le consensualisme est le principe selon lequel les actes juridiques ne se trouvent soumis à aucune condition de validité relative à la forme. Par extension, le consensualisme équivaut à la liberté de forme. Le simple échange des consentements, c'est-à-dire la rencontre d'une offre et d'une acceptation, suffit à former le contrat58. Ainsi, le principe du consensualisme présente un intérêt en ce qu'il facilite la conclusion des contrats qui se forment par la seule rencontre des volontés. Mais cette facilité comporte un revers : elle peut conduire à ce que le consentement soit donné sans réflexion, à la légère, surtout s'il est donné sans que la partie faible ne soit en mesure d'apprécier la pleine portée de son engagement. Cette situation provient de la discordance pouvant exister entre la volonté exprimée et la volonté réelle du contractant, si bien que ce sur quoi il croit s'engager ne correspond pas à la teneur réelle de son engagement59.

43. Afin de permettre au contractant de prendre conscience de la portée de son engagement, un principe irrévocable, le formalisme trouve un intérêt à s'appliquer. Il invite le contractant à plus de circonspection et attire son attention sur les éléments de nature à influencer sa réflexion dans le sens d'une acceptation ou d'un refus de l'offre de contracter qui lui est faite[60]. Si on pouvait décrire le formalisme en un seul mot : il s'agirait de la sécurité. Ainsi, Monsieur LARTIGOLLE constate que : « *le formalisme des actes juridiques, s'il s'opposait à une révision des conventions, avait par contre, l'avantage d'éviter la conclusion trop hâtive des engagements respectifs et, par-là, donnait à la réflexion le temps d'apercevoir certaines erreurs, et de dépouiller l'objet convoité des apparences illusoires* »[61]. On peut donc affirmer que le formalisme s'avère être un garde-fou. Il permet d'entourer le contractant vulnérable d'une série de protection.

44. Par ailleurs, il y a une évolution constante du formalisme. Aux traditionnels actes authentiques et sous seing privé, s'ajoutent actuellement les mentions obligatoires, particulièrement en droit de la consommation, lequel par ailleurs contribue fortement au renforcement du formalisme[62]. De plus, le formalisme lié à la protection découle parfois de l'intervention du notaire ou de

---

[58] **D. HOUTCIEFF**, *Droit des contrats*, Bruylant, 3e édit., 2017, n° 74, p. 52 ; V. égal. **A. KAHLOUN**, *La théorie générale des obligations : les sources des obligations et les actes juridiques*, en arabe, LATRACHE, Tunis, 2015, p.83 ; **A., BENCHENEB**, *Le droit algérien des contrats : Données fondamentales*, EUD, 2e éd., 2015, n° 69, p.53

[59] **N. VALLET**, *Les techniques de protection du client de la banque*, Thèse, Université de Reims-Champagne-Ardennes, 2009, n ° 267 et 268, p. 142 ; **M. AL-BADWI**, *Les obligations en droit libyen*, vol. 1, Les sources d'obligations, Centre National, Tripoli- Libye, en arabe, 4e éd, 2013, p. 36.

[60] **N. VALLET**, *Les techniques de protection du client de la banque*, op. cit., p. 142 ; Dans le même sens V., **A. OULD ABDEDAYM**, *La théorie générale des obligations en droit mauritanien*, en arabe, 3e éd., 2009, p. 86

[61] **J. LARTIGOLLE**, *Justice commutative et droit positif*, Thèse, Bordeaux, 1955, p. 30.

[62] **D. ALLAG-ZENNAKI**, *Contrats : Négociation ; Construction ; Rédaction*, en droit algérien, op. cit., p. 217.

l'avocat qui sera chargé d'avertir la partie faible sur l'étendue et les conséquences du contrat.

Nous n'aborderons que les formalismes protecteurs relatifs à la partie faible et à leurs développements. Ces aspects du formalisme visent simplement à signifier aux parties que le contrat qu'elles s'apprêtent à conclure n'est pas anodin et qu'il serait opportun qu'elles y prennent garde. Par ailleurs, le formalisme connaît un progrès remarquable, notamment dans la protection de la partie faible. Il se manifeste, on l'a vu, par une assistance, une aide à la réflexion mais également par l'orientation de l'attention du contractant faible sur des éléments inclus dans les clauses, éléments auxquels il aurait pu ou dû penser tout seul dans une approche plus classique[63]. Dans ce mécanisme de formalisme protecteur, nous étudierons l'exigence d'un écrit (paragraphe 1). Au-delà de sa vocation à attirer l'attention du contractant, l'écrit répond à un formalisme qui est source de garanties pour la partie faible (paragraphe 2).

Paragraphe 1 : L'exigence d'un écrit

45. L'écrit était confondu avec le support papier sur lequel il était apposé. A défaut de définition légale, l'écrit était classiquement conçu comme un document sur support papier signé par les parties, et également par le notaire dans le cas de l'acte authentique[64].

Selon les législations et la jurisprudence des pays étudiés, l'écrit « résulte d'une suite de lettres, de caractères, de chiffres ou de tous autres signes ou symboles dotés d'une signification intelligible, quels que soient leur support et leurs modalités de transmission »[65].

---

[63] **S. NOEL**, *Les effets pervers du formalisme*, Thèse, Université Panthéon-Assas, 2012, n° 20, p. 31 ; **A. SOLAYMMAN**, *La théorie générale d'obligation en droit algérien*, Dioun l'imprimerie d'Universitaire, en arabe, 5e éd., 2003, n° 22, pp. 21 et 22 ; **K. AL-KAROUBI**, *Les contrats nommés*, LATRACHE, en arabe., Tunis, 2013, n° 10, p. 17.

[64] **PH. MALINVAUD**, *Introduction à l'étude du droit*, LexisNexis, 17e éd., 2017, n° 529, p. 460 ; **A. MEDINA**, « Formalisme et consentement dans le contrat de cautionnement : évolution de la jurisprudence », *D*, 2002 p. 2787 ; **M. ABUZAYYAN**, « La solennité du Dahir des obligations et des contrats au Code des droits réels », *Série de publications marocaine des juges et le droit*, en arabe, 20 juin 2014, p. 6.

[65] Il convient d'indiquer que l'article l C. civ. français a retenu une conception très large de l'écrit : « *la preuve par écrit résulte d'une suite de lettres, caractères, chiffres ou de tous autres signes et symboles dotés d'une signification intelligible, quel que soient leur support et leurs modalités de transmission* ». L'article 323 bis du C. civ., algérien (ajouté par la loi n° 05-10 du 20 juin 2005, JORA., n° 44, p. 19) reprend mot pour mot l'article 1316 du C. civ., français, alors que son homologue marocain fait un ajout substantiel, dans la révision du Code des obligations et des contrats intervenus en 2007. En effet, l'article 417 marocain dispose que : « *La preuve littérale résulte d'un acte authentique ou d'une écriture sous seing privé. Elle peut résulter également (...) de tous autres signes ou symboles dotés d'une signification intelligible, quels que soient leur support et leurs modalités de transmission* ». Par ailleurs, l'article 415 du COC mauritanien énonce que « *la preuve littérale résulte d'un acte authentique ou d'une écriture sous seing privé (...), et de toutes autres écritures* ». En revanche, les législateurs tunisien et libyen n'ont pas pris le soin de façon générale de déterminer la notion d'écrit. Toutefois, le législateur tunisien a défini le document électronique. Selon

46. Il est encore plus fréquemment exigé que le contrat lui-même soit passé par écrit lorsqu'il lie un professionnel et un consommateur. Cependant, l'*instrumentum* ne sert plus seulement à constater l'engagement et à fixer les obligations respectives des parties ; il sert également à donner au contractant faible un certain nombre de renseignements, y compris à caractère légal. A la suite de l'évolution des relations contractuelles, l'écrit s'impose désormais presque dans la plupart des contrats, soit par le recours aux conditions générales de vente, soit par le contrat-type[66]. Ceci a pour effet de soumettre les contrats d'une même catégorie de contractants à des conditions identiques[67]. Ainsi, J. FLOUR constate que le « *Formalisme ne signifie pas forme compliquée, mais forme impérative, c'est-à-dire imposée, sans équivalent possible* »[68].

47. Pour protéger la partie faible, les législations modernes des pays comparés recourent de plus en plus à ce qu'il est convenu d'appeler un formalisme informatif, qui doit obéir à certaines règles de présentation. Il s'agit en effet dans la plupart des cas d'engagements présentant une certaine gravité, susceptibles de mettre des obligations lourdes ou de longue durée, à la charge du consommateur. Cependant, une des techniques fréquemment utilisées par les législateurs consiste à exiger que certaines mentions figurent dans l'écrit[69], souvent les mêmes et notamment : l'identité des parties, l'objet du contrat, les obligations des parties et les modalités du contrat ou de paiement…etc.

Le contrat écrit cumule donc quelques avantages : il est perçu plus efficacement par l'esprit en raison de la prédominance de la mémoire visuelle, il permet à la partie de conserver l'information à titre de preuve, et il permet enfin au cocontractant de justifier qu'il s'est acquitté de son obligation[70].

De nombreuses législations de protection de la partie faible exigent un écrit. Il est ainsi requis que le contrat soit établi par écrit, que la partie faible reçoive certaines informations par écrit ou par exemple qu'une garantie lui soit remise par écrit[71]. Ces exigences permettent de relever l'importance de l'écrit dans la

---

l'article 453 du COC tunisien, un document électronique « *est l'écrit composé d'un ensemble de lettres et chiffres ou autres signes numériques (...)* ». Mais l'écrit électronique peut-il être assimilé à un écrit ?

[66] Le décret français n° 2015-587 du 29 mai 2015 relatif aux contrats types de location de logement à usage de résidence principale a été pris. *JORF*, n°0124 du 31 mai 2015, p 9035 ; V. égal. **C. BEDDELEEM**, *Le contrat type de location*, Ann. Loyers, Edilaix, 8 juill. 2015, p. 147

[67] **ABD-AL-K. SHAHBUN,** *ALSHAFI pour expliquer le droit des obligations et des contrats marocain*, tome IV, en arabe, L.R, 1999, p. 14 ; V. égal. **J. GATSI**, *Le contrat-cadre*, LGDJ., 1996, n°, p. 2.

[68] **J. FLOUR**, *Quelques remarques sur l'évolution du formalisme, in Le droit privé français au milieu du XXe siècle*. Etudes offertes à Georges Ripert, LGDJ., 1950, t. I, n° 9, p. 101.

[69] **Y. ZAOUJAL**, « Etude de la méthodologie de l'obligation d'information selon le nouveau Code des assurances marocain », *MarocDroit.com*, en arabe, consulté, 11 févr. 2017.

[70] **N. VALLET**, *Les techniques de protection du client de la banque*, op. cit., n° 266, p. 141.

[71] **H. JACQUEMIN**, *Le formalisme contractuel*, LARCIER, Bruxelles, 2010, p. 119, n° 71. Sur ce point, l'article 4 de la loi tunisienne n° 98-39, du 2 juin 1998 relative aux ventes avec facilités de paiement, dispose que « *le contrat de vente avec facilités de paiement doit être établi par écrit, le*

protection de la partie faible. Pour autant, il arrive que le seul écrit ne suffise pas. En effet, la rédaction de l'acte peut exiger dans certains cas la présence d'un professionnel du droit. En somme, il existe des hypothèses pour lesquelles, il faut un écrit établi avec l'intervention d'un professionnel du droit (A) et d'autres hypothèses qui ne nécessitent pas une telle intervention ; l'écrit s'avère alors suffisant (B).

A. Avec l'intervention d'un professionnel du droit

48. La protection de la partie faible ne se fait pas uniquement par l'exigence d'un écrit. Cependant, le rôle protecteur de l'écrit peut renforcer des actes dont la rédaction suppose le passage devant un professionnel du droit. En matière immobilière par exemple, la présence du notaire est en principe exigée dans tous les pays étudiés. La nouveauté se situe aujourd'hui au regard des domaines concernés et des professionnels habilités à intervenir. Si l'intervention d'une notaire reste indispensable dans certains cas, on constate qu'une place est faite dans certains domaines et au sein de certains systèmes juridiques également à l'avocat, comme on le verra plus tard. En réalité, l'exigence d'une intervention du professionnel existe dans tous les actes authentiques. Mais, cette exigence se rencontre, aussi, de plus en plus dans l'acte sous seing privé.

Ainsi, l'article 1369 du Code civil français définit l'acte authentique comme étant celui « *qui a été reçu, avec les solennités requises, par un officier public ayant compétence et qualité pour instrumenter* ». Parallèlement, dans les droits des pays du Maghreb, l'acte authentique correspond à celui que l'on connaît en droit français[72].

49. Dans tous les régimes juridiques des pays étudiés, l'acte authentique[73] est l'acte établi par un officier public ayant les pouvoirs nécessaires pour le faire. Ceci correspond à l'acte établi par un notaire, mais entrent également dans la catégorie juridique des actes authentiques, les actes d'état civil ou les actes de procédures

---

consommateur en reçoit un exemplaire. Toute vente avec facilités de paiement sans support écrit est considérée nulle et sans effet » (*JORT*, n° 44, 2 juin 1998, p. 1198).

[72] En effet, l'article 418 du Code marocain des obligations et des contrats, l'article 442 du Code tunisien des obligations et des contrats et l'article 416 du Code mauritanien des obligations et des contrats reprennent mot pour mot l'article 1317 du Code civil Napoléonien : « *l'acte authentique est celui qui a été reçu, avec les solennités requises, par les officiers publics ayant le droit d'instrumenter dans le lieu où l'acte a été rédigé* ». L'article 377 du Code civil libyen et l'article 324 du Code civil algérien sont quasiment identiques au contenu de l'article 1317 du Code civil français. Cependant, ces deux articles sont plus précis en ce qui concerne la personne qui a la qualité pour dresser un tel acte : l'article 377 du Code civil libyen dispose que « *l'acte authentique est celui dans lequel un fonctionnaire ou une personne chargée d'un service public, constate dans les formes légales et dans les limites de son pouvoir et de sa compétence, des faits qui ont lieu en sa présence ou des déclarations, à lui, faites par les intéressés* ».

[73] L'article 1317 du Code civil français dispose que l'acte authentique « *peut être dressé sur support électronique s'il est établi et conservé dans des conditions fixées par décret en Conseil d'Etat* ». Cette faculté ouverte par la loi devait donc être précisée par un décret. Les législateurs des pays du Maghreb restent muets sur l'acte authentique électronique, ceux-ci vont aborder au paragraphe deux.

accomplis par les magistrats, les exploits d'huissiers de justice, les procès-verbaux des officiers de police judiciaire en matière pénale[74]. Toutefois, dans le cadre de notre étude, nous nous intéresserons principalement aux actes authentiques dressés par un notaire. C'est que l'exigence d'un acte notarié permet d'éviter que le consentement ne soit donné sous la pression de manœuvres frauduleuses ou sans réflexion suffisante, et ceci d'autant plus que le notaire, tenu d'un devoir de conseil, doit éclairer ses clients sur les conséquences de leurs engagements et procéder, sous sa responsabilité, à la vérification des conditions d'efficacité de l'acte[75].

50. Ainsi, la rédaction d'un acte notarié présente des avantages certains pour la partie faible. Il conduit à la réflexion, il procure un délai de réflexion. De plus, l'exigence de l'acte notarié peut attirer l'attention des parties sur le fait de pouvoir bénéficier des conseils d'un notaire. L'acte authentique est donc requis pour les contrats aux effets particulièrement graves afin d'éviter que ces contrats ne soient conclus sans réflexion. Il permet également de protéger les parties contre toute pression extérieure[76].

Cependant, une nouvelle catégorie d'acte, moins solennel et plus souple que l'acte authentique mais toutefois plus sécurisant que l'acte sous seing privé a été créée dans certains pays, comme nous le verrons plus tard. La rédaction de tels actes s'effectue avec l'intervention de l'avocat afin d'éviter les risques d'un engagement irréfléchi[77].

De manière générale, l'intervention d'un professionnel du droit est exigée dès lors qu'il y a rédaction d'un acte authentique par un officier public (a) ou d'un acte sous seing privé contresigné par un avocat (b).

---

[74] **J-L. MOURALIS**, « Preuve (1°modes de preuve) », *Rép. civ. Dalloz.*, oct. 2017, n° 65 et s ; V. égal. **A. BOU-ASSAL**, « La problématique de l'écrit dans la vente immobilière de droit positif marocain », en arabe, *MarocDroit.com*, consulté le 14 mars 2018 ; **R. IMAD-EDDIN**, *Les moyens juridiques pour prouver la propriété immobilière privée en droit algérien*, Thèse, en Arabe., Université Mouloud Mammeri de Tizi-Ouzou, 2014, p. 39 ; **S. ALZARLAMI**, « La problématique de la rédaction des contrats immobilières », en droit tunisien, *Revue de l'association des justices de Sfax*, en arabe, 2015, n° 10, pp. 171 et 177.

[75] La Cour d'appel de Paris a confirmé le 20 octobre 2017 que le notaire atteste de la lucidité ou de la validité du consentement de la personne. Aussi, la responsabilité du notaire est à sa mission de vérification de capacité des contractants. Toutefois, Cette Cour d'appel décide justement que le notaire n'est pas habilité à donner un avis médical sur la lucidité d'un cocontractant ; Cette Cour a estimé qu'il n'entre pas dans la mission du notaire de constater l'état mental d'un cocontractant, et son opinion à ce sujet ne vaut que comme simple témoignage pouvant être librement apprécié par le juge. V., CA Paris, 4-1, 20 oct. 2017, n° 15/22729 ; *Def.*, 29 mars 2018, n° 13, p. 31, note **D. NOGUERO** ; Sur ce sujet V. égal. **A. MOHAMED YAHTA**, « L'authentification des actes de vente immobilières », http://www.coursupreme.mr/page/categories/idcateg, en arabe, Colloque sur les exigences de réalisation de la sécurité immobilière en Mauritanie, 24-25 nov. 2016, p. 5 et s.

[76] **J. De POULPIQUET**, « Le notaire », *Rep. Civil. Dalloz*, 2018, n° 295 ; Dans le même sens, **A. FOURNIER**, « Hypothèque conventionnelle », *Rep. Civil. Dalloz*, janv. 2015, n° 25 ; **CH. BOURRIER**, *La faiblesse d'une partie au contrat*, op. cit., 1, P. 94, n° 91.

[77] **J. PICARD**, « Quel avenir pour le notaire français ? », *Pet. Aff.*, 1 sept. 2017, n° 174-175, p. 5.

1. Le recours à l'officier public

En matière contractuelle dans les droits des pays étudiés, les principaux officiers publics sont les notaires. Mais en droit marocain la rédaction de l'acte authentique est également confiée à l'adoul.

a. Le notaire : officier public commun à tous les pays étudiés

51. M. Toussaint a estimé que « *le notaire est responsable de la qualité du consentement des parties* »[78]. D'ailleurs, le devoir d'investigation du notaire lui impose de vérifier la véracité de toutes les déclarations des parties qui conditionnent la validité ou l'efficacité de l'acte juridique instrumenté.[79] Ainsi, il y aurait une protection de la partie faible du fait de l'intervention d'un notaire[80]. C'est pourquoi, il est possible d'affirmer que le notaire a un grand rôle en matière de rédaction de contrat, de responsabilité dans la qualité du consentement des parties et de sécurité des transactions. Cependant, est-ce que le rôle et les fonctions du notaire sont identiques dans les droits des pays que nous comparons ici ?

52. Selon les pays étudiés, les régimes juridiques du statut de notaire sont généralement de type latin[81] ou sous influence de type latin [82] voire inspirés de dispositions du droit musulman.

---

[78] **M. TOUSSAINT**, « La vente de logement in le consommateur », *81e Congrès des notaires de France*, Lyon, 1985, Tome I, p. 699.

[79] La Cour de cassation française a jugé, à plusieurs reprises, que le notaire est tenu « *de vérifier, par toutes investigations utiles, spécialement lorsqu'il existe une publicité légale aisément accessible, les déclarations faites et qui, par leur nature ou leur portée juridique, conditionnent la validité ou l'efficacité de l'acte qu'il dresse* ». V., Cass. 1re civ., 8 janv. 2009, n° 07-18780 : *Bull. civ.* I, n° 1 ; Cass. 1re civ., 29 juin 2016, n° 15-17591. Sur ce sujet V. égal. **S. PELLET**, « Recours contre le notaire et faute dolosive du client », *RDC.*, 01 juin 2017, n° 02, p. 246

[80] **M. TOUSSAINT** cité par **D. MAJDANSKI**, *La signature et les mentions manuscrites dans les contrats*, Presses universitaires de Bordeaux, 2000, p. 223.

[81] Le notariat marocain (type latin) est institué par le Dahir du 4 mai 1925 portant organisation du notariat, copie textuelle intégrale de la loi française dite : « Vantôse », du 25 Vantôse an XI (16 mars 1803). Sur ce point V., **A. BOU-ASSAL**, « La problématique de l'écrit dans la vente immobilière à la lumière de droit positif marocain », en arabe, *MarocDroit.com* consulté le 14 mars 2018 ; **C. ENKAOUA**, « Le notariat modernisé », *Rev. droit et patrimoine*, n°221, janv. 2013, p. 6 et s.

[82] L'origine du notaire tunisien, mauritanien et de l'Adoul au Maroc est issue de la loi musulmane. Mais, les législateurs de ces pays se sont inspirés de certaines dispositions de type latin notamment du droit français. Sur ce sujet V., **H. EL-ANNABI**, « Les notaires musulmans de Tunisie », *Cahiers de la Méditerranée*, n° 63 (2001), pp. 3 et 4 ; V. égal. **A. MOHAMED YAHTA**, « L'authentification des actes de vente immobilières », en droit mauritanien, en arabe, op cit., p. 18. Par ailleurs, le notariat algérien a été d'abord régi par la loi n° 62/157 du 31/12/1962 tendant à la reconduction de la législation en vigueur au 31déc. 1962, sauf dans ses dispositions contraires à la souveraineté nationale (*JORA*, n° 02, 11 janv. 1963), puis par loi n° 88-27 du 12 juill. 1988, portant organisation du notariat, enfin par la loi n° 06-02 du 22 févr. 2006 portant organisation de la profession de notaire, *JORA*, n° 14 du 8 mars 2006. Le notariat libyen est organisé par la loi n° 2 du 1993 relative au métier de rédacteur de contrats, JOL, n°22, 1993, p. 799.

53. Le notaire dans ces pays[83] est un juriste investi d'une mission d'autorité publique qui prépare des contrats sous la forme authentique pour le compte de ses clients. Il exerce ses fonctions dans un cadre libéral[84]. Autrement dit, le notaire a pour rôle de préparer, rédiger, attester, enregistrer et conserver des documents, ou actes notariés, qui ont une valeur légale. Son activité consiste également à offrir des conseils. Selon les définitions précédentes, on peut le définir en tant que professionnel libéral du droit, officier public, nommé par l'État pour conférer l'authenticité aux actes juridiques qu'il rédige et pour agir comme conseil en faveur des contractants.

En tout état de cause, le notaire reste, dans les droits des pays étudiés, un personnage incontournable des professions règlementées, car il participe à la sécurité des transactions. Il a le pouvoir d'authentifier les actes en apposant son sceau et sa propre signature. Il constate ainsi officiellement la volonté exprimée par les personnes qui les signent et s'engage personnellement sur le contenu et sur la date de l'acte[85]. Sauf dans le cadre du droit tunisien[86], cet acte s'impose alors avec la même force qu'un jugement définitif. A ce titre, le notaire est le magistrat de l'amiable, acteur d'une justice rendue à l'amiable. Ces professionnels du droit inspirent confiance en raison des conditions préalables à leur nomination. L'authenticité des actes qu'ils rédigent est fondée sur le caractère qui est attaché à la véracité de ces actes[87].

---

[83] L'article 1er de l'Ordonnance française n° 45-2590 du 2 nov. 1945 relative au statut du notariat définit les notaires comme les « *officiers publics établis pour recevoir tous les actes et contrats auxquels les parties doivent ou veulent faire donner le caractère d'authenticité attaché aux actes de l'autorité publique* ». L'article 1er de la loi marocaine n° 32.09 relative à l'organisation de la profession de notaire dispose que « *le notariat est une profession libérale qui s'exerce conformément aux conditions et attributions prévues par la présente loi et par les textes particuliers* » (*B.O. Mar.* n° 6062 du 5 juill. 2012). La loi tunisienne n° 94-60 du 23 mai 1994 portant organisation de la profession des notaires dispose que « *le notaire a qualité d'officier public et est soumis dans l'exercice de sa profession à la présente loi* » (*JORT*, n° 42, 31 mai 1994, p. 896). L'article 3 de la loi algérienne du 20 février 2006 précitée énonce que « *le notaire est un officier public, mandaté par l'autorité publique, chargé d'instrumenter les actes pour lesquels la loi prescrit la forme authentique et les actes auxquels les parties veulent donner cette forme* ». Le législateur libyen ne définit pas la notion de notaire comme les pays mentionnés. En ce sens, **A. ABOU-ISSA ABDALHMID**, « L'étendue de l'efficacité de la formation scientifique et pratique de l'exercice de profession du notaire », *Revue de l'Université, AZZAWIYA (Libye)*, n° 16, vol. 2, avril 2014, p. 29

[84] **J-L. MOURALIS**, « Preuve (1°modes de preuve) », Rép. civ. Dalloz, juill. 2018, n° 37 ; **A. BENCHENEB**, *Introduction générale à la règle de droit en Algérie*, E.U.D., 2012, n°303, p. 234.

[85] **E. SKOUKED**, « Notaire », XXVI Congrès international du notariat, Marrakech, 2010, https://www.uinl.org/fr, consulté le 16 mai 2017 ; Dans le même sens, **D. ALLAG-ZENNAKI**, *Contrats : Négociation ; Construction ; Rédaction*, en droit algérien, op. cit., p. 218 ; **F. OUSSI**, « Le droit notarial moderne entre réalité et prévision », en arabe, *Revue Almalaf, Maroc*, n°07, oct. 2005, p169 et s ; Sur ce point V. égal. **A. MOHAMED YAHTA**, « L'authentification des actes de vente immobilières », en droit mauritanien, op. cit., p. 11 et s.

[86] La loi tunisienne n° 94-60 du 23 mai 1994 portant organisation de la profession des notaires, *JORT*, n° 42, 31 mai 1994, p. 896.

[87] **J. TARRADE**, « Réformes du notariat dans le monde : (Davantage une reconnaissance du rôle du notaire que sa remise en cause) », *Def.* 28 févr. 2012, n° 04, p. 213 ; V. égal. **Y. HOUHOU**, *Le contrat de vente dans la loi et la jurisprudence algériennes*, Dar BelKeise, Alger, 2016, p. 81 et s ;

54. Le notaire français et les notaires des pays maghrébins sont tenus au secret professionnel. Cette obligation s'impose aux stagiaires et aux salariés de l'étude. Ces notaires sont responsables des préjudices occasionnés par leurs fautes professionnelles, ainsi que par celles de collaborateurs[88].

55. Ainsi, l'exigence de l'intervention du notaire offre directement ou indirectement une protection pour la partie faible. En effet, le notaire possède des compétences en matière de rédaction de contrat. Il doit attirer l'attention des parties, notamment celle de la partie faible, sur les conséquences de son engagement. Il joue également un rôle dans la valorisation des droits, la conservation des fonds et dans la création d'un climat de confiance et de sécurité juridique.

Dans le cadre de notre recherche, il est utile de noter que le notaire, en droit marocain, partage ses fonctions avec l'Adoul.

b. Les adouls : Cas spécifique au Maroc (un notaire traditionnel)

56. Comme indiqué précédemment, le notariat marocain est multiple. Il est constitué d'un notariat de nature confessionnelle et d'un autre de type latin. Au sein du notariat confessionnel on distingue deux catégories : les adoul de confession musulmane et les souffrîmes de confession juive. Depuis 1912, les adoul sont compétents en matière de statut personnel et successoral des musulmans et de droits immobiliers non immatriculés. Les souffrîmes traitent du statut personnel juif et des droits immobiliers de coutume juive[89]. L'article 1er de la loi n° 16-03 relative à la profession d'Adoul prévoit que « *La profession d'Adoul s'exerce, en tant que profession libérale, conformément aux attributions et conditions prévues par la présente loi et par les textes particuliers. Les Adoul sont considérés comme des auxiliaires de la justice* »[90].

Considérée comme une profession libérale réglementée, l'adoul est un notaire traditionnel qui a les mêmes compétences qu'un notaire classique, mais il convient de signaler une exception[91]. Il est chargé notamment de rédiger, d'attester, et de conserver toutes sortes de documents et de contrats dans le droit civil.

B. DELESALLE, J. LOTZ et N. GESSEY, « Le notaire au cœur de nouveaux dispositifs », *Def.*, 1 sept. 2017, n° 127, p. 11.

[88] **J-L. MOURALIS**, « Preuve (1°modes de preuve) », op. cit., n° 144 ; V. égal., **M. CHELEBK**, *L'introduction en droit libyen*, Université Ouverte Tripoli, 2002, p. 319 ; **A. BOUKIR**, « Les fondements du notaire moderne au Maroc », en arabe, *Revue Al-malaf*, n°11, oct. 2007.p. 55.

[89] **A. BOUKIR**, *Le notariat moderne marocain*, Dar ASSALM, en arabe, 2e éd., 2010, p. 15 et s.

[90] Dahir n° 1-06-56 du 15 moharrem 1427 portant promulgation de la loi n° 16-03 relative à la profession d'Adoul, *Bull. O. Mar.*, n° 5684 du 20 nov. 2008.

[91] Une exception et non des moindres, l'adoul n'a pas la compétence d'authentifier les contrats et tout acte établi doit être validé par le juge et cosigné par deux adouls. Mais si la volonté fusionnelle existe, le législateur peut régler toutes les différences entre les deux professions. **A. KETTANI**, « Modes d'exercice des professions juridiques », en arabe, Rapport marocain, 14 avriel 2011, http://www.alkanounia.com, consolté 11 juin 2015.

57. L'adoul exerce obligatoirement ses fonctions dans une structure de groupe en vertu des dispositions de l'article 14 de la loi n°16-03, l'adoul doit choisir une étude dans le ressort duquel il a été nommé et exerce obligatoirement avec un autre collègue. L'étude est ainsi constituée de deux adouls au moins[92].

Une fois installé à son propre compte, l'adoul peut établir des actes de transactions immobilières, d'héritage, de mariage et de divorce. Si, en pratique, les adouls peuvent dresser tous ces actes[93], le fait que la loi les explicite est un gage de professionnalisme et de sérieux. La loi institue également une grille tarifaire pour l'établissement de tous ces actes. L'adoul entre dans une catégorie professionnelle règlementée, ainsi la loi régissant la profession d'adoul dispose que seules les personnes diplômées de la Faculté de jurisprudence religieuse de Tétouan, de la branche des études islamiques dans les facultés de lettres et la Faculté des études arabes et enfin de la branche du droit privé des Facultés de sciences juridiques peuvent prétendre à ce statut[94].

Il convient également de noter que cette profession était jusqu'au 22 janvier 2018[95] présent réservée exclusivement aux hommes[96].

58. Il serait logique de se demander si l'adoul peut jouer un rôle pour protéger la partie faible. Sur ce sujet, leurs missions sont similaires aux missions des notaires modernes. Mais, son rôle de protection est inefficace dans certains cas, en raison de la disparité du niveau de formation de ces professionnels. Ainsi, à l'instar des notaires, les adouls sont issus des universités de droit, mais certains ont étudié dans des facultés d'enseignement religieux ou des facultés de lettres[97]. Par conséquent, ils manquent de formation en matière fiscale ou économique et parlent peu le français et l'anglais qui sont les langues utilisées dans le monde des

---

[92] **A. KETTANI**, Ibid.

[93] Contrairement au notaire, les adouls peuvent rédiger les contrats des biens non immatriculés. V., L'enquête par **C. ENKAOUA**, Le notariat modernisé, op. cit., n°221 ;

[94] Les candidats sont recrutés sur concours. Ils effectuent ensuite un stage au sein du tribunal de première instance, qui dure jusqu'à leur nomination. Sur ce point ; **A. ALMOURABET**, « L'évolution historique de l'authenticité marocaine », en arabe, *Revue du droit et des affaires, www.droitetentreprise.org*, Maroc, consulté le 17 déc. 2014.

[95] Les adouls marocains, https://www.maghress.com/akhbarona/231568. Consulté le 17 juin 2018.

[96] A ce sujet, les auteurs marocains étaient divisés entre partisans et opposants au monopole de la profession d'adoul par l'homme. Les partisans du monopole justifiaient leur position par l'origine islamique de cette profession, ne permettant pas aux femmes de l'exercer. Quant aux opposants, ils prônaient le principe de l'égalité entre l'homme et la femme qui doit s'appliquer à tous les domaines. Ainsi, ils soutenaient l'exercice de cette profession par les hommes et les femmes. Toutefois, lors du Conseil des ministres tenu lundi 22 janvier 2018, le roi du Maroc Mohammed VI a chargé le ministre de la justice d'ouvrir aux femmes la profession d'adoul, et de prendre les mesures nécessaires pour réaliser cet objectif. V. **R. AHFOUD**, « Les femmes et la profession d'Adoul », *Akhbar Alsabah*, 29 mai 2016 ; Dans le même sens V, **A. KARTA**, « La possibilité des femmes d'accès à la profession d'Adoul », en arabe, *www.hespress.com*, consulté, 16 févr. 2017. **A. KARTA**, « L'authenticité de l'acte adoulaire à travers la date sa réception ; Lecture des certains articles de la loi n° 19-03 relative à la profession d'Adoul », en arabe, *Revue des doctrines et du droit*, 21 juin 2012, p. 4.

[97] Art. 9 de la loi n° 16-03 relative à la profession d'Adoul, *Bull.O. Mar.*, n° 5684 du 20 nov. 2008.

affaires[98]. Ainsi, les adouls ne peuvent informer ou conseiller leurs clients de manière satisfaisante dans certains domaines. En effet, comme le dit le proverbe arabe « *La personne qui manque une chose ne peut pas la donner* », et le proverbe français « *on ne peut pas donner ce qu'on n'a pas* ».

59. En résumé, le droit marocain reconnait deux types d'actes : l'acte notarié et l'acte adoulaire. Si l'existence de deux types de notaire (moderne et traditionnel) était justifiée sous le protectorat, ce n'est plus le cas aujourd'hui. Cela soulève un certain nombre de questions et cela complique la vie pratique des individus. Alors il vaudrait mieux fusionner ces deux professions de notaire et d'adoul dans un seul corps, d'autant plus qu'ils ont pratiquement les mêmes compétences et que la finalité de leurs attributions est la même. De fait, les actes rédigés tant par les adouls que par les notaires ne sont, au final, validés qu'après l'accomplissement des mêmes formalités. Par ailleurs, la loi régissant les deux professions fixe des conditions d'exercice identiques. Il convient d'ajouter que le développement des relations contractuelles impose que les avocats interviennent aussi dans certains actes.

2. Le recours à l'avocat : en droit français, tunisien, marocain

60. L'acte d'avocat, ou l'acte contresigné par un avocat, est une nouvelle forme d'acte sous seing privé. Plus précisément, c'est une convention écrite établie et contresignée par un avocat[99]. L'objectif est clair. Il s'agit de conférer à l'acte sous seing privé, contresigné par un avocat, une efficacité juridique renforcée et lisible[100]. L'intervention de l'avocat, qui n'a pas la qualité d'officier public, ne peut en aucun cas conférer l'authenticité à l'acte qu'il a aidé à rédiger. Mais ici, comme dans le cas de l'acte authentique, l'intervention de professionnels compétents renforce la sécurité juridique des actes. Ainsi, l'acte contresigné par un avocat est une variante d'acte sous seing privé non revêtu de la formule exécutoire mais il possède un degré de fiabilité plus élevé qu'un acte sous seing privé simple[101].

61. Il convient tout d'abord de signaler que les législateurs marocain et tunisien ont protégé les contractants en exigeant expressément dans les cas les plus importants le recours à l'acte authentique ou à l'acte d'avocat[102]. Les avocats

---

[98] **N. LAMLILI**, « La profession Adoul II, Portail marocain des professionnels du droit », *www.juristique.com*, consulté le 3 Mars 2017.

[99] **M. BACACHE et A-M. LEROYER**., « Acte d'avocat : Acte sous seing privé contresigné par l'avocat - Acte authentique », *RTD Civ.* 2011 p.403.

[100] **C. LIENHARD**, « L'acte contresigné par avocat, à l'évidence une fort belle avancée », *AJ Famille.* 2011 p.171 ; **M. ELTASSAOILI**, *L'avocat et la rédaction des contrats*, en droit marocain, Imprimerie papeterie El Watanya, en arabe, 2e édit, 2013, p. 42.

[101] **J.-Y. MERCIER**, **Ph. ROCHMANN**, **E. RASKIN** et **J.-J. UETTWILLER**, « L'acte d'avocat : de la polémique à l'acte », *Gaz. Pal.*, 1 mars 2011, n° 60, p. 7 ; **F. FERRAND**, « Preuve », *Rép. pro. Civ. Dalloz*, janv. 2018, n° 607.

[102] **Y. ASILH,** « L'avocat et la rédaction des contrats, en droit marocain », en arabe, *MarocDroit.com*, consulté le 10 janv. 2018.

français et tunisien et les avocats marocains agréés près la cour suprême exercent alors une mission identique, ou presque similaire à celle des notaires[103]. C'est ainsi, par exemple, que le recours à un acte d'avocat est exigé pour la rédaction d'une vente d'immeuble en l'état futur d'achèvement et pour une location-accession à la propriété immobilière en droit marocain ou tous les actes posés en matière immobilière en droit tunisien[104].

Ainsi, dans les situations précédemment évoquées, la relation contractuelle s'établit entre un professionnel et un consommateur. Pour protéger ce dernier, surtout face à la crise du logement dans ces pays[105], le législateur renforce la sécurité juridique par l'exigence de l'intervention d'avocat ou de notaire[106].

62. En France, le législateur est intervenu récemment pour organiser les dispositions de l'acte contresigné par avocat et il a, d'ailleurs, adopté des règles qui offrent plus de garantie aux parties, notamment la partie faible. Tout d'abord, cet acte a été introduit par la loi française n° 2011-331 du 28 mars 2011 dite « de modernisation des professions judiciaires ou juridiques et de certaines professions règlementées »[107], laquelle loi insère un chapitre 1er bis intitulé « le contreseing de l'avocat » dans la loi du 31 décembre 1971 qui portait réforme de certaines professions judiciaires et juridiques. Sont ainsi insérés les articles 66-3-1 à 66-3-3. Ensuite, l'ordonnance française du 10 février 2016 portant réforme du droit des contrats a fait entrer l'acte d'avocat à l'article 1374 du Code civil[108]. Le but étant de permettre à des parties à un acte sous seing privé, de la vie courante, de le faire contresigner par un avocat pour lui conférer une force juridique renforcée. Certains actes qui ne sont pas qualifiés d'actes de la vie courante doivent, cependant, être établis par un notaire.

Cela dit, le régime juridique encadrant l'intervention de l'avocat est différent suivant les différents pays étudiés.

63. Contrairement aux systèmes juridiques marocain et tunisien, en France le législateur a prévu le recours à l'acte contresigné par l'avocat que dans un cadre exceptionnel. En effet, la loi française n° 2011-331 du 28 mars 2011 ne détermine

---

[103] **J. PICARD**, « Quel avenir pour le notaire français ? », op. cit., p. 7.

[104] En droit marocain, V. Art. 618-3 de COC et Art. 4 de la loi n° 51-00 de 2004 relatif à la location-accession à la propriété immobilière, *Bull.O. Mar.*, 15 janv. 2004. En droit tnuisien, l'article 377 Bis du Code tunisien des droits réels et Art. 2 du décret-loi n° 2011-79 du 20 août 2011 portant organisation de la profession d'avocat, *JORT*, 63, 23 août 2011, p. 1595.

[105] **A. ALJAZOULI et K. ALDAK**, « La vente d'immeuble en l'état futur d'achèvement », *MarocDroit.com*, 16 juin 2017 ; sur le même sujet V., **Y. ALAAYOUD**, « La rédaction des transactions financières à la lumière de certaines lois spéciales », en arabe, *MarocDroit.com*, consulté le 26 fév. 2017.

[106] Idem, op. cit., p. 5 ; V. égal., **M. RIAD**, « Le preuve de l'acte authentique et de l'acte sous seing privé en matière de transactions immobilières », en droit marocain, *Alkanounia.com*, en arabe, consulté le 7 juill. 2015.

[107] La loi française n° 2011-331, 28 mars 2011 de modernisation des professions judiciaires ou juridiques et certaines professions réglementées, *JORF.*, 29 mars 2011, p. 5447.

[108] **B. WEISS-GOUT et E. MULON**, « L'acte d'avocat est entré dans le Code civil », *Gaz. Pal.* 19 avril 2016, n° 15, p. 43.

généralement pas une catégorie particulière d'actes devant obligatoirement être contresignés par un avocat[109]. Le contreseing d'avocat, en droit français, est donc un outil ou moyen juridique souple qui peut être utilisé dans toutes les situations dans lesquelles le recours à l'acte authentique n'est pas obligatoire.

Le législateur français veut, ce faisant, indiquer aux contractants qu'un acte contresigné par un avocat bénéficie d'une force probante renforcée par rapport à celle dont dispose un acte sous seing privé non contresigné[110]. Ainsi, la loi française n° 2011-331 permet à des contractants qui veulent officialiser un accord sous seing privé d'éviter les contestations portant sur leurs propres écritures ou signatures. Toutefois, l'avocat peut intervenir aux termes de l'article 492 du Code civil[111], pour contresigner les mandats futurs rédigés sous la forme d'un acte sous seing privé, si les contractants n'ont pas choisi d'utiliser le modèle-type établi par décret. Les attributions de l'avocat tuteur recouvrent un champ d'application important aux termes de la loi n° 2007-308 du 5 mars 2007 en vue d'accompagner l'incapable dans de nombreux actes juridiques et pas seulement dans ses démarches judiciaires. Ce contreseing en droit français applicable au mandat de protection future indique que l'avocat est présumé de manière irréfragable avoir examiné l'acte et conseillé son client, tout en assumant pleinement la responsabilité qui en découle. Aussi, l'intervention de l'avocat permet que l'acte signé par les parties (notamment la partie faible) le soit en connaissance de cause, ce qui garantit la réalité du consentement des parties et limite les possibilités de contestation ultérieure.

64. En revanche, en matière d'exigence d'un écrit, le champ d'intervention de l'avocat en droits marocain et tunisien est beaucoup plus vaste. A côté de son rôle très étendu dans plusieurs domaines, l'avocat marocain ou tunisien procède à la rédaction d'actes qui entrent classiquement dans les attributions de notaire[112].

En effet, au Maroc, l'avocat agréé près la cour suprême peut rédiger les contrats de vente d'immeuble en l'état futur d'achèvement[113], les contrats de location-accession à la propriété immobilière[114] et tout acte relatif au transfert de

---

109 **O. DUFOUR**, « L'acte contresigné par un avocat est né ! », *Pet. Aff.*, 30 mars 2011, n° 63, p. 3

110 **D. MAZEAUD**, « L'acte sous seing privé contresigné par avocat », *RDC*, 01 juill. 2011, n° 3, p. 873 ; **C. BERREBI**, « Favoriser l'innovation. À propos de l'acte d'avocat dématérialisé », *Gaz. Pal.* 20 juill. 2013, n° 201.

111 L'article 492 du Code civil français dispose que « *le mandat établi sous seing privé est daté et signé de la main du mandant. Il est soit contresigné par un avocat, soit établi selon un modèle défini par décret en Conseil d'Etat* ».

112 **Y. ALAAYOUD**, « La rédaction des transactions financières à la lumière de certaines lois spéciales », en Arabe., *MarocDroit.com*, consulté le 26 fév. 2017.

113 Art. 618-3 de COC marocain énonce que « *la vente d'immeuble en l'état futur d'achèvement fait l'objet d'un contrat préliminaire qui devant conclu, sous peine de nullité, soit par acte authentique, soit par acte ayant date certaine… La liste nominative des professionnels agréés pour dresser lesdits actes est fixée annuellement par le ministre de la justice. Sont inscrits sur cette liste les avocats agréés près la cour suprême…* ».

114 Art. 4 de la loi marocaine n° 51-00 de 2004 relatif à la location-accession à la propriété immobilière, *Bull.O. Mar.*, 15 janv. 2004.

la copropriété ou de la constitution, du transfert, de la modification d'un droit réel ou de l'extinction dudit droit[115]. Cette innovation est apportée par la loi marocaine qui permet désormais aux avocats agréés près la Cour suprême, de dresser des actes pour certaines opérations déterminées, empiétant par conséquent sur les prérogatives des notaires[116]. Ainsi, les deux parties se rendront chez un notaire ou un avocat pour formaliser les actes précédents. Les parties au contrat peuvent choisir entre ces deux possibilités. Conformément à la jurisprudence marocaine constante[117], le contrat qui ne respecte pas les conditions de formation peut alors être annulé. Par exemple, le contrat préliminaire de vente d'immeuble en l'état futur d'achèvement qui est conclu par acte sous seing privé classique sera annulé, car ce contrat n'a pas été conclu par acte authentique ou acte ayant date certaine dressé par un professionnel appartenant à une profession juridique comme l'avocat[118].

65. S'agissant du droit tunisien, l'avocat a beaucoup d'attributions. Selon l'article 377 Bis du Code tunisien des droits réels « *sont exclusivement habilités à rédiger les actes et conventions soumis à l'inscription sur le livre foncier : 1/...2/ Les notaires. Les avocats en exercice* ». D'ailleurs, le législateur tunisien a accordé des attributions larges aux avocats pour rédiger tous types de contrats. L'article 2 du décret-loi n° 2011-79 du 20 août 2011 portant organisation de la profession d'avocat[119] énonce que « *l'avocat (...) est aussi exclusivement compétent en matière de rédaction des contrats et des actes translatifs de propriété immobilière et des contrats d'apports immobiliers dans le capital des sociétés commerciales, sans toutefois empiéter sur le domaine, réservé par la loi, aux notaires et aux rédacteurs d'actes relevant de la conservation de la propriété foncière. Les actes effectués par une personne autre que celles susmentionnées*

---

[115] Art. 12 de la loi marocaine n° 18-00 relative au statut de la copropriété des immeubles bâtis dispose que « *sous peine de nullité, tout acte relatif au transfert de la copropriété ou de la constitution, du transfert, de la modification d'un droit réel ou de l'extinction dudit droit, doit être établi par acte authentique ou par acte à date certaine dressé par un professionnel appartenant à une profession légale... La liste nominative des professionnels agréés pour dresser lesdits actes est fixée annuellement par le ministre de la justice. Sont inscrits sur cette liste les avocats agréés près la cour suprême...* ». Cet article concerne tous les professionnels appartenant à une profession légale. Cependant, nous traitons ici de l'acte de l'avocat, ce dernier intervenant en tant que professionnel du droit qui peut apporter une protection efficace à la partie faible.

[116] **A. KETTANI**, « Modes d'exercice des professions juridiques », Rapport marocain, op. cit., p. 6.

[117] Cass. civ., marocaine, n° 53 du 19 févi. 2013, dossier n° 2822/1/7/2011, en arabe, www.mahkamaty.com consulté le 15 oct. 2017.

[118] La Cour d'appel de commerce de Casablanca, arrêt n° 2785/**2012** du 23/05/2012, inédit. Sur ce sujet voir également, **M. LASHGAR**, « Le commentaire de l'arrêt du Tribunal de première instance de Marrakech du 03/03/2011 relatif au contrat de vente d'immeuble en l'état futur d'achèvement », en arabe, *www.marocdroit.com*, consulté le 02 févr. 2016.

[119] Le décret-loi n° 2011-79 du 20 août 2011 portant organisation de la profession d'avocat, *JORT*, 63, 23 août 2011, p. 1595.

sont nuls et non avenus ».[120] L'avocat qui intervient comme rédacteur d'un acte a des compétences à ce jour quasi-équivalentes à celles d'un notaire.

Tous les avocats tunisiens à l'exception des avocats stagiaires, sont habilités à rédiger tous les actes liés aux transactions immobilières, alors que le législateur marocain ne confère des compétences qu'aux avocats agréés, ayant une expérience de quinze ans[121], près la Cour suprême en matière de rédaction de certains contrats immobiliers[122].

66. Il apparaît que le législateur marocain offre plus de garanties dans les contrats mentionnés que son homologue tunisien. En effet, il est ici, concevable que l'avocat tunisien commette des fautes lors de la rédaction des contrats par manque d'expérience. C'est que ce dernier, après son stage, n'est pas forcement apte à rédiger tous les contrats, surtout si le stage a été effectué dans un cabinet d'avocat non spécialisé dans la rédaction des contrats. En revanche, au Maroc, l'avocat agréé près la Cour de cassation (suprême) est normalement plus compétente en matière de rédaction de contrats. Il dispose en principe d'une bonne connaissance de la nouvelle jurisprudence et des lois relatives aux contrats. Cela conduit à une meilleure garantie pour la partie faible quand celle-ci fait rédiger son contrat par des avocats marocains. En effet, dans ce dernier cas, la certitude est établie que l'acte sera rédigé par un professionnel du droit aux compétences reconnues. Pour une sécurisation optimale des parties au contrat, le droit marocain exige que l'acte soit signé et paraphé en toutes les pages par les parties et par celui qui l'a dressé. Ensuite, les signatures des actes dressés par l'avocat sont légalisées par le chef du secrétariat du greffe du tribunal de première instance dans le ressort duquel exerce ledit avocat[123].

67. Ainsi, en droits français, tunisien et marocain, l'acte sous seing privé par l'avocat constitue un des moyens de protection de la partie faible, car il apporte la garantie que le consentement des parties a été éclairé. En contresignant l'acte, l'avocat atteste avoir pleinement éclairé la ou les parties qu'il conseille sur les

---

[120] Selon cet article, les notaires tunisiens ne peuvent plus rédiger des actes de ventes de fonds de commerce. Sur ce point, **J. TARRADE**, « Réformes du notariat dans le monde : (Davantage une reconnaissance du rôle du notaire que sa remise en cause) », op, cit., p. 213. J. TARRADE a noté que « *il n'y a guère qu'en Tunisie que l'on perçoit un affaiblissement du notariat* ». Cet auteur a ajouté que « *on dénombre une majorité d'avocats au sein du nouveau gouvernement et nous avons le sentiment que ces derniers entendent reprendre un certain nombre des missions relevant aujourd'hui du notaire* ».

[121] Art. 33 du Dahir n° 1.08.101 du 20 Oct. 08 promulguant la loi n° 28.08 ayant modifié la loi règlementant la profession d'avocats, *Bull.O. Mar.*, n° 5680, 06 nov. 2008 ; V. égal. **Y. ASILH**, « L'avocat et la rédaction des contrats, en droit marocain », op. cit. p. 2 ; **M. ELTASSAOILI**, *L'avocat et la rédaction des contrats*, en droit marocain, op. cit., p. 79 et 191.

[122] **Y. ALAAYOUD**, « La rédaction des transactions financières à la lumière de certaines lois spéciales », en arabe, https://www.marocdroit.com, consulté le 26 févr. 2017. S'agissant d'autres rédacteurs marocains ne peuvent pas rédiger les contrats immobiliers sauf qui entre dans la liste nominative des professionnels agréés pour dresser lesdits actes est fixée annuellement par le ministre de la justice.

[123] **Y. ALAAYOUD**, « La rédaction des transactions financières à la lumière de certaines lois spéciales », en Arabe., *en arabe, https://www.marocdroit.com*, consulté le 26 févr. 2017.

conséquences juridiques de cet acte[124]. Plus précisément, les avocats sont les mieux à même d'établir des contrats conformes aux exigences, non seulement de la loi mais aussi de la jurisprudence[125]. L'acte d'avocat joue le rôle d'un marqueur de qualité, attirant l'attention des particuliers sur l'importance qu'il peut y avoir, dans bien des cas, à garantir la sécurité de la relation contractuelle, sans pour autant les contraindre[126].

De plus, la rédaction de tels actes sans l'assistance d'un professionnel compétent peut être source de conflits et de contentieux devant les tribunaux ; (clauses ambigües, obligations des parties non définies, remise en cause des signatures et des consentements...).

68. De manière générale, l'acte contresigné par avocat n'est qu'un acte sous seing privé, mais qui bénéficie de certains avantages du fait qu'il a été contresigné par un ou des avocats. Premièrement, le contreseing atteste du fait que l'avocat a pleinement éclairé la ou les parties qu'il conseille sur la portée et les conséquences juridiques dudit acte. Deuxièmement, l'acte contresigné fait pleine foi de l'écriture et aussi de la signature des parties, mais non pas de sa date à la différence de l'acte authentique[127]. En revanche, l'acte contresigné par avocat n'a pas force exécutoire, laquelle n'est reconnue qu'à l'acte authentique[128].

De plus, l'article 66-3-3 de la loi française dispose que « l'acte sous seing privé contresigné par avocat est, sauf disposition dérogeant expressément au présent article, dispensé de toute mention manuscrite exigée par la loi »[129]. Selon M. BENICHOU, la mention manuscrite prévue par la loi n'a pas, effectivement, d'intérêt[130]. En outre, la même règle a été édictée pour les actes notariés, on peut

---

[124] Art. 66-3-1 de la loi française n° 2011-331 du 28 mars 2011 de modernisation des professions judiciaires ou juridiques et certaines professions réglementées, *JORF.*, 29 mars 2011, p. 5447 ; V. égal., **J-F. BOCQUILLON et M. MARIAGE**, *Introduction au droit*, DUNOD, 2018, p. 77. Par ailleurs, l'article 9-2 du décret français n° 2005-790 du 12 juillet 2005 relatif aux règles de déontologie de la profession d'avocat dispose que « *l'avocat seul rédacteur d'un acte veille à l'équilibre des intérêts des parties. Lorsqu'il a été saisi par une seule des parties, il informe l'autre partie de la possibilité qu'elle a d'être conseillée et de se faire assister par un autre avocat* » (JORF n°0164 du 16 juill. 2005, p. 11688).

[125] **Y. ASILH**, « L'avocat et la rédaction des contrats, en droit marocain », op. cit., p. 2

[126] **A. AZARIBI et A. ALKACHOU**, « Pour un renforcement du rôle des avocats en Tunisie XXIe siècle », Rencontres scientifiques de Hammamet (Tunis), du 28 au 30 janv. 2005, Ordre national des avocats de Tunisie, en arabe, *www.tunisia-sat.com*, consulté le 7 août 2015.

[127] Il convient de noter qu'en droit français, l'acte contresigné par un avocat n'a pas date certaine, sauf à ce qu'il soit enregistré auprès de l'administration fiscale. V., **O. DUFOUR**, « L'acte contresigné par un avocat est né ! », op. cit., p. 3 ; **O. DESHAYES**, « L'acte contresigné par avocat est né (conjugaison à l'imparfait du législatif) », *LEDC.*, 3 mai 2011, n° 05, p. 1.

[128] **PH. MALINVAUD**, *Introduction à l'étude du droit*, LexisNexis, 17 e éd., 2017, p. 466. **Ch. LEFEBVRE**, « La guerre du droit n'aura pas lieu », *Gaz. Pal.*, 21 févr. 2012, n° 52, p. 11.

[129] Art. 66-3-3 de la loi française précitée n° 2011-331 du 28 mars 2011 de modernisation des professions judiciaires ou juridiques et certaines professions réglementées dispose que « *l'acte sous seing privé contresigné par avocat est, sauf disposition dérogeant expressément au présent article, dispensé de toute mention manuscrite exigée par la loi* ».

[130] **M. BENICHOU**, « De la création à l'exportation de l'acte d'avocat en Europe et à l'international », *CNB*, 17 avril 2014, p. 2 ; **F. G'SELL-MACREZ**, « L'acte sous signature

en effet penser que les parties auront suffisamment été informées par l'avocat ou par le notaire.

69. En résumé, c'est une nouvelle catégorie d'acte juridique très utile pour protéger la partie faible et sécuriser la valeur de l'acte. En effet, l'intervention de l'avocat sur l'acte atteste que les personnes qu'il aura conseillées auront reçu son assistance juridique. D'ailleurs, le contreseing permet une réflexion plus approfondie sur l'engagement des parties. Le contreseing de l'avocat renforcera également la force probante de l'acte sous seing privé entre les parties et diminuera le contentieux en ce domaine puisque l'acte contresigné fera pleine foi de l'écriture et de la signature des parties tant à leur égard qu'à celui de leurs héritiers et ayants cause[131]. L'acte d'avocat est donc désormais équivalent à un acte légalement reconnu. Il reste attaquable pour la procédure de faux prévue par le Code de procédure civile, celle-ci est très voisine de celle de la reconnaissance d'écriture pour l'acte authentique[132].

70. Ainsi, se pose la question de savoir quelle est la voie la plus pertinente d'intervention d'un professionnel du droit pour la partie faible.

Pour répondre à cette question, il faut distinguer entre les compétences de l'avocat et du notaire. Il faut examiner également les effets des actes sur la partie faible.

71. Bien que l'avocat soit en contact permanent avec la nouvelle jurisprudence, en théorie, le notaire est plus compétent en matière de rédaction d'acte. Cette rédaction se trouve, en effet, aux cœurs de ses missions. Habitué à rédiger tous les actes, il connait également tous les détails y afférents et leurs conséquences. Subséquemment, il est capable de mieux conseiller et éclairer son client. Mais, cette hypothèse n'est pas toujours valable, parce que l'avocat qui possède une longue expérience dans la pratique, sera forcément plus compétent que le notaire qui vient juste de débuter dans son métier. Il ressort de cette analyse que le droit marocain permet d'équilibrer les considérations précédentes ; il confère ainsi aux avocats, essentiellement ceux qui sont agréés près de la Cour de cassation, la possibilité de rédiger certains contrats immobiliers[133].

72. S'agissant des effets de l'acte, en droit tunisien, l'acte notarié et l'acte sous seing privé par l'avocat n'ont qu'une force probante. Or, l'acte notarié marocain est un acte ayant une force exécutoire ainsi qu'une force probante alors que c'est indispensable pour l'acte sous seing privé. Alors, il semble de ce point de vue que le recours au notaire offre plus de garantie à la partie faible.

Cette garantie, qui découle de l'intervention d'un professionnel de droit n'existe pas dans tous les contrats. L'acte sous seing privé classique est un

---

juridique : un projet d'actualité - Justification et régime de l'acte sous signature juridique », *Gaz. Pal.* 14 oct. 2008, n° 288, p. 12.

[131] **S. BRUNENGO-BASSO**, « L'acte contresigné par avocat, entre intérêts corporatistes et intérêt du public », *LEDIU.*, 01 mai 2011, n° 05, p. 1

[132] **M. BENICHOU**, « De la création à l'exportation de l'acte d'avocat en Europe et à l'international », op. cit., p.2

[133] **M. ELTASSAOILI**, *L'avocat et la rédaction des contrats*, en droit marocain, op. cit., p. 79 et s.

document écrit, mais sans l'intervention d'un professionnel du droit. Par conséquent, quelle sont les moyens de protection de la partie faible dans cet acte ?

B. Sans intervention d'un professionnel du droit : l'acte sous seing privé classique

73. Dans le langage juridique courant, les actes sont des documents écrits par des personnes qui peuvent être des particuliers, des professionnels ou des entreprises, porteurs d'engagements réciproques. Ils matérialisent concrètement un accord entre plusieurs parties, par exemple : un contrat ou une convention sans exigence d'intervention de tiers[134]. L'acte est rédigé sous la signature personnelle des parties seules. Bien évidemment, la plupart des actes se font dans la vie courante sous seing privé[135]. Or, la valeur de ces actes est fragile notamment en matière de preuve de l'information donnée aux parties signataires sur leurs obligations et de leur capacité à s'engager. Dans la plupart des cas, ces contrats, qui portent sur des opérations de nature civile ou commerciale souvent lourdes de conséquences et où le risque juridique peut être important, sont conclus sans intervention d'un professionnel du droit, à partir de formulaires pré-imprimés ou disponibles sur Internet. Ils ne sont pas adaptés aux situations particulières et, par conséquent, sources d'insécurité juridique et de conflits[136]. En revanche, le principal avantage de l'acte sous seing privé réside dans sa rédaction, rapide et sans frais. D'ailleurs, pour prévenir les conflits qui découlent de la rédaction de tels actes sans l'assistance d'un professionnel compétent, les législateurs des pays étudiés tentent d'adopter, de plus en plus, des mesures qui permettent d'attirer l'attention des contractants sur les conséquences de leurs engagements[137].

Il est nécessaire de noter que le formalisme dans les pays étudiés varie parfois dans la lourdeur de la protection, et parfois en ce qui concerne des éléments dans le contrat qui doivent être plus détaillés. Il varie également en raison de l'apparition de nouveaux supports de contrats. La similarité des origines historiques des lois des pays étudiés aboutit à la similarité de protection dans les transactions traditionnelles (1). En revanche, la nouveauté des législations dans le domaine électronique conduit à une protection disparate dans les transactions électroniques entre les régimes juridiques des pays étudiés (2).

---

[134] **A., de SAINT REMY**, « L'acte d'avocat : pour sécuriser vos accords », http://www.emo-hebert.com, consulté le 10 oct. 2016.

[135] Ce sont des actes comme un bail, un contrat de colocation, une reconnaissance de dette, une vente, un prêt mobilier, un cautionnement, le contrat d'assurance, etc.

[136] A ce sujet V., **S. OLIVIER**, « La revente d'un terrain acquis par acte sous seing privé, ou le cauchemar du rédacteur d'actes », *AJDI.*, 2014, p. 672

[137] Par exemple, l'article 67 du Code du travail libyen prévoit que « le contrat du travail est conclu selon le modèle fixé par l'administration compétente. Ce contrat n'est exécuté qu'après vérification de sa conformité vis-à-vis de la législation en vigueur, ainsi que son authentification par ladite administration. Ce contrat doit comporter précisément les droits et les obligations des parties. Il doit être écrit dans la langue arabe en trois exemplaires … ».

1. Une protection similaire dans les transactions traditionnelles

74. En général, les actes sous seing privé sont des écrits destinés à faire la preuve d'un acte juridique, rédigés sans intervention d'un officier public agissant ès qualités et signés par les parties[138]. La caractéristique dominante des actes sous seing privé est l'absence de formalisme. Les particuliers jouissent de la plus grande liberté pour la rédaction de l'acte. Une seule condition générale est généralement nécessaire, à savoir la signature des parties ou du moins de l'auteur de l'acte s'il est unilatéral[139]. Il matérialise concrètement un accord entre plusieurs parties, par exemple un contrat ou une convention, sans exigence d'intervention de tiers[140]. Cela signifie que l'acte est rédigé (a) sous la signature personnelle des parties (b).

a. Dans l'écriture de l'acte

75. « *L'écriture est une des conditions essentielles de l'acte sous seing privé. Elle découle de la notion même de l'acte. Sans écriture, pas de preuve écrite, pas d'acte* »[141]. Cet écrit peut prendre la forme d'un contrat rédigé en deux exemplaires et signé des deux parties. Cependant, il peut se présenter comme une lettre d'engagement unilatéralement établie par un contractant et acceptée par son cocontractant. L'acte sans l'assistance d'un professionnel du droit peut être fragile, c'est-à-dire qu'il est susceptible d'être source de conflits et de contentieux devant les tribunaux (clauses ambigües, obligations des parties non définies, remise en cause de la validité des signatures et des consentements...)[142]. Toutefois, les législateurs des pays étudiés, par le formalisme de l'écrit, vont plus loin encore en prescrivant une assistance aux parties (notamment la partie faible), une aide à la réflexion et en mettant en évidence les éléments auxquels, dans un système plus classique, elles auraient pu ou dû penser toutes seules[143]. Ce sont principalement des actes qui marquent des étapes importantes dans la vie quotidienne comme un bail, un contrat de travail[144], une reconnaissance de dette, une vente de biens non

---

[138] En droit français, l'acte sous seing privé fait l'objet de l'article 1372 du Code civil qui prévoit que « *l'acte sous signature privée, reconnu par la partie à laquelle on l'oppose ou légalement tenu pour reconnu à son égard, fait foi entre ceux qui l'ont souscrit et à l'égard de leurs héritiers et ayants cause* ». **L. GRYNBAUM**, « Preuve », *Rép. com. Dalloz*, déc. 2017, n° 84 et s.

[139] Cass. 1er civ., française, 30 oct. 2008, n° 07-20.001, Inédit ; dans ce sens V, **J-L. MOURALIS**, « Preuve (1°modes de preuve) », op. cit., n° 354.

[140] **R. IMAD-EDDIN**, « Les moyens juridiques pour prouver la propriété immobilière privée en droit algérien », op. cit., p. 15

[141] **H. JACQUEMIN**, *Le formalisme contractuel*, op. cit., n° 71, p. 119.

[142] **L. GRYNBAUM**, « Preuve », op. cit., n° 85.

[143] **S. NOEL**, *Les effets pervers du formalisme (études à partir du contrat d'auteur)*, Thèse, Université Panthéon-Assas, 29 nov., 2012, n° 20, p. 31 ; V. égal. **Y. HOUHOU**, *Le contrat de vente dans la loi et la jurisprudence algérienne*, Dar BelKeise, Alger, 2016, p. 32.

[144] En cas de CDI convenu à temps partiel, l'article L.3123-14 du Code du travail français exige la rédaction d'un écrit ; sur le même sujet voir, l'article 6-4 de Code du travail tunisien. Aussi, l'article 4 de la loi tunisienne n° 98-39 du 2 juin 1998, relative aux ventes avec facilités de paiement dispose que « *le contrat de vente avec facilités de paiement doit être établi par écrit, le consommateur en*

immobiliers, un prêt mobilier ou un crédit à la consommation, un cautionnement, une vente avec facilités de paiement, etc. Ainsi, la partie faible peut recevoir certaines informations par écrit. Par ailleurs, une garantie peut lui être remise par écrit, si elle en fait la demande. La partie faible peut donc exiger de son cocontractant le respect de l'engagement souscrit, et demander l'exécution de l'accord passé entre elles[145].

76. Parfois, l'écrit n'est pas formellement exigé. Mais les mentions obligatoires que doit comporter le contrat ne laissent planer aucun doute quant à l'existence d'une condition implicite d'écrit[146]. Les mentions obligatoires sont un procédé d'information de la clientèle des opérateurs économiques. Ces mentions apportent parfois des renseignements sur les prix ou les tarifs et les conditions de vente ainsi que sur les caractéristiques essentielles du produit ou du service[147]. Plus précisément, des textes particuliers peuvent bien entendu imposer des mentions obligatoires qui permettent une meilleure information de la partie faible sur le contenu de ses engagements et de ses droits[148]. C'est pourquoi, toutes les mentions obligatoires doivent être présentées de manière parfaitement lisible et compréhensible pour protéger l'une des parties contre son ignorance ou son manque de réflexion face à l'autre partie[149].

77. En général, il existe beaucoup de textes qui imposent des mentions obligatoires lorsque le contrat doit être conclu par simple acte sous seing privé. Mais la fonction essentielle de ces mentions est toujours la même : s'assurer que les parties, notamment la partie faible, connaissent bien les engagements

---

reçoit un exemplaire. Toute vente avec facilités de paiement sans support écrit est considérée nulle et sans effet » (*JORT*., n° 44, 2 juin 1998, p. 1201).

145 Ces cas règnent généralement dans la plupart des contrats d'adhésion standardisés. La partie faible ne procède qu'à une lecture marginale des informations qui sont à sa disposition. V., **J.-M. FERNANDEZ**, « L'acte sous seing privé : La faiblesse de sa force probante », *Pet. Aff.*, 6 août 1997, n° 94, p. 9.

146 **A. BENCHENEB**, *Le droit algérien des contrats*, op. cit., n° 215, p. 155.

147 A titre d'exemple, en droit français, l'art. L. 313-2 du C. consom exige la stipulation du taux effectif global pour les contrats de prêt. En outre, la loi française n°366-2014 du 27 mars 2014, Loi ALUR, a adopté plusieurs mentions obligatoires et mesures protectrice en faveur de locataire, notamment les frais d'agences, la limitation des pièces justificatives demandées, le délai de préavis…etc.

148 Si ce document n'est pas forcément le contrat, la pratique montre que ces exigences poussent à la rédaction d'un contrat écrit dans la plupart des cas de figure, dans la mesure où cela sécurise davantage les relations et les obligations entre les parties. V. **S. LE GAC-PECH**, *Droit de la consommation*, Dalloz, 2017, p. 35.

149 A titre d'exemple, Art. 115 de la loi marocaine n° 31-08 édictant des mesures de protection des consommateurs dispose que « *toutes les mentions obligatoires doivent être présentées de manière parfaitement lisible et compréhensible par l'emprunteur* » (Bull. *O. Mar.* n° 5932 du 7 avril 2011). Art. 5 du décret exécutif algérien n° 13-378, du 9 nov. 2013 fixant les conditions et les modalités relatives à l'information du consommateur, énonce que « *(…). 1) les mentions obligatoires prévues par le présent décret, à l'exception de celles relatives à la durée de validité des produits, sont fournies avant la conclusion de l'achat et figurent sur le support de la vente à distance où sont transmises par tout autre moyen approprié clairement précisé par l'intervenant concerné (…)* » (*JORA*., n° 58, 18 nov. 2013, p. 8).

fondamentaux qu'elles prennent en signant un tel acte[150]. En principe, l'exigence des mentions obligatoires (formalisme informatif) est consacrée lorsqu'existe une défiance à l'encontre d'un contractant, ou dans les contrats conclus entre des personnes qui se trouvent dans des situations inégales ou déséquilibrées. D'ailleurs, la mention obligatoire, au-delà de la protection qu'elle assure au créancier d'information, peut participer à l'instauration d'une liberté contractuelle au profit de la partie faible au contrat[151].

En outre, le droit français qui est connu pour protéger la partie faible au contrat impose un certain formalisme protecteur. Il exige par exemple l'apposition obligatoire d'une mention manuscrite suivie de la signature de la partie faible afin de faire prendre conscience à celle-ci de l'étendue de son engagement[152].

78. Dans le passé, le Code civil français imposait la formalité dite du « bon pour », uniquement lorsque les contrats comportaient une promesse unilatérale de payer une somme d'argent ou de livrer un bien fongible[153]. Désormais, le nouvel article 1376 du Code civil français dispose que le contrat devra comporter, outre la signature du débiteur, « *la mention, écrite par lui-même, de la somme ou de la quantité en toutes lettres et en chiffres. En cas de différence, l'acte sous signature privée vaut preuve pour la somme écrite en toutes lettres* ».

79. On retrouve par ailleurs la technique de l'apposition d'une mention manuscrite en droit de la consommation par exemple dans l'article L. 341-2 du Code français de la consommation[154] et dans l'article 144 de la loi marocaine 31-08 portant des mesures de protection du consommateur[155]. Ainsi, dans le cas où une personne physique se porte caution au profit d'un créancier, cette personne doit, à peine de nullité du cautionnement, faire précéder sa signature d'une mention manuscrite indiquant très précisément les limites de son engagement. La

---

[150] **A. BENCHENEB**, *Le droit algérien des contrats*, op. cit., n° 217, p. 156 ;

[151] V. **D. ALLAG-ZENNAKI**, *Contrats : Négociation ; Construction ; Rédaction*, en droit algérien, op. cit., p. 231 et 233. Selon cet auteur, la mention obligatoire ou le formalisme informatif « *concilie deux impératifs : le libéralisme qui incite à la liberté de contracter, et le consumérisme, qui part du postulat d'une infériorité du consommateur profane ou du cocontractant en situation de dépendance économique* ».

[152] Cass. Com., française, 17 sept. 2013, n°12-13.577, *Bull., civ.*, 2013, IV, n° 132.

[153] **PH. MALINVAUD**, *Introduction à l'étude du droit*, op. cit., n° 554, p. 493.

[154] Art. L. 341-2 du Code français de la consommation énonce que « *toute personne physique qui s'engage par acte sous seing privé en qualité de caution envers un créancier professionnel doit, à peine de nullité de son engagement, faire précéder sa signature de la mention manuscrite suivante, et uniquement de celle-ci : "En me portant caution de X..., dans la limite de la somme de ... couvrant le paiement du principal, des intérêts et, le cas échéant, des pénalités ou intérêts de retard et pour la durée de ..., je m'engage à rembourser au prêteur les sommes dues sur mes revenus et mes biens si X... n'y satisfait pas lui-même* ».

[155] Art. 144 de la loi marocaine n° 31-08 édictant des mesures de protection des consommateurs précitée énonce que « *la personne physique qui s'engage par acte sous seing privé en qualité de caution pour les opérations [...] doit, à peine de nullité de son engagement, faire précéder sa signature de la mention manuscrite suivante, et uniquement de celle-ci : "En me portant caution de X..., à concurrence de la somme de ... couvrant le paiement du principal, des intérêts et, le cas échéant, des pénalités ou intérêts de retard et pour la durée de ..., je m'engage à rembourser au prêteur les sommes dues sur mes revenus et mes biens si X... n'y satisfait pas lui-même* ».

mention manuscrite est donc exigée pour les seuls actes constatant des contrats unilatéraux, consistant en l'engagement de verser une somme d'argent ou de livrer un bien fongible[156].

Cette formalité a pour but, d'une part d'attirer l'attention du débiteur sur le contenu de son engagement, d'autre part d'éviter les abus de blanc-seing et de faire échec aux retouches que le créancier pourrait être tenté d'opérer sur l'écrit que lui seul détient[157].

80. Les techniques de protection par les mentions obligatoires visent non seulement à permettre une expression libre et éclairée du consentement de la partie faible au contrat mais également à assurer la protection de son consentement[158]. En effet, le caractère manuscrit d'une mention permet d'attirer l'attention de la partie faible sur l'engagement qu'elle prend et sur le contenu des informations qu'elle est amenée à rédiger à la main. Dans une moindre mesure, l'expression « lu et approuvé » permet également d'insister sur le fait que le contrat et été lu et qu'en signant celui-ci, la partie faible donne son accord sur les droits et obligations qui y figurent[159]. Plus précisément, la mention manuscrite « *lu et approuvé* » souvent requise dans la pratique, n'est pas une exigence légale[160] dans le système juridique des pays étudiés[161]. Elle peut être utile pour attirer l'attention du signataire, mais son omission ne peut pas entraîner la nullité de l'acte. Par cette mention, la partie faible reconnaît avoir lu le contrat et donne son accord sur les droits et les obligations qu'il prévoit[162].

81. Par ailleurs, il est important de souligner que pour les contrats synallagmatiques, l'acte doit dans certains cas être établi en autant d'originaux que de parties ayant un intérêt distinct[163]. De plus, l'article 1325 du Code civil français dispose que chaque original doit contenir « la mention du nombre des originaux qui en ont été faits ». Selon F. TERRE « *cette formalité du double original tend à assurer aux parties une situation égale quant à la preuve : il ne faut pas que l'une d'elles ait entre les mains l'écrit probatoire, alors que les autres en seraient démunies* »[164]. Ainsi, la partie faible pourra contraindre les autres à

---

156 **D. MAJDANSKI**, *La signature et les mentions manuscrites dans les contrats*, op. cit., p. 168.

157 **PH. MALINVAUD**, *Introduction à l'étude du droit*, op. cit. n° 543, p. 483 ; V. égal. **F. TERRE**, *Introduction générale au droit*, op. cit., n° 633, p. 528.

158 Il est tout à fait regrettable que l'acte contresigné par avocat soit dispensé de cette formalité car la présence de l'avocat lors de la signature n'écarte aucunement le risque de retouches ultérieures de l'acte par le créancier ; sur ce point V., **PH. MALINVAUD**, *Introduction à l'étude du droit*, op. cit., n° 551, p. 489.

159 **H. JACQUEMIN**, *Le formalisme contractuel*, op. cit., n° 53, p. 94.

160 Cass. 1er civ., française, 30 oct. 2008, n° 07-20.001, Inédit.

161 En Algérie, Tunisie, Libye et Maroc, la mention « lu et approuvé », ou autre formule analogue, est souvent utilisée en pratique, mais cette obligation ne repose sur aucun fondement légal ; sur ce sujet V., **A. BENCHENEB**, *Le droit algérien des contrats*, op. cit., n° 216, p. 156.

162 **H. JACQUEMIN**, *Le formalisme contractuel*, op. cit., n° 48, p. 90.

163 **J-F. BOCQUILLON et M. MARIAGE**, *Introduction au droit*, op. cit., p. 78.

164 **F. TERRE**, *Introduction générale au droit*, op. cit., n° 632, p. 526. Dans ce sens, l'article 6-2 de Code du travail tunisien dispose que dans le cas du contrat de travail à durée déterminée doit être conclu par écrit en deux exemplaires, l'un est conservé par l'employeur et l'autre délivré au

l'exécution de la convention puisque cette partie contractante aura entre les mains la preuve du contrat.

Comme on l'a vu, il existe des techniques protectrices de la partie faible dans l'écriture de l'acte mais également dans la signature de l'acte.

b. Dans la signature de l'acte

82. En vertu de l'article 453 du Code tunisien des obligations et des contrats « *la signature consiste à apposer de la propre main du contractant un nom ou un signe spécial intégré à l'écrit auquel il se rapporte. Lorsque la signature est électronique, elle consiste en l'utilisation d'un procédé d'identification fiable garantissant le lien entre ladite signature et le document électronique auquel elle se rattache* »[165]. L'article 1316-4 du Code civil français dispose également que « *la signature nécessaire à la perfection d'un acte juridique identifie celui qui l'appose. Elle manifeste le consentement des parties aux obligations qui découlent de cet acte* ».

Selon J. CARBONNIER la signature est « *exigée à la fois pour identifier les parties et attester leur volonté* »[166]. Par conséquent, la signature est un élément indispensable à la validité d'un acte sous seing privé et sa fonction est double : identifier l'auteur[167] et prouver son adhésion au contenu de l'acte.

83. Nous ne rentrerons pas dans le détail du régime juridique de la signature, mais nous allons indiquer ses deux fonctions principales. Sa première fonction est d'identifier le signataire. Ici le rôle de la formalité est d'établir, avec une certitude plus ou moins grande, que le signataire est celui qu'il prétend être. Ainsi, la signature est un moyen technique qui permet de faire le lien entre le document sur lequel elle est apposée et une personne physique. En général, la signature doit être tracée à la main directement sur le support. Cela explique que certaines formes de signature ne sont pas valables, comme par exemple, une signature apposée au timbre humide ou au moyen d'une griffe, voire imprimée après avoir été scannée[168]. La seconde fonction de la signature vise à manifester l'adhésion du signataire au contenu de l'acte ou atteste de son appropriation de ce contenu. Si le signataire se limite à écrire son nom par un graphisme particulier, sa signature n'en est pas moins valable. En signant, le scripteur extériorise également son adhésion à un contenu donné ; il exprime un message que l'on peut formuler comme suit : « *par cette marque, je donne mon accord* »[169]. Dans ce sens, la Cour

---

travailleur ; l'article 8 de la loi marocaine n° 31-08 édictant des mesures de la protection du consommateur ; l'article 67 du Code du travail libyen, *JOL.*, 28 janv. 2010.

[165] La définition de la signature dans cet article tend à déterminer la forme que la signature doit revêtir. Elle consiste à apposer de la propre main du contractant un nom ou un signe spécial intégré à l'écrit. V., **N. BEN AHMED**, *La signature en droit privé*, Latrach, 2013, n° 73, pp. 49 et s.

[166] **J. CARBONNIER**, *Droit civil, t.4, Les obligations*, 22e éd., *PUF*, Paris, 2000, n° 97, p. 190.

[167] Dans certains cas, la signature n'a pas pour fonction d'énoncer l'identité du signataire. Ici, il faut donc se référer à des éléments extrinsèques à la signature pour connaître avec certitude l'identité du signataire. Sur ce point V., **H. JACQUEMIN**, *Le formalisme contractuel*, op. cit., n° 60, pp. 100 et s.

[168] **H. JACQUEMIN**, *Le formalisme contractuel*, op. cit., n° 65, p. 109.

[169] *Ibid.*, n° 68, p. 113.

de cassation tunisienne dans un arrêt rendu le 11 octobre 2000 a précisé que « *ce qui compte pour la validité des actes sous seing privé, c'est la signature du contractant qui incarne la preuve matérielle de son consentement...* »[170].

84. De manière générale, on peut dire que certains contrats peuvent s'achever par la signature d'un écrit, comme le contrat de crédit par exemple[171]. Le terme signature est, dans cette hypothèse, synonyme de conclusion du contrat. L'apposition de la signature extériorise le consentement du contractant, qui constitue un élément capital pour conclure un contrat.

Comme on l'a vu, la signature joue donc un rôle très important dans le cadre de la conclusion de l'acte. Cependant, dans le cadre de la protection de la partie faible par la signature, on peut se demander si les législateurs des pays étudiés prennent en compte toutes les catégories de contractants, quelle que soit leur capacité physique ou intellectuelle. D'ailleurs, la loi définit-elle précisément l'endroit où la signature doit être apposée pour attirer l'attention du contractant sur les conséquences de ses engagements ? Les personnes handicapées, analphabètes ou illettrées ne peuvent pas utiliser leur main pour signer le support papier. Ces personnes peuvent parfois apposer leurs empreintes digitales.

Ainsi, le recours aux empreintes digitales peut présenter un certain intérêt pour des contractants comme les personnes illettrées par exemple. Ces personnes peuvent de la sorte manifester leur adhésion[172]. De plus, cette fonction d'authentification est atteinte d'une efficacité plus grande que la simple signature manuscrite. En effet, les empreintes digitales sont uniques et caractéristiques de chaque individu, même les vrais jumeaux présentent des empreintes digitales différentes[173].

85. Il est important ici de souligner que l'apposition des empreintes digitales en droits français, tunisien, marocain[174] et mauritanien ne peut être assimilée à une signature. Alors que les législateurs libyen et algérien considèrent comme signature non seulement l'apposition manuscrite, mais aussi l'empreinte digitale. L'article 381 du Code civil libyen et l'article 327 du Code civil algérien disposent explicitement que l'acte sous seing privé est réputé émaner de la personne à qui sont attribuées l'écriture, la signature ou l'empreinte digitale y apposées, à moins de désaveu formel de sa part. Selon les droits de ces deux pays, la signature peut

---

[170] Cass. civ., tunisienne, n° 4710 du 11 oct. 2000, *Bull civ*, I, p. 131.

[171] **S. PIEDELIEVRE**, « Crédit à la consommation », *Rep. Civil. Dalloz*, 2018, n° 113

[172] **D. MAJDANSKI**, *La signature et les mentions manuscrites dans les contrats*, op. cit., p. 58

[173] **R. IMAD-EDDIN**, « Les moyens juridiques pour prouver la propriété immobilière privée en droit algérien », op. cit., p. 19 ; **ABD-AL-K. SHAHBUN, *ALSHAFI*** *pour expliquer le droit des obligations et des contrats marocain*, III, op. cit., p. 347.

[174] La Cour d'appel Casablanca a jugé dans son arrêt du 23 déc. 1987 que « *la signature est agrée par la loi qui est uniquement apposée de la propre main du contractant, par conséquent, la loi exclut d'autres formes comme par exemple le timbre ou le cachet ou les empreintes digitales* » (CA. Casablanca, n° 1414 du 23 déc. 1987 dossiers n° 913-86 et 914-86, *Revues des tribunaux marocains*, n° 55, p. 122).

donc être remplacée par des empreintes digitales. Ces dernières peuvent ainsi traduire la volonté de s'engager[175].

86. Néanmoins, on peut se demander si les empreintes digitales suffisent à prouver l'intention réelle de contracter de celui qui les a apposées.

On peut ici admettre qu', en présence d'un litige, il peut être difficile de distinguer les cas où cette utilisation des empreintes digitales par les personnes qui l'apposent a été voulue ou pas par le signataire. D'ailleurs, l'apposition d'une empreinte digitale sur un document n'est pas nécessairement une preuve de la volonté de signer. Il est tout à fait possible d'obtenir une empreinte d'une personne évanouie, ivre, malade ou même morte, ou tout simplement sans connaissance ou volonté[176]. Donc, la possibilité d'apposition d'une empreinte digitale ne constitue pas toujours la solution pour la partie faible qui a besoin, parfois, d'être orientée par une personne compétente[177].

87. La signature d'un acte est censée constituer une adhésion au contenu de l'acte. Pour valider ce contenu, il est donc logique qu'elle figure au bas de cet acte. Cependant en droit commun français, ce n'est pas une exigence légale. C'est le principe de libre choix de la place de la signature qui a régné dans le système juridique en France. A contrario, l'opinion de Pothier, était que : « *La signature doit être à la fin de l'acte parce qu'elle en est le complément et la perfection* »[178]. C'est pourquoi, la signature doit être apposée d'une part, à la fin de l'acte afin de marquer une adhésion à l'acte complet, et d'autre part, à l'écart du texte afin de ne pas se confondre avec lui[179]. Il appartiendra donc au juge de trancher dans ce cas, toute incertitude subsistante, comme le confirme une jurisprudence selon laquelle pour tout acte sous seing privé, la signature doit prendre place à la fin de la page[180]. Dans le même sens, la Cour de cassation française a jugé dans un arrêt en date du 1er avril 2014, que l'engagement manuscrit de la caution doit précéder sa signature. La signature de la caution doit donc intervenir après la mention manuscrite, c'est-à-dire à la fin du contrat. Aussi a-t-elle cassé un arrêt de la Cour d'appel pour violation de l'art. L. 341-2 du Code de la consommation[181].

88. Les législateurs tunisien, marocain et mauritanien spécifient l'endroit où la signature doit être placée, ils n'ont pas voulu laisser la latitude au contractant d'apposer sa signature là où il le souhaite. L'article 453 tunisien, l'article 426 marocain et l'article 423 mauritanien de leurs Codes respectifs des obligations et

---

[175] V. **D. ALLAG-ZENNAKI**, *Contrats : Négociation ; Construction ; Rédaction*, en droit algérien, op. cit, p. 312

[176] **N. BEN AHMED**, *La signature en droit privé*, op. cit., n° 13, p. 14. V.

[177] Infra, p. 75 et s.

[178] **R. J. POTHIER**, *Traité des donations testamentaires*, Bugnet, t. 8, chap. I, art. 2, p. 229, cité par **D. MAJDANSKI**, *La signature et les mentions manuscrites dans les contrats*, op. cit., p. 113.

[179] **D. MAJDANSKI**, *La signature et les mentions manuscrites dans les contrats*, op. cit., p. 113.

[180] Cass. 1er civ., 14 février 1968, Bull. 1968, I, n°68, p. 53. De même, les tribunaux français étaient hostiles à ce qu'une signature figure en tête de l'acte. Il a été jugé qu'elle était sans valeur. V., Cass. civ, 1er, 14 février 1968, Bull. 1968, I, n°68, p. 53.

[181] Cass. com., 1er avril 2014, n° 13-15.735, inédit. La Cour d'appel avait jugé que l'apposition de la signature de la caution pouvait être avant les mentions rédigées de sa main.

des contrats prévoient expressément que « *la signature doit être apposée de la propre main de la partie au bas de l'acte ; un timbre ou cachet ne peuvent y suppléer et sont considérés comme non apposés* ». La Cour de cassation tunisienne a consacré à maintes reprises cette rigueur formelle, notamment en considérant dans un arrêt datant du 31/12/1999 que « *l'inexistence de la signature au bas de l'acte sous seing privé prive ce dernier de toute valeur probante* »[182].

89. Dans les cas où le contrat est composé de feuilles distinctes, attachées les unes aux autres ou non, la signature prend place normalement à la fin de la dernière feuille. Néanmoins, on peut, en pratique, constater qu'il est indispensable de faire signer ou parapher chacune des pages par les parties[183]. La signature doit donc apparaître sur la totalité de l'écrit[184].

Alors que les procédés de protection de la partie faible présentent des similitudes dans les transactions traditionnelles, il en va différemment en matière de transactions électroniques.

2. Une protection disparate dans les transactions électroniques

90. Le développement du commerce électronique, perçu comme un facteur de croissance économique et de création d'emplois, suppose de gagner la confiance des internautes en assurant la sécurité des transactions conclues en ligne. Avec la démocratisation d'Internet, le contrat électronique échappe au droit des affaires pour avoir une place d'une importante croissante dans la vie quotidienne des consommateurs en devenant un phénomène de masse. Le domaine du commerce électronique devient de plus en plus complexe et mérite, de ce fait, une analyse et une lecture aussi claire que possible[185].

91. Il est utile d'indiquer qu'il existe des obstacles ou barrières face au développement du commerce électronique dans les pays maghrébins, notamment à cause de leurs infrastructures techniques et/ou numériques qui ne facilitent pas suffisamment le développement de ce type de commerce. Cela se traduit tout d'abord par une insuffisance de ressources physiques et humaines (l'existence de l'illettrisme, l'ignorance des langues vivantes, surtout l'anglais, etc.), mais aussi par une infrastructure déficiente pour les transactions électroniques, et enfin par

---

[182] Cass. civ. tunisienne, n°70789, 31 décembre 1999 (inédit) ; Cass. civ. tunisienne, n°69090, 25 octobre, 1999. Cité par **N. BEN AHMED**, *La signature en droit privé*, Latrach, 2013, n° 181, p. 103.

[183] Sur cette question, le législateur marocain exige expressément que l'acte soit signé et paraphé en toutes les pages par les parties. En effet, Art., marocain 618 du COC ; Art. 47 de la loi marocain n° 31-08 portant des mesures de protection du consommateur prévoit également que « *les opérations de démarchage visées à l'article 45 doivent faire l'objet d'un contrat écrit dont un exemplaire doit être remis au consommateur au moment de la conclusion de ce contrat, [...]. Tous les exemplaires du contrat doivent être signés et datés de la main même du consommateur* ».

[184] **O. AUDIC**, *Les fonctions du document en droit privé*, LGDJ, 2004, n° 189, p. 152 ; V. égal. **D. MAJDANSKI**, *La signature et les mentions manuscrites dans les contrats*, op. cit., pp. 114 à 118 ; **N. BEN AHMED**, *La signature en droit privé*, op. cit., n° 181, p. 104.

[185] **A. RABAGNY-LAGOA**, *Droit du commerce électronique*, Ellipses, 2011, p. 6 et s ; V, **A. KAHLOUN**, *La théorie générale des obligations : les sources des obligations et les actes juridiques*, LATRACHE, Tunis, 2015, pp. 162 et 180.

un cadre juridique et réglementaire de certains pays concernés encore insatisfaisant, notamment dans les mesures protectrices adéquates pour le consommateur. Aussi, l'environnement du commerce électronique des pays maghrébins ne constitue pas encore un bon incubateur car le niveau de prise de conscience de l'importance du commerce électronique n'est pas assez élevé. Ainsi, par exemple, l'organisation des modes de livraison de certains produits vendus en ligne est encore insatisfaisante dans certains pays maghrébins[186]. Les professionnels de ces pays auraient donc besoin de se former en vue d'assister les entreprises qui orientent leurs activités vers le E-Business[187]. L'unification des règles de l'e-commerce et des règles de protection du consommateur en ligne souffre d'un manque de coopération entre les pays du Maghreb[188]. Toutefois, nous constatons que leurs législateurs essaient de combler ces lacunes par la modification des lois existantes et l'adoption de nouvelles législations[189].

92. De manière répétitive, les législateurs des pays étudiés interviennent donc pour promouvoir et pour encadrer les contrats électroniques. La France fut le premier état des pays comparés à avoir adopté une législation donnant un support juridique aux contrats électroniques et précisant leur mode de fonctionnement. Quant aux législations des pays maghrébins, la Tunisie fut le premier pays à suivre la France sur ce point[190].

---

[186] **Y. HOUHOU**, *Le contrat de vente électronique, étude comparée*, Thèse, Université Ben Aknoun, Algérie, en arabe, 2012, p. 245 et s ; **N-A ALRAHALY**, *Les pratiques modernes dans les affaires de consommation*, en droit marocain, La librairie AR-RASHAD (LR), en arabe, 2014, p. 45 et s.

[187] **B. HAMIDI**, *La conclusion du contrat électronique*, Thèse, en droit algérien, Université de Hadj Lakhdar Batna-1, en arabe, 2014/2015, p. 23 et s ; **Abdel-K. EL-AARAARY**, *Les ressources des obligations ; La théorie du contrat*, en droit marocain, Dar Elamane, en arabe, 6e éd., 2018, n° 125, p. 109.

[188] Il est utile ici d'indiquer que l'Union maghrébine de défense du consommateur a été créée officiellement, 28 juin 2013 à Tunis, lors des travaux de l'assemblée constitutive qui a souligné la nécessité de coordonner les activités du mouvement de protection du consommateur dans les pays du Maghreb. Donc, l'objectif de cette Union est l'échange d'expériences en matière de défense du consommateur entre les pays du Maghreb. Mais, à ma connaissance, il n'existe pas jusqu'à présent les recommandations concrètes dans ce domaine. http://www.leseco.ma, consulté le 12 mai 2016.

[189] Les législateurs des pays étudiés ont amélioré les structures juridiques dans le cadre du commerce électronique. Nous citerons à titre d'exemple la promulgation en 2000 de la loi tunisienne n° 83-2000 relative aux échanges et au commerce électronique, *JORT.*, n° 64, p. 1887 ; l'Ordonnance mauritanienne n° 2006-031 relative aux instruments de paiement et aux opérations du commerce électronique ; la loi marocaine n° 53-05 relative à l'échange électronique des données juridiques, 30 nov. 2007, *Bull. O. Mar.*, n° 5584, 6 déc. 2007, p. 1357. Aussi, afin de protéger les transactions commerciales électroniques de la fraude et des attaques informatiques, le législateur algérien a également adopté la loi n° 15-04 fixant les règles générales relative à la signature et à la certification électroniques, *JORA.*, n° 6, 10 févr. 2015, p. 6.

[190] En France, il y a eu en 1980 une réforme du droit de la preuve pour tenir compte des nouvelles techniques d'information. Mais cette réforme était timide et apparut comme étant insuffisante. Ainsi, légèrement avant la directive de 2000, la France a adopté le 13/3/2000 une loi sur la preuve et la signature électronique introduisant les articles 1316 à 1316-4 C.civ. Elle introduisait aussi un alinéa 2 à l'article 1317 C.civ. français. V., **PH. LE TOURNEAU**, *Contrats du numérique ; informatiques et électroniques*, Dalloz, 10e éd., 2018, p. 5.

93. A l'instar de la plupart des contrats existant dans la pratique commerciale actuelle, le contrat électronique laisse plus de place à l'adhésion qu'à la négociation. Ce contrat électronique nécessite évidemment la protection de la partie adhérant au contrat. En effet, cette dernière est souvent vulnérable dans les rapports économiques avec les professionnels, et a particulièrement besoin de protection en amont et en aval de la conclusion de ce type de contrat[191].

En matière de contrat de vente en ligne, l'autonomie de la volonté est relative du fait de la facilité et de l'anonymisation de la transaction. Faire ses courses sur Internet, commander des produits ou des services partout dans le monde est devenu un jeu d'enfant, une simple pression du doigt sur le bouton de la souris suffit pour que le consommateur ait exprimé son consentement à la vente. Le risque est alors qu'il se trouve engagé par un contrat sans que les termes de celui-ci n'aient été portés à sa connaissance[192]. Au regard de ces éléments, pour assurer une véritable protection de la partie faible, il faut non seulement procéder à une redéfinition de la notion d'écrit électronique (a) mais encore revoir les modalités d'obtention du consentement (b).

a. La redéfinition de la notion d'écrit

94. Afin de faire évoluer les transactions électroniques, les législateurs des pays étudiés ont depuis plusieurs années dû adapter les règles de l'écrit manuscrit à l'écrit immatériel et ainsi inventer un nouveau mode de preuve : l'écrit électronique[193]. Ces lignes n'ont pas pour vocation d'épuiser toutes les caractéristiques de l'écrit électronique ainsi que ses conditions d'utilisation, ce qui déborderait le cadre assigné à notre recherche. Elles ont pour objectif d'aborder son évolution et son admission au sein des moyens de protection de la partie faible, et ce dans un contexte où son acceptation en tant que nouveau mode de preuve pose encore aujourd'hui de nombreux problèmes d'application.

Par principe, dans le cas des transactions électroniques, le consentement est échangé avec une machine d'auteur de l'offre. Or, l'admission d'un écrit répond à l'idée de garantir la fiabilité et la fidélité du contrat à ce qui a fait l'objet du consentement des parties. L'admission de l'écrit électronique appelle par

---

[191] **CH. GHAZOUANI**, « La protection du consommateur dans les transactions électroniques selon la loi du 9 Août 2000 », *Revue de Jurisprudence et de Législation Tunisien RJL*, juin 2003, p. 3 et s. **S. KHALED**, « Le droit commercial existe-il encore ? », *Etudes Juridiques ; Université de Sfax*, 2013 n° 20, pp. 113 et 159.

[192] **B. MOMENI**, *Les problématiques de conclusion du contrat pat l'Internet (Etude comparé)*, Thèse. Université Mansoura, en arabe, 2003, p. 32 ; **AZZ-E. BENOMAR**, « Le contrat électronique », *Revue de la jurisprudence et de la législation, Tunis*, n° 10, déc. 2001, p. 96 et s.

[193] Les juges français ont anticipé l'arrivée de ces nouveaux modes de preuve et la chambre commerciale de la Cour de cassation a dès 1997 considéré qu'un acte juridique peut « *être établi et conservé sur tout support y compris par télécopies dès lors que son intégrité et l'imputabilité de son contenu à l'auteur désigné, ont été vérifiés ou ne sont pas contestés* » (Cass. com. 2 déc. 1997, n° 95-14.251, Bull. 1997, IV, n° 315, p. 271). A ce sujet V., **J. HUET**, « Pratique des contrats électroniques », *Contrats–Distribution*, 27 juill. 2014, n° 32 et s ; **A. BOUKIBR**, « La preuve électronique des transactions commerciales au Maroc à la lumière de la loi n°53-05 », www.marocdroit.com, consulté le 7 janv. 2016.

conséquent quelques précautions et précisions pour éviter que n'importe quels écrits et données n'accèdent à la qualité d'écrit électronique[194]. D'ailleurs, il est ici nécessaire de noter que l'exigence d'un écrit peut également être implicite, notamment lorsque la loi requiert une signature ou l'insertion dans le contrat de mentions particulières à titre d'information[195].

95. Tous les législateurs des pays étudiés, à l'exception du législateur libyen qui ne définit pas la notion de l'écrit électronique, sont convaincus qu'il est nécessaire de redéfinir le concept d'écrit en vue d'intégrer les nouvelles technologies de l'information dans la vie juridique. Nous constatons que les législateurs de ces pays donnent une définition extensive de l'écrit validant ainsi toutes les formes d'écrits qu'elles soient sur papier ou sous forme électronique[196]. Ainsi, l'écrit peut être constitué indifféremment d'un ensemble de lettres, chiffres et de tous autres signes ou symboles dotés d'une signification intelligible, quels que soient leur support et leurs modalités de transmission. Cette définition implique que soient remplies deux conditions cumulatives : d'une part la présence d'un ensemble de signes ou symboles et d'autre part l'exigence d'intelligibilité, c'est-à-dire la compréhension de la signification desdits signes ou symboles.

96. De plus, les droits des pays comparés disposent clairement que le document électronique ne pourra avoir la valeur probante d'un écrit qu'à la double condition de posséder un contenu intelligible d'une part, et d'être archivé sur un support électronique qui garantit sa lecture et sa consultation en cas de besoin,

---

194 Il faut au moins que l'écrit électronique puisse être lu et enregistré. En ce sens V., **A. AYEWOUADAN**, *Les droits du contrat à travers l'internet*, LARCIER, 2012 n° 105, p.115 et s ; **TH. VERBIEST**, *La protection juridique du cyberconsommateur : publicité, contrats, contentieux*, LITEC, 2002, n°133, p. 61 ; **A. MESHIRI**, *La spécificité de conclusion du contrat par l'internet*, Thèse, en arabe, Université Al-Fatah Tripoli- Libye, 2008, p. 37

195 **M. DEMOULIN et É. MONTERO**, « Le formalisme contractuel à l'heure du commerce électronique », op. cit., p. 139 et 140.

196 Art. 453 bis alinéa 1er du COC tunisien (ajouté par la loi n° 2000-57 du 13 juin 2000, *JORT*, 16 juin 2000) énonce que « *le document électronique est l'écrit composé d'un ensemble de lettres et chiffres ou autres signes numériques y compris celui qui est échangé par les moyens de communication à condition qu'il soit d'un contenu intelligible, et archivé sur un support électronique qui garantit sa lecture et sa consultation en cas de besoin* ». Art. 323 bis du C.civ., algérien (ajouté par la loi n° 05-10 du 20 juin 2005, *JORA*., n° 44, p. 19) dispose que « *la preuve par écrit résulte d'une suite de lettres ou de caractères ou de chiffres ou de tout autre signe ou symbole doté d'une signification intelligible, quels que soient leurs supports et leurs modalités de transmission* ». Art. 417 du COC marocain dispose que « *la preuve littérale (...) peut résulter également de la correspondance, des télégrammes et des livres des parties, des bordereaux des courtiers dûment signés par les parties, des factures acceptées, des notes et documents privés ou de tous autres signes ou symboles dotés d'une signification intelligible, quels que soient leur support et leurs modalités de transmission* ». Art 1. De l'Ordonnance mauritanienne n° 2006-031 n° 2006-031 relative aux instruments de paiement et aux opérations du commerce électronique prévoit que « *l'écrit sous forme électronique est admis en preuve au même titre que l'écrit sur support papier sous réserve que puisse être dûment identifiée la personne dont il émane et qu'il soit établi et conservé dans des conditions de nature à en garantir l'intégrité. L'écrit sur support électronique à la même force probante que l'écrit sur support papier* ».

d'autre part[197]. Le document électronique doit par conséquent être parfaitement lisible et compréhensible pour qu'il puisse éventuellement être restitué au juge en langage clair en cas de contentieux. De même, l'admissibilité de l'écrit sous forme électronique comme moyen de preuve sera dépendante de sa durabilité de telle manière qu'il puisse être consulté à tout moment en cas de besoin. L'archivage des documents électroniques et leur conservation s'avèrent nécessaires, et toutes les garanties techniques doivent être mises en place à cet effet[198].

97. Ainsi, l'écrit est considéré comme une suite de signes intelligibles et accessibles pouvant être consultés ultérieurement. Il se compose donc d'un ensemble de lettres ou de chiffres (tel que le langage binaire) lisible et doté de sens, soit directement, soit par le biais d'un dispositif (ordinateur, logiciel ad hoc et/ou logiciel de décryptage). L'écrit doit en outre être suffisamment pérenne ou durable, puisqu'il doit pouvoir être consulté à tout moment[199].

Les contrats conclus par voie électronique sont une sous-catégorie des contrats conclus à distance. Ils sont soumis aux textes régissant les contrats de consommation[200]. Dans certains cas, l'écrit exigé doit présenter des qualités spécifiques, notamment, lorsque des mentions obligatoires sont exigées préalablement à la conclusion du contrat. Il s'agit bien dans ce cas d'une exigence implicite d'un écrit stable et lisible. Nous pensons ici, par exemple, aux informations devant être fournies avant la passation d'une commande sur un site web[201].

---

[197] **C. CHARBONNEAU, F.-J. PANSIER**, « Le droit de la « preuve » est un totem moderne (le commerce électronique) », *Gaz. Pal.*, 1 avril 2000, n° 092, p. 2 ; **Abdel-K. EL-AARAARY**, *Les ressources des obligations, La théorie du contrat*, en arabe, op. cit., n° 131, p. 113.

[198] **L. BENSAIID**, *Le régime juridique des contrats du commerce électronique*, Houma, Alger, 2012, p. 144 et s ; **A. AYEWOUADAN**, *Les droits du contrat à travers l'internet*, op. cit.„ n° 121, p. 133 ; **S. BEN ISMAÏL KAMOUN**, « La formation du contrat de vente électronique et le droit commun des contrats », *Revue Tunisienne de droit (RTD)*, 2004, p.131 et s.

[199] **M. BOUTROS**, *Le droit du commerce électronique : Une approche de la protection du cyber consommateur*, Thèse, Université Grenoble Alpes, 2014, n° 138, p. 73 ; **N-A ALRAHALY**, *Les pratiques modernes dans les affaires de consommation, en droit marocain*, en arabe, op. cit., p. 52 et s.

[200] A titre d'exemple, Art. 3 du décret algérien n° 13-378 du 9 nov. 2013 fixant les conditions et les modalités relatives à l'information du consommateur définit la technique de communication à distance comme « *tout moyen qui, sans présence physique et simultanée de l'intervenant et du consommateur, peut être utilisé pour la conclusion du contrat entre ces deux parties* » (le décret algérien n° 13-378 du 9 nov. 2013 fixant les conditions et les modalités relatives à l'information du consommateur, *JORA.*, n°58, 18 nov. 2013, p. 8). Par ailleurs, l'article 11 de la loi algérienne n° 18-05 du 10 mai 2018 relative au commerce électronique dispose que « *le e-fournisseur doit présenter l'offre commerciale électronique de manière visible, lisible et compréhensible (...)* » (la loi algérienne n° 18-05 du 10 mai 2018 relative au commerce électronique, *JORA*, n°28, 16 mai 2018, p. 4).

[201] **V. GAUTRAIS**, « La couleur du consentement électronique », *Les cahiers de propriété intellectuelle*, 2003, 16-1, p. 67 et s ; **M. DEMOULIN et É. MONTERO**, « Le formalisme contractuel à l'heure du commerce électronique », op. cit., p. 179 ; **J. JULIEN**, *Droit de la consommation*, LGDJ, 2e éd. 2017, n° 190, p. 240 et s.

98. On peut assimiler ce formalisme informatif à un formalisme de validité, dans la mesure où le non-respect des exigences qu'il entraine, est sanctionné par la nullité relative ou absolue de l'acte. Par la suite, comme on le verra, les mentions obligatoires peuvent concerner les éléments essentiels du contrat, mais aussi les protections légales dont bénéficie la partie faible. Autrement dit, le mécanisme des mentions obligatoires ou du formalisme informatif, pour être porté à la connaissance de la partie faible, nécessite une adaptation des supports lorsque celui-ci emprunte une voie électronique[202].

99. Toutefois, sur ce sujet, plusieurs questions peuvent être posées : est-ce que les mentions obligatoires imposées par les législations actuelles dans l'environnement traditionnel seront présentées de la même manière dans l'environnement numérique ? Lorsqu'il n'existe pas d'exigences particulières de présentation des mentions obligatoires dans le contrat électronique, le professionnel peut-il les faire apparaître par n'importe quel moyen et/ou sous n'importe quelle forme, au détriment de la partie faible ?

Est-ce que la qualité de la sécurité apportée par le support électronique est équivalente à celle apportée par le support papier ?

100. Tout d'abord, il est utile de souligner qu'avec la modernité technologique permettant d'utiliser, dans la pratique contractuelle, un support électronique aussi bien que le traditionnel support papier, le droit a adapté ses règles en posant un principe d'équivalence[203]. Ce dernier n'est pas toutefois sans conditions car, lorsqu'il est imposé de porter à la connaissance du cocontractant certaines informations, celles-ci « *doivent être fournies par voie électronique et mises à la disposition du consommateur pour la consultation à tous les stades de la transaction* »[204]. Il est aussi attendu du support électronique qui sera utilisé à la place du support papier qu'il présente un caractère durable. Cette exigence qui est fréquente en droit de la consommation s'explique par la considération que les informations contenues dans les technologies électroniques peuvent être éphémères si elles ne sont pas reçues sur un support durable[205].

---

[202] **J. HUET**, « Pratique des contrats électroniques », op. cit., n° 63 et 64 ; **A. KAHLOUN**, « Le contrat électronique », *Revue de la jurisprudence et de la législation, Tunis*, n° 10, déc. 2001, p. 55.

[203] Les principes de neutralité technologique et d'équivalence fonctionnelle ont été mis en œuvre d'une manière différenciée parmi les pays étudiés. Les textes nationaux sont plus ou moins proches des dispositions modèles des deux lois types de la CNUDCI, sur le commerce électronique et sur les signatures électroniques. V., **Ph. BALLET et V. BENSOUSSAN-BRULE**, « La lettre recommandée électronique, enfin ? », *Gaz. Pal.*, 23 avril 2011, n°113, p. 9.

[204] Art. 25 de la loi tunisienne n° 83- 2000 relative aux échanges et au commerce électronique, *JORT* n° 64, 2000, p. 1887. V., **A. KAHLOUN**, *La théorie générale des obligations : les sources des obligations et les actes juridiques*, LATRACHE, Tunis, 2015, pp. 182 et 183. Aussi, arts 417 et suivants du Code marocain des obligations et des contrats. V. **N-A ALRAHALY**, *Les pratiques modernes dans les affaires de consommation*, en droit marocain, en arabe, op. cit., p. 53.

[205] **J. GHESTIN**, *Traité de droit civil, La formation du contrat*, 4è éd., T. 1, avec **G. LOISEAU et Y-M. SERINET**, *LGDJ.*, 2013, n° 989, p. 755 et s ; **G. LOISEAU**, « Le formalisme informatif par voie électronique : les conditions d'équivalence au support écrit du support durable », *CCE.*, n° 10, oct. 2012, comm. 110, p.26.

101. Dans la mesure où un support permet au consommateur de stocker lesdites informations qui lui ont été adressées personnellement, il garantit l'absence d'altération de leur contenu ainsi que leur accessibilité pendant une durée appropriée, et offre également la possibilité de les reproduire telles quelles.

Un support durable est ainsi prescrit pour les informations que la partie faible doit recevoir préalablement à tout engagement, s'agissant des ventes de biens et fournitures de prestations de services à distance, des contrats d'utilisation de biens à temps partagé ou de crédit à la consommation[206]. L'article L. 311-1, 12° du Code français de la consommation définit le support durable comme « *tout instrument permettant à l'emprunteur de conserver les informations qui lui sont adressées personnellement, d'une manière qui permet de s'y reporter aisément à l'avenir pendant un laps de temps adapté aux fins auxquelles les informations sont destinées et qui permet la reproduction identique desdites informations* ». L'esprit de ce texte est de permettre au consommateur de conserver une trace des informations qui lui sont destinées, soit sur un support écrit, soit sur un support électronique qui doit alors présenter un caractère durable. Ce dernier doit permettre au consommateur de stocker les informations qui lui ont été adressées, de garantir l'absence d'altération de leur contenu, c'est-à-dire de ne pas pouvoir donner lieu à des modifications unilatérales, et enfin d'autoriser leur accessibilité pendant une durée appropriée afin qu'elles puissent, le cas échéant, être reproduites telles quelles[207].

102. Il est alors généralement possible de dire que, dans l'environnement numérique, la mention obligatoire pourra être portée efficacement à la connaissance du consommateur par un message suffisamment visible. Celui-ci pourrait apparaître à l'endroit où le consommateur est invité à valider le contrat sur le web, ou au moment où il s'apprête à activer son logiciel de signature électronique. Il appartient aux professionnels d'imaginer et de mettre en œuvre des procédés adaptés. Ainsi, la mention obligatoire est portée à la connaissance de la partie faible avant qu'elle ne signe[208].

103. Par ailleurs, nous comprenons sans peine qu'il soit impossible d'écrire à la main (au sens de tracer les lettres avec un stylo directement sur le papier) sur une page web ou dans un courriel. Une réflexion sur l'adaptation du caractère manuscrit à l'environnement numérique est donc nécessaire et il est légitime de se demander si un texte tapé à la machine à écrire peut-être considérer comme

---

[206] **S. PIEDELIEVRE**, *Droit de la consommation*, ECONOMICA, 2014, 2e éd., n° 220, p. 217 ; **A. RABAGNY-LAGOA**, *Droit du commerce électronique*, op. cit., p. 99.

[207] **G. LOISEAU**, « Le formalisme informatif par voie électronique : les conditions d'équivalence au support écrit du support durable », op. cit., p. 26 ; **TH. VERBIEST**, *La protection juridique du cyberconsommateur*, op. cit., n°162, p. 80 ; **G. LOISEAU**, « Le formalisme informatif par voie électronique : les conditions d'équivalence au support écrit du support durable », *CCE*, n° 10, oct. 2012, comm. 110.

[208] **M. DEMOULIN et E. MONTERO**, « Le formalisme contractuel à l'heure du commerce électronique », Commerce électronique : de la théorie à la pratique, *Cahier CRID*, n°23, Bruxelles, Bruylant, 2003, p. 170 ; **TH. VERBIEST**, *La protection juridique du cyberconsommateur : publicité, contrats, contentieux*, LITEC, 2002, n°133, p. 61.

écrit de la main de celui qui s'oblige. Il convient ici, à titre d'exemple, de noter que certains auteurs français ont fait observer que si l'article 970 du Code civil exige une écriture de la main du testateur, on n'écrit jamais directement avec la main. Il y a toujours un intermédiaire qui sert de prolongement à la main (stylo, crayon)[209]. Par conséquent, le clavier d'ordinateur peut être considéré comme un outil plus perfectionné qu'un stylo.

104. Nous relevons que la position des législateurs est différente face au traitement de la mention manuscrite dans le cadre du contrat électronique. Dans les cas français et marocain, le législateur français a déjà amorcé l'adaptation de ces exigences formelles en modifiant notamment l'article 1326 (devenu l'article 1376) du Code civil et en remplaçant l'expression de sa main par la mention par lui-même[210]. D'ailleurs, selon l'article 1108-1 alinéa 2 (devenu l'article 1174), les mentions manuscrites exigées à des fins de validité pourront être apposées sous forme électronique si les conditions de cette apposition sont de nature à garantir qu'elle ne peut être effectuée que par celui qui s'oblige[211]. De même, l'article 2-1[212] du Code marocain des obligations et des contrats dispose que « *lorsqu'une mention écrite est exigée de la main même de celui qui s'oblige, ce dernier peut l'apposer sous forme électronique, si les conditions de cette apposition sont de nature à garantir qu'elle ne peut être effectuée que par lui-même* ».

L'exigence d'une mention manuscrite a pour objectif, comme dit précédemment, de protéger celui qui s'engage en s'assurant qu'il a pleinement conscience de l'engagement qu'il prend, en favorisant la réflexion et en diminuant les risques de faux grâce à l'apposition d'une marque personnelle et difficilement imitable[213]. Les législateurs des pays maghrébins, exception faite du législateur marocain, sont silencieux par rapport à la question de la mention manuscrite dans le cadre du contrat électronique. Or, face à la multiplication des exigences de mentions manuscrites dans les contrats de consommation et l'utilisation des nouvelles technologies pour souscrire un contrat, une intervention législative s'impose dans les pays qui n'abordent pas expressément la problématique de la mention manuscrite dans le cadre du contrat électronique.

---

[209] V., **J. PASSA**, « Les règles générales du commerce électronique et leur application dans les rapports avec les consommateurs », *Pet. Aff.*, 06 févr. 2004, n° 27, p. 35 ; **H. JACQUEMIN**, *Le formalisme contractuel*, op. cit., p. 359, n° 273 ; **M. DEMOULIN et É. MONTERO**, « Le formalisme contractuel à l'heure du commerce électronique », op. cit., p. 187.

[210] La modification de la loi n° 2000-230 du 13 mars 2000 portant adaptation du droit de la preuve aux technologies de l'information et relative à la signature électronique, *JORF.*, n°62, 14 mars 2000, p. 3968. Sur ce sujet V., **A.-A. MAGGIAR**, « La conclusion de de contrats par voie électronique », *Gaz. Pal.* 17 nov. 2005, n° 321, p. 7.

[211] **J. JULIEN**, *Droit de la consommation*, op. cit., n° 190, p. 236 et s.

[212] Ajouté par l'article 2 de la loi n° 53-05 promulguée par le dahir n° H1-07-129H du 30 nov. 2007, *Bull.O. Mar.*, n° 5584, 6 déc. 2007.

[213] **M. DEMOULIN et E. MONTERO**, « Le formalisme contractuel à l'heure du commerce électronique », op. cit., p. 186 ; V. égal. **N-A ALRAHALY**, *Les pratiques modernes dans les affaires de consommation*, en droit marocain, en arabe, op. cit., p. 57.

Au regard des usages actuels et des droits français[214] et marocain, nous pouvons constater que lorsqu'une mention manuscrite de celui qui s'oblige est requise, celle-ci peut être apposée sous forme électronique si les conditions de cette apposition sont de nature à garantir qu'elle ne peut être effectuée que par lui-même. Autrement dit, l'exigence d'une mention écrite de la main de celui qui s'oblige peut-être satisfaite par tout procédé garantissant que la mention émane de ce dernier, y compris par voie électronique[215].

105. Dans l'environnement numérique, comme dans un environnement traditionnel utilisant le support papier, les mentions manuscrites seront suivies d'une signature. Cependant, la principale différence réside dans le fait que l'identification de celui qui s'oblige sera intégralement remplie par la signature électronique. Grâce au clavier ou à la souris de l'ordinateur, l'écriture des mentions peut notamment avoir pour fonction d'attirer davantage l'attention de la partie faible. La mention peut donc apparaître à l'écran, sous la forme d'une fenêtre (d'un pop-up)[216], au moment où le consommateur active son logiciel de signature électronique. Le processus de signature ne peut pas être poursuivi tant que le consommateur n'a pas cliqué sur une icône indiquant qu'il a lu la mention[217].

106. Il existe par conséquent, dans l'environnement électronique, des moyens efficaces de sécurisation du contrat. Par exemple, si l'offre de vente se présente comme un formulaire électronique à compléter, il est techniquement possible d'empêcher que le contrat soit signé tant que tous les champs n'ont pas été remplis. Avant de signer numériquement, la partie faible peut être invitée à valider le contrat en cliquant sur une icône spécifique. Si le contrat est incomplet, un message d'erreur apparaîtra à l'écran, informant la partie faible du champ qui est resté vacant et de l'obligation de le compléter pour pouvoir conclure le contrat. Un dispositif du logiciel garantit que le processus ne peut aboutir à la conclusion du contrat par voie électronique tant que la partie faible n'a pas entièrement rempli le formulaire du contrat[218].

---

[214] Ces dispositions ne s'appliquent cependant pas aux actes sous seing privé relatifs au droit de la famille et des successions ni aux sûretés personnelles ou réelles de nature civile ou commerciale sauf s'ils sont passés par une personne pour les besoins de sa profession. V., sur ce sujet, **I. TRICOT-CHAMARD**, « Les vicissitudes de la mention manuscrite dans le cautionnement : suite ou fin ? », *JCP*, n° 8, 18 févr. 2004, n° 12. **E. BARBRY**, « Les contrats souscrits sous forme électronique : de nouvelles conditions de "validité" », *Gaz. Pal.*, 12 oct. 2004, n°286, p. 24.

[215] **Ph. SIMLER**, « Cautionnement. – Preuve », *JCl. Civil Code*, 2 juin 2015, n° 62 ; **J. PASSA**, « Les règles générales du commerce électronique et leur application dans les rapports avec les consommateurs », op. cit., n° 11, p. 35.

[216] Le pop-up est un moyen de fenêtres intruses, dites « pop-up », qui apparaissent spontanément sur l'écran

[217] **H. JACQUEMIN**, *Le formalisme contractuel*, op. cit., p. 361, n° 274.

[218] En ce sens V., **H. BITAN**, *Droit et expertise des contrats informatiques*, LAMY, 2e éd., 2017, n° 495, p. 293.

En définitive les mentions obligatoires concourent à la sécurisation du contrat électronique. Il en est de même pour les mentions manuscrites[219]. Dans la mesure où les mentions obligatoires peuvent également servir à s'assurer que le contractant a réellement pris connaissance de ses engagements. Il est donc logique de s'interroger sur les moyens avec lesquels la partie faible peut exprimer son consentement.

b. L'organisation de la méthode d'obtention du consentement

107. Le consentement est une « (…) manifestation de volonté qui, dans un contrat, exprime un accord sur les propositions de l'autre partie, accord qui formera la convention »[220]. Cette manifestation de volonté est classiquement entourée d'un formalisme consistant, parfois, dans l'exigence d'une signature manuscrite. En matière d'échange et de commerce électronique, le recours à une telle signature est inconcevable, puisque les parties sont loin l'une de l'autre. Le réseau Internet nécessite le recours à d'autres moyens techniques pour faciliter l'échange du consentement[221]. L'existence de ces moyens suppose la consécration du régime juridique de la signature électronique (1°) et la possibilité de conclusion d'un contrat avec un clic de souris (2°).

i. La consécration du régime juridique de la signature électronique

108. La signature électronique nécessite pour être reconnue juridiquement, l'utilisation d'un procédé fiable d'identification garantissant son lien avec l'acte auquel elle s'attache. Nous verrons ultérieurement que l'objectif principal de la signature est de garantir la sécurité des relations contractuelles, au bénéfice de toutes les parties[222]. Cependant, la signature permet, en principe, de traduire le consentement de la partie faible en veillant à sa bonne information. Sur le plan psychologique, la signature a pour effet de conscientiser les parties sur la portée de leur engagement. A priori, cette conscientisation doit inciter la partie faible à prendre connaissance du contenu de l'acte qu'elle signe[223].

Ainsi, les pays étudiés ont règlementé la signature électronique afin d'octroyer les mêmes effets juridiques à l'engagement contractuel par voie électronique qu'à celui sur support papier.

---

[219] **E. BARBRY**, « Les contrats souscrits sous forme électronique : de nouvelles conditions de validité », op. cit. p. 24.

[220] **J. GHESTIN** et al., *Traité de droit civil ; La formation du contrat*, LGDJ, 4e éd., 2013, n° 680, p. 486.

[221] **A. ELLOUMI**, *Le formalisme électronique*, op. cit., p. 34 ; Sur internet, c'est par le clic de la souris ou l'envoi d'un courrier électronique que le consentement s'extériorise ; V. égal., **A. AYEWOUADAN**, *Les droits du contrat à travers l'internet*, op. cit., n° 70, p. 76.

[222] **N. BEN AHMED**, *La signature en droit privé*, op. cit., n° 203, p. 117 et s. **Z. BEN KHADRA**, *La nature juridique du contrat électronique*, Thèse, en arabe, Université d'Alger, 2015, p. 247

[223] **J. GHESTIN et al.**, *Traité de droit civil, La formation du contrat*, op. cit., n° 450, p. 422 ; **Abdel-K. EL-AARAARY**, *Les contrats spéciaux ; Le contrat de vente*, en droit marocain, Dar Elamane, en arabe, 4e éd., 2017, n° 76, p. 84.

109. Cependant, il existe des disparités entre les régimes juridiques des différents pays étudiés. Tout d'abord, les droits français, mauritanien et marocain reconnaissent deux catégories de signatures[224] : la signature électronique simple et la signature électronique sécurisée (signature avancée en terminologie européenne). Bien qu'étant toutes les deux recevables en justice, elles se distinguent par leur mode de création technique et par leurs effets juridiques. Si ces trois systèmes juridiques ont bien défini le processus de création de la signature sécurisée, ils sont toutefois restés muets en ce qui concerne la signature électronique simple. Cette dernière, bien que ne pouvant pas être refusée au titre de preuve par les tribunaux, n'a pas la même valeur juridique que la signature manuscrite. En cas de contestation, il revient à celui qui veut se prévaloir de la signature électronique d'apporter la preuve de la fiabilité du dispositif utilisé. En revanche, la signature électronique sécurisée a la même valeur juridique qu'une signature manuscrite en raison des garanties qu'offre le dispositif de sa création. Elle est présumée fiable jusqu'à preuve du contraire[225]. Selon ces trois droits, un acte sur lequel est apposé une signature électronique sécurisée et qui est horodaté possède la même force probante que l'acte dont la signature est légalisée et de date certaine[226].

110. La Tunisie a été l'un des premiers pays arabes à avoir adopté une législation donnant validité aux signatures électroniques et précisant leur mode de fonctionnement. Toutefois, ce législateur ne prévoit qu'un seul type de signature électronique dans l'article 453-2 du Code des obligations et des contrats et l'article 5 de la loi n° 2000/83. Ce dernier article énonce que « *chaque personne désirant apposer sa signature électronique sur un document peut créer cette signature par un dispositif fiable dont les caractéristiques techniques seront fixées par arrêté*

---

[224] La signature électronique sécurisée ou avancée a été introduite en France par Art. 1316-4 du Code civil et Art. 1er -2 du décret du 30 mars 2001. En Mauritanie, ce type de signature est apparu avec le premier article d'Ordonnance n° 2006-031 relative aux instruments de paiement et aux opérations du commerce électronique. S'agissant du Maroc, Art. 417-3 du COC et Art. 6 de loi marocaine n° 53-05 traitent de la signature sécurisée.

[225] **E. CAPRIOLI** estime qu'une erreur communément répandue consiste à croire que seule une signature électronique sécurisée bénéficiant de la présomption de fiabilité peut conférer une valeur probante à un acte juridique. Il n'en est rien. Le fait d'utiliser un certificat qualifié ou un dispositif sécurisé de création de signature n'a pas de conséquence juridique sur la valeur de la signature ou sur la force probante de l'écrit, mais uniquement sur la charge de la preuve de la fiabilité du procédé. En effet, cette charge variera selon que l'on bénéficie ou non de la présomption de fiabilité. Dans un cas, il appartient à l'utilisateur du procédé de signature de prouver cette fiabilité (signature électronique « simple », voire signature électronique sécurisée ne bénéficiant pas de la présomption de fiabilité en vertu de l'article 2 du décret), dans l'autre, c'est celui qui la conteste (le plus souvent le client) qui devra prouver l'absence de respect des exigences de fiabilité (signature électronique sécurisée présumée fiable). **E. CAPRIOLI**, « Première décision sur la preuve et la signature électroniques d'un contrat de crédit à la consommation », *CCE., JCP* éd. G, n° 6, Juin 2013, étude 11, p.866 à 869 ; V., **T. PIETTE-COUDOL**, « L'écrit électronique et la signature électronique depuis la LCEN », *CCE*, n° 9, sept. 2004, n° 13.

[226] **A. RABAGNY-LAGOA**, *Droit du commerce électronique*, p. 119 ; **A. BOUKIBR**, « La preuve électronique des transactions commerciales au Maroc à la lumière de la loi n°53-05 », en arabe, www.marocdroit.com, consulté le 7 janv. 2013.

du ministre chargé des télécommunications »[227]. De même, l'article 417-2 du Code marocain des obligations et des contrats dispose que lorsque la signature est électronique, « *il convient d'utiliser un procédé fiable d'identification garantissant son lien avec l'acte auquel elle s'attache* »[228].

En Algérie, le 1er février 2015[229], le législateur a également adopté la loi n° 15-04 afin de protéger les transactions commerciales électroniques de la fraude et des attaques informatiques[230]. Ses articles 7 et 8 disposent que seule la signature électronique qualifiée est assimilée à une signature manuscrite. Il s'agit là d'une signature électronique qui satisfait aux exigences suivantes : 1- être réalisée sur la base d'un certificat électronique qualifié, 2- être spécifiquement liée au signataire, 3- permettre l'identification du signataire, 4- être conçue au moyen d'un dispositif sécurisé de création de signature électronique, 5- être créée par des moyens que le signataire peut garder sous son contrôle exclusif, 6- être liée aux données auxquelles elle se rapporte de telle sorte que toute modification ultérieure des données soit détectée. Cette loi met fin aux lacunes qui caractérisaient les activités du commerce et des échanges électroniques en Algérie.

Contrairement au législateur algérien, le législateur libyen n'a pas jusqu'à présent adopté une loi particulière pour le commerce électronique[231]. Cependant, il existe certains articles dans le droit libyen qui abordent la signature électronique. L'article 95 de la loi libyenne sur la bourse des valeurs précise justement que la signature électronique peut avoir la même valeur que la signature manuscrite si elle remplit les conditions suivantes : « *1- être liée uniquement au signataire; 2- être créée par des moyens que les signataires peuvent garder sous leur contrôle exclusif ; 3- la possibilité de détecter la modification ultérieure de la signature ou du document électronique ; 4 - respecter des conditions artistiques et techniques*

---

[227] La loi tunisienne n° 2000-83 du 9 août 2000 relative aux échanges et au commerce électronique, *JORT.*, n° 64, p. 1887 ; A ce sujet V, **A. ELLOUMI**, *Le formalisme électronique*, op. cit., pp. 55 et 56, n° 100 et 101 ; **K. AL-KAROUBI**, *Les contrats nommés*, LATRACHE, Tunis, 2e éd., en arabe, 2013, n° 215, p. 139.

[228] L'article 417-3 du Code marocain des obligations et des contrats prévoit que « *la fiabilité d'un procédé de signature électronique est présumée, jusqu'à preuve contraire, lorsque ce procédé met en œuvre une signature électronique sécurisée. (...)* ». V. égal., **Abdel-K. EL-AARAARY**, *Les contrats spéciaux ; Le contrat de vente, en droit marocain*, en arabe, op. cit., n° 80, p. 90.

[229] La loi algérienne n° 15-04 fixant les règles générales relative à la signature et à la certification électroniques, *JORA.*, n° 6, 10 févr. 2015, p. 6.

[230] Avant l'adoption cette loi, Art. 3 bis., du décret exécutif algérien n° 07-162 avait énoncé que « *- signature électronique : donnée qui résulte de l'usage d'un procédé répondant aux conditions définies aux articles 323 bis et 323 bis 1 de l'ordonnance n° 75-58 du 26 septembre 1975, susvisée ; - signature électronique sécurisée : signature électronique qui satisfait aux exigences suivantes : - être propre au signataire ; -être créée par des moyens que le signataire puisse garder sous son contrôle exclusif ; -garantir avec l'acte auquel elle s'attache un lien tel que toute modification ultérieure de l'acte soit détectable* » (Décret exécutif algérien n° 07-162 du mai 2007 relatif au régime d'exploitation applicable à chaque type de réseaux, y compris radioélectriques et aux différents services de télécommunications, *JORA*, n° 37, 7 juin 2007, p. 10).

[231] En Libye, il existe cependant un projet de la loi de commerce électronique du 2014, présenté par le ministère de l'économie, qui organise de façon détaillée la signature électronique ; par exemple, l'article 1 et les articles 8 à 15 de ce projet, www.ect.gov.ly, consulté le 18 dec. 2014.

nécessaires qui seront déterminées par un décret ». Malheureusement, le décret évoqué dans la dernière condition n'a pas vu le jour.

111. De manière générale, nous pouvons ainsi distinguer les conditions requises pour la validité d'une signature électronique : tout d'abord, le procédé de signature doit mettre en œuvre une signature électronique sécurisée établie grâce à un dispositif sécurisé de création de signature. Ensuite, cette signature doit être vérifiée et enfin cette vérification doit reposer sur l'utilisation d'un certificat électronique qualifié, autrement dit lui-même sécurisé[232].

Aussi, l'adoption de la signature électronique par ces nouvelles législations favorise le développement du commerce par voie électronique et vise la protection des utilisateurs, en tant que consommateur. En effet, cette signature répond généralement aux mêmes fonctions que la signature manuscrite mais prend des formes diverses : sons électroniques, symboles, ou données électroniques jointes ou associées à un contrat ou fichier. Il est également important de souligner que la fraude relative aux signatures électroniques constitue une préoccupation majeure. Pour lutter contre cette fraude, les pays comparés, à l'exception de la Libye, utilisent l'authentification et la certification[233].

112. La signature électronique est a priori plus sécurisée que la signature manuscrite, puisqu'elle est inconnue des tiers et ne peut par conséquent être imitée. Ses caractéristiques évitent le risque de falsification et de fraude. La signature électronique, qui est composée d'un code secret combiné de plusieurs chiffres, ne laisse aux hackers aucune possibilité pour la déchiffrer[234].

En effet, le risque de fraude encouru sur un document papier peut être plus grand que le risque de fraude informatique. Le premier peut être lu par n'importe qui tandis que la signature électronique ne peut être interceptée que par des personnes maîtrisant l'informatique. Par ailleurs, les techniques électroniques actuelles permettent de détecter la falsification plus facilement. L'expertise permet en effet de détecter l'ordinateur intervenant dans l'opération de signature et la date exacte de cette intervention[235].

113. Le signataire électronique peut donc être facilement identifié, puisque l'obtention d'une telle signature passe nécessairement par le recours à un fournisseur de service de certification électronique. Ce fournisseur identifie avec

---

[232] **A. AYEWOUADAN**, *Les droits du contrat à travers l'internet*, op. cit., n° 130, p. 144 ; **H. BALGA**, « La sécurité juridique dans le commerce électronique », en droit marocain, *www.marocdroit.com*, 21 févr. 2017.

[233] **Q. ALLAL**, « La signature électronique », *Revue algérienne des Sciences, Juridiques, Economiques et Politique*, n° 1/2007, p. 176 et s. **M. MAHROK**, « La spécificité de la signature électronique et sa valeur probatoire » en droit marocain, *www.marocdroit.com*, consulté le 07 févr. 2016.

[234] V., **Th. ALSHAII**, « Le dol électronique », *Revue de la jurisprudence et de la législation*, Tunis, n° 8, 47eme, oct. 2005, p. 102 ; **M. BOUTROS**, *Le droit du commerce électronique : Une approche de la protection du cyber consommateur*, op. cit., n° 212, p. 119.

[235] ; **H. BALGA**, « La sécurité juridique dans le commerce électronique », *www.marocdroit.com*., 21 févr. 2017 ; **Y. HOUHOU**, *Le contrat de vente électronique, étude comparée*, op. cit., p. 188 et s.

précision toute personne avant de lui donner accès à une signature qui attestera, une fois utilisée, du lien existant entre le signataire et l'acte sur lequel elle est apposée. Cette identification est faite grâce à un dispositif de création de signature qui, selon les droits des pays comparés, à l'exception de la Libye, est un matériel ou un logiciel destiné à mettre en application les données de création de signature électronique. Ce dispositif constitue des données uniques, telles que des codes ou des clés cryptographiques privées, que le signataire utilise pour créer une signature électronique[236]. L'identification résulte aussi du dispositif de vérification de la signature c'est-à-dire « *un ensemble d'éléments de cryptage publics ou un ensemble d'équipement permettant la vérification de la signature électronique* »[237]. La signature numérique, qui utilise généralement la cryptographie asymétrique, avec nécessairement l'intervention de deux clés, une publique, qui peut être connue par tout le monde, et l'autre privée, qui doit être personnelle, identifie facilement l'utilisateur d'une telle signature. Une telle identification ne peut être remise en cause que si le code secret de la clé privée du signataire a été donné à une autre personne, par exemple à l'un de ses proches[238].

114. Concernant les contrats de crédit à la consommation, il n'existe pas, dans les pays étudiés, de textes juridiques relatifs à la signature électronique, car les banques sont prudentes sinon hostiles à cette dernière. Toutefois, les juges français interviennent parfois pour combler ces lacunes en examinant au cas par cas ces dits contrats[239]. Il convient alors de se demander si la partie faible dans le contrat de crédit conclu par voie électronique peut bénéficier de la même garantie que celle dont bénéficie la partie faible dans le contrat classique ? Tout d'abord, il est important d'indiquer que la Cour d'appel de Nancy, a considéré que « *la signature nécessaire à la perfection d'un acte juridique identifie celui qui l'appose. Elle manifeste le consentement des parties aux obligations qui découlent de cet acte. Lorsqu'elle est électronique, elle consiste en l'usage d'un procédé fiable d'identification garantissant son lien avec l'acte auquel elle s'attache. La fiabilité de ce procédé est présumée, jusqu'à preuve contraire, lorsque la signature électronique est créée, l'identité du signataire assurée et l'intégrité de l'acte garantie conformément aux dispositions du décret n° 2001-272 du 30 mars 2001* »[240].

115. Par ailleurs, lorsque le signataire utilise une signature électronique, les risques liés au blanc-seing sont inexistants, étant donné qu'il est impossible à

---

[236] **Abdel-K. EL-AARAARY**, *Les contrats spéciaux ; Le contrat de vente*, en droit marocain, en arabe, op. cit., n° 81, p. 91 ; V, égal. **A. ELLOUMI**, *Le formalisme électronique*, op. cit, n° 101, p. 56 ; **A. AYEWOUADAN**, *Les droits du contrat à travers l'internet*, op. cit., n° 70, p. 76 et s.

[237] **A. RABAGNY-LAGOA**, *Droit du commerce électronique*, p. 121 ; **B. HAMIDA**, « La fiabilité de la signature électronique », *Revue du droit marocain*, en arabe, n° 17, avril 2011, p. 68.

[238] **M. MAHROK**, « La spécificité de la signature électronique et sa valeur probatoire », www.marocdroit.com., 10 mai 2015.

[239] Ça, 14 févr. 2013, n° 442/12 ; *ça*, 8e ch., 1re sect., 2 mai 2013, n° 12/05299 : *JurisData* n° 2013-008597

[240] En ce sens V., **E. CAPRIOLI**, « Première décision sur la preuve et la signature électroniques d'un contrat de crédit à la consommation », *CCE* n° 6, juin 2013, étude 11.

l'autre partie de modifier le contenu du document électronique ainsi signé. Dès lors, le problème du blanc-seing électronique ne se pose pas en termes de risque de fraude. Tout au plus, certains éléments du contrat peuvent ne pas être déterminés, ni avoir été acceptés par le signataire[241].

116. Il est également pertinent de remarquer que la fonction psychologique attachée à la signature manuscrite est loin de disparaître dans l'environnement électronique. Psychologiquement la signature a pour conséquence d'attirer l'attention du contractant (le consommateur) sur la gravité de son acte, mais cet objectif peut être atteint dans le commerce électronique par d'autres moyens tels qu'une procédure de validation à travers l'affichage préalable d'un message d'avertissement (du type : « attention, vous êtes sur le point de signer un document qui vous engage juridiquement… »)[242]. Nous estimons que la loi devrait faire clairement référence à cette fonction, de sorte que les professionnels mettent en place des procédés de nature à attirer l'attention du consommateur sur les conséquences juridiques de l'activation du logiciel de signature électronique[243].

La signature électronique assure la sécurité d'un acte commercial et donne confiance au contractant, aussi elle permet de l'alerter sur le contenu de son engagement. La signature électronique doit ainsi être susceptible d'aider le signataire à prendre la mesure de son engagement[244].

117. En général, le formalisme de la signature sert à amener le signataire à réfléchir avant de signer, puisqu'il est devant un document sur lequel il doit apposer un signe après l'avoir lu. Ce processus de signature se retrouve dans la signature électronique à travers les procédés techniques d'obtention de la signature. Il est en effet possible d'obtenir deux clés, une publique et une privée, émises par un fournisseur de service de certification électronique (F.S.C.E)[245].

118. La signature électronique est donc un bon moyen d'assurer l'identification du signataire et la manifestation de son consentement au contenu de l'acte ainsi que la vérification de l'intégrité de cet acte[246]. Cependant tous les modes de signature n'ont pas le même niveau de fiabilité et il convient, sur ce

---

[241] **Th. PIETTE-COUDOL**, « L'écrit électronique et la signature électronique depuis la LCEN », op. cit., n° 7 ; V., **N. BEN AHMED**, *La signature en droit privé*, op. cit., n° 468, p. 272.

[242] **D. GOBERT et E. MONTERO**, « La signature dans les contrats et les paiements électroniques : l'approche fonctionnelle », *Cahier du CRID,* n° 17, Bruylant, 2000, n°21, p. 65 ; A ce sens V., **N-A ALRAHALY**, *Les pratiques modernes dans les affaires de consommation*, en droit marocain, en arabe, op. cit., p. 66.

[243] **H. JACQUEMIN**, *Le formalisme contractuel*, op. cit., pp. 358 et 411, n° 272 et 304.

[244] **D. GOBERT et E. MONTERO**, « La signature dans les contrats et les paiements électroniques », op. cit., p. 61 et s. A ce sens V., **A. KAHLOUN**, *La théorie générale des obligations : les sources des obligations et les actes juridiques*, en arabe, LATRACHE, Tunis, 2015, p. 187.

[245] **A. ELLOUMI**, *Le formalisme électronique*, op. cit., p. 66 ; **J-L. MOURALIS**, « Preuve (1° modes de preuve) », op. cit., n° 20, 201 et s.

[246] Cette troisième fonction de la signature a été mise à jour récemment : il s'agit du maintien de l'intégrité du contenu de l'acte. V., **S. SADAWI**, *Les contrats du commerce électronique- Étude comparée*, en arabe, Dar Alkhaldonia Algérie, 2008, pp. 97 à 102 ; **L. GRYNBAUM**, « La preuve littérale. – Dispositions générales. – Écrit électronique », *JCl. Civil Code*, 17 juin 2016, n° 39 et s.

point, de distinguer la signature simple et la signature sécurisée. Cette dernière forme de signature, pour laquelle la loi pose une présomption de fiabilité du procédé, semble la plus appropriée et la plus sûre pour permettre une identification du consommateur. Le procédé doit toutefois remplir certaines exigences. La signature électronique doit être établie au moyen d'un dispositif sécurisé de création de signature certifiée. Elle est créée par une autorité de certification chargée de créer et d'attribuer les clés et les certificats électroniques. Plus précisément, le certificat est un registre informatique revêtu d'une signature électronique qui rend sa clé publique et permet l'identification de son souscripteur et de son émetteur. Par analogie, il s'agit d'une sorte de carte d'identité électronique émise par un tiers indépendant et neutre. La signature est présumée appartenir à la personne mentionnée dans le certificat[247].

Dès lors, l'authentification sert à renforcer la fiabilité de la signature électronique en imposant des conditions préalables à sa validité. La certification complète cette authentification et fait appel à une tierce personne qui, après vérification des données, garantie l'authenticité de la signature[248].

En résumé, la reconnaissance des signatures électroniques est nécessaire parce que le développement du commerce électronique est subordonné à l'existence de garanties sur la sécurité des transmissions de données et de paiements en ligne. Grâce à un système de chiffrement appliqué au message transmis, la signature électronique sécurisée constitue une réponse fiable et appropriée car elle garantit l'authenticité et l'intégrité des données, ainsi que l'identité du signataire. Autrement dit, les dispositifs techniques permettant la signature sous forme électronique doivent garantir que les données de création de signatures électroniques ne puissent être établies qu'une fois et que leur confidentialité soit assurée, qu'elles soient protégées contre toute falsification et contre toute utilisation par des tiers, qu'elles n'entraînent aucune altération du contenu de l'acte à signer et ne fassent pas obstacle à ce que le signataire faible en ait une connaissance exacte avant de les signer. Il est donc logique de se demander si la conclusion d'un contrat électronique par le « clic » est suffisante pour s'assurer de cette connaissance.

ii. La conclusion du contrat électronique avec le double-clic

119. L'évolution actuelle des mentalités est suffisante pour considérer que l'extériorisation de la volonté peut prendre la forme d'un clic. Ce dernier peut, dès lors, être considéré comme une manifestation tacite de la volonté dont la validité dépendrait des usages[249]. Le contrat conclu par le clic est celui par lequel

---

[247] **L. BENSAID**, *Le régime juridique des contrats du commerce électronique*, Houma, Algérie, 2012, pp. 160 et s ; **H. BALGA**, « La sécurité juridique dans le commerce électronique », www.marocdroit.com, consulté le 21 févr. 2016.

[248] **C. CHARBONNEAU et F-J. PANSIER**, « La signature électronique, signature sous surveillance », *Pet. Aff.*, 06 avril 2001, n° 69, p. 3 ; **M. MAHROK**, « La spécificité de la signature électronique et sa valeur probatoire », www.marocdroit.com, 10 mai 2015.

[249] **A. AYEWOUADAN**, *Les droits du contrat à travers l'internet*, op. cit., n° 70, pp. 77 et 78.

l'internaute, après avoir accédé et pris connaissance des termes d'un contrat, procède à son acceptation en ligne.

Désormais, il est possible de contracter sur les réseaux numériques, sans papier ni stylo, par simple clic de souris. La dématérialisation des contrats a immédiatement soulevé la question de leur valeur, sur le plan juridique, au regard d'une législation totalement inadaptée à de telles nouveautés. Sous peine de freiner le développement du commerce électronique, il convenait de mettre fin à cette insécurité juridique en procédant à un ajustement du droit des contrats[250].

120. Il est dans un premier temps utile de rappeler que selon le principe du consensualisme contractuel, l'acceptation ne doit en principe revêtir aucune forme particulière. Il demeure toutefois important d'analyser la façon dont elle peut se manifester[251]. Ainsi, les règles de droit commun ne s'opposent pas à ce que le consentement d'une partie soit donné par un simple clic, c'est-à-dire par le fait d'appuyer sur le bouton gauche de la souris sur une icône qui contient les mots « J'accepte », « D'accord », « Oui » ou « Ok ». En langue arabe, on utilise d'autres termes mais le sens affirmatif reste le même. Il suffit que ce consentement contienne les conditions nécessaires à la formation du contrat. L'extériorisation de l'acceptation peut ainsi, dans un autre contexte, être faite « *(...) par un simple geste dès lors que, d'après les usages, la signification de celui-ci est évidente. Ainsi en ira-t-il du fait de lever la main dans une vente par adjudication ou de celui de glisser les pièces nécessaires dans un distributeur automatique* »[252].

121. En France, certains auteurs considèrent que le clic repose juridiquement sur l'article 1369-5 Code civil français[253], alors que d'autres pensent que les

---

250 **M. DEMOULIN et É. MONTERO**, « Le formalisme contractuel à l'heure du commerce électronique, Commerce électronique : de la théorie à la pratique », op. cit., p. 132

251 **A. BENCHENEB**, *Le droit algérien des contrats*, 2e éd., op. cit., p. 59 ; **B. HAMIDI**, *La conclusion du contrat électronique*, en droit algérien, Université de (Hadj Lakhdar) Batna 1, 2014/2015, p. 63.

252 **F. TERRE, PH. SIMLER et Y. LEQUETTE**, *Droit civil, Les obligations*, op. cit., n° 123, pp. 131 et s ; **M. ATAWIIV**, « La conclusion du contrat électronique » en droit marocain, www.marocdroit.com, 28 juill. 2017.

253 L'article 1369-5 du C. civ. français dispose que : « *Pour que le contrat soit valablement conclu, le destinataire de l'offre doit avoir eu la possibilité de vérifier le détail de sa commande et son prix total, et de corriger d'éventuelles erreurs, avant de confirmer celle-ci pour exprimer son acceptation. L'auteur de l'offre doit accuser réception sans délai injustifié et par voie électronique de la commande qui lui a été ainsi adressée. La commande, la confirmation de l'acceptation de l'offre et l'accusé de réception sont considérés comme reçus lorsque les parties auxquelles ils sont adressés peuvent y avoir accès* ». Par ailleurs, l'article 11-1 de la loi type de la CNUDCI sur le commerce électronique, qui date de 1996, reconnaît lui aussi implicitement la possibilité d'accepter une offre par un simple clic de souris, puisqu'il peut être considéré comme un message de données. **H. BITAN**, *Droit et expertise des contrats informatiques*, op. cit., n° 690, p. 374.

articles 10-1[254] et 11-2[255] de la directive du 8 juin 2000 reconnaissent la technique du clic mais d'une façon plus implicite. Concernant les droits des pays maghrébins, l'article 65-4 du Code marocain des obligations et des contrats est conforme mot à mot à l'article 1369-5 du Code civil français. A quelques nuances près, les législateurs tunisien et mauritanien abordent cette question de manière semblable. Leurs textes ont aussi des traits communs avec l'article 65-4 du Code marocain des obligations et des contrats et l'article 1369-5 du Code civil français. Quant aux législateurs libyen et algérien, la question de l'acceptation électronique par le clic est en principe soumise aux règles du droit commun des contrats[256].

122. Il est légitime de se demander si la reconnaissance du clic de souris comme moyen fiable pour exprimer le consentement d'une partie au contrat ne soulève pas des questions quant à la protection pour la partie faible. Il convient également de savoir si ce clic suffit à exprimer une intention certaine de s'engager.

Tout d'abord, il est reconnu juridiquement depuis longtemps que l'homme peut exprimer sa volonté de diverses manières : un geste non équivoque ou un comportement actif peut être considéré comme une manifestation expresse de la volonté de s'engager. L'acceptation par un simple clic ne pose donc pas à priori de problèmes. Par ailleurs, le clic semble être un moyen facile pour un consommateur profane qui peut faire ses achats tout en étant chez lui. Le clic permet également de passer des commandes auprès de professionnels de n'importe quel pays[257].

Toutefois, un simple clic d'acceptation peut parfois aussi engendrer un risque, notamment pour la partie faible, qui peut prétendre avoir cliqué par erreur de manipulation sans vouloir manifester une volonté de s'engager. Dans ce cas, il peut nier la valeur de son clic tout simplement parce qu'il ne signifie rien en soi.

123. Plus précisément, le problème posé par le clic est qu'il permet d'identifier l'ordinateur mais pas la personne cliquant sur la souris. Dans une famille composée de plusieurs membres et utilisant un seul ordinateur, il sera difficile, en cas de litige, de déterminer avec précision la personne qui a exprimé son consentement. Il n'existe aucun lien entre le clic et la volonté de l'auteur. Cette absence de lien constitue l'un des principaux obstacles à la formation de contrats

---

[254] L'article 10-1 de la directive européenne 2000/31/CE du Parlement européen et du conseil du 8 juin 2000 relative à certains aspects juridiques des services de la société de l'information, et notamment du commerce électronique, dans le marché intérieur (directive sur le commerce électronique) , *JOUE L* 178, 17 juill. 2000, p 1.

[255] L'article 11-2 de la directive du 8 juin 2000 précitée prévoit que « *les États membres veillent, sauf si les parties qui ne sont pas des consommateurs en ont convenu autrement, à ce que le prestataire mette à la disposition du destinataire du service des moyens techniques appropriés, efficaces et accessibles lui permettant d'identifier les erreurs commises dans la saisie des données et de les corriger, et ce avant la passation de la commande* ».

[256] **Y., HOUHOU**, *Le contrat de vente électronique, étude comparée*, op. cit., p. 90 à 99.

[257] A ce sujet V., **A. MAFFRE-BAUGE**, « Actualité du droit de l'internet (janvier 2016) : Contrats. Sur internet, cliquer c'est s'engager », *Revue Lamy Droit civil (RLDC.)*, n° 138, juin 2016, p. 29 et 30.

valides par des ordinateurs[258]. Lorsque la personne qui a cliqué deux fois est une personne incapable, sa volonté reste malgré tout impuissante à l'engager. Il convient de préciser ici que la preuve de l'incapacité, ou plus exactement la preuve que le contrat a été conclu par l'incapable, sera souvent difficile à établir[259].

124. En outre, le clic pourrait faire douter de la plénitude du consentement de la partie faible. Cette dernière, attirée par la simplicité de conclure un contrat en quelques secondes, est la première victime de cette technique de consentement. Une telle méthode d'acceptation du contrat électronique risque d'altérer sa vigilance. En effet, un simple clic ne permet pas à l'internaute de réfléchir sur les conséquences juridiques de son acte[260]. La vitesse ou la facilité « *avec laquelle le consommateur effectue ses achats sur l'Internet peut parfois dénaturer son consentement ou même le transformer en simple réflexe* »[261].

125. Ainsi, la technique du clic, qui est loin de protéger la partie faible dans le commerce électronique, nécessite de prendre des mesures de précaution. Par conséquent, le système de protection de la partie faible de certains pays étudiés est conçu sur plusieurs étapes. Dans un premier temps, il y a la récapitulation des informations délivrées au consommateur. Apparaît ensuite l'exigence d'une confirmation, qui vient renforcer la volonté de contracter. Avec ce mécanisme, l'acceptation se réalise soit par deux clics distincts et consécutifs sous deux formes différentes, « j'accepte l'offre » et ensuite « confirmez-vous bien votre commande ? », soit par l'envoi d'un écrit électronique avec obligation pour le professionnel de conserver le message. Ainsi, la faculté d'accéder au récapitulatif de la commande, voire de la modifier avant confirmation, protège la partie faible contre toute erreur éventuelle de manipulation. Ceci peut contribuer à alerter la partie faible sur son engagement avant la conclusion d'un contrat électronique[262].

126. L'exigence de la récapitulation de commande est un des meilleurs remèdes aux risques d'un clic involontaire. L'article 27 de la loi tunisienne du 9 août 2000 et l'article 57 de l'Ordonnance mauritanienne n° 2006-031 prévoient expressément qu'« *avant la conclusion du contrat, le vendeur doit permettre au*

---

[258] **Y. HOUHOU**, *Le contrat de vente électronique, étude comparée*, op. cit., p. 91 ; **M. BOUTROS**, *Le droit du commerce électronique : Une approche de la protection du cyber consommateur*, Thèse, Université de Grenoble, 2014, p. 99, n° 178.

[259] **N. MATHEY**, « Contrats et obligations. – Des contrats sous forme électronique », *JCl. Civil Code*, 1er Mars 2016, n° 30 ;

[260] **N. RANDOUX**, « Les dernières vies du formalisme », *Pet. Aff.*, 20 août 2013, n° 166, p. 5 ; V égal. **A. ELLOUMI**, « La protection de la partie faible dans les contrats électroniques », *Revue de l'association des juristes de Sfax*, n° spéc. 11, 2015, p. 57.

[261] **L. THOUMYRE**, « L'échange des consentements dans le commerce électronique », http://www.lex-electronica.org, consulté le 12 mai 2018.

[262] Il est ici nécessaire de rappeler que la conclusion du contrat par courriel électronique est généralement conclue sans exigence pour le professionnel de récapituler la commande. Le professionnel n'est pas également obligé de conserver les moyens de preuve des conditions de son offre et il ne doit pas accuser réception par voie électronique de la commande qui lui a été ainsi adressée. **Y., HOUHOU**, *Le contrat de vente électronique, étude comparée*, op. cit., p. 103 et s ;

consommateur de récapituler définitivement l'ensemble de ses choix, de confirmer la commande ou de la modifier selon sa volonté et de consulter le certificat électronique relatif à sa signature ». On retrouve ici une disposition protectrice des intérêts des consommateurs lorsque l'acte de commerce électronique a lieu avec certificat de signature. Cette disposition a de plus le mérite d'imposer au vendeur de mettre à disposition de l'acheteur le certificat électronique relatif à la signature. Ceci montre une réelle tendance à vouloir sécuriser le réseau et à vouloir rassurer le consommateur[263]. Toutefois, la position de ces deux législateurs peut susciter certaines questions. En effet, ces articles se réfèrent à la notion de vendeur alors qu'il serait plus cohérent et plus protecteur pour le consommateur de parler de professionnel ou de fournisseur[264].

127. D'ailleurs, les législateurs tunisien et mauritanien estiment que la confirmation de la commande doit être faite avant la conclusion du contrat. Cependant, il est généralement admis que la confirmation de la commande vaut conclusion du contrat. Il faut donc essayer de comprendre le paradoxe de l'article 27 de la loi tunisienne et de l'article 57 de l'Ordonnance mauritanienne.

Ce sujet a suscité un débat doctrinal[265]. Certains auteurs considèrent que l'article 27 de la loi tunisienne du 9 août 2000 doit être lu en combinaison avec l'article 28 de la même loi, qui précise que l'acceptation de la commande, et donc la conclusion du contrat, reviennent au vendeur. Par conséquent, la confirmation de la commande ne peut être comprise que comme étant une offre faite par le consommateur. L'article 28 de la loi tunisienne, qui est comparable à l'article 58 de l'Ordonnance mauritanienne n° 2006-031, attribue le rôle de l'acceptant au vendeur. Le consommateur se retrouve alors dans la position de l'offrant, dans la mesure où il reste en attente de l'acceptation du vendeur[266].

128. Il semble que la position des législateurs tunisien et mauritanien ne soit pas claire et pas vraiment protectrice pour la partie faible. En effet, pour comprendre l'acceptation ultérieure de la commande par le vendeur, il convient de se demander si le fait d'ouvrir un site web constitue une offre ou seulement

---

263 **CH. GHAZOUANI**, « La protection du consommateur dans les transactions électroniques selon la loi du 9 Août 2000 », *Revue tunisien de Jurisprudence et de Législation RJL*, juin 2000, p. 11 ; **S. BEN ISMAÏL KAMOUN**, « La formation du contrat de vente électronique et le droit commun des contrats », *Revue Tunisienne de droit (RTD)*, 2004, p.134.

264 **A. ELLOUMI**, *Le formalisme électronique*, op. cit., p. 88.

265 **J-F. BOURQUE**, « Spécificité des contrats du commerce électronique : clauses et contrats-types en matière de vente internationale », *Revue Tunisienne de l'Arbitrage*, n° 2, 2002, p. 91 ; **CH. GHAZOUANI**, *Le contrat de commerce électronique international*, op. cit., pp. 158 et 159 ; V. égal. **A. KAHLOUN**, *La théorie générale des obligations : les sources des obligations et les actes juridiques*, en arabe, op. cit., pp. 188 et 189.

266 **CH. GHAZOUANI**, *Le contrat de commerce électronique international*, op. cit., p. 89 ; l'article 28 de la loi tunisienne du 9 août 2000, relative aux échanges et au commerce électroniques, est conforme à l'article 58 de l'Ordonnance mauritanienne n° 2006-031 relative aux instruments de paiement et aux opérations du commerce électroniques qui a prévu que : « *Sauf accord contraire entre les parties, le contrat est censé être conclu à l'adresse du vendeur et à la date de l'acceptation de la commande par ce dernier, par un document électronique signé et adressé au consommateur* » (*JORT*, n°64, 11 août 2000, p.1887).

une invitation à offrir. Plus précisément, les articles des droits tunisien et mauritanien semblent également être en contradiction avec les textes du consumérisme, « qui précisent, généralement, que l'offre de contracter émane nécessairement du professionnel et que l'acceptation est réservée au consommateur[267]. A vrai dire, on trouve parfois des difficultés à qualifier l'ouverture d'un site web destiné à la vente électronique comme étant une invitation à offrir, car le site du professionnel contient généralement toutes les caractéristiques de l'offre (la précision, la fermeté, l'absence d'équivoque ou d'ambiguïté) »[268]. Ceci est d'autant plus vrai que les législateurs exigent, dans l'article 25 de la loi tunisienne du 9 août 2000 et l'article 55 de l'Ordonnance mauritanienne, que le vendeur fournisse toutes les informations nécessaires à la conclusion du contrat. Aussi, les droits de ces pays exigent du vendeur de fournir au consommateur des informations sur la durée de validité de l'offre du produit aux prix fixés. Ce qui est étonnant, c'est que, dans la même loi, le législateur donne à la fois au vendeur le rôle de l'offrant (article 25) et de l'acceptant (article 28)[269] !

129. En revanche, selon la position de ces deux systèmes législatifs, il revient au vendeur d'entériner l'acceptation du consommateur, de surcroît ce vendeur n'est pas obligé d'accepter la commande du consommateur[270]. Les questions qui peuvent être soulevées dans ce contexte sont celles relatives au décès ou au refus du cybervendeur de donner suite à l'acceptation du consommateur. Ce dernier peut-il, dans ces hypothèses, contraindre son contractant à exécuter le contrat ?

Certains auteurs[271] indiquent qu'une distinction s'impose entre les sites destinés seulement à la publicité des biens ou des services du professionnel et ceux crées essentiellement pour la vente en ligne et qui contiennent toutes les

---

[267] **ALH. ALBANNANI,** « La théorie générale des obligations et l'évolution informatique », *Revue de la jurisprudence et de la législation, Tunis*, n° 8, 47eme, oct. 2005, p. 306 à 308.

[268] **A. ELLOUMI,** *Le formalisme électronique*, op. cit., p. 90.

[269] En ce sens, l'article 65-4 du COC marocain prévoit que « *Quiconque propose, à titre professionnel, par voie électronique, la fourniture de biens, la prestation de services ou la cession de fonds de commerce ou l'un de leurs éléments met à disposition du public les conditions contractuelles applicables d'une manière permettant leur conservation et leur reproduction. Sans préjudice des conditions de validité prévues dans l'offre, son auteur reste engagé par celle-ci, soit pendant la durée précisée dans ladite offre, soit, à défaut, tant qu'elle est accessible par voie électronique de son fait. L'offre comporte, en outre : 1 - les principales caractéristiques du bien, du service proposé ou du fonds de commerce concerné ou l'un de ses éléments ; 2 - les conditions de vente du bien ou du service ou celles de cession du fonds de commerce ou l'un de ses éléments (...)* ». L'article 65-4 a été modifié par la loi marocaine n° 53-05 du 30 nov. 2007, *Bull.O. Mar.*, n° 5584, 6 déc. 2007.

[270] **A. KAHLON**, « Le contrat électronique », op. cit., p. 66 à 68 ; **Ch. GHAZOUANI**, *Le contrat de commerce électronique international*, Thèse, Université Paris 2 Panthéon-Assas, 2008, pp.158 et 159 ; **M. MAHFOUD**, *Théorie générale des obligations I, « Le contrat »*, LATRACH, Tunis, 2012, p. 39.

[271] **Ch. GHAZOUANI**, *Le contrat de commerce électronique international*, Thèse, op. cit., p. 159 ; **A. ELLOUMI,** *Le formalisme électronique*, op. cit., p. 92 ; **ALH. ALBANNANI**, « La théorie générale des obligations et l'évolution informatique », op. cit., p. 307.

caractéristiques de l'offre. Si dans le premier cas il est logique de considérer la communication électronique comme étant une simple invitation à l'offre, dépourvue du caractère irrévocable, dans le deuxième cas l'information peut être assimilée à une offre. Cependant, dans le domaine électronique, les distinctions entre publicité et offre sont minces ; la frontière entre ces deux notions *est ténue* [272]. Une publicité contient, quelquefois, toutes les caractéristiques de l'offre, comme il est possible de trouver une pollicitation présentée sous une forme publicitaire.

130. La distinction entre les différents sites peut également se faire entre ceux présentant les communications commerciales par l'utilisation des applications interactives et ceux qui affichent l'information par l'intermédiaire d'applications non interactives. Lorsque le site du professionnel emploie des applications interactives, la conclusion et même l'exécution du contrat électronique peuvent être faites immédiatement, ce qui montre que la présentation faite en ligne peut être assimilée à une offre au sens classique du terme. Pour faire face aux risques de la présentation d'un stock limité, le professionnel peut le mentionner en précisant, la date de mise en ligne de l'offre et sa durée ou une mesure de responsabilité fonction des stocks. De plus, lorsque l'offre des biens ou des services n'est pas établie par le biais d'une application interactive, la présentation est assimilée dans ce cas à une publicité, invitant toute personne intéressée à faire des offres au professionnel[273].

131. Les législateurs libyen et algérien ont traité ce sujet en allant un peu plus loin que les législateurs tunisien et mauritanien. Selon les articles 91 et 97 du Code civil libyen et les articles 61 et 67 du Code civil algérien, la déclaration de volonté produit son effet dès qu'elle parvient à la connaissance de son destinataire. Celui-ci sera réputé avoir pris connaissance de la déclaration dès sa réception, à moins de preuve contraire[274]. Par exemple, sauf convention ou disposition contraire, le contrat entre absents est réputé conclu dans le lieu et au moment où l'auteur de l'offre a pris connaissance de l'acceptation. Ce dernier est réputé avoir eu connaissance de l'acceptation dans le lieu et au moment où l'acceptation lui est parvenue[275].

Par ailleurs, l'article 12 de la loi algérienne n° 18-05 du 10 mai 2018 relative au commerce électronique[276] précise de manière claire que la commande d'un produit ou d'un service passe par trois étapes obligatoires : la première consiste à la mise à disposition du e-consommateur, des conditions contractuelles de manière à le mettre en mesure de contracter en toute connaissance de cause ; la deuxième exige la vérification des détails de la commande par le e-

[272] **A. AYEWOUADAN**, *Les droits du contrat à travers l'internet*, op. cit., n° 45, p. 58.
[273] **A. ELLOUMI**, *Le formalisme électronique*, op. cit., p. 92.
[274] **A. BENCHENEB**, *Le droit algérien des contrats*, op. cit., p. 75 et s.
[275] L'article 97 du Code civil libyen et l'article 67 du Code civil algérien. Dans ce sens voir, **Y. HOUHOU**, *Le contrat de vente électronique, étude comparée*, op. cit, p. 115.
[276] Loi algérienne n° 18-05 du 10 mai 2018 relative au commerce électronique, *JORA*, n°28, 16 mai 2018, p. 4.

consommateur, notamment les produits ou les services commandés, leurs prix total et unitaire, les quantités commandées en vue de modifier la commande, de l'annuler ou de corriger d'éventuelles erreurs ; la troisième nécessite la confirmation de la commande qui conduit à la formation du contrat.

132. De manière générale, on peut dire que la position des législateurs français et marocain diffère de celle de leurs homologues tunisien, mauritanien et libyen puisque les articles 1369-5 du Code civil français et 65-5 du Code marocain des obligations et des contrats prévoient que « *pour que le contrat soit valablement conclu, le destinataire de l'offre doit avoir eu la possibilité de vérifier le détail de son ordre et son prix total et de corriger d'éventuelles erreurs, et ce avant de confirmer ledit ordre pour exprimer son acceptation. L'auteur de l'offre doit accuser réception, sans délai injustifié et par voie électronique, de l'acceptation de l'offre qui lui a été adressée* »[277].

Ces articles confient l'action d'accepter au consommateur, qui est le destinataire de l'offre électronique émanant du professionnel. Contrairement aux droits tunisien, mauritanien et libyen, les droits français et marocain exigent, en outre, de l'auteur de l'offre d'accuser réception de la commande par voie électronique. Les mécanismes de ces deux derniers pays semblent être de nature à protéger plus efficacement le destinataire de l'offre, que les mécanismes adoptés par les droits des autres pays mentionnés[278].

Les législateurs français et marocain exigent donc qu'un récapitulatif de la commande soit inclus dans l'accusé de réception du professionnel. L'avantage de ce système construit en deux étapes est qu'il permet de faire de la formation du contrat un processus par étapes, le consommateur ne donnant son accord définitif qu'après avoir eu le temps de prendre conscience ou de confirmer sa connaissance de l'objet et des modalités d'exécution du contrat.

133. De même, dans le cadre de commerce électronique, le législateur algérien dans l'article 12 de la loi précitée n°18-05 du 10 mai 2018 a adopté la même solution retenue en droits français et marocain, lorsqu'il exige que la commande d'un produit ou d'un service doit passer par trois étapes pour protéger le e-consommateur et pour lui permettre d'être en mesure de contracter en toute connaissance de cause. De plus, cet article ajoute que le choix opéré par l'e-consommateur doit être explicitement exprimé. Les champs destinés à être renseignés par l'e-consommateur ne doivent contenir aucune donnée destinée à orienter son choix.

134. Par ailleurs, la loi française relative à la consommation du 17 mars 2014, dite Loi Hamon, crée des obligations supplémentaires, codifiées à l'ancien article L.121-19-3 (nouvel article L221-14) du Code de la consommation et qui sont

---

[277] **J. HUET,** « Conditions de validité d'une clause attributive de compétence dans les conditions générales d'un contrat conclu par voie électronique », *RDC.*, 01 mars 2016, n° 01, p. 43 ; **M. ATAWIIV**, « La conclusion du contrat électronique » en droit marocain, en arabe, www.marocdroit.com, 28 juill. 2016.

[278] **J. HUET**, « Pratique des contrats électroniques », op. cit., n° 42 ; **A. MAKLOUFI**, *Le commerce électronique par l'Internet*, Thèse, Université BATNA, Algérie, 2012, p. 131.

imposées aux professionnels usant de la voie électronique pour renforcer l'obligation de récapitulation de commande avant la conclusion du contrat. Ainsi, avant que le consommateur ne passe sa commande, le professionnel est dans l'obligation de rappeler notamment les informations relatives aux caractéristiques essentielles des biens ou des services, au prix, à la durée du contrat. Concrètement, il s'agit de mettre à la disposition du consommateur une fiche produit et celui-ci devra ensuite confirmer le récapitulatif de sa commande avant de valider son achat. La validation de cet achat signifie l'acceptation du consommateur avant le paiement[279].

Selon un auteur, « *ces exigences suspendent simplement la pleine reconnaissance des effets de l'acceptation par ce moyen, au respect d'un certain formalisme, venant compléter celle-ci et l'enserrant dans un cadre strict, jugé nécessaire pour la sécurité du cyber client, en particulier si celui-ci est un consommateur* »[280]. L'affirmation que ce formalisme est indispensable pour la sécurité du cyber client peut être discutable car le formalisme requis ne dépend pas de la volonté de celui qui passe la commande mais de celle de l'auteur de l'offre. La possibilité de suspendre les effets d'une acceptation valable au gré de l'offrant n'est pas de nature à sécuriser la partie faible au contrat. En effet, un professionnel malintentionné peut nier la réception de l'acceptation si la commande ne lui convient pas. La confirmation de la commande par un procédé qui procurera un moyen de preuve permet de mieux protéger le consommateur[281].

135. Ainsi, les dispositifs contribuant à la rapidité du commerce électronique et notamment le procédé de confirmation de la commande assurent la protection des intérêts du consommateur. Or, le législateur libyen ne précise pas les méthodes de confirmation bien que dans la pratique différentes méthodes, telles que l'écrit électronique et le double clic soient utilisées par les professionnels[282].

---

279 L'article L. 221-14 du Code de la consommation français prévoit que « *pour les contrats conclus par voie électronique, le professionnel rappelle au consommateur, avant qu'il ne passe sa commande, de manière lisible et compréhensible, les informations relatives aux caractéristiques essentielles des biens ou des services qui font l'objet de la commande, à leur prix, à la durée du contrat et, s'il y a lieu, à la durée minimale des obligations de ce dernier au titre du contrat, telles que prévues à l'article L. 221-5. Le professionnel veille à ce que le consommateur, lors de sa commande, reconnaisse explicitement son obligation de paiement. A cette fin, la fonction utilisée par le consommateur pour valider sa commande comporte, à peine de nullité, la mention claire et lisible : commande avec obligation de paiement ou une formule analogue, dénuée de toute ambiguïté, indiquant que la passation d'une commande oblige à son paiement* ». **C. AUBERT de VINCELLES et N. SAUPHANOR-BROUILLAUD**, « Loi du 17 mars 2014 : nouvelles mesures protectrices du consommateur », *D.*, 2014, p.879 ; **E. LLOP**, « Hommes & professions - Information précontractuelle - Quelle posture pour l'agent de voyages à l'aune de la loi Hamon ? », *JT*, 2015, n°173, p.41

280 **F. MAS**, *La conclusion des contrats du commerce électronique*, Thèse, Université Montpellier 1, 2004, p. 166.

281 **A. ELLOUMI**, *Le formalisme électronique*, op. cit., p. 94.

282 **L. BENSAIID**, *Le régime juridique des contrats du commerce électronique*, op. cit., pp. 88 et 89 ; **B. HAMIDI**, *La conclusion du contrat électronique*, en droit algérien, Thèse, en arabe, Université de Batna 1, 2014/2015, pp. 63 et 64.

136. La technique de la confirmation de la commande se révèle la plupart du temps être une bonne solution. Elle est en effet de nature à éveiller l'attention de la partie faible au contrat électronique et à la sensibiliser sur la gravité de l'acte qu'elle est en train de conclure[283]. Il est important, tout d'abord, de souligner que la confirmation par acceptation écrite constitue une méthode efficace pour rassurer les deux parties au contrat, notamment la partie faible. Cependant, cette méthode est rarement employée puisqu'elle va à l'encontre de la rapidité exigée dans le commerce électronique. C'est pourquoi, l'évolution de la forme de l'approbation s'impose dans le commerce électronique. On peut donc envisager que la confirmation de la commande soit réalisée sur un formulaire qui appartienne au site du professionnel. Le professionnel peut laisser à tout client un espace destiné à la saisie de la commande. L'utilisation du clavier pour passer la commande conduit à la protection du client, puisque la confirmation écrite constitue une garantie contre certains inconvénients liés à la précipitation dans la conclusion du cyber contrat. Cette forme écrite constitue, en quelque sorte, une garantie d'autonomie du contractant[284].

137. En ce qui concerne le double clic, la Chambre de commerce et d'industrie de Paris prévoit que le vendeur prépare « *un système d'acceptation par pages d'écran successives proposant une série de saisies de données qui amènerait progressivement le client vers un consentement définitif* »[285]. Le Conseil d'Etat[286] a également proposé un système de confirmation où l'acceptation se réalise principalement par deux clics distincts sur deux icônes différentes. Dans le même sens, l'article 10 de la directive UE de 2000 dispose que « le fournisseur doit proposer au client les moyens techniques pour corriger les erreurs avant que la commande ne soit passée ».

138. L'exigence du double clic témoigne du souci de protéger le consommateur contre le risque de fausses manipulations et contre un acte non suffisamment réfléchi, particulièrement favorisés par la facilité et la rapidité de commande par le biais d'internet[287]. Ainsi que le fait remarquer M. Jérôme HUET ; « *on a voulu protéger le client lors de l'émission de son acceptation en imposant qu'il puisse revoir le détail de celle-ci avant d'exprimer définitivement sa volonté. Le texte traduit ainsi ce qu'on appelle volontiers un double clic, l'idée*

---

[283] **N. MATHEY**, « Contrats et obligations ; Des contrats sous forme électronique », *JCl. Civil Code*, 1er mars 2016, n° 30 ; **A. MAKLOUFI**, *Le commerce électronique par l'Internet*, op. cit., pp. 102 et s.

[284] **A. ELLOUMI**, *Le formalisme électronique*, op. cit., p. 95.

[285] CCIP : « Pour un contrat type de commerce électronique », 27 mars 1997, p. 12 ; aussi, La Cour d'appel de Paris est venue encore confirmer la validité de la procédure de la case à cocher : en cochant la case, le consommateur confirme avoir pris connaissance des conditions générales de vente (CGV). CA de Paris, 25 novembre 2010 promovacances.fr.

[286] Conseil d'Etat, Internet et réseaux numériques, la documentation française, 1998, p. 65

[287] **D. COHEN**, « Ampleur et qualités du consentement donné par clic de souris », *Pet. Aff.*, 18 août 2014, n°164, p. 3

étant d'éviter que par une erreur de manipulation le client ne se trouve engagé sans l'avoir voulu »[288].

139. Dans le droit français et certains droits des pays maghrébins, cette exigence a été traduite par la mise en place *d'un double clic*. Les législateurs de ces pays sont intervenus pour encadrer la procédure de conclusion des contrats sur Internet. Les articles 1127-1 et suivants du Code civil français, l'article 65-4 du Code marocain des obligations et des contrats, l'article 27 de loi tunisienne du 9 août 2000 et l'article 57 de l'Ordonnance mauritanienne déterminent les étapes à respecter pour conclure le contrat par voie électronique. Ces différentes lois précisent notamment que le contractant « *doit avoir eu la possibilité de vérifier le détail de sa commande et son prix total, et de corriger d'éventuelles erreurs avant de confirmer celle-ci* »[289]. C'est ce que les juristes et la pratique ont dénommé le « double clic ». Ainsi, le principe du « double clic », instauré par les droits français, marocain, tunisien et mauritanien, permet d'éviter les confusions éventuelles des consommateurs[290]. Il est en effet « *(...) rare de se tromper deux fois de suite* »[291]. Les législateurs de ces pays ont sûrement été soucieux d'éviter les erreurs de manipulation par un clic sur le bouton gauche de la souris pour conclure le contrat électronique.

140. L'instauration de ce système est justifiée par l'inadaptation ou plutôt l'insuffisance des règles de droit commun à manifester une volonté certaine en matière de contrats électroniques[292]. En effet, le droit commun, n'imposant aucune forme spécifique d'acceptation, se contente d'un acte exprimant de façon certaine et non-équivoque l'accord du contractant : un clic isolé est suffisant. Toutefois, comme nous l'avons précédemment signalé, un simple clic ne suffit pas puisque le risque d'un clic accidentel sur Internet est grand et ne manifeste aucune acceptation effective du contractant, de par le risque de fausses manipulations. L'acceptant pourrait cliquer compulsivement deux fois sur le même bouton et ainsi conclure, sans le savoir, deux contrats consécutifs portant sur des objets similaires[293].

---

[288] **J. HUET**, « Le Code civil et les contrats électroniques, in Le Code civil : un passé, un présent, un avenir », *D.*, 2004, p. 539.

[289] **M. ATAWIIV**, « La conclusion du contrat électronique » en droit marocain, www.marocdroit.com, 28 juill. 2017 ; **M. BOUTROS**, *Le droit du commerce électronique : Une approche de la protection du cyber consommateur*, op. cit., n° 187, p. 104. **A. KAHLOUN**, *La théorie générale des obligations : les sources des obligations et les actes juridiques*, en arabe, op. cit., p. 158 et s ; **S. KAMOUN**, « La formation du contrat de vente électronique et le droit commun des contrats », en droit tunisien, http://www.urdri.fdspt.rnu.tn/articles, consulté le 14 mai 2018.

[290] **M. BOUTROS**, *Le droit du commerce électronique : Une approche de la protection du cyber consommateur*, op. cit., n° 187, p. 104 ; V. égal. **C. AUBERT de VINCELLES**, « La mise en conformité du Code de la consommation au droit européen par la loi Hamon », *RDC.*, 01 sept. 2014, n° 03, p. 456.

[291] **P. BREESE et G. KAUFMAN**, *Guide juridique de l'internet et du commerce électronique*, Librairie Vuibert, Paris, 2000, p.194.

[292] **S. SADAWI**, *Les contrats du commerce électronique : Étude comparée*, en arabe, Dar Alkhaldonia, Algérie, 2008, p. 68 et s.

[293] **Y., HOUHOU**, *Le contrat de vente électronique : étude comparé*, op. cit, p. 91.

141. Le système de double clic élimine ce risque puisqu'il exige la réitération de la volonté déclarée de l'acceptant pour que le contrat électronique se forme. Le double clic est donc obligatoire pour qu'un tel contrat soit valide[294]. Avec le double clic, la formation du contrat s'opère en deux étapes successives : l'acceptant sélectionne d'abord le produit ou le service qu'il souhaite acquérir et manifeste une première fois son acceptation par un premier clic sur une icône sur laquelle est écrit « J'achète », « Ok », « Oui », « J'accepte », « Yes », « I agree », etc. Ensuite, le destinataire de l'offre, après avoir eu la possibilité de vérifier le détail de sa commande et son prix total, et de corriger d'éventuelles erreurs, confirme sa commande en exprimant son acceptation par un deuxième clic. Normalement, s'il clique sur une telle icône, une deuxième fenêtre s'ouvre pour lui poser la question « *vous avez commandé le produit X, si vous êtes sûr de vouloir acheter ce produit cliquer à nouveau sur « Ok » ou « Oui » pour valider l'opération* »[295]. C'est donc par cette confirmation que le contractant exprime son consentement. Dans les droits des pays qui connaissent le double clic, le premier clic est considéré comme mécanisme préventif du consentement du consommateur avant qu'il ne manifeste son accord définitif[296].

L'internaute peut donc, après le premier clic, décider de renoncer à son achat en cliquant sur une autre icône sur laquelle est écrit « Non » ou « Annuler » etc. Autrement dit, le consommateur peut relire et corriger la commande après un premier geste électronique manifesté par un premier clic puis la confirmer par un second geste électronique exprimé par un second clic, ce qui constitue une véritable acceptation au sens juridique. Le double clic offre donc à la partie faible la possibilité de réfléchir avant de s'engager[297].

142. Il convient de souligner que les régimes juridiques de certains pays ne connaissent pas de règle identique à celle du double clic. C'est pourquoi les consommateurs des pays comparés sont invités à la plus grande vigilance lorsqu'ils commandent sur des sites étrangers. Par exemple, si le consommateur français ou marocain souhaite acheter auprès d'un vendeur étranger, celui-ci pourrait ne pas être tenu par la règle du double clic. Toutefois, un cybermarchand étranger, qui vise le marché de pays dont la législation électronique est soumise au double clic sera soumis au droit de ces pays, notamment au droit de la consommation.

143. Par ailleurs, le double clic ne signifie pas cliquer deux fois en un temps, mais deux fois avec un intervalle de temps, ce qui permet à la partie faible de

---

[294] **B. HAMIDI**, *La conclusion du contrat électronique*, op. cit., p. 85 ; **J. HUET,** « Conditions de validité d'une clause attributive de compétence dans les conditions générales d'un contrat conclu par voie électronique », op. cit., p. 43.

[295] **E. BARBRY**, « Les contrats souscrits sous forme électronique : de nouvelles conditions de "validité" », *Gaz. Pal.*, 12 oct. 2004, n° 286, p. 24.

[296] **N. RANDOUX**, « Les dernières vies du formalisme », op. cit., p. 5.

[297] **A. AYEWOUADAN,** *Les droits du contrat à travers l'internet*, op. cit., n° 73, p. 79.

réfléchir sérieusement sur les conséquences de son engagement[298]. Il peut aussi en effet arriver que le consentement par double clic soit donné involontairement. Dans un tel cas les deux clics ne présenteront aucune différence par rapport à un simple clic, ils n'exigent en effet aucune réflexion. Pour éviter le consentement réflexe, il faut que le premier clic soit nettement séparé du deuxième par un intervalle de temps suffisant pour que le consommateur puisse réfléchir sur les conséquences de son geste[299].

144. On peut concevoir l'existence d'une icône sur laquelle le consommateur clique une fois avant qu'une autre icône apparaisse quelques instants plus tard et pose la question suivante : « *Etes-vous sûr de vouloir acheter le produit (...)* ». Une telle procédure d'alerte est fréquente en matière informatique dans le cas où une personne voudrait effacer un document. Dans cette situation, une question du type « voulez-vous vraiment supprimer ce fichier ? », apparaît sur l'écran de l'ordinateur. Le contractant a ainsi un laps de temps durant lequel il peut prendre une décision à tête reposée.

La séparation des deux clics par une période donnée est indispensable pour que le double clic puisse être considéré comme un remède aux risques du clic. La transaction se déroule (…) par fenêtres successives, pendant de longues minutes, tout est expliqué : l'objet du contrat, ses modalités, le paiement, l'accord sur chaque point, tout est détaillé, page après page. C'est ainsi le « continuez » ou « ok » qui fait réfléchir.

145. Le laps de temps écoulé entre deux clics permet de réfléchir sur les conséquences de son geste. Il faut préciser que certains magasins virtuels laissent la possibilité à leurs clients de choisir les produits et de les mettre dans un panier sans confirmer la commande sur l'instant. Les produits choisis sont ainsi mémorisés et le même client peut après une journée ou plus poursuivre ses choix et finaliser son consentement. Il s'agit là d'une des vertus du cyberachat.

Si dans le mode papier le contractant peu survoler un texte sans vraiment le lire en détail avant de signer, dans le monde du web, il faut examiner le contenu de chaque fenêtre qui s'ouvre et cliquer sur les icônes pour que le contrat puisse être enfin formé.

Normalement un seul clic suffit pour engager le client, mais le formalisme intervient pour imposer un deuxième clic qui valide le consentement. Cette technique du double clic, qui se fait en deux temps, rend la valeur du premier clic différente de celle du deuxième clic.

Selon un auteur[300] : « *(...) le double clic était sans doute utile lorsque le grand public découvrait l'internet. Aujourd'hui, même les « mamies » s'en servent avec dextérité de sorte que le « one clic » est peut-être mieux adapté* ». A vrai dire,

---

298 **M. ATAWIIV**, « La conclusion du contrat électronique » en droit marocain, *www.marocdroit.com*, consulté 28 juill. 2015.

299 **P.-Y. GAUTIER et X. L. de BELLEFONDS**, « De l'écrit électronique et des signatures qui s'y attachent », *JCP G.*, n°24, 14 juin 2000, I 236, p. 1.

300 **P.-Y. GAUTIER**, « Formation du contrat : un code, deux régimes », *RDC*, 2005, n°2, pp. 589 et s.

lorsque le consommateur possède de l'expérience dans la navigation en ligne, le deuxième clic présente toujours un intérêt parce que chaque jour de nouveaux internautes achètent pour la première fois. Lorsque le cyber-client est expérimenté, le deuxième clic peut lui faire bénéficier de quelques secondes supplémentaires de réflexion. Le régime d'un seul clic apparaît donc moins protecteur.

146. De plus, l'article 1127-2 du Code civil français et l'article 65-5 du Code marocain des obligations et des contrats ajoutent une troisième étape : « *l'auteur de l'offre doit accuser réception sans délai injustifié et par voie électronique de la commande qui lui a été ainsi adressée* ». Il est donc possible de dire qu'une fois le contrat formé, le professionnel doit émettre sans délai injustifié et par voie électronique un accusé de réception. L'émission de ce document est une simple étape technique. Il permet d'avoir confirmation que la demande a été prise en compte par le cyber commerçant[301].

A ce stade, l'article 19 de la loi algérienne précitée n°18-05 du 10 mai 2018 relative au commerce électronique énonce que « *dès conclusion du contrat électronique, le e-fournisseur est tenu de transmettre au e-consommateur une copie électronique dudit contrat* ».

En tout état de cause, l'objectif de la confirmation de l'acceptation par plusieurs étapes dans le cadre du contrat électronique octroie à la partie faible une phase de temps pour réfléchir et réviser son engagement. A ce titre, ces mesures devraient expressément être adoptées dans les lois des pays comparés. D'autant plus que les professionnels peuvent utiliser des logiciels qui respectent les différentes étapes de confirmations[302].

147. Il convient de souligner que, malgré toutes les garanties mises en place, les opérations sur internet connaissent une limite quant à la possibilité d'identifier immédiatement l'internaute. Ainsi, le risque d'une transaction effectuée par certaines parties faibles, voire par une personne juridiquement incapable de conclure un contrat, n'est pas à écarter.

Par exemple, certains acheteurs peuvent être des mineurs non émancipés qui contractent sans avoir averti au préalable leurs parents et par conséquent sans leur consentement. De plus, sont commercialisés sur internet des produits qui, dans la vie réelle, ne peuvent être légalement acquis par des mineurs. Dès lors se pose le problème de l'identification de l'âge de l'acheteur et hormis les infractions pénales auxquelles pourraient s'exposer le commerçant, la sécurité juridique de tels contrats réalisés à distance peut être remise en cause[303]. Nous précisons ici que selon tous les droits des pays étudiés les mineurs n'ont pas la capacité juridique de conclure des contrats. Les ventes conclues par un mineur sans

---

[301] **M. MEKKI**, « Contrats : Le formalisme électronique, la neutralité technique n'emporte pas neutralité axiologique) », *RDC.*, 01 juill. 2007, n° 3, p. 681.

[302] **B. HAMIDI**, *La conclusion du contrat électronique*, op. cit., p. 86.

[303] **M. BOUTROS**, *Le droit du commerce électronique : Une approche de la protection du cyber consommateur*, Thèse, Université de Grenoble, 2014, p. 99, n° 179 ; **A. MAKLOUFI**, *Le commerce électronique par l'Internet, en droit algérien*, op. cit. p. 86.

l'accord de ses parents sont frappées de nullité. Il convient dans ce contexte, notamment en droit français, de distinguer deux hypothèses. Premièrement, le cas des achats à distance où il est possible d'invoquer le droit de rétractation de quelques jours prévu au contrat[304]. Deuxièmement, le cas par exemple des achats d'application pour les jeux dans lesquels le service est immédiatement disponible et utilisé et où il n'est pas possible d'invoquer un droit de rétractation[305].

En résumé, l'acceptation est soumise aux règles du droit commun, mais est complétée par des contraintes supplémentaires liées à la spécificité de la technique de conclusion du contrat, tel le double clic. L'objectif est clairement d'éviter les erreurs de manipulation préjudiciables à la partie faible et d'attirer son attention sur ses engagements[306].

Au-delà du procédé selon lequel l'écrit doit être établi avec intervention ou sans intervention d'un professionnel du droit, l'exigence même d'un écrit offre pour la partie faible un certain nombre de garanties.

Paragraphe 2 : Les garanties offertes par l'écrit

148. En apparence, selon les régimes juridiques des pays étudiés, le formalisme marque une nouvelle étape dans l'évolution du droit des contrats puisqu'il se retrouve dans l'ensemble des contrats. Il est l'un des instruments essentiels de protection de la partie faible. Le formalisme a notamment pour fin de préserver le sujet au contrat de l'irréflexion et de la légèreté dans l'exercice de sa volonté pour la conclusion d'actes réputés importants ou aux conséquences lourdes. Il met les contractants à même de se protéger. C'est précisément dans ce but que certains contrats doivent être passés par écrit. Cet écrit est un vecteur de protection pour la partie faible, en raison de l'intervention obligatoire d'un professionnel du droit rédacteur de l'acte ou par la forme légale imposée à cet acte.

Dans le cadre de notre étude, la garantie offerte par l'écrit est envisageable à deux égards : Les garanties générales pour toutes les catégories de contractants faibles (A). Par ailleurs, le souci de protection conduit spécifiquement, en présence d'une personne illettrée, à imposer, dans certains systèmes juridiques, la rédaction des contrats en la forme authentique (B).

A. Les garanties générales

149. Deux éléments peuvent garantir une meilleure protection de la partie faible, d'une part la clarté de la forme des documents (1) et d'autre part le devoir de conseil du professionnel du droit (2).

---

304 *Infra*, p. 138 et s.

305 Art 1124 du Code civil français précise que sont « *incapables de contracter, dans la mesure définie par la loi, les mineurs non émancipés* ». V., **TH. VERBIEST**, *La protection juridique du cyberconsommateur : publicité, contrats, contentieux*, op. cit., n°122, p. 54.

306 **M. BOUTROS**, *Le droit du commerce électronique : Une approche de la protection du cyber consommateur*, op. cit., n° 181, p. 101.

1. L'exigence de clarté dans la rédaction du contrat

150. L'exigence d'un écrit est considérée comme une garantie proprement dite pour la partie faible. Cependant, cette garantie ne se réalise que si la clarté de l'écrit permet à la partie faible d'accéder au texte, et de comprendre sans peine le contenu du contrat. Pour cette raison, les clauses doivent figurer dans l'acte en caractère très apparents ou clairs. C'est ce qui le rend accessible, intelligible et porteur d'un sens univoque. C'est dans cette doctrine que s'inscrit G. CHANTEPIE, pour qui « *la clarté s'inscrit dans un mouvement contemporain qui s'attache à l'effectivité de la connaissance de la norme par ses destinataires afin de garantir concrètement la sécurité juridique, particulièrement en matière de respect des libertés individuelles* »[307].

La clarté des documents suppose que les parties soient mises en mesure de le connaître et de le comprendre ; soit dans l'acte rédigé avec l'intervention d'un professionnel du droit, soit dans l'acte rédigé sans cette intervention[308].

151. Relativement à la rédaction de l'acte en présence d'un professionnel du droit, la clarté ne soulève pas beaucoup de problème, parce que le professionnel du droit peut contribuer à la clarté, à l'intelligibilité et à la précision de l'acte. Il est tenu de rédiger l'acte de manière claire[309]. Selon les droits des pays étudiés, les actes rédigés par un professionnel du droit sont, à peine de nullité, rédigés en langue nationale[310], lisiblement, sans abréviation, ni blanc, ni lacune. Sur demande des parties, la rédaction dans une autre langue est possible. Les sommes, l'année, le mois et le jour de la signature de l'acte sont écrites en toutes lettres. En outre, les actes ne doivent contenir, ni surcharge, ni interligne, ni ajout de mots. Les mots surchargés, interlignés ou ajoutés sont considérés comme nuls[311].

152. Par ailleurs, la rédaction de l'acte peut se faire sans intervention d'un professionnel du droit. Dans la majorité de ces cas, les contrats conclus marquent

---

[307] **G. CHANTEPIE**, « L'exigence de clarté dans la rédaction du contrat », *RDC.*, 01 juill. 2012 n° 3, p. 989

[308] **S. PIEDELIEVRE**, *Droit de la consommation*, ECONOMICA, 2014, 2e éd., n° 82, p, 74 ; V. égal. **A. BELHAJ**, « La protection de la partie faible et la clause d'exonération de la responsabilité », *Revue de l'association des justices de Sfax*, en arabe, 2015, n° 11, pp. 30 et 31

[309] **S. ZOUBAH**, *Les nouvelles dispositions juridiques de la protection du consommateur*, en droit algérien, Thèse, en arabe, Université Mouloud Mammeri -Tizi-Ouzou, 2016, p. 15 ; **A. MOHIM**, *La protection du consommateur-contractant ; étude et analyse approfondies à la lumière de l'actualité de la loi n° 31-08 édictant des mesures de protection du consommateur*, Dar Al Afak AlMaghribia, en arabe, 2017, p. 72.

[310] La Cour suprême algérienne dans l'arrêt n°408837 du 21/05/2008 a jugé que les actes authentiques qui ne sont pas rédigés en arabe sont nuls, car, l'utilisation de cette langue est attachée à l'ordre public. C. sup. civ., l'arrêt n° 408837, en arabe, 21 mai 2008, *Rev. C. sup. civ.*, n° I, 2008, p. 121 ; V. égal. **R. IMAD-EDDIN**, « Les moyens juridiques pour prouver la propriété immobilière privée en droit algérien », op. cit., p. 45 ;

[311] Arts 26 et 27 de la loi algérienne n° 06-02 du 20 février 2006 portant organisation de la profession de notaire, *JORA*, n° 14, 8 mars 2006, p. 13 ; Art. 20 de la loi tunisienne n° 9460 du 23 mai 1994, portant organisation de la profession des notaires, *JORT*, n° 62, 9 août 1994, p. 1295 ; Arts 41 et 42 de la loi marocaine n° 32-09 relative à l'organisation de la profession de notaire, *Bull.O. Mar*, n° 6062 du 5 juill. 2012.

plus l'adhésion de l'un des contractants à un contenu prédéterminé que la rencontre de volontés libres.

Sans doute la présence de clauses rédigées en caractères microscopiques indéchiffrables à l'œil nu ou avec une encre dont la pâleur tend à se confondre avec celle du papier[312] et/ou dans un style excessivement complexe ne favorise pas la lecture des actes juridiques. De telles clauses ne permettent pas de confirmer l'intégrité du consentement donné, elles ne peuvent pas conduire à la maîtrise par les parties du contenu contractuel.

Ainsi, les clauses proposées par le rédacteur du contrat doivent être présentées et rédigées de façon claire et compréhensible. Dès lors, l'exigence de clarté des documents peut être considérée comme un moyen efficace dont la fonction est d'attirer l'attention de la partie faible sur certaines informations capitales.

153. On peut ici s'interroger sur les différentes techniques et/ou moyens qui peuvent être mis en œuvre dans les pays étudiés, pour rendre effective la clarté des clauses contractuelles.

En premier lieu, le législateur libyen, dans l'article 150 du Code civil[313], a adopté des règles spéciales pour la formation de l'accord contractuel au moyen de formulaires prédéterminés (contrats types). Il s'agit de règles qui subordonnent l'efficacité des conditions générales du contrat à la connaissance ou, à tout le moins, à la possibilité de connaissance par l'adhérent des clauses du contrat. L'article 150 du Code civil dispose que les clauses qui peuvent être prévues, de façon unilatérale par l'une des parties contractantes, pour régler uniformément ses relations contractuelles sont efficaces envers l'autre partie contractuelle si celle-ci, au moment de la conclusion du contrat, les connaissait ou aurait dû les connaître en faisant preuve d'une diligence ordinaire. En outre, cet article du Code civil libyen affirme que certaines clauses sont sans effet, sauf si elles sont approuvées, par écrit et de manière distincte et claire en comparaison des autres clauses[314].

---

[312] CA. Rouen, 8 févr. 1974, *D.* 1974. Somm. 72 ; En ce sens V., Cass. com., française, 23 oct. 1984, *Bull. civ.* IV, n° 279 ; **G. PAISANT**, « Les clauses abusives et la présentation des contrats dans la loi n° 95-96 du 1er février 1995 », *D.* 1995, p. 99

[313] L'article 150 du Code civil libyen s'est inspiré de l'article 1341 du Code civil italien ; sur ce point V, **M. AL-BADWI ALAZHARI,** *La théorie générale des obligations en droit libyen*, vol. 1, op. cit. p. 74 ; V. égal. **G. ALPA**, « La protection de la partie faible en droit italien », (sous la dir. de), **M. FONTAINE et J. GHESTIN**, *Protection de la partie faible dans les rapports contractuel*, LGDJ, 1998, p. 583.

[314] L'article 150 du Code civil libyen dispose que les clauses sont sans effet, sauf si elles sont approuvées, par écrit et de manière distincte : - les clauses d'exonération ou de limitation de la responsabilité civile de la partie qui a rédigé les conditions générales du contrat. - La clause qui autorise le rédacteur du contrat à modifier ou résilier unilatéralement les termes du contrat. - La clause qui impose à l'autre partie des restrictions sur la liberté de contracter avec un tiers. -Les clauses relatives à la reconduction ou au renouvellement du contrat. -La clause qui supprime ou entrave l'exercice d'actions en justice ou des voies de recours par le cocontractant.

Selon l'article 150 précité, ces clauses doivent être rédigées de manière différente, soit par une forme différente et/ou une couleur différente[315]. Ainsi, ces conditions de clarté des clauses, en droit libyen, sont valables pour tous les contrats conclus au moyen de formulaires. De plus, le législateur libyen a adopté également certaines pratiques particulières de clarification : par exemple, l'article 750 du Code civil énonce que, dans le cadre du contrat d'assurance, les clauses imprimées concernant un cas de nullité ou de déchéance sont nulles si elles ne sont pas présentées d'une manière apparente.

154. Quant aux autres lois des pays étudiés, elles s'attachent particulièrement à la clarté dans certains contrats, comme par exemple les contrats de consommation et les contrats d'assurance, etc. La situation de faiblesse présumée du contractant justifie cette exigence. Par exemple, l'article L. 211-1 du Code français de la consommation dispose que « *les clauses des contrats proposés par les professionnels aux consommateurs ou aux non-professionnels doivent être présentées et rédigées de façon claire et compréhensible* »[316]. L'article 9 de la loi marocaine n° 31-08 édictant des mesures de protection du consommateur affirme également que « *dans le cas des contrats dont toutes ou certaines clauses proposées au consommateur sont rédigées par écrit, ces clauses doivent être présentées et rédigées de façon claire et compréhensible pour le consommateur* »[317]. Par ailleurs, l'article 622 du Code civil algérien énonce à propos du contrat d'assurance que « *les clauses suivantes sont nulles : [...] toute clause imprimée qui n'est pas présente d'une manière apparente et qui prévoit un cas de nullité ou de déchéance* ». Ainsi, l'exigence de clarté par les textes serait donc intimement liée à la volonté de protéger certains contractants de ces pays[318].

155. Il ressort de ces constatations que plusieurs techniques et moyens ou éléments, éventuellement cumulés, permettent la mise en œuvre de la clarté des clauses du contrat en faveur de la partie faible. Ici, nous n'abordons que les éléments liés à la fonction de l'écrit consistant à garantir la clarté des contrats. L'objectif de ces éléments est de déterminer la présentation des clauses, la taille de leurs caractères ou de leurs emplacements dans le contrat et le langage employé, ces éléments étant considérés comme une condition nécessaire pour la clarté des clauses. Selon les exemplaires des contrats que nous avons consultés, il est important de souligner que ces éléments de clarté ne sont pas toujours

---

315 **M. AL-BADWI ALAZHARI,** *La théorie générale des obligations en droit libyen*, vol. 1, op. cit. p. 75.

316 Dans le même sens, l'article L. 112-4 al. 3 du Code français des assurances considère que « *les clauses de police édictant des nullités, des déchéances ou des exclusions ne sont valables que si elles sont mentionnées en caractères très apparents* ».

317 En ce sens, Art. 14 de la loi marocaine n° 17-99 portant Code des assurances dispose que « *les clauses des contrats édictant des nullités prévues par le présent livre, des déchéances, des exclusions ou des cas de non assurance ne sont valables que si elles sont mentionnées en caractères très apparents* ».

318 Sur ce sujet V., Cass. 3e civ., 3 nov. 2011, n° 1026203 : *D.* 2012, p. 469, obs. **S. AMRANI et M. MEKKI** ; *RTD civ.* 2012, p. 114, obs. **B. FAGES**.

respectés en pratique dans certaines relations contractuelles des pays étudiés, c'est notamment le cas dans le contrat d'assurance.

Il est possible de classifier l'ensemble des éléments du contrat qui vont contribuer à garantir la clarté des clauses :

a. La langue de rédaction du contrat.

156. Au-delà de la clarté apparente de l'énoncé, du choix minutieux d'un langage intelligible par le contractant, c'est bien, logiquement, la finalité de l'opération qui ressurgit. A cet égard, le contractant pourrait plaider avec des chances raisonnables de succès le caractère incompréhensible de documents contractuels rédigés dans une langue étrangère[319].

Les législateurs des pays étudiés, pour des raisons tenant à la protection du consommateur, ont parfois posé des exigences quant à la langue dans laquelle devaient être rédigés certains contrats. Par exemple, l'article L. 112-3 du Code français des assurances dispose que « *le contrat d'assurance et les informations transmises par l'assureur au souscripteur mentionnées dans le présent code sont rédigés par écrit, en français, en caractères apparents. Par dérogation aux dispositions du précédent alinéa concernant l'emploi de la langue française, lorsque, en vertu des articles L. 181-1 et L. 183-1, les parties au contrat ont la possibilité d'appliquer une autre loi que la loi française, les documents mentionnés au premier alinéa du présent article peuvent être rédigés dans une autre langue que le français* ». D'ailleurs, le texte renforce indirectement l'obligation d'employer la langue française posée par l'al. 1er de l'article 2 de la loi n° 94-665[320] du 4 août 1994 et qui vise « *la désignation, l'offre, la présentation, le mode d'emploi ou d'utilisation, la description de l'étendue et des conditions de garantie d'un bien, d'un produit ou d'un service* » ainsi que « les factures et quittances ».

157. Cependant, le législateur français a adapté la loi aux directives européennes, lorsque l'article L. 224-76 du Code de la consommation prévoit que « *le professionnel remet au consommateur un contrat écrit sur support papier ou sur tout autre support durable. Il est rédigé au choix du consommateur, dans la langue ou dans une des langues de l'Etat membre dans lequel il réside ou dont il a la nationalité, à condition qu'il s'agisse d'une langue officielle de la Communauté européenne. En tout état de cause, le contrat est rédigé en langue française dès lors que le consommateur réside en France ou que le professionnel exerce son activité de vente sur le territoire français. Dans le cas d'un contrat d'utilisation de biens à temps partagé concernant un bien immobilier précis situé sur le territoire d'un Etat membre, le professionnel remet au consommateur une traduction certifiée conforme du contrat dans la langue ou l'une des langues de cet Etat membre* ».

---

[319] **G. PAISANT**, « Les clauses abusives et la présentation des contrats », op. cit., p.12

[320] La loi française n° 94-665 du 4 août 1994 relative à l'emploi de la langue française, *JORF.*, n°180, 5 août 1994, p. 11392.

158. En droit algérien, l'article 6 de la loi n° 91-05 du 16 janvier 1991 portant généralisation de l'utilisation de la langue arabe dispose que « *les actes sont rédigés exclusivement an langue arabe* »[321]. Cependant, la Cour suprême algérienne[322] avait traité différemment cette question. Lorsqu'elle avait jugé que le contrat peut être rédigé dans n'importe quelle langue, sauf pour les contrats notariés qui doivent, sous peine de nullité, être rédigé en langue arabe selon l'article 26 de la loi 06-02 portant organisation de la profession de notaire. Ainsi, l'essentiel est que les contractants comprennent la langue du contrat, c'est-à-dire que la langue utilisée soit accessible au consommateur. Par ailleurs, dans un contrat conclu entre professionnel et consommateur, l'article 18 de la loi algérienne n° 09-03 du 25 février 2009 relative à la protection du consommateur et à la répression des fraudes et l'article 7 du décret exécutif algérien n° 13-378 du 9 novembre 2013 fixant les conditions et les modalités relatives à l'information du consommateur disposent expressément que les mentions obligatoires d'information du consommateur doivent être rédigées essentiellement en langue arabe et à titre accessoire dans une ou plusieurs autres langues accessibles au consommateur. Ces mentions obligatoires doivent être inscrites à un endroit apparent et de manière à être visibles, clairement lisibles et indélébiles[323]. On constate finalement que les deux derniers articles n'imposent pas la rédaction du contrat dans son entier en langue arabe.

159. En tout état de cause et dans tous les pays, on peut affirmer que la clarté se définit par ce qui est intelligible. C'est le cas lorsque la langue utilisée dans le contrat est connue par la partie faible. S'il s'agit d'une langue qu'elle ne connait pas, une traduction peut être réalisée par une personne ou au moyen d'un procédé technique[324]. Dans ce cas, une traduction du texte doit lui être remise[325].

---

[321] La loi algérienne n° 91-05 du 16 janv. 1991 portant généralisation de l'utilisation de la langue arabe, *JORA*, 16 janv. 1991, n° 3, p. 38.

[322] L'arrêt de la Cour suprême algérienne, chambre civile, 21 janv. 2008, dossier n° 408837, *revue de la C.S.A.*, en arabe, n° I, 2008, p.121. L'article 26 de la loi algérienne précitée 06-02 portant organisation de la profession de notaire dispose que « *les actes notariés sont, à peine de nullité, rédigés en arabe dans un seul et même contexte, lisiblement, sans abréviation, ni blanc, ni lacune* ».

[323] Art. 18 de la loi algérienne n° 09-03 du 25 févr. 2009 relative à la protection du consommateur et à la répression des fraudes dispose que « *l'étiquetage, le mode d'emploi, le manuel d'utilisation, les conditions de garantie du produit et toute autre information prévue par la réglementation en vigueur, doivent être rédigés essentiellement en langue arabe et, accessoirement, dans une ou plusieurs autres langues accessibles aux consommateurs, de façon visible, lisible et indélébile* » (*JORA.*, n°15, 08 mars 2009, p. 10). En plus, Art. 7 du décret exécutif algérien n° 13-378 du 9 nov. 2013 fixant les conditions et les modalités relatives à l'information du consommateur énonce également que « *les mentions obligatoires d'information du consommateur doivent être rédigées essentiellement en langue arabe et à titre accessoire dans une ou plusieurs autres langues accessibles au consommateur. Elles sont inscrites à un endroit apparent et de manière à être visibles, clairement lisibles et indélébiles* » (*JORA.*, n°58, du 18 nov. 2013, p. 8).

[324] **H. JACQUEMIN**, *Le formalisme contractuel*, op. cit., n° 75, p. 123 ; **J. JULIEN**, *Droit de la consommation*, op. cit., n° 197, p. 263.

[325] **H. CLARET**, « Contrats et Obligations. - Protection du consommateur », *JCl. Civil Code*, 14 Août 2014, n° 95

D'ailleurs, est considéré contraire à la clarté l'utilisation de formules préconçues et inutiles ou d'expressions trop récentes et qui n'ont pas encore de signification précise, voire l'utilisation de termes juridiques complexes que les non juristes ont du mal à comprendre. Cela signifie que l'exigence de clarté des clauses conduit à éviter tout recours à l'interprétation. En effet, l'interprétation des dispositions contractuelles est la principale source de litige entre contractants. Ainsi, un contrat clair ne fera pas l'objet d'interprétations par le juge[326]. Autrement dit, il y a lieu à ce que les termes employés soient précis et utilisent un langage facile, les termes vagues peuvent être source d'incompréhension entre les parties et donc source de litiges.

b. La clarté par la présentation des clauses.

160. Les contrats sont souvent très détaillés, ils comportent plusieurs pages et sont parfois extrêmement longs. Pour attirer l'attention de la partie faible et mettre en évidence certaines clauses, il faut que leur apparence diffère de celle des autres clauses. Par contraste, ces clauses gagnent en visibilité.

161. Sur la base de l'article 150 du Code civil libyen, M. AL-BADWI ALAZHARI[327] distingue généralement deux catégories de clauses rédigées par le professionnel : D'une part, des clauses de première catégorie qui sont favorables au rédacteur de l'acte, à savoir le professionnel et celles qui amoindrissent les droits de son cocontractant, à savoir le consommateur. D'autre part, toutes les autres clauses de ce même acte qui constituent la deuxième catégorie. Cet auteur estime également, conformément à l'article 150 du Code civil libyen, que la première catégorie de clauses ne produit aucun effet juridique si elle n'est pas rédigée de manière différente et séparée de la deuxième catégorie.

162. Au-delà, on peut s'inspirer de l'idée de certains auteurs qui établissent une distinction entre les clauses essentielles et les clauses accessoires ou secondaires[328]. En effet, parmi les clauses du contrat, certaines présentent un caractère essentiel : il s'agit bien sûr de l'objet du contrat, du prix et des conditions de paiement de la date, du lieu, ainsi que des clauses relatives à la durée du contrat. Ces auteurs indiquent que ces clauses doivent être rédigées avec le plus grand soin[329]. Ainsi, on retrouve l'application de cette idée dans certaines législations de protection de la partie faible. Par exemple, la loi française du 1er juillet 2010 a essayé de faciliter la compréhension du contrat de crédit à la consommation en exigeant une notice résumant les caractéristiques essentielles du contrat[330]. Aussi,

---

[326] V. **D. ALLAG-ZENNAKI**, *Contrats : Négociation ; Construction ; Rédaction*, en droit algérien, op. cit, p. 265

[327] **M. AL-BADWI ALAZHARI,** *La théorie générale des obligations en droit libyen*, vol. 1, op. cit. p. 72 et s.

[328] **R. BOFFA**, « Le contrat d'adhésion », *RDC*, 01 sept. 2015, n° 3, p. 736.

[329] **D. FERRE** et **Th. TITONE**, « Le contrat de distribution sélective et le contrat de distribution exclusive dans un contexte international : les clauses essentielles », *AJCA Concurrence–Distribution*, 2015, p. 256

[330] **G. RAYMOND**, « Information du consommateur », *JCl., Conc. - Cons.*, 9 Juill. 2015, n° 10.

l'article 30 de la loi algérienne n° 04/02 et les articles 2 et 3 du décret exécutif algérien n° 06-306 considèrent certaines clauses comme des éléments essentiels ; il faut donc les faire figurer dans les contrats conclus entre l'agent économique et le consommateur[331]. Ils imposent la présence de certaines clauses mais sans indication sur le mode de présentation de ces clauses. Toutefois, la distinction faite entre les clauses essentielles et les clauses accessoires est une norme large et parfois imprécise. En effet, la clause essentielle pour une partie ne l'est pas forcément pour l'autre. Mais l'idée des clauses essentielles peut être retenue si le législateur fixe avec précision les clauses qui sont essentielles et celles qui ne le sont pas dans chaque type du contrat. Il est donc préférable et plus efficace pour protéger la partie faible de s'inspirer de la norme du législateur libyen comme une règle générale pour la rédaction de tous les contrats. Cette norme viendrait renforcer l'autre norme qui établit une distinction entre les clauses essentielles et les clauses accessoires par l'intervention du législateur[332].

163. Quelquefois, la législation de certains pays étudiés exigent la présence de clauses rédigées en caractères gras et parfois d'une typologie différente : par exemple, l'article R.121-5 du Code français de la consommation, prévoit, à propos de la faculté de renonciation en matière de démarchage à domicile, que la mention « annulation de commande » doit être écrite en gros caractères, tandis que celle « envoyer par lettre recommandée avec avis de réception », doit être soulignée ou figurer en gras[333]. L'article 48 de la loi marocaine n° 31-08 portant mesures de protection du consommateur prévoit que « *le contrat doit, à peine de nullité, mentionner : [...]. g- la faculté de rétractation prévue à l'article 49 ci-dessous, ainsi que les conditions d'exercice de cette faculté et, de façon apparente, le texte intégral des articles 47 à 50 de la présente loi* ». Par ailleurs, l'article 7 du décret exécutif algérien n° 13-378 du 9 novembre 2013 fixant les conditions et les modalités relatives à l'information du consommateur dispose que

[331] La loi algérienne 04/02 du 23 juin 2004 fixant les règles applicables aux pratiques commerciales, *JORA.*, n° 41, 27 juin 2004, p. 3. Aussi, le décret exécutif algérien n° 06-306 du 10 septembre 2006 fixant les éléments essentiels des contrats conclus entre les agents économiques et les consommateurs et les clauses considérées comme abusives, JORA, 11 sept. 2006, p. 15 ; Art. 2 du même décret n° 06-306 prévoit que « *Sont considérés comme éléments essentiels devant figurer dans les contrats conclus entre l'agent économique et le consommateur, les éléments ayant trait aux droits fondamentaux du consommateur, et qui se rapportent à l'information préalable du consommateur, à la loyauté et à la transparence des transactions commerciales, à la sécurité et à la conformité des biens et/ou services ainsi qu'à la garantie et au service après-vente* ». Art. 3 de le même décret énonce que « *les éléments essentiels visés à l'article 2 ci-dessus concernent principalement : 1…9* ».

[332] La Cour de cassation française estime que, parmi les caractéristiques essentielles, figurent les risques encourus par le consommateur dans l'utilisation du produit (Cass. 1er civ., 01 mars 2005 : *JurisData* n° 2005-027236 ; *Contrats, conc. consom.* 2005, comm. 142). En revanche, il ressort des travaux préparatoires que l'origine géographique ne constitue pas une caractéristique essentielle du bien sauf pour les produits à appellation d'origine, (CA Montpellier, 22 mars 2012 : *Contrats, conc. consom.* 2012, comm. 164, obs. **G. RAYMOND**). V., égal. **G. RAYMOND**, « Information du consommateur », *JCl. Concurrence - Consommation*, 9 juill. 2015, n° 39.

[333] **L. BRUNEAU**, *Contribution à l'étude des fondements de la protection du contractant*, op. cit, n° 465, p. 396 ; **H. JACQUEMIN**, *Le formalisme contractuel*, op. cit., n° 52, p. 93.

les mentions obligatoires d'information du consommateur doivent être inscrites à un endroit apparent et de manière à être visibles, clairement lisibles et indélébiles[334].

164. En pratique, la jurisprudence française a considéré que « *le fait d'avoir séparé cette clause en deux alinéas et d'avoir inclus dans la garantie contractuelle des vices relevant de la garantie légale constituera au profit du professionnel un déséquilibre injustifié* »[335]. Cette décision s'appuie à la fois sur des éléments de formes et de fond. Le fait pour la société B. et A. d'avoir séparé ladite clause en deux, et de s'être servie de cette séparation pour faire une distinction personnelle et hasardeuse des vices relevant soit de la garantie légale soit de la garantie conventionnelle, lui a permis de bénéficier d'une confusion à son avantage. La jurisprudence reconnait donc ici l'importance de la présentation d'une clause.

La Cour de cassation française confirme également que la clause litigieuse ne répondait pas aux exigences de l'article L. 133-2 (nouvel article L211-1) du Code de la consommation, car cette clause était rédigée en petits caractères dont la taille était inférieure à celle des autres clauses voisines et, dès lors, n'avait pu attirer l'attention du client[336]. De plus, la jurisprudence[337] exige que l'attention du contractant soit attirée par l'énoncé d'un titre, d'un paragraphe distinct, d'un encadrement ou par utilisation de caractères gras. Est ainsi valable la clause située à la dernière ligne des conditions générales de vente au verso d'un bon de commande comportant trois pages où elle est indiquée de manière très lisible et en caractères gras.

La présentation de la clause n'est pas le seul élément de nature à engendrer des erreurs ou confusions dans l'esprit de la partie faible. Certaines législations et/ou jurisprudences semblent également imposer un standard de taille des caractères composant une clause contractuelle.

c. La clarté par la taille des caractères des clauses.

165. La dimension des caractères du texte des clauses permet d'attirer l'attention de la partie faible sur le contenu des clauses qui composent le contrat. En effet, les caractères de trop petite dimension rendent illisibles les clauses. A ce titre, l'article R. 311-6 du Code français de la consommation prévoit que « *l'offre préalable de prêt prévue à l'article L. 311-8 comporte les indications figurant*

---

[334] Art. 7 du décret exécutif algérien n° 13-378 du 9 nov. 2013, fixant les conditions et les modalités relatives à l'information du consommateur, énonce que « *les mentions obligatoires d'information du consommateur doivent être rédigées essentiellement en langue arabe et à titre accessoire dans une ou plusieurs autres langues accessibles au consommateur. Elles sont inscrites à un endroit apparent et de manière à être visibles, clairement lisibles et indélébiles* » (*JORA.*, n°58, du 18 nov. 2013, p. 8).

[335] Tribunal de Grande Instance de Grenoble (TGI Grenoble, 6e ch., 31 janvier 2002, UFC 38 c/ Stés B. et A.)

[336] Cass. 1ere civ., 4 nov. 2006, 04-17.578, *Bull. Civ.*, 2006, I, n° 489, p. 424.

[337] CA. Paris, 27 mai 1987, D. 1987. IR 154, cité par **S. PIERRE-MAURICE**, « Compétence commerciale », *Rép. comm. Dalloz*, janv. 2018, n° 335.

dans celui des modèles types annexés au présent Code qui correspond à l'opération de crédit proposée. Cet acte doit être présenté de manière claire et lisible. Il est rédigé en caractères dont la hauteur ne peut être inférieure à celle du corps huit ». C'est aussi ce qu'exige, notamment, l'article 1 du décret français n° 78-509 du 24 mars 1978 pour la présentation de l'offre préalable en matière de crédit à la consommation[338]. D'ailleurs, le juge français, en date du 16 mai 2003, a décidé « qu'*aux termes de l'article L. 311.13 du Code de la consommation, l'offre préalable de crédit doit être établie selon l'un des modèles types fixés par règlement* »[339]. Cette jurisprudence reprend l'article R.311-6 du même Code qui dispose que l'offre préalable doit être présentée de manière claire et lisible et doit être rédigée en caractères dont la hauteur ne peut être inférieure à celle du corps huit d'imprimerie. Cette exigence d'utilisation de ce corps d'imprimerie a été constamment rappelée par la Commission des clauses abusives dans de multiples recommandations[340]. Par ailleurs, l'article 76 de la loi marocaine sur la protection du consommateur dispose que « *..., toute publicité qui, quel que soit son support, porte sur l'une des opérations de crédit à la consommation visées à l'article 74 doit être honnête et informative. A cet effet, elle doit : [1°/ 2°/ 3°...]. Dans toute publicité écrite, quel que soit le support utilisé, les informations [...], doivent figurer dans une taille de caractères au moins aussi importante que celle utilisée pour indiquer toute autre information, relative aux caractéristiques du financement et s'inscrire dans le corps principal du texte publicitaire* »[341].Tous les modèles précédents, qui visent à imposer la clarté dans la délivrance de l'information ne dispensent cependant pas le débiteur de satisfaire aux exigences légales qui n'ont pas été reprises par le modèle utilisé.

Or, la clarté d'une clause ne relève pas uniquement de sa présentation ou de la taille de ses caractères mais également de son emplacement dans le contrat.

---

[338] Art. 1 du décret français n° 78-509 du 24 mars 1978 prévoit que « *l'offre préalable de prêt prévue à l'article 5 de la loi susvisée du 10 janvier 1978 doit comporter les indications figurant dans celui des modèles types annexés au présent décret qui correspond à l'opération de crédit proposée. Cet acte doit être présenté de manière claire et lisible. Il est rédigé en caractères dont la hauteur ne peut être inférieure à celle du corps huit* ». V. égal. **J. JULIEN**, *Droit de la consommation*, LGDJ, 2e éd., 2017, n° 201, p. 266.

[339] Tribunal d'Instance de Vienne, 16 mai 2003, n° 11-00-001014 ; Cofidis c/ Fredout ; la Cour d'Appel de Rennes, dans un arrêt du 25 juin 1999, a rappelé que ce corps d'imprimerie imposait que « *la hauteur des signes imprimés soit de trois millimètres, en partant de l'extrémité supérieur d'une lettre montante jusqu'à l'extrémité d'une lettre descendante* ». *Gaz. Pal.* 19, 20 nov. 1999.

[340] Ainsi dans une recommandation de la Commission des clauses abusives n° 94-02 du 17 décembre 1991(...) ladite commission a relevé que certains contrats étaient imprimés avec des caractères dont la hauteur était inférieure au corps huit d'imprimerie, et que de ce fait ces contrats manquaient de lisibilité ; également, la recommandation n° 94-05 sur les bons de commande et les contrats de garantie des véhicules d'occasion, BOCCRF 28 déc. 1994, p. 607.

[341] L'article 12 du décret marocain précité n° 2-12-503 du 11 sept. 2013 pour l'application de certaines dispositions de la loi 31-08 édictant des mesures de protection du consommateur confirme également que « *l'étiquette du prix doit être rédigée en caractère lisibles et visibles notamment en utilisant une typographie et des éléments de contraste adéquats* ».

d. La clarté par l'emplacement des clauses dans le contrat

166. Pour protéger la partie faible, la clause doit figurer à un endroit où elle peut être facilement vue par cette partie. Cependant, en droit commun de chaque pays étudié, il n'existe pas en principe un texte général relatif à l'emplacement des clauses dans un contrat. Cette liberté de présentation doit généralement s'exercer dans le cadre de l'obligation de clarté[342].

Pour cette raison, les droits spéciaux de certains pays adoptent le moyen de l'emplacement des clauses pour capter l'attention du contractant. A titre d'exemple en droit algérien, l'article 7 du décret exécutif n° 13-378 du 9 novembre 2013 fixant les conditions et les modalités relatives à l'information du consommateur dispose expressément que les mentions obligatoires d'information du consommateur doivent être inscrites à un endroit apparent et de manière à être visibles, clairement lisibles et indélébiles[343].

L'article L. 113-1 du Code français des assurances exige que la clause d'exclusion doit être formelle et limitée pour être valable, et soit « contenue dans la police d'assurance » elle-même[344]. L'article R.311-7 du Code français de la consommation dispose qu'en matière de contrat de crédit, le formulaire de rétractation ne peut comporter « *au verso aucune mention autre que le nom et l'adresse du prêteur* ».

167. Par ailleurs, dans un arrêt très remarqué du 3 mai 1979, la Cour de cassation française avait déclaré inopposables au consommateur les clauses des conditions générales d'un contrat de vente mobilière qui « *se trouvaient au milieu de nombreuses autres dispositions figurant au dos du bon de commande signé au recto seulement* », au motif qu'en signant, l'intéressé « *n'avait certainement pas remarqué* » que ce bon portait au verso diverses dispositions[345].

La jurisprudence a dès lors décidé à juste titre que l'emplacement de cette clause conférait au professionnel un avantage injustifié car le client était amené à s'engager sans voir l'ensemble des conditions générales, qui étaient mélangées aux indications traitant de l'état du véhicule[346]. Par ailleurs, dans sa recommandation, n° 94.02, la Commission des clauses abusives a considéré que « *de nombreux contrats prévoient l'apposition de la signature du consommateur*

---

[342] **G. RAYMOND**, « Clauses abusives », *CCC.*, n° 7, juill. 2003, p. 118

[343] Le décret exécutif algérien n° 13-378 du 9 nov. 2013 fixant les conditions et les modalités relatives à l'information du consommateur, *JORA.*, n°58, du 18 nov. 2013, p. 8

[344] Art. L 113-1 du Code français des assurances énonce que « *les pertes et les dommages occasionnés par des cas fortuits ou causés par la faute de l'assuré sont à la charge de l'assureur, sauf exclusion formelle et limitée contenue dans la police* ». De plus, la jurisprudence est allée au-delà de cette exigence en la généralisant à des clauses de nullité et de déchéance, dans le souci que l'assuré les a bien lues et y a réellement consenti ; (Cass. 1ere civ, 3 mai 1978 : *RTD civ.* 1987, p.566). **M. HAMMOUD**, *La protection du consommateur des services bancaires et des services d'assurance*, op. cit., n° 435, p. 214.

[345] Cass. 1er civ., le 3 mai 1979, *Bull. civ.* I, n° 128 ; *D.* 1980. IR. 262, obs. **GHESTIN** ; Dans le même sens V, Cass. 1er civ., 3 déc. 1991, *Bull. civ.* I, n° 342 ; *CCC.*, mars 1992. Comm. n° 57, obs. **RAYMOND**.

[346] CA Grenoble, 1re ch., 11 juin 2001, Europcar c/ UFC 38 ; réf. INC n° 3757

au recto du document contractuel, alors que des clauses figurent à son verso, que de tels documents ne garantissent pas que le consommateur ait pu prendre effectivement connaissance des clauses insérées au verso et qu'il y ait valablement souscrit »[347].

168. En principe, les moyens précités utilisés pour la clarté des clauses permettent de prendre en considération le comportement de la partie faible peu informée et peu habituée à la formation de contrats complexes. Ils permettent également à cette partie de prendre connaissance des clauses du contrat. Cependant, cette connaissance des clauses est dépendante de la langue de rédaction utilisée.

Ainsi, l'exigence de la clarté permet de prendre connaissance des clauses du contrat de façon intelligible. Cependant, le consommateur peut rencontrer des difficultés dans la compréhension ou avoir de la peine à saisir le sens de certaines clauses, et ce d'autant plus que la matière du contrat lui est étranger. C'est pourquoi, ce contractant a besoin de l'assistance d'une personne compétente pour l'orienter et le conseiller.

2. Le devoir de conseil du professionnel du droit

169. Logiquement, le professionnel du droit qui peut dresser un acte juridique est tenu, à l'égard de toutes les parties, d'en assurer la validité et l'efficacité, c'est-à-dire qu'il a l'obligation de veiller à l'efficacité des actes qu'il dresse, notamment à travers son devoir d'investigation. Il a pour missions de conseiller les parties sur la portée de leurs engagements, sur les conséquences de l'acte. De par ses fonctions, il est également tenu de fournir toutes les explications utiles à la bonne compréhension du contenu de l'acte. Aussi, il faut veiller au bon équilibre du contrat et s'assurer du consentement éclairé, réel et juridiquement valable des parties. Le devoir de conseil constitue un élément capital dans l'intervention du professionnel du droit à l'acte. Ce devoir a également bien entendu pour objectif de pallier les risques d'un engagement irréfléchi[348].

Comme nous l'avons vu précédemment, l'intervention d'un professionnel du droit est requise pour les contrats particulièrement graves afin d'éviter qu'ils ne soient conclus sans réflexion et afin de protéger la partie la plus faible contre toute pression extérieure[349].

---

[347] La recommandation n° 94.02, du 17 déc. 1991 relative aux contrats de cartes de paiement assorties ou non d'un crédit, http://www.clauses-abusives.fr/rapport_activite, consulté le 13 nov. 2014.

[348] **J. De POULPIQUET**, « Le notaire », *Rép. droit immo.,* Dalloz, janv. 2018, n° 295 ; **A. FOURNIER**, « Hypothèque conventionnelle », *Rép. droit immo.,* Dalloz, janv. 2015, n° 25 et 26 ; **CH. BOURRIER**, *La faiblesse d'une partie au contrat*, op. cit., 1, P. 94, n° 91 ; **D. MAZEAUD**, « L'acte sous seing privé contresigné par avocat », op. cit., p. 873

[349] Comme par exemple pour les contrats de la personne illettrée, les contrats de vente sur plans de biens immobiliers, la location-accession à la propriété immobilière, le cautionnement en Mauritanie, etc.

a. L'identification du devoir de conseil du professionnel du droit

170. Les devoirs de conseil du notaire et ceux de l'avocat sont similaires et ne diffèrent que par leur fondement juridique[350]. Ainsi, il est utile de distinguer le fondement juridique du devoir de conseil exigé du notaire et celui qui est exigé de l'avocat.

Le droit français s'est prononcé maintes fois sur le devoir de conseil du notaire. De leur côté, les législateurs marocain et algérien ont, ces dernières années, relevé l'importance du devoir de conseil du notaire. Ils l'ont affirmé explicitement, par la modification des lois relatives à la profession de notaire[351]. Quant aux législateurs libyen et tunisien, ils sont encore peu clairs sur ce point.

171. En droit français, l'article 1er de l'ordonnance du 2 novembre 1945 relative au statut du notariat ne fait pas mention explicitement du devoir de conseil. Toutefois, le règlement national des notaires précise dans l'article 3.2 que « *le notaire doit à sa clientèle sa conscience professionnelle, ses égards, l'impartialité, la probité et l'information la plus complète* »[352]. D'ailleurs, la Cour de cassation française a affirmé le devoir de conseil du notaire dans plusieurs arrêts. Selon une jurisprudence ancienne et constante, « le notaire est tenu d'éclairer les parties et de s'assurer de la validité et de l'efficacité des actes rédigés par lui »[353]. Le devoir de conseil oblige donc les notaires, d'une part, à assurer la validité des actes qu'ils reçoivent et, d'autre part, à veiller à leur efficacité.

172. L'article 37 de la loi marocaine n° 32.09 relative à l'organisation de la profession de notaire dispose expressément que « [...] *le notaire doit donner son conseil aux parties, leur révéler ce qu'il a appris relativement à l'objet de leurs actes et les éclairer sur la portée et les conséquences des actes qu'il reçoit* »[354]. Sur ces bases, le Tribunal du commerce d'Agadir a également considéré que

---

[350] **J. PICARD**, « Quel avenir pour le notaire français ? », Pet. Aff., 1 sept. 2017, p. 7. Cet auteur indique également que « *l'avocat revêt, à l'instar du notaire, deux casquettes : la première est celle du conseil, celui que l'avocat donne à ses clients et qui ne relève pas d'un monopole propre. Le second aspect de sa profession réside, quant à elle, dans la postulation : cette dernière relève d'un monopole, celui de pouvoir « assister ou représenter les parties, postuler et plaider devant les juridictions et les organismes juridictionnels ou disciplinaires de quelque nature que ce soit, sous réserve des dispositions régissant les avocats au Conseil d'État et à la Cour de cassation », cette postulation étant en effet exclusivement réservée à l'avocat* ».

[351] **S. COULIBALY**, « La réforme de la profession du notaire au Maroc », *univ-jurisocial.over-blog.com*, 31 mars 2015, p. 3

[352] Règlement national, règlement Inter-Cours, Ministère de la justice du 22 juill. 2014, *JORA*, 1er août 2014, p. 6.

[353] Cass., 1er civ. française, 4 janv. 1966 : *Bull. civ.* I, n° 7 ; Cass., 1er civ., française 7 déc. 2004, n° 01-10.271, *Bull. civ.* 2004, I, n° 307, p. 257 ; Cass., française 3e civ. 3-5-2006 n° 538 : *RJDA* 11/06 n° 1121 ; Cass. 1er civ., française, 3 mars 2011, n° 09-16.091, *Bull. civ.* 2011, I, n° 44. V. égal., **N. BLANC**, « Le notaire face aux déclarations erronées d'une partie », *Gaz. Pal.*, 15 janv. 2015, n° 015, p. 20 ; **B. SAINTOURENS**, « Le rôle du notaire en cas de fausse déclaration lors de la vente du fonds de commerce », *RTD Com.*, 2017, p. 822.

[354] L'article 40 de la loi marocaine dispose également que « *l'acte doit faire mention que les parties l'ont lu ou que son contenu leur a été communiqué par le notaire* » (La loi marocaine n° 32.09 relative à l'organisation de la profession de notaire, *Bull. O.* n° 6062 du 5 juill. 2012).

l'acte notarié ne doit pas contenir des clauses violant l'ordre public. Si c'est le cas, le notaire doit informer et conseiller son client sur l'étendue des conséquences des engagements qu'il a souscrit[355]. Par ailleurs, l'article 12 de la loi algérienne n° 06-02 du 20 février 2006 portant organisation de la profession de notaire énonce que « *le notaire doit s'assurer de la validité des actes notariés et donner conseils aux parties de manière à mettre les conventions de ces dernières en harmonie avec les lois qui doivent les régir et en assurer l'exécution. Le notaire instruit également les parties de l'étendue de leurs obligations et de leurs droits respectifs. Il leur explique tous les effets et engagements auxquels elles se soumettent et leur indique les précautions et moyens que la loi exige ou fournit pour garantir l'exécution de leur volonté* »[356].

Le texte du droit algérien décrit de manière plus précise les attributions du notaire en matière de conseil et d'information, alors que les textes de droits français et marocain donnent moins de précisions sur ses attributions.

173. En revanche, les législateurs libyen, tunisien et mauritanien ne se prononcent pas explicitement sur le devoir de conseil du notaire[357]. Cependant, on peut relever l'existence de certains articles dans les législations de ces pays qui concernent uniquement l'information des parties sur le contenu de l'acte authentique. Par exemple, l'article 22 de la loi tunisienne portant organisation de la profession des notaires[358] ainsi que l'article 12 du décret exécutif libyen n° 612 portant organisation de la profession de notaire de 1993[359]. Il serait préférable de définir explicitement dans la loi de ces pays le devoir de conseil du notaire, et de lui imposer cette mission, en plus du devoir d'information. En effet, une législation définissant avec précision l'étendue de ce devoir permettrait d'éviter

---

[355] Tribunal marocain du commerce d'Agadir ; jugement n° 1752-2013 du 02 juin 2014, n° de dossier 12-29-350, en arabe, inédit, https://www.mahkamaty.com, consulté le 12 juill. 2015.

[356] L'article 13 de la loi algérienne n° 06-02 du 20 février 2006 portant organisation de la profession de notaire dispose également que « *dans les limites de ses compétences et de ses attributions, le notaire peut, chaque fois qu'il en est sollicité, donner des consultations aux parties, les informer de leurs droits et obligations et des effets de leurs actes, sans que cela n'entraîne nécessairement la rédaction d'un acte* » (*JORA*. n° 14, 28 mars 2006). A ce sujet V., **Y. HOUHOU**, *Le contrat de vente dans la loi et la jurisprudence algériennes*, Dar BelKeise, Alger, p. 83.

[357] Sur ce point, J. TARRADE a indiqué que « *des premiers contacts sont également en train d'être noués en Libye, où le notariat est assez peu structuré, le rôle du notaire se limitant grosso modo à celui d'authentificateur de signature* ». **J. TARRADE**, « Réformes du notariat dans le monde : (Davantage une reconnaissance du rôle du notaire que sa remise en cause) », op, cit., p. 213 ; **A. MOHAMED YAHTA**, « L'authentification des actes de vente immobilières », http://www.coursupreme.mr/page/categories/idcateg, en arabe, Colloque sur les exigences de réalisation de la sécurité immobilière en Mauritanie, 24-25 nov. 2016, p. 14 et s.

[358] Loi tunisienne n° 94-60 du 23 mai 1994 portant organisation de la profession des notaires *JORT*., 31 mai 1994, p. 896-899. L'article 22 de cette loi énonce que « *le notaire qui n'a pas procédé à la rédaction donnera lecture de l'intégralité du brouillard faite sur le registre-brouillard aux parties qui doivent signer avec lui sur le registre-brouillard, il doit faire mention en fin de l'acte, avant de signer, de la lecture à haute voix aux parties en présence du notaire assesseur (...)* ».

[359] Décret exécutif libyen n° 612 portant organisation de la profession de notaire de l'année 1993, *JOL*., 1993. Art. 12 de ce décret affirme qu'*avant la signature de l'acte, le notaire doit faire une lecture de l'intégralité de l'acte en présence des parties* (…).

un conflit éventuel. Selon les recherches que nous avons effectuées, les jurisprudences libyenne et tunisienne n'ont pas expressément consacré le devoir de conseil du notaire.

Malgré l'absence d'articles particuliers sur le devoir de conseil du notaire dans les législations libyenne et tunisienne, on peut noter que ce devoir découle implicitement de la mission d'authentificateur du notaire. Ce dernier, en effet, n'est pas un simple scribe chargé de retranscrire les conventions des parties[360]. Sa fonction est de rédiger des actes authentiques dont la fiabilité est telle que la sécurité des transactions juridiques est ainsi assurée[361]. Le devoir de conseil contribue à cette sécurité, car il oblige le notaire, à peine de responsabilité, à rédiger des actes valables et sûrs[362]. En ce sens, la Cour de cassation tunisienne a établi un principe général sur le devoir de conseil et d'information dû en matière de profession libérale. Ce principe impose à tous les professionnels libéraux un devoir de conseil. Dans un arrêt n° 2713 du 03 octobre 2005, cette Cour a déclaré que « tous les professionnels libéraux doivent conseiller et informer leurs clients. Le professionnel ne peut donc pas se dégager de sa responsabilité en prétextant que son client veut conclure le contrat de cette manière »[363]. On peut donc affirmer que le notaire tunisien est concerné par ce principe car il est considéré comme un professionnel libéral.

174. S'agissant du fondement du devoir de conseil d'avocat, l'article 66-3-1 de la loi française n° 2011/331 du 28 mars 2011[364] dispose explicitement que « *l'avocat atteste avoir éclairé pleinement la ou les parties qu'il conseille sur les conséquences juridiques de cet acte* ». Cette loi confirme les principes posés tant par la jurisprudence que par les règles réglementaires ou professionnelles[365]. La Cour de cassation[366] avait publié plusieurs études exhaustives sur l'étendue de la responsabilité des conseils rédacteurs d'acte[367].

---

360 **A. ABOU-ISSA ABDALHMID**, « L'étendue de l'efficacité de la formation scientifique et pratique de l'exercice de profession du notaire », *Revue de l'Université, AZZAWIYA (Libye)*, n° 16, vol. 2, avril 2014, p. 29 ; selon **J. De POULPIQUET** « le devoir de conseil découle de la mission d'authentificateur du notaire. La doctrine, mais aussi, et surtout, la jurisprudence voit aujourd'hui dans le devoir de conseil un complément nécessaire du devoir d'authenticité ». **J. De POULPIQUET**, « Le notaire », op. cit., n° 295.

361 **Y. THER** indique que l'existence de ce devoir de conseil justifie une dispense des mentions manuscrites qui sont exigées pour les actes sous seing privé. En effet, le conseil donné par un professionnel du droit est certainement plus efficace que la rédaction de la mention manuscrite ; **PH. THERY**, « L'efficacité de l'acte notarié : forces et faiblesses », op. cit. p. 5.

362 **J. De POULPIQUET**, « Notaire », op. cit., n°295.

363 Cass. civ., tunisienne, l'arrêt n° 2713 du 03 oct. 2005, en arabe, *Bull.* n° 2 de l'année 2005, p. 21.

364 La loi française n° 2011-331 du 28 mars 2011 de modernisation des professions judiciaires ou juridiques et certaines professions réglementées, *JORF.*, 29 mars 2011, p. 5447.

365 **B. WEISS-GOUT et E. MULON**, « L'acte d'avocat est entré dans le Code civil », op. cit., p. 43

366 Cass. 1ère civ. française, 21 fév. 2006, *BICC* n°641 du 1er juin 2006 ; Cass. 1er civ., 5 fév. 2009, n° 07-20.196, *Bull. Civ.* 2009, I, n° 21.

367 **C. BERREBI**, « Favoriser l'innovation. À propos de l'acte d'avocat dématérialisé », op. cit., n° 201.

Ayant la même position de conseil que les notaires, les avocats marocain et tunisien doivent respecter les règles déontologiques de leur profession ; par conséquent, ils doivent garantir la validité du fond et de la forme de l'acte et apporter des conseils avisés à leurs clients[368].

La Cour de cassation française a jugé que l'avocat intervenant en qualité d'unique rédacteur d'un acte sous seing privé est « *tenu de veiller à assurer l'équilibre de l'ensemble des intérêts en présence et de prendre l'initiative de conseiller les deux parties à la convention sur la portée des engagements souscrits de part et d'autre, peu importe le fait que l'acte a été signé en son absence, après avoir été établi à la demande d'un seul des contractants* »[369].

175. Cependant, on peut ici se demander quelle est l'étendue du devoir de conseil du notaire et de l'avocat dans les pays comparés pour déterminer s'il recouvre tous les domaines et situations contractuelles.

Dans tous les cas, la Cour de cassation française considère que ce devoir de conseil est absolu et n'est pas susceptible d'atténuation même lorsqu'il s'agit par exemple d'un client qui est lui-même notaire. Cette conception extensive du devoir de conseil empêche, notamment, le notaire de décliner sa responsabilité en se bornant à conférer la forme authentique à l'acte, et comme l'espèce le suggère, à se dégager de sa responsabilité en prétextant de l'inutilité des conseils[370].

176. De plus, le notaire ou l'avocat doivent conseiller bien que rien ne leur soit demandé, bien que le contrat soit déjà parfait entre les parties, et bien que son intervention soit épisodique[371]. Le conseil obligatoire n'est pas subordonné à une demande.

La jurisprudence française a en outre été amenée à préciser ce devoir de conseil en le reliant à une obligation générale de prudence, de diligence et à un devoir de mise en garde impartiale[372]. Cela signifie que le devoir de conseil du notaire n'est plus limité au contenu des actes qu'il rédige mais s'étend également aux conséquences juridiques, économiques et fiscales de ces derniers.

177. Il s'agit là du fameux devoir de conseil auquel la jurisprudence a donné une portée absolue[373]. Ce devoir de conseil implique que les parties qui recourent

---

368 Sur ce point V., **M. ELTASSAOILI**, *L'avocat et la rédaction des contrats*, en droit marocain, Imprimerie papeterie El Watanya, en arabe, 2e éd., 2013, p. 63 et 102.

369 Cass. 1er civ., du 27 nov. 2008, n° 07-18.142, *Bull.* 2008, I, n° 267 ; V. égal., Cass. 1er civ. 14 mai 2009, n° 08-15899 *Bull. civ I*, n° 92. En ce sens V., **O. DESHAYES**, « L'acte contresigné par avocat est né (conjugaison à l'imparfait du législatif) », op. cit., p. 1.

370 Cass. 3e civ, 10 juill. 1970, *Bull. civ.* III, n° 484 ; Cass. 1re civ., 14 nov. 2012, n° 11-24.726 ; Cass., 3e civ, 3 avr. 2007, no 06-13.304, *Bull. civ.* III, n° 1 ; V. égal., **M. KEBIR**, « Responsabilité du notaire : impossibilité d'atténuer le devoir de conseil », *D.*, 29 nov. 2012.

371 Cass., 3e civ, française, 3 avr. 2007, n° 06-13.304, *Bull. civ.* III, n° 1 ; Cass. 1re Civ., 19 mai 1992, n° 90-18.227 *Bull.*, 1992 I, n° 147, p. 100 ; sur le même point V., **J. De POULPIQUET**, « Notaire », *D.*, avril 2016, n° 324.

372 CA d'Aix en Provence, 28 déc. 2010, n° 1000219 ; Cass. 1re civ., 21 janv. 2006, n° 0415797 ; Cass. 1re civ., 13 déc. 2005, n° 0311443 ; Cass. com., 12 oct. 1993, n° 19-93002726 ; Cass. 1er civ., 17 juin 2015, n° 13-19.759, inédit.

373 Sur ce sujet V., **J. PICARD**, « Quel avenir pour le notaire français ? », op. cit., p. 6.

aux services d'un notaire ou d'un avocat attendent une protection sans faille contre des évènements juridiques inattendus et susceptibles de mettre leurs intérêts en péril. Ainsi, l'acte authentique est considéré comme l'un des mécanismes efficaces de protection de la partie faible. Cette protection est assurée par l'acte authentique qui garantit la sécurité des transactions et en assure la bonne fin.

Ceci devrait amener les professionnels du droit à veiller à la qualité de leurs services notamment en ce qui concerne le devoir de conseil et d'information des parties sur les risques juridiques, économiques et fiscaux dans les opérations qu'ils s'apprêtent à réaliser. Le professionnel du droit doit, par conséquent, prendre en considération les capacités intellectuelles du contractant et son expérience[374]. Cela pourrait avoir une incidence sur l'intensité du devoir de conseil du notaire et/ou l'avocat[375]. La situation du consommateur, qui a souvent besoin d'être conseillé en tant que particulier, n'est pas la même que celle du professionnel.

178. Les notaires et les avocats sont, conformément au droit de la responsabilité, responsables des fautes qu'ils commettent dans l'accomplissement de leurs missions et qui causent un préjudice à leurs clients. Ici, la responsabilité découle de la double fonction d'officier public d'une part et de mandataire contractuel d'autre part[376].

Le Cour de cassation française a déjà confirmé que « *si les obligations du notaire, qui ne tendent qu'à assurer l'efficacité d'un acte instrumenté par lui et qui ne constituent que le prolongement de sa mission de rédacteur d'acte, relèvent de sa responsabilité délictuelle, il en va différemment lorsque celui-ci a souscrit une obligation contractuelle à l'égard de son client...* »[377]. En outre, la Cour de cassation française a précisé à propos des conditions de mise en œuvre de la responsabilité des notaires, « *les éventuels manquements d'un notaire à ses obligations professionnelles ne peuvent s'apprécier qu'au regard du droit positif*

---

[374] **J. ATTARD**, « Notaire et opportunité économique d'une opération de prêt », *Def.* 22 févr. 2018, n° 08, p. 16

[375] La Cour de cassation française a jugé dans un arrêt du 13 mai 2014 que « *le notaire tenu d'éclairer les parties sur la portée, les effets et les risques des actes auxquels il prête son concours, avait constaté la mauvaise connaissance de la langue française par son client, (...) l'intéressé avait commis une faute de nature à engager sa responsabilité professionnelle* » (Cass. 1re civ., 13 mai 2014, n° 13-13.509, Bull. civ., 2014, I, n° 82).

[376] Ainsi, on peut en général dire que si le professionnel du droit ne respecte pas ses obligations, sa responsabilité doit être engagée sur le fondement des disposions de la responsabilité dans les Codes civils. A ce titre, sa responsabilité peut être civile, pénale et/ou disciplinaire. D'ailleurs, la responsabilité d'un professionnel du droit est contractuelle, lorsqu'il s'est vu confier l'exécution d'une tâche particulière. Celui-ci intervient en vertu d'un mandat spécifique ; Sur ce point V., **M. KEBIR**, « Responsabilité du notaire : impossibilité d'atténuer le devoir de conseil », *Dalloz actu.* Le 29 nov. 2012 ; Cass. 1re civ., 16 oct. 2008, n° 0714695 et 0716270, Bull. civ., n° 226 ; *Def.* 2008, art. 2526, obs. **R. LIBCHABER**.

[377] Cass., française 1e civ., 1, du 12 avril 2005, 03-14.842, *Bull. civ.*, 2005, I, n° 178, p. 151 ; Aussi V., Cass. 1re civ., 11 janv. 2017, n° 15-22776, https://www.legifrance.gouv.fr, consulté le 12 juin 2018.

existant à l'époque de son intervention, sans qu'on puisse lui imputer la faute de n'avoir pas prévu une évolution ultérieure du droit »[378].

b. La responsabilité en cas de manquement au devoir de conseil

179. Comment la partie faible sera protégée face à ce manquement au devoir de conseil par le professionnel du droit ?

Lorsque la responsabilité est de nature contractuelle, l'indemnisation se limite au dommage prévisible, et c'est donc, à priori, plus protecteur pour la partie faible. Par contre, dans le cadre de la responsabilité fondée sur l'article 1240 du Code civil français, l'intégralité du préjudice est réparée. On prend ici cet article comme exemple parce que son contenu est le même dans les droits des pays comparés.

180. D'abord, la faveur pour la responsabilité délictuelle est surtout un choix d'opportunité qui vise à mieux protéger les clients et à responsabiliser les notaires en faisant peser sur eux une menace plus grande.

Il est important de préciser que le notaire ou l'avocat pour prouver son devoir de conseil envers son client, peut faire signer un document, préconstituant la preuve de l'exécution de son obligation. Mais la possibilité de préconstituer une preuve relève plutôt de la logique de la responsabilité contractuelle[379].

En matière d'immobilier, M. MEDJNAH[380] estime que cette apparente simplicité ne doit pas pour autant masquer le doute qui subsiste s'agissant de la cohérence des conditions de mise en œuvre de la responsabilité du professionnel du droit lors de la mise en place de sûretés. Ainsi, en l'occurrence, la référence dans le double visa des articles 1147 (devenu article 1231-1) et 1382 (devenu article 1240) du Code civil français atteste qu'il n'y a pas lieu de différencier les titres auxquels le professionnel du droit intervient pour déterminer la nature de sa responsabilité, voire l'atténuer ou l'exonérer, en cas de manquement à son obligation de veiller à la mise en place des sûretés. Par exemple, le notaire est responsable pour les fautes commises dans l'exercice de ses fonctions tant d'officier public que de mandataire contractuel, sauf s'il en est dispensé expressément par les parties, que ce soit au titre de la rédaction des actes que du devoir de conseil[381].

181. D'ailleurs, les exigences de validité et d'efficacité des actes auxquels le notaire prête son concours ou qu'il a reçu mandat d'accomplir font naître les mêmes obligations, notamment celle de prendre « *toutes dispositions utiles* » pour

---

378 Cass. 1er civ., 25 nov. 1997, n° 1997-004796 ; *Bull. civ.* 1997, I, n° 328. Sur ce point V., **S. PELLET**, « Recours contre le notaire et faute dolosive du client », op, cit., p. 246.

379 Sur ce point V., **V. ZALEWSKI-SICARD**, « Garantie intrinsèque et responsabilité du notaire », *Gaz. Pal.*, 12 sept. 2017, n° 30, p. 60 ; **A. FOURNIER**, « Hypothèque conventionnelle », op, cit., n° 25 et 26

380 **M. MEDJNAH**, « L'intervention du notaire dans la gestion de patrimoine immobilier : quelle responsabilité ? », https://www.legavox.fr/blog/mourad-medjnah, consulté le 17 févr. 2017.

381 **N. BLANC**, « À la recherche du lien de causalité… », *Gaz. Pal.*, 15 janv. 2015, n° 015, p. 22 ; **J. ATTARD**, « Notaire et opportunité économique d'une opération de prêt », *Def.* 22 févr. 2018, n° 08, p. 16

assurer la validité et l'efficacité ces actes[382]. Faut-il voir dans le caractère général de cette obligation une extension de responsabilité notariale au motif que le notaire est tenu de veiller à la mise en place des sûretés ?

De façon générale, le professionnel du droit n'est tenu d'indemniser que le préjudice découlant de sa faute, c'est pourquoi, le manquement à un devoir de conseil est normalement sanctionné par la réparation de la perte d'une chance ou par la réparation intégrale du préjudice subi[383]. Le préjudice dont la victime se plaint dépend de sa propre décision ou de son attitude et l'on est rarement certain du choix qu'elle aurait fait si elle avait été correctement conseillée. En vertu du droit commun, les législations exigent que l'auteur d'un dommage en répare toutes les conséquences et que la victime ne soit pas tenue de limiter son préjudice dans l'intérêt du responsable[384].

182. Il est important de signaler que la jurisprudence marocaine, algérienne et française réaffirme l'obligation d'indemnisation qui incombe au professionnel du droit lors de la constatation d'un manquement à son devoir de conseil.

La jurisprudence marocaine a décidé dans le cadre du contrat du bail que « le notaire doit se substituer au propriétaire pour réparer les dommages causés au locataire lorsque le notaire n'a ni informé ni conseillé le propriétaire sur les conséquences d'une demande de caution qui dépasse la somme fixée par la loi ». Ainsi, la jurisprudence marocaine a considéré que le notaire se substitue au propriétaire pour réparer les dommages du locataire[385].

De même, la Cour suprême algérienne a affirmé, dans l'arrêt n° 375903 du 13 décembre 2006, que « si le notaire ne remplit pas parfaitement ses obligations de conseil et n'oriente pas son client de manière active, il est responsable et doit indemniser son client. De plus, le notaire doit s'assurer de la validité des actes notariés et donner conseil aux parties de manière à mettre les conventions de ces dernières en harmonie avec les lois en vigueur »[386]. La Cour suprême insiste sur le fait que la mission du notaire ne se limite pas à la transcription de la volonté des

---

[382] **M. MEDJNAH**, « L'intervention du notaire dans la gestion de patrimoine immobilier : quelle responsabilité ? », », https://www.legavox.fr/blog/mourad-medjnah, consulté le 17 févr. 2017. **N. BLANC**, « Le notaire face aux déclarations erronées d'une partie », op. cit., p. 22.

[383] Par ex., l'article 26 de la loi marocaine n° 32-09 relative à l'organisation de la profession de notaire dispose que « *le notaire est responsable des préjudices occasionnés par ses fautes professionnelles, celles de ses stagiaires ou de ses salariés, conformément aux règles de la responsabilité civile* ». Et l'article 28 dans la même loi ajoute que « *le notaire est civilement responsable de la nullité prononcée par la justice d'un acte établi par lui suite à une faute professionnelle, lorsque cette nullité porte préjudice à l'une des parties à l'acte* » (*Bull. O. Mar*, n° 6062, 5 juill. 2012, p. 2366).

[384] A ce sujet, **J.-F. SAGAUT**, « Le devoir de conseil », *Def.* 28 févr. 2013, n° 4 ; V. égal. **Y. HOUHOU**, *Le contrat de vente dans la loi et la jurisprudence algériennes*, en arabe, op. cit., p. 84

[385] Tribunal du commerce d'Agadir, n° 1752-2013 du 02/06/2014, en arabe, dossier n° 12-29-350, inédit, https://www.mahkamaty.com, consulté le 12 juill. 2015.

[386] Cour suprême algérienne, l'arrêt n° 375903 du 13 déc. 2006, *Revue de la Cour suprême*, en arabe, n° 2, 2008, p. 243.

parties et qu'il doit s'assurer de la véracité des informations fournies et conseiller les parties[387].

Aussi, la Cour de cassation française a jugé que « *les fautes du notaire et de la SCI Le Clos de Bonne Brise bien que reposant à l'égard des acquéreurs sur des fondements juridiques différents : contractuel pour le promoteur et délictuel pour le notaire, sont indissociables et elles engagent à l'égard des acquéreurs mais aussi de l'établissement bancaire, leur responsabilité in solidum* »[388]. L'arrêt commenté attire aussi l'attention sur la question du préjudice indemnisable. La Cour de cassation considère que l'acheteur, souhaitant revendre le bien acquis, avait perdu, non tout ou partie de la valeur de l'immeuble, mais le profit qu'il aurait tiré de l'opération d'achat et de revente des biens, cette somme ayant été estimée forfaitairement par la Cour d'appel. D'ailleurs, le notaire est condamné à indemniser les établissements bancaires, la nullité de la vente ayant pour conséquence la nullité du prêt, ces établissements ayant perdu les intérêts conventionnels[389].

183. Enfin, et dans le cadre général de la protection des contractants, les droits français[390], algérien[391], marocain[392]et tunisien, imposent aux notaires et aux avocats d'avoir recours à des compagnies d'assurance qui supporteront la couverture financière du dommage causé à un client. Autrement dit, les législations obligent à souscrire une assurance responsabilité civile professionnelle visant l'indemnisation du client en cas de négligence ou d'omission commise par le notaire et/ou l'avocat[393].

L'assurance responsabilité civile apporte une garantie d'indemnisation lorsque la partie faible a recours au professionnel du droit pour rédiger des actes. Cette garantie est un des avantages à conclure les actes avec l'intervention d'un

---

[387] **D. ALLAG-ZENNAKI**, *Contrats : Négociation ; Construction ; Rédaction*, op. cit., p. 220.

[388] Cass, 1er civ., française, 2 juill. 2014, n° 12-28615, *Bull. civ.* 2014, I, n° 123 ; V. égal. Cass. 3ème Civ., française, 30 janv. 2013 n°11-26074, 11-26648 et 11-27970.

[389] Cass., 3ème, civ., française, 30 janv. 2013, n°11-26074, 11-26648 et 11-27970, *Bull. civ.* 2013, III, n° 16.

[390] Art. 55 de la loi française n° 71-1130 du 31 déc. 1971 portant réforme de certaines professions judiciaires et juridiques ; Art. 66-3-1 de la loi française n° 2011-331 du 28 mars 2011 de modernisation des professions judiciaires ou juridiques et certaines professions réglementées, *JORF.*, n° 0074, 29 mars 2011, p. 5447.

[391] Selon l'ordonnance algérienne 03/12 du 26 août 2003 et la loi n° 03/16 du 25 oct. 2003, les professions libérales (notaires, administrateurs de biens…) sont obligées de souscrire une assurance obligatoire.

[392] L'article 26 de la loi marocaine n° 09-32 relative à l'organisation de la profession de notaire dispose que « *le notaire doit souscrire une assurance couvrant cette responsabilité. Le notaire souscrit un contrat d'assurance avant d'entamer l'exercice de son activité. Il est tenu de produire chaque année un document attestant de la continuité de cette souscription, sous peine de poursuites disciplinaires* » (*Bull.O. Mar.*, n° 6062 du 5 juill. 2012). V., **M. ELTASSAOILI**, *L'avocat et la rédaction des contrats*, en arabe, op. cit., p. 88 et s.

[393] **M. BRUSCHI**, « Le rôle du notaire et le respect de l'obligation d'assurance des risques de la construction », *Pet. Aff.*, 15 mai 2003, n° 97, p. 38 ; **S. COULIBALY**, « La réforme de la profession du notaire au Maroc », *univ-jurisocial.over-blog.com*, 31 mars 2015.

professionnel. C'est pourquoi, certains droits des pays du Maghreb et la jurisprudence française imposent de rédiger les actes des personnes illettrées devant le notaire. Cela sera abordé dans les lignes qui suivent.

B. La garantie spécifique en faveur des personnes illettrées

184. L'acte authentique est exigé en faveur des personnes illettrées par les textes tunisien, marocain et mauritanien (1) alors que la jurisprudence française l'exige uniquement dans le domaine du cautionnement (2). Il convient de préciser qu'en droits libyen et algérien les contrats passés par les personnes illettrées restent toujours soumis aux règles de droit commun.

1. Un cadre général : en droits tunisien, marocain et mauritanien

185. Selon les droits tunisien, marocain et mauritanien, les conventions conclues par les personnes illettrées doivent être reçues par notaire. L'article tunisien 454, l'article marocain 427 et l'article mauritanien 424 des Codes des Obligations et des Contrats disposent expressément que « *les écritures portant l'obligation de personnes illettrées ne vaudront que si elles ont été reçues par notaires ou par officiers publics à ce autorisés* ». A priori, l'acte notarié peut renforcer sa place face au fléau des escroqueries subies par les personnes illettrées ou vulnérables et face à bien d'autres maux de notre époque[394].

186. Les dispositions des articles précédents sont explicites en privant l'acte conclu par une personne illettrée de toute valeur juridique s'il n'est pas reçu devant un notaire. L'acte qui oblige cette personne ne vaudra que s'il a été reçu par notaire ou par officier public autorisés[395]. L'illettré est incapable de s'engager tout seul, sans l'aide et l'intervention d'une tierce personne. En effet, l'illettré est amené à signer un écrit non rédigé de sa propre main, faute de savoir lire et écrire. Par conséquent, la signature de l'illettré ne permet pas d'attester que son auteur a le pouvoir de vérifier ou de comprendre les dispositions signées[396]. Dans ce sens, la Cour de cassation tunisienne a déclaré nul l'écrit au bas du quel est apposée une croix, même avec le témoignage de deux personnes qui confirment que ce signe émane bien de la personne engagée[397].

187. Toutefois, les articles précités ne définissent pas la notion de personne illettrée. Ainsi, la question qui se pose est de savoir qui est la personne qualifiée d'illettrée dans les systèmes juridiques des pays concernés ?

---

[394] **E. SKOUKED**, « Notaire, XXVI Congrès international du notariat », op. cit., p. 3

[395] La Cour de cassation tunisienne a estimé que l'acte conclu par une personne illettrée n'est pas pris en considération s'il n'est pas passé devant le notaire. Dans ce cas, cet acte perd un de ses piliers. Ainsi, la sanction sera l'annulation, selon l'article 325 du Code tunisien des obligations et des contrats. Cass. civ. tunisienne n° 8809, 20 juin 2006, http://jurisprudence.e-justice.tn/cgi-bin/wxis, en arabe, consulté le 11 mars 2018.

[396] **N. BEN AHMED**, *La signature en droit privé*, op. cit., n° 463, p. 269

[397] Cass. civ. tunisienne n° 649, du 9 déc. 1926, *Rev. Cass.* 9 et 10 / 1960 ; le même sens ; Cass. civ. tunisienne n° 7884, du 31 mars 1983, *Rev. Cass.* 1983, p. 218.

Le Code tunisien des obligations et des contrats est considéré comme étant à l'origine des Codes marocain et mauritanien, il importe ainsi de clarifier au préalable, la notion d'illettré elle-même[398]. En effet, à la date de la promulgation du Code des obligations et des contrats en 1906[399], l'illettrisme était un phénomène courant dans la société tunisienne. Toutefois, le législateur qui a pensé à une protection de cette catégorie de personne, n'a pas pris pour autant le soin de déterminer la notion d'illettrisme. Néanmoins, la version arabe du Code tunisien était un peu plus claire à ce sujet en précisant que l'illettré est celui qui ne sait pas écrire. C'est donc l'écriture qui a été le critère déterminant dans cette définition[400]. Alors que les versions arabes des Codes marocain et mauritanien des obligations et des contrats indiquent seulement que les conventions conclues par les personnes illettrées doivent être reçues par notaire mais sans indiquer que l'illettré est celui qui ne sait pas écrire.

Quant aux Cours de cassation tunisienne et marocaine, elles n'ont pas manqué de tenter de clarifier le sens du terme illettré, à maintes reprises. Leur position est constante en considérant comme illettré celui qui se trouve dans l'ignorance de l'écriture et de la lecture[401]. Cette position qui dépasse la vision restreinte du texte en consacrant le critère de la lecture de la version arabe du Code tunisien semble défendable parce qu'avant même l'écriture, ce qui compte c'est la lecture du contenu d'un écrit. En effet, une personne illettrée peut parfois être capable de simplement déchiffrer un mot sans pour autant savoir écrire.

Il importe de signaler que les Cours de cassation tunisienne et marocaine, ont fait un lien entre l'existence de la signature et l'illettrisme. Le Cour de cassation tunisienne constatait dans un arrêt rendu le 20 octobre 1981 que « celui qui sait signer comme le débiteur, ne peut être considéré comme illettré »[402]. Dans son arrêt rendu le 21 juin 1994, elle définit l'illettré comme « celui qui appose son tracé ou sa croix ou un autre signe qui n'a rien à voir avec les lettres de l'alphabet et qui n'exprime pas les caractères personnels du contractant »[403]. Dans le même sens, la Cour de cassation marocaine constatait dans un arrêt rendu le 15 avril

---

398 **AL-M. ATTAR BEN AHMED**, *Théorie générale des obligations à la lumière du droit marocain*, op. cit., p. 12.

399 Décret du 15 déc. 1906, portant promulgation du Code tunisien des obligations et des contrats, *JORT.*, n° 100.

400 **N. BEN AHMED**, *La signature en droit privé*, op. cit, p. 267

401 Cass. civ. tunisienne n° 9244 du 27 févr. 1973, *Rev. Cass.* en arabe, 1973, p. 25/65 ; Cass. civ. tunisienne n° 2931 du 27 déc. 1980, *Rev. Cass.* en arabe, 1980, II, p. 176 ; Cass. civ. tunisienne n° 38866 du 21 juin 1994, *Bull* n° I, en arabe, 1994, p. 377 ; Cass. civ Tunisienne, n° 10394 du 07 oct. 2007 ; Cass. civ. marocaine, n°198, le 15 avril 1970, *Bull.* n° 17, en arabe, p. 26 ; Cass. civ. marocaine n° 777, 15 déc. 1676 ; Cass. civ. marocaine n° 412, 21 février 1991, *Bull.* n° 46, nov. 1992, en arabe, p. 71 ; Cass. civ. marocaine n° 38/90, 7 juill. 1993, *Revue Al-ishaa*, n° 10, janv. 1994, en arabe, p. 153.

402 Cass. civ. tunisienne n° 4075 du 20 oct. 1981, *Bull civ.* 1981 III, en arabe, p. 279 ; V. égal. Cass. civ. n° 5094, 12 avril 1982, *Bull civ* 1982 III, en arabe, p. 300.

403 Cass. civ. tunisienne, n° 38866 du 21 juin 1994, *Bull* n° I, 1994. Sur ce point V., **S. MELLOULI**, note sous Cass., n° 7695 du 18 octobre 1993, *R.T.D de Tunis* 1995, p. 205 et s.

1970 que les juges de la Cour d'Appel n'ont pas violé l'article 427 du Code marocain des obligations et des contrats lorsqu'ils ont défini les signataires illettrés et lorsqu'ils ont considéré que le contractant n'est pas illettré s'il appose sa signature sur l'acte[404].

188. Mais, la capacité d'apposer une signature sur un document ne prend pas toujours en considération le critère de la définition de l'illettrisme. En effet, il ne faut pas se contenter d'un critère formel s'attachant à l'existence d'une signature dûment apposée sur le support papier, il faut aussi retenir un critère de fond, à savoir l'existence de l'*animus signandi* c'est-à-dire l'intention de signer et surtout la compréhension de ce que l'on signe[405].

Pour cette raison, les Cours de cassation de ces pays ont récemment réaffirmé dans plusieurs arrêts que la personne illettrée est celle qui ne sait ni lire ni écrire ni même comprendre le contenu du contrat. La Cour de cassation marocaine a estimé que « aux termes de l'article 427 du Code des obligations et contrats, les écritures portant obligation de personnes illettrées ne valent que si elles ont été reçues par notaires ou par officiers ministériels à ce autorisé. Par personne illettrée, il faut entendre celle qui ne sait ni lire ni écrire, même si elle a appris par un procédé purement manuel à tracer son nom. Les dispositions restrictives de l'article 427 précité s'appliquent donc à toutes les écritures portant obligation à des personnes illettrées, même si ces écritures sont revêtues de la signature de ces dernières, rien dans la loi ne permettant d'établir une distinction entre ceux qui savent tracer leur nom et ceux qui n'ont pas cette faculté ; cet article qui constitue une exception aux règles générales édictées par les articles précédents sur la force probante des actes sous seing privé tend à ce que le contenu des actes auxquels interviennent des personnes illettrées soit expliqué à ces dernières afin qu'elles puissent en prendre une entière et parfaite connaissance avant de donner leur consentement par une déclaration sans équivoque et authentiquement constatée »[406].

189. La Cour de cassation marocaine développe une jurisprudence constante en déclarant dans plusieurs arrêts que la personne illettrée n'est pas celle qui ne sait pas signer mais celle qui ne connait pas la langue dans laquelle est rédigée le contrat. En outre, cette jurisprudence va plus loin en considérant que « le signataire de l'acte peut également prouver par tous moyens de preuve qu'il est une personne illettrée »[407]. Cette Cour a affirmé expressément le 07 juillet 1993 que « la personne illettrée est celle qui ne sait ni lire ni écrire la langue du contrat,

---

[404] Cass. civ., marocaine, le 15 avril 1970, en arabe, *Revue de la Cour suprême* n° 17, p. 26.

[405] **N. BEN AHMED**, *La signature en droit privé*, op. cit., n° 461, p. 268

[406] Cass. civ. marocaine, n° 67145 du 30 déc. 1965, en langue arabe, inédit. V. **ABD-AL-K. SHAHBUN**, *ALSHAFI pour expliquer le droit des obligations et des contrats marocain*, tome III, op. cit., p. 347.

[407] Cass. civ., marocaine, du 15 décembre 1976, *Bull*, n° 29, p. 39 ; Dans ce même sens, Cass. com., marocaine n° 13-404, du 03 février 2004, en arabe ; Cass. civ., n° 1908, du 07 juin 2006, *Bull, civ*., n° 66, en arabe, p. 43 ; L'arrêt de Tribunal de Commerce Fès n° 2012/5/515, en arabe, du 26 juill. 2012, http://adala.justice.gov.ma.

et cette personne n'est pas obligée de faire une preuve de son aptitude à pouvoir lire ou écrire parce que l'illettrisme est originel et quiconque prétend le contraire doit le prouver »[408]. De plus, la Cour de cassation marocaine a estimé que l'objectif de l'article 427 du Code des obligations et des contrats est de protéger la personne illettrée qui ignore le contenu de l'acte visé. L'aveugle peut être considéré comme un illettré s'il est dans une situation qui ne lui permet pas de connaitre le contenu de l'acte sous seing privé et la vérité de ses obligations[409].

190. S'agissant de la jurisprudence tunisienne, la Cour de cassation va également dans le même sens que son homologue marocain. Dans plusieurs arrêts, elle réaffirme également que l'illettré est celui qui ne sait ni lire ni écrire ou celui qui ne comprend pas le contenu du contrat[410]. D'ailleurs, la Cour de cassation tunisienne estime dans un arrêt du 20 juin 2006 que « l'article 454 du COC tunisien exige que l'obligation de personnes illettrées ne vaudra que si elle a été reçue par officiers publics à ce autorisés. Par conséquent, la volonté de l'illettré n'a de valeur que si elle respecte les formes légales fixées par l'article 454. Dans le cas contraire, l'acte pèche par l'absence d'un pilier du contrat et il doit être annulé selon l'article 325 du COC tunisien »[411].

En tout état de cause, nous pouvons dire que les textes des droits de ces trois pays ont voulu réserver à l'illettré une protection particulière basée sur l'état de faiblesse de cette personne. Afin d'assurer cette protection, leurs Codes des obligations et des contrats exigent que l'engagement de l'illettré soit reçu par un tiers de confiance, à savoir le notaire ou un officier public. Ici, le notaire ne doit pas seulement rédiger l'acte pour la personne illettrée, mais il doit aussi conseiller et expliquer pour que la personne illettrée puisse en prendre une entière connaissance avant de donner son consentement par une déclaration sans équivoque[412].

191. Selon les régimes juridiques de l'acte authentique de ces trois pays, la personne illettrée peut, en outre, bénéficier de l'aide du notaire qui est parfaitement qualifié pour lui faire comprendre les termes de la transaction et pour lui expliquer les notions juridiques essentielles. De plus, le législateur tunisien exige la lecture de l'acte devant la personne illettrée. Selon l'article 378 du Code tunisien des droits réels, si l'une des parties à un acte juridique qui est présenté à l'inscription sur le titre de propriété et s'agissant d'un immeuble immatriculé est illettrée, « *il leur est donné lecture de l'acte devant l'une des autorités susvisées*

---

[408] Cass. civ., marocaine., 07 juill. 1993, en arabe, *Revue Al-ishaa*, n° 10, janv. 1994, p. 153.

[409] Cass. civ., marocaine., n° 1098, 7 juin 2006, n° dossier 806-2004, Revue de la Cour de cassation, n° 66, p. 43, citée par **N-A ALRAHALY**, *Les pratiques modernes dans les affaires de consommation*, en droit marocain, en arabe, op. cit., p. 73.

[410] Cass. civ., tunisienne n° 38866 du 21 juin 1994, *Rev. Cass*. civ., n° I, 1994, en arabe, p. 377 ; Cass. civ Tunisienne, n° 10394 du 07 oct. 2007, cité par **N. BEN AHMED**, *La signature en droit privé*, op. cit., n° 462, p. 269

[411] Cass civ Tunisienne., n° 8809, 20 juin 2006, *Bull., civ*., en arabe, p. 1

[412] **ABD-AL-K. SHAHBUN**, *ALSHAFI pour expliquer le droit des obligations et des contrats marocain*, tome III, op. cit., p. 347.

en présence de deux témoins sachant signer et ayant la capacité nécessaire pour contracter... les parties comparantes apposent leurs empreintes digitales, sauf impossibilité dûment constatée ». On peut également constater que la lecture de l'acte devant l'illettré a été confirmée par la Cour de cassation tunisienne dans certains arrêts et notamment l'arrêt du 19 mars 2002 selon lequel « la lecture et la compréhension de l'acte 454 du COC ne doivent pas être isolées de ce qui a été prévu dans l'article 378 du Code des droits réels... »[413]. De même, la Cour de cassation tunisienne a affirmé dans son arrêt du 07 octobre 2007 que « l'objectif de l'article 545 du COC tunisien est de protéger l'illettré qui ne connait pas la conséquence de son engagement et qui ne comprend pas le contenu du contrat. Cette protection est renforcée par l'article 378 du Code des droits réels qui exige la lecture de l'acte devant l'une des autorités susvisées en présence de l'illettré... »[414].

192. Ainsi, les législateurs et la jurisprudence de ces pays ont pris en considération la faiblesse inhérente à la personne illettrée. Cette personne est donc qualifiée de personne faible si elle ne peut ni lire ni écrire ou ne pas comprendre le contenu ou les conséquences de son engagement.

La personne qui signe un acte dont elle ignore la langue ne comprend donc pas son contenu, elle ignore la gravité de son engagement, elle est donc faible à partir du moment où elle ne sait pas lire ce qui existe dans l'acte signé. Elle est protégée par les dispositions des articles des Codes des obligations et des contrats tunisien, marocain et mauritanien[415]. Selon ces droits, le sujet concerné par cette protection est la personne qui ignore le contenu du contrat[416]. En droit français, la protection de la personne illettrée fait l'objet d'un développement relativement récent.

2. Un cadre limité en droit français

193. Tout d'abord, et contrairement aux droits tunisien, marocain et mauritanien, il faut noter qu'il n'existe pas de texte spécifique en droit français, algérien et libyen qui exige que la personne illettrée doit conclure un contrat devant un professionnel du droit. Le contractant illettré est soumis en principe à la protection des dispositions du droit commun, comme on le verra par la suite.

194. Néanmoins, dans ce domaine le juge français a pris des décisions pour certains contractants illettrés. En effet, dans un arrêt en date du 9 juillet 2015 la Cour de cassation rappelle que la personne illettrée ne peut valablement s'engager que par acte authentique en qualité de caution envers un créancier

---

[413] Cass. civ. Tunisienne., n° 12815, 19 mars 2002, *Rev. Cass.* I. 2002, en arabe, p. 53. L'article 454 du Code tunisien des obligations et des contrats disposent que « *les écritures portant l'obligation de personnes illettrées ne vaudront que si elles ont été reçues par notaires ou par officiers publics à ce autorisés* ».

[414] Cass. civ tunisienne., n° 10394 du 07 oct. 2007, cité par **N. BEN AHMED**, La signature en droit privé, op. cit., n° 462, p. 269.

[415] **N. BEN AHMED**, *La signature en droit privé*, op. cit., n° 462, p. 269

[416] Dans le même sens V. l'arrêt de Tribunal de Commerce Fès n° 2012/5/515, en arabe, 26 juill. 2012.

professionnel[417]. Cet arrêt traite de l'exigence de la mention manuscrite de la caution illettrée. Selon la première chambre, la caution personne physique qui ne se trouve pas en mesure de faire précéder sa signature des mentions manuscrites exigées par les articles L. 341-2 et L. 341-3 du Code de la consommation ne peut s'engager que par acte authentique. Il s'agit en l'espèce d'une caution illettrée[418]. L'arrêt décide que cette caution doit recourir à l'acte authentique et à lui seul. Cet acte est effectivement dispensé de mention manuscrite[419].

195. D. MAJDANSKI avait remarqué que ce genre de situation reste assez rare car si ces personnes illettrées rencontrent des problèmes pour lire et pour écrire, elles peuvent cependant parfois signer ou plutôt écrire leur nom[420]. Cet auteur a ajouté que bien souvent, le problème de la signature d'un illettré au sens matériel du terme, ne se posera pas de nos jours puisque c'est presque toujours la seule chose qu'il sait écrire. Ce sera par rapport au contenu intellectuel de cette mention que les difficultés surgiront dans la mesure où l'illettré n'aura pas pu apprécier le contenu du document par lequel il s'engage et où la portée de cette signature en tant que mention, expression du consentement, sera susceptible d'être remise en cause[421].

196. S'agissant de la jurisprudence de la Cour de cassation française, il faut noter que dans un premier temps, elle a considéré que les illettrés qui savaient signer ou plutôt écrire leur nom, pouvaient conclure un contrat tenu pour valable sans pouvoir invoquer, par la suite, leur illettrisme pour obtenir l'annulation de ce contrat. C'est du moins ce qu'a toujours considéré la jurisprudence depuis une décision de principe de la Cour de cassation du 25 juillet 1898[422], sauf à prendre en compte l'illettrisme comme cause d'erreur ou de contrainte en faisant jouer la théorie des vices du consentement comme l'a fait la Cour de cassation[423].

197. Néanmoins, la Cour de cassation est ensuite revenue sur cette position en acceptant de prendre en compte l'illettrisme d'une partie au contrat alors qu'elle

---

[417] Cass. 1er civ., française, n°14-21763, du 9 juill. 2015, *Bull. civ.* 2016, n° 834, n° 66

[418] On peut aussi imaginer une caution dont le handicap physique ne lui permettrait pas d'écrire.

[419] Selon **M. MIGNOT**, Rien n'interdit le recours à l'acte d'avocat qui est également dispensé de mention manuscrite. Dans les deux cas, le recours à un professionnel du droit (notaire ou avocat) remplace largement l'écriture mécanique d'une mention par la caution. **M. MIGNOT**, « Nouvelles précisions sur le domaine et le libellé de la mention manuscrite de l'article L. 341-2 du Code de la consommation », *Gaz. Pal.*, 01 oct. 2015 n° 274, p. 9 ; V. égal., **J-F. PILLEBOUT**, « L'illettré peut être caution », *JCP N* et I, n° 17, 25 avril 1997, p. 615

[420] **D. MAJDANSKI**, *La signature et les mentions manuscrites dans les contrats*, op. cit., pp. 109 et 110.

[421] Ibid.

[422] Cass. civ., 25 juill. 1898, X 1899, I, 74, 295, cité par **D. MAJDANSKI**, *La signature et les mentions manuscrites dans les contrats*, op. cit., pp. 109 et 110 ; V. égal. **V. AVENA-ROBARDET**, « Cautionnement d'une personne illettrée », *Dalloz actu.,* 07 sept. 2015.

[423] Cass. civ., 1re, 25 mai 1964, *D.* 1964, p. 626 ; CA Colmar, 3e ch. civ. A, 5 févr. 1996 ; V., **H. VRAY**, « Validité d'un cautionnement donné par une caution analphabète », *JCP.*, éd. G, n° 10, 5 Mars 1997, II, 22793

avait signé le contrat, sans faire référence à la théorie des vices du consentement[424].

Ainsi, dans un arrêt rendu le 26 novembre 1987, la Chambre sociale de la Cour de cassation n'a reconnu aucune valeur à la signature par un ouvrier agricole de ses bulletins de paie : elle ne manifestait pas le consentement de l'ouvrier car sa signature « malhabile, émanait d'une personne ne sachant ni lire ni écrire sauf tracer son nom »[425]. Il ne s'agit pas, dans cette jurisprudence, d'une signature par laquelle une personne illettrée aurait pris un engagement[426]. Dans le même sens, la Chambre sociale de la Cour de cassation, dans un arrêt du 14 janvier 1997, a estimé que *« ce salarié, qui ne savait pas lire le français, n'avait pas compris la signification et la portée de la transaction qu'il a signée et fait, par là-même, ressortir une absence de consentement de ce dernier... »*[427].

198. La jurisprudence prend donc en compte le niveau d'instruction du contractant de l'acte sous seing privé et estime que la signature d'un illettré est plus fragile que celle d'une personne qui ne l'est pas, et qu'elle ouvre, en conséquence, une brèche sur la réalité du consentement de ce dernier[428].

Il en résulte que la jurisprudence française assimile, généralement, le fait de ne pas savoir lire et/ou écrire à une absence de consentement. Par conséquent, la protection du contractant illettré semble relever des mécanismes du droit commun.

199. Cette conclusion peut paraître hâtive si l'on se réfère à l'évolution récente de la jurisprudence de la Cour de cassation. En effet, le droit français, à l'instar des tunisien, marocain et mauritanien, essaie de prendre en compte la spécificité de la caution illettrée. Ainsi, si la caution est illettrée, l'acte authentique est désormais exigé. Selon l'arrêt déjà évoqué, la Cour de cassation a en effet jugé le 9 juillet 2015 que seul un acte notarié est licite[429]. Cependant, il est primordial de rappeler que cet arrêt de la Cour de cassation n'exige l'acte authentique que pour les cas de caution illettrée. Les autres personnes illettrées resteront par conséquent soumises à la protection de la règle de droit commun. Mais, nous estimons qu'il serait préférable d'étendre cette protection à tous les illettrés, quel que soit le type d'acte qu'ils sont amenés à signer. Une telle option peut se justifier par deux raisons principales : d'une part, cela permettait d'éviter la lourdeur des mesures de protection du droit commun, et d'autre part, d'effectuer une protection préventive.

---

424 **D. MAJDANSKI**, La signature et les mentions manuscrites dans les contrats, op. cit., p. 110

425 Cass. soc., 26 nov. 1987, *Bull. civ.* v, n° 685 ; sur ce point V., **J. DJOUDI**, « Le consentement du salarié illettré », *D.*, 1997, p. 612

426 **D. MAJDANSKI**, *La signature et les mentions manuscrites dans les contrats*, op. cit., p. 110

427 Cass. soc., française, n° 95-40-287, 14 janv. 1997, inédit.

428 **J. DJOUDI**, « Le consentement du salarié illettré », op. cit., p. 612 ; V. égal. **H. VRAY**, « Validité d'un cautionnement donné par une caution analphabète », op. cit., II, 22793

429 Cass. 1ère civ., française, 9 juill. 2015, n°14-21-763, Bull. civ. 2016, n° 834, n° 66.

Section II : Le renforcement de l'information

200. L'obligation d'information repose sur le contractant qui dispose ou a connaissance d'une information déterminante pour le consentement de l'autre partie[430]. Plus précisément, l'obligation d'information est une obligation que la loi et la jurisprudence ont entrepris de mettre à la charge de tout individu détenteur de données ignorées par un autre, lorsqu'ils envisagent de conclure un contrat. Si ces données sont indispensables à celui qui les ignore pour exprimer un choix en pleine connaissance de cause, celui qui les maîtrise doit les transmettre[431]. En effet, l'obligation d'information peut être rattachée à l'exigence d'un consentement libre et éclairé. Elle relève par ailleurs de la bonne foi dans la formation du contrat.

Il existe un déséquilibre de connaissances et de compétences dans les rapports entre les particuliers et les professionnels. Cette inégalité structurelle s'est accrue avec l'évolution scientifique et technique créatrice de services ou produits de plus en plus complexes. Ainsi celui qui n'est pas un professionnel de la spécialité ne peut que faire confiance à son cocontractant. L'objectif de l'obligation d'information est donc d'autant plus rigoureux que le bien vendu ou le service promis présente des caractéristiques complexes ou potentiellement dangereuses[432].

201. Par conséquent, l'évolution législative et jurisprudentielle récente dans tous les pays étudiés se devait de confirmer et généraliser la présence d'une telle obligation dans les relations contractuelles. Cette tendance a atteint son paroxysme lors de la codification des règles consuméristes par certains textes des lois de ces pays[433].

202. Il convient ici de différencier l'obligation d'information et la publicité. Cette dernière est définie, selon l'article 3-3 de la loi algérienne n° 04-02[434], comme « *toute communication ayant pour objectif direct ou indirect de promouvoir la vente de biens ou services, quels que soient le lieu où les moyens de communication mis en œuvre* »[435], alors que l'obligation d'information vise à

---

[430] **J. HALPHEN et I. EID**, « Nouveau code civil : une obligation d'information consacrée (étendue ?) par l'ordonnance portant réforme du Code civil », *La lettre d'Option Droit et Affaires*, 24 juin 2015, p. 8.

[431] **L. BRUNEAU**, *Contribution à l'étude des fondements de la protection du contractant*, op. cit., n°437, p. 377.

[432] En ce sens V., **A. FILALI**, « Le droit de la consommation : une adaptation du droit commun des contrats », Les Annales De l'Université d'Alger 1 n° 27, Tome II, juill. 2015, p. 20

[433] Par ex., la loi française n° 79-596 du 13 juill. 1979 relative à l'information et à la protection des emprunteurs dans le domaine immobilier ; La loi française n° 89-421 du 23 juin 1989 relative à l'information et à la protection des consommateurs ainsi qu'à diverses pratiques commerciales ;

[434] Art. 3-3 de la loi algérienne n° 04-02 du 23 juin 2004 fixant les règles applicables aux pratiques commerciales, *JORA*, 27 juin 2004, n° 41, p. 3 ; Arts. 30 et suivants de la loi algérienne n° 18-05 du 10 mai 2018 relative au commerce électronique, *JORA*, n°28, 16 mai 2018, p. 4. A ce sujet V. **Z-H. SY-YOUSSEF**, *AL WADIH pour le contrat de vente*, Houma, Algérie, 2012, p. 327.

[435] Dans le cadre de commerce électronique, l'article 6 de la loi algérienne précitée n° 18-05 du 10 mai 2018 relative au commerce électronique précise que la publicité électronique est « *toute annonce*

permettre au consommateur de prendre sa décision en pleine connaissance de cause en vue d'un engagement. Celle-ci n'est effective que si le consommateur est informé sur le contenu de son engagement et s'il reçoit un conseil ou une mise en garde sur les conséquences de cet engagement. Dans ce cadre, l'obligation d'information, l'obligation de conseil et la mise en garde ont une finalité à la fois commune et complémentaire.

Ainsi, on distingue deux niveaux dans l'intensité de l'obligation d'information : d'une part, l'obligation d'information (paragraphe 1) proprement dite qui porte sur des informations objectives, par exemple les caractéristiques techniques d'un produit ou l'information sur le prix, d'autre part, lorsque la chose ou le service est complexe et/ou présente un danger, une obligation d'information renforcée qui devient une obligation de conseil (paragraphe 2) consistant à informer le contractant sur les risques ou dangers de la transaction visée.

Paragraphe 1 : L'obligation d'information

203. Le souci de justice contractuelle qui règne dans les droits des pays étudiés s'est traduit par la multiplication des techniques de protection du consentement. L'obligation d'information est partie intégrante d'une de ces techniques. Cette obligation d'information est devenue nécessaire à la validité du consentement et vise à protéger la volonté du consommateur en tant que partie faible lorsqu'il s'apprête à contracter. En réalité, l'obligation d'information constitue aujourd'hui l'une des manifestations de l'esprit de solidarité caractéristique de notre époque, en réaction à l'individualisme excessif du XIXe siècle[436]. La finalité de cette obligation est de réduire une inégalité fréquente entre les parties dans l'accès à l'information pour assurer la plénitude et la réalité du consentement donné par la partie plus faible dans la formation du contrat[437].

204. L'obligation d'information permet d'aviser la partie faible, de l'instruire, de la mettre au courant d'une donnée. Dans un cadre juridique, cette obligation est liée à une situation dans laquelle une des parties au contrat n'a pas connaissance des conséquences de son éventuel engagement. En effet, l'obligation d'information existe à la charge d'une partie dès lors que l'autre ne dispose pas de tous les éléments lui permettant d'effectuer un choix éclairé.

En ce sens M. FABRE-MAGNAN estime qu'il existe, à la charge de celui qui possède des informations susceptibles d'influencer le consentement de son

---

ayant pour objectif direct ou indirect de promouvoir la vente de biens ou de services par voie de communications électroniques ».

[436] **R. CHENDEB**, *Les régimes juridiques du contrat de consommation*, étude comparative, op. cit., p. 156, n° 410.

[437] **A. AYEWOUADAN**, Les droits du contrat à travers l'internet, op. cit., n° 16, p. 34 ; **A. MOHIM**, *La protection du consommateur-contractant ; étude et analyse approfondies à la lumière de l'actualité de la loi n° 31-08 édictant des mesures de protection du consommateur*, en arabe, op. cit., p. 15 et s.

cocontractant, l'obligation pour le premier d'en informer le second[438]. Ainsi, le professionnel est sans doute le mieux placé pour informer la partie faible puisque ce professionnel connait les biens et les services qu'il met sur le marché, et qu'il en fixe les prix par exemple.

205. Le droit à l'information de la partie faible est alors déterminant dans la mesure où il a pour objet de fournir des éléments nécessaires à sa prise de décision et qui sont détenus par le professionnel. Comme l'écrit Monsieur J. CALAIS-AULOY : « *le déséquilibre dans les relations entre professionnels et consommateurs tient pour une bonne part à l'inégalité de leur information : les professionnels connaissent les biens et les services mis sur le marché, alors que les consommateurs sont, pour la plupart, incapables de les juger par avance et de les comparer entre eux. Le droit à l'information est devenu, à juste titre, l'un des thèmes majeurs de toute politique de défense des consommateurs* »[439]. Autrement dit, l'obligation d'information découle de l'idée générale selon laquelle celui qui détient des informations doit par loyauté les fournir à celui qui les ignore, dès lors que cette ignorance est légitime[440]. L'obligation d'information existe donc dans toutes les situations où un futur contractant détient une information déterminante que l'autre partie n'est pas à même d'acquérir par elle-même[441].

Le choix des politiques juridiques de chaque pays étudié semble avoir apporté des réponses diverses selon les époques. Par conséquent, il est possible de constater une différence dans l'étendue de l'obligation d'information(A). Cette différence se retrouve aussi dans les sanctions de la violation de l'obligation d'information (B).

A. L'étendue de l'obligation d'information

206. L'obligation d'information est qualifiée de précontractuelle car préalable à la conclusion du contrat. Cette obligation est également de nature objective dans le sens où elle porte sur l'objet du contrat envisagé et est descriptive du bien ou service proposé.

---

438 **M. FABRE-MAGNAN**, *De l'obligation d'information dans les contrats*, LGDJ, 2014, n° 401, p. 322.

439 **J. CALAIS-AULOY** et **F. STEINMETZ**, *Droit de la consommation*, Dalloz, 9e éd., 2015, n° 51, p. 55.

440 **S. BERNHEIM-DESVAUX**, *Droit de la consommation*, Studyrama, 2e éd., 2011, p. 80, cet auteur a indiqué qu'avant la conclusion du contrat l'obligation d'information est de nature précontractuelle, et donc extracontractuelle ; après la conclusion du contrat, elle revêt une nature contractuelle. Cette distinction est satisfaisante et est couramment évoquée en doctrine, notamment, **J. GHESTIN et al.**, *Traité de droit civil ; La formation du contrat*, 4è éd., T. 1, LGDJ., 2013, n° 595 ; **J-CH. SAINT-PAU**, « Droit à réparation. – Conditions de la responsabilité contractuelle », *JCl. Civil Code*, 16 mai 2016, n° 81 ; Pour des opinions opposées V., **B. PETIT** et **S. ROUXEL**, « Contrats et obligations ; Obligation d'information », 18 juill. 2016, *JCl. Civil Code*, n° 70.

441 **Y. PICOD**, *Droit de la consommation*, SIREY-DALLOZ, 3e éd., 2015, n° 226, p. 141 ; **G. RAYMOND**, *Droit de la consommation*, LexisNexis, 4e éd., 2017, p. 230, n° 428.

Cette obligation se nourrit de certaines sources : C'est d'abord la jurisprudence française qui a découvert l'obligation précontractuelle d'information en s'inspirant des principes du droit commun, notamment la bonne foi, l'équité et l'usage, les vices du consentement, le vice caché, etc. Elle a ainsi mis à la charge du professionnel une obligation d'information (articles 1134 et 1135 « nouvel 1193 et 1194 » du Code civil français)[442]. La jurisprudence s'est largement inspirée de ces textes pour y voir la source d'un principe général de bonne foi qui doit imprégner toute la relation contractuelle[443]. L'utilisation de la notion de bonne foi a notamment permis à la Cour de cassation d'imposer aux contractants une obligation d'information, y compris dans la phase précontractuelle[444].

Construction conjointe de la loi et de la jurisprudence, cette obligation s'est fondée tant sur des dispositions de droit commun interprétées par la jurisprudence pour révéler des obligations d'information, que sur des textes spéciaux, auxquels peu de domaines échappent.

En tout état de cause, des textes dans les Codes civils français, libyen et algérien imposent expressément l'obligation d'information autonome au stade précontractuelle (1). Les législateurs de tous les pays étudiés ont ensuite consacré l'obligation d'information dans plusieurs domaines par l'introduction de dispositions spéciales (2)[445].

---

[442] **F. ZENATI-CASTAING et T. REVET**, *Cours de droit civil. Contrats*, PUF, coll. « Droit fondamental », 2014, n° 61 ; V. égal., Cass. 3e civ., française 4 oct. 2011, n° 10-25.051, Inédit. En droit algérien V, **M. Al-ARABI BELHAJ**, *Le cadre juridique de période précontractuelle à la lumière du droit civil algérien (étude comparé)*, en arabe, DAR WAEL, 2010, p. 91 et 92 ;

[443] Cass. 3e civ., 14 sept. 2005, n° 04-10.856 ; *D.* 2006, p. 761, note **D. MAZEAUD** ; *JCP G.* 2005, II, 10173, note **G. LOISEAU**. Le juge français n'est pas tenu « *d'indiquer le fondement textuel d'une obligation relevant du principe de bonne foi dans les relations précontractuelle* » Cass. 3e civ., 18 déc. 2012, n° 11-28.251, *RTD civ.* 2013.109, obs. **B. FAGES**.

[444] Dans l'Ordonnance n° 2016-131 du 10 févr. 2016 portant réforme française du droit des contrats, on constate que le principe de bonne foi est consacré par des nouveaux textes législatifs au stade des négociations précontractuelles et de la formation du contrat. Art. 1104 de la réforme française du droit des obligations dispose que « *les contrats doivent être négociés, formés et exécutés de bonne foi », avec la précision selon laquelle « cette disposition est d'ordre public* ». En droit des pays maghrébins, l'article 231 marocain et l'article 243 tunisien et l'article 248 mauritanien des Codes des obligations et des contrats et l'article 107 du Code civil algérien et l'article**148** du Code civil libyen faites de la règle selon laquelle l'engagement contractuel doit être exécuté de bonne foi. Cependant, certaine doctrine des pays maghrébins indique que le principe de la bonne foi doit étendre à la phase de la négociation précontractuelle et la phase de la conclusion du contrat ainsi que la phase de l'exécution du contrat. V. **A. BENCHENEB**, *Le droit algérien des contrats*, op. cit., n° 113, p. 85 ; **M. SEGAME**, « Ethique et relations contractuelles dans le doc (Lecture de l'article 231 DOC) », en droit marocain, http://juridika.net/droit-civil/procedure-civile/, consulté le 12 juin 2017.

[445] Selon certains auteurs tunisiens, la trace de l'obligation d'information peut implicitement être trouvée dans l'article 56 du COC. Cet article dispose que « *le dol donne ouverture à la rescision lorsque les manœuvres ou les réticences de l'une des parties, de celui qui la représente ou qui est de complicité avec elle, sont de telle nature que, sans ces manœuvres ou ces réticences, l'autre partie n'aurait pas contracté. Le dol pratiqué par un tiers a le même effet, lorsque la partie qui en profite en avait connaissance* » (V., **N. REKIK**, *L'ordre public et le contrat civil*, Latrach, Tunis, 2015, n°431, p. 427). Aussi, selon les droits tunisien, marocain et mauritanien, l'obligation d'information peut être fondée sur des principes fondamentaux du droit civil, notamment la bonne foi et le dol

1. L'obligation précontractuelle d'information autonome dans les Codes civils français, libyen et algérien

207. Longtemps *passée inaperçue*[446], les droits français, libyen et algérien créent une obligation d'information indépendante sur la base du devoir de bonne foi et des principes du Code civil. Dans ces pays, cette obligation d'information est donc devenue autonome.

Ainsi, l'obligation précontractuelle d'information existe pour le contrat de vente dans les Codes civils français, libyen et algérien (a). Toutefois, une obligation générale d'information existe à la charge des cocontractants, confirmant ainsi la jurisprudence et les souhaits de la doctrine. Elle a été introduite récemment dans le Code civil français par la réforme du droit des obligations (b).

a. La limitation du domaine d'application de l'obligation d'information

208. Le vendeur est un professionnel qui est censé connaître parfaitement la marchandise qu'il vend, alors que l'acheteur est le plus souvent un profane qui ne dispose pas des mêmes connaissances techniques.

Les législateurs français, libyen et algérien imposent expressément au professionnel une obligation d'information précontractuelle en faveur de son cocontractant. En effet, l'obligation d'information en matière de vente dans ces pays pouvait s'imposer sur le fondement des textes spécifiques. L'article 1602 du Code civil français énonce que « *le vendeur est tenu d'expliquer clairement ce à quoi il s'oblige* »[447]. Dans le même sens, l'article 408 du Code civil libyen et l'article 352 du Code civil algérien disposent que l'acheteur doit avoir une connaissance suffisante du bien vendu. Les articles de ces deux Codes estiment également que cette connaissance est réputée suffisante si le contrat contient la désignation du bien vendu et de ses qualités essentielles de façon à en permettre l'identification[448]. Ces textes indiquent clairement l'obligation d'information à la

(réticence dolosive), A ce sujet V, **M. JABER**, « L'obligation d'information », en droit marocain, *www.marocdroit.com*, consulté le 14/08/2016 ; **A. ECHERKAOUI**, *Le droit des contrats spéciaux ; contrat de vente*, en droit marocain, 4e éd., oct. 2017, en arabe, p. 88 ; **A. MOHIM**, *La protection du consommateur-contractant*, en droit marocain, en arabe, op. cit. p. 53. En revanche, Monsieur BLHAJ a estimé que l'absence de textes explicites et spécifiques sur l'obligation précontractuelle d'information constitue une lacune dans le droit tunisien (**A. BLHAJ**, « La protection de la partie faible et les clauses exonératoires de la responsabilité », *Revue de l'association des juristes de Sfax*, en arabe, n° spéc. 11, 2015, p. 28).

[446] **G. RAYMOND**, *Droit de la consommation*, op. cit., p. 224, n° 423 ; V., **A. BENABENT**, *Droit des contrats spéciaux civils et commerciaux*, LGDJ, 11e éd., 2015, n° 321, p. 137.

[447] **J. GHESTIN et al.**, *Traité de droit civil, La formation du contrat*, op. cit., n° 1515, p. 1253.

[448] **Z-H. SY-YOUSSEF,** *La responsabilité civile du fabricant*, Houma–Algérie, 2009, p. 137 ; **D. ZENNAKI**, L'information comme source de protection des consommateurs, Séminaire national sur « la protection en matière de consommation », Recueil des communications, Faculté de Droit, Université d'Oran, 14 et 15 mai 2000, p. 20 ; **Y. HOUHOU**, *Le contrat de vente dans la loi et la jurisprudence algérienne*, Dar BelKeise, Alger, 2016, p. 32

charge du vendeur envers son cocontractant[449]. Plus précisément, les articles précédents créent une obligation d'information à la charge du vendeur pour permettre à l'acheteur de donner un consentement éclairé. Ces dispositions exigent la transmission d'informations déterminées et destinées à rendre le consentement de la partie faible plus éclairé, elles peuvent également permettre de prévenir des vices du consentement.

209. Il semble évident que la partie faible a besoin d'être informée car très souvent elle ne connait pas le contenu de ses engagements ou la nature du produit, notamment dans les secteurs nouveaux de produits technologiques ou de services[450]. Ici, on est devant une relation supposée déséquilibrée entre un vendeur professionnel « sachant » et un acheteur profane « ignorant ». C'est pourquoi, les acheteurs doivent, dans ces pays, être en mesure de connaître parfaitement les caractéristiques et les propriétés essentielles du bien[451]. Avant la conclusion du contrat, le vendeur est tenu de donner des informations générales, qui intéressent tout acheteur. Il doit donc fournir des informations de manière lisible et compréhensible sur les caractéristiques et le prix des produits et des services qu'il commercialise. Le fournisseur doit également détailler les modalités de paiement et de livraison, le coût du renvoi éventuel du bien. Selon l'article 408 du Code civil libyen et l'article 352 du Code civil algérien, s'il est mentionné dans le contrat de vente que le bien vendu est connu de l'acheteur, celui-ci n'a plus le droit de demander l'annulation du contrat pour défaut de connaissance, à moins qu'il ne prouve la fraude du vendeur[452]. Par conséquent, on peut remarquer que ces deux articles n'offrent pas, à priori, une protection efficace pour la partie faible.

210. Cependant, les doctrines des pays concernés et la jurisprudence française tendent à voir dans ces dispositions une règle de fond qui consacre l'obligation d'information du vendeur : c'est au visa de l'article 1602 que la Cour de cassation française affirme, par exemple, qu'« *il appartient au vendeur d'informer l'acquéreur, quelle que soit l'utilisation envisagée pour l'immeuble, de la situation juridique de la propriété vis-à-vis du droit de chasse* »[453]. Ainsi, ces

---

449 Cass. 3e civ., française 20 mars 1996 : *Bull. civ.* III, n° 84 – Cass. 3e civ., française 21 févr. 2001 : *Bull. civ.* III, n° 22. Dans un arrêt rendu le 16 mars 2011, la Cour de cassation française s'est d'ailleurs référée au « devoir général de loyauté » du vendeur afin de fonder l'obligation d'information à sa charge (Cass. 3e civ., 16 mars 2011, n° de pourvoi : 10-10.503 *Bull. civ.* 2011, III, n° 36).

450 V. **D. MAINGUY**, *Contrats spéciaux*, Dalloz, 11e éd., 2018, n° 150, p. 144.

451 **R. CHENDEB**, *Les régimes juridiques du contrat de consommation, étude comparative*, op. cit., p. 157, n° 413. **C. GRIMALDI et J-F. SAGAUT**, « L'obligation d'information du vendeur », RDC., 01 juill. 2012, n° 3, p. 1091.

452 **D. HAMAK**, *L'obligation d'information dans les contrats*, Thèse, en arabe, Université Alger-Ben Aknoun, 2009, p. 121 ; **J. RAYNARD et J-B. SEUBE**, *Droit des contrats spéciaux*, LexisNexis, 9e éd. 2107, n° 190, p. 170 et s.

453 Cass. 3e civ., française 21 févr. 2001, *Bull. civ.* III, n° 22, *D.* 2002, somm. 932, obs. **G. PIGNARRE**, AJDI 2002. 412, obs. **F. COHET-CORDEY**. C'est encore en s'appuyant sur le même texte que la Cour de cassation française de l'arrêt qui déboute l'acquéreur d'une péniche de sa demande fondée sur le manquement du vendeur à son devoir de conseil, sans rechercher si le vendeur,

articles et des textes généraux non spécifiques ont permis de faire émerger et développer une obligation générale d'information avant toute conclusion du contrat. Par la suite, ces jurisprudences ont su généraliser cette obligation à tous les contrats[454].

211. Il convient de noter que les textes précités ne suffisent pas à eux seuls pour obliger le vendeur à remplir son obligation d'information en faveur de l'acheteur. Cependant, ils ne prévoient pas de sanction spécifique dans le cas où l'information précontractuelle n'est pas donnée par le vendeur. Le manquement à cette obligation d'information a pour conséquence l'application d'une règle de droit commun édictée par l'article 1190 du Code civil français, l'article 153 du Code civil libyen et l'article 112 du Code civil algérien qui disposent que dans le doute, la clause s'interprète en faveur du débiteur et contre le créancier. Plus précisément, l'article 1602 Code civil français dispose de manière explicite que « *tout pacte obscur ou ambigu s'interprète contre le vendeur* ». Mais, cette disposition ne s'applique que si le vendeur a donné à son cocontractant des informations ambiguës, elle n'intervient pas dans l'hypothèse d'un défaut d'information[455].

Ainsi, M. FABRE-MAGNAN a pu relever que les obligations d'information ayant une incidence sur le consentement d'un contractant dans lesquelles se range l'obligation précontractuelle d'information sont toujours sanctionnées par le biais de mécanismes issus de la théorie générale, tels les vices du consentement, la responsabilité civile délictuelle ou encore la garantie des vices cachés ou la garantie d'éviction[456].

En résumé, les dispositions du droit commun de la vente des pays concernés imposent au vendeur une obligation d'information, ainsi le vendeur est tenu d'expliquer clairement ce à quoi il s'oblige, cette obligation vise aussi bien les contrats de service que les contrats de vente. Dans le Code civil français, la situation a aujourd'hui changé, l'obligation d'information existe désormais de façon autonome par la réforme du droit des obligations.

à qui l'acquéreur reprochait de lui avoir caché l'existence d'une hypothèque fluviale au moment de la conclusion du contrat, s'était conformé aux exigences de l'article 1602 (Cass. 2e Civ., 15 avril 2010, pourvoi n° 09-11.667, Inédit). A ce stade V., **O. BARRET**, « Vente : formation », *Rep. Civil Dalloz*, avr. 2018, n° 706 ; **M. Al-ARABI BELHAJ**, *Le cadre juridique de période précontractuelle à la lumière du droit civil algérien (étude comparé)*, op. cit., p. 92.

[454] **M. DE JUGLART** fut l'un des premiers à prétendre à l'apparition d'une obligation précontractuelle d'information autonome dont l'application serait généralisée à tous les contrats. **M. DE JUGLART**, « L'obligation de renseignements dans les contrats », *RTD civ.* 1945, 1. Pour un aperçu des études doctrinales, on se référera à l'étude de **J. GHESTIN**, *Traité de droit civil, La formation du contrat*, op. cit., n° 622, p. 605 et s, ; **M. HAJ BEN-ALI**, « La distinction entre l'obligation d'information et le devoir de conseil pour garantir la qualité de la chose vendue », *Académie des sciences sociales et des sciences humaines, Algérie*, n° 6, 2011, p. 76.

[455] **J. CALAIS-AULOY et H. TEMPLE**, *Droit de la consommation*, op. cit., p. 56, n° 54 ; **R. CHENDEB**, *Les régimes juridiques du contrat de consommation, étude comparative*, op. cit., p. 157, n° 413.

[456] **M. FABRE-MAGNAN**, *De l'obligation l'information dans les contrats*, op. cit., n° 342, p. 273 et s ; A ce sujet V., Cass. 3e civ., française 4 oct. 2011, n° 10-25.051, Inédit.

b. L'extension de l'obligation d'information dans la réforme du droit français des obligations

212. L'Ordonnance n° 2016-131 du 10 février 2016 portant réforme du droit des contrats contient des dispositions relatives à l'obligation d'information. En effet, cette obligation a fait son entrée au sein de l'article 1112-1 nouveau du Code civil rattaché à la sous-section 1 relative aux négociations[457]. Cet article dispose que « *celle des parties qui connaît une information dont l'importance est déterminante pour le consentement de l'autre doit l'en informer dès lors que, légitimement, cette dernière ignore cette information ou fait confiance à son cocontractant. Néanmoins, ce devoir d'information ne porte pas sur l'estimation de la valeur de la prestation. Ont une importance déterminante les informations qui ont un lien direct et nécessaire avec le contenu du contrat ou la qualité des parties. Il incombe à celui qui prétend qu'une information lui était due de prouver que l'autre partie la lui devait, à charge pour cette autre partie de prouver qu'elle l'a fournie. Les parties ne peuvent ni limiter, ni exclure ce devoir. Outre la responsabilité de celui qui en était tenu, le manquement à ce devoir d'information peut entraîner l'annulation du contrat dans les conditions prévues aux articles 1130 et suivants* ». Cette ordonnance érige l'obligation d'information en une obligation d'ordre public au stade des négociations. « *Il s'agit pourtant techniquement d'une obligation, à la différence par exemple du devoir de bonne foi, qui est une façon d'exécuter une obligation plus qu'une obligation à proprement parler* »[458].

213. Il est probable que le nouveau texte du Code civil français vienne renforcer et généraliser à tous les contrats, de toutes natures, l'obligation précontractuelle d'information à la charge du professionnel[459]. En réalité, la plupart des dispositions de l'article 1112-1 ne semblent être qu'une application des principes déjà exprimés par la jurisprudence[460]. Par conséquent, on ne doute

---

457 A cet égard, l'introduction d'une obligation générale d'information, proclamé indifféremment de la qualité des cocontractants et du type de contrat, et présentée comme la réaffirmation d'un grand principe connu et balisé, est toutefois de nature à modifier en pratique la façon dont les parties forment leur accord. **S. LEMARCHAND**, « Le devoir général d'information : un impact majeur dans la formation des contrats informatiques », *D.*, 3 mai 2016 p.233,

458 **M. FABRE-MAGNAN**, « Le devoir d'information dans les contrats : essai de tableau général après la réforme », *JCP*, n° 25, 20 juin 2016, p. 706.

459 **P. BERTRAND**, « Réforme du droit des contrats : quel impact sur le contrat d'assurance ? », *D.*, 2 juin 2016, n° 20/7689 p. 1156 ; **PH. SIMLER**, *Commentaire de la réforme du droit des contrats et des obligations*, LexisNexis, 2016, n° 20, p. 15.

460 A ce stade voir, **C. RENAULT-BRAHINSKY**, *L'essentiel de la Réforme du Droit des obligations*, Gualino-Lextenso, 2016, p. 35 ; **G. CHANTEPIE et M. LATINA**, *La réforme du droit des obligations : Commentaire théorique et pratique dans l'ordre du Code civil*, Dalloz, 2016, n° 180, p. 149 et s ; **PH. SIMLER**, Ibid., n° 20, p. 15. ; Selon **M. MEKKI** cette obligation d'information « n'est pas présentée par le rapport remis au président de la République comme une nouveauté, mais comme étant le fruit d'une codification à droit constant. Il s'agit d'intégrer au sein du Code civil une obligation généralisée depuis fort longtemps par les lois spéciales et la jurisprudence ». **M. MEKKI**, « Fiche pratique sur le clair-obscur de l'obligation précontractuelle d'information », *Gaz. Pal.*, n° 14, 12 avril 2016, p. 15.

pas que le contenu des dispositions du nouvel article susvisé sera source de débats sur plusieurs points. Dans le cadre de notre étude, la question la plus litigieuse a trait à l'efficacité de ces dispositions vis-à-vis de la protection de la partie faible.

214. Le nouvel article 1112-1, alinéa 1er, réduit l'obligation d'informer à une information connue et non à une information que la partie aurait dû connaître. Il n'y a donc plus d'obligation de se renseigner pour informer, du moins en droit commun des contrats[461]. Logiquement, cela signifie que la partie au contrat, débitrice de cette obligation, qui ne connaissait pas l'information, est dispensée de la transmettre à l'autre partie. Ainsi, d'une part, selon cette formule, la partie éventuellement débitrice n'a pas à se renseigner elle-même pour informer son cocontractant. D'autre part, cela signifie également que sa compétence, en raison de son expertise ou de son expérience, ne devrait pas rentrer en ligne de compte[462]. Autrement dit, on considère ici que celui qui doit transmettre l'information est soumis à une appréciation subjective et restrictive. Il n'est tenu de transmettre une information que s'il en a connaissance. Aussi, celui qui doit recevoir l'information ne peut s'en prévaloir que s'il ne pouvait légitimement pas la connaître. Certains auteurs pensent à ce sujet que cela « ... *crée une certaine ambiguïté, du fait de la distinction entre devoir et pouvoir* »[463].

215. Par ailleurs, l'autre partie qui a investi sa confiance dans son cocontractant, peut légitimement s'attendre à ce que celui-ci l'informe de ce qu'il aurait dû connaître et pas seulement de ce qu'il connaît[464].

En effet, il apparait que ce nouveau texte n'établit pas de distinction entre les compétences respectives de chacune parties. , mais plutôt détermine le contenu de l'obligation selon que l'une des parties était ou non « légitimement » en situation d'ignorer ladite information. On peut donc considérer qu'il y a ici un élargissement, ou du moins un risque d'élargissement, du périmètre de l'obligation d'information, au détriment par exemple des prestataires informatiques qui à l'avenir devront s'interroger avec plus d'acuité sur ce qu'ils doivent partager en phase d'avant-contrat, quelles que soient les compétences du client[465].

216. L'ignorance légitime ou faire confiance à son contractant constituent de nouvelles notions à contenu variable laissant une marge de manœuvre importante à l'interprétation des juges. L'ignorance légitime peut se concevoir. Elle rappelle, ce qui n'a pas toujours été très clair dans la jurisprudence, que le futur

---

[461] **M. MEKKI**, « L'ordonnance n° 2016-131 du 10 février 2016 portant réforme du droit des contrats, du régime général et de la preuve des obligations », *D.*, 3 mars 2016, n° 9/7678, p. 497.

[462] **M. MEKKI**, « Fiche pratique sur le clair-obscur de l'obligation précontractuelle d'information », op. cit., p. 15.

[463] **G. CHANTEPIE et M. LATINA**, *La réforme du droit des obligations : Commentaire théorique et pratique dans l'ordre du Code civil*, Dalloz, 2016, n° 186, p. 154.

[464] **A. RIERA**, « L'obligation d'information précontractuelle dans les contrats de distribution après la réforme du droit des contrats », *AJ contrat*, 2017, p.155.

[465] **S. LEMARCHAND**, « Le devoir général d'information : un impact majeur dans la formation des contrats informatiques », op. cit., p.233.

cocontractant a aussi l'obligation de se renseigner par lui-même. Il doit faire preuve, comme cela est souvent noté en matière d'acquisition de biens immobiliers, d'une diligence raisonnable. La première question consiste à déterminer si l'appréciation devra se faire *in abstracto* ou *in concreto.* La majorité des auteurs ont défendu la méthode *in concreto*, mais la jurisprudence a apporté une réponse plus nuancée. On peut se demander sur quelle base le professionnel peut justifier cette ignorance légitime. A ce stade, le rôle du juge peut revêtir une importance particulière. On peut penser que le législateur vise les cas où le cocontractant a l'obligation de se renseigner. En effet, selon Monsieur MEKKI, les circonstances d'une opération peuvent justifier une attention particulière à l'autre partie[466].

217. L'alinéa 1er de l'article 1112-1 se poursuit en indiquant qu'il s'agit d'une information « *dont l'importance est déterminante pour le consentement de l'autre* ». Tout d'abord, Madame FABRE-MAGNAN estime que « *le qualificatif n'est pas très bien choisi et il eut mieux valu utiliser celui d'information pertinente* ». Ce dernier terme signifie que la partie faible recevra des informations appropriées[467]. Le qualificatif « déterminant » ne doit en effet pas être compris ici dans le seul sens des vices du consentement, c'est-à-dire une information qui a déterminé l'autre à contracter, ou sans laquelle l'autre n'aurait pas contracté. Toutefois, cette disposition est intéressante car, d'une part et à titre principal, elle protège le débiteur en ne l'obligeant pas à transmettre une quantité d'informations inutiles qui sont coûteuses en temps et en argent mais, d'autre part et à titre accessoire, elle pourrait être analysée comme une protection du créancier afin que des informations sans intérêt ne nuisent pas à celles qui sont nécessaires[468]. Cette interprétation peut se justifier par la position de la Cour de cassation qui a eu à juger un contractant qui avait multiplié l'envoi d'informations inutiles afin de détourner l'attention de son cocontractant sur des informations importantes[469].

218. L'alinéa 2 de l'article 1112-1 du Code civil apporte une précision qui dispose que : « *Néanmoins, ce devoir d'information ne porte pas sur l'estimation de la valeur de la prestation* ». Cette disposition ne devrait pas remettre en cause les cas où l'information sur le prix est imposée. Aussi, cette éviction de toute information sur la valeur semble incompatible avec l'article 1137 du Code civil, relatif à la réticence dolosive : « *Constitue également un dol la dissimulation intentionnelle par l'un des contractants d'une information dont il sait le caractère*

---

[466] **M. MEKKI**, « Fiche pratique sur le clair-obscur de l'obligation précontractuelle d'information », op. cit., p.15

[467] **M. FABRE-MAGNAN**, « Le devoir d'information dans les contrats : essai de tableau général après la réforme », op. cit., p.706 ; V. égal., **M. FABRE-MAGNAN**, *De l'obligation l'information dans les contrats*, op. cit., n° 169, p. 132 et s.

[468] **G. CHANTEPIE et M. LATINA**, *La réforme du droit des obligations*, op. cit., n° 187, p. 155 ; **M. MEKKI**, « Fiche pratique sur le clair-obscur de l'obligation précontractuelle d'information », op. cit., p. 15.

[469] Cass. 3e civ., 26 juin 1991, n° 89-21325 : *Bull. civ.* III, n° 194. La Cour de cassation française estime qu'un bailleur avait envoyé une quantité d'informations largement supérieure à celle que la loi lui imposait ce qui nuisait à la compréhension de son destinataire.

déterminant pour l'autre partie ». Cet article conditionne la réticence dolosive et la nullité au seul caractère déterminant de l'information. Or, la valeur d'un bien est souvent déterminante pour un cédant ou un vendeur[470].

219. Selon l'alinéa 3, l'information qui doit être transmise est celle dont l'importance est déterminante pour le consentement de l'autre (partie faible), c'est-à-dire les informations sans lesquelles la partie concernée n'aurait pas contracté. Soit celles-ci ont un lien direct et nécessaire avec le contenu du contrat, soit ces informations concernent la qualité des parties. Cependant, il faut probablement comprendre qu'est déterminante l'information qui, d'une part, conduit au consentement du contractant, et, d'autre part, a un lien direct avec le contenu du contrat ou la qualité des parties[471].

A ce sujet, on partage l'avis de tous les auteurs qui estiment que cette disposition soulève une multitude de questions[472] : Qu'est-ce que le contenu du contrat ? Le but poursuivi par une partie n'est-il pas un élément du contenu si l'on en croit l'article 1162[473] figurant dans une sous-section consacrée au « contenu du contrat » ? Les règles applicables au contrat sont-elles des informations en lien direct avec le contenu ? Que faut-il entendre par un lien nécessaire et direct ? N'est-ce pas tout simplement ce qui a incité l'autre partie à conclure le contrat dans ses conditions ? Au final, le juge aura probablement tendance à revenir à ses bonnes vieilles habitudes en posant la question suivante : est-ce que l'information retenue ou erronée a incité le cocontractant à conclure le contrat ? En d'autres termes, s'il avait eu l'information ou la bonne information aurait-il refusé sinon de conclure du moins de le faire aux mêmes conditions ?

220. Ensuite, l'alinéa 4 aborde la question de la répartition de la charge probatoire : « Il incombe à celui qui prétend qu'une information lui était due de prouver que l'autre partie la lui devait, à charge pour cette autre partie de prouver qu'elle l'a fournie ».

A priori cette règle est inspirée du nouvel article 1353 du Code civil : « *Celui qui réclame l'exécution d'une obligation doit la prouver. Réciproquement, celui qui se prétend libéré, doit justifier le paiement ou le fait qui a produit l'extinction de son obligation* ». C'est à celui qui soutient être le créancier d'une obligation d'information de prouver qu'elle est due. C'est à celui qui prétend l'avoir exécutée de prouver qu'il l'a fournie. Cependant, cette disposition n'est pas conforme à la

---

[470] **M. MEKKI**, « Fiche pratique sur le clair-obscur de l'obligation précontractuelle d'information », op. cit., p. 15 ; La jurisprudence avait déjà une exigence identique (Cass. 3e civ., 17 janv. 2007, n° 06-10.442 : *JurisData.* n° 2007-037041 ; D. 2007, p. 1051, note **D. MAZEAUD**, p. 1054, note **Ph. STOFFEL-MUNCK** ; *RTD civ.* 2007, p. 335, obs. **J. MESTRE et B. FAGES** ; *Defrénois.* 2007, p. 443, obs. **E. SAVAUX** ; RDC 2007/3, p. 703, obs. **Y.-M. LAITHIER** ; *JCP G.* 2007, II, 10042, note **Ch. JAMIN**).

[471] **C. GRIMALDI**, « Quand une obligation d'information en cache une autre : inquiétudes à l'horizon… », *D.*, 19 mai 2016, n° 18/7687, p. 1009.

[472] **M. MEKKI**, « Fiche pratique sur le clair-obscur de l'obligation précontractuelle d'information », op. cit., p.15.

[473] Art. 1602 du Code civil français énonce que « *le vendeur est tenu d'expliquer clairement ce à quoi il s'oblige. Tout pacte obscur ou ambigu s'interprète contre le vendeur* ».

jurisprudence actuelle de la Cour de cassation ; surtout, elle pose un principe incohérent. La règle est tout d'abord à contre-courant car la jurisprudence, depuis un arrêt rendu par la première chambre civile de la Cour de cassation du 25 février 1997[474], considère que si un professionnel est tenu d'une obligation d'information imposée par la loi, par la jurisprudence ou par une convention, il lui appartient d'apporter la preuve de son exécution. Cette règle vaut notamment pour toutes les professions libérales (médecin, avocat, expert-comptable, agent immobilier…). Le débiteur de l'information est le plus apte à fournir cette information, pas seulement pour des raisons intellectuelles, mais aussi pour des raisons matérielles car il est le plus à même à se pré-constituer une preuve que l'information a bien été fournie. Selon certains auteurs[475] le choix du législateur dans la rédaction de l'article 1112-1 se comprend mal. Ensuite, cette règle est incohérente avec l'existence même de l'obligation précontractuelle d'information. Imposée par la loi, elle devient une obligation légale. Il devrait donc appartenir au débiteur de cette obligation légale de prouver qu'il l'a fournie.

221. Certes, on pourrait soutenir que le législateur ne se réfère pas tant à l'existence de l'obligation d'information qu'aux conditions de son existence, s'inspirant fortement de la formule proposée par le projet Terré (art. 33, al. 3). Mais il ne sert à rien de jouer sur les mots. Le résultat est le même. Il aurait été plus opportun de mettre à la charge du débiteur la preuve qu'il n'a pas exécuté l'obligation d'information en établissant, soit qu'il n'en avait pas connaissance, soit qu'elle n'était pas déterminante, soit que l'autre partie pouvait légitimement s'informer. Quoi qu'il en soit, le choix opéré par le législateur devrait alléger considérablement la charge du débiteur d'une telle obligation car la preuve que les conditions d'une obligation due par l'autre partie sont réunies sera très difficile à apporter. Par ailleurs, on peut se demander s'il est possible d'alléger la charge de la preuve par convention des parties. Cette question renvoie directement à l'alinéa 5 de l'article 1112-1[476].

222. On peut également constater dans l'article 1112-1, alinéa 5, que les contractants ne peuvent ni limiter, ni exclure ce devoir. A l'évidence, le législateur érige désormais ce principe général du devoir d'information, jusque-là propre au droit de la consommation, en disposition d'ordre public. Donc, toute clause visant à réduire la portée de ce principe ou à anéantir ce devoir est inopposable, et notamment à la partie faible[477].

---

[474] Cass. 1ère civ., 25 fév. 1997, n° 94-19.685, *Bull. civ.* 1997 I, n° 75, p. 49.

[475] **G. CHANTEPIE et M. LATINA**, *La réforme du droit des obligations*, op. cit., n° 185, p. 153 ; **M. MEKKI**, « Fiche pratique sur le clair-obscur de l'obligation précontractuelle d'information », op. cit., p. 15.

[476] **M. MEKKI**, « Fiche pratique sur le clair-obscur de l'obligation précontractuelle d'information », op. cit., p.15.

[477] **M. FABRE-MAGNAN**, « Le devoir d'information dans les contrats : essai de tableau général après la réforme », op. cit., p.706 ; **S. LEMARCHAND**, « Le devoir général d'information : un impact majeur dans la formation des contrats informatiques » op. cit., p.233.

M. MEKKI indique que « *la formule est bien trop large. Faut-il comprendre qu'une clause ne pourrait pas protéger certaines informations, indépendamment de toute clause de confidentialité, traitée au demeurant à l'article 1112-2 ?* ». Cet auteur donne l'exemple du vendeur « qui demande à l'acheteur, qui l'accepte, de faire son affaire personnelle de l'état du bien, est-ce condamnable à l'aune de l'article 1112-1, alinéa 4 ? »[478].

Mis à part ces textes dans les Codes civils des pays précités, il existe dans les droits spéciaux de tous les pays étudiés d'autres remèdes pour garantir une bonne information de la partie faible sur les transactions qu'il effectue.

2. La consécration de l'obligation d'information dans les droits spéciaux des pays étudiés

223. La lente consécration d'une obligation générale d'information, d'abord par les juges, puis plus timidement par certains législateurs, n'a pas empêché les législateurs des pays comparés d'intervenir à de multiples reprises pour imposer à une partie d'apporter à l'autre certaines informations avant la conclusion du contrat. Présente dans un nombre considérable d'opérations, cette exigence d'information spécifique et le plus souvent extrêmement pointue se retrouve dans les contrats liant professionnels avertis et consommateurs profanes ou non avertis[479]. Les législateurs des pays étudiés ont multiplié les obligations d'information dans les domaines les plus divers.

224. Les législateurs l'imposent pour des conventions aussi variées que le crédit immobilier, le bail, la vente d'immeuble, en matière d'assurance, pour la construction de maison individuelle et la vente de voyages ou de séjours[480]. Cette tendance a atteint son paroxysme lors de la codification des règles consuméristes par les lois concernant la protection du consommateur. Les lois protectrices du consommateur adoptent, plus que toute autre législation, cette nouvelle idéologie qui porte au pinacle les vertus de l'information[481]. En effet, une obligation générale d'information est symboliquement définie de manière formelle dans les droits de la consommation des pays étudiés. En France, l'obligation générale d'information est expressément définie par l'article L.111-1 du Code de la consommation. Au Maroc, la présence de l'obligation d'information est sporadique et assez éparse mais elle existe dans la loi 31-08 sur la protection du

---

[478] **M. MEKKI**, « L'ordonnance n° 2016-131 du 10 février 2016 portant réforme du droit des contrats, du régime général et de la preuve des obligations », op. cit., p. 498.

[479] **N. RZEPECKI**, *Droit de la consommation et théorie générale du contrat*, PUAM., 2015, n° 39, p. 47 à 122.

[480] Il convient de noter en droit français qu'avec le droit de la consommation, le droit de la distribution est l'une des premières branches du droit à avoir consacré une obligation spéciale d'information. Créée par la loi Doubin du 31 décembre 1989 et depuis codifiée aux articles L. 330-3 et R. 330-1 du code de commerce. **V. PERRUCHOT-TRIBOULET**, « Loi Doubin : l'information précontractuelle donnée, même non obligatoire, doit toujours être sincère », *Pet. Aff.*, 17 sept. 2003, n°186, p. 3.

[481] **N. RZEPECKI**, *Droit de la consommation et théorie générale du contrat*, op. cit., n° 41, p. 49.

consommateur, et la loi 06-99 sur la liberté des prix et de la concurrence[482]. De son côté, le législateur tunisien a consacré cette obligation dans la loi n° 92-117 du 7 décembre 1992 relative à la protection du consommateur et la loi n° 2000-83 du 9 août 2000 relative aux échanges et au commerce électronique[483]. Dans le droit algérien, l'obligation d'information des consommateurs a été consacrée par plusieurs textes, les plus importants étant la loi précitée n° 04-02 du 23 juin 2004 fixant les règles applicables aux pratiques commerciales, le décret exécutif précité n° 06-306 du 10 septembre 2006 fixant les éléments essentiels des contrats conclus entre les agents économiques et les consommateurs et les clauses considérées comme abusives et la loi précitée n° 09-03 du 25 février 2009 relative à la protection du consommateur et à la répression des fraudes, enfin la loi précitée n° 18-05 du 10 mai 2018 relative au commerce électronique[484]. En Libye, l'obligation générale d'information a été consacrée par les articles 1318 et suivants des textes sur la protection des consommateurs dans le Code de commerce n° 23 de 2010[485].

225. En Mauritanie, il n'y a pas de législation spécifique pour la protection des consommateurs, la place donnée à l'obligation générale d'information reste, par conséquent, médiocre. Toutefois, l'article 4 de l'Ordonnance n°1991-09 du 22 avril 1991 relative à la liberté des prix et de la concurrence indique que ; « *Tout vendeur de produits ou tout prestataire de services doit [...] informer le consommateur sur les prix, les limitations éventuelles de la responsabilité contractuelle et les conditions particulières de vente selon les modalités fixées par arrêté du ministre chargé du Commerce* »[486].

226. Contrairement au législateur libyen, le législateur mauritanien a emboîté, en quelque sorte, le pas aux législateurs français, tunisien, marocain et algérien dans le cadre de l'exigence de l'obligation d'information dans la transaction

---

[482] A ce stade V. égal. le décret marocain n° 2-12-503 du 11 sept. 2013 pris pour l'application de certaines dispositions de la loi marocaine n° 31-08 précitée édictant des mesures de protection du consommateur ; Dahir n° 1-14-116 du 30 juin 2014 portant promulgation de la loi marocaine n° 104-12 relative à la liberté des prix et de la concurrence, *Bull. O. Mar.* n° 6280 du 7 Août 2014, p. 3731 ; **M. JABER**, « L'obligation d'information », en droit marocain, http://www.marocdroit.com/, consulté le 16 juin, 2017 ; **Abdel-K. EL-AARAARY**, *Les ressources des obligations, La théorie du contrat*, en droit marocain, Dar Elamane, en arabe, 6e édit, 2018, n° 209, p. 184

[483] A ce sujet V. par ex., **A. BELHAJ**, « La protection de la partie faible et la clause d'exonération de la responsabilité », *Revue de l'association des justices de Sfax*, en arabe, 2015, n° 11, p. 28.

[484] V. **A. ARARAH**, *L'équilibre contractuel lors de la formation du contrat*, Thèse, Université D'Alger, en arabe, 2014-2015, p. 239 ; **M. KALIFI**, « L'obligation d'information électronique et la transparence dans le domaine des transactions de commerce électronique », *Cahiers de Politique et de Droit, Université Kasdi Merbah- Ouargla, Algérie*, n°4, janv. 2011, p. 210.

[485] Art. 1318 de la nouvelle annexe des textes sur la protection du consommateur du Code libyen de commerce. *JOL.*, 28 janv. 2010.

[486] Selon l'article 4 de l'Ordonnance mauritanienne n° 1991-09 du 22 avril 1991 relative à la liberté des prix et de la concurrence, l'information peut se faire par « *voie de marquage, d'étiquetage d'affichage ou par tout autre procédé approprié (...)* » (*RORIM*, 15 mai 1991, p.313). A l'instar des pays de la région, le législateur mauritanien n'a pas adopté de texte spécifique pour protéger le consommateur.

électronique[487]. L'article 55 de l'Ordonnance mauritanienne n° 2006-031 relative aux instruments de paiement et aux opérations du commerce électroniques dispose « qu'Avant *la conclusion du contrat, le vendeur est tenu lors des transactions commerciales par voie électronique, de fournir au consommateur de manière claire et compréhensible les informations suivantes : [...]* »[488].

Cela exige que l'on aborde la question du contenu de l'obligation d'information dans les droits des pays comparés(a). Cette obligation n'atteint son objectif de protection que lorsque les informations sont transmises à la partie faible par des moyens parfaitement adaptés (b).

a. Le contenu de l'obligation d'information

227. Dans les droits des pays en question, le professionnel est tenu d'apporter à la partie faible un minimum d'informations. Cependant, certains législateurs vont plus loin et exigent des informations supplémentaires dans certains cas.

En principe, l'information de la partie faible lui permet de prendre connaissance des obligations du professionnel, des caractéristiques des produits ou services et des prix qui sont pratiqués.

i. Information sur les obligations du professionnel

228. Le législateur a mis en place un certain nombre d'obligations imposées aux professionnels, mais il s'agit d'un minimum légal qui n'empêche pas le professionnel d'aller plus loin dans les informations données. L'information sur les obligations du professionnel est indispensable à la partie faible pour conclure un contrat en connaissant ses garanties et ses droits. Cependant, les obligations du professionnel sont ici multiples et se présentent sous des aspects divers. C'est pourquoi, nous n'aborderons ici que les informations les plus fréquentes, celles qui sont présentes dans la plupart des contrats, et qui ont un impact sur le consentement de la partie faible.

---

[487] V., Art. 25 de la loi tunisienne précitée n° 2000-83 du 9 août 2000 relative aux échanges et au commerce électronique. Arts 3, 5 et 29 de la loi marocaine précitée n° 31-08 sur la protection du consommateur ; de plus, Art. 65-4 du Code marocain des obligations et des contrats organise l'offre d'une manière à permettre d'informer le consommateur sur tous les éléments essentiels du contrat. Art 11 et 13 de la loi algérienne n° 18-05 du 10 mai 2018 relative au commerce électronique, *JORA*, n°28, 16 mai 2018, p. 4.

[488] Art. 55 de l'Ordonnance mauritanienne n° 2006-031 relative aux instruments de paiement et aux opérations du commerce électroniques prévoit également que « *avant la conclusion du contrat, le vendeur est tenu lors des transactions commerciales par voie électronique, de fournir au consommateur de manière claire et compréhensible les informations suivantes : [...] Sous peine de nullité du contrat, ces informations doivent être fournies par voie électronique et mises à la disposition du consommateur pour consultation à tous les stades de la transaction* ».

1°. Information sur les clauses limitatives de responsabilité

229. Ayant le même contenu que l'article L. 113-3 modifié du Code français de la consommation[489], l'article 8 de la loi algérienne n° 04-02[490] et l'article 3 de la loi marocaine n° 31-08[491] prévoient que le professionnel est tenu, avant la conclusion du contrat, d'apporter par tout moyen au consommateur les informations loyales et sincères relatives aux limitations éventuelles de responsabilité contractuelle dans la vente ou la prestation.

Il convient de souligner que les lois exigent que les limites éventuelles de responsabilité contractuelle soient portées à la connaissance du consommateur. Par conséquent, les informations doivent être présentées et rédigées de façon claire et compréhensible. Lorsque la stipulation figure sur un document annexe non signé (conditions générales, billet, ticket, affiche, etc.), la preuve de la connaissance est moins facilement admise. Mais cela suppose que le consommateur ait pu en avoir connaissance au plus tard lors de l'échange des consentements[492].

2°. *Information sur les délais de livraison*

230. En l'absence d'exécution immédiate du contrat, le professionnel doit informer son client sur le délai ou la date de livraison. Cette information a une incidence sur le consentement de la partie faible. En effet, cette partie ne conclura peut-être pas le contrat si ce délai ne lui convient pas. C'est le cas lorsque la livraison est fixée à une période très lointaine par exemple[493].

En droit algérien, il existe des textes généraux sur les obligations d'informations relatives aux caractéristiques du produit ou du service, aux conditions de vente pratiquées[494], mais le législateur algérien n'a pas pour autant adopter de texte spécifique portant sur l'information relative aux délais de

---

[489] L'ancien article L. 113-3 du Code français de la consommation dispose que « *tout vendeur de produit ou tout prestataire de services doit, par voie de marquage, d'étiquetage, d'affichage ou par tout autre procédé approprié, informer le consommateur sur les prix, les limitations éventuelles de la responsabilité contractuelle et les conditions particulières de la vente, (...) ». L'ancien article L. 113-3 est devenu l'article L. 112-1 du Code de la consommation par Ordonnance n° 2016-301 du 14 mars 2016 relative à la partie législative du code de la consommation. Ce nouvel article L. 112-1 ne mentionne pas la question de la limitation de responsabilité du vendeur. Cet article dispose en effet que « tout vendeur de produit ou tout prestataire de services informe le consommateur, (...), sur les prix et les conditions particulières de la vente et de l'exécution des services, (...)* ».

[490] Art. 8 de la loi algérienne n° 04-02 du 23 juin 2004 fixant les règles applicables aux pratiques commerciales modifiée et complétée par la loi n° 10-06, *JORA*., n°46, 18 août 2010, p. 10.

[491] Art. 3 de la loi marocaine n° 31-08 édictant des mesures de protection du consommateur, *Bull. O. Mar.*, n° 5932, 7 avril 2011. V, **Abdel-K. EL-AARAARY**, *Les ressources des obligations, La théorie du contrat*, en arabe, n° 212, p. 187 et s.

[492] **G. RAYMOND**, « Information du consommateur », *JCl. Concurrence - Consommation*, 9 juill. 2015, n° 48

[493] **J. GHESTIN** et al., *Traité de droit civil., Les contrats de consommation règles communes*, op. cit., n° 299, p. 295.

[494] Art. 8 de la loi algérienne n° 04-02 du 23 juin 2004 fixant les règles applicables aux pratiques commerciales précitée dispose que « *le vendeur est tenu, avant la conclusion de la vente, d'apporter par tout moyen au consommateur les informations loyales et sincères relatives aux caractéristiques du produit ou du service, aux conditions de vente pratiquées* ».

livraison. Ainsi, un auteur a estimé par rapport à cette position législative que « *l'information du consommateur n'est pas complète puisqu'il n'est pas fait obligation au vendeur d'informer le consommateur sur les délais de livraison, (...)* »[495]. Dans le cadre de commerce électronique, l'article 11 de la loi algérienne n° 18-05 du 10 mai 2018 relative au commerce électronique[496] dispose également que « *le e-fournisseur doit présenter l'offre commerciale électronique de manière visible, lisible et compréhensible. Elle doit comporter, sans toutefois s'y limiter, les informations suivantes : (...) les modalités, les frais et les délais de livraison (...)* ». De plus, l'article 22 de la même loi précise que « *en cas de non-respect par le e-fournisseur des délais de livraison, le e-consommateur peut réexpédier le produit en l'état dans un délai n'excédant pas quatre (4) jours ouvrables, à compter de la date de la livraison effective du produit, et ce, sans préjudice de son droit de réclamer la réparation du dommage* ».

231. Par ailleurs, le législateur libyen traite différemment cette question. L'article 1320[497] des textes sur la protection des consommateurs dans le Code de commerce dispose que sur demande du consommateur, le professionnel est tenu de lui fournir le document qui prouve la conclusion du contrat entre eux. Ce document doit contenir le nom du professionnel, [...,] le délai de livraison. L'analyse de cet article soulève deux remarques. D'abord, le professionnel ne doit fournir ce document que sur demande du consommateur. Ensuite, ce document est donné qu'à la suite de la conclusion du contrat.

232. Contrairement à la législation libyenne, l'article L. 216-1 du Code français de la consommation et l'article 12 de la loi marocaine n° 31-08, lorsque le prix ou le tarif convenu excède un seuil fixé par voie réglementaire[498] et que la livraison des produits ou des biens ou l'exécution de la prestation n'est pas immédiate, le professionnel doit préciser par écrit la date limite à laquelle il s'engage à livrer les produits ou les biens ou à exécuter la prestation. Cette information doit apparaître sur le contrat, la facture, le ticket de caisse, la quittance ou tout autre moyen approprié. De même, l'article 25 de la loi tunisienne n° 2000-83 du 9 août 2000[499], relative aux échanges et au commerce électronique, dispose que « *avant la conclusion du contrat, le vendeur est tenu lors des transactions commerciales électroniques de fournir au consommateur de manière claire et compréhensible les informations suivantes : (...) ; Les modalités et les délais de livraison, l'exécution du contrat et les résultats de l'inexécution des engagements*

---

495 **A. BENCHENEB**, *Le droit algérien des contrats ; Données fondamentales*, op. cit., n° 401, p. 284

496 La loi algérienne n° 18-05 du 10 mai 2018 relative au commerce électronique, *JORA*, n°28, 16 mai 2018, p. 4.

497 Art. 1320 de la nouvelle annexe des textes sur la protection du consommateur du Code libyen de commerce. *JOL*., 28 janv. 2010.

498 **Abdel-K. EL-AARAARY**, *Les ressources des obligations, La théorie du contrat*, en arabe, op. cit., n° 220, p. 194

499 La loi tunisienne n° 2000-83 du 9 août 2000 relative aux échanges et au commerce électronique, *JORT*, n° 64, 11 août 2000, p. 1887.

(...) ». Ainsi, le professionnel satisfait à son obligation en mentionnant une date de livraison ou une période en principe. Le délai fixé n'est pas susceptible de prorogation[500].

233. L'article 13 de la loi marocaine n° 31-08 énonce que si le délai fixé pour la livraison est dépassé de 7 jours et lorsque le retard n'est pas dû à un cas de force majeure, le consommateur dispose « *sans recours à la justice, de la faculté de résoudre de plein droit l'engagement le liant au fournisseur portant sur le bien non livré ou la prestation non exécutée, par tout moyen justifiant la réception* »[501]. Cela va dans le même sens que l'article L. 121-17 du Code français de la consommation.

On peut également souligner que non seulement les bons de commande devront contenir une telle date mais aussi les devis, étant précisé, que la date d'exécution de la prestation ne pourra être exigée qu'au moment où le consommateur donnera son accord et sera prêt à conclure le contrat. Sur un devis, le professionnel pourra simplement indiquer « prestation exécutable X jours après l'acceptation du devis » car la date d'exécution est conditionnée par la date de la commande des travaux[502]. En outre, l'article R. 111-1 du Code français de la consommation précise que le consommateur doit être informé des modalités de livraison et d'exécution du contrat.

3°. Dispositions sur les pièces détachées : en droits français, tunisien et marocain

234. L'idée est de permettre au consommateur de savoir jusqu'à quand et dans quelle mesure le bien qu'il achète est réparable en cas de panne[503].

Le législateur tunisien dans l'article 8 de la loi n° 2009-69 du 12 août 2009 relative au commerce de distribution dispose que « *le commerçant distributeur est tenu de garantir au consommateur les services après-vente et de fournir les pièces de rechange nécessaires pour les produits et marchandises qu'il commercialise* ». Cet article ne mentionne pas expressément une obligation d'information sur les pièces de rechange ou détachées de la part du commerçant au consommateur. Mais, on peut déduire cette obligation de l'esprit même de

---

500 CA Paris, 3 juill. 2001 : *D.* 2001, p. 2740, obs. **C. RONDEY** ; CA Paris, 2 oct. 2003 : *RJDA* 2004, n° 2.

501 V., Art. 13 et suivant de la loi marocaine n° 31-08 édictant des mesures de protection du consommateur. Dans ce contexte, l'arrêt du 28 mai 2009, la première chambre civile de la Cour de cassation française a estimé que « *le professionnel doit, lorsque la livraison n'est pas immédiate, indiquer la date limite à laquelle il s'engage à livrer le bien ou effectuer la prestation ; que la méconnaissance de cette disposition d'ordre public est sanctionnée par la nullité* », Cass. civ. 1re, 28 mai 2009, n° 08-16263 inédit.

502 **G. RAYMOND**, *Droit de la consommation*, op. cit., n° 439, p. 230.

503 **V. LEGRAND**, « L'amélioration de l'information et des droits contractuels des consommateurs dans la loi "Hamon" », *Pet. Aff.* 07/05/2014, n° 91, p. 4 ; **G. RAYMOND**, *Droit de la consommation*, op. cit., n° 511, p. 271.

l'article parce que son exécution par le commerçant distributeur implique logiquement que le consommateur en soit informé[504].

235. En revanche, les droits français et marocain[505] imposent explicitement une obligation d'information spécifique qui pèse sur le fabricant ou l'importateur de biens meubles, et qui concerne la période de disponibilité des pièces de rechange et des pièces indispensables à l'utilisation des biens. Cette information doit être communiquée au vendeur de meuble, qui la répercute, de manière lisible, au consommateur. Cela doit intervenir avant la formation du contrat d'une part, et lors de sa conclusion par écrit d'autre part[506]. Cette information revêt une grande valeur dans les pays maghrébins parce que les vendeurs dans ces pays sont rarement fabricants de la marchandise. Dans la plupart des cas, ils ne sont qu'un intermédiaire au fil des ventes successives.

236. Les droits français et marocain adoptent une bonne solution lorsque les textes de ces pays imposent au fabricant ou à l'importateur de meubles d'informer le vendeur professionnel de la période de disponibilité des pièces détachées indispensables à l'utilisation des biens, de façon à ce qu'il en informe ensuite le consommateur. Ainsi, ces informations pour se procurer des pièces de rechange peuvent être déterminantes dans l'achat du consommateur[507].

Cette obligation est donc limitée aux biens meubles susceptibles de nécessiter des pièces détachées pour être réparés. On songe notamment à certains appareils électroménagers. Il semble en pratique que cette information, qui d'ailleurs peut être difficile à obtenir pour le vendeur, soit rarement délivrée au consommateur sans pour autant que cela suscite le moindre contentieux. Or, l'intérêt de la

---

[504] Art. 8 de la loi tunisienne n° 2009-69 du 12 août 2009 relative au commerce de distribution, *JORT.*, n° 65 du 14 sept. 2009.

[505] Art. 10 de la loi marocaine n° 31-08 édictant des mesures de protection du consommateur, *Bull.O.Mar.*, n° 5932, 7 avril 2011.

[506] Art. L. 111-3, al. 1er du Code français de la consommation. Selon **V. LEGRAND**, l'obligation de fournir les pièces pèse sur le fabricant et non sur le vendeur, ce qui devrait induire deux conséquences. D'une part, le fabricant qui ne satisfait pas la demande du vendeur ou du réparateur pendant la période pour laquelle il s'était engagé à assurer la disponibilité des pièces détachées se rend coupable de pratique trompeuse. Mais la notion de pièces détachées indispensables est suffisamment floue pour que le fabricant cherche à échapper à la condamnation en tentant de montrer que la pièce demandée ne fait pas partie des pièces indispensables. D'autre part, si le vendeur ne peut pas fournir les pièces au consommateur qui en fait la demande, faute de pouvoir se les procurer auprès du fabricant ou de l'importateur, on ne saurait lui reprocher un refus de vente au sens de l'article L. 122-1 du Code de la consommation, puisque l'impossibilité d'approvisionnement peut constituer un motif légitime exonératoire de responsabilité. **V. LEGRAND**, « L'amélioration de l'information et des droits contractuels des consommateurs dans la loi "Hamon" », op. cit., n° 91, p. 4 ; dans ce contexte V, le décret français n° 2014-1482 du 9 déc. 2014, relatif aux obligations d'information et de fourniture concernant les pièces détachées indispensables à l'utilisation d'un bien, *JORF*, n°0286, 11 déc. 2014, p. 20707.

[507] **D. BAZIN-BEUST**, *Droit de la consommation*, Gualino, 2e éd. 2016-2017, p. 55.

disposition risque de se manifester lorsque le consommateur souhaite faire réparer un bien et que le vendeur lui oppose l'inexistence de pièces de rechange[508].

4°. L'obligation d'information sur les garanties

237. Parce qu'ils ignorent souvent qu'ils bénéficient d'un certain nombre de garanties prévues par la loi (conformité, vices cachés) lors de l'achat d'un bien, les consommateurs doivent, selon la loi relative à la consommation (dite loi Hamon 2014-344), être systématiquement informés par le vendeur de l'existence de ces garanties avant même la conclusion du contrat.

La législation tunisienne traitait déjà de cette question dans l'article 17 la loi n° 92-117 du 7 décembre 1992 relative à la protection du consommateur. Cette loi énonce que le fournisseur de tout produit est tenu de reconnaître au consommateur le droit de bénéficier d'une garantie. Cette garantie se transmet de plein droit en cas de transfert de propriété. Toute convention ou contrat relatif à la non-garantie est nul[509].

L'article 67 de la loi marocaine n° 31-08 édictant des mesures de protection du consommateur dispose également que le professionnel (le fournisseur) ne peut proposer sa garantie conventionnelle au consommateur sans mentionner clairement la garantie légale assumée par ce professionnel pour les défauts et vices cachés de la chose vendue et qui s'applique en tout état de cause[510].

De même, le législateur français (par l'article L. 211-2 du Code de la consommation) a instauré l'obligation d'information sur les garanties légales dans les contrats de vente en disposant que « *les conditions générales de vente applicables aux contrats de consommation mentionnent : l'existence, les conditions de mise en œuvre et le contenu de la garantie légale de conformité et de la garantie relative aux défauts de la chose vendue, dues par le vendeur ; le cas échéant, l'existence d'une garantie commerciale et d'un service après-vente* ».

En France, depuis le 1er mars 2015[511], l'information du consommateur sur les garanties est renforcée et impose la mention des nom et adresse du vendeur garant de la conformité du bien au contrat. Ces éléments doivent apparaître dans les conditions générales de vente des contrats de consommation permettant au

---

[508] **J. GHESTIN**, *Traité de droit civil. Les contrats de consommation : règles communes*, **N. SAUPHANOR-BROUILLAUD** avec **E. POILLOT**, **C. AUBERT DE VINCELLES** et **G. BRUNAUX**, LGDJ, 2013, n° 304, p. 298.

[509] La loi tunisienne n° 92-117 du 7 décembre 1992 relative à la protection du consommateur précitée ; V. égal. **A. BELHAJ**, « La protection de la partie faible et la clause d'exonération de la responsabilité », en arabe, op. cit., n° 11, pp. 35.

[510] Art. 67 de la loi marocaine n° 31-08 édictant des mesures de protection du consommateur, *Bull.O.Mar.*, n° 5932, 7 avril 2011.

[511] L'arrêté du 18 déc. 2014 est venu préciser les modalités de cette information. Cet arrêté prévoit d'ailleurs plusieurs informations importantes à porter aux consommateurs au sein des CGV, à partir du 1er mars 2015. (Arrêté du 18 décembre 2014 relatif aux informations contenues dans les conditions générales de vente en matière de garantie légale, *JORF*, n°0298 du 26 déc. 2014, p. 22334).

consommateur de formuler une demande au titre de la garantie légale de conformité ou de la garantie des vices cachés[512].

238. Au-delà de ces deux garanties légales, il existe une garantie facultative que le professionnel est libre de proposer ou non. Cette garantie se présente sous diverses appellations : garantie contractuelle, commerciale, conventionnelle, etc. C'est une garantie supplémentaire qui peut être gratuite ou payante. Dans ce domaine, l'article 66 de la loi marocaine n° 31-08 édictant des mesures de protection du consommateur énonce que « *pour l'application du présent chapitre, on entend par garantie conventionnelle toute garantie supplémentaire à la garantie légale des défauts de la chose vendue visée dans l'article 65, que le fournisseur peut proposer au consommateur. Le fournisseur doit définir précisément la durée, la portée et les conditions de cette garantie* »[513]. D'ailleurs, l'article 14 de la loi algérienne n° 09-03 précise que « *toute autre garantie accordée par l'intervenant, à titre onéreux ou gratuit, n'exclut pas le bénéfice de la garantie légale citée à l'article 13 ci-dessus. Les clauses et les conditions d'exécution de ces garanties doivent figurer dans un document accompagnant le produit* ». L'exigence du document accompagnant le produit permet certes l'information du consommateur sur la garantie proposée, cependant, il serait ici convenable que le législateur algérien impose au professionnel d'informer le consommateur par des moyens et au moment appropriés pour ce dernier[514]. De même, l'article 13 de la loi n° 18-05 du 10 mai 2018 relative au commerce électronique[515] précise que « *le contrat électronique doit comporter notamment*

---

[512] Le consommateur : « bénéficie d'un délai de deux ans à compter de la délivrance du bien pour agir ; peut choisir entre la réparation ou le remplacement du bien, sous réserve des conditions de coût prévues par l'article L. 211-9 du Code de la consommation ; est dispensé de rapporter la preuve de l'existence du défaut de conformité du bien durant les six mois suivant la délivrance du bien, étant précisé que ce délai sera porté à vingt-quatre mois à compter du 18 mars 2016 ; doit être informé que cette garantie légale de conformité s'applique indépendamment de la garantie commerciale éventuellement souscrite ; doit être informé qu'il peut décider de mettre en œuvre la garantie contre les défauts cachés de la chose vendue et que dans cette hypothèse, il peut choisir entre la résolution de la vente ou une réduction du prix » ; V. égal., **C. D'ESTAIS**, « Les points essentiels de la loi Hamon sur l'information du consommateur », www.village-justice.com, consulté le 16 déc. 2017.

[513] L'article 71 de la loi marocaine précitée n° 31-08 précitée édictant des mesures de protection du consommateur dispose que « *la garantie conventionnelle (...) proposés par le fournisseur au consommateur doit faire l'objet d'un écrit qui doit préciser clairement les droits découlant de la garantie conventionnelle (...) proposé et indiquer clairement les droits les droits que le consommateur détient au titre de la garantie légale* ».

[514] En ce sens, Art. 7 du décret exécutif algérien n° 13-327 du 26 sept. 2013 fixant les conditions et les modalités de mise en œuvre de la garantie des biens et des services énonce que « *les mentions de la garantie prévues à l'article 6 ci-dessus, peuvent être utilisées le cas échéant, pour la prestation de service, soit dans une clause contractuelle, dans une facture, dans un bon d'achat ou tout autre document de preuve conformément à la législation en vigueur* » (*JORA*., n°49, 02 oct. 2013, p. 5). A ce sujet V., **Y. HOUHOU**, *Le contrat de vente dans la loi et la jurisprudence algériennes*, en arabe, op. cit., p. 185 et s.

[515] La loi algérienne n° 18-05 du 10 mai 2018 relative au commerce électronique, *JORA*, n°28, 16 mai 2018, p. 4.

les informations suivantes : (...) les conditions de garantie et de service après-vente (...) ».

On peut dire que l'obligation d'information du professionnel porte à la fois sur les ses obligations en tant que professionnel et sur le produit ou service.

ii. Information relative au produit ou service

239. Les droits des pays comparés invitent le professionnel à informer précisément le consommateur, avant la conclusion du contrat, des caractéristiques essentielles du bien ou du service de façon à éclairer son consentement. On constate que les caractéristiques essentielles ne sont pas définies par les droits français[516], tunisien, marocain et libyen[517]. Mais, G. RAYMOND [518] estime « qu*'il s'agit d'éléments qui concernent aussi bien la description des qualités de la marchandise ou de la prestation de services que les conditions de son fonctionnement* ». En revanche, l'article 3 du décret algérien n° 13-378 prévoit que les caractéristiques essentielles sont les « *informations nécessaires au consentement éclairé du consommateur comprenant au moins l'identification du produit et celle de l'intervenant concerné par la première mise à la consommation, la nature et la composition du produit, les informations relatives à la sécurité du produit, le prix et la durée pour les contrats de service* »[519].

240. Les caractéristiques essentielles du bien ou du service sont celles qui sont de nature à déterminer le consommateur dans sa décision de contracter[520].

---

[516] Art. L. 111-1 du Code de la consommation disposant que « *(...) le professionnel communique au consommateur, de manière lisible et compréhensible, les informations suivantes : 1° Les caractéristiques essentielles du bien ou du service, compte tenu du support de communication utilisé et du bien ou service concerné ; (...)* »

[517] Art. 3 de loi marocaine n° 31-08 édictant des mesures de protection du consommateur, *Bull.O. Mar.*, n° 5932, 7 avril 2011 ; Art. 1318 des textes sur la protection des consommateurs dans le Code libyen de commerce. Art. 16 de la loi tunisienne n° 92-117. 7 déc. 1992 relative à la protection du consommateur, *JORT.*, 15 déc. 1992, p. 1571 ; Art. 29 de la loi tunisienne n° 2015-36 du 15 sept. 2015 relative à la réorganisation de la concurrence et des prix, *JORT.*, 25 et 29 sept. 2015, n°77-78, p. 2327.

[518] **G. RAYMOND**, *Droit de la consommation*, op. cit., n° 431, p. 228 ; **O. SABARD**, « Contenu de l'obligation précontractuelle d'information du vendeur », *LEDC.*, 06 nov. 2015, n°10, p. 7.

[519] Le décret exécutif algérien précité n° 13-378 du 9 nov. 2013 fixant les conditions et les modalités relatives à l'information du consommateur ; Art. 13 de la loi algérienne précitée n° 18-05 du 10 mai 2018 relative au commerce électronique. V. **A. ARARAH**, *L'équilibre contractuel lors de la formation du contrat*, en arabe, op. cit., p. 241.

[520] Les anciens articles L. 112-1 et suivants (nouvel article R412-44) du Code de la consommation définissent des conditions particulières d'étiquetage pour certains produits alimentaires (produit d'origine contrôlée, produit vendu sous marque de distributeur, chocolat, produits fermiers, produits de montagne). La loi n° 2010-874 du 27 juillet 2010 ajoute au Code de la consommation un article L. 112-7-1 (nouvel article R412-48), relativement aux produits contenant des truffes, et un article L. 412-4 indiquant que la mention du pays d'origine est rendue obligatoire pour les produits agricoles et alimentaires ainsi que pour les produits de la mer sous réserve de la compatibilité avec le droit communautaire. En ce sens V., **S. LE GAC-PECH**, *Droit de la consommation*, Dalloz, 2017, p. 22.

Il appartient à la jurisprudence française de dégager au cas par cas si l'obligation d'information a été ou non respectée[521]. L'idée générale qui prédomine est que l'acquéreur du bien ou l'utilisateur du produit ou du service doit en avoir une connaissance suffisante pour pouvoir en exploiter les potentialités[522].

Le consommateur doit être informé des caractéristiques essentielles du produit ou du service qu'il convoite sans avoir besoin de faire une demande orale auprès du professionnel. L'exécution de cette obligation par ce dernier l'oblige, le cas échéant, à avertir le consommateur des conditions de fonctionnement du bien ou du service et/ou des risques encourus par l'utilisation d'un bien ou le recours à une prestation de services, comme par exemple les effets secondaires d'un produit, etc[523].

241. Outre les caractéristiques des produits, le professionnel est tenu d'apposer sur le produit son caractère distinctif. Par caractère distinctif, on entend tout signe visible qui donne à un produit quelconque son originalité par rapport à d'autres. A ce propos, la marque de fabrique et l'appellation d'origine, constituent les caractères distinctifs essentiels du produit. L'indication de provenance constitue un des moyens permettant au produit de se distinguer et de se prévaloir de ses qualités et spécificités essentielles[524].

Par un arrêt du 28 octobre 2010, la Cour de cassation française a rappelé que tout vendeur professionnel a l'obligation, pour que la vente soit conclue en toute connaissance de cause de s'informer des besoins de son acheteur et de lui demander par la suite quelle utilisation il entend en faire. Il doit aussi informer son client des contraintes techniques de la chose vendue (le produit)[525].

iii. Information relative au prix

242. L'obligation d'information relative au prix vise à mettre la partie faible à l'abri de toute surprise quant au montant de la dépense totale qu'elle aura à

---

521 CA Paris, 17 oct. 2014, Jurisdata n° 2014-031138 ; CA Versailles, 21 mai 2013, CCC 2013, comm. 224, obs. **G. RAYMOND** ; CA Orléans, 9 sept. 2013, CCC 2013, n° 280, obs. **G. RAYMOND**.

522 **S. PIEDELIEVRE**, Droit de la consommation, op. cit., n° 71, p. 65. Selon D. HOUTCIEFF, « *l'obligation d'information impose seulement de transférer des indications objectives sur l'objet du contrat ou bien encore sur l'opération envisagée* » ; **D. HOUTCIEFF**, « L'obligation d'information du vendeur professionnel à l'égard du consommateur n'est pas une obligation de conseil », *Gaz. Pal.*, 05 janv. 2016, n° 01, p. 34

523 **D. BAZIN-BEUST**, *Droit de la consommation*, op. cit., p. 47.

524 **H. KALLEL**, « La sécurité du consommateur en droit tunisien ; de la prévention à la répression », *Revue de l'association des juristes de sfax*, n° spéc. 11, 2015, p. 88. A titre d'ex. V., la loi tunisienne n° 99-57 du 28 juin 1999, relative aux appellations d'origine contrôlée et aux indications de provenance des produits agricoles, *JORT*, 6 juill. 1999, n° 54, p. 1088.

525 La Cour de cassation française a jugé dans un arrêt du 30 sept. 2015 (Cass. 1re civ., 30 sept. 2015, n° 14-11761, *Bull. civ.*, 2016, n° 836, n° 249) que « *tout professionnel vendeur de biens doit, avant la conclusion du contrat, mettre le consommateur en mesure de connaître les caractéristiques essentielles du bien et que l'article L. 111-1 du Code de la consommation s'applique dès lors qu'un bien est vendu à un consommateur* ».

supporter pour l'achat du produit ou de la fourniture du service proposé. Cette obligation doit permettre à la partie faible de s'engager en connaissance de cause en sachant combien elle devra verser en contrepartie de ce que le professionnel lui fournira[526]. Plus précisément, le consommateur doit connaître le prix qu'il aura réellement à payer et non pas un prix qui ne serait pas significatif parce qu'étant exprimé hors taxe ou incomplet dans ses éléments[527]. Il doit être informé du coût total de l'achat qui doit être exact et non approximatif.

243. Par ailleurs, si le prix ne peut pas être calculé à l'avance, le professionnel indiquera le mode de calcul, ainsi que les frais complémentaires (transport, frais de dossier, livraison, frais de déplacement, affranchissement et tous les autres frais éventuels)[528]. Il doit mentionner qu'ils peuvent être exigibles. Pour les contrats à durée indéterminée ou les contrats d'abonnement, le prix total inclut le total des frais pour chacune des périodes de facturation, ou leur mode de calcul. L'information sur le prix peut aussi résulter d'un devis détaillé[529].

En pratique, il convient de distinguer selon que le produit est, ou non, exposé à la vue du public. S'il y a exposition à la vue du public, l'information doit

---

[526] Art. L. 112-1 du Code français de la consommation ; en Algérie, Art. 4 et les suivant de loi n° 04-02 du 23 juin 2004 fixant les règles applicables aux pratiques commerciales modifiée et complétée par la loi n° 10-06, Art. 5 du décret exécutif algérien n° 09-65, 7 févr. 2009, applicable à certains secteurs d'activité ou à certains biens et services spécifiques, *JORA*, n° 10 et Art. 11 et 13 de la loi n° 18-05 du 10 mai 2018 relative au commerce électronique, *JORA*, n°28, 16 mai 2018, p. 4 ; au Maroc, Art. 5 de la loi précitée édictant des mesures de protection du consommateur ; en Libye, Arts. 1309 et 1318 des textes sur la protection des consommateurs du Code de commerce ; l'article 29 de la loi tunisienne n° 2015-36 du 15 sept. 2015 relative à la réorganisation de la concurrence et des prix dispose que « *tout détaillant ou prestataire de service doit par voie de marquage, d'étiquetage, d'affichage ou par tout autre procédé approprié, informer le consommateur sur les prix et les conditions et modalités particulières de vente. Le prix affiché est le prix au comptant toutes taxes comprises et en monnaie nationale.* » (*JORT.*, 25 et 29 sept. 2015, n°77-78, p. 2327).

[527] **G. RAYMOND**, « Information du consommateur », op. cit., n° 43 ; **S. LE GAC-PECH**, *Droit de la consommation*, op. cit., p. 23 ; **D. ZENNAKIA**, « La protection de la partie faible lors de la formation du contrat en droit algérien de la consommation », *Revue franco maghrébine de droit*, n° 20, 2013, p. 319 ; **A. ALANSARI**, « La politique pénale en matière de prix dans le droit libyen », *Revue de recherche juridique*, Université Misurata (Libye), oct. 2014, p. 297

[528] L'article 4 de l'Arrêté français du 17 mars 2015 relatif à l'information préalable du consommateur sur les prestations de services à la personne dispose que « *toute information sur le prix comprend le détail des frais annexes éventuels tels que les frais de dossier, les frais de gestion ou les frais de déplacement. L'information sur le prix indique le prix de chaque prestation rapportée à une unité horaire, ou lorsque le rapport à l'unité n'est pas approprié, le prix forfaitaire pour chaque prestation proposée. Les prix sont exprimés hors taxes et toutes taxes comprises* ». (*JORF.*, n° 0071 du 25 mars 2015 p. 5432). D'ailleurs, en droit algérien, l'article 11 de la loi précitée n° 18-05 du 10 mai 2018 relative au commerce électronique précise que le professionnel (e-fournisseur) doit présenter l'offre commerciale électronique de manière visible, lisible et compréhensible. Elle doit comporter les informations suivantes : « *(...) le mode de calcul du prix, lorsque celui-ci ne peut être fixé à l'avance ; (...)* ».

[529] **G. RAYMOND**, *Droit de la consommation*, op. cit., n° 440, p. 231 ; V. égal. **Y. HOUHOU**, *Le contrat de vente dans la loi et la jurisprudence algérienne*, en arabe, op. cit, p. 76 et s ; **A. ECHERKAOUI**, *Le droit des contrats spéciaux ; contrat de vente, en droit marocain*, op. cit, p. 149 et s.

apparaître pour que le consommateur puisse connaître ce prix sans entrer dans le lieu de vente, si le produit est visible de l'extérieur et sans avoir à demander au vendeur si le produit est à l'intérieur du magasin[530]. Les prix doivent être parfaitement lisibles et le procédé utilisé ne doit entraîner aucune incertitude ou équivoque pour le consommateur quant à la relation s'établissant entre les prix et les produits auxquels ils correspondent. S'agissant des prestations de services, les textes réglementaires français exigent le plus souvent un affichage dans les lieux où elles sont proposées au public[531].

244. Enfin, l'information doit porter non seulement sur le prix, mais aussi sur les conditions particulières de vente qui sont inhérente au prix. Cette exigence se justifie dans le cadre de la protection de la partie faible, car le prix n'est pas le seul élément déterminant pour le consommateur. Les conditions du contrat ont également leur importance et peuvent influer sur le prix, par exemple une livraison à domicile ou une garantie de bon fonctionnement[532].

iv. Informations supplémentaires en cas de fourniture de service

245. Le professionnel doit fournir des informations supplémentaires en cas de fourniture de service dans les droits français, marocain et algérien[533]. Cette obligation n'existe dans les droits tunisien et mauritanien que pour le commerce électronique[534].

---

530 L'article 29 de la loi tunisienne n° 2015-36 du 15 sept. 2015 relative à la réorganisation de la concurrence et des prix dispose que « *(...) dans les établissements de vente au détail, les prix des marchandises, les denrées et l'unité de mesure doivent être indiqués de façon très lisible avec la dénomination exacte, sur le produit ou la marchandise, soit sur son emballage ou sur son contenant (...)* » (*JORT.*, 25 et 29 sept. 2015, n°77-78, p. 2327) ; sur le même sujet V., Art. 1318 des textes sur la protection des consommateurs du Code libyen de commerce.

531 **G. RAYMOND**, *Droit de la consommation*, op. cit., n° 440, p. 231

532 L'article 29 de la loi tunisienne précitée n° 2015-36 du 15 sept. 2015, relative à la réorganisation de la concurrence et des prix, dispose que « *tout détaillant ou prestataire de service doit par voie de marquage, d'étiquetage, d'affichage ou par tout autre procédé approprié, informer le consommateur sur les prix et les conditions et modalités particulières de vente* ». V. égal., l'article 4 et 8 de loi algérien n° 04-02 fixant les règles applicables aux pratiques commerciales ; L'article 10 de la loi française n° 17-99 portant Code des assurances prévoit que « *préalablement à la souscription du contrat, l'assureur remet à l'assuré une notice d'information qui décrit notamment les garanties assorties des exclusions, le prix y afférent et les obligations de l'assuré* ». **J. CALAIS-AULOY** et **H. TEMPLE**, *Droit de la consommation*, op. cit., 70 ; V. **A. ARARAH**, *L'équilibre contractuel lors de la formation du contrat*, en arabe, op. cit, p. 246.

533 En droit marocain, Arts 29 et suivants de la loi marocaine n° 31-08 édictant des mesures de protection du consommateur, *Bull. O. Mar.*, n° 5932 du 7 avril 2011 ; Arts 7 à 22 du décret marocain n° 2-12-503 du 11 sept. 2013 pris pour l'application de certaines dispositions de la loi n° 30-08, *Bull. O. Mar.*, n° 6192 du 3 oct. 2013, p. 2395. En droit algérien, Arts 51 et suivants du Décret exécutif algérien n 13-378 du 9 novembre 2013 fixant les conditions et les modalités relatives l'information du consommateur, *JORA*, n° 58, 18 nov. 2013, p 8 ; Art. 11 et 13 de la loi algérienne n° 18-05 du 10 mai 2018 relative au commerce électronique, *JORA*, n°28, 16 mai 2018, p. 4.

534 Art. 25 de la loi tunisienne n° 2000-83 du 9 août 2000 relative aux échanges et au commerce électronique, JORT., 11 août 2000, n° 64, p. 1887 ; Art 55 de l'Ordonnance mauritanienne n° 2006-031 relative aux instruments de paiement et aux opérations du commerce électronique. V. **A.**

L'information concernée porte sur les coordonnées du prestataire de services, son activité et sur les conditions contractuelles autres[535]. Pour remplir son obligation d'information le professionnel dans les pays concernés doit généralement communiquer au consommateur ou mettre à sa disposition des informations telles que les statuts et la forme juridique de la société, les coordonnées permettant d'entrer en contact rapidement et de communiquer directement. Il doit aussi indiquer au consommateur comment il peut présenter ses réclamations, avoir connaissance des conditions générales de vente, et préciser l'éventuelle garantie financière ou assurance de responsabilité professionnelle souscrite par lui[536].

246. Le droit français met en relief certains détails, notamment dans la loi n° 2014-344 du 17 mars 2014 relative à la consommation, dite « loi Hamon », et le décret n° 2014-1061 du septembre 2014. En effet, il existe, selon l'article 1er du décret n° 2014-1061 du 17 septembre 2014 (art. R. 111-2), d'autres informations qui ne sont pas transmises spontanément et qui doivent être communiquées sur demande du consommateur : c'est le cas lorsque le prix n'est pas déterminé au préalable par le prestataire pour un type de service donné, ou lorsqu'un prix exact ne peut pas être indiqué. La méthode de calcul permettant au destinataire de vérifier ce dernier, ou un devis suffisamment détaillé doivent alors être transmis[537].

En tout état de cause, la consécration de l'obligation d'information dans les droits des pays étudiés conduit à s'interroger sur les moyens de transmission de l'information.

b. Les moyens de communication de l'information

247. Le professionnel est en principe libre de mettre l'information sur le support de son choix : affiche, catalogue, site internet par exemple, etc[538]. Informer tous les consommateurs de la même manière est une mission quasi impossible compte tenu des niveaux et des qualités différentes des intéressés. En effet, l'information est fondée sur l'écrit, or on sait que nombre de personnes en France ou aux pays du Maghreb ne savent pas lire ou sont incapables de décrypter

---

ELLOUMI, « La protection de la partie faible dans les contrats électroniques », *Revue de l'association des juristes de Sfax*, n° spéc. 11, 2015, p. 52.

535 **J. JULIEN**, *Droit de la consommation*, op. cit., n° 76, p. 104 ; **Y. PICOD**, *Droit de la consommation*, op. cit., n° 230, p. 143 ; **M. JABER**, « L'obligation d'information » en droit marocain, http://www.marocdroit.com, consulté le 16 juin 2017. **M. KADIRI**, *Problématiques dans la conclusion des contrats dans le commerce électronique*, SOMADIL, Casablanca, en arabe, 2013, p. 136 et s.

536 **A. ELLOUMI**, « La protection de la partie faible dans les contrats électroniques », op. cit., p. 53.

537 **Y. PICOD**, *Droit de la consommation*, op. cit., n° 230, p. 143.

538 A titre d'ex. Art. 3 du décret exécutif algérien n° 13-378 du 9 novembre 2013 fixant les conditions et les modalités relatives à l'information du consommateur qui prévoit que l'information sur les produits est « *(...) toute information relative au produit transmise au consommateur sur une étiquette ou sur tout autre document l'accompagnant ou à l'aide de tout autre moyen, y compris les outils de la technologie moderne ou à travers la communication verbale (...)* » (*JORA*., 18 nov. 2013, 58, p. 8).

un message simple ; de plus, cela suppose par exemple un minimum de connaissances de notion juridique de base et on sait très bien que le niveau du consommateur moyen peut être faible en ce domaine.

La réalisation de l'obligation d'information s'accomplit par la transmission de l'information au cocontractant. Mais comment procéder à cette transmission ? Comment concrétiser l'obligation d'information dans les droits des pays étudiés ? Est-ce qu'elle dépend de la volonté des parties ou la loi la détermine-t-elle ? De plus, quels sont les moyens les plus utilisés et surtout les plus adaptés à la situation de la partie faible ?

En principe, il n'existe pas de règles générales par lesquelles l'obligation d'information doit être appliquée. Cependant, parfois la nature du contrat visé requiert que cette obligation soit mise en œuvre suivant des règles ou des moyens précis. Ces moyens sont différents et multiples. Ils peuvent être précisés par la loi. Parfois le professionnel doit fournir l'information à son client selon tel ou tel moyen précisé par des normes ou des recommandations. Les moyens de transmission de l'information peuvent être également fixés par les parties[539].

Par ailleurs, ces moyens de transmission peuvent être oraux, écrits ou les deux à la fois. Ils peuvent être simples comme ils peuvent être techniques. Ils peuvent exister avant la conclusion du contrat comme ils peuvent exister pendant son exécution[540]. Pour cela, on abordera les moyens les plus fréquemment utilisés, qu'ils soient écrits (a) ou oraux (b).

i. L'information par l'écrit

248. Afin de remplir son obligation d'informer et de transmettre l'information à la partie faible, le professionnel peut utiliser par la voie écrite. L'écrit est imposé de manière quasi-systématique par plusieurs textes dans les droits des pays comparés[541]. Ce mode de communication possède une importance considérable,

---

[539] Dans certains cas, la loi oblige le débiteur à exécuter son obligation par écrit, A titre d'exemple, les articles 111-1 et 113 du Code de consommation français. Par contre, en cas de retenue sur les modalités de transmission de l'information, les parties peuvent choisir ces modalités. La nature du contrat et la nature de l'objet du contrat jouent un rôle principal dans la détermination et le choix de la modalité de l'exécution de l'obligation et son ampleur. V., **A. LUCAS**, **J. DEVEZE** et **J. FRAYSSINET**, *Le droit de l'informatique et d'Internet*, op. cit., p. 515 ; **M. EL GHARBI**, *L'obligation d'information dans les contrats*, op. cit., p. 328 ; **A. ALKHASAWNEH**, *L'obligation d'information dans les contrats informatiques*, op. cit, n° 95, p. 68.

[540] **A. ALKHASAWNEH**, *L'obligation d'information dans les contrats informatiques*, op. cit, n° 90, p. 65.

[541] Par ex., Le processus d'information préalable de l'assuré est régi par les dispositions de l'article L. 112-2 du Code français des assurances. L'assureur doit communiquer au candidat à l'assurance une fiche d'information sur le prix et les principaux aspects des garanties proposées par la police. L'alinéa 2 de l'article L. 112-2 oblige également l'assureur à adresser au candidat à l'assurance un exemplaire du projet de contrat et de ses pièces annexes ou une notice d'information décrivant les garanties, les exclusions, et les obligations de l'assuré. L'article L. 311-6 du Code français de la consommation prévoit que « *préalablement à la conclusion du contrat de crédit, le prêteur ou l'intermédiaire de crédit donne à l'emprunteur, par écrit ou sur un autre support durable, les*

car l'écrit reste un vecteur privilégié pour l'information des consommateurs. La voie écrite peut apporter une sorte de stabilité par rapport aux informations transmises. Une fois que le professionnel a transmis l'information au consommateur par un document, tel que les conditions générales de ventes, le consommateur possède un support écrit sur lequel il peut revenir à tout moment pour consulter une information sans l'intervention du professionnel. Ensuite, le consommateur, détenteur de ce document peut se faire assister par un conseil spécialisé qui peut lui expliquer le contenu. Ainsi, la partie faible dispose d'une période nécessaire pour étudier les documents fournis, ce qui lui permet d'être mieux éclairé. De plus, la voie écrite est d'une certaine façon plus compatible avec la nature spécifique de certains produits complexes et de haute technicité, de sorte que la partie faible sera éclairée par l'écrit[542]. La voie écrite est généralement respectée dans la pratique, pour des raisons tenant tant à l'efficacité de l'information qu'à la preuve de son existence.

249. Toutefois, les moyens de communication de l'information par l'écrit sont multiples. Les droits des pays comparés prévoient que tout professionnel doit informer le consommateur par tout procédé approprié sur le contenu du contrat. Ces législations ont défini les procédés à utiliser pour la transmission de l'information de manière non exhaustive. Dans ce contexte, l'utilisation d'étiquetage, d'affichage, le mode d'emploi et le manuel d'utilisation sont une bonne illustration des supports utilisés[543]. Le professionnel peut aussi recourir à d'autres moyens d'information, tels les catalogues ou un logiciel informatique par exemple et/ou une notice explicative qui accompagne le produit[544]. Ces modes de communication de l'information représentent les moyens de transmission d'information les plus importants et les plus fréquemment utilisés.

1°. Les informations par voie d'étiquetage

250. Les règles concernant l'étiquetage des produits doivent privilégier l'information et la protection du consommateur. Celui-ci peut utiliser les informations figurant sur les étiquettes pour choisir le produit qu'il désire, selon

---

informations nécessaires […] » ; Dans ce contexte, les articles 1318 et 1320 du Code de commerce libyen.

[542] **A. ALKHASAWNEH**, *L'obligation d'information dans les contrats informatiques*, op. cit, n° 101, p. 71.

[543] L'article 23 du décret marocain n° 2-12-503 du 11 septembre 2013 énonce que « *le mode d'emploi et le manuel d'utilisation que le fournisseur doit donner au consommateur conformément aux dispositions de l'article 3 de la loi n° 31-81 précitée, doivent être rédigés au moins en langue arabe. Ces documents doivent mentionner les conditions et les précautions d'utilisations de manière claire, précise et lisible et comporter, le cas échéant, toutes autres mentions utiles à la bonne utilisation du bien ou du produit ainsi que la mention des risques éventuels encourus en cas de mauvaise utilisation. Ils doivent être compréhensibles et peuvent être illustrés par des dessins, des photos, des pictogrammes ou des schémas facilitant leur lecture* ».

[544] **B. PETIT et S. ROUXEL**, « Contrats et obligations - Obligation d'information », *J.-Cl. civil code*, 26 Juin 2015, n° 64 à 66 ; **A. ECHERKAOUI**, *Le droit des contrats spéciaux ; contrat de vente*, en arabe, op. cit., n° 174, p. 91.

des critères de diététique, de goût ou de commodité[545]. En effet, l'information par voie d'étiquetage est constituée de mentions, indications, marques de fabrique ou de commerce, images ou signes se rapportant à une denrée alimentaire et figurant sur tout emballage, document, écriteau, étiquette, bague ou collerette accompagnant ou se référant à cette denrée alimentaire[546]. Ainsi, l'étiquetage est considéré comme une clé de la liberté du consommateur[547]. La solution proposée par J. CALAIS-AULOY et H. TEMPLE, est que l'étiquetage comporte les informations nécessaires ou essentielles de sorte que l'information soit précise, claire et simple[548].

251. En principe, chaque pays concerné de cette étude fixe ses propres règles d'étiquetage, il est donc nécessaire de vérifier les législations nationales des pays dans lesquels le produit sera vendu[549]. De façon générale, il est obligatoire d'utiliser la ou les langues officielles du pays de commercialisation. Enfin, il incombe aux fabricants et aux importateurs de veiller à la conformité et à la

---

545 V., **J. JULIEN**, *Droit de la consommation*, op. cit., n° 83, p. 110 ; **S. LE GAC-PECH**, *Droit de la consommation*, Dalloz, 2017, p. 21.

546 Le premier article du décret marocain n° 2-12-503 du 11 septembre 2013 pris pour l'application de certaines dispositions de la loi n° 31-08 édictant des mesures de protection du consommateur définit l'étiquetage comme « *action d'apposer une étiquette sur un bien ou un produit. Etiquette : support portant des informations sur un bien ou un produit de quelque nature qu'il soit, fixé ou imprimé sur le bien ou le produit ou son emballage ou un support l'accompagnant* ». L'article 3 du décret algérien n° 13-378 du 9 novembre 2013 sur la protection du consommateur énonce également que « *(...) étiquetage nutritionnel : description des propriétés nutritionnelles d'une denrée alimentaire visant à informer le consommateur (...)* » (*JORA*., 18 nov. 2013, 58, p. 8).

547 **Y. STRICKLER**, « La protection de la partie faible en droit civil », *Pet. Aff.*, 25 oct. 2004, n° 213, p. 6

548 **J. CALAIS-AULOY et H. TEMPLE**, *Droit de la consommation*, op. cit., n° 61, p. 67 ; De plus, le rapport **CHATEL** (2003) proposait une amélioration de l'étiquetage, selon trois lignes directrices : simplicité, concision, lisibilité. Par ailleurs, et afin que l'étiquetage soit clair, l'article 47 du décret algérien n° 13-378 du 9 novembre 2013 fixant les conditions et les modalités relatives à l'information du consommateur prévoit que « *les mentions d'étiquetage citées à l'article 38 ci-dessus sont apposées soit sur une étiquette solidement fixée à l'emballage, soit au moyen d'une impression directe sur l'emballage ou sur le produit lui-même lorsque celui-ci n'est pas emballé* » (*JORA*., 18 nov. 2013, n° 58, p. 8).

549 A titre d'exemple ; Art. L. 412-5 du Code français de la consommation, Arts. R. 112-1 à R. 112-31 ; le décret français n° 2015-447 du 17 avril 2015 ; Au Maroc, plusieurs textes ont réglementé les mentions devant figurer sur les étiquettes, notamment dans le domaine alimentaire. Ces textes spécifiques sont pris pour la plupart sur le fondement de l'article 16 de la loi marocaine 13-83 relative à la répression de la fraude sur les marchandises, *Bull.O Mar*, n° 3777 du 20 mars 1985 ; le décret marocain n° 2-01-1016 du 6 juin 2002 réglementant les conditions d'étiquetage et de présentation des denrées alimentaires, *Bull.O. Mar*., n° 5010 du 6 juin 2002, p. 660 ; le décret marocain précité n° 2-12-503 du 11 sept. 2013 pris pour l'application de certaines dispositions de la loi n° 31-08 édictant des mesures de protection du consommateur, etc. ; En Tunisie, Art. 16 de la loi tunisienne n° 92-117. 7 déc. 1992 relative à la protection du consommateur, *JORT*., 15 déc. 1992, p. 1571 ; Arts 4 et 5 de l'Arrêté tunisienne des ministres du commerce et de l'artisanat, de la santé publique, de l'industrie, de l'énergie et des petites et moyennes entreprises du 24 août 2006, relatif aux boissons non alcoolisées, *JORT*., 1er sept. 2006, n° 70, p. 3148 ; En Algérie, Art. 47 du décret algérien n° 13-378, 9 nov. 2013, fixant les conditions et les modalités relatives à l'information du consommateur, *JORA*., 18 nov. 2013, n° 58, p. 8.

précision des informations qui figurent sur leurs étiquettes, lorsqu'ils mettent un produit textile sur le marché[550].

Dans les pays comparés, de nombreux textes abordent la question des mentions obligatoires dans l'étiquetage. On constate que le nombre et la nature de ces mentions sont en évolution continue[551]. Ainsi, les apports législatifs successifs complexifient la façon de les présenter ce qui entraine un manque de clarté et présente une difficulté de visibilité pour la partie faible. En effet, trop informer peut désinformer ou dans des termes semblables « *trop d'information tue l'information* »[552].

En réalité, la plupart des textes dans ce domaine sont des décrets d'application des articles des lois. Les exigences sont variées, dépendant très largement du type de produit concerné. On trouve tout de même une exigence commune, selon laquelle l'étiquetage ne doit pas être de nature à créer une confusion dans l'esprit de la partie faible[553].

2°. Le mode d'emploi

252. Le mode d'emploi constitue le moyen le plus utilisé pour informer le consommateur quel que soit le produit concerné (produit alimentaire, électronique, pharmaceutique). Ce support d'information est un document que tout professionnel doit fournir à son client afin de lui transmettre un ensemble d'informations contenant, dans la plupart des cas, des renseignements plutôt objectifs sur les caractéristiques du produit concerné et la façon de l'utiliser[554]. Le mode d'emploi doit être suffisamment explicite et compréhensible pour le consommateur, mais également accessible à ce dernier[555].

Il contient des renseignements sur les caractéristiques du produit, les instructions d'utilisation, les risques encourus et les précautions à prendre. Il peut contenir également des informations sur la mise en marche et la manipulation du

---

550 **D. FENOUILLET**, « Langue française, usage obligatoire », *RDC.*, 01/04/2007, n° 2, p. 360.

551 **V. LEGRAND**, « L'amélioration de l'information et des droits contractuels des consommateurs dans la loi "Hamon" », op. cit., n° 91, p. 4 ; **H. CLARET**, « Étiquetage », *JCl. Concurrence – Consommation*, 26 oct. 2014, n° 76 ; **H. KALLEL**, « La sécurité du consommateur en droit tunisien ; de la prévention à la répression », en droit tunisien, op. cit., p. 88.

552 **Y. FLOUR et A. GHOZI**, « Les conventions sur la forme », *Def.*, 2000, n° 14, p. 920 ; **J.-M. BRUGIERE**, « La protection du cyber-consommateur dans la loi pour la confiance dans l'économie numérique », *Revue Lamy droit de l'immatériel*, n° 1, janv. 2005, p. 60 ;

553 **H. CLARET**, « Étiquetage », op cit., n° 76.

554 **A. ALKHASAWNEH**, *L'obligation d'information dans les contrats informatiques*, op. cit, n° 104, p. 74.

555 En ce sens, l'article 2 de la loi française n° 94-665 du 4 août 1994 impose l'usage du français dans la désignation, l'offre, la présentation, le mode d'emploi d'un produit ou d'un service ainsi que dans les factures et les quittances ; Le premier article du décret marocain n° 2-12-503 du 11 septembre 2013 pris pour l'application de certaines dispositions de la loi marocaine précitée n° 31-08 édictant des mesures de protection du consommateur ; l'article 35 du décret exécutif algérien précité n° 13-378 du 9 novembre 2013 fixant les conditions et les modalités relatives à l'information du consommateur.

produit en cause[556]. Pour des produits simples, la fourniture d'un mode d'emploi pourra être considérée comme suffisante. Par ailleurs, le professionnel doit apporter toutes les informations nécessaires sur les modalités d'utilisation du produit[557].

3°. Le catalogue

253. Le catalogue joue en effet un rôle important dans l'information du client sur le produit. Il contient des renseignements sur la description du produit, son prix, les conditions du contrat, ce qui permet d'affirmer l'intérêt considérable de cette modalité dans l'information du client et la valeur contractuelle.

Le catalogue peut se présenter sur un support papier contenant des informations et des images sur le produit, ou sous une forme vidéographique diffusée que le consommateur peut consulter par télévision ou par ordinateur.

Ainsi, le catalogue joue un rôle important dans l'information du consommateur sur le produit, parce que le vendeur est obligé de transmettre ou de mentionner toutes les informations essentielles qui permettent au consommateur de conclure le contrat en connaissance de cause. Alors, le consommateur peut prendre connaissance de ces informations dès la réception de ce catalogue[558].

Comme tous les moyens de transmission de l'information, les informations du catalogue doivent être claires, précises, suffisantes et compréhensibles.

ii. La transmission de l'information par voie orale

254. La transmission d'information par la voie écrite présente beaucoup d'avantages pour la partie faible. Par contre, l'accomplissement de cette obligation par voie orale est plus adapté à la situation de certaines parties faibles. En réalité, devant des indications écrites parfois complexes, fastidieuses et l'impossibilité pour certains consommateurs d'en prendre connaissance en totalité, la transmission de l'information par voie orale est plus rapide, plus efficace et plus utilisée dans certains contrats.

---

[556] **PH. LE TOURNEAU**, « Contrats et obligations. – Classification des obligations. – Autres distinctions des obligations de moyens et des obligations de résultat », *JCl. Civil Code*, 22 sept. 2014, n°12 ; La jurisprudence française a déclaré que « *aucune indication dans le mode d'emploi n'attirant l'attention des usagers sur les dangers de la chose et les précautions à prendre en cas de déréglage, manquement à une obligation dérivant du contrat de vente, faute de vendeur* ». Voir, Cass. 1re civ., 22 avr. 1959 : *Bull. civ.* 1959, I, n° 209 ; **J. HUET**, « Vente. – Garantie légale contre les vices cachés. – Domaine de la garantie », *JCl. Civil Code,* 24 juill. 2015, n° 27.

[557] **H. PERINET-MARQUET**, « La responsabilité des fabricants de matériaux de construction », *Gaz. Pal.*, 24 févr. 2007, n° 55, p. 2 ; Cass. 3e civ., 18 janvier 1983, *RD imm.* 1984, 59, obs. **Malinvaud et Boubli** ; Cass. com., 25 janv. 2005, n° 01-16777, Inédit.

[558] Cela est confirmé par la jurisprudence française. Par exemple, la Cour de Cassation souligne que « Le commissaire-priseur est tenu de ne donner que des informations exactes dans les catalogues mis à la disposition de la clientèle, et, dans ses rapports avec l'acheteur, sa responsabilité peut être engagée envers lui in solidum avec le vendeur, sauf à ce que, dans ses rapports avec ce dernier, seul celui-ci ait éventuellement à contribuer ». Cass. 1er civ., du 22 avril 1997, n° 95-12.152, *Bull., civ.* ; en même sens, Cass. 1er civ., du 8 déc. 2009, n° 08-16.471, *Bull., civ.* ; V., égal., CA Paris 2016, 15 juin 2016, n° 13/04874.

Ainsi, la loi française du 1er juillet 2010 a tenté de faciliter la compréhension du contrat de crédit à la consommation en imposant une notice résumant les caractéristiques essentielles du contrat. Cependant, la plupart des consommateurs signent là où le professionnel leur indique, en faisant confiance aux explications orales qui leur sont données[559]. De même, l'article 3 du décret exécutif algérien n° 13-378 du 9 novembre 2013 fixant les conditions et les modalités relatives à l'information du consommateur prévoit que l'information sur les produits est « *toute information relative au produit transmise au consommateur sur une étiquette [...] ou à travers la communication verbale* »[560].

Dans ce contexte, D. BAZIN-BEUST estime que l'obligation d'informer sur les modes alternatifs de règlement des conflits est déclenchée par la conclusion d'un contrat écrit mais il semble que l'écrit n'est pas imposé pour l'information elle-même. Rien n'est précisé sur une quelconque mention à faire figurer dans le contrat ou d'un encadré ; ce qui pourrait signifier que le professionnel pourra communiquer oralement cette information[561].

255. Le professionnel peut donc par ce biais renseigner, conseiller et proposer les solutions les plus adaptées au besoin de la partie faible. C'est là l'avantage de ce moyen d'information. Les deux parties établissent un dialogue entre elles et l'information passe directement du débiteur au créancier, ainsi si celui-ci se trouve mal éclairé, il peut demander directement des explications. Le professionnel apporte une réponse aux questions et explique de façon simple en s'adaptant à la qualité et à la situation de la partie faible. Si celle-ci rencontre des difficultés de compréhension en raison de la complexité des produits et des services, seul un professionnel sera en mesure de l'éclairer. La voie orale ou la discussion entre les parties est une bonne illustration d'un moyen efficace pour dialoguer que ce soit avant la formation du contrat ou après celle-ci. Toutefois, ce mode de transmission de l'information est variable selon la capacité de la partie faible[562].

256. L'information doit être adaptée aux aptitudes du créancier pour qu'il comprenne facilement son contenu. Toutefois, le débiteur de l'obligation d'information, à savoir le professionnel ou son représentant ne possède pas toujours les compétences requises pour la mise œuvre effective de cette obligation.

Si la voie orale constitue un moyen efficace pour transmettre l'information, elle présente toutefois de nombreuses difficultés pratiques notamment sur le plan de la preuve. Il s'avère qu'il est très difficile de prouver qu'une information a été transmise oralement.

---

559 La loi n° 2010-737 du 1er juill. 2010 portant réforme du crédit à la consommation, *JORF*, n°0151, 2 juill. 2010, p. 12001 ; V., **G. RAYMOND**, « Information du consommateur », *JCl. Conc. Cons.*, 9 juill. 2015, n° 10.

560 Art. 3 du décret algérien n° 13-378, 9 nov. 2013, fixant les conditions et les modalités relatives à l'information du consommateur, *JORA*., 18 nov. 2013, n° 58, p. 8.

561 **D. BAZIN-BEUST**, *Droit de la consommation*, op. cit., p. 60.

562 **A. ALKHASAWNEH**, *L'obligation d'information dans les contrats informatiques*, op. cit, n° 115, p. 83.

Pour cette raison, il convient d'indiquer qu'en réalité, le professionnel s'acquittera de son obligation non seulement par la seule voie orale mais aussi par la transmission de documents écrits. On peut par conséquent affirmer que la transmission de l'information à travers ces deux voies sera très utile à la partie faible, notamment dans certains contrats, par exemple le contrat d'assurance ou le contrat de crédit à la consommation.

En tout état de cause, en la faisant peser sur le professionnel, le droit français est clair vis-à-vis de la charge de la preuve. En effet, l'article L. 111-5 du Code français de la consommation reprend cette règle en prévoyant qu'en cas de litige, il lui appartient de prouver qu'il a correctement exécuté son obligation d'information[563]. Cependant, cette preuve peut se faire par tous moyens, même s'il est évident que le professionnel a intérêt à se ménager une preuve écrite en faisant figurer les informations délivrées au sein du contrat ou sur le bon de commande. Ceci n'est pas nécessairement très protecteur des intérêts de la partie faible, qui aura parfois tendance à signer un document dans il reconnaît avoir pris connaissance de diverses informations sans même avoir lu ledit document[564].

257. Par ailleurs, d'autres moyens peuvent être associés à cette modalité d'information orale. Il s'agit des essais du bien ou de démonstrations du professionnel qui montre les gestes nécessaires à la mise en marche ou à l'usage du produit. Le professionnel procède directement à des essais en présence du consommateur. Il lui explique le mode d'utilisation et de fonctionnement du produit, il le conseille, il lui indique les précautions à prendre pour le démarrage et l'utilisation du produit. Cette voie implique des actions positives de la part du professionnel. Elle implique la fourniture d'informations sur les caractéristiques, le fonctionnement, l'utilisation et la mise en marche du produit. Cette voie aide ainsi la partie faible à prendre une décision et à conclure le contrat en connaissance de cause.

Il reste que si la partie faible a été mal informée, ou pas informée du tout, de quelles actions dispose-t-elle ?

B. La sanction de la violation de l'obligation d'information

258. Le professionnel est tenu de transmettre l'information et il doit établir, par tous moyens, la preuve qu'il a rempli son obligation d'information[565]. Dans ce sens, la Cour de cassation française estime que « *celui qui est légalement ou*

---

[563] L'article L. 111-5 du Code français de la consommation dispose que « *en cas de litige relatif à l'application des dispositions des articles L. 111-1, L. 111-2 et L. 111-4, il appartient au professionnel de prouver qu'il a exécuté ses obligations* ».

[564] V. **J.-D., PELLIER**, *Droit de la consommation*, Dalloz, 2016, n° 33, p. 50.

[565] **M. FABRE-MAGNAN**, *De l'obligation d'information dans les contrats*, op. cit, n° 542, p. 430 ; V. égal. **N. BEN MASOUD**, *L'information dans les contrats*, Thèse, Université de Tunis - El Manar, 2007-2008, p. 240 ; V., **A. KAHLOUN**, *La théorie générale des obligations : les sources des obligations et les actes juridiques*, en arabe, op. cit., p. 392 et 393.

contractuellement tenu d'une obligation particulière d'information doit rapporter la preuve de l'exécution de cette obligation »[566].

Néanmoins, pour son efficacité, cette obligation doit être assortie de sanctions spécialement édictées en faveur de la partie faible au contrat.

En principe, les législateurs des pays étudiés imposent aux professionnels diverses sanctions en cas d'inexécution de l'obligation d'information. Tout d'abord, il convient de remarquer que dans certaines hypothèses, la violation de l'obligation d'information est assortie de sanctions pénales[567]. Par exemple, en cas de violation des dispositions législatives ou réglementaires régissant l'information précontractuelle, et en particulier lorsque sont réunis les éléments de l'infraction liée à des pratiques commerciales trompeuses[568]. Il en est de même si, à l'occasion de la conclusion d'un contrat, il peut être relevé, sur le fondement des articles L. 213-1 et suivants du Code français de la consommation, une fraude ou une tromperie sur les caractéristiques du produit ou du service. Il peut en être de même, enfin, si la violation de l'obligation s'accompagne de circonstances permettant de retenir une qualification plus générale, telle que celle d'escroquerie[569].

Ensuite, le manquement du professionnel à son obligation d'information est le plus souvent sanctionné par des sanctions civiles qui sont elles-mêmes de nature variable (1). En revanche, le recours à d'autres sanctions est spécialement édicté dans les droits de certains pays (2).

---

[566] Cass. 1ère civ. 25 févr. 1997, n° 94-19685, *Bull. civ*, 1997, I, n° 75, p. 49 ; Cass. 1ère civ., 15 mai 2002, n° 99-21521, Bull. civ. 2002, I, n° 132, p. 101. Sur ce point, Monsieur A. BENCHENEB indique que « *la preuve de l'exécution de l'obligation pèse sur le professionnel pour ce qui est des informations exigibles alors que la preuve de la déloyauté et de l'absence de sincérité du professionnel pèse sur le consommateur, ce qui finalement suggère que l'obligation d'information du consommateur participe de l'obligation de moyens autant que de l'obligation de résultat* ». V, **A. BENCHENEB**, *Le droit algérien des contrats ; Données fondamentales*, op. cit., n° 401, p. 285

[567] Par ex., l'article 68 de la loi algérienne dispose que « *est puni des peines prévues à l'article 429 du Code pénal, quiconque trompe ou tente de tromper le consommateur, par quelque moyen ou procédé que ce soit sur ; - la quantité des produits livrés ; - la livraison de produits autres que ceux déterminés préalablement ; - l'aptitude à l'emploi d'un produit ; - les dates ou les durées de validité du produit ; - les résultats escomptés d'un produit ; - les modes d'emploi ou les précautions à prendre pour l'utilisation d'un produit* » (loi n° 09-03 relative à la protection du consommateur et à la répression des fraudes, *JORA*., n° 15, 08 mars 2009, p. 10). Dans le cadre des contrats à distance, l'article 177 de la loi marocaine n° 31-08 édictant des mesures de protection du consommateur énonce que les infractions aux dispositions concernées l'obligation d'information (des articles 29, 30 et 32) « *sont punies d'une amende de 1200 à 10.000 dirhams. En cas de récidive, l'amende est portée au double. Est en état de récidive l'auteur qui commet l'infraction dans les cinq ans suivant une condamnation ayant la force de chose jugée pour des faits similaires* ». Quant à démarchage, l'article 180 de la loi marocaine n° 31-08 édictant des mesures de protection du consommateur dispose que « *toute infraction aux dispositions des articles 47 à 51 et de l'article 31 sera d'une amende de 1200 à 25 000 Dirhams. Si le contrevenant est une personne morale, il sera puni d'une amende de 50.000 à 1.000.000 dirhams* ».

[568] **D. BAZIN-BEUST**, *Droit de la consommation*, op. cit., p. 53.

[569] **B. PETIT et S. ROUXEL**, « Contrats et Obligations. Obligation d'information », JurisClasseur Civil Code, 18 juill. 2016, n° 75 ;

1. Les sanctions civiles du droit commun

259. Les sanctions civiles des manquements à l'obligation d'information consistent soit dans l'annulation (1°) ou la résolution (2°) du contrat soit dans la réparation (3°) du préjudice causé au créancier et donc à la partie faible.

a. L'annulation

260. Selon les régimes juridiques des pays comparés, l'annulation peut reposer sur deux fondements ; un premier fondement tiré du droit commun des contrats et un deuxième issu de textes spécifiques à l'obligation d'information.

Dans le premier cas, la sanction des manquements à l'obligation d'information peut être fondée sur la nullité du contrat consécutive à un vice du consentement. Ainsi, le nouvel article 1112-1 du Code civil français prévoit, dans son alinéa 6, que, « *outre la responsabilité de celui qui en était tenu, le manquement à ce devoir d'information peut entraîner l'annulation du contrat dans les conditions prévues aux articles 1130 et suivants* ». La nullité du contrat est ainsi encourue lorsque le manquement au devoir d'information constitue un vice du consentement au sens des articles 1130 et suivants du Code civil.

261. Il s'agit le plus souvent d'une nullité pour dol par réticence. La réticence dolosive consiste à taire sciemment une information dont on connaît non seulement l'existence mais aussi l'importance pour le cocontractant[570]. Mais, peut aussi s'agir parfois d'une nullité pour erreur répondant aux conditions de l'article 1110 du Code civil français. Les conditions sont à la fois plus larges et plus étroites que les conditions requises en matière de dol. Plus larges puisque l'erreur ne suppose aucune mauvaise foi chez le cocontractant de l'errans et donc, à la différence de la réticence dolosive, ne recouvre pas nécessairement la violation d'une obligation d'information[571]. Plus étroites, d'une part, parce que l'erreur n'est cause de nullité que dans la mesure où elle porte sur une qualité substantielle de l'une des prestations[572], et d'autre part, parce que l'annulation peut être refusée s'il apparaît que l'errans, ayant manqué à son obligation de s'informer, a commis une erreur inexcusable. Néanmoins, l'article 1136 précise que la nullité serait envisageable dès lors que l'errans, en commettant une erreur sur la valeur, se serait trompé « sur les qualités essentielles de la prestation »[573].

---

[570] Cass. 1ère civ., française, 28 mai 2008, n° 07-13487, *Bull. civ.*, 2008, I, n° 154 ; Cass. 3e civ. 3 mars 2010, n° 314, 08-18.272 : *JurisData* n° 2010-002155 ; *Bull. civ.* 2010, III, n° 52. **J.-D., PELLIER**, *Droit de la consommation*, op. cit., n° 35, p. 52 ; V. égal. **J. HEINICH**, « Retour sur le préjudice de ne pas contracter de la victime de dol qui ne demande pas la nullité du contrat : un revirement inattendu ! », *Rev. Sociétés*, 2016, p. 730.

[571] V. **A. RIERA**, « L'obligation d'information précontractuelle dans les contrats de distribution après la réforme du droit des contrats », *AJ contrat*, 2017, p.155.

[572] V. par ex., Cass. 1re civ. français, 1er mars 1988, *Bull. civ.* 1988, I, n° 56 ;

[573] L'article 1136 du Code civil français dispose que « *l'erreur sur la valeur par laquelle, sans se tromper sur les qualités essentielles de la prestation, un contractant fait seulement de celle-ci une appréciation économique inexacte, n'est pas une cause de nullité* ».

La réticence dolosive est également considérée comme un vice du consentement en droit tunisien, marocain et mauritanien. Par conséquent, c'est une cause de nullité du contrat. En effet, l'article 52 marocain, l'article 56 tunisien et l'article 72 mauritanien de leurs Codes des obligations et des contrats disposent que « *le dol donne ouverture à la rescision, lorsque (...) les réticences de l'une des parties, de celui qui la représente ou qui est de complicité avec elle, sont de telle nature que, sans (...) ces réticences, l'autre partie n'aurait pas contracté* ». De même, l'article 125 du Code civil libyen et l'article 86 du Code civil algérien énoncent que « *le silence intentionnel de l'une des parties au sujet d'un fait ou d'une modalité, constitue un dol quand il est prouvé que le contrat n'aurait pas été conclu, si l'autre partie en avait eu connaissance* »[574]. Selon les textes précédents, on constate que pour conduire à l'annulation du contrat, la réticence dolosive doit avoir eu une influence substantielle sur le consentement de la partie faible ; en effet, si la partie faible avait eu connaissance des informations manquantes, elle n'aurait pas conclu le contrat.

262. En matière de vente, selon l'article 408 libyen et l'article 352 algérien des Codes civils, l'acheteur peut demander l'annulation du contrat si le vendeur ne l'informe pas suffisamment relativement aux qualités essentielles du bien vendu. Ici, sans se fonder sur les vices du consentement, l'acheteur peut seulement prouver que le contrat ne contient pas la désignation du bien vendu et ses qualités essentielles de façon à en permettre l'identification[575]. Sur ce point, la Cour suprême libyenne a jugé que le silence intentionnel de l'une des parties au sujet d'un fait ou d'une modalité du contrat, constitue un dol quand il est prouvé que le contrat n'aurait pas été conclu, si l'autre partie en avait eu connaissance. Cette dernière partie peut par conséquent demander l'annulation du contrat[576]. De même, la Cour suprême algérienne a estimé qu'il y a une erreur sur les qualités substantielles du contrat lorsque la banque n'informe pas l'emprunteur sur le financement de la Caisse Nationale d'Epargne et de Prévoyance[577].

---

[574] Selon les dispositions des droits des pays du Maghreb, l'erreur peut également être cause de nullité dans la mesure où elle porte sur une qualité substantielle de l'une des prestations ; Art. 41 COC marocain, Art 45 COC tunisien, Art. 61 COC mauritanien, Art. 82 C. civ. algérien et Art. 121 C. civ. libyen. V., **A. KAHLOUN**, *La théorie générale des obligations : les sources des obligations et les actes juridiques*, en arabe, op. cit., p. 200 à 206 ; **D. ALLAG-ZENNAKI**, *Contrats : Négociation ; Construction ; Rédaction*, en droit algérien, DAR EL ADIB, 2016, p. 120 et s ; **A. OULD ABDEDAYM**, *La théorie générale des obligations en droit mauritanien*, en arabe, op cit., pp. 41, 99 et 108 ; **N-A ALRAHALY**, *Les pratiques modernes dans les affaires de consommation*, en droit marocain, en arabe, op. cit., p. 107 et s.

[575] V. **D. HAMIK**, *L'obligation d'information dans les contrats*, Thèse, Université d'Alger, en arabe, 2009, p. 120 et s ; **Z-H. SII-YOUSSEF**, *ALOIDEH dans le contrat de vente*, Houma-Algérie, en arabe, 2012, p. 326.

[576] L'arrêt de la Cour suprême libyen n° 26/18 ; 25 janv. 1982, en arabe, Revue de la Cour suprême, n° 1/19, p. 45. Dans le même sens, l'article 125 du Code civil libyen et l'article 86 du Code civil algérien.

[577] L'arrêt de la Cour suprême algérienne n° 581228, 22 juill. 2010, en arabe, *Revue de la Cour suprême*, n° 2, 2010, p. 161.

263. C'est aussi le cas en matière de contrat d'assurance en droits libyen[578] et algérien. En effet, l'article 750 du Code civil libyen et l'article 622 du Code civil algérien prévoient que le contrat d'assurance est nul, si toute clause imprimée relative aux cas de nullité ou de déchéance n'est pas présente d'une manière apparente. Donc, l'information est présente dans le contrat mais la clause n'est pas lisible clairement. Dans ce cas, il y a bien manquement à l'obligation d'information de l'assureur. Par conséquent, la sanction de ce manquement est l'annulation du contrat d'assurance. La sanction porte sur l'annulation du contrat, alors que le professionnel a rempli son obligation d'information mais il lui est reproché d'avoir inséré des clauses illisibles. La sanction de ce caractère illisible est équivalente à l'absence d'information. Cette illisibilité est assimilée à un défaut d'information.

264. De plus, l'annulation peut également être prononcée sur le fondement de l'un des textes spéciaux régissant l'obligation d'information. Il en est ainsi lorsqu'une disposition expresse précise que les mentions informatives sont requises « à peine de nullité ». C'est le cas notamment en matière de démarchage à domicile en droit français et marocain[579] et de cautionnement consenti par une personne physique au bénéfice d'un créancier professionnel en droit français. De même, en droit mauritanien l'article 55 de l'Ordonnance n° 2006-031 relative aux instruments de paiement et aux opérations du commerce électronique dispose que « *Sous peine de nullité du contrat, ces informations doivent être fournies par voie électronique et mises à la disposition du consommateur pour consultation à tous les stades de la transaction* ». L'article 14 de la loi algérienne n° 18-05 du 10 mai 2018 relative au commerce électronique[580] énonce également que dans le cas du non-respect de l'obligation d'information par l'e-fournisseur, l'e-consommateur peut demander l'annulation du contrat et réparation du préjudice subi.

265. Par ailleurs, il est utile de mentionner que certains auteurs français[581] soulignent que « *en l'absence de sanction civile légale, l'obligation générale d'information précontractuelle du droit de la consommation peut être sanctionnée par une nullité virtuelle, non pas tant en raison de son caractère*

---

578 La Cour suprême libyenne confirme cette disposition dans l'arrêt n° 26/51 du 08/02/1982, *Revue de la Cour suprême*, en arabe, n° 1/19, p. 82.

579 V., les articles L. 242-6 et L. 341-2 du Code français de la consommation. L'article 48 de loi marocaine n° 31-08 précitée édictant des mesures de protection du consommateur dispose dans le cadre de démarchage que « *le contrat doit, à peine de nullité, mentionner : A- le nom ou la dénomination sociale du fournisseur et du démarcheur ; (...) ; G- la faculté de rétractation (...)* ». A ce sujet, l'arrêt du 28 mai 2009 de la Cour de cassation a énoncé que « *le professionnel doit, lorsque la livraison n'est pas immédiate, indiquer la date limite à laquelle il s'engage à livrer le bien ou effectuer la prestation ; que la méconnaissance de cette disposition d'ordre public est sanctionnée par la nullité* », Cass. 1er civ. 28 mai 2009, n° 08-16263, inédit.

580 La loi algérienne n° 18-05 du 10 mai 2018 relative au commerce électronique, *JORA*, n°28, 16 mai 2018, p. 4.

581 **S. BERNHEIM-DESVAUX** et **N. SAUPHANOR-BROUILLAUD**, « Pas de nullité sans texte ? L'exemple de l'obligation générale d'information précontractuelle du droit de la consommation », *RDC.*, 2018, n° 01, p. 122.

d'ordre public, mais parce qu'elle est une condition de formation du contrat de consommation ». Ainsi, ce point de vue peut nous rappeler que « contrairement à l'adage, le principe est que les nullités sont virtuelles et non textuelles »[582]. Il se fonde sur la qualification de l'obligation d'information. Celle-ci peut en effet être considérée comme une condition de formation du contrat de consommation. Ainsi, l'absence de texte prescrivant les sanctions civiles de l'obligation générale d'information précontractuelle permet d'admettre une nullité virtuelle facultative du contrat conclu à la suite d'un défaut d'information du professionnel[583]. Par ailleurs, il faut ici noter qu'une partie de la doctrine[584] suggère de justifier la nullité virtuelle par le caractère d'ordre public attaché à la règle informative sanctionnée. En effet, l'indication du caractère d'ordre public est de nature à en garantir l'effectivité. Lorsque le contrat est conclu alors que le consommateur n'a pas obtenu toute l'information légale, la nullité est donc théoriquement encourue[585]. En général, le contrat peut être annulé par le juge quand il constate qu'un élément essentiel de sa formation est absent alors même qu'aucun texte n'a expressément prévu la sanction.

266. En tout état de cause, on peut ici se demander si la sanction de l'annulation est toujours adaptée aux intérêts de la partie faible, surtout si la continuation du contrat peut encore lui être utile. Par exemple, si la voie des vices du consentement aboutit, elle conduit à la nullité du contrat, c'est-à-dire à sa disparition rétroactive, ce que ne souhaite pas nécessairement la partie faible, le contrat pouvant conserver pour lui un intérêt[586]. Cependant, la difficulté de l'application des vices du consentement, selon que l'information défaillante ait causé ou non un vice du consentement, peut être évitée par l'admission d'une nullité virtuelle facultative, comme la doctrine le propose[587].

Il convient de souligner que selon M. PLANIOL et G. RIPERT, l'annulation ne doit être prononcée que « *lorsque l'intérêt qu'elle vise à sauvegarder est assez*

---

[582] **H. ROLAND et L. BOYER**, *Adages du droit français*, Litec, 4e éd., 1999, p. 631.

[583] **S. BERNHEIM-DESVAUX** et **N. SAUPHANOR-BROUILLAUD**, « Pas de nullité sans texte ? L'exemple de l'obligation générale d'information précontractuelle du droit de la consommation », op. cit., p. 122 ; A ce sujet, **H. KALLEL**, « La sécurité du consommateur en droit tunisien ; de la prévention à la répression », op. cit., p. 103.

[584] Sur ce sujet V. **J. CALAIS-AULOY**, « Les sanctions en droit de la consommation », *in Les droits et le Droit, Mélanges dédiés à Bernard Bouloc*, 2006, Dalloz, pp. 75 à 86 ; **Y. PICOD**, *Droit de la consommation*, 2015, 3e éd., Sirey, n° 234, p. 145 ; **J. CALAIS-AULOY et H. TEMPLE**, *Droit de la consommation*, Dalloz, 10e éd., 2018, n° 59, p. 65.

[585] **S. LE GAC-PECH**, *Droit de la consommation*, Dalloz, 2107, p. 25 ; A ce sens V, **N. BEN MASOUD**, *L'information dans les contrats*, Thèse, Université de Tunis - El Manar, 2007-2008, p. 244.

[586] Sur ce sujet V., **C. GRIMALDI**, « Quand une obligation d'information en cache une autre : inquiétudes à l'horizon… », op. cit., p. 1009 ;

[587] **S. BERNHEIM-DESVAUX** et **N. SAUPHANOR-BROUILLAUD**, « Pas de nullité sans texte ? L'exemple de l'obligation générale d'information précontractuelle du droit de la consommation », op. cit., p. 122.

important pour justifier cette sanction et est mis assez gravement en danger par l'inobservation de la loi »[588].

b. Résolution

267. Si le professionnel ne respecte pas son obligation d'information, le contrat peut encourir la résolution à l'initiative du cocontractant. Selon le droit commun des pays comparés[589], la résolution constitue une des sanctions de l'inexécution d'une obligation née d'un contrat synallagmatique. Dès lors, cette sanction est naturellement encourue lorsque l'obligation a été violée ou bien constituait l'objet principal de la convention ou lorsqu'elle avait une incidence sur l'exécution de celle-ci[590]. En ce sens et à titre d'exemple, la Cour suprême libyenne a jugé que « sur le fondement de l'article 159 du Code civil libyen, lorsqu'une des parties n'exécute pas son obligation, l'autre partie peut, après avoir mis le débiteur en demeure, réclamer l'exécution du contrat ou en demander la résolution avec réparation du préjudice, s'il y a lieu »[591].

Le nouvel article 1224 du Code civil français énonce également que « *la résolution résulte soit de l'application d'une clause résolutoire soit, en cas*

---

[588] **M. PLANIOL et G. RIPERT**, *Traité pratique de droit civil français*, 2e éd., t. VI, par P. Esmein, n° 295.

[589] Arts. 159 libyen et 119 algérien des Codes civils disposent que « *dans les contrats synallagmatiques, lorsqu'une des parties n'exécute pas son obligation, l'autre partie peut, après avoir mis le débiteur en demeure, réclamer l'exécution du contrat ou en demander la résolution avec réparation du préjudice, dans les cas, s'il y a lieu. Le juge peut accorder un délai au débiteur suivant les circonstances. Il peut aussi rejeter la demande en résolution, lorsque le manquement à l'obligation ne présente que peu d'importance par rapport à l'ensemble de la prestation promise* » ; L'article 273 tunisien, l'article 259 marocain et l'article 276 mauritanien des Codes des obligations et des contrats énoncent que « *lorsque le débiteur est en demeure, le créancier a le droit de contraindre le débiteur à accomplir l'obligation, si l'exécution en est possible; à défaut, il peut demander la résolution du contrat, ainsi que des dommages-intérêts dans les deux cas. Lorsque l'exécution n'est plus possible qu'en partie, le créancier peut demander, soit l'exécution du contrat pour la partie qui est encore possible, soit la résolution du contrat, avec dommages-intérêts dans les deux cas. (...). La résolution du contrat n'a pas lieu de plein droit, mais doit être prononcée en justice* ». *L'article 1217 du Code civil français dispose que « la partie envers laquelle l'engagement n'a pas été exécuté, ou l'a été imparfaitement, peut (...) provoquer la résolution du contrat ; (...)* ».

[590] **B. PETIT et S. ROUXEL**, « Contrats et obligations : obligation d'information », op. cit., n° 83 ; **Y. DAGOME-LABBE**, « Agences de Voyages - Mandataire - Quelle sanction au défaut d'information ? », *JT.*, 2014, n°169, p.12 ; **A. KAHLOUN**, *La théorie générale des obligations : les sources des obligations et les actes juridiques*, en arabe, op. cit., pp. 425 et 427 ; **A. OULD ABDEDAYM**, *La théorie générale des obligations en droit mauritanien*, en arabe, op. cit., p. 184 ; **Abdel-K. EL-AARAARY**, *Les ressources des obligations, La théorie du contrat*, en arabe, op. cit., n° 477, p. 400 et s.

[591] L'arrêt de la Cour suprême libyenne n° 45/8 du 01/06/2002, inédite. L'article 159 du Code civil libyen dispose que « dans les contrats synallagmatiques, lorsqu'une des parties n'exécute pas son obligation, l'autre partie peut, après avoir mis le débiteur en demeure, réclamer l'exécution du contrat ou en demander la résolution avec réparation du préjudice, dans les cas, s'il y a lieu. Le juge peut accorder un délai au débiteur suivant les circonstances. Il peut aussi rejeter la demande en résolution, lorsque le manquement à l'obligation ne présente que peu d'importance par rapport à l'ensemble de la prestation promise ».

d'inexécution suffisamment grave, d'une notification du créancier au débiteur ou d'une décision de justice ». Cet article permet au contractant de résoudre le contrat, si son cocontractant n'a pas exécuté ses obligations, à condition qu'elle soit assez grave, ce qui prête à interprétation. Cette inexécution doit d'ailleurs être suffisamment grave. Mais, on constate que le droit français ne donne pas une définition générale de la notion d'inexécution suffisamment grave. Cela est soumis à l'appréciation du juge et la détermination de la doctrine[592].

268. Par ailleurs, dans le cadre de la sanction du vice caché, la résolution est toujours possible dans le cas où le professionnel occulte certaines informations sur ces produits. De plus, l'article 673 tunisien, l'article 574 marocain et l'article 579 mauritanien des Codes des obligations et des contrats prévoient que si le vendeur est de mauvaise foi, son cocontractant peut toujours résoudre le contrat malgré l'existence de clauses limitant la responsabilité ou l'expiration du délai fixé par le droit (prescription)[593]. Ainsi, ces articles disposent que « *le vendeur de mauvaise foi ne peut opposer les moyens de prescription établis en l'article précédent, ni toute autre clause limitant sa garantie. Est de mauvaise foi, tout vendeur qui aurait employé des manœuvres dolosives pour créer ou dissimuler les vices de la chose vendue* ». En tout état de cause, il convient ici de noter que conformément au droit commun de ces pays, la résolution du contrat n'a pas lieu de plein droit, mais doit être prononcée en justice. D'ailleurs, le juge peut accorder un délai au débiteur suivant les circonstances. Il peut aussi rejeter la demande en résolution, lorsque le manquement à l'obligation ne présente que peu d'importance par rapport à l'ensemble de la prestation promise[594].

269. Dans ce contexte, en droit français, certains textes spéciaux en matière de vente énoncent expressément que le manquement à l'obligation d'information qu'ils édictent ouvre à l'acheteur la faculté de poursuivre, au choix, la résolution de la vente ou la restitution d'une partie du prix[595].

---

[592] Sur ce point V, **C. JOURDAIN-FORTIER**, « La résolution », ni, **C. JOURDAIN-FORTIER** et **M. MIGNOT** (dir), *Analyse comparée du droit français réformé des contrats et des règles matérielles du commerce international*, LexisNexis, 2016, p. 466 et s.

[593] L'article 672 tunisien et l'article 573 marocain et l'article 578 mauritanien des Codes des obligations et des contrats disposent que « *toute action résultant des vices rédhibitoires, ou du défaut des qualités promises, doit être intentée, à peine de déchéance : 1) pour les choses immobilières dans les trois cents soixante-cinq jours après la délivrance ; 2) pour les choses mobilières et les animaux, dans les trente jours (...)* ».

[594] **N. BEN MASOUD**, *L'information dans les contrats*, en droit tunisien, op. cit., p. 244 ; V. égal. **N-A ALRAHALY**, *Les pratiques modernes dans les affaires de consommation*, en droit marocain, en arabe, op. cit., p. 162 et s.

[595] L'article L. 514-20 du Code français de l'environnement prévoit que « *lorsqu'une installation soumise à autorisation ou à enregistrement a été exploitée sur un terrain, le vendeur de ce terrain est tenu d'en informer par écrit l'acheteur ; il l'informe également, pour autant qu'il les connaisse, des dangers ou inconvénients importants qui résultent de l'exploitation. Si le vendeur est l'exploitant de l'installation, il indique également par écrit à l'acheteur si son activité a entraîné la manipulation ou le stockage de substances chimiques ou radioactives. L'acte de vente atteste de l'accomplissement de cette formalité. A défaut, l'acheteur a le choix de poursuivre la résolution de la vente ou de se*

270. Par ailleurs, la doctrine et la jurisprudence française[596] confirment que la résolution peut intervenir notamment sur le fondement de l'obligation de délivrance en matière de vente. D'ailleurs, pour censurer un arrêt ayant estimé que le défaut d'information ne pouvait donner lieu qu'à l'octroi de dommages-intérêts. La Cour de cassation française a jugé ainsi que « *la violation d'une telle obligation peut entraîner la résolution de la vente dans les conditions du droit commun* »[597].

Dans cette matière, le contrat révocable reste valide et il produit ses effets mais il est non obligatoire pour le consommateur. Celui-ci dispose de l'option de résoudre le contrat. Le contrat permet donc au consommateur victime de la violation de l'obligation d'information de mettre fin à la convention s'il estime que le manquement à cette obligation a entamé ses chances de profiter du produit et que l'exécution en nature, comme on verra ultérieurement, n'est plus utile. En droit français, laisser le choix à la résolution du contrat à la pure volonté du client concrétise le souci de protection car c'est uniquement le client victime qui peut décider de mettre fin au contrat sans attendre la décision du juge qui peut prendre beaucoup de temps[598].

Le recours à la résolution peut être considéré comme étant inadéquat, d'où la possibilité pour la partie faible de mettre en œuvre la responsabilité du professionnel par une demande de réparation.

c. Réparation

271. Le professionnel peut en effet être sanctionné par une obligation de réparer le préjudice subi par la partie faible du fait du manque d'information[599]. En ne fournissant pas les informations nécessaires à la partie faible, le professionnel commet une faute. On pourrait même dire que pèse sur lui une présomption de faute. En réalité, le professionnel ayant violé une obligation légale d'information au cocontractant, commet une faute caractérisée. En se référant aux règles du droit commun, la faute génératrice de responsabilité et donc susceptible de réparation n'est pas nécessairement une faute d'une certaine gravité : même la faute légère suffit à engager la responsabilité de son auteur ainsi que l'admet de

---

faire restituer une partie du prix ; (...) ». Sur le même sujet V., l'article L. 125-5 du même Code relatif à l'information sur les risques naturels et technologiques.

[596] V. **B. PETIT et S. ROUXEL**, « Contrats et Obligations. Obligation d'information », op. cit., n° 83.

[597] Cass. 1re civ., 28 mai 2009, n° 08-14.421 : *JurisData* n° 2009-048354 ; *Resp. civ.* et assur. 2009, comm. 221. - *Rappr. Cass.* 1re civ., 30 mai 2006, n° 03-14.275 : *JurisData* n° 2006-033697 ; *Bull. civ.* 2006, I, n° 280.

[598] **A. ALKHASAWNEH**, *L'obligation d'information dans les contrats informatiques*, Thèse, l'Université de Reims Champagne–Ardenne, 2008, n° 435, p. 370.

[599] Par exemple, l'article 1217 du Code civil français dispose que « *la partie envers laquelle l'engagement n'a pas été exécuté, ou l'a été imparfaitement, peut : (...) demander réparation des conséquences de l'inexécution* ».

longue date la jurisprudence[600]. Ainsi, la partie faible peut démontrer en cas d'inexécution d'obligations d'information que le professionnel a commis une faute en relation de causalité directe avec un préjudice qu'il a subi de ce fait, et obtenir la condamnation en justice du professionnel à lui verser des dommages et intérêts à titre de réparation[601].

La réparation du dommage causé par la violation de l'obligation d'information apparaît comme la sanction la plus usuelle de la violation cette obligation. D'une part, elle est commune à toutes les obligations d'information, et peut par conséquent être ordonnée tant sur le fondement d'une information ayant une incidence sur le consentement d'une partie que sur celui d'une information ayant une incidence sur l'inexécution du contrat[602]. D'autre part, la condamnation à des dommages-intérêts peut intervenir tant isolément qu'à titre de complément d'une annulation ou d'une résolution du contrat ou d'un acte postérieur[603].

Dans le cadre de la protection de la partie faible, les questions qui se posent sont de savoir quel est le fondement de la réparation ? Et quelle est l'étendue du préjudice réparable ?

272. Tout d'abord, on peut affirmer que le fondement de la réparation est en lien direct avec la nature de l'obligation elle-même, par conséquent la responsabilité du professionnel peut être de nature délictuelle ou contractuelle.

La doctrine et la jurisprudence française sont loin d'être unanimes. Tandis que certains considèrent que la responsabilité ne peut être que contractuelle, d'autres estiment au contraire qu'elle doit être tantôt délictuelle et tantôt contractuelle et proposent d'établir une distinction selon un critère chronologique et/ou un critère fonctionnel[604]. On peut ainsi dire que la responsabilité serait de nature précontractuelle, donc délictuelle, lorsque l'obligation d'information a une incidence sur le consentement d'un contractant[605]. Elle serait en revanche de

---

600 V. Cass. 1ère civ. française, 7 févr. 1979, *Bull. civ.* I, n° 50 où il est énoncé : « *Méconnait l'article 1147 du c. civ. Le tribunal d'instance qui, après avoir relevé à la charge du vendeur d'un appareil un manquement à son obligation de renseignements, refuse d'ordonner, au profit de l'acquéreur, la réparation du préjudice en résultant, au motif que cette faute devrait être considérée comme légère* » ; La Cour de cassation française a également estimé que « *le caractère intentionnel de la réticence (...) qui s'analysait aussi en un manquement à l'obligation précontractuelle d'information du vendeur, allouer des dommages-intérêts à l'acquéreur en réparation de son préjudice (...)* » (Cass. 1ère civ., 28 mai 2008, n° 07-13487, *Bull. civ.*, 2008, I, n° 154).

601 **G. RAYMOND**, *Droit de la consommation*, op. cit., n° 444, p. 233 ; **D. HAMIK**, *L'obligation d'information dans les contrats*, op. cit., p. 311.;

602 **M. FABRE-MAGNAN**, *De l'obligation d'information dans les contrats*, op. cit., n° 596, p.473 et s ; **F. CHABAS**, « Cent ans de responsabilité civile », *Gaz. Pal.*, 24 août 2000, n°237, p. 5.

603 V. **B. PETIT et S. ROUXEL**, « Contrats et Obligations. Obligation d'information », op. cit., n° 84.

604 **B. PETIT et S. ROUXEL**, « Contrats et Obligations. Obligation d'information », op. cit., n° 85.

605 Par ex., V. Cass. com., 11 janv. 1984 : *Bull. civ.* 1984, IV, n° 16. - Cass. 1re civ., 10 févr. 1987 : *Bull. civ.* 1987, I, n° 44; Cass. 1re civ., 4 oct. 1988 : *Bull. civ.* 1988, I, n° 265. - Cass. com., 23 mai 1989 : *JCP E.* 1989, I, 18761 ; *RTD civ.* 1989, p. 736, obs. **J. MESTRE**. -Cass. Civ 1ère, 4 Avril 1991, *D.*1991, *I.R*, p.143.- Cass. 1re civ., 28 mai 2008, n° 07-13.487 : *JurisData.* n° 2008-044118 ;

nature contractuelle, lorsque l'obligation d'information a une incidence sur l'exécution du contrat[606]. Néanmoins, la jurisprudence française a tendance à qualifier de responsabilité contractuelle des hypothèses où, pourtant, l'obligation d'information avait non seulement une incidence sur le consentement mais encore préexistait à tout accord contractuel[607]. De plus, il conviendrait de retenir également une responsabilité contractuelle lorsque l'information, même influant sur le consentement, est due au titre d'un avant-contrat effectivement voulu par les parties ou sanctionnée au titre d'une garantie contractuelle[608].

Cependant, l'application des règles de la responsabilité civile atteint ici ses limites. Dans certains cas, la recherche d'un préjudice conduit à exclure de la réparation les défauts d'information n'ayant causé aucun préjudice ou pas de préjudice objectif[609]. C'est pourquoi, selon certains auteurs[610], le professionnel qui manque à son obligation d'information peut être tenu pour responsable des dommages qui en résultent auprès du consommateur sur le fondement de la responsabilité dite objective ou de la responsabilité de plein droit[611]. En réalité, il

---

Bull. civ. 2008, I, n° 154 ; *JCP G.*, 2008, n° 44, II, 10179, note **I. BEYNEIX** ; *RTD civ.* 2008, p. 476, obs. **B. FAGES**. V. égal. **J.-D., PELLIER**, *Droit de la consommation*, op. cit., n° 36, p. 53.

606 V. par ex., Cass. com., 13 mars 1990 : *Bull. civ.* 1990, IV, n° 82 ; **M. FABRE-MAGNAN**, *De l'obligation d'information dans les contrats*, op. cit., n° 433, p. 348 et s ; **B. PETIT et S. ROUXEL**, « Contrats et Obligations. Obligation d'information », op. cit., n° 85. D'ailleurs, la responsabilité du professionnel peut être fondée sur l'erreur ou le dol. D'une part, lorsque l'erreur tombe sur l'identité ou sur l'espèce, ou bien sur la qualité de l'objet qui a été la cause déterminante du consentement et d'autre part, lorsque les manœuvres ou les réticences de l'une des parties, de celui qui la représente ou qui est de complicité avec elle, sont de telle nature que, sans ces manœuvres ou ces réticences, l'autre partie n'aurait pas contractée ; V. Arts 41 et 51 du COC marocain et Arts. 45 et 56 COC tunisien, Arts. 61 et 72 COC mauritanien, Arts. 82 et 86 C. civ. algérien et Arts. 121 et 125 C. civ. libyen.

607 **D. MAHI-DISDET**, *L'obligation d'information dans les contrats du commerce électronique*, Thèse, Université d'Avignon et des Pays de Vaucluse, 2011, n° 483, p. 348.

608 **B. PETIT et S. ROUXEL**, « Contrats et Obligations. Obligation d'information », op. cit., n° 85. Pour les raisons de cette préférence, Monsieur MAHI-DISDET dit que « *ce mouvement de contractualisation de l'obligation précontractuelle d'information trouve une explication dans le fait que les informations relatives au contenu du contrat qui sont transmises par une partie avant la conclusion de celui-ci entrent dans le champ contractuel dès l'instant où le contrat est conclu* » (**D. MAHI-DISDET**, *L'obligation d'information dans les contrats du commerce électronique*, op. cit., n° 488, p. 351) ; **N. BEN MASOUD**, *L'information dans les contrats*, en droit tunisien, op. cit., n° 391, p. 310 et s.

609 **S.-M. FERRIE**, « Quelle sanction pour la violation du devoir d'information médicale ? », *D.* 2017, p. 555

610 **D. HAMIK**, *L'obligation d'information dans les contrats*, op. cit., p. 311. Sur ce sujet V., **S.-M. FERRIE** a indiqué que « *partant, il est envisageable de changer de paradigme pour raisonner, non plus en termes de responsabilité civile, mais en termes de sanction de la violation d'un droit subjectif* ». Cet auteur ajoute que « *au regard de l'existence d'un droit subjectif à l'information, un tel « préjudice automatique » n'a plus rien de surprenant* ». **S.-M. FERRIE**, « Quelle sanction pour la violation du devoir d'information médicale ? », op. cit., p. 555 ; V. égal. **H. KALLEL**, « La sécurité du consommateur en droit tunisien ; de la prévention à la répression », en droit tunisien, op. cit., p. 100.

611 A titre d'exemple de la responsabilité objective ou de la responsabilité de plein droit ; l'article 1245 du Code civil français dispose que « *le producteur est responsable du dommage causé par un*

s'agit non pas vraiment d'obligations contractuelles mais d'obligations légales pesant sur les vendeurs de biens ou de prestations, édictées pour protéger ses cocontractants, singulièrement lorsqu'ils ont la qualité de consommateur (partie faible)[612]. Autrement dit, selon certains auteurs[613], la responsabilité est ici un lien avec l'obligation de faire ou de ne pas faire. En effet, le professionnel est responsable sans l'intention ou avec l'intention, s'il manque son obligation de faire ou s'il réalise un acte contraire à ce qu'il ne doit pas faire. Ainsi, la partie faible se trouve dès lors dispensée d'apporter la preuve d'une des trois conditions nécessaires à la mise en œuvre de la responsabilité civile.

273. S'agissant du préjudice réparable, il existe généralement deux voies de réparation pour inexécution de l'obligation d'information. La réparation ou exécution en nature et la réparation par équivalent.

La réparation en nature peut être envisagée lorsque le consommateur conserve un intérêt dans l'exécution du contrat ou dans l'utilisation des produits dont il a besoin. Son intérêt sera garanti par la fourniture des informations manquantes ou la correction des informations défectueuses[614]. Néanmoins, l'exécution en nature ne présente pas d'intérêt lorsque le dommage dû à l'absence d'information est déjà subi. Le consommateur peut demander l'exécution en nature en obligeant le professionnel à transmettre l'information manquante ou à corriger l'information défectueuse ou encore à fournir le mode d'emploi. L'utilité de condamner le professionnel à l'exécution en nature de l'obligation d'information reste, dans certains cas, le seul remède pour sauver le contrat comme c'est le cas d'un ordinateur vendu sans mode d'emploi. Ainsi, nous pouvons remarquer que cette réparation ne possède pas une grande importance en cas de la violation de l'obligation d'information. Elle ne s'applique que dans certains cas, notamment lorsque le contractant affirme avoir toujours besoin de recevoir l'information, les

---

défaut de son produit, qu'il soit ou non lié par un contrat avec la victime ». De même, l'article 10 de la loi tunisienne n° 92-117. 7 déc. 1992 relative à la protection du consommateur dispose que « *le fournisseur final est responsable du dommage causé par le produit n'offrant pas la sécurité et la santé légitimement requises pour le consommateur (...). Dans tous les cas, la responsabilité du fournisseur, ne peut être exclue ou limitée en vertu d'une clause contractuelle* » (*JORT*., 15 déc. 1992, p. 1571), ainsi, la responsabilité en question est une responsabilité objective parce qu'elle est donnée sur le défaut du produit. Aussi, l'article 26 de la loi marocaine n° 31-08 édictant des mesures de protection du consommateur dispose que « *le fournisseur est responsable de plein droit à l'égard du consommateur de la bonne exécution des obligations résultant du contrat conclu à distance, que ces obligations soient à exécuter par le fournisseur qui a conclu ce contrat ou par d'autres prestataires de services, sans préjudice de son droit de recours contre ceux-ci* » (*Bull. O. Mar.*, n°5932 du 7 avril).

[612] V. **A. BENCHENEB**, *Le droit algérien des contrats ; Données fondamentales*, op. cit., n° 399, p. 284

[613] V., **A. KAHLOUN**, *La théorie générale des obligations : les sources des obligations et les actes juridiques*, en arabe, op. cit., p. 448.

[614] V. **D. ALLAG-ZENNAKI**, *Contrats : Négociation ; Construction ; Rédaction*, op. cit., p. 255 et s ; A ce sujet V., **M. THIOYE**, *Le droit mauritanien de la responsabilité civile : approche des notions de faute et de dommage*, Thèse, Université de Perpignan, 2017, p. 161 et s.

documents ou le mode d'emploi. Donc, cette réparation trouve un sens chaque fois que l'information garde un intérêt pour le contractant[615].

274. A défaut, la réparation de la violation de l'obligation d'information peut également se faire par équivalent. A titre d'exemple, on peut souligner que la Cour suprême mauritanienne a consacré un principe général en ce sens, lorsqu'elle a jugé que si la réalisation de l'obligation de faire est impossible, cette dernière doit être compensée par une indemnisation[616]. Dans ces circonstances, les méthodes d'évaluation du préjudice varient suivant la nature du dommage subi. Les dommages réparables peuvent être de différentes natures, tels que le gain manqué, la perte subie, la perte d'une chance. Mais on peut également souligner que le dommage subi en cas de violation de l'obligation d'information n'est pas facile à évaluer, car on ne sait pas forcément ce qu'aurait fait le consommateur s'il avait été correctement informé[617].

275. De plus, le manquement à l'obligation d'information peut s'analyser en la perte d'une chance de ne pas contracter. Ainsi, le recours à la notion de la chance perdue pour dépasser cette probabilité du dommage est d'importance considérable[618]. Celle-ci conduit, d'une part, à exclure toute indemnisation lorsqu'il est établi que le créancier, même dûment informé, n'aurait pas pris une autre décision[619], et d'autre part, à accorder une indemnisation intégrale lorsqu'à l'inverse le comportement fautif du débiteur suffit, abstraction faite du manquement à l'obligation d'information, à établir la certitude du lien de causalité.

La cassation de l'arrêt qui limite la réparation en retenant que le patient a seulement perdu une chance d'éviter l'intervention incriminée, après avoir retenu que les préjudices subis découlaient de façon directe, certaine et exclusive d'une intervention chirurgicale mutilante, non justifiée et non adaptée[620]. En matière

---

[615] **A. ALKHASAWNEH**, *L'obligation d'information dans les contrats informatiques*, op. cit., n° 435, p. 370. **F. CHABAS**, « Cent ans de responsabilité civile », op. cit., n°237, p. 5.

[616] La Cour suprême mauritanienne, Première chambre civile et sociale, Arrêt n° 39/2016, 14 juill. 2016, Revue de la Cour suprême, en arabe, 2016, p. 209

[617] **A. ALKHASAWNEH**, *L'obligation d'information dans les contrats informatiques*, op. cit., n° 436, p. 371 ; V. égal., **M. THIOYE**, *Le droit mauritanien de la responsabilité civile : approche des notions de faute et de dommage*, op. cit., p. 191 et s.

[618] **N. BEN MASOUD**, *L'information dans les contrats*, en droit tunisien, op. cit., n° 379, p. 281 et s ; Sur ce sujet V. égal. **J. HEINICH**, « Retour sur le préjudice de ne pas contracter de la victime de dol qui ne demande pas la nullité du contrat : un revirement inattendu ! », op. cit., p. 730.

[619]Cass. 1er civ., 13 nov. 2002, n° 01-02.592 : *JurisData* n° 2002-016291 ; *Bull. civ.* 2002, I, n° 266 ; *RTD civ.* 2003, p. 98, obs. **P. JOURDAIN**. - Cass. 1re civ., 6 déc. 2007, n° 06-19. 301 : *JurisData* n° 2007-041766 ; *Bull. civ.* 2007, I, n° 380 ; *JCP G.* 2008, I, 125, obs. **P. STOFFEL-MUNCK** ; *D.* 2008, p. 192, note P. Sargos ; *RTD civ.* 2008, p. 272, obs. **J. HAUSER** et p. 303, obs. **P. JOURDAIN** ; *RDC* 2008, p. 769, note **J.-S. BORGHETTI**

[620] Cass. 1er civ., 28 janv. 2010, n° 09-10.992 : *JurisData* n° 2010-051304 ; *Bull. civ.* 2010, I, n° 20 ; Resp. civ. et assur. 2010, comm. 85, obs. *C. Radé* ; D. 2010, p. 1522, 1er esp., note **P. SARGOS** ; Il convient ici de noter que l'indemnisation, de la faute d'information, au-delà de la perte de chance est plus large dans le domaine médical, Ou le préjudice réparable en cas de défaut d'information

médicale, l'indemnisation intégrale peut également résulter du cumul de l'indemnité due au titre de la perte d'une chance et de celle due, au titre de la solidarité nationale, par l'ONIAM[621].

276. La réparation du préjudice résultant d'un défaut d'information peut être fondée sur la théorie nommée par Mme Fabre-Magnan de *l'effet obligatoire de l'information*. En fait, on constate dans la jurisprudence une tendance à accorder indirectement, sous forme de dommages-intérêts et sur le fondement de la violation de l'obligation d'information, l'équivalent de ce que le créancier aurait directement obtenu, sur le fondement du contrat, si l'information avait été exacte[622]. Malgré tout, la proposition de M. Fabre-Magnan n'est pas totalement inconnue en jurisprudence, et nous pouvons imaginer son application à plusieurs domaines, tels que le contrat de transport, le contrat de vente avec l'entreprise ou avec le fabricant, le contrat de construction de maison individuelle, etc. De plus, certain confirme que la solution proposée est spécialement sensible en matière d'assurance : il n'est pas rare que le défaut d'information sur l'absence d'assurance d'un sportif, d'un voyageur ou d'un emprunteur notamment ou sur les limites de l'assurance souscrite soit sanctionné par une condamnation d'un montant égal à celui de la garantie qui aurait été due par l'assureur[623].

Si l'on observe que dans ces hypothèses la responsabilité retenue est de nature contractuelle, il est tentant de franchir un pas supplémentaire en considérant que l'information inexacte est en elle-même source d'obligation et que la réparation ordonnée constitue l'exécution par équivalent de l'obligation contractuelle ainsi établie. C'est ce que pense un auteur, pour qui « la sanction la plus appropriée consiste souvent à rendre obligatoire l'information erronée transmise par l'une des parties et à élargir ainsi le contenu du contrat ». La solution ainsi proposée n'est certes pas inconnue en jurisprudence[624].

Les législateurs français marocain et algérien ont ajouté aux sanctions classiques une sanction spécifique liée au manquement à l'obligation d'information.

2. Les sanctions spécifiques en droit français et algérien

277. L'obligation d'information ne fait pas l'objet de sanctions spécifiques ou particulières dans les régimes juridiques marocain, libyen, tunisien et mauritanien. Ce sont les sanctions générales du droit civil qui vont s'appliquer lorsque le professionnel n'a pas satisfait aux dispositions légales. Cependant, les législateurs français et algérien adoptent des sanctions édictées pour certains cas

médicale est large. V., **M. BACACHE**, « Le défaut d'information sur les risques de l'intervention : quelles sanctions ? », *D.*, 2008 p. 1908

[621] Cass. 1er civ., 11 mars 2010, n° 09-11.270 : *JurisData* n° 2010-001508 ; *D.* 2010, p. 1119, note **M. BACACHE**

[622] **M. FABRE-MAGNAN**, *De l'obligation d'information dans les contrats*, op. cit., n° 637, p. 507.

[623] V. **J. MESTRE**, « de quelques nouvelles avancées de l'obligation de renseignement », *RTD civ.* 14 sept. 1990, p. 466

[624] **M. FABRE-MAGNAN**, *De l'obligation d'information dans les contrats*, op. cit., n° 640, p. 508.

d'inobservation de l'obligation d'information. Ces sanctions peuvent être soit administratives, soit civiles[625].

En effet, à la différence du droit antérieur, le législateur algérien[626] et le législateur français[627] (depuis la loi dite Hamon) ont introduit des sanctions spécifiques pour la violation des obligations d'information, en optant pour des amendes administratives d'un montant différent selon chaque pays. De plus, selon la législation algérienne, le professionnel qui ne respecte pas son obligation d'information peut être sanctionné par la saisie de ses marchandises[628], la fermeture administrative des locaux commerciaux pour une durée déterminée[629] et une amende transactionnelle en cas de défaut d'étiquetage du produit[630].

278. Les sanctions précitées s'inscrivent en réalité dans le mouvement de renforcement des moyens d'action de l'administration et de la promotion de sanctions plus dissuasives pour les professionnels[631]. C'est pourquoi nous aborderons ce sujet de façon plus approfondie dans le cadre des attributions des institutions administratives étudiées dans la deuxième partie de notre recherche.

279. En outre, à la différence des obligations générales d'information, des sanctions spécifiques sont prévues spécifiquement pour la violation de certaines obligations d'information. Tout d'abord, selon l'article L. 221-6 du Code français de la consommation, lorsque le défaut d'information porte sur des frais

---

625 **S. BERNHEIM-DESVAUX** et **N. SAUPHANOR-BROUILLAUD**, « Pas de nullité sans texte ? L'exemple de l'obligation générale d'information précontractuelle du droit de la consommation », op. cit., p. 122.

626 La loi algérienne n° 09-03 du 25 févr. 2009 relative à la protection du consommateur et à la répression des fraudes, *JORA*., n°15, 8 mars 2009, p. 10. Ensuite, la loi algérienne n° 10-06 du 15 août 2010 modifiant et complétant la loi n° 04-02 du 23 juin 2004 fixant les règles applicables aux pratiques commerciales, *JORA*, 18 août 2010, n° 46, p. 9.

627 Art. L. 131-1 du Code français de la consommation dispose que « *tout manquement aux obligations d'information précontractuelle mentionnées aux articles L. 111-1 à L. 111-3 est passible d'une amende administrative dont le montant ne peut excéder 3 000 euros pour une personne physique et 15 000 euros pour une personne morale* ».

628 Arts. 39 et suivants de la loi algérienne n° 10-06 du 15 août 2010 modifiant et complétant la loi n° 04-02 du 23 juin 2004 fixant les règles applicables aux pratiques commerciales, *JORA*, 18 août 2010, n° 46, p. 9. V. **A. ARARAH**, *L'équilibre contractuel lors de la formation du contrat*, Thèse, Université D'Alger, en arabe, 2014-2015, p. 251.

629 Art. 46 de la loi précitée n° 10-06 du 15 août 2010 modifiant et complétant la loi n° 04-02 du 23 juin 2004 fixant les règles applicables aux pratiques commerciales. L'article 65 de la loi algérienne n° 09-03 du 25 févr. 2009 relative à la protection du consommateur et à la répression des fraudes dispose pour sa part que « *les services chargés de la protection du consommateur et de la répression des fraudes peuvent procéder, conformément à la législation et à la réglementation en vigueur, ‡ la suspension temporaire de l'activité des établissements dont la non-conformité aux règles fixées par la présente loi a été établie, (...)* » (*JORA*., n°15, 8 mars 2009, p. 10).

630 En effet, l'article 86 de la loi algérienne n° 09-03 du 25 févr. 2009 relative à la protection du consommateur et à la répression des fraudes dispose que « *les agents prévus à l'article 25 de la présente loi peuvent infliger une amende transactionnelle à l'auteur de l'infraction puni par les dispositions de la présente loi* », et l'article 88 de la même loi énonce que *« le montant de l'amende transactionnelle est fixé comme suit : (...) défaut d'étiquetage du produit puni par l'article 78 de la présente loi : deux cent mille dinars (200.000 DA)* » (*JORA*., n°15, 8 mars 2009, p. 10).

631 **J.-D., PELLIER**, *Droit de la consommation*, op. cit., n° 40, p. 55.

quelconques (frais de livraison, d'affranchissement, ou frais de retour en cas de rétractation), le consommateur n'est pas tenu au paiement de ces frais. Ce type de sanction nous rappelle la théorie de M. Fabre-Magnan dite de l'effet obligatoire d'information, parce que cette sanction consiste à priver le professionnel de la perception des frais puisqu'il n'a pas informé le consommateur[632].

Ensuite, on peut indiquer que le défaut d'information portant sur le droit de rétractation prolonge ce droit du délai fixé à compter de l'expiration du délai de rétractation initial, selon chaque régime juridique des pays comparés comme on va le voir plus tard.

Dans l'hypothèse d'un contrat de service, le professionnel sera également déchu de son droit à la restitution en valeur du service exécuté partiellement ou totalement. Le Code français de la consommation prévoit la déchéance du professionnel de son droit à la restitution en valeur du service exécuté s'il a omis d'informer le consommateur de cette obligation de restitution imposée par les articles L. 221-5 et L. 221-25 du Code de la consommation.

De plus, l'article L. 341-6 Code de la consommation dispose qu'en cas de manquement à l'obligation d'information « *la caution ne saurait être tenue au paiement des pénalités ou intérêts de retard échus depuis la précédente information jusqu'à la date de communication de la nouvelle information* »[633].

Enfin, on peut souligner que l'article L. 313-22 du Code français monétaire et financier édicte une sanction spécifique quand il s'agit de sanctionner du « *défaut d'accomplissement (...) de l'obligation d'information (...) emporte, dans les rapports entre la caution et l'établissement (...) déchéance des intérêts échus depuis la précédente information jusqu'à la date de communication de la nouvelle information* ».

Le professionnel est tenu, dans certains cas, à une obligation de conseil qui se détache de l'obligation plus générale d'information et du devoir de mise en garde.

Paragraphe 2 : L'intensification de l'obligation d'information

280. L'obligation d'information permet à la partie faible de s'engager en connaissance de cause et elle a été étendue à certains professionnels (architectes et entrepreneurs, médecins, banquiers, etc). Elle peut s'intensifier et prendre la forme d'une obligation de mise en garde, voire de conseil, car il s'agit d'une différence de degré plus que de nature[634].

L'obligation de mise en garde et l'obligation de conseil peuvent se définir comme des déclinaisons de l'obligation générale d'information. L'obligation d'information constitue alors le cadre général dans lequel les obligations de

---

[632] **M. FABRE-MAGNAN**, *De l'obligation d'information dans les contrats*, op. cit., n° 637, p. 507 et s.

[633] **M. KONATE**, *L'obligation d'information dans les sûretés personnelles*, op. cit., n° 218, p. 185 ; **S. LE GAC-PECH**, *Droit de la consommation*, op. cit., p. 23.

[634] **G. RABU**, « Extension de l'obligation de conseil à la charge du vendeur professionnel », *Def.*, 15 déc. 2010, n° 21, p. 2309.

conseil et de mise en garde s'insèrent. Cependant, il existe une gradation dans l'intensité de ces deux obligations, allant du renseignement à la mise en garde et de la mise en garde au conseil[635].

En plus de l'information stricto sensu, qui consiste en la fourniture d'une information brute, sont apparues d'une part l'obligation de mise en garde par laquelle le professionnel attire l'attention du contractant non averti (profane) sur tel ou tel point précis, et d'autre part l'obligation de conseil qui implique que le professionnel s'investit davantage et oriente le choix du client, voire le déconseille[636]. D'ailleurs, selon certains auteurs, la mise en garde peut consister en *un conseil négatif*[637] ou encore en un renseignement ayant pour objet d'attirer l'attention de son destinataire sur les dangers d'une décision[638].

L'obligation couvre les domaines les plus divers : par exemple, le vendeur d'un rat domestique doit mettre en garde l'acheteur contre les risques de maladie en cas de morsure selon la jurisprudence française[639].

L'obligation de mise en garde est dans une certaine mesure distincte du devoir de conseil. L'obligation de mise en garde est un simple renseignement, qui est une information objective, une information fournie à l'état brut. Certes, un conseil porte également sur une information, mais cette information vise à orienter le choix du cocontractant. Alors que le conseil est destiné à orienter le choix du créancier, la mise en garde l'informe sur l'existence d'un risque ou de plusieurs risques susceptibles d'influencer son choix[640].

L'existence du devoir de mise en garde s'impose (A) dans certains cas. Ce devoir de mise en garde peut être complété parfois par la protection que confère l'obligation de conseil (B).

A. L'instauration d'un devoir de mise en garde

281. L'obligation de mise en garde est très proche de l'obligation d'information en ce sens qu'elle ne comporte pas en elle-même un jugement de valeur[641]. En

---

[635] **M. STORCK**, « Les obligations d'information, de conseil, et de mise en garde des prestataires de services d'investissement », *Bulletin Joly Bourse (JBB)*, 01 mai 2007, n° 03, p. 311

[636] **D. HOUTCIEFF**, « L'obligation d'information du vendeur professionnel à l'égard du consommateur n'est pas une obligation de conseil », *Gaz. Pal.* 5 janv. 2016, n° 01, p. 34.

[637] **N. REBOUL**, *Les contrats de conseil*, thèse, PUAM, 1999, n° 37.

[638] **N. CHARDIN**, *Le contrat de consommation de crédit et l'autonomie de la volonté*, LGDJ., **1988**, n° 203 ; **J. VALIERGUE**, *Les conflits d'intérêts en droit privé : contribution à la théorie juridique du pouvoir*, Thèse, Université de Bordeaux, 2016, n° 283, p. 141.

[639] **J. JULIEN**, *Droit de la consommation*, op. cit., n° 71, p.101 ; Cass. 1er civ. 14 mai 2009, n° 08-16.395, *JCP G* 2009, 285, note **M. BRUSORIO-AILLAUD**.

[640] **F. TERRE, P. SIMLER, Y. LEQUETTE**, *Droit civil, Les obligations*, Dalloz, 10ème éd., 2008, n° 455 ; **F. BOUCARD**, *Les obligations d'information et de conseil du banquier*, PUAM, 2002, n° 147, p. 151.

[641] V. Cass. 1er civ., 12 juill. 2005, n° 02-13.155 et 03-10.770 : *D.* 2005, p 3094, note B. Parance ; *RTD com.* 2005, p. 820, obs. *D.* Legeais. - Cass. com., 3 mai 2006, n° 04-19.315 : *D.* 2006, p. 1618, note J. François. - Cass. ch. mixte, 29 juin 2007, n° 05-21.104 et 06-11.673 : JCP E 2007, 2105, D. Legeais ; *D.* 2007, p. 2081, note S. Piedelièvre.

réalité, l'obligation de mise en garde n'est qu'un aspect de l'obligation d'information. Toutefois, si elle est neutre, la mise en garde présente une particularité : elle consiste pour le professionnel à informer son contractant sur un aspect négatif du contrat prévu et plus généralement sur tous les risques potentiels. On vise « *un danger plus ou moins prévisible* », « *(...) inhérente à une situation ou une activité* »[642]. Ces risques peuvent être liés d'une part au type du contrat envisagé, et d'autre part aux choix d'une offre et/ou d'un service précis. Il s'agit ainsi d'attirer l'attention de la partie faible sur un aspect négatif du contenu du contrat, ou de la chose objet du contrat[643].

Dépendant de la qualité de profane de la partie faible et de la nature de l'opération en cause, ce devoir de mise en garde implique une appréciation in concreto de la situation du contractant. On verra que les droits des pays étudiés n'imposent aucun formalisme spécifique dans l'exécution de cette obligation, de sorte que l'information relative à la mise en garde peut être transmise par tout moyen approprié. Ce faisant, l'obligation de mise en garde présente l'intérêt de répondre efficacement au besoin de protection des plus faibles. Par conséquent, la protection de la partie faible, fondée sur une appréciation de sa situation personnelle, par le biais du devoir de mise en garde, constitue une spécificité en ce qu'elle s'intercale entre les obligations d'information stricto sensu et le devoir de conseil[644].

Mais, les domaines d'application de l'obligation de mise en garde et de celle d'autres obligations du professionnel peuvent être différents (1). Cette différence peut avoir une influence sur le contenu même de ce devoir de mise en garde (2).

1. Le domaine d'application du devoir de mise en garde

282. L'Ordonnance française n° 2016-131 du 10 février 2016 portant réforme du droit des contrats dispose dans le nouvel article 1112-1 que l'information n'est due qu'à celui qui l'ignore légitimement. A plus forte raison, le devoir de mise en garde dépend d'éléments liés à la personne même du créancier. En effet, d'une part le devoir de mise en garde ne bénéficie pas à celui qui sait, et d'autre part, il ne s'impose que lorsqu'existe un risque spécifique pour son créancier. Mais quels sont les domaines concernés par ce devoir ?

283. En général, on peut dire que le professionnel doit suffisamment mettre en garde la partie faible contre les risques présentés par le contrat. Autrement dit, le

---

642 Dictionnaire Robert, V° Risque ; « *le mot risque évoque un événement fortuit, malheureux, plus ou moins indépendant de la volonté de l'homme* » ; **H. KALLEL**, « La sécurité du consommateur en droit tunisien ; de la prévention à la répression », en droit tunisien, op. cit., p. 85.

643 **Ph. le TOURNEAU, M. POUMAREDE**, « Contrats et obligations. - Classification des obligations. Autres distinctions des obligations de moyens et des obligations de résultat », *JurisClasseur*, 22 Sept. 2014, p. 1136 à 1145 ; **M. FABRE-MAGNAN**, *De l'obligation d'information dans les contrats*, op. cit., n° 467, p. 381.

644 **N. VALLET**, *Les techniques de protection du client de la banque*, op. cit., p. 249 ; **A. MOHIM**, *La protection du consommateur à l'encontre des dommages causés par les produits proposés sur le marché, en droit marocain*, Dar Al Afak AlMaghribia, en arabe, 2018, p. 100 et s.

professionnel se doit d'informer le consommateur sur les conséquences du contrat et le cas échéant lui indiquer les précautions à prendre pour son exécution. Le devoir de mise en garde s'impose généralement parce qu'il existe des risques. Ces derniers peuvent, selon l'article 3 loi marocaine n° 24-09 relative à la sécurité des produits et des services, définir comme « *la possibilité qu'un dommage résulte de l'utilisation ou de la présence d'un produit ou d'un service dangereux ;* »[645].

Ce devoir se retrouve ainsi dans plusieurs textes législatifs. Tout d'abord, on peut souligner que le fondement du devoir de mise en garde se retrouve dans certains principes du droit commun, notamment le devoir général de loyauté ou la bonne foi[646]. Ainsi, le professionnel a l'obligation de s'informer des risques que les produits qu'il commercialise peuvent présenter.

284. En dehors des principes exprimés dans le droit commun, le devoir de mise en garde peut trouver sa source dans des législations spécifiques des pays comparés. En général, on peut constater que le devoir de mise en garde s'impose fréquemment dans la relation contractuelle bancaire, dans les contrats de vente, en matière d'assurances, pour les contrats conclus avec des organismes de crédit[647], en matière d'obligation pesant sur la prestation d'investissement financier, de même les médecins et les pharmaciens aussi doivent mettre en garde leurs clients sur les risques inhérents aux traitements médicaux. Ainsi, d'une manière générale, il faut prévenir le contractant des dangers éventuels que présente le contrat. C'est une mise en garde qui est due à celui qui ne sait pas et qui est non averti. Les risques sont d'autant plus grands que le client n'est pas un spécialiste du produit qu'il se procure ou du service concerné.

En France, l'article L 423-1 du Code français de la consommation fait obligation au producteur (professionnel) de fournir au consommateur les informations utiles qui lui permettent d'évaluer les risques inhérents à un produit pendant sa durée d'utilisation. L'information du consommateur quant au risque du produit se fait au moyen de l'étiquetage de sécurité ou par tout moyen de nature

[645] Art. 3 de la loi marocaine n° 24-09 relative à la sécurité des produits et des services et complétant le dahir du 12 août 1913 formant Code des obligations et des contrats, *Bull. O. Mar.*, n° 5984 du 06 oct. 2011, p. 2166 ; **A. MOHIM**, *La protection du consommateur à l'encontre des dommages causés par les produits proposés sur le marché*, op. cit, p. 129.

[646] La Cour de cassation française a cassé et annulé l'arrêt d'appel en jugeant que « *alors qu'elle avait constaté que les consorts X... étaient des cautions non averties et qu'au jour où ils avaient souscrit leur engagement, le montant de celui-ci était manifestement disproportionné à leurs revenus et biens respectifs, la cour d'appel a violé le texte susvisé [1147 code civil]* » (Cass. 1er civ., 28 sept. 2016, n° 15-21.922, Inédit). Aussi, la Cour de cassation a également jugé que cette obligation étant naturellement renforcée lorsque le banquier a affaire à un emprunteur non averti, c'est-à-dire un emprunteur qui, en raison de sa situation professionnelle ou personnelle ne dispose d'aucune compétence spécifique en la matière (Cass. Civ 1 ere, 28 mars 2008 n°06-21.429, Inédit).

[647] **A. BOU-CHANN**, « Quelle protection du consommateur dans le cadre de la prestation bancaire ?», en droit marocain, http://www.droitetentreprise.org, consulté le 20 mars 2017. A ce sujet V., les articles 154 et 155 de la loi marocaine n°103-12 relative aux établissements de crédit et organismes assimilés, *Bull. O. Mar*, n° 6340, 5 mars, 2105, p. 978.

à mettre en garde l'utilisateur final contre les risques présentés par l'utilisation du produit dangereux[648].

En matière de crédit, l'article L. 313-12 du Code français de la consommation qui consacre l'existence d'un devoir de mise en garde dispose que « *sans préjudice de l'examen de solvabilité mentionné à l'article L. 313-16, le prêteur ou l'intermédiaire de crédit met en garde gratuitement l'emprunteur lorsque, compte tenu de sa situation financière, un contrat de crédit peut induire des risques spécifiques pour lui* ».

285. En outre, il convient de noter que les législateurs marocain et tunisien adoptent des textes concernant essentiellement la fourniture d'informations, même si des derniers contiennent de manière implicite une forme de mise en garde du consommateur.

Au Maroc, l'article 27 de la loi marocaine n° 24-09 relative à la sécurité des produits et des services dispose clairement que « *le producteur ou l'importateur de produits ou le prestataire de services fournit à l'utilisateur les informations utiles qui lui permettent d'évaluer les risques inhérents à un produit ou à un service pendant sa durée d'utilisation normale ou raisonnablement prévisible et de s'en prémunir, lorsque ces risques ne sont pas immédiatement perceptibles par l'utilisateur sans avertissement adéquat. La présence d'un tel avertissement ne dispense pas du respect des autres obligations prévues par le présent titre* »[649].

D'ailleurs, ayant précisé la notion du produits ou services sûrs à travers les articles 4 et 5 de la loi marocaine n° 24-09 relative à la sécurité des produits et des services, le législateur marocain donne au professionnel les éléments utiles à l'appréciation des risques[650].

En Tunisie, l'article 16 de la loi relative à la protection du consommateur énonce que « le fournisseur est tenu d'informer le consommateur, par des notices d'avertissement, (…), du mode d'emploi, des risques éventuels et de la durée d'utilisation prévisible du produit ou, le cas échéant, de sa date limite d'utilisation »[651].

---

648 **G. RAYMOND**, *Droit de la consommation*, op. cit., n° 441, p.232 ; **O. DESHAYES**, « Le manquement au devoir de mise en garde est sanctionné par l'indemnisation d'une perte de chance de ne pas contracter », *LEDC*. 01 déc. 2009, n°11, p. 7.

649 La loi marocaine n° 24-09 relative à la sécurité des produits et des services et complétant le dahir du 12 août 1913 formant code des obligations et des contrats, *Bull.O. Mar.*, n° 5984 du 06/10/2011, p. 2166.

650 Selon les articles 5 et 6 de cette loi, « *pour l'évaluation du caractère sûr d'un produit ou d'un service, il est notamment tenu compte des caractéristiques du produit, dont sa composition, son emballage, son conditionnement, ses conditions d'assemblage, d'installation, d'utilisation et d'entretien ou des caractéristiques du service, dont ses conditions d'utilisation* ». De plus, le professionnel doit tenir compte des catégories de contractants qui se trouvent dans des situations de risque au regard de l'utilisation du produit ou du service concerné (Loi marocaine n° 24-09 relative à la sécurité des produits et des services et complétant le dahir du 12 août 1913 formant Code des obligations et des contrats, *Bull. O. Mar.*, n° 5984 du 06 oct. 2011, p. 2166).

651 La loi tunisienne n° 92-117, 7 déc. 1992, relative à la protection du consommateur, *JORT*, 15 déc. 1992, n° 83, p. 1570.

286. Par ailleurs, l'article 35 du décret exécutif algérien n° 13-378 du 9 novembre 2013 fixant les conditions et les modalités relatives à l'information du consommateur énonce que « *l'indication des précautions d'emploi est obligatoire dans le cas des denrées alimentaires congelées ou surgelées, dès lors que ces denrées ne doivent pas être recongelées après avoir été décongelées* ». Et l'article 41 du même décret indique que « *l'information sur les précautions à prendre pour l'utilisation des produits non alimentaires, selon leur nature et l'usage pour lequel ils sont destinés, doit comporter les avertissements inhérents aux risques liés à leurs utilisations* ». L'article 48 de ce décret algérien dispose que « *les intervenants doivent porter à la connaissance du consommateur. toutes les informations concernant les risques pour la santé et la sécurité liés à l'utilisation du produit* ».

Ce devoir concerne, en France, pour l'essentiel le risque d'endettement[652], mais protège aussi l'emprunteur qui prend une assurance liée à un prêt. Le banquier doit alors l'informer sur les conséquences découlant de l'absence ou des limites d'une assurance de groupe. Ce devoir s'étend aussi à la caution[653]. Il est permis de s'interroger sur le point de savoir si c'est le cautionnement qui est visé ou bien toute sûreté. Selon certains auteurs[654], la lecture extensive de la solution de la Cour de cassation conduirait à intégrer dans le domaine de la mise en garde toutes les sûretés, tant réelles que personnelles. Cette lecture aurait l'avantage de protéger de manière quasi absolue le garant mais aurait l'inconvénient d'alourdir considérablement le devoir de mise en garde. Par ailleurs, la Cour de cassation française a pu juger que le « cautionnement réel » ne pouvait pas être disproportionné[655]. Or s'il n'existe pas de disproportion de l'engagement, il n'existe pas de risque pour le garant. Il ne saurait donc y avoir de mise en garde au profit du constituant d'un « cautionnement réel ». C'est ce que la Cour de cassation semble consacrer en affirmant que le devoir de mise en garde n'est plus du dans le cas du cautionnement réel[656].

287. Par ailleurs, cette obligation de mise en garde constitue une technique de protection pertinente en ce qu'elle informe la partie faible sur des points qu'elle est sensée ne pas connaître, en raison de sa qualité de non-averti[657].

---

[652] Cass. civ. 1 ere, 12 juill. 2005, n° 03-10921, *Bull. Civ.* 2005, I, n° 327, p. 271.

[653] Cass. ass. plén., 2 mars 2007, n° 06-15.267, *Bull AP*, n° 4 ; *D.* 2007, p. 863, obs. **V. AVENA-ROBARDET** et p. 985, note **S. PIEDELIEVRE** ; Cass. com., 3 mai 2006, n° 04-19.315, *Bull. civ.* IV, n° 103 ; *Gaz. Pal.* 28 juin 2006, p. 5, note **S. PIEDELIEVRE** ; *RLDC.* juill.-août 2006, p. 36, note **G. MARRAUD DES GROTTES** ; *RD banc. fin.* juill.-août 2006, p. 16, note **D. LEGEAIS**.

[654] **N. VALLET**, *Les techniques de protection du client de la banque*, op. cit., n° 490, p. 270.

[655] Cass. civ. 1ere, 7 mai 2008, *D.* 2008, jur. p. 2036, note **S. PIEDELIEVRE** ; *RTD civ.* 2008, p. 700, obs. **P. CROCQ** ; *Banque et droit*, juill.-août 2008. 41, obs. **F. JACOB** ; RLDC, 2008/50, n° 3027, obs. **J. MARRAUD DES GROTTES**.

[656] **N. VALLET**, *Les techniques de protection du client de la banque*, op. cit., n° 490, p. 271.

[657] **N. VALLET**, *Ibid.*, n° 494, p. 272. Dans le même sens V., l'article 76 de la loi marocaine précitée 31-08 éditant des mesures de protection du consommateur dispose «qu' *il est interdit, dans toute publicité, quel que soit le support utilisé, d'indiquer qu'un prêt peut être octroyé sans élément d'information permettant d'apprécier la situation financière de l'emprunteur* ». V. aussi, l'article 28

Mais, il n'existe pas de mise en garde type, chaque transaction contient un risque spécifique qui est porté, au cas par cas, à la connaissance du contractant. Néanmoins, la jurisprudence établit une distinction entre les contractants profanes qui doivent bénéficier de la mise en garde, et les contractants avertis qui à priori n'en ont pas besoin. La qualité de contractant averti s'apprécie in concreto en tenant compte, d'une part, du nombre d'années et du degré d'expérience en matière de conclusion du contrat proposé, de la profession, des capacités intellectuelles, de l'âge, et d'autre part, des risques spécifiques à chaque type de transactions. Les contractants qualifiés sont à cet égard des contractants avertis[658].

D'une manière générale, les exemples d'application du devoir de mise en garde peuvent être multiples, ainsi son contenu est large.

2. Le contenu du devoir de mise en garde

288. Le contenu du devoir de mise en garde apparaît effectivement très vaste. Il se décline en plusieurs obligations, la première, l'obligation d'alerter lorsqu'un risque existe qui est traduit comme « *la possibilité qu'un dommage résulte de l'utilisation ou de la présence d'un produit ou d'un service dangereux ;* »[659]. Cette première catégorie constituant le socle commun à tous les types de contrats dans lesquels ce devoir s'applique. La seconde existe spécifiquement dans certains contrats, notamment le contrat conclu avec un organisme bancaire et qui requiert l'obligation pour le prêteur de s'informer sur les capacités financières de l'emprunteur.

289. Tout d'abord, le devoir de mise en garde suppose l'existence d'un risque inhérent au produit ou au service proposé. Ce devoir a donc pour objet de prévenir sur un risque de dommage patrimonial en appelant l'attention de l'autre partie sur les précautions à prendre[660]. Il s'agit d'informer le contractant en faisant apparaitre les risques de la transaction et/ou de l'opération envisagée quelle que soit leur nature.

---

de la loi marocaine n° 24-09 relative à la sécurité des produits et des services, *Bull.O. Mar.*, 5984, 06 oct. 2011, p. 2166.

[658] **M. STORCK**, *Les obligations d'information, de conseil, et de mise en garde des prestataires de services d'investissement*, op. cit., p. 311.

[659] Art. 3 de la loi marocaine précitée n° 24-09 relative à la sécurité des produits et des services et complétant le dahir du 12 août 1913 formant Code des obligations et des contrats.

[660] **M. STORCK**, « Du devoir d'alerte dans le droit des marchés financiers », in Mélanges offerts à Philippe Simler, éd. *Litec et Dalloz*, 2006, p. 514. A ce sujet, l'article 23 du décret marocain n° 2-12-503 énonce que « *le mode d'emploi et le manuel d'utilisation [...] doivent mentionner les conditions et les précautions d'utilisation de manière claire, précise et lisible et comporter, K+IM//les cas échéants, toutes autres mentions utiles à la bonne utilisation du bien ou du produit ainsi que la mention des risques éventuels encourus en cas de mauvaise utilisation* ». Cet article ajoute que ces documents « *doivent être compréhensibles et peuvent être illustrés par des dessins, des photos, des pictogrammes ou des schémas facilitant leur lecture* » (Décret marocain n° 2-12-503 du 11 sept. 2013 pris pour l'application de certaines dispositions de la loi n° 31-08 édictant des mesures de protection du consommateur, *Bull. O. Mar.*, n° 6192, 3 oct. 2013, p. 2395).

En ce sens, l'article 10 du décret exécutif algérien n° 12-203 du 6 mai 2012 dispose que le professionnel doit mettre à la disposition du consommateur toutes informations utiles « *lui permettant de se prémunir des risques éventuels inhérents à la consommation et/ou à l'utilisation du bien ou service fourni, et ce, durant toute sa durée de vie normale ou raisonnablement prévisible* »[661].

L'article 27 de la loi marocaine n° 24-09 relative à la sécurité des produits et des services dispose que « le producteur ou l'importateur de produits ou le prestataire de services est tenu, eu égard aux caractéristiques des produits ou des services qu'il met sur le marché, d'adopter des mesures pour se tenir informé des risques que ces produits ou services peuvent présenter, et d'engager les actions nécessaires pour maîtriser ces risques, y compris (...), la mise en garde adéquate et efficace des utilisateurs (…)[662]. Ainsi, la partie faible peut éviter les risques résultant des produits ou des services si le professionnel lui montre comment utiliser le produit de manière correcte et lui indique les mesures de précaution à prendre pendant le processus de cette utilisation. C'est pourquoi, la mise en garde doit être complète, compréhensive et claire pour la partie faible.

Sous cette approche, la jurisprudence française a jugé qu'un professionnel doit informer son contractant des dangers liés à l'utilisation de la chose, des limites de sa propre prestation et de leur efficacité[663]. Ainsi, il apparaît qu'informer sur un risque, donner des conseils par rapport à un risque, relèvent de l'obligation de mise en garde[664].

290. Ensuite, le contenu du devoir de mise en garde peut être renforcé dans certains contrats, notamment dans les contrats de banque. En effet, l'obligation pour le banquier de s'informer sur la situation du client relève de l'évidence, puisque la protection par le devoir de mise en garde ne vaut que pour l'emprunteur non-averti. Plus précisément, le banquier doit apprécier la situation du client et se renseigner. Ceci est une nécessité lorsque ce dernier ne lui a pas donné toutes les

---

[661] Décret exécutif algérien n° 12-203 du 6 mai 2012 relatif aux règles applicables en matière de sécurité des produits, *JORA.*, 9 mai 2012, n° 28, p. 18. Cet article dispose également que les professionnel « *doivent prendre les mesures appropriées relatives aux caractéristiques des biens ou services qu'ils fournissent en vue : - de se tenir informés des risques que pourraient générer leurs biens ou services lors de leur mise sur le marché et/ou lors de leur utilisation ; - d'engager les actions nécessaires pour éviter ces risques, notamment par le retrait des produits du marché, la mise en garde adéquate et efficace des consommateurs, le rappel du produit détenu par les consommateurs ou la suspension du service* ».

[662] La loi marocaine n° 24-09 relative à la sécurité des produits et des services et complétant le dahir du 12 août 1913 formant code des obligations et des contrats, *Bull.O. Mar.*, n° 5984 du 06/10/2011, p. 2166 ; A ce sujet V, **A. MOHIM**, *La protection du consommateur à l'encontre des dommages causés par les produits proposés sur le marché*, en droit marocain, op. cit., p. 140 et s.

[663] V. par ex. Cass. 1re civ., 13 mai 1986, n° 84-14.026 : *Bull. civ.* 1986, I, n° 128. - Cass. 1er civ., 20 juin 1995, n° 93-15.801 : *Bull. civ.* 1995, I, n° 276 ; *D.* 1996, somm. p. 13, obs. **G. PAISANT** ; *RTD civ.* 1996, p. 177, obs. P. **JOURDAIN**. V. égal., Cass. 1re civ., 18 mai 1989 n° 87-19.374 : *Bull. civ.* 1989, I, n° 206.

[664] **M. STORK**, « Les obligations d'information, de conseil, et de mise en garde des prestataires de services d'investissement », op. cit., p. 311.

informations nécessaires afin d'effectuer cette appréciation.[665]. L'obligation de se renseigner implique donc de rechercher deux types d'information : la situation financière de l'emprunteur en vue de fournir un crédit non excessif et l'expérience et les connaissances de celui-ci pour déterminer s'il est averti ou non[666].

Ces deux éléments déterminent ainsi le comportement à tenir par le banquier. Soit il considère que l'emprunteur est averti et en ce cas, il a toutes les qualités pour apprécier la portée de l'engagement qui naît du concours qu'il demande. Soit il doit attirer son attention sur le risque lié au caractère excessif de cet engagement ou lié à n'importe quel risque inhérent à l'opération parce que cet emprunteur est jugé non-averti. D'après la jurisprudence, cette mise en garde est due, outre en raison des charges nées du prêt, mais aussi au regard « des capacités financières de l'emprunteur et des risques de l'endettement né de l'octroi des prêts » dès lors que le prêt excède les capacités de ce dernier[667]. La jurisprudence française entérine ce propos par un arrêt du 18 septembre 2008 qui confirme que le banquier ne doit pas se contenter d'un avertissement relatif aux charges du prêt, mais doit évaluer aussi les capacités financières du client ainsi que le risque d'endettement né de l'octroi du prêt[668].

291. Par ailleurs, la jurisprudence française a parfaitement témoigné de l'appréciation de ce risque circonstancié, spécifique à la situation du contractant faible, par un arrêt du 2 mars 2007[669], dans lequel l'Assemblée plénière affirme, en matière d'assurance, que « *le banquier (...) est tenu de l'éclairer sur l'adéquation des risques couverts à sa situation personnelle d'emprunteur* », et ce devoir s'impose à chacun des banquiers même si l'emprunteur a été mis en garde seulement par l'un deux[670]. Il convient donc de reconnaître la pertinence de la jurisprudence qui retient une conception étendue de la mise en garde[671].

Ainsi, la mise en garde vise à alerter en tenant compte de la situation de la partie faible. Or, la spécificité du devoir de mise en garde n'exclut pas l'existence d'une autre obligation indépendante de ce devoir. Il s'agit du devoir de conseil.

B. La protection conférée par l'obligation de conseil

292. Le conseil se définit comme un « un avis sur ce qu'il convient de faire[672] » et constitue ainsi une incitation à agir. « Le conseil fourni a pour but d'orienter

---

[665] Cass. com., 22 sept. 2005, BRDA 2005, n° 22, p. 9.

[666] **N. VALLET**, *Les techniques de protection du client de la banque*, op. cit., n° 487, p. 266.

[667] Cass. Mixte, 29 juin 2007, *Bull. Mixte* 2007, n° 8 ; Cass. civ. 1ère, 12 juill. 2006, n° 04-13.192, *Bull. civ.* IV, n° 397.

[668] Cass. civ. 1ere, 18 sept. 2008, D. 2008, p. 2343; *RTD com.* 2008 p. 830; *JCP éd. G.* 2008, actu. 586, obs. **L. DUMOULIN** ; V. **N. VALLET**, *Les techniques de protection du client de la banque*, op. cit., n° 487, p. 266.

[669] Cass. Ass. plén., 2 mars 2007, n° 06-15267, *Bull.* 2007, Ass. Plén, n° 4, p. 9.

[670] Cass. civ. 22 janv. 2009, n° 07-19.867, *Bull.* civ. 2009, I, n° 7.

[671] **N. VALLET**, *Les techniques de protection du client de la banque*, op. cit., n° 487, p. 266.

[672] **G. CORNU (dir.)**, *Vocabulaire juridique de l'Association Henri Capitant*, op. cit. « Conseil » sens 1.

une décision chez celui qui le sollicite. Décision qui peut être d'action ou d'abstention »[673].

De manière générale, le conseil est une information orientée consistant à faire part de son opinion quant à l'opportunité d'effectuer ou non une transaction. Cela constitue une obligation plus lourde que la simple obligation d'information, car le débiteur de cette obligation est tenu de transmettre à la partie faible une information et de s'assurer que celle-ci l'a bien comprise. Il doit donc expliquer le fait brut. Cette obligation peut conduire le professionnel à ne pas conclure une transaction qui pourrait pourtant lui être favorable[674]. Cette obligation incarne une application du principe de bonne foi dans les contrats, lorsque le professionnel doit informer le consommateur sur l'opportunité de conclure ou non tel ou tel contrat, tel ou tel avenant au contrat.

293. L'obligation de conseil constitue un degré plus avancé que l'obligation d'information. Ici, il ne s'agit plus seulement d'informer le contractant faible mais de le conseiller, de lui apporter des éléments pour orienter son choix, donc d'aide à la décision, en attirant son attention sur les conséquences du contrat qu'il va conclure au regard de sa situation personnelle ou de ses besoins. Selon certains auteurs[675], l'information et le conseil sont différents dans leur nature, même si, en pratique, la frontière entre les deux n'est pas toujours aussi nette. Le conseil est fondé en général sur des informations pertinentes et ces dernières peuvent parfois constituer des conseils. Il a été déjà jugé que les obligations d'information et de conseil « *se distinguent en ce que l'obligation d'information porte sur les conditions du service sollicité par le client, alors que l'obligation de conseil porte sur l'opportunité du service* »[676]. Ici, il ne suffit pas d'informer le contractant, il faut lui proposer la solution qui sert le mieux ses intérêts.

Ainsi, le conseil suppose l'apport de renseignements en adéquation avec l'objectif poursuivi par la partie faible, comportant tout à la fois une mise en garde contre les risques encourus et des propositions alternatives permettant d'éviter ou d'amoindrir ces risques. Cependant, le conseil apparaît beaucoup plus lourd que la mise en garde car supposant des recommandations beaucoup plus précises[677].

En tout état de cause, si le professionnel est tenu d'une obligation de conseil, il convient de préciser son étendue (1), avant d'examiner sa mise en œuvre (2).

---

[673] **R. SAVATIER**, « Les contrats de conseil professionnel en droit privé », *D.* 1972, chron. XXIII, p. 137, n° 10 ; **J.-J. ALEXANDRE**, *La prestation de conseil juridique en droit français*, Thèse, PUAM, 1992, p. 187 et s.

[674] Sur cette notion, V., **J. GHESTIN et al.**, *Traité de Droit civil, La formation du contrat*, op. cit., n° 596, p. 442 ; **M. STORK**, « Les obligations d'information, de conseil, et de mise en garde des prestataires de services d'investissement », op. cit., p. 311.

[675] **Ph. Le TOURNEAU et M. POUMAREDE**, « Contrats et obligations. - Classification des obligations. Autres distinctions des obligations de moyens et des obligations de résultat », op. cit., p. 1136 à 1145

[676] CA Paris, 12 oct. 2006, n° 05/11571 : *JurisData* n° 2006-327372.

[677] **J. VALIERGUE**, *Les conflits d'intérêts en droit privé : contribution à la théorie juridique du pouvoir*, op. cit., n° 283, p. 142.

1. L'étendue de l'obligation de conseil

294. Comme l'obligation d'information, l'obligation de conseil se retrouve dans la plupart des contrats, qu'il s'agisse d'un contrat de prestation de services ou de vente de biens. En outre, l'obligation de conseil peut être l'objet à titre principal d'un contrat de conseil, mais elle peut aussi exister à titre accessoire dans un autre type de contrat, notamment le contrat de vente ou de service. Ici nous nous intéressons uniquement à ce dernier type d'obligation de conseil et non pas aux obligations nées de contrats conclus avec les professionnels du conseil (avocat, notaire, ingénieur-conseil).

Cette obligation peut trouver sa source dans les règles de droit commun édictées dans les Codes civils des pays comparés. Aussi, selon la Cour de cassation tunisienne, l'obligation de conseil peut être fondée sur l'article 243 du Code des obligations et du contrat[678], parce que les contrats obligent non seulement à ce qui y est exprimé, mais encore à toutes les suites que leur donnent l'équité, l'usage ou la loi. En se basant sur cet article qui est identique à l'article 1194 nouveau du Code civil français, la Cour de cassation tunisienne a ainsi jugé dans un arrêt n° 24186 du 16 février 2009 que l'obligation de conseil est une obligation qui incombe à la partie forte pour la conclusion du contrat sans préjudices pour l'une des parties[679].

295. En outre, les droits spéciaux de certains pays étudiés imposent expressément une obligation de conseil à la charge des professionnels vis-à-vis de la partie faible. Alors que dans les droits d'autres pays étudiés, cette obligation n'existe qu'implicitement dans certains domaines importants.

Les textes du droit de la consommation des pays étudiés instaurent généralement le devoir de conseil à la charge des professionnels dans leurs rapports avec les consommateurs.

Cependant, il convient de souligner qu'une forme d'obligation de conseil peut implicitement se trouver dans une obligation d'information de la part du professionnel.

En droit marocain, L'article 3 de la loi n° 31-08 relative à la protection du consommateur dispose que « *tout fournisseur doit mettre, par tout moyen approprié, le consommateur en mesure de connaître les caractéristiques (...), et lui fournir les renseignements susceptibles de lui permettre de faire un choix rationnel compte tenu de ses besoins et de ses moyens* »[680]. Cet article laisse voir d'une manière ou d'autre une sorte du devoir de conseil dans la législation marocaine.

---

678 L'article 243 du Code tunisien des obligations et du contrat dispose que « *tout engagement doit être exécuté de bonne foi, et oblige, non seulement à ce qui y est exprimé, mais encore à toutes les suites que la loi, l'usage ou l'équité donnent à l'obligation d'après sa nature* ».

679 Cass. Civ., tunisienne, n° 24186 du 16 février 2009, Inédit.

680 Loi n° 31-08 édictant des mesures de protection du consommateur, *Bull. O Mar.* 7 avril 2011, n° 5932, p. 348.

De même, le législateur algérien, selon M. HAJ BEN-ALI, adopte implicitement l'obligation de conseil dans l'article 10 de la loi n° 09-03 du 25 février 2009 relative à la protection du consommateur[681].

En France, l'article L. 217-4 du Code de la consommation, issu de l'Ordonnance du 17 février 2005, concourt à révéler le devoir spécifique de conseil du vendeur professionnel en ce qu'il assimile les carences accusées par celui-ci dans les instructions de montage ou d'installation « lorsque celle-ci a été mise à sa charge par le contrat ou a été réalisée sous sa responsabilité », à un défaut de conformité[682].

296. Au-delà des textes du droit de la consommation, la jurisprudence a consacré l'obligation de conseil du vendeur professionnel, en la situant dans le prolongement de l'obligation de délivrance, et en l'asseyant tantôt sur l'article 1604, tantôt sur l'article 1615 du Code civil. Ainsi, un arrêt énonce que l'obligation de délivrance d'un matériel s'étend à sa mise au point, et comporte une obligation accessoire d'information et de conseil du contractant[683].

Cette obligation de conseil intervient, selon la jurisprudence française[684], dans tous les contrats de vente qui impliquent une certaine technicité alors que la partie faible est manifestement un profane par rapport au produit qu'il souhaite acheter. C'est ainsi, selon la Cour de cassation, que l'obligation de délivrance du vendeur d'un matériel informatique s'étend à la mise au point du matériel et comporte une obligation accessoire d'information et de conseil[685].

297. De même, l'article L. 520-1, II, 2° du Code français des assurances impose au banquier lorsqu'il est intermédiaire, de préciser les exigences et les besoins de son client ainsi que les raisons qui motivent le conseil quant à un

---

681 L'article 10 de la loi algérienne n° 09-03 du 25 février 2009 relative à la protection du consommateur dispose que « *tout intervenant est tenu au respect de l'obligation de sécurité du produit qu'il met à la consommation, en ce qui concerne : (...) 3- sa présentation, son étiquetage, les instructions éventuelles concernant son utilisation et son élimination ainsi que toute autre indication ou information émanant du producteur ; 4- les catégories de consommateurs se trouvant dans des conditions de risque grave au regard de l'utilisation du produit, en particulier les enfants* » (*JORA*, n°15 8 mars 2009, p. 10). **M. HAJ BEN-ALI**, « La distinction entre l'obligation d'information et le devoir de conseil pour garantir la qualité de la chose vendue », *Académie des sciences sociales et des sciences humaines*, 6-2011, p. 79-84.

682 **O. BARRET**, « Vente (effets) », *Rép. civ. Dalloz*, avr. 2018, n° 712.

683 Cass. 1er civ. 25 juin 1996, *Bull. civ.* I, n° 274, Dalloz Affaires, 1996. 1028 ; rappr. Cass. com. 1er déc. 1992, *Bull. civ.* IV, n o 391, *D.* 1993, somm. 237, obs. **O. TOURNAFOND**, visant l'art. 1604 c. civ ; Cass. 1er civ. 30 mai 2006, *D.* 2006, IR 1639, visant les arts. 1147 et 1615 c. civ ; **O. BARRET**, « Vente (effets) », op. cit., n° 713 ; aussi, la doctrine algérienne a indiqué l'obligation de délivrance comme fondement du devoir de conseil (les articles 364 et 379 du Code civil algérien), en ce sens V. **K. GADADA**, *ALWAJIZ pour explication du Code civil algérien (Contrat de la vente)*, Tom 4, Diwan de l'édition de l'Université, 2000, p. 173.

684 Cass. 1re civ., 25 juin 1996 : *Bull. civ.* 1996, I, n° 274. – CA Paris, 15 mai 1975 : *JCP G* 1976, II, 18265, note Boitard et Dubarry. V. égal. **D. HOUTCIEFF**, « L'obligation d'information du vendeur professionnel à l'égard du consommateur n'est pas une obligation de conseil », op. cit., p. 34.

685 V. **G. RAYMOND**, « Information du consommateur », 9 juill. 2015, *JCl. Conc.–Cons.* ; **S. PIEDELIEVRE,** *Droit de la consommation*, op. cit., n° 60, p. 51.

produit déterminé[686]. Aussi, l'article L. 132-27-1° du même Code met à la charge du professionnel une obligation d'expliquer « *les raisons qui motivent le conseil fourni quant à un contrat déterminé. Ces précisions, qui reposent en particulier sur les éléments d'information communiqués par le souscripteur ou l'adhérent concernant sa situation financière et ses objectifs de souscription, sont adaptées à la complexité du contrat d'assurance ou de capitalisation proposé* ».

L'obligation de conseil incombe au professionnel sur une base légale mais aussi en raison d'une jurisprudence constante, notamment en droit français. La mise en œuvre de cette obligation de conseil n'intervient pas seulement lors de la phase précontractuelle, mais peut participer aussi à l'exécution du contrat. En effet, elle vient compléter les obligations de délivrance et de garantie[687]. A partir de ces fondements légaux ou jurisprudentiels, l'obligation de conseil pourra être mise en œuvre.

2. La mise en œuvre de l'obligation de conseil

298. Le conseil consiste à informer la partie faible quant à l'adéquation de la chose proposée à l'utilisation qui en est prévue. C'est également informer sur l'adéquation du service proposé à l'attente de la partie faible[688]. Selon les besoins du contractant, le conseil peut différer pour une même chose ou un même service. « *Là où le renseignement est uniforme, le conseil est protéiforme* »[689]. Dès lors, la mise en œuvre du devoir de conseil se réalise en deux temps : dans un premier temps, le professionnel se renseigne sur les besoins du particulier, et dans un second temps, au vu de ses besoins, il le conseille. En d'autres termes, l'obligation de conseil qui pèse sur le professionnel impose au consommateur de communiquer les éléments nécessaires à une juste appréciation de ses besoins. Dans ce sens, il a été jugé qu' « il appartient à l'utilisateur de fixer les objectifs à atteindre et de demander des explications s'il s'estime incomplètement renseigné sur les contraintes inhérentes à l'utilisation du matériel qu'il envisage d'acquérir »[690].

L'exécution du devoir de conseil suppose donc une collaboration des parties qui doit être engagée par le professionnel. En effet, c'est à lui de se renseigner sur les besoins du consommateur, en le questionnant sur ses besoins, et plus

---

[686] Procédant de la même logique en matière d'obligation pesant sur la prestation d'investissement financier, l'article L. 533-12 II du Code monétaire et financier, modifié par l'ordonnance n° 2007-544 du 12 avril 2007, dispose que « *les prestataires de services d'investissement communiquent à leurs clients, notamment leurs clients potentiels, les informations leur permettant raisonnablement de comprendre la nature du service d'investissement et du type spécifique d'instrument financier proposé ainsi que les risques y afférents, afin que les clients soient en mesure de prendre leurs décisions d'investissement en connaissance de cause* ».

[687] **O. BARRET**, « Vente (3o effets) », op. cit., n° 712.

[688] A ce stade, V., Cass. 1ère civ., 28 oct. 2010, n° 09-16913, *Bull. civ.* I, n° 215.

[689] **G. RAYMOND**, « Information du consommateur », 9 juill. 2015, *JCl. Concurrence - Consommation*

[690] CA Paris, 5 déc. 1976 : *JCP G.* 1977, II, 18579 ;

précisément sur l'utilisation qu'il compte faire du bien convoité[691]. De plus, la jurisprudence française confirme que le vendeur doit spontanément renseigner tout client, le renseignement étant identique pour tous. Cependant il incombe à l'acheteur qui compte utiliser le bien de telle ou telle façon de l'indiquer au vendeur afin que celui-ci le conseille, et ce d'autant que, le plus souvent, le conseil est utile en vue d'une utilisation spécifique, pour ne pas dire anormale de la chose[692].

299. Par ailleurs, le contenu des conseils donnés varie en fonction de l'objet du contrat. Cela peut aller jusqu'à exiger du professionnel qu'il dissuade, voire qu'il refuse de contracter avec son cocontractant. Autrement dit, cette obligation est généralement puissante à l'égard d'un profane ou d'un simple consommateur[693].

Ainsi, le professionnel, « maître de sa technique », au fait des données de l'affaire, doit prodiguer les meilleurs conseils possibles, il se doit de fournir des conseils pertinents, adaptés à la situation. Entre diverses solutions possibles, il lui faut proposer celle qui est la plus favorable aux intérêts de son cocontractant[694], singulièrement celle qui est la plus économique. Ainsi, engage sa responsabilité celui qui propose un équipement trop puissant et trop onéreux[695]. Le matériel proposé doit donc être adapté aux besoins du client, mais, la solution la plus économique n'est pas forcément la meilleure : il y aura faute à laisser un client acquérir un système informatique insuffisant pour ses besoins[696]. La Cour de cassation française estime ainsi qu'il incombe au professionnel de prouver qu'il s'est acquitté *« de son obligation de conseil lui imposant de se renseigner sur les besoins de l'acquéreur du véhicule afin d'être en mesure de l'informer, au regard de la nature et de l'importance des réparations effectuées sur ce véhicule, de l'adéquation de celui-ci à l'utilisation qu'il projetait et aux qualités qu'il en attendait »*[697]. Ainsi, cette jurisprudence montre que l'obligation de conseil et l'obligation d'information restent imbriquées dans certains cas.

---

[691] Cass. com., 13 janv. 2015, n° 13-25856, Inédit ; **J. ATTARD**, « De nouvelles limites à l'obligation de conseil du banquier », *Pet. Aff.*, 27 juill. 2015, n° 148, p. 9

[692] **C. GRIMALDI et J-F. SAGAUT**, « L'obligation d'information du vendeur », *RDC.*, 01 juill. 2012, n° 3, p. 1091.

[693] En ce sens, la Cour de cassation a jugé que « *l'installateur d'un système de télésécurité est tenu d'un devoir de conseil envers son client, surtout lorsque ce dernier apparaît comme un profane ou un néophyte en la matière* » (Cass. 1re civ., 18 mai 1989, n° 87-19.374 : *JurisData.*, n° 1989-701616 ; *Bull. civ.* 1989, I, n° 206)

[694] Cass. com., 3 déc. 1985, n° 84-14.463, *Bull. civ.* 1985, IV, n° 284 ; *RTD civ.* 1986, p. 372, obs. **Ph. REMY** ; Cass. 1re civ., 27 juin 1995, n° 92-19.212 : *Bull. civ.* 1995, I, n° 287 ;

[695] CA Paris, 15 mai 1975 : *JCP G.*, 1976, II, 18265, **BOITARD et DUBARRY**.

[696] Cass. 1er civ., 7 avr. 1998, n° 96-16.148 : *Bull. civ.* 1998, I, n° 150. - Cass. 1er civ., 25 janv. 2000, n° 98-12.702 : *JurisData.*, n° 2000-000258; *Bull. civ.* 2000, I, n° 29; *D.* 2000, somm. p. 284, obs. C. Caron. - Cass. 1er civ., 30 mai 2006, n° 03-14.275 : *JurisData*, n° 2006-033697; *Bull. civ.* 2006, I, n° 280.

[697] Cass. civ., 1er, 11 déc. 2013, n° 12-23.372, Inédit.

300. Cette obligation impose d'autre part d'apporter des conseils complémentaires. Si le devoir de conseil implique nécessairement que le professionnel informe son cocontractant tant sur les aspects positifs que négatifs de la transaction, celui-ci est également tenu d'accomplir certaines diligences supplémentaires[698]. A travers ce conseil, le créancier de l'obligation orientera donc la décision du cocontractant qui l'a sollicité. Mais, pour ce faire, encore faut-il que l'opinion personnelle du créancier de l'obligation de conseil soit étayée par de solides connaissances. C'est la raison pour laquelle, le conseiller doit nécessairement s'informer tant de la situation du consommateur que du savoir relatif à la question afin de donner le conseil le plus efficace : il est par conséquent tenu à un devoir d'investigation[699]. En conseillant, il doit expliquer les raisons pour lesquelles il préconise cette solution, indiquer les conséquences éventuelles ainsi que les risques possibles, et ce afin que la partie faible puisse prendre en toute connaissance de cause la décision de suivre ou non le conseil donné. Cette exigence est d'autant plus grande que le conseiller est spécialisé dans une branche déterminée ou qu'il jouit d'une notoriété particulière, en contrepartie de laquelle il demande des honoraires plus élevés[700].

301. Par ailleurs, cette obligation implique que le professionnel est tenu de dissuader son cocontractant d'agir comme il l'entend, en lui indiquant que le moment est peu propice pour conclure une opération[701], en appelant son attention sur les risques encourus en ne choisissant pas l'option proposée ou en attirant l'attention du contractant sur les modalités financières du contrat[702].

De plus, l'obligation de conseil peut se traduire dans certains cas en une obligation de refuser de contracter En effet, tout comme pour l'obligation d'information, et sans doute plus encore ici, la jurisprudence considère que le professionnel se doit de mettre en garde son client sur tel ou tel inconvénient de la mesure qu'il compte adopter[703]. À la limite, il doit savoir refuser la mission qui lui est demandée lorsqu'elle dépasse sa compétence ou qu'elle lui paraît vouée à

---

[698] **Ph. Le TOURNEAU, M. POUMAREDE**, « Contrats et obligations. - Classification des obligations. Autres distinctions des obligations de moyens et des obligations de résultat », op. cit., p. 1136.

[699] CA Paris, 26 mai 1999 : *JCP E.*, 1999, pan. p. 1131 ; Cass. 1re civ., 17 févr. 1998, n° 95-12.707 : *Bull. civ.* 1998, I, n° 61 ; Sur ce sujet V., **S. PIEDELIEVRE**, « L'obligation d'information et de conseil du banquier a ses limites », *Def.* 30 sept. 2005, n°18, p. 1425.

[700] **Ph. le TOURNEAU, M. POUMAREDE**, « Contrats et obligations. - Classification des obligations. Autres distinctions des obligations de moyens et des obligations de résultat », *op. cit.*, p. 1136.

[701] V. par ex., en pleine période d'activité saisonnière : CA Paris, 4 janv. 1980 : RJ com. 1980, p. 260, concl. Ecourtin, note **Ph. Le TOURNEAU** ; *Gaz. Pal.* 1980, 2, p. 595, note **P. de FONBRESSIN** ;

[702] Cass. com. 9 avr. 2013, n° 11-17.029 : *JurisData*, n° 2013-006812; Cass. 1re civ., 23 mai 2000, n° 97-19.223 : *JurisData*, n° 2000-002105; *Bull. civ.* 2000, I, n° 152 ;

[703] Cass. 1re civ., 5 déc. 1995, n° 94-11.135 : *Bull. civ.* 1995, I, n° 453. - Cass. 1re civ., 7 avr. 1998 : *Bull. civ.* 1998, I, n° 150.

l'échec[704]. Émerge ainsi, en creux, un devoir de ne pas contracter, notamment lorsque le contrat comporte des risques qui ne seraient pas acceptables, repris à son compte par le législateur[705].

A titre d'exemple, l'article 31 de la loi tunisienne relative à la réorganisation de la concurrence et des prix dispose que « *il est interdit de refuser à un consommateur la vente de biens ou de produits ou la prestation d'un service dès lors que ses demandes ne présentent pas de caractère anormal ou que les produits ou services, objet de ces demandes, ne sont pas soumis à une réglementation particulière* »[706]. Même s'il ne se réfère pas au refus de vente, cet article consacre un devoir qui s'en rapproche beaucoup. En fait, le professionnel peut refuser la vente si les demandes du consommateur présentent un caractère anormal. Mais, cette loi ne détermine pas malheureusement les caractères anormaux.

302. Dès lors, le professionnel doit absolument tout mettre en œuvre pour être en mesure de respecter son obligation d'information, qui est là véritablement renforcée. Car il ne s'agit pas simplement d'informer la partie faible sur l'avantage de tel ou tel produit ou service, il s'agit bien plus de la conseiller en fonction de ses besoins en fournissant un conseil approprié et donc apprécié in concreto. Il s'agit également de la conseiller et/ou mettre en garde sur l'éventuelle adéquation du produit à l'utilisation qui en est prévue[707]. En revanche, si le professionnel ne respecte pas ces obligations (information, mise en garde et conseil), il existe, d'une manière ou d'une autre, la possibilité de révocation du consentement pour la partie faible.

---

[704] Cass. 1er civ., 10 mai 2000, n° 97-20.554 : *JurisData*, n° 2000-001918 ; *Resp. civ.* et assur. 2000, comm. 268, notaire. - Cass. 1er civ., 3 avr. 2007, n° 05-16.570 : *JurisData*, n° 2007-038328; *Bull. civ.* 2007, I, n° 144.

[705] Par exemple, l'article L. 533-13, I du Code français de monétaire et financier.

[706] La loi tunisienne n° 2015-36 du 15 sept. 2015, relative à la réorganisation de la concurrence et des prix, *JORT.*, 25 et 29 sept. 2015, n° 77–78, p. 2320. En le même sens, l'article 57 de la loi marocaine n° 31-08 édictant des mesures de protection du consommateur prononce que « *il est interdit de : - refuser à un consommateur la vente d'un produit, d'un bien ou la prestation d'un service, sauf motif légitime* ».

[707] **M. BURGARD**, « L'obligation de conseil et d'information du vendeur professionnel ; une obligation de se renseigner sur les professionnels ; une obligation de se renseigner sur les besoins de l'acheteur », *Pet. Aff.*, 08 févr. 2011, n° 27, p. 11.

Conclusion du chapitre I

303. Le formalisme a été et reste une technique efficace pour protéger la partie faible. La partie faible est amenée à connaître le contenu du contrat et à apprécier les conséquences de ses engagements à travers les divers moyens imposés par le formalisme, tels que par exemple la signature, les mentions obligatoires manuscrites.

Cependant, l'exigence du formalisme va parfois à l'encontre de la protection de la partie faible et nécessite un aménagement, une autre organisation en faveur de la partie la plus faible au contrat. Face à ce formalisme renforcé, les législateurs des pays étudiés tentent de s'adapter à l'évolution incessante des technologies et des techniques commerciales. Cela a pu se constater notamment dans la réorganisation quasi permanente du commerce électronique, dans l'exigence croissante de clarté des détails du contrat, voire dans l'exigence d'intervention d'un professionnel du droit pour accompagner les contractants lors de la conclusion du contrat.

On a constaté que les législations des pays étudiés sont différentes et variables quant aux techniques de protection retenues. Les droits français, tunisien, marocain et algérien traitent la plupart des questions ayant trait au contrat électronique alors que les droits libyen et mauritanien n'ont adopté que des textes éparpillés ou disséminés dans ce domaine. Par ailleurs, les droits français et libyen exigent expressément la clarté du contrat par des textes généraux qui peuvent s'appliquer à tous les types de contrat, alors que cette exigence de clarté ne réside que dans des textes de droits spéciaux dans les législations des autres pays comparés. Toutefois, le champ d'application de l'intervention d'un professionnel du droit est plus étendu en droits tunisien, marocain et dans une certaine mesure en droit mauritanien. En revanche, les droits français, libyen et algérien n'adoptent pas de texte spécifique pour les contrats de la personne illettrée. En outre, les droits français, marocain et tunisien ont conféré à l'avocat la faculté de rédaction de certains contrats, en parallèle des attributions du notaire.

Par ailleurs, l'exigence du formalisme est renforcée par l'information due conférée à la partie faible. En effet, l'obligation d'information a été consacrée par divers textes dans les pays étudiés. Cette obligation d'information peut être rattachée à l'exigence d'un consentement libre et éclairé. C'est pourquoi, elle doit être une obligation générale qui incombe à tout professionnel et dans tous les contrats. Cela peut être réalisé d'une part par l'adoption de dispositions générales concernant cette obligation dans le droit commun (le cas du droit français), et d'autre part par le renforcement de cette obligation par des textes des droits spéciaux.

Il convient de souligner qu'en général, le mode de présentation des informations soulève parfois des problèmes. En effet, l'information trop technique et surabondante peut léser la partie faible, ce qui constitue un paradoxe du formalisme informatif. La méthode consistant à noyer l'essentiel dans un océan de détails cause des difficultés à la partie faible, qui peine à comprendre aisément. Ainsi, il est absolument nécessaire de réglementer le mode de présentation formelle de l'information.

En cas de manquement à l'obligation d'information, il est toujours possible d'appliquer les sanctions du droit commun selon les droits des pays comparés. De plus, les législateurs français et algérien renforcent ces sanctions par des sanctions spécifiques.

Les législateurs ne se contentent pas seulement d'imposer la transmission ou la fourniture de l'information à la partie faible, mais ils exigent de manière implicite ou explicite le devoir de mise en garde et le devoir de conseil. Cependant, ces devoirs méritent encore des améliorations, notamment dans le droit des pays maghrébins.

Chapitre II : La possibilité de révocation du consentement

304. Dans un engagement contractuel, les parties doivent en principe aller jusqu'au bout de l'opération juridique, parce que les obligations contractuelles valablement formées tiennent lieu de loi à ceux qui les ont faites, et ne peuvent être révoquées que de leur consentement mutuel ou dans les cas prévus par la loi[708]. Cependant, dans certaines circonstances, la loi offre des portes de sortie à la partie faible dans la relation contractuelle.

Face à l'évolution et au changement des concepts de droit privé, des principes civilistes produisent des effets dans la pratique de certaines relations contractuelles. A titre d'exemple, la maxime d'Alfred FOUILLEE[709], « qui dit contractuel, dit juste », exprime une conception du contrat qui repose sur un postulat libéral en vertu duquel les parties sont présumées capables de défendre leurs intérêts.

Mais encore faut-il que la notion de juste suppose que le consentement soit intègre. Or consentir implique de s'engager en connaissance de cause, et donc de savoir précisément ce à quoi l'on est engagé. Le consentement ne se réalise pas subitement, il atteint sa maturité après un temps plus ou moins long de réflexion. Ce temps de réflexion est d'autant plus variable que dans les contrats conclus entre un spécialiste et un non-spécialiste, ce dernier peut disposer de moins d'informations que son cocontractant, ce qui le conduit à réfléchir davantage. Dans ce processus, la notion de temps est primordiale dans la réalisation du consentement[710]. De même, il convient de soutenir l'opinion[711] selon laquelle la théorie générale du contrat gravite autour de la notion de consentement, qui en constitue le cœur. Le législateur imposerait ici une nouvelle condition, à savoir l'exigence d'un consentement réfléchi. Le droit renforcerait en un sens les règles classiques du droit des contrats, par souci d'adaptation à la société moderne, où l'on consomme en masse et où le risque de consentement sans réelle réflexion peut être accru.

Le caractère immuable de l'engagement est la juste contrepartie de la sécurité juridique. Toutefois, dans un souci de protection de la partie faible, des techniques légales l'autorisent à revenir sur son engagement. Parmi ces techniques destinées à révoquer le consentement donné au moment de la formation du contrat, les législateurs des pays étudiés ont expressément prévu un droit de rétractation qui

---

708 **N. REKIK**, *L'ordre public et le contrat civil*, LATRACH, Tunis, 2015, n° 465, p. 460 et s. **A. MOHIM**, *La protection du consommateur-contractant ; étude et analyse approfondies à la lumière de l'actualité de la loi n° 31-08 édictant des mesures de protection du consommateur*, en arabe, op. cit., p. 81.

709 **ALFRED FOUILLEE** (18 octobre 1838 à La Pouëze - 16 janvier 1912 à Lyon) est un philosophe français. Il est l'auteur du célèbre adage en droit civil : « Qui dit contractuel, dit juste ».

710 **H. BLKANFAR**, « Le droit à la rétractation comme technique de protection du consommateur dans le contrat à distance », Rev., marocaine de droit et des affaires, n° 7, juill. 2016, p. 8.

711 **C. LE BIDEAU**, « À propos du droit de rétractation contenu dans la proposition de règlement », *Pet. Aff.*, 24 déc. 2013, n° 256, p. 29.

permet à celui qui en bénéficie de changer d'avis, c'est-à-dire de revenir sur son engagement. Il s'agit de la possibilité de se rétracter (section 2). Mais avant l'exercice de ce droit de rétractation, la partie faible dispose d'un délai de réflexion (section 1). Pendant toute la durée de ce délai, elle peut prendre la décision de renoncer ou pas.

Section I : L'instauration de délais favorisant un consentement réfléchi

305. Selon le principe du consensualisme, le contrat se forme, par le seul échange des consentements des parties : solus consensus obligat. Aucune forme particulière n'est requise. La rencontre d'une offre et d'une acceptation suffit pour créer instantanément le contrat[712]. Cette formation instantanée ne doit pas masquer le caractère essentiel de l'étape intellectuelle qui précède toujours l'extériorisation du consentement. Avant de faire connaître son offre, le pollicitant s'interroge, pèse le pour et contre. De même, avant d'accepter, la partie faible destinataire de l'offre réfléchit à l'opportunité de conclure le contrat[713]. En conséquence, la réflexion des contractants fait partie intégrante du processus de formation du contrat. De sa qualité, dépend la valeur du consentement.

En effet, le contrat conclu sans délai de réflexion légal a existé pendant longtemps dans les relations contractuelles. Néanmoins, avec le développement exponentiel du commerce, la spécificité de certains produits et dans un souci de protection de la partie faible, l'intervention du législateur s'est imposée pour traiter de ce phénomène[714]. Selon B. Le Tavernier, le délai de réflexion est « *la période impérative pendant laquelle le législateur a voulu renforcer la protection du destinataire de l'offre contre une acceptation précipitée, en lui interdisant de contracter avant l'expiration d'un délai incompressible* »[715].

Nous pouvons, d'ailleurs, dire que le droit à la réflexion complète et valorise le droit à l'information, cela signifie que la partie faible informée a besoin de temps pour rendre utile les informations reçues. L'existence du délai de réflexion présuppose tout simplement que le contractant peut bénéficier du droit de changer d'avis.

Les législations des pays comparés prévoient en faveur de la partie faible un délai de réflexion pour que le consentement de ce dernier devienne efficace. Ainsi, ces législateurs octroient à la partie faible différents délais pour réviser son choix (paragraphe1). Cette possibilité de révision doit respecter les régimes applicables à l'octroi de délais dans les différents pays (paragraphe 2).

---

712 **PH. MALINVAUD et al.**, *Droit des obligations*, LexisNexis, 14e éd., 2017, n° 128, p. 118 et s ; **M. AL-BADWI ALAZHARI,** *La théorie générale des obligations en droit libyen*, vol. 1, op. cit. p. 69.

713 **L. BRUNEAU**, *Contribution à l'étude des fondements de la protection du contractant*, op. cit., n° 466, p. 397 ; V. égal. **A. BENCHENEB**, *Le droit algérien des contrats* ; Données fondamentales, op. cit. n° 89, p. 68 et s.

714 **ABDOU-.R. ABANI**, « L'intervention législative dans le cadre de la relation contractuelle », *Revue marocaine de droit*, n° 14, mai 2013, p. 220 ; V. égal. **Abdel-K. EL-AARAARY**, *Les contrats spéciaux ; Le contrat de vente*, en droit marocain, Dar Elamane, en arabe, 4e édit, 2017, n° 59, p. 69.

715 **B. Le TAVERNIER**, « Comparaison internationale des délais de rétractation et de réflexion prévus par les réglementations relatives à la protection du consommateur », *Rev. Conc. consom.* 1995, n°87, p. 72.

Paragraphe 1 : La diversité des délais

306. Il convient tout d'abord de noter que le délai de réflexion a en général un caractère implicite. Il découle en effet du processus de formation du contrat. Selon le droit commun dans les pays étudiés[716], tant qu'elle n'a pas été acceptée, l'offre est librement révocable par le professionnel : l'offre n'a d'existence que si elle reflète la volonté réelle de son auteur, or si cette volonté change, l'offre n'existe plus. Mais en réalité, la libre révocabilité de l'offre est un principe contractuel théorique[717].

En général, Le processus de formation du contrat inclut par sa nature même un délai de réflexion, or celui-ci n'est pas suffisant pour assurer une protection parfaitement efficace du contractant faible. Aussi, dans certaines hypothèses et afin d'éviter qu'un contractant ne s'engage à la légère sans une réelle réflexion, ou qu'on lui extorque son consentement, les législateurs des pays étudiés ont institué un délai de réflexion impératif. La comparaison approfondie de chaque système juridique propre aux différentes catégories de contrats et reprenant le mécanisme du délai de réflexion fait apparaître le double aspect de ce délai. Dans un premier temps, le délai de réflexion court en faveur de la partie faible avant l'expression de son consentement, puis dans un deuxième temps, une fois l'échange des consentements réalisé, un nouveau délai s'ouvre offrant la possibilité à la partie faible de rétracter son propre consentement[718].

En tout état de cause, les droits des pays concernés déploient à côté de techniques classiques de protection de la partie faible des mécanismes nouveaux qui privilégient la protection préventive de ce dernier. Au sein de ce mécanisme de protection, il existe donc différents types de délais (A) qui présentent une diversité dans leur durée, variable selon chaque régime juridique (B).

A. La distinction des délais de réflexion et de rétractation

307. Par ces mécanismes de protection destinés à protéger le consentement de celui qui s'engage, la faculté de rétractation peut s'appréhender de deux façons,

---

716 A ce sujet V., **M. FABRE-MAGNAN**, *Droit des obligations*, PUF, 4e éd., 2016, n° 274, p. 310 ; **A. ECHERKAOUI**, *Le droit des contrats spéciaux ; contrat de vente*, en droit marocain, en arabe, op. cit., p. 94 et s.

717 Cass. 3e civ., française, 20 mai 2009, n° 08-13.230, *Bull. civ.* 2009, III, n° 118 ; Cass. 3ème civ., française 25 mai 2005, n° 03-19411, *Bull. civ.* 2005, III, n° 117, p. 107. La Cour de cassation française a jugé dans l'arrêt du 25 mai 2005 que « *le délai raisonnable dans lequel doit être acceptée une offre de vente fait à personne déterminée et sans délai s'apprécie en fonction de toutes les circonstances de l'espèce, y compris celles qui tiennent à la situation de l'acquéreur* », (Cass. civ. 3e, 25 mai 2005, *D.* 2005, p. 2837), note **S. AMRANI-MEKKI** ; *RDC* 2005, p. 1071, obs. **F. COLLART-DUTILLEUL** ; *RTD civ.* 2005, p. 772, obs. **J. MESTRE**, **B. FAGES** ; *JCP*. 2005, éd. G, p. 1747, obs. **P. GROSSER**; *RDC*. 2006, p. 311, obs. **D. MAZEAUD**; Cass. 3ere civ., 23 juin 2010, n° 09-15963, *Bull. civ.* III, n° 133, *RTD civ.* 2010.551, obs. **B. FAGES**.

718 **V. CHRISTIANOS**, « Délai de réflexion : théorie juridique et efficacité de la protection des consommateurs », *D.*, 1993 p. 28 ; V., égal. **P. MALAURIE** et **L. AYNES et P.-Y. GAUTIER**, *Les contrats spéciaux*, LGDJ, 9e éd., n° 101-102, p. 74 et 75 ; **A. KHELFI**, « La protection des e-consommateurs dans le droit algérien », Revue de l'Université NAJAH, n° 27, 2013, p. 13 à 18.

soit en un délai de réflexion, soit en une faculté de dédit. En effet, si le contrat n'est pas encore conclu, il s'agit alors d'une rétractation du consentement invoquée avant la conclusion de l'acte et dans ce premier cas, la faculté de rétractation peut être assimilé à un délai de réflexion. Dans un deuxième cas, s'il est déjà conclu, la rétractation entraîne la disparition d'un contrat déjà formé. La rétractation pourra ici être considérée comme une véritable faculté de se dédire du contrat[719].

Les deux mécanismes coexistent pour laisser à la partie faible le temps de réfléchir avant de s'engager définitivement. Un délai de réflexion peut être accordé avant l'acceptation de l'offre, et par ailleurs, un délai de réflexion peut être accordé après la signature du contrat. Dans tous les cas, l'échange définitif, irréversible des consentements est suspendu[720]. Ces délais sont désormais définis expressément à l'article 1122 du Code civil français : « *la loi ou le contrat peuvent prévoir un délai de réflexion, qui est le délai avant l'expiration duquel le destinataire de l'offre ne peut manifester son acceptation ou un délai de rétractation, qui est le délai avant l'expiration duquel son bénéficiaire peut rétracter son consentement* »[721].

Par principe, l'accord du contractant signifie qu'il accepte de s'engager. Mais, dans certains cas, la partie faible n'est pas en mesure d'apprécier la portée de son engagement envers le professionnel, notamment lorsqu'elle a dû prendre un engagement trop rapidement. C'est pourquoi, les législateurs dans les différents pays interviennent pour adopter une protection de nature préventive qui sera qualifiée, selon les domaines, de délai de réflexion (1) ou de délai de rétractation (2). Par conséquent, les délais légaux sont susceptibles de relever de deux régimes distincts[722].

---

[719] **N. VALLET**, *Les techniques de protection du client de la banque*, op. cit., n° 172, p. 97 ; **J. CALAIS-AULOY**, *Droit de la consommation*, op. cit., n° 367, p. 384 ; **S. PIEDELIEVRE**, *Droit de la consommation*, Corpus droit privé sous la direction de N. MOLFESSIS, ECONOMICA, 2008, n° 325, p. 254 ; **J. FLOUR, J.-L. AUBERT et E. SAVAUX**, *L'acte juridique, Droit civil*, Sirey, 16ème éd., 2014, n° 187, p. 181.

[720] **CH. BOURRIER**, *La faiblesse d'une partie au contrat*, op. cit., n° 99, p. 105 ; **A. ZOUHBI**, « Le droit de rétractation du contrat et son rôle dans la protection du consommateur », en droit algérien, *Rev., ALMOFAKER*, en arabe, n° 9, Mai 2013, p. 118.

[721] L'Ordonnance française n° 2016-131 du 10 février 2016 portant réforme du droit des contrats, du régime général et de la preuve des obligations.

[722] Cette distinction est d'origine doctrinale, comme on l'a vu précédemment. Elle est induite de l'observation du droit positif. Cependant, F. CLEMENT indique que « *la terminologie employée par le législateur n'est pas toujours très cohérente. Il est même arrivé que le législateur applique simultanément les deux régimes à un même délai, ce qui conduit bien sûr à une impasse* ». Ainsi, en matière de prêt, l'article 7 de la loi du 10 janvier 1978 disposait en son alinéa premier que « *le contrat devient parfait dès l'acceptation de l'offre préalable par l'emprunteur. Toutefois, l'emprunteur peut (...) revenir sur son engagement* » (délai de rétractation) alors qu'il énonçait ensuite, dans son troisième alinéa, que « *tant que l'opération n'est pas définitivement conclue, aucun paiement (...) ne peut être fait* » (délai de réflexion). La consécration légale dans la théorie générale du contrat de la distinction entre délais de réflexion et délais de rétractation permettra peut-être au législateur d'éviter ce type de confusions à l'avenir. Ici, il apparaît que le cas précité peut créer une confusion entre les deux types de délai. Mais, les dispositions de cet article ne doivent pas être considérées comme un

1. Le délai de réflexion

308. Le consentement de la partie faible peut être donné hâtivement ou imprudemment. Dans un objectif de protection, cette partie faible se verra parfois imposer le respect d'un certain délai de réflexion qui peut être défini comme une période à l'issue de laquelle le contrat sera formé, et uniquement à ce moment-là. Aucun versement d'argent ne peut avoir lieu avant la fin du délai, sauf exception[723]. On laisse ainsi à la partie faible un temps de réflexion avant de finaliser la conclusion du contrat. Le délai de réflexion est donc un délai pendant lequel une partie ne peut pas manifester son acceptation : si elle le fait, son acceptation ne produit aucun effet, c'est-à-dire qu'elle ne permet pas de former le contrat[724].

Autrement dit, le contrat ne se conclut pas instantanément ; il s'agit d'un contrat successivement formé, qui arrive à sa perfection un certain nombre de jours après le premier échange entre professionnel et son cocontractant. Ici, le droit de rétractation ne porte pas atteinte à la force obligatoire des contrats, puisque le contrat n'est pas encore formé. Le contrat n'étant pas encore formé au moment de l'exercice du droit de rétractation, il n'y a point lieu à son exécution[725].

309. Ce délai de réflexion est prévu dans les contrats qui nécessitent une plus grande protection de la partie faible vis-à-vis du professionnel, notamment les contrats immobiliers et les contrats de crédit en droit français[726]. Dans ces domaines par exemple, le délai est accordé au contractant pour qu'il réfléchisse avant de s'engager, avant de signer. Il peut être qualifié de délai d'acceptation ou de refus. Avant tout engagement, le professionnel doit fournir un exemplaire du contrat qui permettra à la partie faible d'étudier en détail les conditions de l'offre, de la comparer avec d'autres, de demander des précisions ou des explications sur les clauses du contrat. Le contractant ne doit pas effectuer de versement d'argent avant la fin du délai, sauf exception[727].

---

cas général, car la plupart des textes distingue de manière claire entre ces deux types de délai. V., **F. CLEMENT**, « Présentation des articles 1113 à 1122 de la nouvelle sous-section 2 (L'offre et l'acceptation) », https://iej.univ-paris1.fr/openaccess/reforme-contrats, consulté le 7 mai 2017 ; **A. MAFFRE-BAUGE**, *Les indispensables du droit de la consommation*, Ellipses, 2015, p. 33 et s.

[723] **D. TALON**, « Le droit de la rétractation en matière de vente immobilière », *Gaz. Pal.*, 12 juill. 2001, n° 193, p. 2.

[724] **F. CLEMENT**, « Présentation des articles 1113 à 1122 de la nouvelle sous-section 2 (L'offre et l'acceptation) », https://iej.univ-paris1.fr/openaccess/reforme-contrats, publié le 30/05/2016, consulté le 7/5/2017.

[725] **V. CHRISTIANOS**, « Délai de réflexion : théorie juridique et efficacité de la protection des consommateurs », *D.*, 1993 p. 28 ; **A. MOHIM**, *La protection du consommateur-contractant ; étude et analyse approfondies à la lumière de l'actualité de la loi n° 31-08 édictant des mesures de protection du consommateur,* op. cit., p. 83.

[726] **J. RAYNARD et J.-B. SEUBE**, *Droit des contrats spéciaux*, *LexisNexis*, 9e éd., 2017, n° 436, p. 365 ; **B. GELOT et G. DAUBLON**, « Droit de rétractation et délai de réflexion dans les avant-contrats et les ventes d'immeubles (éléments rédactionnels) », *Def.*, 30 mai 2001, n° 8, p. 504.

[727] L'article 77 de la loi marocaine n°31-08 édictant des mesures de protection du consommateur dispose que « *la remise de l'offre préalable oblige le prêteur à maintenir les conditions qu'elle indique pendant une durée minimum de sept jours à compter de sa remise à l'emprunteur* » ; **A.**

Par ailleurs, l'article 11 de la loi tunisienne n° 2008-33[728], relative à l'hébergement touristique à temps partagé, prévoit explicitement que le bénéficiaire du délai de réflexion a le droit de se rétracter sans conditions, sans en justifier les raisons et sans supporter aucune dépense, toutefois, il doit faire part de sa décision de rétractation par un moyen laissant une trace écrite.

Dans tous les cas, la partie faible qui bénéficie d'un tel délai ne peut accepter l'offre qui lui a été faite avant l'expiration du délai. Ici, c'est la formation du contrat qui est retardée jusqu'au terme du délai, et non plus seulement son exécution comme en matière de rétractation. Le droit français prévoit des délais de réflexion, tel que celui qui est imposé à l'acquéreur d'un immeuble à usage d'habitation ou encore en matière de crédit immobilier[729]. Ainsi, l'alinéa 4 de l'article L. 271-1 du Code français de la construction et de l'habitation énonce explicitement que « *(...) lorsque le contrat constatant ou réalisant la convention est dressé en la forme authentique et n'est pas précédé d'un contrat préliminaire ou d'une promesse synallagmatique ou unilatérale, l'acquéreur non professionnel dispose d'un délai de réflexion de dix jours à compter de la notification ou de la remise du projet d'acte (...). En aucun cas l'acte authentique ne peut être signé pendant ce délai de dix jours* ». S'il s'agit d'un acte notarié, le délai est un délai de réflexion, donc un délai préalable à sa signature.

A ce stade du processus de réflexion, l'article L.330-3 du Code français de commerce français précise que le document donnant des informations sincères qui doit être fourni par tout professionnel qui met à la disposition d'un candidat éventuel, un nom commercial, une marque, une enseigne, en exigeant en contrepartie un engagement d'exclusivité, doit l'être vingt jours minimum avant la signature du contrat. Des mesures identiques sont prévues en matière de crédit immobilier[730] ainsi qu'en droit du travail, où la jurisprudence[731] impose le respect d'un délai de réflexion avant toute modification d'un contrat de travail.

310. Ce délai de réflexion est d'ordre public. Par conséquent, les parties ne peuvent y déroger. S'il n'est pas respecté, la nullité du contrat semble être la sanction normale. Par exemple, la jurisprudence[732] décide que pour prononcer la

---

ZOUHBI, « Le droit de rétractation du contrat et son rôle dans la protection du consommateur », en arabe, op. cit., p. 119.

[728] La loi tunisienne n° 2008-33 du 13 mai 2008 relative à l'hébergement touristique à temps partagé, *JORT.*, n° 40, 16 mai 2008, p. 1493 ; V., **N. REKIK**, *L'ordre public et le contrat civil*, op. cit., n° 465, p. 460 et s.

[729] **J. JULIEN**, *Droit de la consommation*, op. cit., n° 149, p. 173 ; **F. MAGNIN,** « Droit de rétractation et délai de réflexion dans la loi S.R.U. : ne pas confondre ! », *Pet. Aff.*, 26 févr. 2001, n° 40, p. 6.

[730] Art. L.312-10 du Code français de la consommation ; V., **G. RAYMOND**, *Droit de la consommation*, LexisNexis, 4e éd., 2017, n° 849, p. 457.

[731] Cass. soc., française, 28 mars 2001, *Semaine sociale Lamy*, 2001, n°1025, p. 12.

[732] Cass. com., française, 10 février 1998, *Bull. civ.* IV, n°71. En outre, par un arrêt du 29 janvier 2014 et un arrêt du 14 janvier 2016, la Cour française de cassation avait indiqué que la nullité peut venir sanctionner une erreur commise dans la convention de rupture sur la date d'expiration du délai de rétractation de 15 jours, mais seulement si cette erreur « *a eu pour effet de vicier le consentement*

nullité du contrat conclu en violation de l'article L. 330-3 du Code français de commerce, il faut établir que le non-respect du délai de réflexion a eu pour effet de vicier le consentement du candidat. Cette position, difficilement explicable, altère sensiblement l'efficacité de la protection accordée au professionnel et doit être critiquée[733].

Le législateur algérien, quant à lui, reprend le délai de réflexion de manière implicite dans le décret exécutif algérien n° 06-306 à l'article 04 : « *(...) de leur permettre de disposer d'un délai suffisant pour examiner et conclure le contrat* »[734].

De manière générale, le délai de réflexion permet à la partie faible de prendre une décision en connaissance de cause avant de s'engager. Cette dernière peut aussi se prévaloir d'un délai de réflexion dans son droit de rétractation.

2. Le délai de rétractation

311. Le délai est ici accordé pour renoncer à un contrat déjà conclu entre les parties, il s'agit d'un délai de rétractation qui peut varier en fonction de la nature du contrat. La partie faible peut revenir sur sa décision, de manière discrétionnaire et sans pénalités, et être remboursée si elle a déjà versé une somme d'argent. A ce sujet, L. GRYNBAUM[735] a souligné que « *l'affirmation que ce délai n'empêche pas la formation du contrat mais intervient pour y mettre fin estompe largement la frontière entre formation et exécution du contrat tout en obligeant à adopter une approche beaucoup plus nuancée de la force obligatoire du contrat* ». Ainsi, le délai de rétractation est un délai pendant lequel l'acceptant peut revenir sur le consentement qu'il a déjà donné et entraîner ainsi l'anéantissement rétroactif du contrat. En principe, ce délai de rétractation ne commence à courir qu'à compter de la formation du contrat et n'empêche pas l'exécution du contrat qui est déjà

---

de l'une des parties ou de la priver de la possibilité d'exercer son droit à rétractation » (Cass. soc. 29 janvier 2014 : RG n°12-24539, *Bull.* 2014, V, n° 40 ; Cass. soc. 14 janv. 2016, 14-26.220).

[733] **L. BRUNEAU**, *Contribution à l'étude des fondements de la protection du contractant*, op. cit., n° 468, p. 399.

[734] Le décret exécutif algérien n° 06-306 du 10 septembre 2006 fixant les éléments essentiels des contrats conclus entre les agents économiques et les consommateurs et les clauses considérées comme abusives, *JORA*, n° 56, 11 sept. 2006, p. 15. En ce sens V. **D. ZENNAKI**, *Droit de la consommation*, les cours de magistère, Université d'Oran, Faculté de droit, 2010-2011 ; V., **A. FILALI**, « Le droit de la consommation : une adaptation du droit commun des contrats », Les Annales De l'Université d'Alger 1, n° 27, Tome II, juillet 2015, p. 23. Par ailleurs, la législation algérienne relative à la promotion de l'activité immobilière semble y faire également allusion. En effet, aux termes de l'article 32 de la loi algérienne n°11-04 du 17 février 2011, fixant les règles régissant l'activité de promotion immobilière, le législateur prévoit que « *la rupture du contrat de réservation peut intervenir à tout moment au cours de la réalisation du projet immobilier :(...). -à la demande du réservataire auquel cas le promoteur immobilier bénéficie d'une retenue à hauteur de quinze pour cent 15% du montant de l'avance versée (…)* » (JORA, n° 14 du 6 mars 2011, p. 4).

[735] **L. GRYNBAUM**, « Vers un droit de rétractation généralisé ? », *RDC.*, 01/04/2005, n° 2, p. 527 ; En ce sens, **A. MOHIM**, *La protection du consommateur-contractant ; étude et analyse approfondies à la lumière de l'actualité de la loi n° 31-08 édictant des mesures de protection du consommateur*, op. cit., p. 93.

formé. Ce délai de rétractation est important car il réduit singulièrement la portée de l'acceptation par mise en place d'un véritable repentir au bénéfice du contractant faible[736].

312. A l'instar du délai de réflexion, le délai de rétractation a une origine légale, et compte tenu de son caractère d'ordre public, les parties ne peuvent l'écarter contractuellement[737]. Le stade de la formation du contrat est au cœur du mécanisme car le contrat doit être effectivement conclu pour que la rétractation du consentement puisse s'opérer et cela suppose d'avoir déjà consenti. Le contrat étant formé par l'acceptation de l'offre par la partie faible[738]. Le contractant peut alors librement revenir sur son engagement ce qui a pour effet d'anéantir l'acte qui est censé n'avoir jamais existé.

On constate que la plupart des textes des pays comparés ont recours au mécanisme du droit de rétractation pour donner à la partie faible le temps de réfléchir après la conclusion du contrat[739]. En effet, la majorité des contrats conclus s'adaptent aisément au délai de rétractation. Nous pouvons considérer le droit à la rétractation comme une forme élargie du droit à la réflexion. Dans un tel cas, le contractant a déjà conclu le contrat, le droit à la réflexion et l'exercice de la rétractation entraînent la disparition d'un contrat déjà formé, par exemple lors d'un contrat de vente ou de prestation de service. Il s'agit bien du délai qui est accordé pour renoncer à un contrat déjà conclu.

---

[736] En ce sens V, **A. BENCHENEB**, *Le droit algérien des contrats ; Données fondamentales*, op. cit., n° 98, p. 74 ; **F. CLEMENT**, « Présentation des articles 1113 à 1122 de la nouvelle ; sous-section 2 (L'offre et l'acceptation) », https://iej.univ-paris1.fr/openaccess/reforme-contrats, consulté le 7 mai 2017.

[737] Par exemple, en droit français, l'article L. 242-3 du Code de la consommation précise qu' « *est nulle toute clause par laquelle le consommateur abandonne son droit de rétractation défini à l'article L. 221-18* », ce qui était superfétatoire compte tenu du caractère d'ordre public de l'ensemble des dispositions (art. L. 221-29). En droit marocain, l'article 49 de la loi n°31-08 édictant des mesures de protection du consommateur dispose que « *toute clause du contrat par laquelle le consommateur abandonne son droit de se rétracter est nulle et non avenue* ».

[738] **N. VALLET**, *Les techniques de protection du client de la banque*, op. cit., n° 176, p. 99 ; **A-K. ABAD**, « Le droit à la rétractation du consommateur dans le cadre de prestation touristique », en droit marocain, en arabe, http://www.droitetentreprise.org, consulté le 20 mars 2017.

[739] V., en droit français, Art. L. 221-18 et suivants du Code de la consommation ; Art. L. 271-1 du Code de la construction et de l'habitation et Art. 132-5-1 du Code français des assurances. En droit marocain, Arts. 36, 49 et 85 de la loi n°31-08 édictant des mesures de protection du consommateur, *Bull. O. Mar.*, n° 5932, 7 avril 2011. En droit tunisien, Art. 10 de la loi n° la loi tunisienne n° 98-39 du 2 juin 1998, relative aux ventes avec facilités de paiement, *JORT.*, n° 44, p. 1210 ; Art. 34 de la loi tunisienne n° 2000-83 du 9 août 2000 relative aux échanges et au commerce électronique, *JORT.*, n° 64 du 11 août 2000, p. 1887. En droit libyen, Art. 1319 des dispositions de textes de la protection du consommateur du Code de commerce, J.*O.L.*, 28 janv. 2010. Au Mauritanie, Art. 60 de l'Ordonnance n° 2006-031 relative aux instruments de paiement et aux opérations du commerce électronique. En Algérie, Art. 119 ter, alinéa 4, de l'Ordonnance algérienne n° 10-04 du 26 août 2010 modifiant et complétant l'ordonnance n° 03-11, 26 aout 2003, relative à la monnaie et au crédit, *JORA.*, n° 50, 1er sept. 2010, p 10 ; Arts. 11 et 14 du décret exécutif algérien n° 15-114 du 12 mai 2015 relatif aux conditions et aux modalités d'offres en matière de crédit à la consommation,12 mai 2015, *JORA.*, n° 24, 13 mai 2015, p. 9 ; Art 11 de la loi algérienne n° 18-05 du 10 mai 2018 relative au commerce électronique, *JORA.*, n° 28, 16 mai 2018, p. 6.

Aux termes de l'article L. 311-17 du Code français de la consommation et afin d'assurer l'efficacité de cet instrument de protection, le législateur interdit aux parties d'exécuter leurs prestations durant toute la durée du délai de rétractation. Clairement, il considère que le contrat est parfait, ce qui implique que le délai de rétractation doit être vu comme une faculté de dédit[740].

313. Il est utile par ailleurs de noter que la réforme du droit des contrats reconnait un délai implicite de rétractation qui permet de rétracter une acceptation, bien que cette dernière soit déjà donnée. Selon le nouvel article 1118 du Code civil français, « *tant que l'acceptation n'est pas parvenue à l'offrant, elle peut être librement rétractée, pourvu que la rétractation parvienne à l'offrant avant l'acceptation* »[741]. Ainsi, l'acceptant peut changer d'avis, et donc rétracter son acceptation tant que celle-ci n'est pas parvenue à la connaissance de l'offrant. Tant que l'offrant n'a pas eu connaissance de l'acceptation, il ne peut pas légitimement considérer que le contrat est formé. M. FABRE-MAGNAN souligne également « qu'*un télégramme ou une télécopie de l'acceptant devrait valablement pouvoir revenir sur un consentement émis dans une précédente lettre non encore reçue par l'offrant. La question est en réalité éminemment liée à celle de la formation du contrat. En effet, lorsque l'acceptant ne peut plus se rétracter, c'est que le contrat est considéré comme conclu* »[742].

En réalité, le délai de réflexion et le délai de rétractation produisent des effets presque similaires et légalement le contrat n'est pas formé définitivement avant l'expiration du délai. Cependant, ces deux délais se distinguent principalement par leur durée qui ne sera pas toujours identique.

B. La diversité de durée des délais

314. Il semble que le souci de protection de la partie faible impose la diversité de durée des délais. La durée du délai sera allongée si la partie faible conclut des contrats complexes qui requièrent une réflexion plus approfondie. Cette durée sera également plus longue si le contrat présente des risques pour les intérêts de la partie faible. Dans tous les cas, la partie faible a besoin d'une durée raisonnable pour exercer son droit de réflexion quelle que soit la phase contractuelle. Ainsi, le délai de réflexion accordé sera différent selon la nature et les effets de chaque contrat.

Les législateurs des pays comparés ont prévu diverses hypothèses de durée des délais de réflexion au profit du contractant faible. La durée est variable selon les droits des pays concernés (1). Elle peut exceptionnellement être plus longue pour

---

740 **N. VALLET**, *Les techniques de protection du client de la banque*, op. cit., n° 176, p. 99.

741 Le nouveau texte apporte ainsi une solution à la question jusque-là discutée des contrats entre absents. Comme pour la rétractation de l'offre, l'ordonnance opte pour le système de la réception. V., **M. FABRE-MAGNAN**, *Droit des obligations : Contrat et engagement unilatéral*, PUF, 4e éd., 2016, n° 284, p. 318.

742 **M. FABRE-MAGNAN**, *Droit des obligations : Contrat et engagement unilatéral*, n° 284, p. 318.

certains contrats (2). Enfin, elle peut être prolongée dans d'autres catégories de contrats (3).

1. Une durée de 7 à 14 jours en moyenne

315. La durée minimum du délai est identique dans tous les pays concernés, à savoir au moins sept jours. Autrement dit, si la durée du délai de rétractation varie selon les contrats, elle ne peut pas être inférieure à 7 jours. Ce délai cohabite cependant avec d'autres types de délais, et notamment avec celui de 14 jours prévu pour certains contrats en droit français[743]. Au Maroc, les législations de protection du consommateur abordent le droit de rétractation dans plusieurs textes qui indiquent principalement une durée de 7 jours applicable au délai de réflexion[744]. De même, en droit algérien, l'article 14 du décret exécutif n° 15-114[745] du 12 mai 2015 relatif aux conditions et aux modalités d'offres en matière de crédit à la consommation prévoit que lorsque la vente de bien s'effectue à domicile, le délai de rétractation est de sept (7) jours ouvrables. L'article 11 de ce même décret allonge le délai de la rétractation, en énonçant que « *le vendeur n'est tenu de livrer ou de fournir le bien objet du contrat qu'une fois avisé, par l'acheteur, de l'octroi du crédit. Toutefois, l'acheteur dispose d'un délai de rétractation de huit (8) jours ouvrables, (...)* ». Aussi, le nouvel article 119 ter complétant l'ordonnance algérien n° 03-11[746] relative à la monnaie et au crédit précise en son alinéa 4 que « *l'engagement souscrit par un particulier est susceptible d'être dénoncé dans un délai de huit (8) jours (...)* ».

Plus protectrice de la partie faible, les législations tunisienne, mauritanienne et libyenne traitent également du droit à la réflexion dans certains textes[747] qui fixent le délai de réflexion à 10 jours ouvrables.

En droit français et dans le cadre de notre recherche, le délai de réflexion peut être de 10 jours pour certains contrats comme on le verra[748]. Néanmoins, et depuis

---

743 **G. RAYMOND**, *Droit de la consommation*, op. cit., n° 493, p. 269.

744 Arts 36, 49 et 85 de la loi marocaine n° 31-08 édictant des mesures de protection du consommateur, *Bull. O. Mar.*, n° 5932, 7 avril 2011 ; **H. BLKANFAR**, « Le droit à la rétractation comme technique de protection du consommateur dans le contrat à distance », *Rev., marocaine de droit et des affaires*, en arabe, n° 7, juillet 2016, p.7

745 Le Décret exécutif algérien n° 15-114 du 12 mai 2015 relatif aux conditions et aux modalités d'offres en matière de crédit à la consommation, 12 mai 2015, *JORA*, n° 24, 13 Mai 2015, p. 9.

746 L'Ordonnance algérienne n° 10-04 du 26 août 2010 modifiant et complétant l'ordonnance n° 03-11, 26 aout 2003, relative à la monnaie et au crédit, *JORA*, n° 50, 1er sept. 2010, p 10 ; V. **A. ARARAH**, *L'équilibre contractuel lors de la formation du contrat*, en arabe, op. cit., p. 258.

747 En droit tunisien, l'article 10 de la loi n° la loi tunisienne n° 98-39 du 2 juin 1998, relative aux ventes avec facilités de paiement, *JORT.*, n° 44, p. 1210, l'article 34 de la loi tunisienne n° 2000-83 du 9 août 2000 relative aux échanges et au commerce électronique, *JORT.*, n° 64 du 11 août 2000, p. 1887. En droit libyen, l'article 1319 des dispositions de textes de la protection du consommateur du Code de commerce. *J.O.L.*, 28 janv. 2010. Au Mauritanie, l'article 60 de l'Ordonnance n° 2006-031 relative aux instruments de paiement et aux opérations du commerce électronique.

748 En droit français, le délai de 10 jours existe par exemple dans l'article L. 313-34 du Code de la consommation et l'article L. 6353-5 du Code du travail. Cependant, il existe encore le délai de 7 jours, mais seulement dans les contrats de courtage matrimonial, (l'article 6 de la loi n°89-421 du 23

la loi Hamon de 2014, le délai de réflexion est désormais fixé à 14 jours (contre un délai de 7 jours auparavant) pour le contrat à distance ou le contrat hors établissement. Ainsi, en droit français le principe est que le consommateur qui change d'avis doit exercer son droit de rétractation dans un délai de 14 jours francs[749].

La question qui se pose est de savoir pourquoi les droits des pays comparés adoptent des délais différents dans les mêmes types du contrat ? Et quel délai peut offrir une protection réellement efficace à la partie faible ?

Tout d'abord, on peut remarquer que cette variété des délais s'explique par la politique timide du pas à pas qui a amené les pays comparés à reconnaître un droit de rétractation de manière sectorielle. D'ailleurs, cette variété des délais peut se justifier par les spécificités propres à chaque contrat ou à chaque type de contrat pour lequel un droit de rétractation est prévu. Par exemple, la gravité particulière des contrats de crédit à la consommation explique le délai de rétractation prolongé qui s'applique[750]. Un autre exemple se retrouve dans le Code français monétaire et financier par le biais de l'article L. 341-16 pour le démarchage qui prolonge ce délai durant quatorze jours. Cela se justifie car le démarchage bancaire et financier comporte plus de risques et donc implique un délai de rétractation plus long au profit de la partie la plus faible[751].

Au surplus, nous pouvons noter que les législateurs français, tunisien, mauritanien et libyen semblent plus favorables à la partie faible que les droits marocain et algérien en accordant un délai de principe de 10 jours ou 14 jours selon les contrats[752] alors que les droits marocain et algérien limitent ce délai à 7 ou 8 jours[753].

En tout état de cause, nous pouvons souligner que dans les différents régimes juridiques les délais légaux de réflexion sont compris comme des délais minimums et un délai plus long peut être proposé par le professionnel. Ainsi, le droit à la réflexion peut être considéré comme un moyen de sécuriser la partie

---

juin 1989 relative à l'information et à la protection des consommateurs ainsi qu'à diverses pratiques commerciales). D'ailleurs, le législateur français a choisi de porter de 7 à 10 jours le droit de rétractation et le droit de réflexion prévus par l'article L 271-1 du CCH (Loi (loi Macron) 2015-990 du 6-8-2015 art. 210, II). Ce changement a été motivé par une volonté de rapprocher ce temps de réflexion du délai de 14 jours applicable en droit de la consommation. **V. ZALEWSKI-SICARD**, « Vente en l'état futur d'achèvement : réticence dolosive et délai de rétractation », *Gaz. Pal.*, 26 juill. 2016, n° 28, p. 72.

[749] **V. LEGRAND**, « Le nouveau droit de la vente à distance et du démarchage », *Pet. Aff.*, 12 mars 2014, n° 51, p. 8

[750] **C. BAKER-CHISS**, « Le droit de rétractation du contrat électronique », in J. ROCHFELD (dir.), « L'acquis communautaire. Le contrat électronique », Economica, coll. Etudes juridiques, 2010, p.155.

[751] **N. VALLET**, *Les techniques de protection du client de la banque*, op. cit., n° 186 et 187, p. 104.

[752] **CH. GHAZOUANI**, « La protection du consommateur dans les transactions électroniques selon la loi du 9 Août 2000 », *Revue de Jurisprudence et de Législation RJL*, juin 2003, p. 3s.

[753] **A-K. ABAD**, « Le droit à la rétractation du consommateur dans le cadre de prestation touristique », en droit marocain, en arabe, http://www.droitetentreprise.org, consulté le 20/03/2017.

faible, voire une solution pour le professionnel de fidéliser sa clientèle en proposant des délais plus longs que ses concurrents.

2. Une durée exceptionnellement allongée en droit français, marocain, algérien et tunisien

316. On peut rencontrer une durée plus longue au délai de durée minimum appliqué dans la plupart des contrats des pays concernés. Cela concerne certains contrats dans les droits français, marocain et tunisien, notamment pour le contrat d'assurance et le contrat de crédit. Ce délai de réflexion, qui peut être qualifié aussi de délai de rétractation ou de dénonciation, concerne souvent certains types de souscription de contrat d'assurance ou certains types de contrat de crédit.

En matière des assurances, l'article 97 du Code marocain des assurances dispose que lorsqu'une personne, sollicitée à son domicile, sur son lieu de travail ou dans un lieu privé ou public, souscrit un contrat d'assurance sur la vie au cours de la visite qui lui est faite, un délai qui ne peut être inférieur à quinze jours à compter de la souscription du contrat doit lui être accordé pour lui permettre de dénoncer cet engagement. Cette dénonciation entraîne la restitution de l'intégralité des sommes éventuellement versées par le souscripteur. L'assureur n'est pas fondé à demander des dommages et intérêts pour dénonciation du contrat. Dans les 15 jours qui suivent la signature du contrat d'assurance-vie, le souscripteur bénéficie ainsi d'un délai de renonciation pendant lesquels il peut résilier le contrat sans motivation[754].

Par comparaison, le législateur français confère à l'assuré un délai encore plus long de trente jours. Ainsi, selon l'article 132-5-1 du Code français des assurances, l'assuré peut se rétracter d'un contrat d'assurance-vie dans les trente jours qui suivent la date de conclusion du contrat[755]. De même, l'article 90 bis de loi algérienne n° 06-04 relative aux assurances énonce que « *à l'exception des contrats d'assurance assistance, le souscripteur d'un contrat d'assurance de personnes d'une durée minimum de deux (2) mois a la faculté d'y renoncer par lettre recommandée avec accusé de réception dans un délai de trente (30) jours à compter du premier versement de la prime* »[756].

---

[754] **H. ELHABBOULI**, *Le contrat d'assurance vie en droit comparé franco-marocain*, Thèse, Université de Rennes 1, 2015, p. 155 et s.

[755] **M. CANNARSA**, « Les facultés de rétractation en droit de la consommation et en droit des assurances : continuité en droit interne, changements en droit communautaire », *RGDA.*, 01 janv. 2009, n° 2009-01, p. 25 ; **J. BONNARD**, *Droit des assurances*, LexisNexis, 5e éd., 2016, n° 756, p. 223. D'ailleurs, la Cour française de cassation a jugé dans l'arrêt du 22/10/2009 que « *la renonciation ne peut être exercée après les demandes de rachat total du contrat par le souscripteur* » (Cass. 2e civ., 22 oct. 2009, n° 08-20.903, Bull. civ. 2009, II, n° 248). Aussi, cette Cour a confirmé que « le contrat étant dénoué du fait du décès de l'assuré souscripteur, son héritière ne peut plus y renoncer » (Cass. 2e civ., 16 avr. 2015, n° 14-13.291, *Bull. civ.* 2015, II, n° 97).

[756] La loi algérienne n° 06-04 du 20 févr. 2006 modifiant et complétant l'ordonnance n° 95-07 du 23 Chaâbane 1415 correspondant au 25 janvier 1995 relative aux assurances, *JORA*, 12 mars 2006, n° 15, p. 3. A ce sujet V. **A. ARARAH**, *L'équilibre contractuel lors de la formation du contrat*, en arabe, op. cit., p. 263.

Dans le cadre de la durée des délais de réflexion, et en matière de contrats de crédit, l'article 116 de la loi marocaine n° 31-08[757] prévoit que « *l'emprunteur dispose d'un délai de réflexion dans les conditions prévues à l'article 120* ». Dès lors, l'article 120 précise que « l'envoi de l'offre à l'emprunteur oblige le prêteur à maintenir les conditions qu'elle indique pendant une durée minimale de quinze jours à compter de sa réception par l'emprunteur. L'offre est soumise à l'acceptation de l'emprunteur et de la caution, personnes physiques, déclarées. L'emprunteur et la caution ne peuvent accepter l'offre que 10 jours après qu'ils l'aient reçue. L'acceptation doit être donnée par n'importe quel moyen justifiant la réception ». D'ailleurs, l'article 138 de la même loi marocaine n° 31-08 énonce que l'envoi de l'offre oblige le bailleur à maintenir les conditions qu'elle indique pendant une durée minimale de quinze jours à compter de sa réception par le preneur. Cette offre est soumise à l'acceptation du preneur qui ne peut l'accepter que dix jours après qu'il l'ait reçue.

Par ailleurs, l'article 11 de la loi tunisienne n° 2008-33[758] du 13 mai 2008, relative à l'hébergement touristique à temps partagé, prévoit qu'il est accordé au bénéficiaire du droit d'hébergement à temps partagé un délai de 15 jours à partir de la date de signature du contrat dit délai de réflexion. Au cours de ce délai, le bénéficiaire a le droit de se rétracter sans conditions, sans en justifier les raisons et sans supporter aucune dépense, toutefois, le bénéficiaire doit faire part de sa décision de rétractation par un moyen laissant une trace écrite.

En exemple connexe, en droit français du travail, l'article L. 6353-5 du Code de travail dispose que « *dans le délai de dix jours à compter de la signature du contrat, le stagiaire peut se rétracter par lettre recommandée avec avis de réception* »[759].

317. Il est important de souligner qu'il n'y a aucun obstacle juridique à la prolongation de la durée du délai par le professionnel même à l'égard de la partie faible. Cette possibilité profite au consommateur et s'inscrit dans l'esprit des lois protectrices. Cela se constate dans certaines pratiques commerciales en France. A titre d'exemple, l'article 8 des conditions générales de vente IKEA en magasin confère au client 365 jours pour changer d'avis sur son achat. Ces conditions sont ainsi rédigées : « *vous pouvez rapporter, dans le magasin de votre choix, pendant 365 jours vos articles non utilisés* »[760].

C'est parfois directement le législateur qui organise la prolongation du délai.

---

[757] La loi marocaine n° 31-08 édictant des mesures de protection du consommateur, Bull. O. Mar., n° 5932, 7 avril 2011. **A. MOHIM**, *La protection du consommateur-contractant ; étude et analyse approfondies à la lumière de l'actualité de la loi n° 31-08 édictant des mesures de protection du consommateur*, op. cit., p. 94.

[758] Art. 11 de la loi tunisienne n° 2008-33 du 13 mai 2008 relative à l'hébergement touristique à temps partagé, *JORT*., n° 40, 16 mai 2008, p. 1493

[759] **P. LOKIEC**, « Rupture du contrat (VI - Rupture conventionnelle) », Rép. droit du travail *Dalloz*., mars 2018, n° 24 ; **A. MAZEAUD**, *Droit du travail*, LGDJ, 10e, 2016, n° 743, p. 466 et s, **P. LOKIEC**, « Rupture du contrat (VI - Rupture conventionnelle) », op. cit., n° 24 ; V. égal. **F. FAVENNEC-HERY et P.-Y. VERKINDT**, *Droit du travail*, LGDJ, 5e, 2016, n° 637, p. 466.

[760] L'article 8 des conditions générales de vente IKEA, http://www.ikea.com/ms/fr.

3. Les cas de prolongation de la durée du délai

318. Le délai de réflexion ou de rétractation s'allonge de manière variable lorsque la partie faible n'a pas été informée par le professionnel de l'existence du droit de rétractation. Autrement dit, ce délai passe ainsi du délai de réflexion légal mentionné (7 ou 14 jours) à un délai plus long en cas de manquement du professionnel à son obligation d'informer le cocontractant de l'existence de son droit de rétractation.

Tout d'abord, il est important de noter que nous ne trouvons pas ce prolongement de délai dans les droits tunisien, mauritanien, libyen et a fortiori dans le droit algérien. Il serait souhaitable que les législateurs de ces pays adoptent cette mesure de prolongation dans les régimes applicables au droit de la consommation. En effet, cette disposition permet d'inciter fortement le professionnel à respecter son devoir d'information concernant le délai de réflexion ou de rétractation. Elle permet également à la partie faible, en cas de non-respect de cette obligation de la part du professionnel, de toujours bénéficier du délai de rétractation au-delà du délai légal prévu initialement.

Par contre, les droits français et marocain prévoient expressément l'application de cette mesure de protection. Cependant, des différences existent entre les droits de ces pays sur la durée de la prolongation.

En effet, l'article 36 de la loi marocaine n° 31-08[761] prévoit que « le consommateur dispose d'un délai [...] de trente jours pour exercer son droit de rétractation, si le fournisseur n'honore pas son engagement de confirmer par écrit les informations prévues dans les articles 29 et 32. Et cela, sans avoir à se justifier, ni à payer de pénalités, à l'exception, le cas échéant, des frais de retour ». Par conséquent, le délai est ici prolongé systématiquement de trente jours, lorsque le consommateur marocain ne s'est pas vu remettre certaines informations.

Le droit français adopte des dispositions différentes selon les cas[762]. En effet, l'article L. 221-20 du Code français de la consommation dispose que « *lorsque les informations relatives au droit de rétractation n'ont pas été fournies au consommateur dans les conditions prévues au 2° de l'article L. 221-5, le délai de rétractation est prolongé de douze mois à compter de l'expiration du délai de rétractation initial, déterminé conformément à l'article L. 221-18. Toutefois, lorsque la fourniture de ces informations intervient pendant cette prolongation, le délai de rétractation expire au terme d'une période de quatorze jours à compter du jour où le consommateur a reçu ces informations* »[763]. Ainsi, le professionnel aura tout intérêt à communiquer lesdites informations le plus rapidement possible

---

[761] Art. 36 de la loi marocaine n° 31-08 édictant des mesures de protection du consommateur, *Bull. O. Mar.*, n° 5932, 7 avril 2011 ; V. égal. **M.-A, JBILOU**, « La protection du consommateur à travers la transparence des pratiques commerciales selon la loi 31-08 », http://frssiwa.blogspot.fr/, le consulté 9 oct. 2017.

[762] **C. AUBERT de VINCELLES**, « La mise en conformité du Code de la consommation au droit européen par la loi Hamon », *RDC.*, 01 sept. 2014, n° 03, p. 456.

[763] **X. DELPECH**, « Information et droit de rétractation des consommateurs : le décret est paru », *Dalloz actu.*, 23 sept. 2014, https://www.dalloz.fr.

au consommateur, si cela n'a pas été fait initialement, afin de ne pas s'exposer à une rétractation tardive[764].

319. Aussi, le délai de rétractation est étendu lorsque le professionnel n'a pas fourni au consommateur de formulaire de rétractation ou qu'il n'a pas correctement rempli ses obligations d'information. La solution résulte de l'article L. 224-80 du Code de la consommation, selon lesquels : « *dans le cas où le professionnel n'a pas rempli et fourni au consommateur sur support papier ou sur tout autre support durable le formulaire de rétractation prévu au 5° de l'article L. 224-78, le consommateur dispose d'un délai de rétractation d'un an et quatorze jours à compter du jour de la conclusion du contrat ou du jour de sa réception* » et que « *dans le cas où le professionnel n'a pas fourni au consommateur, par écrit, sur support papier ou sur tout autre support durable, les informations figurant aux articles L. 224-73 et L. 224-74, ainsi que le formulaire d'information correspondant, le consommateur dispose d'un délai de rétractation de trois mois et quatorze jours à compter du jour de la conclusion du contrat ou du jour de sa réception* ». Cet article ajoute également que « *si ces informations sont remises au consommateur dans les trois mois suivant le jour de la conclusion du contrat ou de sa réception, le délai de quatorze jours commence à courir à compter du jour de la réception ou de la remise des informations et du formulaire standard d'information* ».

Selon l'article L. 221-16 du Code français de la consommation, le consommateur peut d'ailleurs déroger à ce délai dans un cas unique lorsqu'il ne peut se déplacer et lorsque simultanément il aurait besoin de faire appel à une prestation immédiate et nécessaire à ses conditions d'existence. Dans ce cas, il continuerait à exercer son droit de rétractation sans avoir à justifier de motifs ni à payer de pénalités[765].

Il est utile de souligner que selon l'article L. 221-5 du Code français de la consommation les professionnels doivent non seulement informer le consommateur de l'existence du droit de rétractation, mais également de ses limites, et le cas échéant, de son inexistence. Par ailleurs, le professionnel est tenu d'informer le consommateur, le cas échéant, des circonstances dans lesquelles il perd son droit de rétractation[766]. Ainsi, la partie faible peut être renseignée sur l'existence ou l'éventuelle absence d'une faculté de rétractation à son bénéfice.

On peut ici dire que les droits des pays concernés imposent au professionnel d'informer la partie faible sur son droit de rétractation au moment de la conclusion du contrat et/ou plus tard au moment de la livraison. Mais, si le professionnel ne l'informe qu'après la conclusion du contrat, on peut se demander si le délai de

---

[764] **J.-D. PELLIER**, *Droit de la consommation*, n° 140, p. 167.

[765] **C. BAKER-CHISS**, « Le droit de rétractation du contrat électronique », in J. ROCHFELD (dir.), « L'acquis communautaire. Le contrat électronique », *Economica,* coll. Etudes juridiques, 2010, p.155.

[766] **A.-S. LUCAS-PUGET**, « La clause informant le consommateur de son droit de rétractation dans les contrats à distance et hors établissement », Responsabilité civile et assurances, 01 nov. 2016, p. 30-32.

réflexion ou rétractation commence à courir à compter du jour de la conclusion du contrat ou du jour de la réception l'information.

A titre d'illustration, l'article L. 221-20 du Code français de la consommation précise que la date de départ du délai de rétractation de 14 jours démarre à compter du jour où la partie faible reçoit l'information[767]. Aussi, l'article L. 224-80 du même Code énonce que « *si ces informations sont remises au consommateur dans les trois mois suivant le jour de la conclusion du contrat ou de sa réception, le délai de quatorze jours commence à courir à compter du jour de la réception ou de la remise desdites informations et du formulaire standard d'information* ».

Toutefois, se pose la question de la détermination du point de départ de ce délai dans les régimes applicables à l'octroi de délais dans les différents pays.

Paragraphe 2 : Les régimes applicables à l'octroi de délais

320. Certes, l'octroi de délais ne signifie pas que la partie faible peut bénéficier de ce délai sur un temps illimité pour revenir sur sa décision de contracter. Par conséquent, la partie faible doit rester vigilante sur la durée de validité de son droit à rétractation qui expirera à une date déterminée. La durée constitue ainsi la limite logique de l'exercice de ce droit.

Dans ce paragraphe, on peut se poser la question de savoir comment se calcule le délai de réflexion ou de rétractation selon les droits des différents pays.

A priori, on peut souligner que le délai commence logiquement à courir le jour de la conclusion du contrat. Par conséquent, la partie faible ne peut pas exercer son droit si le délai a expiré. Mais, il semble que cette vision ne peut pas s'appliquer à tous les types des contrats, en raison de l'évolution de la nature des relations contractuelles entre professionnels et parties faibles.

Ainsi, les droits des pays étudiés organisent non seulement le délai pendant lequel la faculté de rétractation peut être utilisée, mais aussi tous les détails des régimes applicables à ce délai. Le délai de réflexion ou de rétractation diffère quant à son point de départ selon le type de contrat (A). Pendant ces différents délais octroyés, la partie faible peut bénéficier dans certains cas d'un droit d'annulation du contrat avant la réception du bien (B).

A. Le point de départ du délai

321. Pour stabiliser les relations contractuelles entre les parties du contrat au sein de la société de consommation et pour empêcher la partie faible d'abuser de son droit à la rétractation[768], les législateurs des pays concernés déterminent une

---

767 Art. L.121-21-1 du Code français de la consommation dispose que « *toutefois, lorsque la fourniture de ces informations intervient pendant cette prolongation, le délai de rétractation expire au terme d'une période de quatorze jours à compter du jour où le consommateur a reçu ces informations* ». V., **A. MAFFRE-BAUGE**, *Les indispensables du droit de la consommation*, Ellipses, 2015, p. 41 et s.

768 **A-K. ABAD**, « Le droit à la rétractation du consommateur dans le cadre de prestation touristique », en droit marocain, en arabe, http://www.droitetentreprise.org, consulté le 20 mars 2017. Aussi, et

date à partir de laquelle commencera à courir le délai de réflexion ou de rétractation. C'est pourquoi, les points de départ et d'achèvement du délai méritent quelques précisions.

Comme déjà souligné, les différences se situent au niveau de la durée du délai de réflexion ou de rétractation, et la question de son point de départ se révèle être primordiale. Les textes des droits des pays concernés divergent sur ce point et rendent parfois la mise en œuvre du droit de rétractation difficilement lisible. C'est parce que le point de départ de ce délai opère une distinction logique entre les contrats n'impliquant pas la livraison d'un bien et les contrats impliquant une telle livraison.

En effet, le point de départ du délai diffère selon la nature du contrat : il peut être fixé soit à partir du jour de la conclusion du contrat (1), soit à partir du jour de réception du bien (2). Cependant certains cas présentent des situations particulières (3).

1. La date de conclusion du contrat

322. On peut dire que le point de départ du délai commence généralement à partir du jour de la conclusion du contrat. C'est le cas dans plusieurs textes des régimes juridiques des pays comparés.

En droit français, l'article L. 221-18 du Code de la consommation prévoit que « *le délai mentionné au premier alinéa court à compter du jour : 1° De la conclusion du contrat, pour les contrats de prestation de services et ceux mentionnés à l'article L. 221-4 (...)* »[769]. Dans le même code, l'article L. 222-7 accorde au consommateur, dans le cadre des services financiers conclus à distance, un délai de quatorze jours pour revenir sur sa décision de contacter. Ce délai court à compter du jour où le contrat est conclu ou du jour où le consommateur reçoit les informations précontractuelles si cette date est postérieure à la conclusion du contrat. Sur ce sujet, G. RAYMOND souligne que les règles classiques du dies a quo et du dies ad quem s'appliquent conformément à l'article L. 222-8 du Code de la consommation[770].

Quant à l'article 36 de la loi marocaine n° 31-08[771] édictant des mesures de protection du consommateur, il dispose que « *les délais mentionnés à l'alinéa précédent courent à compter de la date (...) de l'acceptation de l'offre pour les prestations de services* ». Cependant, l'article 49 de la même loi, dans le cadre de démarchage, prévoit que « *(...) dans un délai maximum de sept jours à compter*

---

sur ce sujet, la Cour de Cassation française a affirmé du 10 juillet 2008 avec vigueur en considérant que l'absence de bonne foi ne pouvait priver le souscripteur de ses droits. La faculté discrétionnaire est ainsi « *indépendante de l'exécution du contrat* » (Cass. 2e civ., 11 sept. 2008, no 07-16149, *RGDA* 2008, n° 4, note **L. MAYAUX**).

[769] **C. AUBERT de VINCELLES**, « La mise en conformité du Code de la consommation au droit européen par la loi Hamon », *RDC.*, 01 sept. 2014, n° 03, p. 456.

[770] **G. RAYMOND**, *Droit de la consommation*, op. cit., n° 514, p. 276.

[771] Art. 36 de la loi marocaine n°31-08 édictant des mesures de protection du consommateur, *Bull. O. Mar.*, n° 5932, 7 avril 2011.

de la commande ou de l'engagement d'achat, le consommateur a la faculté de se rétracter (...) »

En droit tunisien, l'article 10 de la loi n° 98-39 du 2 juin 1998[772], relative aux ventes avec facilités de paiement, dispose que « *le commerçant doit accorder au consommateur la possibilité de revenir sur son engagement dans un délai de dix jours ouvrables à partir de la date de signature du contrat. Ce délai expire le jour de la livraison du produit, sur demande du consommateur. L'exercice du droit de rétraction a pour effet d'annuler la vente* ». L'article 11 de la même loi dispose que « au cours du délai de rétraction prévu à l'article 10 de la présente loi, le commerçant n'est pas tenu livrer ou de fournir le service. Sans préjudice des dispositions de l'alinéa 2 de l'article 10, le commerçant est responsable des effets résultant de la livraison avant l'expiration du délai de rétraction ». De même, l'article 30 de la loi tunisienne[773] n° 2000-83 du 9 août 2000 relative aux échanges et au commerce électronique a prévu que « *sous réserve des dispositions de l'article 25 de la présente loi, le consommateur peut se rétracter dans un délai de 10 jour ouvrable, courants :1 - [...] 2- à compter de la date de conclusion du contrat, pour les services* », sans aucunement évoquer les biens physiques et produits.

D'ailleurs, l'article 11 de la loi tunisienne n° 2008-33 du 13 mai 2008[774] relative à l'hébergement touristique à temps partagé prévoit « qu'il *est accordé au bénéficiaire du droit d'hébergement à temps partagé un délai de 15 jours à partir de la date de signature du contrat dit (délai de réflexion)* ».

Aussi, l'article 60 de l'Ordonnance mauritanienne n° 2006-031[775] relative aux instruments de paiement et aux opérations du commerce électroniques prévoit que « *sans préjudice des dispositions du code des obligations et des contrats, le consommateur peut se rétracter dans un délai de dix (10) jours ouvrables, courant : 1 - [...] 2- à compter de la date de conclusion du contrat, pour les services.*

A son tour, le législateur libyen dans l'article 1319[776] des textes du Code de commerce relatifs à la protection du consommateur énonce que « le fournisseur est tenu d'informer le consommateur de son droit de rétractation fixé à un délai de 10 jours. La durée de ce délai commence à courir à compter de la conclusion du contrat ».

---

[772] En droit tunisien, art. 10 de la loi n° la loi tunisienne n° 98-39 du 2 juin 1998, relative aux ventes avec facilités de paiement, *JORT.*, n° 44, p. 1210.

[773] Art. 30 de la loi tunisienne n° 2000-83 du 9 août 2000 relative aux échanges et au commerce électronique, *JORT.*, n° 64 du 11 août 2000, p. 1887. V., **N. REKIK**, *L'ordre public et le contrat civil*, op. cit., n° 465, p. 460

[774] La loi tunisienne n° 2008-33 du 13 mai 2008 relative à l'hébergement touristique à temps partagé, *JORT.*, n° 40, 16 mai 2008, p. 1493 ;

[775] Art. 60 de l'Ordonnance mauritanienne n° 2006-031 relative aux instruments de paiement et aux opérations du commerce électronique.

[776] Art. 1319 des dispositions de textes de la protection du consommateur du Code de commerce. *J.O.L.*, 28 janvier 2010.

En droit algérien, l'alinéa 4 de l'article 119 ter complétant l'ordonnance algérien n° 03-11[777] précise que « l'engagement souscrit par un particulier est susceptible d'être dénoncé dans un délai de huit (8) jours à compter de la date de signature du contrat ». Et l'article 11 du décret exécutif algérien n° 15-114[778] du 12 mai 2015 relatif aux conditions et aux modalités d'offres en matière de crédit à la consommation dispose que « *l'acheteur dispose d'un délai de rétractation de huit (8) jours ouvrables, à compter de la date de signature du contrat* ». D'ailleurs, l'article 14 du décret exécutif algérien n° 15-114[779] du 12 mai 2015 relatif aux conditions et aux modalités d'offres en matière de crédit à la consommation dispose que « *lorsque la vente de bien s'effectue à domicile, le délai de rétractation est de sept (7) jours ouvrables, quelle que soit la date de livraison ou de fourniture du bien. Aucun paiement comptant ne peut intervenir avant l'expiration de ce délai* ».

Une particularité existe en droit tunisien dans l'article 29 de la loi n° 98-40 du 2 juin 1998[780] relative aux techniques de vente et à la publicité commerciale qui ne fonde pas le point de départ sur la conclusion du contrat mais sur la date d'établissement du bon de commande parce que la conclusion de ce contrat est légalement reportée à 10 jours ouvrables. Avant l'expiration de ce délai, le consommateur a le droit de renoncer à sa commande par lettre recommandée avec accusé de réception.

2. La date de réception du bien

323. Pour les biens ou prestations de service qui incluent la livraison de biens, le point de départ du délai commence en général à courir à partir du jour de leur réception.

En France, l'article L. 221-18 du Code de la consommation prévoit que « le délai mentionné au premier alinéa court à compter du jour : … 2° De la réception du bien par le consommateur ou un tiers, autre que le transporteur, désigné par lui, pour les contrats de vente de biens ». Une spécificité a été ajoutée par la loi

---

[777] Art. 119 ter, alinéa 4, de l'Ordonnance algérienne n° 10-04 du 26 août 2010 modifiant et complétant l'ordonnance n° 03-11, 26 aout 2003, relative à la monnaie et au crédit, *JORA*., n° 50, 1er septembre 2010, p 10 ; V. **A. ARARAH**, *L'équilibre contractuel lors de la formation du contrat*, op. cit., p. 262.

[778] Décret exécutif algérien n° 15-114 du 12 mai 2015 relatif aux conditions et aux modalités d'offres en matière de crédit à la consommation, 12 mai 2015, JORA, n° 24, 13 Mai 2015, p. 9. A ce sujet **V., M. JIRIFILI et Sh. BAHMAWI**, « La protection du consommateur dans le contrat de crédit à la consommation en droit algérien », *Revue Al-ijtihed des études juridiques et économiques*, en arabe, janv. 2017, n° 11, p. 37 et s.

[779] Le décret exécutif algérien n° 15-114 du 12 mai 2015 relatif aux conditions et aux modalités d'offres en matière de crédit à la consommation, 12 mai 2015, *JORA*, n° 24, 13 Mai 2015, p. 9.

[780] Art. 29 de la loi tunisienne n° 98-40 du 2 juin 1998 relative aux techniques de vente et à la publicité commerciale, *JORT*., n° 44, 2 juin 1998, p. 1203.

Macron de 2015[781] : pour les seuls contrats conclus hors établissement, le contractant peut se rétracter à compter de la conclusion du contrat.

L'article 36 de la loi marocaine n° n°31-08[782] dispose également que « les délais mentionnés à l'alinéa précédent courent à compter de la date de réception du bien (...) »[783].

En droit tunisien, l'article 30 de la loi n° 2000-83 du 9 août 2000[784], relative aux échanges et au commerce électronique a prévu que « *sous réserve des dispositions de l'article 25 de la présente loi, le consommateur peut se rétracter dans un délai de 10 jour ouvrable, courants : 1- à compter de la date de leur réception par le consommateur, pour les marchandises.* De même, l'article 60 de l'Ordonnance mauritanienne n° 2006-031[785] relative aux instruments de paiement et aux opérations du commerce électroniques prévoit que « *sans préjudice des dispositions du code des obligations et des contrats, le consommateur peut se rétracter dans un délai de dix (10) jours ouvrables, courant : - à compter de la date de leur réception par le consommateur, pour les produits.*

On peut se poser la question de savoir en quoi consiste juridiquement la notion de réception du bien. Sur ce sujet aucune précision n'est apportée de sorte que l'on peut hésiter entre la mise à disposition du bien auprès d'un tiers (de La Poste par exemple ou de tout autre transporteur privé) et une remise effective au consommateur. Le doute demeure, ce qui peut paraître regrettable[786].

Une autre question qui peut se poser concerne le point de départ du délai en cas de délivrance d'un bien non conforme.

Dans la pratique certains commerçants sont amenés à confondre l'obligation de délivrer un bien conforme et le droit de rétractation. La distinction est d'importance pour les intérêts du contractant faible puisque s'agissant des biens non conformes, les frais de retour sont à la charge du professionnel, alors qu'en cas d'exercice du droit de rétractation, ils sont parfois à la charge de la partie faible, comme on le verra plus tard, ces frais sont différents selon les cas[787]. En général, le consommateur déçu par un produit non conforme, peut choisir de

---

[781] La loi française n° 2015-990 du 6 août 2015 (dite loi Macron) pour la croissance, l'activité et l'égalité des chances économiques, *JORF.*, 07.08.2015, p. 13537 ; **N. SAUPHANOR-BROUILLAUD**, « L'incidence de la loi Macron sur le droit contractuel de la consommation », *RDC.*, 01 mars 2016, n° 01, p. 97.

[782] Art. 36 de la loi marocaine n°31-08 édictant des mesures de protection du consommateur, *Bull.O.Mar.*, n° 5932, 7 avril 2011. **A. MOHIM**, *La protection du consommateur-contractant ; étude et analyse approfondies à la lumière de l'actualité de la loi n° 31-08 édictant des mesures de protection du consommateur*, op. cit., p. 109 et s

[783] **H. BLKANFAR**, « Le droit à la rétractation comme technique de protection du consommateur dans le contrat à distance », *Revue marocaine de droit et des affaires*, en arabe, n° 7, juill. 2016, p. 7.

[784] Art. 30 de la loi tunisienne n° 2000-83 du 9 août 2000 relative aux échanges et au commerce électronique, *JORT.*, n° 64 du 11 août 2000, p. 1887.

[785] Art. 60 de l'Ordonnance mauritanienne précité n° 2006-031 relative aux instruments de paiement et aux opérations du commerce électronique.

[786] **C. BAKER-CHISS**, « Le droit de rétractation du contrat électronique », op. cit., p.179.

[787] **G. BUSSEUIL**, « La quasi-gratuité de l'exercice du droit de rétractation du consommateur : l'application aux frais de livraison », *D.*, 2010, p. 2132.

revenir sur son engagement et exercer son droit de rétractation. Cette solution présente l'avantage de permettre un remboursement plus rapide que par le jeu de l'action en garantie de conformité[788].

3. Cas particulier des commandes multiples ou complexes

324. A l'exception du droit français, il semble que le droit de rétractation prévu par les droits des pays étudiés a été conçu pour traiter des hypothèses simples et non pour des contrats complexes ou à exécution successive. Cependant, le droit français prévoit des solutions distinctes pour certaines ventes complexes.

Ainsi deux hypothèses sont à distinguer selon l'article L. 221-18 du Code de la consommation, d'une part la commande multiple avec un échelonnement des livraisons et d'autre part le contrat complexe, dans lequel des biens sont vendus et des services fournis.

325. En cas de commande multiple de biens livrés à des dates différentes, plusieurs options sont possibles. Cela traite du sujet plus vaste de la divisibilité du contrat. Soit la rétractation peut intervenir, pour chaque article, dans un délai légal à compter de sa livraison. Soit un délai unique est retenu[789]. Néanmoins, l'article L221-18 du Code français de la consommation précise expressément que si la commande porte « *sur plusieurs biens livrés séparément ou dans le cas d'une commande d'un bien composé de lots ou de pièces multiples dont la livraison est échelonnée sur une période définie* », le délai court à compter de la réception du dernier bien ou lot ou de la dernière pièce. Autant le bon sens impose-t-il une telle solution pour un produit dont les différents composants ne sont pas livrés simultanément, autant on ne comprend pas ce qui peut motiver une telle faveur au consommateur qui a passé une commande de plusieurs biens de natures tout à fait différentes et qui ne sont pas livrés en même temps. Il serait plus juste de considérer chacun des produits reçus isolément[790].

Si le contrat prévoit la livraison régulière de biens pendant une période définie, le délai court depuis la réception du premier bien[791]. Il s'agit ici de la vente à l'abonnement avec des livraisons successives.

326. Dans le cas des contrats complexes, qui combinent fourniture de services et livraison de biens, la réponse est plus difficile à traiter. Le droit de rétractation prévu par le Code français de la consommation a été conçu pour traiter des hypothèses simples et non pour des contrats complexes ou à exécution successive.

---

[788] Les nouveaux articles L. 217-9 et L. 217-11 du Code français de la consommation ; **J. JULIEN**, *Droit de la consommation*, LGDJ, 2017, 2e éd., n° 316, p. 425.

[789] **N. RZEEPECKI**, « Le renforcement de la protection pour les contrats conclus à distance et hors établissement », *Gaz. Pal.*, 24 avril 2014, n° 114.

[790] **V. LEGRAND**, « Le nouveau droit de la vente à distance et du démarchage », *Pet. Aff.*, 12 mars 2014, n° 51, p. 8

[791] Art. L221-18 du Code français de la consommation

Compte tenu des régimes juridiques hétérogènes applicables aux contrats complexes, il sera utile d'unifier les règles simples de détermination du point de départ du délai de rétractation applicable à ce type de contrat.

Pour ce qui concerne par exemple le démarchage bancaire, le point de départ du délai court à partir de la réception de toutes les informations que doit le banquier au client une fois l'offre de démarchage acceptée, conformément à l'article L. 341-16 du Code monétaire et financier français[792]. Il en de même en matière de crédit à la consommation, aux termes de l'article L312-24 et suivants du Code français de la consommation : il ne court qu'à compter de l'acceptation par l'emprunteur de l'offre de crédit contenant toutes les mentions légales des articles L. 312-12 et L. 312-17 du même Code. Deux remarques peuvent être tirées de cette précision relative au départ du délai de rétractation. D'une part, le banquier ne peut invoquer la forclusion de l'emprunteur au terme du délai suivant la conclusion du contrat tant que toutes les mentions de l'article L. 312-17, devenu l'article L. 312-12 du Code de la consommation, ne figurent pas dans l'offre. Il ne pourra donc pas transmettre toutes les informations obligatoires postérieurement à la conclusion du contrat au mépris des articles L. 312-45 et L. 312-46, dans l'espoir de réduire l'effectivité du droit de rétractation[793].

Plus précisément, le délai de rétractation commence à courir, en matière de crédit à la consommation, au jour de l'acceptation de l'offre préalable, quand bien même cette offre serait incomplète. Le banquier n'aura alors aucun intérêt à ne pas fournir toutes les informations au client au moment de la formation du contrat[794].

Cette différence de point de départ du délai de rétractation n'est pas protectrice des intérêts du consommateur, et montre bien en quoi sa protection est mise à mal.

Pour le cas spécifique du démarchage, faire courir le délai de rétractation à la transmission de toutes les informations contractuelles, prévues à l'article L. 341-12 du Code monétaire et financier, est une disposition sévère pour le banquier. Parmi ces mentions, certaines sont plus informatives pour le client que d'autres. Pourtant si un seule d'elles manque dans l'acte transmis au client, la sanction est la même : le délai ne court pas[795]. Ainsi, si manque l'information relative au numéro d'enregistrement de la personne morale mandatée par un démarcheur personne physique, nous ne pensons pas que cette information soit de nature à influencer favorablement ou défavorablement le consentement du client démarché. Pourtant, à défaut de cette mention dans l'acte, le délai ne commence

---

792 Art. L341-16 du Code monétaire et financier français ; **B. DONDERO**, « Le nouveau régime du démarchage bancaire et financier », *Pet. Aff.*, 14 nov. 2003, n° 228, p. 39

793 **N. VALLET**, *Les techniques de protection du client de la banque*, op. cit., n° 180, p. 101 ; **J. JULIEN**, *Droit de la consommation*, op. cit., n° 166, p. 205.

794 Art. L. 312-17 du Code français de la consommation.

795 **S. PIEDELIEVRE**, « Remarques sur les nouvelles règles relatives au démarchage bancaire et financier », *Gaz. Pal.*, 27 sept. 2003, n° 270, p. 2.

pas à courir. Cette solution nous paraît contestable tant elle est sévère à l'encontre de l'établissement bancaire démarcheur[796].

Lorsque la date de réception des informations est postérieure à la date de conclusion du contrat, la date d'expiration du droit de rétractation est reportée d'autant plus. Cette perspective incite les professionnels à respecter l'obligation de fourniture de l'information avant la conclusion du contrat[797].

B. L'annulation de la commande avant la réception du bien

327. Internet offre la possibilité d'effectuer des achats impulsifs et mal informés. Rapidement, le consommateur peut s'apercevoir que cet acte d'achat n'est pas raisonnable. De plus, le bien met parfois longtemps avant d'être expédié ou le consommateur averti se rend compte que le produit peut être acheté pour un prix moindre chez un autre fournisseur.

Du point de vue des consommateurs, il a été constaté une augmentation de la pratique consistant à ne pas prendre livraison du bien. Cette pratique, qui est liée à des délais de livraisons souvent variables, a pour but d'éviter de supporter les frais du retour du bien. Le consommateur laisse parfois les biens commandés en attente chez le livreur parce qu'il est, en réalité, revenu sur son consentement[798].

De plus, tant que la commande n'est pas en cours de préparation ou expédiée, l'annulation de la commande peut se faire aisément sur la base du droit de rétractation. Offrir la faculté d'annuler la commande limiterait les frais occasionnés par l'expédition, le retour et le reconditionnement du bien, sans compter les risques de perte de la chose, auxquels sont exposés le cybermarchand et le consommateur. Cela éviterait en outre de voir les consommateurs laisser les biens commandés en attente chez le livreur lorsqu'ils reviennent sur leur consentement[799].

328. En revanche, interrompre la chaîne d'expédition de la commande apparaît plus délicat et coûteux. Permettre au consommateur d'exprimer son intention de refuser le bien avant même sa réception ne serait possible que moyennant la prise en charge des frais de retour du bien. Le transporteur s'épargnerait une partie de ses démarches et assurerait le retour du bien à l'expéditeur. Le consommateur peut avoir payé dès la conclusion de la commande, auquel cas les frais de retour seraient directement imputés sur les sommes à rembourser.

---

[796] **N. VALLET**, *Les techniques de protection du client de la banque*, op. cit., n° 180, p. 101. **Y. HOUHOU**, *Le contrat de vente électronique ; étude comparée*, Thèse., Université Ben Aknoun-Alger, Algérie, 2012, p. 159.

[797] **C. BAKER-CHISS**, « Le droit de rétractation du contrat électronique », in J. ROCHFELD (dir.), « L'acquis communautaire. Le contrat électronique », *Economica*, coll. Etudes juridiques, 2010, p.159.

[798] **S. ZOUBAH**, *Les nouvelles dispositions de la protection du consommateur*, op. cit., p. 50.

[799] Le Forum des droits sur l'internet, « Recommandation ; Droit de la consommation appliqué au commerce électronique », www.foruminternet.org, consulté le 20 août 2017

En outre, il est apparu souhaitable de recommander aux professionnels, dans leur intérêt et celui des consommateurs, de mettre en place une faculté d'annulation de la commande, dès la conclusion de celle-ci et jusqu'au commencement d'exécution de la livraison. Il convient évidemment d'évaluer précisément les conséquences économiques, logistiques et techniques de cette mesure avant sa mise en œuvre[800].

La partie faible peut-elle se rétracter dès la passation de la commande ou doit-elle attendre d'avoir reçu effectivement le bien conforme à sa commande ? En pratique, plusieurs réponses sont apportées par les cybermarchands. J. CALAIS-AULOY et H. TEMPLE[801] indiquent que les professionnels attendent généralement l'expiration du délai du droit de rétractation pour faire livraison. Certains d'entre eux offrent à la partie faible la possibilité d'annuler sa commande tant que les biens n'ont pas été expédiés. Aussi, on peut imaginer que certains professionnels n'acceptent l'expression du repentir qu'après la livraison du bien.

De manière générale, nous pouvons dire que la possibilité d'annulation et/ou de rétractation avant la réception du bien peut être facile dans les cas où le délai commence à courir à partir de la conclusion du contrat. Sur ce point, les droits des pays étudiés sont différents. Pour ce qui concerne le droit libyen, le seul texte du Code libyen de commerce[802] relatif au point de départ du délai de la rétractation énonce que « le fournisseur est tenu d'informer le consommateur de son droit de rétractation fixée à un délai de 10 jours. La durée de ce délai commence à courir à compter de la conclusion du contrat ». Le consommateur libyen peut ainsi utiliser son droit de rétractation du contrat avant la réception du bien dans tous les cas où ce droit s'applique.

Les droits mauritanien, marocain et algérien établissent une distinction entre les contrats de prestations de services et les contrats de vente de biens à distance. Le point de départ pour ce dernier type de contrat coure toujours à compter du jour de la réception du bien par le consommateur ou un tiers, comme on l'a vu précédemment[803], ce qui exclut par conséquent toute possibilité de résiliation de la commande avant la réception du bien. Dès lors, la faculté d'annulation avant la réception du bien est exclue. Mais l'article 49 de la loi marocaine édictant des mesures de protection du consommateur dans le cadre du contrat de démarchage énonce toutefois que « *(...) dans un délai maximum de sept jours à compter de la*

---

800 V., **J. CALAIS-AULOY et F. STEINMETZ**, *Droit de la consommation*, Dalloz, 7e éd., 2006, n° 205, p. 117 ; V. égal. **J. CALAIS-AULOY et H. TEMPLE**, *Droit de la consommation*, Dalloz, 9e éd., 2015, n° 561, p. 573.

801 **J. CALAIS-AULOY et H. TEMPLE**, *Droit de la consommation*, op. cit., n° 561, p. 573 ; **S. ZOUBAH**, *Les nouvelles dispositions de la protection du consommateur*, en droit algérien, Thèse, en arabe, Université Mouloud Mammeri -Tizi-Ouzou, 2016, p. 50.

802 Art. 1319 des dispositions de textes de la protection du consommateur du Code de commerce. *J.O.L.*, 28 janv. 2010.

803 En droit libyen, l'article 1319 des textes de protection du consommateur du Code de commerce. En droit mauritanien, l'article 60 de l'Ordonnance n° 2006-031 relative aux instruments de paiement et aux opérations du commerce électronique ; En droit marocain, l'article 2 de la loi n°31-08 édictant des mesures de protection du consommateur, *Bull. O. Mar.*, n° 5932, 7 avril 2011.

commande ou de l'engagement d'achat, le consommateur a la faculté de se rétracter (...) »[804]. Dans ce type de contrat, le consommateur garde la possibilité d'annuler la commande.

En droit tunisien, l'article 30 de la loi n° 2000-83[805] relatif aux transactions de commerce électronique va dans le même sens que les dispositions précitées des droits mauritanien, marocain et algérien. Néanmoins, les dispositions de la loi tunisienne n° 98-39 et la loi n° 98-40[806] permettent à la partie faible d'annuler facilement sa demande avant la réception du bien. Ainsi, l'article 10 de la loi n° 98-39 relative aux ventes avec facilités de paiement énonce que le commerçant doit accorder au consommateur la possibilité de revenir sur son engagement dans un délai de dix jours ouvrables à partir de la date de signature du contrat. Dans ce cas, le délai commence à courir avant la réception du bien. De plus, l'article 11 de la même loi dispose que « au cours du délai de rétraction prévu à l'article 10 de la présente loi, le commerçant n'est pas tenu livrer ou de fournir le service. Sans préjudice des dispositions de l'alinéa 2 de l'article 10, le commerçant est responsable des effets résultants de la livraison avant l'expiration du délai de rétraction ». De même, et dans le cadre des ventes à distance, l'article 29 de la loi n° 98-40 relative aux techniques de vente et à la publicité commerciale prévoit que le contrat de vente n'est conclu que dix (10) jours ouvrables après la date de l'établissement du bon de commande. Avant l'expiration de ce délai, le consommateur a le droit de renoncer à sa commande par lettre recommandée avec accusé de réception. L'article 30 de cette même loi précise que *« avant l'expiration du délai de renonciation, aucune livraison ne peut être effectuée et aucun paiement ne peut être exigé »*.

En droit français, la possibilité de rétractation avant la réception du bien était prévue dans l'ancien article L.121-20-12 du Code de la consommation[807]. Désormais l'article L. 221-18 du Code de la consommation dispose que « *le délai mentionné au premier alinéa court à compter du jour (...) ; 2° De la réception du bien par le consommateur ou un tiers, autre que le transporteur, désigné par lui, pour les contrats de vente de biens.* Cela signifie que pour les contrats conclus à distance, le consommateur ne peut exercer son droit de rétractation avant la

---

[804] Art. 50 de la loi marocaine précitée n° 31-8 dispose également que « *avant l'expiration du délai de rétractation prévu à l'article 49, nul ne peut exiger ou obtenir du consommateur, directement ou indirectement, à quelque titre ni sous quelque forme que ce soit une contrepartie quelconque ni aucun engagement ni effectuer des prestations de services de quelque nature que ce soit* ».

[805] Art. 30 de la loi tunisienne précitée n° 2000-83 du 9 août 2000 relative aux échanges et au commerce électronique.

[806] La loi tunisienne n° 98-39 du 2 juin 1998, relative aux ventes avec facilités de paiement, *JORT.*, n° 44, p. 1210 et la loi tunisienne n° 98-40 du 2 juin 1998 relative aux techniques de vente et à la publicité commerciale, *JORT.*, n° 44, 2 juin 1998, p. 1203

[807] L'ancien article L.121-20-12 du Code français de la consommation a disposé que « *le délai pendant lequel peut s'exercer le droit de rétractation commence à courir : 1° Soit à compter du jour où le contrat à distance est conclu ; 2° Soit à compter du jour où le consommateur reçoit les conditions contractuelles et les informations, conformément à l'article L. 121-20-11, si cette dernière date est postérieure à celle mentionnée au 1° (...)* ».

réception du bien[808]. Cette disposition résulte de la loi n° 2015-990 du 6 août 2015, dite « Macron » et ne va pas dans le sens de la protection des intérêts du consommateur achetant un bien à distance, qui est donc obligé d'attendre la réception de ce bien pour exercer son droit de rétractation[809].

On notera cependant que cet article L. 221-18 ajoute que « *pour les contrats conclus hors établissement, le consommateur peut exercer son droit de rétractation à compter de la conclusion du contrat* ». Ainsi, depuis l'entrée en vigueur de la loi Macron, cette faculté est dorénavant réservée aux seuls contrats conclus « hors établissement » c'est-à-dire lors d'un démarchage à domicile[810].

329. En effet, si dès la commande, la partie faible s'aperçoit s'être trompée ou regrette son achat, il serait contreproductif de l'obliger à recevoir livraison du bien (ce qui oblige l'acheteur à organiser et prendre en charge l'envoi) pour ensuite le réexpédier (ce qui oblige le consommateur à payer les frais de retour, et le commerçant à reconditionner le bien avant de le réintroduire dans sa chaîne logistique). Pour les deux parties, cela évite les risques potentiels de perte de la chose. Les marchands pourraient ainsi prévoir l'extension contractuelle du droit de rétractation, en permettant au consommateur de revenir sur son engagement dès la conclusion du contrat, et en limitant par exemple cette possibilité aux cas où aucun commencement d'exécution de la livraison n'est intervenu.

Pour renforcer la protection de la partie faible et compenser le fait de ne pas pouvoir exercer son droit de rétractation avant réception du bien, il pourrait être envisagé d'imposer au professionnel de supporter les frais de retour. A noter qu'il existe parfois certaines modalités de retour sans frais à la charge du consommateur, mais ceci n'est pas une obligation pour le professionnel.

En tout état de cause, le professionnel peut donner à la partie faible la possibilité de passer outre cette restriction. C'est aujourd'hui ce que prévoient les conditions générales de vente des grandes enseignes de commerce en ligne[811].

De plus, en droit français, ces nouvelles dispositions n'empêcheront en rien la mise en œuvre d'autres articles du Code français de la consommation et notamment celui qui permet aux consommateurs d'obtenir un remboursement au cas où le cybercommerçant ne respecterait pas les délais de livraison annoncés

---

808 **X. BERNE**, « Le droit de rétractation à nouveau possible avant la livraison d'un bien acheté sur le Net ? », https://www.nextinpact.com/news, consulté le 21 oct. 2016 ; **J. JULIEN**, *Droit de la consommation*, op. cit., n° 166, p. 205.

809 **J-D. PELLIER**, *Droit de la consommation*, Dalloz, 2016, n° 140, p. 166, **N. SAUPHANOR-BROUILLAUD**, « L'incidence de la loi Macron sur le droit contractuel de la consommation », *op. cit.*, p. 97.

810 Contrairement à cette disposition du droit français, l'article 14 du décret exécutif algérien n° 15-114 du 12 mai 2015 relatif aux conditions et aux modalités d'offres en matière de crédit à la consommation prévoit que « *lorsque la vente de bien s'effectue à domicile, le délai de rétractation est de sept (7) jours ouvrables, quelle que soit la date de livraison ou de fourniture du bien. Aucun paiement comptant ne peut intervenir avant l'expiration de ce délai* » (*JORA*, n° 24, 13 Mai 2015, p. 9).

811 **C. BAKER-CHISS**, « Le droit de rétractation du contrat électronique », op. cit., p.179.

lors de la commande (l'article L. 221-6)[812]. Les annulations avant livraison resteront en outre possibles, mais seront à la discrétion de chaque vendeur.

On peut relever que la technique du délai de réflexion n'est pas à elle seule efficace pour protéger la partie faible. Des mesures supplémentaires ont été effectivement adoptées par les législateurs des pays comparés à travers la consécration du droit de rétractation.

---

[812] L'article L. 221-6 du Code français de la consommation dispose que « *si le professionnel n'a pas respecté ses obligations d'information concernant les frais supplémentaires mentionnés à l'article L. 112-3 et au 3° de l'article L. 221-5, le consommateur n'est pas tenu au paiement de ces frais* ». V, **J-D. PELLIER**, *Droit de la consommation*, op. cit., n° 136, p. 161.

Section II : La consécration du droit de rétractation

330. Les droits de rétractation qui se sont multipliés dans les législations au cours de ces dernières décennies sont aujourd'hui en quête de leur théorie générale ou, à tout le moins, de quelques solutions à même de transcender les cas particuliers et très divers dans lesquels le législateur de chaque pays a pu les instituer[813].

Ce droit de rétractation est au centre des techniques protectrices de la partie faible concluant certains types de contrats. Ce sujet a déjà été indiqué au titre de l'obligation d'information puisque son existence et ses modalités font partie des mentions obligatoires que le professionnel doit fournir à la partie faible avant la conclusion du contrat.

Selon A. ZOUHBI[814], le droit de rétractation du contrat est un moyen légal par lequel le législateur permet à une partie contractante de modifier les conditions du contrat, avant sa conclusion, le but étant la protection des consommateurs, qui peuvent ainsi prendre le temps de réfléchir sur les termes du contrat et sur ses effets, ainsi que de leur permettre de se rétracter de leurs engagements au cours d'une certaine période.

L'objectif de ce droit est bien de protéger la partie faible contre des engagements irréfléchis, souvent provoqués par le professionnel qui a su attiser les envies du contractant faible. Ainsi, le droit de la rétractation contient des techniques pour protéger le contractant faible contre lui-même. D'ailleurs, l'esprit protectionniste des législateurs à l'égard de la partie faible se manifeste surtout dans le fait que rien dans la loi ne l'oblige à justifier sa rétractation. Par droit de rétractation, il faut entendre la « *manifestation de volonté contraire par laquelle l'auteur d'un acte ou d'une manifestation unilatérale de volonté entend revenir sur sa volonté et la retirer comme si elle était non avenue, afin de la priver de tout effet passé ou à venir* »[815].

Les législations des pays comparés ont abordé expressément le droit de rétractation dans leurs systèmes juridiques. Néanmoins, ces mêmes législateurs ont différé dans son concept, son champ d'application et les conséquences juridiques découlant de l'exercice de ce droit par la partie faible.

En tout état de cause, les droits des pays étudiés précisent le domaine d'application du droit de rétractation (paragraphe 1), ainsi que les modalités d'exercice de ce droit à rétractation (paragraphe 2).

---

[813] **L. GRYNBAUM**, « Vers un droit de rétractation généralisé ? », *RDC.*, 01/04/2005, n° 2, p. 527 ; V. égal. **B. FAGES**, « Effets du droit de rétractation », *RTD* civ., 2008, p. 293 ; **Abdel-K. EL-AARAARY**, *Les contrats spéciaux ; Le contrat de vente*, en droit marocain, Dar Elamane, en arabe, 4e édit, 2017, n° 62, p. 70.

[814] **A. ZOUHBI**, « Le droit de rétractation du contrat et son rôle dans la protection du consommateur », en droit algérien, op. cit., p. 118.

[815] V., **G. COMU**, *Vocabulaire juridique*, Ass. H. Capitant, PUF, 11e éd., 2016, p. 925.

Paragraphe 1 : Le domaine d'application du droit de rétractation

331. La relation contractuelle n'est pas sans risques pour la partie faible. C'est pourquoi le législateur a prévu dans certaines hypothèses une faculté de rétractation au profit de cette partie faible. Le droit de rétractation fait partie des fondements du dispositif de protection de la partie faible dans un certain nombre de domaines. Il s'agit aussi d'une exception sévère aux principes du droit civil les mieux établis, en ce qu'il permet à la partie qui en bénéficie, en l'occurrence la partie faible, de revenir sur son consentement, c'est-à-dire le « droit des décisions regrettées »[816]. Ainsi, la volonté du législateur est de protéger la partie faible contre des décisions insuffisamment réfléchies. Si ce droit de rétractation existe, le contractant peut l'exercer sans l'accord du cocontractant et/ou sans recours aux tribunaux[817]. On observera que le domaine de ce droit est déterminé par la loi mais également dans certains cas par les parties du contrat.

Le droit de rétractation de la partie faible soulève des questions, notamment en ce qui concerne son champ d'application, c'est-à-dire le point de savoir dans quels contrats ou dans quelles circonstances le consommateur bénéficie effectivement de ce droit[818].

Mais, avant d'analyser les types de contrat concernés par le droit de rétractation (2), il convient de déterminer quelles sont les personnes protégées par ce droit (1).

A. Les personnes protégées

332. La détermination du domaine du droit de rétractation est relativement simple. Le droit de rétractation vise à instaurer un mécanisme de protection de la partie faible au contrat, dérogatoire au droit commun. Ceci explique que le droit de rétractation soit institué au bénéfice du consommateur[819]. Cependant, la détermination du domaine *rationae personae* de ce droit n'est pas toujours évidente dans le cadre de notre étude. En effet, les différentes catégories de personnes protégées selon le pays concerné soulèvent des questions liées aux spécificités de ces dernières et à leur qualité.

Les personnes protégées dans les différents pays diffèrent d'un pays à l'autre. En effet, une catégorie de personne protégée dans un pays ne l'est pas forcément dans un autre. Par exemple, l'assuré[820] peut bénéficier d'un droit de rétractation selon les droits français et marocain mais ne bénéficie pas du même droit dans les droits libyen, mauritanien et algérien. En effet, les textes concernant la faculté d'exercer un droit de rétractation sont restreints dans les régimes juridiques de ces

---

[816] **H. BARBIER**, « Ébauche d'un régime général du droit de rétractation », *RTD civ.*, 2016, p. 605.
[817] **J-D. PELLIER**, *Droit de la consommation*, Dalloz, 2016, n° 138, p. 162
[818] **G. BUSSEUIL**, « La quasi-gratuité de l'exercice du droit de rétractation du consommateur : l'application aux frais de livraison », *D.*, 2010, p. 2132
[819] **C. BAKER-CHISS**, « Le droit de rétractation du contrat électronique », op. cit., p.133.
[820] **M. CANNARSA**, « Les facultés de rétractation en droit de la consommation et en droit des assurances : continuité en droit interne, changements en droit communautaire », op. cit., p. 25.

pays[821]. Par conséquent, pour les cas où ces pays n'ont pas encore institué le droit de rétractation il serait souhaitable de mettre en place ce droit au profit des différentes catégories de personnes, afin de lutter contre les décisions trop hâtives[822].

De plus, le droit de rétractation constitue un mécanisme juridique qui peut être ignoré par la partie faible parce que certaines catégories de consommateurs ne sont pas du tout ou mal informées sur les mesures de protection existantes. Tels sont ceux que l'on pourrait qualifier de « *marginaux du droit » (illettrés, travailleurs émigrés qui ne parlent pas du tout ou pas bien la langue du pays d'accueil*)[823].

Bien que la partie faible soit généralement informée sur ses droits, il subsiste des difficultés d'ordre psychologique. En effet, certains consommateurs sont parfois gagnés par ce que le doyen CARBONNIER[824] appelle la « *timidité juridique* », une notion qui n'a pas encore été définie et qui empêche la partie faible d'agir lors de la revendication de ses droits. Comme on le verra, cette situation se rencontre dans la vie pratique de certains pays étudiés, d'autant plus que la partie faible supporte parfois des coûts supplémentaires pour exercer le droit de rétractation, voire des contraintes telle que la procédure de renvoi.

Dans cet ordre d'idées, la technique du délai de rétractation conduit le consommateur à se croire lié par sa signature[825], alors que certains auteurs[826] considèrent que cette technique peut induire le consommateur à la conviction erronée que, une fois le délai passé, il a perdu tous ses droits, ce qui n'est pas vrai dans la mesure où il lui reste éventuellement la possibilité d'invoquer les dispositions du droit commun (civil et pénal), lorsque les conditions d'application de celles-ci sont réunies.

333. S'agissant des qualités des personnes protégées, on peut dire que les droits des pays étudiés accordent au consommateur ce droit de rétractation pour

---

821 En effet, le législateur mauritanien adopte expressément la faculté du droit de rétractation par les dispositions de l'Ordonnance n° 2006-031 relative aux instruments de paiement et aux opérations du commerce électroniques (article 60). De même, l'article 1319 du Code libyen de commerce ne confère au consommateur la faculté du droit de rétractation que dans les contrats électroniques et les contrats conclus hors établissement. Par ailleurs, le législateur algérien retient explicitement ce droit de rétractation à travers certains textes relatifs aux contrats de crédit. V. article 119 ter. De l'Ordonnance algérienne n° 10-04 du 26 août 2010 modifiant et complétant l'ordonnance n° 03-11, 26 août 2003, relative à la monnaie et au crédit, *JORA*, n° 50, 1er sept. 2010, p 10 ; les articles 11 et 14 du décret exécutif algérien n° 15-114 du 12 mai 2015 relatif aux conditions et aux modalités d'offres en matière de crédit à la consommation, 12 mai 2015, *JORA*, n° 24, 13 Mai 2015, p. 9.

822 **H. BLKANFAR**, « Le droit à la rétractation comme technique de protection du consommateur dans le contrat à distance », op. cit., p. 11 et s.

823 **V. CHRISTIANOS**, « Délai de réflexion : théorie juridique et efficacité de la protection des consommateurs », *D.*, 1993 p. 28.

824 Cité par **V. CHRISTIANOS**, « Délai de réflexion : théorie juridique et efficacité de la protection des consommateurs », op. cit., p. 28.

825 **J. CALAIS-AULOY et H. TEMPLE**, *Droit de la consommation*, op. cit., n° 156, p. 154 et s.

826 Sur cette question V., **V. CHRISTIANOS**, « Délai de réflexion : théorie juridique et efficacité de la protection des consommateurs », *op. cit.*, p. 28.

lui permettre de revenir sur sa décision de contracter[827]. Cependant, on peut se demander si certains professionnels peuvent bénéficier du droit à rétractation si la prestation ou le bien n'entre pas dans le champ de leur activité, et être assimilés à des parties faibles[828].

De manière générale, on doit remarquer tout d'abord que cette question peut être en lien avec l'étendue de la définition du consommateur dans les régimes juridiques des pays comparés. En effet, on verra dans le chapitre traitant des clauses abusives que la définition du consommateur dans les droits tunisien et algérien ne prive pas les professionnels de toute protection de dispositions des législations de la consommation[829]. D'ailleurs, l'article 1er de la loi algérienne 04/02[830] du 23 juin 2004 dispose explicitement que « *la présente loi a pour objet de fixer les règles et principes de transparence et de loyauté applicables aux pratiques commerciales réalisées entre les agents économiques et entre ces derniers et les consommateurs (...)* »[831]. Ainsi, la protection offerte par cette loi peut s'étendre aux professionnels. Les droits marocain et mauritanien apportent une réponse plus nuancée puisque le professionnel peut bénéficier de la protection des législations de la consommation uniquement s'il acquière ou utilise « *pour la satisfaction de ses besoins non professionnels des produits, biens ou services qui sont destinés à son usage personnel ou familial* »[832]. Ils ne sont donc pas protégés en tant que professionnels. Cette question sera abordée de manière plus approfondie par la suite[833].

En matière de vente d'immeuble, le domaine du droit de réflexion ou de rétractation immobilier selon l'article L. 271-1 du Code français de la construction et de l'habitation prévoit que le droit de rétractation ou de réflexion est accordé aux seuls acquéreurs non professionnels, sans égard pour la qualité du vendeur[834].

---

827 **G. RAYMOND**, *Droit de la consommation*, op. cit., n° 492, p. 269.

828 **V. LEGRAND**, « Le nouveau droit de la vente à distance et du démarchage », *Pet. Aff.*, 12 mars 2014, n° 51, p. 8

829 En droit tunisien, Art. 2 de la loi tunisienne n° 92-117 relative à la protection du consommateur ; les articles 2 des deux lois tunisiennes n° 98-39 et n° 98-40 (la loi tunisienne n° 98-39 du 2 juin 1998, relative aux ventes avec facilités de paiement, *JORT.*, n° 44, p. 1210 et la loi tunisienne n° 98-40 du 2 juin 1998 relative aux techniques de vente et à la publicité commerciale, *JORT.*, n° 44, 2 juin 1998, p. 1203).

830 Art. 1er de la loi algérienne 04/02 du 23 juin 2004 fixant les règles applicables aux pratiques commerciales, *JORA.*, n° 41, 27 juin 2004, p. 3.

831 De même, l'article 6 de la loi algérienne n° 18-05 du 10 mai 2018 relative au commerce électronique précise que le « *e-consommateur : toute personne physique ou morale qui acquiert, à titre onéreux ou gratuit, un bien ou un service par voie de communications électroniques auprès d'un e-fournisseur pour une utilisation finale* » (JORA, n°28, 16 mai 2018, p. 4).

832 Art. 1 de l'Ordonnance mauritanienne n° 2006-031 relative aux instruments de paiement et aux opérations du commerce électronique ; Art. 2 de la loi marocaine n°31-08 édictant des mesures de protection du consommateur, *Bull. O. Mar.*, n° 5932, 7 avril 2011

833 Infra., p. 200 et s.

834 Il est utile de souligner que le droit de rétractation spécifique de l'article L 442-8 du Code français de l'urbanisme ne s'appliquera pas toujours puisqu'il est limité aux promesses unilatérales portant sur des lots de lotissement.

La jurisprudence [835]ne semble pas exclure de ce dispositif les personnes morales dont l'objet social est sans lien avec le contrat conclu. Le texte du droit français ne distingue pas si l'acheteur doit être une personne physique pour bénéficier de ce texte, il précise simplement « acquéreur non professionnel ». Il n'interdit pas à première lecture qu'un professionnel puisse en bénéficier[836].

Par ailleurs, la société est assimilée à un acquéreur professionnel lorsque l'acte d'achat est en rapport direct avec son objet social, peu important l'activité réelle de la société. L'on considère en effet que dès lors que la société acquiert dans le cadre de son objet social elle ne peut être considérée comme un profane.

Dans une décision récente la Cour de cassation[837] du 16 septembre 2014 (n° 13-20.002), confirme sa position alors qu'il s'agissait d'une société civile immobilière familiale qui achetait une maison d'habitation secondaire sans but de la revendre. La Cour considère que dans la mesure où l'objet social est l'acquisition d'immeuble, l'opération entre dans l'objet social et ne permet pas de bénéficier du droit de rétractation, le caractère familial et isolé de l'opération étant dès lors considéré comme inopérant. Ainsi lorsque l'on crée une SCI en vue d'acquérir un immeuble, quel que soit le contexte, l'opération d'achat est considérée comme un acte professionnel de personnes averties.

Les personnes dont l'activité professionnelle consiste à construire, exploiter ou acheter et revendre des biens immobiliers, ne sont pas protégées lorsqu'elles font une acquisition dans le cadre de leur activité professionnelle. Ainsi, lorsque l'acheteur est une SCI, elle ne bénéficie pas du délai de réflexion si l'acquisition a un rapport direct avec son objet social[838]. Par exemple, la SCI dont l'objet social est « l'acquisition, l'administration et la gestion par location ou autrement de tous immeubles et biens immobiliers » n'est pas un acquéreur non professionnel.

B. Les contrats visés

334. Le droit de rétractation n'est pas systématique. Tous les contrats ne sont pas concernés. La partie faible bénéficie d'un délai légal pour revenir sur ses engagements dans les seuls cas précisés par la loi. Les droits des pays étudiés sont différents selon les contrats. Parfois le droit de rétractation connait une extension (1), tandis qu'il fait l'objet de restrictions dans d'autres pays (2).

---

[835] La Cour française de cassation a exclu du champ d'application du droit de rétractation les immeubles à usage mixte d'habitation et professionnel (Cass. 3e civ., 30 janv. 2008, n° 06.21145, *Bull. civ.* III, n° 15) ; Cass. 3e civ., 4 févr. 2016, n° 15-11.140, D. 2016. 378 ; *RTD civ.* 2016. 363, obs. **H. BARBIER** ; V. égal. Cass. 3e civ. 4-2-2016 n° 15-11.140 : BPIM 2/16 inf. 116, dans cet arrêt, la Cour de cassation écarte sans hésitation l'application du dispositif protecteur en pareille hypothèse au motif qu'il ne s'agit pas d'un acte ayant pour objet la construction ou l'acquisition d'un immeuble à usage d'habitation comme l'exige le texte.

[836] **H. PERINET-MARQUET**, « Les difficultés de délimitation du champ d'application des droits de rétractation et de réflexion offerts à l'acquéreur immobilier », *JCP.*, n° 2002, n° 1390.

[837] Cass., 3e civ. 16 sept. 2014, n° 13-20.002, Inédit,

[838] Cass. 3e civ., 24 oct. 2012, n° 11-18774, *Bull. civ.* III, n° 153.

1. L'extension du droit de rétractation en droit français et marocain

335. Dans les législations de ces deux pays, le droit de rétractation est plus étendu, il concerne plus de types de contrats. Cependant, ces législations mettent en place quelques exceptions.

a. L'étendue du droit de rétractation

336. Un certain nombre de textes accordent au contractant faible un délai de réflexion avant qu'il ne s'engage. Citons tout d'abord l'ordonnance française du 10 février 2016 qui le prévoit désormais dans le Code civil (article 1122), en précisant qu'il peut être accordé non seulement par la loi mais aussi par le contrat, et en le définissant comme « *le délai avant lequel le destinataire de l'offre ne peut manifester son acceptation* »[839]. Ainsi, on peut dire que lorsque le législateur français impose l'observation d'un délai de rétractation dans le droit commun, il est animé par un souci de protection de la partie la plus faible[840].

En matière de législation consumériste, il semble que le législateur marocain s'inspire les dispositions du droit de rétractation de son homologue français, notamment dans le cadre du droit de la consommation. En effet, comme le législateur français, le législateur marocain détermine les contrats les plus fréquents où un droit de rétractation est possible[841]. Le contractant faible peut, selon ces deux droits, exercer son droit de rétractation dans toute vente d'un bien ou toute fourniture d'une prestation de service conclue entre un consommateur ou non-professionnel et un professionnel sans la présence physique simultanée des parties, en utilisant exclusivement pour la conclusion de ce contrat une ou plusieurs techniques de communication à distance[842].

Les consommateurs de ces pays peuvent également bénéficier du droit de rétractation dans le démarchage à domicile qui correspond à une proposition

---

839 **PH. MALINVAUD et al.**, *Droit des obligations*, LexisNexis, 14e éd., 2017, n° 253, p. 231.

840 A ce sens V., **Ch.-E. BUCHER**, « L'influence de la réforme du droit des contrats sur le droit spécial antérieur », AJ contrat, 2017, p.480 ; **A. LECOURT**, « L'impact de la réforme du droit des contrats sur le droit des sociétés : aspects théoriques et pratiques », *RTD com.* 2016, p. 767.

841 En général, on peut dire que le droit de la rétractation dans le droit français est plus étendu par rapport au droit marocain. Citons les principaux : le droit de rétractation de l'acquéreur immobilier prévu à l'article L. 271-1 du Code français de la construction et de l'habitation, celui du souscripteur d'assurance-vie prévu par l'article L. 132-5-1 du Code français des assurances, celui du consommateur de biens ou services à distance de l'article L. 221-16 du Code français de la consommation, celui du « démarché » prévu par l'article L. 221-29 du Code de la consommation ou de l'article L. 341-16 du Code monétaire et financier français, celui du bénéficiaire de crédit à la consommation de l'article L. 312-19 du Code français de la consommation, celui de la victime d'un accident de la circulation ayant consenti à une transaction prévu par l'article L. 211-16 du Code français des assurances, celui du bénéficiaire de contrat de jouissance d'immeuble à temps partagé prévu par l'article L. 224-79 du Code de la consommation. A ce stade V. **F. COHET**, « Droit de rétractation : sécurité des promesses de vente d'immeuble », *AJDI*, 2018, p. 62 ; **V. ZALEWSKI-SICARD**, « Vente en l'état futur d'achèvement : réticence dolosive et délai de rétractation », *Gaz. Pal.*, 26 juill. 2016, n° 28, p. 72.

842 **V. DAUDET**, « Droit de rétractation du consommateur dans les ventes à distance », *Pet. Aff.*, 14 juin 2013, n° 119, p. 20.

d'achat, de vente, de location, de location-vente ou de location avec option d'achat de biens ou de fourniture de services au domicile d'une personne physique, sur son lieu de résidence ou son lieu de travail[843].

Les législations française et marocaine prévoient également le droit de rétractation dans tous les contrats de crédits consentis par un professionnel du crédit, au profit d'un particulier en vue de financer une dépense non professionnelle autre que l'acquisition d'un bien immobilier. Ainsi, l'article 85 de la loi marocaine n° 31-08[844] prévoit que « *l'exercice de cette faculté de rétractation ne peut donner lieu à enregistrement sur un fichier* ». En effet, certains auteurs marocains[845] estiment que cette exigence doit être dans tous les contrats, lorsque le droit de rétractation s'applique. Ainsi, le consommateur peut utiliser ce droit sans hésiter et sans crainte d'être poursuivi ou noté dans un fichier.

En matière d'assurance, selon l'article 132-5-1 du Code français des assurances et l'article 97 de Code marocain des assurances, l'assuré peut se rétracter d'un contrat d'assurance-vie dans un délai légal qui suit la date de conclusion du contrat[846].

Cependant, le législateur français va plus loin en généralisant le droit de rétractation à d'autres types du contrat. Il existe bel et bien un droit de rétractation dans le Code de travail[847]. Le droit de rétractation fonctionne aussi si le contractant a signé les actes sous-seing privé pour certains contrats immobiliers, notamment l'acquisition et la construction d'un immeuble neuf à usage d'habitation, le contrat de jouissance d'immeuble à temps partagé.

Bien que le droit de rétractation soit d'ordre public, certains contrats échappent expressément aux dispositions des droits français et marocain.

b. Les exceptions à la faculté de se rétracter

337. Les législateurs français et marocain prévoient un certain nombre d'exception à l'existence d'un droit de rétractation au profit de la partie faible. A ce titre, deux grandes catégories peuvent être distinguées.

La première catégorie recouvre l'ensemble des exceptions énoncées par l'article L. 221-28 du Code français de la consommation et les articles 38 et 42 de la loi marocaine n° 31-08[848] édictant des mesures de protection du consommateur

---

843 Art. 49 de la loi marocaine n° 31-08 édictant des mesures de protection du consommateur, *Bull.O.Mar.*, n° 5932, 7 avril 2011.

844 Art. 85 de la loi précitée n° 31-08 édictant des mesures de protection du consommateur. **Abdel-K. EL-AARAARY**, *Les contrats spéciaux ; Le contrat de vente*, en arabe, op. cit., n° 68, p. 76.

845 **H. BLKANFAR**, « Le droit à la rétractation comme technique de protection du consommateur dans le contrat à distance », op. cit., p. 7.

846 **M. CANNARSA**, « Les facultés de rétractation en droit de la consommation et en droit des assurances : continuité en droit interne, changements en droit communautaire », op. cit., p. 25.

847 Les articles L1237-13, L1237-14 et L 6353-5 ainsi que l'article R 1231-1 du Code français du travail.

848 L'article 49 de la loi marocaine n° n° 31-08 indique que le consommateur a la faculté de se rétracter par l'envoi du formulaire détachable au contrat par n'importe quel moyen justifiant la réception. Puis cet article ajoute que le présent article ne s'applique pas aux contrats conclus dans les

qui exclut, sauf si les parties en ont convenu autrement, l'exercice du droit de rétractation, pour certains contrats[849]. En effet, l'article L. 221-28 du Code français de la consommation a l'ambition de rassembler toutes ces exceptions de nature très différente.

Cependant, il est possible de faire une distinction entre trois catégories d'exception : la première concerne la fourniture de biens et services, la deuxième uniquement la fourniture de biens et la troisième la fourniture de services.

S'agissant de la première, les alinéas 2 et 10 de l'article L. 221-28 du Code de la consommation précisent que le droit de rétractation ne peut pas être exercé pour les contrats de fourniture de biens ou de services dont le prix dépend de fluctuations sur le marché financier échappant au contrôle du professionnel et susceptibles de se produire pendant le délai de rétractation. Le législateur, à travers l'alinéa 10, regroupe plusieurs exceptions de nature différentes comme la fourniture d'un journal, d'un périodique ou d'un magazine, sauf lorsqu'il s'agit de contrats d'abonnement à ces publications.

S'agissant de la deuxième catégorie, les alinéas 3, 4, 5, 6, 7 et 11 de même article disposent que la faculté de rétractation ne peut être exercé pour les contrats tels que la fourniture de biens confectionnés selon les spécifications du consommateur ou nettement personnalisés ; tels que la fourniture de biens susceptibles de se détériorer ou de se périmer rapidement ; tels que la fourniture de biens qui ont été descellés par le consommateur après la livraison et qui ne peuvent être renvoyés pour des raisons d'hygiène ou de protection de la santé ; tels que la fourniture de biens qui, après avoir été livrés et de par leur nature, sont mélangés de manière indissociable avec d'autres articles ; tels que la fourniture de boissons alcoolisées dont la livraison est différée au-delà de trente jours et dont la valeur convenue à la conclusion du contrat dépend de fluctuations sur le marché échappant au contrôle du professionnel ainsi que les achats conclus lors d'une enchère publique.

Quant à la troisième catégorie, les alinéas 1, 8 et 9 de l'article L. 221-28 du Code de la consommation indiquent que le droit de rétractation n'est pas possible dans le cas de contrats de fourniture de services pleinement exécutés avant la fin du délai de rétractation et dont l'exécution a commencé après accord préalable exprès du consommateur et renoncement exprès à son droit de rétractation ; dans

---

conditions prévues à l'article 51. Ainsi, l'article 51 de cette loi prévoit que « *à la suite d'un démarchage par téléphone ou par tout moyen technique assimilable, le fournisseur doit indiquer explicitement son identité et le caractère commercial de son intervention. Il doit adresser au consommateur une confirmation de l'offre qu'il a faite. Le consommateur n'est engagé que par sa signature* ». L'article 94 de la même loi énonce que toutefois, lorsque par une demande expresse rédigée, datée et signée de sa main même, l'emprunteur sollicite la livraison ou la fourniture immédiate du produit, du bien ou de la prestation de services, le délai de rétractation expire à la date de la livraison ou de la fourniture.

[849] **H. BLKANFAR**, « Le droit à la rétractation comme technique de protection du consommateur dans le contrat à distance », op. cit., p. 12 ; **Y. DAGORNE-LABBE**, « Une exception au droit de rétractation de l'acquéreur à distance », *D.*, 2011, p. 802 ; V. égal., **F. COHET**, « Pas de faculté de rétractation lors de la vente d'un terrain à bâtir en secteur diffus », *AJDI*, 2016, p. 786.

le cas de travaux d'entretien ou de réparation à réaliser en urgence au domicile du consommateur et expressément sollicités par lui, dans la limite des pièces de rechange et travaux strictement nécessaires pour répondre à l'urgence ; dans le cas où la fourniture d'enregistrements audio ou vidéo ou de logiciels informatiques lorsqu'ils ont été descellés par le consommateur après la livraison.

De plus, les alinéas 12 et 13 ajoutent que le droit de rétractation n'est pas exerçable lorsqu'il s'agit de prestations de services d'hébergement[850], autres que d'hébergement résidentiel, de services de transport de biens, de locations de voitures, de restauration ou d'activités de loisirs qui doivent être fournis à une date ou à une période déterminée. Lorsqu'il s'agit également de fourniture d'un contenu numérique non fourni sur un support matériel dont l'exécution a commencé après accord préalable exprès du consommateur et renoncement exprès à son droit de rétractation[851].

338. Ces exceptions ne sont pas impératives, c'est-à-dire que les parties peuvent décider d'un commun accord que le droit de rétractation bénéficiera à la partie faible bien que le contrat conclu entre dans l'une des hypothèses précitées. En pratique, et selon J. GHESTIN[852], un professionnel n'accordera que rarement un tel droit de rétractation à la partie faible si le contrat conclu recouvre l'un de ces cas puisque l'exclusion se justifie.

La deuxième catégorie d'exception existe dans les achats sur foires et salons en droit français. En effet, les foires et salons sont considérés comme des lieux habituellement destinés à la vente. Ainsi, une protection du consommateur comme celle existant pour le démarchage à domicile ou la vente à distance n'a pas été considérée nécessaire[853]. Le consommateur ne dispose pas de délai de rétractation pour les achats faits dans les foires et les salons sauf si le contrat a été financé par un crédit affecté, auquel cas il est possible de se rétracter pour le crédit, ce qui entraîne la résolution de plein droit du bon de commande[854]. Toutefois, et selon le droit commun, le professionnel peut accorder au consommateur une possibilité de se rétracter. Dans ce cas, le consommateur doit se voir remettre un écrit (CGV, écrit informatif, attestation manuscrite sur la preuve d'achat) dans

---

[850] A ce sujet V., **N. SAUPHANOR-BROUILLAUD**, « Le droit de rétractation ne s'applique pas aux contrats de prestation d'hébergement conclus par voie électronique », *EDCO.*, 01 févr. 2011, n° 02, p. 7.

[851] Sur les pas de l'ancien article L 121-20-4 du Code de la consommation français, l'article 42 de la loi marocaine n°31-08 édictant des mesures de protection du consommateur énonce que « *les dispositions des articles 29, 32, 36 et 37 ne sont pas applicables aux contrats ayant pour objet : 1) La fourniture de biens de consommation courante réalisée au lieu d'habitation ou de travail du consommateur par des distributeurs faisant des tournées fréquentes et régulières ; 2) La prestation de services d'hébergement, de transport, de restauration et de loisirs qui doivent être fournis à une date ou selon une périodicité déterminée. Les dispositions des articles 29 et 32 sont toutefois applicables aux contrats conclus par voie électronique lorsqu'ils ont pour objet la prestation des services mentionnés au 2) ci-dessus* ».

[852] **J. GHESTIN**, *Traité de droit civil ; Les contrats de consommation règles communes*, op. cit., n° 465, p. 442.

[853] **J.D. PELLIER**, *Droit de la consommation*, op. cit., n° 138, p. 163.

[854] Art. L. 224-62 du Code français de la consommation.

lequel cette possibilité est mentionnée, afin de pouvoir l'opposer au professionnel, le cas échéant. Il s'agit donc d'être très prudent avant d'acheter dans ce type de lieux, lesquels, s'ils sont destinés à la vente, peuvent pousser le consommateur à se précipiter à l'achat (notamment à cause du cadre général qui est favorable à la consommation, de la présence de foule, ou encore des objets proposés qui sont souvent inhabituels).

2. La restriction du droit de rétractation en droit tunisien, libyen, mauritanien et algérien

339. L'adoption du droit de rétractation montre des différences et des similitudes dans les droits tunisien, libyen, mauritanien et algérien.

Ils sont différents parce que le législateur tunisien traite le droit de rétractation dans plusieurs lois, alors que les législateurs mauritanien et libyen semblent timides au sujet de l'adoption du droit de rétractation en abordant ce droit dans deux articles uniquement, le législateur tunisien l'impose quant à lui dans plusieurs lois.

Par contre, les trois législations de ces pays sont similaires vis-à-vis de l'étendue du droit de rétractation. La faculté d'exercer ce droit est limitée à quelques contrats.

a. L'étendue du droit de rétractation en droits tunisien, mauritanien, libyen et algérien.

340. Le domaine d'application de ce droit est restreint dans ces quatre pays, notamment en droit mauritanien, libyen et algérien.

Dans les droits mauritanien et libyen, le droit de rétractation est abordé précisément dans deux articles. L'article 60 de l'Ordonnance mauritanienne relative aux instruments de paiement et aux opérations du commerce électroniques a prévu que le consommateur peut se rétracter dans un délai légal démarrant soit à compter de la date de leur réception par le consommateur, pour ce qui concerne les marchandises, soit à compter de la date de conclusion du contrat, pour ce qui concerne les services[855]. Selon les dispositions de cet article, le droit de rétractation peut s'appliquer pour toutes les transactions commerciales électroniques. De même, l'article 1319 des textes de protection du consommateur dans le Code libyen de commerce[856] énonce que le droit de rétractation intervient pour tous les contrats de commerce électronique. Ce droit de rétractation concerne également les ventes conclues sur le lieu de travail du consommateur ou à son domicile.

---

[855] L'Ordonnance mauritanienne n° 2006-031 relative aux instruments de paiement et aux opérations du commerce électronique.

[856] Art. 1319 des dispositions de textes de la protection du consommateur du Code de commerce. *J.O.L.*, 28 janv. 2010.

Par ailleurs, le législateur algérien a tardé à adopter explicitement des textes consacrés au droit de rétractation[857]. Tout d'abord, le nouvel article 119-ter complétant l'ordonnance algérienne n° 03-11[858] précise que « *l'engagement souscrit par un particulier est susceptible d'être dénoncé dans un délai de huit (8) jours à compter de la date de signature du contrat* ». Ensuite, l'article 11 du décret exécutif algérien n° 15-114[859] du 12 mai 2015 relatif aux conditions et aux modalités d'offres en matière de crédit à la consommation dispose que « *le vendeur n'est tenu de livrer ou de fournir le bien objet du contrat qu'une fois avisé, par l'acheteur, de l'octroi du crédit. Toutefois, l'acheteur dispose d'un délai de rétractation de huit (8) jours ouvrables, à compter de la date de signature du contrat, conformément à la législation et la réglementation en vigueur* ». Aussi, l'article 14 du même décret prévoit que « *lorsque la vente de bien s'effectue à domicile, le délai de rétractation est de sept (7) jours ouvrables, quelle que soit la date de livraison ou de fourniture du bien. Aucun paiement comptant ne peut intervenir avant l'expiration de ce délai* ». Ainsi, en droit algérien le droit de rétractation est limité aux contrats de crédit ou aux contrats conclus à domicile.

La législation tunisienne traite du droit de rétractation à travers plusieurs textes différents. Néanmoins, on peut regretter que ce traitement ne réponde pas à beaucoup de questions soulevées dans ce domaine[860]. Selon l'article 10 de la loi tunisienne n° 98-39 [861] relative aux ventes avec facilités de paiement, le professionnel doit accorder au consommateur la possibilité de revenir sur son engagement dans un délai légal. De la même manière, le contractant tunisien peut bénéficier du droit de rétractation dans toutes les ventes à distance, c'est-à-dire les ventes réalisées par internet, par correspondance ou par téléphone selon les articles 29 et suivants de la loi n° 98-40[862] relative aux techniques de vente et à la publicité commerciale. D'ailleurs, les articles 25 et 30 de la loi tunisienne n° 2000-83[863] relative aux échanges et au commerce électronique dispose que le consommateur peut se rétracter dans un délai de 10 jour ouvrable dans le domaine des transactions commerciales électroniques.

---

[857] V., **A. FILALI**, « Le droit de la consommation : une adaptation du droit commun des contrats », op. cit., p. 23 ; **A. ZOUHBI**, « Le droit de rétractation du contrat et son rôle dans la protection du consommateur », en droit algérien, op. cit., p. 118.

[858] L'Ordonnance algérienne n° 10-04 du 26 août 2010 modifiant et complétant l'ordonnance n° 03-11, 26 août 2003, relative à la monnaie et au crédit, *JORA*, n° 50, 1er septembre 2010, p 10.

[859] Décret exécutif algérien n° 15-114 du 12 mai 2015 relatif aux conditions et aux modalités d'offres en matière de crédit à la consommation, 12 mai 2015, *JORA*, n° 24, 13 Mai 2015, p. 9. V., **M. JIRIFILI et Sh. BAHMAWI**, « La protection du consommateur dans le contrat du crédit à la consommation en droit algérien », op. cit., p. 38.

[860] **N. REKIK**, *L'ordre public et le contrat civil*, op. cit., n° 465, p. 460 ;

[861] La loi tunisienne n° 98-39 du 2 juin 1998, relative aux ventes avec facilités de paiement, *JORT*., n° 44, p. 1210.

[862] La loi n° 98-40 du 2 juin 1998 relative aux techniques de vente et à la publicité commerciale, *JORT*., n° 44, 2 juin 1998, p. 1203.

[863] La loi tunisienne n° 2000-83 du 9 août 2000 relative aux échanges et au commerce électronique, *JORT*., n° 64, 11 août 2000, p. 1887. **CH. GHAZOUANI**, « La protection du consommateur dans les transactions électroniques selon la loi du 9 Août 2000 », op. cit., p. 3.

Dans un souci de protection accrue du consommateur, le législateur tunisien a élargi le champ d'application du droit de rétractation pour y inclure d'autres contrats. Le législateur tunisien adopte expressément cette technique dans l'article 11 de la loi n° 2008-33 relative à l'hébergement touristique à temps partagé. Ainsi, le bénéficiaire de cette disposition doit faire part de sa décision de rétractation par un moyen laissant une trace écrite[864].

b. Les exceptions à la faculté de se rétracter en droit tunisien et mauritanien

341. Il convient de souligner que les législateurs libyen et algérien n'adoptent pas d'exceptions à la faculté du droit de rétractation dans les contrats déjà déterminés, alors que les législateurs tunisien et mauritanien posent les cas dans lesquels le consommateur ne possède pas de faculté de rétractation.

Ainsi, l'article 32 de la loi tunisienne n° 2000-83, relative aux échanges et au commerce électronique, prévoit également que le consommateur ne peut pas se rétracter lorsqu'il « *demande la livraison du service avant l'expiration du délai de rétractation et que le vendeur le lui fournisse* ». Cette exception n'exclut pas l'exercice des actions en garantie des vices cachés et la garantie d'éviction. Cependant, on peut remarquer que dans cet article l'amalgame entre biens et services persiste et rend parfois la loi difficile à saisir et à appliquer. Il faut, en effet, comprendre « réalisation du service » lorsque le législateur utilise l'expression erronée « livraison du service » dans l'article 32 et « livraison du produit » dans l'article 10 dans les lois précitées. Qu'en est-il des biens ? Est-ce que le législateur les englobe dans le terme « services » ou bien les exclue-t-il de l'application de cette exception[865] ?

En tout état de cause, l'article 32 de la loi tunisienne n° 2000-83 et l'article 62 de l'Ordonnance mauritanienne n° 2006-031 énoncent que le consommateur ne peut pas non plus se rétracter s'il reçoit des produits confectionnés selon des caractéristiques personnalisées ou des produits qui ne peuvent être réexpédiés ou sont susceptibles d'être détériorés ou périmés à cause de l'expiration des délais de validité.

D'ailleurs, il en est de l'achat des journaux et de magazines. L'exception des enregistrements audio ou vidéo ou des logiciels informatiques livrés ou téléchargés trouve sa justification dans la facilité de les reproduire.

D'un point de vue plus pratique, il reste à se demander comment l'auteur de la rétractation peut revenir sur son consentement.

---

[864] La loi tunisienne n° 2008-33 du 13 mai 2008 relative à l'hébergement touristique à temps partagé, *JORT.*, n° 40, 16 mai 2008, p. 1493

[865] **CH. GHAZOUANI,** « La protection du consommateur dans les transactions électroniques selon la loi du 9 Août 2000 », op. cit., p. 3.

Paragraphe 2 : L'exercice du droit de rétractation

342. Le droit de rétractation dont bénéficie la partie faible est opportun quelle que soit la technique utilisée. Autrement dit, le droit de rétractation apparaît comme un droit de se contredire au profit du consommateur en tant que partie faible. Le processus de conclusion du contrat est bel et bien engagé, mais la partie faible qui se prévaut de son droit de rétractation est en droit de se dédire, de se repentir, de revenir sur son engagement[866].

L'exercice du droit de rétractation engendre l'anéantissement rétroactif du contrat, qui implique des restitutions réciproques. Ainsi, les droits de ces pays confèrent à la partie faible un droit de rétractation discrétionnaire, lui permettant de retourner les biens et de revenir sur son accord pour les prestations de services, sans avoir à justifier de motifs, ni à payer de pénalités.

L'exercice du droit de rétractation signifie que la partie faible peut exercer librement ce droit. Mais, si elle décide de l'exercer, elle doit généralement respecter certaines dispositions prévues par les législateurs. Bien que les législateurs tunisien, mauritanien, libyen et algérien ne précisent pas tous les détails de l'exercice du droit de rétractation, les législateurs français et marocain essayent d'aborder la plupart des questions dans ce domaine. C'est pourquoi, notre analyse va se fonder sur les législations de ces derniers pays pour traiter la question de l'exercice du droit de rétractation. On va également souligner les solutions existantes dans les droits des autres pays.

Le droit de rétractation consiste pour la partie faible, après avoir acheté un bien, à pouvoir changer d'avis. C'est un droit qui lui permet de rendre l'objet et d'obtenir un remboursement des sommes payées. Ainsi, l'étude de l'exercice du droit de rétractation se déroulera en deux temps, en abordant le processus à suivre pour se rétracter (A) puis les suites de la rétractation (B).

A. Le processus de rétractation

343. Concrètement, la partie faible doit procéder à des démarches si elle veut exercer son droit de rétractation.

Il est important de rappeler que l'exécution du droit de rétractation doit évidemment avoir eu lieu avant la fin du délai prévu. Cela est valable dans les droits de chaque pays étudié. En effet, au-delà de ce délai, la partie faible ne peut plus exercer son droit de rétractation. De plus, les législateurs devraient, dans le cadre de cette procédure, prendre mieux en compte le statut de chaque partie et le type de contrat.

Autrement dit, pour l'exercice le droit de rétractation, la partie faible doit d'abord notifier au professionnel sa volonté de se rétracter du contrat, avant l'expiration du délai de rétractation prévu (1), et ensuite elle doit assurer des retours de produit et de service (2).

---

[866] **J. GHESTIN et al.**, *Traité de Droit civil, Les contrats de consommation règles communes*, op. cit., n° 389, p. 379.

1. L'expression de la volonté de rétractation

344. Dans le cadre du droit de rétractation, l'expression de volonté a pour effet de mettre fin à l'obligation des parties d'exécuter le contrat. Cela peut entraîner des restitutions à la charge de chacune des parties[867]. Conformément à l'article L. 221-22 du Code français de la consommation, la charge de la preuve de sa décision de rétractation incombe au consommateur (la partie faible). Dès lors, il est conseillé de se rétracter par écrit ou via un support durable.

En principe, la partie faible peut manifester sa volonté de se rétracter par tous moyens (forme libre). Dans d'autre cas, elle pourra aussi utiliser un formulaire standardisé fourni par le professionnel, selon certains droits de ces pays.

a. La forme libre commune aux pays comparés

345. Les modalités d'exercice du droit de rétractation ne sont pas parfois précisées dans la législation des pays étudiés. Le droit libyen n'indique aucune forme d'expression de la volonté de rétractation. Donc, la partie faible peut utiliser n'importe quelle forme pour exprimer cette rétractation. Certes, il doit exprimer cette volonté par une déclaration dénuée d'ambiguïté exposant clairement sa décision de se rétracter du contrat (exemples : tél, e-mail, sms, courrier, etc.)[868].

Dans le cadre des transactions commerciales électroniques, l'article 30 de la loi tunisienne n° 2000-83 et l'article 60 de l'Ordonnance mauritanienne n° 2006-031[869] prévoient que la notification de la rétractation « *se fait par tout moyen prévu initialement dans le contrat* »[870]. En droit algérien, l'article 11 de la loi n° 18-05 du 10 mai 2018 relative au commerce électronique énonce que le e-fournisseur (le professionnel) doit présenter l'offre commerciale électronique de manière visible, lisible et compréhensible. Elle doit comporter les informations suivantes : « *(...) les conditions et les délais de rétractation, le cas échéant ; (...) le mode de retour du produit, d'échange ou de remboursement ;* ». De même, l'article 13 de la même loi dispose que « *le contrat électronique doit comporter notamment les informations suivantes : (...) les conditions et modalités de retour du produit (...)* »[871].

Nous pouvons ainsi dire que les législations libyenne, tunisienne, algérienne et mauritanienne offrent au professionnel la possibilité de déterminer lui-même la modalité de rétractation dans toutes les transactions. Cette prérogative reconnue

---

[867] V., **M. JIRIFILI et Sh. BAHMAWI**, « La protection du consommateur dans le contrat de crédit à la consommation en droit algérien », op. cit., p. 39.

[868] **B. GELOT et G. DAUBLON**, « Droit de rétractation et délai de réflexion dans les avant-contrats et les ventes d'immeubles (éléments rédactionnels) », *Def.*, 30 avril 2001, n° 8, p. 504.

[869] Art. 30 de la loi tunisienne n°2000-83 du 9 août 2000 relative aux échanges et au commerce électronique ; Art. 60 de l'Ordonnance mauritanienne n° 2006-031 relative aux instruments de paiement et aux opérations du commerce électronique.

[870] Art. 30 de la loi tunisienne précitée n°2000-83 du 9 août 2000 relative aux échanges et au commerce électronique ; Art. 60 de l'Ordonnance mauritanienne précité n° 2006-031 relative aux instruments de paiement et aux opérations du commerce électronique.

[871] La loi algérienne n° 18-05 du 10 mai 2018 relative au commerce électronique, *JORA*, n° 28, 16 mai 2018, p. 4.

au professionnel ne garantit pas la meilleure protection de la partie faible. En effet, on peut estimer que le professionnel sera enclin à imposer dans le contrat le mode de rétractation le plus conforme à ses intérêts.

346. En revanche, pour la vente à distance, l'article 29 de la loi tunisienne n° 98-40[872], du 2 juin 1998 relative aux techniques de vente et à la publicité commerciale, dispose que la rétractation doit intervenir par lettre recommandée avec accusé de réception.

En France l'article L. 221-21 du Code français de la consommation indique que la rétractation doit intervenir par lettre recommandée avec accusé de réception. C'est au professionnel de prévoir, le cas échéant, l'utilisation d'un formulaire permettant l'exercice du droit de rétractation. A défaut, dans le silence de la loi, aucune obligation ne peut être imposée au consommateur. Ainsi, à défaut de précision légale, des modalités particulières d'exercice du droit de rétractation pourront être prévues contractuellement, à condition qu'elles ne conduisent pas à priver d'effet le droit de rétractation du consommateur.

En pratique, la rétractation peut s'exercer selon toute forme appropriée, c'est-à-dire toute forme permettant à la partie faible d'en rapporter la preuve en cas de contestation[873]. Ici, on pense que même lorsque les textes ne précisent pas les modalités de notification de la rétractation, ce qui est le cas dans les droits libyen, tunisien, algérien et mauritanien, la partie faible préservera ses intérêts en communiquant avec son cocontractant par lettre recommandée avec accusé de réception. N'importe quels moyens justifiant la réception, telle que la conservation du reçu et de l'accusé de réception délivrés par la Poste ou un établissement habilité serviront à prouver le respect des délais en cas de litige.

Quant au droit à la rétractation dans le Code français du travail, le contractant peut l'exercer sous la forme d'une lettre adressée par tout moyen attestant de sa date de réception par l'autre partie[874]. Afin de prévenir toute difficulté, la partie qui souhaite se rétracter a intérêt de le faire par lettre recommandée avec demande d'avis de réception ou par lettre à l'autre partie en main propre contre décharge mentionnant la date de remise[875].

b. L'utilisation d'un formulaire standardisé

347. Pour certains contrats, notamment ceux du crédit à la consommation ou ceux résultant de démarchage à domicile, il est indispensable que le professionnel

---

[872] La loi tunisienne n° 98-40 du 2 juin 1998 relative aux techniques de vente et à la publicité commerciale, *JORT*., n° 44, 2 juin 1998, p. 1203.

[873] **C. BAKER-CHISS**, « Le droit de rétractation du contrat électronique », in J. ROCHFELD (dir.), « L'acquis communautaire. Le contrat électronique », op. cit., p.182.

[874] Art. L. 1237-13 du Code français de travail.

[875] **P. LOKIEC**, « Rupture du contrat (VI - Rupture conventionnelle) », Rép. droit du travail *Dalloz*., mars 2018, n° 24.

fournisse un formulaire détachable permettant au consommateur d'exercer plus facilement son droit de rétractation[876].

En France, la partie faible peut exercer son droit de rétractation au moyen du formulaire-type de rétractation figurant en annexe au décret n° 2014-1061 du 17 septembre 2014 (article R. 121-1 du Code de la consommation). Aux termes de l'article L. L. 221-21 du même Code, le consommateur a la possibilité de se rétracter en ligne[877]. Le nouvel article L. 312-26 du Code français de la consommation dispose que la faculté de rétractation peut s'exercer à l'aide d'un formulaire détachable joint au contrat. L'exercice par l'emprunteur de sa faculté de rétractation ne peut donner lieu à enregistrement sur un fichier[878]. En conséquence, la violation de l'article R. 311-7 du Code français de la consommation, qui dispose que le formulaire détachable de rétractation doit être établi conformément au modèle-type joint en annexe, doit être sanctionnée par la déchéance du droit aux intérêts. Le raisonnement est, d'un point de vue formel, parfaitement justifié. Il relève d'une logique transitive, ce à quoi oblige une législation procédant aujourd'hui volontiers par renvoi. La rigueur de la solution s'avère en outre adaptée à l'objectif d'effectivité du droit de repentir[879].

De même, l'article 47 de la loi marocaine n° 31-08[880] dispose que « *les opérations de démarchage visées à l'article 45 doivent faire l'objet d'un contrat écrit dont un exemplaire doit être remis au consommateur au moment de la conclusion de ce contrat, lequel doit comprendre un formulaire détachable destiné à faciliter l'exercice de la faculté de rétractation dans les conditions prévues à l'article 49. Tous les exemplaires du contrat doivent être signés et datés de la main même du consommateur. Les mentions que doit contenir le formulaire visé au 1er alinéa sont fixées par voie réglementaire* »[881]. De même, l'article 85

---

876 **V. WITTMANN**, « Crédit à la consommation : le formulaire de rétractation face au droit de la preuve », *D.* 2011, p. 2716 ; **C. LE BIDEAU**, « À propos du droit de rétractation contenu dans la proposition de règlement », *Pet. Aff.*, 24 déc. 2013, n° 256, p. 29 ; **A. MAFFRE-BAUGE**, *Les indispensables du droit de la consommation*, op. cit., p. 42 et 43.

877 **C. AUBERT de VINCELLES**, « La mise en conformité du Code de la consommation au droit européen par la loi Hamon », op. cit., n° 03, p. 456.

878 Le décret du n° 2014-1061 du 17 sept. 2014 relatif aux obligations d'information précontractuelle et contractuelle des consommateurs et au droit de rétractation propose : un modèle de formulaire de rétractation, document obligatoire, que doivent contenir ces contrats ; un avis d'information type concernant l'exercice du droit de rétractation par le consommateur ; **J. GHESTIN et al.**, *Traité de Droit civil, Les contrats de consommation règles communes*, op. cit., n°414, p. 402.

879 **V. WITTMANN**, « Crédit à la consommation : le formulaire de rétractation face au droit de la preuve », op. cit. p. 2716.

880 La loi marocaine n° 31-08 édictant des mesures de protection du consommateur, *Bull. O. Mar.*, n° 5932, 7 avril 2011 ; V. **A. MOHIM**, La protection du consommateur-contractant ; étude et analyse approfondies à la lumière de l'actualité de la loi n° 31-08 édictant des mesures de protection du consommateur, op. cit, p. 121.

881 **H. BLKANFAR**, « Le droit à la rétractation comme technique de protection du consommateur dans le contrat à distance », *Rev., marocaine de droit et des affaires*, n° 7, juill. 2016, p. 17. Il convient de noter que l'article 29 décret marocain n° 2.12.503 prévoit qu'« *en application de l'article 47 de la loi n° 31-08 précitée, le formulaire détachable relatif à l'exercice de la faculté de rétractation en matière de démarchage est arrêté conjointement par l'autorité gouvernementale chargée du*

de cette loi énonce également que « *toutefois, l'emprunteur peut, dans un délai de sept jours à compter de son acceptation de l'offre, revenir sur son engagement. Pour permettre l'exercice de cette faculté de rétractation, un formulaire détachable est joint à l'offre préalable* ».

2. La gestion des retours de produit et de service

348. Dans l'exercice du droit de rétractation il incombe à la partie faible de procéder à certaines démarches.

a. Renvoi des biens

349. Lorsque le contrat porte sur un bien, la partie faible doit restituer ce bien au professionnel ou à une personne désignée par ce dernier. Elle doit procéder sans retard excessif.

En ce sens, l'article L. 221-23 du Code français de la consommation précise que le consommateur doit effectuer son obligation « *sans retard excessif et, au plus tard, dans les quatorze jours suivant la communication de sa décision de se rétracter conformément à l'article L. 221-21, à moins que le professionnel ne propose de récupérer lui-même ces biens* ». Le même texte ajoute que le consommateur ne supporte que les coûts directs de renvoi des biens, sauf si le professionnel accepte de les prendre à sa charge ou s'il a omis d'informer le consommateur que ces coûts sont à sa charge. Néanmoins, pour les contrats conclus hors établissement, lorsque les biens sont livrés au domicile du consommateur au moment de la conclusion du contrat, le professionnel récupère les biens à ses frais s'ils ne peuvent pas être renvoyés normalement par voie postale en raison de leur nature. Selon certains auteurs[882], cette dernière disposition dispense, semble-t-il, le consommateur de payer les frais du renvoi, mais l'hypothèse visée manque de précision.

De plus, l'article L. 221-23 du Code français de la consommation prévoit également que « la responsabilité du consommateur ne peut être engagée qu'en cas de dépréciation des biens résultant de manipulations autres que celles nécessaires pour établir la nature, les caractéristiques et le bon fonctionnement de ces biens, sous réserve que le professionnel ait informé le consommateur de son droit de rétractation, conformément au 2° de l'article L. 221-5 »[883].

Certains auteurs[884] posent la question de savoir si la réception de bonne foi du consommateur ne pourrait pas l'exonérer de sa responsabilité dans la mesure où le nouvel article 1352-1 du Code civil prévoit que « *celui qui restitue la chose*

---

commerce et la ou les autorités gouvernementales chargées du secteur d'activité concerné ». Le décret marocain n°2.12.503 pris pour l'application de certaines dispositions de la loi marocaine n°31-08 édictant des mesures de protection du consommateur, *Bull. O. Mar.*, n°6192, 3 oct. 2013.

[882] **J. CALAIS-AULOY et H. TEMPLE**, *Droit de la consommation*, op. cit., n° 578, p. 586.

[883] **J. JULIEN**, *Droit de la consommation*, op. cit., n° 168, pp. 207 et 208.

[884] **J-D., PELLIER**, *Droit de la consommation*, op. cit., n° 142, p. 169. **D., BAZIN-BEUST**, *Droit de la consommation*, Gualino-Lextenso, 2e éd., 2016-2017, p. 143.

répond des dégradations et détériorations qui en ont diminué la valeur, à moins qu'il ne soit de bonne foi et que celles-ci ne soient pas dues à sa faute ».

En ce qui concerne, le remboursement d'un produit déballé, la jurisprudence[885] a établi que « le produit ne se confond pas avec son emballage, lequel doit nécessairement être ouvert pour vérification, et peut être à cette occasion endommagé. Cette circonstance ne peut priver le client de sa faculté de retour ». Le cybercommerçant ne peut donc pas refuser de rembourser le consommateur sous prétexte que l'emballage est endommagé. En revanche, l'appareil doit quant à lui être renvoyé non endommagé. Dans ce sens, l'article R. 121-1-2 du Code français de la consommation dispose que tout refus du vendeur de changer ou de rembourser un produit retourné par un acheteur peut être puni d'une contravention.

b. Prix de retour

350. En principe, la partie faible ne supporte que les coûts directs de renvoi des biens[886]. Ainsi, dans un arrêt du 23 juin 1993 de la Cour française de cassation[887] a confirmé que le consommateur « *n'était tenu qu'aux frais de retour du produit, à l'exclusion de toute autre somme* ». Les législations tunisienne, mauritanienne et marocaine vont dans le même sens que la législation et la jurisprudence françaises. En effet, l'article 30 de la loi tunisienne relative aux échanges et au commerce électronique, l'article 60 de l'ordonnance mauritanienne relative aux instruments de paiement et aux opérations du commerce électroniques et l'article 36 de la loi marocaine édictant des mesures de protection du consommateur disposent que le consommateur supporte en général les frais de retour des marchandises[888].

Cependant, on doit remarquer qu'il existe certains cas où le professionnel prend ces frais à sa charge. En effet, il les supporte, parfois, à titre de sanction au manquement de son obligation d'information sur ces coûts. D'ailleurs, si à la suite de la conclusion d'un contrat hors établissement les biens ont été livrés au domicile du consommateur, le professionnel doit également les récupérer à ses frais s'ils ne peuvent pas être renvoyés normalement par voie postale en raison de leur nature (on songe ici au mobilier volumineux)[889].

---

[885] Le tribunal de grande instance (TGI) de Bordeaux, dans une décision n° 3703/2006 du 11 mars 2008,

[886] Art. L. 221-23 du Code français de la consommation ;

[887] Cass. civ. 1, 23 juin 1993 : *Bull. civ.* n° 232.

[888] L'article 30 de la loi tunisienne n° 2000-83 du 9 août 2000 relative aux échanges et au commerce électronique et l'article 60 de l'Ordonnance mauritanienne n° 2006-031 relative aux instruments de paiement et aux opérations du commerce électronique disposent que « *le consommateur supporte les fiais de retour des marchandises* ». En droit marocain, l'article 36 de la loi n° 31-08 édictant des mesures de protection du consommateur énonce que « *le consommateur dispose d'un délai : - de sept jours pour exercer son droit de rétractation ; (...). Et cela, sans avoir à se justifier, ni à payer de pénalités, à l'exception, le cas échéant, des frais de retour* » (*Bull. O. Mar.*, n° 5932, 7 avril 2011).

[889] **H. BLKANFAR**, « Le droit à la rétractation comme technique de protection du consommateur dans le contrat à distance », op. cit., p.18.

De plus, les droits tunisien[890] et mauritanien[891] prévoient deux cas dans lesquels le professionnel va supporter tous les frais de l'exercice de la faculté de rétractation, y compris les frais de retour. D'une part, si le produit n'est pas conforme à la commande. D'autre part, lorsque le délai de livraison n'a pas été respecté. Un délai de 10 jours est prévu pour exercer ce droit. Il commence à courir au jour de la livraison[892].

Diverses mesures liées aux frais de retour sont indiquées par l'article 41 de la loi marocaine édictant des mesures de protection du consommateur. Cet article dispose que « *si la possibilité en a été prévue préalablement à la conclusion du contrat ou dans le contrat, le fournisseur peut fournir un produit, un bien ou un service d'une qualité et d'un prix équivalents. Le consommateur est informé de cette possibilité de manière claire et compréhensible. Les frais de retour consécutifs à l'exercice du droit de rétractation sont, dans ce cas, à la charge du fournisseur et le consommateur doit en être informé* ».

Le consommateur ne supporte que les coûts directs de renvoi des biens. Le professionnel n'est pas tenu de rembourser les frais supplémentaires, si le consommateur a expressément choisi un mode de livraison plus coûteux que le mode de livraison standard proposé par le professionnel.

351. Par ailleurs, on peut s'interroger sur les frais d'expédition qui sont versés antérieurement et indépendamment de l'exercice du droit de rétractation. Est-ce que ces frais incombent à la partie faible ou au professionnel ?

Le législateur français répond expressément à cette question dans l'article L. 221-24 du Code de la consommation qui dispose que « *lorsque le droit de rétractation est exercé, le professionnel rembourse le consommateur de la totalité des sommes versées, y compris les frais de livraison* ». En revanche, il semble que les droits d'autres pays comparés n'apportent pas de réponse explicite à la question de l'imputation des frais d'expédition en cas de rétractation du contractant faible. Néanmoins, trois considérations doivent être prises en compte selon G. BUSSEUIL[893]. D'abord, l'imputation des frais de livraison au consommateur en cas de rétractation serait de nature à le décourager d'exercer un tel droit. Ensuite, elle mettrait à mal une répartition équilibrée des risques entre le professionnel et la partie faible en faisant peser sur cette dernière les frais de livraison des marchandises. Enfin, la solution peut trouver une justification dans le fait que les dispositions des droits comparés n'établissent aucune distinction entre le prix du bien et les frais de livraison lorsqu'ils abordent les conséquences

---

[890] Art. 31 de la loi tunisienne n° 2000-83 relative aux échanges et au commerce électronique ; Arts. 31 et 32 de la loi tunisienne n° 98-40 du 2 juin 1998 relative aux techniques de vente et à la publicité commerciale, *JORT*., n° 44, 2 juin 1998, p. 1203.

[891] Art. 61 de l'Ordonnance mauritanienne n° 2006-031 relative aux instruments de paiement et aux opérations du commerce électronique

[892] **CH. GHAZOUANI**, « La protection du consommateur dans les transactions électroniques selon la loi du 9 Août 2000 », op. cit., p. 3.

[893] **G. BUSSEUIL**, « La quasi-gratuité de l'exercice du droit de rétractation du consommateur : l'application aux frais de livraison », op. cit., p. 2132.

de la rétractation. Ainsi, le professionnel est tenu de rembourser l'ensemble des frais mis à la charge du consommateur, à l'exception des frais de renvoi de la marchandise[894].

B. Les suites de la rétractation

352. Une fois que la partie faible a fait valoir son droit à se rétracter de son engagement, il doit généralement se voir rembourser la totalité des sommes qu'elle a payées. Dans ce paragraphe, on répondra à la question suivante : quelles sont les conséquences de l'exercice de ce droit ?

Logiquement, le professionnel doit rembourser la partie faible qui a exercé son droit de rétractation. En cas de rétractation de la partie faible, le remboursement effectué par le professionnel comprend toutes les sommes versées, y compris les frais de livraison. Autrement dit, l'exercice du droit de rétractation, sauf exception imputable à la partie faible, ne donne lieu à aucun frais. La faculté de changer d'avis apparaît comme gratuite[895].

Surtout, dans cette procédure de remboursement, le professionnel doit respecter le délai prévu par le droit pour le remboursement (1). Il doit également proposer ou respecter, si le droit le prévoit, des moyens de remboursement qui conviennent le mieux à la partie faible (2).

1. Délai de remboursement

353. Le professionnel doit effectuer ce remboursement dans les meilleurs délais. Ce délai doit cependant prendre en compte la situation de chacun des pays étudiés. En effet, le délai varie d'un pays à l'autre, au regard notamment des infrastructures et moyens logistiques disponibles. La question doit être traitée au cas par cas et de manière approfondie.

Les législateurs tunisien et mauritanien fixent un délai de 10 jours[896]. Il s'agit cette fois-ci pour le professionnel de rembourser le consommateur des sommes qu'il a précédemment avancées, avant d'exercer sa faculté de rétractation. Ce délai cours à compter de la date de retour des marchandises ou de la date de renonciation au service. Reste que la loi tunisienne ne prévoit pas le cas dans lequel le service a déjà été réalisé.

---

[894] **J. JULIEN**, *Droit de la consommation*, op. cit., n° 168, p. 208. D'une façon générale, nous pouvons soutenir que les frais de livraison doivent être inclus dans le prix de vente des biens ou produits, à moins que leur montant ne soit indiqué en sus. Lorsque ces frais sont en sus, ils donnent lieu à l'établissement d'une facture. Dans le cas où le professionnel n'effectue pas la livraison des biens ou des produits, qui ne sont pas usuellement emportés par le consommateur, toute information sur les prix desdits biens ou produits doit préciser que les frais de la livraison ne sont pas inclus dans le prix de restitution.

[895] **C. LE BIDEAU**, « À propos du droit de rétractation contenu dans la proposition de règlement », *Pet. Aff.*, 24 déc. 2013, n° 256, p. 29.

[896] Art. 30 de la loi tunisienne précitée n° 2000-83 du 9 août 2000 relative aux échanges et au commerce électronique ; Art. 60 de l'Ordonnance mauritanienne précitée n° 2006-031 relative aux instruments de paiement et aux opérations du commerce électronique.

En droit français, selon l'article L. 221-24 du Code de la consommation, le professionnel doit rembourser sans retard injustifié et au plus tard 14 jours après la date à laquelle il est informé de la décision du consommateur de se rétracter. Ce remboursement peut être différé, pour les ventes de biens, jusqu'à récupération des biens ou jusqu'à ce que le consommateur ait fourni une preuve de l'expédition de ces biens, la date retenue étant celle du premier de ces faits[897].

La loi marocaine[898] édictant des mesures de protection du consommateur confère au professionnel un délai plus important pour effectuer ce remboursement. L'article 37 de cette loi dispose que lorsque le droit de rétractation est exercé, le professionnel est tenu de rembourser, sans délai, au consommateur le montant total payé et au plus tard dans les 15 jours suivant la date à laquelle ce droit a été exercé.

Quant à la question importante du non-respect du délai de remboursement par le professionnel.

Il semble que les législateurs mauritanien, tunisien, libyen et algérien n'ont pas expressément abordé cette question. Si le professionnel ne répond pas favorablement à la demande, la partie faible n'aura d'autre choix que de se tourner vers la justice, en application du droit commun. La procédure de demande d'injonction de payer est la plus indiquée dans ces cas-là[899].

En revanche, l'article 37 de la loi marocaine[900] édictant des mesures de protection du consommateur énonce expressément que « *au-delà, la somme due est, de plein droit, productive d'intérêts au taux légal en vigueur* ». Pour sa part, le législateur français aborde cette question de manière très précise[901]. Ainsi, l'article L. 242-4 du Code de la consommation prévoit que lorsque le professionnel n'a pas remboursé les sommes versées par le consommateur, les sommes dues sont de plein droit majorées du taux d'intérêt légal si le remboursement intervient au plus tard dix jours après l'expiration des délais fixés aux premier et deuxième alinéas de l'article L. 221-24, de 5 % si le retard est compris entre dix et vingt jours, de 10 % si le retard est compris entre vingt et trente jours, de 20 % si le retard est compris entre trente et soixante jours, de 50 % entre soixante et quatre-vingt-dix jours et de cinq points supplémentaires par

---

897 **J. JULIEN**, *Droit de la consommation*, op. cit., n° 168, p. 208.

898 La loi marocaine n° 31-08 édictant des mesures de protection du consommateur, *Bull. O. Mar.*, n° 5932, 7 avril 2011.

899 **A-K. ABAD**, « Le droit à la rétractation du consommateur dans le cadre de prestation touristique », en droit marocain, http://www.droitetentreprise.org, publié le 23 décembre 2015, consulté le 20/03/2017. L'article 37 de la loi marocaine n° 31-08 édictant des mesures de protection du consommateur énonce que « *lorsque le droit de rétractation est exercé, le fournisseur est tenu de rembourser, sans délai, au consommateur le montant total payé et au plus tard dans les 15 jours suivant la date à laquelle ce droit a été exercé. Au-delà, la somme due est, de plein droit, productive d'intérêts au taux légal en vigueur* ».

900 La loi marocaine n° 31-08 édictant des mesures de protection du consommateur, *Bull. O. Mar.*, n° 5932, 7 avril 2011.

901 **X. DELPECH**, « QPC en matière de sanction du droit de rétractation du consommateur », *Dalloz actu.*, 21 juillet 2017, www.dalloz.fr,

nouveau mois de retard jusqu'à concurrence du prix du produit, puis du taux d'intérêt légal. A ce sujet, la Cour française de cassation[902] a confirmé récemment que « *cette sanction constitue une mesure propre à assurer la protection des consommateurs et à garantir l'effectivité de cette protection, (...)* ». Cette Cour a ajouté que « *la sanction prévue à l'article L. 242-4 du Code de la consommation ne prive pas le professionnel du droit à un recours effectif, dès lors que celui-ci peut engager une action devant une juridiction pour obtenir restitution des sommes qu'il aurait indûment remboursées au consommateur ou contester, en défense, la demande en paiement de ce dernier* »[903]. En parallèle de la protection du consommateur en tant que partie faible, une protection du professionnel face au droit de son contractant permettra de rééquilibrer la relation contractuelle.

2. Moyens du remboursement

354. En général, le remboursement doit être effectué par le même moyen de paiement que celui utilisé lors de la transaction initiale. Néanmoins, la partie faible peut expressément accepter un autre moyen de remboursement ne lui occasionnant aucun frais. Autrement dit, sur proposition du professionnel, le consommateur ayant exercé son droit de rétractation peut opter pour une autre modalité de remboursement[904].

Dans les pays qui ne déterminent pas de mode du remboursement, ce dernier peut se faire par tout moyen[905]. Cependant, il est préférable que le remboursement s'effectue par chèque ou virement[906]. En effet, un remboursement sous la forme de remise d'avoir n'est possible qu'avec l'accord du consommateur. Cette dernière forme consiste à admettre un remboursement par compensation, elle suppose trois conditions qui devront être respectées par le professionnel pour

---

[902] Cass. 1re civ., français,17 janv. 2018, n° 17-10255, Sté IES c/ M. X, FS–PB (rejet pourvoi c/ J. prox. Bourges, 7 nov. 2016), Mme Batut, prés. - SCP Capron, av.

[903] Cass. 1re civ., français,17 janv. 2018, n° 17-10255 ; V. égal., **C. BERLAUD**, « Droit de rétractation du consommateur et sanction du défaut de remboursement », *Gaz. Pal.*, 30 janv. 2018, n° 04, p. 33 ; **A. MOHIM**, *La protection du consommateur-contractant ; étude et analyse approfondies à la lumière de l'actualité de la loi n° 31-08 édictant des mesures de protection du consommateur*, op. cit., p. 121.

[904] **A-K. ABAD**, « Le droit à la rétractation du consommateur dans le cadre de prestation touristique », en droit marocain, http://www.droitetentreprise.org, consulté le 20 mars 2017.

[905] La loi marocaine n° 31-08 ne précise pas explicitement des moyens du remboursement en cas de l'exercice du droit de rétractation (la loi marocaine n°31-08 édictant des mesures de protection du consommateur, Bulletin officiel, n° 5932, 7 avril 2011). En revanche, l'article 178 de la même loi dispose que « *est punie d'une amende de 1200 à 50.000 DH le refus du fournisseur de rembourser le consommateur dans les conditions prévues aux articles 37 et 40. En cas de récidive, l'amende est portée au double* ».

[906] Toutefois, en cas de paiement initial avec des chèques-cadeaux, remises, avoirs, bons d'achats, etc., le remboursement doit s'effectuer sous la même forme que le paiement initial, conformément à la position de la Cour de cassation (Cass.com., 6 juin 2001, 99-18.296, *Bull.* 2001 IV, n° 111, p. p. 101).

mieux protéger la partie faible[907]. Tout d'abord, cela doit être avantageux pour le consommateur. Dans ce cas, il peut s'agir d'un rabais ultérieur ou d'un montant de l'avoir supérieur au prix initialement payé. Ensuite, l'avoir ne doit pas être limité dans le temps et enfin le consommateur doit être clairement informé qu'il dispose dans tous les cas de la possibilité de demander le remboursement en numéraire, simplement et sans frais.

L'article L. 221-24 du Code français de la consommation énonce que « *le professionnel effectue ce remboursement en utilisant le même moyen de paiement que celui utilisé par le consommateur pour la transaction initiale, sauf accord exprès du consommateur pour qu'il utilise un autre moyen de paiement et dans la mesure où le remboursement n'occasionne pas de frais pour le consommateur* ». De plus, cet article ajoute que « *le professionnel n'est pas tenu de rembourser les frais supplémentaires si le consommateur a expressément choisi un mode de livraison plus coûteux que le mode de livraison standard proposé par le professionnel* ». Selon J-D., PELLIER, on peut se demander si le remplacement du bien pourrait se substituer au remboursement. Rien ne l'interdit en théorie et l'on sait que cette pratique se développe[908].

---

[907] Ces conditions ont fait l'objet d'une Recommandation du 31 août 2007 du Forum des droits sur l'internet : http://www.lexisnexis.fr/pdf/DO/reco-conso-20070831.pdf consulté le 21/8/2016.

[908] V., **J-D., PELLIER**, *Droit de la consommation*, op. cit., n° 142, p. 172.

Conclusion du chapitre II

355. Afin de protéger le contractant le plus faible, on a constaté que les droits des pays étudiés lui offrent, après un temps de réflexion suffisant, la possibilité de sortir de l'engagement qu'il avait pris.

L'étude du régime du droit de rétractation nous a permis de constater que le droit de rétractation peut être appréhendé comme instrument au service de la volonté d'une partie. Il donne sa cohérence au droit des contrats. En effet, si pour une raison ou une autre le contractant n'est pas satisfait de sa commande, il peut, sans aucune pénalité, sous réserve du respect des conditions prévues par la loi, exercer son droit de rétractation.

Ainsi, la faculté de rétractation permettrait à la partie faible de s'approprier l'écoulement du temps, afin que sa volonté s'y épanouisse rationnellement pendant un délai limité juridiquement.

D'ailleurs, cette faculté de rétractation (droit de repentir) permet à la partie faible de tester l'utilité de la chose qu'il se procure et permet de s'approprier utilement le temps qui lui est nécessaire pour s'épanouir rationnellement ; elle lui garantit par là même plus de liberté sur le marché. Au final, le droit de rétractation semble avoir pour fonction de rassurer le contractant faible, de stimuler chez lui la confiance dans les échanges.

Après analyse, nous pouvons remarquer que le droit à la réflexion apparaît dans les régimes juridiques des pays comparés en matière de protection du consommateur, mais toutefois de façon différente. En effet, le législateur français et le législateur marocain[909] traitent avec précision la plupart des questions relatives aux délais de réflexion ou de rétractation, alors que les législateurs tunisien, libyen, mauritanien et algérien n'abordent ces droits que dans certains textes et de manière plus hétérogène[910].

---

[909] Le droit à la réflexion et à la rétractation est traité en droit français principalement par les dispositions du Code de la consommation et en droit marocain par les dispositions de la loi n°31-08 édictant des mesures de protection du consommateur, *Bull. O. Mar.*, n° 5932, 7 avril 2011.

[910] Les législateurs de ces pays n'abordent le droit de la réflexion ou de la rétractation que par certains textes : en droit tunisien, la loi n° la loi tunisienne n° 98-39 du 2 juin 1998, relative aux ventes avec facilités de paiement, *JORT*, n° 44, p. 1210 ; la loi tunisienne n° 2000-83 du 9 août 2000 relative aux échanges et au commerce électronique, *JORT*, n° 64 du 11 août 2000, p. 1887 ; la loi n° 2008-33 du 13 mai 2008 relative à l'hébergement touristique à temps partagé, *JORT*, n° 40, 16 mai 2008, p. 1493. En droit libyen, les dispositions des textes sur la protection du consommateur du Code de commerce. *JOL.*, 28 janv. 2010. En Mauritanie, l'Ordonnance n° 2006-031 relative aux instruments de paiement et aux opérations du commerce électronique. En Algérie, l'Ordonnance algérienne n° 10-04 du 26 août 2010 modifiant et complétant l'ordonnance n° 03-11du 26 aout 2003 relative à la monnaie et au crédit, *JORA*, 1er sept. 2010, n° 50, p 10 ; la loi algérienne n°11-04 du 17 févr. 2011, fixant les règles régissant l'activité de promotion immobilière, *JORA*, 6 mars 2011, n° 14, p. 4. Arts. 11 et 14 du décret exécutif n° 15-114 du 12 mai 2015 relatif aux conditions et aux modalités d'offres en matière de crédit à la consommation, *JORA*, 13 mai 2015, n° 24, p. 9 ; La loi algérienne n° 18-05 du 10 mai 2018 relative au commerce électronique, *JORA*, n° 28, 16 mai 2018, p. 4.

Conclusion du titre I

356. Dans les différentes législations des pays étudiés, le formalisme joue un grand rôle de protection du consentement. Les exigences formelles viennent attirer l'attention du contractant faible sur l'importance et les conséquences de son engagement. Cela incite ce dernier à une réflexion sur le contenu des clauses du contrat avant la conclusion du contrat. Cependant, le développement du commerce électronique et la complicité de certains types du contrat nécessitent de renforcer et de réorganiser le formalisme de la phase précontractuelle et contractuelle. En effet, dans certains cas, l'exigence de l'écrit ne suffit pas en soi à protéger certaines catégories en situation de faiblesse. Ainsi, il est préférable de réorganiser les dispositions juridiques pour étendre l'intervention du professionnel du droit dans la rédaction de certains contrats pour certains contractants faibles, notamment en droit libyen, algérien et mauritanien. En outre, le contrat électronique suscite toujours des questions sur la clarté des clauses du contrat. Ainsi, l'adoption et l'exigence du formalisme électronique est seront à même d'éclaircir le consentement de la partie faible. Cela n'est toutefois pas constaté notamment dans le droit libyen qui n'a pas adopté de loi spécifique sur le commerce électronique. Il en est de même dans les droits tunisien, algérien et mauritanien qui ont certes d'anciennes dispositions sur le commerce électroniques mais qui auraient besoin d'être renouvelées.

Quant à l'information due à la partie faible, on a relevé que les législations des pays comparés imposent au professionnel de fournir des informations (claires, loyales et appropriées), des conseils et mises en garde qui aident la partie faible à prendre une décision en connaissance de cause. Cependant, ce qui peut être constaté, c'est la rareté de réglementation sur cette question importante, notamment dans le devoir de conseil et mise en garde. Cette lacune peut avoir plusieurs effets néfastes sur la partie faible. Aussi, pour apporter une vraie une efficacité à cette obligation d'information, il faudrait que les législateurs adoptent des textes prévoyant des sanctions spécifiques à ce domaine. Cela n'est pas le cas en droit marocain, libyen, tunisien et mauritanien

Nous avons constaté également que les législations libyenne, tunisienne, mauritanienne et algérienne ne traitent pas avec précision des questions ayant trait au droit à la réflexion. L'intervention des législateurs de ces pays serait nécessaire pour combler les lacunes dans ce domaine et renforcer la protection de la partie faible.

En outre, et dans tous les droits des pays étudiés, on peut toutefois remarquer combien ce régime subit une forte attraction de l'esprit du droit de la consommation.

Par conséquent, le droit de rétractation, confiné aujourd'hui dans un domaine restreint (principalement dans les législations de la consommation), aurait vocation à intégrer le droit commun des contrats, ce qui contribuerait positivement à l'évolution de ce dernier.

Titre II : La protection de l'équilibre du contenu du contrat

357. Le principe d'équilibre contractuel, comme l'indique Madame THIBIERGE-GUELFUCCI[911], impose que le contrat respecte un « *équilibre entre les prestations et un équilibre global entre les droits et obligations des parties et entre les clauses* ». Mais suite à la révolution industrielle puis au développement de l'économie numérique, une grande majorité des contrats rentre dans la catégorie du contrat d'adhésion. Dans ce type de contrat toutes les conditions sont déterminées à l'avance par l'une des parties, l'autre ne pouvant qu'accepter ou refuser de signer la convention standardisée. Ce système laisse ainsi le terrain libre aux professionnels et défavorise la partie faible. Cette pratique remet en cause l'équilibre général qui normalement prévaut dans tout contrat[912].

Mu par ses propres intérêts économiques, le professionnel cherche à retirer tout le profit qu'il peut de la convention qui le liera à son cocontractant en position de faiblesse, même si cela doit passer par la lésion des intérêts de ce dernier. Dans cette optique de profit, autant dire que l'assureur essaiera souvent d'insérer au contrat des clauses qui lui sont favorables, l'employeur tentera de rémunérer le moins possible son salarié, le vendeur recherchera le prix de vente le plus élevé. En définitive, le contrat résulterait plus d'une lutte d'intérêts contradictoires cherchant à s'entendre que du réel espace de partage des avantages découlant de la conclusion de l'acte[913].

358. Si une partie semble plus forte, alors l'idée du juste semble se dissiper et l'intervention des législateurs des pays étudiés pour rétablir l'équilibre du contenu du contrat est requise[914], la partie faible ne pouvant assurer elle-même la protection de ses intérêts. Afin de contrer cet état de fait divers textes prohibent toute exploitation abusive par le professionnel de la position de faiblesse de son contractant. Dans ce contexte, il paraît nécessaire de rechercher en permanence un équilibre contractuel permettant d'assurer la protection de la partie faible. Pour assurer la protection de la partie faible, l'intervention du législateur à travers des dispositions impératives limitant la liberté contractuelle s'avère donc indispensable.

Soutenant cette vision des rapports contractuels, certains auteurs ont pu invoquer quelques principes dans ce domaine, notamment un « *principe d'égalité*

---

911 **C. THIBIERGE-GUELFUCCI**, « Libres propos sur la transformation du droit des contrats », *RTD. Civ.* 1997, n°29, p. 379.

912 **CH. GHAZOUANI**, « La protection du consommateur dans les transactions électroniques selon la loi du 9 Août 2000 », op. cit., p. 5.

913 **N. VALLET**, *Les techniques de protection du client de la banque*, op. cit., n° 524, p. 292.

914 Sur la notion du contenu du contrat, V, **J. HEINICH et V. PIRONON**, « Le contenu du contrat », in, **C. JOURDAIN-FORTIER** et **M. MIGNOT** (dir), *Analyse comparée du droit français réformé des contrats et des règles matérielles du commerce international*, LexisNexis, 2016, 153.

contractuelle »[915], d'autres auteurs défendant un « *principe d'équilibre contractuel* »[916], ou un « *principe général sanctionnant l'excès* »[917], d'autres enfin considèrent que « *ce qui est contractuel n'est pas nécessairement juste* »[918]. D'ailleurs, nous pouvons dire qu'en pratique, et dans certains cas si le professionnel essaie excessivement de se protéger lui-même, il y aura souvent un risque d'abus et conséquemment une diminution des droits de l'autre partie.

Nous exposerons ci-dessous qu'il existe deux techniques distinctes de protection contre un risque de déséquilibre contractuel. L'une fondée sur une lutte contre les clauses abusives (Chapitre I), l'autre protégeant la partie faible par le biais d'une lutte contre toutes les pratiques illicites du professionnel (Chapitre II).

---

[915] **C. THIBIERGE-GUELFUCCI**, « Libres propos sur la transformation du droit des contrats », *RTD civ.* 1997, n° 29, p. 378 ; **D. BERTHIAU**, *Le principe d'égalité et le droit civil des contrats*, LGDJ, 1999, n° 320, p. 175.

[916] **L. FIN-LANGER**, *L'équilibre contractuel*, Orléans, 2002, n° 366.

[917] **D. BAKOUCHE**, *L'excès en droit civil*, LGDJ., 2005, n° 419, p. 319.

[918] **N. REKIK**, « Les clauses abusives et la protection du consommateur », *Revue Etudes Juridiques, Faculté de Droit de Sfax*, p. 111.

Chapitre I : La protection de la partie faible contre les clauses abusives

359. La pratique contractuelle est marquée par un développement sans précédent des contrats d'adhésion, c'est-à-dire de contrats préparés à l'avance par le professionnel et soumis à l'adhésion de la partie faible qui n'a aucune possibilité réelle de négociation et de discussion. Ces contrats d'adhésion présentent de nombreux dangers pour la partie faible, car le professionnel y insère parfois des clauses abusives qui perturbent fortement l'équilibre des contrats au détriment de la partie faible.

Parmi les armes juridiques qui lui permettent de se défendre, les textes du droit de la consommation apportent à la partie faible un surcroît de protection lorsque le droit commun lui-même ne parvient pas à déjouer la mise en œuvre d'une clause abusive stipulée par le professionnel.

La protection actuelle de la partie faible garantie par la législation consumériste ne prend pas fin par la complète acceptation, libre et éclairée du contrat. Il reste encore à rechercher les déséquilibres qui peuvent exister au sein même des obligations souscrites dans le contrat. C'est la fonction, essentielle, qui est dévolue au mécanisme de lutte contre les clauses abusives[919].

D'une manière générale, la clause abusive peut se définir comme « *la clause contractuelle qui comporte un avantage excessif tiré par un seul contractant* »[920]. Cela soulève la question de l'efficacité des techniques adoptées par le législateur pour protéger la partie faible contre ces clauses abusives[921]. En fait, la lutte contre les clauses abusives dans l'objectif de protéger la partie faible s'articule autour de deux axes différents dans les droits des pays étudiés. D'une part, les droits ont agi d'une manière indirecte par l'introduction des mesures préventives ; telle que l'obligation d'information, la loyauté de publicité, les délais de rétractation ou de réflexion et la négociation collective dans certains cas. D'autre part, l'intervention du législateur peut être directe et dans ce cas, les droits désignent certaines clauses réputées abusives et parfois susceptible de sanctions pénales. Cette technique protectrice qui fera l'objet de notre étude pose deux séries de difficultés. La première concerne la détermination des personnes protégées dans les différents pays. En effet, l'application de la législation sur les clauses abusives dépend parfois de la qualité des parties contractantes. Il s'agit ici de déterminer qui est la personne protégée (Section I). La seconde série de difficultés a trait à l'identification des clauses abusives (Section II). La question est de savoir si telle clause présente directement les caractères abusifs visés par le droit. Le législateur fait alors prévaloir la justice contractuelle au détriment de la sécurité juridique.

---

[919] **J. JULIEN**, *Droit de la consommation*, op., cit., n° 205, p. 253 ; V. égal. **D. ZENNAKIA**, « La protection de la partie faible lors de la formation du contrat en droit algérien de la consommation », *Revue franco maghrébine de droit*, n° 20, 2013, p. 315.

[920] **A. KARIMI**, *Les clauses abusives et la théorie de l'abus de droit*, LGDJ., 2001, n°38, p. 15.

[921] V. **S. LE GAC-PECH**, *Droit de la consommation*, Dalloz, 2017, p. 44.

Section I : La détermination des personnes protégées

360. Dans la plupart des cas, les parties au contrat ne sont pas dans la même position économique, ce qui peut amener le contractant en situation de force à insérer des clauses qui sont systématiquement et abusivement en sa faveur. La partie la plus faible se trouve de toute évidence dans un état d'infériorité face au cocontractant professionnel. Les clauses insérées au contrat sont imposées en raison d'un abus de puissance économique exercé par une partie et qui lui confère un avantage excessif. Cet état de fait nécessite une intervention législative pour protéger l'autre partie contre l'existence des clauses abusives. Mais, on peut se demander si tous les contractants sont en situation de faiblesse et méritent par conséquent la protection ou si cette protection ne concerne que certaines personnes déterminées.

Pour répondre à cette question, il convient tout d'abord de souligner que la protection contre les clauses abusives peut s'appliquer à tous les contrats de consommation *lato sensu*[922], ce qui laisse le champ libre aux juges pour déclarer abusives des clauses figurant dans toutes sortes de contrats[923]. La qualification de clause abusive est diverse selon les régimes juridiques des pays. D'une part, selon certains pays, est qualifiée d'abusive toute clause qui désavantage le consommateur ou l'adhérent d'une manière excessive et déraisonnable. Dans ce cas, la protection contre les clauses abusives pourra inclure tous les contractants en situation de faiblesse. D'autre part, selon la législation d'autres pays, le *rationae personae* couvrira un champ d'application de protection contre les clauses abusives plus étroit[924]. D'une manière générale, on constate que l'intervention législative ou jurisprudentielle pour définir et déterminer les personnes protégées est fréquente dans le domaine des clauses abusives[925].

Par principe, les législations contre les clauses abusives s'appliquent aux contrats conclus entre un professionnel et un consommateur ou un non-professionnel. De plus, le professionnel peut être protégé contre les clauses abusives dans certains cas et dans certains régimes juridiques des pays étudiés. Concernant la qualité des parties au contrat, deux catégories de personnes sont protégées contre les clauses abusives. La première est une catégorie classique

---

922 **J-D., PELLIER**, *Droit de la consommation*, op. cit., n° 95, p. 114.

923 **F. SOUILLEM**, *La protection de consommateur contre les clauses abusives*, mémoire de magistère, Université D'Oran, Faculté de Droit, 2010-2011, p.59 ; **G. RAYMOND**, *Droit de la consommation*, op. cit, n° 479, p. 250,

924 Par ex., l'article 1437 du Code civil du Québec dispose que « *la clause abusive d'un contrat de consommation ou d'adhésion est nulle ou l'obligation qui en découle, réductible. Est abusive toute clause qui désavantage le consommateur ou l'adhérent d'une manière excessive et déraisonnable, allant ainsi à l'encontre de ce qu'exige la bonne foi ; est abusive, notamment, la clause si éloignée des obligations essentielles qui découlent des règles gouvernant habituellement le contrat qu'elle dénature celui-ci* ».

925 **M. LUBY**, « La notion de consommateur en droit communautaire : une commode inconstance », *CCC.*, 2000, p. 1 et s ; V. égal., **M. BODALI**, *Les clauses abusives des contrats en droit algérien, Étude comparée avec les droits français, allemand et égyptien*, en arabe, Houma, Algérie, 2010, p.79 ;

existant en droit français et en droit des pays du Maghreb (paragraphe 1). La seconde catégorie émerge de la prise en compte nouvelle des professionnels (paragraphe 2).

Paragraphe 1 : La prise en compte des consommateurs

361. La lutte contre les clauses abusives a été conçue, à l'origine, comme un outil protecteur de régulation des contrats de consommation uniquement. C'est pourquoi, la plupart des textes de protection du consommateur dans les pays comparés définissent le champ d'application de la notion de clause abusive en fonction des personnes qui concluent le contrat susceptible de contenir de telles clauses dans le cadre d'un contrat de consommation intervenu entre un professionnel et un consommateur. Ainsi, on peut remarquer que les droits de la consommation français, marocain, tunisien et algérien soulignent expressément que « *dans les contrats conclus entre professionnels et consommateurs, sont abusives les clauses qui (...)* ». En outre, il convient de souligner que les textes de droit français s'appliquent non seulement aux relations entre professionnel et consommateur, mais également aux relations entre professionnels et non-professionnels[926].

Autrement dit, le domaine des clauses abusives a vocation à jouer classiquement dans les rapports contractuels de consommation, entre un professionnel, d'une part, et un non-professionnel ou consommateur, d'autre part. L'application ou l'exclusion de la législation sur les clauses abusives dépend ainsi de la qualité des parties contractantes et permet de désigner qui est protégé, en l'occurrence les non-professionnels et consommateurs et contre qui, à savoir les professionnels[927].

Les législateurs libyen et mauritanien ne définissent pas ou alors très imparfaitement les catégories de personnes concernées par les législations consuméristes. De telles lacunes ont causé bien des hésitations et des incertitudes avant que l'on ne parvienne aux définitions de consommateur et de non-professionnel. Selon les droits des pays comparés, seuls sont protégés contre les clauses abusives les consommateurs (A) ou les non-professionnels (B). Mais, on peut se demander si ces termes peuvent englober tous les contractants sans distinction, ou exclusivement les contractants en situation de faiblesse

A. Le consommateur

362. Le consommateur est classiquement « celui qui contracte pour des besoins privés ou, pour définir par contraire, qui ne se rattachent pas à son activité

---

[926] **B. BOULOC**, « Consommateurs et non-professionnels : notions voisines et distinctes », *RTD Com.* 2006, p. 182

[927] **C-M. PEGLION-ZIKA**, *La notion de clause abusive*, op. cit., n° 15, p. 23 ; **M. LIGER**, « La notion de non-professionnel ou consommateur », *Rev. conc. consom.* 1999, n° 107, p. 19.

professionnelle »[928]. Le consommateur est aussi défini par le professeur J. GHESTIN[929] comme étant « la personne qui, pour des besoins personnels, non professionnels, devient partie à un contrat de fourniture de biens ou de service » ou encore par le doyen G. CORNU comme étant « tout acquéreur non professionnel de biens de consommation destinés à son usage personnel »[930].

363. Cependant, les positions des législateurs des pays comparés sont variées. Tout d'abord, il est important de préciser qu'en Libye aucun texte de loi n'a défini la notion de consommateur. De plus, la jurisprudence libyenne n'a pas proposé de définition[931]. D'un autre côté, les législateurs d'autres pays étudiés, malgré le fait qu'ils ont utilisé le terme « consommateur » plusieurs fois dans leurs systèmes juridiques, n'ont jamais donné de définition unique de la notion de consommateur. En effet, les définitions du terme consommateur sont plus ou moins divergentes dans ces pays, ce qui pousse à l'analyse de ces diverses définitions[932]. On va examiner dans quelle mesure les différences de définition de la notion de consommateur dans chaque pays produisent des effets sur la protection contre les clauses abusives pour certaines personnes en position de faiblesse.

364. Le législateur tunisien avait adopté une définition différente du terme consommateur. En effet, la loi n° 92-117[933] du 7 décembre 1992, relative à la protection du consommateur a défini pour la première fois ce qu'on entend par consommateur. Il s'agit de « *celui qui achète un produit dans le but de le consommer* ». Cette définition, quoique nécessaire, est loin d'être satisfaisante et pèche par son imprécision et ses lacunes[934]. Pour corriger l'imprécision de la notion de consommateur, le législateur tunisien a adopté une nouvelle définition dans le cadre de deux lois n° 98-39 et 98-40 relatives respectivement aux ventes avec facilités de paiement et aux techniques de vente et à la publicité

---

928 **J. JULIEN**, *Droit de la consommation*, op. cit, n° 209, p. 256 ;

929 **J. GHESTIN**, *La formation du contrat*, LGDJ, 3e éd., 1993, n° 77, p. 54 ; V. égal. **G. PAISANT**, « A la recherche du consommateur : Pour en finir avec l'actuelle confusion née de l'application du critère du "rapport direct" », *JCP G.*, 2003, I, 121.

930; **G. CORNU**, *Vocabulaire juridique*, PUF., 11e éd., 2016, p. 248.

931 En 2010 le législateur libyen a adopté des textes relatifs à la protection du consommateur dans la réforme du Code de commerce. Cependant, le législateur libyen reste muet vis-à-vis de la définition de la notion de consommateur (les dispositions des textes sur la protection du consommateur du Code libyen de commerce. *J. O. L.*, 28 janv. 2010).

932 En effet, on peut généralement dire qu'il existe ainsi deux conceptions pour le consommateur, l'une extensive et l'autre restrictive. Sur ce point V., **A. MOHIM**, *La protection du consommateur-contractant ; étude et analyse approfondies à la lumière de l'actualité de la loi n° 31-08 édictant des mesures de protection du consommateur*, Dar Al Afak AlMaghribia, en arabe, 2017, p. 209 et s.

933 La loi tunisienne n° 92-117 du 7 décembre 1992 relative à la protection du consommateur, *JORT.*, n° 083, 15/12/1992, p. 1571.

934 **A. ELLOUMI**, « La protection de la partie faible dans les contrats électroniques », *Revue de l'association des juristes de Sfax*, n° 11, 2015, p. 42. **N. REKIK**, « Les clauses abusives et la protection du consommateur », op. cit., p. 113.

commerciale[935]. Les articles 2 des deux lois définissent le consommateur comme étant : « *Celui qui achète un produit en vue de le consommer ou un service pour en bénéficier à des fins autres que professionnelles* ». Bien que cette définition soit plus précise que celle incluse dans la loi n° 92-117, elle nous amène à soulever certaines observations. Tout d'abord, le droit tunisien ne fait pas référence à un rapport pour identifier les parties ; tout repose sur la finalité de l'acte. En conséquence, toute personne, quelle que soit sa qualité, peut être considérée comme un consommateur, au regard de la finalité de son acte. Les deux définitions ne privent nullement les professionnels de toute protection. Par ailleurs, la définition de la notion du consommateur issue des lois de 1998 est plus précise que celle donnée par la loi précitée n° 92-117 relative à la protection du consommateur. Désormais, seuls les produits achetés à des fins professionnelles ne sont pas considérés comme étant des actes de consommation. Ainsi, le professionnel qui achète un produit à des fins non professionnelles se trouve protégé. Enfin, tout comme la loi n° 92-117 du 7 décembre 1992, cette définition limite la notion de consommateur au seul acte d'achat, ce qui est contestable[936].

En Mauritanie, il n'existe pas de loi spécifique sur la protection du consommateur. Pourtant l'article 1er de l'Ordonnance mauritanienne n° 2006-031 relative aux instruments de paiement et aux opérations de commerce électronique énonce que le consommateur est « *toute personne qui a conclu avec un professionnel un contrat lui conférant la propriété ou la jouissance d'un bien ou d'un service destiné à un usage personnel ou familial* »[937]. L'article 2 de la loi marocaine n° 31-08[938] édictant des mesures de protection du consommateur dispose que le consommateur se définit comme « *toute personne physique ou morale qui acquiert ou utilise pour la satisfaction de ses besoins non professionnels des produits, biens ou services qui sont destinés à son usage personnel ou familial* ».

365. La définition des lois mauritanienne et marocaine témoigne de la difficulté à protéger les personnes morales au titre du droit de la consommation. Ces entités sont en effet limitées dans leur capacité d'agir par un principe de spécialité. Dès lors, la question sera toujours celle de la plus ou moins grande

---

[935] La loi n° la loi tunisienne n° 98-39 du 2 juin 1998, relative aux ventes avec facilités de paiement, *JORT.*, n° 44, p. 1210 ; la loi tunisienne n° 98-40 du 2 juin 1998 relative aux techniques de vente et à la publicité commerciale, *JORT.*, n° 44, 2 juin 1998, p. 1203.

[936] **A. ELLOUMI**, « La protection de la partie faible dans les contrats électroniques », op. cit., p. 43 ; **H. KALLEL**, « La sécurité du consommateur en droit tunisien ; de la prévention à la répression », *Revue de l'association des juristes de sfax*, n° 11, 2015, p. 76.

[937] En Mauritanie, l'Ordonnance n° 2006-031 relative aux instruments de paiement et aux opérations du commerce électronique.

[938] La loi marocaine n°31-08 édictant des mesures de protection du consommateur, *Bull. O. Mar.*, n° 5932, 7 avril 2011. V. égal. **Y. IBN KHALDOUN**, « La protection du consommateur contre les clauses abusives à la lumière de la loi n° 31-08 », https://www.maroclaw.com, en arabe, consulté le 08 avril 2018.

intensité entre un acte d'acquisition des biens ou d'utilisation de service et la finalité professionnelle pour laquelle elles ont été créées[939].

De même, une personne physique qui contracterait avec un « fournisseur » pour un bien ou un service destiné à son activité professionnelle, se verrait aussi écarter de toute protection légale ayant trait au droit de la consommation et plus spécifiquement aux clauses abusives, puisque l'article 2 de la loi marocaine 31-08 et l'article 1er de l'Ordonnance mauritanienne n° 2006-031 restreignent l'acte de consommation à la satisfaction de besoins « non professionnels ». Cela conduit donc à exclure de la protection, par exemple, le restaurateur qui aurait contracté un service de connexion internet Wi-Fi destiné à sa clientèle, et dont le contrat comporterait des clauses abusives. L'usage fait de cette connexion qui n'est ni personnel ni familial, mais bien professionnel, lui fait perdre sa qualité de consommateur, et il n'est donc plus éligible à une quelconque protection légale. A supposer que le contrat soit contesté, le juge ne saurait lui faire appliquer les règles relatives à la nullité des clauses abusives, en ce que celles-ci ne sont applicables qu'aux contrats conclus entre professionnels et consommateurs (article15 la loi marocaine 31-08). Le restaurateur ayant contracté pour un intérêt professionnel, n'est pas considéré comme consommateur.

366. En Algérie, l'article 3 de la loi n° 04-02[940] fixant les règles applicables aux pratiques commerciales dispose que le consommateur est « *toute personne physique ou morale qui acquiert ou utilise, à des fins excluant tout caractère professionnel, des biens ou des services mis en vente ou offerts* ». Puis, l'article 3 de la loi 09-03[941] énonce qu'il se définit comme « *toute personne physique ou morale qui acquiert, à titre onéreux ou gratuit, un bien ou un service destiné à une utilisation finale, pour son besoin propre ou pour le besoin d'une autre personne ou d'un animal dont il a la charge* ». On peut donc remarquer qu'il existe des variations du législateur sur la notion même de consommateur. La loi algérienne précitée n° 09-03 « *précise naïvement que l'acquisition à titre gratuit ou onéreux du bien ou service n'est pas un élément de la qualification d'un contrat conclu par un consommateur mais surtout elle conditionne la qualification du contrat conclu par un consommateur au besoin propre de la personne (voire d'un animal) et non plus à la finalité non professionnelle de l'acquisition* »[942].

---

[939] **N-A ALRAHALY**, *Les pratiques modernes dans les affaires de consommation*, en droit marocain, en arabe, op. cit., p. 75. **M. REGRAGUI**, « Consommateurs Marocains : sommes-nous tous protégés par la loi ? », www.cmais-brainbox.com, consulté le 26 oct. 2016 ; V. égal. **Z. ZNAIDI,** « La protection du consommateur contre les clauses abusives insérées dans les contrats de prêt immobilier », http://www.marocdroit.com, consulté le 17 mai 2017.

[940] La loi algérienne 04-02 du 23 juin 2004 fixant les règles applicables aux pratiques commerciales, *JORA.*, n° 41, 27 juin 2004, p. 3.

[941] La loi n° 09-03 relative à la protection du consommateur et à la répression des fraudes, *JORA.*, n° 15, 8 mars 2009, p. 10.

[942] **A. BENCHENEB**, *Le droit algérien des contrats ; Données fondamentales*, op. cit., n° 56, p. 43.

Ainsi, la définition du droit algérien renvoie à des notions ou expressions que l'on ne retrouve pas dans les autres textes. Il en est ainsi des références aux besoins d'un animal ou d'une autre personne (les droits mauritanien et marocain parlent de famille) [943]. Cependant, le domaine d'application reste proche de celui des autres droits. De plus, le droit algérien permet d'assurer une protection du professionnel par les règles de la loi n° 04-02 du 23 juin 2004 fixant les règles applicables aux pratiques commerciales[944]. Cette idée est d'ailleurs clairement affirmée par l'article 1er de cette loi n° 04-02 qui énonce que « *la présente loi a pour objet de fixer les règles et principes de transparence et de loyauté applicables aux pratiques commerciales réalisées entre les agents économiques et entre ces derniers et les consommateurs* »[945]. La protection conférée par la loi algérienne s'applique, ainsi, à tous les contractants quelle que soit leur qualité.

Dans le cadre du commerce électronique, l'article 6 de la loi algérienne n° 18-05 du 10 mai 2018 relative au commerce électronique dispose également qu'est e-consommateur « *toute personne physique ou morale qui acquiert, à titre onéreux ou gratuit, un bien ou un service par voie de communications électroniques auprès d'un e-fournisseur pour une utilisation finale* » [946]. Ce texte précise ainsi que le consommateur qui acquiert par voie de communications électroniques auprès d'un professionnel, mais uniquement pour une utilisation finale.

367. En France, la notion de consommateur n'a été définie par le législateur que dans la loi n° 2014-344 du 17 mars 2014 relative à la consommation[947]. Pour ce faire, le législateur avait introduit un article préliminaire avant le livre Ier du Code de la consommation ainsi rédigé : « *Au sens du présent code, est considérée comme un consommateur toute personne physique qui agit à des fins qui n'entrent pas dans le cadre de son activité commerciale, industrielle, artisanale ou libérale* ». Cette définition a été élargie par l'ordonnance n° 2016-301 du 14 mars 2016

---

[943] **M. BODALI**, *Les clauses abusives des contrats en droit algérien*, op. cit., p. 87. **A. FILALI**, « Le droit de la consommation : une adaptation du droit commun des contrats », op. cit., p. 15.

[944] Art. 1er de la loi algérienne n° 04-02 du 23 juin 2004 fixant les règles applicables aux pratiques commerciales énonce que « *la présente loi a pour objet de fixer les règles et principes de transparence et de loyauté applicables aux pratiques commerciales réalisées entre les agents économiques et entre ces derniers et les consommateurs* ».

[945] Cette idée va dans le sens de l'article 1er du décret exécutif algérien n° 06-306 qui dispose que « *il est entendu par contrat, au sens du présent décret et par référence à l'article 3, point n° 4 de la loi n° 04-02 du 23 juin 2004 susvisée, tout accord ou convention, ayant pour objet la vente d'un bien ou la prestation d'un service et rédigé unilatéralement et préalablement par l'une des parties à l'accord et auquel l'autre partie adhère sans possibilité réelle de le modifier* » (Décret exécutif algérien n° 06-306 du 10 sept. 2006 fixant les éléments essentiels des contrats conclus entre les agents économiques et les consommateurs et les clauses considérées comme abusives, *JORA*., n° 56, 11 sept. 2006, p. 15).

[946] La loi algérienne n° 18-05 du 10 mai 2018 relative au commerce électronique, *JORA*, n°28, 16 mai 2018, p. 4.

[947] La loi n° 2014-344 du 17 mars 2014 relative à la consommation, *JORF*., n° 0065, 18 mars 2014, p. 5400.

relative à la partie législative du Code de la consommation[948], applicable à compter du 1er juillet 2016. Désormais est considérée comme un consommateur « *toute personne physique qui agit à des fins qui n'entrent pas dans le cadre de son activité commerciale, industrielle, artisanale, libérale ou agricole* ». Cette définition est « relative », parce qu'elle ne se rapporte qu'au Code de la consommation. Une disposition intégrée dans le Code du tourisme par exemple impliquerait une définition un peu différente. Pourtant, on peut considérer qu'elle a vocation à s'appliquer de manière assez générale. Cette nouvelle définition présente le mérite de confirmer explicitement ce que l'on savait déjà, à savoir que seules les personnes physiques peuvent être considérées comme des consommateurs au sens des dispositions du code de la consommation[949], excluant de ce fait les personnes morales.

On constate que les différents systèmes des pays concernés prévoient des règles spécifiques de lutte contre les clauses abusives. Ces règles sont d'abord prévues les contrats de consommation, intervenant dans les rapports entre professionnels et consommateurs. En revanche, l'identification de ces derniers se fait encore de manière variée. Si le droit français ne mentionne que la personne physique au titre du consommateur, ceux des autres pays étudiés intègrent expressément (Maroc et Algérie) ou implicitement (Tunisie et Mauritanie) les personnes morales dans la catégorie des consommateurs. Par ailleurs, le droit français est le seul à faire état de la notion de non-professionnel qui renvoie à la personne morale.

B. Le non-professionnel en droit français

368. Selon le droit français, la protection contre les clauses abusives est également applicable aux contrats conclus entre des professionnels et des non-professionnels. La notion de non-professionnel n'est pas explicitement reconnue par les droits des pays du Maghreb. En effet, toute la question est de savoir si les notions de consommateur et de non-professionnel sont identiques ou au contraire différentes.

Il semble bien que la Cour de cassation française considère qu'il s'agit de situations différentes. Pourtant, la Cour de cassation[950] a pu admettre que le non-professionnel pouvait être une personne morale sans activité lucrative, telles que les associations, les comités d'entreprise ou les syndicats de copropriétaires. Cette tendance a été renforcée par le législateur qui a introduit récemment dans le Code de la consommation la catégorie du non-professionnel[951]. Il s'agit, selon

---

[948] L'Ordonnance française n° 2016-301 du 14 mars 2016 relative à la partie législative du Code de la consommation, *JORF.*, n° 0064, 16 mars 2016, texte n° 29.

[949] Cass. 1re civ., 2 avr. 2009, n° 08-11.231, Inédit.

[950] Cass. 1re civ., 15 mars 2005, n ° 02-13285: *Bull. civ.*, I, n° 135; *RDC* 2005, p. 740, obs. D. Fenouillet; Cass. 3e civ., 4 févr. 2016, n° 14-29.347, *Bull., civ.* 2016, III, n° 905 ; V. égal. **B. BOULOC**, « Consommateurs et non-professionnels : notions voisines et distinctes », op. cit., p.182.

[951] **X. DELPECH**, « Une nouvelle définition pour le non-professionnel », *AJ contrat*, 2017, p.100.

l'Ordonnance du 14 mars 2016 relative à la partie législative du Code de la consommation, de « *toute personne morale qui agit à des fins qui n'entrent pas dans le cadre de son activité commerciale, industrielle, artisanale, libérale ou agricole* ». Ainsi, la notion particulière de non-professionnel utilisée par le législateur français parallèlement à celle de consommateur n'exclut pas, comme on l'a vu, une association ou un syndicat de copropriétaires[952]. En revanche, le non-professionnel ne bénéficie pas de l'ensemble des dispositions protectrices du Code de la consommation, mais uniquement de celles dans lesquelles il est expressément désigné comme habilité à s'en prévaloir. Tel est le cas en matière de clauses abusives. Le non-professionnel peut ainsi bénéficier de la protection accordée au consommateur par les dispositions du Code de la consommation en matière de lutte contre les clauses abusives[953]. En ce sens, les travaux préparatoires français ont relevé que la notion de non-professionnel « *s'applique aux personnes morales agissant à des fins non professionnelles ou dépourvues d'activité lucrative, afin de leur permettre de bénéficier de la protection du Code de la consommation au même titre que le consommateur, personne physique* »[954].

369. Il suit de ce qui précède la curieuse résurgence du critère de la compétence dans la nouvelle définition de non-professionnel (celui *qui agit à des fins qui n'entrent pas dans le cadre de son activité commerciale*)[955]. De cette façon, le juge pourra étendre la protection des règles consuméristes à certains professionnels en se fondant sur ce critère de compétence. Pourtant, on peut s'étonner que la notion de non-professionnel puisse désigner, « *comme son nom ne l'indique pas, le... professionnel qui contracte dans l'exercice de sa profession, en dehors de sa sphère de compétence* »[956].

---

[952] Cass. 1re civ., 23 juin 2011, n° 10-30.645, *Bull. civ.* 2011, I, n° 122.

[953] **C. RONDEY**, « Clause abusive : une personne morale est protégeable... », *D.* 2005, p. 887. A ce sujet, la loi n°2017-203 du 21 févr. 2017 ratifie l'Ordonnance n° 2016-301 du 14 mars 2016 relative à la partie législative du Code de la consommation et l'Ordonnance n° 2016-351 du 25 mars 2016 sur les contrats de crédit aux consommateurs relatifs aux biens immobiliers à usage d'habitation, laquelle a transposé, en droit interne, la directive 2014/17/UE du 4 février 2014 sur les contrats de crédit aux consommateurs relatifs aux biens immobiliers à usage résidentiel (art. 2).

[954] Assemblée nationale, « Amendement n°CE2, Ratification de deux ordonnances relatives à la consommation, (n° 3814), 19 sept. 2016, http://www.assemblee-nationale.fr/14/amendements/3814/CION-ECO/CE2.asp.

[955] V., **F. MAUME**, « Une SCI, promoteur immobilier, peut être considérée comme un non-professionnel au sens du droit de la consommation », *Pet. Aff.*, 01 juill. 2016, n° 131, p. 16. Cet auteur a indiqué que « l'on aurait pu imaginer que l'audacieuse extension de la notion de non-professionnel était justifiée par l'équité, qui commandait, aux yeux des juges, d'apporter une protection à la SCI sur le fondement du droit de la consommation, à laquelle il fallait donc nécessairement conférer préalablement le statut de sujet de ce droit ». Sur ce point V. égal. **D. MAZEAUD**, « Protection des professionnels contre les clauses abusives : l'imbroglio… », *Gaz. Pal.*, 22 mars 2016, n° 12, p. 20 ; **N. SAUPHANOR-BROUILLAUD**, « Florilège de décisions et intervention du législateur sur la définition du non-professionnel », *RDC.*, 01 mars 2017, n° 01, p. 110 ;

[956] **F. MAUME**, « Une SCI, promoteur immobilier, peut être considérée comme un non-professionnel au sens du droit de la consommation », op. cit., p. 17 ; V. égal. **G. PAISANT**, « Le « non-professionnel » en quête d'identité (de la Cour de cassation au nouveau Code de la consommation) », *Pet. Aff.*, 14 avril 2016, n° 75, p. 9.

La jurisprudence française de la Cour de cassation[957] va dans ce sens et ne limite pas l'application du droit de la consommation aux seules personnes physiques en admettant dans une certaine mesure qu'une personne morale invoque le droit des clauses abusives[958]. Cette solution a été retenue en dépit de l'ancienne loi française relative à la consommation du 17 mars 2014 qui donne une définition plus restrictive du consommateur en le considérant comme « *toute personne physique qui agit à des fins qui n'entrent pas dans le cadre de son activité commerciale, industrielle, artisanale ou libérale* ».

Cependant, à la lecture du nouvel article L. 212-1 du Code français de la consommation, il peut être déduit que les non-professionnels, dont la définition est donnée par l'article liminaire du Code de la consommation, à savoir toute personne morale qui agit à des fins qui n'entrent pas dans le cadre de son activité professionnelle, peuvent bénéficier de la protection contre les clauses abusives[959]. Ceci n'exclut pas la possibilité d'invoquer l'article 1171 du Code civil lorsqu'aura été conclu un contrat d'adhésion au sens de l'article 1110 dudit Code. De même, l'article L. 212-2 du Code de la consommation confirme qu'en matière de clauses abusives, « *les dispositions de l'article L. 212-1 sont également applicables aux contrats conclus entre des professionnels et des non-professionnels* ». Ainsi, ce texte permet aux non-professionnels de bénéficier de la protection que le Code de la consommation n'accordait jusqu'ici qu'au consommateur.

Bien que le législateur et la Cour de cassation tentent de dissiper certaines incertitudes, il n'en demeure pas moins que la notion de non-professionnel reste complexe dans certains cas[960]. La nouvelle définition du non-professionnel excluant toutes les personnes physiques, on peut conséquemment se demander si un artisan, un commerçant, un agriculteur ou un professionnel libéral ne pourra plus être considéré comme un non-professionnel. Et se posera la question de savoir si les tribunaux leur reconnaîtront la qualité de consommateur lorsqu'ils concluront un contrat étranger à leur activité professionnelle.

Paragraphe 2 : La prise en compte nouvelle des professionnels

370. Le professionnel se définit comme la personne physique ou morale qui agit dans le cadre d'une activité habituelle et organisée de production, de distribution ou de prestation de service. C'est le caractère habituel et organisé qui

---

[957] Cass. 1ère civ., 25 nov. 2015, n° 14-20.760, *Bull., civ.* 2016, n° 840.

[958] **S. TISSEYRE**, « Paradoxes autour de la notion de non-professionnel », *D.*, 2011 p. 2245. D'ailleurs, il a été jugé, heureusement de manière marginale, qu'un comité d'entreprise pouvait s'apparenter à un consommateur, en ce sens qu'étant composé de personnes physiques, qui sont toutes des consommateurs, cette qualité était par extension applicable à la personne morale, (TI Colombes, 16 sept. 2009, *CCC.* 2010. Comm. 27, obs. **G. Raymond**).

[959] **F. MAUME**, « L'avenir de la notion de non-professionnel en droit de la consommation », *CCC*, 2016, comm.5

[960] **S. PIEDELIEVRE**, « Les SCI : professionnelles ou non ? », *Def.*, 08 févr. 2018, n° 06, p. 41 et s.

distingue le professionnel puisque dans sa spécialité il est plus compétent que le consommateur (la partie faible)[961].

Dans les rapports économiques, le consommateur n'est pas le seul à pouvoir être considéré comme partie faible à un contrat. Il est en effet reconnu que les rapports de force peuvent être particulièrement inégaux entre acteurs professionnels lors de négociations commerciales. Par ailleurs, les déséquilibres excessifs provoqués par l'exploitation de l'inégalité économique entre contractants n'est pas l'apanage des contrats de consommation, et le professionnel victime de clauses contractuelles abusives ne doit pas être dépourvu de tout recours[962].

Le droit a vocation à protéger tous les contractants en situations de faiblesse, sans distinction de leurs statuts. Il est dès lors souhaitable que les protections qu'il apporte soient intégrées dans les régimes juridiques pour être généralisées à tous les contractants, quelles que soient leurs qualifications juridiques. C'est pourquoi, les professionnels ne doivent pas être exclus du champ d'application des législations sur les clauses abusives. Il y a évidemment dans le monde économique des professionnels écrasés, et peut-être écrasés de façon pire encore que les consommateurs dans un rapport de domination parfois extrêmement violent, « *ce qui ne peut pas ne pas heurter les juristes* »[963].

Ainsi, les professionnels dépendants et dominés qui sont victimes de clauses qui emportent des déséquilibres contractuels significatifs ont eux aussi besoin d'être protégés en tant que partie faible. Les mêmes clauses emportent donc, quel que soit le statut du contractant victime, les mêmes effets ou presque. Et le domaine d'application des clauses abusives prend d'autant plus d'ampleur que le professionnel peut l'invoquer s'il justifie peut-être que son domaine d'activité n'a pas un rapport direct avec l'objet du contrat par exemple[964].

Pour ces raisons, il est essentiel de déterminer les catégories de professionnels protégés (A) et les conditions de la protection de ces professionnels (B).

A. La détermination des professionnels protégés

371. Le jargon juridique utilisé dans certains contrats reste souvent inaccessible à la plupart des consommateurs ; ces mêmes difficultés peuvent se rencontrer dans les rapports entre professionnels. Cela peut créer un déséquilibre

---

[961] Aux termes de l'article liminaire du Code français de la consommation introduit par la loi Hamon du 17 mars 2014, puis modifié par l'ordonnance française n° 2016-301du 14 mars 2016, le professionnel est défini comme « *toute personne physique ou morale, publique ou privée, qui agit à des fins entrant dans le cadre de son activité commerciale, industrielle, artisanale, libérale ou agricole, y compris lorsqu'elle agit au nom ou pour le compte d'un autre professionnel* ».

[962] **D. MAZEAUD**, « Validité des clauses abusives entre professionnels », *D.*, 1995, p. 89.

[963] **D. MAZEAUD et T. GENICON**, « Protection des professionnels contre les clauses abusives », *RDC*, 01 janv. 2012, n° 1, p. 276.

[964] Cass. civ. 1ere, 24 janv. 1995, *Bull. civ.* I, n° 54; D. 1995, p. 327, note **G. PAISANT**; *D.* 1995, somm. p. 229, obs. **Ph. DELEBECQUE**; *D.* 1995, somm. p. 310, obs. **J.-P. PIZZIO**; *JCP G.* 1995, I, 3893, n° 28, obs. **G. VINEY**; *Contrats conc. consom.* 1995, n° 84, note **L. LEVENEUR**.

significatif entre les droits et obligations des parties, d'où la nécessité de la protection de la partie plus faible dans le processus de la relation contractuelle[965]. Les législations consuméristes s'appliquent principalement pour les contrats conclus entre un professionnel et un consommateur. Ce sont en réalité les risques professionnels qui sont exclus de la protection du droit de la consommation. On peut pourtant constater une tendance à l'accroissement de la protection des professionnels que ce soit par l'intervention législative ou par la jurisprudence dans certains pays comparés, notamment la France. En général, la protection du professionnel dans les pays comparés peut se rencontrer tantôt de manière implicite (dans les textes) et restreinte tantôt de manière explicite et étendue.

372. De manière implicite, la définition de notion de consommateur en droit tunisien ne prive pas les professionnels de toute protection[966]. En effet, selon cette définition, *celui qui achète un produit en vue de le consommer ou un service pour en bénéficier à des fins autres que professionnelles, est un consommateur*[967]. Celle-ci ne prend donc pas en compte les parties en présence, mais la finalité de l'acte. Le professionnel qui agit à des fins qui ne sont pas liées à son activité, pourrait bénéficier de la protection des dispositions consuméristes[968].

En revanche, dans la mesure où les droits mauritanien et marocain luttent contre les clauses abusives dans les relations entre consommateurs et professionnels[969], ces deux droits ont été amenés à définir précisément la notion

---

[965] Ainsi, il a déjà été jugé que « *des horticulteurs en litige avec EDF pour la fourniture d'électricité et victimes de coupures de courant ayant causé un grave préjudice à leurs serres, sont considérés comme des consommateurs, profanes dans leurs rapports avec la centrale électrique, bien que manifestement ceux-ci entrent pleinement dans le cadre de leur activité professionnelle* ». V., Angers, 1re ch. B, 16 déc. 1987, en annexe *D.*, 1988. Chron. 260 ; **G. PAISANT**, « Les nouveaux aspects de la lutte contre les clauses abusives », *D.* 1988. Chron., p. 253 et s ; **J. KARILA de VAN**, « Protection du consommateur pour un achat de type professionnel », op. cit., p. 62 ; **M. CHAGNY**, « Le domaine d'application de la règle sur le déséquilibre significatif : le flux et le reflux ? », *RTD com.*, 2017, p. 593.

[966] L'article 2 de la loi tunisienne n° 92-117 du 7 déc. 1992 relative à la protection du consommateur dispose que le fournisseur (professionnel) est : « *Le fabricant, le distributeur, l'importateur du produit et tout autre intervenant dans la chaine de production et des circuits de distribution ou de commercialisation* ». Les articles 2 des deux lois tunisiennes n° 98-39 et n° 98-40 disposent d'ailleurs que « Commerçant : Toute personne physique ou morale ayant la qualité de commerçant conformément aux dispositions du code du commerce ».

[967] Cela apparaît notamment dans l'article 2 de la loi tunisienne n° 92-117 du 7 déc. 1992 relative à la protection du consommateur (*JORT.*, n° 083, 15/12/1992, p. 1571) et les articles 2 des deux lois tunisiennes n° 98-39 et n° 98-40 (la loi n° la loi tunisienne n° 98-39 du 2 juin 1998, relative aux ventes avec facilités de paiement, *JORT.*, n° 44, p. 1210 ; la loi tunisienne n° 98-40 du 2 juin 1998 relative aux techniques de vente et à la publicité commerciale, *JORT.*, n° 44, 2 juin 1998, p. 1203).

[968] **N. REKIK**, « Les clauses abusives et la protection du consommateur », op. cit., p. 113.

[969] L'article 15 de la loi la loi marocaine n° 31-08 édictant des mesures de protection du consommateur dispose que « *dans les contrats conclus entre fournisseur et consommateur, est considérée comme abusive toute clause qui a pour objet ou pour effet de créer, au détriment du consommateur, un déséquilibre significatif entre les droits et obligations des parties au contrat* » (*Bull. O.Mar.*, n° 5932, 7 avril 2011). L'article 1er de l'Ordonnance mauritanienne précité n° 2006-031 relative aux instruments de paiement et aux opérations de commerce électronique énonce que le consommateur est « *toute personne qui a conclu avec un professionnel un contrat (...)* ».

de consommateur : l'article 1er de l'Ordonnance mauritanienne n° 2006-031 relative aux instruments de paiement et aux opérations de commerce électronique et l'article 2 de la loi marocaine n° 31-08 édictant des mesures de protection du consommateur considèrent ainsi comme consommateur toute personne physique ou morale « *qui acquiert ou utilise pour la satisfaction de ses besoins non professionnels des produits, biens ou services qui sont destinés à son usage personnel ou familial* ». Les deux droits paraissent pouvoir bénéficier à un professionnel, dès lors que celui-ci agirait pour la satisfaction de besoins qui ne concernent pas son activité. Cependant, le professionnel pourrait être ici plus facilement identifié à travers une personne physique. A ce titre, la doctrine marocaine[970] indique que la définition légale donnée du consommateur, semble donc desservir ses intérêts. Alors que l'hypothèse d'un consommateur personne morale contractant pour ses biens personnels ou familiaux est impossible, celle du consommateur personne physique qui contracterait exclusivement pour ses besoins non professionnels, est bien trop restreinte.

373. De manière explicite, les droits algérien et français laissent une plus grande place à la protection du professionnel.

S'agissant du droit algérien, il nous semble clair qu'il n'y a pas d'obstacle juridique à l'application de la protection contre les clauses abusives à l'égard des professionnels selon le droit algérien. En effet, les dispositions de la loi n° 04/02[971] fixant les règles applicables aux pratiques commerciales sont susceptibles d'intéresser tous les contrats, puisqu'elles visent à éliminer de tous les contrats, les clauses considérées comme abusives[972]. Cela apparaît dans plusieurs articles, notamment l'article 1er de cette loi qui dispose que « *la présente loi a pour objet de fixer les règles et principes de transparence et de loyauté applicables aux pratiques commerciales réalisées entre les agents économiques et entre ces derniers et les consommateurs (...)* ». Donc, la protection offerte par cette loi peut s'étendre aux professionnels (les agents économiques)[973]. De plus, l'article 3-5 de la même loi définit dans son premier alinéa la clause abusive comme : « *toute*

---

[970] **M. REGRAGUI**, « Consommateurs Marocains : sommes-nous tous protégés par la loi ? », www.cmais-brainbox.com, consulté le 26 oct. 2016. Cet auteur ajoute que « *pourtant, le législateur, en conditionnant l'accès à cette qualité, réduit de façon conséquente l'étendue du champ d'application de la loi 31-08, qui par ailleurs contient des dispositions susceptibles d'améliorer le paysage contractuel marocain. Aussi, il serait opportun, si ce n'est de revoir la définition du consommateur ce qui, selon nous, serait plus fastidieuse qu'efficace, d'envisager l'élargissement des dispositions protectrices à l'ensemble des contractants, indépendamment de leur qualité et de la nature de leur contrat* ». V. égal., **Y. IBN KHALDOUN**, « La protection du consommateur contre les clauses abusives à la lumière de la loi n° 31-08 », https://www.maroclaw.com, en arabe, consulté le 08 avril 2018.

[971] La loi algérienne 04-02 du 23 juin 2004 fixant les règles applicables aux pratiques commerciales, *JORA.*, n° 41, 27 juin 2004, p. 3.

[972] **S. ZOUBAH**, *Les nouvelles dispositions de la protection du consommateur*, op. cit., p. 96.

[973] L'Agent économique selon l'article 3-5 de loi algérienne n° 04-02 fixant les règles applicables aux pratiques commerciales précitée : « *tout producteur, commerçant, artisan ou prestataire de services, quel que soit son statut juridique qui exerce dans le cadre de son activité professionnelle habituelle ou en vue de la réalisation de son objet statutaire* ».

clause ou condition qui à elle seule ou combinée avec une ou plusieurs autres clauses ou conditions, crée un déséquilibre manifeste entre les droits et les obligations des parties au contrat ». Cette définition ne se limite pas uniquement aux contrats conclus entre professionnels et consommateurs. Mais elle prend principalement en compte l'existence d'un *déséquilibre manifeste entre les droits et les obligations des parties au contrat.* Ainsi, on peut dire que la disposition algérienne a conduit à mettre sur un même pied d'égalité le professionnel et le consommateur[974].

En droit français, bien que la protection du professionnel soit traitée par divers textes, les dispositions du Code de la consommation relatives à la lutte contre les clauses abusives ne sont généralement pas applicables dès lors qu'un contrat a été conclu entre professionnels[975]. Par conséquent, lorsque la personne morale est qualifiée de professionnel au sens du droit de la consommation, sa protection contre les clauses abusives sera à rechercher sur un autre fondement[976].

374. Dans le passé, cette mise à l'écart du critère du rapport direct à l'égard des personnes morales s'est réalisée en deux temps dans la jurisprudence française. La Cour de cassation[977] a d'abord exclu les personnes morales de la catégorie des consommateurs, afin de se mettre en conformité avec la jurisprudence européenne. Puis, elle[978] a écarté l'application de la législation sur les clauses abusives invoquée par une société sans s'interroger sur le lien direct entre le contrat soi-disant abusif et l'activité de la personne morale. Aussi, la Cour de cassation française[979] avait pu assimiler au consommateur « *le professionnel qui, bien qu'agissant pour les besoins de sa profession, contracte en dehors du cadre des compétences générales nécessaires à la conduite de son commerce et dans un domaine de technicité à l'égard duquel il devient un simple consommateur profane* ». De même, la Cour de cassation française, dans l'arrêt du 4 février 2016[980], a accepté de considérer une SCI, professionnel de

---

[974] V., **M. BODALI**, *Les clauses abusives des contrats en droit algérien, Étude comparée avec les droits français, allemand et égyptien*, op. cit., p.89.

[975] **D. BAZIN-BEUST**, *Droit de la consommation*, op. cit., p. 164 ; **J.-D. PELLIER**, « Le domaine de l'article L. 132-1 du Code de la consommation : la question des sociétés commerciales (Cass. com., 3 décembre 2013) », op. cit., p. 10.

[976] **A. FORTUNATO**, « La protection des personnes morales contre les clauses abusives », *AJ Contrat*, 2017, p.25

[977] Dans un arrêt rendu le 24 janvier 1995, la Cour de cassation a exclu de la protection consumériste les professionnels dont les contrats qu'ils ont conclus ont un rapport direct avec leurs activités professionnelles (Cass. 1re civ., 24 janv. 1995, n° 92-18227, *Bull. civ.*, 1995, I n° 54, p. 38).

[978] **J. GHESTIN** et al., *Les contrats de consommation règles communes*, op. cit., n° 147, p. 137. **J. KARILA de VAN**, « Protection du consommateur pour un achat de type professionnel », op. cit., p. 64 et s. Cet auteur ajoute que « *la politique suivie tend donc à protéger non seulement le consommateur, mais aussi le professionnel quand celui-ci se trouve aussi démuni qu'un consommateur, en assimilant à un consommateur tout contractant-individu ou personne morale - qui révèle une infériorité préjudiciable par rapport à l'autre partie sur le plan de l'aptitude contractuelle* ».

[979] Cass. civ. 1re, 4 juin 2002, n° 99-21.899, inédit.

[980] Cass. 3re civ., 4 févr. 2016 n° 14-29347, *Bull. civ.*, 2016, III, n° 905.

l'immobilier, comme non-professionnel de la construction et a décidé qu'elle entrait, par conséquent, dans le champ d'application de l'ancien article L. 132-1 du Code de la consommation. La SCI commercialisait un programme de villas avec piscines. Elle était à la tête d'une activité immobilière lucrative et agissait dans ce cadre. Dire qu'elle n'est pas un professionnel de la construction revient à la considérer comme un non professionnel[981]. Ainsi, considérant que dans certaines situations, les professionnels sont des consommateurs ou non-professionnels comme les autres, notamment lorsque l'objet du contrat conclu n'entre pas dans le domaine de leur compétence, leur permet de se prévaloir de la protection consumériste, comme on le verra dans la suite de notre travail.

En outre, l'article L. 442-6, I, 2° du Code de commerce français (sur les pratiques restrictives de concurrence) prévoit que la responsabilité d'un partenaire commercial peut être engagée lorsqu'une clause du contrat créé « *un déséquilibre significatif dans les droits et obligations des parties* »[982]. Pour autant, cette disposition du droit commercial ne protège pas l'ensemble des personnes morales, et est limitée, légalement, aux « partenaires commerciaux » des « producteurs, commerçants, industriels ou personnes immatriculées au répertoire des métiers », ce que la jurisprudence[983] entend largement, accordant la protection aux partenaires économiques d'une entreprise. Il s'agit donc d'appliquer ce texte à toute entreprise. Il convient également de noter que la protection du professionnel contre les clauses abusives s'étend ici, en l'absence de limitation textuelle, à toutes les clauses du contrat, ce qui inclut celles relatives aux prix ou à l'objet principal du contrat[984].

---

[981] L'arrêt précité du 4 févr. 2016 n° 14-29347 portant sur la protection des professionnels contre les clauses abusives, selon M. MAZEAUD, laisse perplexe. À l'occasion d'une vaste opération de construction, une société civile immobilière a conclu, entre autres, un contrat avec une autre SCI, chargée d'une mission de contrôle technique sur la solidité des ouvrages et des éléments d'équipement. Une fois les constructions réalisées, des désordres ont été constatés sur cinq piscines, objet du contrat principal conclu par la SCI. Celle-ci exerce une action contre la société de contrôle technique et soutient que la clause limitative de responsabilité, stipulée dans le contrat qui les unit, est abusive et doit par conséquent être réputée non écrite. **D. MAZEAUD**, « Protection des professionnels contre les clauses abusives : l'imbroglio… », *Gaz. Pal.*, 22 mars 2016, n° 12, p.20 ; V., égal. **D. BAZIN-BEUST**, *Droit de la consommation*, op. cit., p. 164.

[982] Depuis 2008, année d'introduction de la nouvelle version de l'article L. 442-6 dans le Code de commerce, il est donc possible d'attaquer, entre autres, une clause de résiliation unilatérale abusive ou les termes d'un contrat prévoyant une indemnité de résiliation excessive. Le Conseil constitutionnel, lors de l'examen de la constitutionnalité de l'article L. 442-6 du Code de commerce, a clairement souligné l'analogie entre cet article et l'ancien article L. 132-1 du Code de la consommation (*Cons. const.*, déc. n°2010-85 QPC, 13 janv. 2011). **G. DECOCQ et A. BALLOT-LENA**, *Droit commercial*, Dalloz, 8e éd., 2017, n° 629, p. 384

[983] Cass. com. 21 janv. 2014, n° 12-29.166, *Bull. civ.* 2014, IV, n° 11; *RDC* 2014. 415, note **M. BEHAR-TOUCHAIS** ; *D.* 2014. 531, obs. **E. CHEVRIER**, note M.-C. Sordino ; *D.* 2104. 2823, obs. **G. ROUJOU de BOUBEE, T. GARE, M.-H. GOZZI, S. MIRABAIL** et **C. GINESTET** ; *D.* 2014. 2434, obs. **J.-C. HALLOUIN, E. LAMAZEROLLES** et **A. RABREAU**.

[984] **A. FORTUNATO**, « La protection des personnes morales contre les clauses abusives », op. cit., p.26 ; V. égal. **F. BUY**, « Entre droit spécial et droit commun : l'article L. 442-6, I, 2° du Code de commerce », *Pet. Aff.*, 17 déc. 2008, n° 252, p. 3 ; **I. LUC**, « L'application judiciaire du déséquilibre

D'ailleurs, il n'existe ici pas de présomption d'abus à l'inverse du régime découlant du Code de la consommation et il revient à celui qui veut bénéficier de la protection mise en place par cet article de démontrer le caractère abusif de la clause ou du contrat. Il n'y a pas non plus de renvoi à une liste de clauses présumées ou irréfragablement considérées comme abusives. Le Code de commerce ne prévoit en effet que la possibilité d'une saisine de la Commission d'examen des pratiques commerciales[985].

375. Mais, on peut dire que la polémique au sujet de la protection des professionnels contre les clauses abusives est désormais derrière nous dans le cadre du droit commun. A compter du 1er octobre 2016, cette protection pourra être assurée, pour les professionnels qui n'entreront pas dans le champ d'application des textes précédents, sur le fondement de l'article 1171 du Code civil qui dispose que « *dans les contrats d'adhésion, toute clause qui crée un déséquilibre significatif entre les droits et obligations des parties au contrat est réputée non écrite* »[986]. Le texte de ce Code ne contient aucune précision quant à la qualité des « parties au contrat ». Il semble que ce silence peut se justifier dès lors que le dispositif s'insère dans le droit commun des contrats visés, pour la plupart de ses règles, aux contractants indifférenciés[987]. Tout au plus introduit-il une possibilité de protection pour celles des personnes morales qui n'entraient pas dans les champs d'application des dispositions spéciales.

Ainsi, on peut constater que même si le champ d'application des différentes dispositions n'est pas identique, les personnes morales semblent se trouver face à une option : quelle règle solliciter et pour quelle protection ? Le recours à *l'adage lex specialia generalibus derogant* peut alors être une première aide dans le choix de la disposition à invoquer, mais ce n'est qu'en se confrontant aux champs d'application des réglementations respectives que la réponse sera pleinement satisfaisante[988].

Dans la mesure où le domaine de l'article 1171 du Code civil français, s'agissant des personnes morales, paraît très limité, certains auteurs se demandent

---

significatif aux contrats d'affaires », *AJCA.*, 2014, p. 110 ; **M. BEHAR-TOUCHAIS**, « L'expansion stoppée de l'article L. 442-6, I, 2°, du Code de commerce sur le déséquilibre significatif », *RDC.*, 09 mars 2018, n° 01, p. 68.

985 **D. LEGEAIS**, *Droit commercial et des affaires*, Dalloz, 22e éd., 2015, n° 677, p. 355 ; **S. PIEDELIEVRE**, *Droit commercial*, Dalloz, 11e éd., 2017, n° 368, p. 355. **Y. UTZSCHNEIDER et A. LAMOTHE**, « Que penser d'une règle de protection contre les clauses abusives dans le Code de commerce ? », *RDC.*, 01 juill. 2009, n° 3, p. 1261.

986 **S. Le GAC-PECH**, « Les nouveaux remèdes au déséquilibre contractuel dans les nouveaux remèdes au déséquilibre contractuel dans la réforme du Code civil », *Pet. Aff.*, 16 août 2016, n° 162, p. 7.

987 En France, le texte de l'article 1169 évoque immédiatement l'article 212-1 du Code de la consommation et l'article L. 442-6, I, 2° du Code de commerce. Mais alors que ces textes étaient marqués par la volonté de protéger une partie en position de faiblesse, le passage au droit commun marquerait une volonté d'assurer une forme d'équilibre entre les prestations, puisque tout type de contrat serait concerné quelle que soit la qualité du contractant.

988 **A. FORTUNATO**, « La protection des personnes morales contre les clauses abusives », *AJ Contrat*, 2017, p.25

si le texte nouveau présente véritablement un intérêt[989]. Les personnes morales apparaissent, en effet, déjà largement protégées par les droits spéciaux. Le droit commun ne s'appliquerait qu'aux personnes morales qui sont professionnelles au sens du droit de la consommation, et donc exclues de son domaine, et qui n'entrent pas dans le champ d'application relativement large du droit des pratiques restrictives de concurrence.

En tout état de cause, cette introduction dans le Code civil permet de rendre plus cohérent l'ensemble du dispositif en matière de droit des contrats entre professionnels et consommateurs, puisque le Code de la consommation répute non écrites les clauses créant un déséquilibre significatif entre les droits et obligations des parties (l'article 212-1/s du Code français de la consommation). Dans les contrats conclus entre professionnels, le Code de commerce comporte depuis 2008 un dispositif visant à sanctionner, sur le terrain de la responsabilité, les clauses créant un déséquilibre significatif entre les droits et obligations des parties (l'article L 442-6 du Code français de commerce).

M. MEKKI[990] estime que « manifestement, devant l'un des huit tribunaux de commerce compétents, l'un des huit tribunaux de grande instance et la cour d'appel de Paris on ne voit pas ce qui pourrait empêcher une partie d'invoquer à la fois l'article 1171 pour obtenir l'éradication de la clause et l'article L. 442-6, I, 2° du Code de commerce pour obtenir des dommages et intérêts ».

Au final, on notera que dans le cadre des législations protectrices du professionnel dans les pays maghrébins, l'étendue du champ d'application de la protection contre les clauses abusives est restreinte. C'est par l'introduction de dispositions au sein du Code civil de ces pays que des règles protectrices pourront s'appliquer à toutes les conventions et bénéficier à tous les contractants. Quoi qu'il en soit, l'élargissement d'une telle protection au professionnel exige le respect de conditions précises.

B. Les conditions de la protection des professionnels

376. Les droits des pays comparés n'ont pas, d'une manière ou d'une autre, cessé de réglementer et sanctionner les abus. Ainsi, en droit civil, en droit de la consommation, en droit commercial, est sanctionné celui qui fait un usage abusif de ses droits, au détriment du cocontractant quel que soit la qualité de ce cocontractant[991]. Il reste à identifier les différents critères retenus par les systèmes

---

989 **G. CHANTEPIE et M. LATINA**, *La réforme du droit des obligations commentaire théorique et pratique dans l'ordre du Code civil*, Dalloz, 2016, n° 440 s ; **M. CHAGNY**, « La généralisation des clauses abusives », in Réforme du droit des contrats et pratique des affaires, coll. « Thèmes & commentaires », Dalloz, 2015, p. 47.

990 **M. MEKKI**, « Fiche pratique sur les clauses abusives : quel modus operandi pour les professionnels du droit ? », *Gaz. Pal.*, 10 mai 2016, n° 17, p. 13.

991 A ce sujet, la cour d'appel de Paris confirme que l'existence d'obligations créant un déséquilibre significatif s'apprécie au regard des quatre critères suivants : le caractère illégitime des obligations, la disproportion entre les droits et obligations des parties, l'absence de contrepartie et l'absence de

étudiés pour réaliser cette protection du professionnel. Deux critères peuvent être caractérisés dans les différents pays concernés, au travers, d'une part, de l'exigence d'un lien indirect avec l'activité professionnelle et, d'autre part, de l'objet de l'activité professionnelle. A ces derniers, il faudrait ajouter la possible place que les droits libyen, algérien et français laissent à la protection du professionnel, en considération d'un éventuel déséquilibre significatif dans un contrat d'adhésion.

1. Le critère lié à la finalité de l'activité professionnelle

377. Dans le cadre des législations consuméristes[992], le droit tunisien donne une définition générale du fournisseur ou professionnel sans déterminer des critères clairs de cette personne. L'article 2 de la loi tunisienne n° 92-117 relative à la protection du consommateur[993] dispose que le fournisseur est : « *le fabricant, le distributeur, l'importateur du produit et tout autre intervenant dans la chaine de production et des circuits de distribution ou de commercialisation* ». En revanche, les législateurs français, algérien et marocain retiennent le critère de la finalité quand ils définissent le professionnel. Le professionnel est celui qui agit à des fins entrant dans le cadre de son activité selon le droit français[994] et/ou qui agit

rééquilibrage du déséquilibre (CA Paris, 11 oct. 2017, n° 15/03313). V. **S. REGNAULT**, « Une application extensive du déséquilibre significatif », *AJ contrat*, 2017, p.537.

[992] Comme on l'a vu par rapport de la notion du consommateur, le législateur libyen reste muet vis-à-vis de la définition de la notion de professionnel dans les dispositions des textes sur la protection du consommateur du Code libyen de commerce. *J. O. L.*, 28 janv. 2010. De même, s'il a défini le consommateur, le législateur mauritanien n'a pas donné une définition du professionnel dans l'Ordonnance n° 2006-031 relative aux instruments de paiement et aux opérations de commerce électronique.

[993] L'article 2 de la loi tunisienne n° 92-117 du 7 déc. 1992 relative à la protection du consommateur, *JORT.*, n° 083, 15/12/1992, p. 1571. D'ailleurs, il convient de noter que les articles 2 des deux lois tunisiennes n° 98-39 et n° 98-40 disposent que « *commerçant : Toute personne physique ou morale ayant la qualité de commerçant conformément aux dispositions du code du commerce* » (Loi n° la loi tunisienne n° 98-39 du 2 juin 1998, relative aux ventes avec facilités de paiement, *JORT.*, n° 44, p. 1210 ; Loi tunisienne n° 98-40 du 2 juin 1998 relative aux techniques de vente et à la publicité commerciale, *JORT.*, n° 44, 2 juin 1998, p. 1203). Par ailleurs, à titre d'exemple, dans le cadre des vices cachés, la Cour de cassation tunisienne se fonde sur le critère de lien direct avec l'activité professionnelle du contractant pour retenir sa responsabilité établie. Selon cette Cour, le vendeur spécialisé dans son domaine ne peut facilement nier sa responsabilité en cas de découverte de vice caché des produits vendus habituellement. Cass. civ. tunisienne., 15 janv. 1998, n° 62307, *Revue de la Cour de cassation*, 1998, n° 2, p. 112 ; Cass. civ. tunisienne., 25 fév. 1998, n° 52515, Revue de la Cour de cassation, 1998, n° 2, p. 130 ; Cass. civ. tunisienne., 16 fév. 2004, n° 28132, Revue de la Cour de cassation, 2004, n° 2, p. 33.

[994] En effet, aux termes de l'article liminaire du Code français de la consommation, le professionnel est défini comme « *toute personne (...), qui agit à des fins entrant dans le cadre de son activité commerciale, industrielle, artisanale, libérale ou agricole, y compris lorsqu'elle agit au nom ou pour le compte d'un autre professionnel* ».

dans le cadre d'une activité professionnelle selon les droits marocain[995] et algérien qui en fait un agent économique[996].

Le professionnel peut bénéficier de la protection contre les clauses abusives par les textes des droits de commerce français et algérien ou par les textes du droit commun dans le contrat d'adhésion, comme on l'a vu précédemment.

Cependant, on peut de manière générale se demander si le professionnel peut être un consommateur ou non-professionnel lorsqu'il agit à des fins n'entrant pas dans le cadre de son activité pour pouvoir se prévaloir de la protection contre les clauses abusives. Cette interrogation a conduit certains auteurs français[997] à estimer qu'il n'est pas toujours aisé d'attribuer la qualité de consommateur, de non-professionnel ou de professionnel à des personnes[998].

Répondre à cette question exige de distinguer les droits des pays maghrébins du droit français. En effet, à l'exception du droit libyen, les législateurs d'autres pays maghrébins se fondent sur la finalité de l'acte pour définir le consommateur. Assez curieusement, le consommateur n'est pas seulement une personne physique mais aussi une personne morale. Ce sont en réalité les risques de certaines personnes morales (non-professionnels) qui sont exclus de la protection du droit de la consommation, car ils sont considérés comme professionnels selon la définition du consommateur de ces pays. En effet, pour être un consommateur selon les droits de ces pays, le contractant doit conclure un contrat pour en bénéficier à des fins personnelles d'une part, ou d'autre part pour en bénéficier à

---

995 L'article 2 de la loi marocaine n° 31-08 énonce que le fournisseur (professionnel) est défini « *comme toute personne physique ou morale qui agit dans le cadre d'une activité professionnelle ou commerciale* ». A ce sujet, **Y. IBN KHALDOUN**, « La protection du consommateur contre les clauses abusives à la lumière de la loi n° 31-08 », https://www.maroclaw.com, en arabe, consulté le 08 avril 2018.

996 L'Agent économique (professionnel) selon l'article 3-5 de loi algérienne n° 04-02, fixant les règles applicables aux pratiques commerciales précitée, est : « *tout producteur, commerçant, artisan ou prestataire de services, quel que soit son statut juridique qui exerce dans le cadre de son activité professionnelle habituelle ou en vue de la réalisation de son objet statutaire* ».

997 V., **F. MAUME**, « Une SCI, promoteur immobilier, peut être considérée comme un non-professionnel au sens du droit de la consommation », *Pet. Aff.*, 01/07/2016, n° 131, p. 16 ; **M. SOULEZ** et **J. LANGLOIS**, « Clarification des notions de consommateur et non-professionnel », https://www.alain-bensoussan.com, le consulté 21 nov. 2017. V. égal. Cass. 3e civ., française, 4 févr. 2016, n° 14-29347, PB : *Gaz. Pal.* 22 mars 2016, n° 261, p. 20, note. **D. MAZEAUD**.

998 Le terme de non-professionnel a pu pendant un temps faire débat au sein de la doctrine. Si certains considéraient qu'il ne s'agissait que d'une désignation différente du consommateur, d'autres au contraire préféraient y voir une possible extension de la notion de consommateur, comme les professionnels, personnes physiques, agissant en dehors de son domaine de compétence, etc. Par ex. V. **R. MARTIN**, « Le consommateur abusif », *D.* 1987, p.150 ; **X. DELPECH**, « Une nouvelle définition pour le non-professionnel », op. cit., p.101.

des fins familiales selon les droits marocain[999], mauritanien et algérien[1000]. Le droit algérien retient une formule légèrement différente. Mais, elle ne bouleverse pas les catégories en présence (*pour le besoin d'une autre personne ou d'un animal dont il a la charge*)[1001].

378. Dans ces hypothèses, on peut constater que si le professionnel-personne physique peut être assimilé à un consommateur car on peut concevoir que le professionnel (personne physique) conclut un contrat pour un bien ou un service destiné à un usage personnel ou familial, comme l'exemple de père de famille qui achète une chose à ses enfants. Toutefois, il est plus difficile d'envisager le cas d'une personne morale effectuant un acte de consommation qui n'entrerait pas dans son activité professionnelle. En effet, la personne morale dispose d'une capacité juridique spéciale qui limite sa capacité de faire des opérations juridiques à son objet social. Dès lors, on peut dire que le critère de la finalité personnelle ou familiale de l'acte conclu par personne morale ne conduit pas à considérer cette personne comme consommateur, et partant, de la protéger par le droit de la consommation[1002].

S'agissant du droit français, le Code de la consommation fait la distinction entre le consommateur et le non-professionnel. Le critère retenu est la finalité de l'acte dans ces deux notions. Mais la différence entre les deux notions existe puisque le consommateur est toujours une personne physique et le non-professionnel est toujours une personne morale. Ainsi, le contractant peut être un consommateur ou un non-professionnel, s'il « *agit à des fins qui n'entrent pas dans le cadre de son activité commerciale, industrielle, artisanale ou libérale* »[1003]. En droit français, le contractant peut aisément être un consommateur ou un non-professionnel s'il agit à des fins qui n'entrent pas dans le cadre de son activité. Le droit français retient de manière large le critère de la finalité, sans entrer dans les précisions que l'on retrouve dans les droits des pays

---

[999] A ce sujet, la Cour d'appel de commerce de Casablanca a jugé dans l'arrêt n° 2012/2896 de 25 mai 2012 que la protection de la loi sur la consommation ne peut pas s'appliquer au crédit-bail parce que le crédit-bail est toute opération de location de biens d'équipement, de matériel ou d'outillage et de location de biens immobiliers à usage professionnel. Et selon l'article 2 de la loi n° 31-08 le consommateur est « *toute personne physique ou morale qui acquiert ou utilise pour la satisfaction de ses besoins non professionnels des produits, biens ou services qui sont destinés à son usage personnel ou familial* ». En l'espèce, il existait un lien direct avec l'activité professionnelle. Ainsi, le consommateur est celui qui acquiert ou utilise la chose pour la consommation quelle que soit sa nature mobilière ou immobilière pour un usage personnel non professionnel. L'arrêt n° 2012/2896, en arabe, de 25 mai 2012 de la Cour d'appel de commerce à Casablanca, www.mahkamaty.com, consulté le 15/6/2017

[1000] **N-A ALRAHALY**, *Les pratiques modernes dans les affaires de consommation*, en droit marocain, en arabe, op. cit., p. 76.

[1001] V. **M. BODALI**, *Les clauses abusives des contrats en droit algérien, Étude comparée avec les droits français, allemand et égyptien*, op. cit., p.80 et s.

[1002] V, **M. REGRAGUI**, « Consommateurs Marocains : sommes-nous tous protégés par la loi ? », www.cmais-brainbox.com, consulté le 26 oct. 2016 ;

[1003] La loi n° 2014-344, 17 mars 2014 relative à la consommation, *JORF.*, n° 0065, 18 mars 2014, p. 5400.

maghrébins. A priori, l'esprit de la loi est de faire bénéficier des règles protectrices du droit de la consommation le plus grand nombre de contractants supposés en situation de faiblesse qui prend en compte la finalité de l'opération[1004].

379. De manière générale, le critère lié à la finalité de l'activité professionnelle peut conduire à écarter du bénéfice des règles de droit de la consommation certains professionnels alors qu'ils se trouvent dans une forme de faiblesse par rapport à leurs contractants[1005]. De plus, il est très difficile de déterminer si une personne morale a agi principalement à des fins privées ou à des fins professionnelles.

D'ailleurs, sans négliger les évolutions intervenues notamment en droit de la concurrence destinées à protéger les professionnels contre les rapports déséquilibrés, on peut regretter que le nouveau droit français de la consommation ait conduit à neutraliser la jurisprudence française de la Cour de cassation qui permettait une protection au regard d'une absence de compétence du professionnel sur une question ayant un lien avec son activité[1006].

380. Dans le cadre de la lutte contre les clauses abusives, l'adoption du critère du rapport indirect dans les droits des pays étudiés peut ainsi permettre d'élargir la protection en faveur de la personne quelle que soit sa qualité et quelle que soit sa finalité personnel ou professionnel[1007].

[1004] **C. RONDEY**, « Clause abusive : une personne morale est protégeable... », op. cit., p. 887 ; **J.-D. PELLIER**, « Le domaine de l'article L. 132-1 du Code de la consommation : la question des sociétés commerciales (Cass. com., 3 décembre 2013) », *Pet. Aff.*, 06 mai 2014, n° 90, p. 12.

[1005] La Cour de cassation française s'est positionnée clairement sur ce sujet dans certains arrêts. Par exemple, elle a considéré qu'un syndicat de copropriétaires (un professionnel) pouvait se prévaloir de l'article L. 136-1 du Code de la consommation (devenu L. 215-1 et suivants) protégeant les consommateurs et les non-professionnels contre les reconductions tacites de contrat. Elle a cassé la décision d'appel reposant sur la seule distinction des notions de consommateur et de non-professionnel. En l'espèce, le syndicat pouvait se prévaloir de la qualité de non-professionnel. Il pouvait ainsi légitimement bénéficier de la protection contre les reconductions tacites. (Cass. 1e civ. 29-3-2017, n°16-10007, CCASS: 2017:C100422).

[1006] La jurisprudence française a exclu l'application du droit de la consommation aux contrats qui avaient un rapport direct avec l'activité professionnelle exercée. Ainsi, un pharmacien, qui achète une installation de surveillance ne peut invoquer les dispositions protectrices du droit de la consommation sur le démarchage à domicile en raison de l'existence d'un rapport direct entre le matériel visé et son activité professionnelle. En revanche, un médecin qui achète par démarchage à domicile un matériel de télésurveillance peut se prévaloir de l'application du droit de la consommation dans la mesure où cet achat ne faciliterait qu'indirectement son activité médicale (Cass. 1ère civ. 6 janv. 1994, n° 91-19.424, *Bull. civ.* 1994 I, n° 8, p. 6 ; Cass. 1er civ., 4 juin 2002, n° 99-21.899, inédit ; Cass. 1re civ., 2 juill. 2014, no 13-16312, *Bull. Civ*, 2014, I, n° 121; Gaz. Pal. 09/10/2014, n° 282, p. 18, note. **S. PIEDELIEVRE**. Sur ce point V., **K. DE LA ASUNCION-PLANES**, « La personne morale peut-elle être protégée par le droit de la consommation ? », *Pet. Aff.* 03 mars 2010, n° 44, p. 3. **S. TISSEYRE**, « Paradoxes autour de la notion de non-professionnel », *D.*, 2011, n°14, p. 2245.

[1007] V. par ex., **J. GHESTIN et al.**, *Traité de droit civil, Les Contrats de consommation ; Règles communes*, op. cit., n°118, p. 116 et s ; **Abdel-K. EL-AARAARY**, *Les contrats spéciaux ; Le contrat de vente*, en droit marocain, Dar Elamane, en arabe, 4e éd., 2017, n° 355, p. 340 et s.

Le lien indirect s'entend dans le cas du professionnel qui agit en dehors de son domaine de compétence mais pour les besoins de son activité. Son appréciation pourra être plus ou moins stricte. On peut supposer que le professionnel, même s'il agit en dehors de son domaine de compétence, sera toujours plus averti et vigilant que le simple consommateur, étant donné qu'il est censé prêter une plus grande attention à ses actes. Cependant, il est aussi possible de considérer qu'il faut prendre en compte l'inexpérience du professionnel dans le domaine contractuel déterminé le plaçant de fait dans une situation de faiblesse[1008]. Autrement dit, le critère du lien indirect a permis l'extension de la protection à des personnes qui tout en passant des contrats pour leurs activités se trouvaient dans la situation d'un profane. De même, la jurisprudence[1009] a pu se montrer libérale avec des professionnels, voire des personnes morales agissant hors du cadre de leurs activités professionnelles.

En effet, avant la définition de la notion de non-professionnel par le législateur français[1010], les juges[1011] et la doctrine[1012] français exigeaient un lien indirect avec l'activité professionnelle pour protéger le professionnel. On peut, à titre d'exemple, citer un arrêt de la Cour d'appel de Paris[1013] qui avait ainsi refusé à une association de réinsertion sociale le droit de se prévaloir du caractère abusif

---

[1008] Sur ce point V., **F. MAUME**, « Une SCI, promoteur immobilier, peut être considérée comme un non-professionnel au sens du droit de la consommation », op. cit., p. 16 ; Cass. 3e civ., 4 févr. 2016, n° 14-29347, PB : *Gaz. Pal.* 22 mars 2016, n° 261, p. 20, note. **D. MAZEAUD**.

[1009] Cass. 1er civ., 30 janv. 1996, n° 93-18.684, *Bull. civ.* I, n° 55 ; D. 1996. 228, note **G. PAISANT**, et 325, obs. **D. MAZEAUD** ; *RTD civ.* 1996. 609, obs. **J. MESTRE**. Pour autant c'est en dépit d'une telle analyse que la Cour de cassation française, dans un arrêt du 28 avril 1987, avait tout de même admis qu'une société anonyme pouvait être assimilée à un consommateur victime d'une clause abusive. En l'espèce, il s'agissait d'un contrat d'installation d'un système d'alarme qu'une agence immobilière avait conclu avec une autre société pour ses locaux professionnels. Cette agence immobilière avait été considérée comme un consommateur du fait qu'elle n'avait aucune compétence professionnelle en la matière. Cass. 1ère civ., 28 avril 1987, n°85-13.674, *Bull. civ.* I, n° 134.

[1010] Le terme de non-professionnel a pu pendant un temps faire débat au sein de la doctrine. Si certains considéraient qu'il ne s'agissait que d'une désignation différente du consommateur, d'autres au contraire préféraient y voir une possible extension de la notion de consommateur, comme les professionnels, personnes physiques, agissant en dehors de son domaine de compétence, etc. V. **R. MARTIN**, « Le consommateur abusif », *D.* 1987, p.150 ; **X. DELPECH**, « Une nouvelle définition pour le non-professionnel », op. cit., p.101.

[1011] Cass. 1er civ., 30 janv. 1996, n° 93-18.684, *Bull. civ.* I, n° 55; *D.* 1996. 228, note G. PAISANT, et 325, obs. ***D.* MAZEAUD** ; *RTD civ.* 1996. 609, obs. **J. MESTRE** ; Cass 1re civ., 15 mars 2005, n° 02-13.285, *Bull. civ.* I, n° 135 ; *D.* 2005. 1948, note **A. BOUJEKA**, 887, obs. **C. RONDEY**.

[1012] **B. BOULOC**, « Consommateurs et non-professionnels : notions voisines et distinctes », op. cit., p. 182 ; **S. TISSERYRE**, « Paradoxes autour de la notion de non-professionnel », op. cit., p. 2246. Cet auteur a indiqué que « *cette interprétation de la notion aurait pu conduire à faire bénéficier le professionnel de la protection octroyée au consommateur. En outre, le code de la consommation n'a pas pour vocation de faciliter la gestion par les professionnels de leurs contrats. Si la solution retenue a pour vertu de confirmer que la personne morale peut être qualifiée de non-professionnel, elle laisse cependant place à de nombreuses incertitudes quant aux personnes morales pouvant composer cette catégorie* ».

[1013] CA Paris, 15 avr. 2010 : *JurisData*, n° 2010-007616.

d'une clause insérée dans un contrat de maintenance, aux motifs que ce contrat est en lien direct avec ses activités professionnelles.

Cela se justifie par l'idée qu'il existe un déséquilibre de puissance économique entre les contractants et que le droit de la consommation permet de rétablir cet équilibre, en assimilant le professionnel agissant en dehors de son domaine de compétence à un consommateur inexpérimenté. Autrement dit c'est bien le critère de la compétence du professionnel qui est retenu pour déterminer si, oui ou non, il se trouve en situation d'infériorité par rapport à son cocontractant[1014].

381. Ainsi, le professionnel n'est pas exclu de la protection légale du droit de la consommation si un rapport indirect existe. Dans ce sens, le restaurateur qui aurait contracté un service de connexion internet Wi-Fi destiné à sa clientèle, et dont le contrat comporterait des clauses abusives, peut se prévaloir des règles consuméristes, même si l'usage fait de cette connexion n'est ni personnel ni familial, mais bien professionnel.

Certains auteurs[1015] ont critiqué ce recours au critère subjectif de la compétence visant à étendre le régime du contrat de consommation puisque cette assimilation du professionnel au consommateur instituant une catégorie de « professionnel-consommateur » créait un « non-sens ». Au surplus, ce critère crée une insécurité juridique en raison de la variation de l'appréciation du critère subjectif au gré des juridictions. Dès lors il ne permet pas d'assurer une protection complète et adaptée. Ajoutons que l'abandon d'un tel critère était peut-être inévitable[1016].

382. A la différence de la précédente critique, on peut estimer que le rapport indirect, qui conduit à une protection du professionnel par le droit de la consommation lorsqu'il conclut un contrat lié indirectement à son activité, ne dénature pas la notion même de consommateur. Il reste cohérent du point de vue du langage juridique propre au droit de la consommation. Il s'agit en l'occurrence d'une extension de la protection consumériste elle-même notamment par le biais de la notion de non-professionnel[1017]. D'ailleurs, l'absence de « lien direct » s'apparente à l'absence de connaissances particulières dans l'activité couverte par le contrat. Il est louable de vouloir protéger le professionnel qui peut être dans le même état d'ignorance ou de faiblesse que le consommateur. Pourtant, il est inexact de dire que le professionnel est un consommateur quand il agit à des fins étrangères à ses activités professionnelles. Mais il serait plus juste de considérer que le professionnel peut se prévaloir du droit de la consommation sans avoir la

---

[1014] **C. DUPIN**, *La notion du consommateur*, Mémoire Université Paris-Sud, Faculté Jean Monnet, 2014, p. 12.

[1015] **J.-P. CHAZAL**, « Le consommateur existe-t-il ? », *D.* 1997, p.260.

[1016] **J. GHESTIN et al.**, *Traité de droit civil, Les Contrats de consommation ; Règles communes*, op. cit., n° 125, p. 121.

[1017] **N. SAUPHANOR**, *L'influence du droit de la consommation sur le système juridique*, LGDJ, 2000 ; **N-A ALRAHALY**, *Les pratiques modernes dans les affaires de consommation*, en droit marocain, en arabe, op. cit., p. 88 et s ; Opinion non partagée par **J.-P. CHAZAL**, « Le consommateur existe-t-il ? », op. cit., p. 260.

qualité de consommateur. Une extension du champ d'application des textes n'est pas une extension de la notion de consommateur.

383. On peut s'inspirer de certaines jurisprudences françaises pour soutenir ce point de vue. C'est ainsi que la Cour de cassation française a décidé qu'un professionnel non spécialisé en informatique bénéficiait de la législation des clauses abusives[1018]. Dans un autre arrêt, cette Cour a confirmé que si les professionnels agissant en dehors de leur sphère de compétence ne peuvent être assimilés à des consommateurs, ils peuvent néanmoins être assimilés à des non-professionnels, protégés par le droit de la consommation sous certaines conditions. De même, l'arrêt du 23 juin 2011 a confirmé que « *les personnes morales ne sont pas exclues de la catégorie des non-professionnels bénéficiant des dispositions [...] applicables à la reconduction des contrats* »[1019]. Partant, s'il y a un lien direct entre l'objet du contrat et l'activité professionnelle, le contractant ne pourra se prévaloir de la protection accordée au « non-professionnel »[1020].

Par ailleurs, la Cour de cassation dans son arrêt déjà cité du 4 février 2016[1021] semble vouloir balayer vingt années de rigidité et faire disparaître la limitation aux personnes physique de la protection en estimant qu'ayant relevé que la SCI, promoteur immobilier, était un professionnel de l'immobilier mais pas un professionnel de la construction , la Cour d'appel a pu retenir que celle-ci devait être considérée comme un non-professionnel vis-à-vis du contrôleur technique en application de l'article L. 132-1 (devenu L. 212-1) du Code de la consommation.

Il semble bien que la jurisprudence française manque parfois de cohérence dans ce domaine, ce qui a pu susciter une controverse doctrinale[1022]. Elle opposait

---

1018 Cass. Com 15 mai 2001, n° 98-18603, Inédit. Dans cet arrêt, la Cour de cassation française a indiqué que « *le contrat avait été conclu entre professionnels de spécialités différentes, la cour d'appel a écarté, à bon droit, la clause d'exclusion de garantie contenue dans les conditions générales de vente, peu important que le contrat ait un rapport direct avec l'activité exercée par la société Samino* ».

1019 Cass. 1ère civ., 23 juin 2011, n° 10-30645, *Bull. civ.*, 2011, I, n° 122.

1020 La Cour de cassation française ne s'est pas arrêtée là et elle a estimé que si les sociétés commerciales ne peuvent être assimilées à des consommateurs, elles ne peuvent pas non plus être assimilées à des non-professionnels. En effet, l'arrêt, du 6 septembre 2011, indique que *« l'article L.136-1 (devenu L. 215-1) du Code de la consommation, qui s'applique exclusivement au consommateur et au non-professionnel, ne concerne pas les contrats conclus entre sociétés commerciales* ». Cet arrêt amène à considérer en tout état de cause qu'une société commerciale, même lorsqu'elle agit en dehors de sa spécialité, ne peut se prévaloir des dispositions du Code de la consommation au titre de non-professionnel pour s'affranchir de ses obligations. Cass. Com., 6 sept. 2011, n° 10-21.583, *Bull. civ.* 2011, IV, n° 127; V. égal. Cass. Com., 3 déc. 2013, n° 12-26.416, Inédit.

1021 Cass. 3e civ., 4 févr. 2016, n° 14-29.347, *Bull. civ.* 2016, III, n° 905 ; Gaz. Pal. 22 mars 2016, n° 261, p. 20, note. **D. MAZEAUD** ; D. 2016, p. 639, obs. **C.-M. PEGLION-ZIKA** ; *Constr. urb.* 2016, comm. n° 44, obs. **C. SIZAIRE** ; *Def.* 30 mars 2016, n° 122r2, p. 273, note **S. BECQUE-ICKOWICZ.**

1022 V., **D. MAZEAUD**, « Protection des professionnels contre les clauses abusives : l'imbroglio… », op. cit., p.20 ; **F. MAUME**, « Une SCI, promoteur immobilier, peut être considérée comme un non-professionnel au sens du droit de la consommation », op. cit., p. 16 et s ; **S. PIEDELIEVRE**, « Les SCI : professionnelles ou non ? », *Def.*, 08 févr. 2018, n° 06, p. 41 et s.

les auteurs qui considéraient que le droit de la consommation devait être strictement réservé aux consommateurs au nom de l'impératif de sécurité juridique, et qu'il ne devait pas bénéficier aux professionnels, quel que soit l'objet du contrat conclu. D'autres, considèrent que dans certaines situations, les professionnels sont des consommateurs comme les autres, notamment lorsque l'objet du contrat conclu n'entre pas dans le domaine de leur compétence, et qu'ils devraient pouvoir se prévaloir de la protection consumériste.

En résumé, nous pouvons dire que le critère de lien indirect avec le domaine de compétence pourrait être retenu afin d'élargir l'étendue de la protection à certains professionnels (personne morale) qui se trouvent dans l'état d'ignorance ou de faiblesse. Cela rendrait possible l'intégration de ce critère dans la définition du non-professionnel en droit français et dans la définition du consommateur en droit des pays maghrébins[1023].

On notera cependant que la jurisprudence ne s'est pas toujours attachée à l'existence d'un lien indirect avec l'activité professionnelle mais à l'objet de l'activité du professionnel.

2. Les critères liés à l'objet de l'activité professionnelle

384. L'émergence d'un droit de la consommation a conduit à une distinction entre le consommateur et le professionnel, ce dernier étant considéré comme celui qui exerce une activité indépendante, habituelle et organisée. Ce critère a un champ d'application général et ne concerne pas uniquement la catégorie professionnelle des commerçants, mais s'étend à tous les professionnels, activités civiles et commerciales confondues[1024]. Les caractéristiques de sa profession peuvent être prises en compte au regard de l'application de la législation sur la protection contre les clauses abusives. En effet, les principaux facteurs influant sur le système de protection du professionnel résident d'une part dans le caractère habituel ou non de son activité, et d'autre part dans son caractère lucratif ou non. B. BOULOC estime qu' « *il reste que le professionnel doit être considéré par rapport à son activité et à son savoir, si bien qu'il peut ne plus être un pur professionnel* » [1025]. Son savoir doit être sûr et son activité doit être exercée à titre habituel.

385. Il convient de noter que le caractère habituel ou non de l'activité constitue l'une des conditions d'accès au statut de professionnel commerçant. En droit commercial, toute personne qui effectue des actes de commerce de manière habituelle et principale (…) est un commerçant. En ce sens, l'article L-121-1 du

---

1023 Sur ce point V., **N. SAUPHANOR-BROUILLAUD**, « Florilège de décisions et intervention du législateur sur la définition du non-professionnel », op. cit., p. 109. **G. PAISANT**, « Le « non-professionnel » en quête d'identité (de la Cour de cassation au nouveau Code de la consommation) », op. cit., p. 9.

1024 **S. KHALED**, « Le droit commercial existe-il encore ? », *Etudes juridiques ; en droit tunisien, Revue de la Faculté de droit de Sfax*, n° 20, 2013, p. 151.

1025 **B. BOULOC**, « Consommateurs et non-professionnels : notions voisines et distinctes », op. cit., p.182.

Code français de commerce dispose que « *sont commerçants ceux qui exercent des actes de commerce et en font leur profession habituelle* ». Cette définition renvoie à l'acte de commerce. Il y a donc deux conditions, l'exercice d'un acte de commerce et l'exercice d'une profession habituelle[1026]. De même, les caractères précités sont repris par l'article 2 de la loi tunisienne n° 2009-69 du 12 août 2009 relative au commerce de distribution. Cet article prévoit que « e*st soumise aux dispositions de la présente loi, toute activité exercée à titre habituel et à but lucratif (...)* »[1027]. Aussi, l'article 6 du Code marocaine de commerce, l'article 5 du Code libyen de commerce et l'article 9 du Code mauritanien de commerce énoncent que la qualité de commerçant s'acquiert par l'exercice des activités commerciales de manière habituelle[1028].

Le législateur algérien retient le critère de l'activité habituelle dans la définition de l'agent économique donnée par l'article 3 de la loi n° 04-02 du 23 juin 2004 fixant les règles applicables aux pratiques commerciales. Cet article dispose que « (…) *1 - Agent économique : tout producteur, commerçant, artisan ou prestataire de services, quel que soit son statut juridique qui exerce dans le cadre de son activité professionnelle habituelle ou en vue de la réalisation de son objet statutaire* ». Cette définition de l'agent économique donnée par le droit algérien permet de préciser le critère de l'activité habituelle[1029]. A ce sujet, D. ZENNAKIA[1030] estime que « *cela concerne toutes les entreprises, qu'elles soient privées ou publiques, dès lors qu'elles exercent de façon habituelle une activité commerciale, artisanale, de prestation de service ou de production conformément à l'article 3 de la loi n° 04-02 auquel renvoie l'article 1 du décret n° 06-306* »[1031].

[1026] **J.B. BLAISE et R. DESGORCES**, *Droit des affaires ; commerçants, concurrence et distribution*, LGDJ, 9e éd. 2017, n° 159, p. 96.

[1027] La loi tunisienne n° 2009-69 du 12 août 2009 relative au commerce de distribution, *JORT*., 14 août 2009, n° 65, p. 2349.

[1028] L'article 6 du Code marocaine de commerce dispose que « *sous réserve des dispositions du chapitre II du titre IV ci-après, relatif à la publicité au registre du commerce, la qualité de commerçant s'acquiert par l'exercice habituel ou professionnel des activités suivantes : (...)* ». L'article 9 du Code mauritanien de commerce dispose également que « *sont commerçants ceux qui exercent des actes de commerce de manière personnelle et indépendante et notamment l'un des actes énumérés à l'article 6 et en font leur profession habituelle* ».

[1029] En tout état de cause, le recours à ce critère en droit algérien n'est pas nécessaire puisque l'agent économique et le consommateur sont sur un même pied d'égalité dans le cadre de la lutte contre les clauses abusives. Il convient de rappeler que l'article 1er de la loi algérienne précitée n° 04-02 du 23 juin 2004 fixant les règles applicables aux pratiques commerciales dispose que « *la présente loi a pour objet de fixer les règles et principes de transparence et de loyauté applicables aux pratiques commerciales réalisées entre les agents économiques et entre ces derniers et les consommateurs (...)* ».

[1030] **D. ZENNAKIA**, « La protection de la partie faible lors de la formation du contrat en droit algérien de la consommation », *Revue franco maghrébine de droit*, n° 20, 2013, p. 315.

[1031] L'article 1er décret n° 06-306 10 du septembre 2006 fixant les éléments essentiels des contrats conclus entre les agents économiques et les consommateurs et les clauses considérées comme abusives dispose que « *en application des dispositions de l'article 30 de la loi n° 04-02 du 5 Joumada El Oula 1425 correspondant au 23 juin 2004 susvisée, le présent décret a pour objet de fixer les éléments essentiels des contrats conclus entre les agents économiques et les consommateurs et les clauses considérées comme abusives. Il est entendu par contrat, au sens du présent décret et par*

Le contractant peut toujours se prévaloir de la protection contre les clauses abusives de la loi n°04-02 parce qu'il est soit un consommateur soit un agent économique qui exerce son activité de manière habituelle ou non.

386. Quoi qu'il en soit, le caractère habituel de l'activité correspond à des actes qui caractérisent l'activité effectuée de manière répétitive et constante. Autrement dit, une activité professionnelle régulière doit obligatoirement s'inscrire dans la durée. Ainsi ne sera pas considéré comme un professionnel celui qui exerce une activité de nature certes professionnelle, mais à titre simplement occasionnel[1032]. Mais, il est envisageable que cette personne puisse bénéficier d'une protection tirée des dispositions du droit de la consommation.

Le professionnel protégé ne doit pas exercer cette activité de façon habituelle. Ce critère est nécessaire et peut être suffisant. En fait, le déséquilibre créé par la régularité de l'activité d'une des deux parties au contrat justifie la mise en œuvre des mesures de protection contre les clauses abusives en faveur du professionnel non habituel[1033]. D'ailleurs, cette mesure de protection est logique et s'impose de par le caractère habituel et organisé de l'activité qui fait la force du professionnel : dans sa spécialité, il est plus compétent que le consommateur.

En outre, ce caractère habituel soulève la question de savoir si le premier acte d'une activité confirme le caractère habituel et accorde de ce fait à son auteur la qualité de professionnel. Sur cette question, un jugement du Tribunal de grande instance de Cahors avait refusé l'application des dispositions relatives au démarchage à domicile à un démarché ayant souscrit le contrat litigieux pour les besoins d'une exploitation en cours de création. C'est lui conférer a contrario la qualité de professionnel[1034].

387. Au-delà du caractère habituel de l'activité, le caractère lucratif ou non de l'activité peut être pris en compte dans la protection du professionnel contre les clauses abusives[1035]. Le caractère non lucratif de l'activité est présent si le professionnel est désintéressé et s'il n'est pas en concurrence avec un autre professionnel. Cela signifie que le professionnel n'achète pas pour revendre et pour faire des bénéfices. Dans ces conditions, le professionnel, dont l'activité est

référence à l'article 3, point n° 4 de la loi n° 04-02 du 23 juin 2004 susvisée, tout accord ou convention, ayant pour objet la vente d'un bien ou la prestation d'un service et rédigé unilatéralement et préalablement par l'une des parties à l'accord et auquel l'autre partie adhère sans possibilité réelle de le modifier » (*JORA*, 11 sept. 2006, n°56, p.15).

1032 A ce sujet V., **N. RZEPECKI**, *Droit de la consommation et théorie générale du contrat*, op. cit, n° 372, p. 284.

1033 **S. PIEDELIEVRE**, « Les SCI : professionnelles ou non ? », op. cit., n° 16, p. 43.

1034 Tribunal de grande instance de Cahors, 15 sept. 1988, *D.* 1988, somra. 408, obs. **J.-L. AUBERT**.

1035 Par ailleurs, les magistrats ont estimé qu'une association exerçant une activité professionnelle ne relevait pas de ces dispositions, alors même que celle-ci est dépourvue de but lucratif (Cass. 1re civ., 23 mars 1999, *Bull. civ.* I, n° 106 ; *D.* 2000, Somm. p. 41, obs. **J.-P. PIZZIO**).

reconnue comme non lucrative, peut être soumis à la protection contre les clauses abusives[1036].

Dans le cas d'un contrat conclu par une personne pour un usage familial ou pour un tiers dont il a la charge, le caractère non lucratif de l'acte est évident. En ce sens, les droits algérien, marocain et mauritanien considèrent de manière explicite que la personne physique ou morale peut toujours se prévaloir de la protection contre les clauses abusives si elle agit à des fins familiales, comme on l'a vu précédemment[1037]. En effet, on ne peut pas considérer qu'un professionnel a un objectif lucratif lorsqu'il fait des achats pour son épouse ou ses enfants par exemple.

En France, lors des travaux préparatoires[1038] sur les lois de consommation, la notion de non professionnel a été définie comme celle qui « *s'applique aux personnes morales agissant à des fins non professionnelles ou dépourvues d'activité lucrative afin de leur permettre de bénéficier de la protection du Code de la consommation au même titre que le consommateur, personne physique* ». Cette détermination se fonde sur l'élément lucratif ou non qui permettra d'identifier le professionnel. Ainsi, inclure la personne morale, dont l'activité est sans but lucratif, dans la catégorie des non-professionnels a pour principale vocation de lui permettre de se prévaloir de la protection édictée par le code de la consommation. Selon S. TISSEYRE, cette inclusion est contestable, notamment car elle empêche de conserver une réelle distinction entre les différentes catégories juridiques[1039].

Par ailleurs, la Commission française des clauses abusives abonde dans ce sens par plusieurs recommandations. Cette dernière avait, au départ, établi un lien entre caractère lucratif et application de l'article L. 132-1 (devenu L. 212-1) du Code français de la consommation. En effet, dans la recommandation n° 87-03 relative aux contrats proposés par les clubs de sport à caractère lucratif, elle avait exclu que des particuliers puissent invoquer la réglementation des clauses abusives dans le cadre d'un contrat passé avec un club de sport à caractère non lucratif[1040].

1036 **C. RONDEY**, « Clause abusive : une personne morale est protégeable... », op. cit., p. 887 ; Sur ce point V. égal. **N-A ALRAHALY**, *Les pratiques modernes dans les affaires de consommation*, en droit marocain, en arabe, op. cit., p. 78 et 85.

1037 Art. 3 de la loi algérienne, n° 09-03 relative à la protection du consommateur et à la répression des fraudes, *JORA*., n° 15, 8 mars 2009, p. 10 ; Art. 2 de la loi marocaine n°31-08 édictant des mesures de protection du consommateur, *Bull. O. Mar.*, n° 5932, 7 avril 2011 ; Art. 1 de l'Ordonnance mauritanienne n° 2006-031 relative aux instruments de paiement et aux opérations de commerce électronique. V. égal. **A. MOHIM**, *La protection du consommateur-contractant ; étude et analyse approfondies à la lumière de l'actualité de la loi n° 31-08 édictant des mesures de protection du consommateur*, en arabe, op. cit., p. 232.

1038 Assemblée nationale, Amendement n°CE2, Ratification de deux ordonnances relatives à la consommation, (n° 3814), 19 sept. 2016, http://www.assemblee-nationale.fr/14/amendements/3814/CION-ECO/CE2.asp.

1039 **S. TISSEYRE**, « Paradoxes autour de la notion de non-professionnel », op. cit., n°16, p. 2246.

1040 Recommandation n°87-03 Clubs de sport à caractère lucratif, http://www.clauses-abusives.fr, consulté le 12/10/2017. Sur le même sujet et dans le même sens, la Cour d'appel de Rennes dans l'arrêt du 19/11/2004, n° 556 a jugé que « *la clause qui stipule que le client d'un club de sport à*

Cependant, elle est par la suite revenue sur sa position dans sa recommandation n° 94-03 relative aux contrats de séjours linguistiques. Cette recommandation conditionne l'application de l'ancien article L. 132-1 (devenu L. 212-1) en se focalisant sur le caractère « habituel et rémunéré » de l'activité et non sur son caractère intéressé ou lucratif[1041]. Cette position a permis un consensus sur la nécessité d'élargir la notion de professionnel à ceux qui exercent certaines activités régulières de nature professionnelle mais non lucratives, comme les coopératives, les mutuelles et certaines associations.

Au-delà de la réflexion autour des critères retenus pour consacrer la protection du professionnel, le législateur français a adopté des textes qui peuvent protéger le professionnel sous certaines conditions.

3. Le critère particulier du contrat d'adhésion dans les Codes civil français, libyen et algérien

388. La lutte contre les clauses abusives se trouve de manière explicite dans l'article 149 du Code civil libyen de 1954 et l'article 110 du Code civil algérien concernant le contrat d'adhésion. Sur ce sujet, le Professeur BENCHENEB estime que « *l'idée de clause abusive n'est pas absente dans le code civil de 1975, même si le concept n'apparaît pas en tant que tel. On la trouve déjà exprimée en matière de contrat d'adhésion* »[1042]. Pour cette catégorie de contrats, lorsque le juge constate la présence de clauses léonines, c'est-à-dire de clauses significatives d'un abus de situation sur la partie adhérente, il a le pouvoir de modifier ces clauses ou d'en dispenser la partie adhérente ce qui revient à les neutraliser, à considérer qu'elles sont réputées non écrites[1043]. Quoi qu'il en soit, la partie faible qui peut être un professionnel conclut un contrat d'adhésion, peut toujours bénéficier de la protection contre les clauses abusives dans le cadre du droit civil.

---

caractère lucratif reconnaît que son abonnement lui ouvre droit à l'utilisation des installations au bénéfice des prestations énoncées au contrat et qu'en cas de non utilisation de son propre fait, il ne pourra prétendre à une quelconque prorogation, ni à un quelconque remboursement est abusive en ce qu'elle tend à refuser au consommateur, pour des événements certes propres à ce dernier, mais qu'il ne pouvait ni prévoir ni éviter, la faculté de résilier de manière anticipée le contrat et d'obtenir le remboursement de la prestation non utilisée » (CA de Rennes, 19 novembre 2004, n° 556, Inédit).

[1041] La recommandation n° 94-03 relative aux contrats de séjours linguistiques, *BOCCRF*, 27/09/1994, n° 94/17 p. 434-435.

[1042] **A. BENCHENEB**, *Le droit algérien des contrats ; Données fondamentales*, op. cit., n° 191, p. 138. B

[1043] L'article 149 du Code civil libyen et l'article 110 du Code civil algérien énoncent que « *lorsque le contrat se forme par adhésion, le juge peut, si le contrat contient des clauses léonines, modifier ces clauses ou en dispenser la partie adhérente et cela, conformément aux règles de l'équité. Toute convention contraire est nulle* ». A ce sujet V. égal. **M. AL-BADWI ALAZHARI,** *La théorie générale des obligations en droit libyen*, vol. 1, en arabe, op. cit. p. 65 ; V. **A. ARARAH**, *L'équilibre contractuel lors de la formation du contrat*, Thèse, Université D'Alger, en arabe, 2014-2015, p. 151 à 160 ; V. **M. ABOU KMASH**, *Le pouvoir du juge de modification du contrat dans le Code civil algérien et les jurisprudences islamiques*, Thèse, en arabe, Université de Batna Hadj Lakhder, Algérie, 2012, p. 156 et s.

En droit français, d'après l'article 1171 nouveau, al. 1 du Code civil français, seuls les contrats d'adhésion sont concernés par la mesure de protection du professionnel contre les clauses abusives. Cet article dispose que « *dans un contrat d'adhésion, toute clause qui crée un déséquilibre significatif entre les droits et obligations des parties au contrat est réputée non écrite* ». Ces nouvelles dispositions du Code civil, offrent a priori une protection rassurante à la partie faible dans le cadre du contrat d'adhésion mais sans permettre au juge de modifier la clause pour équilibrer le contrat. Elles sont de nature à limiter les excès de la partie forte dans ce type du contrat.

389. Tout d'abord, il convient de noter que X. LAGARDE[1044] indique que cette définition est de bonne facture. Elle est en tout cas préférable à la formulation initiale qui présentait le contrat d'adhésion comme « *celui dont les stipulations essentielles, soustraites à la discussion, ont été unilatéralement déterminées à l'avance* ». Cette définition n'était pas très heureuse dès lors que dans un contrat d'adhésion, les stipulations essentielles, celles relatives à la chose et aux prix, sont généralement les seules susceptibles d'une négociation. L'adhésion se marque sur les conditions générales bien plus que sur les conditions particulières. Il n'en reste pas moins que l'application du texte peut susciter des incertitudes. Par opposition au contrat de gré à gré qui implique que les stipulations sont librement négociées entre les parties, le nouvel article 1110 du Code civil définit les contrats d'adhésion comme étant ceux « *dont les conditions générales, soustraites à la négociation, sont déterminées à l'avance par l'une des parties* »[1045].

390. En tout état de cause, les contrats d'adhésion sont imposés par une partie à l'autre sans possibilité de discussion. Le contrat d'assurance constitue l'exemple type du contrat d'adhésion. Ainsi tous les contractants, personnes morales ou personnes physiques, professionnels ou non, pourront bénéficier d'une meilleure protection contre les clauses abusives dans les contrats d'adhésion. En luttant contre les clauses abusives au sein de tous les contrats d'adhésion, le champ d'action du législateur et le champ de précaution des rédacteurs sont très étendus[1046]. Plus précisément, la qualité des parties ne doit pas être prise en compte. Un contrat entre professionnels peut être considéré comme un contrat d'adhésion, dès lors qu'une partie aura accepté sans discussion les conditions générales du contrat[1047]. C'est admettre que le professionnel qui adhère à un contrat non négocié en dehors de son champ de compétence doit être considéré comme un contractant en situation de faiblesse. Par conséquent, la protection

---

[1044] **X. LAGARDE**, « Questions autour de l'article 1171 du Code civil », op. cit., p. 2174 ; V. égal. **F. CHENEDE**, « Le contrat d'adhésion dans le projet de réforme », *D.*, 2015, p. 1226.

[1045] L'article 1110 nouveau prévoit que « *le contrat de gré à gré est celui dont les stipulations sont librement négociées entre les parties. Le contrat d'adhésion est celui dont les conditions générales, soustraites à la négociation, sont déterminées à l'avance par l'une des parties* ».

[1046] **M. MEKKI**, « Fiche pratique sur les clauses abusives : quel modus operandi pour les professionnels du droit ? », op. cit., p. 11.

[1047] **D. MAZEAUD**, « Protection des professionnels contre les clauses abusives : l'imbroglio… », op. cit., p. 20.

contre les clauses abusives sera applicable. A compter de l'entrée en vigueur de ces nouvelles dispositions du Code civil français, toute clause d'un contrat d'adhésion qui créera un déséquilibre significatif entre les droits et obligations des parties au contrat sera réputée non écrite[1048].

L'existence d'un contrat d'adhésion s'impose donc comme première condition à la protection du professionnel. M. BEHAR-TOUCHAIS[1049] souligne que la France a refusé de limiter formellement l'article L. 212-1 du Code de la consommation (selon sa nouvelle numérotation issue d'Ordonnance n° 2016-301, 14 mars 2016) aux seuls contrats non négociés, considérant qu'un consommateur qui négocie n'a de toute façon aucun pouvoir effectif de négociation et doit demeurer protégé.

En outre, la protection contre les clauses abusives qui résulte du droit commun est limitée aux seuls contrats d'adhésion[1050]. Résiduelle dans son champ d'application, cette protection n'apparaît pas comme révolutionnant la protection des personnes morales contre les clauses abusives. Tout au plus, les dispositions nouvelles viennent « *combler les interstices laissés vacants par les droits spéciaux* »[1051].

L'article 1171 du Code civil dispose que les clauses abusives sont réputées non écrites. Le contrat restera applicable dans toutes ses dispositions autres que celles jugées abusives s'il peut subsister sans lesdites clauses. L'article L. 241-1 du Code de la consommation prévoit la même sanction.

Le droit des pays étudiés ne se limite pas à la détermination des personnes protégées contre les clauses abusives, mais il détermine également le contenu du caractère abusif d'une clause au contrat.

[1048] **F. CHENEDE**, « Raymond Saleilles, Le contrat d'adhésion (2e partie) », *RDC.*, 01 juill. 2012, n° 3, p. 1017.

[1049] **M. BEHAR-TOUCHAIS**, « Le déséquilibre significatif dans le Code civil », *JCP G.*, n ° 14, 4 avril 2016, p. 664.

[1050] **F. CHENEDE**, « Le contrat d'adhésion et l'article 1110 du Code civil », *JCP*, 2016, p. 776 ; **G. CHANTEPIE et M. LATINA**, *La réforme du droit des obligations commentaire théorique et pratique dans l'ordre du Code civil*, op. cit, n° 147.

[1051] **A. FORTUNATO**, « La protection des personnes morales contre les clauses abusives », op. cit., p.26.

Section II : La détermination des clauses abusives

391. Les principes classiques des droits civils des pays étudiés permettaient au professionnel d'introduire dans son contrat des clauses qui lui apportent un avantage excessif. A titre d'exemple, il était possible dans les contrats de vente de supprimer ou de réduire le droit à réparation de la partie faible en cas de manquement par le professionnel à l'une quelconque de ses obligations, d'exclure ou de limiter de façon inappropriée les droits légaux du consommateur vis-à-vis du professionnel ou d'une autre partie en cas de non-exécution totale ou partielle ou d'exécution défectueuse par le professionnel d'une quelconque des obligations contractuelles ou de constater de manière irréfragable l'adhésion de la partie faible à des clauses dont il n'a pas eu, effectivement, l'occasion de prendre connaissance avant la conclusion du contrat[1052], etc. Le rôle de la partie faible se limitait en fait à l'adhésion au projet pré rédigé que lui présentait son cocontractant.

Les clauses se présentent sous différents supports. Outre l'hypothèse d'une insertion dans l'acte, elles peuvent figurer sur des conditions générales préétablies, sur un bulletin d'adhésion, sur un billet ou ticket, sur un écriteau ou une affiche, ou encore au dos d'un bon de commande, d'une facture, ou d'un bon de garantie[1053]. C'est pourquoi, par exemple, l'article 15 de la loi marocaine[1054] n° 31-08 prévoit que « (…) *ces dispositions sont applicables quels que soient la forme ou le support du contrat. Il en est ainsi notamment des bons de commande, factures, bons de garantie, bordereaux ou bons de livraison, billets ou tickets, contenant des stipulations négociées librement ou non ou de références à des conditions générales préétablies* ». Les clauses abusives soulèvent fréquemment le problème du risque d'une inéquitable disproportion dans les prestations parce qu'elles stipulent souvent des conditions imposées par la partie forte, apportant à celui-ci un avantage excessif et lésant ainsi les intérêts de l'autre partie. Les clauses abusives peuvent exister dans tous les domaines contractuels, elles sont quelquefois qualifiées de clauses léonines, mais c'est en droit de la consommation qu'elles sont les plus fréquentes et sont alors prohibées par une législation spécifique[1055] .

Ainsi, l'intervention des législateurs par des dispositions impératives limitant la liberté contractuelle s'impose afin d'assurer la protection de la partie supposée la plus faible.

Pour lutter contre les clauses abusives, les législateurs des pays étudiés disposent, en premier lieu, de l'analyse de la détermination, en général, du

---

[1052] Art. 5 de la loi algérienne n° 04-02 du 23 juin 2004 fixant les règles applicables aux pratiques commerciales, *JORA.*, n° 41, 27 juin 2004, p. 3 ; En ce sens V., **A. HOUSSEINE**, *Le contrat d'adhésion ; Etude comparée*, Thèse, Université de Tunis El Manar, 2013, p. 143 et s.

[1053] **P. JOURDAIN**, « Les clauses relative, la responsabilité contractuelle en droit français », *Etudes Juridiques ; Revue publiée par la faculté de droit de Sfax*, 2000, n° 7, p. 143.

[1054] Art. 15 de la loi marocaine n° 31-08 édictant des mesures de protection du consommateur, *Bull. O. Mar.*, n° 5932, 7 avril 2011.

[1055] **O. TOURNAFOND**, « Les clauses abusives relatives à l'inexécution du contrat », *Etudes Juridiques ; Revue publiée par la Faculté de Droit de Sfax*, 2000, n° 7, p. 129.

caractère abusif d'une clause (paragraphe 1) et, en second lieu, de l'examen de clauses préétablies, considérées comme abusives (paragraphe 2).

Paragraphe 1 : La détermination du caractère abusif d'une clause dans les contrats

392. Selon J-D. PELLIER[1056], « une clause abusive est certes illicite dans la mesure où elle est interdite par la loi, mais encore faut-il qu'elle puisse être qualifiée d'abusive pour parvenir à ce résultat ». D'ailleurs, en France, des clauses sont ainsi parfois qualifiées d'abusives en la matière par la Commission des clauses abusives qui émet des avis ou des recommandations, mais aussi, et surtout, par les juridictions du fond et la Cour de cassation[1057].

En tout état de cause, c'est parce qu'une clause est abusive qu'elle est illicite. Cependant, la définition des clauses abusives n'a pas été précisée par les droits mauritanien, libyen et tunisien[1058]. Quant aux droits français, algérien ou marocain dans leurs législations de la consommation, ils ont défini ces clauses comme étant celles qui ont pour objet ou pour effet de créer, au détriment du consommateur (ou du non-professionnel), « *un déséquilibre significatif ou manifeste* » entre les droits et obligations des parties au contrat[1059]. Ces législations donnent une définition large de la clause abusive. Il s'agit en général de la clause qui a pour objet ou pour effet de créer un déséquilibre significatif au détriment de la partie plus faible. Autrement dit, ces clauses abusives vont entrainer un déséquilibre au contrat. De ce fait, la partie faible verra parfois ses droits diminuer mais elle pourra aussi se trouver face à des obligations contractuelles élargies. Par conséquent, chaque clause du contrat devra être

---

[1056] **J-D., PELLIER**, *Droit de la consommation*, op. cit., n° 98, p. 118.

[1057] Pour une restructuration de crédits, CCA, avis n° 15-01 du 24 sept. 2015, LEDB, 2015, n° 11, p. 5, n° 184, obs. J. Lasserre Capdeville ; D. 2015. AJ 2437, obs. G. Poissonnier ; CCA, avis n° 13-01 du 6 juin 2013, RD banc. fin. 2013. Comm. 189, obs. **N. MATHEY**. V. égal. **J. LASSERRE CAPDECILLE**, « Nouvelles clauses abusives en matière de crédit à la consommation affecté à l'acquisition d'un véhicule automobile », *AJ Contrat*, 2017, p.29.

[1058] Bien que les législations de ces pays ne déterminent pas explicitement le caractère abusif d'une clause, les juges de ces pays peuvent retenir une telle qualification. A titre d'exemple, la Cour de cassation tunisienne a jugé que la lutte contre le déséquilibre contractuel entre le promoteur immobilier et le consommateur peut être fondée sur la bonne foi (Cass. civ. tunisienne, 20 juin 1994, n° 31607, *Rev. Cass*. 1994, p. 456).

[1059] L'article L. 212-1 du Code français de la consommation prévoit que « *dans les contrats conclus entre professionnels et non-professionnels ou consommateurs, sont abusives les clauses qui ont pour objet ou pour effet de créer, au détriment du non-professionnel ou du consommateur, un déséquilibre significatif entre les droits et obligations des parties au contrat* ». De même, l'article 15 de la loi marocaine précitée n° 31-08 édictant des mesures de protection du consommateur prévoit que « *dans les contrats conclus entre fournisseur et consommateur, est considérée comme abusive toute clause qui a pour objet ou pour effet de créer, au détriment du consommateur, un déséquilibre significatif entre les droits et obligations des parties au contrat* ». L'article 03-5 de la loi algérienne précitée 04-02 fixant les règles applicables aux pratiques commerciales énonce également qu'une clause abusive est « *toute clause ou condition qui à elle seule ou combinée avec une ou plusieurs autres clauses ou conditions, crée un déséquilibre manifeste entre les droits et les obligations des parties au contrat* ».

examinée pour savoir si elle présente les caractères visés au sens légalement défini de la clause abusive[1060].

La clause abusive fait partie d'un ensemble qui accueille des obligations diverses alourdissant fortement l'étendue des obligations du contractant débiteur de sorte que la contrepartie au contrat devient inéquitable. L'idée serait que le déséquilibre engendré par les clauses abusives fait perdre toute cohérence au contrat, entraîne pour le débiteur la perte d'un intérêt à contracter tellement l'avantage qu'il peut en tirer est faible au regard de la charge à supporter[1061]. On peut d'ailleurs remarquer que dans ces conditions la notion de cause ne serait pas tout à fait étrangère à la notion de clause abusive. Comme le formule un auteur[1062], « *le déséquilibre significatif est caractérisé de diverses manières puisque le caractère abusif vient du défaut de commutativité entre les obligations réciproques* ».

Le déséquilibre significatif ou manifeste est considéré comme critère principal de l'abus selon les dispositions légales des droits français, algérien et marocain (A). Cependant, avant la détermination de ce critère par les législateurs, les juges des pays étudiés ont eu recours dans plusieurs cas, à d'autres critères inhérents au déséquilibre significatif pour apprécier le caractère abusif d'une clause (B).

A. Le déséquilibre significatif considéré comme critère principal de l'abus

393. Le déséquilibre constitue une idée centrale dans le droit pour protéger la partie en situation faiblesse et lutter contre les clauses abusives. Mais on peut se demander en quoi un déséquilibre au sein d'une clause peut entraîner la qualification juridique de clause abusive. Plus précisément, la question est de savoir quel déséquilibre sera caractéristique d'un abus.

Il convient de souligner que certains auteurs[1063] estiment qu'il n'est pas nécessaire que la clause ait effectivement créé le déséquilibre ; il suffit qu'elle ait été rédigée en ce sens ou qu'elle soit seulement susceptible de le produire. Plus que l'effet réellement produit, c'est bien le déséquilibre, au moins potentiel, qui est sanctionné. Et ce déséquilibre peut trouver sa source dans une clause principale, ou bien accessoire, peu importe. D'autres auteurs[1064] ajoutent que le résultat de la clause sur la situation concrète de la partie faible est indifférent dans la mesure où pourront être déclarées abusives les stipulations qui avaient seulement pour objectif de créer un déséquilibre en faveur du professionnel, sans pour autant avoir produit un tel effet. Les clauses abusives doivent être

---

[1060] **M. BODALI**, *Les clauses abusives des contrats en droit algérien*, op. cit., pp.27 et 92 ; **A. MOHIM**, *La protection du consommateur-contractant ; étude et analyse approfondies à la lumière de l'actualité de la loi n° 31-08 édictant des mesures de protection du consommateur*, en arabe, op. cit., p. 218.

[1061] **N. VALLET**, *Les techniques de protection du client de la banque*, n° 642, p. 356.

[1062] **S. LE GAC-PECH**, *Droit de la consommation*, n° 213, p. 96.

[1063] **J. JULIEN**, *Droit de la consommation*, op. cit, n° 212, p. 260.

[1064] **J-D., PELLIER**, *Droit de la consommation*, op. cit., n° 99, p. 118 ; **I. LUC**, « L'application judiciaire du déséquilibre significatif aux contrats d'affaires », *AJCA.*, 2014, p. 109.

appréhendées en regard de leur résultat potentiel qui peut conférer un avantage excessif au professionnel[1065].

Plus précisément, la protection visée à l'égard des clauses abusives ne condamne pas le profit ou l'avantage qu'une personne peut retirer d'un contrat. Ainsi, il est clair qu'un simple déséquilibre ne suffit pas, car il n'est que le résultat de la négociation ou/et la conséquence de facteurs extrinsèques. Ce déséquilibre est parfois l'effet normal du jeu de l'offre et de la demande ou de la concurrence qui existe sur le marché considéré[1066].

394. C'est pourquoi, les droits français, marocain et algérien mentionnent le déséquilibre *significatif ou manifeste*, impliquant que tout déséquilibre ne peut pas rendre une clause abusive. Cette solution « est logique, à plus d'un titre. En effet, même si le droit de la consommation a pour vocation de protéger le consommateur, il ne faut pas qu'il devienne en quelque sorte une prime à la mauvaise foi. Il ne s'agit pas de permettre au consommateur, qui est avant tout un contractant, de pouvoir, non pas se libérer du lien contractuel dans son ensemble, mais d'invoquer indûment le caractère abusif d'une clause afin de se soustraire à une ou plusieurs de ses obligations »[1067]. Cette précision est salutaire, qui réintroduit un brin de sécurité juridique au profit du professionnel. Aussi, la notion de déséquilibre significatif induit une analyse globale du contrat. En somme, le déséquilibre doit être significatif au détriment de la partie faible. C'est dire que n'importe quel déséquilibre ne saurait conduire à la neutralisation de telle ou telle clause[1068].

Afin d'identifier l'existence d'un déséquilibre significatif, il convient de définir le contenu de cette notion. Tout d'abord nous nous attacherons à montrer comment cette notion est apparue en droit de la consommation (1), ensuite nous analyserons l'importation de cette notion en droit du commerce (2), et enfin nous examinerons son émergence en droit commun à travers la réforme française du droit des obligations (3).

1. L'apparition de la notion en droit de la consommation (français et marocain)

395. Le déséquilibre significatif est connu du droit français depuis la loi n° 95-96 du 1er février 1995[1069]. L'on connaissait déjà le « déséquilibre significatif » de l'article L. 212-1 du Code de la consommation aux termes duquel « dans les contrats conclus entre professionnels et non-professionnels ou consommateurs,

---

[1065] **N. RZEPECKI**, « Les clauses abusives et illicites », *Pet. Aff.*, 28 juill. 2017, n° 150, p. 8.

[1066] V. **A. BENCHENEB**, *Le droit algérien des contrats ; Données fondamentales*, op. cit. n° 195, p. 140.

[1067] **J. JULIEN**, *Droit de la consommation*, op. cit., n° 212, p. 261.

[1068] **M. LEVENEUR-AZEMAR**, *Etude sur les clauses limitatives ou exonératoires de responsabilité*, op. cit., n° 208, p.134.

[1069] La loi française n° 95-96 du 1 févr. 1995 concernant les clauses abusives et la présentation des contrats et régissant diverses activités d'ordre économique et commercial, *JORF.*, n°28 du 2 février 1995, p. 1755.

sont abusives les clauses qui ont pour objet ou pour effet de créer, au détriment du non-professionnel ou du consommateur, un déséquilibre significatif entre les droits et obligations des parties au contrat ».

C'est une notion qui a été reprise par le législateur marocain inspiré par son homologue français. Elle est mentionnée dans l'article 15 de la loi marocaine n° 31-08[1070] édictant des mesures de protection du consommateur lequel prévoit que « *dans les contrats conclus entre fournisseur et consommateur, est considérée comme abusive toute clause qui a pour objet ou pour effet de créer, au détriment du consommateur, un déséquilibre significatif entre les droits et obligations des parties au contrat* ».

Ainsi, la notion de déséquilibre significatif initialement réservée au droit de la consommation trouve toute sa place en droit des contrats.

396. Pour la reconnaissance du caractère abusif, l'existence d'une seule condition est nécessaire, celle d'un déséquilibre significatif. Il convient de souligner qu'en droit français si le terme déséquilibre significatif a été préféré au terme ancien « d'avantage excessif », c'est par souci du législateur de s'accorder parfaitement avec la directive européenne, sans pour autant qu'une modification du sens ne doive y être perçue[1071]. Donc, le déséquilibre significatif procure au professionnel un avantage excessif au détriment du consommateur. Ainsi, peuvent par exemple constituer un déséquilibre significatif la généralité d'une clause ou la clause offrant un avantage injustifié sans réciprocité.

Divers critères permettent de retenir la qualification de déséquilibre significatif. L'article L. 212-1/2 et l'article 16 de la loi n° 31-08 marocaine[1072] précise que le caractère abusif d'une clause doit être apprécié au moment de la conclusion du contrat[1073]. De plus, ces deux articles[1074] déterminent la méthode d'appréciation que le juge peut utiliser. Il s'agit d'une appréciation contextualisée de la clause à laquelle pourrait s'adjoindre une appréciation circonstanciée. Une appréciation contextualisée suppose d'apprécier la clause non pas isolément mais dans son ensemble à la lumière des autres clauses du contrat, voire des autres clauses d'un ensemble contractuel, au stade de la conclusion du ou des

---

[1070] La loi marocaine n° 31-08 édictant des mesures de protection du consommateur, *Bull. O. Mar.*., n° 5932, 7 avril 2011. Sur ce point V., **Y. IBN KHALDOUN**, « La protection du consommateur contre les clauses abusives à la lumière de la loi n° 31-08 », https://www.maroclaw.com, en arabe, consulté le 08 avril 2018.

[1071] **Y. PICOD**, *Droit de la consommation*, op. cit., n° 313, p. 198

[1072] La loi n°31-08 édictant des mesures de protection du consommateur, *Bull. O. Mar.*, n° 5932, 7 avril 2011.

[1073] **N. SAUPHANOR-BROUILLAUD**, « Clauses abusives dans les contrats de consommation : critères de l'abus », *Contrats, conc. consom.*, juin 2008, n° 7, p. 7.

[1074] L'article L. 212-1/2 du Code de la consommation et l'article 16 de la loi n° 31-08 marocaine édictant des mesures de protection du consommateur précise que « *le caractère abusif d'une clause s'apprécie en se référant, au moment de la conclusion du contrat, à toutes les circonstances qui entourent sa conclusion, de même qu'à toutes les autres clauses du contrat. Il s'apprécie également au regard de celles contenues dans un autre contrat lorsque les deux contrats sont juridiquement liés dans leur conclusion ou leur exécution* ».

contrats[1075]. Le déséquilibre significatif s'apprécie aussi quelle que soit l'importance de la clause insérée dans le contrat dès lors que ce déséquilibre existe au détriment de la partie faible. Le déséquilibre significatif doit être analysé en fonction de l'économie générale du contrat, de l'équilibre général des prestations réciproques et du principe de la liberté des conventions[1076].

Il est utile, ici, de préciser que selon la Cour de justice de l'union européenne[1077], l'existence d'un déséquilibre significatif ne requiert pas nécessairement que les coûts mis à la charge des consommateurs par une clause contractuelle aient à l'égard de celui-ci une incidence économique significative au regard du montant de l'opération concernée. Le déséquilibre peut en effet résulter du simple fait d'une atteinte suffisamment grave à la situation juridique du consommateur : restriction au contenu des droits contractuels ou entrave à l'exercice de ceux-ci (...)[1078].

Ainsi, les droits de la consommation de ces pays permettent d'induire des sous critères du déséquilibre significatif de nature à offrir au juge une démarche méthodique pour apprécier le caractère abusif d'une clause[1079].

Dans les droits de la consommation des pays concernés, la qualification d'abus se trouve dans l'existence d'un déséquilibre significatif entre les droits et obligations du contrat, au détriment du consommateur. Mais le terme de déséquilibre significatif se retrouve également dans le droit commercial.

2. L'importation de la notion en droit commercial (français et algérien)

397. La notion de déséquilibre significatif ou manifeste a progressivement gagné la matière commerciale dans le droit algérien des règles applicables aux pratiques commerciales et dans le droit français des pratiques restrictives de concurrence. Ce déséquilibre n'est plus seulement réservé aux contrats de consommation, mais aussi désormais dans les contrats conclus entre professionnels. Cependant, il convient de rappeler que le champ d'application des deux droits n'est pas identique. En effet, le statut juridique du contractant est plus étendu en droit algérien, puisqu'il s'applique aussi bien au consommateur qu'à

1075 **M. MEKKI**, « Fiche pratique sur les clauses abusives : quel modus operandi pour les professionnels du droit ? », op. cit., p. 12 ; **S. PIEDELIEVRE**, « Caractère abusif des clauses de paiement intégral dans les contrats d'enseignement », *Gaz. Pal.*, 21 févr. 2013, n° 052.

1076 **G. RAYMOND**, *Droit de la consommation*, op. cit., n° 486, p. 256. Il ne faut pas oublier que le principe applicable en droit des contrats est celui de la liberté des conventions et que la déclaration du caractère abusif d'une clause contenue dans un contrat conclu constitue une ingérence du juge dans les relations contractuelles, donc une exception par rapport au principe.

1077 Arrêt du 16 janvier 2014, Constructora Principado (C-226/12) (cf. point 30 et disp.), https://curia.europa.eu/, consulté le 17/5/2017.

1078 **Y. PICOD**, *Droit de la consommation*, op. cit., n° 313, p. 198

1079 **J. GHESTIN** et al., *Les contrats de consommation règles communes*, op. cit., n° 602, p. 559 ; **A. MOHIM**, *La protection du consommateur-contractant ; étude et analyse approfondies à la lumière de l'actualité de la loi n° 31-08 édictant des mesures de protection du consommateur*, en arabe, op. cit., p. 236.

l'agent économique (professionnel) alors qu'en droit français le texte ne concerne que la relation entre des professionnels[1080].

398. En tout état de cause, le législateur algérien a retenu le même critère qu'avait considéré le législateur français. Ainsi, l'article 03-5 de la loi algérienne 04-02[1081] fixant les règles applicables aux pratiques commerciales énonce qu'une clause abusive est « *toute clause ou condition qui à elle seule ou combinée avec une ou plusieurs autres clauses ou conditions, crée un déséquilibre manifeste entre les droits et les obligations des parties au contrat* ». La loi algérienne indique que le déséquilibre doit être manifeste pour permettre de qualifier une clause abusive. A noter une différence sémantique puisque le législateur algérien utilise le terme déséquilibre « manifeste » au lieu de déséquilibre « significatif ». Le déséquilibre significatif doit être manifeste et le déséquilibre manifeste conduit au déséquilibre significatif[1082]. Il ne s'agit alors que d'un changement d'ordre terminologique[1083]. On ne trouve pas une jurisprudence algérienne qui aborde cette question. Cependant, la Cour de la cassation française utilise les deux termes sans faire de distinction. En effet, la Cour de cassation[1084] a ainsi estimé que le fait pour un distributeur d'inscrire une clause qui instaure un déséquilibre manifeste dans les droits et obligations des parties dans un contrat type donne à cette clause la portée d'un principe auquel les fournisseurs ne peuvent déroger qu'aux termes d'une négociation que certains ne sont pas en mesure d'exiger. Quel que soit le terme utilisé, ce déséquilibre est la conséquence de la situation de faiblesse de la victime de l'abus. Toutefois, la difficulté pour qualifier ce déséquilibre de manifeste réside dans la compréhension que l'on doit en avoir. En effet, il ne faudrait pas que cette notion remette en cause la sécurité des relations contractuelles mais plutôt qu'elle introduise une idée de justice sinon de solidarité entre les parties[1085].

399. En droit français, la protection des professionnels contre les clauses abusives s'est largement inspirée du dispositif consumériste, tant dans sa rédaction que dans son esprit. Les termes choisis sont les mêmes : on vient aussi sanctionner, entre professionnels, le « *déséquilibre significatif dans les droits et obligations des parties* » [1086]. L'objectif n'est pas d'atteindre une égalité parfaite mais d'éviter les excès, les ruptures d'équilibre au sein du contrat d'adhésion, occasionnées par l'inégalité de puissance des cocontractants. Les dispositions de

---

1080 **A. ARARAH**, *L'équilibre contractuel lors de la formation du contrat*, en arabe, op. cit., p. 182.

1081 La loi algérienne 04-02 du 23 juin 2004 fixant les règles applicables aux pratiques commerciales, *JORA*, n°41, 27 juin 2004, p. 3

1082 **M. BODALI**, *Les clauses abusives des contrats en droit algérien*, op. cit., p. 95.

1083 V. par ex., **G. PAISANT**, « Les clauses abusives et la présentation des contrats dans la loi n° 95-96 du 1er février 1995 », *D.* 1995, p. 99, n° 9.

1084 Cass. com., F., 29 sept. 2015, n° 13-25.043, Inédit.

1085 V. **A. BENCHENEB**, *Le droit algérien des contrats ; Données fondamentales*, op. cit. n° 195, p. 140.

1086 **Y. UTZSCHNEIDER et A. LAMOTHE**, « Que penser d'une règle de protection contre les clauses abusives dans le Code de commerce ? », op. cit., p. 1262.

l'article L 442-6, 2° du Code de commerce visent à restreindre les effets de l'inégalité des parties dans la formation du contrat[1087].

Ainsi, ce texte dispose qu'engage la responsabilité de son auteur le fait « *de soumettre ou de tenter de soumettre un partenaire commercial à des obligations créant un déséquilibre significatif dans les droits et obligations des parties* ». Ce texte est directement inspiré du dispositif encadrant les clauses abusives en droit de la consommation. Toutefois, si l'article L. 212-1 du Code de la consommation exclut expressément que l'abus puisse porter sur le prix du contrat, aucune disposition identique n'existe dans le Code de commerce[1088]. Peut-on en conclure que le déséquilibre du contrat, au sens de l'article L 442-6, I-2°, peut être un déséquilibre économique et qu'il revient au juge d'apprécier le prix du contrat et de l'équilibre financier de la négociation commerciale ?

L'article L. 442-6 du Code de commerce ne fait pas référence au prix. Il faut donc se reporter à la jurisprudence pour tenter de définir la notion de déséquilibre significatif en matière commerciale sachant qu'elle était réservée jusqu'ici à la matière consumériste. En effet, la notion de déséquilibre significatif, admise en droit de la consommation, sera d'un maniement plus délicat dans les rapports entre professionnels[1089]. A cet égard, la Cour d'appel de Paris[1090] estime que « *la mise en œuvre de l'article L. 442-6, I, 2° du Code de commerce suppose l'existence d'un rapport de force entre les cocontractants ayant permis à l'un d'entre eux de soumettre ou de tenter de soumettre son partenaire commercial, lors de la conclusion du contrat, à des obligations manifestement déséquilibrées* ».

Par ailleurs, certains auteurs[1091] ont aussi considéré que le déséquilibre doit significatif par la présence, dans le contrat unique, d'obligations injustifiées à la charge du fournisseur ou professionnel néfastes pour l'économie (et pour le consommateur) que l'action engagée par le Ministre sur les dispositions de l'article L. 442-6-I-2° du Code de commerce essaie de corriger. De plus, la Cour d'appel de Paris, par un arrêt du 11 septembre 2013, renforce cette appréciation

---

1087 **F. BUY**, « Entre droit spécial et droit commun : l'article L. 442-6, I, 2° du Code de commerce », op. cit., p. 3. Notons que les clauses pouvaient être annulées sur le fondement du déséquilibre significatif dans des actions privées. Ainsi, par exemple, la Cour d'appel de Paris, par un arrêt du 22 février 2017, a rendu son verdict en déclarant que « *les dispositions de l'article L. 442-6 du Code de commerce n'empêchent pas une partie s'estimant victime de pratiques restrictives de concurrence d'invoquer la nullité de clauses ou du contrat lui-même, et les contrats contraires aux dispositions des articles L. 442-6 du Code de commerce sont entachés d'une nullité absolue* » (CA Paris, 22 févr. 2017, n° 16/17924).

1088 **M. CHAGNY**, « Une révolution du droit français de la concurrence ? A propos de la loi LME du 4 août 2008 », *JCP G*, 15 oct. 2008, n° 42, I 196, p. 21.

1089 **Y. UTZSCHNEIDER et A. LAMOTHE**, « Que penser d'une règle de protection contre les clauses abusives dans le Code de commerce ? », op. cit., p. 1263.

1090 CA Paris, 11-10-2017, n° 15/03313 ; *AJ contrat*, 2017, p.537, note. **S. REGNAULT**.

1091 **M. CHAGNY**, « Une révolution du droit français de la concurrence ? A propos de la loi LME du 4 août 2008 », op. cit., p. 19 ; V, égal. **J. HEINICH et V. PIRONON**, « Le contenu du contrat », ni, **C. JOURDAIN-FORTIER** et **M. MIGNOT** (dir), *Analyse comparée du droit français réformé des contrats et des règles matérielles du commerce international*, LexisNexis, 2016, pp. 170 et 171.

en précisant « *qu'il importe peu que ces obligations soient ou non exécutées, puisque la loi vise l'obtention ou la « tentative d'obtention » d'un avantage quelconque et qu'il importe peu aussi que les effets concrets du déséquilibre ne soient pas mesurés ; que (...) la société Eurauchan allègue mais ne le justifie pas que, par la négociation, d'autres clauses du contrat viennent compenser le déséquilibre significatif ainsi causé* »[1092].

400. Il convient d'établir une comparaison de la notion de déséquilibre significatif selon qu'elle s'applique au domaine de la consommation ou à celui du commerce parce que ces deux notions de déséquilibre significatif inscrites dans le Code français de commerce et dans le Code français de la consommation ne doivent pas être interprétées de manière identique, et ce pour plusieurs raisons. Tout d'abord, les parties aux contrats ne sont pas les mêmes, dans un cas on a affaire à des professionnels et consommateurs ces derniers étant par principe dans une position de faiblesse par rapport aux premiers, alors que dans l'autre cas, il s'agit uniquement de professionnels. De plus, les termes des articles ne sont pas identiques puisque le Code de la consommation vise la clause prise individuellement alors que le Code de commerce s'attache à l'obligation au regard de l'équilibre de la relation en général. Le Code de la consommation vise les clauses « *ayant pour effet ou pour objet* », tandis que le Code de commerce vise le fait « *de soumettre ou tenter de soumettre un partenaire à des obligations créant un déséquilibre* Autre différence essentielle, le Code de la consommation sanctionne la seule insertion d'une clause dont l'objet pourrait être de créer un déséquilibre, tandis que le Code de commerce vise les obligations qui créent effectivement un déséquilibre.

Dans le cadre de cette comparaison, on peut noter que la Cour d'appel de Paris, dans son arrêt du 29 octobre 2014, a rappelé que « *le juge peut s'inspirer de la jurisprudence relative aux clauses abusives pour délimiter les contours de l'infraction de déséquilibre significatif mais qu'il ne peut se contenter de raisonner par analogie dès lors que le champ d'application des deux textes est distinct* »[1093]. Par ailleurs, la Cour de cassation confirme bien cette distinction dans l'arrêt n° 135 du 25 janvier 2017 (n° 15-23.547) en estimant que « *la similitude des notions de déséquilibre significatif prévues aux articles L. 132-1, devenu L. 212-1, du Code de la consommation et L. 442-6, I, 2°, du Code de commerce, relevée par le Conseil constitutionnel dans sa décision n° 2010-85 QPC du 13 janvier 2011, n'exclut pas qu'il puisse exister entre elles des différences de régime*

[1092] CA Paris 11 sept. 2013, n° 11/17941, Eurauchan ; **G. PARLEANI**, « Le devenir du déséquilibre significatif », *AJCA*., 2014, p.105 ; **I. LUC**, « L'application judiciaire du déséquilibre significatif aux contrats d'affaires », op. cit., p. 109.

[1093] CA Paris, 29 octobre 2014, n°13/11059. D'ailleurs, la Cour d'appel de Paris confirme également, comme on l'a déjà indiqué, que l'existence d'obligations créant un déséquilibre significatif s'apprécie au regard des quatre critères suivants : le caractère illégitime des obligations, la disproportion entre les droits et obligations des parties, l'absence de contrepartie et l'absence de rééquilibrage du déséquilibre (CA Paris, 11 oct. 2017, n° 15/03313). **S. REGNAULT**, « Une application extensive du déséquilibre significatif », AJ contrat, 2017, p.537.

tenant aux objectifs poursuivis par le législateur dans chacun de ces domaines, en particulier quant à la catégorie des personnes qu'il a entendu protéger et à la nature des contrats concernés »[1094].

A travers ces arrêts, il apparaît que le déséquilibre significatif n'est pas une notion univoque, elle se déploie en fonction de l'instrument qui l'édicte et des intérêts qu'elle protège[1095].

Pour conclure, le déséquilibre significatif de l'article L.442-6, I, 2° du Code de commerce a connu un succès grandissant. Mais cette notion n'est plus aujourd'hui l'apanage du seul Code de commerce, le Code civil français sanctionne désormais, toute clause créatrice d'un déséquilibre significatif.

3. L'émergence de la notion en droit commun

401. Parmi les principales innovations de l'ordonnance portant réforme du droit des contrats, un texte permettant d'écarter une clause créant un déséquilibre significatif entre les parties a été introduit au sein des développements relatifs au contenu du contrat. Cela montre apparemment la volonté législative de renforcer la protection de la partie faible[1096].

Le nouvel article 1171 du Code civil étend le dispositif de sanction des clauses abusives à l'ensemble des contrats d'adhésion, et de ce fait, il généralise ou presque le contrôle judiciaire du « déséquilibre significatif » susceptible d'affecter les clauses contractuelles. Il fait entrer le contrat dans *le champ du droit flou et porte son lot d'insécurité juridique*[1097].

Les clauses qui créent un déséquilibre significatif entre les droits et obligations des parties font désormais l'objet de trois textes dans trois Codes différents en droit français[1098]. En conséquence, on peut se demander si l'application des règles issues du Code de la consommation ou du Code de commerce est exclusive de l'application de la règle générale posée par l'article 1171 du Code civil.

402. La question est de savoir comment articuler les règles du Code de commerce et celles du Code civil. En effet, lorsque le contrat est conclu entre un professionnel et un consommateur, ce dernier a tout intérêt à invoquer les dispositions du Code de la consommation. Le consommateur peut, en effet, invoquer les articles R. 212-1 et R. 212-2 dudit Code, lesquels présument le caractère abusif d'une liste de clauses, ce qui facilite la démonstration du déséquilibre significatif et, partant, la dénonciation de l'abus. L'application du

---

[1094] Cass. com., 25 janv. 2017, n° 15-23547, *Bull.* n°135 ; V., **G. CATTALANO-CLOAREC**, « Le déséquilibre significatif, un mécanisme à deux visages », *EDCO.*, 01 mars 2017, n° 03, p. 1.

[1095] **D. HOUTCIEFF**, « La notion de déséquilibre significatif peut-elle significativement varier ? », *Gaz. Pal.*, 18 avril 2017, n° 15, p. 37 ; **M. BEHAR-TOUCHAIS**, « L'expansion stoppée de l'article L. 442-6, I, 2°, du Code de commerce sur le déséquilibre significatif », op. cit., p. 70.

[1096] **M. MEKKI**, « Fiche pratique sur les clauses abusives : quel modus operandi pour les professionnels du droit ? », op. cit., p. 11.

[1097] **X. LAGARDE**, « Questions autour de l'article 1171 du Code civil », *D.*, 2016, p. 2174.

[1098] En ce sens V, **J. HEINICH**, « Clause de défaut croisé et confusion des patrimoines », *BJS.*, 01 janv. 2017, n° 01, p. 43.

Code de la consommation simplifie la tâche de la partie la plus faible[1099]. En ce qui concerne le droit de la consommation, puisque les articles L. 212-1 et suivants du Code de la consommation sont plus protecteurs que l'article 1171 du Code civil, si bien que le consommateur préfèrera fonder son action sur le droit spécial de la consommation lorsque cela lui sera possible. En effet, le Code de la consommation prévoit une liste de clauses présumées abusives et une amende administrative à la charge du professionnel, ce qui n'est pas le cas du droit commun.

D'ailleurs, la possible application de l'article L. 442-6 du Code de commerce n'est pas exclusive d'une application de l'article 1171 du Code civil[1100]. Il semble clair que l'article 1171 du Code civil, comme l'article L. 442-6, I, 2°, du Code de commerce visent le même type de clause. Il faut donc considérer que, sur le même objet, il existe deux règles, une règle générale inscrite dans le Code civil et une règle spéciale figurant dans le Code de commerce. Or les règles spéciales dérogent aux règles générales, ce que confirme le nouvel article 1105 du code civil qui énonce que « les règles générales s'appliquent sous réserve de ces règles particulières ». Dans les contrats relevant du Code de commerce, le déséquilibre significatif doit donc être dénoncé dans les conditions prévues par l'article L. 442-6 du Code de commerce[1101].

De plus, X. LAGARDE indique que l'article 1171 du Code civil considère le déséquilibre significatif sous un angle bien différent par rapport à l'article L. 442-6 du Code de commerce. En effet, « *il n'a pas été conçu comme l'instrument d'une lutte à l'encontre de pratiques restrictives de concurrence, ni même de pratiques déloyales. Il a pris forme à la lumière du constat que, dans un certain nombre de contrats, de nombreuses clauses ne font l'objet d'aucune négociation* »[1102]. Il ne s'agit pas nécessairement d'une situation par laquelle une partie faible serait soumise à une partie forte, mais force est de constater que bien souvent la partie faible est indifférente au contenu des conditions générales rédigées par la partie forte. Il suffit de prendre l'exemple d'achats en ligne lorsque la partie faible clique automatiquement sur la case portant acceptation des conditions. La manifestation de volonté n'a pas joué son rôle habituel de

---

[1099] **D. HOUTCIEFF**, « La notion de déséquilibre significatif peut-elle significativement varier ? », op. cit., p. 37.

[1100] **A. HONTEBEYRIE**, « 1171 contre L. 442-6, I, 2° : la prescription dans la balance », *D.*, 2016, p. 2180 ; **M. BEHAR-TOUCHAIS**, « Le déséquilibre significatif dans le Code civil », JCP G., 2016, p. 391.

[1101] L'article L. 442-6 du Code français de commerce prévoit que « *(...) - soit par le partenaire commercial victime du déséquilibre, à même de réclamer l'indemnisation de son préjudice, éventuellement de faire constater la nullité des clauses ou des contrats dont procède l'abus et demander la répétition de l'indu ; - soit par le ministre chargé de l'économie et le ministère public, l'un ou l'autre agissant aux fins de cessation des pratiques restrictives de concurrence et sollicitant, éventuellement, le prononcé d'une amende civile devant les juridictions spécialisées visées par ce texte* ».

[1102] **X. LAGARDE**, « Questions autour de l'article 1171 du Code civil », op. cit., p. 2174

rééquilibrage des intérêts. Cet auteur[1103] ajoute que l'autonomie de la volonté perd en légitimité qu'il semble naturel que le juge puisse exercer un contrôle sur les clauses qui n'ont pas même retenu l'attention de la partie faible. C'est bien la raison pour laquelle le contrôle des clauses abusives dans les termes de l'article 1171 du Code civil ne concerne que les contrats d'adhésion, « *dont les conditions générales sont soustraites à la négociation* », et ne porte « ni sur l'objet principal du contrat ni sur l'adéquation du prix à la prestation ». Ces deux éléments faisant en principe partie de l'espace de négociation du contrat.

Un texte n'exclut pas l'autre, et en pratique, les commerçants qui proposent des contrats assortis de conditions générales seront donc bien avisés de considérer que, pour relever potentiellement des dispositions de l'article L. 442-6 du Code de commerce, ils n'échappent pas à l'application des dispositions de l'article 1171 du Code civil[1104]. La notion de déséquilibre significatif au sens de l'article 1171 est plus restrictive que celle de l'article L 442-6-I-2° du Code de commerce qui n'opère aucune restriction dans l'appréciation du déséquilibre et permet ainsi de prendre en compte la lésion. La clause créant le déséquilibre significatif est réputée non écrite. Elle n'est donc pas opposable au cocontractant. Plus précisément, l'article L. 442-6, I, du Code de commerce prévoit expressément la possibilité d'engager la responsabilité civile du commerçant à l'origine du déséquilibre significatif, mais le texte est très équivoque sur la possibilité d'obtenir la nullité des clauses concernées (ou de les réputer non écrite). Par contre, l'article 1171 du Code civil ne suscite pas un tel doute, il répute expressément non écrite la clause abusive, tout comme le droit de la consommation (article L. 241-1). Par conséquent, le commerçant qui souhaiterait obtenir l'annulation de la clause a plus d'intérêt à agir sur le fondement de l'article 1171 du Code civil, ne serait-ce qu'à titre subsidiaire et en invoquant alors l'article L. 442-6, I, 2° du Code de commerce à titre principal[1105].

403. Pour conclure, ces trois champs d'application peuvent se recouper. Si un commerçant conclut un contrat d'adhésion avec un autre commerçant, le régime du Code civil et celui du Code de commerce pourraient potentiellement être invoqués. Dans une autre hypothèse d'un consommateur qui conclurait un contrat d'adhésion avec un professionnel, ce qui est fréquent en pratique, le régime du Code civil et celui du Code de la consommation pourraient potentiellement être invoqués. Il ne fait guère de doute dans ces deux hypothèses que les régimes du Code de commerce et du Code de la consommation pourraient, respectivement, être invoqués.

[1103] *Ibid.*

[1104] **J.-CH., GRALL** et **G. MALLEN**, « Le déséquilibre significatif en droit français : une notion, deux textes, deux régimes juridiques », https://www.grall-legal.fr, consulté le 30 janv. 2018 ; V. égal. **M. CHAGNY**, « Le domaine d'application de la règle sur le déséquilibre significatif : le flux et le reflux ? », *RTD com.*, 2017, p. 595.

[1105] **G. PARLEANI**, « Le devenir du déséquilibre significatif », op. cit., p.104 ; V. égal. **J.-B. SEUBE**, « Comment savoir si une clause crée un déséquilibre significatif ? », *Def.*, 14 sept. 2017, n° 18, p. 35.

En général, le déséquilibre significatif ou manifeste doit être apprécié par les juges du fond sous le contrôle de la Cour de cassation, en fonction de l'équilibre général des prestations réciproques et du principe de la liberté des conventions, on peut, de plus, penser que la jurisprudence à tendance à privilégier le principe de la liberté des conventions[1106].

B. Les autres critères de caractérisation de l'abus

404. La clause abusive crée, au détriment de la partie faible, un déséquilibre significatif entre les droits et obligations des signataires du contrat.

Ce déséquilibre significatif est ainsi un critère objectif qui produit des avantages excessifs au profit du professionnel quelle que soit la nature de ces avantages qui peut revêtir un caractère monétaire ou non monétaire[1107]. Ainsi, le déséquilibre significatif est la fondation sur laquelle repose tout l'arsenal de lutte contre les clauses abusives. Au cœur de la notion de clause abusive dans les droits français, algérien et marocain, c'est l'existence d'un déséquilibre significatif entre les droits et obligations des parties, premier critère, qui permet de retenir cette qualification (1). Le défaut de transparence des clauses sur le prix et l'objet du contrat, deuxième critère, prend un sens très important dans le domaine de la détermination du caractère abusif d'une clause (2).

1. Le rapport entre les droits et les obligations des contractants

405. Le déséquilibre significatif, c'est-à-dire le résultat de la soumission ou tentative, peut être établi par « *l'absence de réciprocité ou la disproportion entre les obligations des parties* »[1108]. Ainsi, les droits français, marocain et algérien ne fixent pas de seuil chiffré du déséquilibre mais retiennent le critère d'une clause qui a pour objet ou pour effet de créer, au détriment de la partie la plus faible, un déséquilibre significatif et/ou manifeste entre les droits et obligations des parties au contrat[1109].

Le déséquilibre consiste ici en une position unilatérale d'un contractant, qui crée un avantage non réciproque et un transfert injustifié de charges. Par exemple, le professionnel se réserve des droits et/ou avantages qui ne sont pas accompagnés

---

[1106] Cass. 1e civ. 07 juill. 1998 cont.conc.consom. 1998. comm. 120. **F.-L. SIMON**, « Panorama de jurisprudence sur les clauses créant un déséquilibre significatif dans les droits et obligations des parties en vue de l'application de l'article L. 442-6, I, 2°, du Code de commerce (2016-2017) », *Pet. Aff.*, 20 févr. 2018, n° 037, p. 3.

[1107] **R. JANAN et Y. WAKSOU**, « La protection du consommateur contre les clauses abusives entre la loi n° 31-08 et le Code des obligations et des contrats », http://www.marocdroit.com, consulté le 10 déc. 2014.

[1108] CA Paris, 29 octobre 2014, n° 13/11059.

[1109] Art. 17 de la loi marocaine précitée n° 31-08 édictant des mesures de protection des consommateurs. Art. 3-5 de la loi algérienne n° 04-02 du 23 juin 2004 fixant les règles applicables aux pratiques commerciales.

de droits et/ou avantages équivalents accordés au cocontractant[1110]. En somme, l'appréciation du déséquilibre implique de confronter la situation de la partie faible à celle du professionnel et d'évaluer le contrat sur la base d'une relation qui serait normalement équilibrée. La disproportion entre les droits et obligations respectifs des parties doit être manifeste, suffisamment importante[1111].

Il est utile de noter que l'appréciation du rapport entre les droits et les obligations des contractants ne porte pas sur l'ensemble du contrat mais seulement sur une ou plusieurs clauses du contrat, ce qui invite à décomposer le contrat en plusieurs sous-ensembles, dont l'un seulement, celui qui est révélateur d'un abus dans l'exercice de la liberté de contracter, pourrait se révéler abusif[1112]. En ce sens, l'article 3-5 de la loi algérienne n° 04-02 fixant les règles applicables aux pratiques commerciales dispose que la clause abusive est « *toute clause ou condition qui à elle seule ou combinée avec une ou plusieurs autres clauses ou conditions, crée un déséquilibre manifeste entre les droits et les obligations des parties au contrat* »[1113].

406. Par ailleurs, la mesure précise des droits et obligations réciproques pose des difficultés d'application pratique, en raison de l'irréductible hétérogénéité des éléments devant être comparés et de l'impossibilité de les reproduire dans des formules mathématiques[1114]. D'ailleurs, selon la Cour d'Appel de Paris[1115], un déséquilibre significatif dans les droits et obligations des parties « *peut notamment se déduire d'une absence totale de réciprocité ou de contrepartie à une obligation, ou encore d'une disproportion importante entre les obligations respectives des parties* ». L'arrêt de cette Cour indique également que les clauses doivent être appréciées « dans leur contexte, au regard de l'économie du contrat et in concreto. La preuve d'un rééquilibrage du contrat par une autre clause incombe à l'entreprise mise en cause (…) »[1116].

407. Ainsi, on peut constater qu'il existe plusieurs critères pour apprécier le déséquilibre entre les droits et les obligations des parties. Selon PEGLION-

---

1110 Art. 29-1 de la loi algérienne précitée n°04-02 du 23 juin 2004 fixant les règles applicables aux pratiques commerciales

1111 **N. RZEPECKI**, « Les clauses abusives et illicites », op. cit., p. 10 ; **A. MOHIM**, *La protection du consommateur-contractant ; étude et analyse approfondies à la lumière de l'actualité de la loi n° 31-08 édictant des mesures de protection du consommateur*, op. cit., p. 238.

1112 **A. BENCHENEB**, *Le droit algérien des contrats ; Données fondamentales*, op. cit. n° 193, p. 139 ; V égal. **A. ARARAH**, *L'équilibre contractuel lors de la formation du contrat*, en arabe, op. cit., p. 185.

1113 Art. 3-5 de la loi algérienne n° 04-02 du 23 juin 2004 fixant les règles applicables aux pratiques commerciales, *JORA*, 27 juin 2004, n° 41, p. 3.

1114 **Ph. STOFFEL-MUNCK**, *L'abus dans le contrat*, op. cit., n° 419 et 420.

1115 CA Paris, 20 déc. 2017, *RG.* n° 13/04879.

1116 V., **M. CHAGNY**, « La démonstration du déséquilibre significatif dans les droits et obligations des parties », *RTD com.*, 2017, p. 603.

ZIKA[1117], les différents indices de ce déséquilibre significatif peuvent se résumer en deux critères, le premier l'unilatéralisme et le second la négation.

S'agissant de l'unilatéralisme, on le retrouve dans les clauses qui entraînent un défaut de réciprocité entre les droits et obligations des parties, soit parce qu'un droit est accordé au seul professionnel, soit parce qu'une prérogative sans contrepartie pour le consommateur est unilatéralement accordée au professionnel. Entrent également dans la catégorie des clauses abusives en raison de leur unilatéralisme, les stipulations qui donnent au professionnel des pouvoirs arbitraires et discrétionnaires. S'agissant du critère de la négation d'un droit, il recouvre la notion de privation d'un droit. Ces différents « indices » laissant entrevoir un déséquilibre n'excluent pas d'autres procédés utilisés par la Cour de cassation pour écarter ou caractériser l'abus[1118]. Ainsi, la première chambre civile a jugé que l'ambiguïté d'une clause était de nature à lui conférer un caractère abusif. En général, l'ambiguïté est donc un critère d'appréciation du déséquilibre significatif dont la mise en œuvre n'est pas cantonnée aux cas visés par l'article L. 212-1 du Code de la consommation ou l'article 17 de la loi marocaine n° 31-08 édictant des mesures de protection des consommateurs ou l'article 3-5 de la loi algérienne précitée n° 04-02 fixant les règles applicables aux pratiques commerciales. Ces textes autorisent en effet un contrôle des clauses portant sur le prix et l'objet du contrat lorsqu'elles sont ambiguës. Leur défaut de transparence rend alors légitime un contrôle en principe exclu[1119].

Selon N. SAUPHANOR-BROUILLAUD[1120], les clauses qui heurtent indirectement ou directement les droits du consommateur constituent autant d'indices d'un déséquilibre significatif entre les droits et obligations des parties. La Cour de la cassation française s'est exprimée plusieurs fois sur ce déséquilibre. A titre d'exemple, les stipulations qui privent le consommateur d'un droit ou d'une liberté sont susceptibles d'être éradiquées. La première chambre civile a ainsi considéré que la stipulation prévue dans un contrat de location-vente d'un véhicule, qui impose au consommateur de restituer le véhicule loué dans les plus brefs délais à compter de la résiliation avait pour effet de créer, au détriment du consommateur, un déséquilibre significatif entre les droits et obligations des parties au contrat[1121].

[1117] **C.-M. PEGLION-ZIKA**, *La notion de clause abusive : au sens de l'article L. 132-1 du Code de la consommation*, op. cit., nos 393 s., p. 311 et s.

[1118] Cass. 1er civ., 19 juin 2001, no 99-13.395, *Bull. civ.* I, n° 53 ; Cass. 1er civ., 20 mars 2013, n° 12-14.432, *JCP*, 2013. 538.

[1119] **N. SAUPHANOR-BROUILLAUD**, « Clauses abusives », op. cit., n° 44.

[1120] **N. SAUPHANOR-BROUILLAUD**, « Clauses abusives dans les contrats de consommation : critères de l'abus », *CCC*, 2008. Étude 7, p. 7.

[1121] Cass. 1re civ., 10 avr. 2013, n° 12-18.169, *Bull. civ.* I, n° 75 ; La sévérité de la jurisprudence s'est accrue à l'égard des clauses imposant au client d'un établissement d'enseignement le paiement de l'intégralité des frais de scolarité, en cas de rupture anticipée du contrat. Dans une affaire soumise à la première chambre civile, une clause de ce type prévoyait cependant une dispense partielle du règlement des frais. Or, c'est parce que cette dernière n'était prévue qu'en cas de force majeure, « sans réserver le cas d'une résiliation pour motif légitime et impérieux », qu'elle est considérée par la

En outre, l'article 1170 du Code civil prévoit désormais que « *toute clause qui prive de sa substance l'obligation essentielle du débiteur est réputée non écrite* ». En effet, ce texte n'est pas circonscrit aux contrats d'adhésion comme l'est l'article 1171 au sujet des clauses créant un déséquilibre significatif. Il n'en demeure pas moins au fond que de telles clauses sont le plus souvent, sinon toujours, des clauses imposées par une partie à l'autre. Pourtant, lorsqu'une clause a priori suspectée de vider de sa substance l'obligation essentielle du débiteur a fait l'objet de négociations ayant conduit à la mise en place de contreparties, elle pourra être considérée comme étant valable[1122].

408. En tout état de cause, toute clause suspectée de créer un déséquilibre significatif ou de priver de sa substance une obligation essentielle pourrait, dans certains cas, être justifiée, tant au regard de sa raison d'être, que des contreparties, économiques ou non, accordées en échange. En effet, une clause douteuse sur son caractère abusif doit être appréhendée dans la globalité du contrat et non pas prise isolément. Dans ce domaine, il n'existe pas de liste de clauses prohibées comme dans le droit de la consommation de certains pays, et, au fond, la notion de clause est relative, elle n'est que la partie d'un tout et ne saurait, sans artifice, être considérée isolément[1123].

2. Le défaut de transparence des clauses portant sur le prix et l'objet du contrat

409. L'introduction du critère du déséquilibre significatif par la loi du 1er février 1995 accompagnée de la précision, issue de l'article 4.2 de la directive du 5 avril 1993, selon laquelle « *l'appréciation du caractère abusif des clauses au sens du premier alinéa ne porte ni sur la définition de l'objet principal du contrat ni sur l'adéquation du prix ou de la rémunération au bien vendu ou au service offert* », avait pu être compris comme excluant l'appréciation de l'équilibre économique à la formation du contrat. Cette solution semblait conforme à la tradition du droit commun[1124].

L'article 17 de la loi marocaine n° 31-08 s'est inspiré de l'article L. 212-1 du Code français de la consommation[1125]. En effet, les deux articles précisent que l'appréciation du caractère abusif des clauses « *ne porte ni sur la définition de*

---

première chambre civile comme étant abusive (Cass. 1re civ., 13 déc. 2012, n° 11-27.766). Il revient au juge et non au professionnel d'apprécier cette double condition. Dès lors, et même si le contrat prévoit une liste de motifs, tels que par exemple un déménagement, celle-ci ne pourrait être limitative. Inversement, la faculté offerte à un assuré d'opposer la force majeure pour échapper au paiement d'une franchise prive la clause prévoyant le paiement de la franchise de tout caractère abusif (Cass. 1re civ.4 juin 2014, n° 13-14.717, D. 2014. Actu. 1268).

1122 **C. GRIMALDI**, « Les limites à la libre détermination du contenu du contrat dans le nouveau droit des contrats », *Pet. Aff.*, 27 oct. 2016, n° 215, p. 6.

1123 **C. GRIMALDI**, « Les limites à la libre détermination du contenu du contrat dans le nouveau droit des contrats », op. cit., n° 215, p. 6.

1124 **N. SAUPHANOR-BROUILLAUD**, « Clauses abusives », op. cit., n° 45

1125 Art. 17 de la loi marocaine n° 31-08 édictant des mesures de protection des consommateurs.

l'objet principal du contrat ni sur l'adéquation du prix ou de la rémunération au bien vendu ou au service offert pour autant que les clauses soient rédigées de façon claire et compréhensible ». Cette disposition établit donc une limite lorsque la clause relative au prix du contrat ou à son objet est obscure, à savoir ni claire ni compréhensible, auquel cas le défaut d'équivalence entre le prix et la prestation due par le professionnel pourrait être sanctionné sur le fondement des clauses abusives. L'appréciation de l'abus ne peut donc pas porter sur l'objet du contrat ou sur le prix sauf si la stipulation en cause n'est pas claire. Dans ce cas, l'abus sera la conséquence d'une clause équivoque quant à l'objet du contrat et quant à son prix[1126].

D'ailleurs, l'alinéa 2 de l'article 1171 du Code civil français rappelle que l'adéquation du prix à la prestation n'a pas à être prise en compte. La précision semble évoquer le texte du droit de la consommation. Elle démarque du même coup l'article L. 442-6, I, 2 du Code de commerce, lequel n'opère aucune restriction dans l'appréciation du déséquilibre et permet ainsi la sanction d'une lésion. Néanmoins, il semble préférable de préciser qu'il s'agit de l'adéquation du prix à la prestation « principale » qui est visée, afin d'éviter toute ambiguïté.

De même, l'alinéa 2 de l'article 1171 du Code civil précise que « L'appréciation du déséquilibre significatif ne porte ni sur l'objet principal du contrat ni sur l'adéquation du prix à la prestation ». Le terme « principal » a été ajouté entre le projet de 2015 et la rédaction définitive, pour s'inspirer davantage de l'alinéa 7 de l'article L. 132-1 (devenu L. 212-1) du Code de la consommation[1127]. Selon M. BEHAR-TOUCHAIS[1128], l'objet du contrat résiste face à sa nouvelle appellation de contenu. Il n'est pas très adroit de maintenir des références à l'objet, quand on a voulu le remplacer par le contenu. Plusieurs traces de l'objet du contrat demeurent d'ailleurs dans la réforme[1129]. Cet auteur ajoute que la notion d'objet principal n'a pas, semble-t-il, posé trop de difficultés en droit de la consommation Cette réflexion est confortée par l'arrêt[1130] de la Cour de cassation qui relève que « *la durée de validité du crédit de communication et celle de la ligne dédiée participaient de la définition de l'objet principal du contrat* ».

410. Donc, l'appréciation du déséquilibre significatif ne porte ni sur l'objet principal du contrat ni sur l'adéquation du prix à la prestation. Cette règle est également reprise dans le droit de la consommation (L. 212-1, al. 3). L'exclusion des clauses relatives à la définition de l'objet principal du contrat s'explique par

---

1126 **D. BAZIN-BEUST**, *Droit de la consommation*, op. cit., p. 166.

1127 La chambre commerciale de la Cour de cassation française, dans son arrêt du 25 janvier 2017, a jugé que « *l'article L. 442-6, I, 2° du Code de commerce autorise un contrôle judiciaire du prix, dès lors que celui-ci ne résulte pas d'une libre négociation et caractérise un déséquilibre significatif dans les droits et obligations des parties* » (Cass. com. 25 janvier 2017, n° 15-23.547, GALEC, *D.* 2017, p. 293). V. égal. **M. CHAGNY**, « Le domaine d'application de la règle sur le déséquilibre significatif : le flux et le reflux ? », op. cit., p. 593.

1128 **M. BEHAR-TOUCHAIS**, « Le déséquilibre significatif dans le Code civil », op. cit., p. 665.

1129 V. C. civ., art. 1196, art. 1204, al. 3, et art. 1335.

1130 Cass. 1e civ., 3 juin 2015 n° 14-13.193 : *JurisData.* n° 2015-013159

l'idée que toutes les parties, y compris les parties faibles et y compris dans les contrats d'adhésion, prêtent au moins attention, au moment de contracter, à l'objet principal du contrat. Cela correspond d'ailleurs à la définition du contrat d'adhésion donnée par l'article 1110, alinéa 2, qui énonce que « *le contrat d'adhésion est celui dont les conditions générales, soustraites à la négociation, sont déterminées à l'avance par l'une des parties* ». L'objet principal du contrat peut ainsi être négocié sans que cela ne perturbe la qualification de contrat de gré à gré. Par ailleurs, M. MEKKI[1131] indique que l'objet principal de la prestation peut être contrôlé au moyen de l'article 1163, alinéa 2, du Code civil qui exige une prestation déterminée ou déterminable ou, à défaut, une « prestation de qualité conforme aux attentes légitimes des parties en considération de sa nature, des usages et du montant de la contrepartie » (article 1165 du Code civil) ou encore à l'aide de l'article 1170 du Code civil qui prohibe toute clause qui porte atteinte à la substance de l'obligation essentielle.

De plus, contrôler l'objet principal du contrat reviendrait à réintroduire un contrôle sur la lésion ce qui est exclu par l'article 1168. L'exclusion de ce contrôle sur l'adéquation du prix à la prestation est également justifiée par l'exclusion de la rescision pour lésion. Autrement dit, afin d'éviter de sanctionner la lésion sur le fondement des articles précédents, les clauses traitant de l'objet du contrat ou du prix ne peuvent être écartées par le juge. Ces deux éléments, en effet, sont présumés comme ayant nécessairement été acceptés par le contractant.

En tout état de cause, on peut remarquer que le système de protection contre les clauses abusives des pays comparés fait peser exclusivement sur le juge le pouvoir d'appréciation de l'existence d'une clause abusive à partir du critère du déséquilibre significatif ou manifeste et d'autres critères de caractérisation de l'abus précités. Cependant, ceci suppose, en principe, sa saisine et donc des coûts pour faire face au procès qui peuvent être très dissuasifs pour la partie faible[1132].

En complément d'un système de détermination du caractère abusif d'une clause, les législateurs sont ainsi intervenus pour fixer des clauses qui seront supposées abusives.

Paragraphe 2 : Les clauses abusives préétablies

411. La protection de la partie faible contre les clauses abusives s'est accentuée principalement par le biais des législations relatives à la protection du consommateur. Celle-ci s'applique à tout contrat portant sur un bien ou un service. Les législateurs ne visent pas en principe un contrat déterminé. Ils s'intéressent plus généralement à tout contrat nommé ou innommé ayant pour objet un bien ou

---

[1131] **M. MEKKI**, « Fiche pratique sur les clauses abusives : quel modus operandi pour les professionnels du droit ? », op. cit., p. 11.

[1132] **A. BENCHENEB**, *Le droit algérien des contrats ; Données fondamentales*, op. cit., n° 197, p. 142.

un service[1133]. On doit ici rappeler que les techniques de la lutte contre les clauses abusives se fondent sur deux méthodes. La première méthode, telle qu'exposée précédemment, donne la faculté d'apprécier le caractère abusif d'une clause[1134], et la deuxième s'attache à déterminer des clauses supposées abusives établies par le législateur au moyen de listes[1135].

Le législateur français a été le premier à retenir la technique de la liste des clauses abusives[1136]. En effet, le législateur français a expressément adopté le système de liste dans l'ancien article L. 132-1 (devenu l'article L. 212-1) du Code de la consommation qui prévoit « qu'une annexe au présent Code comprend une liste indicative et non exhaustive de clauses qui peuvent être regardées comme abusives… »[1137]. Ensuite, un décret du 18 mars 2009 fait apparaître deux types de listes. En revanche, le législateur algérien n'a pas adopté le système de liste comme l'a fait le droit français, mais on peut toutefois assimiler l'ensemble des clauses citées dans l'article 5 du décret exécutif algérien n° 06-306[1138] à une telle liste. Existent donc douze clauses abusives qui constituent une liste noire équivalente à celle du droit français[1139]. On retrouve aussi dans l'article 29 de la

---

[1133] Il est important de souligner que les clauses abusives préétablies vont être d'un grand intérêt pour les professionnels qui utilisent des contrats standardisés, puisqu'elles leur permettent désormais d'avoir une connaissance plus grande de ces clauses.

[1134] Selon la notion de déséquilibre significatif, comme on l'a vu, les législations protectrices contre les clauses abusives ne visent pas les clauses, mais de manière générale les obligations et l'on s'accorde à considérer que le déséquilibre ne devrait pas s'examiner « ligne à ligne », « clause par clause », mais au contraire globalement.

[1135] En général, la protection de la partie faible contre les clauses abusives est très encadrée : des listes de clauses (en droit français « noires » et « grises ») et/ou une commission spécialisée aide le juge dans son interprétation de la notion de « déséquilibre significatif ». V., **J. ROCHFELD**, « Clauses abusives. Listes réglementaires noire et grise », RTD civ. 2009, p. 383.

[1136] Deux décrets pris par le Conseil d'Etat après avis de la Commission des clauses abusives (instituée à l'article L212-1 du Code de la consommation) déterminent deux listes de clauses abusives. Elles sont reproduites aux articles R212-1 et suivants du Code de la consommation.

[1137] Au-delà de la liste des clauses noires et grises en droit français, il existe des clauses dites « blanches », c'est-à-dire des clauses qui ne sont ni interdites ni présumées abusives. C'est à leur égard que la jurisprudence et les recommandations de la Commission des clauses abusives sont particulièrement utiles pour saisir ce qu'elles recouvrent. On va aborder le rôle de cette commission dans la deuxième partie de la thèse. A ce sujet V., **N. SAUPHANOR-BROUILLAUD**, « Les remèdes en droit de la consommation : clauses noires, clauses grises, clauses blanches, clauses proscrites par la jurisprudence et la Commission des clauses abusives », *RDC.*, 01 oct. 2009, n° 4, p. 1629.

[1138] Le décret exécutif algérien n° 06-306 du 10 septembre 2006 fixant les éléments essentiels des contrats conclus entre les agents économiques et les consommateurs et les clauses considérées comme abusives, JORA, n° 56, 11 sept. 2006, p. 15. V. égal. **D. ZENNAKIA**, « La protection de la partie faible lors de la formation du contrat en droit algérien de la consommation », *Revue franco maghrébine de droit*, n° 20, 2013, p. 315.

[1139] **M. LACHACHI**, « Les clauses abusives : Notions et Moyens de lutte en droit algérien et français », *Revue des études juridiques comparatives en Algérie*, en arabe, n° 3, déc. 2016, pp. 239 et 240. En effet, l'expression « notamment » de l'article 29 de la loi algérienne n° 04-02 utilisé dans le texte indique que cette liste n'est pas limitative, cette liste est considérée comme une liste noire de clauses abusives selon certains auteurs dans ce domaine ; V., **A. REBBAHI**, *La protection des contractants*

loi algérienne 04-02, fixant les règles applicables aux pratiques commerciales, des exemples de clauses abusives[1140]. Le législateur marocain pour sa part, à l'instar de plusieurs autres législateurs, a eu recours au système de liste dans ce domaine. Ainsi la loi marocaine n° 31-08 édictant des mesures de protection du consommateur énumère dans son article 18 une liste de dix-sept (17) types de clauses qualifiées d'abusives.

412. Les législateurs tunisien et libyen[1141] n'ont pas adopté de critère général pour lutter contre les clauses abusives. La lutte contre ces clauses se fait par l'introduction dans la loi de mesures préventives de certaines clauses. Ainsi, les lois définissent certaines clauses qui seront considérées comme abusives afin de permettre leur annulation. Selon la doctrine tunisienne[1142], l'action du législateur a pris deux voies différentes. Par la première voie, la loi a annulé des clauses figurant dans des contrats précis[1143]. Par la seconde voie, comme ses homologues, le législateur ne vise plus un contrat déterminé, il sanctionne plutôt l'existence de clauses insérées dans tous les types de contrats, que ce soient des contrats de vente ou de prestation de service. Cette dernière voie résulte de l'application des dispositions de la loi tunisienne du 7 décembre 1992 relative à la protection du consommateur[1144]. Cependant, malgré leur importance, les techniques de détermination des clauses abusives en droit tunisien n'ont pas permis de mettre en place de nouveaux éléments qui précisent les critères retenus pour les clauses abusives, tel notamment le critère du déséquilibre significatif. Elles n'empêchent pas le professionnel de tirer un profit excessif de la situation de faiblesse de son

---

contre les clauses abusives suivant la doctrine islamique et le droit algérien, Thèse, en arabe, Université d'ORAN, 2008, p. 68.

[1140] Selon Monsieur BENCHENEB, on peut regretter que l'article 29 de la loi algérienne 04-02 précitée « *limite l'existence de clauses abusives aux seuls rapports entre vendeur et consommateur et ce alors même que la loi concerne également la fourniture de services !* ». **A. BENCHENEB**, *Le droit algérien des contrats ; Données fondamentales*, op. cit., n° 55, p. 43.

[1141] Par ex. l'article 750 du Code civil libyen dispose dans le cadre du contrat d'assurance que les clauses suivantes sont nulles : (1/ ...) 5/ toute autre clause abusive s'il apparaît que sa violation a été sans influence sur la survenance du sinistre qui fait l'objet de l'assurance. Aussi, Art. 1324 du Code libyen de commerce dispose que sont nulles, toutes les clauses qui exonèrent ou limitent la responsabilité du distributeur vis-à-vis du consommateur.

[1142] **N. REKIK**, « Réflexion sur la nullité des clauses relatives à la garantie légale des vices cachés et du défaut de qualité dans le contrat de vente », en droit tunisien, *Revue études juridiques*, 1997, n 5, p.103 et s ; **N. REKIK**, « Les clauses abusives et la protection du consommateur », en droit tunisien, op. cit., p. 115 et s.

[1143] V., par ex. l'article 244 COC tunisien dispose que « *on ne peut stipuler d'avance qu'on ne sera pas tenu de sa faute lourde ou de son dol* ». Aussi, l'article 9 de la loi tunisienne n° 94-9 dispose que « *est nulle de plein droit, toute clause contraire aux dispositions des articles précédents tendant à supprimer ou à réduire la responsabilité décennale* » (la loi tunisienne n° 94-9 du 31 janvier 1994 relative à la responsabilité et au contrôle technique dans le domaine de la construction, *JORT*, 1er fév. 1994, n° 9, p. 187).

[1144] La loi tunisienne n° 92-117 du 7 décembre 1992 relative à la protection du consommateur, *JORT*, 15 déc. 1992, n° 83, p. 1571 ; V. égal. **A. BELHAJ**, « La protection de la partie faible et la clause d'exonération de la responsabilité », *Revue de l'association des justices de Sfax*, en arabe, 2015, n° 11, p. 32.

co-contractant. Ces techniques ne permettent pas non plus de recouvrir tous les genres des clauses abusives présentes dans les contrats.

En tout état de cause, la technique de la liste s'est limitée, en effet, à entraîner l'annulation de certaines clauses, qui quelquefois avaient déjà été soulignées par la jurisprudence, notamment en droit français. D'ailleurs, cette technique peut être applicable à toutes les clauses, même celles librement négociées, et quelle que soit leur forme ou leur support. La seule réserve est que la clause contractuelle soit écrite pour qu'elle entre dans le champ d'application des règles du droit de la consommation. La classification la plus pertinente[1145] de ces clauses est celle qui établit une distinction entre les clauses nécessairement abusives (A) et les clauses simplement présumées abusives (B).

A. Les clauses nécessairement abusives

413. Il s'agit de clauses qui sont considérées nécessairement abusives par les législateurs. Ces clauses sont donc prohibées de manière absolue en ce qu'elles comportent par définition un déséquilibre significatif[1146]. Ces clauses sont par conséquent interdites. En cas de conflit, le juge les déclarera automatiquement non écrites et donc inapplicables, sans contestation possible de la part du professionnel. Il s'agit de clauses présumées abusives de manière irréfragable.

Certes, les listes des clauses nécessairement abusives permettent de gagner en sécurité juridique. La spécificité de cette technique tient à ce que le juge ne bénéficie d'aucun pouvoir d'appréciation vis-à-vis de ces clauses qu'il est tenu d'éliminer. Il n'y aura pas lieu de vérifier si elles induisent un déséquilibre significatif et/ou si elles apportent un avantage excessif au professionnel. De plus, le professionnel ne peut pas, selon cette technique, faire la preuve du caractère non abusif de ces clauses[1147]. Il existe alors des clauses abusives indépendamment de toute interprétation. Ceci signifie qu'il n'est pas nécessaire de rechercher si elles ont pour objet ou pour effet de créer un déséquilibre significatif entre les droits et obligations des parties au contrat[1148].

Ainsi, dans le cadre d'interdiction des clauses nécessairement abusives, le législateur français a adopté une liste noire des clauses abusives[1149]. De même, les législateurs algérien[1150] et tunisien énumèrent des clauses considérées comme abusives.

[1145] **T. GENICON et D. MAZEAUD**, « L'équilibre contractuel : trop c'est trop ? », *RDC*, 01 oct. 2012, n° 4, p. 1469

[1146] **J-D., PELLIER**, *Droit de la consommation*, op. cit., n° 102, p. 122.

[1147] **S. PIEDELIEVRE**, *Droit de la consommation*, op. cit., n° 457, p. 455.

[1148] **B. LE BARS et B. BURY**, « Mécanismes de gestion du risque d'abus », *Gaz. Pal.*, 11 févr. 2010, n° 42, p. 15.

[1149] La liste noire et ses exceptions se trouvent dans les articles R. 212-1, R. 212-3 et R. 212-4 du Code de la consommation française.

[1150] Cependant, il convient de noter que le droit algérien restreint la protection contre les clauses abusives sur la relation entre le vendeur et le consommateur dans l'article 29 de la loi algérienne précitée n° 04-02 du 23 juin 2004 fixant les règles applicables aux pratiques commerciales.

Les clauses nécessairement abusives sont multiples et variées. Cependant, on peut emprunter le classement de N. SAUPHANOR-BROUILLAUD[1151] pour présenter de telles clauses dans les différents pays comparés. Ces clauses peuvent concerner l'exécution du contrat (1), sa cessation (2) ou encore le règlement des litiges d'origine contractuelle (3).

1. Clauses relatives à l'exécution du contrat

414. Quant à l'exécution du contrat, il peut y avoir abus tant dans les dispositions qui portent sur le contenu obligationnel du contrat, que dans celles qui régissent son inexécution.

a. Clauses relatives aux obligations d'exécuter

415. Entre les régimes juridiques des pays étudiés, plusieurs types de stipulations concernent les obligations à exécuter. En effet, le législateur français dans le point 1 de la liste noire et le législateur algérien dans le point 6 de la liste du décret exécutif n° 06-306[1152] protègent les consommateurs contre les clauses cachées, c'est-à-dire non connues au moment de la signature du contrat. De surcroit, les législateurs français et algérien précisent au point le 5 de la liste noire française et au point 1 de l'article 29 de la loi algérienne n° 04-02 fixant les règles applicables aux pratiques commerciales qu'on ne peut contraindre le consommateur à exécuter ses obligations sans réciprocité de la part du professionnel. Sur ce point, la Cour d'Appel de Paris a estimé que le déséquilibre peut résulter de « *conditions commerciales telles que [le partenaire] ne reçoit qu'une contrepartie dont la valeur est disproportionnée de manière importante à ce qu'il donne* »[1153].

D'ailleurs, l'article 17 alinéa 2 de la loi tunisienne relative à la protection du consommateur prévoit que toute clause d'une convention ou d'un contrat relatif à la non garantie est invalide et nulle[1154].

En outre, le point 2 de la liste noire française et le point 2 de l'article 29 de la loi algérienne n° 04-02, sur les pratiques commerciales, considèrent comme abusive toute clause qui restreint l'obligation pour le professionnel de respecter les engagements pris par ses préposés ou ses mandataires. Le professionnel est

---

[1151] **N. SAUPHANOR-BROUILLAUD**, « Clauses abusives », op. cit., n° 52 et s.

[1152] Le décret exécutif algérien n°06-306 du 10 septembre 2006 fixant les éléments essentiels des contrats conclus entre les agents économiques et les consommateurs et les clauses considérées comme abusives, *JORA*, n° 56, 11 sept. 2006, p. 15.

[1153] CA Paris 23 mai 2013, 12/01166. Sur ce point V. **J. ROCHFELD**, « Clauses abusives. Listes réglementaires noire et grise », op. cit., p. 383.

[1154] Art. 17 de la loi tunisienne précitée n° 92-117 du 7 déc. 1992 relative à la protection du consommateur. Il semble que cet article est important pour le consommateur. En effet, avant cette loi, l'acheteur ne pouvait annuler la clause de non garantie que lorsqu'il prouvait la mauvaise foi du vendeur c'est-à-dire que celui-ci avait employé des méthodes dolosives pour créer ou dissimuler les vices de la chose vendue. Sur cette question, V. **N. REKIK**, « Réflexion sur la nullité des clauses relatives à la garantie légale des vices cachés et du défaut de qualité dans le contrat de vente », op. cit., p.104.

également tenu, selon les points 3 et 4 de la liste noire française, de ne pas unilatéralement modifier les clauses du contrat ni de déterminer et/ou interpréter tout seul une clause quelconque du contrat. La même disposition se retrouve dans le point 3 de l'article 29 de la loi algérienne n° 04-02[1155]. Il s'agit (selon le point 4 de la liste noire) d'accorder « *au seul professionnel le droit de déterminer si la chose livrée ou les services fournis sont conformes ou non aux stipulations du contrat ou lui conférer le droit exclusif d'interpréter une quelconque clause du contrat* ». Ces types de clauses précitées permettent indirectement au professionnel d'exclure sa responsabilité en cas de non-conformité au contrat[1156].

De surcroît, le point 4 de l'article 29 de la loi algérienne n° 04-02 énonce que sont considéré comme abusives toutes les clauses par lesquelles le vendeur s'accorde le droit exclusif d'interpréter une ou plusieurs clauses du contrat ou de décider de façon unilatérale que l'exécution de la transaction est conforme aux conditions contractuelles.

De même, alinéa 6 de l'article 29 de la loi algérienne n° 04-02 sur les pratiques commerciales énonce que dans les contrats entre un vendeur et un consommateur, sont considérées comme abusives, toutes les clauses par lesquelles le vendeur refuse au consommateur le droit de résilier le contrat si une ou plusieurs obligations mises à la charge du vendeur ne sont pas remplies.

Ainsi, lorsque le droit de modifier unilatéralement concerne des aspects essentiels de l'exécution du contrat, la clause qui renferme une telle prérogative est présumée abusive, non pas de façon simple mais irréfragable.

Le législateur français a prévu des exceptions dans les points 3 et 4 pour les transactions réalisées sur les marchés financiers et de change. Selon l'article R. 212-3 de la Code de la consommation : « *(1) aux transactions concernant les valeurs mobilières, instruments financiers et autres produits ou services dont le prix est lié aux fluctuations d'un cours, d'un indice ou d'un taux que le professionnel ne contrôle pas ; (2) Aux contrats d'achat ou de vente de devises, de chèques de voyage ou de mandats internationaux émis en bureau de poste et libellés en devises* ».

L'article R.212-4 du même Code ne fait pas également obstacle à l'existence de clauses par lesquelles le fournisseur de services financiers se réserve le droit de modifier le taux d'intérêt dû par le consommateur ou dû à celui-ci, ou le montant de toutes charges afférentes à des services financiers, sans aucun préavis en cas de motif légitime, pourvu que soit mise à la charge du professionnel l'obligation d'en informer la ou les autre parties contractantes dans les meilleurs

[1155] Les alinéas 2 et 3 de l'article 29 de la loi algérienne précitée n° 04-02 fixant les règles applicables aux pratiques commerciales énoncent que dans les contrats entre un vendeur et un consommateur, sont considérées comme abusives, notamment les clauses et conditions par lesquelles le vendeur : 2°) impose au consommateur des engagements immédiats et définitifs alors que lui-même contracte sous des conditions dont la réalisation dépend de sa seule volonté ; 3°) se réserve le droit de modifier, sans l'accord du consommateur, les éléments essentiels du contrat ou les caractéristiques du produit à livrer ou du service à prester.

[1156] **N. SAUPHANOR-BROUILLAUD**, « Clauses abusives », op. cit., n° 58.

délais et que celles-ci soient libres de résilier immédiatement le contrat (article R. 212-4, 1er alinéa, du Code français de la consommation). L'existence de clauses par lesquelles le contrat, lorsqu'il est conclu à durée indéterminée, stipule que le professionnel peut apporter unilatéralement des modifications liées au prix du bien à livrer ou du service à rendre à la condition que le consommateur en ait été averti dans un délai raisonnable pour être en mesure, le cas échéant, de résilier le contrat (article R.212-4, 3ème alinéa, du Code de la consommation) ; l'existence de clauses par lesquelles le contrat stipule que le professionnel peut apporter unilatéralement des modifications au contrat liées à l'évolution technique, dès lors qu'il n'en résulte ni augmentation de prix, ni altération de la qualité et que les caractéristiques auxquelles le non-professionnel ou le consommateur a subordonné son engagement ont pu figurer au contrat (article R. 212-4,4ème alinéa, du Code français de la consommation). En ce sens, la Cour d'Appel de Bordeaux a jugé qu'un déséquilibre significatif a pu être reconnu dans la clause qui indiquait que les délais de livraison n'étaient qu'indicatifs et que l'acheteur ne pouvait, en cas de dépassement de délai, réclamer de dommages et intérêts, ni annuler ou résilier le contrat[1157].

b. Clauses relatives à l'inexécution des obligations

416. Sur cette question, le législateur français se montre plus bref dans le point 6 de la liste noire et présente les règles succinctement alors que le droit algérien est plus détaillé en présentant la même règle sous trois points de vue différents (points 4, 7 et 8 de la liste du décret exécutif n° 06-306)[1158].

En effet, conformément au droit français (point 6 de la liste noire), le professionnel ne peut supprimer ou réduire sa responsabilité par rapport à la réparation du préjudice subi par le non-professionnel ou le consommateur en cas de manquement qui lui incomberait[1159]. Alors que le droit algérien prévoit la même chose de façon beaucoup plus explicite dans le point 4 de l'article 5 du décret exécutif algérien n° 06-306 puisque les clauses sont considérées comme abusives si le professionnel « *dégage unilatéralement sa responsabilité et n'indemnise pas le consommateur en cas d'inexécution totale ou partielle ou d'exécution défectueuse de ses obligations* ».

[1157] CA Bordeaux 2e ch., 21 nov. 2011, *RG.* 10/02746

[1158] Le décret exécutif algérien n°06-306 du 10 septembre 2006 fixant les éléments essentiels des contrats conclus entre les agents économiques et les consommateurs et les clauses considérées comme abusives, *JORA*, n° 56, 11 sept. 2006, p. 15. V., **M. BODALI**, *Les clauses abusives des contrats en droit algérien*, op. cit., p. 97.

[1159] **N. SAUPHANOR-BROUILLAUD**, « Les remèdes en droit de la consommation : clauses noires, clauses grises, clauses blanches, clauses proscrites par la jurisprudence et la Commission des clauses abusives », op. cit., p. 1631.

Contrairement au droit algérien, la jurisprudence tunisienne[1160] ainsi que le droit tunisien dans l'article 9 de la loi 94-9[1161] relative à la responsabilité et au contrôle technique dans le domaine de la construction, interdissent les clauses qui tendent à supprimer ou à réduire la responsabilité du professionnel seulement dans le cas du contrat de louage d'ouvrage ou de service. En d'autres termes, l'article 10 de la loi tunisienne n° 92-117 relative à la protection du consommateur prohibe la clause qui exclut ou limite la responsabilité du fournisseur du dommage causé par le produit n'offrant pas la sécurité et la santé légitimement requises pour le consommateur[1162]. De même, l'article 1324 du Code libyen de commerce dispose que sont nulles, toutes les clauses qui exonèrent ou limitent la responsabilité du distributeur vis-à-vis du consommateur.

417. Il apparaît donc que la clause qui vise à limiter ou exclure le recours à la responsabilité contractuelle pourrait entrer dans la catégorie des clauses abusives, notamment au regard des dispositions précitées des droits français, tunisien et libyen. Et pourtant, la prohibition de toutes les clauses limitatives ou exonératoires de responsabilité peut être remise en cause dans certains cas. En effet, si un tel choix peut se justifier pour les clauses exclusives de responsabilité, il est en revanche fort contestable pour les clauses limitatives de réparation[1163]. En effet, il est certain que les clauses exonératoires de la responsabilité créent un déséquilibre significatif entre les contractants dans la mesure où elle prive de toute portée le droit à réparation de la partie faible[1164]. On peut l'analyser comme une clause en vertu de laquelle le professionnel « *se réserve des droits et/ou avantages qui ne sont pas accompagnés de droits et/ou avantages équivalents reconnus au consommateur* »[1165].

En France, la solution retenue va à l'encontre des recommandations de la Commission des clauses abusives[1166]. Concernant les clauses limitatives ou exonératoires de responsabilité, la Commission avait proposé de n'interdire que

---

[1160] La Cour de cassation tunisienne a rejeté l'application des clauses qui limitent ou excluent la garantie des promoteurs immobiliers, (Par ex., Cass. civ. 20 juin 1994, n° 31607 ; Cass. civ. 15 janv. 1998, n° 62308, cité par **A. HOUSSEINE**, *Le contrat d'adhésion ; Etude comparée*, op. cit., p. 148. V. égal. **A. BLHAJ**, « La protection de la partie faible et les clauses exonératoires de la responsabilité », op. cit., p. 26.

[1161] L'article 9 de la loi tunisienne 94-9, du 31 janvier 1994 relative à la responsabilité et au contrôle technique dans le domaine de la construction, dispose que « *toute clause tendant à supprimer ou à réduire la responsabilité de l'architecte, l'ingénieur, le bureau d'études, le bureau de contrôle technique ainsi que toute autre personne liée au maître d'ouvrage par un contrat de louage d'ouvrage ou de service* » (*JORT*., n° 94-9, 1er fév. 1994, n° 9).

[1162] La loi tunisienne n° 92-117 du 7/12/1992 relative à la protection du consommateur. **N. REKIK**, « Les clauses abusives et la protection du consommateur », op. cit., p. 115.

[1163] **M. LEVENEUR-AZEMAR**, *Etude sur les clauses limitatives ou exonératoires de responsabilité*, op. cit., n° 212, p.136.

[1164] **A. BENCHENEB**, *Le droit algérien des contrats*, op. cit., n° 416, p. 297.

[1165] V., Art. 29 de la loi algérienne précitée n° 04-02 du 23 juin 2004 sur les pratiques commerciales.

[1166] A ce sujet V., Rapports d'activité pour l'année 2001 (BOCCRF du 30/05/02) et pour l'année 2008 (BOCCRF du 05/03/09) de la Commission des clauses abusives.

celles exonératoires de responsabilité, en inscrivant celles limitatives de responsabilité dans la liste grise à l'occasion de deux rapports annuels.

On peut regretter que ces avis n'aient pas été suivis. D'ailleurs, il est admis qu'il est nécessaire de distinguer entre les deux types de clauses, notamment dans les cas de contrats conclus entre professionnels. La Commission des clauses abusives avait pourtant bien souligné que les seules clauses exonératoires qui « *déséquilibrent totalement la situation contractuelle aux dépens du consommateur* »[1167] étaient à prendre en compte. A l'inverse, les clauses limitatives de responsabilité ne nient pas le droit à réparation pour la partie faible. Elles la réduisent seulement, et de façon très variable selon les contrats. En outre le juge n'hésite pas à requalifier la clause qui prévoit un chiffre dérisoire en clause exonératoire de responsabilité[1168]. De plus, ces clauses limitatives n'ont pas toujours pour objet ou pour effet de créer, au détriment de la partie faible, un déséquilibre significatif entre les droits et obligations des contractants. C'est le cas par exemple lorsque les clauses se limitent à fixer un plafond raisonnable à la responsabilité du professionnel ou qu'elles figurent dans un contrat offrant au consommateur la possibilité d'opter, moyennant un prix plus élevé, pour une indemnisation plus forte[1169]. On peut donc conclure que si les clauses exonératoires de responsabilité ont bien leur place dans la liste des clauses nécessairement abusives, les clauses limitatives de réparation, en revanche, ne devraient pas y figurer.

418. Par ailleurs, aux termes des points 7 et 8 de l'article 5 du décret exécutif algérien n° 06-306, les déséquilibres manifestes peuvent exister quand le professionnel retient les sommes versées par le consommateur et n'exécute pas ou résilie le contrat sans prévenir. De plus, le professionnel ne peut déterminer seul le montant de l'indemnité due par le consommateur sans prévoir parallèlement l'indemnité à verser au consommateur en cas de sa propre défaillance.

A ce propos, le point 5 de l'article 29 de la loi algérienne n° 04-02 énonce que dans les contrats entre un vendeur et un consommateur, sont considérées comme abusives, toutes les clauses par lesquelles le vendeur oblige le consommateur à exécuter ses obligations alors que lui-même est en défaut d'exécuter les siennes.

On peut remarquer que les clauses relatives à l'inexécution du contrat et qualifiées d'abusives n'ont pas toujours la même finalité. Dans certains cas le professionnel cherche à se prémunir de manière excessive contre le risque d'inexécution du contrat par le consommateur, risque susceptible de lui causer un dommage ou de perturber ses prévisions. Dans d'autres cas, le professionnel

---

[1167] Rapports d'activité pour l'année 2001 (BOCCRF du 30/05/02).

[1168] **M. LEVENEUR-AZEMAR**, *Etude sur les clauses limitatives ou exonératoires de responsabilité*, op. cit., n° 216, p.138.

[1169] Sur ce point V., **S. CARVAL**, « La responsabilité contractuelle à l'épreuve des listes « noire » et « grise » du décret n° 2009-302 du 18 mars 2009 », *RDC.*, 01 juill. 2009, n° 3, p. 1055.

cherche purement et simplement à échapper à sa responsabilité ou à ses obligations alors que l'inexécution lui est imputable[1170].

2. Clauses relatives à la cessation du contrat

419. Sont nécessairement abusives dans les droits des pays concernés, les clauses qui octroient au professionnel un pouvoir créant un déséquilibre dans les droits et obligations des parties lors de la cessation de la relation contractuelle.

Il est normal que la durée du contrat soit limitée dans le temps. C'est pourquoi, le point 7 de la liste noire du droit français et le point 8 de l'article 29 de la loi algérienne n° 04-02[1171] prohibent les clauses qui interdissent au consommateur de demander la résiliation du contrat en cas d'inexécution par le professionnel de ses obligations de délivrance ou de garantie d'un bien ou de son obligation de fourniture d'un service. A ce propos, la jurisprudence française a confirmé qu'est considérée comme abusive toute clause par laquelle, dans un contrat de sous-traitance, un donneur d'ordre peut résilier le contrat à sa convenance, sans indemnité, sans possibilité pour le prestataire de disposer d'une faculté de résiliation[1172].

Les points 8 du droit français et 2 du décret algérien précisent comme préalablement abusives les clauses qui reconnaissent au professionnel un droit discrétionnaire de résiliation dont ne disposerait pas la partie faible. Si le professionnel ne respecte pas cette disposition, il est tenu de verser une indemnité. L'interdiction formulée au point 8 est toutefois tempérée par l'article R. 212-4, alinéa 2 du Code français de la consommation, comme nous l'avons indiqué plus haut.

De surcroit, le législateur algérien va un peu plus loin, dans le point 3 du décret précité, en précisant que le professionnel ne peut imposer une indemnité à la partie faible, si cette dernière résilie le contrat en cas de force majeure.

En revanche, le point 9 du droit français interdit la résiliation unilatérale du contrat par le professionnel en cas de versement d'avances ou d'acomptes[1173].

De plus, selon les points 10 et 11 de la liste noire du droit français, sont considérées comme abusives, toutes les clauses qui soumettent la résiliation du contrat à un délai de préavis plus favorable pour le professionnel que pour le

---

1170 **O. TOURNAFOND**, « Les clauses abusives relatives à l'inexécution du contrat », *Etudes juridiques, Revue publiée par la faculté de droit de Sfax*, 2000, n° 7, p. 132 et s.

1171 L'article 29 de la loi algérienne n° 04-02 énonce que dans les contrats entre un vendeur et un consommateur, sont considérées comme abusives, notamment les clauses et conditions par lesquelles le vendeur : 8°) menace le consommateur de la rupture de la relation contractuelle au seul motif qu'il refuse de se soumettre à des conditions commerciales nouvelles et inéquitables.

1172 CA Rouen ch. civ. 1, 12 déc. 2012, 12/1200. V., **J. ROCHFELD**, « Clauses abusives. Listes réglementaires noire et grise », op. cit., p. 383.

1173 Le point 9 de la liste noire du droit français énonce que « *sont de manière irréfragable présumées abusives, (...) les clauses ayant pour objet ou pour effet de : 9° Permettre au professionnel de retenir les sommes versées au titre de prestations non réalisées par lui, lorsque celui-ci résilie lui-même discrétionnairement le contrat* ».

consommateur, et subordonne la résiliation par le consommateur au versement d'une indemnité au profit du professionnel.

De son côté, l'article 10 de la loi tunisienne du 7 décembre 1992 relative à la protection du consommateur prohibe les clauses contractuelles qui excluent ou limitent la responsabilité du professionnel en cas de dommage causé par le produit n'offrant pas la sécurité et présentant des risques pour la santé légitimement requise pour le consommateur[1174].

Aussi, l'article 33 de la loi tunisienne du 2 juin 1998 relative aux techniques de vente et à la publicité commerciale considère comme nulle toute clause insérée dans un contrat de vente à distance avec essai, qui exonère le vendeur du risque auquel le produit expose le consommateur et ce jusqu'à l'accomplissement de la période d'essai du produit[1175].

3. Clauses relatives aux éventuels litiges

420. Dans l'objectif de protéger la partie faible concernant les litiges d'origine contractuelle, les législateurs des pays concernés prévoient des mesures protectrices par des listes de clauses nécessairement abusives.

Pour cette raison, le droit algérien (point 5 du décret algérien déjà évoqué[1176]) considère, avant même qu'il y ait litige, qu'imposer au consommateur de renoncer à tout moyen de recours est abusif. A ce sujet, la Cour française de cassation estime dans un arrêt du 25 février 2010 que « *(...) le compromis d'arbitrage signé, or toute clause compromissoire insérée à la police d'assurance, entre l'assureur et l'assuré après la naissance d'un litige, ne constitue pas une clause figurant dans un contrat conclu entre un professionnel et un non-professionnel ou un consommateur, et n'est donc pas susceptible de présenter un caractère abusif* »[1177]. Mais, la clause compromissoire est alors susceptible de présenter un caractère abusif, car le contrat la contient.

De même, imposer au consommateur des obligations supplémentaires injustifiées et/ou se réserver le droit d'obliger le consommateur à rembourser les

---

1174 L'article 10 de la loi tunisienne du 7 décembre 1992 relative à la protection du consommateur dispose que « *le fournisseur final est responsable du dommage causé par le produit n'offrant pas la sécurité et la santé légitimement requises pour le consommateur, à moins qu'il ne donne la preuve de l'absence de sa responsabilité dans le dommage causé. Il en est de même d'un produit importé, lorsque l'identité de l'importateur n'est pas indiquée, même si le nom du producteur est connu. Dans tous les cas, la responsabilité du fournisseur, ne peut être exclue ou limitée en vertu d'une clause contractuelle* ».

1175 La loi tunisienne n° 98-40 du 2 juin 1998 relative aux techniques de vente et à la publicité commerciale, *JORT*, 2 juin 1998, n° 44, p. 1203.

1176 Le décret exécutif algérien n°06-306 du 10 septembre 2006 fixant les éléments essentiels des contrats conclus entre les agents économiques et les consommateurs et les clauses considérées comme abusives, *JORA*, n° 56, 11.

1177 Cass., civ. 1ère 25 février 2010, n°09-12126

frais et honoraires dus au titre de l'exécution forcée du contrat, sans lui donner la même faculté relève de l'abus selon les points 9 et 10 du décret algérien[1178].

Si les litiges persistent ou perdurent, en droit français ne sont pas valables les clauses qui imposent au consommateur la charge de la preuve qui normalement devrait incomber au professionnel conformément au droit applicable (selon le point 12 de la liste noire)[1179]. On pense par exemple à la solution dégagée par la haute juridiction, comme on l'a vu, pour les très nombreuses obligations d'information et de conseil, dont il n'appartient pas à la partie faible de prouver qu'elles n'ont pas été exécutées mais au professionnel d'établir qu'elles l'ont été[1180].

Par ailleurs, le fait pour le professionnel de se libérer des obligations découlant de l'exercice de ses activités (point 11 de l'article 5 du décret exécutif algérien n° 06-306) et/ou de faire peser sur le consommateur des obligations qui relèvent normalement de sa responsabilité (point 12 de l'article 5 du même décret) est considéré absolument comme abusif.

B. Les clauses présumées abusives

421. La clause est présumée abusive, c'est-à-dire qu'un juge pourra la considérer comme abusive, sauf si le professionnel apporte la preuve que, eu égard à une situation particulière, elle ne l'est pas. C'est une modification majeure dans le sens où ce n'est plus au consommateur d'apporter la preuve que la clause est abusive mais au professionnel de prouver qu'elle ne l'est pas. Ces clauses ne sont pas systématiquement prohibées mais elles donnent lieu à une vigilance particulière du juge pour autant qu'elles aient une influence quant à leur effet sur l'équilibre du contrat[1181].

Les droits français et marocain édictent une liste non limitative de clauses suspectes, qui ne sont pas considérées comme abusives, mais qui subissent en quelque sorte une suspicion légitime, c'est-à-dire les clauses qui peuvent être regardées comme abusives[1182].

Ces clauses sont présumées abusives de manière réfragable. Juridiquement, cela signifie qu'elles sont abusives, à moins que le professionnel ne démontre le contraire. Ce système est avantageux pour la partie faible car il incombe aux

---

[1178] **S. ZOUBAH**, *Les nouvelles dispositions de la protection du consommateur*, en droit algérien, p. 98 et s.

[1179] Le point 12 de la liste noire dispose que « *sont de manière irréfragable présumées abusives, (...) les clauses ayant pour objet ou pour effet de : imposer au consommateur la charge de la preuve, qui, en application du droit applicable, devrait incomber normalement à l'autre partie au contrat* ». **N. SAUPHANOR-BROUILLAUD**, « Clauses abusives », op. cit., n° 53 et s.

[1180] **S. CARVAL**, « La responsabilité contractuelle à l'épreuve des listes « noire » et « grise » du décret n° 2009-302 du 18 mars 2009 », op. cit., p. 1056.

[1181] **B. DESHAYES**, « Un nouvel espace pour le droit des affaires », *Gaz. Pal.*, 12 juin 2017, n° hors-série 3, p. 34.

[1182] **O. DESHAYES**, « Le droit des clauses abusives se dote d'une liste (grise) », *EDCO*, 01 sept. 2008, n° 03, p. 3

professionnels, et non plus à cette partie faible, d'apporter la preuve du caractère non abusif de telle ou telle clause[1183]. Il revient au juge le pouvoir d'apprécier si les clauses contenues dans un contrat conclu entre un professionnel et une partie faible a pour objet ou effet de créer au détriment de cette dernière un déséquilibre significatif.

En tout état de cause, ces clauses sont présumées abusives parce qu'elles expriment un déséquilibre dans les rapports entre les parties. Soit, elles consacrent des droits au bénéfice du professionnel (1), soit, elles semblent réduire ou limiter les droits et prérogatives de la partie faible (le consommateur ou le non-professionnel) (2). L'énumération de la liste de clauses abusives du droit marocain est toutefois un cas particulier (3).

1. Les clauses consacrant des droits au bénéfice du professionnel

422. Sur le fondement du point 1 de la liste grise du droit français[1184], le professionnel ne peut pas bénéficier davantage de droits dont la partie faible serait privée ; ainsi, il ne peut pas prévoir un engagement ferme du consommateur ou non-professionnel alors que ses propres prestations seraient conditionnelles et dépendraient de sa seule volonté[1185].

De même selon le point 2 de la liste grise, le professionnel ne pourra conserver les sommes versées par la partie faible sans qu'il y ait réciprocité c'est-à-dire le droit pour cette dernière de percevoir une indemnité d'un montant équivalent au double des arrhes versées (au sens de l'article L. 214-1) si c'est le professionnel qui renonce.

Sont également interdites toutes les clauses qui donneraient au professionnel la faculté de résilier le contrat sans un préavis d'une durée raisonnable (point 4). Cependant, cette interdiction n'est pas applicable, selon les articles R.212-3 et R.212-4 du Code de la consommation, à certaines opérations énumérées ci-dessus.

Par ailleurs, interdiction est faite au professionnel de céder unilatéralement son contrat sans l'accord de la partie faible si cette cession est susceptible de diminuer les droits de cette dernière (point 5 de la liste grise)[1186].

[1183] **B. LE BARS et B. BURY**, « Mécanismes de gestion du risque d'abus », op. cit., p. 15.

[1184] L'article R. 212-2 du Code français de la consommation prévoit que « *dans les contrats conclus entre des professionnels et des consommateurs, sont présumées abusives (...), les clauses ayant pour objet ou pour effet de : 1° Prévoir un engagement ferme du consommateur, alors que l'exécution des prestations du professionnel est assujettie à une condition dont la réalisation dépend de sa seule volonté ; (...)* ».

[1185] **M. MEKKI**, « Fiche pratique sur les clauses abusives : quel modus operandi pour les professionnels du droit ? », op. cit., p. 12.

[1186] L'article R. 212-2 du Code français de la consommation prévoit que « *dans les contrats conclus entre des professionnels et des consommateurs, sont présumées abusives (...), les clauses ayant pour objet ou pour effet de : (...) 5° Permettre au professionnel de procéder à la cession de son contrat sans l'accord du consommateur et lorsque cette cession est susceptible d'engendrer une diminution des droits du consommateur ; (...)* ». Pour des condamnations de ce type de clause, Cass. 1er civ., 14

De plus, toutes les clauses (point 6 de la même liste[1187]) qui réservent le droit au professionnel de modifier de façon unilatérale les droits et obligations de la partie faible sont présumées abusives[1188]. On y trouve par exemple les clauses allongeant excessivement le délai de livraison ou celles où un cocontractant s'arroge le droit de se désister du contrat sans raison valable[1189]. Cependant, il convient de noter qu'il existe quelques exceptions (conformément aux articles R. 212-3 et R. 212-4 du Code de la consommation précités).

Il est essentiel que la date d'exécution du contrat soit précise, c'est pour cette raison que le point 7 de la liste grise interdit la stipulation d'une date indicative d'exécution sauf dans les cas prévus par la loi.

2. Les clauses limitant les droits de la partie faible

423. Afin de préserver les intérêts et les droits de la partie faible, l'usage de toutes les clauses susceptibles d'amoindrir les droits du consommateur ou du non professionnel est interdit. Ainsi, le point 3 de la liste grise interdit d'imposer au consommateur une indemnité d'un montant manifestement disproportionné en cas d'inexécution de ses obligations. On peut constater que les termes du point 3 ne sont pas très précis : on suppose que la disproportion manifeste du montant de l'indemnité s'apprécie par comparaison avec l'étendue du préjudice subi par le professionnel. Cela rappelle des dispositions de clause pénale dans le droit commun. En effet, la clause pénale permet au juge de modérer la peine « manifestement excessive », comme on va le voir. Cependant, la disproportion manifeste s'apprécie en comparant l'importance du préjudice effectivement subi et le montant conventionnellement fixé[1190]. Mais ici, le professionnel peut toujours rapporter la preuve de ce que la stipulation instituant une indemnité d'un montant manifestement disproportionné n'est pas abusive. Pour cela, il doit établir qu'elle ne crée pas de déséquilibre significatif entre les droits et obligations.

D'ailleurs, conformément au point 8 de la liste, le professionnel ne peut pas réduire les droits de la partie faible en le soumettant à la résolution ou à la résiliation du contrat à des conditions ou modalités plus rigoureuses que pour lui-même. Ainsi de la clause du contrat de voyage, dont la Commission des clauses

---

nov. 2006, n° 04-17.578, *Bull. civ.* I, n° 489 ; *D.* 2006. 2980, obs. **C. RONDEY**; *RTD com.* 2007. 437, obs. **B. BOULOC**; Cass 1er civ., 14 nov. 2006, n° 04-15.646, *Bull. civ.* I, n° 488;

[1187] L'article R. 212-2 du Code français de la consommation prévoit que « *dans les contrats conclus entre des professionnels et des consommateurs, sont présumées abusives (...), les clauses ayant pour objet ou pour effet de : (...) 6° Réserver au professionnel le droit de modifier unilatéralement les clauses du contrat relatives aux droits et obligations des parties, autres que celles prévues au 3° de l'article R. 212-1 ; (...)* ».

[1188] V., **J. LASSERRE CAPDECILLE**, « Nouvelles clauses abusives en matière de crédit à la consommation affecté à l'acquisition d'un véhicule automobile », *AJ Contrat*, 2017, p. 30.

[1189] **B. DESHAYES**, « Un nouvel espace pour le droit des affaires », op. cit., p. 34.

[1190] **S. CARVAL**, « La responsabilité contractuelle à l'épreuve des listes « noire » et « grise » du décret n° 2009-302 du 18 mars 2009 », op. cit., p. 1056.

abusives a recommandé la suppression[1191], ce qui laisse au professionnel la faculté d'annuler le contrat sans frais pour des raisons de force majeure ou de sécurité sans offrir la même possibilité au consommateur dans les mêmes circonstances. Elle pourrait être désormais considérée comme une clause « grise » au sens de ce point de la liste[1192].

De surcroit, la stipulation de clauses qui privent la partie faible d'un droit est susceptible d'être annulée ou éradiquée. C'est pourquoi, le point 9 de la même liste édicte l'impossibilité pour le professionnel de limiter indûment les moyens de preuve à la disposition de la partie faible, ainsi que celle de supprimer ou d'entraver l'exercice d'actions en justice ou des voies de recours par le consommateur, notamment en obligeant ce dernier à saisir exclusivement une juridiction d'arbitrage non couverte par des dispositions légales ou à passer exclusivement par un mode alternatif de règlement des litiges (point 10 de la liste grise)[1193]. Mais l'entrave au droit à la justice peut même être analysée comme une atteinte sérieuse aux droits fondamentaux du contractant. Les auteurs ont pensé que la clause visée dans le 10° de la liste des clauses grises, aurait pu trouver sa place dans la liste noire de l'article R. 132-1, comme portant, ainsi que le dit l'article L. 132-1 à propos des clauses noires, une « atteinte grave à l'équilibre du contrat »[1194].

Ainsi, nous pouvons remarquer que la typologie des clauses abusives reste parfois complexe, comme l'illustre le cas particulier propre au droit marocain.

3. Cas particulier du droit marocain

424. La formulation du législateur marocain ne permet pas de soutenir qu'il s'agit de clauses irréfragablement abusives. Il utilise la formule « *(...) peuvent être regardées (...)* », ce qui sous-entend que le professionnel a la possibilité de rapporter la preuve de leur caractère non abusif. Le dernier alinéa de cette disposition conforte cette idée. Il dispose en effet que « *en cas de litige concernant un contrat comportant une clause abusive, le fournisseur doit apporter la preuve*

[1191] Comm. cl. abusives, *recomm.*, n° 08-01, pts 10 et 11.

[1192] **N. SAUPHANOR-BROUILLAUD**, « Les remèdes en droit de la consommation : clauses noires, clauses grises, clauses blanches, clauses proscrites par la jurisprudence et la Commission des clauses abusives », op. cit., p. 1631.

[1193] L'article R. 212-2 du Code français de la consommation prévoit que « *dans les contrats conclus entre des professionnels et des consommateurs, sont présumées abusives (...), les clauses ayant pour objet ou pour effet de : (...) 10° Supprimer ou entraver l'exercice d'actions en justice ou des voies de recours par le consommateur, notamment en obligeant le consommateur à saisir exclusivement une juridiction d'arbitrage non couverte par des dispositions légales ou à passer exclusivement par un mode alternatif de règlement des litiges* ».

[1194] A ce sujet **G. PAISANT**, « Le décret portant listes noire et grise des clauses abusives », *JCP G*, 2009, p. 116 ; **J. ROCHFELD**, « Clauses abusives. Listes réglementaires noire et grise », op. cit., p. 383.

du caractère non abusif de cette clause » (l'article 18 de la loi marocaine n° 31-08 édictant des mesures de protection du consommateur)[1195].

La spécificité de la liste des clauses abusives en droit marocain est qu'elle comporte à la fois des clauses absolument abusives de la législation française (liste noire) mais aussi des clauses présumées abusives de la liste grise en droit français. Par conséquent, le consommateur marocain sera moins protégé vis-à-vis de certaines clauses, à cause de la possibilité pour le professionnel de prouver le caractère non abusif de certaines clauses[1196].

Ainsi, en droit marocain par exemple, le point 5 de la liste indicative de la loi 31/08 qui prévoit un engagement ferme du consommateur, alors que l'exécution de l'engagement du fournisseur est assujettie à une condition dont la réalisation dépend de sa seule volonté est presque identique au point 5 de la liste noire du droit français. Par conséquent, le professionnel marocain pourra toujours tenter d'apporter la preuve du caractère non abusif de cette clause alors qu'une telle possibilité n'est pas permise en droit français.

L'article 18 de la loi marocaine n° 31-08, édictant des mesures de protection du consommateur, énumère une liste de dix-sept (17) types de clauses qualifiées d'abusives et pouvant entraîner la nullité de la transaction. Il s'agit notamment des clauses visant à supprimer ou réduire le droit à réparation du consommateur, de réserver au professionnel ou fournisseur le droit de modifier unilatéralement les caractéristiques du produit, du bien à livrer ou du service à fournir, de prévoir la possibilité de cession du contrat par le professionnel, lorsque cette cession est susceptible d'engendrer une diminution des garanties pour le consommateur sans l'accord de celui-ci[1197].

La liste est donc limitative mais le juge peut toujours considérer une clause abusive même si elle ne figure pas parmi les 17 clauses de la liste indicative légale.

Sur ce point, l'article 18 de la loi marocain n° 31/08 et la liste grise du Code français de la consommation prévoient qu'en cas de litige concernant une clause abusive, le professionnel doit apporter la preuve du caractère non abusif de la clause objet du litige. Cette solution semble a priori favorable au consommateur mais cela signifie aussi qu'il est toujours possible au professionnel de contester le caractère abusif de la clause qu'elle figure ou non sur la liste indicative. En droit

---

[1195] La loi n°31-08 édictant des mesures de protection du consommateur, *Bull. O. Mar.*, n° 5932, 7 avril 2011 ; **Abdel-K. EL-AARAARY**, *Les ressources des obligations, La théorie du contrat*, en arabe, op. cit, n° 249, p. 219

[1196] V. **Y. IBN KHALDOUN**, « La protection du consommateur contre les clauses abusives à la lumière de la loi n° 31-08 », https://www.maroclaw.com, en arabe, consulté le 08 avril 2018.

[1197] **Z. ZNAIDI**, « La protection du consommateur contre les clauses abusives insérées dans les contrats de prêt immobilier », en droit marocain, http://www.marocdroit.com, consulté le 10 nov. 2016. Aussi, il convient de noter que en ce sens, l'article 106-13 du Code marocain des obligations et des contrats dispose que « *la responsabilité du producteur ou de l'importateur en application des dispositions du présent chapitre ne peut être réduite ou écartée à l'égard de la victime par une clause limitative ou exonératoire de responsabilité* » (Institué par la loi n° 24-09 du 17 août 2011- 16 ramadan 1432 promulguée par le dahir n° 1-11-140 ; *Bull.O. Mar.* n° 5984 du 6 octobre 2011).

français, sur le terrain probatoire, le consommateur est dans une situation plus confortable par rapport à la liste des clauses noire[1198].

Conformément aux dispositions l'article 18 de la loi n° 31-08 et contrairement aux dispositions du Code des obligations et des contrats, le consommateur marocain peut aujourd'hui invoquer le caractère abusif de la clause contractuelle, mais le professionnel peut rapporter la preuve contraire. Il devra ainsi démontrer l'absence de déséquilibre entre les droits et obligations des parties, en cas de litige de consommation[1199].

[1198] **Abdel-K. EL-AARAARY**, *Les ressources des obligations, La théorie du contrat*, op. cit, n° 249, p. 219.

[1199] **A. MOHIM**, *La protection du consommateur-contractant ; étude et analyse approfondies à la lumière de l'actualité de la loi n° 31-08 édictant des mesures de protection du consommateur*, en arabe, op. cit., p. 240 et s.

Conclusion de chapitre

425. L'introduction de divers textes de lutte contre les clauses abusives a pour objectif avoué de protéger la partie la plus faible dans la relation contractuelle de même que les contractants en situation de faiblesse doivent en principe être protégés des abus et même des tentatives d'abus commis par leurs partenaires en situation de force.

Le consommateur de façon générale et le non-professionnel en droit français peuvent, sans aucun doute, se prévaloir des législations consuméristes dans le cadre de la lutte contre les clauses abusives. La protection du professionnel intervient sous la condition des droits du commerce français et algérien. Cette protection est aussi possible sur la base des textes des Codes civils français, libyen et algérien, lorsque les conditions requises sont effectivement réunies. Mais, la détermination de la personne protégée contre les clauses abusives continue de soulever des questions. Le recours à l'interprétation de critères (la finalité de leur activité ou leur sphère de compétence) s'impose dans certains cas pour étendre le champ de l'application de protection contre les clauses abusives. Si la protection de tous les contractants en situation de faiblesse doit être assurée, il faut adopter des dispositions sur la lutte contre les clauses abusives dans le droit commun et seules ces dispositions devraient trouver application dans les hypothèses qui outrepassent le réel domaine du droit de la consommation.

S'agissant de la détermination des clauses abusives, les moyens efficaces de suppression des clauses s'articulent autour de deux mécanismes ; le premier se fonde sur l'appréciation du caractère abusif de la clause par des critères généraux (déséquilibre significatif ou manifeste par exemple) pour toutes les clauses quel que soit le type du contrat. La liste des clauses présumées abusives permet de mettre en œuvre le deuxième mécanisme.

On peut déplorer que les droits tunisien, mauritanien et libyen n'ont recours de manière explicite qu'au deuxième mécanisme (détermination préalable de certaines clauses comme abusives) pour lutter contre les clauses abusives. Dans ces pays, la protection de la partie faible face à ce type de clause est par conséquent très limitée.

En revanche, les législateurs français, algérien et marocain adoptent les deux mécanismes. Cependant, les systèmes juridiques de ces pays sont différents, notamment dans la détermination préalable des clauses. En effet, les législateurs algérien et marocain ont regroupé les différents types de clauses dans un seul ensemble, celui des clauses nécessairement abusives en droit algérien, et des clauses présumées abusives pour le droit marocain. Le droit français établit une distinction entre les clauses illicites, et donc nulles, qui peuvent de surcroît être jugées abusives, les clauses présumées abusives de façon irréfragable, interdites, ou clauses « noires », qui sont réputées non écrites et les clauses simplement présumées abusives, ou clauses « grises », réputées non écrites, sauf au professionnel à apporter la preuve qu'elles n'entraînent pas de déséquilibre significatif.

Chapitre II : La protection contre les pratiques illicites

426. Les pratiques commerciales sont envisagées sous un angle très large par la directive n° 2005/29/ CE du 11 mai 2005[1200] relative aux pratiques commerciales déloyales comme « *toute action, omission, conduite, démarche ou communication commerciale, y compris la publicité et le marketing, de la part d'un professionnel, en relation directe avec la promotion, la vente ou la fourniture d'un produit aux consommateurs* ». Il s'agit donc de les être très étendu de manière large[1201].

Dans le cadre de notre étude, on considère que la pratique commerciale englobe tous les procédés par lequel un professionnel recherche dans un premier temps à attirer les consommateurs, et ensuite essaie de conclure un contrat en mettant en œuvre une stratégie commerciale visant à atteindre des objectifs. Pour ce faire, le principe de libre concurrence, qui est la base du système économique actuel, suppose que chaque professionnel choisisse librement les méthodes qu'il entend pratiquer. Cependant, admise sans frein, cette liberté peut conduire à l'emploi de procédés illicites, qui léseraient souvent la partie la plus faible et qui pourraient dès lors entraver le bon fonctionnement du marché[1202]. Pour ces raisons, les législateurs interviennent régulièrement pour réglementer les pratiques commerciales et préserver les intérêts du contractant faible. Comme nous l'avons vu précédemment, la partie faible bénéficie d'une protection durant la phase précontractuelle par diverses techniques protectrices, notamment par le biais d'une obligation d'information à la charge du professionnel. La protection se poursuit durant tout le processus de conclusion du contrat au moyen de réglementations très strictes appliquées aux pratiques commerciales susceptibles de revêtir un caractère illicite[1203].

Les pratiques illicites sont multiples. Mais, on peut simplement dire qu'une pratique « *réglementée devient illicite dès lors qu'elle ne respecte pas la réglementation* »[1204]. Ces pratiques peuvent de fait porter atteinte à l'équilibre contractuel ou à l'intégrité du consentement et au libre arbitre de la partie faible en influençant sa prise de décision. C'est la raison pour laquelle le droit vient prohiber certains comportements et protéger contre les pratiques illicites dans la relation contractuelle.

[1200] La directive n° 2005/29/CE du 11 mai 2005 relative aux pratiques commerciales déloyales, *J.O.*, de l'Union européenne, 11 mai 2005, https://eur-lex.europa.eu/legal-content/FR.

[1201] Selon **G. RAYMOND**, *les pratiques commerciales sont tout ce qui permet à un professionnel de provoquer chez le consommateur un désir d'achat ou l'achat d'un produit ou d'un service.* in, *Droit de la consommation*, op. cit., n° 334, p. 191.

[1202] **J. CALAIS-AULOY et H. TEMPLE**, *Droit de la consommation*, op. cit., n° 87, p. 91.

[1203] En ce sens V., **A. FILALI**, « Le droit de la consommation : une adaptation du droit commun des contrats », op. cit., p. 21 ; V. égal. **C. PRIETO**, « f) Multiples pratiques contractuelles abusives de France Télécom et Orange Caraïbes pour maintenir un monopole de fait », *RDC.*, 1 avril 2010, n° 2, p. 637.

[1204] **J-D., PELLIER**, *Droit de la consommation*, op. cit., n° 41, p. 57.

Afin de lutter contre la multiplication des pratiques commerciales illicites exercées par certains professionnels, les législateurs des pays étudiés ont adopté diverses mesures. Une intervention du législateur pour limiter les abus nés de telles pratiques s'imposait. C'est aujourd'hui chose faite. Ainsi, les pratiques illicites peuvent être réprimées au titre de l'interdiction de recourir aux pratiques abusives (section I), et par la lutte contre les pratiques commerciales déloyales (section II).

Section I : L'interdiction de recourir aux pratiques abusives

427. La multiplication des contrats-type, rédigés unilatéralement par l'une des parties et auxquels l'autre partie est appelée à adhérer, sans possibilité pour elle de les modifier, remet en cause le principe de l'autonomie de la volonté et son corollaire, l'égalité entre cocontractants, puisque le contractant donne son adhésion sans consentement réel, ce qui ouvre la porte à tous les abus de la part des professionnels libres d'exercer certaines pratiques abusives[1205]. Autrement dit, dans un exercice dévoyé de la liberté contractuelle accaparée par la partie la plus forte pour imposer à la partie faible des conditions qui sacrifient, ou du moins maltraitent gravement ses intérêts dans la conclusion et l'exécution du contrat, l'égalité entre contractants se trouve fortement altérée[1206]. Ainsi, en droit de la consommation, le recours à la notion de pratique abusive a pour objectif de protéger le partenaire le plus faible contre la puissance de son cocontractant[1207]. Dans un souci de protéger plus encore les contractants faibles ou vulnérables, les législateurs interdisent de recourir à certaines techniques commerciales qualifiées d'abusives.

Obtenir ou tenter d'obtenir d'une partie supposée plus faible, telle que le consommateur, un avantage quelconque ne correspondant à aucun service commercial effectivement rendu ou manifestement disproportionné au regard de la valeur du service rendu relève d'une pratique abusive[1208]. Un tel avantage peut notamment consister en la conclusion et l'exécution d'un contrat non justifié par un intérêt commun et sans contrepartie proportionnée.

428. En tout état de cause, les pratiques abusives, concrétisant un dévoiement du rapport de forces contractuelles, sont sanctionnées par différents textes

---

1205 En ce sens V., **J.-L. CAPDEVILLE**, « Abus de faiblesse d'une cliente de banque », *LEDB.*, 01 déc. 2010, n° 04, p. 7 ; **J.-B. BLAISE**, *Droit des affaires ; commerçants, concurrence et distribution*, LGDJ, 9e éd., 2017, n° 816, p. 462 et s.

1206 Par ex., l'article 37 de la loi tunisienne n° 2015-36 du 15 sept. 2015, relative à la réorganisation de la concurrence et des prix dispose qu'il est interdit au professionnel « : *(1/...) ; 5/ d'obtenir ou de tenter d'obtenir, d'un partenaire commercial, un avantage non justifié par un service commercial effectif ou ne correspondant pas à la valeur réelle du service rendu. Cet avantage peut consister en une participation au financement des opérations d'animation commerciale ou un investissement dans l'équipement des locaux commerciaux, et ce, sans l'existence d'un intérêt commun* » (*JORT.*, 25 et 29 sept. 2015, n°77-78, p. 2327). De même, l'article 61 de la loi marocaine n° 104-12 relative à la liberté des prix et de la concurrence et l'article 18 de la loi algérienne n° 04-02 du 23 juin 2004 fixant les règles applicables aux pratiques commerciales disposent qu'il est interdit au professionnel de pratiquer, à l'égard d'un partenaire économique ou d'obtenir de lui des prix, des délais de paiement, des conditions de vente ou des modalités de vente ou d'achat discriminatoires et non justifiés par des contreparties réelles conformes aux usages commerciaux loyaux et honnêtes (la loi marocaine n° 104-12 relative à la liberté des prix et de la concurrence, *Bull. O. Mar.*, n° 6280 du 7 Août 2014, p. 3731 et la loi algérienne 04-02 du 23 juin 2004 fixant les règles applicables aux pratiques commerciales, *JORA*, n°41, 27 juin 2004, p. 3).

1207 **G. LOISEAU**, « La puissance du contractant en droit commun des contrats », *AJCA.*, 2015, p. 496.

1208 **R. OLLARD**, « Regards sur la consécration de l'abus de l'état de nécessité ou de dépendance à la lumière des solutions du droit pénal », *RDC.*, 01 mars 2016, n° 01, p. 94.

spéciaux, notamment via le droit de la consommation, voire aujourd'hui par le droit commun, à travers l'interdiction d'une manière ou d'une autre de certaines pratiques présumées abusives.

Ainsi, on constatera que les droits des pays étudiés déterminent un certain nombre de pratiques interdites de manière explicite ou implicite. Ces pratiques abusives engagent la responsabilité civile et/ou pénale de leurs auteurs[1209]. Elles sont diverses, et se manifestent d'un point de vue légal par l'interdiction générale de l'exploitation abusive de la faiblesse d'un côté (paragraphe1), et par l'interdiction spécifique à certains domaines d'un autre côté (paragraphe 2).

Paragraphe 1 : L'interdiction de l'exploitation abusive de la faiblesse d'autrui

429. Certains contractants, dans une situation de faiblesse, ont besoin d'une protection contre les pressions qu'ils pourraient subir d'une personne mal intentionnée, tentant de leur extorquer un consentement ne traduisant pas une véritable volonté. En réalité, la rencontre de volonté peut être faussée lorsque le professionnel a abusé de l'état de faiblesse ou de vulnérabilité de son cocontractant pour obtenir son consentement. Ainsi, la loi tente en général de réprimer l'exploitation abusive de la faiblesse dans toutes les relations contractuelles[1210].

L'interdiction de certaines pratiques commerciales existe effectivement dans les législations algérienne et libyenne, mais les législateurs de ces pays ne recourent pas expressément à la notion d'abus de faiblesse dans les règles consuméristes. Dans ces deux pays, la lutte contre cet abus est en principe soumise au droit commun[1211]et accessoirement à certains textes de droits spéciaux[1212]. Les législateurs des autres pays étudiés ont en revanche créé une interdiction d'abus de faiblesse à travers certains textes dans différentes législations. Dans ces pays,

---

[1209] **R. OTTENHOF**, « Abus de faiblesse. Article 313-4 du Code pénal et articles L. 122-8 et 10 du Code de la consommation », *RSC.*, 2000, p.614

[1210] Partir du déséquilibre contractuel pour en déduire que le contractant faible a été abusé par son partenaire et mettre en place une protection en sa faveur, n'est pas nouveau. Ce qui est nouveau, c'est l'ampleur du phénomène. Par exemple, le droit positif n'accepte de sanctionner la lésion que lorsque préexiste au déséquilibre contractuel une situation de faiblesse et que ce déséquilibre est subi par la partie faible. En ce sens V., **L. BRUNEAU**, *Contribution à l'étude des fondements de la protection du contractant*, Thèse, Toulouse, 2005, n° 558, p. 468 et s. La lésion selon certains, parce qu'elle atteste « de l'exploitation des besoins ou de l'inexpérience du contractant lésé par l'autre partie ». V., **P. VOIRIN et G. GOUBEAUX**, *Droit civil, personnes, famille, incapacité, biens, obligations, sûretés*, LGDJ, 37e éd., 2017, t. 1, n°899, p. 420.

[1211] Par ex., en droit commun, le recours aux notions d'abus de droit ou de bonne foi, etc., permet d'une certaine façon de lutter contre l'abus de faiblesse. Mais, cette solution ne peut pas traiter toutes les questions relatives à l'abus de faiblesse et reste limitée à certains cas précis. En conséquence, une intervention législative s'impose afin de réprimer l'abus de faiblesse dans ces pays.

[1212] Par ex., Arts. 14 à 30 de la loi algérienne n° 04-02 du 23 juin 2004 fixant les règles applicables aux pratiques commerciales. Arts. 1284 à 1291 et Arts. 1316 et 1317 de l'annexe relative à la concurrence et la protection du consommateur du Code de commerce libyen.

l'abus de faiblesse est une infraction doublement réprimée, par le droit civil, notamment à travers des législations relatives à la protection du consommateur en droits français, marocain, tunisien et mauritanien[1213] et par le droit pénal français et marocain[1214]. Cependant, certains auteurs[1215] déplorent ce doublon et souhaitent qu'une seule infraction subsiste, soit dans le Code pénal, soit, peut-être plus logiquement, dans le Code de la consommation.

En tout état de cause, les droits des pays concernés par cette interdiction protègent effectivement le contractant le plus faible contre l'abus de son cocontractant pour préserver la liberté de décision de ce premier, dans un sens plus large qu'en droit commun. En somme, l'abus de faiblesse se caractérise par l'attitude d'une partie qui profite de la faiblesse de son cocontractant pour obtenir un avantage excessif, injustifiable ou illégitime et/ou pour lui faire souscrire un engagement généralement inadapté à ses besoins[1216].

Il est important d'examiner ici les caractéristiques légales de l'abus de faiblesse dans les différents pays (A) avant d'analyser comment cet abus est sanctionné dans ces pays (B).

A. La notion d'abus de faiblesse

430. Comme l'a indiqué le Doyen RIPERT[1217], « ce n'est pas la disproportion des prestations qui peut faire tomber le contrat, c'est la révélation par cette disproportion qu'il y a eu exploitation de l'un des contractants dans un contrat ». Quelle que soit la nature de l'inégalité, inhérente ou relative, le déséquilibre contractuel au détriment de la partie faible révèle l'existence d'un abus de faiblesse[1218].

Ainsi, l'abus de faiblesse se caractérise légalement par le fait de profiter de la vulnérabilité d'une personne afin de la conduire à faire des actes ou à s'abstenir de faire des actes, ayant des conséquences particulièrement préjudiciables pour

---

1213 L'abus de faiblesse a été abordé dans les articles L. 121-8 à L. 121-10 du Code français de la consommation ; l'article 50 de la loi tunisienne n°98-40 du 2 juin 1998, relative aux techniques de ventes et à la publicité commerciale ; Art. 50 de la loi tunisienne n° 2000-83 du 9 août 2000 relative aux échanges et au commerce électronique ; Art. 59 de la loi marocaine n°31-08 sur les mesures de protection du consommateur ; Art. 75 de l'Ordonnance mauritanienne n° 2006-031 relative aux instruments de paiement et aux opérations du commerce électroniques.

1214 A l'origine, le Code pénal français de 1810 réprimait une sorte d'abus de faiblesse à l'égard des mineurs qui s'apparentait à l'abus de confiance. Le Code pénal de 1992, entré en vigueur en mars 1994, modernisa l'infraction afin de protéger toute personne vulnérable. V. en ce sens, **C. AMBROISE-CASTÉROT**, « Consommation », *Rép. civ., Dalloz*, juill. 2016, n° 86. En droit marocain, la répression de cette pratique peut fonder sur l'article 552 du Code pénal.

1215 V. en ce sens, **J. CALAIS-AULOY et F. STEINMETZ**, *Droit de la consommation*, op. cit., n° 161.

1216 **L. BRUNEAU**, *Contribution à l'étude des fondements de la protection du contractant*, op. cit, n° 550. p.450 ;

1217 **G. RIPERT**, *La règle morale dans les obligations civiles*, LGDJ, 2013, n° 73, p. 125.

1218 L. **BRUNEAU**, *Contribution à l'étude des fondements de la protection du contractant*, op. cit, n° 557, p. 468.

cette même personne[1219]. Simplement, l'abus, c'est « *un acte à la fois excessif et mauvais* »[1220].

Les régimes juridiques des pays étudiés prennent en compte le lieu et le contexte de certaines pratiques commerciales pour mettre en place une protection renforcée des contractants les plus faibles, ou du moins plus fragilisés que d'ordinaire[1221]. Les droits de ces pays assurent l'ordre public de protection du contractant, en protégeant les plus faibles : personne en âge avancé ou ayant une mauvaise compréhension de la langue français ou personne malade[1222], etc. Ces droits créent une classification dans la protection de la catégorie juridique des consommateurs, à savoir qu'il y a les consommateurs et les consommateurs en état de faiblesse[1223]. Le champ d'application de l'abus est alors apprécié différemment selon la situation de la personne. Lorsqu'il se trouve dans une situation de faiblesse, le contractant est protégé contre tout acte d'abus de faiblesses à condition que cet acte réunisse certains éléments.

Pour caractériser l'abus de faiblesse, son champ d'application de l'abus de faiblesse (1), puis les éléments constitutifs de cet abus doivent être examinés (2).

1. Le champ d'application de l'abus de faiblesse

431. Lorsque l'on aborde l'abus de faiblesse les différents régimes juridiques, on peut constater la variété des textes en rapport avec cette infraction. Pour pouvoir ainsi trancher la question de l'étendue d'abus de faiblesse dans les pays étudiés, il convient tout d'abord d'aborder le champ d'application de cet abus dans le cadre du droit civil (a), notamment avec les règles consuméristes, puis son champ d'application dans le cadre du droit pénal (b).

a. En matière civile

432. L'interdiction de l'abus de faiblesse apparaît expressément dans les droits spéciaux français, tunisien, marocain et mauritanien. Néanmoins, il existe des interdictions dans le droit commun de tous les pays étudiés qui peuvent conduire à l'application de la même pratique résultant de l'abus de faiblesse.

i. L'abus de faiblesse dans les droits spéciaux

433. En France, Tunisie, Maroc et Mauritanie, l'abus de faiblesse est de manière explicite prohibé par les droits de la consommation au titre des pratiques commerciales illicites. Il convient d'ailleurs de souligner que le champ d'application des textes des droits français, tunisien et mauritanien n'est pas limité

1219 **C. AMBROISE-CASTÉROT**, « Consommation », *Rép. pén.., Dalloz,* juill. 2016, n° 90.

1220 **Ph. SALVAGE**, « Abus frauduleux de l'état d'ignorance ou de faiblesse », *J.-Cl.* pén, art. 223-15-2 à 223-15-4, 15 Mars 2011, n° 23, p. 458 ; V. égal. **Y. MAYAUD**, « Interprétation stricte pour l'abus frauduleux de l'état d'ignorance ou de faiblesse », *RSC.*, 2017, p.507.

1221 **D. BAZIN-BEUST**, *Droit de la consommation*, op. cit., pp. 104 et s.

1222 **S. PIEDELIEVRE**, « Abus de faiblesse et personnes vivant seules », *Gaz. Pal.*, 13 sept. 2016, n° 31, p. 22.

1223 **S. RETTERER**, « Ventes réglementées », *Rép. com.*, Dalloz., fév. 2018, n° 187.

aux relations professionnel/consommateur puisque l'article L. 122-8 du Code français de la consommation, l'article 50 de la loi tunisienne n° 98-40 du 2 juin 1998, l'article 50 la loi tunisienne n° 2000-83 du 9 août 2000 et l'article 75 de l'Ordonnance mauritanienne n° 2006-031 visent « quiconque »[1224]. Toutefois, l'article 59 la loi marocaine n° 31-08 prévoit que « *est réputé nul par la force de la loi tout engagement né d'un abus de la faiblesse ou de l'ignorance du consommateur, (...)* »[1225]. On peut constater que le législateur marocain a ici utilisé un terme différent (tout engagement) de celui utilisé (quiconque) dans les droits des pays comparés. Or, quel que soit le terme employé, cela induit le même résultat, à savoir que la législation s'appliquera à tous types de relations commerciales.

434. En tout état de cause, le champ d'application de cette interdiction est plus clair et détaillé en droit français de la consommation que dans les droits des autres pays comparés qui traitent rarement de ce sujet et n'abordent pas toutes les questions liées à ce domaine.

En France, à l'origine, l'abus de faiblesse a été institué par la loi française n° 72-1137 du 22 décembre 1972[1226]. Le texte initial ne sanctionnait que les abus commis dans le cadre d'un démarchage à domicile (article 7)[1227]. Mais pour tenir compte de l'évolution des techniques commerciales toujours plus agressives, le champ d'application de l'infraction a été étendu en 1992. Aujourd'hui, l'article L. 121-8 du Code français de la consommation sanctionne l'abus de faiblesse à l'occasion de visites domiciliaires : « *Est interdit le fait d'abuser de la faiblesse ou de l'ignorance d'une personne pour lui faire souscrire, par le moyen de visites à domicile, des engagements (...)* ». Cet article s'impose à tous les contrats qui font l'objet d'un démarchage à domicile (démarchage bancaire, démarchage en assurance, etc.), y compris aux démarchages exclus par l'article L. 121-22 du Code français de la consommation qui précise les règles applicables aux contrats conclus hors établissement[1228].

Plus précisément, en droit français de la consommation, l'abus de faiblesse est pris en charge, qu'il ait lieu à domicile, ou lorsque la personne est attirée vers l'extérieur dans les situations prévues par la loi. S'agissant de l'abus à domicile, le Code de la consommation réprime les cas d'abus de faiblesse commis soit lors

---

[1224] La loi tunisienne n°98-40 du 2 juin 1998, relative aux techniques de ventes et à la publicité commerciale et la loi tunisienne n° 2000-83 du 9 août 2000 relative aux échanges et au commerce électronique. Aussi, l'article 75 de l'Ordonnance mauritanienne n° 2006-031 relative aux instruments de paiement et opérations du commerce électroniques.

[1225] L'article 59 la loi marocaine n° 31-08 édictant des mesures de protection du consommateur. *Bull.O. Mar.*, n° 5932, 7 avril, 2011. **Abdel-K. EL-AARAARY**, *Les ressources des obligations, La théorie du contrat*, en droit marocain, Dar Elamane, en arabe, 6e éd., 2018, n° 230, p. 203 et s.

[1226] Art. 7 de la loi française n° 72-1137 du 22 déc. 1972 relative à la protection des consommateurs en matière de démarchage et de vente à domicile. V. égal. **J. CALAIS-AULOY et H. TEMPLE**, *Droit de la consommation*, n° 110, p. 109.

[1227] **S. RETTERER**, « Ventes réglementées », *Rép. com.*, Dalloz, fév. 2018, n° 155.

[1228] V., **J.-D. PELLIER**, *Droit de la consommation*, op. cit., n° 60, p. 75.

d'une visite à domicile, soit lors d'un démarchage, y compris téléphonique[1229]. Quant à l'abus hors domicile, la protection consumériste s'étend à d'autres situations : soit lorsque la victime est attirée à l'extérieur de chez elle pour subir des pressions, soit lorsque la victime est dans une situation d'urgence. En effet, l'article L. 121-9 (2° à 5°) du Code de la consommation prévoit toute une série de situations qui définissent le champ d'application de la loi protectrice permettant de sanctionner les abus de faiblesse[1230].

Tout aussi rare en droit marocain, l'abus de faiblesse n'est mentionné expressément que dans deux articles de la loi n° 31-08 édictant des mesures de protection du consommateur. Pour cette raison, certains auteurs[1231] estiment que le législateur marocain fait peu de cas de l'abus de faiblesse. Ce manquement peut être déploré puisqu'il induit un risque de réduction de la protection du consommateur, ces deux articles ne pouvant pas traiter toutes les questions relevant de l'abus de faiblesse. Cette notion est pourtant mentionnée dans l'article 59 de la loi n° 31-08 qui prévoit que « *est réputé nul par la force de la loi tout engagement né d'un abus de la faiblesse ou de l'ignorance du consommateur, lequel se réserve le droit de se faire rembourser les sommes payées et d'être dédommagé sur les préjudices subis* ». On peut donc en conclure que le champ d'application de répression de l'abus peut s'étendre à tous contrat de consommation au Maroc.

ii. L'abus de faiblesse en droit commun

435. Le droit commun des pays étudiés lutte, d'une manière ou d'une autre, contre l'abus de faiblesse à plusieurs reprises. Tout d'abord, on peut dire que la lésion traduit l'idée d'abus de faiblesse, notamment dans les régimes juridiques libyen et algérien. En effet, toutes les législations des pays étudiés organisent les dispositions de la lésion[1232], mais la définition donnée par les droits libyen et

---

[1229] Arts. L. 121-8 et L. 121-9, 1° du Code français de la consommation. V., **S. PIEDELIEVRE**, « Abus de faiblesse et personnes vivant seules », op. cit., p. 22.

[1230] Ces cas sont généralement énumérées par l'article L. 121-9 du Code français de la consommation qui réprime l'abus de faiblesse dans les situations suivantes : les démarchages par téléphone ou par télécopie ; les sollicitations personnalisées à se rendre sur un lieu de vente, effectuées à domicile et assorties de l'offre d'avantages particuliers (cadeaux, rabais, livraison gratuite, etc.) ; les ventes réalisées au cours de réunions ou d'excursions (ventes de produits cosmétiques à domicile, voyages publicitaires, etc.) ; les transactions réalisées dans des lieux non destinés à la commercialisation du bien ou du service proposé (lieu de travail, parking d'une grande surface, hôtel, etc.) ; les transactions réalisées sur les foires et salons ; les transactions conclues dans une situation d'urgence ayant mis la victime dans l'impossibilité de consulter un ou plusieurs professionnels qualifiés (assistance sur autoroute, fuite d'eau, etc.) ; V., **C. AMBROISE-CASTÉROT**, « Consommation », *Rép. pén.*, Dalloz, juill. 2016, n° 92.

[1231] **Abdel-K. EL-AARAARY**, *Les ressources des obligations, La théorie du contrat*, op. cit., n° 230, p. 203 et s.

[1232] Les articles 60 et 61 du Code tunisien des obligations et des contrats, l'article 55 et 56 du Code marocain des obligations et des contrats et l'article mauritanien 75 du Code des obligations et des contrats. Sur ce point V., **A. MOHIM**, *La protection du consommateur-contractant ; étude et analyse approfondies à la lumière de l'actualité de la loi n° 31-08 édictant des mesures de protection*

algérien n'est pas la définition classique de la lésion qui ne s'en tient qu'au déséquilibre des prestations réciproques des parties liées par un contrat à titre onéreux. L'article 129 du Code civil libyen et l'article 90 du Code civil algérien font état du déséquilibre de prestations résultant de l'exploitation par l'une des parties de la légèreté notoire ou de la passion effrénée de l'autre, (c'est-à-dire l'exploitation de l'état de faiblesse d'un des contractants)[1233]. Ainsi, les législateurs libyen et algérien se sont éloignés de la conception objective de la lésion adoptée par les droits tunisien, marocain et mauritanien pour épouser la conception subjective de la lésion. Quant au droit français, le nouvel article 1168 reprend le principe posé à l'ancien article 1118 du Code civil, sans employer le terme de lésion[1234]. Il exclut également le terme de « vice » qui laissait entendre que la lésion était une variété de vice du consentement, ainsi il s'agit plutôt, désormais, d'un déséquilibre objectif entre les prestations des deux contractants[1235]. L'article 1168 du Code civil français pose la règle selon laquelle l'équivalence des prestations n'est pas une condition de validité des contrats synallagmatiques, sauf si la loi prévoit exceptionnellement le contraire, c'est-à-dire lorsque des dispositions particulières admettent la lésion[1236].

436. En tout état de cause, les législateurs libyen et algérien optent ici pour une conception sociale des rapports contractuels de nature à faire régner au sein de ceux-ci le plus de justice possible. Un contractant peut, usant de sa supériorité économique ou de son habileté, imposer à son partenaire des obligations largement disproportionnées avec les avantages que celui-ci retire du contrat[1237]. Ainsi, la lésion peut être considérée comme une variante de la prise en charge de l'abus de faiblesse en droits libyen et algérien. D'ailleurs, on va constater que la notion de lésion dans ces pays peut contenir certains éléments constitutifs de la notion actuelle de l'abus de faiblesse[1238].

---

du consommateur, op. cit, p. 191 ; **A. OULD ABDEDAYM**, *La théorie générale des obligations en droit mauritanien*, en arabe, op. cit., p. 120 et s.

[1233] **A. BENCHENEB**, *Le droit algérien des contrats ; Données fondamentales*, op. cit., n° 184, p. 132 ; **D. ALLAG-ZENNAKI**, *Contrats : Négociation ; Construction ; Rédaction*, en droit algérien, DAR EL ADIB, 2016, p. 143 ; **M. AL-BADWI ALAZHARI**, *La théorie générale des obligations en droit libyen*, vol. 1, en arabe, op. cit. p. 123 ; **A. ARARAH**, *L'équilibre contractuel lors de la formation du contrat*, Thèse, Université D'Alger, en arabe, 2014-2015, p. 100 et s.

[1234] **C. RENAULT-BRAHINSKY**, *Droit des obligations*, Gualino, Lextenso, 14e éd. 2017-2018, p. 83.

[1235] **M. BRUSORIO AILLAUD**, *Droit des obligations*, Bruylant, 8e éd., 2017, n° 346, p. 209.

[1236] Par ex., l'article 1169 du Code civil français énonce que en exigeant, pour les contrats à titre onéreux, que les engagements pris par les parties soient assortis d'une contrepartie non illusoire ou dérisoire. Cela revient à admettre que la lésion puisse être une cause de nullité lorsque le déséquilibre des prestations est telle que l'une des parties s'est engagée sans contrepartie à l'obligation souscrite. V. **A. BENABENT**, *Droit des obligations*, LGDJ, 15e éd, 2016, n° 184, p. 147 et s ; **B. FAGES**, *Droit des obligations*, LGDJ, 7e éd., 2017, n° 181, p. 166.

[1237] **D. ALLAG-ZENNAKI**, *Contrats : Négociation ; Construction ; Rédaction*, en droit algérien, op. cit, p. 143.

[1238] L'article libyen 129 et l'article algérien 90 des Codes civils disposent que « *si les obligations de l'un des contractants sont hors de toute proportion avec l'avantage qu'il retire du contrat ou avec*

437. Par ailleurs, tout ce qui précède au sujet de l'abus de faiblesse nous rappelle les dispositions de l'article 59 tunisien, l'article 54 marocain et l'article 74 mauritanien inclues dans les Codes des obligations et des contrats[1239] de ces pays. On peut effectivement considérer que ces articles visent bien la personne en situation de faiblesse. Ainsi, ils énoncent que « *les motifs de rescision fondés sur l'état de maladie et autres cas analogues, sont soumis à l'appréciation des juges* ». Selon la doctrine[1240] et la jurisprudence[1241] tunisienne, les dispositions de l'article 59 ne peuvent pas être considérées comme un vice du consentement qui est traité par l'article 42 de ce Code. Cela ne vise pas le cas du malade en fin de vie mentionné dans les articles 354, 355, 356 et 1481 du même Code par l'expression « *pendant sa dernière maladie* »[1242]._Nous pouvons donc en conclure que le cas de figure de l'article 59 tunisien, de l'article 54 marocain et de l'article 74 mauritanien se retrouve bien dans le Code pénal français qui qualifie explicitement l'état de maladie de situation de faiblesse.

Il est également utile de souligner que dans le cadre du prêt à intérêt, l'article 878 marocain et l'article 1103 tunisien du Code des obligations et des contrats précisent que : « *Celui qui, abusant des besoins, de la faiblesse d'esprit ou de l'inexpérience d'une autre personne, se fait promettre, pour consentir un prêt ou le renouveler à l'échéance, des intérêts ou autres avantages qui excèdent notablement le taux normal de l'intérêt et la valeur du service rendu, selon les lieux et les circonstances de l'affaire peut être l'objet de poursuites pénales. Les clauses et conventions passées en contravention du présent article peuvent être annulées, à la requête de la partie et même d'office ; le taux stipulé peut être*

---

les obligations de l'autre contractant et s'il est établi que la partie lésée n'a conclu le contrat que par suite de l'exploitation par l'autre partie de sa légèreté notoire ou d'une passion effrénée, le juge peut, sur la demande du contractant lésé, annuler le contrat ou réduire les obligations de ce contractant. L'action tendant à cet effet doit, sous peine d'irrecevabilité, être intentée dans le délai d'un an à partir de la date du contrat. Lorsqu'il s'agit d'un contrat à titre onéreux, l'autre partie peut éviter l'action en annulation en offrant de verser un supplément que le juge reconnaîtra suffisant pour réparer la lésion ».

[1239] L'article 58 tunisien du Code des obligations et des contrats peut également servir du fondement légal pour lutter contre l'exploitation de l'état de faiblesse de certains contractants. Cet article prévoit ainsi qu' « *il y a lieu à rescision lorsque la partie qui a contracté se trouvait dans un état d'ivresse qui a troublé ses facultés* ».

[1240] **A. KAHLOUN**, *La théorie générale des obligations ; en droit tunisien*, op. cit., pp. 221 et 222. Sur ce point V. égal. **Abdel-K. EL-AARAARY**, *Les ressources des obligations, La théorie du contrat*, en droit marocain, op. cit., n° 199, p.175 ; **A. OULD ABDEDAYM**, *La théorie générale des obligations en droit mauritanien*, op. cit., 2009, p. 86

[1241] Cass., civ., tunisienne, n° 5655, non datée, *Revue les juges et les législations*, 1959, p. 254 ; V., égal. Cass, civ., tunisienne, n° 7688 du 29 mars 1983 indiqué par **A. KAHLOUN**, *La théorie générale des obligations ; en droit tunisien*, op., cit., p. 222

[1242] L'article 354 du Code tunisien des obligations et contrats dispose que « *la remise faite par un malade, pendant sa dernière maladie, à l'un de ses héritiers, de tout ou partie de ce qui est dû par ce dernier, n'est valable que si les autres héritiers la ratifient* ». Et l'article 355 du même Code énonce que « *la remise accordée par un malade à un tiers pendant sa dernière maladie est valable jusqu'à concurrence du tiers de ce qui reste dans la succession après le paiement des dettes et des frais funéraires* ».

réduit, et le débiteur peut répéter, comme indû, ce qu'il aurait payé au-dessus du taux fixé par le tribunal. S'il y a plusieurs créanciers, ils sont tenus solidairement ». Il apparaît donc clairement dans ce texte que les législateurs de ces pays prennent en compte la situation de besoin et/ou de faiblesse du consommateur, en l'occurrence l'emprunteur, et qu'ils tentent d'équilibrer la relation contractuelle par ces mesures protectrices.

438. L'abus de faiblesse sera également caractérisé lorsqu'une partie abuse de l'état de nécessité ou de dépendance dans lequel se trouve l'autre partie pour obtenir un engagement que celle-ci n'aurait pas souscrit si elle ne s'était pas trouvée dans cette situation de faiblesse[1243]. Par ailleurs, on peut relever que cette idée de situation de faiblesse a été reprise par la réforme française du droit des contrats dans l'article 1143 du Code civil qui indique qu'il y a violence « *lorsqu'une partie, abusant de l'état de dépendance dans lequel se trouve son cocontractant, obtient de lui un engagement qu'il n'aurait pas souscrit en l'absence d'une telle contrainte et en tire un avantage manifestement excessif* ». Cette extension du vice de violence appelle forcément certains concepts concernant des situations faiblesses. En effet, cette nouvelle disposition du Code civil est en lien avec « la violence économique »[1244], les « pratiques commerciales agressives »[1245] et bien sûr avec « l'abus de faiblesse du contractant »[1246].

b. En matière pénale

439. L'interdiction de l'abus de faiblesse est prévue de manière directe dans le Code pénal français et de manière indirecte dans le Code pénal marocain.

Ainsi, l'article 223-15-2 du Code pénal français énonce qu'est puni (…) « *l'abus frauduleux de l'état d'ignorance ou de la situation de faiblesse soit d'un mineur soit d'une personne dont la particulière vulnérabilité, due à son âge, à une maladie, à une infirmité, à une déficience physique ou psychique ou à un état de grossesse, est apparente ou connue de son auteur, pour obliger ce mineur à un acte ou à une abstention qui lui sont gravement préjudiciables* ». Ce texte a fait

---

[1243] **R. OLLARD**, « Regards sur la consécration de l'abus de l'état de nécessité ou de dépendance à la lumière des solutions du droit pénal », *RDC.*, 01 mars 2016, n° 01, p. 94. Il est important de noter qu'en droit français, l'article L. 420-2 du Code de commerce offre au professionnel faible une protection contre l'abus de faiblesse, en énonçant que « *l'exploitation abusive par une entreprise [...] de l'état de dépendance économique dans lequel se trouve à son égard une entreprise cliente ou fournisseur* ».

[1244] Dans un arrêt du 30 mai 2000, la Cour de cassation française avait admis l'assimilation de l'état de nécessité à la violence en dehors du cadre d'un contrat d'assistance maritime. Elle avait affirmé à cette occasion que « *la contrainte économique se rattache à la violence et non à la lésion* » (Cass. 1er civ., 30 mai 2000, n° 98-15.242, *Bull. civ.*, 2000, I, n° 169, p. 109). V. égal. Cass. 1er civ., 3 avr. 2002, n° 00-12.932, *Bull. civ.*, 2002, I, n° 108, p. 84.

[1245] On examinera les pratiques commerciales agressives dans la section concernant les pratiques déloyales.

[1246] **O. TOURNAFOND et J.-Ph. TRICOIRE**, « Les contrats de construction face aux nouvelles orientations du droit des contrats », *RDI.*, 2016, p. 393. **R. OLLARD**, « Regards sur la consécration de l'abus de l'état de nécessité ou de dépendance à la lumière des solutions du droit pénal », op. cit., p. 94 et s.

l'objet de modifications récentes, dans le cadre de la lutte contre les activités des mouvements sectaires[1247]. Cette disposition vise plus d'une situation. Dans l'une de ses combinaisons, le délit peut se commettre par l'abus de « la situation de faiblesse ». Celle-ci peut être celle d'une personne présentant une « particulière vulnérabilité »[1248].

Selon certains auteurs marocains[1249], rien n'empêche de recourir à l'article 552 du Code pénal marocain pour combler le vide laissé dans la loi n° 31-08. Cet article 552 dispose en effet que « *quiconque abuse des besoins, des passions ou de l'inexpérience d'un mineur de vingt et un ans ou de tout autre incapable ou interdit, pour lui faire souscrire à son préjudice, des obligations, décharges ou autres actes engageant son patrimoine, est puni (...)* ». Mais, cette approche ne pourrait pas être adoptée, notamment, parce que l'abus de faiblesse ne peut pas avoir le même sens dans l'article 184 de la loi n° 31-08 édictant des mesures de protection du consommateur et dans l'article 552 du Code pénal, à en juger par le contenu des deux dispositions. Au final, il apparaît que malgré la diversité de situation des personnes concernées, les deux textes visent effectivement à protéger des personnes en situations de faiblesse. De surcroit, si leur champ d'application présente effectivement des différences, rien n'empêche une certaine complémentarité dans leur mise en œuvre.

440. Par ailleurs, le Code pénal français donne une liste limitative, qui spécifie l'origine de la vulnérabilité de la personne susceptible d'être en état de faiblesse, d'ignorance. Cette personne peut être un mineur ; une personne particulièrement vulnérable du fait de son âge, d'une infirmité, d'une maladie, d'une déficience physique ou psychique, de son état de grossesse ; une personne en état de sujétion psychologique ou physique du fait de pressions graves ou réitérées ou de techniques propres à altérer son jugement[1250]. En résumé, on peut dire que les dispositions du Code pénal visent trois catégories de personnes pouvant être touchées : les mineurs, les personnes d'une particulière vulnérabilité (due à l'âge, la maladie, une infirmité...), les personnes en état de sujétion psychologique et

---

[1247] La loi française n° 2001-504, 12 juin 2001, *JOF.*, 13 juin, 2001. V., **R. OLLARD**, « L'abus de faiblesse, infraction hybride en quête d'identité », *RDC.*, 09 mars 2018, n° 01, p. 84.

[1248] **S. DETRAZ**, « Abus de faiblesse : relaxe trop psychologue », *Gaz. Pal.*, 24 oct. 2017, n° 36, p. 51.

[1249] V., **A. FAIZ**, « L'abus de faiblesse ou d'ignorance du consommateur, infraction sans définition légale ! », en droit marocain, www.Juridika.net, 10 janv. 2014.

[1250] Le législateur pénal français semble distinguer « l'état d'ignorance » et « la situation de faiblesse ». L'état renverrait aux qualités de la personne tandis que la situation s'attacherait aux circonstances extérieures à la victime. Pourtant, et parce qu'état et situation doivent préexister à l'abus et non être la conséquence des agissements du prévenu, la personne, pour être protégée, doit être « intrinsèquement faible ». C'est dire qu'il ne s'agit pas de protéger seulement les incapables. V., **M.-L. IZORCHE**, « Abus de faiblesse ou d'ignorance », *Rép. pén. Dalloz*, n°29 ; **Ph. CONTE**, *Droit pénal spécial*, Litec, 2003, n°275, p. 156.

physique[1251]. Ce délit prévu au Code pénal français apparaît plus large que celui visé dans le Code de la consommation, puisqu'il n'est pas limité à la circonstance de la passation d'un contrat. Il semble toutefois plus étroit puisque d'une part, il est précisé que l'abstention ou l'acte doivent être gravement préjudiciables à la victime et d'autre part le texte énumère les différentes circonstances susceptibles de caractériser l'état de faiblesse de la victime.

La faiblesse et l'ignorance sont appréciées in concreto par les tribunaux, c'est-à-dire au cas par cas. Le juge répressif tient compte de la situation personnelle du plaignant pour trancher le litige. Un âge très avancé, par exemple, n'est pas toujours une preuve suffisante de vulnérabilité et doit être, parfois, corroboré par d'autres éléments[1252]. Sur ce point, on peut signaler le cas des personnes âgées qui peuvent être amenées à signer un contrat sous la pression d'un cocontractant[1253]. Ainsi, la Cour de cassation française[1254] a estimé que « *les pressions avaient notamment été caractérisées par les visites répétées des commerciaux après réception de la lettre de rétractation des clients pour obtenir la souscription du même contrat moyennant une légère réduction* ».

441. En droits tunisien et mauritanien, les textes qui abordent le champ d'application de l'abus de faiblesse sont plutôt limités. Ainsi, l'article 50 de la loi tunisienne n° 98-40 du 2 juin 1998 relative aux techniques de ventes et à la publicité commerciale prévoit que dans le cas des ventes hors des locaux commerciaux, quiconque aura abusé de la faiblesse ou de l'ignorance d'une personne (…), sera puni (…). De même, selon l'article 50 de la loi tunisienne n° 2000-83 du 9 août 2000 relative aux échanges et au commerce électronique et l'article 75 de l'Ordonnance mauritanienne n° 2006-031 relative aux instruments de paiement et aux opérations du commerce électronique déjà évoqués, le champ d'application de l'abus de faiblesse est précisé dans le cadre d'une vente électronique. En effet, les deux articles de ces deux lois disposent que « *quiconque aura abusé de la faiblesse ou de l'ignorance d'une personne pour lui faire souscrire, dans le cadre d'une vente électronique, des engagements au comptant ou à crédits sous quelque forme que ce soit, sera puni (...)* ».

En général, si l'abus de faiblesse est constaté en dehors de pratiques commerciales illicites (énumérées par les différents droits), le droit commun du Code pénal trouvera éventuellement à s'appliquer[1255]. Mais, les éléments constitutifs de cet abus doivent être réunis.

[1251] **Ch. ROBBE et C. SCHLEMMER-BEGUE**, « La situation de faiblesse au sens de l'article 223-15-2 du Code pénal : une notion indépendante de celle d'altération des facultés mentales », *Gaz. Pal.* 09 janv. 2018, n° 01, p. 78.

[1252] **R. MESA**., « Appréciation du préjudice réparable et recevabilité de la constitution de partie civile en matière d'abus de faiblesse », *Gaz. Pal.*, 23 févr. 2010, n° 54, p. 19 ;

[1253] V., **A. CASADO**, « Mise en œuvre d'une technique de vente abusive et complicité d'abus de faiblesse », *Cah. Soc.*, 01 mars 2017, n° 294, p. 144

[1254] Cass. crim., 6 déc. 2016, n° 15-86859, Inédit. La Cour de cassation a considéré dans cet arrêt que « *(...) par conséquent de lui imputer à faute des instructions visant à faire pression sur une clientèle démunie parce qu'âgée et fragilisée psychiquement (...)* ».

[1255] **C. AMBROISE-CASTEROT**, « Consommation », *Rép. pén. Dalloz*, juill., 2016, n° 89.

2. Les éléments constitutifs du délit d'abus de faiblesse

442. Le terme d'abus se retrouve souvent dans le cadre des clauses abusives ou dans le principe d'abus de dépendance économique. Ce terme apparait également lors d'abus dans la détermination du prix. Par ailleurs, il est aussi employé lorsqu'il est fait référence à l'abus de faiblesse. Dans ce cas, il s'agit d'un abus de faiblesse en matière contractuelle commis par un contractant présumé fort face à un contractant en situation de faiblesse. L'acte d'abus de la part du professionnel et l'exploitation d'une situation anormale du contractant constituent par conséquent l'abus de faiblesse[1256].

L'abus de faiblesse est un délit. Il consiste pour un professionnel à exploiter l'incapacité dans laquelle se trouve un consommateur de déjouer les manœuvres employées, d'apprécier la portée exacte des engagements ou de résister à la contrainte exercée.

Madame OUERDANE-AUBERT de VINCELLES[1257] estime que « le vice de faiblesse, qui est un nouveau vice du consentement que l'auteur propose de voir consacrer, nécessite deux conditions : une situation de faiblesse d'abord, l'existence d'un déséquilibre contractuel au détriment de la partie faible ensuite ». Mais seul ce déséquilibre contractuel suffit à établir l'existence d'un abus de faiblesse. Il arrive qu'une condition supplémentaire soit exigée sur la preuve de l'intention d'abuser. Dans tous les cas, le délit d'abus de faiblesse est intentionnel[1258].

En d'autres termes, on peut dire que l'abus de faiblesse se caractérise par le comportement d'une partie qui exploite la faiblesse de son cocontractant pour obtenir un avantage manifestement excessif ou déraisonnable. Il nécessite donc l'existence d'un état de faiblesse (a), ainsi que d'un acte d'abus par le professionnel qui exploite de cet état (b).

a. L'existence d'un état de faiblesse ou d'un état de vulnérabilité

443. L'abus de faiblesse consiste, pour une partie, à profiter de la situation de faiblesse de son cocontractant pour obtenir un avantage injustifié. Il y a donc abus de faiblesse quand une partie obtient de son cocontractant, qui est en situation de faiblesse, un avantage disproportionné compte tenu de son propre engagement.

Par ailleurs, l'état de faiblesse ou d'ignorance du contractant doit être préalable à la sollicitation par le professionnel et indépendant des circonstances dans

---

[1256] **L. BRUNEAU**, *Contribution à l'étude des fondements de la protection du contractant*, op. cit, n° 534, p.452.

[1257] V. **C. OUERDANE-AUBERT de VINCELLES**, *Altération du consentement et efficacité des sanctions contractuelles*, Dalloz, 2002, n°442 et s., p. 347 et s ; V. égal. **F. CHENEDE**, « L'équilibre contractuel dans le projet de réforme », *RDC.*, 01 sept. 2015, n° 03, p. 655 ; **R. OLLARD**, « L'abus de faiblesse, infraction hybride en quête d'identité », op. cit., p. 84.

[1258] Au contraire en matière de clause abusive insérée dans un contrat de consommation, le juge doit uniquement examiner l'effet de la clause sur l'équilibre contractuel pour décider si elle est abusive ou non. V., **G. PAISANT**, « Les clauses abusives et la présentation des contrats dans la loi n°95-96 du 1er février 1995 », *D.*, 1995, Chron. pp. 99 et 100.

lesquelles il a été placé pour souscrire l'engagement[1259]. En d'autres termes, ce ne sont pas les circonstances dans lesquelles se produit le démarchage (ou les autres méthodes de vente) qui doivent provoquer l'état de faiblesse mais le révéler.

L'exigence d'état faiblesse se retrouve dans certains textes concernant l'abus de faiblesse dans les droits des pays étudiés. Les droits tunisien et mauritanien[1260] sont identiques à l'article L. 121-8 du nouveau Code français de la consommation. Ce dernier article énonce expressément que le contractant ne peut bénéficier de la protection que « *lorsque les circonstances montrent que cette personne n'était pas en mesure d'apprécier la portée des engagements qu'elle prenait ou de déceler les ruses ou artifices déployés pour la convaincre à y souscrire ou font apparaître qu'elle a été soumise à une contrainte* ». Par conséquent, ce sont les circonstances précitées qui déterminent l'état de faiblesse du contractant, car le contractant qui n'est pas en mesure d'apprécier la portée de ses engagements se trouve placé dans une situation plus fragile que d'ordinaire, c'est-à-dire une situation particulière de faiblesse[1261]. Aucune énumération limitative de situations de faiblesse ou de contrainte altérant la décision de la victime ne se retrouve dans aucun texte des pays étudiés.

Ainsi, les législations consuméristes exigent avant tout l'existence d'une victime en état de faiblesse ou de vulnérabilité. De manière générale, cette faiblesse ou vulnérabilité peut résulter, à l'instar de l'infraction du Code pénal français (l'article 223-15-2, qui est lui beaucoup plus précis), de l'âge de la victime, de sa maladie, d'une infirmité, d'une déficience physique ou psychique, ou de son état de grossesse. Ainsi, ces états peuvent résulter de divers facteurs tels que : l'âge, le veuvage, l'isolement, la maladie, le handicap, la méconnaissance de la langue du contrat, le faible niveau d'instruction ou la détresse économique[1262]. Aussi, la personne sera qualifiée de « *vulnérable en raison d'une*

[1259] Cass. crim., 18 mai 1999, n° 97-85979, Inédit.

[1260] Art. 50 de la loi tunisienne précitée n° 98-40 du 2 juin 1998 relative aux techniques de ventes et à la publicité commerciale ; Art. 50 de la loi tunisienne précitée n° 2000-83 du 9 août 2000 relative aux échanges et au commerce électronique ; Art. 75 de l'Ordonnance mauritanienne précitée n° 2006-031 relative aux instruments de paiement et aux opérations du commerce électronique.

[1261] Dans le cadre de la lésion en droits libyen et algérien, l'état de faiblesse est caractérisé lorsque le débiteur des obligations a conclu le contrat alors que son psychisme était atteint par une passion sans freins ou sans bornes réduisant en quelque sorte sa faculté d'appréciation des conséquences de son engagement. Cet état de faiblesse montre également que le débiteur a conclu le contrat alors que sa légèreté est notoire, ce qui suppose d'administrer la preuve que cette légèreté est connue d'un grand nombre de personnes. A ce sujet V., **A. BENCHENEB**, *Le droit algérien des contrats ; Données fondamentales*, op. cit., n° 185, p. 134 ; **M. AL-BADWI ALAZHARI,** *La théorie générale des obligations en droit libyen*, vol. 1, en arabe, op. cit. p. 124.

[1262] V., Crim. 29 avr. 2003, n° 02-86.654, *RJDA* 2003, n° 887 ; V. égal. Crim. 26 oct. 1999, n° 98-86.014, *Bull. crim.*, n° 232 ; La chambre criminelle de la Cour de cassation français indique qu'« *il y a abus de faiblesse lorsqu'une personne de 74 ans achète, sous la pression de deux démarcheurs, deux systèmes d'alarme, à crédit remboursable par mensualités supérieures au tiers de ses revenus* ». Crim. 19 avr. 2005, n° 04-83.902, *Bull. crim.*, 2005, n°138, p. 497 ;

déficience psychique, à savoir une personnalité frustre, naïve, crédule et d'une ignorance complète en matière financière »[1263].

444. En outre, la jurisprudence française (CA Paris, 15 juin 1999) avait accru le champ de protection du constat de faiblesse, lorsqu'elle estime que l'état de faiblesse peut être temporaire ou permanent. Cet arrêt considère en fait que « la faiblesse de la victime doit s'entendre non seulement d'une faiblesse définitive due à un état de santé physique ou psychique déficient mais aussi d'une faiblesse passagère due à un état de fatigue »[1264].

Si l'appréciation de cet abus se fait in concreto, les différentes juridictions[1265] ont eu l'occasion de dire par exemple à propos de l'âge, que celui-ci n'était pas considéré systématiquement comme constitutif d'un état de faiblesse. Par ailleurs, la jurisprudence constante de la Cour de cassation française[1266], indique que l'abus de faiblesse doit s'apprécier au regard de l'état de particulière vulnérabilité au moment où est accompli l'acte gravement préjudiciable à la personne. Récemment, la Cour de cassation française[1267] a jugé que, « *en exigeant la preuve d'une altération des facultés mentales de la victime, la cour d'appel a méconnu l'article précité* » (l'article 223-15-2 du Code pénal français). Ainsi, la Cour de cassation a cassé l'arrêt en rappelant que l'article 223-15-2 du Code pénal incrimine l'abus frauduleux de l'état d'ignorance ou de la situation de faiblesse, notamment d'une personne dont la particulière vulnérabilité, due à son âge, est apparente ou connue de son auteur, pour la conduire à un acte ou à une abstention qui lui sont gravement préjudiciables[1268], ce qui montre que la preuve de l'altération mentale est excessive.

1263 **J.-L. CAPDEVILLE**, « Abus de faiblesse d'une cliente de banque », op. cit., p. 7 ; **E. DREYER**, « L'abus fait présumer la faiblesse », *Gaz. Pal.*, 26 janv. 2016, n° 04, p. 52.

1264 CA Paris, 15 juin 1999 ; La Cour de cassation française a également récemment jugé que le fait d'être âgé et atteint de la maladie d'Alzheimer caractérisait l'état de faiblesse (Cass. crim. française 8 mars 2016, n° 14-88.347, *D.*, 2016, p. 652 ; *Gaz. Pal.*, n° 31, 13/09/2016, p. 22, note. **S. PIEDELIEVRE**).

1265 En ce sens, a été condamné, un démarcheur qui s'était rendu à de nombreuses reprises au domicile d'un couple de personnes âgées, pour leur faire signer de multiples contrats de ventes, réglés par chèques qu'il rédigeait lui-même, d'un montant disproportionné tant à leurs besoins qu'à leurs moyens financiers (CA Caen, 11 déc. 2000). Le nombre de visites n'est pas déterminant pour que l'état de faiblesse soit reconnu, et ce bien que l'article L. 121-8 du code de la consommation met au pluriel le terme « visites » (Cass. crim., 8 mars 2016, n° 14-88347). Toutefois, des visites répétées et insistantes peuvent révéler la contrainte à laquelle le consommateur a été soumis. V. égal., **G. RAYMOND**, *Droit de la consommation*, op. cit., n° 370, p. 210.

1266 Cass., crim., 8 mars 2016, n° 14-88.347 ; Cass., crim., 5 févr. 2013 : *JurisData*. n° 2013-003747 ; Cass., crim., 26 mai 2009, n° 08-85601, *Bull. crim.*, 2009, n° 104. V. égal. **R. MESA**., « Appréciation du préjudice réparable et recevabilité de la constitution de partie civile en matière d'abus de faiblesse », *Gaz. Pal.*, 23 févr. 2010, n° 54, p. 19

1267 Cass. crim., 11 juill. 2017, n° 17-80421; *Gaz. Pal.*, n° 36, 24/10/2017, p. 51, obs. **S. DETRAZ**.

1268 **Ch. ROBBE, C. SCHLEMMER-BEGUE**, « La situation de faiblesse au sens de l'article 223-15-2 du Code pénal : une notion indépendante de celle d'altération des facultés mentales », op. cit., p. 78 ; **Y. MAYAUD**, « Interprétation stricte pour l'abus frauduleux de l'état d'ignorance ou de faiblesse », *RSC.*, 2017, p. 507.

b. L'acte d'abus du professionnel

445. Comme on l'a vu, l'abus est défini comme « *un acte à la fois excessif et mauvais* »[1269]. Ainsi, l'acte de l'abus de faiblesse est constitué dès lors que le professionnel profite de la faiblesse ou de l'ignorance du cocontractant pour le contraindre à souscrire un engagement au contrat, lorsque cette personne n'est pas en mesure d'apprécier la portée de l'engagement qu'elle a pris ou de déceler les ruses ou artifices déployés pour la convaincre à y souscrire, voire même fait apparaître qu'elle a été soumise à une contrainte[1270].

D'une manière générale, on peut dire que l'abus de faiblesse dans les différentes législations consuméristes ou pénales est caractérisé par une intention. Face à cette situation, le professionnel doit avoir conscience de la faiblesse du cocontractant et avoir la volonté d'exploiter, en connaissance de cause la situation de vulnérabilité afin que l'intention délictueuse soit retenue[1271].

Il est vrai, comme l'indiquent certains auteurs[1272], que l'abus de faiblesse résulte d'un manquement à l'exigence de bonne foi en matière contractuelle. En effet, *l'obligation de bonne foi qui pèse sur chacune des parties, impose d'agir loyalement, de tout mettre en œuvre pour que le contrat procure la plus grande satisfaction commune*[1273]. En réalité, le professionnel manque à son obligation de bonne foi quand il abuse de la faiblesse de son cocontractant pour obtenir un avantage injustifié eu égard à sa propre prestation. Ainsi, cette attitude du professionnel procède forcément d'un manquement à l'obligation de bonne foi. De plus, *l'abus de faiblesse est un abus par déloyauté. Dans une relation dissymétrique, le contractant fort doit veiller à ses intérêts personnels mais aussi aux intérêts de son cocontractant en se mettant à sa portée, non d'une manière condescendante, mais d'une manière loyale*[1274].

446. De toute manière, deux composantes essentielles doivent donc être réunies : la volonté de l'acte et celle du résultat de celui-ci. S'agissant de la volonté de l'acte, elle requiert que la vulnérabilité de la victime ait été apparente ou connue de l'auteur des agissements lors des faits. Ainsi, si la victime présente des déficiences physiques constituant une vulnérabilité, l'état de faiblesse de la

---

1269 **P. SALVAGE**, « Abus frauduleux de l'état d'ignorance ou de faiblesse », *JCL. Pénal*, n° 27 ; **C. AMBROISE-CASTÉROT**, « Consommation », *op. cit.*, n° 90.

1270 Il convient de noter dans le cadre de la lésion que l'article libyen 129 et l'article 90 des Codes civils énoncent explicitement que le déséquilibre des prestations subies par l'un des contractants n'est pris en considération que s'il résulte de « *l'exploitation par l'autre partie de sa légèreté notoire ou d'une passion effrénée* » de la partie lésée.

1271 **D. BAZIN-BEUST**, *Droit de la consommation*, op. cit., p. 106 ; **Y. MAYAUD**, « Interprétation stricte pour l'abus frauduleux de l'état d'ignorance ou de faiblesse », op. cit., p.507.

1272 V., **Ph. STOFFEL-MUNCK**, *L'abus dans le contrat, essai d'une théorie*, LGDJ, 2000, p. 337 ; **R. OLLARD**, « L'abus de faiblesse, infraction hybride en quête d'identité », op. cit., p. 85.

1273 **L. BRUNEAU**, *Contribution à l'étude des fondements de la protection du contractant*, op. cit, n° 536, p.453.

1274 Ibid, n° 538, p.454.

victime ne fait l'objet d'aucun doute[1275]. D'ailleurs, les mineurs bénéficient d'une protection accrue sur ce point puisque l'infraction est constituée même si la minorité de la victime n'est ni apparente ni connue de l'auteur[1276]. Quant à la volonté du résultat, elle implique que l'auteur ait voulu exploiter, en toute connaissance de cause, l'état de faiblesse du cocontractant avec mauvaise foi pour contracter. Cela signifie que l'auteur de cet acte veut tirer profit de cet état de faiblesse au préjudice de la victime[1277]. De plus, l'abus de faiblesse sera constitué bien que l'acte obtenu ne soit pas valable et bien que le dommage ne soit pas réalisé[1278].

Même si cela n'est pas précisé, il apparaît nécessaire que l'auteur de l'infraction ait eu connaissance de cette situation et en ait profité pour tromper ou contraindre la victime. La jurisprudence est constante[1279]. Elle exige la preuve soit de l'apparence de l'état de faiblesse de la victime qui ne pouvait donc pas être méconnu par le professionnel, soit de la connaissance par le professionnel de cet état[1280].

Par ailleurs, selon certain auteurs[1281], l'abus de faiblesse commis par le professionnel peut se déduire de différentes façons.

On peut par exemple déduire l'abus de faiblesse de l'inutilité du contrat pour la partie faible. Dans cette hypothèse, l'avantage obtenu par son cocontractant est tel que le contrat n'a aucune utilité pour elle. Dans un autre cas, c'est le déséquilibre du contrat qui induit l'abus de faiblesse. Ce n'est plus l'inutilité totale qui révèle l'abus de faiblesse, c'est l'existence d'un déséquilibre manifeste. Le contrat conclu présente un intérêt pour la partie faible, mais celui-ci n'équivaut en rien à l'avantage que retire du contrat son cocontractant. Un auteur estime également que dans ces cas-là, « *l'inutilité du contrat peut s'expliquer par l'attitude de son cocontractant qui aura profité de la situation de faiblesse dont il souffre pour lui faire conclure un contrat. C'est pour cette raison que le droit*

[1275] Cass. crim., 5 oct. 2004: *Bull. crim.*, n° 233; *AJpenal*. 2005, p. 71, obs. **J. LEBLOIS-HAPPE** ; *Dr. pén.* 2005, p. 1, obs. **M. VERON**.

[1276] Cette connaissance est présumée en raison du caractère apparent de ladite vulnérabilité, cette situation est évidente aux yeux de toute personne, et non aux seuls regards d'un médecin ou d'un proche. **Y. MAYAUD**, « Le délit d'abus de faiblesse entre faits et droit », *RSC.*, 2017, p. 283.

[1277] **S. LAVRIC**, « Simplification du droit en matière pénale », *D.* 2009. Actu. 1338 ; **A. COMERT**, « Le préjudice constitue-t-il un élément constitutif de l'abus de faiblesse ? », *Pet. Aff.*, 29 mai 2015, n° 107, p. 13.

[1278] A ce propos V., Cass., crim. n° 99-81.057, 12 janv. 2000, *D.* 2001, p. 813. V. égal. **J.-Y. MARECHAL**, « Un abus de faiblesse préjudiciable... sans préjudice », *D.*, 2001, p. 813.

[1279] Cass. crim., 3 nov. 2009, n° 08-88438, *Bull. crim.*, 2009, n° 182; Cass. crim., 10 nov. 2009, n° 09-82028, *Bull. crim.*, 2009, n° 185; *Gaz. Pal.*, n° 54, 23/02/2010, p. 19, obs., **R. MESA**. Cass. crim., 27 oct. 2015, n° 14-82032, Bull., 2016, n° 838, Crim., n° 340; *Gaz. Pal.*, n° 04, 26/01/2016, p. 52, note. **E. DREYER**.

[1280] Selon JOSSERAND, l'abus est également « l'acte contraire au but de l'institution, à son esprit, à sa finalité ». V., **L. JOSSERAND**, *De l'esprit des droits et de leur relativité : théorie dite de « l'abus des droits »*, Dalloz, 2e éd. 1939, n°292 ;

[1281] **L. BRUNEAU**, *Contribution à l'étude des fondements de la protection du contractant*, op. cit, n° 551, p.463.

positif déduit l'existence d'un abus de faiblesse toutes les fois qu'un contrat dissymétrique est inutile pour le contractant faible »[1282]. En général, l'abus peut être le plus souvent caractérisé par des prix exorbitants, des prestations sans rapport avec les besoins réels du consommateur, des conditions d'insistance dans la négociation et de précipitation dans le déroulement des travaux.

La démonstration de manœuvres frauduleuses n'est pas aussi exigée par les droits de la consommation. Le professionnel peut tout à fait utiliser des ruses, des artifices pour convaincre un consommateur car il s'agit de procédés inhérents à la pratique commerciale. En revanche, s'il est démontré que le consommateur, compte tenu de son état (âge avancé, handicap, etc.), n'a pas été en mesure de faire la part des choses, le comportement du professionnel devient condamnable.

Ainsi, l'abus doit avoir pour conséquence de conduire le contractant faible à un acte matériel ou juridique ou à une abstention qui lui sont gravement préjudiciables[1283]. Un abus de faiblesse consiste donc à exploiter l'état de vulnérabilité psychique ou psychologique d'une personne pour l'amener à prendre des engagements dont elle est incapable de saisir l'importance. Par ailleurs, l'abus frauduleux doit être « gravement préjudiciable » à la victime selon l'article 223-15-2 du Code pénal français[1284].

447. Il reste utile d'attirer encore l'attention sur certains points communs entre les deux délits en droit de la consommation ou en droit pénal.

Tout d'abord, la personne protégée est une personne physique vulnérable. Mais, la vulnérabilité est appréciée différemment dans les deux régimes juridiques. En effet, les deux délits concernent des domaines différents dans les pays étudiés : Si le code pénal français cible bien l'abus de faiblesse, les législations de la consommation visent un domaine délictuel personnel plus large, parce que n'importe quelle personne peut être victime, alors que seule une personne vulnérable peut être victime d'un délit d'abus de faiblesse visé par le Code pénal français (mineurs, vulnérabilité due à l'âge, à la maladie, à une infirmité, à une déficience physique ou psychique ou à un état de grossesse). De plus, l'abus de faiblesse en droits de la consommation ne concerne que des engagements à comptant, ou à crédit ou la remise de sommes en France, ou dans le cas des ventes hors des locaux de commerce pour le droit tunisien et/ou dans le cadre d'une vente électronique pour les droits tunisien et mauritanien. En revanche, l'abus de faiblesse en droit pénal vise uniquement un acte ou une

---

1282 *Ibid.*, n° 556, p.466.

1283 L'abus peut également porter sur un acte d'abstention (art. 223-15-2 du Code pénal français). En fait, cet abus frauduleux peut conduire la victime, par exemple, à ne pas accepter une succession ou une donation ou bien à ne pas inscrire des privilèges ou hypothèques. V. en ce sens, Cass. crim., 20 février 2013, n° 12-83.402.

1284 Cass. crim., 16 février 2014, n° 12-87558 ; V. en ce sens, Cass. crim., 1 avril 2009, n° 08-86565. Toutefois, la chambre criminelle de la Cour de cassation accepte, depuis peu, les préjudices extrapatrimoniaux. En l'espèce, la Cour a condamné un médecin psychiatre pour avoir conduit une patiente maniaco-dépressive à avoir des relations sexuelles avec lui.

abstention gravement préjudiciable aux victimes, conformément à l'article 223-15-2 du Code pénal français[1285].

Ensuite, s'agissant de l'élément intentionnel, il s'apprécie, comme la conscience au moment de l'acte, de l'état de vulnérabilité de la personne, et comme la volonté d'exploiter cette situation.

Quant au préjudice, c'est un élément constitutif de l'infraction, le droit pénal français utilise les termes « gravement préjudiciable », le droit de la consommation français et les législations des autres pays comparés sont muets à ce sujet, mais la jurisprudence française, comme on l'a vu, d'après l'esprit des textes, considère qu'il doit exister un préjudice grave[1286].

En résumé, les éléments constitutifs de l'abus de faiblesse doivent être réunis, pour que les agissements du professionnel relèvent des pratiques commerciales interdites qui doivent être sanctionnées.

B. Les sanctions de l'abus de faiblesse

448. L'abus de faiblesse est un acte sanctionné, parce qu'un contractant en situation de force, profite de l'état de faiblesse de son cocontractant vulnérable pour obtenir des avantages excessifs ou injustifiés. Autrement dit, l'abus de faiblesse est une infraction hybride qui sanctionne le fait d'exploiter la faiblesse d'autrui pour obtenir un comportement quelconque et qui a par ailleurs vocation à protéger la liberté de décision et de comportement de la personne vulnérable[1287]. C'est pourquoi les droits des pays étudiés visent en général à sanctionner le contractant qui abuserait de la faiblesse de son cocontractant pour s'enrichir à ses dépens. Il s'agit ici de sanctionner les auteurs de pratiques d'abus de faiblesse et de protéger les victimes.

Pour sanctionner les actes issus d'un abus de faiblesse du contractant faible, les régimes juridiques des pays comparés déterminent des sanctions applicables sur le plan pénal mais aussi sur le plan civil.

1. Les sanctions pénales

449. En droit français, les textes présents dans le Code de la consommation et dans le Code pénal étaient très différents. Cette distorsion ne s'expliquait et ne se justifiait pas. C'est la raison pour laquelle le législateur a décidé d'aligner les peines d'emprisonnement et d'amende avec la loi n° 2014-344 du 17 mars 2014[1288]. Désormais, les deux délits d'abus de faiblesse sont punis uniformément dans les deux Codes, même si leurs conditions d'application ou leurs champs

---

[1285] **J-D., PELLIER**, *Droit de la consommation*, op. cit., n° 60, p. 76.

[1286] **S. DETRAZ**. « Abus de faiblesse : relaxe trop psychologue », *Gaz. Pal.*, 24 oct. 2017, n° 36, p. 51. **E. DREYER**, « Tout abus de faiblesse est gravement préjudiciable », *Gaz. Pal.*, 24 févr. 2015, n° 055, p. 34.

[1287] **R. OLLARD**, « La désertion du délit d'abus de faiblesse », *RDC.*, 01 mars 2016, n° 01, p. 92.

[1288] La loi française n° 2014-344 du 17 mars 2014 relative à la consommation, *JORF.*, n° 0065, 18 mars 2014, p. 5400.

d'application connaissent des différences[1289]. Aussi, les sanctions pénales sont l'emprisonnement et l'amende, selon les pays.

L'abus de faiblesse est puni d'un emprisonnement de 1 mois à 12 mois en droit mauritanien[1290] et de 1 mois à 5 ans en droit marocain[1291] tandis qu'en droit français[1292] il est puni par un maximum de trois ans d'emprisonnement. On constate ainsi que la peine d'emprisonnement est de courte durée dans le droit mauritanien bien que l'attitude de l'auteur de cette infraction soit identique dans tous les pays comparés. On peut s'étonner que pour un même acte, les sanctions sont variables selon les législations de chaque pays. Une telle différence de sanction est-elle justifiable ?

De plus, l'abus de faiblesse est puni d'une amende. Cependant, et comme l'emprisonnement, la sanction financière est différente selon les pays concernés. Le législateur marocain aborde l'amende infligée pour abus de faiblesse par l'article 184 de la loi n° 31-08 et l'article 552 du Code pénal. Selon le premier article, l'auteur de l'abus sera puni d'une amende de 1200 à 50.000 dirhams marocains ou à l'une de ces deux peines seulement (emprisonnement/amende). Si le contrevenant est une personne morale, il est puni d'une amende de 50.000 à 1.000.000 dirhams. Selon le deuxième article, le contrevenant sera puni d'un emprisonnement de six mois à trois ans et d'une amende de 120 à 2 000 dirhams[1293].

De plus, la peine d'emprisonnement est d'un à cinq ans et l'amende de 250 à 3 000 dirhams en droit marocain si la victime était placée sous la garde, la surveillance ou l'autorité du coupable selon l'article 552 du Code pénal. Dans ce cas, le législateur marocain vise à réprimer un abus du contractant fort qui connaît de manière sûre tous les détails de la situation de faiblesse de son cocontractant.

En droit mauritanien, la sanction est définie par un seul article qui prévoit que l'auteur de l'abus sera puni d'une amende de 50.000 à 300.000 UM[1294] (l'article 75 de l'Ordonnance n° 2006-031). Le droit tunisien comporte deux articles qui sanctionnent l'abus de faiblesse par une amende de 1000 à 20.000 dinars[1295].

[1289] **R. OLLARD**, « L'abus de faiblesse, infraction hybride en quête d'identité », op. cit., p. 84.

[1290] Art. 75 de l'Ordonnance mauritanien n° 2006-031 relative aux instruments de paiement et aux opérations du commerce électronique.

[1291] Art. 184 de la loi marocaine n° 31-08 sur les mesures de protection du consommateur ; V, **A. FAIZ**, « L'abus de faiblesse ou d'ignorance du consommateur, infraction sans définition légale ! », op. cit.

[1292] Art. L. 132-14, alinéa 1 du Code français de la consommation et l'article 223-15-2 du Code pénal français. **S. RETTERER**, « Ventes réglementées », op. cit., n° 192.

[1293] **A. FAIZ**, « L'abus de faiblesse ou d'ignorance du consommateur, infraction sans définition légale ! », www.Juridika.net, consulté le 10 janv., 2017.

[1294] UM est Unité monétaire mauritanienne, noté également MRO pour Ouguiya mauritanienne. C'est le symbole de la monnaie nationale mauritanienne.

[1295] Art. 75 de l'Ordonnance mauritanien précitée n° 2006-031 relative aux instruments de paiement et aux opérations du commerce électronique ; Art. 50 de la loi tunisienne n° 98-40 du 2 juin 1998 relative aux techniques de ventes et à la publicité commerciale ; Art. 50 de la loi tunisienne précitée n° 2000-83 du 9 août 2000 relative aux échanges et au commerce électronique,

D'ailleurs, en droit français, la sanction pénale prévue par l'article L. 132-14, alinéa 1 du Code de la consommation ou l'article 223-15-2 du Code pénal est un emprisonnement et 375 000 euros d'amende. Les peines du Code de la consommation sont donc alignées désormais sur celles du Code pénal[1296]. Toutefois, il existe une particularité de l'infraction consumériste : en vertu de l'alinéa 2 de l'article L. 132-14, le montant de l'amende peut être porté, de manière proportionnée aux avantages tirés du délit, à 10 % du chiffre d'affaires moyen annuel, calculé sur les trois derniers chiffres d'affaires annuels connus à la date des faits. Les peines complémentaires sont édictées par l'article L. 132-15. Si l'auteur de l'infraction est une personne morale, le taux maximum de l'amende est multiplié par cinq conformément à l'article 223-15-4 et 131-38 du Code pénal[1297].

De plus, l'auteur de l'infraction encourt les peines complémentaires qui selon l'article 223-15-3 du Code pénal français sont les suivantes : interdiction d'exercer une fonction publique ; interdiction d'exercer l'activité sociale ou professionnelle dans l'exercice ou à l'occasion de laquelle l'infraction a été commise ; interdiction d'exercer une profession commerciale ou industrielle ; interdiction de diriger, d'administrer, de gérer ou de contrôler une entreprise commerciale ou industrielle ou une société commerciale ; fermeture, pour une durée maximum de cinq ans, de l'établissement de l'entreprise ayant servi à commettre les faits ; -interdiction, pour une durée maximum de cinq ans, d'émettre des chèques ; -l'affichage ou la diffusion de la décision prononcée[1298].

Dans un alinéa second de l'article 223-15-2 du Code pénal français une sanction est également prévue « *lorsque l'infraction est commise par le dirigeant de fait ou de droit d'un groupement qui poursuit des activités ayant pour but ou pour effet de créer, de maintenir ou d'exploiter la sujétion psychologique ou physique des personnes qui participent à ces activités, les peines sont portées à cinq ans d'emprisonnement et à 750 000 euros d'amende* ».

Comme pour tous les délits, la prescription intervient trois ans après la commission de l'infraction. Et conformément aux règles de procédures, ce délai repart de zéro à chaque nouvel acte de procédure.

[1296] Mais cette infraction possède une autre caractéristique particulière : elle est constituée dans le cadre du démarchage à domicile ou des pratiques assimilées à celui-ci. La pratique des « visites à domicile » (moyen mentionné à l'art. L. 121-8) et des engagements arrachés dans des conditions similaires de pression (et énumérées par la loi) constituent en quelque sorte l'élément préalable permettant l'application des dispositions consuméristes. Si l'abus de faiblesse est réalisé en dehors de ce type de pratiques commerciales illicites, le droit commun du code pénal retrouvera éventuellement à s'appliquer.

[1297] **R. MESA**., « Appréciation du préjudice réparable et recevabilité de la constitution de partie civile en matière d'abus de faiblesse », op. cit., p. 20.

[1298] **B. BOULOC**, « Abus de faiblesse. Peine complémentaire. Champ d'application », *RTD com.*, 2011, p. 430.

2. Les sanctions civiles

450. Les textes des droits marocain et français énoncent expressément que le consommateur pourra invoquer l'abus de faiblesse ou de vulnérabilité pour faire annuler le contrat. Ainsi, l'article L. 132-13 du Code français de la consommation dispose que « *le contrat conclu à la suite d'un abus de faiblesse est nul et de nul effet* ». De même, l'article 59 de la loi n° 31-08 prévoit qu'est réputé nul par la force de la loi tout engagement né d'un abus de la faiblesse ou de l'ignorance du consommateur. Le contrat est nul tant pour le passé que pour le futur. Le professionnel doit restituer les sommes qu'il a reçues. Autrement dit, si le contractant s'estime victime d'un abus de faiblesse au sens des dispositions des législations de la consommation, il peut demander la nullité du contrat au professionnel, de préférence par courrier recommandé avec accusé de réception afin de conserver un élément de preuve[1299].

Il convient ici de souligner que le vice de violence du Code civil français semble suffisamment large pour couvrir l'ensemble des cas pouvant se présenter, d'autant que l'Ordonnance du 10 février 2016 portant réforme du droit des contrats a étendu le vice de violence à l'hypothèse où « *une partie, abusant de l'état de dépendance dans lequel se trouve son cocontractant, obtient de lui un engagement qu'il n'aurait pas souscrit en l'absence d'une telle contrainte et en titre un avantage manifestement excessif* », selon l'article 1143 du Code civil[1300]. Par conséquent, si un consommateur, victime du délit d'abus de faiblesse, souhaite demander l'annulation du contrat pour vice du consentement, il devra s'adresser aux juridictions civiles.

Conformément à l'article 59 de la loi marocaine n° 31-08[1301] et au droit commun de la responsabilité des autres pays comparés, la victime pourrait aussi obtenir des dommages et intérêts en réparation de son préjudice. Ainsi, l'article 59 de la loi marocaine précitée n° 31-08 énonce que la victime « *se réserve le droit de se faire rembourser les sommes payées et d'être dédommagé sur les préjudices subis* ».

Ainsi, il semble que l'abus de faiblesse du contractant exercé par le professionnel est toujours interdit en tant que règle générale dans toutes les relations contractuelles. Mais les législateurs des pays étudiés ne se contentent pas de cette interdiction de principe, ils ont légiféré sur l'interdiction de certaines autres pratiques spécifiques.

[1299] **C. BEGUIN-FAYNEL**, « La réparation civile du préjudice de la victime d'abus de faiblesse en assurance-vie », *LDA.*, 01 mai 2017, n° 05, p. 5.

[1300] **J-D., PELLIER**, *Droit de la consommation*, op. cit., n° 60, p. 77.

[1301] La loi marocaine n° 31-08 édictant des mesures de protection du consommateur, *Bull. O. Mar.*, n° 5932 du 7 avril 2011.

Paragraphe 2 : Les interdictions spécifiques de certaines pratiques commerciales

451. La qualité du produit ou de service et son prix sont sans nul doute des facteurs importants dans la décision de la partie faible d'acheter un produit ou de commander un service. A titre d'exemple, pour attirer les clients, les professionnels orientent souvent leurs pratiques commerciales sur des prix particulièrement bas qu'ils accordent à leurs cocontractants. Toutefois, pour éviter d'induire la partie faible en erreur, de telles pratiques doivent se soumettre à la réglementation et aux conditions strictes édictées par le droit. Le défaut de respect de ces conditions légales entraîne logiquement des sanctions[1302].

L'intervention législative s'impose pour limiter les risques d'atteinte au libre arbitre de la partie faible, voire pour interdire l'utilisation de certains procédés qui vont trop loin dans la déstabilisation de cette partie au contrat.

Afin de protéger le contractant le plus faible, chaque pays étudié a élaboré sa propre législation concernant les pratiques commerciales. Ici, les pratiques commerciales illicites ou interdites sont multiples et diverses selon les droits examinés[1303]. C'est pourquoi, on va aborder certaines pratiques commerciales interdites dont les professionnels font fréquemment usage bien que ces pratiques engendrent de grands risques pour la partie faible. La tendance va dans le sens d'un développement accru de ces pratiques dans certains pays. On va également traiter de l'interdiction des pratiques bien que cette interdiction n'existe pas dans certains pays. Tout d'abord, certaines pratiques sont formellement interdites (A). Ensuite, certaines pratiques sont relativement interdites ou permises sous conditions(B).

A. Les pratiques formellement interdites

452. Pour protéger la partie faible, les législateurs prohibent formellement certaines pratiques commerciales. De telles pratiques sont interdites de manière absolue[1304], ce qui signifie qu'elles sont incriminées en elles-mêmes sans, en principe, que certains critères n'aient à être réunis. Parmi ces pratiques, nous allons ici examiner l'interdiction de la vente ou la prestation de service à la boule de neige (1) et la vente ou la prestation de service sans commande préalable (2).

1. La vente ou prestation de service « à la boule de neige » ou pyramidale

453. Cette pratique est depuis longtemps réprimée par le législateur français. Elle est sanctionnée depuis la loi n° 53-1090 du 5 novembre 1953 interdisant les

---

[1302] **N. SAUPHANOR-BROUILLAUD**, « La notion d'invitation à l'achat doit être interprétée de façon extensive », *LEDC.*, 03 oct. 2011, n°09, p. 6.

[1303] **W. JEANDIDIER**, « Infractions économiques », *Rép. pén., Dalloz*, oct. 2016, n° 182 et s.

[1304] Par exemple, le paiement supplémentaire sans consentement exprès et frais de recouvrements indus, numéro téléphonique surtaxé, etc.

procédés de vente dits « à la boule de neige ». Cette pratique est prévue désormais, depuis la recodification du 14 mars 2016, aux articles L. 121-15 du Code de la consommation pour l'identification, et L. 132-19 du même Code pour la sanction pénale. En droit français, cette pratique commerciale porte ainsi sur des mécanismes commerciaux relativement anciens, mais susceptibles de se développer avec l'apparition de la nouvelle économie de réseau. M. MALAURIE-VIGNAL indique que « *la vente à la boule de neige n'est pas un mécanisme de vente aussi désuet que l'expression semble le suggérer !* »[1305]. Dans les régimes juridiques des autres pays, on ne retrouve pas de dispositions spécifiques permettant de réprimer de telles pratiques, à l'exception du droit marocain.

En effet, le législateur marocain suit les pas du législateur français. L'article 58 de la loi marocaine n° 31-08 relative à la protection du consommateur interdit strictement les pratiques de vente type « boule de neige » qu'elle définit précisément, et pour lesquelles elle précise les sanctions pénales applicables en cas d'infraction[1306]. La vente ou prestation de service à la boule de neige peut également être appelée « vente pyramidale » ou « multiniveaux »[1307].

Il convient ici de souligner qu'il apparaît que les droits français et marocain abordent cette pratique dans un seul article (l'article L. 121-15 du Code français de la consommation et l'article 58 de la loi marocaine n° 31-08). Ces articles semblant viser deux comportements différents[1308] : d'une part les ventes ou prestations de services à la boule de neige proprement dites, et d'autre part, les ventes ou prestations de services pyramidales. Cependant, nous pouvons dire que dans ces hypothèses, il existe deux éléments communs : une progression du nombre d'adhérents au système et une espérance de gain qui détermine le consentement de la partie faible.

L'interdiction de ces pratiques se justifie, parce qu'il n'est pas juste de permettre au professionnel d'exploiter la situation du consommateur sous le prétexte d'espérer des gains financiers. Le consommateur ne doit pas, d'une manière ou d'une autre, être obligé de jouer un rôle dans la distribution des produits et services du professionnel. L'incrimination de la vente à la boule de neige est donc utilisée comme un instrument de protection du consentement du contractant faible.

454. Dans tous les cas, ces pratiques s'inspirent d'une technique de vente ou de prestation de service qui consiste à offrir gratuitement des marchandises ou à les vendre à un prix moindre à un consommateur. Ces techniques reposent sur un

---

1305 V., **M. MALAURIE-VIGNAL**, « Parrainage, vente à la boule de neige et vente pyramidale : la délicate frontière entre le licite et l'illicite », *RTD Com.*, 2016, p. 407.

1306 La loi marocaine n° 31-08 édictant des mesures de protection du consommateur, *Bull. O. Mar.*, n° 5932 du 7 avril 2011.

1307 **D. DESURVIRE**, « La vente multi-niveaux », *Pet. Aff.*, 17 juill. 1995, n° 85, p. 6.

1308 **M. PUECH**, « La vente multiniveau au regard du droit pénal », *D.*, 1995, p.117, **C. AMBROISE-CASTÉROT**, « Consommation », op. cit., n° 123 ; **D. BAZIN-BEUST**, *Droit de la consommation*, op. cit., p. 109 et s.

parrainage successif et géométrique de consommateurs-revendeurs[1309]. Il s'agit, dans un premier temps, de proposer un produit à un acheteur en lui faisant espérer qu'il obtienne cette marchandise à titre gratuit ou qu'il en obtienne le remboursement partiel (par remise d'une somme d'argent inférieure à la valeur réelle) à condition qu'il trouve un certain nombre de nouveaux acheteurs. Dans un second temps, ces derniers devront, quant à eux, trouver à leur tour des acheteurs afin de bénéficier des mêmes avantages et ainsi de suite. Ce système repose donc sur une progression constante du nombre d'acheteurs recrutés par les acheteurs eux-mêmes, qui deviennent vendeurs, provoquant ainsi un effet boule de neige. Tous ces procédés reposent sur le principe de la progression géométrique qui conduit à une impossibilité de remplir ses engagements à plus ou moins long terme (par exemple la pyramide de Ponzi)[1310].

Il ressort de tout ce qui précède que pour que cette infraction soit constituée, il doit exister une offre de vente de fournitures ou de consommation de biens ou services ou d'inscription sur une liste. La fourniture d'une contrepartie quelconque est aussi indispensable, tout comme l'existence d'un espoir de bénéficier d'un avantage sous forme d'une réduction de prix ou de remise gratuite d'un objet, ou de gains financiers. Enfin, une collecte d'adhésions ou d'inscriptions doit être effectuée pour la vente ou la participation à la chaine[1311]. Par contre, sera considéré comme une pratique licite, l'octroi au consommateur d'une carte privative enregistrant ses achats et lui permettant de cumuler des avantages financiers liés à la fidélité à une enseigne, telle la carte de fidélité proposée dans la plupart des grandes enseignes en France, ou le cash back des ventes en ligne[1312].

L'alinéa 1 de l'article L. 121-15 (ancien L. 122-6) du Code français de la consommation et l'alinéa 1 de l'article 58 de la loi marocaine n° 31-08, édictant des mesures de protection du consommateur, introduisent l'interdiction de la vente ou la prestation de service à effet boule de neige[1313]. Par exemple, il y a vente à effet boule de neige lorsque les distributeurs se recrutent par parrainage, ceux-ci ayant la particularité d'être des consommateurs qui peuvent devenir eux-mêmes de nouveaux distributeurs[1314].

De plus, l'alinéa 2 de l'article L. 121-15 du Code français de la consommation et l'alinéa 2 de l'article 58 de la loi marocaine n° 31-08 introduisent l'interdiction

---

[1309] **D. BAZIN-BEUST**, *Droit de la consommation*, op. cit., p. 109 ; V., **Y. PICOD**, *Droit de la consommation*, op. cit., n° 164, p. 99.

[1310] **G. RAYMOND**, *Droit de la consommation*, op. cit., n° 550, p. 294.

[1311] CA Montpellier, 12 janv. 2006, *Contrats, Conc., Consom.*, 2006, comm. n° 135 ; V. égal. CA Montpellier, 13 mars : *jurisData* n° 2012-010632, comm., 249.

[1312] Sur ce sujet V., **M. MALAURIE-VIGNAL**, « Parrainage, vente à la boule de neige et vente pyramidale : la délicate frontière entre le licite et l'illicite », op. cit., p. 407.

[1313] Cass. crim., française 27 janv. 1966, *Bull. crim.*, n° 26. Cass. crim. 4 mai 1966, *Bull. crim.*, n° 138 ; V. égal. **D. DESURVIRE**, « La vente multi-niveaux », op. cit., p. 6

[1314] CA Montpellier, 12 janv. 2006, *Contrats, Conc., Consom.*, 2006, n° 135, note **G. RAYMOND** ; **S. PIEDELIEVRE**, « Ventes pyramidales et sanctions pénales », *Gaz. Pal.*, 13 sept. 2016, n° 31, p. 21.

des ventes pyramidales. Cette pratique consiste dans le fait de proposer à une personne de collecter des adhésions ou de s'inscrire sur une liste en lui faisant espérer des gains financiers résultant d'une progression géométrique du nombre des personnes recrutées ou inscrites. Ici, on force la décision du consommateur, en lui faisant miroiter un avantage, à placer des contrats d'adhésion[1315]. Quant aux deux derniers alinéas de l'article L. 121-15, ils réglementent un procédé licite, la vente en réseau ou marketing relationnel, dans lequel les participants, financièrement intéressés, vendent des produits à d'autres membres du réseau également intéressés aux reventes qu'ils effectueraient[1316].

455. La Cour de cassation française dans l'arrêt n° 15-81.206 du 6 avril 2016 a jugé que « *la caractérisation de l'élément intentionnel de cette infraction n'est pas subordonnée à la preuve de la conscience qu'ont les prévenus, au moment où ils proposent à des tiers d'adhérer, du caractère préjudiciable du système pyramidal, mais suppose seulement que soit établie leur volonté de proposer une telle adhésion en faisant espérer à ces tiers un gain financier qui résulterait de la progression du nombre d'adhérents* »[1317]. Actuellement, les systèmes de ventes ou prestations pyramidales sont souvent proposés sur internet. Ces annonces sont accompagnées d'un faux témoignage d'une personne déclarant s'être rapidement enrichie via un système de réseau. Pourtant, la plupart de ces annonces en ligne font la promotion d'une pratique considérée comme illégale en France et au Maroc[1318].

Ces pratiques consistent à proposer à une partie faible d'acquérir un bien à un prix réduit à la condition qu'il trouve d'autres acquéreurs. C'est pourquoi elles s'apparentent à de l'escroquerie car très vite le système va dysfonctionner. L'expression de boule de neige prend donc tout son sens. Il est évident que dans ce système, seul celui qui met en place l'opération profite en réalité de la crédulité des contractants faibles. Explicitement interdite en France et au Maroc, cette technique est considérée comme une pratique commerciale illicite. Il s'agit d'une infraction punie d'une amende de 300 000 euros ou d'une amende de 20.000 à 40.000 Dirhams sans préjudice des peines plus graves (l'article L. 132-19 du Code de la consommation et l'article 183 de la loi marocain n° 31-08). L'alinéa second l'article L. 132-19 ajoute que le montant de l'amende peut être porté, de manière proportionnée aux avantages tirés du délit, à 10 % du chiffre d'affaires moyen annuel, calculé sur les trois derniers chiffres d'affaires annuels connus à la date des faits.

Dans ces deux pays, cette infraction est également punie d'un emprisonnement de deux ans en droit français ou d'un emprisonnement d'un mois à un an en droit marocain. Des peines complémentaires sont également prévues à l'article L. 132-

---

1315 **C. AMBROISE-CASTÉROT**, « Consommation », op. cit., n° 124 ; **J. GALLOIS**, « Offre d'adhésion à une chaîne : éclairage tant au niveau moral que pénal », *D.*, 6 mai 2016, Actu. 6.

1316 **W. JEANDIDIER**, « Infractions économiques », *Rép. pén.*, *Dalloz*, oct. 2016, n° 186.

1317 Cass. Crim., 6 avr. 2016, n° 15-81.206, *Bull., crim.* 2016, n° 124, Dr. pénal 2016. Comm. 95, note **J.-H. ROBERT**.

1318 **S. RETTERER**, « Ventes réglementées », op. cit., n° 173 et s.

20 du nouveau Code de la consommation. Sur le plan civil, l'auteur de ces pratiques doit en général rembourser aux cocontractants non satisfaits les sommes qu'ils ont versées sans recours possible contre les cocontractants ayant obtenu la marchandise[1319].

2. La vente ou la prestation de service sans commande préalable

456. Il s'agit d'une situation par laquelle une personne a reçu une bien à son domicile ou est bénéficiaire d'un service alors qu'aucune commande n'a été effectuée, et un courrier accompagnant le colis l'invite soit à le renvoyer, soit à le garder moyennant son paiement. La vente ou la prestation de service sans commande préalable prend aussi le nom « d'envoi forcé » ou de « vente forcée ». Dans cette technique, il importe peu que le consommateur puisse renvoyer le bien sans frais. Le consommateur est autorisé à le garder sans le payer. La prohibition de cette pratique « *permet de lutter contre une certaine forme d'agressivité commerciale qui consiste pour un professionnel à envoyer un produit à un consommateur, sans que celui-ci ne lui en ait fait la demande, en lui accordant un délai pour le retourner et, si tel n'est pas le cas, il sera réputé l'avoir accepté et, par voie de conséquence, il en devra le prix* »[1320].

457. Malgré l'importance de cette prohibition pour la protection de la partie faible, on ne trouve pas de textes clairs sur ce sujet en droits libyen. Néanmoins, la vente ou la prestation de service sans commande préalable est explicitement interdite dans les droits français et marocain[1321]. Ici, dans ces systèmes juridiques, la prohibition est prévue par deux corps de règles : d'une part, les dispositions du droit de la consommation avec la qualification de « *vente ou prestation de service sans commande préalable* », et, d'autre part, celles du Code pénal français avec la qualification de « *vente forcée par correspondance* »[1322].

En droit tunisien, nous pouvons comprendre de l'article 28 de la loi[1323]relative aux techniques de vente et à la publicité commerciale que la vente sans commande préalable est interdite. Mais, cela vise uniquement la vente à distance puisque l'article 28 de cette loi dispose que « *toute vente à distance doit faire l'objet d'un bon de commande fourni par le commerçant, daté et signé par le consommateur* ». On en déduit que le professionnel est tenu d'adresser un bon de commande au consommateur. Ce bon de commande doit être daté et signé par le consommateur avant toute réception de bien ou prestation de services. Cependant, le droit tunisien et le droit mauritanien ont explicitement interdits cette pratique dans le

---

1319 **S. PIEDELIEVRE**, « Ventes pyramidales et sanctions pénales », op. cit., p. 21.

1320 **S. PIEDELIEVRE**, *Droit de la consommation*, op. cit., n° 167, p. 165.

1321 En France, par l'article L. 121-12 et l'article 132-16 du Code de la consommation et par l'article R. 635-2 du Code pénal. Au Maroc, par l'article 33 de la loi marocain n° 31-08 édictant des mesures de protection du consommateur, *Bull. O. Mar.*, n° 5932 du 7 avril 2011.

1322 **S. RETTERER**, « Ventes réglementées », op. cit., n° 168 ; **J.-F. ARTZ**, « La prohibition des envois forcés », *D.* 1975, Chron. 129.

1323 La loi tunisienne n° 98-40 du 2 juin 1998 relative aux techniques de vente et à la publicité commerciale, *JORT*, 2 juin 1998, n° 44, p. 1203.

cadre de commerce électronique. En effet, l'article 26 de la loi tunisienne n° 2000-83[1324] et l'article 56 de l'Ordonnance mauritanienne n° 2006-031[1325] énoncent qu'il est interdit au vendeur de délivrer un produit non commandé par le consommateur lorsqu'il est assorti d'une demande de paiement.

458. Ainsi, les droits de ces pays prohibent donc l'envoi de produits ou de services non sollicités par la partie faible. C'est précisément le fait matériel de l'envoi qui est prohibé.

Face à ces pratiques utilisées par les professionnels, il est apparu indispensable de sanctionner ce genre d'abus et de protéger le contractant faible[1326]. Or, on peut se demander quelles personnes bénéficient d'une protection selon les différents régimes juridiques. La réponse n'est pas simple, parce qu'il convient de faire la distinction entre les régimes juridiques consuméristes des pays comparés et les différents textes dans le régime juridique français que l'on retrouve dans le Code de la consommation et le Code pénal.

S'agissant des dispositions du droit de la consommation, la qualité d'expéditeur et de destinataire est envisagée de manière restrictive dans les droits de ces pays : l'expéditeur doit être un professionnel et le destinataire un consommateur[1327]. Toutefois, comme on l'a vu précédemment, la définition du consommateur n'est pas identique d'un pays à l'autre. En effet, la notion de consommateur est plus large en droit tunisien, marocain et mauritanien par rapport à celle du droit français. Pour rappel, en droit français, le consommateur est défini comme « *toute personne physique qui agit à des fins qui n'entrent pas dans le cadre de son activité commerciale, industrielle, artisanale, libérale ou agricole* ». Par conséquent, une association ne pourrait pas invoquer l'article L. 121-12 du Code de la consommation, celui-ci étant uniquement applicable au consommateur personne physique[1328]. Tel n'est pas le cas dans les autres pays.

Quant à la comparaison entre les textes français du Code de la consommation et du Code pénal, le destinataire est assimilé à une personne. Aucune précision n'est donnée sur l'expéditeur selon l'article R. 635-2 du Code pénal. Cela permet d'étendre la protection à tout type de situation. Il peut dès lors s'agir, par exemple, d'un envoi adressé à un particulier ou à une société commerciale par un particulier ou un commerçant. Une association pourrait dès lors se prévaloir de l'article R. 635-2 du Code pénal français[1329].

1324 La loi tunisienne précitée n° 2000-83 du 9 août 2000, relative aux échanges et au commerce électroniques.

1325 L'ordonnance mauritanienne précitée 2006-031 relative aux instruments de paiements et aux opérations du commerce électronique,

1326 V., **Y. PICOD**, *Droit de la consommation*, n° 161, p. 97.

1327 Art. L. 121-12 du Code français de la consommation, Art. 33 de la loi marocaine n° 31-08 relative à la protection du consommateur, Art. 26 de la loi tunisienne précitée n° 2000-83 du 9 août 2000 relative aux échanges et au commerce électroniques et Art. 56 de l'Ordonnance mauritanienne précitée n° 2006-031 relative aux instruments de paiements et aux opérations du commerce électronique.

1328 **W. JEANDIDIER**, « Infractions économiques », *Rép. pén., Dalloz*, oct. 2016, n° 195.

1329 V., **S. PIEDELIEVRE**, *Droit de la consommation*, op. cit., n° 168, p. 166 et s.

Ainsi, cette prohibition, tant d'un point de vue consumériste que pénal, est constituée en présence de certains éléments cumulatifs. Tout d'abord, la vente ou la prestation sans commande préalable ne concerne que l'envoi de biens ou produits ou de services à la personne (consommateur)[1330]. D'ailleurs, il n'y a pas de précisions sur la forme et les modalités de l'envoi, il suffit d'un envoi. Cet élément est logique, car l'envoi constitue un premier pas dans cette infraction.

459. Ensuite, la vente ou la prestation de service sans commande préalable suppose qu'il existe la correspondance accompagnant l'envoi. Cet élément est repris de manière claire dans l'article 33 de la loi marocaine n° 31-08 relative à la protection du consommateur ; « *la fourniture de produits et de biens ou la prestation de services au consommateur sans commande préalable de sa part est interdite, lorsque cette fourniture comporte une demande de paiement (...). Le consommateur n'est tenu à aucune contrepartie en cas de fourniture dont il n'aurait pas fait la commande ».* L'article 26 de la loi tunisienne n° 2000-83[1331] et l'article 56 de l'Ordonnance mauritanienne n° 2006-031[1332] disposent également que « *en cas de délivrance d'un produit non commandé par le consommateur, celui-ci ne peut être sollicité pour le paiement de son prix ou du coût de sa livraison* ». De même, l'article 21 de la loi algérienne n° 18-05 du 10 mai 2018 relative au commerce électronique[1333] dispose que « *lorsque le e-fournisseur livre un produit ou un service non commandé par le e-consommateur, il ne peut exiger le paiement de son prix ou de ses frais de livraison* ».

En revanche, en droit français, l'article L. 121-12 du Code de la consommation ne prévoit cette correspondance que de manière implicite en évoquant le « renvoi » ou la « conservation ». La correspondance accompagnant l'envoi doit indiquer un choix entre le « paiement immédiat ou différé » ou « leur renvoi ou leur conservation ». Néanmoins, l'article R. 635-2 du Code pénal français prévoit expressément le fait qu'une correspondance accompagne l'envoi indiquant l'acceptation de l'objet contre « versement d'un prix fixé » ou le « renvoi à son expéditeur ». La jurisprudence, quant à elle, n'exige pas une concomitance entre les deux en estimant « *qu'elle soit antérieure ou concomitante à l'envoi de la marchandise, la correspondance fait cortège à cet envoi et l'accompagne* »[1334].

[1330] Art. L. 121-12 du Code français de la consommation fait référence à un envoi de biens et services en y incluant « *la fourniture d'eau, de gaz ou d'électricité lorsqu'ils ne sont pas conditionnés dans un volume délimité ou en quantité déterminée ainsi que la fourniture de chauffage urbain et de contenu numérique non fourni sur un support matériel* ».

[1331] La loi tunisienne précitée n° 2000-83 du 9 août 2000, relative aux échanges et au commerce électroniques.

[1332] L'ordonnance mauritanienne précitée 2006-031 relative aux instruments de paiements et aux opérations du commerce électronique.

[1333] La loi algérienne n° 18-05 du 10 mai 2018 relative au commerce électronique, *JORA*, n°28, 16 mai 2018, p. 4.

[1334] La notion de correspondance est interprétée de manière large comme les « *documents remplis, sur le territoire français, par l'expéditeur d'un envoi contre remboursement, remis ensuite par lui aux services postaux en même temps que l'objet, puis présentés au destinataire en vue de lui*

460. Enfin et surtout, la substance de cette infraction est fondée sur l'absence de commande préalable. Cet élément figure expressément dans toutes les dispositions. De plus, l'article 33 de la loi marocaine précitée n° 31-08 précise que « *le silence du consommateur ne vaut pas consentement* ».

Ces trois éléments doivent être réunis pour permettre l'application des dispositions sur la prohibition de vente ou de prestation de service sans commande. Si la partie faible est le destinataire d'un envoi sans commande préalable, elle n'est pas tenue de payer le prix réclamé, ni de faire les démarches nécessaires pour le renvoi, ni d'en supporter des frais[1335]. Cependant, la partie faible sera tenue de restituer l'objet à l'expéditeur s'il vient le chercher directement à son domicile parce qu'elle n'en est pas le propriétaire.

Cette interdiction de vente sans commande préalable n'est pas absolue. Des exceptions se manifestent clairement en matière bancaire selon l'article L. 121-13 du Code français de la consommation. En effet, il n'existe pas, dans le domaine bancaire, de vente sans commande préalable. Cependant, si la convention de compte permet une autorisation de découvert ou facilité de caisse, et que le découvert s'enclenche du fait de l'utilisation du compte, la banque est autorisée à percevoir des intérêts, commissions ou autres frais[1336].

Comme toutes les pratiques illicites, l'auteur de cette pratique sera sanctionné par des sanctions civiles et pénales. Sur le plan civil, l'article L. 132-16 du Code de la consommation prévoit que tout contrat conclu à la suite d'une vente sans commande préalable est considéré comme nul et n'a donc aucun effet[1337]. De plus, le professionnel doit rendre les sommes qu'il aurait indûment perçues sans engagement exprès et préalable du consommateur. Ces sommes sont productives d'intérêts au taux légal à compter de la date du paiement indu et d'intérêts au taux légal majoré de moitié à compter de la demande de remboursement faite par le consommateur.

Sur le plan pénal, l'article L. 132-17 du code de la consommation dispose que l'envoi forcé constitue un délit puni par deux ans de prison et 300 000 € d'amende pour les personnes physiques ou 1 500 000 € pour les personnes morales. Ce montant peut être porté, de manière proportionnée aux avantages tirés du délit, jusqu'à 10 % du chiffre d'affaires moyen annuel. Pour le Code pénal français, cette pratique est une contravention de 5ème classe réprimée par une amende de 1500 € pour les personnes physiques (ou 3000 € en cas de récidive) ou 7500 € pour les personnes morales (article R. 635-2 du code pénal). Des peines

---

permettre d'exercer son choix entre la remise contre paiement ou le refus » (Cass. crim., 5 nov. 1985, n°84-93.318, *Bull. crim.*, 1985, n° 346).

[1335] Art. 33 de la loi marocaine n° 31-08 relative à la protection du consommateur dispose que « *le consommateur n'est tenu à aucune contrepartie en cas de fourniture dont il n'aurait pas fait la commande* ».

[1336] **C. COURTIN**, « Contravention », *Rép. pén. Dalloz*, janv. 2012, n° 228.

[1337] Art. 44 de la loi marocaine n° 31-08 relative à la protection du consommateur semble conduire à un résultat similaire. Cet article énonce que « *les dispositions du présent chapitre sont d'ordre public* ».

complémentaires sont également prévues par l'article L. 132-18 du Code de la consommation[1338] et l'article R. 635-2 du Code pénal)[1339].

Ainsi, les droits encadrent certaines pratiques commerciales et en interdissent absolument d'autres dans le but de protéger la partie faible. Le même objectif est visé dans d'autres pratiques qui sont interdites sous certaines conditions.

B. Les pratiques relativement interdites

461. Les pratiques commerciales interdites de manière relative sont nombreuses[1340]. Nous choisissons de retenir deux de ces pratiques et d'en exposer leurs techniques. Celles-ci sont en effet fréquemment utilisées par les professionnels et ont récemment été réorganisées par les législateurs de certains pays étudiés. La règle applicable est que par principe ces pratiques sont interdites, toutefois, dans certaines circonstances ou conditions, elles sont considérées comme valables. Techniquement, les législateurs ont repris certains textes tout en ajoutant que les pratiques visées par ceux-ci ne sont illicites que dans la mesure où elles revêtent des caractères fixés par la loi[1341]. Ainsi, nous consacrerons nos développements à l'étude de la vente ou la prestation de service avec primes (1), et le refus de vente et subordination de vente ou de prestation de service (2).

1. La vente ou la prestation avec primes

462. Les ventes ou prestations de services avec primes sont illicites et interdites, parce que le contractant faible, attiré par la prime, risque d'être détourné de son intention initiale et conduit à faire un achat sans intérêt, trop onéreux ou de mauvaise qualité[1342]. L'idée de sanctionner les professionnels qui orienteraient les clients à acheter certaines marchandises parce qu'on leur propose un contrat assorti d'un cadeau n'est pas récente[1343].

Tout d'abord, il convient de noter que les primes, dites auto-payantes devenues sans objet, peuvent avoir plusieurs sens dans les pratiques commerciales dans les différents pays. En réalité, le mot prime est rarement employé. Le professionnel

---

[1338] Pour les personnes physiques, il s'agit de l'interdiction d'exercer directement ou indirectement une activité commerciale pour une durée maximale de cinq ans. Pour les personnes morales, il s'agit notamment de l'affichage ou de la diffusion de la décision prononcée, du placement sous surveillance judiciaire, de l'interdiction d'exercer l'activité dans l'exercice ou à l'occasion de l'exercice de laquelle l'infraction a été commise, etc. (2° à 9° de Art. 131-39 du Code pénal français). V. égal. **S. RETTERER**, « Ventes réglementées », op. cit., n° 171 et 172.

[1339] Des peines complémentaires sont également prévues, s'appliquant aussi bien aux personnes physiques que morales. Il s'agit de « *l'interdiction, pour une durée de trois ans au plus, d'émettre des chèques autres que ceux qui permettent le retrait de fonds par le tireur auprès du tiré ou ceux qui sont certifiés" ainsi que de "la confiscation de la chose qui a servi ou était destinée à commettre l'infraction ou de la chose qui en est le produit* » (Art. R. 635-2 du Code pénal français). V., **Y. PICOD**, *Droit de la consommation*, n° 161, p. 97.

[1340] Par exemple, les loteries publicitaires et les prix d'appel, etc.

[1341] V., **J. CALAIS-AULOY et H. TEMPLE**, *Droit de la consommation*, op. cit., n ° 112, p. 113.

[1342] **D. BAZIN-BEUST**, *Droit de la consommation*, op. cit., p. 144.

[1343] **C. AMBROISE-CASTÉROT**, « Consommation », op. cit., n° 69.

préfère utiliser indifféremment les mots « offert », « en plus », » cadeau », il en est de même en langue arabe du pays du Maghreb où des termes variés mais ayant le même sens sont repris, alors qu'il s'agit dans tous les cas de primes au sens juridique. Souvent, le mot utilisé est associé à « gratuit » (cadeau gratuit, gratuit pour vous)[1344]. L'utilisation de ce qualificatif est en général possible, mais, cette gratuité est par nature trompeuse. Dans le langage juridique, la prime peut se définir comme étant la remise, totalement ou partiellement gratuite, immédiatement ou de manière différée, d'un objet à tout acheteur d'une marchandise déterminée[1345]. Autrement dit, la vente avec prime est une technique de promotion commerciale où pour tout achat d'un article, d'un produit ou d'un service, il est offert gratuitement un autre objet, produit ou service[1346].

463. Ces pratiques sont explicitement réprimées par plusieurs textes des pays étudiés[1347]. Dans les règles consuméristes, les dispositions de cette prohibition inscrite dans les droits algérien, marocain et tunisien sont inspirées de l'ancien article L. 121-35 du Code français de la consommation. Les textes de ces pays[1348] énoncent qu'est interdite « *toute vente ou offre de vente de produit ou de biens ou toute offre de prestation de services faite aux consommateurs et donnant droit, à titre gratuit, immédiatement ou à terme, à une prime consistant en produits, biens ou services* (…). Ainsi, la notion de prime est en principe large[1349], parce que l'un des objectifs des textes est de protéger le consentement de la partie faible qui ne doit pas s'obliger en perspective d'une prime et pour un motif autre que celui qui tient à l'objet du contrat. Cependant, le législateur français, par la loi du 17 mai 2011 et la loi du 17 mars 2014, dite Loi Hamon, a modifié l'article L. 121-35 (devenu article L. 121-19) de Code de la consommation en énonçant dans le

---

[1344] **C. MINAUD**, « La vente avec prime aux consommateurs », https://www.inc-conso.fr, consulté le 20/12/2017.

[1345] **G. RAYMOND**, *Droit de la consommation*, op. cit., n°440, p. 243. D'ailleurs, dans le langage « marketing », le mot prime recouvre plusieurs techniques qui sont employées en fonction du but poursuivi : il existe la prime directe (qui est in pack ou out pack) ; les primes recettes ; les primes différées ; la prime contenante ; la prime produit ; en plus, la prime autopayante. V. égal. **Y.-M. SERINET**, « Ventes ou prestations de services avec prime : d'une prohibition à l'autre », *D.*, 2002, p. 3252

[1346] **B. BOULOC**, « Interdiction de la vente avec prime », *RTD com.*, 2008, p. 408 ; V. égal. **D. FENOUILLET**, « c) Vente à primes, loi du 10 août 1981 relative au prix du livre », *RDC*. 01 oct. 2008, n°4, p, 1222.

[1347] Cette interdiction est renforcée pour les produits pharmaceutiques par l'article R. 5122-4, 14° du Code français de la santé publique et l'article 6 de la loi n° 81-766 du 10 août 1981 en ce qui concerne la vente de livres. En matière bancaire, l'article L. 312-1-2 du Code français monétaire et financier interdit également les pratiques des ventes ou des prestations de services avec prime.

[1348] Art. L. 121-19 du Code français de la consommation ; Art. 56 de la loi marocaine n° 31-08 édictant des mesures de protection du consommateur, *Bull. O. Mar.*, n° 5932 du 7 avril 2011 ; Art. 16 de la loi algérienne n° 04-02 du 23 juin 2004 fixant les règles applicables aux pratiques commerciales, *JORA*, 27 juin 2004, n° 41, p. 3 ; Art. 30 de la loi tunisienne n° 2015-36 du 15 sept. 2015 relative à la réorganisation de la concurrence et des prix, *JORT*, 25 et 29 sept. 2105, n° 77-78, p. 2320.

[1349] **S. PIMONT**, « b) Supporter les frais de l'exécution de son obligation de délivrance est licite », *RDC*, 01 janv. 2009, n°1, p. 147.

premier alinéa de cet article que ce type de vente ou de service n'est prohibée que dans la mesure où elle revêt un caractère déloyal au sens de l'article L. 120-1[1350].

On constatera en droit français par rapport aux droits des pays comparés que la réforme de l'article L. 121-35 (devenu article L. 121-19) du Code de la consommation peut influencer le champ d'application de la prohibition (a) et les conditions de la prohibition de ce type de vente ou de service (b).

a. Le champ d'application de la prohibition

464. Au niveau des dispositions consuméristes, le champ d'application de cette interdiction est identique dans les droits des pays comparés sur les pratiques commerciales visées, mais ce champ est différent dans ces pays par rapport aux contractants ou futurs contractants concernés.

Selon les droits français, algérien, marocain et tunisien[1351], la vente ou la prestation de service avec prime est prohibée par les textes des lois précités qui déterminent les opérations visées par la réglementation. Les textes posent en général la prohibition de toute offre de vente de produits ou de biens et toute offre de prestation de services avec primes. Le législateur sanctionne l'opération au stade de la promotion afin de protéger au plus tôt le consommateur du processus contractuel. Dès lors, la conclusion d'un contrat de vente ou de prestation de services avec prime est sanctionnée tant au stade de l'offre que de la conclusion du contrat[1352].

465. Il est nécessaire de souligner que cette prohibition suppose la remise d'un objet ou l'accomplissement d'une prestation de services, différent de l'objet principal, ce qui exclut par conséquent du champ d'application de l'interdiction des ventes avec primes les escomptes ou les rabais pratiqués sur les prix affichés

---

1350 **J. GRANDMAIRE, V. CADORET, F.-L. SIMON, G. TOUSSAINT-DAVID et F. SERGENT**, « Vade-mecum de la loi n°2014-344 du 17 mars 2014 relative à la consommation, dite (loi Hamon) », *Pet. Aff.*, 07 avr. 2014, n°69, p. 8.

1351 L'article 16 de la loi algérienne n° 04-02 du 23 juin 2004 dispose que « *est interdite toute vente ou offre de vente de biens ou toute prestation ou offre de prestation de services donnant droit à titre gratuit, immédiatement ou à terme, à une prime consistant en biens ou services, sauf s'ils sont identiques à ceux qui font l'objet de la vente ou de la prestation (...)* » ; l'article 56 de la loi marocaine n° 31-08 énonce également que « *il est interdit de vendre ou d'offrir à la vente des produits ou des biens, d'assurer ou d'offrir une prestation de service au consommateur donnant droit, à titre gratuit, immédiatement ou à terme, à une prime consistant en produits, biens ou services sauf s'ils sont identiques à ceux qui font l'objet de la vente ou de la prestation* ». Aussi, l'article 30 de la loi tunisienne n° 2015-36 prévoit que « *est interdite toute vente ou offre de vente de produits ou de marchandises ainsi que toute prestation ou offre de prestation de services faites aux consommateurs et donnant droit à titre gratuit immédiatement ou à terme, à une prime consistant en produits, marchandises ou services, sauf s'ils sont identiques à ceux qui font l'objet de la vente* ».

1352 **Y.-M. SERINET**, « Ventes ou prestations de services avec prime : d'une prohibition à l'autre », op. cit., p. 3252 ; A ce sujet V, **A. MOHIM**, *La protection du consommateur à l'encontre des dommages causés par les produits proposés sur le marché*, en droit marocain, en arabe, op. cit., p. 251.

ainsi que la prise en charge par un éditeur des frais d'envoi des livres vendus sur l'internet, par exemple[1353].

S'agissant des personnes concernées, en droits marocain selon l'article 56 de la loi n° 31-08 et en droit tunisien selon l'article 30 de la loi n° 2015-36, la prohibition ne concerne que les primes faites aux consommateurs et non celles existant entre professionnels. Cela découle logiquement de la notion de consommateur telle que définie dans chaque pays, comme on l'a vu. En conséquence, les primes entre professionnels sont généralement valables et licites dans ces pays. En revanche, la formulation de l'article 16 de la loi algérienne n° 04-02, fixant les règles applicables aux pratiques commerciales, ne fait pas la distinction entre les opérations conclues par des professionnels, ce qui permet d'appliquer cette prohibition dans toutes les relations contractuelles. Par ailleurs, l'article 121-19-2 du Code de la consommation indique de façon explicite que ses dispositions s'appliquent à toutes les activités de production, de distribution et de service, y compris celles qui sont le fait de personnes publiques, notamment dans le cadre de conventions de délégation de service public[1354]. Le champ d'application ne s'étend pas seulement aux relations professionnels/consommateurs, mais à toutes les pratiques, donc aussi des opérations conclues entre professionnels.

466. Par ailleurs, les législations des pays étudiés prévoient certaines exceptions à l'interdiction des ventes ou prestations de services avec primes. Le motif de ces exceptions est qu'il n'y a pas lieu de craindre que la partie faible soit trompée[1355]. En effet, les droits de ces pays autorisent les primes qui portent sur des produits ou des services identiques à ceux qui font l'objet du contrat principal. De plus, l'article 16 de la loi algérienne précité n° 04-02 n'interdit pas la prime si sa valeur ne dépasse pas 10% du montant total des biens ou services concernés. Selon les régimes juridiques algérien et marocain, les objets et services de faible valeur échappent également à la prohibition des ventes à primes. Ainsi, l'article 16 de la loi algérienne, l'article 56 de la loi marocaine n° 31-08 et l'article 30 de la loi tunisienne n° 2015-36 du 15 déjà évoqués énoncent que « *cette disposition ne s'applique pas aux menus objets ou services de faible valeur, ni aux échantillons, ni aux produits conçus spécialement pour des fins publicitaires et portant la marque commerciale* ».

Par contre, le législateur français par la loi Hamon a supprimé toute référence aux échantillons, menus objets et services de faible valeur pour lesquels l'interdiction de la vente avec prime était levée. Par conséquent, la nouvelle version de l'article 121-19 ne contenant plus aucune limitation de valeur de la

---

[1353] **G. RAYMOND**, *Droit de la consommation*, op. cit., n°441, p. 243.

[1354] **G. RAYMOND**, *Droit de la consommation*, op. cit., n°441, p. 243 ; **C. AUBERT De VINCELLES**, « Interdiction d'interdire les ventes avec primes, la Cour de justice persiste et signe », *RDC.*, 1 avr. 2011, n°2, p. 497

[1355] **S. PIEDELIEVRE**, *Droit de la consommation*, op. cit., n° 178, p. 175.

prime attribuée gratuitement au contractant, les pratiques promotionnelles sont indiscutablement libéralisées, sous la seule réserve de leur caractère déloyal[1356].

En outre, notons que la prime peut être directe ou différée, c'est-à-dire qu'elle peut être remise concomitamment à l'achat du produit ou du service, mais elle peut aussi être remise ultérieurement. Les primes directes et les primes différées correspondent ainsi à deux objectifs différents poursuivis par celui qui vend ou offre ses services avec primes. Lorsque le vendeur ou le prestataire vise simplement à provoquer un réflexe d'achat, la prime est directe puisqu'elle est accordée en même temps que le produit ou le service offert à titre principal. Lorsque le vendeur ou le prestataire souhaite au contraire créer une habitude d'achat, c'est-à-dire fidéliser un client, la prime est différée.

b. Les conditions de la prohibition

467. Une vente ou prestation de service avec prime est qualifiée comme telle dès lors que certaines conditions sont réunies selon les droits algérien, marocain et tunisien. Mais la réforme du droit français de la consommation introduit un critère supplémentaire.

Tout d'abord, la vente ou prestation de service avec prime suppose l'existence d'un contrat à titre onéreux par lequel la partie faible obtient un bien ou un service à titre principal. Un lien obligatoire est donc nécessaire entre l'opération principale, la vente ou la prestation de service, et l'attribution de la prime. La prime doit être l'accessoire du contrat principal. En droit marocain et tunisien, le contrat doit être conclu entre un consommateur et un professionnel. Tel n'est pas le cas en droits algérien et français, parce que l'interdiction de ces pratiques s'applique quelle que soit la qualité des parties[1357].

468. De plus, les primes attribuées doivent être des primes en nature et non des sommes d'argent. Cependant, l'article R. 121-9 du Code français de la consommation et l'article 56 la loi marocaine n° 31-08 affirment que ne sont pas considérés comme primes, les primes qui présentent une véritable utilité pratique pour l'acheteur. Cela existe dans trois hypothèses : d'abord, le conditionnement habituel du produit, les biens, produits ou prestations de services qui sont indispensables à l'utilisation normale du produit, du bien ou du service faisant l'objet de la vente. Elle exclut ensuite de la prohibition, les prestations de service après-vente et les facilités de stationnement offertes par les professionnels à leurs clients. Il en va enfin de même des prestations de services attribuées gratuitement si ces prestations ne font pas ordinairement l'objet d'un contrat à titre onéreux et sont dépourvues de valeur marchande[1358].

[1356] **D. BAZIN-BEUST**, *Droit de la consommation*, op. cit., p. 147 ; V. égal. **J. GRANDMAIRE, V. CADORET, F.-L. SIMON, G. TOUSSAINT-DAVID et F. SERGENT**, « Vade-mecum de la loi n°2014-344 du 17 mars 2014 relative à la consommation, dite (loi Hamon) », op. cit., p. 8.

[1357] **N. SAUPHANOR-BROUILLAUD**, « L'interdiction générale des ventes avec primes est contraire à la directive sur les pratiques commerciales déloyales », *LEDC.*, 01 déc. 2010, n° 11, p. 3.

[1358] **S. PIEDELIEVRE**, *Droit de la consommation*, op. cit., n° 179, p. 176 ; Sur ce sujet V. égal. **M. BOURREAU-GUERINIERE**, « Assurance sur la vie et vente avec primes », *LEDA.*, 15 déc. 2010,

469. Enfin, la prime doit être attribuée à titre gratuit. La prime visée et suspectée par les différents textes doit être gratuite et n'entrainer aucun coût supplémentaire pour la partie faible. En pratique, l'adjectif « gratuit » est bien mis en avant dans les campagnes promotionnelles car il attire le client[1359]. Donc, si la prime est payante, elle ne tombe pas sous le coup de l'interdiction. Mais, on peut s'interroger sur la notion de « primes auto-payantes », c'est-à-dire celles que le consommateur va payer pour une somme symbolique (un euro symbolique) et qui étaient très utilisées autrefois. Par exemple, il était possible pour un professionnel de proposer à un client qui achète une connexion internet, un modem pour un euro[1360]. Cela lui permettait de contourner l'interdiction dans les droits des pays concernés. Cependant, cette hypothèse est devenue obsolète depuis la réforme du 17 mai 2011 en droit français[1361].

En outre, la loi française[1362] de simplification et d'amélioration de la qualité du droit du 17 mai 2011, puis la loi française sur la consommation du 17 mars 2014[1363], comme on l'a vue plus haut, ont modifié l'article L. 121-35 (devenu L. 121-19) du Code de la consommation en ajoutant que les ventes avec prime sont désormais par principe licites, sauf à ce qu'elles revêtent un caractère déloyal au sens de l'article L. 120-1 du Code français de la consommation, c'est-à-dire qu'elles faussent le consentement de la partie faible, soit parce qu'elles sont trompeuses, soit parce qu'elles sont agressives. A défaut, l'infraction n'existe pas[1364]. Sur le fondement du droit commun, dès lors que la vente avec prime revêt un caractère déloyal, la responsabilité civile délictuelle de son auteur peut être engagée. Comme les autres pratiques commerciales interdites, les ventes ou prestations de services avec prime sont sanctionnées de peines d'emprisonnement et d'amende[1365].

---

n° 03, p. 7 ; A ce sujet V, **A. MOHIM**, *La protection du consommateur à l'encontre des dommages causés par les produits proposés sur le marché*, op. cit., p. 252.

1359 **D. BAZIN-BEUST**, *Droit de la consommation*, op. cit., p. 146.

1360 En ce sens V., Cass. crim. 7 mai 2002, n° 01-83.412, *Bull. crim.* n° 109; *D.* 2002. 2050; *CCC*, 2002, n° 166, obs. **G. RAYMOND**; *JCP.*, 2003. I. 103, n° 15, obs. **J.-H. ROBERT**; *RTD com.* 2002. 738, obs. **B. BOULOC**; *D.*, 2003. 1033, obs. **F. CHOPIN**.

1361 Par ailleurs, l'offre de livraison gratuite lors de commandes de livres sur internet, qui avait tant posé de problèmes à la Cour de cassation qui cherchait à valider cette pratique (Com. 6 mai 2008, n° 07-16.381, *D.* 2008. Actu. 1474, obs. **C. RONDEY** ; *D.* 2008. 2186, note **J.-Ph. FELDMAN**. - Paris, 5e ch. B, 9 avr. 2009, *D.* 2009. 1534), est aujourd'hui autorisée par la modification de l'article L. 121-19 par la loi du 17 mai 2011.

1362 Art. 45 de la loi française de simplification et d'amélioration de la qualité du droit du 17 mai 2011 complète les dispositions du Code de la consommation, *JORF.*, n° 0115, 18 mai 2011, p. 8537.

1363 La loi (dite Loi Hamon) n° 2014-344 du 17 mars 2014 relative à la consommation, *JORF.*, n° 0065, 18 mars 2014, p. 5400.

1364 **C. ZOLYNSKI**, « Les loteries publicitaires, les ventes liées et les ventes avec prime ne sont plus interdites per se », *LEDC.*, 01 juin 2011, n° 06, p. 5.

1365 Par ex., en droit français, les pratiques déloyales se scindant en deux (pratiques commerciales trompeuses et pratiques commerciales agressives), il faut donc s'en remettre aux articles L. 132-2 et L. 132-11 qui les sanctionnent de deux ans d'emprisonnement et de 300 000 € d'amende. V., **C. AMBROISE-CASTÉROT**, « Consommation », op. cit., n° 69.

2. Le refus et la subordination de vente ou de prestation de service

470. Nous consacrerons ces développements à l'étude du refus et de la subordination de vente ou de prestation de service qui sont des pratiques commerciales illicites lorsqu'elles sont mises en œuvre à l'encontre de la partie faible. Nous sommes devant deux notions qui semblent à priori différentes. Ainsi, les deux pratiques sont pénalement traitées de manière différente. Si le refus de vente ou de prestation de services est clairement une infraction pénale, sans condition, en revanche, la pratique des ventes ou prestation de services subordonnés n'est une infraction qu'à la condition que la pratique soit déloyale, notamment en droit français[1366]. Le refus de vente consiste à refuser de vendre au consommateur un produit, ou de fournir la prestation d'un service, sans motif légitime, alors que la vente liée ou subordonnée consiste à obliger un consommateur, qui désire acheter un produit ou une prestation de services, à acheter un produit supplémentaire ou une prestation de services distincte[1367].Toutefois, les deux pratiques ont parfois des points communs par rapport à leur finalité. C'est parce que l'auteur du refus de vente n'accepte pas de contracter à cet instant et préfère reporter la conclusion du contrat à plus tard dans des conditions qui lui seront plus favorables. L'auteur de pratiques de subordination entend contracter dans des circonstances qui lui procurent des avantages supplémentaires[1368].

Pour ces raisons, la section 3 du Code français de la consommation (Livre Ier : Information des consommateurs et pratiques commerciales) et le chapitre 6 de la loi marocaine n° 31-08 relative à la protection du consommateur ont été intitulés par les législateurs français et marocain « *refus et subordination de vente ou de prestation de service* »[1369]. De même, les législateurs tunisien, libyen et mauritanien abordent les deux notions sous un seul article[1370]. En revanche, le

---

1366 **C. AMBROISE-CASTÉROT**, « Consommation », op. cit., n° 112.

1367 **S. RETTERER**, « Ventes réglementées », *op. cit.*, n° 157 et 158.

1368 **G. POISSONNIER**, « Vers des critères plus objectifs en matière d'exception à la règle de l'interdiction de la vente liée », *Gaz. Pal.*, 17 févr. 2011, n°48, p. 19.

1369 L'article L.121-11 du Code français de la consommation dispose que « *est interdit le fait de refuser à un consommateur la vente d'un produit ou la prestation d'un service, sauf motif légitime ; Est également interdit le fait de subordonner la vente d'un produit à l'achat d'une quantité imposée ou à l'achat concomitant d'un autre produit ou d'un autre service ainsi que de subordonner la prestation d'un service à celle d'un autre service ou à l'achat d'un produit dès lors que cette subordination constitue une pratique commerciale déloyale au sens de l'article L.121-1* ».

1370 Art. 57 de la loi marocaine n° 31-08 relative à la protection du consommateur, *Bull. O. Mar.*, n° 5932, 7 avril 2011 ; Art. 31 de la loi tunisienne n° 2015-36 du 15 sept. 2015, relative à la réorganisation de la concurrence et des prix, *JORT*, 25 et 29 sept. 2015, n° 77-78, p. 2320 ; Arts. 1285 aliéna 4 et 1325 des textes sur la protection du consommateur du Code libyen de commerce ; en droit mauritanien, Sont interdites entre professionnels et consommateurs, aux termes des articles 1230, 1231 et 1237-8 du Code mauritanien de commerce, l'absence de facturation, le refus de vente ou de prestation et la vente liée. V., **M.-O. SALECK AHMEDNA**, *Les médias et le droit de la concurrence en Mauritanie*, Thèse. Université de Perpignan, 2017, p. 196 et s.

législateur algérien traite ces deux notions dans deux articles différents[1371]. L'approche du droit algérien semble plus convaincante que celle des autres droits, car ces deux pratiques commerciales illicites n'ont pas les mêmes régimes applicables. Par conséquent, il n'existe pas d'intérêt à les regrouper. D'où la nécessité de les distinguer.

a. Le refus de vente et prestation de service

471. S'agissant du refus de vente ou de prestation de service, les droits de la consommation français, algérien, marocain, libyen et tunisien prévoient qu'*il est interdit de refuser à un consommateur la vente d'un produit, d'un bien ou la prestation d'un service, sauf motif légitime*[1372]. Cette position législative est logique. Par principe tout bien exposé à la vue du public est forcément réputé offert à la vente. Le refus de contracter opposé par le professionnel est injustifié lorsqu'il ne peut établir aucun motif légitime. Par conséquent, en principe, le professionnel n'est pas libre de choisir son cocontractant ou le moment de contracter. Le professionnel ne peut, au nom de sa liberté contractuelle, refuser que le consommateur achète un produit ou un service qu'il propose à la vente. D'ailleurs, le Code pénal français dans les articles 225-1 à 225-4 sanctionne toutes les discriminations, mais aussi le refus d'une vente ou d'une prestation de services ayant pour cause une discrimination fondée sur certaines raisons déterminées[1373].

Selon les différents textes, les éléments de cette prohibition consistent d'abord en un refus de contracter[1374]. Ce refus peut être direct ou indirect. Il est direct, lorsqu'il consiste en un acte volontaire, intentionnellement discriminatoire visant un individu ou un groupe d'individus, car on dit rarement « non » par imprudence ou négligence. Le refus est donc volontaire. Mais, le refus peut être indirect, lorsque des mesures apparemment neutres défavorisent, de fait, de façon

---

[1371] Arts. 15 et 17 de la loi algérienne n° 04-02 du 23 juin 2004 fixant les règles applicables aux pratiques commerciales, *JORA.*, 27 juin 2004, n° 41, p. 3. En ce sens V., **A. FILALI**, « Le droit de la consommation : une adaptation du droit commun des contrats », op. cit., p. 21 ; **F. AKILI**, « La protection du consommateur dans le cadre de la liberté de la concurrence en droit algérien », en arabe, https://platform.almanhal.com/, consulté le 13 déc. 2017.

[1372] Art. L.121-11 du Code français de la consommation ; Art. 57 de la loi marocaine n° 31-08 relative à la protection du consommateur, *Bull. O. Mar.*, n° 5932, 7 avril 2011 ; Art. 31 de la loi tunisienne n° 2015-36 du 15 sept. 2015, relative à la réorganisation de la concurrence et des prix, *JORT*, 25 et 29 sept. 2015, n° 77-78, p. 2320 ; Arts. 1285 aliéna 4 et 1325 des textes sur la protection du consommateur du Code libyen de commerce ; Arts. 1230, 1231 et 1237-8 du Code mauritanien de commerce.

[1373] L'article L. 225-1 du Code pénal français énonce que « *constitue une discrimination toute distinction opérée entre les personnes physiques à raison de leur origine, de leur sexe, de leur situation de famille, de leur grossesse, de leur apparence physique, de leur patronyme, de leur lieu de résidence, de leur état de santé, de leur handicap, de leurs caractéristiques génétiques, de leurs mœurs, de leur orientation ou identité sexuelle, de leur âge, de leurs opinions politiques, de leurs activités syndicales, de leur appartenance ou de leur non-appartenance, vraie ou supposée, à une ethnie, une nation, une race ou une religion déterminée* ».

[1374] V, **A. MOHIM**, *La protection du consommateur à l'encontre des dommages causés par les produits proposés sur le marché, en droit marocain*, op. cit., p. 248.

importante, un individu ou un groupe d'individus, par exemple une banque qui n'accepte que la carte d'identité française comme pièce d'identité. Autre exemple, le refus d'une compagnie aérienne d'embarquer des personnes handicapées, non accompagnées, au motif que le personnel n'est pas formé pour assurer leur sécurité[1375].

472. Ensuite, ce refus doit être opposé sans motif légitime. En réalité, le motif repose sur d'obscures raisons, des raisons illégitimes[1376]. L'article 31 de la loi tunisienne n° 2015-36 du 15 septembre 2015 explique clairement qu'« *il est interdit de refuser à un consommateur la vente de biens ou de produits ou la prestation d'un service dès lors que ses demandes ne présentent pas de caractère anormal ou que les produits ou services, objet de ces demandes, ne sont pas soumis à une réglementation particulière* ». D'autre part, la Cour de cassation française a jugé que le pharmacien qui refuse de vendre des contraceptifs à cause de ses convictions religieuses commet une infraction pénale[1377]. Si le refus de vente est fondé sur une discrimination tel que le racisme, l'homophobie, etc., ce ne sont plus les dispositions du droit de la consommation qui s'appliquent, mais celles du code pénal.

Par contre, l'existence d'un motif légitime permet au professionnel de refuser de contracter. Plus précisément, un tel motif peut résulter d'une interdiction légale ou d'un fait objectif. Par exemple, il y a rupture de stock et le commerçant n'est pas obligé de reconstituer ses stocks, ou encore un hôtel peut être complet. C'est également le cas lorsque la demande du consommateur est anormale ou fantaisiste[1378]. D'un point de vue légal, le refus de vendre une boisson alcoolique à un mineur est légitimement justifié en droit français[1379]. En somme, le professionnel est contraint de vendre son produit à tout consommateur qui se présente à lui, sauf à faire valoir un motif de nature à justifier son refus.

En droit français, il faut également observer que, comme pour la vente ou prestation de service avec prime, le dernier alinéa de l'article L. 121-11 du Code français de la consommation prévoit que « *les dispositions du présent article s'appliquent à toutes les activités de production, de distribution et de services, y*

[1375] Cass. crim., 15 déc. 2015, n° 13-81586, *Bull.*, 2016, n° 841, Crim., n° 574.

[1376] **A. MOHIM**, *La protection du consommateur à l'encontre des dommages causés par les produits proposés sur le marché, en droit marocain*, op. cit., p. 249.

[1377] Crim. 21 oct. 1998, n° 97-80.981, *Bull. crim.*, n° 273; JCP 1999. II. 10163, note **F. FREUND** ; *CCC* 1999, n° 33, obs. **G. RAYMOND**.

[1378] La Cour de cassation française a reconnu par exemple, que « *le refus de vente d'un contraceptif n'est pas pénalement punissable, dès lors que le pharmacien ne dispose pas du produit demandé* ». (Cass. crim., 16 juin 1981, n° 80-93.379), De même, la Cour de cassation a été sanctionné le bailleur qui refusait de reconduire un contrat de location d'une durée déterminée d'un emplacement de « mobil home » (Cass. civ. III, 13 mai 2009, n°07-12478).

[1379] L'article L. 3342-1 du Code français de la santé publique dispose que « *la vente des boissons alcooliques à des mineurs est interdite* ». De même, l'article L. 5125-34 du Code français de la santé publique interdit de vendre en ligne des médicaments soumis à prescription médicale obligatoire puisque seuls ceux non soumis à ordonnance peuvent être commercialisés sur internet par un pharmacien. V., **C. AMBROISE-CASTÉROT**, « Consommation », op. cit., n° 112.

compris celles qui sont le fait de personnes publiques, notamment dans le cadre de conventions de délégation de service public »[1380]. L'interdiction s'applique en principe à toutes les relations contractuelles quelle que soit la qualité de parties. La position des législateurs algérien et libyen est identique à celle du législateur français sur cette question. Le point de vue des législateurs tunisien et marocain est quant à lui basé sur une autre définition du consommateur[1381].

Néanmoins, l'interdiction du refus de contracter ne concerne que des produits et services indifférenciés ou standardisés. Les biens immobiliers par exemple, n'entrent pas dans le champ d'application de l'article L. 121-11 du Code français de la consommation. Sont exclus également les contrats conclus intuitu personae, c'est-à-dire en considération de la personne du cocontractant. Ainsi, un avocat peur refuser de s'occuper de l'affaire que le client souhaite lui soumettre s'il estime que la matière en cause ne relève pas sa compétence. De même, l'article 15 de la loi algérienne n° 04-02 sur les pratiques commerciales indique explicitement que « *ne sont pas concernés par cette disposition, les articles de décoration et les produits présentés à l'occasion des foires et expositions* »[1382]. D'une manière générale, la prohibition du refus de contracter traduit l'existence d'un véritable droit à la consommation[1383]. Ce droit s'incarne également dans la pratique prohibée de subordination de vente ou prestation de service.

b. La subordination de vente ou de prestation de service

473. Quant à la prohibition de la subordination de vente ou de prestation de service, les législateurs de tous les pays étudiés[1384] prévoient qu'il est généralement interdit de subordonner la vente d'un produit ou d'un bien à l'achat d'une quantité imposée ou à l'achat concomitant d'un autre produit ou d'un autre bien ou d'un autre service. De même, est interdit de subordonner la prestation d'un service à celle d'un autre service ou à l'achat d'un produit ou d'un bien[1385]. Il s'agit ici d'empêcher de forcer le consentement du consommateur. Selon G.

[1380] Aussi, l'article L. 312-1 du Code monétaire et financier français prévoit un droit au compte au profit de toute personne physique ou morale domiciliée en France et dépourvue d'un compte de dépôt. En cas de refus par l'établissement choisi par le client, il peut saisir la banque de France qui en désignera un. V., **D. BAZIN-BEUST**, *Droit de la consommation*, op. cit., p. 83.

[1381] Supra., pp. 179 et s.

[1382] **S. BENZEMOUR**, La remise en cause des principes du droit commun par le droit de la consommation ; Etude comparative, Mémoire en droit, Université d'Oran, 2012/2013, p. 15.

[1383] V. **J.-D. PELLIER**, *Droit de la consommation*, op. cit., n° 61, p. 78.

[1384] V. Art. 17 de la loi algérienne n° 04-02 du 23 juin 2004 fixant les règles applicables aux pratiques commerciales, *JORA.*, 27 juin 2004, n° 41, p. 3 ; Art. 57 de la loi marocaine n° 31-08 relative à la protection du consommateur, *Bull. O. Mar.*, n° 5932, 7 avril 2011 ; Art. 31 de la loi tunisienne n° 2015-36 du 15 sept. 2015, relative à la réorganisation de la concurrence et des prix, *JORT*, 25 et 29 sept. 2015, n° 77-78, p. 2320 ; Arts. 1285 aliéna 4 et 1325 des textes sur la protection du consommateur du Code libyen de commerce ; en droit mauritanien, Sont interdites entre professionnels et consommateurs, aux termes des articles 1230 et 1231 du Code mauritanien de commerce, l'absence de facturation, le refus de vente ou de prestation et la vente liée.

[1385] V., **J.-P. FELDMAN**, « Le consommateur est-il pieds et poings liés à son logiciel ? », *CCC.*, juin 2009, alertes, focus 39, p. 3.

RAYMOND[1386], ce principe de l'interdiction n'a pas lieu d'être lorsque le consommateur a la faculté d'obtenir chaque élément du lot séparément ; dans ce cas, doivent être affichés, le prix et la composition du lot, ainsi que le prix de chaque produit composant le lot. En l'absence d'un tel affichage, on peut penser que l'acheteur peut obtenir l'un des composants du lot au prix obtenu en divisant le prix du lot par le nombre de composants.

En réalité, les ventes et prestations de services subordonnées (également appelées ventes par lots, ventes ou prestations liées, ventes par quantité imposée, ventes jumelées, ventes conditionnelles) nuisent au discernement des consommateurs et empêchent que les décisions d'achat soient fondées sur des critères objectifs de prix et de qualité dès lors que l'offre est groupée[1387]. Plus précisément, ces pratiques consistent à proposer à la vente des produits identiques ou différents qui seront vendus ensemble, à un tarif qui peut faire croire à un avantage réel en nature pour une plus grande quantité pour le même prix, ou en argent car les produits seraient payés moins cher que vendus séparément. Cependant, l'avantage espéré est souvent trompeur et permet de vendre des marchandises de qualité discutable ou difficilement vendables en l'associant à des produits réputés pour leur qualité[1388].

474. Cette interdiction a pour but d'empêcher un professionnel d'imposer au consommateur une quantité excessive d'un même produit ou de produits différents alors qu'un seul exemplaire ou une quantité inférieure lui suffirait[1389]. Généralement, le procédé repose sur des slogans induisant que le prix d'achat groupé est plus intéressant que d'ordinaire. Or, des affaires ont démontré le contraire[1390]. De plus, la Cour de cassation civile a décidé que cette pratique pouvait continuer à être sanctionnée si le consommateur n'était pas suffisamment et clairement informé, combinant ainsi les problématiques de ventes subordonnées au droit à l'information[1391].

Le droit français ajoute d'ailleurs que cette pratique est interdite dès lors que cette subordination constitue une pratique déloyale au sens de l'article L. 120-1

1386 **G. RAYMOND**, *Droit de la consommation*, op. cit., n°433, p. 239.

1387 **G. POISSONNIER**, « Vers des critères plus objectifs en matière d'exception à la règle de l'interdiction de la vente liée », op. cit., p. 19 ; V. égal., **M.-O. SALECK AHMEDNA**, *Les médias et le droit de la concurrence en Mauritanie*, op. cit., p. 197.

1388 **Y. PICOD**, *Droit de la consommation*, op. cit., n° 195, p. 113 ; **W. JEANDIDIER**, « Infractions économiques », *Rép. pén.*, oct. 2016, n° 188.

1389 Par exemple, la jurisprudence française avait indiqué qu'une location d'une chambre d'hôtel ne pouvait être liée à la prise d'un petit-déjeuner (Paris, 24 sept. 1991, JCP 1992. IV. 199). Selon **C. AMBROISE-CASTÉROT**, une telle liaison (chambre/déjeuner) ne paraissant ni trompeuse, ni agressive, elle ne semble donc pas déloyale au sens de l'article L. 121-1, et devrait donc être permise, en raison de la péremption probable de cette jurisprudence. V., **C. AMBROISE-CASTÉROT**, « Consommation », op. cit., n° 81.

1390 **D. BAZIN-BEUST**, *Droit de la consommation*, op. cit., p. 141.

1391 Cass. 1er civ. 6 oct. 2011, n° 10-10.800, *Bull. civ.* I, n° 160. V., égal. **V. LEGRAND**, « Offres conjointes d'ordinateurs équipés de logiciels : quelles perspectives ? », *D.* 2011, p. 2886 ; **P. WILHELM et D. PRIOUX**, « Retour sur le contentieux de la vente d'ordinateurs avec logiciels préinstallés », *CCC.*, 2012. Étude 4.

du Code de la consommation. Ce critère de la déloyauté comme élément constitutif de l'infraction est récent : il résulte de la loi du 17 mai 2011, adoptée sous pression du droit de l'Union européenne[1392]. Ainsi, le juge français devra vérifier si les critères généraux de définition de la pratique déloyale s'appliquent de surcroît[1393], ce qui conduit à interroger l'intention du vendeur ou du prestataire.

En principe, l'interdiction de la subordination de vente ou de prestation de service s'applique à tous les produits ou biens et à tous les services à l'exception de certains cas[1394]. Par exemple, l'article 17 de la loi algérienne n° 04-02 sur les pratiques commerciales énonce que « *ne sont pas concernés par cette disposition les biens de même nature vendus par lot, à condition que ces mêmes biens soient offerts séparément à la vente* »[1395]. De plus, on peut relever que certaines dispositions du Code monétaire et financier[1396] prévoient qu'est interdite la vente ou l'offre de vente de produit ou de prestations de services groupés, sauf lorsque les produits ou prestations de services inclus dans l'offre groupée peuvent être achetés individuellement ou lorsqu'ils sont indissociables.

En revanche, la vente par lots est autorisée lorsque le contractant possède la faculté d'avoir chaque élément du lot séparément. Des tolérances sont cependant admises. Elles relèvent d'abord des usages : il en est ainsi de certains produits qui sont habituellement vendus ensemble[1397]. Elles relèvent aussi du bon vouloir de l'Administration qui ne poursuit pas les infractions relatives à certains produits ou à certaines prestations de services. Il en est ainsi pour les yaourts et pour les bières en petites bouteilles[1398].

A ces pratiques commerciales interdites s'ajoute une catégorie de pratiques qualifiées de déloyales parce qu'elles ont pour objectif de contraindre la partie faible à acheter ou à s'engager.

1392 En effet, c'est une condamnation par la CJCE en 2009 qui a conduit le législateur à prendre les mesures nécessaires (CJCE 23 avr. 2009, aff. C-261/07 et C-299/07, *D.* 2009. 1273, obs. **PETIT** ; *CCC.*, 2009, n° 183, obs. **RAYMOND** ; *RTD com.* 2009. 607, obs. **BOULOC**. Ainsi, la législation française est donc en conformité avec les normes européennes.

1393 **C. ZOLYNSKI**, « Les loteries publicitaires, les ventes liées et les ventes avec prime ne sont plus interdites per se », *LEDC.*, 01 juin 2011, n° 06, p. 5. **W. JEANDIDIER**, « Infractions économiques », op. cit., n° 188.

1394 **P. WILHELM et L. FERCHICHE**, « Le sort des ventes subordonnées et des ventes avec prime en droit français de la consommation après l'arrêt de la CJCE du 23 avril 2009 », *CCC*, 2009. Étude 8 ; V. égal. **R. GHUELDRE**, « Ventes d'assurances liées », *RGDA*, 01 oct. 2010, n° 2010-04, p. 953

1395 ; **F. AKILI**, « La protection du consommateur dans le cadre de la liberté de la concurrence en droit algérien », https://platform.almanhal.com/, consulté le 13 déc. 20017.

1396 V., Arts L. 518-1 et L. 312-1-2 du Code monétaire et financier français.

1397 Cass. Crim., 30 nov. 1981 : *D.* 1982, IR., p. 151 ; **G. POISSONNIER**, « Vers des critères plus objectifs en matière d'exception à la règle de l'interdiction de la vente liée », op. cit, p. 21.

1398 **G. RAYMOND**, *Droit de la consommation*, op. cit., n°436, p. 241.

Section II : La protection contre les pratiques commerciales déloyales

475. Selon l'article 26 de la loi algérienne n° 04-02 sur les pratiques commerciales, sont considérées comme déloyales les pratiques commerciales « *contraire aux usages honnêtes et loyaux et par lesquelles un agent économique porte atteinte aux intérêts d'un ou de plusieurs autres agents économiques* »[1399]. De même, les dispositions de l'article L. 121-1 du Code français de la consommation déterminent de manière plus claire et générale la pratique commerciale déloyale définie comme une pratique « *contraire aux exigences de la diligence professionnelle et qu'elle altère ou est susceptible d'altérer de manière substantielle le comportement économique du consommateur, normalement informé, et raisonnablement attentif et avisé à l'égard d'un bien ou d'un service* »[1400]. Dans le cadre de notre étude, il convient de prendre en compte ces deux définitions qui déterminent les éléments essentiels de cette question. Les législations des autres pays étudiés interdisent à plusieurs reprises certaines pratiques qui peuvent d'une manière générale entrer dans la catégorie des pratiques déloyales[1401]. Toutefois, aucun texte spécifique ne fait explicitement référence à la notion générale de pratiques commerciales déloyales[1402].

476. En tout état de cause, selon les dispositions du droit français et du droit algérien, ces notions visent la plupart des techniques qui peuvent être employées par les professionnels, contraires aux exigences de la diligence professionnelle et qui auraient pour conséquence de modifier le comportement de la partie faible. Le professionnel influence négativement la partie faible, recourt à une stratégie ou à des arguments fallacieux, pour lui vendre son produit, et donc l'amener à

1399 Aussi, l'article 27 de la même loi algérienne prévoit que « *au sens des dispositions de la présente loi, sont considérées comme pratiques commerciales déloyales notamment les pratiques par lesquelles un agent économique : (1…8…)* » (la loi algérienne n° 04-02 du 23 juin 2004 fixant les règles applicables aux pratiques commerciales, JORA, 27 juin 2004, n° 41, p. 3). **L. SAADNA**, « La protection des professionnels contre les pratiques commerciales déloyales et parasitaires », *Revue du droit et des sciences politiques*, juill. 2014, n° 2, p. 224.

1400 **D. FENOUILLET**, « Loi du 3 janvier 2008, pratiques commerciales déloyales, trompeuses, agressives », *RDC.*, 2008, p. 345 et s ;

1401 Par ex., l'article 5 de la loi tunisienne n° 2015-36 du 15 septembre 2015 qui souligne que « *est également prohibée, toute offre de prix ou pratique de prix abusivement bas susceptible de menacer l'équilibre d'une activité économique et la loyauté de la concurrence sur le marché* ». Aussi, Arts. 37 et 49 de la même loi (la loi tunisienne n° 2015-36 du 15 sept. 2015 relative à la réorganisation de la concurrence et des prix, *JORT.*, 25 et 29 sept. 2105, n° 77-78, p. 2320). En droit libyen, Arts. 1316 et 1317 des textes de protection du consommateur dans le Code de commerce prohibent également certaines pratiques commerciales déloyales. Mais, sans distinguer les types de ces pratiques.

1402 Cependant, le concept de loyauté est « la formulation nouvelle d'une idée très ancienne » qui peut être lié à celui de la bonne foi prévue par le droit commun dans tous les pays comparés. Ce principe suppose que le contrat doit être exécuté de bonne foi, c'est-à-dire que « le contrat doit être exécuté loyalement ». La bonne foi peut être définie comme « une règle de conduite qui exige des sujets de droit une loyauté et une honnêteté exclusive de toute intention malveillante ». Sur ce sujet V., **Y. NEVEU**, « Le devoir de loyauté pendant la période précontractuelle », *Gaz. Pal.*, 2000, p. 2112 ; **H. BENSALIMAH**, *La bonne foi dans l'exécution du contrat ; selon la disposition de l'article 243 du Code tunisien des obligations et des contrats*, sans éditeur, févr. 1993, p. 71 et s.

acheter[1403]. Il s'avère par conséquent que ces pratiques peuvent concerner toute pratique commerciale du professionnel en direction du contractant faible y compris la publicité, le marketing en relation directe avec la promotion ou la vente d'un produit ou d'un service. La directive européenne 2005/29 vise aussi les pratiques adoptées avant la transaction commerciale, telles que les invitations à l'achat[1404].

Il convient de noter que selon les dispositions de l'article L. 120-1 du Code français de la consommation, une opération possède un caractère déloyal si certaines conditions sont réunies[1405]. D'une part, le caractère déloyal s'apprécie au regard de la diligence professionnelle et du niveau de compétence spécialisée et de soins dont le professionnel est raisonnablement censé faire preuve vis-à-vis de la partie faible, ceci conformément aux pratiques de marché honnêtes et/ou au principe général de bonne foi dont il doit faire preuve dans son domaine d'activité. D'autre part, la pratique déloyale doit altérer ou être susceptible d'altérer de manière substantielle le comportement économique de la partie faible, que ce soit pour l'achat d'un bien ou d'un service[1406]. De plus, l'article L. 121-1, alinéa 3 du Code français de la consommation ajoute que le caractère déloyal d'une pratique commerciale visant une catégorie particulière de consommateurs ou un groupe de consommateurs vulnérables en raison d'une infirmité mentale ou physique, de leur âge ou de leur crédulité, doit s'apprécier au regard de la capacité moyenne de discernement de la catégorie particulière ou du groupe de consommateurs visé[1407].

Si ces éléments sont réunis, il n'est pas nécessaire de démontrer l'existence d'un préjudice mais seulement que les pratiques étaient susceptibles d'altérer ou de nature à altérer, de manière substantielle, le comportement économique de la partie faible en l'amenant en conséquence à prendre une décision commerciale qu'il n'aurait pas prise autrement. Selon les textes, la notion de pratiques commerciales déloyales recouvre à la fois les pratiques commerciales trompeuses (Paragraphe 1) et les pratiques commerciales agressives (Paragraphe 2).

[1403] **L. SAADNA**, « La protection des professionnels contre les pratiques commerciales déloyales et parasitaires », en droit algérien, op. cit., p. 225 ; **D. TOUCHENT**, « La protection du consommateur contre les pratiques commerciales déloyales », *Pet. Aff.*, 02 août 2006, n°153, p. 11 et s ; **C. MONTFORT**, *La loyauté des pratiques commerciales en droit communautaire de la marche*, Thèse, Université Jean Moulin Lyon 3, 2004, p. 29.

[1404] La directive européenne n°2005-29 du 11 mai 2005 2005/29/CE du Parlement européen et du Conseil du 11 mai 2005 relative aux pratiques commerciales déloyales des entreprises vis-à-vis des consommateurs dans le marché intérieur (…), *JOUE.*, n°149, 11 juin 2005, p 22. V. **E. PETIT**, « Le premier bilan d'application de la directive pratiques commerciales déloyales », *D., actu.* 29 janv. 2014.

[1405] **N. SAUPHANOR-BROUILLAUD**, « La refonte du droit contractuel général de la consommation par l'ordonnance n° 2016-301 du 14 mars 2016 », *RDC.*, 01 sep. 2016, n° 03, p. 492.

[1406] **N. SAUPHANOR-BROUILLAUD**, « Les sanctions des règles protectrices des consommateurs dans la loi relative à la consommation », *RDC.*, 01/09/2014, n° 03, p. 471.

[1407] **C. AUBERT de VINCELLES**, « Le Code de la consommation à l'épreuve de nouvelles notions. L'exemple des pratiques commerciales déloyales », in **C. AUBERT de VINCELLES** et **N. SAUPHANOR-BROUILLAUD** (dir.), *Les 20 ans du Code de la consommation. Nouveaux enjeux*, Lextenso, 2013, p. 18.

Paragraphe 1 : La lutte contre les pratiques trompeuses

477. Certains comportements sont susceptibles d'avoir une influence sur les consommateurs et de fausser leur liberté de décision, et ainsi compromettre l'intégrité de leur consentement. Les pratiques commerciales trompeuses sont des techniques dont les auteurs se servent pour développer leurs ventes ou leurs services. Elles contiennent ou transmettent des éléments faux pouvant induire en erreur le consommateur moyen ou des éléments vrais mais présentés d'une telle façon qu'ils conduisent également à induire le consommateur en erreur. Elles créent une confusion ou reposent sur des allégations ou présentations fausses ou de nature à induire en erreur le consommateur. En ce sens, la Cour de cassation française [1408] a récemment jugé que l'existence d'une pratique commerciale trompeuse ne peut être caractérisée que seulement si les éléments qui la constituent altèrent ou sont de nature à altérer, de manière substantielle, le comportement économique du consommateur.

La portée de l'élément trompeur sera appréciée non pas subjectivement, mais par rapport au consommateur normalement informé et raisonnablement attentif et avisé, sauf cas particulier[1409].

Il faut alors étudier l'identification des pratiques commerciales trompeuses (A) avant d'examiner les sanctions qui s'y attachent dans les différents pays (B).

A. L'identification des pratiques commerciales trompeuses

478. On constate que le législateur libyen et le législateur algérien marchent sur les traces des anciennes dispositions des articles L. 121-1 et suivants du Code français de la consommation dans leur rédaction antérieure à 2008, en utilisant le terme « trompeuse » exclusivement pour viser la publicité dans le cadre du traitement des pratiques déloyales par l'article 1317 du Code de commerce libyen et par l'article 28 de la loi algérienne n° 04-02. De même, l'article 21 de la loi marocaine 31-08 prévoit que « *est interdite toute publicité comportant, sous quelque forme que ce soit, des allégations, indications ou présentations fausses ou de nature à induire en erreur. (...)* »[1410]. Cependant, la pratique commerciale trompeuse est, en réalité, plus large et générale que celui de la publicité mensongère ou trompeuse. Elle s'applique à l'ensemble des pratiques exercées

---

[1408] Il s'agissait en l'espèce d'une société spécialisée dans la fabrication et la commercialisation de produits cosmétiques, qui continuait de commercialiser un savon sous la dénomination « savon tradition Alep », alors que ces produits étaient désormais fabriqués en Tunisie depuis la cessation de ses relations commerciales avec le requérant, fournisseur en savons artisanaux fabriqués à Alep (Cass. com., 1er mars 2017, n°15-15.448, *Bull.*, 14 mars 2017 ; *Gaz. Pal.* 19 sept. 2017, n° 31, p. 28, note **S. PIEDELIEVRE**).

[1409] **G. RAYMOND**, *Droit de la consommation*, op. cit., n° 340, p. 196.

[1410] **N. SAUPHANOR-BROUILLAUD**, « Les sanctions des règles protectrices des consommateurs dans la loi relative à la consommation », *RDC.*, 01 sept. 2014, n°03, p. 472 ; **M. JBILOU**, « La protection du consommateur à travers la transparence des pratiques commerciales selon la loi 31-08 », http://frssiwa.blogspot.fr, consulté le 01 juin 2017.

avant, pendant et après une transaction commerciale, englobant ainsi la phase post-contractuelle[1411].

Pour cette raison, nous allons, tout d'abord, examiner la publicité trompeuse dans les différents régimes des pays concernés (1). Ensuite, tous les autres cas qualifiés de pratiques trompeuses, notamment le développement adopté en droit français. Aussi, il est utile de présenter les pratiques réputées trompeuses en toutes circonstances et énumérées dans une liste (2).

1. La publicité comme support principale de la pratique trompeuse

479. La publicité peut être considérée comme le terrain d'élection des pratiques commerciales trompeuses. C'est le support essentiel sur lequel cette pratique peut s'exercer. Selon la Cour de cassation française[1412], la publicité consiste en tout moyen d'information destiné à permettre au client potentiel de se faire une opinion sur les caractéristiques des biens ou services qui lui sont proposés. Sans conteste, la publicité est omniprésente dans la vie quotidienne et son objectif bien souvent est de faire acheter aux consommateurs des produits à n'importe quel prix. Les publicitaires sont quelquefois débordants d'imagination pour nous pousser à consommer. Cependant, tout n'est pas permis et la loi se charge de protéger les consommateurs, notamment en interdisant la publicité trompeuse et mensongère. La publicité trompeuse supposait, à l'origine, l'existence d'une affirmation contraire à la vérité[1413].

Pour mieux garantir la protection de la partie faible, cette dernière ne doit pas être trompée par des publicités ou des messages attribuant à des produits ou des services de fausses qualités. C'est pourquoi, les législateurs des pays étudiés interdisent de manière implicite et/ou explicite la publicité trompeuse ou mensongère[1414]. Cette publicité consiste généralement pour un commerçant ou un industriel à diffuser des informations inexactes ou propres à tromper le public sur les produits ou les services qu'il met en vente, sur les engagements qu'il prend à l'égard de la clientèle, sur les aptitudes et les qualités qu'il possède[1415].

[1411] V. **G. RAYMOND**, *Droit de la consommation*, op. cit., n° 341, pp. 196 et 197 ; **M. CHAGNY**, « Vers un droit européen des pratiques commerciales déloyales entre professionnels : la méthode des (petits pas) », *RTD com.*, 2014, p. 571.

[1412] Cass. crim., n° 98-80527, 14 oct. 1998, *Bull. Crim.* 1998, n° 262, p. 760.

[1413] **D. TOUCHENT**, « La protection du consommateur contre les pratiques commerciales déloyales », *Pet. Aff.*, 02 août 2006, n°153, p. 11 ; Sur ce point V. égal. **A. ECHERKAOUI**, *Le droit des contrats spéciaux ; contrat de vente*, en droit marocain, sans éditeur, 4e éd., oct. 2017, en arabe, p. 92 et s.

[1414] En France, la notion de publicité trompeuse a été modifiée en 2008 : elle est remplacée par celle de pratique commerciale trompeuse. V., **C. AMBROISE-CASTEROT**, « Les nouvelles pratiques commerciales déloyales après la loi LME du 4 août 2008 », *AJ pénal.*, 2009, p. 22 ; **D. FENOUILLET**, « d) Pratiques commerciales déloyales », *RDC.*, 01 avril 2012, n°2, p. 485.

[1415] **M. JBILOU**, « La protection du consommateur à travers la transparence des pratiques commerciales selon la loi 31-08 », http://frssiwa.blogspot.fr, consulté le 01/06/2017. **L. SAADNA**, « La protection des professionnels contre les pratiques commerciales déloyales et parasitaires », en droit algérien, op. cit., p. 224.

Ainsi, l'article 13 de la loi tunisienne n° 92-117 relative à la protection du consommateur, l'article 28 de la loi algérienne précitée n° 04-02 sur les pratiques commerciales, l'article 1317 du Code de commerce libyen et l'article 21 de la loi marocaine précitée n° 31-08 transposent de manière identique la disposition de l'article L. 121-2, 2° du Code français de la consommation en édictant un principe général d'interdiction de la publicité trompeuse faite par les professionnels à l'égard de la partie faible[1416].

480. En effet, tous les textes précités de ces pays énoncent principalement qu'est interdite toute publicité comportant des allégations, indications ou présentations fausses ou de nature à induire en erreur. De plus, on peut constater que le support de la publicité est conçu de manière particulièrement large, puisque les articles précités en droits français, libyen, et marocain emploient l'expression « sous quelque forme que ce soit ». Donc, les législateurs de ces pays ont essayé d'englober un maximum de situations[1417]. Il peut s'agir des supports publicitaires habituels ou non, comme par exemple ; la presse, un courrier, la télévision, la radio, les affiches, la publicité par téléphone, étiquettes, dépliants, catalogues, etc. Cela regroupe toutes les annonces faites soit par des particuliers, soit par des professionnels sur la voie publique ou encore sur Internet. Par contre, ces formes de publicité doivent être de nature à induire en erreur, cela signifie qu'elles doivent avoir pour effet d'altérer ou être susceptibles d'altérer le comportement économique du consommateur à qui elles sont destinées. En ce sens, la Cour de cassation française[1418] précise que pour être trompeuse, la pratique commerciale implique que la décision d'achat du produit par les consommateurs auxquels s'adresse la publicité litigieuse soit susceptible d'être altérée. La même Cour a également jugé, concernant l'origine du produit, que le professionnel exerce une pratique trompeuse lorsqu'il prétend nommer un produit cosmétique « savon tradition d'Alep » alors qu'il a été fabriqué en Tunisie[1419].

Par ailleurs, les textes dans les différents régimes juridiques mentionnent un certain nombre d'éléments sur lesquels la publicité doit porter. Ces éléments sont précisés de manière claire en droit français, libyen et marocain[1420]. Selon les

---

[1416] La loi tunisienne n° 92-117 du 07 déc. 1992 relative à la protection du consommateur, *JORT.*, 15 déc. 1992, n° 83, p. 1571 ; La loi algérienne n° 04-02 du 23 juin 2004 fixant les règles applicables aux pratiques commerciales, *JORA*, 27 juin 2004, n° 41, p. 3 ; Art. 1317 des textes sur la protection du consommateur du Code libyen de commerce ; Art. 21 de la loi marocaine n° 31-08 relative à la protection du consommateur, *Bull. O Mar.*, n° 5932, 7 avril 2011.

[1417] Pour approfondir V., **S. PIEDELIEVRE**, *Droit de la consommation*, op. cit., n° 152, p. 150 ; **A. ALLAMELOU**, « Le délit de pratiques commerciales trompeuses : un délit d'équivalence ? », *Pet. Aff.*, 24 juin 2015, n° 125, p. 10.

[1418] Cass. Com., 27 avr. 2011 : JurisData n° 2011-007263 ; *Contrats, conc. Consom.* 2011, comm. 178.

[1419] Cass. com., 1er mars 2017, n° 15-15.448. V., **C. BERLAUD**, « Office du juge dans la caractérisation d'une pratique commerciale trompeuse », *Gaz. Pal.*, 14 mars 2017, n° 11, p. 37.

[1420] V. l'article L. 121-2, 2° du Code de la consommation français, l'article 1317 du Code de commerce libyen et l'article 21 de la loi marocaine 31-08, En ce sens, **M. JBILOU**, « La protection du consommateur à travers la transparence des pratiques commerciales selon la loi 31-08 », http://frssiwa.blogspot.fr, consulté le 01/06/2017.

dispositions de ces pays, une publicité pourra être trompeuse lorsqu'elle portera sur un ou plusieurs des éléments énumérés ci-après : existence, nature, composition, qualités substantielles, teneur en principes utiles, espèce, origine, quantité, mode et date de fabrication, propriétés, date de péremption, prix ou tarif ou mode de calcul du prix et conditions de vente des biens, produits ou services objets de la publicité, conditions ou résultats de leur utilisation, motifs ou procédés de la vente ou de la prestation de services, portée des engagements pris par l'annonceur, identité, qualités ou aptitudes de l'auteur de la publicité. Aussi, la législation algérienne prévoit les caractéristiques de certaines publicités supposées toujours trompeuses. Ainsi, l'article 28 de la loi algérienne précitée n° 04-02 dispose qu'est considérée comme publicité trompeuse, notamment celle : « *1°) qui comporte des affirmations, indications ou représentations susceptibles d'induire en erreur sur l'identité, la quantité, la disponibilité ou les caractéristiques d'un produit ou d'un service ; 2°) qui comporte des éléments susceptibles de créer la confusion avec un autre vendeur, ses produits, ses services ou son activité ; 3°) qui porte sur une offre déterminée de produits ou de services alors que l'agent économique ne dispose pas de stocks suffisants de produits ou ne peut assurer les services qui doivent normalement être prévus par référence à l'ampleur de la publicité* »[1421]. Dans l'article 13- de la loi tunisienne n° 92-117 relative à la protection du consommateur est interdite toute publicité pour des produits comportant sous quelque forme que ce soit, des allégations ou indications fausses ou de nature à induire en erreur lorsque celles-ci portent notamment sur un ou plusieurs des éléments ci-après: - l'existence du produit, sa nature, sa composition, ses qualités substantielles, sa teneur en principes utiles, son espèces ou son origine ainsi que sa quantité, ou son mode et sa date de fabrication ; - les propriétés, prix et conditions de vente des produits objet de la publicité ; - les modalités et procèdes de vente du produit ; - l'identité, la qualité ou l'aptitude de l'annonceur. Cette interdiction s'applique dès l'instant où la publicité est diffusée en Tunisie et quel que soit le support publicitaire utilisé.

481. En outre, il est important de noter qu'il faut en principe démontrer l'existence de l'élément intentionnel de l'infraction[1422], c'est-à-dire la mauvaise

---

[1421] De même, l'article 30 de la loi algérienne n° 18-05 du 10 mai 2018 relative au commerce électronique précise que « *toute publicité, promotion ou message de nature ou à but commercial par voie de communications électroniques doit satisfaire aux exigences suivantes : - être clairement identifiable comme un message commercial ou publicitaire ; - permettre d'identifier clairement la personne pour le compte de laquelle le message a été conçu ; - ne doit pas porter atteinte aux bonnes mœurs et à l'ordre public ; - identifier clairement si cette offre commerciale comprend un rabais, des primes ou des cadeaux, dans le cas d'une offre commerciale, compétitive ou promotionnelle ; - s'assurer que toutes les conditions à remplir pour bénéficier de l'offre commerciale, ne sont ni trompeuses, ni ambiguës* » (*JORA*, n°28, 16 mai 2018, p. 4).

[1422] Sur cette question, il faut remarquer que pour la CJUE, il est clair que le délit de pratique trompeuse est matériel, c'est-à-dire cette pratique constitue un délit matériel dans lequel la bonne foi n'a pas sa place. V. spécialement., CJUE, 19 sept. 2013, n° C-435/11, CHS Tour Service GmbH ; CJUE, 16 avr. 2015, n° C-388-13. V. égal. **E. JOUFFIN**, « La répression des pratiques commerciales

foi de l'auteur de la publicité ou la pratique trompeuse[1423]. De plus, certains auteurs[1424] indiquent que l'élément matériel et l'élément moral de l'infraction tendent pratiquement à fusionner et la faute intentionnelle finit par évoquer la faute lourde d'imprudence ou de négligence. La jurisprudence évoquant, quant à elle, « une négligence coupable assimilable à de la mauvaise foi »[1425] ou bien encore une « grave négligence professionnelle »[1426]. Aussi, la jurisprudence[1427] française avait considéré que la publicité trompeuse peut être sanctionnée aussi bien lorsqu'elle a été effectuée de bonne ou mauvaise foi. S. PIEDELIEVRE[1428] estime d'ailleurs que « *si l'on adopte une conception relativement extensive de la notion de délit d'imprudence, il est possible de considérer que l'annonceur qui diffuse un message publicitaire trompeur a commis une négligence. Le message ne correspond pas à la réalité du produit ou du service, objet de la publicité* ». De manière constante, la jurisprudence française exige la mauvaise foi pour la publicité trompeuse[1429].

Pour conclure, il n'en demeure pas moins que la publicité reste le moyen principal de la commission de l'infraction. Cependant, le développement de la vie économique permet au professionnel de recourir à d'autres moyens trompeurs à

---

trompeuses nature du délit et prescription : Ubu fait son droit », *in Mélanges en l'honneur de Didier R. Martin*, 2015, LGDJ, p. 267 et s.

1423 En ce sens, l'article L. 121-3 du Code pénal français prévoit que « *il n'y a point de crime ou de délit sans intention de le commettre. (...)* ».

1424 Sur ce sujet V., **W. JEANDIDIER**, *Droit pénal des affaires*, 6e éd., 2005, Dalloz, n° 434 ; **E. JOUFFIN**, « Pratiques commerciales trompeuses : rien ne va plus ! », *Pet. Aff.*, 28 juin 2016, n° 128, p. 17.

1425 CA Agen, ch. corr., 15 avr. 2009, n° 08/00306-A ; CA de Paris, 26 sept. 2013, n° 13/11909 ; V. égal. **B. BOULOC**, « La mauvaise foi dans la publicité trompeuse », *RSC.*, 1996, p.114. Cet auteur a indiqué que « *à notre sens, même si les juges n'ont pas à caractériser la mauvaise foi, ils doivent cependant préciser que l'agent a commis une faute d'imprudence ou de négligence* ».

1426 CA Bourges, ch. corr. 2, 16 avr. 2009, n° 2009/193. Dans ce sens V., **J. LASSERRE CAPDEVILLE**, « Précisions utiles sur l'élément matériel du délit de pratiques commerciales trompeuses », *Pet. Aff.*, 24 févr. 2017, n° 40, p. 8.

1427 Cass., crim., 4 décembre 1978, *D.*, 1979 IR 180, obs. **ROUJOU de BOUBEE** ; V. égal., **S. PIEDELIEVRE**, *Droit de la consommation*, op. cit., n° 156, p. 155. La Cour de cassation, dans son arrêt du 13 janvier 2016, valide résolument la position de la cour d'appel de Paris au sujet du caractère intentionnel, cette dernière ayant souligné que : « (…) *l'élément intentionnel requis par l'infraction visée réside dans le fait que la banque ait décidé de ne plus appliquer les conditions de sa promotion avant son terme, dans les conditions qui viennent d'être rappelées…* » (Cass. crim., 13 janv. 2016, n° 14-88136, *Bull. crim.* 2016, n° 10).

1428 V., **S. PIEDELIEVRE**, *Droit de la consommation*, op. cit., n° 156, p. 155.

1429 Ainsi, la Cour de cassation française estime que le vendeur qui prétend « *que des chatons proposés à la vente ont atteint l'âge du sevrage alors que ce n'est pas le cas* ». Donc, ce vendeur commet normalement une action intentionnelle, (Cass. crim., 2 févr. 2016, n° 14-88541) ; V., égal., Cass., crim., 15 déc. 2009, n° 09-83059, Bull. crim., n° 212 ; D., 2010 203, obs. **DELPECH**. Cette Cour a indiqué qu' « *en l'état de ces énonciations, d'où il résulte que le prévenu n'a pas pris toutes les précautions propres à assurer la véracité des messages publicitaires, et dès lors que la seule constatation de la violation, en connaissance de cause, d'une prescription légale ou réglementaire implique de la part de son auteur l'intention coupable exigée par l'article 121-3, alinéa 1er, du Code pénal, la Cour d'appel a justifié sa décision* ».

l'égard de la partie présumée la plus faible. C'est une question que nous allons examiner à la suite.

2. Les formes dérivées de la pratique trompeuse

482. Bien qu'il n'y n'existe pas de textes spécifiques concernant la définition des pratiques commerciales trompeuses, les législations des pays du Maghreb sur la protection du consommateur, font parfois référence à différents types de pratiques commerciales qui peuvent revêtir un caractère déloyal ou trompeur[1430]. En effet, on constatera qu'il existe dans ces pays divers textes qui interdissent certaines pratiques commerciales qui sont présumées trompeuses. Elles entreront dans cette catégorie si d'une manière quelconque, y compris par une présentation générale, elles entraînent ou sont susceptibles d'entraîner le contractant à prendre une décision commerciale qu'il n'aurait pas prise autrement car elles l'induisent en erreur ou sont susceptibles de l'induire en erreur[1431].

Deux types de pratiques trompeuses sont à distinguer : les pratiques trompeuses par action et les pratiques trompeuses par omission. Cependant pour renforcer la protection de la partie la plus faible, les législateurs français et algérien ont mis en exergue certaines pratiques en les présumant trompeuses.

a. Les pratiques trompeuses par action

483. Au-delà de la publicité trompeuse que on l'a vu ci-dessus, il existe également d'autres pratiques par action trompeuses. Dans cette catégorie de pratique, la partie faible est incitée à prendre la décision de s'engager qu'il n'aurait pas prise en d'autres circonstances. Il s'agit des pratiques commerciales qui contiennent ou véhiculent des éléments faux susceptibles d'induire en erreur le consommateur moyen, ou bien des éléments vrais mais présentés de telle façon qu'ils conduisent au même résultat[1432].

En vertu de l'article L. 121-2, 1° du Code français de la consommation, une pratique est trompeuse par action « lorsqu'elle crée une confusion avec un autre bien ou service, une marque, un nom commercial ou un autre signe distinctif d'un concurrent »[1433]. D'ailleurs, cette pratique peut prendre la forme d'un acte

---

[1430] En ce sens, **A. AUMAIIRAT**, « La protection du consommateur contre forcé à contracter selon les législations algériennes », MAJALT AL-MOUFAKER, n° 13, Université Mohamed Khider Biskra, p. 492.

[1431] **S. BERNHEIM-DESVAUX**, « Précision utile sur la définition d'une pratique commerciale trompeuse », *LEDC.*, 06 nov. 2013, n° 10, p. 7.

[1432] **S. PIEDELIEVRE**, « Pratiques commerciales trompeuses et promotions », *Gaz. Pal.*, 5 déc. 2017, n° 42, p.31

[1433] L'article L. 121-2 du Code français de la consommation dispose que « *une pratique commerciale est trompeuse si elle est commise dans l'une des circonstances suivantes : 1° Lorsqu'elle crée une confusion avec un autre bien ou service, une marque, un nom commercial ou un autre signe distinctif d'un concurrent ; 2° Lorsqu'elle repose sur des allégations, indications ou présentations fausses ou de nature à induire en erreur et portant sur l'un ou plusieurs des éléments suivants : a) L'existence, la disponibilité ou la nature du bien ou du service ; b) Les caractéristiques essentielles du bien ou du service, à savoir : ses qualités substantielles, sa composition, ses accessoires, son origine, sa*

postérieur à la transaction commerciale. A ce sujet, la Cour de cassation français a affirmé qu'une banque qui n'applique pas le taux particulièrement attractif proposé dans le cadre d'une offre promotionnelle d'une durée limitée, sans aviser le souscripteur, se rend coupable d'une pratique commerciale trompeuse au sens de l'article L. 121-2, 2° du Code de la consommation[1434].

En outre, l'article L. 121-2, 3° du Code de la consommation énonce que la pratique est trompeuse « *lorsque la personne pour le compte de laquelle elle est mise en œuvre n'est pas clairement identifiable* ». Le législateur a souhaité ici sanctionner pénalement les conventions opaques, où l'identification même du contractant est rendue impossible en raison notamment, de multiples écrans ou intermédiaires. Ainsi, le traitement du législateur français est important notamment pour les ventes à distance[1435].

484. Dans ce domaine, le champ d'application des dispositions du Code français de la consommation sont traditionnellement applicables aux seules relations entre un consommateur et un professionnel. Il existe toutefois des dérogations, ainsi l'article L. 121-2 du Code de la consommation s'applique également aux pratiques visant des professionnels et des non-professionnels, dans leur définition issue de l'article liminaire du Code de la consommation (article L. 121-5 du Code de la consommation).

Le droit français et le droit tunisien déterminent de façon identique le domaine de la tromperie. Les deux législations interdissent le fait de tromper ou tenter de tromper le contractant, par quelque moyen ou procédé, quelle que soit la qualité ou le statut de son auteur partie ou non au contrat. Ainsi, l'article L. 441-1 du Code français de la consommation et l'article 11 de la loi tunisienne n° 92-117[1436] du 07 décembre 1992 relative à la protection du consommateur énoncent qu' « *il est interdit pour toute personne, partie ou non au contrat, de tromper ou tenter de tromper le contractant, par quelque moyen ou procédé que ce soit, même par l'intermédiaire d'un tiers : 1° Soit sur la nature, l'espèce, l'origine, les qualités substantielles, la composition ou la teneur en principes utiles de toutes*

---

quantité, son mode et sa date de fabrication, les conditions de son utilisation et son aptitude à l'usage, ses propriétés et les résultats attendus de son utilisation, ainsi que les résultats et les principales caractéristiques des tests et contrôles effectués sur le bien ou le service ; c) Le prix ou le mode de calcul du prix, le caractère promotionnel du prix et les conditions de vente, de paiement et de livraison du bien ou du service ; d) Le service après-vente, la nécessité d'un service, d'une pièce détachée, d'un remplacement ou d'une réparation ; e) La portée des engagements de l'annonceur, la nature, le procédé ou le motif de la vente ou de la prestation de services ; f) L'identité, les qualités, les aptitudes et les droits du professionnel ; g) Le traitement des réclamations et les droits du consommateur ; 3° Lorsque la personne pour le compte de laquelle elle est mise en œuvre n'est pas clairement identifiable ».

[1434] Cass. crim., 13 janv. 2016, n° 14-88136, *Bull. crim.* 2016, n° 10 ; *Pet. Aff.*, 28 juin 2016, n°128, p. 17, obs. **E. JOUFFIN**. Sur ce sujet V. égal., Cass. crim., 11 juill. 2017, n° 16-84902.

[1435] **S. PIEDELIEVRE**, *Droit de la consommation*, op. cit., n ° 157, p. 156 ; V. égal. **C. BERLAUD**, « Pratique commerciale trompeuse : le prix réel et les (promos) », *Gaz. Pal.*, 12 sept. 2017, n° 30, p. 36.

[1436] La loi tunisienne n° 92-117, 07 déc. 1992 relative à la protection du consommateur, *JORT.*, 15 déc. 1992, n° 83, p. 1571.

marchandises ; 2° Soit sur la quantité des choses livrées ou sur leur identité par la livraison d'une marchandise autre que la chose déterminée qui a fait l'objet du contrat ; 3° Soit sur l'aptitude à l'emploi, les risques inhérents à l'utilisation du produit, les contrôles effectués, les modes d'emploi ou les précautions à prendre ».

En outre, le droit français indique explicitement que le domaine de la protection de l'article L. 441-1 du Code de la consommation englobe également la prestation de service en énonçant que « *les dispositions du présent article sont également applicables aux prestations de services* ».

On peut remarquer que le point 2 de la liste des pratiques présumées déloyales énoncées dans l'article 27 la loi algérienne n° 04-02[1437] peut prendre le même sens que l'article L. 121-2, 1° du Code français de la consommation[1438]. En effet, l'article 27 de la loi algérienne prévoit que « *sont considérées comme pratiques commerciales déloyales notamment les pratiques par lesquelles un agent économique : (...) 2°) imite les signes distinctifs d'un agent économique concurrent, de ses produits ou services et de sa publicité dans le but de rallier sa clientèle en créant un risque de confusion dans l'esprit du consommateur ; (...)* ». Cependant, l'article 68 de la loi algérienne n° 09-03 énonce expressément qu'est puni des peines prévues à l'article 429 du Code pénal algérien[1439], « *quiconque trompe ou tente de tromper le consommateur, par quelque moyen ou procédé que ce soit sur ; - la quantité des produits livrés ; - la livraison de produits autres que ceux déterminés préalablement ; - l'aptitude à l'emploi d'un produit ; - les dates ou les durées de validité du produit ; - les résultats escomptés d'un produit ; - les modes d'emploi ou les précautions à prendre pour l'utilisation d'un produit* »[1440].

Dans tous les cas, on peut dire que de telles pratiques sont forcément trompeuses parce qu'elles suscitent dans l'esprit du consommateur une association d'idées qui confère au produit des qualités qu'il n'a pas. Ainsi, selon le tribunal de grande instance de Paris, l'imitation d'une marque portant sur un produit proposé à la vente est, à l'égard du consommateur, une pratique commerciale trompeuse[1441].

1437 La loi algérienne n° 04-02 du 23 juin 2004 fixant les règles applicables aux pratiques commerciales, *JORA*, 27 juin 2004, n° 41, p. 3

1438 **L. SAADNA**, « La protection des professionnels contre les pratiques commerciales déloyales et parasitaires », en droit algérien, op. cit., p. 225.

1439 Art. 429 du Code pénal algérien dispose que « *quiconque trompe ou tente de tromper le contractant : - soit sur la nature, les qualités substantielles, la composition et la teneur en principes utiles de toutes marchandises ; - soit sur leur espèce ou leur origine ; - soit sur la qualité des choses livrées ou sur leur identité, est puni d'un emprisonnement de deux (2) mois à trois (3) ans et d'une amende de deux mille (2.000) à vingt mille (20.000) DA ou de l'une de ces deux peines seulement. Dans tous les cas, l'auteur de l'infraction est tenu de répéter les bénéfices qu'il a indûment réalisés* ».

1440 La loi algérienne n° 09-03 relative à la protection du consommateur et à la répression des fraudes, *JORA.*, n°15, 08 mars 2009, p. 10.

1441 TGI Paris, 3ème chambre, 2ème section, 4 déc. 2015, source Legalis.net. Sur ce point V., **S. PIEDELIEVRE**, « Pratique commerciale trompeuse et concurrence déloyale », *Gaz. Pal.*, 19 sept. 2017, n° 31, p. 28.

b. Les pratiques trompeuses par omission

485. Le fait de ne pas agir peut également être considéré comme une pratique commerciale trompeuse. Elle consiste le plus souvent en l'omission ou la dissimulation d'une information sur le produit ou la prestation de services ayant pourtant des conséquences pour la partie faible, l'induisant ainsi en erreur[1442].

Selon l'article L. 121-3, alinéas 1 et 3 du Code de la consommation, une pratique est trompeuse par omission si « compte tenu des limites propres au moyen de communication utilisé et des circonstances qui l'entourent, elle omet, dissimule ou fournit de façon inintelligible, ambiguë ou à contretemps une information substantielle ou lorsqu'elle n'indique pas sa véritable intention commerciale dès lors que celle-ci ne ressort pas déjà du contexte. (...) Dans toute communication commerciale constituant une invitation commerciale et destinée au consommateur mentionnant le prix et les caractéristiques du bien ou du service proposé, les informations suivantes :

1° Les caractéristiques principales du bien ou du service ; 2° L'adresse et l'identité du professionnel ; 3° Le prix toutes taxes comprises et les frais de livraison à la charge du consommateur, ou leur mode de calcul, s'ils ne peuvent être établis à l'avance ; 4° Les modalités de paiement, de livraison, d'exécution et de traitement des réclamations des consommateurs, dès lors qu'elles sont différentes de celles habituellement pratiquées dans le domaine d'activité professionnelle concerné ; 5° L'existence d'un droit de rétractation, si ce dernier est prévu par la loi »[1443].

En ce sens, l'article 24 de la loi marocaine n° 31-08[1444] édictant des mesures de protection du consommateur dispose que « *(...). Il est interdit, lors de l'envoi de toute publicité par courrier électronique : d'utiliser l'adresse électronique ou l'identité d'un tiers ; de falsifier ou de masquer toute information permettant d'identifier l'origine du message de courrier électronique ou son chemin de transmission. Les dispositions du présent article s'appliquent quelle que soit la technique de communication utilisée* ».

486. Par ailleurs, la Cour de cassation, a estimé dans un cas d'omission, qu'une société de courtage matrimonial qui omet d'indiquer l'existence d'un droit de rétractation dans toute communication commerciale constituant une invitation à

[1442] Sur cette question V. **C. AUBERT de VINCELLES**, « Le Code de la consommation à l'épreuve de nouvelles notions. L'exemple des pratiques commerciales déloyales », in **C. AUBERT de VINCELLES** et **N. SAUPHANOR-BROUILLAUD** (dir.), *Les 20 ans du Code de la consommation. Nouveaux enjeux*, op. cit, p. 19 et s ; **S. PIEDELIEVRE**, « Pratiques commerciales déloyales et ventes d'ordinateurs avec logiciels », *Gaz. Pal.*, 19 sept. 2017, n° 31, p. 29

[1443] Il convient de souligner que l'article 7 de la directive du 11 mai 2015 précise que l'omission trompeuse porte sur « *une information substantielle dont le consommateur moyen a besoin, compte tenu du contexte, pour prendre une décision commerciale en connaissance de cause et par conséquent l'amène ou est susceptible de l'amener à prendre une décision commerciale qu'il n'aurait pas prise autrement* ».

[1444] La loi marocaine n° 31/08 édictant des mesures de protection du consommateur, *Bull. O. Mar*, n° 5932, 7 avril 2011, p. 347-371.

l'achat, que celle-ci soit antérieure ou concomitante à la transaction commerciale, se rend coupable d'une pratique commerciale trompeuse au sens de l'article L. 121-3 du Code de la consommation [1445]. Elle a d'autre part considéré pour un comparateur en ligne que l'absence d'identification claire du référencement prioritaire est susceptible d'altérer de manière substantielle le comportement économique du consommateur. Celui-ci est d'abord orienté vers les produits et offres des e-marchands « payants ». Il ne dispose alors pas de critères objectifs de choix, caractérisant l'existence d'une pratique commerciale déloyale[1446].

Précisons toutefois qu'il y a lieu de réserver cette qualification à des défauts de mentions suffisamment graves et caractérisés pour qu'ils altèrent ou soient de nature à altérer de manière substantielle le consentement de la partie faible à l'égard du produit ou du service proposé[1447]. En effet, cette pratique trompeuse consiste à omettre, dissimuler ou fournir « de façon inintelligible, ambiguë ou à contretemps une information substantielle ou lorsqu'elle n'indique pas sa véritable intention commerciale dès lors que celle-ci ne ressort pas déjà du contexte »[1448].

Par ailleurs, ces pratiques commerciales trompeuses ne concernent pas désormais seulement les consommateurs, mais aussi les professionnels. En effet, la loi française n° 2017-203 du 21 février 2017 de ratification des ordonnances du 14 mars 2016 a étendu le champ d'application de l'article L. 121-3 du Code de la consommation. Il n'est plus applicable aux seules relations entre un consommateur et un professionnel, mais aussi aux relations entre professionnels ou entre professionnels et non-professionnels (article L. 121-5 du Code de la consommation)[1449].

[1445] Cass. crim., 13 janv. 2016, n° 14-84072 ; A l'opposé, la même Cour a jugé que dans le cadre d'une offre conjointe consistant en la vente d'un ordinateur équipé de logiciels préinstallés, l'absence d'indication du prix de chacun des logiciels n'est ni de nature à empêcher le consommateur de prendre une décision commerciale en connaissance de cause, ni susceptible de l'amener à prendre une décision commerciale qu'il n'aurait pas prise autrement. Le prix de chacun de ces logiciels ne constituant ainsi pas une information substantielle, l'absence d'indication du prix ne saurait être considérée comme une pratique trompeuse par omission (Cass. 1ère ch., 29 mars 2017, n° 15-13248 et CJUE, 7 sept. 2016, aff. C-310/15). V. égal. **E. JOUFFIN**, « Pratiques commerciales trompeuses : rien ne va plus ! », op. cit., p. 17. **S. LE GAC-PECH**, *Droit de la consommation*, op. cit., p. 209.

[1446] Cass. com., 4 déc. 2012, n° 11-27729, *Bull.* 2012, IV, n° 221.

[1447] **N. SAUPHANOR-BROUILLAUD**, « Il faut prouver l'altération du comportement économique du consommateur pour caractériser une pratique commerciale trompeuse », *LEDC.*, 02 janv. 2012, n° 01, p. 4.

[1448] **J. LASSERRE CAPDEVILLE**, « Précisions utiles sur l'élément matériel du délit de pratiques commerciales trompeuses », op. cit., p. 8.

[1449] La loi n° 2017-203 du 21 février 2017 ratifiant les ordonnances n° 2016-301 du 14 mars 2016 relative à la partie législative du code de la consommation et n° 2016-351 du 25 mars 2016 sur les contrats de crédit aux consommateurs relatifs aux biens immobiliers à usage d'habitation et simplifiant le dispositif de mise en œuvre des obligations en matière de conformité et de sécurité des produits et services. *JORF.*, n° 0045, 22 févr. 2017.

c. Les pratiques réputées trompeuses en toutes circonstances

487. Les pratiques trompeuses se caractérisent par la présence de deux critères cumulatifs, comme nous venons de l'indiquer : tout d'abord, l'existence d'une faute, car ces pratiques doivent être contraires aux exigences de la diligence professionnelle, et ensuite, elles doivent présenter un risque d'altération substantielle du comportement économique de la partie faible[1450]. Plus précisément, des listes de pratiques commerciales déloyales trompeuses non exhaustives sont codifiées à l'article L.121-4 du Code français de la consommation et à l'article 27 de la loi algérienne n° 04-02 fixant les règles applicables aux pratiques commerciales[1451]. Aussi, les articles 68, 69 et 70 de la loi algérienne n° 09-03 relative à la protection du consommateur et à la répression des fraudes prévoient des sanctions applicables à certaines pratiques considérées formellement trompeuses[1452].

En effet, l'article L.121-4 du Code français de la consommation dresse une liste de vingt-deux pratiques réputées trompeuses et l'article 27 de la loi algérienne dresse une liste de huit pratiques réputées en général déloyales et trompeuses dans certains cas. Là encore, ces deux listes pointent des situations précises et non des éléments constitutifs généraux caractérisant la pratique trompeuse[1453].

488. Ainsi, les articles précités de ces pays énumèrent un nombre de pratiques commerciales qui sont réputées trompeuses. La plupart des pratiques visées dans ces articles ne font qu'illustrer les différentes catégories de tromperies ou de pratiques déloyales selon les principes précités d'interdiction de tromperie par action ou omission, tels qu'on les a abordés précédemment. Le fait, pour une pratique, de relever des listes énumérées à ces articles, a pour conséquence de priver le juge de toute appréciation quant à la réalité de l'effet trompeur. Ces pratiques sont donc présumées, de manière irréfragable, altérer de manière significative la liberté économique de la partie faible[1454].

Ici, on se limitera à donner quelques exemples tirés de ces deux listes respectives des pays comparés. Donc, on citera comme pratiques commerciales réputées trompeuses celles qui, selon le point 2 de la liste du droit français, ont pour objet d'afficher un certificat, un label de qualité ou un équivalent sans avoir

---

1450 **G. CATTALANO-CLOAREC**, « Pratiques commerciales trompeuses : il ne suffit pas d'être sur la liste », LEDC., 01 avril 2017, n° 4, p. 4. La Cour de cassation française a confirmé cette double condition caractérisant une pratique trompeuse dans son arrêt du 01-03-2017 (Cass. com. 1 mars 2017, n° 15-15.448, *AJ contrat*, 2017, p.181)

1451 La loi algérienne n° 04-02 du 23 juin 2004 fixant les règles applicables aux pratiques commerciales, *JORA*, 27 juin 2004, n° 41, p. 3

1452 La loi algérienne n° 09-03 relative à la protection du consommateur et à la répression des fraudes, *JORA*., n°15, 08 mars 2009, p. 10.

1453 **A. AUMAIIRAT**, « La protection du consommateur contre forcé à contracter selon les législations algériennes », op. cit., p. 492 ; **L. SAADNA**, « La protection des professionnels contre les pratiques commerciales déloyales et parasitaires », op. cit., p. 227.

1454 **J. ROCHFELD**, « Protection du consommateur - Pratiques commerciales déloyales ou trompeuses », *RTD Civ*., 2008, p.732.

obtenu l'autorisation nécessaire. Dans le cadre de la pratique trompeuse sur la qualité, l'article 68 de la loi algérienne précitée n° 09-03 relative à la protection du consommateur et à la répression des fraudes dispose que « *quiconque trompe ou tente de tromper le consommateur, par quelque moyen ou procédé que ce soit sur : (...) l'aptitude à l'emploi d'un produit ; - les dates ou les durées de validité du produit ; -les résultats escomptés d'un produit (...)* »[1455].

De manière similaire les listes française et algérienne, considèrent comme pratiques trompeuses selon le point 13 de l'article L.121-4 du Code de la consommation le fait « *de promouvoir un produit ou un service similaire à celui d'un autre fournisseur clairement identifié, de manière à inciter délibérément le consommateur à penser que le produit ou le service provient de ce fournisseur alors que tel n'est pas le cas* ». Est également répréhensible le fait, selon le point de la liste de l'article 27 de la loi algérienne, « *d'imiter les signes distinctifs d'un agent économique concurrent, de ses produits ou services et de sa publicité dans le but de rallier sa clientèle en créant un risque de confusion dans l'esprit du consommateur* ».

Par ailleurs, le point 6 du droit algérien interdit absolument la pratique commerciale qui a pour but de désorganiser un agent économique concurrent et de détourner sa clientèle en utilisant des procédés déloyaux tels que la destruction ou la dégradation de moyens publicitaires, le détournement de fichiers ou de commandes, le démarchage déloyal et la perturbation de son réseau de vente. Sur ce thème, et de manière plus claire et précise, le point 17 du droit français considère comme pratique réputée trompeuse le fait de communiquer des informations matériellement inexactes sur les conditions de marché ou sur les possibilités de trouver un produit ou un service, dans le but d'inciter le consommateur à acquérir celui-ci à des conditions moins favorables que les conditions normales de marché.

Enfin, les points 19 et 20 de la liste du droit français prohibent les pratiques qui dénotent de la volonté trompeuse du professionnel d'influencer directement le consommateur. Ainsi, ces points visent les pratiques ayant pour objet : De décrire un produit ou un service comme étant gratuit à titre gracieux sans frais ou autres termes similaires si le consommateur doit payer quoi que ce soit d'autre que les coûts inévitables liés à la réponse à la pratique commerciale et au fait de prendre possession ou livraison de l'article ; D'inclure dans un support publicitaire une facture ou un document similaire demandant paiement qui donne au consommateur l'impression qu'il a déjà commandé le produit ou le service commercialisé alors que tel n'est pas le cas.

[1455] L'article 70 de la loi algérienne précitée n° 09-03 relative à la protection du consommateur et à la répression des fraudes énonce également qu'« *est puni des peines prévues par l'article 431 du code pénal, quiconque : (...) expose, met en vente ou vend un produit qu'il sait falsifié, corrompu, toxique ou dangereux à l'utilisation humaine ou animale ; - expose, met en vente ou vend, connaissant leur destination, des substances, instruments, appareils ou tout objet propres à effectuer la falsification de tout produit destiné à l'utilisation humaine ou animale* ».

Par ailleurs, l'article 69 de la loi algérienne précitée n° 09-03 relative à la protection du consommateur et à la répression des fraudes prévoit des peines « *si la tromperie ou la tentative de tromperie ont été commises, soit : à l'aide de poids, mesures et autres instruments faux ou inexacts ; - à l'aide de procédés à même de fausser les opérations d'analyse, de dosage, de pesage, et de mesurage ou à modifier frauduleusement la composition, le poids ou le volume du produit (...)* »

En tout état de cause, si une pratique ne figure pas dans les listes indiquées, elle ne peut pas être interdite d'office. Dès lors, sa licéité doit être appréciée au cas par cas, au regard des dispositions qui sanctionnent les pratiques trompeuses ou simplement déloyales.

B. Les sanctions des pratiques trompeuses

489. Que les pratiques commerciales trompeuses soient le fruit d'une action, par exemple une publicité ou d'une omission, les législateurs des pays concernés prévoient une série de mesures visant à réprimer et sanctionner ces pratiques.

Les sanctions des pratiques trompeuses sont de nature civile ou pénale. Il semble que la sanction civile ne présente pas une grande originalité dans la mesure où la victime de cet agissement peut toujours agir selon le droit commun. La sanction encourue est essentiellement pénale. De fait, la sanction pénale est ouverte lorsque seront réunis, avec une quasi-certitude, les éléments constitutifs de l'infraction et lorsque le demandeur souhaite aboutir à une condamnation pénale[1456]. Quant à la sanction civile, elle sera utilisée par celui qui, victime de la pratique commerciale trompeuse, ne cherche pas nécessairement à obtenir une sanction pénale contre l'auteur mais aspire à être dédommagé du préjudice qu'il subit[1457]. Par conséquent, dans un premier temps on abordera les sanctions pénales (1), puis les sanctions civiles (2) applicables dans les différents régimes des pays comparés.

1. Les sanctions pénales

490. La pratique commerciale trompeuse est un délit. Ce délit est constitué dès lors que la pratique a produit ses effets selon les régimes juridiques des pays comparés. De plus, l'article L. 132-1 du Code français de la consommation exige que ces pratiques aient été mises en œuvre en France.

Dans les différents droits des pays comparés, le délit de pratique commerciale trompeuse est sanctionné de peine d'emprisonnement et de peine d'amende.

Aux termes de l'article L. 132-2 du Code français de la consommation, une telle pratique constitue un délit pénal sanctionné par deux ans d'emprisonnement et une amende d'un montant de 300.000 euros. Le montant de l'amende peut être

---

[1456] **L. SAADNA**, « La protection des professionnels contre les pratiques commerciales déloyales et parasitaires », en droit algérien, op. cit., p. 228 et s.

[1457] **G. RAYMOND**, *Droit de la consommation*, op. cit., n° 352, p. 202 ; V., égal. **S. PIEDELIEVRE**, *Droit de la consommation*, op. cit., n ° 159, p. 157.

porté, de manière proportionnée aux avantages tirés du manquement, à 10% du chiffre d'affaires moyen annuel, calculé sur les trois derniers chiffres d'affaires annuels connus à la date des faits, ou à 50% des dépenses engagées pour la réalisation de la publicité ou de la pratique constituant le délit[1458]. En outre, L'article L.454-1 du Code français de la consommation dispose que Le délit de tromperie est constitué par la violation de l'interdiction prévue à l'article L. 441-1. Il est puni d'une peine d'emprisonnement de deux ans et d'une amende de 300 000 euros.

L'article 33 de la loi tunisienne n° 92-117 relative à la protection du consommateur prévoit également que les infractions concernant les pratiques trompeuses, visées à l'article 11 de cette loi, sont punies d'une amende de 500 dinars à 20000 dinars et d'un emprisonnement allant de 16 jours à 3 mois ou de l'une de ces deux peines seulement. D'ailleurs l'article 34 de cette loi énonce que « *les peines visées à l'article 33 de la présente loi, sont portées au double dans le cas où les produits, objet de l'infraction prévue par les articles 11 et 12 sont nuisibles à la santé* ».

En droit algérien, l'article 38 de la loi n° 04-02 dispose que « sont qualifiées de pratiques commerciales déloyales (...), les infractions aux dispositions des articles 26, 27, 28 et 29 de la présente loi et punies d'une amende de cinquante mille dinars (50.000 DA) à cinq millions de dinars (5.000.000 DA). Des peines complémentaires sont prévues dans les articles 39 et 46 de la loi algérienne n° 04-0. L'article 39 énonce que peuvent être saisies les marchandises, objet des infractions aux dispositions des articles concernant les pratiques commerciales déloyales (...). L'article 46 de la même loi dispose que « *le wali territorialement compétent peut, sur proposition du directeur de wilaya chargé du commerce, procéder par arrêté, à des fermetures administratives des locaux commerciaux pour une durée maximale de trente (30) jours en cas d'infraction aux règles édictées par les dispositions des articles 10, 11, 13, 14, 20, 22, 23, 24, 25, 26, 27, 28 et 53 de la présente loi* »[1459].

S'agissant de la sanction de la publicité trompeuse, l'article 174 de la loi marocaine n° 31-08 énonce que les infractions aux dispositions des articles 21 et 22 ci-dessus sont punies d'une amende de 50.000 à 250 000 Dirhams[1460]. L'article 175 de la même loi précise à la suite certaines sanctions complémentaires[1461]. De

1458 **N. SAUPHANOR-BROUILLAUD**, « Les sanctions des règles protectrices des consommateurs dans la loi relative à la consommation », op. cit., p. 473.

1459 **L. SAADNA**, « La protection des professionnels contre les pratiques commerciales déloyales et parasitaires », op. cit., p. 229.

1460 Sur ce point V égal. Arts. 185 et 189 de la loi marocaine précitée n° 31-08 édictant des mesures de protection du consommateur.

1461 L'article 175 de la loi marocaine précitée n° 31-08 édictant des mesures de protection du consommateur dispose que « *les pénalités prévues au premier alinéa de l'article 174 sont également applicables en cas de refus de communication des éléments de justification ou des publicités diffusées, demandés dans les conditions prévues au premier alinéa de l'article 172, de même qu'en cas d'inobservation des décisions ordonnant la cessation de la publicité ou de non-exécution dans le délai imparti des annonces rectificatives. (...)* ».

même, l'article 1326 du Code de commerce libyen confirme qu'une telle publicité constitue un délit pénal sanctionné par un an d'emprisonnement et une amende d'un montant de 500 Dinar au plus jusqu'à 10000 Dinar. Aussi, cet article ajoute également des sanctions complémentaires.

491. En réalité, on doit relever que malgré l'importance de ces sanctions financières dans les régimes juridiques des pays comparés, elles n'ont toujours pas une efficacité sur la pratique de certains professionnels, si on établit une comparaison entre le coût de l'amende et le gain financier en cas de non-respect du règlement.

C'est pourquoi, il est utile ici d'examiner les droits marocain et français parce qu'ils prévoient des sanctions complémentaires de la pratique trompeuse.

En effet, l'article 175 de la loi marocaine n° 31/08 édictant[1462] des mesures de protection du consommateur dispose qu'en cas de condamnation, la juridiction ordonne la publication et/ou l'affichage de sa décision. D'ailleurs, la juridiction « *peut en plus ordonner aux frais du condamné la publication d'une ou de plusieurs annonces rectificatives. La décision fixe les termes de ces annonces et les modalités de leur publication ou diffusion et impartit au condamné un délai pour y faire procéder, en cas de carence, il est procédé à cette diffusion ou publication à la diligence du ministère public aux frais du condamné* »[1463]. Ces sanctions peuvent avoir une influence sur la réputation de commerce et/ou le fonds de commerce du professionnel. La réputation est un élément de référence pour le contractant afin de mieux connaitre la personne en question. Ces sanctions peuvent porter atteinte à sa réputation. Ainsi, si le contractant a connaissance de la condamnation de tel ou tel professionnel, sa confiance envers ce professionnel sera altérée. Dans son intérêt, le professionnel doit correctement respecter les dispositions légales pour éviter de perdre ses clients. Cependant, la sanction de l'article 175 n'a pas un caractère facultatif. Cela signifie que le juge doit ordonner la publication et/ou l'affichage de sa décision. Il serait préférable que la sanction puisse être appréciée au cas par cas par le juge.

Selon l'article L.132-3 du Code français de la consommation, des peines complémentaires sont également prévues pour les personnes physiques ; l'interdiction d'exercer l'activité professionnelle ou sociale dans le cadre de laquelle le délit a été commis, l'interdiction d'exercer une profession commerciale ou industrielle, de diriger, d'administrer, de gérer ou de contrôler à un titre quelconque, directement ou indirectement, pour leur propre compte ou pour le compte d'autrui, une entreprise commerciale ou industrielle ou une société commerciale. Ces interdictions d'exercice ne peuvent excéder une durée de cinq ans. Elles peuvent être prononcées cumulativement. Si une personne morale est

---

[1462] La loi marocaine n° 31/08 édictant des mesures de protection du consommateur, *Bull. O. Mar*, n° 5932, 7 avril 2011, p. 347-371. En ce sens, l'article 176 de cette loi énonce également que « *la juridiction peut en outre ordonner la publication ou l'affichage de la décision de condamnation* ».

[1463] A ce sujet V, **A. MOHIM**, *La protection du consommateur à l'encontre des dommages causés par les produits proposés sur le marché en droit marocain*, op. cit., p. 258.

poursuivie, cette personne sera déclarée responsable pénalement, dans les conditions prévues à l'article 121-2 du Code pénal, du délit puni à l'article L. 132-2 encourent, outre l'amende suivant les modalités prévues à l'article 131-38 du code pénal, les peines prévues aux 2° à 9° de l'article 131-39 du même Code[1464]. L'interdiction mentionnée au 2° du même article 131-39 porte sur l'activité dans l'exercice ou à l'occasion de l'exercice de laquelle l'infraction a été commise. Les peines prévues aux 2° à 7° de cet article ne peuvent être prononcées que pour une durée de cinq ans au plus.

2. Les sanctions civiles

492. La partie faible victime de tels agissements peut demander des dommages et intérêts pour le préjudice subi. Ainsi, la pratique commerciale trompeuse peut également être sanctionnée au plan civil par le paiement de dommages-intérêts, dans le cadre d'une faute au sens de l'article 1240 du Code civil français (anciennement l'article 1382) et aussi entraîner la responsabilité délictuelle de son auteur, si la victime est un concurrent ou un consommateur non contractant. Si la victime était cocontractant de l'auteur de la pratique commerciale trompeuse, elle peut demander des dommages et intérêts civils sur le fondement de la responsabilité contractuelle (par exemple l'article 1147)[1465]. Cependant, la sanction n'est pas systématique en cas de publicité trompeuse, en effet, l'auteur d'une publicité qui a diffusé un message trompeur ne doit pas réparation au cocontractant attiré par sa publicité, si, dans la convention signée avec lui, il lui dit la vérité[1466].

De toute évidence, une telle pratique pourra également aboutir à l'annulation du contrat conclu avec le consommateur, suite à la pratique trompeuse mise en œuvre, sur le fondement d'un vice du consentement (le dol, l'erreur ou la violence). La sanction pour ce genre de vices est ainsi la nullité relative du contrat.

[1464] Ces sanctions peuvent être accompagnées de peines complémentaires, par référence aux peines prévues par l'article 131-39 2° à 9° du Code pénal français : - l'interdiction, à titre définitif ou pour une durée de cinq ans au plus, d'exercer directement ou indirectement une ou plusieurs activités professionnelles ou sociales ; - le placement, pour une durée de cinq ans au plus, sous surveillance judiciaire ; - la fermeture définitive ou pour une durée de cinq ans au plus des établissements ou de l'un ou de plusieurs des établissements de l'entreprise ayant servi à commettre les faits incriminés ; - l'exclusion des marchés publics à titre définitif ou pour une durée de cinq ans au plus ; - l'interdiction, à titre définitif ou pour une durée de cinq ans au plus, de procéder à une offre au public de titres financiers ou de faire admettre ses titres financiers aux négociations sur un marché réglementé ; - l'interdiction, pour une durée de cinq ans au plus, d'émettre des chèques autres que ceux qui permettent le retrait de fonds par le tireur auprès du tiré ou ceux qui sont certifiés ou d'utiliser des cartes de paiement ; - la peine de confiscation, dans les conditions et selon les modalités prévues à l'article 131-21 ; - l'affichage de la décision prononcée ou la diffusion de celle-ci soit par la presse écrite, soit par tout moyen de communication au public par voie électronique. Par ailleurs, en cas de poursuite pour pratique commerciale trompeuse, la cessation de la pratique peut être ordonnée, soit par le juge d'instruction, soit par le juge de jugement à qui est soumis l'affaire.

[1465] **G. RAYMOND**, *Droit de la consommation*, op. cit., n° 352, p. 202 ; **D. TOUCHENT**, « La protection du consommateur contre les pratiques commerciales déloyales », op. cit., p. 13.

[1466] Cass., crim., 5 mai 2010 : Dr. Pén. 2010, comm. 67, obs. **J.-H. ROBERT**.

Néanmoins, il a été admis que cette protection semble difficile à appliquer aux contrats de consommation. Par exemple, dans le cas du dol, il faut démontrer que l'intention de tromper a été pratiquée « intentionnellement pour tromper le contractant et le déterminer à conclure le contrat »[1467].

On se rallie toutefois à l'idée que certains auteurs[1468] avancent qu'une telle pratique pourrait, compte tenu du caractère d'ordre public qui s'attache aux textes du droit de la consommation, entraîner à elle seule l'annulation du contrat. Cette réflexion peut s'appliquer à tous les pays comparés selon leurs législations de la protection du consommateur.

Cela peut vouloir dire que le législateur n'a pas souhaité que le consommateur puisse s'affranchir des règles relatives aux vices du consentement en matière de pratiques trompeuses. La question se pose, en définitive, dans les mêmes termes qu'en matière d'obligation générale d'information précontractuelle[1469].

En conséquence, la partie faible dispose plusieurs voies. En revanche, elle n'aura pas la possibilité de choisir en présence de pratique agressive.

Paragraphe 2 : La lutte contre les pratiques agressives

493. Les pratiques commerciales agressives, sont celles qui ont pour objet ou pour effet de vicier le consentement de la partie faible, de l'empêcher d'exercer correctement ses droits ou d'altérer de manière significative sa liberté de choix. En d'autres termes, ces procédés portent atteinte aussi bien à la concurrence loyale qu'aux intérêts du contractant qui se trouve désarmé devant ces formes de pratiques agressives qui l'empêchent d'exercer un choix rationnel et réfléchi. Elles se caractérisent par une pression exercée sur ce contractant faible et révèlent un comportement manifestement abusif du professionnel.[1470] Cela conduit la partie faible ou est susceptible de la conduire à prendre une décision commerciale qu'elle n'aurait pas prise autrement[1471]. Ici, la pratique agressive nous rappelle celle du vice du consentement[1472]. En fait, elle est proche de la violence quand

---

[1467] Sur ce sujet V.**F. BUY**, **J.-C. RODA**, **M. LAMOUREUX**, *Droit de la distribution*, LGDJ., 2017, n° 438, p. 333

[1468] V., **Y. PICOD**, *Droit de la consommation*, op. cit., n° 156 ; V. égal., **J-D. PELLIER**, *Droit de la consommation*, op. cit., n° 48, p. 64 ;

[1469] A l'inverse, certains auteurs affirment que la victime d'une pratique trompeuse pourrait même obtenir l'exécution de la prestation promise. En ce sens V. **J-D. PELLIER**, *Droit de la consommation*, op. cit., n° 48, p. 64 ; **S. PIEDELIEVRE**, « Pratiques commerciales déloyales et ventes d'ordinateurs avec logiciels », op. cit., p.29.

[1470] **S. LAVRIC**, « Pratiques commerciales trompeuses ou agressives : précisions », D. Actu. 21 sept. 2009.

[1471] **S. PIEDELIEVRE**, *Droit de la consommation*, op. cit., n ° 162, p. 160 ; **N. SAUPHANOR-BROUILLAUD**, « La refonte du droit contractuel général de la consommation par l'ordonnance n° 2016-301 du 14 mars 2016 », op. cit., p. 492.

[1472] Aussi, c'est avec l'infraction plus classique d'abus de faiblesse que la répression des pratiques commerciales agressives entretient les liens les plus étroits, cette infraction sanctionnant le fait d'obtenir un engagement sous la contrainte, dans certaines circonstances précisément délimitées, en

elle vice la contrainte physique ou morale de nature à altérer le consentement du consommateur. Mais, les deux notions sont distinctes, car la pratique agressive est sanctionnée en elle-même, il n'est pas nécessaire que le contrat ait été effectivement conclu[1473]. Ainsi, « *ce n'est pas le vice du consentement qui est une pratique agressive, mais la pratique agressive qui peut entraîner un vice du consentement, ce qui n'est pas la même chose* »[1474]. Plus précisément, le droit commun ou le droit pénal offre parfois, une protection à la partie faible pour certains cas de comportements agressifs, notamment à travers le dol ou l'escroquerie, cette protection ne s'applique qu'aux malhonnêtetés les plus flagrantes. En revanche, en droit de la consommation, les agressions dont peut faire l'objet la partie faible sont plus nombreuses et échappent aux sanctions du droit commun. Ainsi, l'adoption de textes bien spécifiques contre ces pratiques agressives s'impose dans les pays maghrébins qui n'en disposent pas à ce jour.

494. En tout état de cause, on peut remarquer qu'il existe deux manières de lutter contre la pratique agressive. La première consiste à règlementer certaines pratiques qui permettront au professionnel de recourir à des méthodes de vente agressives. Par exemple, le démarchage à domicile peut constituer un terrain propice à l'utilisation de pratiques présentant une certaine forme d'agressivité commerciale. Le risque est donc grand pour qu'un produit soit présenté à la souscription, par le démarcheur, à un profane sans qu'il réponde aux besoins réels de celui-ci. La deuxième manière est constituée par textes spécifiques qui traitent expressément des éléments essentiels constitutifs de la pratique agressive[1475].

On relève que la protection du consommateur contre les pratiques agressives des vendeurs et prestations de services n'est pas suffisamment prise en charge dans les droits des pays du Maghreb. En effet, malgré l'interdiction de certains pratiques qui qui peuvent être qualifiées d'agressives[1476], les législateurs de ces pays n'adoptent pas de textes spéciaux pour lutter contre les pratiques commerciales agressives. En revanche, ces pratiques sont très encadrées en droit français à travers une législation bien déterminée.

---

abusant de la faiblesse ou de l'ignorance d'une personne. V., **F. BUY**, **J.-C. RODA**, **M. LAMOUREUX**, *Droit de la distribution*, op. cit., n° 444, p. 337.

1473 **Y. PICOD et H. DAVO**, *Droit de la consommation*, op. cit., n ° 120-1, p. 81.

1474 **J. JULIEN**, *Droit de la consommation*, op. cit., n ° 180, p. 203.

1475 **F. BUY**, **J.-C. RODA**, **M. LAMOUREUX**, *Droit de la distribution*, op. cit., n° 440, p. 335.

1476 A titre d'exemple, l'article 29 de la loi algérienne 04-02 du 23 juin 2004 dispose que « *dans les contrats entre un vendeur et un consommateur, sont considérées comme abusives, (...) ; menace le consommateur de la rupture de la relation contractuelle au seul motif qu'il refuse de se soumettre à des conditions commerciales nouvelles et inéquitables* ». V. égal. **A. BEBCHENEB**, *Le droit algérien des contrats ; Données fondamentales*, op. cit. n° 56, p. 43. En droit marocain, l'article 51 de la loi marocaine n° 31-08 énonce que « *à la suite d'un démarchage par téléphone ou par tout moyen technique assimilable, le fournisseur doit indiquer explicitement son identité et le caractère commercial de son intervention. Il doit adresser au consommateur une confirmation de l'offre qu'il a faite. Le consommateur n'est engagé que par sa signature* ». En droit tunisienne, les ventes hors des lieux de commerce organisent par la loi n° 98-40 du 2 juin 1998 relative aux techniques de vente et à la publicité commerciale.

Sur le même schéma qu'en matière de pratique trompeuse, on va étudier tout d'abord l'identification des pratiques commerciales agressives (A) et ensuite les sanctions applicables (B).

A. L'identification des pratiques commerciales agressives

495. Afin d'introduire une discipline dans ces pratiques et de garantir les intérêts de la partie la plus faible, l'article L. 121-6, alinéa 1er du Code de la consommation considère en effet qu'une pratique commerciale est agressive « *lorsque du fait de sollicitations répétées et insistantes ou de l'usage d'une contrainte physique ou morale, et compte tenu des circonstances qui l'entourent : Elle altère ou est de nature à altérer de manière significative la liberté de choix d'un consommateur ; Elle vicie ou est de nature à vicier le consentement d'un consommateur ; Elle entrave l'exercice des droits contractuels d'un consommateur* ».

Ici, on peut rappeler que la réforme française du droit des contrats reprend cette idée en considérant désormais dans l'article 1143 du Code civil qu'il y a violence « *lorsqu'une partie, abusant de l'état de dépendance dans lequel se trouve son cocontractant, obtient de lui un engagement qu'il n'aurait pas souscrit en l'absence d'une telle contrainte et en tire un avantage manifestement excessif* ». Cette extension du vice de violence appelle forcément les pratiques commerciales agressives[1477].

Il est clair que cet article contient certains éléments qui doivent être réunis pour caractériser une pratique commerciale agressive (1). Néanmoins, l'article L. 121-7 du Code de la consommation comporte une liste de pratiques réputées agressives en toutes circonstances (2).

1. Les éléments constitutifs les pratiques commerciales agressives

496. En tant que pratique commerciale, le comportement agressif de son auteur doit conduire à une pression exercée sur le consommateur. L'auteur de cette pratique tente d'altérer le consentement du consommateur ou d'entraver l'exercice de ses droits contractuels. Il y a deux éléments à combiner : des procédés qui dépassent une attitude raisonnable, et des conséquences particulières

---

[1477] **O. TOURNAFOND et J.-Ph. TRICOIRE**, « Les contrats de construction face aux nouvelles orientations du droit des contrats », op. cit., p. 393. Cependant, le texte ne précisant pas de quel type de dépendance il doit s'agir, on peut en déduire qu'il ne vise pas seulement l'état de dépendance économique. Rien ne permet d'exclure d'autres états de dépendance comme l'état de dépendance affective. Ce texte exige que la partie en position de supériorité ait abusé de la situation de dépendance. Pour que l'abus de dépendance soit caractérisé, cela suppose que l'auteur de la violence ait bénéficié d'un avantage manifestement excessif que son cocontractant ne lui aurait jamais accordé s'il ne s'était pas retrouvé en situation de dépendance. V. égal. **R. OLLARD**, « Regards sur la consécration de l'abus de l'état de nécessité ou de dépendance à la lumière des solutions du droit pénal », op. cit., p. 94.

qui consistent à affecter le consentement du consommateur. Ces deux éléments, procédés et conséquences, peuvent se situer à toutes les étapes du contrat[1478].

Selon l'article L. 121-6 du Code de la consommation, l'infraction existe ainsi lorsque la pression du professionnel s'exerce sur la partie faible (a) entrainant certaine conséquence ou produisant certains effets (b).

a. La pression exercée sur la partie faible

497. Les procédés de pratique agressive renvoient à l'idée de méthodes persuasives ou de moyens pressions exercées sur la partie la plus faible à l'occasion d'une prise de décision. Cette pression peut s'exercer selon plusieurs modes d'agressivité.

Tout d'abord, le harcèlement est une des modalités de l'agressivité, il se caractérise par des actions renouvelées et pressantes. Selon la disposition de l'article L. 121-6 du Code de la consommation, « des sollicitations répétées et insistantes » prenant la forme, par exemple, de sollicitations téléphoniques, de visites domiciliaires, de messages électroniques ou de courriers. De même, des attitudes insistantes de vendeurs assaillant la partie faible en magasin jusqu'à ce qu'elle passe commande. En ce sens, la Cour appel de Douai[1479] affirme que le caractère de pratique agressive existe lorsque « *le fait pour une société de se rendre quatorze fois, en moins de deux mois, au domicile d'une personne malade pour lui faire signer des contrats de toute nature* ». Ainsi, nous pouvons en général dire que la pression résultant de cette pratique doit être telle qu'elle annihile la volonté de la partie faible. La contrainte ne doit pas laisser de choix, et détruire le libre arbitre de ce contractant, dont la liberté de consentir ou non est réduite à néant par le comportement douteux du professionnel[1480].

On voit là l'intérêt de cette infraction pour un contractant harcelé dans une foire ou un salon puisqu'aucun droit de rétractation ne lui est accordé, comme on l'a vu précédemment[1481].

D'ailleurs, *la contrainte morale* peut se traduire par du chantage, de l'intimidation, des menaces, l'exploitation de la situation économique du consommateur, l'utilisation des peurs, des angoisses du consommateur, etc. Par exemple, la Cour de cassation française a déclaré que « *le fait de fournir des personnes âgées en produits agricoles à des tarifs extrêmement supérieurs au prix du marché et en faisant usage d'une contrainte morale de nature à vicier leur consentement et à entraver leurs droits contractuels* »[1482].

[1478] **C. AMBROISE-CASTEROT**, « Les nouvelles pratiques commerciales déloyales après la loi LME du 4 août 2008 », *AJ pénal*. 2009, p. 24.

[1479] CA Douai, 3 juillet 2014 : *JurisData* n° 2014-017675 ; *Contrats, conc., consom.* 2014, comm. 284.

[1480] V., **C. AMBROISE-CASTÉROT**, « Consommation », *Rép. pén.*, Dalloz, juill. 2016, n° 63 et s.

[1481] **D. BAZIN-BEUST**, *Droit de la consommation*, op. cit., p. 95

[1482] Cass. crim., 1 avril 2014, n°13-83204, Inédit.

De plus, *la contrainte physique*, bien que rare dans le cadre des relations entre un consommateur et un professionnel, peut parfois se manifester par une pratique qui s'apparenterait à un enfermement du client dans un local jusqu'à ce que, lassé, il signe. Il peut en être ainsi de certaines méthodes de vente qui consistent à faire durer plusieurs heures le processus de négociation du prix ou des conditions de vente[1483]. Aussi, certains professionnels du tourisme mal intentionnés sont, ou ont été tentés, de recourir à ce procédé pour quasiment séquestrer des vacanciers dans un hôtel pour qu'ils s'inscrivent à des excursions non comprises dans le séjour ou souscrivent des parts dans des sociétés de jouissance à temps partagé[1484].

Enfin, il convient de mentionner la notion de l'influence injustifiée exercée sur le consommateur et visée par l'article 2-j de la directive du 11 mai 2005 qui prévoit que « *l'utilisation d'une position de force vis-à-vis du consommateur même sans avoir recours à la force physique ou menacer de le faire, de telle manière que son aptitude à prendre une décision en connaissance de cause soit limitée de manière significative* ».

Pour déterminer si une pratique repose sur un procédé agressif de harcèlement, de contrainte morale ou physique, l'article L. 121-6 du Code français de la consommation répertorie cinq séries de circonstances qui entourent la pratique : « (...) *1° Le moment et l'endroit où la pratique est mise en œuvre, sa nature et sa persistance ; 2° Le recours à la menace physique ou verbale ; 3° L'exploitation, en connaissance de cause, par le professionnel, de tout malheur ou circonstance particulière d'une gravité propre à altérer le jugement du consommateur, dans le but d'influencer la décision du consommateur à l'égard du produit ; 4° Tout obstacle non contractuel important ou disproportionné imposé par le professionnel lorsque le consommateur souhaite faire valoir ses droits contractuels, et notamment celui de mettre fin au contrat ou de changer de produit ou de fournisseur ; 5° Toute menace d'action alors que cette action n'est pas légalement possible* ».

Cette pratique sera exclusivement le fait d'une personne physique, puisqu'on ne voit pas comment une personne morale pourrait effectuer des pressions physiques ou morales sur des consommateurs. Mais, cette personne physique peut agir soit en son propre nom, pour sa propre entreprise individuelle, soit au nom et pour le compte d'une personne morale, plus particulièrement d'une société, quelle que soit sa forme juridique et ainsi les personnes morales sont susceptibles d'être déclarées coupables de l'infraction[1485].

b. L'altération du consentement de la partie faible ou l'entrave à l'exercice de ses droits contractuels

498. La pratique agressive utilisée doit produire un effet sur le comportement de la partie faible. Il s'agit d'une pratique visant à altérer ou tenter d'altérer de

---

[1483] **K. JAKOULOFF**, « Pratiques commerciales trompeuses et agressives : de la restriction à l'assouplissement, résumé d'une jurisprudence incertaine », *D.*, 2013, p. 2835.
[1484] **D. BAZIN-BEUST**, *Droit de la consommation*, op. cit., p. 96.
[1485] **G. RAYMOND**, *Droit de la consommation*, op. cit., n° 362, p. 207.

manière significative sa liberté de choix, en amont de la conclusion du contrat. Cette pratique peut aussi vicier ou être de nature à vicier son consentement au moment de la conclusion du contrat, ou à entraver l'exercice de ses droits contractuels après que le contrat ait été conclu[1486]. Ainsi, la partie faible n'aura pas donné son consentement en toute liberté, mais elle aura fait l'objet de pressions telles qu'elle ne pouvait plus se décider de manière sereine. Pour apprécier l'agressivité d'une pratique commerciale, c'est l'impact de la méthode commerciale sur la liberté contractuelle de la partie faible qui doit être utilisé comme critère constitutif[1487]. Cette appréciation se fera de manière subjective, c'est-à-dire il faut prendre en considération les circonstances particulières de la conclusion du contrat et la qualité de la personne qui mérite parfois une protection plus grande du fait de son âge ou de son infirmité physique ou morale par exemple[1488]. Ainsi, la Cour de Paris a estimé qu'il y a pratique commerciale agressive lorsque les visites à domicile se sont succédé tous les sept jours auprès d'une personne malade pour obtenir la signature de contrats relatifs à des travaux financés par des crédits affectés[1489]. Ici, on remarque selon cet arrêt que la jurisprudence a pris en compte les circonstances entourant une pratique face à une personne dont l'état de santé était défaillant. Elle a également pris en compte les procédés utilisés, à savoir les visites à domicile de manière répétée.

499. Par ailleurs, l'altération de la liberté de choix et le vice du consentement sont des notions voisines, notamment la violence au terme des articles 1140 et suivants du Code civil français. Elles signifient toutes deux que le consentement du consommateur n'a été ni libre ni éclairé. Alors, il sera parfois difficile de différencier l'altération de la liberté de choix ci-dessus et le vice du consentement.

La pratique commerciale agressive doit donc avoir une influence déterminante sur la décision d'achat du consommateur pour être sanctionnée sur le fondement de la disposition de l'article L. 121-6 du Code de la consommation. Ainsi, il est facile de prouver l'élément moral de l'auteur de cette pratique (l'intention coupable). Une agression ne peut donc résulter que d'un comportement volontaire[1490].

Le texte vise également les pratiques qui font obstacle à l'exercice d'un droit contractuel. Il s'agit de tout obstacle non contractuel important ou disproportionné imposé par le professionnel lorsque le consommateur souhaite faire valoir ses droits contractuels, et notamment celui de mettre fin au contrat, en cas de non-renouvellement du contrat tacitement reconductible ou de changer de produit ou de fournisseur. On entend par « droit contractuel » la résolution d'un contrat,

---

[1486] **C. CASTETS-RENARD**, « Commerce électronique », *Rép. eur.*, Dalloz, déc. 2017, n° 28.

[1487] **F. BUY, J.-C. RODA, M. LAMOUREUX**, *Droit de la distribution*, op. cit., n° 441, p. 335.

[1488] **G. RAYMOND**, *Droit de la consommation*, op. cit., n° 364, p. 208. **S. LE GAC-PECH**, *Droit de la consommation*, op. cit., p. 212.

[1489] CA Paris, 31 mars 2011 : *JurisData.* n° 2011-008806 ; *Contrats, conc., consom.* 2011, comm. 227.

[1490] **D. FENOUILLET**, « Loi du 3 janvier 2008, pratiques commerciales déloyales, trompeuses, agressives », *RDC.*, 01 avril 2008, n° 2, p. 345.

l'exercice d'un droit de rétractation, l'échange prévu au contrat, l'indemnisation au titre d'un contrat d'assurance, etc.

2. Les pratiques réputées agressives en toutes circonstances

500. Il semble que le législateur français ne s'est pas contenté de déterminer par certains textes les critères généraux des pratiques commerciales agressives[1491]. Il a voulu renforcer la lutte contre diverses pratiques d'agressivité commerciale au moyen d'une liste non exhaustive de pratiques réputées agressives présente dans l'article L. 121-7 du Code français de la consommation[1492]. Dans tous les cas, ces pratiques constituent autant de présomptions irréfragables. Ici, nous pouvons noter que certains des points de cette liste vont entrer en concurrence directe avec des mécanismes protecteurs dans les législations consuméristes déjà abordés dans ce chapitre. Il s'agit de l'abus de faiblesse, de certaines formes illicites de démarchage de ventes forcées ou encore de pratiques trompeuses. On va analyser point par point cette liste contenue dans l'article L. 121-7 du Code français de la consommation.

Tout d'abord, on peut considérer qu'une pratique commerciale est réputée agressive dès lors qu'elle harcèle, influence de manière injustifiée ou contraint la partie faible. Ces pratiques agressives sont mises en évidence par le point 1[1493] qui traite de la pression exercée par le professionnel lorsqu'il enferme ses victimes en ne permettant leur départ qu'après avoir obtenu une signature du contrat. De même, les pratiques de démarchage selon le point 2 ou de sollicitations répétées selon le point 3 sont considérées comme des pratiques réputées agressives[1494]. Notons également que la disposition du point 3 vise une interdiction de grande importance actuelle, car les consommateurs sont aujourd'hui continuellement envahis par des documents publicitaires non souhaités, des spams qui saturent les boîtes mails, et des coups de téléphones commerciaux qui confinent au harcèlement, voire à l'agression.

Sous divers aspects, ce type de comportement du professionnel soulevé par les points 1, 2 et 3 de l'article L. 121-7 du Code de la consommation nous rappelle

---

[1491] V., **G. CATTALANO-CLOAREC**, « Pratiques commerciales trompeuses : il ne suffit pas d'être sur la liste », op. cit., p. 4.

[1492] **J. ROCHFELD**, « Protection du consommateur - Pratiques commerciales déloyales ou trompeuses », op. cit., p.733.

[1493] L'article L. 121-7 du Code français de la consommation dispose que « *les pratiques réputées agressives ont pour objet : 1° De donner au consommateur l'impression qu'il ne pourra quitter les lieux avant qu'un contrat n'ait été conclu ; (...)* ». Sur ce sujet V., Cass. crim., 1er févr. 2000, n° 99-84.378, *Bull. crim.* n° 52 ; *D.* 2000. 198, obs. **C. RONDEY** ; *CCC.*, 2001, comm. n° 14, obs. **G. RAYMOND**.

[1494] L'article L. 121-7 du Code français de la consommation énonce également que « *les pratiques réputées agressives ont pour objet : 2° D'effectuer des visites personnelles au domicile du consommateur, en ignorant sa demande de voir le professionnel quitter les lieux ou de ne pas y revenir, sauf si la législation nationale l'autorise pour assurer l'exécution d'une obligation contractuelle ; 3° De se livrer à des sollicitations répétées et non souhaitées par téléphone, télécopieur, courrier électronique ou tout autre outil de communication à distance* ».

inévitablement l'infraction d'abus de faiblesse que on l'a déjà abordée. C'est pourquoi, dans le cadre de notre étude, on peut s'interroger sur la meilleure protection possible qui peut être offerte à la partie faible face à ces deux infractions que constituent les pratiques agressives ou l'abus de faiblesse venant du comportement du professionnel. Il nous semble que contrairement à l'abus de faiblesse, les pratiques commerciales agressives font plus victimes du fait qu'elles ne concernent pas seulement les personnes vulnérables. Elles touchent tous les contractants. En effet, toute personne peut être victime de pratiques agressives. Mais, le risque de concours entre les deux pratiques illicites existe bien du fait de la distorsion importante entre les peines. L'abus de faiblesse étant sévèrement sanctionné avec une peine d'emprisonnement bien plus importante que la pratique agressive. Une répartition entre les deux textes s'effectuera sans problème[1495]. A noter que sur le terrain civil, le Code français de la consommation précise expressément, comme pour les pratiques agressives, que « le contrat conclu à la suite d'un abus de faiblesse est nul et de nul effet ».

Par ailleurs, le point 4 décrit une pratique agressive, alors que cette pratique illicite est loin d'agresser, d'harceler ou de contraindre la partie faible[1496]. En effet, l'assureur tente de se soustraire à ses obligations contractuelles en restant inerte ou silencieux, autrement dit en« faisant le mort »[1497].

Pour ce qui concerne les pratiques publicitaires, le point 5 aborde la question de la publicité agressive qui incite directement les enfants à acheter ou tente de persuader les adultes à se procurer le produit faisant l'objet de la publicité. Or, il n'est pas évident de dissocier une simple publicité qui incite fortement le consommateur à acheter un produit d'une autre publicité agressive. D'ailleurs, quelle publicité n'incite pas à acheter ? Il est difficile même de déterminer ce qu'est une incitation directe et une incitation qui ne l'est pas. Par conséquent, le flou de cette interdiction pourrait aujourd'hui entraîner la condamnation de la quasi-totalité des marques et annonceurs[1498].

Le point 6 renvoie à l'interdiction de la vente forcée ou sans commande préalable déjà évoquée[1499]. Il traitre des pratiques commerciales qui exigent un

---

[1495] **C. AMBROISE-CASTEROT**, « Les nouvelles pratiques commerciales déloyales après la loi LME du 4 août 2008 », *AJ pénal.* 2009, p. 24.

[1496] Aussi, l'article L. 121-7 du Code français de la consommation dispose que « *les pratiques réputées agressives ont pour objet : 4° D'obliger un consommateur qui souhaite demander une indemnité au titre d'une police d'assurance à produire des documents qui ne peuvent raisonnablement être considérés comme pertinents pour établir la validité de la demande ou s'abstenir systématiquement de répondre à des correspondances pertinentes, dans le but de dissuader ce consommateur d'exercer ses droits contractuels* ».

[1497] **C. AMBROISE-CASTEROT**, « Les nouvelles pratiques commerciales déloyales après la loi LME du 4 août 2008 », op. cit., p. 24.

[1498] **C. AMBROISE-CASTÉROT**, « Consommation », op. cit., n° 65.

[1499] L'article L. 121-7 du Code français de la consommation dispose que « *les pratiques réputées agressives ont pour objet : 6° D'exiger le paiement immédiat ou différé de produits fournis par le professionnel sans que le consommateur les ait demandés, ou exiger leur renvoi ou leur*

paiement immédiat ou différé d'un produit ou service que le consommateur n'a pas demandé. Ce point 6 indique également que le professionnel ne peut pas exiger le renvoi ou la conservation d'un produit que le consommateur n'a pas sollicité.

Le contenu du point 7 peut être assimilé à une forme de menace contre le contractant présumé faible. Cette menace se traduisant par une pression explicite exercée par le professionnel afin de ravir le consentement de la partie faible[1500].

Par ailleurs, il semble que le point 8 qui traite d'un gain attribué au consommateur, est plus proche d'une pratique trompeuse que d'une pratique agressive, parce qu'ici le comportement du professionnel ne constitue pas un harcèlement, une contrainte, un comportement agressif, propres à cette pratique illicite. Dans ce cas précis, le professionnel vise à induire le consommateur en erreur, comportement typique des pratiques commerciales trompeuses, comme on l'a vu précédemment. D'ailleurs, cette forme de délit nous rappelle l'infraction décrite au 18° de l'article L. 121-4 du Code de la consommation[1501]. Ce texte punit de deux ans d'emprisonnement et de 300 000 € d'amende (la sanction pénale se trouve en réalité à l'article L. 132-2, depuis la recodification de 2016) le fait d'affirmer, dans le cadre d'une pratique commerciale, qu'un concours est organisé ou qu'un prix peut être gagné sans attribuer les prix décrits ou un équivalent raisonnable[1502].

B. Les sanctions des pratiques agressives

501. Qu'est-ce qu'une interdiction des pratiques agressives sans l'existence d'une réelle sanction ? Comme l'indique N. DISSAUX, « beaucoup s'effraient à la seule perspective d'une sanction jugée inefficace »[1503]. Pour mieux protéger la partie faible face à de tels agissements, le législateur interdit ces pratiques et également les sanctionne civilement et pénalement.

1. Les sanctions civiles

502. Dans le cadre des sanctions civiles des pratiques agressives, le législateur français est plus sévère encore qu'en matière de pratiques trompeuses puisqu'il énonce expressément, en l'article L. 132-10 du Code de la consommation, que « le contrat conclu à la suite d'une pratique commerciale agressive mentionnée

---

conservation, sauf lorsqu'il s'agit d'un produit de substitution fourni conformément à l'article L. 121-20-3 ».

[1500] D'ailleurs, l'article L. 121-7 du Code français de la consommation dispose que « *les pratiques réputées agressives ont pour objet : 7° D'informer explicitement le consommateur que s'il n'achète pas le produit ou le service, l'emploi ou les moyens d'existence du professionnel seront menacés* ».

[1501] L'article L. 121-4 du Code français de la consommation prévoit que « *sont réputées trompeuses, au sens des articles L. 121-2 et L. 121-3, les pratiques commerciales qui ont pour objet : 18° D'affirmer, dans le cadre d'une pratique commerciale, qu'un concours est organisé ou qu'un prix peut être gagné sans attribuer les prix décrits ou un équivalent raisonnable ;* ».

[1502] **C. AMBROISE-CASTÉROT**, « Consommation », op. cit., n° 65.

[1503] **N. DISSAUX**, « Les nouvelles sanctions en matière contractuelle », *AJ Contrat.*, 2017, p.10.

aux articles L. 121-6 et L. 121-7 est nul et de nul effet ». Alors, nul n'est besoin de caractériser un vice du consentement (en particulier la violence), quel qu'il soit, puisque la seule qualification de pratique agressive permet d'aboutir à la nullité du contrat. Quoi qu'il en soit, comme on l'a vu, les deux notions peuvent se recouper mais elles n'en demeurent pas moins distinctes dans leurs critères d'application. En effet, la notion de pratique agressive est beaucoup plus large, notamment en ce qu'elle n'implique pas la démonstration du caractère déterminant de la pratique sur le consentement de la partie faible. Il suffit que la pratique soit susceptible de vicier son consentement, d'altérer sa liberté de choix, ou qu'elle entrave l'exercice de ses droits. Ce texte conduit donc à un élargissement des sources possibles de nullité du contrat[1504]. En outre, la victime de cette pratique pourrait toujours engager la responsabilité délictuelle de son auteur dans les conditions prévues en droit français par l'article 1240 du Code civil[1505].

2. Les sanctions pénales

503. Sans surprise, le fait de mettre en œuvre une pratique commerciale agressive est puni d'un emprisonnement de deux ans au plus et d'une amende de 300 000 euros au plus selon l'article L. 132-11. D'ailleurs, comme les pratiques commerciales trompeuses, le montant de l'amende peut être porté, de manière proportionnée aux avantages tirés du manquement, à 10% du chiffre d'affaires moyen annuel, calculé sur les trois derniers chiffres d'affaires annuels connus à la date des faits. Des peines complémentaires existent selon l'article L. 132-12[1506].

1504 **F. BUY, J.-C. RODA, M. LAMOUREUX**, *Droit de la distribution*, op. cit., n° 448, p. 340.

1505 V., **J-D. PELLIER**, *Droit de la consommation*, op. cit., n° 53, p. 67 ; A ce sujet V., **M. THIOYE**, *Le droit mauritanien de la responsabilité civile : approche des notions de faute et de dommage*, Thèse, Université de Perpignan, 2017, p. 102 et s.

1506 **N. SAUPHANOR-BROUILLAUD**, « Les sanctions des règles protectrices des consommateurs dans la loi relative à la consommation », op. cit., p. 473.

Conclusion du chapitre II

504. Le principe de l'interdiction du recours à la pratique illicite est une pièce maîtresse dans l'édifice du système de protection de la partie faible contre les déséquilibres créés par les professionnels.

Le droit commun des pays comparés prohibe, mais implicitement et dans certains cas limités, des comportements qui traduisent l'abus de faiblesse de l'un des contractants dans un contrat. Néanmoins, les législateurs français, marocain, tunisien et mauritanien ne se contentent pas de réprimer de tels comportements par des dispositions générales et limitées. Ils ont adopté expressément des textes applicables dans tous les cas où il existe une exploitation de l'abus de faiblesse. En effet, les droits de ces pays ont explicitement reconnu la notion de l'abus de faiblesse dans leurs régimes juridiques (en matière civile selon les droits de ces pays et en matière pénale selon les droits français et marocain). Toutefois, cette reconnaissance est encore timide dans les droits de ces pays du Maghreb en comparaison du droit français. Ce dernier traite la plupart des questions concernant des cas ou éléments constitutifs de l'exploitation abusive de la faiblesse, alors qu'il existe dans les droits des autres pays des lacunes qui doivent être comblées afin d'assurer une protection aux personnes en situations vulnérables ou de faiblesse.

Par ailleurs, les législateurs ont directement interdit certaines pratiques illicites. Ces pratiques consistent soit en des pratiques formellement interdites (pratiques interdites de manière absolue) soit en des pratiques relativement interdites (les pratiques permises sous conditions). Ces deux types de pratiques engendrent de grands risques pour la partie faible. Le traitement de ces pratiques est presque identique dans les droits des pays étudiés. Cependant, contrairement aux droits français et marocain, les droits tunisien, algérien, libyen et mauritanien n'abordent pas de manière explicite la vente ou prestation de service « à la boule de neige » ou pyramidale. Ainsi, il est grand temps que ces législations se mettent à jour avec les nouveaux procédés qui se répandent de plus en plus sur le marché commercial. La faiblesse et l'ignorance de la partie faible peuvent créer un terrain fertile pour ces types de pratiques.

On a pu également relever que le droit français traite avec précision la lutte contre les pratiques illicites déloyales. En effet, il a fait la distinction entre les pratiques trompeuses et les pratiques agressives. Il a caractérisé également les définitions générales et conditions d'application de ces deux notions. De plus, le législateur français a déterminé préalablement certaines pratiques réputées en toutes circonstances trompeuses ou agressives.

De même, les droits des pays maghrébins prohibent les pratiques déloyales à plusieurs reprises, notamment les pratiques qui créent une confusion ou reposent sur des allégations ou présentations fausses ou de nature à induire en erreur le contractant (pratiques trompeuses). Cependant, ces pratiques ne sont pas parfaitement définies et distinguées dans les régimes juridiques de ces pays. S'agissant des pratiques agressives, les législations consuméristes des pays maghrébins sont plus pauvres et comportent peu de textes concernant la répression de ces types de pratiques. Ainsi, dans ces pays seuls, le droit commun ou le droit pénal peut être sollicité pour lutter contre certains cas de comportements agressifs, tels que le dol, la violence ou l'escroquerie.

Conclusion du titre II

505. La protection de la partie faible s'exerce à travers la lutte contre le déséquilibre manifeste dans le contenu du contrat. L'existence de ce déséquilibre est au cœur de l'injustice dans la relation contractuelle. La lutte contre les déséquilibres du contenu du contrat constitue la pierre angulaire de la protection de la partie la plus faible au contrat. Le but est qu'il y ait un équilibre entre les prestations, et tant qu'il y a équilibre, il y a protection de la partie faible et stabilité des rapports contractuels. Les instruments opératoires pour la lutte contre le déséquilibre contractuel, sont multiples et différents dans les droits des pays étudiés. De façon générale, la protection contre les clauses abusives et les pratiques illicites offrent des garanties efficaces pour protéger la partie faible.

Les droits des pays comparés comportent des moyens assez efficaces de lutte contre les clauses abusives. Cependant, le champ d'application peut, parfois, susciter des confusions dans certains pays, notamment pour ce qui est de la personne morale protégée. Mais, les réformes des pays comparés montrent que l'esprit des textes de certains pays (comme en Libye et en Tunisie) et la volonté des législateurs d'autres pays (comme en France et en Algérie) visent de manière implicite ou explicite à protéger la situation de faiblesse du contractant quelle que soit sa qualité.

Il s'agit donc d'étendre à tous les contrats, que les parties soient professionnels ou particuliers, une technique qui, en droit français, marocain et algérien est propre aux droits de la consommation et du commerce. Ainsi, l'extension peut seulement être subordonnée à la condition que la clause engendrant un déséquilibre significatif n'ait pas été négociée. Cette politique peut présenter une grande souplesse déjà largement relevée afin de protéger le plus de contractants possible, notamment en cas d'absence de textes spécifiques ayant trait à la protection du professionnel.

En revanche, la distinction reposant sur la qualité des parties n'a plus d'importance et n'est plus de mise en matière de clauses abusives. Ainsi, il serait opportun d'envisager l'élargissement des dispositions protectrices à l'ensemble des contractants, indépendamment de leur qualité et de la nature de leur contrat. La meilleure façon de le faire, serait d'introduire ces dispositions au sein du droit commun des contrats, car ces règles protectrices devraient pouvoir s'appliquer à toutes les conventions, et profiter à tous les contractants.

Par ailleurs, pour éviter que le contrat ne devienne un moyen d'enrichissement abusif des uns aux dépens des autres, les législateurs ont interdit de nombreuses pratiques qualifiées d'illicites. Les droits des pays étudiés répriment les pratiques abusives par des sanctions. La répression des pratiques déloyales (pratiques trompeuses et agressives) est variable en droit de ces pays. En effet, la lutte contre les pratiques déloyales a encore besoin d'être réorganisée dans la plupart des pays du Maghreb.

Conclusion de la partie I

506. L'observation de l'organisation de protection de la partie faible en droit positif des pays comparés qu'elle y accuse, appelle en définitive quelques remarques.

Le formalisme a été et demeure un des moyens protecteurs du consentement des contractants. Ainsi, l'exigence du formalise est un des outils législatifs pour protéger de la partie faible soit dans les contrats classiques, et soit dans les contrats électroniques. De plus, le formalisme avec l'exigence d'intervention du professionnel du droit renforce concrètement et de manière efficace les contractants en situation de faiblesse. Par conséquent, le soutien et la réorganisation de cette technique sont nécessaire dans plusieurs domaines, notamment dans le commerce électronique, et dans le contrat qui contient par nature un contractant une situation de faiblesse (la personne illettrée un exemple).

L'information, l'orientation et le conseil sont des techniques efficaces pour sensibiliser la partie faible. Cependant, l'absence d'exigence d'informations préalables par des textes spécifiques conduit le contractant à conclure le contrat avec ignorance. De plus, le manque des sanctions particulières en cas de non-respect de l'obligation d'informations limite leurs capacités de s'acquitter en matière de contrat, notamment en droits libyen, tunisien et mauritanien.

Dans la possibilité de révocation du consentement, nous avons noté que le recul d'intensité de certains principes classiques du droit commun s'avère nécessaire en fonction de protection de la parie faible, en l'occurrence le principe du consensualisme (qui dit contractuel, dit juste), la force obligatoire du contrat, …. Par conséquent, avec cette possibilité (droit de la rétractation), la partie faible peut non seulement éviter le risque de donner un consentement sans réelle réflexion, mais aussi bénéficier d'un changement de son avis selon des conditions prévues par la loi. Or, il est regrettable de voir que les droits algérien, libyen, mauritanien et tunisien n'organisent pas suffisamment toutes les questions de cette technique dans leurs régimes juridiques.

Pour protéger la partie faible contre le déséquilibre dans la relation contractuelle, les législateurs essayent par plusieurs techniques de pérenniser un équilibre dans le contrat. Les techniques prévues par les droits des pays étudiés s'articulent autour de mesures spécifiques permettant de lutter contre l'utilisation de clauses abusives et contre les pratiques contractuelles illicites des professionnels. Toutefois, l'étendue de ces techniques est différente d'un pays à d'autre. Or, notre étude montre que l'adoption de certaines notions générales, comme le déséquilibre significatif contre les clauses abusives et l'abus de faiblesse contre les pratiques illicites, sont de bonnes techniques protectrices en la matière. Cela n'est pas le cas en droits tunisien, libyen et mauritanien, notamment dans la lutte contre les clauses abusives.

Enfin, notre recherche justifie que l'extension de la protection modifie la stricte séparation entre professionnels et consommateurs. En effet, si le contrat n'est pas lié à l'activité professionnelle et habituelle du contractant, alors celui-ci peut se prévaloir de la protection, et ce, bien qu'il n'ait pas de compétences particulières dans le domaine.

Deuxième partie :
La réalisation de la protection de la partie faible

507. Certaines notions et techniques, telle l'obligation de clarté, l'obligation d'information, le droit de rétractation, etc., ne sont en elles-mêmes pas suffisantes pour assurer efficacement la protection de la partie faible, car le professionnel, en position de force, peut souvent contourner ou déformer l'application de certaines de ces mesures protectrices. En effet, l'observation démontre que la relation d'inter échange qui existe entre le professionnel et son cocontractant est naturellement déséquilibré. De façon générale, les consommateurs sont les victimes des maux qui rongent chaque jour plus fort la société : fraudes, publicités trompeuses, hausse de prix injustifiée…etc., et sont donc en position de faiblesse face à la compétence du professionnel.

Pour ces raisons, les législateurs des pays étudiés ont, comme on l'a vu plus haut, adopté plusieurs textes visant à la prise en charge de la protection de la partie faible. L'utilisation de différents mécanismes de protection ouvre ainsi la voie à une protection accrue du contractant en position de faiblesse bien que, dans certains cas, les juges assument ce rôle sans disposer d'un mandat officiel à cette fin[1507].

Ainsi, le renforcement de l'attention accordée à la protection de la partie faible est devenu une priorité de l'action menée en faveur de l'accès à l'équilibre contractuel. Ce renforcement se fait par l'intervention du juge ou par le rôle joué par les pouvoirs publics et les associations de consommateurs[1508]. Autrement dit, les législateurs confèrent à certains organismes le pouvoir d'exercer un contrôle sur le contrat civil par divers moyens. On constatera que ces moyens de protection de la partie faible consistent à contrôler la formation du contrat, son exécution et son extinction.

508. La mise en œuvre de cette protection trouve ses origines dans les capacités des juges ou des organismes d'user de leurs pouvoirs et compétences et influences respectifs afin d'instaurer de meilleures protections de la partie faible au contrat. Bien que leurs attributions varient substantiellement d'un pays à l'autre, les juges et certaines entités administratives ou associatives sont généralement chargés de veiller à la protection de la partie faible au moyen de diverses techniques, mesures ou concepts juridiques.

[1507] **A. MASOUD**, *Le juge et les éléments factuels du conflit civil*, en arabe, Centre Ben Obaid-Allah Edition, AlKomesse-Libye, 2007, p. 9 ; **M. ANNOURI**, *Le juge et le droit de travail, en droit tunisien*, en arabe, RAOUF YAICH, Tunis, 2002, n° 38, p. 28.

[1508] **Abdel-K. EL-AARAARY**, *Les sources des obligations ; La théorie du contrat*, en droit marocain, en arabe, Dar Elamane, 6e éd., 2018, n° 59, pp. 48 et 179.

Des organes chargés de la protection du consommateur ont un rôle considérable à jouer dans l'équilibre du contrat. Ils peuvent intervenir selon le cas par différents moyens que la loi autorise. Il leur appartient par exemple de faire jouer la responsabilité incombant généralement au professionnel, suite à une faute commise, ou au non-respect de l'une de ses obligations envers la partie faible.

Il convient d'exposer le rôle de ces organes pour mieux appréhender le contenu et l'étendue du champ d'application des mesures de protection de la partie faible. On peut noter qu'il existe deux voies de protection qui seront examinées successivement : la protection judiciaire (Titre I) et la protection non- judiciaire (Titre II).

Titre I : La protection judiciaire

509. Si le contrat s'impose aux parties, tel qu'elles l'ont conclu, il s'impose également au juge. Ce dernier est en principe soumis à la « loi » des parties qu'est le contrat, et cela signifie qu'il doit également appliquer le contrat tel qu'il a été conclu par les parties[1509]. Cependant, le contrat, en tant que loi des parties, est bien souvent une source de litige dans lequel l'intervention judiciaire est nécessaire. Le juge doit se prononcer sur le contrat et sur son exécution tout en respectant son contenu. Ainsi, le juge a trouvé, au fur et à mesure, les moyens d'intervenir au nom de l'équité, de la justice contractuelle et de la protection de la partie la plus faible. Dans le cadre de notre étude, l'intervention du juge dans le contrat est une vaste thématique qui présente des divergences notables d'un pays à un autre.

D'une manière générale, tous les pays comparés ont reconnu, dans le cadre de la protection de la partie faible, différents rôles de plus en plus étendus au juge. Cette possibilité d'intervention du juge découle de considérations de protection de la partie la plus faible au contrat au sein de la relation contractuelle et conduit inévitablement à un recul de l'autonomie de la volonté. Ainsi, il est constaté que le rôle correctif et complémentaire que peut avoir le juge dans le rééquilibrage du contrat est limité ; la tendance actuelle étant celle d'une capacité minimale de modification. Le juge doit se contenter de corriger les « *déséquilibres contractuels excessifs et abusifs qui n'ont d'autre justification qu'un rapport de force inégalitaire ou qu'un bouleversement des circonstances économiques* »[1510].

Les parties n'ont pas toujours les connaissances et/ou l'expertise nécessaires pour appréhender la réalité et les engagements qui découlent de certains contrats[1511]. Donc, le juge est le gardien de la bonne foi des parties, c'est pourquoi son intervention est bien souvent nécessaire. En effet, le juge « *est l'artisan de la justice contractuelle, et cette mission lui donne, à l'égard du contrat, un pouvoir d'intervention au sens quasiment procédural du terme comme si, de tiers, le juge devenait partie au contrat* »[1512]. D'ailleurs, les interventions du juge sur le contrat n'ont cessé de prendre de l'ampleur, boostées par des textes de loi et une jurisprudence abondante en faveur d'une immixtion accrue du pouvoir judiciaire ;

[1509] **V. KOCHER**, « Contrats ; L'intervention du juge dans le contrat », *RDC.*, 01 janv. 2013 n° 1, p. 235 ; V. égal. **Y. BUFFELAN-LANORE et V. LARRIBAU-TERNEYRE**, *Droit civil ; Les obligations*, Dalloz, 16e éd. 2108-2019, n° 1589, p. 533.

[1510] **D. MAZEAUD**, « Loyauté, solidarité, fraternité : la nouvelle devise contractuelle ? in, l'avenir du droit, Mélanges en hommage à F. TERRE, Dalloz, P.U.F., éditions du jurisclasseur, 1999, n° 31, p. 633.

[1511] **M. ABOU KMASH**, *Le pouvoir du juge de modification du contrat dans le Code civil algérien et les jurisprudences islamiques*, Thèse, en arabe, Université de Batna Hadj Lakhder, Algérie, 2012, p. 71.

[1512] **L. CADIET**, « Une justice contractuelle », l'autre, in, Etudes offertes à **J. GHESTIN**, *Le contrat au début du XXIère siècle*, 2001, LGDJ, n° 2, p. 181.

on en vient à se demander aujourd'hui si le juge ne constitue pas, en quelque sorte, une « troisième partie » dans le contrat[1513].

Par différents moyens que la loi autorise, le juge joue un rôle considérable dans l'équilibre du contrat. En effet, il peut être amené à interpréter, contrôler, réviser et parfois même modifier les clauses du contrat.

La protection judiciaire de la partie faible est ici une mesure prononcée par jugement pour rattraper les erreurs et l'éventuel déséquilibre au regard des clauses contractuelles que certains contrats contiennent (Chapitre I). Le juge dispose aussi parfois d'un pouvoir en cas d'inexécution par la partie faible de ses obligations, il peut, par ailleurs, procéder à l'allègement des sanctions contractuelles (Chapitre II).

[1513] **B. ATMANI**, « Le juge nouvelle partie du contrat civil », *Revue Académique de la Recherche Juridique, Université Abderrahmane Mira de Béjaïa*, Algérie, n° 15, 01-2017, p. 430.

Chapitre I : Le pouvoir du juge au regard des clauses contractuelles

510. Bien que l'intervention du juge soit, selon certains auteurs[1514], envisagée comme un risque économique et un frein à la croissance[1515], le pouvoir du juge se justifie par la prévalence du caractère déséquilibré de la relation contractuelle. Ce déséquilibre qui existait lors de la formation et de l'exécution du contrat, perdure naturellement lors du règlement des conséquences de l'inexécution ou de la mauvaise exécution. Face à l'existence des clauses abusives et au rôle dysfonctionnel qu'elles jouent au niveau de la dérégulation du rapport de force entre les parties au contrat, une protection du consommateur s'impose du fait qu'il est la partie faible.

Ainsi, nous pouvons dire qu'il est nécessaire de rechercher à travers les législations un équilibre qui peut être conféré par des règles classiques connues et applicables dans le domaine des relations contractuelles, qui régissent les droits et les obligations des parties au contrat. En ce sens, C. ALBICHES indique que « *l'équité constitue, en droit privé en particulier, un outil au service du juge pour apprécier, selon les circonstances particulières, les intérêts divergents, afin de rétablir l'équilibre, sans nécessairement garantir une parfaite égalité* »[1516]. Ainsi, les contrats obligent non seulement à ce qui y est exprimé, mais encore à toutes les suites que leur donnent l'équité, l'usage ou la loi. D'ailleurs, les conventions doivent être négociés, formés et exécutés de bonne foi[1517]. La place du conventionnel dans le contrat se trouve réduite, c'est-à-dire le contrat n'est obligatoire que s'il est utile et juste. En d'autres termes, « *le contrat n'est pas utile si le principe de la sécurité juridique n'est pas consacré* »[1518]. Donc, à côté de la volonté, la loi et le juge jouent un rôle essentiel dans la détermination des effets du lien contractuel.

Dès lors, les législations confèrent explicitement un rôle au juge qui lui permet d'intervenir à la relation contractuelle d'une part, et d'autre part, le juge va parfois faire appel à des concepts tels que l'équité, la loyauté contractuelle ou la bonne foi pour pouvoir imposer aux parties des obligations qui lui paraissent nécessaires, avec un but déterminé : éclairer ou compléter le contenu du contrat dans l'hypothèse d'ambiguïté ou de lacunes, afin d'assurer un équilibre entre les intérêts des cocontractants[1519].

L'intervention du juge visant à rétablir l'équilibre contractuel dans un contrat litigieux peut conduire à l'interprétation du contrat ou à sa révision. Ici, la

---

[1514] **A. HAUSSAIIN**, *Les contrats d'adhésions ; étude comparé*, Thèse, Université de Almanar Tunis, en arabe, 2013, p. 282 et 283 ; V. égal. **A. AL-SADAH**, *Les contrats d'adhésions en droit égyptien*, Université de Fouad, Le Caire, 1946, p. 407.

[1515] **A. CHATAIN et J-Ph. ERB**, « Les conséquences de la réforme du droit des contrats sur l'intervention du juge », *JCP. E.*, n° 18, 4 mai 2017.

[1516] **C. ALBICHES**, *De l'équité en droit privé*, LGDJ, 2000, n° 222 et s, p. 140 et s.

[1517] **M. LACHACHI**, « Les clauses abusives : Notions et Moyens de lutte en droit algérien et français », *Revue des études juridiques comparatives en Algérie,* n° 3, déc. 2016, p. 233.

[1518] **J. GHESTIN**, *La formation du contrat*, op. cit., n° 186, p. 167 et s.

[1519] **C. ALBICHES**, *De l'équité en droit privé*, op. cit., n° 223 p. 141 .

recherche constante de protection de la partie faible se fait par le biais des règles d'interprétation du contrat (section I) et de lutte contre les clauses abusives (section II).

Section I : Une interprétation favorable à la partie faible

511. Parfois, il existe une altérité irréductible entre les parties qui fait qu'elles peuvent avoir deux intentions différentes, divergentes. L'interprétation est ici une opération intellectuelle nécessaire pour clarifier des clauses obscures, ambigües ou équivoques. Aussi, elle est l'opération qui consiste à conférer une signification à une clause du contrat. Le professeur DEROUSSIN estime que l'interprétation du contrat place le juge face à la réalité et à ses responsabilités[1520]. En réalité, le contrat n'est parfois pas clair ou compréhensible lorsque, par manque de clarté, son sens est indiscernable et/ou lorsque ses clauses, bien que claires considérées isolément, sont contradictoires de sorte que l'ensemble n'a plus de sens.

Ainsi, les législateurs des pays étudiés ont reconnu aux juges le pouvoir d'interpréter les contrats lorsque la volonté de leurs auteurs n'apparaît pas clairement. C'est parce que les contrats ne sont pas toujours rédigés de manière claire qu'ils suscitent des difficultés d'interprétation, et lorsqu'un litige s'élève à propos du contrat il est inexorable que les parties contestent le sens et la signification de certaines clauses. Cette situation conduit à l'intervention du juge qui est amené à interpréter le contrat en recherchant notamment la commune intention des parties[1521]. Or, les contrats rédigés par les professionnels contiennent parfois des conditions vagues ou imprécises qui soulèvent la confusion dans la compréhension. Cela est parfois involontaire, parfois intentionnel dans le but calculé de les favoriser en leur permettant d'échapper à leurs obligations.

Donc, par la technique d'interprétation les juges vont orienter le contrat vers une plus grande justice contractuelle, c'est-à-dire de rétablir l'équilibre entre les droits et obligations réciproques des contractants[1522]. Dans ce contexte, S. JERBI a estimé que « *le domaine de l'interprétation est vaste, il englobe les effets du contrat sans se limiter à l'explication du sens littéral des vocables utilisés. C'est un résultat qu'on peut atteindre sans hésitation ...* »[1523].

Deux méthodes d'interprétation peuvent être utilisées au titre de la protection judiciaire de la partie faible : cette dernière peut être protégée par l'application de certaines techniques générales d'interprétation (paragraphe 1) et par d'autres techniques qui prennent en considération une vulnérabilité particulière du contractant (paragraphe 2).

[1520] **D. DEROUSSIN**, *Histoire du droit des obligations*, ECONOMICA, 2e éd., 2012, p. 443.

[1521] **M. BEN AMAR**, *Les dispositions générales d'interprétation et ses applications dans les conflits du travail et la sécurité sociale*, en droit algérien, Thèse, en arabe, Université d'Oran, 2008-2009, p. 93 et s.

[1522] **D. BOURGEOIS**, *Les clauses abusives*, De Vecchi, 2002, p. 60 ; **M. AL-BADWI ALAZHARI**, *Théorie générale des obligations en droit libyen ; Les sources d'obligation*, Bibliothèque Nationale, Benghazi- Libye, 2013, p. 190.

[1523] **S. JERBI**, « L'interprétation du contrat », en droit tunisien, *Centre de publication universitaire*, 2006, p. 400.

Paragraphe 1 : Les techniques générales d'interprétation

512. Dans le processus d'interprétation des clauses du contrat, le juge doit avant tout rechercher la commune intention des parties. Toutefois, il doit également se référer à d'autres critères, telle la bonne foi, les usages, l'économie du contrat ou la justice. En tout état de cause, le juge doit interpréter le contrat selon certaines méthodes générales qui ne relèvent par toutes de la protection de la partie faible. Pour autant, certains textes des législations des pays étudiés indiquent de manière directe ou indirecte l'obligation d'interpréter les clauses contractuelles en faveur de la partie faible au contrat[1524]. On verra plus tard que cette vision a été soutenue par les avis de la doctrine et les jurisprudences à plusieurs reprises. Ici, il faut se pencher sur la méthode utilisée par le juge pour parvenir à détecter la signification du contrat dans le respect de la protection de la partie la plus faible.

Selon le droit commun, l'opération d'interprétation est tout entière placée entre les mains du juge qui est libre et souverain[1525]. Libre de choisir la méthode d'interprétation qui lui semble la mieux appropriée pour découvrir et identifier la commune intention des parties, en vue de déterminer l'objet et la portée de leurs engagements. Cette technique laisse donc toute liberté au juge pour interpréter une clause confuse, ambiguë ou contradictoire dans le sens qui lui apparaît le plus opportun, au regard de la protection de la partie faible.

Le juge est amené à suppléer les clauses qui sont d'usage et à retenir le sens qui convient le plus à la matière du contrat.

Ainsi, l'intervention du juge vise à l'interprétation du contrat soit pour en traduire ou élucider le sens, soit pour en ajouter ou combler les lacunes. Dans le premier cas, il s'agira d'une interprétation explicative : la recherche de la signification du contrat devra être effectuée en considération de la volonté des parties. Dans le second cas, il s'agira de combler les lacunes du contrat : l'interprétation du juge deviendra alors créatrice, de sorte qu'il n'aura d'autre choix que de s'écarter de la volonté des parties et d'interpréter le contrat à la lumière de la loi, l'équité et les usages[1526]. Néanmoins, si la frontière entre une

---

[1524] A ce sens, **M. MAHFOUD**, *Théorie générale des obligations I, « Le contrat »*, en arabe, LATRACH, Tunis, 2012, p. 117.

[1525] D'ailleurs, le pouvoir d'interprétation du juge du fond est souverain et exclut donc, sauf dénaturation, tout contrôle de la Cour de cassation. V., à ce sujet, **D. MAZEAUD**, « L'encadrement des pouvoirs du juge : l'efficacité des clauses relatives à l'interprétation », *RDC.*, 31 mars 2015 n° 1, p. 187. Cet auteur indique que « *cette plénitude des pouvoirs du juge en matière d'interprétation devrait donc susciter une angoisse irrépressible chez tous ceux qui sont prompts à crier au « péril juge », chaque fois que le juge est susceptible de s'immiscer dans le contrat et, par conséquent, d'en bouleverser l'économie, en substituant son sentiment, mêlé d'équité et de justice, aux intérêts légitimes exprimés par les volontés libres, rationnelles et joyeuses des contractants* ».

[1526] La doctrine majoritaire distingue deux ces types d'interprétation. V. not., parmi bien d'autres, **A. BAMDE**, « L'interprétation du contrat et le juge », https://aurelienbamde.com, Droit des contrats, 10 juillet 2017, consulté le 20 aout 2017 ; **F. TERRE, P. SIMLER, Y. LEQUETTE et F. CHENEDE**, *Droit civil, Les obligations*, Dalloz, 12e éd., 2018, n° 448 et s ; **H., L. et J. MAZEAUD**, *Leçons de droit civil*, t. II, vol. I, *Obligations, Théorie générale*, par **F. CHABAS**,

interprétation explicative (A) et une interprétation créative (B) n'est pas toujours facile à tracer[1527], chaque technique permet au juge de jouer un rôle actif dans le cadre de la protection de la partie faible.

A. L'interprétation explicative du contrat (l'interprétation éclairage)

513. Tous les régimes juridiques des pays étudiés adoptent un principe général à l'égard de l'interprétation. Ce principe énonce que « *lorsque les termes de l'acte sont formels, il n'y a pas lieu à rechercher quelle a été la volonté de son auteur* »[1528]. En d'autres termes, « lorsque les termes du contrat sont clairs, on ne peut s'en écarter, pour rechercher, par voie d'interprétation, quelle a été la volonté des parties »[1529]. Selon certains auteurs, « *en interprétant un contrat qui n'avait pas lieu de l'être, car sa lettre était claire et précise, (...)* »[1530]. Donc, le juge ne doit pas dénaturer l'accord clair et précis, il doit seulement l'analyser en cas d'incertitude quant à sa portée[1531].

Dès lors, l'interprétation du contrat, « opération qui consiste à dégager le sens et la portée d'une disposition contractuelle, ambiguë, imprécise ou en contradiction avec une autre clause du contrat ou avec un autre document contractuel »[1532].

Par ailleurs, le professionnel peut parfois rédiger d'une ou plusieurs conditions apparaisse maladroite, sibylline, voire incomplète, de sorte que la compréhension du contenu des obligations des parties s'en trouverait malaisée[1533]. Par

---

MONTCHRESTIEN, 9e éd., 1998, nos 342 et s. ; **P. MALINVAUD, D. FENOUILLET, M. MEKKI**, *Droit des obligations*, LexisNexis, 14e éd., 2017, nos 488 et s.

[1527] **D. NOGUERO**, « Assurances terrestres ; La détermination du contenu du contrat d'assurance par son interprétation (1re partie) », *Gaz. Pal.*, 26 nov. 2011, n° 330, p. 6.

[1528] L'article 513 tunisien, l'article 461 marocain et l'article 473 mauritanien de leurs Codes des obligations et des contrats. En droit marocain, V., **ABD-AL-K. SHAHBUN**, *ALSHAFI pour expliquer le droit des obligations et des contrats, en droit marocain*, L.R, 1999, Tome 3, p. 523 et s.

[1529] Art. 111 du Code civil algérien et Art. 152 du Code civil libyen.

[1530] **F. TERRE, P. SIMLER, Y. LEQUETTE et F. CHENEDE**, *Droit civil, Les obligations*, op. cit., n° 459, p. 463 ; V., **Abdel-K. EL-AARAARY**, *Les sources des obligations ; La théorie du contrat*, en droit marocain, op. cit., n° 414, p. 346.

[1531] **J. DOMAT** indique que « si les termes d'une convention paraissent contraires à l'intention des contractants, d'ailleurs évidente, il faut suivre cette intention plutôt que les termes » (**J. DOMAT**, (1625-1696), Les Loix civiles dans leur ordre naturel ; le droit public, et Legum delectus, Bibliothèque numérique patrimoniale, consulté le 20 janv. 2018, https://odyssee.univ-amu.fr/items/show/249, n° 13). Cette règle signifie que l'intention interne des parties doit prévaloir sur les termes contractuels, peu importe qu'ils soient clairs ou non. L'exigence unique est l'évidence de la contradiction entre l'intention des contractants et les termes de la convention. A ce sujet V., **L. QIN**, *L'interprétation du contrat : étude comparative en droits français et chinois*, Thèse, 2012, p. 35.

[1532] **B. FAGES**, *Droit des obligations*, op. cit., n° 256.

[1533] **L. BOYER**, « Contrats et conventions », *D.*, mars 2014, n° 253 et s ; La Cour de cassation française confirme que le juge doit se prononcer au regard de la commune intention des parties quant à la consistance du contrat en l'état des clauses qui ne sont ni clairs ni précis. (Cass. 3e civ., 7 févr. 2012, n° 11-10.496, inédit : *JurisData* n° 2012-003015).

conséquent, l'interprétation est nécessaire lorsque les clauses du contrat ne sont pas claires. Donc, l'interprétation relève du pouvoir souverain du juge du fond[1534].

La technique de l'interprétation explicative peut être utilisée dans l'hypothèse de clauses au contrat qui sont obscures, ambiguës ou contradictoires (1). Dans le doute, le contractant faible pourra bénéficier d'une interprétation donnée en sa faveur (2).

1. L'interprétation des clauses obscures, ambiguës ou contradictoires

514. En général, le déni de justice est prohibé. Le juge ne peut pas refuser de statuer et renvoyer les parties dos à dos sous prétexte qu'une convention est confuse, ambiguë ou imprécise ou sous prétexte des insuffisances d'une norme légale[1535]. Autrement dit, quand les clauses du contrat sont obscures, contradictoires ou ambiguës et qu'elles font l'objet d'un litige devant le juge, ce dernier ne peut pas s'abriter derrière les insuffisances du contrat pour refuser de se prononcer.

L'existence de clauses ambiguës, obscures ou incomplètes laisse planer une incertitude sur l'étendue des droits et des obligations des parties. Ces clauses ambiguës ou obscures sont celles qui sont équivoques, soit par leur teneur, soit du fait de l'environnement contractuel[1536]. Le rédacteur du contrat supporte ainsi les risques de ses imprécisions et de ses maladresses qui pourront être revues par les juges du fond qui disposent d'un pouvoir souverain d'appréciation[1537].

Il convient ici de souligner que les législateurs tunisien par l'article 514, marocain par l'article 462 et mauritanien par l'article 474 des Codes des obligations et des contrats énumèrent un certain nombre d'éléments qui sont susceptibles de faciliter l'effort d'interprétation du juge en prévoyant qu' « *il y a lieu à interprétation : 1° Lorsque les termes employés ne sont pas conciliables avec le but évident qu'on a eu en vue en rédigeant l'acte ; 2° Lorsque les termes employés ne sont pas clairs par eux-mêmes, ou expriment incomplètement la volonté de leur auteur ; 3° Lorsque l'incertitude résulte du rapprochement des différentes clauses de l'acte, qui fait naître des doutes sur la portée de ces clauses. Lorsqu'il y a lieu à interprétation, on doit rechercher quelle a été la volonté des parties, sans s'arrêter au sens littéral des termes ou à la construction des*

1534 Mais la distinction entre un contrat clair et un autre obscur peut parfois être vague. Certains auteurs pensent même qu'il est « vain de chercher dans la jurisprudence de la Cour de cassation un critère sérieux entre le clair et l'obscur ». A ce sujet V, **T. IVAINER**, « Qu'est-ce qu'un texte clair ? », in Le droit en procès, ouvr. coll., *PUF*., 1983, p. 147 et s.

1535 **J. DOMAT**, *Les loix civiles dans leur ordre naturel*, op. cit., n° 10 et s.

1536 V., **S. LE GAC-PECH**, *Droit de la consommation*, Dalloz, 2017, p. 44. En ce sens, V., **AL-M. ATTAR BEN AHMED**, *Théorie générale des obligations à la lumière du droit marocain*, ANAJAH., 2011, p. 294 et s.

1537 Dans un arrêt en date du 21 janvier 2016 la Cour de Cassation française a jugé que l'interprétation d'une clause ambiguë dans une transaction relevait de l'appréciation souveraine des juges du fond, lesquels sont tenus d'interpréter cette clause en se référant à la commune intention des parties (Cass. 2e civ., 21 janv. 2016, 14-29.396, Inédit).

phrases ». Ainsi, l'appréciation de l'ambiguïté ou de l'obscurité est soumise au pouvoir du juge du fond selon les textes précédents et s'il n'est certes pas tenu d'adopter la vision des parties, il lui incombe d'interpréter les clauses dans un sens favorable à la survie du contrat[1538].

En droits libyen et algérien, les articles 152 libyen et 111 algérien des Codes civils énoncent que « lorsque les termes du contrat sont clairs, on ne peut s'en écarter, pour rechercher, par voie d'interprétation, quelle a été la volonté des parties ». Donc, l'interprétation est, logiquement, toujours possible si les clauses du contrat ne sont pas claires. Cependant, ces deux articles précisent également que « lorsqu'il y a lieu à interprétation, on doit rechercher quelle a été l'intention commune des parties, sans s'arrêter au sens littéral des termes, en tenant compte de la nature de l'affaire, ainsi que de la loyauté et de la confiance devant exister entre les contractants d'après les usages admis dans les affaires »[1539].

De même, l'article 1192 du Code civil français dispose que « *on ne peut interpréter les clauses claires et précises à peine de dénaturation* ». En d'autres termes, les clauses claires et précises ne sont pas sujettes à interprétation, à peine de dénaturation de l'acte. Par conséquent, le pouvoir d'interprétation du juge ne concerne que les clauses obscures, ambiguës ou douteuses, mais non, principalement, des clauses claires et précises[1540].

515. Ainsi, selon les textes de ces derniers pays, les juges doivent uniquement interpréter les conditions dans un sens favorable à la survie du contrat. Aussi, ils ne peuvent, sous couvert d'interprétation, faire la « *police du contrat* » et le modifier ou le réviser de façon substantielle[1541].

Or, il faut remarquer que l'article 1192 paraît poser des problèmes en pratique, notamment que le nouvel article 1188 du Code civil français énonce que « *le contrat s'interprète d'après la commune intention des parties plutôt qu'en s'arrêtant au sens littéral de ses termes. (...)* »[1542]. Les deux textes semblent ordonner des solutions antinomiques lorsqu'il est établi que l'intention commune des parties est différente des termes clairs et précis du contrat... à moins de

---

1538 **N.-A, ALRAHALA**, *Les pratiques modernes dans les affaires de consommation*, en droit marocain, La librairie AR-RASHAD, en arabe, p. 40 et s. **M. MAHFOUD**, *Théorie générale des obligations I, « Le contrat »*, en droit tunisien, op. cit. p. 118.

1539 **M. AL-BADWI ALAZHARI**, *Théorie générale des obligations en droit libyen ; Les sources d'obligation*, op. cit., p. 190 ; **M. LACHACHI**, « Les clauses abusives : Notions et Moyens de lutte en droit algérien et français », op. cit., p. 236.

1540 V. **Ph. MALINVAUD, D. FENOUILLET, M. MEKKI**, *Droit des obligations*, LexisNexis, 14e éd., 2017, n° 457, p. 411.

1541 V. égal. **Y. BUFFELAN-LANORE et V. LARRIBAU-TERNEYRE**, *Droit civil ; Les obligations*, Dalloz, 16e éd., 2018-2019, n° 1600, p. 535.

1542 L'ancien article 1156 du Code civil français dispose que « *on doit dans les conventions rechercher quelle a été la commune intention des parties contractantes, plutôt que de s'arrêter au sens littéral des termes* ».

considérer que le simple constat d'une divergence entre la réelle intention des parties et le sens littéral des termes du contrat rende ces derniers non clairs[1543].

516. A maintes reprises, les hautes juridictions judiciaires française et algérienne ont traité de cette question. En effet, depuis le célèbre arrêt de la Cour de cassation française de 1872, les tribunaux locaux ont émis beaucoup de décisions soutenant la limite des conditions d'interprétation du contrat[1544]. La Cour de cassation a suivi cette politique judiciaire dans ses jugements[1545]. Elle a même imposé au juge du fond d'interpréter un acte obscur ou ambigu[1546]. Cette orientation implique que la jurisprudence peut créer le principe que les règles d'interprétation ne jouent leur rôle que « *là où il y a obscurité ou contradiction des clauses de la convention* »[1547]. Cette condition d'interprétation a été à confirmer par l'arrêt de la Cour de cassation en 1996. De plus, cette Cour déclare explicitement que « *les juges du fond ne peuvent interpréter les conventions que si celles-ci sont obscures ou ambiguës* »[1548].

Sur ce thème, la Cour suprême algérienne confirme également que le juge doit interpréter l'acte sous seing privé lorsque cet acte contient des clauses ambiguës et contradictoires qui prévoient deux tarifs différents concernant les frais pour le forage d'un puits[1549]. Donc, l'ambiguïté, l'obscurité et l'absurdité sont non seulement des causes d'interprétation du contrat, mais aussi constituent les conditions de celle-ci[1550].

517. De manière générale, dans tous les pays comparés, le juge peut exercer son pouvoir d'interprétation sans exigence des conditions limitatives pour ces cas. Néanmoins, lors de l'opération d'interprétation des clauses obscures ou ambiguës, le juge peut employer certains critères pratiques, mais l'exercice de ce pouvoir peut aussi être facilité par l'utilisation de documents reprenant des accords préparatoires ou de documents annexes qui permettent de considérer quelle fut la commune intention des parties[1551]. Plus précisément, les droits[1552] prévoient que

---

[1543] **C. FRANCOIS**, « « L'interprétation du contrat », La réforme du droit des contrats présentée par l'IEJ de Paris 1, https://iej.univ-paris1.fr, consulté le 13 sept. 2018.

[1544] Caen, 28 janv. 1827, *Dalloz, Rép. Prat.*, V° obligations, n°849 ; Pau, 27 janv. 1891, *D.* 1892, II p. 39 ; Bordeaux, 10 déc. 1928, *D.* 1929 ; Caen, 14 déc. 1942, D.C. 1944, 112, cit. par **J. LOPEZ SANTA MARIA**, *Les systèmes d'interprétation des contrats*, Thèse, Université de Paris, 1968, p. 26.

[1545] Cass. civ., 10 et 11 mai 1948, *Gaz. Pal.* 1948.2.41.

[1546] Cass.com., 7 janv. 1975, DS 1975, p.516, note **Ph. MALAURIE**, *JCP G.* 1975, II, 18167, note **J. GHESTIN**.

[1547] **H. et L. MAZEAUD**, « commentaire », *RTD civ.*, 1948, p. 468.

[1548] Cass. civ. 1re, 29 mai 1996, *Bull. civ.*, I, n° 233, p. 155

[1549] L'arrêt n° 149300 du 23/07/1997 de la Cour suprême algérienne, Revue judiciaire, n° 2, 1997, p. 51.

[1550] **L. QIN**, *L'interprétation du contrat : étude comparative en droits français et chinois*, op cit., p. 33 ; V. égal. **A. KAHLOUN**, *La théorie générale des obligations, en droit tunisien*, op. cit, p. 363

[1551] **M. BEN AMAR**, *Les dispositions générales d'interprétation et ses applications dans les conflits du travail et la sécurité sociale*, en droit algérien, op. cit., p. 144.

[1552] Art. 464 du Code marocain des obligations et des contrats, Art. 476 du Code mauritanien des obligations et des contrats et l'article 517 du Code tunisien des obligations et des contrats. V., **AL-**

les clauses des actes doivent être interprétées les unes par les autres, en donnant à chacune le sens qui résulte de l'acte entier lorsque les clauses sont inconciliables entre elles, on s'en tient à la dernière dans l'ordre de l'écriture.

Aussi, l'interprétation peut être facilitée quand le contrat comporte une erreur purement matérielle, par exemple une divergence entre la somme en chiffre et la somme en lettre. Dans ce cas le principe veut que l'on fasse prédominer la mention en lettre (article 1326 du Code civil français). De même, l'article 84 du Code civil algérien prévoit que « *de simples erreurs de calcul ou de plume n'affectent pas la validité du contrat ; elles doivent être corrigées* ». Le travail d'interprétation est également facilité quand la contradiction des termes trouve son origine dans plusieurs documents de valeur inégale, par exemple les conditions générales d'une part et les conditions particulières d'autre part, dans ce cas on fera primer les conditions particulières sur les conditions générales.

Ainsi, lorsque l'une des parties entend tirer avantage d'une obscurité ou d'une ambiguïté pour échapper à une obligation ou charger l'autre d'une obligation supplémentaire, il semble bien que, parfois, le juge ne cherche pas à savoir ce que les parties ont voulu réellement, mais établit lui-même ce qu'elles auraient raisonnablement dû vouloir, notamment dans la relation entre partie présumée forte et celle présumée faible[1553]. De plus, la plupart des clauses abusives sont rédigées souvent de manière ambiguë par le professionnel pour tromper le contractant faible. Par conséquent, dans ce cas, l'interprétation de telles clauses s'effectuera très justement à l'encontre du contractant qui les a rédigées. D'ailleurs, le principe *pacta sunt servanda* (le contrat est la loi des parties) doit ici s'appliquer de manière générale en tenant compte de l'ordre public, l'équité, la justice contractuelle, etc.[1554].

Ce point de vue peut se justifier par certaines jurisprudences, lorsque le juge est amené à sanctionner des clauses trop vagues qui empêcheraient l'assuré de connaître l'étendue exacte de sa garantie et nécessitent une interprétation. L'utilisation des termes « tels que » ou « notamment » est ainsi à éviter si l'assureur ne souhaite pas que sa clause soit déclarée illicite[1555]. Ainsi, l'interprétation des clauses ambiguë permet au juge de rétablir équilibre, notamment dans les relations contractuelles entre partie forte et partie faible.

518. Par ailleurs, il convient de rappeler comme on l'a vu dans la première partie[1556] que les législateurs français, libyen et algérien en matière de vente

---

M. ATTAR BEN AHMED, *Théorie générale des obligations à la lumière du droit marocain*, op. cit., p. 304 et s.

[1553] **D. DEROUSSIN**, *Histoire du droit des obligations*, op. cit., p. 444 ; **AL-M. ATTAR BEN AHMED**, *Théorie générale des obligations à la lumière du droit marocain*, op. cit., p. 305

[1554] **N.-A, ALRAHALA**, *Les pratiques modernes dans les affaires de consommation, en droit marocain*, op. cit., p. 41. V. égal. **M. ABOU KMASH**, *Le pouvoir du juge de modification du contrat dans le Code civil algérien et les jurisprudences islamiques*, op. cit., p. 73 et s.

[1555] Dans l'arrêt du 27 octobre 2016, la Cour de cassation est venue rappeler ce sens lorsqu'elle confirme que ces clauses devaient être formelles et limitées ; Cass. 3ème Civ, 27 oct. 2016, n° 15-23841.

[1556] Supra., p. 95 et s.

imposent au vendeur d'expliquer clairement ce à quoi il s'oblige. Cependant, les législateurs libyen et algérien n'adoptent pas de dispositions spécifiques en cas d'existence d'une obscurité ou d'une ambiguïté dans le contrat. De plus, l'article 1602 du Code civil français énonce de manière explicite que toute convention ambiguë ou obscure s'interprète contre le vendeur. Donc, la conséquence de la violation de l'article 1602 du Code civil conduit à une interprétation du contrat par principe en faveur de l'acheteur. D'ailleurs, la disposition de l'article précitée est une règle impérative d'interprétation du contrat unilatéralement favorable à l'acheteur[1557]. Cette disposition amène également à interpréter la convention de manière défavorable au vendeur, alors même qu'il se présenterait au procès en position de débiteur (le litige tournant, par exemple, autour de la délivrance) ou alors même qu'il ne serait pas le rédacteur de l'instrumentum[1558].

Le juge français n'a pas généralement le choix et il est obligé d'employer l'article 1602 du Code civil lorsqu'il s'agit d'interpréter une clause dans contrat de vente[1559]. Ainsi, le vendeur, qui se trouve souvent en position de force lors de la relation contractuelle, verra automatiquement sa responsabilité engagée. D'ailleurs, la jurisprudence française a très vite fait un usage de l'article 1602 au profit de la partie la plus faible[1560]. En effet, c'est une simple question de bon sens que d'imputer au rédacteur les maladresses ou les défauts plus ou moins volontaires de la rédaction. Dans ce sens, G. BERLIOZ a pu dire finalement que « *l'article 1602 prend un aspect unilatéral* »[1561]. Il faut surtout reconnaître aux codificateurs le mérite d'avoir compris dès 1804 qu'une disposition dérogatoire aux règles du droit commun de l'interprétation des contrats en raison du déséquilibre de positions contractuelles des parties devait être inscrite dans le Code civil[1562].

Il est utile de noter que l'interprétation des clauses obscures ou ambiguës selon les dispositions du droit commun des pays étudiés est une question de fait, qui dépend du pouvoir souverain du juge du fond. En revanche, l'interprétation selon l'article 1602 du Code civil français est soumise au contrôle entier de la Cour de cassation et pas seulement en cas de dénaturation des termes clairs et précis du

---

1557 **J. GHESTIN**, **C. JAMIN** et **M. BILLAU**, *Traité de droit civil, Les effets du contrat*, op. n° 40, p. 54. **B. GROSS et PH. BIHR**, *Contrats ; Ventes civiles et commerciales, baux d'habitation, baux commerciaux*, PUF, 2e éd. 2002, n° 390, p. 264.

1558 **Ph. STOFFEL-MUNCK**, « Interprétation des contrats », *RDC.*, 01 oct. 2004 n° 4, p. 933.

1559 **J. GHESTIN**, **C. JAMIN et M. BILLAU**, *Traité de droit civil, Les effets du contrat*, op. n° 40, p. 54.

1560 Cass. Civ., 1ère 7 avril 1992, RGAT 1992, p. 592, note **J. KULLMANN**; Cass. Civ., 13 oct. 1993, *Bull. civ.*, I. n° 287, p. 198; Cass. Civ., 3e 01 juill. 1998, *Bull. civ.*, III, n° 155, p. 103. V., égal., **J. GHESTIN et B. DESCHE**, *Traité des contrats, La vente*, LGDJ., 1990, n° 663, p. 715 ; **M.-H MALEVILLE**, « Les leçons de l'interprétation ou l'art de la rédaction », *RGAT*, 1993, p. 514 à 517.

1561 **G. BERLIOZ**, *Les contrats d'adhésion*, op. cit., n° 244.

1562 **CH. BOURRIER**, *La faiblesse d'une partie au contrat*, op. cit, n° 348, p. 383.

contrat[1563]. Cette différence n'est pas seulement dirigée contre le juge qui pourrait préférer d'autres règles d'interprétations moins formelles pour régler un différend entre un acheteur et un vendeur[1564].

Enfin, on remarque que la disposition de l'article 1602 est assez proche de la disposition du cas de doute dans le droit commun des pays étudiés. Il l'est moins par son contenu que par son mouvement.

2. L'interprétation du doute en faveur de l'obligé (le plus faible)

519. Ayant énoncé plusieurs règles d'interprétation concernant les clauses obscures ou ambiguës, les droits de pays comparés posent pour principe que le doute permettrait une interprétation différente selon la personnalité de chaque contractant dans les conventions déséquilibrées. Cependant, les législateurs des pays comparés traitent cette question par des formules ou expressions différentes. Aux termes de l'ancien article 1162 du Code civil, « *dans le doute, la convention s'interprète contre celui qui a stipulé et en faveur de celui qui a contracté l'obligation* ». De manière identique l'ancien article 1162 du Code civil français, les articles 473 marocain et 485 mauritanien des Codes des obligations et des contrats prévoient que « *dans le doute, l'obligation s'interprète dans le sens le plus favorable à l'obligé* ». Par ailleurs, l'article 529 du Code tunisien des obligations et des contrats va plus loin et précise que « *dans le doute, l'obligation s'interprète dans le sens le plus favorable à l'obligé, mais à la charge par celui-ci de prêter serment à l'appui de ses déclarations* »[1565]. Ce texte peut être vu comme défavorable au contractant le plus faible, parce qu'il comporte des obligations supplémentaires. D'ailleurs, ce texte est l'opposé de la règle très connue dans le monde arabe selon laquelle « *le serment est sur qui il a nié* », ou autrement dit « *le fardeau de la preuve est exigé du plaignant, et le sermon incombe à celui qui nie* ».

En d'autres termes, l'article 153 du Code civil libyen et l'article 112 du Code civil algérien énoncent que « *le doute s'interprète au profit du débiteur* »[1566]. Mais le nouvel article 1190 du Code civil français vient donner plus de précisions à ce sujet par rapport à l'ancien article du ce Code. Lorsque l'article 1190 prévoit que « *dans le doute, le contrat de gré à gré s'interprète contre le créancier et en faveur du débiteur, (...)* ». Ainsi, le texte s'attache à l'obligation.

[1563] V., à ce sujet, **D. TRICOT**, « Le juge : le contrôle de dénaturation et la liberté de l'interprétation des conventions », *RDC.*, 31 mars 2015 n° 1, p. 149 ; V., égal., **C. GRIMALDI**, « Paradoxes autour de l'interprétation des contrats », *RDC.* 01 avril 2008, n° 2, p. 207.

[1564] **CH. BOURRIER**, *La faiblesse d'une partie au contrat*, op. cit, n° 348, p. 383.

[1565] **M. MAHFOUD**, *Théorie générale des obligations I, « Le contrat »*, en droit tunisien, op. cit., p. 123. La Cour de cassation tunisienne dans l'arrêt n° 36488 du 15 déc. 2007, a confirmé qu' « en cas d'existence des clauses ambiguës, l'interprétation doit être au profit du créancier de l'obligation » (La jurisprudence administrative tunisienne du 2007, LATRACH, 2009, p. 482).

[1566] **M. BEN AMAR**, *Les dispositions générales d'interprétation et ses applications dans les conflits du travail et la sécurité sociale*, en droit algérien, op. cit., p. 128.

Selon la disposition de l'article 1190, l'interprétation devait donc se faire contre le créancier en faveur du débiteur. Le juge n'avait pas hésité à conférer au verbe « stipuler » un autre sens, plus contemporain : celui de rédiger le contrat[1567]. Selon M. BRUSORIO-AILLAUD[1568], l'article 1190 renvoie à la notion de partie « forte » et de partie « faible ». Dans le contrat de gré à gré, « *les forces des parties sont présumées égales. En principe, si un créancier entend acquérir un droit, et que le débiteur accepte de le lui accorder, le premier ne manque pas de l'indiquer dans la convention* ».

Cet article instaure donc une inégalité entre les deux contractants au profit de celui qui a contracté l'obligation. Autrement dit, l'interprétation du contrat est ici possible, mais elle apporte forcement plusieurs sens. Par conséquent, le juge doit retenir l'une de ces significations qui doit être contre celui qui a stipulé, si l'interprétation conduit à deux positions contraires. Si le juge ne se trouve pas in fine en mesure de trancher, il peut alors à la demande du débiteur faire application de la disposition du Code civil concernant le cas de doute et ainsi faire prévaloir la solution sollicitée par ce dernier. De même, la Cour de cassation tunisienne déclare que « *le tribunal devrait recourir à l'interprétation chaque fois que les conditions du contrat sont mises en doute quant à son contenu* »[1569].

520. Plus précisément, les dispositions des textes précédents sont une illustration de l'intervention du juge. Il prévoit que le juge doit protéger celui qui s'oblige, au détriment de celui qui a stipulé l'obligation. Une disposition qui peut s'avérer lourde de conséquences en cas de contentieux[1570]. Ainsi, les droits des pays comparés tendent à protéger ceux qui sont exposés à un déséquilibre contractuel et/ou économique. Dès lors, la Cour d'appel d'Aix-en-Provence a estimé en 2002 « *que l'application des dispositions de l'article 1162 du Code civil est supplétive à celles de l'article 1156 du Code* »[1571]. D'ailleurs, par l'observation selon laquelle le créancier, qui aurait entendu acquérir un droit, n'aurait pas manqué de le coucher par écrit si le débiteur avait effectivement accepté de le lui conférer. De plus, ces dispositions ne seraient que la conséquence de l'attribution de la charge de la preuve fixée à l'ancien article 1135 du Code civil[1572].

En ce sens, certains auteurs estiment que l'ancien article 1162 (l'article 1190 nouvel) du Code civil « *semble être une disposition- objective- de faveur au profit du débiteur réputé en état d'infériorité* »[1573]. Donc, selon cette interprétation

---

1567 **O. DESHAYES, T. GENICON et Y.-M, LAITHIER**, *Réforme du droit des contrats, du régime général et de la preuve des obligations*, LexisNexis, 2016, p. 372.

1568 **M. BRUSORIO-AILLAUD**, *Droit des obligations*, 7e éd., LARCIER, 2016, n°387, p. 234.

1569 Cass. Civ, tunisienne, l'arrêt n° 1268 du 23/03/1979, http://www.e-justice.tn/index.php?id=331.

1570 **M. HAMMOUD**, *La protection du consommateur des services bancaires et des services d'assurance*, Thèse en cotutelle l'Université Panthéon-Assas (paris II) et l'Université libanaise, 2012, n° 719, p. 338 et s.

1571 CA Aix-en-Provence, 26 juin 2002 : *JCP G*, 2004, II, 10022, note **V. ÉGEA**.

1572 V., **J.-L. AUBERT, J. FLOUR et E. SAVAUX**, *Droit civil : les obligations*, op. cit., n° 396, p. 289.

1573 **J. GHESTIN, C. JAMIN et M. BILLAU**, *Traité de droit civil, Les effets du contrat*, op. cit., n° 33, p. 46.

objective, le juge ne doit pas rechercher la commune intention des parties, mais plutôt la finalité poursuivie par le législateur. Ainsi, on peut dire que les législateurs par cette disposition visent à protéger une des parties au contrat qu'il considère comme faible.

521. En effet, par la recherche de l'origine de l'article 1162 (devenu article 1190) du Code civil, DOMAT et POHIER avaient envisagé une discrimination dans l'interprétation[1574]. Ces codificateurs admettaient qu'il puisse y avoir des accords inégaux dans lesquels la partie qui s'oblige est censée être en position de faiblesse par rapport à l'autre et qu'il fallait les rééquilibrer. D'ailleurs, un auteur[1575] indique qu'on a coutume, en matière pénale, de dire que « le doute profite à l'accusé ». Or, le doute peut aussi être utilement invoqué à l'occasion de différends portés devant les tribunaux, tant en droit commercial qu'en droit de la consommation. Le doute peut aussi être utilement invoqué à l'occasion de différends portés devant les tribunaux. Le législateur aime protéger « le faible », ou celui qui se trouve en position de déséquilibre.

En revanche, certains auteurs[1576] estiment que l'interprétation en cas de doute doit se détacher du système d'interprétation subjective puisqu'il fait prévaloir l'esprit du contrat (la commune intention des contrats) sur le sens littéral des termes. Ainsi, un auteur critique la méthode d'interprétation objective qui relève en réalité, selon lui, de l'interprétation classique qui se réfère à la commune volonté des parties. De plus, le Professeur SIMLER ajoute que derrière toute règle dite objective, « *transparaît le souci de découvrir ce qui, avec le maximum de transparence, peut correspondre à ce que les parties ont voulu, si elles ont voulu quelque chose, ou à ce qu'elles auraient probablement voulu, si elles avaient envisagé la difficulté qui s'est présentée* »[1577].

Par ailleurs, un autre auteur[1578] souligne que si le doute sur la commune intention des parties est avéré, une interprétation de protection est de mise, qui consiste en principe à favoriser le débiteur de l'obligation. Il s'agit de ne pas aggraver sous couvert d'interprétation la dette du débiteur. Mieux vaut par suite du doute existant l'alléger plutôt que l'alourdir. Puis, cet auteur ajoute que cette

---

[1574] V., **J. DOMAT**, *(1625-1696), Les Loix civiles dans leur ordre naturel ; le droit public, et Legum delectus*, Bibliothèque numérique patrimoniale, consulté le 20 janvier 2018, https://odyssee.univ-amu.fr/items/show/249, n° 12 ; V. égal. **M.-L. MALEVILLE**, *Pratique de l'interprétation des contrats, Etude jurisprudentielle*, op. cit., n° 486 et s, p. 245 et s ; **D. BERHIAU**, *Le principe d'égalité en droit des contrats*, op., cit., n° 201, p. 111 et s.

[1575] **E. D'ANTIN**, « Le doute profite à celui qui s'engage », http://www.magazine-decideurs.com, consulté le 07 janv. 2017.

[1576] V. **F. GORPHE**, *Le principe de la bonne foi*, Dalloz, 1928, p. 39 ; **M-N. ROUSPIDE-KATCHADOURIAN**, *Le juge et le contrat de travail, essai sur la relecture judiciaire d'un contrat*, LGDJ, 2014, n° 227, p. 96 et s.

[1577] **Ph. SIMLER**, « Contrats et obligations : interprétation des contrats ? Instrument : notion, normes, champ d'application », JurisClasseur Civ, 1156, 1992, n° 26, p. 8 ; **E. D'ANTIN**, « Le doute profite à celui qui s'engage », http://www.magazine-decideurs.com, consulté le 07 janvi. 2017.

[1578] **A. BENCHENEB**, *Le droit algérien des contrats ; Données fondamentales*, op. cit, n° 286, p. 207.

interprétation favorable au débiteur ne s'explique pas tellement par le fait que le débiteur est présumé être une partie faible, mais plutôt par l'idée que le créancier de l'obligation considérée à un devoir de vigilance quant au contenu de l'engagement qu'il fait souscrire à son débiteur, ce qui peut justifier que le doute profite à ce dernier.

Les dispositions des textes précités seraient mêmes, pour une partie de la doctrine, l'instrument privilégié de l'interprétation des contrats afin de rechercher la réalité du processus de consentement des parties[1579]. Autrement dit, s'il s'agit de traiter une faiblesse d'une des parties dans le contrat, il s'agit essentiellement de son ignorance, de son incompétence. Ces dispositions ne seraient là que pour restaurer le consentement de celui qui s'oblige[1580].

522. Le doute met la lumière sur le déséquilibre de la clause ou du contrat. On protège le faible contre lui-même, contre sa propre déraison en lui garantissant que l'opération sera équilibrée même s'il avait en pleine connaissance de cause couru le risque qu'elle ne le fût pas. Force est de constater que les mesures juridiques contre le doute participent au traitement de la faiblesse d'une partie inhérente à sa position dans le contrat[1581]. Dans ce contexte, on peut dire que par le contrat proposé par le professionnel, ce dernier est, certes, responsable de tous les doutes sur les clauses du contrat. Donc, il n'est pas juste que l'interprétation de ces clauses s'effectue en sa faveur, notamment s'il est mauvaise foi, parce que la mauvaise foi lève la couverture de la protection législative.

En tout état de cause, les dispositions sur le cas du doute peuvent être une solution efficace contre la lutte contre le doute découlant des clauses dans le contrat d'adhésion, notamment en l'absence d'un régime général, dans certaines pays comparées, idoine d'interprétation des contrats types et des contrats d'adhésion porteurs de normes reproductibles. En effet, comme on le verra plus tard, le législateur français avant la réforme du droit des contrats de 2016 et les législateurs tunisien, marocain et mauritanien n'ont pas adopté des dispositions spécifiques sur l'interprétation des contrats d'adhésion. Ainsi, la jurisprudence produite en faveur de l'adhérent dans ces pays n'est donc que le fruit d'un détournement des textes précités concernant le cas du doute[1582].

523. Il convient également de souligner que ce texte d'application très large (puisque figurant dans le socle des principes fondateurs du droit des contrats) a

---

[1579] V. **M.-H. MALEVILLE**, *Pratique de l'interprétation des contrats*, op. cit., n° 485, p. 245 ; **J. DUPICHOT**, « Pour un retour aux textes : défense et illustration du petit guide-âne des articles 1156 à 1164 du Code civil *», Etudes offertes à Jacques Flour, Répertoire du Defrénois*, 1979, n° 23, p. 179 et s : **G. MARTY**, « Rôle du juge dans l'interprétation des contrats », *Travaux de l'association Henri Capitant – Etudes sur le rôle du juge*, tome 5, Dalloz, 1950, p. 84 et s.

[1580] V., **Th. REVET**, « L'uniformisation de l'interprétation : contrats types et contrats d'adhésion », *RDC.*, 31 mars 2015, n° 1, p. 199.

[1581] **CH. BOURRIER**, *La faiblesse d'une partie au contrat*, op. cit, n° 345, p. 381 ; **J. MESTRE et A. LAUDE**, « L'interprétation "active" du contrat par le juge », dans Le juge et l4exécution du contrat, Colloque IDA, 28 mai 1993, *PUAM.*, 1993, p. 9.

[1582] Sur ce sujet, V. **S. JERBI**, « L'interprétation du contrat », en droit tunisien, *Centre de publication universitaire*, 2006, p. 400 et s.

vocation à être invoqué dans de multiples matières, notamment dans les régimes juridiques de certains pays comparés qui n'adoptent pas des dispositions spécifiques d'interprétation du contrat d'adhésion, comme on le verra plus tard. Dans ces pays, cette disposition peut s'appliquer dans le contrat de vente, contrat des assurances, contrat immobilier, etc.[1583]. En général, avec le développement de la pratique des contrats d'adhésion, cette disposition peut être une garantie pour protéger la partie la plus faible en cas de doute sur les clauses du contrat.

Ce phénomène peut également se comprendre par l'hésitation du juge à forger un tel régime de toutes pièces. Il peut encore être justifié par le fait que l'ancien article 1162 du Code civil, s'il ne concerne pas les contrats types et les contrats d'adhésion, ne constitue pas moins un modèle pour l'édification d'un régime d'interprétation adapté à ces figures : d'une part, la solution qu'il énonce se démarque radicalement de la recherche, même présumée, de l'intention des parties ; d'autre part, ce texte n'est pas moins un texte « d'interprétation » du contrat, ce qui révèle que l'interprétation peut consister en autre chose qu'en la recherche de ce qu'a été ou de ce qu'a pu être la volonté du ou des auteurs d'un acte[1584].

Dès lors, gare à celui qui prend le risque de la rédaction d'une clause ambigüe ou ne permettant pas de trancher clairement ce qui doit être appliqué lorsque le différend survient. Il s'expose ainsi à une interprétation du contrat par le juge en sa défaveur. Ce cocontractant peut se trouver absous à cause du doute sur le fondement des textes concernés, s'il n'existe pas d'autre solution permettant de trancher le litige. Le rédacteur d'un contrat doit donc avoir à l'esprit qu'il risque, un jour, de perdre son procès si les dispositions contractuelles qu'il rédige ne sont pas suffisamment précises, notamment si elles ne permettent pas de caractériser la nature et la portée de l'engagement de son cocontractant[1585].

La pratique regorge de situations concernées par les textes précités du droit civil des pays étudiés. Par un arrêt du 27 mars 2007, la Cour française de cassation a estimé que « *(...) ayant énoncé qu'aux termes de l'article 1162 du code civil, la convention doit s'interpréter contre celui qui a stipulé et en faveur de celui qui a contracté l'obligation, la cour d'appel en a déduit, par une interprétation souveraine des termes des actes que leur ambiguïté rendait nécessaire, que la résiliation des contrats reconduits était autorisée à tout moment ; qu'en l'état de ces énonciations, et appréciations, la cour d'appel a légalement justifié sa décision (...)* »[1586]. Ainsi, les rédacteurs de contrats, ou ceux qui ont hérité des obligations découlant de ces derniers, peuvent avoir intérêt à faire réaliser un audit contractuel afin de se prémunir contre le risque de voir un jour les tribunaux donner raison à leurs cocontractants, sur la base d'un simple doute.

[1583] **E. D'ANTIN**, « Le doute profite à celui qui s'engage », », http://www.magazine-decideurs.com, consulté le 07 janv. 2017.

[1584] **Th. REVET**, « L'uniformisation de l'interprétation : contrats types et contrats d'adhésion », *RDC.*, 31 mars 2015 n° 1, p. 199.

[1585] **D. DEROUSSIN**, *Histoire du droit des obligations*, op. cit., p. 464 et s.

[1586] Cass. com., 27 mars 2007, n°05-12999, *RJDA.* 2007, n°680

Enfin, l'interprétation du contrat est considérée comme une question de fait. La conséquence est qu'interprétation relève du pouvoir souverain d'appréciation des juges du fonds. La cour de cassation n'opère pas de contrôle sur l'interprétions retenue par les juges du fond. Cette règle est assortie d'une limite : les juges du fond ne doivent pas dénaturer la volonté des parties. Ils ne doivent pas modifier le sens ou la portée des clauses du contrat. Cependant, il existe certains cas dans lesquels le pouvoir du juge dépasse la volonté des parties par l'utilisation de la technique de création d'une ou plusieurs obligations.

B. L'interprétation créatrice d'obligation

524. Le juge peut parfois dégager des obligations qui n'ont pas été prévues par les contractants. En effet, les contrats, comme la loi, sont donc parfois complétés par la jurisprudence. Ici, l'interprétation des contrats permet de combler certaines lacunes, de régler certaines situations auxquelles les parties n'avaient pas pensé[1587].

L'émancipation du juge de la volonté des parties consiste à adjoindre une ou plusieurs obligations accessoires implicites aux obligations explicites nées de la volonté des parties. Cette technique permet au juge d'intervenir dans le contrat sans l'altérer ou le dénaturer. Le professeur JARROSSON estime que le pouvoir de création est parfois l'aboutissement logique du pouvoir d'interprétation[1588]. Le Professeur A. ETIENNEY de SAINTE MARIE a également indiqué que « *l'interprétation est dite créatrice, mais aussi active, normative et déclarative, constitutive, directive, complétive, amplificatrice et dynamique, par voie d'addition ou d'adjonction, supplétive, ou encore objective* »[1589]. Dans ces hypothèses, il ne s'agit pas de constater ce que les parties ont voulu, mais de deviner ce qui est équitable, au regard de la justice.

525. Dans le cadre de notre étude comparative, nous pouvons constater que l'intervention créatrice du juge peut être fondée sur l'expression de législateur de manière explicite d'une part, et de manière implicite d'autre part.

Tout d'abord, on relève que les législateurs tunisien, marocain et mauritanien se sont inspirés les dispositions de l'interprétation créatrice d'obligation de son homologue français, lorsque tous ces législateurs énoncent explicitement que « *on doit suppléer les clauses qui sont d'usage dans le lieu où l'acte a été fait ou qui*

[1587] **L. LEVENEUR**, « Le forçage du contrat », *Droit et patrimoine*, 1998, p. 69 et s ; **M. BRUSORIO-AILLAUD**, *Droit des obligations*, 8e éd., LARCIER, 2017-2018, n°393, p. 237 ;

[1588] **Ch. JARROSSON**, *La notion d'arbitrage*, 1987, LGDJ, n° 147.

[1589] **A. ETIENNEY de SAINTE MARIE**, « L'« interprétation créatrice » : l'interprétation et la détermination du contenu du contrat », *RDC.*, 31 mars 2015 n° 1, p. 166 ; V. égal., **J. ROCHFELD**, *Cause et type de contrat*, LGDJ, 1999, n° 385 ; **B. GELOT**, *Finalités et méthodes objectives d'interprétation des actes juridiques : aspects théoriques et pratiques*, LGDJ, 2003, nos 392-393 ; **C. PERES**, *La règle supplétive*, LGDJ, 2004, n° 405 ; **P. JACQUES**, *Regards sur l'article 1135 du Code civil*, Dalloz, 2005, n° 153 ; **C. MOULY-GUILLEMAUD**, *Retour sur l'article 1135 du Code civil, Une nouvelle source du contenu contractuel*, LGDJ, 2006, n° 2, p. 7.

résultent de sa nature »[1590]. En d'autres termes, L'ancien article 1160 du Code civil français dispose que « *on doit suppléer dans le contrat les clauses qui y sont d'usage, quoiqu'elles n'y soient pas exprimées* »

En effet, le propre de la règle supplétive étant de suppléer le défaut de volonté des parties, elle ne s'applique que si la volonté des contractants sur le point de droit objet de la règle ne peut être établie, notamment par interprétation. Par exemple, en présence de la vente d'une maison « avec les meubles qu'elle contient », le juge recherchera si la commune intention des parties a été d'y inclure les seuls meubles meublants ou les meubles au sens large. C'est uniquement si cette recherche s'avérait infructueuse, que le juge devrait faire application de la règle supplétive issue de l'article 535 du Code civil français, aux termes duquel « *l'expression biens meubles, celle de mobilier ou d'effets mobiliers, comprennent généralement tout ce qui est censé meublé d'après les règles ci-dessus établies. La vente ou le don d'une maison meublée ne comprend que les meubles meublants* »[1591].

Ces dispositions dépassent ainsi le cadre strict de l'interprétation du contrat et se réfère à l'usage. Cette technique permet au juge de produire des obligations même si elles ne sont pas mentionnées par les parties ou elles sont écartées par eux par voie d'une clause expresse. Autrement dit, nonobstant sa place dans les Codes de ces pays, les dispositions d'intervention créatrice du juge ne sont pas une règle d'interprétation des contrats mais une règle de forçage des contrats, de la même veine que la règle de l'interprétation explicative du contrat. En effet, il ne participe pas à l'exercice de l'interprétation en ce qu'il ne permet pas de dégager la commune intention des parties[1592]. Dès lors, le juge quittant le terrain de l'interprétation pour celui de la création, allant ainsi au-delà, ou en deçà, de la volonté des parties.

526. En outre, il est vrai de dire que la notion d'interprétation créatrice peut alors apparaître comme une fausse note, comme un oxymore. L'interprétation consiste à donner une signification à une chose existante, alors que la création constitue l'action de faire, d'organiser une chose qui n'existait pas encore[1593]. Cependant, on va analyser cette technique dans cette partie de recherche, parce que cette intervention du juge est considérée comme une des techniques qui permet au juge de rétablir l'équilibre dans la relation contractuelle entre le

---

[1590] Art. 516 tunisien, l'article 463 marocain, l'article 475 mauritanien des Codes des obligations et des contrats.

[1591] **A. ETIENNEY de SAINTE MARIE**, « L'interprétation créatrice » : l'interprétation et la détermination du contenu du contrat », op.cit.,

[1592] **C. GRIMALDI**, « Paradoxes autour de l'interprétation des contrats », *RDC.*, 01 avril 2008, n° 2, p. 207 ; V. égal. **N. REKIK**, *L'ordre public et le contrat civil*, LATRACH, Tunis, 2015, n° 394, p. 387.

[1593] **A. ETIENNEY de SAINTE MARIE**, « L'interprétation créatrice » : l'interprétation et la détermination du contenu du contrat », *Revue des contrats*, 31 mars 2015 n° 1, P. 166. Or, selon cette auteure, il convient de souligner que l'expression « forçage du contrat » est généralement réservée au contenu du contrat d'origine prétorienne, alors que celle d'interprétation créatrice englobe également l'application des usages et des règles légales supplétives.

professionnel et la partie faible. D'ailleurs, les législateurs l'abordent sous les dispositions de l'interprétation.

Or, d'autres auteurs[1594] estiment que cette technique est souvent fondée sur l'interprétation de la volonté des parties. En forçant le contrat, « *le juge ajoute au contrat une obligation à laquelle les parties n'avaient pas songé, et peut-être même qu'elles avaient implicitement écartées* »[1595]. Le phénomène est fondamental en matière d'interprétation parce que le forçage est présenté comme une action du juge qui « dépasse la volonté des parties »[1596]. Dans ce contexte, nous pouvons également noter que l'interprétation ne consisterait pas seulement à éclairer la volonté exprimée, mais plus généralement à « *élaborer une solution juridique appropriée compte tenu des besoins et des intérêts à satisfaire* », notamment quand la pensée exprimée comporte des lacunes[1597].

Par ce prolongement ultime de l'interprétation, l'obligation devient d'ordre public, la volonté des parties ne peut plus s'y soustraire[1598]. On quitte donc le terrain souple et casuistique de l'interprétation. Finalement on glisse d'une décision spécifique, particulière, à une décision générale[1599]. En devenant générale et impersonnelle, la décision se rapproche de la loi. Quand l'interprétation du contrat devient une création d'ordre public, générale, impersonnelle, il n'y a précisément plus interprétation mais création d'une norme générale. L'interprétation reste centrée sur un acte de moindre généralité. Cette généralité chasse l'interprétation par les juges du fond au profit de celle de la Cour de cassation. Une dérive ultime de l'interprétation est donc la négation de l'office interprétatif au profit d'une création d'ordre public, qui précisément exclu l'interprétation.

527. En tout état de cause, l'intervention du juge se constate ici par l'affirmation d'obligations accrues à la charge du professionnel pour équilibrer la relation contractuelle en établissant certaines obligations non mentionnées dans le contrat. Cette technique-là a été qualifiée de « forçage » par L. JOSSERAND car le juge va forcer les parties à exécuter certaines obligations qu'elles n'avaient pas

---

[1594] **F. TERRE, P. SIMLER et Y. LEQUETTE**, *Droit civil, Les obligations*, op. cit, n° 448 et s. ; **H., L. et J. MAZEAUD**, *Leçons de droit civil*, t. II, vol. I, *Obligations, Théorie générale*, par F. Chabas, Montchrestien, op. cit., n° 342 et s. ; **B. STARCK, H. ROLAND et L. BOYER**, *Droit civil, Les obligations*, t. II, Contrat, Litec, 6e éd., 1998, n° 190 ; **P. MALINVAUD et D. FENOUILLET**, *Droit des obligations*, op. cit., n° 488 et s.

[1595] **L. AYNES, Ph. MALAURIE et Ph. STOFFEL-MUNCK**, *Droit des obligations*, LGDJ, 2018, n° 774 et s.

[1596] **J. MESTRE et A. LAUDE**, « L'interprétation active du contrat », op. cit., p. 18.

[1597] **J. GHESTIN, al.**, *Traité de droit civil, Les effets du contrat*, op. cit., n° 9

[1598] **MALAURIE, AYNES, STOFFEL-MUNCK**, op. cit., n° 774 ; **M. ALZAIN**, *Le droit civil tunisien ; La théorie générale de l'obligation ; Le contrat*, 2e éd., 1997, n° 363, p. 293.

[1599] V. ici la distinction opérée, par Ch. ALBIGES, est entre équité objective et subjective. Selon cet auteur, la véritable équité est celle qui demeure propre à un cas particulier, casuistique. En acquérant la généralité, la décision d'équité devient objective, générale et impersonnelle comme la loi. Ce n'est donc plus de l'équité. L'auteur donne comme exemple l'action de inrem verso. **Ch. ALBIGES**, *De l'équité en droit privé*, op. cit., p. 41 et s.

prévues[1600]. Ainsi, à travers la technique du forçage, le juge s'impose réellement et bouleverse l'équilibre du contrat.

D'ailleurs, les textes précités des législateurs français, tunisien, marocain et mauritanien reprennent les idées développées existantes comme un principe général dans tous les régimes juridiques des pays comparés. Ces idées portent sur la règle qui énonce que les parties à la convention sont soumises aux obligations crées par la convention mais également aux obligations découlant de la bonne foi, l'équité, l'usage et la loi. Par ailleurs, il faut souligner que « *la détermination du contenu du contrat par référence à l'équité, l'usage ou la loi est traditionnellement analysée comme une interprétation créatrice, plus rarement comme un procédé distinct de l'interprétation, mais innommé* »[1601]. Il peut pourtant être démontré qu'elle consiste simplement à appliquer à la convention litigieuse les règles de droit relatives au contenu du contrat.

En réalité, il y a des textes qui peuvent ici justifier cette intervention qui consiste à introduire des dispositions supplémentaires. Il s'agit d'abord des textes qui imposent aux parties de respecter la bonne foi lors la négociation, la conclusion ou l'exécution du contrat. Il s'agit en seconde lieu de textes qui permettent au juge de compléter le contrat en se fondant sur l'équité ou l'usage, c'est à dire les exigences de la justice contractuelle[1602].

528. Autrement dit, la volonté des parties ne crée pas à elle tout l'univers des obligations qui naissent du contrat. Elle s'imbrique au contraire dans un ensemble de règles supérieures qui expriment ce qu'il est juste de faire dans un rapport contractuel, que cette justice s'appuie directement sur le droit naturel (l'équité) ou sur les règles du droit positif (la loi et les usages)[1603]. L'ancien article 1135 du Code civil français fonde ainsi le droit pour les juges d'extraire de la relation contractuelle les exigences qui y sont virtuellement contenues (dispositions reprises au nouvel article 1194)[1604]. Ce travail original d'interprétation des suites de la convention a donné des résultats extrêmement féconds. Outre le recours ponctuel à la loi, aux usages, aux principes généraux du droit ou aux règles déontologiques pour préciser la teneur des obligations et des droits des parties, la

---

[1600] **L. JOSSERAND**, « La protection des faibles par le droit », cité par **J.-P. CHAZAL**, « la protection de la partie faible chez josserand, ou la tentative de maintenir le comparomis républicain », https://www.sciencespo.fr, consulté le 20 juin 2018.

[1601] **A. ETIENNEY de SAINTE MARIE**, « L'interprétation créatrice » : l'interprétation et la détermination du contenu du contrat », *RDC.*, 31 mars 2015 n° 1, p. 166. Cette auteure ajoute que l'expression « interprétation créatrice » ne désigne pas la liberté de l'interprète, mais un procédé bien différent. Elle indique également qu'il existe ici de la confusion entre l'interprétation et la détermination du contenu du contrat.

[1602] En droit tunisien, l'article 243 du Code tunisien des obligations et des contrats ont regroupé ces deux principes dans un seul article, lorsque ces articles prévoient que « *tout engagement doit être exécuté de bonne foi, et oblige, non seulement à ce qui y est exprimé, mais encore à toutes les suites que la loi, l'usage ou l'équité donnent à l'obligation d'après sa nature* ».

[1603] Sur ce point V., **C. ALBIGES**, *De l'équité en droit privé*, op. cit., n° 329, p. 195.

[1604] **Y. BUFFELAN-LANORE et V. LARRIBAU-TERNEYRE**, *Droit civil ; Les obligations*, op. cit., n° 1956, p. 633.

jurisprudence n'a pas hésité à dégager des contrats soumis à son appréciation tout un ensemble d'obligations que les parties devront assumer[1605].

Cette adjonction s'effectue par le biais de la bonne foi et de l'équité précitée dans l'article 243 du Code tunisien des obligations et des contrats. La Cour de cassation tunisienne[1606] a fondé sa solution sur la disposition de cet article pour imposer au vendeur la rédaction d'un écrit avec l'acquéreur pour les besoins de la publicité foncière. Elle a soulevé cet article d'office. Donc, ces textes visés dans cette intervention doivent ici être lus indépendamment de toute référence à la volonté.

De même, Le professeur D. MAZEAUD note que la Cour de cassation a eu, à plusieurs reprises, l'occasion de décider que les obligations incorporées par le juge dans le contrat sur le fondement de l'équité étaient d'ordre public et qu'elles n'étaient donc susceptibles d'aucun aménagement contractuel relatif à leur existence ou aux conséquences d'un manquement contractuel les affectant. En somme, l'article 1135 autorisant le juge à modeler la matière contractuelle au-delà de ce que les contractants ont formellement voulu, nulle clause ne peut évincer son utilisation en vue de déterminer le véritable contenu obligationnel du contrat[1607]. Pour ces raisons, on peut généralement remarquer que l'équité, l'usage, la bonne foi et la loyauté ne sont pas nés de la volonté, mais ils sont issus du droit positif. D'ailleurs, ces notions ont une position hiérarchique plus élevée par rapport à la volonté. Dès lors, cette volonté ne peut pas les dépasser ni les écarter et ni s'opposer à eux[1608].

529. En général, il y a lieu de dire qu'il n'est pas facile de dresser une liste exhaustive de ces obligations puisqu'elles varient au gré de chaque type de contrat, voire de chaque relation contractuelle. Cependant, la jurisprudence française a révélé certaines obligations à travers le forçage contractuel et les a mises à la charge de certains professionnels. Ainsi, la découverte de l'obligation de sécurité dans les contrats de transport constitue un exemple très connu à partir d'un arrêt de 1911[1609]. Un transporteur marseillais était mis en cause après les dommages subis par une passagère durant la traversée. La Cour avait alors déclaré que le transporteur était soumis à une obligation de sécurité durant la traversée[1610]. Cette obligation a depuis été reprise dans les contrats pouvant atteindre à la sécurité des personnes. En conséquence, le domaine de l'obligation de sécurité s'est étendu. Une obligation de sécurité repose sur tous les prestataires de services

---

1605 Article sans auteur, Le juge, interprète du contrat et créateur d'obligation - Cours de droit,

1606 Ch. Réunies tunisienne arrêt civ., n° 6740-2000 du 29 mai 2003, inédit. Cette tendance est confirmée par un autre arrêt de la Cour de cassation toutes les chambres réunies n° 11976-2001 en date du 26 avril 2004 (inédit).

1607 **D. MAZEAUD**, « L'encadrement des pouvoirs du juge : l'efficacité des clauses relatives à l'interprétation », *RDC*., 31 mars 2015 n° 1, p. 187 ; V. en ce point, **N. REKIK**, *L'ordre public et le contrat civil*, LATRACH, Tunis, 2015, n° 394, p. 387.

1608 V., à ce sujet, **S. ALJIRBI**, *L'interprétation du contrat*, Centre d'édition universitaire, en arabe, Tunis, 1999, n° 317, p. 381.

1609 Cass. Civ., 21 nov. 1911, DP, 1912, 1, 73, note **O. LYON-CAEN**.

1610 **J. MESTRE et A. LAUDE**, « L'interprétation active du contrat », op. cit., p. 18 et s.

professionnels au profit de leur client[1611]. Et en cas de manquement à l'obligation de sécurité le débiteur engage sa responsabilité contractuelle ce qui entraine donc des dommages et intérêts.

530. Le forçage du contrat par le juge a également permis de dégager l'obligation d'information s'imposant aux contractants même si ceux-ci ne l'avaient pas prévue[1612]. Comme on a vu dans la première partie, une telle obligation contractuelle pèse virtuellement sur tous les professionnels vis-à-vis de leurs cocontractants. Selon le Code civil français, mais également libyen et algérien, c'est une obligation d'information qui a été mise à la charge du vendeur au premier degré, d'informer l'acheteur, notamment sur la chose vendue. Mais cette obligation n'a eu de cesse de s'étendre et concerne désormais tous les professionnels à l'encontre des non-professionnels, et même à l'encontre du professionnel qui ne possède pas les compétences nécessaires pour connaitre les conséquences de son engagement. Ainsi, le juge a précédé le législateur en déduisant cette obligation de la notion de bonne foi posée par les droits civils des pays étudiés. Ainsi, cette obligation d'information a été introduite de force par la jurisprudence dans des contrats qui ne les prévoyaient pas.

Bien que les contours de l'obligation d'information aient été déterminés par les législations consuméristes des pays étudiés, il revient au juge de dégager les principaux axes de cette obligation aussi bien dans son contenu que dans son application.

Les juges ont également dégagé un devoir de conseil, voire de mise en garde, pour les professionnels tels que les banquiers, les assureurs ou encore les professionnels du droit tels que les notaires ou les avocats.

En jurisprudence, on assiste à une évolution de l'admission de cette intervention. Les informations doivent être nécessaires, de natures pertinentes et exactes. La Cour de cassation française a précisé que « *la banque qui consent un prêt à un emprunteur non averti est tenue à son égard, lors de la conclusion du contrat, d'un devoir de mise en garde en considération de ses capacités financières et des risques de l'endettement né de l'octroi du prêt, dont elle ne peut être dispensée par la présence au côté de l'emprunteur d'une personne avertie, peu important qu'elle soit tierce ou partie* »[1613]. Ainsi, lorsque le juge insère dans

---

[1611] Dans cet arrêt, la Cour de cassation déclare que « *l'exécution du contrat de transport comporte, en effet, pour le transporteur l'obligation de conduire le voyageur sain et sauf à destination, et que la cour d'Alger constate elle-même que c'est au cours de cette exécution et dans des circonstances s'y rattachant, que Y.... a été victime de l'accident dont il poursuit la réparation* ».

[1612] Le fait de se baser sur ces techniques ne justifie pas l'admission de la notion d'interprétation, parce que l'interprétation dite « créatrice » peut même aller contre la volonté claire et précise des parties : les obligations de sécurité et de renseignement dégagées par le juge, par exemple, s'appliquent même en présence d'une clause contraire. Le recours à la notion d'interprétation paraît alors des plus surprenante- lorsqu'il s'agit d'aller contre la volonté des parties pour mettre un acte clair en conformité avec le modèle de contenu impérativement déterminé par la jurisprudence. V., **A. ETIENNEY de SAINTE MARIE**, « L'« interprétation créatrice » : l'interprétation et la détermination du contenu du contrat », op.cit., p. 166.

[1613] Cass. 1er civ., 30 avril 2009, 07-18.334, *Bull. civ.* I, n° 85.

le contrat de vente une obligation de sécurité ou un devoir de conseil, il ne recherche pas le sens de la convention litigieuse. Il crée une véritable règle de droit, à partir de la qualification du contrat, qu'il applique ensuite à la convention en litige. L'interprétation dite « créatrice » recouvre ainsi deux techniques : la prédétermination du contenu du contrat par la loi, les usages ou la jurisprudence, puis l'application de ces règles à la convention litigieuse[1614].

531. Indépendamment de la nature de cette intervention du juge, ce dernier peut ici jouer un rôle actif pour assurer une protection de la partie faible. En général, nous soutenons que cette technique d'intervention permet au juge de révéler des obligations accessoires aux obligations principales auxquelles les parties s'engagent. Ainsi, certains[1615] soulignent qu'il en est de l'obligation de prudence imposée à des sociétés de travail temporaire, dans le choix du personnel qu'elles mettent à disposition[1616] ; du devoir de la loyauté[1617] ; du devoir d'efficacité pesant par exemple sur les agences de voyages[1618] ; ou de l'obligation de ponctualité de la SNCF[1619], du vendeur d'un immeuble immatriculé[1620]. De plus, S. MELLOULI soutient pour sa part que le juge peut, en se fondant sur l'équité, modifier le contrat pour l'adapter aux circonstances nouvelles[1621].

En cas d'intervention créatrice par le juge, la Cour de cassation intervient afin de préciser l'étendue et les limites des obligations imposées par le juge. Elle fixe également la nature de l'obligation. Le juge peut donc créer des obligations, mais reste suspendu à la décision de la Cour de cassation[1622].

1614 **A. ETIENNEY de SAINTE MARIE**, « L' interprétation créatrice » : l'interprétation et la détermination du contenu du contrat », op. cit, p. 166.

1615 **M. BRUSORIO-AILLAUD**, *Droit des obligations*, 8e éd., LARCIER, 2017-2018, n°393, p. 238 ; V. égal. **N. REKIK,** *L'ordre public et le contrat civil*, op. cit., n° 394, p. 387.

1616 Cass. 1er civ. 26 févr. 1991, 88-15.333, *Bull. civ.* I, n° 77.

1617 REKIK indique que la Cour de cassation tunisienne a décidé que la conservation concerne tant la conservation matérielle que la conservation juridique et que la loyauté exige l'exécution du contrat conformément au contrat et à la loi. La bonne foi s'écarte de la volonté. **N. REKIK**, *L'ordre public et le contrat civil*, op. cit., n° 394, p. 387.

1618 CA Paris, 16 nov. 1991, *IR* p. 296, La Cour de cassation a estimé dans cet arrêt que la responsabilité de l'agence de voyage qui avait loué une villa dite de luxe alors que la piscine n'était en réalité qu'un trou de deux mètres carrés sur une terrasse sur laquelle avaient vue tous les immeubles voisins, qu'il n'y avait pas de jardin, qu'il n'y avait pas de climatisation, mais un ventilateur, et le correspondant local ne s'était pas présenté lors de l'arrivée des locataires.

1619 Cass. 1er civ. 14 janv. 2016, n° 14-28.227; CA Paris, 4 oct. 1996, *JCP* 1997, II, 22811.

1620 La Cour de cassation tunisienne, après avoir soulevé d'office l'article 243 du C.O.C, a précisé que le vendeur d'un immeuble immatriculé doit signer tout acte complémentaire nécessaire pour assurer l'inscription de la vente par l'acheteur. Elle détermine également que cette obligation découle du contrat. Donc, il n'existe aucune référence à la volonté pour justifier sa décision ; Cass., civ. 21 mais 1996, n° 40432, *Bull. civ.* 1996, I, p. 316.

1621 **S. MELLOULI**, « Le juge et l'équité, réflexion sur le recours à l'équité par le juge en droit privé interne », en droit tunisien, *RTD.* 1983, p. 507.

1622 En effet, cette attitude du juge, basée sur des considérations d'opportunité et d'équité, peut parfois être source de divergence et d'insécurité juridique. V., **M. BRUSORIO-AILLAUD**, *Droit des obligations*, op. cit., n°393, p. 238.

Ainsi, sur la base des techniques précédentes, les juges dans les différents pays peuvent, de manière ou d'une autre, intervenir pour protéger le contractant le plus faible. Par ailleurs, dans certains pays, les juges sont explicitement tenus de prendre en compte la vulnérabilité de certains contractants lorsqu'ils interviennent pour interpréter les clauses du contrat.

Paragraphe 2 : Les techniques prenant en compte la qualité des parties

532. Au-delà des techniques générales d'interprétation précédentes, certains législateurs des pays comparés ont conféré au juge le pouvoir de multiplier des mesures assurant une interprétation favorable au contractant le plus faible vis-à-vis de son cocontractant dans certains types de contrat.

Sous l'impulsion des autorités communautaires ou par application de la jurisprudence grâce à une compréhension extensive des dispositions du droit commun tel qu'il est prévu par les textes du Code civil, les législateurs concernés prennent en compte la qualité ou le statut de certaines parties à l'égard de l'interprétation les clauses du contrat. Selon des considérations particulières de certains contractants, l'interprète du contrat doit prendre en compte la spécificité de ces contractants.

Ainsi, il existe des dispositions spéciales d'interprétation consumériste telle que les dispositions d'interprétation du contrat d'adhésion dans les Codes civils libyen, algérien et récemment le Code civil français par la réforme de 2016 déjà invoquée.

Ceci justifie l'intervention judiciaire qui peut prendre plusieurs formes à des fins de rétablissement du déséquilibre contractuel, notamment dans certains types des contrats comme le contrat d'adhésion ou le contrat de consommation et dans les situations contractuelles dominées par une partie forte.

Les législateurs prennent en considération la situation de certains contractants qui sont présumés faibles parce qu'ils ne sont pas en mesure de négocier le contenu de leur contrat, lequel est souvent prérédigé unilatéralement par un contractant professionnel, et parce qu'il est, par conséquent, exposé au risque d'abus.

Ainsi, les qualités de certains contractants imposent une interprétation qui doit être uniforme en cas de contentieux puisque ces contrats régissent ici de multiples situations identiques. Ainsi, cette technique permet d'unifier les décisions des juges et de protéger en créant une égalité entre des contractants dans les mêmes situations. Le particularisme du contrat rend inconcevable une divergence d'interprétation de la même clause dans le cadre de contentieux différents.

Ces considérations trouvent leurs limites en présence de ces types de contrats puisqu'ils se caractérisent par la reproduction, dans de multiples relations particulières des mêmes clauses, sinon du même contrat dans sa globalité[1623].

[1623] **Th. REVET**, « L'uniformisation de l'interprétation : contrats types et contrats d'adhésion », op. cit., 199.

Dans cette perspective, les techniques prenant en compte la qualité des parties supposent de s'arrêter, d'une part, sur le principe qui règne dans l'interprétation des clauses du contrat d'adhésion (A), avant, d'autre part, de s'arrêter sur le principe d'interprétation dans les contrats de consommation (B). En principe, cette dernière technique concerne spécifiquement les contrats proposés par les professionnels aux consommateurs ou non professionnels, cela permet de consacrer ce principe dans plusieurs domaines (C).

A. L'interprétation favorable à l'adhérent au contrat d'adhésion

533. Depuis longtemps, l'interprétation des contrats d'adhésion est restée soumise aux dispositions spécifiques des Codes civils libyen et algérien. En revanche, en droit français avant la réforme et en droits marocain, tunisien et mauritanien, aucune règle d'interprétation uniforme n'avait encore été énoncée en droit commun des contrats[1624]. L'interprétation des contrats d'adhésion reste soumise aux dispositions d'interprétation du Code civil, sauf quand il y est dérogé (comme les contrats de la consommation), ou quand une interprétation uniforme est officieusement pratiquée, grâce au détournement desdites règles[1625].

Néanmoins, certains auteurs marocains[1626] estiment que l'apport des différentes dispositions relatives au pouvoir d'interprétation des juges ne vaut presque rien étant donné que les rédacteurs des contrats d'adhésions sont suffisamment expérimentés juridiquement et se donnent beaucoup de peine à bien rédiger les contrats de telle manière à ce que les juges ne puissent y trouver de lacune. Cependant, l'apport de l'article 466, pourrait être d'une grande aide au niveau de la protection du consommateur dans le cadre du commerce électronique et des ventes à distance. L'article 466 du Code marocain des obligations et des contrats dispose que « *les termes employés doivent être entendus selon leur sens propre et leur acception usuelle dans le lieu où l'acte a été fait* ».

534. Quant aux droits algérien et libyen, les contrats d'adhésion ont des règles spécifiques d'interprétation dans les régimes juridiques des pays indiqués. Dans ces contrats, l'interprétation se fait contre celui qui rédige la stipulation. L'article 112 du Code civil algérien et l'article 153 du Code civil libyen édictent en ce sens

---

1624 A ce sujet V., **O. DESHAYES**, « Les directives d'interprétation du Code civil : la cohérence des textes », *RDC.*, 31 mars 2015 n° 1, p. 159. **A. HAUSSAIIN**, *Les contrats d'adhésions ; étude comparé*, Thèse, Université de Almanar Tunis, en arabe, 2013, p. 279.

1625 V., **Th. REVET**, « L'uniformisation de l'interprétation : contrats types et contrats d'adhésion », op. cit., p. 199. Cet auteur ajoute que « *cependant, l'intensification de la présence des contrats types et des contrats d'adhésion ne pouvait que rendre une telle marginalité de plus en plus problématique. Un régime adéquat avait beau ne pas exister, on ne pouvait, pour autant, s'en tenir purement et simplement à la souveraine appréciation de l'interprétation par les juges du fond* ». Par contre, il convient de souligner que dans les autres pays étudiés et comme on l'a vu plus haut, la jurisprudence et la doctrine fondent sur les dispositions concernées les cas du doute pour interpréter les clauses du contrat d'adhésion. Ainsi, « *dans le doute, la convention s'interprète contre celui qui a contracté l'obligation* », cette vision visant le stipulant s'éloigne de toute interprétation objective.

1626 **M. DIYAA TOUMLILT**, *Le commerce électronique au Maroc : Aspects juridiques*, les Editions maghrébines (Casablanca), 2008.

une règle particulière fondée sur l'équité : « *Le doute s'interprète au profit du débiteur. Toutefois, l'interprétation des clauses abusives d'un contrat d'adhésion ne doit pas préjudicier à la partie adhérente* ». Il s'agit d'une protection supplémentaire de la partie faible au contrat d'adhésion en interprétant ce dernier contre celui qui en a fixé les conditions[1627].

Cette disposition des Codes civils libyen et algérien n'a pas existé explicitement dans l'ancienne version du Code civil français[1628]. Cependant, le nouvel article 1190 de ce Code prévoit expressément que le contrat d'adhésion doit s'interpréter, en cas d'ambiguïté, « contre celui qui l'a proposé », c'est-à-dire en faveur de la partie qui n'a pas rédigé la clause litigieuse, à savoir l'adhérent. On rappelle ici que M. BRUSORIO-AILLAUD[1629] estime que l'article 1190 renvoie à la notion de partie « forte » et de partie « faible ». Dans le contrat d'adhésion, « *les forces sont présumées inégales et le législateur tente de protéger la partie faible* ». Autrement dit, le contrat d'adhésion est celui dont les conditions générales, soustraites à la négociation, sont déterminées à l'avance par l'une des parties[1630]. De même, l'article 100 du Code civil libyen et l'article 70 du Code civil algérien énonce que « *l'acceptation dans un contrat d'adhésion résulte de l'adhésion d'une partie à un projet réglementaire que l'auteur établi sans en permettre la discussion* ». D'ailleurs, nous pouvons dire que le rédacteur de ce type de contrat est réputé être en position de force par rapport à son cocontractant[1631].

535. Afin de rétablir l'équilibre contractuel, il est par conséquent normal d'interpréter le contrat d'adhésion à la faveur de la partie présumée faible. Ainsi, l'interprétation des clauses obscures d'un contrat d'adhésion ne doit point préjudicier à la partie adhérente et doit intervenir au profit de la partie faible au contrat et contre la partie qui stipule la clause[1632].

Plus précisément, cette interprétation des contrats d'adhésion représente une bonne technique de protection de la partie faible. En effet, la recherche de la volonté commune des parties selon les dispositions générales n'est pas admissible

---

1627 **M. AL-BADWI ALAZHARI**, *Théorie générale des obligations en droit libyen*, op. cit., pp. 66 et 192 ; **M. LACHACHI**, « Les clauses abusives : Notions et Moyens de lutte en droit algérien et français », op. cit., p. 236.

1628 Par contre, il convient de souligner que dans les autres pays étudiés et comme on l'a vu plus haut, la jurisprudence et la doctrine indiquent se fondent sur les dispositions concernées dans les cas du doute pour interpréter les clauses du contrat d'adhésion. Il s'agit de « dans le doute, la convention s'interprète contre celui qui a contracté l'obligation », cette vision visant le stipulant s'éloigne de toute interprétation objective.

1629 **M. BRUSORIO-AILLAUD**, *Droit des obligations*, 7e éd., LARCIER, 2016, n°387, p. 234.

1630 V., à ce sens, l'article 1110, al. 2 C. civ. Français ;

1631 **M. BOUDALI**, *Les clauses abusives des contrats en droit algérien, Étude comparée avec les droits français, allemand et égyptien*, op. cit., p. 61 ; **M. BEN AMAR**, *Les dispositions générales d'interprétation et ses applications dans les conflits du travail et la sécurité sociale*, en droit algérien, op. cit., p. 268.

1632 **M. LACHACHI**, « Les clauses abusives : Notions et Moyens de lutte en droit algérien et français », *Revue des études juridiques comparatives en Algérie*, n° 3, déc. 2016, p. 236.

puisque celui qui adhère à un contrat prérédigé ne donne qu'un consentement global, il n'exprime pas de volonté précise sur chacune des clauses du contrat. A supposer que cette volonté existe et qu'elle soit décelable, il est probable que les clauses ambiguës n'ont pas le même sens dans l'intention de celui qui propose le contrat et dans la pensée de celui qui adhère : deux volontés distinctes ne font pas une volonté commune. DOMAT écrivait « *si l'obscurité, l'ambiguïté ou tout autre vice d'une expression est un effet de la mauvaise foi ou de la faute de celui qui doit expliquer son intention, l'interprétation s'en fait contre lui, parce qu'il a dû faire entendre nettement ce qu'il entendait* »[1633].

En conséquence toute recherche d'intention commune est impossible parce que la partie adhérente qu'elle soit débitrice ou créancière n'a pas été en situation de négocier effectivement ses obligations et ses droits. Dans ce type de contrat, le rédacteur n'est jamais la partie adhérente mais un professionnel qui a dû être nécessairement attentif au contenu des clauses et engagement de l'adhérent, de sorte que la clause obscure, c'est-à-dire ambiguë, équivoque ou imprécise, ne peut être interprétée pour aggraver l'obligation de la partie adhérente, faute de pouvoir considérer que cette dernière l'a réellement discutée avant de conclure le contrat[1634].

Il est utile de préciser que selon les termes de l'article 1190 du Code civil français, le doute quant au sens à donner à une clause profite à celui qui a proposé le contrat dans les contrats d'adhésion[1635]. L'hypothèse dans laquelle le contrat d'adhésion ne serait pas rédigé par l'une des parties, mais par un tiers, est ainsi prise en compte : ce qui est déterminant n'est pas celui qui a rédigé le contrat d'adhésion, mais celui qui en a « proposé » la conclusion.

Le principe d'interprétation des contrats d'adhésion, conduit le juge à corriger le déséquilibre établi par la lettre de ces actes en considérant moins le cas particulier à propos duquel il statue que la condition moyenne des ressortissants de la catégorie d'adhérents concernés par le contrat qu'il interprète[1636].

Enfin, les dispositions des contrats d'adhésion doivent être rapprochées des dispositions du droit de la consommation, car les clauses des contrats proposés par les professionnels aux consommateurs s'interprètent dans le sens le plus favorable au consommateur ou non-professionnel. Dans un grand nombre d'hypothèses, les textes auront toute deux vocations à s'appliquer. Cependant,

---

[1633] **J. DOMAT**, *Les Loix civiles dans leur ordre naturel ; le droit public, et Legum delectus*, Bibliothèque numérique patrimoniale, consulté le 20 janvier 2018, https://odyssee.univ-amu.fr/items/show/249, n° 11 et s.

[1634] **A. BENCHENEB**, *Le droit algérien des contrats ; Données fondamentales*, op. cit, n° 286, p. 207 ; **M. AL-BADWI ALAZHARI**, *Théorie générale des obligations en droit libyen ; Les sources d'obligation*, op. cit., p. 66.

[1635] L'article 1110 du Code civil français dispose que « le contrat de gré à gré est celui dont les stipulations sont négociables entre les parties. Le contrat d'adhésion est celui qui comporte un ensemble de clauses non négociables, déterminées à l'avance par l'une des parties ».

[1636] **Th. REVET**, « L'uniformisation de l'interprétation : contrats types et contrats d'adhésion », op. cit., n° 17, p. 199. Sur ce sujet V. égal. **M. BEN AMAR**, *Les dispositions générales d'interprétation et ses applications dans les conflits du travail et la sécurité sociale*, en droit algérien, op. cit., p. 249.

tous les contrats d'adhésion ne sont pas forcément des contrats de la consommation et le contraire est vrai aussi.

On retrouve, pour les contrats d'adhésion, une règle similaire à celle prévue pour les contrats de consommation par les dispositions des législations de la consommation de certains pays étudiés.

B. L'interprétation en faveur du consommateur

536. Le droit de la consommation de certains pays étudiés contient aussi des règles d'interprétation prenant en compte la qualité du consommateur. En droit français, le texte de référence est ici l'article L. 211-1 du Code de la consommation qui dispose que en cas de doute, les clauses s'interprètent « *dans le sens le plus favorable au consommateur ou au non-professionnel* ». En droit marocain[1637], cette disposition se retrouve dans l'article 9 de la loi n° 31-08 édictant des mesures de protection du consommateur et qui dispose que « *dans le cas des contrats dont toutes ou certaines clauses proposées au consommateur sont rédigées par écrit, ces clauses doivent être présentées et rédigées de façon claire et compréhensible pour le consommateur. En cas de doute sur le sens d'une clause, l'interprétation la plus favorable au consommateur prévaut* ».

Ainsi, les législations de ces pays invitent le juge à interpréter les clauses du contrat de consommation, en cas de doute, dans le sens le plus favorable au consommateur ou au non professionnel. Donc, au fond, les tribunaux jugent en équité : ils donnent aux clauses ambiguës le sens qui leur parait assurer le meilleur équilibre contractuel.

Le législateur algérien, libyen consacrent cette interprétation de protection à travers (les textes) les articles 112 et 153 des Codes civils qui sont relatifs au contrat d'adhésion. Mais, ces articles sont applicables aussi dans le domaine de la consommation.

Nous pouvons constater que si le professionnel n'a pas rédigé clairement les clauses du contrat en matière de la consommation, le juge va interpréter de manière impérative (1) ces clauses dans le sens le plus favorable aux consommateurs (2).

1. Un caractère impératif d'interprétation

537. De manière générale, on peut tout d'abord remarquer qu'à l'exception de quelques dispositions particulières, l'interprétation qui est prévue par les textes du droit civil ne s'impose pas aux juges, sauf dans certaines exceptions[1638]. Les juges sont principalement libres d'y recourir ou non à leur convenance[1639]. En effet, les

---

[1637] **Abdel-K. EL-AARAARY**, *Les sources des obligations ; La théorie du contrat*, en droit marocain, Dar Elamane, en arabe, 6e éd., 2018, n° 59, pp. 48 et 179.

[1638] Par ex., l'interprétation du contrat d'adhésion selon l'article 1110 précité du Code civil français.

[1639] Sur ce point V., **O., DESHAYES**, « Les directives d'interprétation du Code civil : la cohérence des textes », RDC., 31 mars 2015 n° 1, p. 159. Cet auteur indique également que « *Que l'ordre des dispositions du Code civil relatives à l'interprétation n'établisse pas une hiérarchie est une chose.*

droits positifs des pays concernés combinent des méthodes qui apparaissent complémentaires, avec l'hommage à la commune intention des parties.

Le droit commun des pays étudiés contient des directives d'interprétation offertes au juge qui n'ont rien d'impératif[1640]. En ce sens, la Cour de Besançon[1641] a jugé que « *l'article 1602 du Code civil (...) ne fait pas obstacle à l'application des règles d'interprétation énoncées aux articles 1156 et 1159 du Code civil* », pour en déduire que, dans la mesure où le sens de la clause litigieuse pouvait facilement être éclairé par les usages (l'ancien article 1159 du Code civil français), celle-ci ne présentait plus d'obscurité et méritait de s'appliquer quand bien même ce serait au détriment de l'acquéreur. D'ailleurs, par un arrêt du 1er mars 2005[1642] la Cour de cassation français a rejeté un pourvoi fondé sur une violation de l'ancien article 1156 du Code civil, les juges du fond ayant retenu le sens littéral d'un contrat tout en relevant que la volonté des parties avait été autre, au motif « *que la règle d'interprétation formulée par l'article 1156 du Code civil ne présentant aucun caractère impératif, sa méconnaissance ne peut, à elle seule, donner ouverture à cassation* ».

538. Toutefois, il convient de rappeler que ce point de vue ne s'applique pas de manière absolue à tous contrats organisés selon le droit civil des pays comparés. Comme on l'a vu précédemment, le juge français doit interpréter les clauses du contrat en faveur de la partie adhérente selon les dispositions du contrat d'adhésion de leurs Codes civils. De plus, la Cour de cassation française a reconnu un caractère impératif à d'autres dispositions spéciales. Ce fut le cas de l'article 1602, alinéa 2, du Code civil relatif à la vente, selon lequel « *tout pacte obscur ou ambigu s'interprète contre le vendeur* »[1643].

En revanche, les autres cas d'interprétation dans les droits des pays étudiés, y compris le cas du doute, semblent ne pas contenir de caractère impératif d'interprétation. Ainsi, le Professeur NOGUÉRO estime qu'on retiendra l'article 1162 du Code civil qui souligne que « *dans le doute, la convention s'interprète contre celui qui a stipulé et en faveur de celui qui a contracté l'obligation* ». Ce texte n'ayant pas de caractère impératif, le juge peut se prononcer en faveur de

---

Qu'il faille en déduire qu'il n'existe pas du tout de cohérence entre les textes en est une autre ». D'ailleurs, il faut citer Demolombe : l'article 1162, « *c'est la dernière ressource de l'interprétation aux abois ! C'est l'interprétation s'avouant impuissante devant l'impénétrable obscurité du contrat ! D'où il suit qu'on ne doit l'appliquer qu'autant que toutes les autres règles d'interprétation font défaut* ». V., **C. DEMOLOMBE**, *Cours de Code Napoléon, Traité des contrats ou des obligations conventionnelles en général*, t. 2, Durand-Hachette, 1869, op. cit., n° 23.

1640 **D. NOGUÉRO**, « Assurances terrestres ; La détermination du contenu du contrat d'assurance par son interprétation (1re partie) », *Gaz. Pal.*, 26 nov. 2011, n° 330, p. 6.

1641 CA. Besançon, 12 févr. 2004, *Juris Data*, n° 2004-234324.

1642 Cass. 1re civ. 1er mars 2005, n° 02-16.802, Inédit. Dans le même sujet, V., Cass., com., 24 mai 2018, 17-14.697, Inédit.

1643 Cass. 1re civ. 13 oct. 1993, *Bull. civ.* I, n° 287; *JCP G.* 1994, I, 3757, obs. **M. BILLIAU**; D. 1994, Somm. p. 211, obs. **O. TOURNAFOND** ; Cass. 3e civ. 1er juill. 1998, *Bull. civ.* III, n° 155 ; *D.* 1999, Somm. p. 13, obs. **G. PAISANT** ; 21 févr. 2001, *D.* 2002, Somm. p. 932, obs. **G. PIGNARRE**

l'un quelconque des contractants. La jurisprudence retient souvent une autre idée que celle posée par ce texte : celui qui s'engage est censé être dans une situation d'infériorité, d'où le rétablissement d'un équilibre par l'interprétation[1644]. De plus, certains[1645] ajoutent que la liberté est reconnue aux juges du fond, dans les contrats soumis au droit commun, d'appliquer ou ne pas appliquer la directive d'interprétation de l'article 1162 du Code civil et ainsi, le cas échéant, de choisir de ne pas faire de la faveur pour tel ou tel contractant l'unique clé d'interprétation des stipulations contractuelles, qui peuvent être éclairées par beaucoup d'autres considérations. Si elle peut sembler mineure en apparence, cette différence illustre la distance qui, quelles que soient leurs influences réciproques, sépare le droit de la consommation du droit commun des contrats[1646].

On peut dire que dans le cadre du droit commun, les juges restent généralement libres d'adopter d'autres méthodes d'interprétation prévues par les législations.

539. Contrairement à ce qui précède, les législations française et marocaine de la consommation imposent au juge d'interpréter les clauses du contrat en faveur du consommateur dans tous les cas. En effet, l'article L. 211-1 du Code français de la consommation prévoit que les clauses des contrats proposés par les professionnels aux consommateurs « *s'interprètent en cas de doute dans le sens le plus favorable au consommateur* ». De même, l'article 9 de la loi marocaine n° 31-08 édictant des mesures de protection du consommateur dispose que « *dans le cas des contrats dont toutes ou certaines clauses proposées au consommateur sont rédigées par écrit, (...) En cas de doute sur le sens d'une clause, l'interprétation la plus favorable au consommateur prévaut* ». De plus, l'article 16 de la loi marocaine susmentionnée n° 31-08 permet au juge de dépasser les règles classiques d'interprétation prévues aux articles 461 à 473 du Code marocain des obligations et des contrats pour assurer une interprétation au profit du consommateur. Ainsi, dans le cadre d'interprétation des clauses et/ou de recherche du caractère abusif de telle ou telle clause, l'article 16 de la loi précitée n° 31-08 énonce que le caractère abusif « *s'apprécie en se référant, au moment de la conclusion du contrat, à toutes les circonstances qui entourent sa conclusion, de même qu'à toutes les autres clauses du contrat. Il s'apprécie également au regard de celles contenues dans un autre contrat lorsque la*

[1644] **D. NOGUÉRO**, « Assurances terrestres ; La détermination du contenu du contrat d'assurance par son interprétation (1re partie) », op. cit., n° 330, p. 6.

[1645] **B. FAGES**, « Principe d'interprétation favorable des contrats proposés par les professionnels aux consommateurs », *RTD Civ.* 2008, p. 478. Dans le même sens, **M. LAMOUREUX**, « L'interprétation des contrats de consommation », *D.*, 2006 p. 2848, **M. LAMOUREUX** ajoute que l'article 1162 du code civil ne fait pas plus exception d'autres dispositions d'interprétation du Code civil.

[1646] **B. FAGES**, « Principe d'interprétation favorable des contrats proposés par les professionnels aux consommateurs », op. cit., p. 478.

conclusion ou l'exécution de ces deux contrats dépendent juridiquement l'un de l'autre »[1647].

540. De manière générale, on distinguera les règles facultatives d'interprétation et l'interprétation de faveur qui est impérative. Selon cette dernière, on écarte ainsi toute recherche de la commune volonté des parties. C'est bien une interprétation in favorem obligatoire pour le juge[1648]. Plus précisément, les dispositions citées du droit civil ne lient pas le juge, puisqu'il est souverain dans son appréciation, le texte du droit de la consommation est impératif. Il s'impose à celui qui interprète. La conséquence en est que le juge ne dispose plus ici d'un pouvoir souverain d'appréciation et, donc, que ses décisions en matière d'interprétation de contrat de consommation sont susceptibles de pourvoi en cassation[1649].

Dans un arrêt du 21 janvier 2003, la Cour de cassation française a eu l'occasion de préciser que « *selon ce texte applicable en la cause, que les clauses des contrats proposés par les professionnels aux consommateurs ou aux non-professionnels s'interprètent, en cas de doute, dans le sens le plus favorable au consommateur ou au non-professionnel* »[1650]. Il s'agit là de s'intégrer dans un corps de règles participant de l'ordre public de protection.

C'est parce que la disposition du droit de la consommation ne pose pas véritablement une règle d'interprétation mais une règle qui, à l'image de celles relatives à la charge de la preuve répartissant le « risque de la preuve », fait peser le « risque de l'ambiguïté » sur l'une des parties, en l'occurrence le professionnel en raison de son rôle -volontaire ou non- normalement exclusif dans la création de l'ambiguïté[1651].

Il convient en outre de noter que les dispositions du droit de la consommation des pays concernés, impératives pour le juge, le sont également pour les parties, qui ne sauraient s'en départir par une clause contraire. L'interprétation du contrat de consommation ne relève alors plus guère du pouvoir souverain des juges du fond, lesquels voient leur liberté d'appréciation doublement limitée. Ici comme ailleurs, la Cour de cassation exerce un contrôle de la dénaturation et vérifie donc que le contrat appelait bien une interprétation.

[1647] Sur ce sujet, V., **Abdel-K. EL-AARAARY**, *Les sources des obligations ; La théorie du contrat*, en droit marocain, op. cit., n° 226, p. 199.

[1648] **H. CLARET**, « Interprétation des contrats d'assurance et droit de la consommation », *D.*, 2003, p. 2600 ; V. égal. **S. LE GAC-PECH**, *Droit de la consommation*, Dalloz, 2017, p. 40.

[1649] **J. JULIEN**, *Droit de la consommation*, op. cit., n° 204, p. 248.

[1650] Cass. 1er civ., 21 janv. 2003, n° 00-13.342, *Bull. civ.* 2003, I, n° 19.

[1651] **M. LAMOUREUX**, « L'interprétation des contrats de consommation », op. cit., p. 2848 ; cet auteur indique également que la comparaison avec l'imputation du « risque de la preuve » peut d'ailleurs être poursuivie : l'application des règles relatives à la charge de la preuve est contrôlée par la Cour de cassation, tandis que l'appréciation de la force probante, qui fait appel à l'intime conviction du juge et donc à son for intérieur, est abandonnée au pouvoir souverain des juges du fond. Les intentions des parties comme la conviction du juge ne peuvent être contrôlées par la Cour de cassation ; les règles d'imputation du « risque de l'ambiguïté » comme du « risque de la preuve » le peuvent.

Mais ici, contrairement aux contrats de droit commun, la Cour de cassation vérifie ensuite que les juges du fond ont tiré les bonnes conclusions de l'ambiguïté décelée en les contraignant à retenir l'interprétation favorable au consommateur. Le pouvoir d'appréciation du juge est donc largement amoindri, si ce n'est anéanti puisque, les conséquences de l'ambiguïté décelée lui étant dictées, le juge se voit tout bonnement privé de son pouvoir interprétatif. Son rôle, dans le cadre des contrats de consommation, n'est pas de rechercher, par tous les moyens concevables, le sens véritable du contrat, mais de sanctionner le professionnel qui aurait dû mettre davantage de soin à la rédaction du contrat. C'est ce que confirme l'étude des conditions d'application de l'article L. 211-1 du code de la consommation[1652].

2. Une portée favorable au consommateur ou au non-professionnel

541. Une fois l'exigence d'interprétation reconnue, le juge doit rechercher quel est le sens effectivement favorable au consommateur. La règle lui impose d'interpréter les clauses du contrat de consommation dans le sens le plus favorable au contractant. Cependant cette réglementation ne s'applique pas indifféremment à tout contractant mais bien à celui qui a la qualité de consommateur ou non professionnel, selon la définition habituellement retenue.

Selon l'article L. 211-1 du Code français de la consommation, l'interprétation est applicable à tous les types de contrat de consommation. De même, l'article 9 de la loi marocaine n° 31-08 édictant des mesures de protection du consommateur, détermine le champ d'application de l'interprétation des clauses des contrats conclus avec les consommateurs. Autrement dit, les personnes bénéficiaires de cette interprétation sont des consommateurs selon la notion de consommateur telle que définie en droit marocain, à savoir des personnes physiques ou morales, comme indiqué dans la première partie de notre recherche[1653].

En lien avec le droit commun, on peut rappeler qu'il y a certaines différences en cas de doute entre l'interprétation qui est fondée sur le droit de la consommation et celle qui est fondée sur le droit civil. Ce dernier s'attache aux obligations, car le contrat s'interprète généralement contre celui qui a stipulé, quelle que soit cette personne, alors que le droit de la consommation s'attache aux personnes, parce que l'interprétation est toujours favorable au consommateur, même si c'est lui qui a stipulé, hypothèse évidemment fort rare[1654]. D'ailleurs, ce qui distingue de la manière la plus caractéristique l'interprétation du contrat de consommation de celle du contrat de droit commun est finalement l'automaticité d'application des dispositions du droit de la consommation et donc l'exclusivisme de l'interprétation contra proferentem.

542. Plus précisément, avec la règle du Code civil, le juge est libre tandis qu'avec celle du Code de la consommation, le juge est lié : il doit faire prévaloir

---

[1652] **M. LAMOUREUX**, « L'interprétation des contrats de consommation », *D.*, 2006 p. 2848.
[1653] *Supra.*, p. 178 et s.
[1654] **J. JULIEN**, *Droit de la consommation*, op. cit., n° 204, p. 248.

le sens le plus favorable de la clause litigieuse en faveur du consommateur. D'ailleurs, cette interprétation in favorem est évidemment l'objet d'un contrôle de la Cour de cassation. Et fatalement, aucune clause d'interprétation ne peut donc faire échec à la règle d'interprétation consumériste : la liberté contractuelle bute inévitablement contre l'ordre public consumériste qui exclut l'interprétation favorable au professionnel. Et la protection du consommateur est d'autant plus forte que la règle étudiée peut être relevée d'office par le juge comme l'édicte l'article L. 141-4 du Code de la consommation, voire doit être relevée d'office comme l'a décidé la Cour de justice de l'Union européenne en 2003[1655].

Comme le révèle l'étude d'un arrêt rendu par la première chambre civile de la Cour de cassation, le 21 janvier 2003[1656], il semble que, dans le champ du Code de la consommation, le pouvoir du juge du fond ne soit plus souverain pour décider de l'ambiguïté. En effet, alors que les juges du fond avaient, en l'espèce, décidé que la clause litigieuse ne présentait point de caractère ambigu et que, par conséquent, leur pouvoir d'interprétation était évincé, la Cour de cassation a censuré leur décision au motif que « *la clause litigieuse était ambiguë et devait [donc] être interprétée dans le sens le plus favorable au contractant consommateur faible* »[1657].

Selon certains auteurs[1658], la disposition du droit de la consommation ne constitue pas une simple redondance de la disposition du droit commun, notamment en cas du doute. Tout d'abord parce que cette compréhension de la disposition du droit commun qui conduit à interpréter le contrat en faveur de l'adhérent jure quelque peu avec la lettre du texte et qu'il n'est donc pas inutile d'en trouver la teneur exacte dans le droit de la consommation. Ensuite parce que telle n'était pas toujours l'interprétation retenue par les juges et qu'en toute hypothèse la disposition de droit civil ne s'impose pas à eux, les juges étant donc libres d'en écarter l'application, contrairement à la disposition du droit de la consommation.

De plus, si la finalité du droit commun est de sanctionner le rédacteur qui aurait dû mieux faire en rédigeant le contrat, les dispositions du droit de la consommation sont la suite et la sanction de l'obligation imposée au professionnel par des textes selon lequel les clauses des contrats proposés doivent être présentées et rédigées de façon claire et compréhensible. Faute de satisfaire à cette obligation de clarté rédactionnelle, le professionnel doit en supporter les frais et

---

1655 **D. MAZEAUD**, « L'encadrement des pouvoirs du juge : l'efficacité des clauses relatives à l'interprétation », *RDC.*, 31 mars 2015 n° 1, p. 187.

1656 Cass. 1re civ., 21 janv. 2003, n° 00-19001 : *RDC* 2003, p. 91, obs. **M. BRUSCHI** ; *RTD civ.* 2003, p. 92, obs. **J. MESTRE** : Cass. 2re civ., 13 juill. 2006, n° 05-18104 : *RDC* 2007, p. 347, obs. **D. FENOUILLET**.

1657 **D. MAZEAUD**, « L'encadrement des pouvoirs du juge : l'efficacité des clauses relatives à l'interprétation », *RDC.*, 31 mars 2015 n° 1, p. 187.

1658 **M. LAMOUREUX**, « L'interprétation des contrats de consommation », *D.*, 2006 p. 2848 ; V., **Abdel-K. EL-AARAARY**, *Les sources des obligations ; La théorie du contrat*, en droit marocain, op. cit., n° 226, p. 199.

voir les ambiguïtés qu'il a lui-même créées se solder en sa défaveur, ce qui devrait d'ailleurs décourager les professionnels de recourir à la pratique des « ambiguïtés volontaires »[1659].

Ces dispositions semblent a priori favorables aux consommateurs mais leur efficacité doit tout de même être ramenée à leur juste mesure car pour interpréter le contrat, il faut d'abord qu'un juge soit saisi, ce qui est peu souvent le cas en matière de consommation, et il faut ensuite que la clause présente un caractère ambigu pour justifier une interprétation favorable au consommateur. Mais comment doit s'apprécier cette ambiguïté ?

La question est avant tout de savoir si un consommateur estimerait clair le contrat litigieux, et non si le juge lui-même l'estime ambigu. C'est la question posée par la Cour d'appel de Pau par un arrêt du 9 février 2004 qui a affirmé qu'il « *ne s'agit pas de savoir si la clause est en soi claire ou si son interprétation est nécessaire, mais si, pour le consommateur ou le non-professionnel, la lecture de la clause laissait place à une interprétation qui rend son erreur éventuelle de compréhension excusable et non fautive* ».

543. Ensuite, il s'agit de savoir si le juge recourt à une interprétation in abstracto, au regard du consommateur moyen, ou in concreto, en fonction des facultés de compréhension du consommateur en cause ?

La jurisprudence semble parfois pencher pour cette deuxième solution, mais toute méprise réelle ou non-arguée par le consommateur ne suffit cependant pas à caractériser l'ambiguïté, comme l'illustre par exemple la décision citée précédemment où les juges avaient relevé une sorte de clarté irréfutable en retenant que le contrat ne pouvait paraître ambigu « même pour un non-juriste ».

En admettant même que le consommateur se soit effectivement mépris, il commet alors une erreur grossière ou inexcusable qui ne saurait lui bénéficier. Il est néanmoins manifeste que la Cour de cassation se montre assez souple dans son appréciation de l'ambiguïté dans le cadre des contrats de consommation. Le moindre doute légitime du consommateur quant à la signification d'une stipulation caractérise l'existence d'une ambiguïté, qui doit alors lui profiter. La Cour de cassation française a estimé, par un arrêt du 24 mai 2006[1660], que les juges du fond avaient à juste titre retenu une interprétation favorable au consommateur dès lors qu'ils avaient relevé que des mentions du contrat d'assurance litigieux avait pu « résulter une confusion de M. X, qui doit être résolue en sa faveur », M. X ayant « pu se méprendre sur la couverture du risque », après avoir pourtant relevé que ces mentions n'étaient qu' « en apparente contradiction », contradiction qui aurait donc aisément pu être résolue. Mais l'on en arrive alors à la seconde remarque quant aux conditions d'application de l'article L. 133-2 (devenu L.211-1) du Code français de la consommation[1661].

1659 V. à ce sujet, TGI Paris 5 avr. 2005, Contrats, *conc., consom.* 2005, n° 140, obs. **G. RAYMOND**.

1660 Cass. 2er civ. 24 mai 2006, n° 04-14.024, Inédit.

1661 **M. LAMOUREUX**, « L'interprétation des contrats de consommation », *D.*, 2006, p. 2848.

Cette méthode d'interprétation consiste à résoudre une insuffisance, une contradiction ou une obscurité du contrat autrement qu'en cherchant à reconstituer l'intention des parties ; La modalité particulière de détermination de cette solution est l'intérêt de celui qui n'a pas eu la maîtrise de l'*instrumentum*.

Trancher systématiquement les conflits d'interprétation en faveur du consommateur est logique, car il s'agit de sanctionner le professionnel qui ne satisfait pas à son obligation de rédiger un contrat clair et compréhensible conformément aux dispositions législatives concernant l'obligation de clarté des clauses, comme on l'a vu plus haut. C'est pourquoi à la rupture d'égalité dans la rédaction du contrat de consommation répond la responsabilité du professionnel dans les conséquences de la rédaction défectueuse du contrat. Le fait que la clause soit ambiguë pour le consommateur dispense le juge de son travail d'interprétation pour lui permettre d'appliquer un expédient sanctionnant le professionnel pour sa rédaction défectueuse. La solution, par son automaticité, est d'une rigueur certaine pour les professionnels, ayant toujours été admis qu'il est difficile si ce n'est impossible de rédiger un contrat d'une limpidité sans faille.

544. Or, il ne s'agit pas que d'une sorte de responsabilité pour faute. Les ambiguïtés volontaires ne sont pas seules visées, bien que l'objectif soit notamment d'en décourager la pratique. Il y a là de quoi inciter les professionnels à davantage de rigueur dans la rédaction, en particulier au sujet des clauses alimentant de manière récurrente le contentieux de l'interprétation que constituent les clauses définissant la garantie dans les contrats d'assurance. En imposant aux juges du fond un recours systématique à une méthode objective totalement détachée de toute recherche de la volonté des parties, cette disposition des pays comparés est propre à unifier les solutions jurisprudentielles, l'ambiguïté décelée, sur la détermination de laquelle la Cour de cassation exerce son contrôle, devant nécessairement emporter partout une solution identique : le sens favorable au consommateur[1662].

Il convient de rappeler que cette technique d'interprétation s'émancipe entièrement de la recherche de l'intention des parties. Cette règle porte nécessairement en elle l'uniformité de l'interprétation, car le sens que sa mise en œuvre conduit à donner à une clause reproductible l'est en fonction de la condition des parties : elle vaut donc pour toutes les hypothèses où le même type de contrat, contenant la même clause, est interprété[1663].

C. La consécration de la règle contra proferentem

545. L'impression de déjà-vu, soit dans l'interprétation du contrat d'adhésion, soit dans l'interprétation du contrat de consommation, est une consécration du principe d'interprétation *contra proferentem*. Plus précisément, l'interprétation obéit ici à une idée simple selon laquelle le juge doit interpréter dans le sens le

---

[1662] *Ibid.*

[1663] **Th. REVET**, « L'uniformisation de l'interprétation : contrats types et contrats d'adhésion », *RDC.*, 31 mars 2015 n° 1, p. 199.

plus favorable à la partie faible au contrat vis-à-vis des professionnels et/ou du rédacteur du contrat. Leur exécution quant à elle est marquée par une exigence d'équilibre. Donc, le juge est invité à déclarer abusive toute clause qui engendre un déséquilibre manifeste entre les droits et obligations des parties. D'ailleurs, l'interprétation d'une clause obscure ou ambiguë doit se faire contre le rédacteur ou contre celui qui utilise une formule contractuelle prérédigée[1664].

Cette réflexion se trouve, déjà, au XVIIe siècle chez Domat[1665] qui estime que « si l'obscurité, l'ambiguïté, ou tout autre vice d'une expression est un effet de la mauvaise foi ou de la faute de celui qui doit expliquer son intention, l'interprétation s'en fait contre lui parce qu'il a dû faire entendre nettement ce qu'il entendait ».

Ainsi, le principe de faveur signifie donc, seulement, que l'interprète, lorsqu'il constate que l'auteur de la formule contractuelle a effectivement favorisé l'une des parties, doit répondre à ce déséquilibre en favorisant l'autre lors de la correction ou du complément du contrat dont la lettre est obscure ou insuffisante[1666].

Dans ce contexte, et dans le traitement de la vente des voitures d'occasion, Abdel-K. EL-AARAARY[1667] a indiqué qu'il faut être plus sévère dans toute relation contractuelle avec le professionnel pour rétablir les équilibres contractuels, notamment en cas d'existence d'un contractant en position de faiblesse. Cet auteur a également invité les juges à jouer un rôle efficace dans ce domaine[1668].

En vue du rééquilibrage du contrat, le juge doit interpréter le contrat d'adhésion, dans le sens le plus favorable à l'adhérent. L'introduction d'une catégorisation du contrat d'adhésion permet d'étendre cette protection, déjà existante donc, pour des consommateurs, à des professionnels. En réalité, l'interprétation contra proferentem, est un principe qui est d'ores et déjà reconnu par la jurisprudence française[1669] et intégré de manière explicite ou implicite dans les droits spécifiques.

546. A l'origine, cette idée est inspirée de plusieurs dispositions législatives, qui se recoupent en grande partie : l'article 1162 du code civil français

---

[1664] **C-M. PEGLION-ZIKA**, *La notion de clause abusive* ; (au sens de l'article L. 132-1 du Code de la consommation), Thèse, Université Panthéon-Assas (Paris II), 2013, n° 279, p. 213 ; **M. BEN AMAR**, *Les dispositions générales d'interprétation et ses applications dans les conflits du travail et la sécurité sociale*, en droit algérien, op. cit., p. 249 ; **B. GELOT**, *Finalités et méthodes objectives d'interprétation des actes juridiques : aspects théoriques et pratiques*, LGDJ, 2003, p. 45.

[1665] **J. DOMAT**, *Les loix civiles dans leur ordre naturel*, t. I, livre I, sect. 2, art. XVI, Paris, 1767, Bibliothèque numérique patrimoniale, consulté le 20 janv. 2018, https://odyssee.univ-amu.fr/items/show/249.

[1666] **Th. REVET**, « L'uniformisation de l'interprétation : contrats types et contrats d'adhésion », op. cit., p. 199. V. égal. **S. LE GAC-PECH**, *Droit de la consommation*, op. cit., p. 38 et s.

[1667] **Abdel-K. EL-AARAARY**, *Les contrats spéciaux ; Le contrat de vente*, en droit marocain, Dar Elamane, en arabe, 4e éd., 2017, n° 355, p. 340 et s.

[1668] **Abdel-K. EL-AARAARY**, *Les contrats spéciaux ; Le contrat de vente*, n° 362, p. 347 et s.

[1669] Cass. 1ère Civ., française, 22 oct. 1974, n°73-13.482, *Bull. civ.*, n° 271, p. 232.

recommande d'interpréter la convention dans le doute, contre celui qui a stipulé et en faveur de celui qui a contracté l'obligation. L'article 1602 du Code civil français, après avoir mis à la charge du vendeur une obligation de clarté, ajoute que tout pacte obscur ou ambigu s'interprète contre le vendeur, c'est en effet celui–ci qui généralement rédige le contrat. D'ailleurs, cela peut se justifier par les dispositions sur le contrat d'adhésion de certains pays comme on l'a vu précédemment. En effet, le contrat d'adhésion « *s'interprète contre celui qui l'a proposé* ». Aussi, cette idée se trouve sa source dans des dispositions des différentes législations de la consommation, déjà évoquées, qui prévoient que les clauses des contrats proposés par les professionnels s'interprètent (...) dans le sens le plus favorable au consommateur ou au non-professionnel.

Dans ce contexte, en droit libyen, nous pouvons trouver un texte qui conforte ce point de vue de la règle contra proferentem. L'article 150 du Code civil libyen énonce que dans le contrat type, le juge doit toujours interpréter et appliquer certaines clauses contre l'auteur de ce contrat souvent le professionnel. Comme on l'a vu dans la première partie de notre recherche, le législateur libyen, dans l'article 150 du Code civil[1670], a adopté des règles spéciales pour la formation de l'accord contractuel au moyen de formulaires préétablis de contrats types. L'article 150 du Code civil affirme que certaines clauses des contrats types sont sans effet vis-à-vis du cocontractant, sauf si elles sont approuvées, par écrit, de manière distincte et claire en comparaison des autres clauses[1671]. Etant donné que la plupart des contrats du professionnel sont des contrats types, l'article 150 du Code civil libyen se révèle être un terrain fertile pour l'application de la règle contra proferentem par le juge.

547. De manière générale, la règle contra proferentem peut se justifier par la tendance adoptée durant les 10 dernières années dans la plupart des pays comparés. Cette tendance exprime clairement qu'en cas de litige entre le professionnel et le consommateur, la charge de la preuve incombe au professionnel. En conséquence, la règle qui dispose que celui qui réclame l'exécution d'une obligation doit la prouver n'a ici plus d'utilité. Réciproquement,

---

[1670] Art. 150 du Code civil libyen s'est inspiré de l'article 1341 du Code civil italien ; sur ce point V, **M. AL-BADWI ALAZHARI,** *La théorie générale des obligations en droit libyen*, vol. 1, op. cit. p. 74 ; V. égal. **G. ALPA**, « La protection de la partie faible en droit italien », (sous la dir. de), **M. FONTAINE et J. GHESTIN**, *Protection de la partie faible dans les rapports contractuel*, LGDJ, 1998, p. 583.

[1671] Supra., p. 64 et s.

celui qui invoque sa libération doit en justifier[1672], notamment dans la relation contractuelle avec le professionnel[1673].

Par exemple, l'article 34 de la loi marocaine n° 31-08 édictant des mesures de protection du consommateur dispose que « *en cas de litige entre le fournisseur et le consommateur, la charge de la preuve incombe au fournisseur notamment en ce qui concerne la communication préalable des informations 11 prévues à l'article 29, leur confirmation et le respect des délais ainsi que le consentement du consommateur. Toute convention contraire est réputée nulle et de nul effet* »[1674]. Dans ce contexte, l'article R. 212-1 du Code français de la consommation dispose que « *dans les contrats conclus entre des professionnels et des consommateurs, sont de manière irréfragable présumées abusives, au sens des dispositions des premier et quatrième alinéas de l'article L. 212-1 et dès lors interdites, les clauses ayant pour objet ou pour effet de : (...) Imposer au consommateur la charge de la preuve, qui, en application du droit applicable, devrait incomber normalement à l'autre partie au contrat* ».

En réalité, l'interprétation contra proferentem avait donc dès avant l'introduction des textes du droit de la consommation l'occasion de s'appliquer à des contrats de consommation pour retenir une interprétation favorable au consommateur-adhérent.

548. Il faut ici indiquer que cette méthode d'interprétation peut également trouver application dans un contrat entre contractants professionnels. Depuis la loi n° 2008-776 du 4 août 2008, le législateur français adopte cette vision dans l'article L. 442-6, 2°, du Code du commerce. Ce code a, en effet, importé en son sein les mots et l'esprit du Code de la consommation pour protéger les professionnels auxquels on a imposé une clause qui engendre un déséquilibre contractuel significatif. À ceci près tout de même que la sanction de principe du contractant, qui a soumis ou tenté de soumettre son partenaire à une clause abusive, consiste dans la mise en jeu de la responsabilité civile de celui-ci et pas dans la suppression de la clause. Aussi, la clause d'interprétation pourra en théorie

---

[1672] Sur le principe de la charge de preuve en droit commun, V. égal., l'ancien article 1315, devenu 1353, du Code civil français dispose que « *celui qui réclame l'exécution d'une obligation doit la prouver. Réciproquement, celui qui se prétend libéré doit justifier le paiement ou le fait qui a produit l'extinction de son obligation* ». De même, l'article 420 tunisien et 399 marocain des Codes des obligations et des contrats énoncent que « *la preuve de l'obligation doit être faite par celui qui s'en prévaut* ». Aussi, les articles 376 libyen et 323 algérien disposent que « *le créancier doit apporter la preuve de l'obligation et le débiteur, celle de sa libération* ».

[1673] A titre d'exemple, la Cour de cassation française a confirmé tout en rappelant au créancier professionnel qu'il lui incombe la charge de la preuve (Cass. com., 13 mai 2014, n° 13-13.683, Inédit). Aussi, la même Cour a jugé « qu'*il incombe au vendeur professionnel, tenu d'une obligation de renseignement à l'égard de son client, de prouver qu'il l'a exécutée, la cour d'appel, qui a inversé la charge de la preuve, a violé le texte susvisé* » (Cass. 1er civ., 11 oct. 2017, 16-24.594, Inédit). Sur ce sujet, **M.-E. MATHIEU**, « Cautionnement disproportionné et charge de la preuve », *Gaz. Pal.* 19 juin 2014, n° 170, p. 19 ; **M. ANNOURI**, *Le juge et le droit de travail*, en droit tunisien, RAOUF YAICH, Tunis, en arabe, 2002, p. 53.

[1674] V., **Abdel-K. EL-AARAARY**, *Les sources des obligations ; La théorie du contrat*, en droit marocain, op. cit., n° 227, p. 200

du moins, continuer à déployer ses effets, en dépit de la sanction fulminée contre son bénéficiaire, sauf à ce que sa nullité soit demandée par le représentant d'une autorité publique[1675].

Le domaine de l'obligation d'interprétation de faveur est ainsi tracé. Néanmoins, le but de cette interprétation pourrait s'étendre. En principe, il existe une liberté des méthodes d'interprétation pour le juge. Sans le dire, un juge pourrait s'inspirer d'un tel texte, prévu pour l'heure dans le seul droit de la consommation, afin d'interpréter un contrat entre professionnels. Lorsque l'assuré est un profane, il n'est pas rare de constater que le juge aura tendance à privilégier une interprétation dans son sens. Si l'assuré a des compétences et des moyens, comme pour les grands risques, par exemple, et qu'il négocie fréquemment le contenu de la police, la protection ne se justifie pas semblablement, sans discernement[1676].

549. L'objectif est ici bien de sanctionner, par tous les moyens possibles, le professionnel qui ne s'est pas suffisamment efforcé de rédiger un contrat compréhensible pour le commun des consommateurs. En autre terme, le professionnel doit supporter les conséquences des imperfections et des interrogations engendrées par l'imprécision de sa clause.

Ainsi, les juges sont tenus, en présence d'un contrat de consommation ambigu, de retenir le sens favorable au consommateur. Il en résulte que la règle contra proferentem doit régner sans partage pour résoudre les conflits d'interprétation survenant dans le domaine des contrats de consommation. Cette technique se résume à la sanction du professionnel qui a rédigé ou proposé un contrat obscur ou ambigu[1677].

Donc, ce point de vue permet au juge d'interpréter en la faveur de la partie faible et contre le professionnel les clauses du contrat, notamment dans les pays comparés qui n'adoptent pas explicitement de dispositions spécifiques d'interprétation du contrat d'adhésion ou du contrat de consommation.

550. Il est utile de souligner qu'en matière de contrat de travail, l'interprétation des contrats types peut retenir la même position d'interprétation du contrat d'adhésion[1678]. Ces contrats types sont des formules contractuelles rédigées par des organismes professionnels ou par une administration et qui peuvent ou doivent être utilisées par les parties à un contrat pour en déterminer le contenu[1679].

[1675] V., **D. MAZEAUD**, « L'encadrement des pouvoirs du juge : l'efficacité des clauses relatives à l'interprétation », *RDC.*, 31 mars 2015 n° 1, p. 187.

[1676] **D. NOGUÉRO**, « Assurances terrestres ; La détermination du contenu du contrat d'assurance par son interprétation (1re partie) », op. cit., n° 330, p. 6.

[1677] **M. LAMOUREUX**, « L'interprétation des contrats de consommation », op. cit., p. 2848.

[1678] En droit français, il existe un contrat type que, en vertu de l'article 3 de la loi n° 89-462 du 6 juillet 1989, modifié par l'article 1er de la loi n° 2014-366 du 24 mars 2014 pour l'accès au logement et un urbanisme rénové, les parties à un contrat de location de locaux à usage d'habitation principale ou à usage mixte doivent respecter.

[1679] V., **Th. REVET**, « L'uniformisation de l'interprétation : contrats types et contrats d'adhésion », op. cit., p. 199.

Toutefois, c'est en général un contrat négocié, donc il est plus proche du contrat de consommation.

A ce sujet, Vincent Roulet indique que « *aujourd'hui écarté expressément au profit du consommateur, il s'effacera demain de l'ensemble des contrats d'adhésion (C. civ., art. 1190), dont participe le contrat de travail (v., C. civ., art. 1110), quoique soit discutée la question de savoir si la qualification doit être retenue in abstracto ou selon les circonstances dans lesquelles chaque contrat a été passé* »[1680].

En tout état de cause, on peut souligner que le travailleur appartient à une des catégories des parties faibles, et que par conséquent les clauses de son contrat doivent, en cas du doute, s'interpréter contre l'employeur. Sur ce point, la Cour d'appel de Nancy[1681] déclare « qu'*il s'en déduit de la notion d'ordre public de protection que, face à une clause pouvant être interprétée en deux sens, il y a lieu de choisir celui qui s'avère favorable au salarié* »[1682].

Il ne viendrait à personne l'idée de contester le déséquilibre de positions contractuelles entre le salarié et son employeur dans un contrat de travail[1683]. La prise en compte de la situation de faiblesse du salarié n'apparaît pas comme un trait caractéristique de telle ou telle règle du droit du travail. Le droit du travail est tout entier ordonné à une relation dont l'une des parties, le travailleur est d'emblée défini comme la partie faible. Il ne s'agit pas de reconnaître une classe sociale et ce faisant lui accorder des privilèges, mais bien au contraire de reconnaître la position de faiblesse du salarié dans sa relation de travail.

Cette idée est si profondément ancrée dans l'esprit de tous que le contrat de travail est le produit de la reconnaissance d'une infériorité. Bien que le contrat de travail soit soumis au principe de l'autonomie de la volonté, son objet et le résultat de celui-ci aboutissent à une aliénation certes temporaire de la liberté du salarié. De cette « infériorité-contrainte », le salarié est débiteur d'une obligation de faire, il est tenu d'exécuter sa prestation conformément aux instructions données par l'employeur.

Dès lors, les articles L. 1235-1 et L. 1333-1 du Code du travail français exige une cause réelle et sérieuse lors de la rupture du contrat de travail de la part de l'employeur. Et cet article énonce que « *si un doute subsiste, il profite au salarié* ». Cette solution est certes noble dans la mesure où elle rétablit le salarié dans une position d'équilibre par rapport à l'employeur qui est toujours, par principe, en position de force, mais cette règle de faveur ne saurait servir, du moins à elle seule, de fondement à l'interprétation des conventions collectives[1684].

1680 **V. ROULET**, « Interprétation du contrat de travail : justification de l'interprétation en faveur du salarié », Les *Cahiers Sociaux*, 01 mai 2016, n° 285, p. 229 ; V. égal. **C. RADE**, *L'impact de la réforme du droit des contrats en droit du travail*, LexbaseHebdo, éd. soc. n°645, du 25 févr. 2016.

1681 CA Nancy, ch. Soc., 9 mars 2016, n° 15/00785.

1682 **V. ROULET**, Ibid.

1683 **M. ANNOURI**, *Le juge et le droit de travail*, en droit tunisien, op. cit., p. 51 et s.

1684 **A. LYLIAN ONDO**, « Droit commun des obligations et interprétation des conventions et accords collectifs du travail », *Cahiers sociaux*, 01 déc. 2008 n° 205, p. 375.

Bien que le Conseil constitutionnel ait pris soin de souligner que « c'est seulement dans le cas où le juge sera dans l'impossibilité, au terme d'une instruction contradictoire, de former sa conviction sur l'existence d'une cause réelle et sérieuse justifiant le licenciement qu'il sera conduit à faire application du principe selon lequel le doute profite au salarié », cette impossibilité doit conduire le juge à constater que les conditions d'existence du droit font défaut et que le licenciement a été irrégulièrement prononcé.

Rare sont les travailleurs qui saisissent le juge pendant l'exercice de leur activité. La crainte de représailles de l'employeur explique l'absence du contentieux avant la rupture du contrat. Disposant d'un pouvoir discrétionnaire absolu, le juge pourra selon les éléments du dossier et parfois après expertise arrêter sa décision. Ainsi, les législations des différents pays permettent au juge d'intervenir lorsqu'il y a lieu à interprétation[1685]. Mais, le statut de travailleur doit toujours être pris en compte. Force est de constater que les juges n'interviennent qu'à l'occasion d'un conflit individuel relatif au contrat de travail. Mais en pratique, le juge n'est saisi qu'à l'occasion des conflits relatifs aux licenciements. Ainsi, la qualification choisie par les intéressés ne lie pas le juge, qui doit restituer aux données de fait leur qualification exacte. Cependant ces mécanismes de protection sont souvent ignorés par les travailleurs.

L'interprétation prenant en compte la qualité de la partie et l'interprétation en cas de doute ou l'ambiguïté des clauses du contrat sont un des moyens d'intervention du juge pour rétablir l'équilibre contractuel. De plus, le juge peut intervenir pour le même objectif par la lutte contre les clauses abusives.

[1685] A titre d'exemple, l'article 462 du Code marocain des obligations et des contrats qui a prévu qu' « *il y a lieu à interprétation : 1° Lorsque les termes employés ne sont pas conciliables avec le but évident qu'on a eu en vue en rédigeant l'acte ; 2° Lorsque les termes employés ne sont pas clairs par eux-mêmes, ou expriment incomplètement la volonté de leur auteur ; 3° Lorsque l'incertitude résulte du rapprochement des différentes clauses de l'acte, qui fait naître des doutes sur la portée de ces clauses. Lorsqu'il y a lieu à interprétation, on doit rechercher quelle a été la volonté des parties, sans s'arrêter au sens littéral des termes ou à la construction des phrases* ».

Section II : Le pouvoir du juge dans la lutte contre les clauses abusives

551. Le droit commun des contrats s'est construit sur la fiction de l'égalité des contractants. Par conséquent, le rôle du juge, dans l'esprit du législateur, consistait à appliquer des législations et à respecter les volontés des parties, c'est-à-dire son rôle est de trancher le litige et de dire le droit[1686]. Pourtant, le plus souvent, les parties ne sont pas dans la même position, ce qui peut amener le professionnel en situation de force à insérer des clauses qui sont systématiquement et abusivement en sa faveur. D'ailleurs, les contractants faibles disposent rarement des connaissances nécessaires pour appréhender la réalité et les engagements qui découlent de certains contrats. Le juge permet alors de rattraper les erreurs et l'éventuel déséquilibre que le contrat contient. Il peut ainsi dégager ce que les parties ont réellement voulu mais également revenir sur certains points du contrat source de déséquilibre au détriment de l'une ou l'autre des parties[1687].

Le Professeur MAZEAUD[1688] estime dans ce sens que « *la stipulation d'une clause, fruit d'une inégalité entre les contractants et source d'une injustice contractuelle dans la mesure où elle engendre au profit du contractant en position de force un avantage sans contrepartie réelle, n'est pas admissible* ». Donc, nous ne pouvons pas parler de protection de la partie faible sans aborder la lutte contre les clauses abusives par intervention du juge.

Donc, il paraît évident que le rôle principal du juge est de rechercher le droit, pour en déduire une application concrète et juste. De plus, pour lutter contre le danger du déséquilibre, on constatera que les législateurs des pays étudiés sont intervenus pour accorder au juge des pouvoir qui lui permettent de supprimer ou réduire et limiter les abus nés de telles clauses. Les pouvoirs des juges au regard des clauses abusives sont différents dans les régimes juridiques des pays étudiés. Certaines législations des pays comparés accordent aux juges des pouvoirs limités vis-à-vis de ces clauses abusives (paragraphe 1). En revanche, d'autres ont doté les juges d'un pouvoir étendu et discrétionnaire dans la révision des clauses du contrat et leur permettant d'écarter les clauses qu'ils considèrent comme abusives (paragraphe 2).

[1686] L'article 29 du Code algérien de la procédure civile et administrative dispose que le juge « *tranche le litige conformément aux règles de droit qui lui sont applicables* ». **S. ZOUBAH**, *Les nouvelles dispositions de la protection du consommateur*, en droit algérien, en arabe, op. cit., p. 107 et s.

[1687] **S. PIEDELIEVRE**, « Clauses abusives et pouvoirs du juge », *Gaz. Pal.* 19 févr. 2015, n° 050, p. 22 ; V. **M. ABOU KMASH**, *Le pouvoir du juge de modification du contrat dans le Code civil algérien et les jurisprudences islamiques*, Thèse, en arabe, Université de Batna Hadj Lakhder, Algérie, 2012, p. 143.

[1688] **D. MAZEAUD**, « La protection par le droit commun », op. cit., p. 37 et s.

Paragraphe 1 : Un pouvoir limité du juge : en droit tunisien, mauritanien et marocain

552. Selon certains pays comparés, le pouvoir du juge peut être limité, car on constate qu'il n'est pas sûr que les dispositions de leurs droits communs soient en parfaite harmonie avec le but poursuivi par le juge, la lutte contre les clauses déséquilibrées dans le contrat[1689].

En droit des contrats, le pouvoir des juges reste principalement limité en matière de contrôle exercé sur les contrats. Depuis bien longtemps, les tribunaux appliquent les règles classiques, en matière contractuelle, lorsqu'elles tendent à protéger la partie jugée la plus faible contre les abus de l'autre, et notamment le contractant profane face à un professionnel averti qui profitait de sa compétence juridique pour insérer dans le contrat des clauses se révélant très pénalisantes pour le client en cas de litige. Cette protection n'était toutefois pas facile à assurer, car elle passait par l'annulation de stipulations qui figuraient en toutes lettres dans le contrat conclu et elle constituait ainsi une négation de la force obligatoire des conventions.

En revanche, on peut trouver certains fondements d'intervention du juge par des textes dispersés dans différentes lois. Cependant, on peut aussi dire que ce traitement législatif ne rassemble pas les règles applicables à toutes les situations qui ne sont pas régies par des règles particulières. Ainsi, le rôle du juge reste restreint vis-à-vis des clauses abusives. On note l'absence d'un principe bien précis susceptible d'être invoqué face à une clause abusive.

Dès lors, nous pouvons de dire qu'il n'existe pas de principe qui permette globalement au juge de lutter contre les clauses abusives (A). Néanmoins, l'évolution des relations contractuelles a imposé aux législateurs d'adopter à titre exceptionnel des techniques qui permettent au juge d'intervenir pour équilibrer la relation, mais en vertu de la loi (B).

A. Le rejet de principe de la suppression des clauses abusives dans les droits tunisien, marocain et mauritanien

553. En principe, on peut ici dire que les législateurs tunisien, marocain et mauritanien sont restés fidèles à certains principes classiques du droit commun. Cela signifie que « *les obligations contractuelles valablement formées tiennent lieu de loi à ceux qui les ont faites, et ne peuvent être révoquées que de leur consentement mutuel ou dans les cas prévus par la loi* »[1690]. Dès lors, le juge de

---

[1689] **N.-A, ALRAHALA**, *Les pratiques modernes dans les affaires de consommation*, en droit marocain, Rachad, en arabe, 2014, p. 31 et 34

[1690] L'article tunisien 242 du Code des obligations et des contrats dispose que « *les obligations contractuelles valablement formées tiennent lieu de loi à ceux qui les ont faites, et ne peuvent être révoquées que de leur consentement mutuel ou dans les cas prévus par la loi* ». En ce sens V, **A. KAHLOUN**, *La théorie générale des obligations : les sources des obligations et les actes juridiques*, LATRACHE Editions, en arabe, Tunis, 2015, pp. 375. **A. EL-HATTAB**, « La protection de la partie

ces pays ne peut pas principalement attaquer la clause abusive dans tous types des contrats, c'est-à-dire qu'il ne saurait exercer un pouvoir modérateur sur cette clause comme il pourrait le faire par rapport au son pouvoir d'allégement de la clause pénale[1691]. On peut généralement dire que selon le régime juridique de ces pays, le pouvoir principal confié aux juges selon le droit commun est l'interprétation de certaines clauses, comme on l'a vu, ainsi que la révision de la clause pénale, comme on verra plus tard.

Donc, il faut examiner le principe et ses justifications jurisprudentielles et doctrinales. Ensuite, les exceptions retenues et leurs cas dans les droits de ces pays[1692].

En effet, la jurisprudence de ces pays consacre la règle de droit commun et s'interdit la révision du contrat dans le cadre de certains cas de déséquilibres[1693]. Aussi, telle révision n'est admise que lorsqu'elle est convenue par les parties, ou prévue par la loi dans des cas précisés et à titre exceptionnel, comme l'on verra plus tard.

Plus précisément, les Codes des obligations et des contrats de ces pays n'ont pas sanctionné les clauses abusives dans la pratique contractuelle et se sont contentés de rares dispositions[1694]. Il en est ainsi dans les articles concernant de l'effet des obligations, en général, qui dispose « *on ne peut disposer d'avance qu'on ne sera pas tenu de sa faute lourde ou de son dol* »[1695]. Bien qu'il existe des textes qui permettent au juge d'intervenir dans certains contrats, ces cas restent spécifiques et ne peuvent en aucun cas garantir la protection tous les contractants faibles face aux clauses abusives, notamment l'adhérent, le consommateur, l'internaute.

554. Le rejet de principe de la suppression des clauses abusives se justifie par l'existence de plusieurs causes qui sont avancées pour empêcher toute intervention du juge. Tout d'abord, le rejet de principe de la suppression défend la neutralité du juge en la matière. D'ailleurs, et au regard du droit commun, cette réflexion va également à l'encontre de la règle de la force obligatoire du

---

faible dans la relation contractuelle en droit marocain », www.majalah.new.ma., consulté le 19 janv. 2018.

1691 En ce sens V, **A. KAHLOUN**, *La théorie générale des obligations : les sources des obligations et les actes juridiques*, op. cit., p. 152 et s ; **A. MOHIM**, *La protection du consommation-contractant ; étude et analyse approfondies à la lumière de l'actualité de la loi n° 31-08 édictant des mesures de protection du consommateur*, Alkarama, Rabat, 2017, p. 177.

1692 **M. MAHFOUD**, *Théorie générale des obligations I, « Le contrat »*, en droit tunisien, op. cit. p. 128.

1693 A titre d'exemple, la Cour de cassation tunisienne par un arrêt rendu le 28 Avril 1994 n'a-t-elle pas permis la révision de la clause pénale, (Cass. Civ. n° 42624 du 28 avril 1994, *R.T.D.* 1996, p.231 et s., note **N. BEN AMOU**).

1694 **A. MOHIM**, *La protection du consommation-contractant ; étude et analyse approfondies à la lumière de l'actualité de la loi n° 31-08 édictant des mesures de protection du consommateur*, op. cit., p. 205

1695 V., les articles 232 marocain, 244 tunisien et 249 mauritanien des Codes des obligations et des contrats. **N.-A, ALRAHALA**, *Les pratiques modernes dans les affaires de consommation*, en droit marocain, op. cit., p. 104 et s.

contrat[1696]. Cette règle veut que le contrat oblige les contractants comme il s'impose au juge. Celui-ci doit respecter toutes ses clauses et « *cette exigence concerne, au demeurant, aussi bien les clauses réellement discutées par les parties que celles préétablies par l'une d'entre elle, ou encore les fameuses clauses dites de styles reproduits dans l'acte sans que les parties y aient prête une réelle attention ou en aient vraiment saisi le sens* »[1697].

Il convient, ici, de rappeler que le Code civil français avant la réforme en 2016 avait adopté un point de vue identique vis-à-vis de la révision des clauses abusives. Par conséquent, on peut ici présenter certains avis de doctrine française dans ce domaine. Ainsi, les auteurs français avaient estimé que le rejet de principe de la révision est également en lien avec l'inopportunité de l'intervention du juge pour annuler les clauses abusives[1698]. On peut avancer l'idée soutenue par M. AUBERT selon laquelle le rôle actif du juge entraîne « *une croissance excessive des contentieux et la constitution d'une situation impossible à maîtriser au niveau de la Cour de cassation* »[1699].

Il crée en outre une diversité de solutions dangereuses pour la sécurité juridique. Le Professeur D. MAZEAUD a ajouté pour sa part que cette intervention fragilise le contrat parce que, d'une part, le concept de clause abusive est fluide et, d'autre part, la révision va à l'encontre de la fonction habituelle du contrat, qui est un instrument de gestion de risque dont les vertus essentielles sont la prévisibilité et la stabilité[1700].

Par ailleurs, on remarque dans certains pays étudiés que l'intervention législative directe implique nécessairement un refus implicite ou explicite de tout rôle actif du juge. En droit tunisien, ce rejet trouve son fondement, à titre d'exemple, dans la loi du 7 décembre 1992 de la protection du consommateur, qui n'a prévu que la nullité de certaines clauses précisés[1701].

Notons d'ailleurs que dans les régimes juridiques de ces pays, il existe certaines règles classiques qui empêchent le juge de prononcer la nullité en l'absence de texte de loi, tels que l'abus de droit et la lésion. C'est ainsi que les conditions de la première technique sont difficiles à mettre en œuvre. Il s'agit de prouver soit l'intention de nuire soit que la clause cause un dommage notable à autrui et que ce dommage peut être évité ou supprimé sans inconvénient grave pour l'ayant droit. Quant à la seconde technique et à l'instar du droit français, les

---

[1696] Ce principe se retrouve dans l'article 242 du Code tunisien des obligations et des contrats,

[1697] **J. MESTRE et A. LAUDE**, « L'interprétation active du contrat par le juge, in le juge et l'exécution du contrat », *presse universitaire d'Aix-Marseille*, 1993, p. 9. Sur cette question, **M. MAHFOUD**, *Théorie générale des obligations I, « Le contrat »*, en droit tunisien, op. cit., p. 129.

[1698] V., **N. REKIK**, « Les clauses abusives et la protection du consommateur », Etudes juridiques, *Revue publiée par la faculté de droit de Sfax*, 2000, n° 7, p. 120.

[1699] Defrénois, 1991, art.34987, p. 366. **D. MAZEAUD**, *Le juge face aux clauses abusives, in le juge et l'exécution du contrat précité*, p. 23 et s.

[1700] **D. MAZEAUD**, Ibid. p. 23.

[1701] V., **N. REKIK**, « Les clauses abusives et la protection du consommateur », *Etudes juridiques, Revue publiée par la faculté de droit de Sfax*, 2000, n° 7, p. 119.

articles 60 tunisien, 55 marocain et 75 mauritanien des Codes des obligations et des contrats n'admettent pas la lésion comme une cause autonome de nullité[1702].

Il est important de plus de souligner que contrairement aux droits marocain et mauritanien, l'article 540 du Code tunisien des obligations et des contrats semblent être un empêchement de l'extension du pouvoir du juge. En effet, les auteurs tunisiens[1703] indiquent que l'article 540 du Code tunisien des obligations et des contrats peut être considéré comme un obstacle devant le juge pour réviser les clauses abusives, voire pour proposer l'évolution de la loi ainsi que remplir les lacunes de cette dernière. Il dispose que « *les lois restrictives et celles qui font exception aux lois générales ou à d'autres lois ne doivent pas être étendues au-delà du temps et des cas qu'elles expriment* ». Ainsi, s'il est clair que cette disposition vise à lutter contre l'abus du juge dans certains cas, elle peut en même temps être considérée comme un obstacle pour le juge pour proposer l'évolution de la loi et combler ses lacunes.

Les arguments et les exemples précités, malgré leurs pertinences et leur intérêt, ne doivent pas occulter la présence des arguments qui militent en faveur d'un rôle actif du juge dans le cadre de la répression des clauses abusives[1704]. Autrement dit, il semble que l'absence de principe général de lutte contre les clauses abusives dans le droit commun soulève réellement un souci de protection de la partie faible, notamment devant la diffusion ou la prolifération et la diversité de telles clauses dans toutes les relations contractuelles de la vie pratique de ces pays. Cette passivité s'observe au niveau de l'absence de condamnation des clauses abusives par un principe général et au pouvoir retreint dont dispose les juges. Ce souci de protection reste constant malgré l'existence de certains textes, qui à titre exceptionnel, peuvent étendre les attributions du juge dans ce domaine.

B. Les exceptions à la limitation des pouvoirs du juge

555. Le rejet de principe de la révision ne doit pas constituer un obstacle à l'intervention du juge. En effet, le juge ne pouvait rester insensible devant des parties fortes (professionnels) et des parties faibles qui se voyaient appliquer certaines clauses déséquilibrées. Autrement dit, l'intervention du juge ne doit pas se limiter à certaines hypothèses, face notamment à des clauses proposées par les

---

[1702] **A. HAUSSAIIN**, *Les contrats d'adhésions ; étude comparée*, en arabe, op. cit., p. 282 et 283. **N.-A, ALRAHALA**, *Les pratiques modernes dans les affaires de consommation*, op. cit., p. 132 et s.

[1703] **M. ALZAIN**, *La théorie générale des obligations ; Le contrat*, en droit tunisien, op. cit., p. 174. **A. BLHAJ**, « La protection de la partie faible et les clauses exonératoires de la responsabilité », op. cit., p. 39 et 40 ;

[1704] **A. KAHLOUN**, *La théorie générale des obligations : les sources des obligations et les actes juridiques*, op. cit. p. 372

professionnels qui perturbent l'équilibre des contrats au détriment des cocontractants[1705].

On peut soutenir que l'intervention du juge ne portant pas atteinte à la sécurité juridique est opportune elle est aussi juridiquement défendable. Notons de manière générale que si le législateur ne confère pas expressément au juge un pouvoir suffisant qui le permet de lutter contre les clauses abusives, le juge n'est pas ici resté indifférent. Donc, il peut se fonder sur certains principes généraux du droit afin de justifier son intervention, notamment la bonne foi, l'équité, la théorie de l'enrichissement sans cause, la théorie de l'abus de droit et la théorie de la cause[1706], etc. En ce sens, le Professeur STOFFEL-MUNCK[1707] indique que la disposition de bonne foi vise essentiellement à sanctionner une faute de comportement du contractant.

Toutefois, dans les droits tunisien, marocain et mauritanien, cette possibilité légale d'intervention du juge est toujours présente de manière exceptionnelle et de façon restrictive, parce qu'elle n'est pas une règle générale qui s'applique dans tous types de contrats. Les législations des pays concernés précisent préalablement, à titre exceptionnel, les cas et/ou les contrats dans lesquels le juge peut intervenir pour lutter contre les clauses abusives.

En général, les pouvoirs du juge peuvent se rencontrent, d'une manière ou d'une autre, dans le cadre de dispositions du droit commun (1) et de dispositions du droit spécial (2) de ces pays comparés.

1. Les exceptions issues du droit commun

556. Pour réviser les clauses abusives selon le droit commun tunisien, marocain, et mauritanien, le juge peut, tout d'abord, se fonder explicitement ou implicitement sur des textes des Codes des obligations et des contrats. Ensuite, il peut recourir à certains principes du droit commun, notamment la bonne foi, l'équité, l'abus de droit, l'enrichissement sans cause[1708].

[1705] **AL-A. BELAHJ**, « La protection de la partie faible et les clauses d'exonération de responsabilité », en droit tunisien, *Revue de l'association des Juristes de Sfax*, n° spécial 11/2015, en arabe, p. 33 et s.

[1706] Le recours à la notion de cause a été choisi par la Cour de cassation française dans l'arrêt Chronopost du 22 octobre 1996. Cass. com. 22 oct. 1996, *Bull. civ.* I, n° 261, p. 223. Cependant, cette décision a suscité un long débat doctrinal entre les auteurs français. A ce sujet V., notamment, **D. MAZEAUD**, *La protection par le droit commun*, op. cit., p. 33 et s ; **Ch. LARROUMET**, « Obligation essentielle et clause limitative de responsabilité », D., 1997, *Chron.*, p. 145 et s ; **Ph, DELEBECQUE**, « Que reste-t-il du principe de validité des clauses de responsabilité ? » *D. Aff.* 1997, p. 235 ; **M. FABRE-MAGNAN**, obs., sous Cass. Com. 22 oct. *JCP*. 1997, éd. *G*, I, 4002, n° 1 ; **A. SERIAUX**, note sous Cass. Com. 22 oct., *D.* 1997, 121, spéc. n°4.

[1707] **Ph. STOFFEL-MUNCK**, *L'abus dans les contrats*, essai d'une théorie, LGDJ, 2000, n° 86, p. 85 et s.

[1708] **AL-A. BELAHJ**, « La protection de la partie faible et les clauses d'exonération de responsabilité », op. cit., p. 34 ; **F. LOKSAIER**, « La clause pénale en droit tunisien », *Etudes juridiques, Revue de la faculté de droit de Sfax*, 2000, n° 7, p. 77.

Ainsi, on peut dire qu'en droit civil tunisien, marocain et mauritanien, la première réelle opportunité pour mettre en péril une clause abusive est de contester l'essence même du contrat, en relevant un vice du consentement, conformément aux articles concernés des Codes des obligations et des contrats de ces pays. Les dispositions relatives aux vices du consentement sont soumises aux règles régissant tous types de contrats. Ainsi, le juge peut prononcer la nullité comme une sanction normale des clauses abusive fondée sur plusieurs textes du droit commun[1709].

Comme on l'a vu précédemment, l'article 60 du Code tunisien des obligations et des contrats l'article 55 marocain et l'article 75 mauritanien n'admet pas la lésion en tant que vice de consentement, mais le droit positif accepte aussi la révision du contrat déséquilibré.

Par ailleurs, et à la différence de la législation mauritanienne, les articles 1103 tunisien et 878 marocain des Codes des obligations et des contrats permettent au juge de réviser les conditions du contrat du prêt. Ces articles prohibent l'usure en disposant que « *celui qui, abusant des besoins, de la faiblesse d'esprit ou de l'inexpérience d'une autre personne, se fait promettre, pour consentir un prêt ou le renouveler à l'échéance, des intérêts ou autres avantages qui excèdent notablement le taux normal de l'intérêt et la valeur du service rendu, selon les lieux et les circonstances de l'affaire, sera l'objet de poursuites pénales. Les clauses et conventions passées en contravention au présent article pourront être annulées, à la requête de la partie et même d'office, le taux stipulé pourra être réduit, et le débiteur pourra répéter, comme indu, ce qu'il aurait payé au-dessus du taux qui sera fixé par le tribunal. S'il y a plusieurs créanciers, ils seront tenus solidairement* »[1710]. De plus, la Cour de cassation tunisienne a étendu le domaine de cet article au contrat de vente lorsque le prix à payer est à terme[1711]. Les textes précédents permettent au juge de lutter d'office contre les clauses abusives dans les cas prévus.

557. En outre, il y a d'autres textes qui permettent de manière indirecte et parfois implicite aux juges des pays comparés d'intervenir dans la relation contractuelle. A titre d'exemple, les articles 326 tunisien, l'article 307 marocain et l'article 320 mauritanien pour annuler les clauses abusives. Ces articles prévoient que « *la nullité de l'obligation principale entraîne la nullité des obligations accessoires, à moins que le contraire ne résulte de la loi ou de la nature de l'obligation accessoire. La nullité de l'obligation accessoire n'entraîne point la nullité de l'obligation principale* ». Ainsi, le juge peut ici annuler des clauses abusives si elles sont une des obligations accessoires qui n'entraîne point

---

[1709] **A. MOHIM**, *La protection du consommation-contractant ; étude et analyse approfondies à la lumière de l'actualité de la loi n° 31-08 édictant des mesures de protection du consommateur*, op. cit., p. 197.

[1710] La loi n 99-64 du 15 juillet 1999 relative aux taux d'intérêt excessifs opte cependant pour une réduction légale du taux d'intérêt excessifs, *JORT*., n° 57 du 16 juillet 1999 p.1178.

[1711] Cass. Civ. tunisienne n° 6775 du 30 avril 1970, *R.J.L* 1971, n. 1, p. 66.

la nullité de l'obligation principale[1712]. A ce stade, les articles 1302 tunisien, 1035 marocain et 970 mauritanien des Codes des obligations et des contrats permettent au juge d'annuler certaines clauses sans annuler toutes les dispositions du contrat. Ces articles énoncent que « la clause qui affranchirait l'un des associés de toute contribution aux pertes est nulle mais n'annule pas le contrat »[1713]. Aussi, par la nullité relative ou rescision, le juge peut lutter contre certaines clauses abusives dans certains cas[1714], lorsque les articles 327 tunisien, 308 marocain et 321 mauritanien des Codes des obligations et des contrats disposent que « *la nullité d'une partie de l'obligation annule l'obligation pour le tout, à moins que celle-ci puisse continuer à subsister à défaut de la partie atteinte de nullité, auquel cas elle continuera à subsister comme contrat distinct* ». Ces articles posent ainsi un principe général de détermination de l'étendue de la nullité selon un critère intentionnel et affirment une présomption dans le sens de la nullité totale[1715].

Le juge de ces pays peut annuler les clauses qui exonèrent de responsabilité certains vendeurs (marchand ou artisan) pour cause de vices. « *Lorsque le vendeur connaissait les vices de la chose ou l'absence des qualités par lui promises et n'a pas déclaré qu'il vendait sans garantie : cette connaissance est toujours présumée lorsque le vendeur est un marchand ou un artisan qui vend les produits de l'art qu'il exerce* », selon les articles 655 tunisien, 556 marocain et 563 mauritanien des Codes des obligations et des contrats.

D'ailleurs, il faut savoir que si le contractant est une personne illettrée doivent s'appliquer les dispositions des articles 454 tunisien, 427 marocain et 424 mauritanien des Codes des obligations et des contrats qui énoncent que « *les écritures portant l'obligation de personnes illettrées ne valent que si elles ont été reçues par notaires ou par officiers publics autorisés* ». Il est à noter qu'une clause n'est déclarée abusive que par la seule discrétion du juge, car les parties sont censées avoir consenti à la totalité du contenu du contrat réputé consensuel.

558. De plus, nous pouvons souligner que si le juge doit obéir aux règles juridiques, il faut aussi qu'il recherche, comme le soutient certains auteurs, la solution juste, c'est-à-dire, qu'il établisse la justice corrective surtout en matière contractuelle. La réalisation de la justice contractuelle fait partie ainsi du rôle du juge. Pour ce qui concerne le fondement légal d'une telle intervention, on peut penser à la loyauté et la bonne foi en tant que principes généraux de droit[1716]. En

---

[1712] V., **A. HAUSSAIIN**, *Les contrats d'adhésions ; étude comparée*, op. cit., p. 293.

[1713] V., a ce sens par exemple, l'article 644 du Code de commerce tunisien qui dispose que « *est nulle, toute clause par laquelle le transporteur s'exonère en totalité de sa responsabilité pour perte totale ou partielle ou avarie* ».

[1714] V., **A. HAUSSAIIN**, *Les contrats d'adhésions ; étude comparée*, op. cit., p. 295.

[1715] Selon N. REKIK, si par conséquent, une partie prétend que l'acte doit être partiellement maintenu, c'est à elle qu'incombe la charge de prouver que, si le vice avait été connu, l'acte aurait été cependant conclu, à l'origine, sans la partie nulle. Si elle n'apporte pas cette preuve, la nullité sera dans le doute, totale ; **N. REKIK**, « Les clauses abusives et la protection du consommateur », op. cit., p. 157.

[1716] **J. GHESTIN**, al., *Traité de droit civil, la formation du contrat*, n° 255 et s, p.231 ; **A. MOHIM**, *La protection du consommation-contractant ; étude et analyse approfondies à la lumière de*

effet, la notion de bonne foi peut constituer un bon correcteur des importants déséquilibres affectant le contrat. Or, certains auteurs[1717] indiquent que la bonne foi ne fournit en pratique, tout au plus qu'un guide au juge qui l'utilise fort peu et d'une façon rhétorique. « *La seule utilité, nous semble-t-il est de pouvoir offrir une preuve supplémentaire de cette théorie dans le domaine de notre présente étude ou un argument qui indique au juge le caractère abusif d'une clause* »[1718]. D'ailleurs, le Pr. DELEBECQUE a estimé que « *la bonne foi est une limite à l'efficacité des clauses contractuelles. Lorsqu'une clause est invoquée dans des circonstances qui recèlent un abus, elle est inefficace* »[1719]. Dans ce contexte, la jurisprudence tunisienne s'est fondée sur la bonne foi pour annuler des clauses abusives d'exonération de la responsabilité. En effet, la Cour de cassation tunisienne a jugé dans son arrêt du 20 juin 1994 que le contrat entre un promoteur immobilier et un consommateur est un contrat spécifique et technique qui a besoin d'être conclu et d'être exécuté avec une bonne foi, car le consommateur étant la partie la plus faible ne participe pas à l'élaboration des conditions de la promesse de vente ni au contrat définitif[1720].

Aussi, le recours à la notion de l'ordre public virtuel permet au juge de sanctionner une clause parce qu'il la considère comme abusive c'est-à-dire, rappelons-le elle crée, au détriment du consommateur, un déséquilibre significatif entre les droits et les obligations des parties au contrat[1721].

559. Par ailleurs, le recours à la théorie de l'abus de droit peut être un choix du juge pour lutter contre les clauses abusives. La doctrine indique également que la théorie de l'abus de droit se trouve être à la racine de l'adoption des lois spéciales sur les clauses abusives[1722]. De manière générale, on peut dire que la théorie de l'abus de droit constitue un moyen spécifique pour lutter contre les clauses abusives et les déséquilibres contractuels flagrants. Le professionnel a le droit de proposer à ses contractants de conclure des contrats sur la base de conditions prérédigées. Par contre, ce droit est limité et il ne peut abuser de celui-ci pour imposer à la partie faible des obligations contraignantes excessives[1723].

---

l'actualité de la loi n° 31-08 édictant des mesures de protection du consommateur, op. cit., p. 197 et s. **A. A. L. VOLANSKY**, « Essai d'une définition expressive du droit basée sur l'idée de bonne foi », Paris, *librairie de jurisprudence ancienne et moderne*, 1929, n° 13, p. 284.

1717 V. **Y. PICOD**, « Effet obligatoire des convention, exécution de la bonne foi des conventions », op. cit. ; **A.-S. OMRANE**, *La protection du consommateur dans la formation du contrat*, Beyrouth, librairie Al-jamiiya, 2e éd., 2003, n° 35, p. 58 ; **R. CHENDEB**, *Le régime juridique du contrat de consommation, étude comparative*, op. cit., n° 859, p. 305.

1718 **F. EL-SAMAD**, *La protection des consommateurs en France, en Egypte, au Liban (étude comparée)*, Thèse, Université de Montpellier 1 et Université libanaise, 2000, n° 286, p. 173.

1719 **Ph. DELEBECQUE**, note sous Cass. 1er civ., 6 déc. 1989, *J.C.P.* 1990, *G.* II, 21534.

1720 Cass. civ., tunisienne 20 juin 1994, en arabe, cité par **AL-A. BELAHJ**, « La protection de la partie faible et les clauses d'exonération de responsabilité », op. cit., p. 34.

1721 **J. GHESTIN**, al., *Traité de droit civil, la formation du contrat*, op. cit., n° 255 et s, p.231.

1722 **A. KARIMI**, *Les clauses abusives et la théorie de l'abus de droit*, LGDJ. 2001, n° 577, p. 196.

1723 Ibid. ; **A. MOHIM**, *La protection du consommation-contractant ; étude et analyse approfondies à la lumière de l'actualité de la loi n° 31-08 édictant des mesures de protection du consommateur*, op. cit., p. 202.

De surcroît, dans les contrats synallagmatiques, les articles 67 tunisien, 62 marocain et 82 mauritanien des Codes des obligations et des contrats énoncent que « *l'obligation sans cause, ou fondée sur une cause illicite, est non avenue (...)* ». Selon cet ancien pilier garantissant la validité du contrat, la lutte contre les clauses abusives est possible. En effet, l'absence de cause permettait, outre le fait de prononcer la nullité du contrat, d'en écarter certaines clauses injustes. La théorie de la cause constitue un moyen potentiel pour lutter contre les clauses abusives. Elle permet de résoudre les cas où l'obligation souscrite par le professionnel bute sur une simple illusion, sur un engagement corrélatif qui n'est obligatoire et contraignant qu'en apparence[1724].

En ce sujet, Monsieur TESTU[1725] a estimé dans le cadre du contrat d'adhésion que « *le contrat n'a pas à être forcément négocié mais, même admis en bloc par le destinataire de l'offre, il doit convenir à celui-ci dans une mesure suffisante. Il ne s'agit pas d'une stricte égalité, mais simplement de dire qu'une clause qui confère à l'une des parties un avantage sans contrepartie et qui n'a d'autre justification qu'un rapport de force inégalitaire, est en droit inadmissible* ». Néanmoins, un auteur considère que certaines clauses abusives échappent à la théorie de la cause. Le Professeur CALAIS-AULOY considère « qu'*il ne faut pas exagérer la portée de la jurisprudence qui se fonde sur la théorie de la cause : elle peut conduire à l'annulation de certaines clauses, mais non à l'élimination de tous les déséquilibres contractuelles* »[1726]. Dans le contrat de consommation, les clauses abusives sont parfois intégrées dans le contrat de telle manière qu'il est impossible de déterminer leur contrepartie. Ainsi, le recours à la théorie de la cause ne serait d'aucune aide dans ce cas[1727].

Enfin, il faut marquer que les théories générales précitées des droits communs tunisien, marocain et algérien peuvent constituer des techniques théoriquement efficaces pour lutter contre les clauses abusives. Or, l'application de ces théories reste peu usitée. Les juges de ces pays hésitent encore à généraliser cette référence. La non-utilisation de ces théories en matière de clause abusives peut néanmoins s'expliquer en raison de la complexité des conditions d'application de ces théories.

L'inefficacité du rôle du juge dans certains cas selon le droit commun, permet de s'interroger sur son rôle dans la lutte contre les clauses abusives issues des droits spéciaux.

[1724] **G. MEILHAC Epouse REDON**, *Les clauses abusives à l'épreuve de l'harmonisation ; Etude comparative des droits français Allemand et anglais*, Thèse, Université de Lyon III, 2001, n° 326, p. 312. **D. MAZEAUD**, *La protection par le droit commun*, op. cit, p. 33 et s.

[1725] **F. X. TESTU**, *Le juge et le contrat d'adhésion*, J.C.P., 1993. I, 3673, n° 9.

[1726] **J. CALAIS-AULOY et F. STEINMETZ**, *Droit de la consommation*, op. cit., n° 173, p. 201.

[1727] **R. CHENDEB**, *Le régime juridique du contrat de consommation*, étude comparative, op. cit., n° 850, p. 301.

2. Les exceptions issues des droits spéciaux

560. Devant la carence des législations en droit commun qui confient aux juges le pouvoir de déterminer et lutter contre la clause abusive, les législateurs recourent souvent à l'utilisation des exceptions prévues par les droits spéciaux. Plus précisément, on peut dire que si l'intervention du juge est limitée dans le droit commun des pays précités, l'étendue de cette intervention peut être encouragé ou renforcé par des textes dans les droits spéciaux de ces pays. Cependant, la faculté pour le juge d'intervention au contrat porte ici sur des caractères exceptionnels, parce que l'intervention du juge n'est que des cas bien déterminés. Ainsi, il n'est pas tous les types du contractant faible peuvent bénéficier de cette protection judiciaire.

En tout état de cause, on peut constater que malgré la variété des textes en droits spéciaux concernant l'intervention des juges, le pouvoir de ce dernier reste restreint dans les droits spéciaux tunisien et mauritanien (a). En revanche, le pouvoir du juge marocain va un peu plus loin dans l'intervention sur la base de certains textes du droit spécial, notamment avec les dispositions de la loi n°31-08 édictant des mesures de protection du consommateur (b).

a. Les exceptions en droits tunisien et mauritanien

561. Bien que les législateurs tunisien[1728] et mauritanien aient adopté beaucoup de textes concernant la protection du contractant supposé le plus faible, on ne peut pas trouver de textes globaux qui permettent au juge de lutter contre les clauses abusives dans les relations contractuelles. La possibilité de l'intervention du juge est toujours exceptionnelle dans les droits de ces deux pays. De plus, l'intervention des juges pour lutter contre les clauses abusives varie selon le type de clause qui leur est déférée. Ainsi, les législations déterminent certains types des clauses abusives.

En réalité, la méthode suivante en droit tunisien et mauritanien porte sur l'intervention directe du législateur pour déterminer certaines clauses considérées comme abusives afin de les annuler, et le plus souvent de les sanctionner pénalement.

Plus précisément, si la clause figure dans la liste des clauses considérées comme abusive, le juge se borne à vérifier la conformité de la clause litigieuse à celle de la liste ; dans l'affirmative, il ne peut que la déclarer abusive. Ainsi, la loi a exclu tout rôle actif du juge, et en conséquence fait prévaloir les exigences de la sécurité juridique au détriment de la justice contractuelle[1729].

En droit tunisien, une solution exceptionnelle est retenue par l'arrêté du ministre du commerce du 17 février 1998 relatif aux modalités de garantie spécifique aux appareils d'équipements électroménagers et d'électronique-grand

---

[1728] On cite surtout la loi 92-117 du 7 décembre 1992 relative à la protection du consommateur, la loi 98-39 du 2 juin 1998 portant sur les ventes avec facilités de paiement et la loi 98-40 du 2 juin 1998 relative aux techniques de vente et à la publicité commerciale etc.

[1729] V., **N. REKIK**, « Les clauses abusives et la protection du consommateur », op. cit., p. 142.

public permet au juge d'annuler des clauses abusives insérées dans un contrat de garantie[1730]. En effet, cet arrêté dispose dans son article 3 alinéa 2 que « *les contrats de garanties ne doivent pas contenir de clauses pouvant présenter un caractère abusif* »[1731].

562. Par ailleurs, le juge peut également prononcer la nullité comme une sanction normale des clauses abusive dans d'autres cas.

Ainsi, pour protéger l'assuré qui est la partie la plus faible au contrat d'assurance, le juge tunisien peut annuler des clauses en application de l'article 12 du Code des assurances. Cet article prévoit en effet que « *sont nulles : 1) Toutes clauses générales frappant de déchéance l'assuré en cas de violation des lois ou des règlements, à moins que cette violation ne constitue un crime ou un délit intentionnel. 2) toutes clauses frappant de déchéance l'assuré à raison de simple retard apporté par lui à la déclaration du sinistre aux autorités ou à des productions de documents, sans préjudice du droit pour l'assureur de réclamer une indemnité proportionnée au dommage que ce retard lui a causé. 3) Toute clause édictant des nullités, des déchéances ou des exclusions non mentionnées en caractères très apparents* ».

De même, en droit commercial tunisien, le juge peut intervenir pour annuler certaines clauses qui sont considérées comme abusives. A titre d'exemple, l'article 644 du Code de commerce tunisien dispose que « *est nulle, toute clause par laquelle le transporteur s'exonère en totalité de sa responsabilité pour perte totale ou partielle ou avarie* ». Dans le même sens, l'article 656 du même Code énonce que « *est nulle, toute clause par laquelle le transporteur s'exonère, en tout ou en partie, de sa responsabilité pour les dommages corporels survenus aux voyageurs* ».

Ici, il est important d'indiquer que le législateur tunisien ne précise pas les effets de la nullité prononcée. A titre d'exemple, l'article 17 al.2 de la loi relative à la protection du consommateur prévoit que « *toute convention ou contrat relatif à la non- garantie est nul* ». Cette disposition vise-telle la nullité de tout le contrat de vente ou uniquement de la clause de non-garantie ?

Tout d'abord, on peut dire que l'esprit et la finalité des textes permet en effet de savoir si la nullité est partielle ou totale. Dans ce cas, le législateur vise principalement à protéger les intérêts ou les droits du consommateur vis-à-vis du professionnel. Cet objectif est sous-entendu dans l'article premier de la loi précitée qui dispose que « *la présente loi a pour objet de fixer les règles générales afférentes à la sécurité des produits, à la loyauté des transactions économiques et à la protection du consommateur* ». Dès lors, La nullité partielle voulue par la loi permet en effet d'appliquer un régime juridique jugé plus favorable au consommateur. La nullité de la clause dans un contrat de garantie ne doit en aucun

---

[1730] V., Ibid., pp. 119 et 122.

[1731] Arrêté du ministre du commerce du 17 décembre 1998, relatif aux modalités de garantie spécifique aux appareils d'équipements électroménagers et d'électroniques grand public. *JORT.*, n° 102 du 22 déc. 1998, p.2456.

cas entraîner la nullité de tout le contrat parce qu'alors l'acquéreur va être privé du bénéfice de la garantie conventionnelle et légale[1732].

En tout état de cause, la nullité totale constitue ainsi une arme contre la partie faible qui l'empêche d'agir et participe ainsi à mettre en échec l'efficacité du système de protection voulu par le législateur. Par contre, si la nullité partielle est retenue, cela a pour effet d'appliquer le régime que le législateur considère comme favorable à la partie faible.

b. Les exceptions en droit marocain

563. Comme leurs homologues tunisien et mauritanien, le législateur marocain a adopté dans les droits spéciaux divers textes qui permettent au juge, d'une manière ou d'une autre, de lutter contre les clauses abusives. D'une manière générale, la loi précitée n° 31-08 édictant des mesures de protection du consommateur est considérée comme la pierre angulaire dans le domaine de protection le consommateur par l'intervention du juge et indépendamment du principe juridique selon lequel « *le contrat est la loi des parties* », mais cela est toujours dans le cadre du contrat de consommation[1733].

En effet, il va sans dire que la loi marocaine n° 31-08 édictant des mesures de protection du consommateur a expressément introduit pour la première fois en droit marocain la notion de clause abusive afin de mieux protéger le consommateur. Autrement dit, il est à noter que la loi susmentionnée n° 31-08 et ses décrets d'application ont facilité le travail des juges marocains, qui résorbent de plus en plus le déséquilibre qui existe dans la relation contractuelle entre les consommateurs et les professionnels. Dès lors, on constate ainsi que la loi 31-08 procède d'une vision plus réaliste des relations contractuelles modernes et d'une approche plus objective du contrat où les éléments de loyauté, de justice et d'équilibre doivent désormais trouver leur place à côté de la volonté.

Tout d'abord, le législateur marocain est intervenu en vertu de l'article 16 de la loi, en accordant au juge un pouvoir d'appréciation très large, en se référant au moment de la conclusion du contrat à toutes les circonstances qui entrent dans sa conclusion, pour déterminer le déséquilibre manifeste ou significatif (au détriment du consommateur) entre les droits et obligations des parties[1734].

D'ailleurs, le législateur marocain détermine préalablement certaines clauses comme clauses supposées abusives. Ainsi, si la clause se trouve dans la liste supposée abusive, (selon l'article 18 de la loi 31-08), les juges ont pour mission non seulement de vérifier que la clause litigieuse correspond à celle de la liste, mais encore d'apprécier les preuves éventuellement apportées par le professionnel. Toutefois, la loi 31/08 prévoit également qu'en cas de litige

---

[1732] V., **N. REKIK**, « Les clauses abusives et la protection du consommateur », op. cit., p.158.

[1733] **A. MOHIM**, *La protection du consommation-contractant ; étude et analyse approfondies à la lumière de l'actualité de la loi n° 31-08 édictant des mesures de protection du consommateur*, op. cit., p. 232 et s.

[1734] **Abdel-K. EL-AARAARY**, *Les ressources des obligations ; La théorie du contrat de vente*, Dar Elamane, Rabat, 6e éd., 2018, en arabe, n° 250, p. 220.

concernant une clause abusive, le fournisseur doit apporter la preuve du caractère non abusif de la clause objet du litige. Cela semble a priori favorable au consommateur mais cela signifie aussi qu'il est toujours possible au professionnel de contester le caractère abusif de la clause qu'elle figure ou pas sur la liste indicative. En revanche, sur le terrain probatoire, on verra que le consommateur dans les régimes juridiques des autres pays comparés bénéficie d'une situation plus confortable.

564. Il convient de s'intéresser aux décisions judiciaires en matière de litiges de consommation, notamment les litiges relatifs à l'application et à l'exécution des contrats de prêts. Les juges saisis, en se basant sur la loi n° 31-08 et sur leur pouvoir d'appréciation, ont déclaré abusives, au sens où l'entend la loi, certaines clauses litigieuses insérées dans le corps des contrats de crédit. Certes, ces décisions judiciaires rendues principalement par les tribunaux de Rabat, Casablanca, Marrakech, Fès et Meknès), sont considérées réconfortantes et très satisfaisantes et deviennent aujourd'hui une référence et une position constante pour les juridictions du royaume.

Conformément aux dispositions de l'article 19 de la loi n° 31-08, « *sont nulles et de nul effet les clauses abusives contenues dans les contrats conclus entre fournisseur et consommateur* ». Cependant, le contrat restera applicable dans toutes ses dispositions autres que celles jugées abusives s'il peut subsister sans lesdites clauses. Cette possibilité est originale vis-à-vis les principes du droit commun, car traditionnellement le contrat basé sur une volonté altérée était frappée de nullité dans sa globalité. Cette sanction classique de la nullité de tout le contrat était inopportune ; le consommateur a besoin du contrat mais ne veut pas se voir imposer des clauses léonines. Compte tenu de la gravité de l'atteinte portée à l'équilibre des contrats par l'insertion de ces clauses abusives, ces dernières sont réputées « non écrites », autrement dit comme si elles n'existaient plus et le consommateur retrouve ainsi ses droits, sans que le contrat ne soit remis en cause, c'est-à-dire que les autres dispositions demeurent valables et continueront de s'appliquer[1735].

De plus, l'article 20 de la même loi dispose que « *les dispositions du présent titre sont d'ordre public* », Dès lors, le juge peut soulever d'office le caractère abusif de la clause[1736].

En résumé, les juges saisis ont déclaré abusives, au sens où l'entend la loi, certaines clauses qui y figurent. Elles sont alors réputées non écrites et deviennent sans effet. Autrement dit, si la clause ne trouve écho dans aucune contrepartie pour le consommateur (car aucune obligation ou responsabilité n'est allégée pour

---

[1735] **Z. ZNAIDI**, « La protection du consommateur contre les clauses abusives insérées dans les contrats de prêt immobilier », en droit marocain, https://www.marocdroit.com, consulté le 10 janv. 2017 ; **A. MOHIM**, *La protection du consommation-contractant ; étude et analyse approfondies à la lumière de l'actualité de la loi n° 31-08 édictant des mesures de protection du consommateur*, op. cit., pp. 238 et 244.

[1736] **A. BOUCHAN**, « Quelle protection pour le consommateur dans le cadre de la prestation bancaire ? », en droit marocain, http://www.droitetentreprise.org, consulté le 15 mars 2017.

sa part), un déséquilibre pourra peut-être être établi. Encore faudrait-il qu'il soit significatif. Cette limite permet de ne corriger que les déséquilibres très importants. Intentionnellement vague, le standard du déséquilibre significatif permet au juge de s'adapter en fonction de la clause et du contrat litigieux. Ainsi, le déséquilibre significatif, caractérisé lors d'une appréciation globale du contrat, appelle le concours actif du juge. Pourtant, le pouvoir réglementaire reste, dans la loi, en première ligne pour définir les clauses abusives. Afin de guider le juge et prévenir les parties, une liste de clauses présumées abusives a été adoptée[1737].

Paragraphe 2 : Un pouvoir étendu du juge ; en droits libyen, algérien et français

565. En principe, les raisons de l'intervention du juge tiennent à la prise de conscience des abus dans les contrats prérédigés par un professionnel qui entend imposer ses conditions à son cocontractant. Dès lors, les abus pouvant se rencontrer dans n'importe quel contrat, il convenait d'élargir considérablement le domaine de la lutte contre les clauses abusives.

En d'autres termes, dans un souci tant de protection de la partie considérée comme la plus vulnérable et faible que de lutte contre les déséquilibres contractuels majeurs survenant en cours d'exécution du contrat, les droits français, algérien et libyen soutiennent le rôle du juge dans le contentieux du contenu du contrat. Selon les droits de ces pays, le recours au juge permet de déterminer rapidement si la clause en question a pour objet ou pour effet de créer au détriment de la partie faible, un déséquilibre significatif ou manifeste entre les droits et obligations des parties au contrat.

En effet, comme leurs homologues tunisien, marocain et mauritanien, les législateurs libyen, algérien et français accordent au juge le pouvoir d'interpréter la clause contractuelle en la qualifiant d'abusive. Cela a pour effet de freiner l'utilisation par les tribunaux de certaines notions classiques de droit commun, telle la théorie de la cause, la notion de bonne foi, la théorie de l'abus de droit, l'idée d'obligation fondamentale dans les contrats, la notion de condition purement potestative, etc.,[1738]. En ce sens, Le Professeur CADIET a indiqué que « *le juge du contrat n'est plus le spectateur passif de la querelle contractuelle, prisonnier d'un prétendu principe de l'autonomie de la volonté qui lui impose de respecter les termes de la convention et lui interdit de modifier le contenu, fût-ce, pour rétablir entre les parties, un équilibre injustement rompu.* »[1739].

[1737] En ce sens, V., **M. LEVENEUR-AZEMAR**, *Etude sur les clauses limitatives ou exonératoires de responsabilité*, Thèse, Université Panthéon-Assas (Paris II), 2016, n° 208, p.134 ; V., **Abdel-K. EL-AARAARY**, *Les sources des obligations ; La théorie du contrat*, en droit marocain, op. cit., n° 248, p. 219 et s.

[1738] **M. LACHACHI**, « Les clauses abusives : Notions et Moyens de lutte en droit algérien et français », *Revue des études juridiques comparatives en Algérie*, n° 3, déc. 2016, p. 230 et s.

[1739] **L. CADIET**, « Une justice contractuelle », l'autre, in, Etudes offertes à **J. GHESTIN**, *Le contrat au début du XXI ième siècle*, LGDJ., 2001, n° 2, p. 181.

De plus, par des textes spécifiques issus tant du droit commun que de droits spéciaux, le juge doit veiller à ce que certaines clauses ne soient pas le siège de l'égoïsme contractuel[1740]. Dès lors, on remarque ici que « *l'intervention du juge, comme correcteur de l'abus* »[1741], notamment dans le cadre de la lutte contre les clauses abusives. Ainsi, de nombreuses législations confèrent au juge des pouvoirs théoriques particulièrement larges faisant dire à certains auteurs que le juge devient la « *troisième partie au contrat* »[1742].

De manière générale, la source d'extension du pouvoir du juge en droit libyen, algérien et français démontre que les législations sur les clauses abusives dans ces pays ont permis au juge de redéfinir le contenu des contrats en les amputant de certaines clauses qui, selon la formule légale consacrée, « *ont pour effet de créer un déséquilibre manifeste ou significatif* » en droit commun et en droits spéciaux. D'ailleurs, notamment en droit français et algérien, le juge se borne souvent à contrôler la qualification mais est lié par l'énumération légale des listes prévues par la loi[1743].

Nous pouvons constater d'après les droits de ces pays que l'intervention du juge pour lutter contre les clauses abusives existe explicitement dans plusieurs textes de différentes branches du droit. Les juges de ces pays peuvent intervenir en s'appuyant sur les dispositions du Code civil (A). De même, leur pouvoir d'intervention est renforcé par certains droits spéciaux (B).

A. L'intervention du juge fondé sur les droits communs

566. Les procédés de droit commun permettant un contrôle des contrats par le juge, tels que la théorie de la cause, la bonne foi, l'abus de droit, les vices du consentement ou la lésion, étaient en effet insuffisants pour lutter contre les stipulations abusives dans les contrats[1744]. Cependant, les manifestations de l'élimination des clauses abusives en tant que telles étaient relativement exceptionnelles. C'est pourquoi, les législateurs libyen, algérien et français sont intervenus en généralisant la lutte contre les clauses abusives.

Les législateurs de ces pays n'hésitent pas accorder au juge un pouvoir étendu contre les clauses abusives par des textes du droit civil. La généralisation de la

---

[1740] **C. CARON**, « Les clauses résolutoire en droit français, Etudes juridiques », *Revue de la faculté de Droit de Sfax*, 2000, n° 7, p. 69.

[1741] **M. DAVY**, « Le renforcement des pouvoirs du juge dans la réforme du droit des contrats : faut-il s'en réjouir ? », www.altanalaw.com, consulté le 15 juin 2017.

[1742] **L. VOGEL**, « Le nouveau droit des contrats : obsolète et conne-productif », *AJCA*, 2016, p. 309 ; **J. VOGEL**, « Réforme du droit des contrats : "Le juge devient une troisième partie au contrat", pour Joseph Vogel », http://www.actuel-direction-juridique.fr, 18 févr. 2016 ; **B. ATMANI**, « Le juge nouvelle partie du contrat civil », *Revue Académique de la Recherche Juridique*, Université Abderrahmane Mira de Béjaïa, Algérie, n° 15, 01-2017, p. 429.

[1743] V. **S. LE GAC-PECH**, *Droit de la consommation*, Dalloz, 2017, p. 43 ; **S. ZOUBAH**, *Les nouvelles dispositions de la protection du consommateur*, en droit algérien, op. cit., p. 126 et s.

[1744] **D. ZENNAKIA**, « La protection de la partie faible lors de la formation du contrat en droit algérien de la consommation », *Revue franco maghrébine de droit*, n° 20, 2013, p. 313.

sanction des clauses abusives en droit commun des contrats constitue, sans nul doute, l'une des techniques les plus efficaces pour protéger la partie faible au contrat[1745]. Cela va sans dire que ces dispositions permettent au juge d'intervenir de manière large pour lutter contre les clauses abusives. Parce que l'introduction dans le Code civil d'un dispositif de contrôle des clauses abusives entraîne un affaiblissement de la force obligatoire du contrat[1746].

C'est ainsi que les dispositions du Code civil de ces pays met en place des mécanismes de révision ou de suppression les clauses abusives. Mais, il convient ici de noter dans le cadre de comparaison entre les dispositions du Code civil des pays concernés que les législateurs libyen et algérien ont été parmi les premiers à adopter ces mesures, par rapport des autres législateurs, en accordant le juge des pouvoirs pour lutter contre les clauses abusives. L'intervention du juge peut fonder sur des textes directs ou indirects des Codes civils de ces deux pays (1). En revanche, l'ordonnance n° 2016-131 du 10 février 2016 portant réforme du droit des obligations introduit dans le Code civil français certaines dispositions qui affectent de manière substantielle les prérogatives du juge face au contrat (2).

1. La révision des clauses abusives dans les droits algérien et libyen

567. Depuis l'adoption des Codes civils, les législateurs libyen et algérien se sont préoccupés de protéger la partie faible par un pouvoir étendu du juge lorsque cette partie adhère à un contrat préétabli la liant par des stipulations abusives. Ainsi, les deux législateurs accordent les juges d'un pouvoir discrétionnaire leurs permettant de modifier ou annuler les clauses désavantageant de manière inappropriée le contractant au mépris des principes de justice, de bonne foi et d'équité[1747]. L'article 149 du Code civil libyen et l'article 110 du Code civil algérien prévoient de manière identique que « *lorsque le contrat se forme par adhésion, le juge peut, si le contrat contient des clauses léonines, modifier ces clauses ou en dispenser la partie adhérente et cela, conformément aux règles de l'équité. Toute convention contraire est nulle* ». Dès lors qu'elle est abusive, la clause est réputée non écrit, en revanche le contrat demeure applicable dans ses autres dispositions.

[1745] **M. BOUDALI**, *Les clauses abusives des contrats en droit algérien, Étude comparée avec les droits français, allemand et égyptien*, op. cit, p. 48.

[1746] J. VOGEL estime que « *de façon générale, l'introduction dans le Code civil d'un dispositif de contrôle des clauses abusives entraîne un affaiblissement de la force obligatoire du contrat, au détriment de l'attractivité du droit français et de la compétitivité des entreprises françaises* ». **J. VOGEL**, « Réforme du droit des contrats : "Le juge devient une troisième partie au contrat", pour Joseph Vogel », http://www.actuel-direction-juridique.fr, consulté le18 févr. 2016. A ce sujet, V. **M. ABOU KMASH**, *Le pouvoir du juge de modification du contrat dans le Code civil algérien et les jurisprudences islamiques*, op. cit., p. 149 et s.

[1747] **AL-K. ABBOUDH**, *Fondamentaux du droit positif libyen ; Introduction de science du droit*, Centre national de la recherche et des études scientifiques, en arabe, Tripoli, 4e éd, 2003, p. 270 et s ; **D. ZENNAKIA**, « La protection de la partie faible lors de la formation du contrat en droit algérien de la consommation », op. cit., p. 313.

Lorsque le juge constate la présence de clauses léonines, c'est-à-dire de clauses significatives d'un abus de situation sur la partie adhérente, il a le pouvoir de modifier ces clauses ou d'en « *dispenser la partie adhérente* » ce qui revient à les neutraliser, à considérer qu'elles sont réputées non écrites[1748]. Certes, cette solution, incontestablement justifiée par l'équité qui doit présider aux relations contractuelles, montre en même temps que le contrat d'adhésion a une nature différente de celle du contrat négocié et du reste, le pouvoir du juge ne saurait être remis en cause par une clause contraire[1749].

568. Donc, les dispositions des articles précités se fondent généralement sur des techniques efficaces pour lutter contre les clauses abusives dans le contrat d'adhésion. Ces articles permettent d'ailleurs de remédier aux conséquences pouvant résulter de cette impossibilité de négocier avec le professionnel qui est en position de force, et peut de ce fait imposer de façon incorrecte ou abusive sa volonté au cocontractant qui, en position de faiblesse, a pour seul choix d'adhérer ou de ne pas contracter. Ainsi, ces dispositions ont pour avantages d'exonérer la partie faible d'apporter la preuve du caractère abusif de la clause[1750].

Aux termes des articles précédents du Code civil libyen et algérien, c'est au juge du fond de déterminer, en se référant aux circonstances ayant entouré la conclusion du contrat, si une clause est abusive ou juste et de réagir pour protéger la partie faible du contrat.

Cependant, on constate que les articles 149 libyen et 110 algérien des Codes civils n'ont pas de manière claire traité de la question du saisine d'office du juge. Mais, il semble que les termes utilisés dans les articles en cause n'empêchent pas l'intervention d'office du juge[1751]. En effet, les deux articles exigent que « le contrat se forme par adhésion ». Puis, conformément aux règles de l'équité, le juge peut directement « *modifier ces clauses ou en dispenser la partie adhérente* » sans exigence d'autres conditions.

De plus, la lecture des deux articles montre que le pouvoir d'intervention du juge n'est pas que facultatif, c'est-à-dire non obligatoire. En effet, les deux articles indiquent que le juge « *peut* » (comme il peut ne pas) modifier les clauses abusives et/ou en dispenser la partie adhérente. Par conséquent, le juge n'est pas obligé

[1748] V, **M. AL-BADWI ALAZHARI,** *La théorie générale des obligations en droit libyen*, vol. 1, op. cit. p. 68 ; **D. AL-SAMOURAII**, « Le pouvoir du juge dans la modification du contrat », Majalat AL-Asmarya (Libye), en arabe, n° 3, 2004, 314.

[1749] **A. BENCHENEB**, *Le droit algérien des contrats*, op, cit., n° 191, p. 138 ; **M. BOUDALI**, *Les clauses abusives des contrats en droit algérien, Étude comparée avec les droits français, allemand et égyptien*, op. cit., p. 59.

[1750] V., **R. CHENDEB**, *Le régime juridique du contrat de la consommation*, op. cit, n° 834, p. 295 ; **S. ZOUBAH**, *Les nouvelles dispositions de la protection du consommateur*, op. cit., p. 109 et 110.

[1751] Contrairement à ce point de vue, Monsieur M. BOUDALI a indiqué que selon l'article 110 du Code civil algérien, le juge ne peut pas réviser ou modifier les clauses abusives du contrat d'adhésion, si le contractant adhérant ne le demande pas. **M. BOUDALI**, *Les clauses abusives des contrats en droit algérien, Étude comparée avec les droits français, allemand et égyptien*, op. cit., p. 59. Dans le même sens V. égal. **M. ABOU KMASH**, *Le pouvoir du juge de modification du contrat dans le Code civil algérien et les jurisprudences islamiques*, op. cit, p. 162.

d'intervenir contre telles clauses. Cette approche des droits libyen et algérien soulève la même question en droit français où le débat doctrinal a été suscité sur ce point précis, comme on verra plus tard[1752].

En outre, le pouvoir des juges dans le cadre du contrat d'adhésion est ici illimité, car ils ne sont pas soumis dans leur appréciation à la censure de la Cour régulatrice. A ce sujet, AL-SANHOURY estime que la haute juridiction ne peut pas vérifier si les arguments sur lesquels se sont fondés les juges du fond, sont suffisants et décisifs[1753].

Par ailleurs, on doit remarquer que la nullité partielle, prévue dans ces articles, permet au juge de ramener un élément essentiel du contrat d'adhésion à sa juste valeur.

569. Enfin, on note que selon les Codes civils libyen et algérien, le juge ne peut exercer son pouvoir contre les clauses abusives que dans le contrat d'adhésion. Toutefois, ces clauses abusives peuvent exister dans autres types du contrat. Le professeur A. BENCHENEB[1754] estime que « *l'abus de situation provoqué par une partie contractante peut conduire à prévoir une telle clause aussi bien dans un contrat d'adhésion que dans un contrat négocié voire dans un autre document contractuel, ce qui revient à dire que le rapport de forces qui conduit à la clause abusive n'est pas révélé par le seul examen formel du contrat et par les modalités d'expression du consentement de la partie adhérente* ». D'ailleurs, le rapport de force existant lors de la négociation et se soldant par un abus peut se déduire de l'examen du contenu de certaines clauses ainsi considérées comme abusives. Le comportement des contractants et la réalité du préjudice découlant de l'abus importent peu car l'essentiel tient dans l'analyse objective de la clause qui permet de la qualifier éventuellement d'abusive. Ainsi, le pouvoir du juge dans la lutte contre les clauses abusives ne se limite pas au domaine des contrats d'adhésion mais s'étend également à tout type de convention car, dans cette lutte, quel que soit le comportement des parties ou le préjudice subi, le critère déterminant à prendre en considération est le caractère abusif de la clause.

De surcroît, les articles 129 libyen et 90 algérien des Codes civils disposent également que « *si les obligations de l'un des contractants sont hors de toute proportion avec l'avantage qu'il retire du contrat ou avec les obligations de l'autre contractant et s'il est établi que la partie lésée n'a conclu le contrat que par suite de l'exploitation par l'autre partie de sa légèreté notoire ou d'une passion effrénée, le juge peut, sur la demande du contractant lésé, annuler le contrat ou réduire les obligations de ce contractant* ».

Ainsi, les législateurs libyen et algérien optent ici pour une conception sociale des rapports contractuels de nature à faire régner au sein de ceux-ci le plus de

---

[1752] *Infra.*, p. 322 et s, 352 et s.

[1753] **A. AL-SANHOURY**, *Traité de droit civil*, tome 1, Le Caire, 1954, p. 54 ; V., **S. ZOUBAH**, *Les nouvelles dispositions de la protection du consommateur*, en droit algérien, op. cit., p. 132.

[1754] **A. BENCHENEB**, *Le droit algérien des contrats*, op, cit., n° 192, p. 138.

justice possible[1755]. En effet, les textes susmentionnés de ces deux pays font état du déséquilibre des relations contractuelles provenant de l'exploitation par l'une des parties de la légèreté notoire ou de la passion effrénée de l'autre, (c'est-à-dire l'exploitation de l'état de faiblesse d'un des contractants)[1756]. Par conséquent, si la partie lésée (faible) le demande, le juge peut intervenir pour annuler le contrat ou réduire les obligations de cette dernière.

En général, on constate que la technique libyenne et algérienne de lutte contre les clauses abusives permet d'exercer un contrôle intense des clauses contractuelles imposées par le professionnel. Ainsi, le juge peut protéger l'ordre économique et social qui constitue un principe directeur en matière contractuelle[1757]. Cela revient à pratiquer une chirurgie dans le corps du contrat. Mais, c'est aussi faire affront à la philosophie de l'autonomie de la volonté, fondée sur l'égalité abstraite de la force de négociation des parties et heurter de plein front le principe de la force obligatoire du contrat selon le droit commun.

570. Par ailleurs, il convient également de souligner que nous pouvons rencontrer des textes du droit commun algérien et libyen qui permettent au juge d'une manière ou d'une autre de lutter contre les clauses supposées abusives. Ainsi, les articles 220 libyen et 178 algérien des Codes civils dispose « qu'*est nulle toute clause exonérant de la responsabilité délictuelle* ». Par conséquent, le juge de ces pays peut annuler une telle clause avant la survenance d'un préjudice[1758].

Mais également en droit des assurances, l'article 622 du Code civil algérien et l'article 750 du Code civil libyen énumèrent certaines clauses qui sont qualifiée d'abusives et qui sont toujours nulles[1759].

En effet, le contrat peut pendant son exécution révéler un déséquilibre entre le prix et les prestations promises, si bien que la question se pose de savoir si la fonction du contrat peut être de conduire à la ruine du débiteur, sa faillite ou si un souci d'équité ne doit pas conduire le juge, en cas de désaccord des parties, à

1755 *Supra.*, p. 257.

1756 **D. ALLAG-ZENNAKI**, *Contrats : Négociation ; Construction ; Rédaction*, en droit algérien, DAR EL ADIB, 2016, p. 143 ; **M. AL-BADWI ALAZHARI,** *La théorie générale des obligations en droit libyen*, vol. 1, en arabe, op. cit. p. 123 ; **A. ARARAH**, *L'équilibre contractuel lors de la formation du contrat*, Thèse, Université D'Alger, en arabe, 2014-2015, p. 100 et s.

1757 **M. BOUDALI**, *Les clauses abusives des contrats en droit algérien, Étude comparée avec les droits français, allemand et égyptien*, op. cit., p. 59.

1758 *Ibid.*, p. 71

1759 Les articles 622 algérien et 750 libyen des Codes civils disposent que « *les clauses suivantes sont nulles : - la clause qui édicte la déchéance du droit à l'indemnité, à raison de violation des lois ou des règlements, à moins que cette violation ne constitue un crime ou un délit intentionnel, - la clause qui édicte la déchéance du droit de l'assuré, à raison du retard dans la déclaration du sinistre aux autorités, ou dans la production des pièces, s'il appert des circonstances que le retard est excusable, - toute clause imprimée qui n'est pas présente d'une manière apparente et qui prévoit un cas de nullité ou de déchéance, - la clause compromissoire qui est comprise dans les conditions générales imprimées de la police et non sous la forme d'une convention spéciale des conditions générales, - toute autre clause abusive s'il apparaît que sa violation a été sans influence sur la survenance du sinistre qui fait l'objet de l'assurance* ».

procéder à une révision du prix pour rééquilibre le contrat, en quelque sorte le préserver, compte tenu du risque qu'il fait peser sur le débiteur[1760].

L'intervention d'un juge pour réviser le prix dans un contrat suppose le constat d'un certain déséquilibre entre ce prix et les prestations. Cette intervention a un caractère exceptionnel parce qu'il n'est pas dans la mission du juge de se substituer aux parties pour refaire le prix qu'elles fixent.

Ici, le déséquilibre doit être causé par un déficit de prévision des parties quant aux prestations à réaliser, conduisant à une inadéquation du prix convenu par rapport aux prestations réelles ou à la valeur réelle de la chose. Encore convient-il de relever que l'intervention du juge, à raison de l'ingérence exceptionnelle qu'elle constitue dans la sphère contractuelle, doit être justifiée par la loi, comme le montre le Code civil[1761].

571. D'une manière générale, d'autres révisions judiciaires des clauses sont prévues dans les Codes civils algérien et libyen. Ainsi en matière de vente lorsque la chose vendue a perdu de la valeur avant sa livraison, par suite d'une détérioration qu'elle a subie. Les avaries subies par la chose avant sa délivrance à l'acheteur permettent à ce dernier de demander la réduction judiciaire du prix, du moins s'il en a l'usage (l'article 370 du Code civil algérien et l'article 427 du Code civil libyen).

La demande de révision judiciaire du prix peut également se concevoir en cas de vice caché ou de défaut non apparent de la chose (article 379 algérien et l'article 436 libyen), c'est-à-dire d'un défaut de qualités qui en affectent l'utilisation ou la valeur. Lorsqu'en effet les défauts n'empêchent pas l'acheteur d'utiliser la chose, la diminution de sa valeur, que les articles 376, 382 algériens et les articles 433, 440 libyens des Codes civils présentent comme un préjudice, conduit à une réduction du prix qui doit être estimé en fonction de la diminution de valeur du bien vendu[1762].

Une intervention judiciaire du même type est admise lorsque la délivrance de la chose louée affecte l'usage de locaux (l'article 477 du Code civil algérien et l'article 564 du Code civil libyen) ou de vice caché dans le cadre d'un prêt de consommation (les articles 453 algérien et 540 libyen des Codes civils).

Enfin, l'intervention du juge se conçoit dans les contrats de mandat rémunéré lorsque la rémunération du mandataire est contestée et est prévue par l'article 581 du Code civil algérien. On constate sur ce point que la disposition du Code civil libyen est différente de celle du code algérien. Selon l'article 709 du Code civil libyen, le juge ne peut intervenir à la rémunération que si les parties ne la déterminent pas au contrat. En revanche, l'article 581 du Code algérien énonce que « *le mandat est un acte à titre gratuit sauf convention contraire expresse ou tacite résultant de la condition du mandataire. La rémunération convenue est*

[1760] **A. BENCHENEB**, *Le droit algérien des contrats*, op, cit., n° 304, p. 221.

[1761] *Ibid.*, n° 306, p. 222.

[1762] **B. ATMANI**, « Le juge nouvelle partie du contrat civil », *Revue Académique de la recherche juridique*, Université Abderrahmane Mira de Béjaïa, Algérie, n° 15, 01-2017, p. 436.

soumise à l'appréciation du juge, à moins qu'elle ne soit librement acquittée après l'exécution du mandat ».

En droit algérien, cette intervention suppose que la rémunération ait été « convenue », donc arrêtée lors de la conclusion du contrat. Elle se justifie par le fait qu'au début du mandat, l'étendue des prestations du mandataire n'a pu être correctement évaluée, ce qui autorise l'ajustement des honoraires excessifs. La construction de cette disposition suggère en effet que la contestation procède seulement d'une démarche du mandant. Le mandataire qui a accepté des honoraires finalement dérisoires ne pourrait demander sur la base de l'article 581 du Code civil leur réajustement[1763].

En substance, les droits libyen et algérien permettent au juge d'intervenir contre les clauses abusives par plusieurs textes du droit commun. Néanmoins, nous pouvons constater que dans ces deux pays, il n'existe pas de principe clairement défini susceptible d'être invoqué pour toutes les clauses abusives. D'ailleurs, il n'existe pas d'une définition de ces clauses conforme au droit commun du contrat.

2. L'évolution des pouvoirs du juge dans la réforme du droit des obligations françaises

572. La réforme du droit des contrats a renforcé les pouvoirs du juge qui peut directement ou indirectement, par la voie de l'abus, adapter ou réviser le contrat. Ces dispositions ont opéré peu de changements notables par rapport au droit positif : la loi évolue en intégrant des solutions jurisprudentielles admises de longue date, mais le droit, lui, ne change pas.

Au-delà de l'innovation de nouvel article 1195 qui introduit dans le Code civil la théorie de l'imprévision, le juge se voit par ailleurs conférer des pouvoirs d'appréciation particulièrement étendus quant au contenu du contrat ou à sa validité. Ces nouvelles dispositions peuvent permettre au juge de modifier de façon substantielle le contenu même du contrat tel qu'il a été convenu entre les parties[1764].

Tout d'abord, on doit remarquer que l'article 1104 du Code civil français permet au juge d'examiner la question de la bonne foi dans la négociation et la formation du contrat et non plus seulement dans son exécution. L'obligation générale de bonne foi consacrée par la réforme permet au juge d'élargir son contrôle et de sanctionner des comportements contraires à la bonne foi qui ne relèvent pas nécessairement d'un manquement à l'obligation précontractuelle d'information. En effet, la bonne foi est une notion malléable dont le contenu n'est pas déterminé par le législateur et est donc susceptible d'applications multiples. Le contrôle du juge est d'autant plus important que l'impératif de bonne foi est

---

[1763] **A. BENCHENEB**, *Le droit algérien des contrats*, op, cit., n° 306, p. 222.

[1764] **Y. BUFFELAN-LANORE et V. LARRIBAU-TERNEYRE**, *Droit civil ; Les obligations*, Dalloz, 16e éd. 2108-2019, n° 1336, p. 450 et s.

d'ordre public et qu'il pourrait relever d'office les manquements à cette dernière[1765].

Sur ce sujet, PH. DELEBECQUE a écrit : « la bonne foi est une limite à l'efficacité des clauses contractuelles, lorsqu'une clause est invoquée dans des circonstances que recèlent un abus, elle est inefficace »[1766].

De même, on relève que les articles 1164 et 1165 du Code civil montrent d'autres exemples qui sont plus représentatifs du pouvoir d'intervention du juge contre les clauses abusives. Ces articles permettent au juge d'apprécier le caractère abusif d'un prix fixé par une partie en exécution d'un contrat-cadre ou d'un contrat de prestation de services. D'après ces deux articles, en cas d'abus dans la fixation du prix, le juge peut être saisi d'une demande tendant à obtenir des dommages et intérêts. L'article 1164 ajoute que dans les contrats cadre, le juge a la faculté de la résolution du contrat le cas échéant[1767]. Indirectement, cela permet au juge d'intervenir sur le prix du contrat, en contrôlant son caractère abusif ou non. Le rôle du juge est ainsi clarifié, ce qui aura peut-être pour vertu d'encourager les parties à rechercher un accord sur le prix, faute de quoi ils se soumettent au contrôle, voire à la fixation du prix par le juge.

573. D'ailleurs, et fondé sur les dispositions du Code civil, le juge français peut caractériser l'existence d'une clause abusive résultant d'un « *déséquilibre significatif entre les droits et obligations des parties* » à un contrat d'adhésion. En effet, afin de protéger la partie considérée comme étant la plus faible, dès lors qu'elle n'a pas été en mesure de négocier les termes de son engagement, l'article 1171 accorde au juge le pouvoir d'apprécier le contenu du contrat et de neutraliser certaines clauses[1768].

Comme on l'a vu dans la première partie, le champ d'application de cet article est potentiellement très large puisqu'il a vocation à s'appliquer à tous les contrats d'adhésion définis par l'article 1110 comme les contrats dont les conditions générales sont soustraites à la négociation et sont déterminées à l'avance par l'une des parties. Ainsi, l'article 1171 du Code civil consacre la possibilité pour le juge

---

[1765] **A. CHATAIN et J-Ph. ERB**, « Les conséquences de la réforme du droit des contrats sur l'intervention du juge », *JCP E*, n° 18, 4 mai 2017.

[1766] **PH. DELEBECQUE**, « *La bonne foi dans les contrats* », *JCP. ed G.* II, 21534, 1990, n°4.

[1767] L'article 1164 du Code civil français prévoit que « *dans les contrats cadre, il peut être convenu que le prix sera fixé unilatéralement par l'une des parties, à charge pour elle d'en motiver le montant en cas de contestation. En cas d'abus dans la fixation du prix, le juge peut être saisi d'une demande tendant à obtenir des dommages et intérêts et le cas échéant la résolution du contrat* ». L'article 1165 dispose que « *dans les contrats de prestation de service, à défaut d'accord des parties avant leur exécution, le prix peut être fixé par le créancier, à charge pour lui d'en motiver le montant en cas de contestation. En cas d'abus dans la fixation du prix, le juge peut être saisi d'une demande en dommages et intérêts* ».

[1768] **J.-L. THAUMIAUX**, « Le juge consulaire face à la réforme du droit des contrats », *Pet. Aff.*, 30 déc. 2016, n° 261, p. 30

de constater qu'une clause est réputée non écrite en cas de déséquilibre significatif[1769].

En outre, afin d'assurer la protection des personnes vulnérables, la réforme du droit des contrats a assimilé à la violence l'abus de la dépendance dans lequel se trouve le cocontractant. Ainsi, les articles 1142 et 1143 permettent au juge de prononcer la nullité d'un contrat du fait de la violence résultant de cet abus de dépendance. Ici, nous pouvons souligner que l'abus de dépendance ne se réduit pas à la seule « dépendance économique », mais vise tous les cas de dépendance, qu'elle soit psychologique, psychique et affective. Aussi, cet abus est apprécié par rapport à « l'avantage manifestement excessif » qu'en retire son cocontractant selon l'article 1143 du Code civil[1770].

574. Par ailleurs, l'étendu du pouvoir du juge peut se retrouver par l'article 1221 du Code civil. Cet article permet au juge de vérifier, lorsqu'il est saisi d'une demande d'exécution forcée en nature, qu'il n'existe pas une « *disproportion manifeste entre son coût pour le débiteur et son intérêt pour le créancier* ». La réforme renforce ainsi l'office du juge dans le cadre de l'exécution forcée des contrats. En effet, si la réforme érige en principe l'exécution forcée en nature, celle-ci pourra être rejetée au profit d'une exécution par équivalent, s'il existe une disproportion manifeste entre le coût de l'exécution pour le débiteur et son intérêt pour le créancier. Ici encore, le juge interviendra dans le contrat, cette fois-ci au stade de son exécution et se livrera, dans un souci de justice contractuelle, à une analyse du coût/ avantage de l'exécution en nature d'une obligation[1771]. De plus, l'article 1305-1 lui permet de fixer le terme d'une obligation en cas de désaccord des parties.

Moins révolutionnaire mais tout aussi notable, l'article 1223 du Code civil pourrait être interprété comme octroyant au juge une faculté de révision judiciaire

---

[1769] Cependant, le juge français pourra recourir à l'appréciation du « déséquilibre significatif » faite dans le cadre de l'article L.442-6, I, 2° du code de commerce relatif aux pratiques restrictives de concurrence ou à celle visée à l'article L.132-1 du code de la consommation relatif aux clauses abusives., comme on verra plus tard.

[1770] L'article 1143 du Code civil énonce que « *il y a également violence lorsqu'une partie, abusant de l'état de dépendance dans lequel se trouve son cocontractant, obtient de lui un engagement qu'il n'aurait pas souscrit en l'absence d'une telle contrainte et en tire un avantage manifestement excessif* ». Toutefois, cette notion se rattache davantage à la lésion qu'à la violence et permet une remise en cause de la validité du contrat en considération de la comparaison des bénéfices que chacune des parties en retire. Ce texte procède donc d'une confusion entre la cause et l'effet en ne sanctionnant pas tant l'usage de menace ayant contraint une partie, que l'« avantage manifestement excessif » qu'en retire l'autre. Or, il est possible d'imaginer un abus d'un état de dépendance en l'absence d'un avantage manifestement excessif. Tel serait le cas d'une personne en état de dépendance affective à l'égard de celle qui lui vend un bien au prix du marché. A l'inverse, le seul état de dépendance suffirait à annuler un contrat procurant un avantage manifestement excessif à l'autre partie, alors même qu'aucune menace n'aurait été utilisée. Ce texte tend à conférer au juge un pouvoir de contrôle de l'économie même du contrat et à sanctionner la lésion réalisée au détriment d'une personne vulnérable.

[1771] **M. DAVY**, « Le renforcement des pouvoirs du juge dans la réforme du droit des contrats : faut-il s'en réjouir ? », www.altanalaw.com, consulté le 15 juin 2017.

du prix en cas d'exécution imparfaite du contrat. Il ne s'agirait alors plus seulement pour le juge d'allouer des dommages-intérêts en réparation du préjudice subi mais d'une véritable réfaction judiciaire du prix.

Il est également utile de souligner que la nouvelle disposition concerne de l'intervention du juge retardée. En effet, les actions interrogatoires et les notifications unilatérales sont de nouveaux outils laissés à la disposition des parties afin d'éviter l'intervention du juge, ou à défaut, la retarder[1772]. Les trois actions interrogatoires des articles 1123, 1158 et 1183, applicables aux contrats en cours depuis le 1er octobre 2016, s'inscrivent incontestablement dans l'objectif de prévenir les contentieux. Elles devraient en effet permettre aux parties de mettre fin à des incertitudes quant à la validité du contrat qu'elles ont conclu ou qu'elles s'apprêtent à conclure et de se prémunir ainsi d'une remise en cause judiciaire du contrat.

575. D'autres dispositions nouvelles tendent à résoudre le contentieux sans intervention du juge. Cette procédure est prévue par d'une part dans l'article 1178 qui permet aux parties de constater d'un commun accord la nullité du contrat et d'autre part par l'article 1222 qui permet au créancier, en cas d'inexécution ou d'exécution imparfaite du contrat, de faire exécuter lui-même l'obligation par un tiers, mais aussi dans l'article 1226 qui consacre la faculté de résiliation unilatérale du contrat en cas d'inexécution grave des obligations de l'autre partie.

Dans ces hypothèses, l'intervention du juge ne disparaîtra pas nécessairement mais elle sera cantonnée à un contrôle a posteriori de la régularité des initiatives extrajudiciaires prises par les parties. La place laissée au juge serait toutefois non négligeable, puisque celui-ci devrait alors porter une appréciation sur certaines notions imprécises posées par les textes, tel que le caractère raisonnable des délais ou des coûts ; la proportion des intérêts en cause ; etc.[1773].

Il apparaît selon les systèmes juridiques des pays comparés que l'évolution du rôle attribué au juge tend à réguler le contrat et à s'assurer de son équilibre économique, au-delà parfois de la volonté exprimée par les parties. Très répandu en droit commun, ce rôle du juge est consacré également dans les droits spéciaux.

B. L'intervention du juge fondé sur les droits spéciaux

576. Le développement de la vie économique et sociale a impacté la relation contractuelle induisant un bouleversement du système classique des contrats et a fait émerger de nouveaux types de conventions dans lesquelles les parties se trouvent en situation inégalitaire. Pour rattraper cette évolution contractuelle, le législateur a dû intervenir par faire évoluer les législations spéciales. Cette évolution actuelle du droit spécial des pays comparés, en particulier avec le rapprochement du nouveau droit qui consiste en la protection de la partie la plus

---

[1772] **A. CHATAIN et J-Ph. ERB**, « les conséquences de la réforme du droit des contrats sur l'intervention du juge », *JCP E*, n° 18, 4 mai 2017.

[1773] **Y. BUFFELAN-LANORE et V. LARRIBAU-TERNEYRE**, *Droit civil ; Les obligations*, op. cit., n° 1794 et s, p. 577.

faible dans la relation entre les professionnels et les consommateurs, entraine un accroissement des pouvoirs du juge. Donc, le droit spécial ne fait que renforcer le droit commun des contrats en adaptant les règles de celui-ci aux nouvelles réalités.

Plus précisément, au-delà de la faculté de l'intervention du juge selon le droit commun comme on l'a vu ci-dessus, le rôle du juge peut être accru par des textes de droits spéciaux visant à réparer ou compléter les lacunes du droit commun. Ici, l'étude des dispositions des droits spéciaux révèle l'existence de certaines règles particulières favorables à la partie faible par des textes séparés qui jouent un rôle considérable de renforcement de l'intervention du juge face aux clauses abusives.

Ainsi, on peut constater par exemple que la législation consumériste est une branche importante du droit qui s'est imposée en raison des insuffisances des règles du droit civil[1774]. Parfois, il s'agit de prévoir des dispositions relatives à des questions qui n'ont pas été évoquées ou l'ont été insuffisamment par le droit commun. En effet, il faut bien considérer que la stipulation de clauses abusives peut se retrouver dans tous les contrats, car, comme l'écrit Monsieur D. MAZEAUD[1775], « *le label de professionnel n'est pas un antidote à l'inégalité et à l'injustice contractuelles* ». C'est pourquoi, l'intervention législative pour accorder au juge des pouvoirs de lutte contre les clauses abusives est un des outils efficaces de protection la partie faible.

En tout état de cause, le traitement des droits spéciaux vise à privilégier une approche détaillée des cas précisés. Par conséquent, le juge est à l'aise vis-à-vis de la révision des clauses du contrat par différents moyens législatifs. Ici, le pouvoir judiciaire de lutte contre les clauses abusives se fonde sur des textes consuméristes des droits algérien et français. En revanche, et malgré l'adoption de textes consuméristes dans le Code de commerce, le législateur libyen n'a pas conféré de pouvoirs au juge à l'égard des clauses en question. C'est pourquoi, nous examinerons ci-dessous l'étendue du rôle du juge contre les clauses abusives dans les textes consuméristes en droits algérien (1) et français (2).

1. En droit algérien

577. Comme on l'a vu précédemment, les règles algériennes du droit commun restent quand même insuffisantes pour assurer une protection adéquate à tous les consommateurs. Ainsi, le législateur a organisé la lutte contre les clauses abusives dans le droit de la consommation et dans différents textes relevant du droit de la concurrence.

En effet, le législateur a été avare en ce qui concerne la prohibition des clauses abusives et l'étendue du pouvoir du juge. Sur ce thème, on peut citer notamment

---

[1774] **A. FILALI**, « Le droit de la consommation : une adaptation du droit commun des contrats », *Les Annales De l'Université d'Alger* 1, n° 27, Tome II, juill. 2015, p. 5.

[1775] **D. MAZEAUD**, « L'attraction du droit de la consommation », *RTD Com*, 1998, p. 95.

la loi n° 02-04 fixant les règles applicables aux pratiques commerciales[1776] et la loi n° 09-03 relative à la protection du consommateur et à la répression des fraudes[1777], ainsi que le décret exécutif n° 06-306 du 10 septembre 2006 fixant les éléments essentiels des contrats conclus entre les agents économiques et les consommateurs et les clauses considérées comme abusives[1778].

S'agissant du pouvoir du juge en matière de clause abusive, il peut être observé qu'il est d'inégale étendue selon que la clause qui lui est soumise figure ou non dans la liste établie par droit. Ainsi, le rôle du juge différera selon cette hypothèse de présence ou non de la clause dans une liste.

Tout d'abord, il apparaît que le législateur algérien avait pris en considération le critère même qu'avait considéré le législateur français, car la loi 04-02 du 23 juin 2004 fixant les règles applicables aux pratiques commerciales, définit la clause abusive dans son article 03 alinéa 5 comme « *toute clause ou condition qui à elle seule ou combinée avec une ou plusieurs autres clauses ou conditions, crée un déséquilibre manifeste entre les droits et les obligations des parties au contrat* ». Ainsi, le seul critère retenu par la loi algérienne est l'existence d'un déséquilibre manifeste qui permet au juge de qualifier d'abusive telle clause ou condition contractuelle. De plus, le juge algérien est invité à apprécier la clause abusive au regard des autres stipulations de la convention qui pourraient contrebalancer la clause litigieuse.

Selon les termes de ce dernier texte, le juge peut lutter contre les clauses abusives quel que soit le contrat conclu entre un consommateur et un professionnel ou entre deux professionnels. En effet, le premier article de cette loi dispose que « *la présente loi a pour objet de fixer les règles et principes de transparence et de loyauté applicables aux pratiques commerciales réalisées entre les agents économiques et entre ces derniers et les consommateurs. (...)* ». Ainsi, l'intervention du juge contre les clauses abusives est large en droit algérien[1779].

578. Ensuite, lorsque la clause figure dans la liste des clauses nécessairement abusives[1780], le juge se borne à vérifier la conformité de la clause litigieuse à celle

---

[1776] La loi n° 02-04 du 23 juin 2004 fixant les règles applicables aux pratiques commerciales, *JORA*, n° 41, 27 juin 2004, modifiée et complétée par la loi n° 10-06 du 15 août 2010, *JORA*, n° 46, 18 août 2010. V., **B. ATMANI**, « Le juge nouvelle partie du contrat civil », op. cit, p. 436.

[1777] La loi algérienne n° 09-03 du févr. 2009 relative à la protection du consommateur et à la répression des fraudes, *JORA*, n° 15, 08 mars 2009. **M. BOUDALI**, *Les clauses abusives des contrats en droit algérien, Étude comparée avec les droits français, allemand et égyptien*, op. cit., p. 78.

[1778] Le décret exécutif n° 06-306 du 10 sept. 2006 fixant les éléments essentiels des contrats conclus entre les agents économiques et les consommateurs et les clauses considérées comme abusives, *JORA*., n° 56, 11 sept. 2006, p.15. V. **F. SAHRI**, « La protection juridique du consommateur contre les clauses abusives à travers la loi 04/02 du 23/06/2004 et le décret exécutif 06/306 du 10/09/2006 », *Revue des sciences juridiques, économiques et politiques*, n°12, juin 2008, p. 227.

[1779] V. *Supra*., p. 180 et s.

[1780] A titre d'exemple, la loi algérienne précitée n° 04-02 contient dans son article 29 une liste de clauses abusives, mais cette liste n'est pas limitative. Aussi, l'article 5 du décret algérien précité n°

de la liste ; dans l'affirmative, il ne peut que la déclarer abusive[1781]. Il en est de même si la clause tombe sous le coup d'un texte impératif, par exemple en matière de crédit, d'assurance ou de construction immobilière[1782]. Cependant, Madame le Professeur ZENNAKIA[1783] indique que les différentes clauses abusives énumérées par le décret n° 06-306 concernent tous les contrats entre agents économiques et consommateurs, quelle que soit leur nature alors que la liste non exhaustive contenue dans la loi n° 04-02 concerne seulement les contrats de vente conclus entre vendeurs et consommateurs. De plus, les dispositions de l'article 29 de la loi n° 04-02 ne peuvent pas s'appliquer aux prestations de service, ce qui laisse supposer que lesdites clauses ne sont pas nécessairement considérées comme abusives dans les autres contrats.

D'ailleurs, si la clause qui leur est déférée ne figure sur aucune des deux catégories des clauses abusives et n'est pas interdite par un texte impératif, les juges ont un pouvoir d'appréciation élargi. Ils doivent se demander si la clause litigeuse a, selon la disposition précédente pour objet ou pour effet de créer, au détriment de la partie faible, un déséquilibre manifeste entre les droits et les obligations des parties au contrat. Selon LACHACHI MOHAMED, la question de l'appréciation des clauses par les juges du fond en droit algérien n'est pas encore soulevée devant les tribunaux, ce qui s'explique notamment par le caractère récent de ce nouveau système normatif sur les clauses abusives[1784]. D'ailleurs, l'appréciation du juge peut éventuellement être guidée par les recommandations de la commission algérienne des clauses abusives auxquelles le juge gagnera à se référer. Mais ces dernières n'auraient en principe aucune force obligatoire, en effet, la commission se contente seulement de formuler des recommandations en vue de la suppression des clauses qu'elle estime abusives et qu'elle détecte dans les contrats déjà conclus. Cependant, on doit souligner que l'article 12 du décret précité n° 06-306 met cette commission dans l'obligation de rendre public ses recommandations par tous moyens appropriés. Ainsi, cette obligation ne conduit nullement à ce que ces recommandations s'imposent au juge, mais en fait, elles s'imposent à lui de manière implicite.

06-306 fixant les éléments essentiels des contrats conclus entre les agents économiques et les consommateurs reprend les clauses considérées comme abusives.

[1781] **A. FILALI**, « Le droit de la consommation : une adaptation du droit commun des contrats », op. cit., p. 33 ; **M. BOUDALI**, *Les clauses abusives des contrats en droit algérien, Étude comparée avec les droits français, allemand et égyptien*, op. cit., p. 92 et s.

[1782] L'Ordonnance algérienne n° 03-03 du 19 juillet 2003 relative à la concurrence et à la lutte contre les clauses abusives dispose par l'article 12 que « *sont prohibées les offres de prix ou pratiques de prix de vente aux consommateurs abusivement bas par rapport aux coûts de production, de transformation et de commercialisation, dès lors que ces offres ou pratiques ont pour objet ou peuvent avoir pour effet d'éliminer d'un marché ou d'empêcher d'accéder à un marché, une entreprise ou un de ses produits* ».

[1783] **D. ZENNAKIA**, « La protection de la partie faible lors de la formation du contrat en droit algérien de la consommation », op. cit., p. 316. Sur ce sujet V., **S. ZOUBAH**, *Les nouvelles dispositions de la protection du consommateur*, op. cit., p. 118.

[1784] **M. LACHACHI**, « Les clauses abusives : notions et moyens de lutte en droit algérien et français », *Revue des études juridiques comparatifs*, n° 3, déc. 2016, p. 241.

579. Par ailleurs, l'article 30 de la loi précitée n° 04-02 énonce que « *afin de préserver les intérêts et les droits du consommateur, les éléments essentiels des contrats peuvent être fixés par voie réglementaire, qui peut également interdire l'usage, dans les différents types de contrats, de certaines clauses considérées comme abusives* ». Ainsi, on peut dire que cette loi a implicitement reconnu au juge dans l'article 30 le pouvoir d'annuler les clauses abusives. On notera que l'utilisation du terme interdire l'usage permet au juge d'annuler uniquement les clauses abusives parmi d'autres clauses présentes dans le même contrat.

Toutefois, on doit marquer qu'il n'existe aucune disposition spécifique sanctionnant civilement les clauses abusives selon la loi algérienne n° 04-02, et que seul l'article 38 de cette loi indique une sanction pénale, représentée par une amende de cinquante mille dinars à cinq millions de dinars. On peut regretter cette quasi absence de sanction et on pense que les législations consuméristes devraient prévoir des sanctions civiles, notamment par l'annulation des clauses abusives et le maintien du contrat[1785]. Plus précisément, la loi susmentionnée reste muette sur le sort réservé à ces clauses abusives, au moment où le droit français de la consommation les a jugées clairement non écrites, sans toutefois empêcher l'application des autres dispositions si le contrat peut subsister malgré les clauses jugées abusives[1786]. Or, et pour mémoire, le juge peut ici avoir recours aux dispositions de l'article 110 du Code civil algérien, si le contrat contient des clauses léonines, qui lui permettent de modifier ces dernières ou d'en dispenser la partie adhérente.

Pour conclure, il est utile de noter que selon les législations consuméristes algérienne, aucune disposition indique explicite que le juge peut soulever d'office l'annulation dans les litiges portant sur des contrats de consommation. Il existe pourtant quelques exceptions qui lui permettent de relever d'office la nullité absolue, c'est notamment le cas prévu par l'article 102 du Code civil qui dispose que « *lorsque le contrat est frappé de nullité absolue, cette nullité peut être invoquée par toute personne intéressée et même prononcée d'office par le tribunal* ». Il est prévu aussi que le juge peut se saisir d'office dans l'article 13/2 du Code algérien de la procédure civile et administrative qui dispose que « *le juge peut relever d'office le défaut de qualité du demandeur ou du défendeur, il relève également d'office le défaut d'autorisation, lorsque celle-ci est exigée par la loi* ». En droit commercial, une possibilité identique est retenue par l'article 216 du Code algérien de commerce qui dispose que le tribunal peut se saisir d'office pour ouvrir une procédure de règlements judicaires.

[1785] **M. BOUDALI**, *Les clauses abusives des contrats en droit algérien, Étude comparée avec les droits français, allemand et égyptien*, op. cit., p. 101 et 102. **S. ZOUBAH**, *Les nouvelles dispositions de la protection du consommateur*, en droit algérien, op. cit., p. 142 à 144.

[1786] V. **F. SAHRI**, « La protection juridique du consommateur contre les clauses abusives à travers la loi 04/02 du 23/06/2004 et le décret exécutif 06/306 du 10/09/2006 », op. cit., p. 229.

2. En droit français

580. Comme on l'a vu dans la première partie de notre recherche, le rôle du juge en droit français combine certaines hypothèses qui doivent être distinguées.

En premier lieu, le juge se trouve tout d'abord face à deux listes de clauses abusives selon le droit de la consommation, une liste noire et une liste grise. S'agissant des clauses qui figurent dans la liste noire, le juge ne dispose d'aucun pouvoir d'appréciation. Il n'a d'autre choix que de constater le caractère abusif de la clause qui lui est soumise. Il en est de même si la clause tombe sous le coup d'un texte impératif, par exemple en matière de crédit, d'assurance ou de construction immobilière. Quant aux clauses qui figurent dans la liste grise, celles-ci sont présumées abusives et dans cette hypothèse le juge dispose d'un pouvoir d'appréciation réduit. Sauf à ce que le professionnel rapporte la preuve contraire, il devra la réputer non-écrite[1787]. Les tribunaux ont pour mission non seulement de vérifier que la clause litigieuse correspond à celle de la liste, mais encore d'apprécier les preuves éventuellement apportées par le professionnel.

En second lieu, si la clause ne figure dans aucune liste, le législateur français a accordé au juge un rôle actif en lui conférant un pouvoir d'appréciation. Il retrouve ainsi son plein pouvoir d'appréciation. Il peut qualifier la clause d'abusive dès lors qu'il constate l'existence d'un déséquilibre significatif entre les droits et obligations des parties. Le pouvoir du juge est fondé sur la disposition du droit de la consommation (Article L. 212) et du droit commercial[1788] (Article L.442-6, I, 2°). Ces articles précités sont conformes au pouvoir du juge qui découle du Code civil (Article 1171).

Cette qualification des clauses est générale car elle s'effectue par une appréciation globale de cette dernière au regard du déséquilibre significatif qu'elle produit. Il appartient donc au juge, au regard des modalités précisées par la directive, de qualifier cette clause d'abusive ou non[1789].

Cependant, les hypothèses de recours à l'article 1171 du Code civil seront probablement limitées, dès lors que les dispositions de l'article L.132-1 (devenu L. 212) du Code de la consommation sont plus protectrices du droit des consommateurs ; car le droit de la consommation accorde au juge la faculté de révéler d'office le caractère abusif d'une clause. L'existence des listes des clauses

---

[1787] **C-M. PEGLION-ZIKA**, *La notion de clause abusive* ; (au sens de l'article L. 132-1 du Code de la consommation), op. cit., n° 350, p. 277.

[1788] L'article L.442-6, I, 2° du Code français de commerce dispose que « *engage la responsabilité de son auteur et l'oblige à réparer le préjudice causé le fait, par tout producteur, commerçant, industriel ou personne immatriculée au répertoire des métiers : De soumettre ou de tenter de soumettre un partenaire commercial à des obligations créant un déséquilibre significatif dans les droits et obligations des parties* ». Cet article se sert aussi du critère du déséquilibre significatif pour réglementer les pratiques restrictives de concurrence. Pour un rapprochement des dispositions du Code de commerce et du Code de la consommation. V. égal. **J.-L. FOURGOUX**, « Déséquilibre significatif : une validation par le Conseil constitutionnel qui marie droit de la concurrence et droit de la consommation en matière de clauses abusives », *JCP CCC*, mars 2011, n° 3, étude 5.

[1789] *Supra.*, p. 201 et s.

noires et grises réputées abusives et d'amendes administratives élevées complète et renforce le pouvoir d'intervention du juge dans ce domaine[1790]. Dans cette recherche les juges peuvent être guidés par les recommandations de la Commission des clauses abusives. Ils peuvent même demander l'avis de ladite commission, comme on verra plus tard. Mais ils ne sont liés ni par les recommandations, ni par les avis. La Cour de cassation exerce son contrôle sur la détermination des clauses abusives par les juges du fond, ce qui nécessite une certaine tendance à l'unification des critères d'appréciation[1791].

581. Ici, il est important de noter que l'examen de la loi et la jurisprudence révèle que le législateur et la position de la Cour de cassation ont considérablement évolué sur cette question. Nous ne pouvons pas trouver avant 2008 de jurisprudence explicite qui permet au juge d'avoir la faculté de relever d'office le caractère abusif d'une clause. De plus, la Cour de cassation[1792] avait refusé au juge cette faculté et avait estimé que « *la méconnaissance des exigences des textes susvisés, même d'ordre public, ne peut être opposée qu'à la demande de la personne que ces dispositions ont pour objet de protéger* ». Toutefois, lors de l'adoption de la loi du 3 janvier 2008[1793], le législateur français a confirmé le pouvoir du juge de relever d'office une clause abusive sur la base de sa faculté née de l'application de (l'article R. 632-1 du Code de la consommation), et non comme une obligation[1794].

C'est la raison pour laquelle dans un arrêt du 22 janvier 2009, la première chambre civile a opéré un revirement de jurisprudence en reconnaissant au juge le pouvoir de relever le caractère abusif d'une clause stipulée dans un contrat conclu entre un professionnel et un consommateur. Cette décision affirme que « *la méconnaissance des dispositions d'ordre public du code de la consommation peut être relevée d'office par le juge* »[1795]. Ce pouvoir d'office du juge lui permet de se substituer aux consommateurs n'ayant pas pensé à invoquer une disposition légale à l'encontre du professionnel ou n'ayant pas su qu'ils le pouvaient tout simplement. Il diminue les risques d'impunité des professionnels indélicats. La

---

[1790] **S. LE GAC-PECH**, *Droit de la consommation*, Dalloz, 2017, p. 45 et 46 ; **A. GILLOTOT**, *Relevé d'office du juge et droit de la consommation*, Thèse, Université d'Avignon, 2015, n° 257, p. 208.

[1791] **Y. BUFFELAN-LANORE et V. LARRIBAU-TERNEYRE**, *Droit civil ; Les obligations*, op. cit., n° 1399, p. 475.

[1792] Cass. 1ère civ., française, 15 févr., 2000, n° 98-12713, *Bull. civ.* 2000, I N° 49 p. 34 ; Cette solution a été confirmée dans plusieurs autres décisions (V. en ce sens notamment Cass. 1ère civ. 10 juill., 2002, n° 00-22.199, *Bull. civ.* 2002 I, n° 195, p. 149 ; Cass. 2e civ. 4 déc. 2003, n° 02-04.162, *Bull. civ.* 2003 II, n° 367, p. 302 ; Cass. 1re civ. 16 mars 2004). L'article L. 141-4 du Code français de la consommation prévoyait que « *le juge peut soulever d'office toutes les dispositions du présent code dans les litiges nés de son application* ».

[1793] La loi française n° 2008-3, 3 janv. 2008 pour le développement de la concurrence au service des consommateurs, *JORF*, n°0003, 4 janv. 2008, p. 258.

[1794] L'article R. 632-1_du Code français de la consommation prévoyait que « *le juge peut soulever d'office toutes les dispositions du présent code dans les litiges nés de son application* ». Sur ce sujet V., **J. JULIEN**, Droit de la consommation, op. cit., n° 223, p. 270.

[1795] Cass. 1er civ. 22 janv. 2009, n° 05-20.176, *Bull. civ.* 2009, I, n° 9.

loi Hamon est allée encore plus loin en imposant au juge d'écarter d'office les clauses dont le caractère abusif ressort des débats[1796]. Cette règle est dorénavant codifiée à l'article R. 632-1 du Code de la consommation.

Cependant, le juge peut intervenir et invoquer un point de droit que les parties n'auraient pas vu ni soulevé. Dans ce cas le juge peut relever d'office des moyens de droit, mais dans le respect du principe du contradictoire. Selon l'article 16, al. 3 du nouveau Code de procédure civile français, « *il ne peut fonder sa décision sur les moyens de droit qu'il a relevés d'office sans avoir au préalable invité les parties à présenter leurs observations* ».

Ici, l'article 125 alinéa 1er, du nouveau Code de procédure civil français fait obligation au juge de soulever d'office les fins de non-recevoir ayant un caractère de droit public, ce qui est le cas du délai biennal de forclusion de l'article L.311-37 du Code de la consommation, c'est à la condition que les faits soumis à l'examen de ces derniers soient invoqués et prouvés par le consommateur, ce qui réduit la marge d'initiative du juge[1797].

582. De manière générale, on peut dire que la faiblesse du consommateur par rapport au professionnel, ainsi que le danger que représentent pour lui les contrats d'adhésion justifient une intervention extérieure impérative aux parties, notamment du juge, pour supprimer d'office des clauses abusives[1798].

En effet, la simple faculté laissée au juge de relever ou non un moyen tiré du Code de la consommation peut entrainer une insécurité juridique : l'issue du litige pour les consommateurs peut être aléatoire[1799]. A cet égard, la doctrine parle de qualifier le juge de « juge providence »[1800]. De plus, un auteur[1801] indique que « *le risque de partialité ou d'arbitraire apparaît, lorsque l'application de la loi dépend du bon vouloir du juge, ou des moyens dont celui-ci dispose pour remplir son office* ». Par contre, ces questions ne seraient pas redoutées si le pouvoir du relevé d'office du juge était prévu de manière claire dans le Code de la consommation comme une obligation[1802].

En tout état de cause, le juge est conduit à porter une appréciation in abstracto sur l'existence ou non d'un abus. En réalité, il doit tenir compte de la situation particulière des contractants : telle clause, qui est abusive dans tel contrat, ne le sera peut-être pas dans tel autre si elle a donné lieu à négociation et contrepartie.

1796 **D. BAZIN-BEUST**, *L'essentiel du droit de la consommation*, Gualino Lextenso, 2re éd., 2017-2018, p. 99.

1797 **Y. PICOD et H.DAVO**, *Droit de la consommation*, op. cit, n°295, p.206.

1798 V., **A. GILLOTOT**, *Relevé d'office du juge et droit de la consommation*, op. cit., n° 406, p. 327 et s.

1799 *Ibid.*

1800 **P.-Y. GAUTIER**, « (…) rien de choquant, ni juridiquement, ni moralement », in « La faculté pour le juge de soulever d'office un moyen de droit et la protection effective de l'acheteur », note sous Ass. plén., 21 déc. 2007, n° 06-11.343, Bull. Ass. plén., n° 10, *RTD Civ.* 2008, p. 317.

1801 **S. MORACCHINI-ZEIDENBERG**, « Le relevé d'office en droit de la consommation interne et communautaire », *JCP CCC.*, juill. 2013, n° 7, étude 9.

1802 V. **A. GILLOTOT**, *Relevé d'office du juge et droit de la consommation*, op. cit., n° 471, p. 383 et s.

Ainsi, dans les contrats déjà conclus, les clauses abusives sont éliminées par l'effet d'une espèce de fiction juridique : bien qu'elles soient écrites, le juge fera comme si elles ne l'étaient pas (elles réputées non écrites). Cette sanction est nécessaire, mais insuffisante. Elle implique en effet que le contrat soit, après sa conclusion, porté devant un juge ce qui est rare dans les affaires de consommation. A supposer même qu'une clause soit réputée non écrite par un juge, cette décision n'aura d'effet que pour le consommateur partie au litige. Dans de nombreux autres contrats, les clauses abusives s'appliquent sans que le consommateur songe même à invoquer leur nullité. Réputées non écrites, la suppression de ces clauses permet au juge de protéger ponctuellement quelques consommateurs, mais ne lui permettent pas de régler globalement le problème des clauses abusives ; il faut donc aller plus loin et chercher à les supprimer effectivement[1803].

En résumé, dans les rapports entre la partie faible et le professionnel, si une clause est qualifiée d'abusive, elle sera réputée non écrite, de cette manière, la relation contractuelle est maintenue, et on fera comme si la clause en question, n'avait jamais été écrite, sauf si le contrat ne peut pas subsister sans cette clause ; les juges considèrent en général que la partie faible voit son préjudice cesser avec la disparition de la clause.

Ainsi, pour la protection de la partie faible, le pouvoir du juge peut aller jusqu'à la suppression de telles clauses. De plus, il dispose du pouvoir d'allègement des obligations de la partie faible dans le cas où cette dernière est dans l'incapacité de faire face à ses engagements.

[1803] **J. CALAIS AULOY et H. TEMPLE**, *Droit de la consommation*, op. cit, p. 229. 3.

Conclusion de chapitre I

583. Nous avons constaté que face à l'évolution économique, le juge devrait pouvoir intervenir pour assurer un minimum d'équilibre ou d'équivalence au regard des clauses contractuelles, notamment dans le contrat conclu entre le professionnel et la partie faible. Ici, le juge est susceptible d'intervenir plusieurs fois et à titres différents.

Pour lutter contre les clauses vagues ou imprécises dans le contrat proposé par le professionnel, le juge peut apporter de la justice contractuelle ou de l'équité par la technique d'interprétation. Selon cette dernière, le juge peut, en premier lieu, intervenir pour interpréter les clauses obscures et ambiguës et/ou intervenir en cas de doute. Il peut, en deuxième lieu, intervenir à titre d'interprétation créatrice d'obligation.

De plus, pour assurer une protection plus efficace, les droits français, libyen, algérien et marocain ont respectivement prévu une interprétation en faveur des catégories de contractants en situation de faiblesse. L'interprétation dans ces cas ne repose aucunement sur une recherche d'intentions, mais dépend d'un élément purement objectif : la qualité de l'une des parties. Ces dispositions dans ces différents pays se rapprochent ainsi des règles substantielles de détermination du contenu du contrat par leur caractère non seulement objectif, mais encore abstrait, dans la mesure où leur dispositif fait référence à une qualification.

Cela conduit à adopter une règle générale d'interprétation contre le professionnel celui qui a proposé les clauses du contrat, quel que soit le type du contrat (la règle contra proferentem). Ce point de vue confère au juge des pouvoirs d'appréciation inédits quant au contenu du contrat conclu avec le professionnel. Il apparaît ainsi comme garant de l'équilibre du contrat, en procédant dans certains cas à un contrôle de la proportionnalité par son pouvoir d'interprétation.

Pour réprimer et supprimer les clauses abusives, les législateurs des pays comparés accordent au juge d'intervenir pour cet objectif. Ici, nous avons remarqué que le rôle efficace du juge est dès que ce dernier a une faculté de soulever d'office le caractère abusif d'une clause quel que soit la qualité du contractant.

A l'exception du droit français (Codes civil, de commerce et de la consommation), cette technique n'a pas été encore adoptée de manière explicite et générale pour tous les contrats dans les droits des pays du Maghreb. Parmi ces pays, il semble que le droit algérien confère au juge un rôle considérable pour lutter contre les clauses abusives. De manière comparative, selon les Codes civils algérien et libyen, le juge peut intervenir pour supprimer les clauses abusives, mais juste dans le contrat d'adhésion. Dans le contrat de la consommation, le droit algérien et aussi le droit marocain permettent au juge de réprimer et effacer les clauses abusives par l'appréciation du caractère abusif de la clause et par la liste des clauses supposées abusives. Donc, le rôle du juge dans le droit algérien est soutenu par des textes en droit commun et en droit spécial.

De manière générale, le traitement du droit français peut être une référence pour les droits d'autres pays comparés dans ce domaine, car la clause abusive est une notion qui a occupé une place non seulement importante en droit spécial, notamment le droit de la consommation, mais aussi en droit commun pour généraliser l'étendue de la protection par l'intervention du juge.

Chapitre II : Le pouvoir d'allégement des obligations en cas d'inexécution du contrat

584. En principe, les parties à un contrat peuvent convenir entre elles d'un certain nombre de dispositions applicables en cas d'inexécution du contrat. Par exemple, le non-respect du délai de réalisation d'un contrat ou d'un engagement de livraison dans un contrat de vente, déclenche principalement souvent le droit de réclamer une pénalité à la partie défaillante en application d'une clause pénale incluse au contrat. La raison pratique de cette clause est qu'elle permet au créancier de l'obligation de contourner la nécessité de prouver les dommages subis en raison de cette violation en établissant, à l'avance, un montant ou le mode de calcul d'un montant à payer à titre de réparation du préjudice subi[1804]. Par ailleurs, le non-respect de réalisation du contrat tient parfois à un ensemble de circonstances aléatoires et provisoires que le débiteur de l'obligation a besoin juste d'une occasion ou délai pour effectuer ses engagements.

Autrement dit, la partie faible peut être soumise à des sanctions si elle n'a pas pu respecter ses obligations face à son cocontractant. Or, le propre d'une obligation juridique est d'être assorti d'une sanction de l'autorité publique, c'est-à-dire du droit, par exemple, pour le créancier de faire appel à la puissance publique pour obtenir satisfaction[1805].

C'est ainsi que la clause pénale est devenue un instrument de garantie de la bonne exécution des obligations mais elle peut aussi revêtir un caractère abusif. En effet, la pénalité peut s'avérer excessive par rapport au préjudice subi. Ces cas tendent souvent à créer, au détriment du non-professionnel ou du consommateur, un déséquilibre significatif entre les droits et obligations des parties au contrat au niveau des dommages et intérêts qui excédent systématiquement le préjudice subi.

On peut ici dire que le pouvoir du juge « *a pour objet d'atténuer la rigueur d'une règle de droit, dans son application à un cas particulier, il est une intervention éclair dans le jeu normal de la règle de droit, ayant pour objet de faire fléchir la rigueur d'un principe dans le cas où l'application pure et simple du principe aurait des conséquences excessives* »[1806]. De manière générale, l'aménagement de la sanction contractuelle répondrait à un souci d'équité. De plus, le juge pourrait prendre en compte les éventuelles faiblesses du débiteur pour amoindrir sa responsabilité.

Les législateurs permettent au juge de modifier, de réviser ou d'éliminer certaines clauses convenues par les parties ; il intervient par la révision d'une clause pénale lorsqu'elle est trop sévère et sanctionne injustement le débiteur (la partie faible) (section I) et par le réajustement du mode d'exécution en faveur de la partie faible (section II).

[1804] **A. HAUSSAIIN**, *Les contrats d'adhésions ; étude comparée*, en arabe, op. cit., p. 132 et s.

[1805] **CH. BOURRIER**, *La faiblesse d'une partie au contrat*, op. cit, n° 167, p. 181.

[1806] **G. CORNU**, *L'apport des réformes récentes du Code civil à la théorie du droit civil, poly-copié*, Les cours de droit, 1970–1971, p. 232, cité dans le cadre du pouvoir modérateur du juge par **J. FISCHER**, *Le pouvoir modérateur du juge en droit civil français*, PUAM, 2004, p. 25.

Section I : L'allégement par la révision d'une clause pénale

585. Les clauses pénales sont les clauses par lesquelles les contractants évaluent forfaitairement et par avance les dommages-intérêts dus par le débiteur en cas d'inexécution totale, partielle ou tardive du contrat. Elles ont pour principale fonction de faire échec au pouvoir d'appréciation et de détermination de dommages-intérêts normalement réservé au juge. Ces clauses visent à prévenir les difficultés dans l'évaluation judiciaire des dommages-intérêts en fixant par avance un forfait de réparation[1807].

La partie faible qui n'exécute pas ou exécute mal ou partiellement son obligation doit des dommages et intérêts non parce qu'elle a causé injustement un dommage à son cocontractant, mais tout simplement parce qu'elle n'exécute pas le contrat. Selon l'approche courante, la clause pénale est celle par laquelle les parties à un contrat fixent forfaitairement et par avance le montant des dommages et intérêts qui seront dus par le débiteur en cas d'inexécution de l'une de ses obligations contractuelles[1808]. D. MAZEAUD estime également dans sa thèse que « *la clause pénale se caractérise par la contrainte exercée par le créancier sur la volonté du débiteur* »[1809]. C'est une disposition qui établit un montant fixe ou organise une méthode de calcul d'un montant dû par l'une des parties à l'autre dans le cas où l'une des obligations du contrat ne peut pas être remplie. Ainsi, cette clause ne contient pas seulement une évaluation forfaitaire des dommages et intérêts, mais aussi peut constituer une menace pour le débiteur notamment si le montant convenu est élevé.

Plus précisément, la clause pénale, considérée comme étant une convention accessoire permet aux contractants de déterminer le montant de la réparation du préjudice prévisible subi par le créancier à la suite de l'inexécution par le débiteur de son obligation principale[1810]. Théoriquement plus averti des pratiques

---

[1807] **M-N. ROUSPIDE-KATCHADOURIAN**, *Le juge et le contrat de travail, essai sur la relecture judiciaire d'un contrat*, LGDJ, 2014, n° 734, p. 326 et s ; **F. LOKSAIER**, « La clause pénale en droit tunisien », Etudes juridiques, *Revue de la faculté de droit de Sfax*, 2000, n° 7, p. 76.

[1808] Sur ce sujet V., **J. FISCHER**, *Le pouvoir modérateur du juge en droit civil français*, op. cit., n° 202, p. 188 et s ; **F. ROUVIERE**, *Le contenu du contrat : Essai sur la notion d'inexécution*, PUAM, 2005, n° 92, p. 89.

[1809] Cet auteur indique également que la clause pénale est ici envisagée comme « *une peine privée destinée à réprimer les comportements anti-contractuels* » (**D. MAZEAUD**, *La notion de clause pénale*, LGDJ, 1992, n° 705, p. 398).

[1810] Il est utile de noter que sous l'empire des anciens textes, certains auteurs français ont fait la distinction entre les clauses pénales stricto sensu et les clauses d'indemnisation forfaitaire, même si les deux types de clauses étaient soumis au pouvoir de révision judiciaire. Toutefois, la Cour de cassation française avait qualifié, le plus souvent, les deux types de clauses, sous le terme générique de clause pénale, dès lors qu'un montant de dommages-intérêts était forfaitairement prévu pour le cas où une obligation convenue ne serait pas respectée, et ce indépendamment du montant convenu. De plus, le nouvel article 1231-5 du Code civil français utilise le terme de pénalité (c'est-à-dire la clause pénale) qui peut donc valoir pour les deux types de clauses. Sur ce sujet V., **D. MAZEAUD**, *La notion de clause pénale*, op. cit., n°705, p. 398 ; **D. HOUTCIEFF**, *Droit des contrats*, Larcier, 2e éd., 2016, n° 1061, p. 542 et s. ; **M. FABRE-MAGNAN**, *Droit des obligations ; Contrat et engagement unilatéral*, PUf, 4e éd., 2016, n° 729, p. 786. Quant à la jurisprudence concernée V.,

contractuelles, le professionnel peut imposer de telles clauses à son co-contractant, notamment des clauses pénales qui présentent un caractère particulièrement dangereux. L'attention du professionnel sera vraisemblablement davantage attirée par l'insertion d'une clause pénale et il examinera avec plus de soin s'il peut respecter ses engagements.

La clause pénale présente donc des dangers. Elle peut être l'instrument de la tyrannie du professionnel qui est le plus fort au contrat. Même si la prétention n'est pas toujours accueillie, une clause pénale peut d'ailleurs être déclarée abusive.

Certains auteurs avaient pourtant stigmatisé l'utilisation de la clause pénale « *comme procédé de contraintes des plus forts contre les plus faibles* »[1811], Monsieur MALAURIE parlant même de « *terrorisme contractuel* » à propos de ces clauses[1812]. La clause pénale constitue ainsi un dangereux piège pour la partie faible, qui si elle n'ignore souvent pas complètement le sens de cette clause et la portée de son engagement, va au mieux minimiser les risques qu'elle lui fait courir.

Les législateurs des pays étudiés ont alerté sur ce danger et ont tenté de le contrer par l'intervention du juge dans certains cas selon les différents droits de ces pays. En général, lors de l'application de la clause pénale, le juge peut être amené à contrôler cette clause afin de protéger la partie faible et de réviser le montant de cette clause, même si la convention interdit la révision[1813].

Il n'est évidemment pas question d'entrer ici dans le détail des conditions de la clause pénale, ni dans celui de ses effets. Mais, on aborde la question de l'intervention du juge pour protéger la partie faible, ainsi qu'on signale les principales questions qui se sont posées à ce propos. Ainsi, on va examiner le contrôle de la validité de la clause pénale par le juge dans les droits des pays étudiés d'une part (Paragraphe 1), et la mise en œuvre ou les modalités de révision de la clause pénale d'autre part (Paragraphe 2).

Paragraphe 1 : Le contrôle de la validité de la clause pénale par le juge

586. La clause pénale consiste dans une clause contractuelle par laquelle les parties prévoient par avance les conséquences d'une inexécution du contrat en fixant forfaitairement le montant des dommages et intérêts. Soucieux de lutter contre les abus auxquels donnaient lieu les clauses pénales, les législateurs des

---

Cass. Soc. 4 mars, n° 06-45221 ; *JCPG* 2008, II, 10095, obs. **J. MOULY** ; *RDC* 2008/4, 1158, obs. **J. S. BORGHETTI**. Cass. 3e civ. 21 mai 2008, n° 07-12848; *RDC*. 2008/4, 1257, obs. **J.-B. SEUBE**. Cass. 3e civ. 26 janv. 2011, n° 10-10376 ; *RDC*. 2011/3, 817, obs. **Y.-M. LAITHIER**.

1811 **Y. LETARTRE**, « Requiem pour une clause pénale ? », *R.J. Com*, 1978, 101, n°4.

1812 **Ph. MALAURIE**, note sous Cass. com., 4 juill. 1972, *D.*1972, p. 733.

1813 V. **S. SERAGELDIN**, *Les clauses ayant effet à l'échelle des groupes de contrats*, Thèse, Université Jean Moulin (Lyon 3), 2014, n° 928, p. 403 et s ; **M. LACHACHI**, « Les clauses abusives : Notions et Moyens de lutte en droit algérien et français », n° 3, déc. 2016, p. 230

pays étudiés ont ainsi adopté des mesures pour contrôler et mieux encadrer la clause pénale[1814].

Les dangers qu'elle recèle, les risques d'abus qu'elle comporte justifient qu'on la place en quelque sorte en liberté surveillée.

La technique de clause pénale doit être un compromis acceptable entre le principe du respect de la volonté des parties et la nécessité de protéger le débiteur contre des clauses pénales trop sévères. La pratique des clauses pénales présente des dangers, spécialement pour la partie la plus faible au contrat. Si cette considération ne suffit évidemment pas à remettre en cause de manière générale la validité de cette figure contractuelle, il peut advenir qu'elles fassent l'objet en certains domaines, de restrictions particulières, soit que la stipulation d'une peine entre en contradiction avec des dispositions spéciales, soit que l'on se situe dans l'orbite du droit de la consommation[1815].

En effet, l'élaboration de ces clauses pénales doit tenir compte de l'obligation dont elle garantit l'exécution[1816]. Dans les actes à titre onéreux, aussi bien dans les contrats entre professionnels que dans les contrats entre professionnels et consommateurs ou encore dans les contrats entre simples particuliers, les clauses pénales jouissent d'une validité de principe conformément aux dispositions légales des pays comparés. Ainsi, le pouvoir du juge vis-à-vis de la clause pénale est soumis à des dispositions qui précisent les principes de la validité de cette clause.

Le contrôle de la validité de la clause pénale peut être contesté dans différentes hypothèses. En effet, il n'est pas certain que la clause pénale puisse être stipulée dans tous les contrats (1). D'ailleurs, dans certains cas, la loi fixe un plafond dans la clause pénale à travers certains textes spécifiques (2).

A. Interdiction des clauses pénales dans certains contrats

587. En principe, la clause pénale n'est qu'un moyen de déterminer le montant du préjudice du créancier[1817]. Cependant, cette clause est parfois interdite, ou à tout le moins réglementée, dans un certain nombre de contrats.

[1814] V. **Y. BUFFELAN-LANORE et V. LARRIBAU-TERNEYRE**, *Droit civil ; Les obligations*, op. cit, n° 1996, p. 643 ; **M. AL-BADWI ALAZHARI**, *Les obligations en droit libyen ; Les dispositions d'obligations*, vol. 2, 2e éd, Bibliothèque Nationale, Benghazi- Libye, 2010, p. 54 et s.

[1815] **M. BRUSORIO AILLAUD**, *Droit des obligations*, Bruylant, 8e éd., 2017, n° 485, p. 300.

[1816] Une des conditions de l'application de la clause pénale est l'exigence de mise en demeure de son débiteur. En effet, lorsque la clause pénale sanctionne le retard dans l'exécution ou l'inexécution d'une obligation, l'application de l'indemnité conventionnelle nécessite toujours en principe une interpellation du débiteur. Cette mise en demeure est encore nécessaire pour que l'indemnité conventionnelle soit elle-même une créance exigible productrice de l'indemnité forfaitaire prévue par la loi. Cette condition se retrouve de manière explicite dans l'article 1231-5l du Code civil français, l'article 278 du Code tunisien des obligations et des contrats.

[1817] **F. LOKSAIER**, « La clause pénale en droit tunisien », *Etudes juridiques, Revue de la faculté de droit de Sfax*, 2000, n° 7, p. 76.

Ici, à l'instar des autres clauses, les clauses pénales sont soumises aux règles du droit commun et à des dispositions spécifiques qui prohibent les clauses pénales dans certains cas. Cette interdiction vise généralement à protéger le contractant le plus faible au contrat. La règle la plus contraignante s'applique alors dans ces domaines[1818].

Certes, d'une manière générale, sont nulles toutes les clauses pénales qui seraient contraires à l'ordre public. Ainsi, le juge peut intervenir pour annuler de telles clauses, par exemple les clauses assurant l'exécution d'une obligation immorale[1819].

En ce sens, la Cour de cassation tunisienne par un arrêt rendu le 28 février 1994 a permis la révision de la clause pénale. L'arrêt a surtout précisé que le contrat ne doit pas être un instrument entre les mains de la partie forte pour dominer la partie faible[1820]. N. BEN AMMOU[1821] a indiqué que malgré le recours à l'article 278 du Code tunisien des obligations et des contrats[1822], le fondement essentiel de cette décision est l'équité, c'est-à-dire la Cour de cassation autorise la révision de la clause pénale en se fondant sur l'équité[1823]. Ainsi, le juge peut supprimer toutes les clauses pénales qui sont contraire à l'équité. On peut dire que les principes du droit commun, notamment l'équité, peuvent réparer ce que la liberté contractuelle a détruit dans le cadre du rétablissement de l'équilibre contractuel.

De même, la Cour de cassation française a jugé également qu'il n'y a pas lieu à application d'une clause pénale dès lors qu'il existe une incertitude sur la portée de l'engagement souscrit à ce titre[1824]. Ainsi, la clause pénale est ici interdite parce qu'elle va à l'encontre des principes du droit commun, notamment la bonne foi et l'équité, la loyauté, ou la justice contractuelle.

Il convient de noter que la lutte contre de l'abus de clause pénale n'est pas identique en droit libyen et en droit algérien. Comme on l'a souvent remarqué, ces deux systèmes juridiques sont fréquemment très proches, toutefois, sur cette

---

[1818] **Ph. MALAURIE et L. AYNES**, *Droit des obligations*, LGDJ, 9e éd., 2017, n° 994, p. 577.

[1819] **E. LOQUIN**, « Clauses dissuasives des litiges », *j.-cl. Contrats-distribution*, 4 févr. 2008, n° 33.

[1820] Cass. Civ. n° 42624 du 28 avril 1994, *RTD*. 1996, p.231 et s., note **N. BEN AMOU**.

[1821] Cass. Civ. n° 42624 du 28 avril 1994, *RTD*. 1996, p.231 et s., note **N. BEN AMOU**.

[1822] L'article 278 du Code tunisien des obligations et des contrats dispose que « *les dommages sont la perte effective que le créancier a éprouvée et le gain dont il a été privé et qui sont la conséquence directe de l'inexécution de l'obligation. L'appréciation des circonstances spéciales de chaque espèce est remise à la prudence du tribunal ; il devra évaluer différemment le montant des dommages-intérêts, selon qu'il s'agit de la faute du débiteur ou de son dol. Toutefois, dans les obligations qui se bornent au paiement d'une certaine somme, les dommages-intérêts ne consistent que dans la condamnation aux intérêts fixés par la loi, sauf les règles particulières au droit commercial. Ces dommages-intérêts sont dus sans que le créancier soit tenu de justifier d'aucune perte. Ils ne sont dus que du jour de l'interpellation faite par le créancier au débiteur. Le créancier auquel son débiteur a causé, par sa mauvaise foi, un préjudice indépendant de ce retard, peut obtenir des dommages-intérêts distincts des intérêts moratoires de la créance* ».

[1823] V., **N. REKIK**, *L'ordre public et le contrat civil*, LATRACH, Tunis, 2015, n° 394, p. 387.

[1824] Com. 22 févr. 2000, no 97-17.020, *Bull. civ*. IV, n° 35; *D*. 2000. 153, note **E. CHEVRIER**

question des différences existent. Alors que l'article 183 du Code civil algérien[1825] permet aux contractants de fixer le montant de l'indemnisation ou réparation dans toutes obligations, l'article 226 du Code civil libyen dispose expressément que si l'objet de l'obligation ne consiste pas au paiement d'une certaine somme d'argent, les parties peuvent fixer d'avance le montant de la réparation, soit dans le contrat, soit dans un acte ultérieur. Ainsi, selon le droit libyen, les contractants ne peuvent pas stipuler de clause pénale si l'objet de l'obligation consiste au paiement d'une somme d'argent[1826].

588. En outre, la clause pénale est également interdite lorsqu'elle est insérée dans un contrat qui ne peut pas contenir une telle clause selon des textes spécifiques des droits des pays étudiés.

Tout d'abord, il convient de noter que l'interdiction des clauses pénales, ou du moins de certaines d'entre elles, a suscité des questions entre la doctrine et la jurisprudence sur la stipulation de telles clauses dans certains contrats. En effet, selon certains auteurs, la clause pénale dans certaines situations serait carrément interdite : il en va ainsi, en matière de bail ou dans les relations de travail, notamment en droit français. Toutefois, ce point de vue n'est manifestement pas partagé par d'autres auteurs. Ainsi, on peut dire que d'une façon plus générale, il a été soutenu par quelques-uns que la clause pénale serait interdite dans les contrats de bail à usage d'habitation[1827]. L'article 4 de la loi française n° 89-462 du 6 juillet 1989[1828] répute en effet non écrites deux types de clauses pénales conclues en faveur du bailleur d'un local à usage d'habitation : la clause par laquelle le locataire s'engage par avance à des remboursements sur la base d'une estimation faite unilatéralement par le bailleur au titre des réparations locatives (f) et la clause qui autorise le bailleur à percevoir des amendes en cas d'infraction aux stipulations d'un contrat de location ou d'un règlement intérieur d'immeuble (i).

C'est cette dernière disposition qui pouvait susciter quelques difficultés d'interprétation. Soit on considérait en effet que les amendes s'opposaient aux dommages et intérêts. La loi française interdirait alors seulement au bailleur d'exercer un pouvoir disciplinaire sur son locataire, en percevant des amendes dès lors que ce dernier est en infraction à l'égard des dispositions organisant la cohabitation des locataires d'un immeuble commun. En revanche, la loi n'interdirait pas les clauses pénales destinées à réparer les dommages causés au bailleur par l'inexécution du contrat de bail par le locataire. Il faudrait ainsi

---

[1825] L'article 183 du Code civil algérien dispose que « *les parties peuvent fixer d'avance le montant de la réparation, soit dans le contrat, soit dans un acte ultérieur* ».

[1826] Art. 226 du Code civil libyen a modifié par la loi n° 74 du 1972 relative à l'interdiction du Riba (usure) entre les personnes physiques, *JOL*, n° 37, 5 août 1972.

[1827] **A. BENABENT**, *Droit des obligations*, LGDJ, 16e éd., 2017, n° 438, p. 340.

[1828] La loi française n° 89-462, 6 juill. 1989 tendant à améliorer les rapports locatifs et portant modification de la loi n° 86-1290 du 23 décembre 1986, *JORF*, 8 juill. 1989, p. 8541.

distinguer le contractuel du disciplinaire[1829]. Soit, au contraire, derrière la terminologie défectueuse de la loi, il faut admettre que le terme « infraction » signifie « manquement » et « l'amende » ne serait rien d'autre qu'une somme d'argent forfaitaire, cette dernière interprétation se fondant par ailleurs sur la fonction comminatoire de la clause pénale.

Dans cette hypothèse, force était de conclure que la clause pénale était interdite dans le contrat de bail. Cette dernière analyse, défendue par le professeur PAISANT sous l'empire de la loi de 1982 et adoptée d'ailleurs par la jurisprudence[1830], a été confirmée par la Cour de cassation française[1831] dans le cadre de la loi précitée n° 89-462 du 6 juillet 1989[1832].

589. Aussi, en droit du travail, la loi interdit à l'employeur de mettre à la charge des salariés des amendes ou autres sanctions pécuniaires.

En effet, l'article 1321-5 du Code français du travail et l'article 78 du Code algérien du travail[1833] énoncent que les amendes ou autres sanctions pécuniaires sont interdites. Sur la base de ces textes, certains ont soutenu que les clauses pénales, qualifiées ici de sanctions pécuniaires, étaient interdites[1834]. Cependant, il faut observer que cette interdiction s'applique aux sanctions édictées par l'employeur dans le cadre de son pouvoir disciplinaire. Plus précisément, les amendes répriment la violation d'une norme de conduite générale imposée par l'employeur à la collectivité des salariés en vertu de son pouvoir disciplinaire. Par contre, la clause pénale, quant à elle, a vocation à sanctionner l'inexécution d'une règle inhérente à la relation individuelle de travail, et donc au contrat de travail[1835]. Il y a donc lieu de distinguer les sanctions pécuniaires découlant du règlement intérieur de l'entreprise qui, même qualifiées à tort de clauses pénales, tombent sous le coup de la prohibition de l'article L. 122-42, et les véritables clauses pénales, sanctionnant le manquement à des obligations purement contractuelles qui, elles, demeurent valables. Cette distinction est séduisante sur le plan théorique, mais on ne doit pas se dissimuler toutefois qu'elle puisse se révéler

---

[1829] **G. PAISANT**, « Les clauses pénales sont-elles encore licites dans les contrats de bail et de travail ? », *JCP G*, 1986, I, n° 13 p. 3238.

[1830] CA Paris, 9 juill. 1985 : *D.* 1985, jurispr. p. 510, note **J.-L. AUBERT**. - Cass. com., 27 mars 1987 : *D.* 1987, jurispr. p. 380, note **G. PAISANT**.

[1831] Cass. 3e civ., 22 nov. 1995: *Bull. civ.* 1995, III, n° 240; Cass; soc., 17 mars 1998: *Bull. civ.* V. n° 142; *D.* 1998 I.R. 107;

[1832] **J. THILMANY**, « Fonctions et ré-visibilité des clauses pénales en droit comparé », *RID comp*, Vol. 32 n° 1, janvier-mars, 1980, p. 23 et s. Sur cette question, V. **H. BLAISE**, « La révision judiciaire des indemnités contractuelles de licenciement », Dr. *soc.* 1980. 365 et s.

[1833] L'article 78 du Code algérien du travail énonce que « *les clauses du règlement intérieur qui supprimeraient ou limiteraient les droits des travailleurs tels qu'ils résultent des lois, des règlements et des conventions ou accords collectifs en vigueur sont nulles et de nul effet* ».

[1834] **D. DEPREZ**, « Les clauses pénales dans les relations de travail et leur révision par le juge : BS », *Lefebvre*, 1985, p. 267 ; **B. STARK, H. ROLAND et L. BOYER**, *Droit civil, Les obligations, t. II, Contrat*, Litec, 6e éd., n° 1806, p. 632 ; **M-N. ROUSPIDE-KATCHADOURIAN**, *Le juge et le contrat de travail, essai sur la relecture judiciaire d'un contrat*, LGDJ, 2014, n° 738, p. 327 et s.**Ph. MALAURIE et L. AYNES**, *Droit des obligations*, LGDJ, 9e éd., 2017, n° 994, p. 577.

[1835] **D. MAZEAUD**, « Les clauses pénales en droit du travail », Dr. soc. 1994, p. 343 et s ;

délicate à mettre en œuvre. A cela s'ajoute un risque : celui de voir les employeurs surcharger le contrat de dispositions à vocation plutôt statutaires, afin d'imposer aux salariés des clauses pénales exorbitantes, des amendes déguisées... [1836].

En termes d'indemnité de clientèle due par l'employeur, ce genre d'interdiction est expressément prononcé par le dernier alinéa de l'article 413 du Code tunisien du travail[1837] qui interdit la détermination conventionnelle par avance de l'indemnité de clientèle due au salarié voyageur, représentant ou placier pour rupture par son employeur de son contrat de louage de service[1838]. Cet article stipule que « *cette indemnité ne pourra pas être déterminée forfaitairement à l'avance* ».

Par ailleurs, en droit maritime, l'article 811 du Code maritime algérien peut conduire à interdire la clause pénale dans certains cas. En effet, cet article dispose que « *est nulle et de nul effet, toute clause contractuelle ayant directement ou indirectement pour objet ou pour effet : i- d'exclure ou de limiter la responsabilité du transporteur découlant des articles 770, 773, 780, 802, 803 et 804 du présent code[1839] ; ii- ou de limiter sa responsabilité à une somme inférieure à celle déterminée à l'article 805 ci-dessus, sauf dans le cas prévu à l'article 808 ; iii- Ou de céder au transporteur le bénéfice d'une assurance des marchandises* ». Cette interdiction ne concerne pas le particulier face au professionnel, mais s'applique aux clauses élaborées par le professionnel lui-même, ou aux clauses prévues dans les relations entre des professionnels. Selon les dispositions du droit maritime algérien, toute limitation pécuniaire préalable est interdit dans les cas évoqués par cet article. Ce dernier énonce que la responsabilité du transporteur ne doit pas être limitée à une somme inférieure à celle déterminée à l'article 805 du même Code[1840].

[1836] V. égal. **M. CARON**, « Nouveautés et constances de la clause pénale », *Cah. soc.* 01 juill. 2014, n° 265, p. 455.

[1837] L'article 413 du Code tunisien du travail dispose que « *(...) l'indemnité prévue au paragraphe précédent ne se confondra ni avec celle qui pourrait être due conformément aux dispositions ci-dessus, ni avec celle qui pourrait être due en cas de rupture anticipée pour l'inexécution des obligations nées du contrat de durée déterminée. Cette indemnité ne pourra pas être déterminée forfaitairement à l'avance* ».

[1838] **F. LOKSAIER**, « La clause pénale en droit tunisien », op. cit., p. 80.

[1839] L'article 802 du Code maritime algérien dispose que « *le transporteur est responsable des pertes ou dommages subis par les marchandises depuis leur prise en charge jusqu'à leur livraison au destinataire, ou à son représentant légal, sauf dans les cas exceptés par l'article suivant* ». Aussi, l'article 804 du même Code énonce que « *dans les cas où la faute du transporteur ou de ses préposés coïncide avec une autre cause entraînant des pertes ou dommages aux marchandises, le transporteur est responsable en proportion de sa faute ou de la faute de ses préposés qui a contribué à ces pertes ou dommages. Le transporteur doit prouver qu'il n'est pas responsable de l'autre partie des pertes ou dommages* ».

[1840] L'article 805 du Code maritime algérien dispose que « *à moins que la nature et la valeur des marchandises n'aient été déclarées par le chargeur avant leur chargement à bord du navire et que cette déclaration ait été insérée dans le connaissement ou tout autre document similaire ; le transporteur n'est pas responsable pour le préjudice résultant des pertes ou dommages subis par la marchandises au-delà d'une somme fixée à 10.000 unités de compte par colis ou tout autre unité de chargement ou à 30 unités de compte par kilogramme de poids brut des marchandises perdues ou*

On peut donc sur la base de ce constat, être tenté de préconiser une interdiction pure et simple de toute clause pénale en la matière.

Aussi, il convient de rappeler que dans les contrats de consommation, les clauses pénales ne sont pas illicites en elles-mêmes, mais uniquement si elles contiennent des caractères abusifs, ce qui est le cas par exemple lorsqu'elles ne sont pas réciproques, comme on l'a vu dans la première partie de notre recherche[1841].

B. Plafonnements légaux de la clause pénale

590. Le plafonnement peut être exigé dans certains cas et dans certains régimes juridiques des pays comparés.

Les clauses pénales peuvent présenter un danger lorsqu'elles sont imposées par le professionnel le plus fort à son cocontractant. « *La pénalité trop lourde apparaît alors injuste* »[1842]. C'est pourquoi, il existe de nombreuses dispositions propres à certains contrats qui organisent un plafonnement des clauses pénales. Ainsi, le juge contrôle si le professionnel respecte ou non ce plafonnement. Cette limitation peut être un moyen de protéger certaines catégories de contractants en situation de faiblesse, car le contractant peut, par avance, connaitre l'étendue de son engagement.

Le droit commun des pays étudiés peut prévoir les plafonnements de la clause pénale. De plus, il existe des dispositions spéciales dans certains cas qui sont susceptibles de remettre en cause la validité même de la clause pénale. Il faudrait ici signaler celles dans lesquelles la clause pénale se trouve encadrée : le plus souvent, c'est la peine qui est soumise à un plafond.

En droits algérien et libyen, les articles 228 libyen et 185 algérien des Codes civils énoncent que « lorsque le préjudice dépasse le montant de la réparation fixée par la convention, le créancier ne peut réclamer une somme supérieure à moins qu'il ne prouve le dol ou la faute lourde du débiteur ». Donc, et dans tous les cas, le plafond de la clause pénale ne doit pas dépasser le montant fixé dans le contrat selon les droits libyen et algérien.

Dans ce contexte, il convient tout d'abord de noter que l'article 278 du Code tunisien des obligations et des contrats, qui organise la disposition de l'indemnité conventionnelle, soulève des confusions sur la validité du plafond de la clause pénale lorsque l'obligation principale consiste dans le paiement d'une somme d'argent. En effet, l'article 278 précité dispose que « *(...) dans les obligations qui se bornent au paiement d'une certaine somme, les dommages-intérêts ne*

---

endommagées, la limite la plus élevée étant applicable, ou à une somme correspondant à deux fois et demi le montant du fret payable pour les marchandises n'ayant pas été livrées dans les délais convenus ou dans le délai qu'il serait raisonnable d'exiger d'un transporteur diligent, mais n'excédant pas le montant total du fret payable en vertu du contrat de transport de marchandise par mer (...) ».

[1841] *Supra*, p. 202 et s ; sur ce point V., **A. BENABENT**, *Droit des obligations*, op. cit., n° 438, p. 340 ; **Ph. BRUN**, « La clause pénale en droit français », op. cit., n° 18 à 24,

[1842] **A. BENABENT**, *Droit des obligations*, op. cit., n° 439, p. 340.

consistent que dans la condamnation aux intérêts fixés par la loi ». Ainsi, la formulation utilisé par cet article, « les dommages-intérêts ne consiste que », conduit à penser que l'article 278 contient une règle d'ordre public qui interdirait aux parties d'adjoindre à une obligation de somme d'argent une clause pénale qui détermine une indemnité conventionnelle différente de celle du taux légal d'intérêt fixé par l'article 1100 du Code tunisien des obligations et des contrats[1843].

591. Cependant, un auteur[1844] a indiqué qu'il ne s'agit là que d'une apparence, car les clauses pénales insérées dans les contrats de prêt d'argent sont assez fréquentes en Tunisie sans que leur validité ne soit jamais mise en cause par la jurisprudence. D'ailleurs, l'article 1100 précité stipule explicitement que le taux d'intérêt légal ne s'applique qu'en l'absence d'une convention entre les parties sur cette question. Ceci prouve le caractère supplétif de la règle que contient l'article 278 précité. En résumé, il faut respecter le taux légal d'intérêt, si les parties n'ont pas déterminé dans le contrat le montant de la clause pénale. De plus, la modification de l'article 278 du Code des obligations et des contrats s'impose afin de faire disparaître toute ambiguïté.

En droit français, on peut souligner par exemple les dispositions du droit de la consommation en matière de crédit à la consommation et de crédit immobilier, qui plafonnent le montant des indemnités pouvant être mises à la charge de l'emprunteur qui demande la résiliation anticipée du contrat. Ici la qualification de clause pénale est possible[1845]. Le législateur réglemente la clause pénale en plafonnant son montant, en cas de défaillance d'un consommateur dans le remboursement de ces crédits[1846]. Le montant est également limité selon les dispositions du Code de la construction et de l'habitation, qui plafonnent les pénalités pouvant être mises à la charge de l'acquéreur en cas de résolution de la vente qui lui serait imputable. En effet, l'article L. 261-14 du Code français de la construction et de l'habitation dispose, à propos des ventes d'immeubles à construire, que « *le contrat ne peut stipuler forfaitairement, en cas de résolution, le paiement, par la partie à laquelle elle est imputable, d'une indemnité supérieure à 10% du prix* ». De même, l'article R. 231-14 du Code français de la construction

---

1843 L'article 1100 du Code tunisien des obligations et des contrats dispose que « *lorsque les parties n'ont pas déterminé le taux des intérêts, le taux de l'intérêt légal qui s'applique est le suivant : 1) en matière civile, il est calculé à raison de 7 % l'an ; 2) en matière commerciale, il est égal aux taux maximums des découverts bancaires, fixé par la Banque Centrale, majoré d'un demi-point* ».

1844 **F. LOKSAIER**, « La clause pénale en droit tunisien », op. cit., p. 81.

1845 V. sur ce point, Cass. 1re civ., 11 oct. 1994 : *Rép. Def.* 1995. 759 obs. **D. MAZEAUD** ; V. égal. **E. LOQUIN**, « Clauses dissuasives des litiges », op. cit., n° 38.

1846 L'article L. 312-39 du Code française de la consommation dispose que « *en cas de défaillance de l'emprunteur, le prêteur peut exiger le remboursement immédiat du capital restant dû, majoré des intérêts échus, mais non payés. Jusqu'à la date du règlement effectif, les sommes restantes dues produisent les intérêts de retard à un taux égal à celui du prêt* ». De même, l'article L. 313-51 du Code français de la consommation précise que le remboursement doit être immédiat du capital restant dû, ainsi que le paiement des intérêts échus. Jusqu'à la date du règlement effectif, les sommes restantes dues produisent des intérêts de retard à un taux égal à celui du prêt.

et de l'habitation énonce que « *en cas de retard de livraison, les pénalités prévues au i de l'article L. 231-2 ne peuvent être fixées à un montant inférieur à 1/3 000 du prix convenu par jour de retard (...)* »[1847].

L'article L.113-10 du Code français des assurances limite également la clause pénale due en cas d'erreurs ou omissions servant de base à la fixation de la peine à 50 % de cette peine. Aussi, l'article 11 de la loi n° 84-595 du 12 juillet 1984 applicable à la location-accession en matière de propriété immobilière plafonne également les pénalités dues par les parties à 2 % du prix de l'immeuble si le débiteur est l'accédant, à 3 % si le débiteur est le vendeur selon l'article 13 de la même loi[1848].

A noter que la clause pénale n'est pas soumise à la prohibition de l'usure. Cette usure ne s'analyse toutefois pas en une clause pénale. D'ailleurs, rien ne s'oppose à ce que la clause pénale incluse dans un contrat de prêt, ou sanctionnant un retard dans le paiement d'une somme d'argent fixe un forfait supérieur au montant des taux de référence au-delà desquels l'usure commence[1849]. La règle trouve son fondement dans le caractère coercitif de la clause pénale. Elle ne vise pas à rémunérer le prêteur, mais à assurer l'exécution de l'obligation[1850].

592. De manière générale, Le Professeur E. LOQUIN indique que généralement les pénalités de retard sont plafonnées à un taux maximum. Ce plafonnement présente l'avantage d'assurer le respect de l'intégrité de la clause. Plafonnée, la clause pénale sera rarement jugée excessive. Cet auteur ajoute qu'elle risque de perdre sa fonction comminatoire dès lors que le débiteur ne risque plus une augmentation des pénalités alors que le retard persiste, et que le plafond est déjà atteint.

Par conséquent, la clause devient une clause limitant la responsabilité contractuelle du débiteur. De plus, toute clause plafonnée doit-elle être accompagnée de dispositions complémentaires prenant le relais des pénalités. Le contrat doit réserver au créancier la faculté de résilier le contrat totalement ou partiellement dès lors que le retard se prolonge, et que les pénalités de retard ne peuvent plus progresser en raison du plafond conventionnellement fixé[1851].

En droit marocain, l'article 106 de la loi n° 31-08 précitée édictant des mesures de protection du consommateur dispose que sans préjudice de l'application de l'article 264/3 du Code des obligations et contrats, en cas de défaillance dans l'exécution, par l'emprunteur, d'un contrat de location assorti d'une promesse de

---

[1847] V., Cass. 3e civ., 9 juill. 2003 : *D.* 2003, p. 2914, note **O. GROUT**. V. égal., **B. FAGES**, *Droit des obligations*, LGDJ, 7e éd. 2017, n° 338, p. 286 ; V. égal. **M. FABRE-MAGNAN**, *Droit des obligations ; Contrat et engagement unilatéral*, op. cit., n° 729, p. 787.

[1848] La loi française n° 84-595 du 12 juill. 1984 définissant la location-accession à la propriété immobilière, *JORF*, 13 juill. 1984 p. 2251.

[1849] Cass. 1ere civ., 10 oct. 1967: *Bull. civ.* 1967, I, n° 287. - Cass. com., 22 févr. 1977: *Bull. civ.* 1977, IV, n° 58; Cass. 1re civ., 1er févr. 1978: *Bull. civ.* 1978, I, n° 44; *RTD civ.* 1979, p. 147, n° 3, obs. **G. CORNU**

[1850] **E. LOQUIN**, « Clauses dissuasives des litiges », op. cit., n° 39.

[1851] Ibid., n° 23.

vente ou d'un contrat de location-vente ou d'un contrat de location avec option d'achat, le prêteur est en droit d'exiger, outre la restitution du bien et le paiement des loyers échus et non réglés, une indemnité qui, dépendant de la durée restant à courir du contrat et est égale à la différence entre, d'une part, la valeur résiduelle hors taxes du bien stipulée au contrat augmentée de la valeur actualisée, à la date de la résiliation du contrat, de la somme hors taxes des loyers non encore échus et, d'autre part, la valeur vénale hors taxes du bien restitué. Les taxes ne sont pas prises en compte dans cette opération.

De plus, ce même article ajoute que la valeur actualisée des loyers non encore échus est calculée selon une méthode prévue par voie réglementaire. La valeur actualisée est celle obtenue par le bailleur après la vente du bien restitué ou repris. Cet article énonce que « *le locataire a la faculté, dans le délai de trente jours à compter de la résiliation du contrat, de présenter au bailleur un acquéreur faisant une offre écrite d'achat. Si le bailleur n'accepte pas cette offre et s'il vend ultérieurement à un prix inférieur, la valeur à déduire devra être celle de l'offre refusée par lui. Si le bien restitué ou repris n'est pas sujet à une rapide détérioration ou que sa valeur n'excède pas une limite minimale fixée par voie réglementaire, la vente se fait aux enchères publiques en vertu d'une ordonnance prononcée sur la base d'une demande émise par le président du tribunal compétent est exécutée par le secrétariat-greffe* ».

Or, ces mesures s'appliquent si le bien restitué ou repris est soumis à un règlement spécial établissant la procédure de vente. Par exemple, si le bien loué est hors d'usage, la valeur vénale est obtenue en ajoutant le prix de vente et le montant du capital versé par l'entreprise d'assurances. A défaut de vente ou à la demande du locataire, il peut y avoir évaluation de la valeur vénale aux dires d'expert. Le locataire doit être informé de cette possibilité d'évaluation[1852].

En résumé, on peut généralement constater que les législateurs peuvent fixer un seuil qui établit une démarcation nette du risque de déséquilibre contractuel. Si une clause prévoit une limite de réparation plus élevée, le contrat présentera de grands risques d'être déséquilibré. Par conséquent, le juge veillera à contrôler et vérifier si le professionnel ne respecte pas le seuil prévu par la loi.

Sous ces différentes réserves, la clause est valable, et doit donc trouver à s'appliquer entre les parties, dès lors du moins que les conditions de sa mise en œuvre sont réunies.

Paragraphe 2 : La mise en œuvre de la révision judiciaire

593. La clause pénale a pour fonction d'évaluer par avance le préjudice, et de décourager l'inexécution. Ainsi, la clause pénale est due dès qu'il y a inexécution et que le débiteur en est responsable. Il importe peu à cet égard qu'il s'agisse d'une inexécution, ou d'un simple retard dans l'exécution, ou que l'inexécution

[1852] Art. 106 de la loi marocaine précitée n° 31-08 édictant des mesures de protection du consommateur.

reprochée au débiteur soit totale ou partielle[1853], comme on verra plus tard. L'essentiel est que le versement d'une somme d'argent forfaitaire trouve bien sa cause dans une inexécution fautive du débiteur[1854].

Cependant, le risque est que la partie la plus forte dans la négociation contractuelle impose une clause pénale très lourde à son cocontractant. En général, le créancier pourrait alors tirer un profit important de l'inexécution, ce qui serait paradoxal[1855]. Cela justifie que les législations des pays comparés aient conféré au juge un pouvoir modérateur en matière de clause pénale.

Plus précisément, un pouvoir dérogatoire a été accordé au juge par les différents textes en droit des pays étudiés afin de protéger les parties les plus faibles (car contraire à l'autonomie de la volonté). En cas d'abus évident, la loi autorise le juge à modérer la peine en équité. Le juge exerce alors son pouvoir de révision et selon les dispositions de la clause pénale, il ne peut annuler ce type de clause. C'est seulement si elle présente un caractère abusif qu'il pourra prononcer une annulation alors fondée sur la notion d'abus.

Il faut d'ailleurs remarquer que l'étendue du pouvoir du juge vis-à-vis de la révision de la clause pénale est différente dans les droits des pays étudiés. En effet, on constate que les législateurs tunisien et mauritanien n'ont pas traité la question de révision de la clause pénale de manière explicite et approfondie[1856]. Sur ce sujet, la Cour de cassation tunisienne[1857] a jugé que si la clause pénale n'est pas abordée par un texte spécifique en droit tunisien, elle est soumise à la disposition générale de l'indemnisation conventionnelle[1858]. Aussi, cette Cour de cassation tunisienne a interdit au juge de modifier le montant de la clause pénale par respect du principe de l'autonomie de la volonté consacré par l'article 242 du Code des obligations et des contrats[1859]. Néanmoins, la Cour de cassation tunisienne a changé sa position vis-à-vis de la révision de la clause pénale en 1994. En effet,

---

1853 **Ph. MALINVAUD**, *Droit des obligations*, op. cit., n° 745, p. 517 ; **Y. BUFFELAN-LANORE et V. LARRIBAU-TERNEYRE**, *Droit civil ; Les obligations*, SIREY, 15e éd. 2017, n° 1957 et 2973, pp. 617 et 1010.

1854 CA Dijon, ch. soc., 10 mars 2005 : *Juris-Data* n° 2005-271230.

1855 V. **M. ABOU KMASH**, *Le pouvoir du juge de modification du contrat dans le Code civil algérien et les jurisprudences islamiques*, op. cit., p. 328.

1856 V. égal. **A. KAHLOUN**, *La théorie générale des obligations : les sources des obligations et les actes juridiques*, en arabe, LATRACHE, Tunis, 2015, p. 418 ; **H. BEN SLIMA**, *De l'équilibre du contrat*, en droit tunisien, Thèse, Université de Tunis El-Manar, 2007, p. 340.

1857 V. Cass. civ. tunisienne, n° 5830 du 20 juin 1968, http://jurisprudence.e-justice.tn. V. égal. Cass. civ. tunisienne, n° 7919 du 28 avril 1975, http://jurisprudence.e-justice.tn.

1858 En réalité, les articles 278 tunisien et 280 mauritanien des Codes des obligations et des contrats ne traitent cette question que de manière générale sans précision l'étendue du pouvoir du juge dans ce domaine. Ainsi, l'article 278 du Code tunisien des obligations et des contrats dispose que « *(...) dans les obligations qui se bornent au paiement d'une certaine somme, les dommages-intérêts ne consistent que dans la condamnation aux intérêts fixés par la loi, sauf les règles particulières au droit commercial* ».

1859 L'article 242 du Code tunisien des obligations et des contrats dispose que « *les obligations contractuelles valablement formées tiennent lieu de loi à ceux qui les ont faites, et ne peuvent être révoquées que de leur consentement mutuel ou dans les cas prévus par la loi* ».

par l'arrêt du 28 avril 1994[1860], la Cour de cassation a permis au juge de réviser le montant de la clause pénale sur la base du principe d'équité. Ainsi, cet arrêt constitue un renversement de la jurisprudence antérieure de la Haute Cour[1861].

594. En revanche, l'article 1231-5 du Code civil français et l'article 264[1862] du Code marocain des obligations et des contrats accordent expressément au juge le pouvoir de réduire la clause pénale si elle est manifestement excessive ou inversement de l'augmenter si elle est manifestement dérisoire ou minorée, alors que les article 227 libyen et 184 algérien des Codes civils disposent seulement que « *le juge peut réduire le montant de la réparation si le débiteur établit qu'il est excessivement exagéré* »[1863].

De manière générale et dans le cadre de notre étude, on peut ici dire que le pouvoir judiciaire de révision (réduction et augmentation) est plus large et plus pertinent pour la partie faible dans les droits français et marocain que dans les droits des autres pays comparés. En effet, forts de leur puissance économique, certains professionnels ne vont pas hésiter à stipuler une clause pénale élevée en cas de manquement de la part de l'autre partie, ou une indemnité dérisoire lorsque l'inexécution est de leur fait.

Ainsi, le pouvoir judiciaire de réduire ou augmenter la clause pénale constitue un moyen efficace de protection de la partie faible. En effet, la partie faible est souvent un débiteur de la clause pénale dans la relation avec le professionnel. Dans ce cas, elle peut bénéficier de la réduction d'une telle clause par le juge[1864]. Par ailleurs, la partie faible peut également se prévaloir de l'augmentation de la clause pénale, dans les cas où elle est créancière.

En tout état de cause, les droits des pays concernés connaissent deux hypothèses de révision judiciaire des clauses pénales. En effet, les clauses pénales peuvent être révisées par le juge lorsqu'elles sont manifestement excessives ou dérisoires d'une part ou lorsque l'obligation a été partiellement exécutée d'autre part[1865].

Chacun de ces cas possède des conditions d'application qui lui sont propres dans les différents pays. Examinons en premier lieu les conditions d'application du cas d'une clause pénale excessive ou dérisoire qui constitue le moyen de

---

[1860] Cass. civ. tunisienne, n° 42624 du 2 avril 1994 précitée.

[1861] **F. LOKSAIER**, « La clause pénale en droit tunisien », *Etudes juridiques*, op. cit., p. 85.

[1862] Concernant la révision de la clause pénale en droit marocain, auparavant il n'y avait pas de disposition pouvant donner lieu à une révision en hausse ou en baisse de la clause pénale. L'article 264 du Code marocain des obligations et des contrats, modifié par le Dahir du 11 août 1995 (n° 1-95-157 du 11 août 1995, *Bull.O. Mar.*, 6 sept. 1995) a ouvert cette possibilité. **Abdel-K. EL-AARAARY**, *Les ressources des obligations ; La théorie du contrat*, en droit marocain, en arabe, Dar Elamane, 6e éd., 2018, n° 499, p. 418.

[1863] V. **D. ALLAG-ZENNAKI**, *Contrats ; Négociation, Construction et Rédaction*, EL ADIB, 2016, p. 303.

[1864] Sur ce point, V., **B. FAGES**, *Droit des obligations*, LGDJ, 7e éd. 2017, n° 337, p. 285 ; **A. GILLOTOT**, *Relevé d'office du juge et droit de la consommation*, Thèse, Université d'Avignon, 2015, n° 237, p. 191.

[1865] **E. LOQUIN**, « Clauses dissuasives des litiges », op. cit., n° 41 à 48.

contrôle le plus effectif et le plus puissant des clauses pénales (A). En deuxième lieu, nous aborderons la révision de la clause pénale dans l'hypothèse d'un engagement exécuté en partie qui permet au juge de diminuer la peine convenue à proportion de l'intérêt que l'exécution partielle a procuré au créancier (B).

A. Dans le cas d'une clause pénale manifestement excessive ou dérisoire

595. La professionnel peut, en général, imposer à son cocontractant une clause pénale abusive, voire simplement excessive sans que celui-ci puisse s'y opposer. Ce danger est renforcé par le développement très important des contrats d'adhésion.

Ainsi, un professionnel impose dans ces contrats, une indemnisation forfaitaire de ses clients en cas d'inexécution de ses obligations. Si la peine stipulée est excessive, la partie faible peut trouver une certaine protection juridique prévue dans les différentes législations des pays comparés.

En vertu du principe général du droit français « *speciala genenlibus derogant* », la disposition générale de l'article 1152 (devenu l'article 1231-5) du Code civil doit céder la place à ce nouvel article dans les contrats conclus entre professionnels et consommateurs. Si les conditions d'application de ces deux articles sont similaires, exceptée la qualité des parties au contrat : « le déséquilibre significatif » de l'article L.132-1 (devenu L. 212-1) du Code de la consommation pouvant être assimilé à « l'excès manifeste » de l'article 1231-5 du Code civil français[1866]. En revanche, leurs effets divergent car l'article L. 212-1 ne donne pas un pouvoir modérateur au juge, si cette dernière estime que la clause est abusive alors elle est automatiquement « réputée non écrite ». L'atteinte à la volonté des parties est ici évidente, la clause étant considérée n'avoir jamais existé, la victime de l'inexécution peut alors demander au juge des dommages et intérêts sur le fondement de la responsabilité contractuelle de droit commun en général.

En général, l'idée est que la clause pénale, dans sa fonction comminatoire, n'aboutisse pas à une indemnisation excessive au regard du préjudice réel ; ou à l'inverse, dans sa fonction limitative de responsabilité, à une indemnisation dérisoire[1867]. Ces conditions objectives sont strictes : lorsqu'elles ne sont pas remplies, le juge n'a pas le pouvoir de porter atteinte à la clause. Si la pénalité n'est pas excessive, le juge n'apportera pas de modification.

Pour que le juge puisse réviser le montant de la clause pénale, cette dernière doit présenter un caractère excessif ou dérisoire. Ici, on peut se demander sur quel moment l'appréciation du montant de la clause pénale est raisonnable (1) et sur quels critères elle se fonde (2).

[1866] **M-N. ROUSPIDE-KATCHADOURIAN**, *Le juge et le contrat de travail, essai sur la relecture judiciaire d'un contrat*, op. cit., n° 745, p. 330 et s.

[1867] **E. MOUIAL-BASSILANA**, « Appréciation de la disproportion dans la clause pénale et situation de surendettement », *Gaz. Pal.*, 10 mai 2016, n° 17.

1. Le moment de l'appréciation de montant de la clause pénale

596. L'article 1231-5 du Code civil français et l'article 264 du Code marocain des obligations et des contrats disposent que le juge peut, même d'office, modérer ou augmenter la pénalité ainsi convenue, si elle est manifestement excessive ou dérisoire.

Les dispositions du droit français, marocain précisent que le juge peut intervenir lorsque la peine est manifestement excessive ou dérisoire et/ou minorés. En ce qui concerne le moment retenu pour l'appréciation, différentes solutions peuvent être adoptées. En effet l'appréciation du caractère excessif peut être effectuée au moment de la formation du contrat, mais elle peut également avoir lieu au moment de l'inexécution de l'obligation principale par le débiteur. De plus, l'appréciation du caractère abusif d'une clause pénale peut être effectuée lors du procès[1868].

La Cour de cassation française[1869] s'est prononcée en faveur de la date à laquelle le juge est amené à rendre sa décision. Dans cet arrêt, elle a estimé que « *pour apprécier le caractère excessif des clauses pénales, le juge doit se placer à la date de sa décision* ». Conforme au droit commun français de la responsabilité la solution retenue est en apparence logique, cependant G. PAISANT[1870] a indiqué que « *c'est au jour où elle est due (le jour de la sommation de payer) qu'il serait plus juste de déterminer son caractère démesuré ou non* », car cela éviterait selon lui une confusion entre les dommages et intérêts et la clause pénale. La Cour de cassation n'a toutefois pas changé sa position et a rappelé que les juges doivent se placer au jour où ils statuent pour apprécier si la peine convenue est manifestement excessive ou dérisoire[1871]. Le juge apprécie le caractère excessif ou dérisoire d'une clause pénale, se référant au moment même où sa décision est rendue et non aux moments de la conclusion du contrat ou de l'exigibilité de la pénalité. En effet, le juge dans son appréciation tiendra compte des dommages effectivement subis, d'où la nécessité de se placer au jour où les parties se trouvent devant lui pour effectuer son appréciation. Le juge doit apprécier la validité de la clause en comparant son montant avec le préjudice effectivement subi, c'est-à-dire au préjudice dont souffre le créancier à ce jour[1872].

[1868] **M. MEKKI**, « La notion de clause pénale : la Cour de cassation se donne la peine…, », *Gaz. Pal.*, 8 févr. 2012, p. 400 ; **Abdel-K. EL-AARAARY**, *Les ressources des obligations ; La théorie du contrat*, en droit marocain, op. cit., n° 499, p. 419.

[1869] Cass. 1e civ. 19 mars 1980, *Bull. civ.* I, n° 95; Cass. 1er civ. 10 mars 1998, *Bull. Civ.* 1998, I, n° 98, p. 65.

[1870] **G. PAISANT**, « Dix ans d'application de la réforme des articles 1152 et 1231 du Code civil relative à la clause pende (loi du 9 juillet 1975) », *RTD civ.* 1985, p. 667.

[1871] Cass., 1e civ. 10 mars 1998. *RT.D. civ.*, 1999, 97, obs. **J. MESTRE** ; sur ce sujet V., **Ph. MALINVAUD, D. FENOUILLET, M. MEKKI**, *Droit des obligations*, LexisNexis, 14e éd. 2017, n° 814, p. 736.

[1872] **S. MASRAR**, *La clause pénale en droit marocain*, Thèse. Université de Perpignan Via Domitia, 2005, p. 354 ; V. égal. **M. FABRE-MAGNAN**, *Droit des obligations ; Contrat et engagement unilatéral*, op. cit., n° 730, p. 790.

Ainsi, le juge dans son appréciation envisage en premier lieu le préjudice subi par le créancier. Ensuite, il doit apprécier la clause pénale au moment où il rend son jugement.

Par ailleurs, selon les termes utilisés dans l'article 1231-5 du Code civil français et l'article 264 du Code marocain des obligations et des contrats, on peut marquer que l'intervention du juge est discrétionnaire : le juge « peut » intervenir, c'est une simple faculté pour lui et non un devoir, il ne commettra pas un déni de justice s'il refuse de modérer une clause pénale, même si celle-ci est excessive.

597. En revanche, la jurisprudence française a pris en compte le traitement de cette question. En effet, la Cour de cassation a estimé à plusieurs reprises que le juge pour qui la réduction des obligations résultant d'une clause pénale n'est qu'une simple faculté n'a pas à motiver spécialement sa décision lorsque faisant application pure et simple de la convention, il refuse de modifier le montant de la peine qui y est forfaitairement prévue. Le pouvoir d'intervention du juge a été renforcé par la loi du 11 octobre 1985 qui lui permet de réviser « d'office » le montant de la peine ; cela signifie que le juge peut réviser le montant de la peine même si les parties au procès ne l'ont pas expressément demandé. Le législateur par cette réforme a voulu lutter contre l'éventuelle inégalité des parties au procès[1873].

Ainsi, les juges peuvent d'office réviser le montant de la clause pénale. Cela signifie que même si le débiteur ne se plaint pas du caractère excessif de la clause, les juges saisis par le créancier d'une action en recouvrement peuvent d'eux-mêmes minorer le montant de la clause pénale. Toutefois, les juges n'exerceront ce droit de modifier d'office une clause pénale qu'après avoir invité les plaideurs à présenter leurs observations[1874]. Le fondement de l'office du juge demeure l'équité. Le juge doit exercer son pouvoir modérateur pour respecter ce principe visant à l'équilibre contractuel ainsi qu'à la protection du contractant le plus faible.

Inspiré de la jurisprudence, l'article 1152 (devenu 1231-5) du Code civil français a permis au juge de décider cette modération « même d'office », c'est-à-dire même si le débiteur « partie faible » n'a pas expressément sollicité la révision[1875]. Le texte français donne au juge explicitement la possibilité de réviser d'office une clause pénale abusive ou excessive, alors que les textes libyen, algérien et marocain sont plus vagues dans la mesure où ils utilisent l'expression suivante : « le tribunal ou le juge peut réduire... ».

De plus en droit marocain, la révision de la clause pénale ne s'exerce que sur une demande de la partie lésée en plaidant le caractère excessif ou minoré. En l'absence d'une telle demande, le juge de ces pays ne doit exercer aucune révision,

---

1873 **F. PASQUALINI**, « La révision des clauses pénales », *Def.*, 1995, p. 773.

1874 **J. FISCHER**, *Le pouvoir modérateur du juge : en droit civil français*, PUAM., 2004, p. 185 et s.

1875 **M. LEVENEUR-AZEMAR**, *Etude sur les clauses limitatives ou exonératoires de responsabilité*, Thèse, Université Panthéon-Assas (Paris II), 2016, n° 640, p. 410.

même s'il constate le caractère excessif ou minoré de la clause[1876]. C'est pourquoi, le traitement législatif de cette question est très important pour le contractant le plus faible, car le débiteur de la clause pénale peut ne pas l'invoquer par ignorance de ses droits. Ainsi, le juge marocain a montré une certaine tendance pré-consumériste à l'égard des clauses pénales.

Néanmoins, un auteur marocain[1877] a abordé cette question en estimant que selon le caractère d'ordre public du nouvel article 264 du Code marocain des obligations et des contrats, le juge peut réviser d'office la clause pénale, sans l'exigence de demande de la part du débiteur. Ce point de vue prend en compte le contractant faible qui ignore la possibilité de la révision de la clause pénale et qui ne peut pas apprécier le cas d'une clause pénale excessive ou dérisoire. Il convient de remarquer que ce point de vue pourrait également s'appliquer aux droits libyen et algérien[1878].

En tout état de cause, les juges du fond, lorsqu'ils utilisent cette faculté de révision des clauses pénales, y compris d'office, doivent précisément rechercher et indiquer en quoi le montant était excessif ou dérisoire par rapport au préjudice effectivement subi par le créancier, mais ils n'ont pas à motiver spécialement leur décision lorsqu'ils refusent de retenir le caractère excessif de la clause. D'ailleurs, la jurisprudence constante[1879] exige en effet que les juges du fond justifient le caractère manifestement excessif de la pénalité et explicitent le raisonnement qu'ils ont employé pour parvenir à cette solution. Ce contrôle par la Cour de cassation assure le caractère exceptionnel de l'intervention judiciaire dans la clause pénale du contrat.

598. En outre, de nombreux auteurs[1880] ont craint que le juge qui avait eu pendant si longtemps les mains liées en matière de clause pénale, ne soit saisi par une fièvre d'équité et de justice contractuelle, et interprète le critère de l'excès manifeste de façon souple, réduisant ainsi à néant l'intention législateur de ne permettre qu'exceptionnellement l'immixtion du juge dans le contrat. De plus, le caractère factuel de l'excès manifeste peut faire craindre que les décisions des juges du fond échappent au contrôle régulateur de la Cour de cassation.

2. Les critères d'appréciation

599. Les articles 227 libyen et 184 algérien des Codes civils disposent que « *(...) le juge peut réduire le montant de la réparation si le débiteur établit qu'il est excessivement exagéré (...)* ». De même, l'article 1152 (devenu 1231-5) du Code

---

[1876] **S. MASRAR**, *La clause pénale en droit marocain*, op. cit., p. 353.

[1877] **F. MAALAL**, « L'avenir de la clause pénale après la loi n° 95-27 », *Revue des juges et des lois*, en droit marocain, en arabe, n° 14, 1997, p. 80.

[1878] V. **M. LACHACHI**, « Les clauses abusives : Notions et Moyens de lutte en droit algérien et français », op. cit, p. 234.

[1879] V., Cass. 3e Civ., 14 nov., 1991, *Bull. civ.* III, n° 274; V. égal., Ch mixte, 20 janv. 1978, *RTD. civ.* 1978, p. 377, Obs. **G. CORUN**.

[1880] V., **F. CHABAS**, « La réforme de la clause pénale », *D.*, 1976, p. 110 ; **B. BOCCARA**, « La réforme de la clause pende : conditions et limites de l'intervention judiciaire », *JCP*. 1975, 2742.

civil français et l'article 264 du Code marocain des obligations et des contrats autorisent ainsi le juge à modérer ou augmenter la peine convenue si elle est manifestement excessive ou dérisoire[1881]. En droit tunisien, la révision du montant de la clause pénale peut se faire sur la base de l'article 278 du Code tunisien des obligations et des contrats, dont l'alinéa premier énonce que « *les dommages sont la perte effective que le créancier a éprouvée et le gain dont il a été privé et qui sont la conséquence directe de l'inexécution de l'obligation* ».

De manière générale, l'intervention du juge n'est possible que si la clause pénale est manifestement excessive selon les droits français, algérien, libyen et marocain ou dérisoire selon les droits français et marocain. Ces termes marquent bien la volonté du législateur de ne permettre aux juges d'intervenir que dans des cas où l'utilisation abusive de la clause pénale est flagrante[1882].

Pour cette raison, on peut poser les questions suivantes : comment le critère de l'excès manifeste ou excessif et celui d'une peine dérisoire ou minorée s'apprécie-t-il ? Et sur quels critères le juge doit-il s'appuyer pour apprécier l'excès manifeste dans la fixation de la peine ?

Les législateurs français, marocain, algérien et libyen ne déterminent pas le critère de la clause pénale excessive ou manifestement dérisoire. Toutefois, et selon la jurisprudence française[1883], on peut dire que l'appréciation du juge se fonde principalement sur la disproportion manifeste entre l'importance du préjudice effectivement subi et le montant conventionnellement fixé. Au besoin en recourant à une expertise. Dans la pratique le juge évalue le préjudice subi par le créancier, il compare le montant de ce préjudice avec le montant de la clause pénale. Si ces deux montants sont sans commune mesure, il réduit, le cas échéant, le montant de la clause pénale. Dans ce cas de réduction du montant de la clause pénale, le juge n'est pas tenu de le ramener au montant du préjudice subi par le créancier. En revanche, la somme allouée au créancier ne pourra pas être inférieure au montant du préjudice subi. En général, lorsque le juge décide d'une réduction de la clause pénale, il fixe le nouveau montant à une somme toujours supérieure au préjudice subi par le créancier.

[1881] L'article 1152 (devenu 1231-5) du Code civil français énonce que « *le juge peut, même d'office, modérer ou augmenter la pénalité ainsi convenue si elle est manifestement excessive ou dérisoire* ». L'article 264 du Code marocain des obligations et des contrats dispose que « *le tribunal peut réduire le montant des dommages-intérêts convenu s'il est excessif ou augmenter sa valeur s'il est minoré (...). Toute clause contraire est réputée nulle* ».

[1882] **Ph. BRUN**, « La clause pénale en droit français », op. cit., n° 41, **Abdel-K. EL-AARAARY**, *Les ressources des obligations ; La théorie du contrat*, en droit marocain, Dar LAMANE-Rabat, en arabe, 6e éd., 2018, n° 252, p. 221 ; **M. AL-BADWI ALAZHARI**, *Les obligations en droit libyen ; Les dispositions d'obligations*, vol. 2, 2e éd, Bibliothèque Nationale, Benghazi- Libye, 2010, en arabe, p. 56.

[1883] La jurisprudence française a expressément estimé dans plusieurs reprises que le juge doit apprécier s'il y a « *une disproportion manifeste entre l'importance du préjudice effectivement subi et le montant conventionnellement fixé* ». A ce sujet V. Cass. 1re civ., 10 mars 1998, n° 96-13.4558, *Bull. civ.* 1998, I, n° 98 p. 65 ; Cass. com., 16 févr. 2010, n° 09-13380, Inédit.

600. D'une manière générale, lorsque l'évaluation conventionnelle du préjudice prévisible est disproportionnée par rapport au dommage réel, le juge intervient pour modifier toute indemnité conventionnelle différente du montant du dommage réel. Cela se produit soit parce que les parties se sont trompées dans l'évaluation du préjudice prévisible, soit en raison de l'avènement de circonstances imprévues, soit parce que l'une des parties jouit d'une position dominante par rapport à l'autre partie.

Il est utile de rappeler que l'arrêt de la Cour de cassation tunisienne de 1994 s'est référé à l'équité pour permettre la révision du montant de la clause pénale[1884]. L'équité a été utilisée dans cet arrêt dans le sens qui permet au juge d'adapter la règle juridique à la réalité du cas particulier afin de créer une égalité entre les parties contractantes[1885].

Cependant, l'équité est un principe général et vaste qui demande à être précisé en matière de révision de la clause pénale. A titre d'exemple, sur la base de l'équité, le juge peut modifier toute indemnité conventionnelle différente du montant du dommage réel et il peut ramener son montant à celui du dommage réel. Ainsi, une telle attitude peut enlever tout intérêt à la clause pénale, car l'indemnité conventionnelle, en tant que réparation forfaitaire déterminée préalablement à la réalisation du préjudice prévisible, peut difficilement être parfaitement égale au dommage effectif du créancier dans la plupart de cas.

Par ailleurs, on peut poser la question de savoir si la différence existante entre le montant du forfait et la valeur réelle du préjudice doit être objectivement importante ou si son importance doit être appréciée compte tenue des situations respectives des parties au contrat, notamment celle de la partie faible.

601. Sur cette question, on remarque que les juges retiennent fréquemment des critères objectifs lorsqu'ils décident d'une révision de la clause pénale. Cependant, dans certains cas, ils prennent en compte des critères subjectifs.

Tout d'abord, le critère objectif est constitué par l'écart entre la somme prévue par la clause pénale et le montant des dommages effectivement subis par le créancier, comme on l'a vu précédemment. Ce point de vue essaie de concilier les deux solutions extrêmes. Il suppose que le juge utilise son pouvoir modérateur sur la clause pénale et dans le cas d'un écart objectivement considérable recherche, autant que de besoin, sa nature justifiable ou, à l'inverse, abusive selon les particularités de chaque affaire[1886].

En pratique, deux méthodes peuvent être envisagées. Une première méthode consiste à faire prévaloir une appréciation objective, en comparant le montant de la peine stipulée à celui que l'on trouve en général dans les conventions de même

---

1884 Cass. civ. tunisienne, n° 42624 du 28 avril 1994,

1885 **F. LOKSAIER**, « La clause pénale en droit tunisien », op. cit., pp. 85 et s.

1886 **S. MASRAR**, *La clause pénale en droit marocain*, op. cit., p. 356 ; V. égal., **B. FAGES**, *Droit des obligations*, LGDJ, 7e éd. 2017, n° 337, p. 285.

nature[1887]. Mais cette méthode a été justement critiquée : elle revient à écarter la révision dans des hypothèses où elle s'impose, spécialement lorsque la pratique des clauses pénales excessives est généralisée dans un type de contrat donné.

Une deuxième méthode, qui va d'ailleurs dans le sens de la jurisprudence actuelle, se fonde sur une autre appréciation, consistant à comparer l'importance du préjudice effectivement subi et celui de la peine. Le moment retenu sera la date de la décision et non celle à laquelle la peine est devenue exigible[1888]. C'est en cas de disproportion manifeste entre le préjudice et la peine que cette dernière pourra être révisée[1889].

Cette seconde méthode d'appréciation semble la plus rationnelle. Mais si la disproportion excessive entre la peine et le préjudice justifie l'intervention du juge sur le fondement de l'article 1152 al. 2 (devenu l'article 1231-5) du Code civil, il n'en faudrait pas déduire à contrario une exigence d'adéquation parfaite entre le forfait stipulé et le dommage effectivement subi. Le juge qui réduit le montant de la peine en principe ne retiendra pas une somme inférieure au préjudice subi, mais il n'est pas obligé de s'aligner sur l'importance du préjudice subi[1890]. En d'autres termes, le pouvoir modérateur du juge s'exerce entre un plancher, le préjudice effectif, et un plafond, le montant manifestement excessif, entre ces deux limites le pouvoir du juge est discrétionnaire[1891].

En outre, les exemples de clauses pénales manifestement dérisoires sont rarissimes puisque la clause pénale a précisément pour but de faire pression sur le débiteur en plaçant très haut le montant des dédommagements qu'il doit payer s'il ne s'exécute pas. De plus, si le montant forfaitairement convenu est inférieur à ce préjudice, la clause joue alors plutôt comme une clause limitative de responsabilité pour le débiteur[1892].

[1887] V. CA Paris, 11 mars 1987 : *D.* ; 1987. 492, note **G. PAISANT** ; **E. MOUIAL-BASSILANA**, « Appréciation de la disproportion dans la clause pénale et situation de surendettement », *Gaz. Pal.* 10 mai 2016, n° 17, p. 46

[1888] Cass. 1ère civ., 10 mars 1998: *Bull. civ.* I n° 98.

[1889] V., Cass. com., 11 fév. 1997: *Rép. Def.* 1997. 740 obs. **Ph. DELEBECQUE;** *RTD civ.*, 1997. 654 obs. **J. MESTRE**.

[1890] **Ph. BRUN**, « La clause pénale en droit français », op. cit., n° 41, 42 et 43. **M-N. ROUSPIDE-KATCHADOURIAN**, *Le juge et le contrat de travail, essai sur la relecture judiciaire d'un contrat*, op. cit., n° 774, p. 339 et s.

[1891] La doctrine française indique que trois possibilités d'interprétation s'offrent au juge ; Partant d'un cas d'espèce où le préjudice est de 100 et le seuil d'excès manifeste se situe à 250, il estime que le juge peut : soit choisir le « système dit de l'adaptation » (où il adapte le jeu de la pénalité au préjudice effectivement subi, ainsi il réduira on l'espèce la pénalité à 100), soit « le système de la modération à butoir » (ou le pouvoir de réduction du juge aura pour butoir l'excès manifeste, 250 en l'espèce), soit le système de la libre réduction » (libre appréciation sans pouvoir descendre en dessous du préjudice subi, donc dans l'exemple libre choix entre 100 et 250). A ce sujet V., **B. BOCCARA**, « La réforme de la clause pénale : conditions et limites de l'intervention judiciaire », J.C.P 1975, I, 2742, n°41 ; **B. BOUBLI**, « La mort de fa clause pénale au le déclin du principe de l'autonomie de la volonté », not 1976, I, 945, p 961 ; **F. CHABAS**, « La réforme de la clause pénale », op. cit., n°113, p. 234.

[1892] **M. FABRE-MAGNAN**, *Droit des obligations ; Contrat et engagement unilatéral*, op. cit., n° 730, p. 790.

La jurisprudence française[1893] traite dans certains cas de cette question. Ainsi, il a été jugé que « un contrat de crédit-bail contient une clause pénale à la charge du crédit-preneur en cas d'inexécution par celui-ci de ses engagements. Le crédit-preneur ne respecte effectivement pas ses engagements mais la société de crédit-bail considère que le montant prévu par la clause pénale est manifestement dérisoire ; elle demande alors aux juges d'en majorer le montant »[1894].

602. Par ailleurs, d'autres critères peuvent être pris en compte par le juge pour déterminer si cet écart est justifié. Par exemple, il se peut qu'un écart soit admis par des usages professionnels faisant ainsi perdre le caractère objectivement excessif de l'écart et le juge tiendra compte de critères subjectifs[1895]. Ainsi, la situation des parties peut être prise en compte dans l'appréciation subjective du caractère excessif ou dérisoire de la clause pénale. Par exemple, le juge peut tenir compte de l'inégalité entre les parties et notamment du fait que le contrat contenant une clause pénale est un contrat d'adhésion. L'intention des parties et le but de la clause peuvent également être pris en compte[1896].

De façon plus précise, l'appréciation du caractère manifestement excessif ou dérisoire résulte en principe objectivement d'une comparaison entre le préjudice réellement subi et le montant de l'indemnité convenue. Mais il serait illusoire de penser qu'il y a seulement là affaire de mathématique puisque la modération judiciaire peut aussi passer par des considérations subjectives, que ce soit au bénéfice du débiteur, ou au détriment du créancier. Cependant, la seule considération du comportement du débiteur de la pénalité ne suffit pas à justifier la révision de la clause[1897].

D'ailleurs, il n'est pas interdit aux juges du fond de se référer aux usages suivis en la matière, par exemple de prendre en compte le fait que « *les usages en matière*

[1893] CA Amiens 23 nov. 1976, Sem. Jur. 1977, 18567 ; V. égal., CA Paris, 5e ch. B, 12 avril 1996, Madrange.

[1894] En droit français, la jurisprudence estime que le préjudice réellement subi par la société de crédit-bail est au moins de 16000 F (soit 2439 euros) alors que le montant de la clause pénale n'est que de 8856 F (1350 euros). Dans ces conditions, ils condamnent le crédit-preneur à régler à la société de crédit-bail le montant de la clause pénale et 7183 F (1095 euros) à titre d'indemnité complémentaire (CA Amiens 23 novembre 1976, Sem. Jur. 1977, 18567). La jurisprudence a également jugé que la condamnation d'un prestataire de services informatiques était normale : Une société de prestations de services informatiques qui se révèle incapable d'exécuter un contrat concernant la mise en place d'un progiciel et comportant une clause pénale de 35000 F (5300 euros) mérite d'être sanctionnée. La résolution judiciaire du contrat est prononcée et le montant de la clause pénale, considéré dérisoire par les juges, est porté à 200000 F (soit plus de 30000 euros), (CA Paris, 5er ch. B, 12 avril 1996, Madrange c/ Centre Français d'Informatique).

[1895] **S. MASRAR**, *La clause pénale en droit marocain*, op. cit., p. 358 ; V. **M. ABOU KMASH**, *Le pouvoir du juge de modification du contrat dans le Code civil algérien et les jurisprudences islamiques*, op. cit., p. 329.

[1896] La Cour de cassation française retient que le caractère manifestement excessif de la clause pénale doit s'apprécier en fonction de son but et non en fonction du surendettement du débiteur (Cass. civ., 14 nov. 1995, *Bull. civ.* p. 412).

[1897] Com. 11 févr. 1997, no 95-10.851, *Bull. civ.* IV, no 47, préc. – Rouen, 11 mai 2006, *Rev.* proc. coll. 2007, n° 1, p. 48, obs. Legrand.

immobilière fixent habituellement à 5 % du prix le montant de la clause pénale »[1898]. D'où la difficulté, dans ce domaine, de déceler des directives générales. La finalité de la clause influence aussi l'appréciation de l'excès selon que les parties l'ont voulue comminatoire ou indemnitaire. D'autres éléments peuvent aussi influencer la décision du juge et la renforcer, telle que la bonne ou mauvaise foi du débiteur, sa diligence dans l'exécution de son obligation, les circonstances qui l'ont empêché de l'exécuter, l'intérêt du créancier à l'exécution[1899].

En outre, lorsque le préjudice subi dépasse le montant des dommages et intérêts conventionnels, le créancier ne peut réclamer une somme supérieure, à moins qu'ils ne prouvent le dol où la faute lourde du débiteur conformément aux articles 1231-3 du Code civil français[1900], **185** du Code civil algérien, **228** du Code civil libyen[1901]. Selon les droits de ces pays, le juge ne pourra augmenter le montant de la clause pénale que lorsque le débiteur s'est rendu coupable d'une faute révélant un certain degré de gravité constituant une faute dolosive ou lourde[1902]. Le dol ou la faute lourde du débiteur est la condition de l'intervention du juge dans le sens d'une augmentation lorsque la clause stipulée se révèle inférieure au préjudice, voire dérisoire ou minorée. Ainsi, l'augmentation du montant de la clause pénale ne peut être possible que dans le cas où le créancier apporte la preuve du dol où la faute lourde du débiteur[1903].

En droit marocain, tunisien et mauritanien, l'une des règles générales relatives à la responsabilité contractuelle est celle qui aboutit à l'aggravation de la responsabilité du débiteur en raison du caractère dolosif de sa faute et qui, par voie de conséquence, permet au créancier d'obtenir une somme supplémentaire au dommage effectif. Cette règle selon laquelle le tribunal doit évaluer différemment la mesure des dommages-intérêts, selon qu'il s'agit de la faute du débiteur ou de son dol est énoncée par les articles 264 marocain, 278 tunisien et 280 mauritanien des Codes des obligations et des contrats. Ainsi, lorsque la réparation fondée sur la faute non dolosive est déterminée par une clause pénale, le créancier qui prouve le caractère dolosif de la faute du débiteur de l'obligation principale peut demander au juge de condamner ce dernier à une somme supplémentaire au-delà de l'indemnité conventionnelle[1904].

[1898] CA. Dijon, 2 avr. 1996, *Gaz. Pal.* 6-7 avr. 1999. 33.

[1899] **S. MASRAR**, *La clause pénale en droit marocain*, op. cit., p. 375.

[1900] L'article 1231-3 du Code civil français énonce que « *le débiteur n'est tenu que des dommages et intérêts qui ont été prévus ou qui pouvaient être prévus lors de la conclusion du contrat, sauf lorsque l'inexécution est due à une faute lourde ou dolosive* ».

[1901] Les articles 185 algérien et 228 libyen des Codes civils disposent que « *lorsque le préjudice dépasse le montant de la réparation fixée par la convention, le créancier ne peut réclamer une somme supérieure à moins qu'il ne prouve le dol ou la faute lourde du débiteur* ».

[1902] **D. HOUTCIEFF**, *Droit des contrats*, Larcier, 2e éd. 2016, n° 1067, p. 545.

[1903] **M. BOUDALI**, *Les clauses abusives des contrats en droit algérien, Étude comparée avec les droits français, allemand et égyptien*, op. cit., p. 66 et s.

[1904] V, **F. LOKSAIER**, « La clause pénale en droit tunisien », op. cit., pp. 85 et s.

De plus, l'article 264 du Code marocain des obligations et des contrats dispose que le tribunal peut augmenter la valeur du montant de la clause pénale si ce montant est minoré sans exigence du dol ou de la faute lourde du débiteur. Par conséquent, le juge peut augmenter le montant de la clause pénale qui lui paraît minoré. En revanche, il convient ici de souligner que malgré l'article 278 du Code tunisien des obligations et des contrats n'adopte pas cette solution de manière explicite, la Cour de cassation tunisienne, dans l'arrêt n° 42624 du 28 avril 1994 déjà évoqué, estime que sur la base des principes de juste et d'équité, le juge de fond peut augmenter ou réduire voire annuler de la clause pénale selon les circonstances de chaque cas. Cet arrêt n'exige que le juge doive motiver ces décisions[1905].

La solution adoptée par les droits libyen, algérien, tunisien et mauritanien paraît moins équitable que celle institué par le droit marocain. En effet, l'équité exige que le juge puisse réviser les disparités flagrantes entre le préjudice et le montant de la clause pénale. Ainsi, les droits libyen, algérien, tunisien et mauritanien requièrent l'existence d'une clause pénale dérisoire et une faute dolosive ou lourde du débiteur[1906]. En revanche, le droit marocain permet aux juges de réviser dans tous les cas (soit réduire ou augmenter le montant).

En tout état de cause, les juges du fond sont souverains si leur décision est motivée. En revanche, ils n'ont pas à fournir de motivation quand, faisant application pure et simple de la convention, ils refusent de modifier le montant de la peine qui y est forfaitairement prévue. Cependant, ce pouvoir de révision, que la Cour de cassation française prend soin de cantonner aux seules clauses pénales, ne peut être écarté par une disposition contraire. L'article 1152 (devenu l'article 1231-5) du Code civil dispose en effet que « *toute stipulation contraire sera réputée non écrite* ». Cette disposition est donc d'ordre public.

B. Dans les cas d'une exécution partielle

603. Au-delà de la disposition précédente concernant la révision des clauses pénales excessives ou dérisoires, le juge peut intervenir dans certains cas pour une réduction du montant de la clause pénale lorsque l'obligation principale a été exécutée en partie. Donc, *« le pouvoir modérateur est une réaction a posteriori des juges face aux applications injustes d'un droit posé a priori »*[1907].

Conformément au droit français, les pouvoirs d'intervention du juge sont plus amples en matière de clause pénale. En effet, l'article 1231-5 du Code civil français dispose que « *lorsque l'engagement a été exécuté en partie, la pénalité convenue peut être diminuée par le juge, même d'office, à proportion de l'intérêt que l'exécution partielle a procuré au créancier, (...)* ». L'article 264 marocain

---

[1905] **A. HAUSSAIIN**, *Les contrats d'adhésions ; étude comparée*, en arabe, op. cit., p. 138.

[1906] **S. MASRAR**, *La clause pénale en droit marocain*, op. cit., p. 372. **M. AL-BADWI ALAZHARI**, *Les obligations en droit libyen ; Les dispositions d'obligations*, op. cit., p. 56.

[1907] **J. FISCHER**, *Le pouvoir modérateur du juge en droit civil français*, Marseille, PUAM, 2004, p. 339.

du Code des obligations et des contrats et l'article 227 libyen et l'article 184 algérien des Codes civils se sont inspirés largement de l'article 1231 (devenu 1231-5) du Code civil français, lorsqu'ils prévoient que les juges peuvent modifier la peine si l'obligation principale a été exécutée en partie[1908]. En revanche, les Codes tunisien et mauritanien des obligations et des contrats n'ont pas adopté des textes spécifiques concernant de révision de la clause pénale cas d'une exécution partielle[1909]. Cependant, la jurisprudence tunisienne a traité cette question plusieurs reprise, comme on l'a vu précédemment.

Donc, dans chacun des pays étudiés, le juge peut intervenir dans les cas où les parties ont prévu une peine pour l'inexécution totale du contrat. Si l'inexécution n'a été que partielle et par suite le préjudice moins grand, il est alors normal de permettre au juge d'adapter la peine en considération de la gravité de l'inexécution[1910]. Dans tous les cas, pour bénéficier de cette réduction le débiteur doit prouver qu'il y a exécution partielle de son obligation. Mais il faut que l'obligation assumée par lui soit susceptible d'exécution partielle pour que le juge puisse intervenir. Le montant de la pénalité variera en fonction de l'écart existant entre la prestation garantie et la prestation réellement exécutée.

En cas d'exécution partielle de l'obligation convenue, appréciée souverainement par les juges du fond, les droits prévoient la possibilité pour le juge de réduire la clause pénale à proportion de l'intérêt que cette exécution partielle a procuré au créancier (1). Aussi, la combinaison entre la clause pénale et l'exécution partielle conduit à une appréciation réelle que cet intérêt procure au créancier par l'exécution partielle (2).

1. La modération de la clause pénale à proportion de l'intérêt procuré au créancier par l'exécution partielle

604. Contrairement aux cas où la clause pénale est excessive ou dérisoire et pour lesquels les législateurs des pays étudiés n'ont prévu de manière explicite aucun critère d'appréciation, les droits français et marocain par l'article 1231-5 du Code civil français et l'article 264 du Code marocain des obligations et des contrats disposent que « *lorsque l'engagement a été exécuté en partie, la pénalité*

[1908] L'article 264 du Code marocain des obligations et des contrats dispose que « *(...). Les parties contractantes peuvent convenir des dommages-intérêts dus au titre du préjudice que subirait le créancier en raison de l'inexécution totale ou partielle de l'obligation initiale ou en raison du retard apporté à son exécution. Le tribunal (...) peut réduire le montant des dommages-intérêts convenu, compte tenu du profit que le créancier en aurait retiré du fait de l'exécution partielle de l'obligation. Toute clause contraire est réputée nulle* ». L'article 184 du Code civil algérien et l'article 227 du Code civil libyen disposent expressément que « *(...). Le juge peut réduire le montant de la réparation si le débiteur établit qu'il est excessivement exagéré ou que l'obligation principale a été partiellement exécutée. Est nul tout accord conclu contrairement aux dispositions des deux alinéas ci-dessus* ».

[1909] **A. KAHLOUN**, *La théorie générale des obligations : les sources des obligations et les actes juridiques*, op. cit. p. 427.

[1910] **B. BOCCARA**, « La liquidation de la clause pénale et la querelle séculaire de l'article 1231 du Code civil », op. cit., 2294.

convenue peut être diminuée par le juge, même d'office, à proportion de l'intérêt que l'exécution partielle a procuré au créancier, sans préjudice de l'application de l'alinéa précédent ». Ainsi, ces articles énoncent expressément un critère qui permettra au juge de modifier la clause pénale. De ce fait le juge peut modérer la clause pénale en proportion de l'intérêt procuré au créancier par l'exécution partielle. Cette faculté du juge ne peut pas être écartée par une clause contraire[1911].

Bien que l'article 227 libyen et l'article 184 algérien des Codes civils autorisent le juge à diminuer le montant des pénalités en cas d'inexécution partielle de l'obligation, ces deux articles ne contiennent pas explicitement un tel critère, contrairement aux droits marocain et français[1912]. Ces articles disposent que « *(...) le juge peut réduire le montant de la réparation si le débiteur établit (...) que l'obligation principale a été partiellement exécutée. Est nul tout accord conclu contrairement aux dispositions des deux alinéas ci-dessus* ». Cependant, il semble que l'adoption de ce critère s'impose si le juge décide de réduire le montant de la clause pénale lorsque le débiteur établit que l'obligation principale a été partiellement exécutée. Ainsi, l'intérêt procuré au créancier par l'exécution partielle ne peut pas être négligé dans l'appréciation judiciaire.

En revanche, il convient de rappeler que les législateurs tunisien et mauritanien n'adoptent pas de manière claire la faculté de révision de la clause pénale lorsque l'obligation principale a été exécutée en partie[1913]. Les articles 227 libyen et 184 algérien des Codes civils disposent que « *(...) le juge peut réduire le montant de la réparation si le débiteur établit (...) que l'obligation principale a été partiellement exécutée. Est nul tout accord conclu contrairement aux dispositions des deux alinéas ci-dessus* ».

Ainsi, on peut dire que le juge peut utiliser le critère précité, lorsque le débiteur a partiellement exécuté son obligation principale, il n'est plus lié par l'éventuelle prévision de l'inexécution partielle stipulée dans la clause pénale. Ce critère de l'appréciation peut englober tous les avantages déjà procurés au créancier par le passé mais également les avantages à venir. A titre d'exemple, cette appréciation semble avoir beaucoup d'intérêt pour les juges qui tentent de réduire le montant des clauses pénales en cas d'exécution partielle du contrat de crédit-bail par exemple. Dans cet exemple, le juge peut ainsi se référer non seulement au montant des loyers déjà versés mais aussi à la possibilité de revente ou de relocation des matériels restitués[1914].

[1911] **Ph. MALINVAUD, D. FENOUILLET, M. MEKKI**, *Droit des obligations*, LexisNexis, 14e éd. 2017, n° 814, p. 735 ; **Abdel-K. EL-AARAARY**, *Les ressources des obligations ; La théorie du contrat*, en droit marocain, op. cit, n° 252, p. 221.

[1912] V. **M. ABOU KMASH**, *Le pouvoir du juge de modification du contrat dans le Code civil algérien et les jurisprudences islamiques*, op. cit., p. 336 et s.

[1913] **M. AL-BADWI ALAZHARI**, *Les obligations en droit libyen ; Les dispositions d'obligations*, op. cit., p. 57.

[1914] **S. MASRAR**, *La clause pénale en droit marocain*, op. cit., p. 379 ; V. égal., **E. MOUIAL-BASSILANA**, « Appréciation de la disproportion dans la clause pénale et situation de surendettement », *op. cit.*, n° 17, p. 46

605. Nous relevons que la disposition de la clause pénale ne permet la diminution de la peine convenue que dans la mesure où le commencement d'exécution réalisé par le débiteur a pu assurer au créancier une satisfaction partielle. Ce qui importe finalement, ce n'est pas tant les prestations fournies par le débiteur que l'avantage qu'en retire le créancier. C'est le résultat qui compte[1915].

Par ailleurs, l'intervention du juge est, de manière générale, possible si et seulement si l'obligation est divisible, de plus le caractère d'ordre public de ce texte empêche les parties d'en écarter conventionnellement son application. L'exécution partielle suppose l'absence d'indivisibilité de l'obligation. La difficulté reste de déterminer ce qui peut ou ne peut pas se fractionner[1916]. En effet, l'indivisibilité peut empêcher cette disposition d'être appliquée. L'indivisibilité conventionnelle est inopérante[1917].

L'important étant de déterminer les éléments permettant de qualifier l'obligation de divisible ou d'indivisible. Un contrat ne peut être dit non susceptible d'exécution partielle que lorsque le débiteur ne peut s'acquitter de son obligation que par une prestation unique et indivisible, du fait de la loi ou de la nature de l'obligation. De plus, la disposition de la clause pénale est expressément d'ordre public selon les droits français, marocain, libyen et algérien[1918]. Il n'est donc pas possible de laisser aux contractants le soin d'établir dans leur convention portant clause pénale d'indivisibilité de l'obligation débitrice là où la nature de cette dernière impliquerait sa divisibilité. Décider le contraire reviendrait à autoriser les parties à déroger conventionnellement à ce texte, ce qui est formellement interdit[1919].

Il est raisonnable de partir de l'idée selon laquelle l'obligation du débiteur est susceptible d'exécution fractionnée. Or, pour la loi, ce qui permet de mesurer la réalité de l'exécution partielle c'est l'intérêt que cette dernière procure au créancier.

L'exécution du débiteur est considérée comme devant produire un résultat. Est-ce à-dire, a contrario, que l'obligation de moyens serait insusceptible d'exécution partielle au sens des textes des pays comparés ? La question est sans doute plus théorique que pratique car l'examen des contrats montre que se sont bien des obligations de résultat qui se trouve garanties par des clauses pénales[1920].

[1915] **M. PAISANT**, *Ibid.*, p. 670.

[1916] **E. LOQUIN**, « Clauses dissuasives des litiges », op. cit., n° 45.

[1917] **S. MASRAR**, *La clause pénale en droit marocain*, op. cit., p. 379.

[1918] Les articles 227/3 libyen et 184/3 algérien des Codes civils énoncent « qu'est *nul tout accord conclu contrairement aux dispositions des deux alinéas ci-dessus* ». Sur ce sujet V. **M. ABOU KMASH**, *Le pouvoir du juge de modification du contrat dans le Code civil algérien et les jurisprudences islamiques*, op. cit., p. 348 et s.

[1919] **S. MASRAR**, *La clause pénale en droit marocain*, op. cit., p. 379.

[1920] **S. MASRAR**, *Ibid.*

2. La combinaison entre la clause pénale et l'exécution partielle

606. Dans l'inexécution totale du contrat, le juge peut réviser le montant de la clause pénale selon l'appréciation de l'intérêt procuré au créancier par l'exécution partielle, comme on l'a vu précédemment. Néanmoins, dans certains cas, et malgré cette dernière révision sur le critère déjà évoqué, la clause pénale demeure excessive ou minorée. Par conséquent, la partie faible ne bénéfice directement que de la révision judiciaire exercée sur la base de la disposition d'exécution partielle. Ainsi, nous pouvons nous demander si le juge pourra, en application des dispositions de la révision dans le cas d'exécution partielle, modifier à nouveau le montant de la clause pénale qui résultait de la première réduction.

Les droits libyen, algérien, tunisien et mauritanien ne précisent pas des critères spécifiques en cas d'exécution partielle de l'obligation principale, comme on l'a indiqué. Cependant, les articles 227 libyen et 184 algérien des Codes civils abordent de manière générale la question de la révision en cas d'inexécution partielle. Ils prévoient la révision de la clause pénale excessive en disposant que le juge peut réduire le montant de la réparation si le débiteur établit qu'il est excessivement exagéré ou que l'obligation principale a été partiellement exécutée[1921]. En revanche, l'article 1231-5 du Code civil français et l'article 264 du Code marocain des obligations et des contrats précisent expressément le critère de modération en d'exécution partielle, mais ils ne définissent pas de manière explicite la faculté de combiné de ces deux possibilités.

Cependant, il semble qu'il n'existe aucun obstacle à appliquer la combinaison entre la clause pénale excessive ou minorée et l'exécution partielle, car l'esprit des textes et l'objectif du législateur visent, a priori, à rétablir l'équilibre dans la clause pénale. C'est pourquoi, le juge peut intervenir dans tous les cas présentant ce déséquilibre. D'ailleurs, et selon le texte français, on constate que le pouvoir judiciaire concernant l'exécution en partie n'est du reste pas exclusif de celui de la révision de la clause pénale excessive ou dérisoire (« *sans préjudice de l'application de l'alinéa précédent* »)[1922]. Ce qui signifie que le juge peut tout à la fois réduire le montant de la clause pénale au prorata de l'exécution et, le cas échéant, réduire de nouveau ce montant en cas d'excès manifeste[1923].

[1921] **M. AL-BADWI ALAZHARI**, *Les obligations en droit libyen ; Les dispositions d'obligations*, op. cit., p. 57.

[1922] L'article 1231-5 du Code civil français dispose que « *(...), le juge peut, même d'office, modérer ou augmenter la pénalité ainsi convenue si elle est manifestement excessive ou dérisoire. Lorsque l'engagement a été exécuté en partie, la pénalité convenue peut être diminuée par le juge, même d'office, à proportion de l'intérêt que l'exécution partielle a procuré au créancier, sans préjudice de l'application de l'alinéa précédent* ».

[1923] En outre, la qualification de clause pénale n'est pas exclusive d'autres qualifications qui permettraient d'annuler la clause, par exemple celle de clause abusive, ou encore celle de clause créant entre les parties un déséquilibre significatif.

Sur ce sujet, certains auteurs estiment que l'appréciation du caractère excessif ou dérisoire (ou minoré) de la clause pénale doit être le premier[1924]. Ainsi, le juge doit contrôler, avant toute chose, si la clause pénale stipulée ne présente pas un caractère excessif ou minoré et c'est seulement après ce contrôle qu'il peut envisager l'intérêt procuré au créancier par l'exécution partielle du débiteur.

Autrement dit, si le montant de la clause pénale demeure excessif ou dérisoire (minoré), malgré sa diminution de la clause pénale en cas d'exécution partielle, il est possible au juge de modérer de nouveau la clause pénale. Cette modalité se révèle plus logique que la solution qui prônerait une révision de la clause pénale jugée excessive ou minorées premier lieu, et en deuxième lieu prendre en compte l'intérêt procuré au créancier, c'est-à-dire la révision en cas d'exécution partielle[1925]. Ainsi, il est plus logique et plus respectueux de l'esprit des législateurs des pays comparés que dans le cadre de la révision de la clause pénale au titre de l'exécution partielle que le juge révise tout d'abord la clause pénale selon le critère de ce dernier cas (un barème de diminution de la peine en proportion de l'avantage retiré par le créancier). Puis, il peut modifier à nouveau le montant de la clause pénale, si cette clause présente toujours un caractère excessif en droit des pays étudiés ou dérisoire en droits français et marocain.

L'article 1231 du Code civil français permet également au juge de modifier la clause pénale, toutefois le pouvoir de réfaction octroyé au juge est beaucoup moins grand que celui dont il dispose en vertu de l'article 1152 al 2 du Code civil. En effet le juge ne dispose pas d'un pouvoir de réfaction discrétionnaire, il est tenu de diminuer « la peine convenue à proportion de l'intérêt que l'exécution partielle a procuré au créancier ». L'article 1231 est un peu tombé en désuétude, car les parties prennent généralement le soin de prévoir une diminution de la peine convenue à proportion de l'intérêt que l'exécution partielle de l'engagement aura procuré au créancier. Des auteurs ont ainsi affirmé que « l'article 1231 ne sert à rien »[1926] ou est un « coup d'épée dans l'eau »[1927].

En tout état de cause, le juge est tenu de diminuer la pénalité convenue à proportion de l'intérêt que l'exécution partielle a procuré au créancier. Cependant, on peut poser la question de l'absence du préjudice subi par le créancier en cas d'inexécution de l'obligation principale du débiteur.

[1924] **Ph. MALAURIE**, « La révision judiciaire de la clause pénale », *Rép. Déf.* 1976, p. 541. V. égal. **S. MASRAR**, *La clause pénale en droit marocain*, op. cit., p. 383.

[1925] Sur ce point V., Cass. com. 27 mai 2015, n° 14-11387 ; *RTD civ.* 2015, 606, obs. **H. BARBIER**. V. égal. **M. FABRE-MAGNAN**, *Droit des obligations ; Contrat et engagement unilatéral*, op. cit., n° 730, p. 790.

[1926] **F. CHABAS**, Obs. sous Cass. com 21 juillet 1980 : RTD. civ. 1981, p.400.

[1927] **D. MAZEAUD**, *La notion de clause pénale*, LGDJ, 1992, n° 107, p. 51.

3. La possibilité de suppression en l'absence du préjudice subi par le créancier

607. En principe, les parties contractantes peuvent convenir des dommages-intérêts dus au titre du préjudice que subirait le créancier en raison de l'inexécution totale ou partielle de l'obligation initiale. Donc, la clause pénale est celle par laquelle les parties à un contrat fixent forfaitairement et par avance des dommages et intérêts qui seront dus en cas d'inexécution[1928]. Cependant, lorsque le créancier n'a subi aucun préjudice résultant de l'inexécution totale ou partielle de l'obligation principale, quel sera le rôle du juge ? Peut-il supprimer la clause pénale ou se contenter d'en diminuer le montant ?

Sur la question de l'absence du préjudice subi par le créancier, les législations des pays étudiés sont différentes. En effet, l'article 184 du Code civil algérien et l'article 227 du Code civil libyen disposent que « *la réparation fixée par la convention n'est pas due si le débiteur établit que le créancier n'a point de préjudice* ». Par cet aspect, nous pouvons dire que la peine prévue par la clause pénale n'est due que si la responsabilité du débiteur est engagée. Autrement dit, dans la mesure où la clause pénale constitue une indemnisation du préjudice subi, il est logique que le contractant ne reçoive aucune indemnité ou réparation en cas d'absence de préjudice. Ainsi, les juges doivent exonérer totalement le débiteur du paiement de la clause pénale, si le créancier n'a subi aucun préjudice. Par conséquent, la partie faible au contrat avec un professionnel peut se prévaloir de cette disposition si elle prouve que le professionnel n'a point de préjudice[1929].

Il en découle que si l'inexécution est due à une force majeure, il est fait échec à la clause pénale. Le professeur A. BENCHENEB[1930] estime que le montant de la clause pénale n'est pas du si l'inexécution n'est pas imputable au débiteur et s'explique par une circonstance exonératoire ou cause étrangère. Il peut paraître surprenant que d'un côté la loi permette, grâce à la clause pénale, d'éviter le recours au juge en cas d'inexécution et, en même temps, encourage la contestation du débiteur sur l'existence du préjudice du créancier. De plus, certain auteur estime que dès lors que l'inexécution est avérée, elle est forcément préjudiciable au créancier de l'obligation[1931].

Pour ce qui concerne le droit tunisien, l'article 278 du Code des obligations et des contrats énonce que « *(...), dans les obligations qui se bornent au paiement d'une certaine somme, les dommages-intérêts ne consistent que dans la*

[1928] De manière générale, et selon le droit commun des pays étudiés, la lutte contre la clause pénale peut être basée sur le principe de l'enrichissement sans cause. V. Arts. 1303 et suivants français, 182 et suivants libyen et 141 et suivant algérien des Codes civils. Aussi, Arts. 71 et suivants tunisiens, 66 et suivants marocains et 86 et suivants mauritaniens des Codes des obligations et des contrats.

[1929] V. **D. ALLAG-ZENNAKI**, *Contrats ; Négociation, Construction et Rédaction*, EL ADIB, 2016, p. 303 ; **M. AL-BADWI ALAZHARI**, *Les obligations en droit libyen ; Les dispositions d'obligations*, op. cit., 2010, p. 56.

[1930] **A. BENCHENEB**, *Le droit algérien des contrats*, op. cit., n° 424, p. 304.

[1931] V. **M. ABOU KMASH**, *Le pouvoir du juge de modification du contrat dans le Code civil algérien et les jurisprudences islamiques*, op. cit., p. 331.

condamnation aux intérêts fixés par la loi, sauf les règles particulières au droit commercial. Ces dommages-intérêts sont dus sans que le créancier soit tenu de justifier d'aucune perte. (...) ». Il en résulte que le créancier est dispensé de la preuve du préjudice, puisque la clause pénale suppose, selon l'article précité, que l'inexécution par le débiteur de son obligation principale produit le préjudice prévu et évalué préalablement par la clause en question. Ainsi, le créancier pour engager la responsabilité du débiteur n'est pas tenu d'établir le résultat convenu, si le résultat n'est pas atteint, le débiteur est présumé fautif. Plus précisément, le créancier peut donc exiger le paiement de l'indemnité conventionnelle prévue pour la réparation du préjudice dû au retard dans le paiement d'une somme d'argent, sans qu'il soit obligé de prouver l'existence de ce préjudice et sans que le débiteur puisse prouver l'absence de ce même préjudice[1932].

608. Par ailleurs, on peut donc craindre qu'une utilisation malicieuse de cette disposition ne favorise des contentieux dilatoires[1933].

En droit français, les législations ne traitent pas de manière claire la question de suppression de clauses pénale en cas l'absence de préjudice. Toutefois, dans ce cas, la Cour de cassation[1934] admet que les juges du fond exonèrent totalement le débiteur défaillant du paiement de la peine convenue ou en réduisent le montant à la somme symbolique de 1 franc. Selon cette jurisprudence, si le créancier n'a subi aucun préjudice, les juges peuvent exonérer totalement le débiteur du paiement de la clause pénale mais ce n'est là qu'une faculté dont ils disposent. Ils peuvent aussi bien maintenir l'effet de la clause s'ils estiment qu'elle n'est pas manifestement excessive ou encore en réduire le montant.

Cependant, certains auteurs[1935] ont critiqué cette exonération totale du débiteur en l'absence de préjudice subi par le créancier, car la clause pénale perdrait ainsi une de ses fonctions essentielles, sa fonction comminatoire. Le Professeur M. MAZEAUD, estime que si l'on examine la clause pénale comme une peine privée contractuelle, il n'est pas possible d'accepter que l'absence de préjudice puisse entraîner la suppression de la peine excessive. Même s'il n'existe pas dans cette hypothèse, de préjudice à réparer, il reste qu'une inexécution a été constatée et qu'elle doit être sanctionnée[1936]. Ces critiques semblent justifiées, si on se réfère aux travaux préparatoires de la réforme du 9 juillet 1975 où la volonté de conserver le caractère comminatoire de la clause pénale était clairement affichée.

[1932] **F. LOKSAIER**, « La clause pénale en droit tunisien », *Etudes juridiques ; Revue de la faculté de droit de Sfax*, n° 7, 2000, p. 83.

[1933] **A. BENCHENEB**, *Le droit algérien des contrats*, op. cit., n° 424, p. 304.

[1934] Corn. 16 juill. 1991, *D.*, 1992, 365, note **D. MAZEAUD;** V. égal. Corn. 13 mars 1979, *Bull. civ.* IV, n° 99, p. 77; Corn. 28 Avril 1980, *Bull. civ.* IV, n°167, p. t 32; Com., 11 févr. 1997, *Bull. civ.*, IV, n° 47.

[1935] **G. PAISANT**, « Dix ans d'application de la réforme des articles 1152 et 1231 du code civil relative à la clause pénale », *RTD civ.* 1985, n° 78 et s, p. 647 ; **M-N. ROUSPIDE-KATCHADOURIAN**, *Le juge et le contrat de travail, essai sur la relecture judiciaire d'un contrat*, op. cit., n° 781, p. 342.

[1936] **D. MAZEAUD**, « La place du juge en droit des contrats », *RDC*, 2016, n° 2, p. 353

Le Professeur A. BENABENT[1937] estime que le juge n'est pas tenu de ramener la pénalité au montant réel du préjudice, afin de conserver à la clause son caractère coercitif. Il peut donc appliquer la clause même en l'absence de tout préjudice. Dans tous les cas, il doit se référer au préjudice et non au comportement du débiteur[1938]. De plus, un auteur[1939] indique que la solution de la décision précitée se comprend mal eu égard à l'indépendance que devrait revêtir la peine à l'égard du préjudice : l'admission d'un pouvoir de révision n'équivaut pas à celle d'un pouvoir de suppression. Par conséquent, le juge ne peut pas supprimer la clause pénale en cas d'absence de préjudice s'il n'existe pas de manière explicite de texte qui traite cette question[1940]. Sur ce sujet, on peut soutenir l'avis d'un auteur[1941] qui souligne que la lettre de la loi présente la clause pénale comme la compensation de l'inexécution. Ceci enrichit sa fonction comminatoire. Le préjudice semble nécessairement sous-entendu dans l'application de la clause. La dispense du préjudice serait alors une règle probatoire : le préjudice serait présumé du fait de l'inexécution.

609. En droit français, aussi et surtout, le juge ne devrait nullement pouvoir tirer argument, le cas échéant, de l'absence de préjudice pour dispenser purement et simplement le débiteur du paiement du forfait. La Cour de cassation l'a pourtant admis, mais de manière très critiquable, dans un arrêt n° 89-19.080 de sa Chambre commerciale du 16 juillet 1991[1942]. Retenir une telle solution revient à considérer la clause pénale sous l'angle exclusivement indemnitaire, en omettant sa fonction sanctionnatrice et comminatoire. Comment peut-on réduire la clause pénale à un instrument d'évaluation forfaitaire de la réparation ? Mais c'est déjà entrer dans le débat sur la notion de clause pénale, dont l'examen du régime juridique, et surtout de la révision nous a révélé les enjeux[1943].

Concernant la révision de la clause pénale en droit marocain, auparavant il n'y avait pas de disposition pouvant donner lieu à une révision en hausse ou en baisse de la clause pénale et ce jusqu'au 10 avril 1991, date à laquelle la Cour suprême marocaine (devenu la Cour de cassation) a reconnu aux juges le pouvoir de révision des clauses pénales. Cela s'est traduit par l'ajout d'un alinéa à l'article de base 264 qui dispose que « *le tribunal peut réduire le montant des dommages et intérêts convenu s'il est excessif ou augmenter sa valeur s'il est minoré comme il peut réduire le montant des dommages-intérêts convenu compte tenu du profit*

[1937] **A. BENABENT**, *Droit des obligations*, op. cit., n° 439, p. 341.

[1938] A ce sujet V., Cass. 3e civ. 12 janv. 1994, *Bull. civ.* III, n° 5 ; Com. 11 févr. 1997, *Bull. civ.* IV, n° 47.

[1939] **D. HOUTCIEFF**, *Droit des contrats*, Larcier, 2e éd., 2016, n° 1061, p. 542.

[1940] La Cour de cassation française a affirmé que « *s'il peut réduire une pénalité contractuelle manifestement excessive, le juge ne peut pas refuser d'appliquer la clause pénale au motif de l'absence de préjudice* » (Cass. com. 23 mars 1999, n° 97-11.835).

[1941] **F. ROUVIERE**, *Le contenu du contrat : Essai sur la notion d'inexécution*, op. cit., n° 93, p. 90.

[1942] Cass. com., 16 juillet 1991, n° 89-19.080, Inédit ; *D.* 1992. 365 note **D. MAZEAUD** ; Cass. com., 28 avril 1980 : *Bull. civ.* IV n° 167 ; rappr ; Cass. Soc., 3 mai 1989 : *Bull. civ.* n° 325.

[1943] **Ph. BRUN**, « La clause pénale en droit français », op. cit. n° 44, **J. THILMANY**, « Fonctions et ré-visibilité des clauses pénales en droit comparé », op. cit., p. 29 et s.

que le créancier en aurait retiré du fait de l'exécution de l'obligation. Toute clause contraire est réputée nulle ».

Cet article a mis fin à de longues années d'injustice concernant l'insertion des clauses pénales dans les relations contractuelles. Toutefois malgré cette assise textuelle sur laquelle peuvent se baser les juges, il y a lieu de signaler que lors de la révision de la clause pénale les juges devront motivés leur décision. Ils doivent notamment préciser en quoi le montant de la clause est excessif ou dérisoire.

La jurisprudence marocaine dans la sanction des clauses pénales excessives ou dérisoires a eu l'audace d'innover dans la lutte contre les abus manifestes des puissances économiques, notamment par la révision de la clause pénale dans deux occasions.

D'abord, dans la première occasion, cinq ans avant l'adoption de la réforme de l'article 264 du Dahir des obligations et des contrats, la Cour Suprême a approuvé une décision par laquelle les juges de fond ont remodelé une clause pénale abusive, en l'absence même du texte légal spécial en la matière, notamment l'article précité. Cette décision a été fondée sur la théorie de la cause, malgré l'utilisation, par la Cour, de l'expression « enrichissement sans cause ». Ensuite, quinze ans plus tard, et dans le cadre de l'application de l'article 264, alinéa 3, déjà en vigueur, la Cour Suprême a approuvé une autre décision d'une Cour d'appel, par laquelle, elle a procédé d'office à la modération d'une clause pénale, sans la demande de la défenderesse[1944].

Il est clair que les raisons de cette passivité passée, avant la modification de l'article marocain 264, sont dues d'une part au manque de réalisme et d'audace dans la lutte contre les abus de puissance économique manifestement présents dans les sociétés contemporaines, et d'autre part à la faiblesse du rôle de la défense et de la doctrine qui n'ont pas pu inciter les juges par leurs arguments juridiques à faire ; arguments qui peuvent contribuer à éclairer ces derniers ou du moins, à les pousser à rendre compte de leurs observations éventuelles sur leurs interprétations et applications de la loi.

Cette décision a été basée sur une interprétation extensive de l'alinéa 3 de l'article 264 du Code marocain susmentionné qui dispose que : « *le tribunal peut réduire le montant des dommages-intérêts convenu s'il est excessif ou augmenter sa valeur s'il est minoré comme il peut réduire le montant des dommages-intérêts convenu, compte tenu du profit que le créancier en aurait retiré du fait de l'exécution partielle de l'obligation* ». La question n'était pas posée pour le juge français étant donné la rédaction du deuxième alinéa de l'ancien article 1152 (devenu l'article 1231-5) du Code civil français aux termes duquel : « *le juge peut même d'office modérer ou augmenter la peine qui avait été convenue, si elle est manifestement excessive ou dérisoire. Toute stipulation contraire sera réputée non écrite* ».

1944 **Abdel-K. EL-AARAARY**, *Les ressources des obligations ; La théorie du contrat, en droit marocain*, op. cit., n° 499, p. 418 ; **ABD-AL-K. SHAHBUN**, *ALSHAFI pour expliquer le droit des obligations et des contrats, en droit marocain*, L.R, 1999, Tome 2, p. 373 et s.

Pour conclure, le juge peut intervenir pour la révision de la clause pénale si cette dernière comporte des critères abusifs pour protéger la partie faible. A cet égard, peut-il intervenir dans le réajustement des délais du mode d'exécution pour la même raison ?

Section II : L'allégement par le réajustement du mode d'exécution

610. En matière de contrat, les juges sont chargés de veiller au bon équilibre du rapport contractuel en traquant les stipulations engendrant un déséquilibre entre les parties, durant toutes les phases contractuelles.

L'allégement par le réajustement du mode d'exécution suppose que l'intervention du juge se fasse pendant le délai de la mise en demeure. En effet, ces techniques entendent se situer dans la phase préalable au prononcé de la sanction. Il est prévu qu'à ce moment-là le débiteur soit autorisé à contester la résolution et que la saisine du juge ait pour effet de suspendre les effets de la résolution et d'alléger le réajustement du mode d'exécution[1945].

Cela est l'une des manifestations du pouvoir modérateur du juge qui présente, certes, un caractère dérogatoire aux principes du droit commun, comme par exemple la force obligatoire des contrats.

Par cette technique, le juge doit prendre en considération les éventuelles faiblesses de l'auteur de l'inexécution. Plus précisément, cette technique peut réajuster le mode d'exécution en tenant compte de la situation de faiblesse du contractant. En effet, le juge ne s'arroge pas le droit de réécrire le contrat mais demande aux parties à modifier le mode d'exécution de l'obligation afin que cette dernière puisse être exécutée conformément aux prévisions. Dès lors, il ne peut s'agir de forcer à une exécution rendue trop coûteuse par l'évolution de l'environnement ou impossible par l'apparition d'une faiblesse suffisamment grave de l'une des parties pour l'empêcher de respecter son engagement[1946]. Cette technique vise dans son ensemble à accorder au débiteur insolvable une possibilité supplémentaire pour s'acquitter de ses obligations qui lui incombent en cas d'obstacles financiers[1947]. Ainsi, il s'agit là de « *prérogatives d'autant plus exorbitantes qu'elles ne se justifient pas par un souci d'équité mais par un simple sentiment de pitié par définition beaucoup plus subjectif* »[1948].

Ainsi, le juge peut recourir à l'octroi d'un délai d'exécution au bénéfice de la partie faible (paragraphe 1). Le juge peut également alléger l'obligation par la révision pour imprévision (paragraphe 2).

Paragraphe 1 : L'octroi d'un délai d'exécution

611. Lorsqu'un contractant rencontre des difficultés à faire face à ses engagements, il lui est parfois possible de demander et d'obtenir des délais d'exécution de ces engagements. Ce délai constitue un report dans l'obligation d'honorer un engagement.

[1945] **M. JAOUEN**, *La sanction prononcée par les parties au contrat ; Etude sur la justice privée dans les rapports contractuels de droit privé*, ECONOMICA, 2013, n° 443, p. 348.

[1946] **CH. BOURRIER**, *La faiblesse d'une partie au contrat*, op. cit, n° 199, p. 210.

[1947] V., **D. HALIMI**, « L'endettement et le surendettement du consommateur marocain : Quelle protection ? », *JURISMAT Portimão*, 2017, n, 10, p. 210 et s.

[1948] **A. SERIAUX**, « Réflexions sur les délais de grâce », *RTD civ.* 1993, p. 789.

En ce sens, BIGOT-PREAMENEU[1949] avait mis l'accent sur la présence de faiblesse naturelle des hommes ; « *si néanmoins le débiteur se trouvait dans des circonstances telles que, par des motifs d'humanité, ou peut-être pour l'intérêt même du créancier, les juges fussent convaincus que, sans porter atteinte à ce créancier, ils feraient un acte d'humanité en accordant des délais modérés pour le paiement, la loi les y autorise* ».

Dans les régimes juridiques des pays étudiés, il existe divers textes qui permettent au juge d'accorder des délais à un débiteur (partie faible) en difficulté. On constate que les conséquences de ces textes sont les mêmes, à savoir que le débiteur bénéficie d'un nouveau délai pendant lequel les poursuites des créanciers seront suspendues. Plus précisément, le juge saisi par une partie d'une demande en exécution forcée ou en résolution d'un contrat dispose d'un large pouvoir d'appréciation pour accorder au défendeur un délai selon les circonstances[1950].

Il convient de noter que l'octroi du délai de grâce n'est pas le seul moyen entre les mains du juge pour accorder un délai de réajustement du mode d'exécution[1951]. Mais, il existe d'autres techniques qui permettent au débiteur d'obtenir un délai d'exécution de son engagement, notamment lorsqu'il est en situation de surendettement. Ici, on abordera le délai de grâce, parce qu'il représente le pouvoir concret du juge dans l'allégement des obligations en cas d'inexécution du contrat.

En pratique, au stade de la mise en demeure, le débiteur peut solliciter du juge l'octroi d'un délai de grâce qui est généralement défini comme une faveur accordée par le juge au débiteur afin que celui-ci puisse exécuter son obligation. Afin de modérer le principe qui prévoit que l'exécution de l'obligation doit se réaliser à la date convenue par les parties, le juge doit alors effectuer une appréciation in concreto de la situation économique personnelle du débiteur. Mais ce pouvoir modérateur est limité à certains domaines. Le législateur a défini l'étendue du pouvoir du juge dans l'octroi d'un délai de grâce (A). Aussi, des conditions précises sont requises pour la mise en œuvre ce délai de grâce (B).

A. L'étendue du pouvoir du juge dans le délai de grâce

612. Le délai de grâce qui est une mesure individuelle octroyée par le juge se définit classiquement comme « le délai supplémentaire raisonnable que le juge peut, par un adoucissement de la rigueur du terme, accorder au débiteur pour s'exécuter, compte tenu de sa situation économique et de sa position personnelle »[1952]. En d'autres termes, le délai de grâce consenti par le juge à un

---

[1949] **P.-A. FENET**, *Recueil complet des travaux préparatoires du Code civil*, Tome XIII, op. cit., p. 266.

[1950] **Ph. MALINVAUD, D. FENOUILLET, M. MEKKI**, *Droit des obligations*, op. cit., n° 524, p. 478.

[1951] A titre d'exemple, le juge peut tenir compte de la situation financière du débiteur, et lui octroyer un délai de grâce ou un report des dettes pour l'emprunteur placé en situation de surendettement ou en cessation de paiement pour les entreprises, pour les commerçants, artisans et agriculteurs. Sur ce sujet V., **CH. BOURRIER**, *La faiblesse d'une partie au contrat*, op. cit, n° 208, p. 220.

[1952] **G. Cornu**, *Vocabulaire juridique*, op. cit.,

contractant fait obstacle à l'engagement de poursuites judiciaires contre lui. J. FRANCOIS estime également que le délai de grâce est un délai supplémentaire que le juge peut accorder à un débiteur pour s'exécuter, sans le consentement du créancier[1953].

L'étendue de cette technique est principalement régie par le droit commun des pays étudiés[1954]. Mais elle est réglementée également en vertu des textes spéciaux dans certains pays[1955].

En tout état de cause, on pourra constater que ces textes exigent que l'existence des éléments d'appréciation recommandés au juge avant tout octroi d'un délai de grâce laisse à penser que la faiblesse du débiteur est prise en considération. En ce sens, les articles 243 marocain[1956] et 260 mauritanien des Codes des obligations et des contrats disposent que « *les juges peuvent néanmoins, en considération de la position du débiteur, et en usant de ce pouvoir avec une grande réserve, accorder des délais modérés pour le paiement, et surseoir à l'exécution des poursuites, toutes choses demeurant en état* ». Ces deux articles supposent de

---

1953 **J. FRANCOIS**, *Traité de droit civil, Les obligations, Régime général*, Économica, 4e éd. 2017, n° 355, p. 345.

1954 L'article 128 marocain, l'article 137 tunisien et l'article 147 mauritanien des Codes des obligations et des contrats disposent que le juge ou le tribunal *« ne peut accorder aucun terme ni délai de grâce, s'il ne résulte de la convention ou de la loi. Lorsque le délai est déterminé par convention ou par la loi, le juge ne peut le proroger, si la loi ne l'y autorise »*. Les articles 159 libyen et 119 algérien des Codes civils disposent que « *dans les contrats synallagmatiques, lorsqu'une des parties n'exécute pas son obligation, l'autre partie peut, après avoir mis le débiteur en demeure, réclamer l'exécution du contrat ou en demander la résolution avec réparation du préjudice, dans les cas, s'il y a lieu. Le juge peut accorder un délai au débiteur suivant les circonstances. Il peut aussi rejeter la demande en résolution, lorsque le manquement à l'obligation ne présente que peu d'importance par rapport à l'ensemble de la prestation promise* ». En France, depuis une loi du 9 juillet 1991, les articles 1244-1 et 1244-2 (devenu l'article 1343-5) du Code civil autorisent le juge à accorder des délais de grâce au débiteur. L'article … du Code civil français énonce que (…). Aussi, l'article 1228 du Code civil français dispose que « *le juge peut, selon les circonstances, constater ou prononcer la résolution ou ordonner l'exécution du contrat, en accordant éventuellement un délai au débiteur, ou allouer seulement des dommages et intérêts* ».

1955 En droit français, quant aux emprunteurs ayant souscrit un crédit soumis au Code de la consommation (Art. L. 314-20 du Code français de la consommation ; quant aux locataires (V. Art. 24 de la loi française n° 89-462 du juill. 1989 et Art. L. 145-41 du Code de commerce ; quant aux occupants de locaux d'habitation ou à usage professionnel dont l'expulsion a été judiciairement ordonnée (Art. L. 613-1 du Code français de la construction).

1956 Aussi, l'article 165 du Code marocain de procédure civile énonce que « *l'ordonnance et l'arrêt peuvent stipuler des délais de paiement en faveur du débiteur* » ; l'article 149 de la loi marocaine précitée n° 31-08 édictant des mesures de protection des consommateurs dispose que « *nonobstant les dispositions du 2ème alinéa de l'article 243 du Code des Obligations et Contrats, l'exécution des obligations du débiteur peut être, notamment en cas de licenciement ou de situation social imprévisible, suspendue par ordonnance du président du tribunal compétent. L'ordonnance peut décider que, durant le délai de grâce, les sommes dues ne produiront point intérêt. En outre, le juge peut déterminer dans son ordonnance les modalités de paiement des sommes qui seront exigibles au terme du délai de suspension, sans que le dernier versement puisse excéder de plus de deux ans le terme initialement prévu pour le remboursement du prêt ; il peut cependant surseoir à statuer sur ces modalités jusqu'au terme du délai de suspension* ».

prendre en compte la position du débiteur dans l'appréciation d'octroi du délai de grâce.

De plus, l'article 281 du Code civil algérien énonce que « *(...). Les juges peuvent néanmoins, en considération de la position du débiteur et compte tenu de la situation économique, accorder pour le paiement, des délais qui empruntent leur mesure aux circonstances, sans, toutefois, dépasser un an, et surseoir à l'exécution des poursuites, toutes choses demeurant en l'état. (...)* »[1957].

De manière plus précise, l'article 137 du Code tunisien des obligations et des contrats énonce que « *(...) un délai raisonnable pourra être accordé pour l'exécution du jugement avec la plus grande réserve et s'il ne doit en résulter aucun inconvénient grave pour le créancier* ». De plus, l'article 137 présente des exemples qui justifient l'octroi d'un délai de grâce. Il stipule notamment que « *quand le débiteur aura justifié que ce terme favorise sa libération en lui permettant de conclure un emprunt à meilleures conditions, ou également quand il apparaîtra que l'inexécution de son obligation provient de circonstances indépendantes de sa volonté. (...)* ».

Aussi, l'article 333 du Code civil libyen dispose que le juge peut, dans des cas exceptionnels et si la loi lui permet, accorder au débiteur un délai raisonnable ou des délais pour exécuter son engagement. Cependant, cet article précise que l'octroi de ce délai est possible si la situation du débiteur le justifie et si le créancier ne subit pas un préjudice grave. Ainsi, selon le droit libyen, le juge peut, en toute autonomie, apprécier ce délai raisonnable en prenant en compte la situation du débiteur. De plus, le juge libyen peut accorder au débiteur des délais successifs pour honorer ses engagements[1958].

De même, le législateur français prend en compte la situation du débiteur tout en prenant en considération celle du créancier. Ainsi, l'article 1343-5 du Code civil énonce que « *le juge peut, compte tenu de la situation du débiteur et en considération des besoins du créancier, reporter ou échelonner, dans la limite de deux années, le paiement des sommes dues* ».

Ainsi, on peut dire que l'octroi d'un délai d'exécution avant que la résolution du contrat ne soit acquise a été institué dans certains contrats pour le plus faible. Le délai de grâce fait parti de l'ordre public fondamental pour la défense de l'individu. Il se justifie par des raisons d'humanité et d'intérêt social[1959]. Autrement dit, les législateurs des pays étudiés adoptent des dispositions spécifiques pour l'attribution d'un terme de grâce accordé au bénéfice du débiteur en difficulté. Mais, le délai de grâce suppose l'existence de dispositions qui précisent le champ d'octroi d'un tel délai. En principe, toutes les dettes peuvent faire l'objet d'un délai de grâce (1), sous réserve de certaines exceptions légales dans chaque régime juridique des pays comparés (2).

[1957] **B. ATMANI**, « Le juge nouvelle partie du contrat civil », op. cit, p. 435.

[1958] **M. AL-BADWI ALAZHARI**, *Les obligations en droit libyen*, op. cit., pp. 120 et 121.

[1959] **CH. BOURRIER**, *La faiblesse d'une partie au contrat*, op. cit, n° 209, p. 221.

1. Le principe de l'octroi des délais de grâce

613. Certes, le délai de grâce est généralement une faveur accordée par le juge au débiteur pour lui permettre de s'acquitter de son obligation. Par conséquent, ce délai s'applique indépendamment de l'objet de la dette ou de sa source, il est valable pour les obligations volontaires ou extra volontaires. En effet, il ressort des droits des pays étudiés qu'un délai de grâce peut être consenti par le juge au débiteur pour toute dette de droit privé. Il importe peu que la dette soit de nature contractuelle ou délictuelle. La cause de la dette est, par ailleurs, indifférente[1960].

Ce système, qui a vocation à s'appliquer de manière générale à toutes les dettes y compris celles professionnelles, peut soulever des problèmes de coordination avec les procédures collectives applicables aux professions commerciales, artisanales, libérales ou agricoles, et avec la procédure de redressement civil[1961].

Le dispositif régi vise l'hypothèse d'une dette isolée et, par là même, son intérêt est moindre pour les professionnels que pour les autres personnes. En effet, lorsqu'un professionnel est en difficulté, il l'est généralement pour toute une litanie de dettes, non pour une seule[1962].

En ce sens, la loi française du 25 janvier 1985 relative au redressement et à la liquidation judiciaire des entreprises a mis en place un système différent, mais qui comporte également suspension des poursuites individuelles à compter du jugement d'ouverture du redressement judiciaire. La solution subsiste à ce jour[1963].

Par ailleurs, face à l'augmentation des cas de surendettement dans divers domaines (notamment dans la relation entre le professionnel et le consommateur), les législateurs française et marocain sont intervenus par plusieurs textes spéciaux pour régir l'octroi du délai de grâce[1964]. Ainsi, en matière de prêts à la consommation et de prêts immobiliers, l'article L. 314-20 du Code français de la consommation stipule que « *l'exécution des obligations du débiteur peut être, notamment en cas de licenciement, suspendue par ordonnance du juge d'instance dans les conditions prévues à l'article 1343-5 du Code civil. L'ordonnance peut décider que, durant le délai de grâce, les sommes dues ne produiront point*

[1960] **Y. BUFFELAN-LANORE et V. LARRIBAU-TERNEYRE**, *Droit civil ; Les obligations*, Dalloz, 16e éd. 2108-2019, n° 296 et 493, pp. 108 et 165 ; V. égal. **M. ABOU KMASH**, *Le pouvoir du juge de modification du contrat dans le Code civil algérien et les jurisprudences islamiques*, op. cit., p. 376 et s.

[1961] **Ph. MALINVAUD, D. FENOUILLET, M. MEKKI**, *Droit des obligations*, op. cit., n° 525, p. 481.

[1962] Ibid., n° 526, p. 481.

[1963] La loi française n° 85-98 du 25 janvier 1985 relative au redressement et à la liquidation judiciaire des entreprises, *JORF*, 26 janv. 1985, p. 1097.

[1964] Tel est le cas par exemple en matière de prêt immobilier (L. 314-20 C. conso français), d'occupation de lieux habités ou de locaux à usage professionnel (L. 412-3 C. constr. français). L'alinéa 5 de l'article 2 du décret exécutif algérien précité n° 15-114 du 12 mai 2015 relatif aux conditions et aux modalités d'offres en matière de crédit à la consommation.

intérêt »[1965]. De même, l'article 149 de la loi marocaine n° 31-08 édictant des mesures de protection des consommateurs, dans le cadre du contrat de crédit dispose de manière claire que « *(...) l'exécution des obligations du débiteur peut être, notamment en cas de licenciement ou de situation social imprévisible, suspendue par ordonnance du président du tribunal compétent. L'ordonnance peut décider que, durant le délai de grâce, les sommes dues ne produiront point intérêt. (...)*»[1966]. Ainsi, les textes précités permettent aux juges de prendre des mesures en faveur de tous débiteurs en cas des difficultés financières. Mais, ils prennent également en compte, en premier lieu, la situation du débiteur dans le cas de licenciement ou de situation sociale imprévisible selon la loi marocaine pour octroyer un délai de grâce. Cependant, la formulation utilisée par les deux législateurs « (…) *peut être, notamment (...)* » conduit à comprendre que ces dispositions a une portée indicative et non pas limitative, ce qui laisse au juge une pouvoir appréciatif étendu. D'ailleurs, on ne peut pas réellement comprendre pourquoi les législateurs français et marocain n'ont pas étendu l'application de ces dispositions à toute relation contractuelle entre professionnel et consommateur. En d'autres termes, le cas de licenciement ou de situation sociale imprévisible du consommateur n'existe pas uniquement dans le contrat de prêt à la consommation et de prêt immobilier, mais il peut se rencontrer dans tous les contrats de consommation[1967].

614. En outre, les délais de grâces peuvent être demandés à toute juridiction, y compris au juge des référés en cas d'urgence[1968], en tout état de cause même en appel, et pour toute dette contractuelle ou non[1969].

Cependant, le contrat est le champ privilégié de son application dont les conditions sont modifiables durant son exécution, et ce par le report du paiement afin de pouvoir l'honorer sans recourir à sa résiliation[1970]. C'est pourquoi, il exige dans ce cas que le contrat n'est pas encore résolu. Ici, il convient de noter que si une clause résolutoire expresse est prévue conventionnellement, les législations

---

[1965] **S. PIEDELIEVRE**, « Crédit à la consommation et délai de grâce », *Gaz. Pal.* 8 oct. 2015, n° 281, p. 16 ; **C. BERLAUD**, « Point de départ du délai de forclusion après l'octroi d'un délai de grâce », *Gaz. Pal.* 23 juill. 2015, n° 204, p. 25.

[1966] Art. 149 de la loi marocaine n° 31-08 édictant des mesures de protection des consommateurs, *Bull. O. Mar.*, n° 5932 du 7 avril 2011. V., **D. HALIMI**, « L'endettement et le surendettement du consommateur marocain : Quelle protection ? », *JURISMAT Portimão*, 2017, n, 10, p. 210 et s.

[1967] V., **Abdel-K. EL-AARAARY**, *Les sources des obligations ; La théorie du contrat*, en droit marocain, op. cit., n° 237, pp. 208 et 209.

[1968] L'article 281 du Code civil algérien dispose expressément que « *en cas d'urgence, la même faculté appartient, en tout état de cause, au jugement des référés* ».

[1969] **Ph. SOUSTELLE**, « Le retour de la compétence du juge des référés pour octroyer un délai de grâce », *D.*, 1999, chron., 517 ;

[1970] **N. TRTAG**, « Le pouvoir du juge dans l'octroi du délai de grâce » en droit algérien, *Revue Al-Ijtihad des études juridiques et économique*, en arabe, 5 janv. 2014, p. 124.

ont interdit généralement l'application de la disposition de l'octroi du délai de grâce[1971].

Ainsi, le moyen pour le professionnel d'éviter de voir l'exécution de son contrat suspendu en raison des difficultés de son débiteur est alors d'inscrire dans son contrat une clause résolutoire expresse, la partie faible souscrivant ce contrat ne s'y opposera pas. Face à ce danger, les droits des pays étudiés interdissent dans certains domaines et de manière explicite les abus[1972], comme on l'a vu dans la première partie de la thèse. De surcroît, l'article 1228 du Code civil français et les articles 159 libyen et 119 algérien des Codes civils admettent l'octroi d'un délai de grâce dans le cadre d'une action en résolution judiciaire[1973]. Le juge, selon les articles 159 libyen et 119 algérien des Codes civils, « *peut aussi rejeter la demande en résolution, lorsque le manquement à l'obligation ne présente que peu d'importance par rapport à l'ensemble de la prestation promise* ».

Certes, il faut souligner que les articles précédents ne visent pas spécialement à protéger la partie la plus faible mais visent le lien contractuel. Le délai précité n'est pas « *une charité faite à l'individu, c'est une mesure de protection du lien contractuel* »[1974]. Ce qui motive l'octroi du délai, c'est uniquement l'espoir de voir le contrat exécuté de façon utile et dans des conditions satisfaisantes pour le créancier. Or, cet espoir dépend moins de la situation économique générale ou de la position du débiteur que de la nature des difficultés que ce dernier rencontre et de la volonté qu'il a de poursuivre le rapport contractuel. Le caractère passager des difficultés d'exécution, la bonne volonté manifeste du débiteur inciteront les juges du fonds à être complaisants[1975].

615. Par ailleurs, l'étendu du pouvoir du juge dans l'octroi du délai est également limité dans le temps. En effet, l'article 137 du Code tunisien des obligations et des contrats et l'article 281 du Code civil algérien précisent que le délai de grâce ne doit pas excéder la durée d'une année. De plus, l'article 137

[1971] L'article 1224 du Code civil français dispose que « *la résolution résulte soit de l'application d'une clause résolutoire soit, en cas d'inexécution suffisamment grave, d'une notification du créancier au débiteur ou d'une décision de justice* ». L'article 274 tunisien, l'article 260 marocain et l'article 277 mauritanien des Codes des obligations et des contrats énoncent que « *si les parties sont convenues que le contrat sera résolu dans le cas où l'une d'elles n'accomplirait pas ses engagements, la résolution du contrat s'opère de plein droit par le seul fait de l'inexécution* ». Les articles 120 algérien et 160 libyen disposent que « *les parties peuvent convenir qu'en cas d'inexécution des obligations découlant du contrat, celui-ci sera résolu, de plein droit, dès que les conditions prévues par la clause se trouvent réalisées et sans que le tribunal puisse empêcher ou retarder la rupture du contrat. Cette clause laisse subsister la nécessité d'une mise en demeure dont le délai, à défaut de fixation par les parties contractantes, est déterminé suivant l'usage* ».

[1972] A titre d'exemple. V., en droit français, notamment : Art. L. 115-3 C. assur. ; Art. 24 loi 6 juill. 1989 pour les baux commerciaux ; Art. L. 411-13 rural ; Art. L. 224 et L. 261-13 CCH.

[1973] L'article 1228 du Code civil français dispose que « *le juge peut, selon les circonstances, constater ou prononcer la résolution ou ordonner l'exécution du contrat, en accordant éventuellement un délai au débiteur, ou allouer seulement des dommages et intérêts* ».

[1974] **M.-E. PANCRAZI-TIAN**, *La protection judiciaire du lien contractuel*, PUAM, 1994, n° 377, p. 314.

[1975] **CH. BOURRIER**, *La faiblesse d'une partie au contrat*, op. cit, n° 210, p. 222 ;

ajoute expressément que ce délai ne doit pas être renouvelé. L'article 1343-5 du Code civil français dispose également que « *le juge peut, (...), reporter ou échelonner, dans la limite de deux années, le paiement des sommes dues* ».

En droit français et en cas de surendettement des particuliers, la loi prévoit également la possibilité pour le juge d'adapter le contrat, adaptation qui peut aller jusqu'à la remise de dettes et même jusqu'à l'effacement des dettes en cas de rétablissement personnel[1976]. Corrélativement, la décision du juge emportera suspension provisoire des poursuites pour une durée ne pouvant excéder deux ans[1977]. Mais ce n'est là qu'une situation transitoire, dans l'attente de mesures définitives qui seront proposées par la Commission de surendettement : parmi celles-ci figurent le report ou le rééchelonnement des dettes, et un moratoire pouvant aller jusqu'à sept ans (article L. 732-2 et s du Code français de la consommation)[1978].

En tout état de cause, les juges disposent, en la matière d'octroi du délai de grâce, d'un pouvoir souverain pour l'accorder ou le refuser. Toutefois, leur liberté n'est pas totale. Ils doivent, en effet, motiver leur décision et le débiteur qui s'est vu refusé des délais de paiement dispose d'une voie de recours contre cette décision. En ce sens, l'article 137 du Code tunisien des obligations et des contrats prévoit explicitement que « *le jugement énoncera le motif du délai, lequel courra du jour de la signification* ». L'article 1343-5 énonce également que « *(...) par décision spéciale et motivée, il peut ordonner que les sommes correspondantes aux échéances reportées porteront intérêt à un taux réduit au moins égal au taux légal, ou que les paiements s'imputeront d'abord sur le capital (...)* ». D'ailleurs, l'article 510 du Code français de procédure civile dispose que « *l'octroi du délai doit être motivé* »[1979].

En droit algérien, il n'existe pas de texte spécifique qui traite de cette question. Cependant, l'article 358 du Code algérien de procédure civile et administrative dispose de manière générale que « le pourvoi en cassation ne peut être fondé que sur un ou plusieurs des moyens suivants : « *(1 - ... ; 2- ...) ; 8 - défaut de base*

[1976] **G. HENAFF**, « Le nouveau droit du surendettement des particuliers après les réformes J21 et Sapin 2 », *RLDC*, juin 2018, n° 160, p. 38 et s.

[1977] Sur ce point, l'article L. 722-2 du Code français de la consommation dispose que « *la recevabilité de la demande emporte suspension et interdiction des procédures d'exécution diligentées à l'encontre des biens du débiteur ainsi que des cessions de rémunération consenties par celui-ci et portant sur les dettes autres qu'alimentaires* ». Aussi, l'article L. 722-9 du même Code énonce que « *cette suspension est acquise, pour une période maximale de deux ans et, selon les cas, jusqu'à l'approbation du plan conventionnel de redressement prévu à l'article L. 732-1, jusqu'à la décision imposant les mesures prévues aux articles L. 733-1, L. 733-4, L. 733-7 et L. 741-1, jusqu'au jugement prononçant un rétablissement personnel sans liquidation judiciaire ou jusqu'au jugement d'ouverture d'une procédure de rétablissement personnel avec liquidation judiciaire* ».

[1978] **Ph. MALINVAUD, D. FENOUILLET, M. MEKKI**, *Droit des obligations*, op. cit., n° 527, p. 481.

[1979] Sur ce sujet V., **D. MAZEAUD**, « d) Nature et régime du pouvoir du juge en matière de délai de grâce », *RDC*. 01 avril 2007, n° 2, p. 263.

légale ; 9 - défaut de motifs ; 10 - insuffisance de motifs ; (...) ». Ainsi, le juge algérien est tenu de justifier sa décision de refuser ou d'accorder du délai de grâce.

616. Ainsi, la faculté conférée au juge d'octroyer des délais de grâce relève de son pouvoir souverain d'appréciation. Dans un arrêt du 24 octobre 2006, la Cour de cassation française a considéré en ce sens « qu'*en refusant d'accorder un délai de paiement au débiteur, la Cour d'appel n'a fait qu'exercer le pouvoir discrétionnaire qu'elle tient de l'article 1244-1 du Code civil, sans avoir à motiver sa décision* »[1980].

L'alinéa 5 de l'article 1343-5 du Code civil français précise explicitement que toute stipulation contraire aux dispositions de l'octroi du délai de grâce « *est réputée non écrite* ». Il s'agit donc là d'une disposition d'ordre public. Les droits d'autres pays n'adoptent pas de mesure explicite comme ce texte. Mais, on constate toutefois qu'en droit marocain, l'octroi du délai de grâce a été organisé par l'article 149 de la loi n° n° 31-08 précitée sur la protection de la consommation, et le législateur marocain a qualifié dans l'article 151 de la même loi, ledit délai comme une règle d'ordre public à ne pas déroger[1981]. D'ailleurs, le législateur marocain a bien pris garde de souligné que les exigences de la loi édictant des mesures de protection des consommateurs est d'ordre public[1982].

2. Les exceptions à l'octroi du délai de grâce

617. La nature même de certains contrats exclut d'octroyer un délai de grâce. Par conséquent, certaines dettes sont exclues de ce dispositif et ne peuvent pas faire l'objet de délais de grâce qui serait accordé par le juge. Sur cette question, l'article 128 marocain, l'article 137 tunisien et l'article 147 mauritanien des Codes des obligations et des contrats disposent explicitement que le juge « *ne peut accorder aucun terme ni délai de grâce, s'il ne résulte de la convention ou de la loi. Lorsque le délai est déterminé par convention ou par la loi, le juge ne peut le proroger, si la loi ne l'y autorise* ». Plus précisément, les législateurs des pays étudiés ont pu estimer dans certains cas que les intérêts du débiteur ne devaient pas primer sur ceux du créancier. Aussi, a-t-il interdit au juge, en pareilles hypothèses, d'octroyer des délais de grâces au débiteur.

Il en va ainsi pour plusieurs sortes de dettes dans les différents régimes juridiques des pays étudiés.

La prohibition de l'octroi de délai peut être liée à la nature des dettes. En effet, les législateurs français, l'article 1343-5 alinéa 7 énonce que « *les dispositions du présent article ne sont pas applicables aux dettes d'aliment* ». La jurisprudence française avait affirmé cette interdiction à plusieurs reprises. La Cour de cassation

---

[1980] Cass. 1er civ. 24 oct., n° 05-16.517, 2006, *Bull.*, 2006, I, n° 435, p. 373.

[1981] L'article 151 du Dahir portant loi n° 1-74-447 du 11 ramadan 1394 (28 septembre 1974) approuvant le texte du Code de procédure civile. *Bull.O. Mar.* n° 5975 du 05/09/2011 tel que modifié et complété en date du (06/06/2013), qui dispose que « *les dispositions du présent titre sont d'ordre public* ».

[1982] V., Arts. 151, 52, 44 et 20 de la loi 31-08 précitée sur la protection du consommateur.

française[1983] a jugé que la somme due « *peut en principe faire l'objet de délais de paiement par application de l'article 8 alinéa 2 du décret du 31 juillet 1992 et de l'article 1244-1 (devenu 1343-5) du Code civil à condition que la nature de la dette n'interdise pas l'octroi d'un délai de grâce ; en effet, l'article 1244-1 alinéa 4 exclut de son champ d'application les dettes d'aliment* ».

Il est important de noter que pour être éligible à l'octroi d'un délai de grâce en droit français, la dette dont fait état le débiteur doit être de nature monétaire. L'article 1343-5 du Code vise expressément « le paiement des sommes dues ». De même, les législateurs marocain et mauritanien indiquent que « *les juges peuvent, (...), accorder des délais modérés pour le paiement* »[1984]. Ainsi, ne peut-il s'agir d'une obligation de faire ou de ne pas faire.

En revanche, les législateurs libyen et algérien adoptent une expression générale qui donne au juge une marge de manœuvre plus grande, car les articles 119 algérien[1985] et 159 libyen[1986] des Codes civils élargissent l'octroi du délai de grâce à tout type d'obligation dans les contrats synallagmatiques, c'est-à-dire l'obligation de paiement ou l'obligation de faire[1987].

Le législateur tunisien semble adopter les différents cas de figures envisagés par ses collègues. En effet, l'alinéa 3 de l'article 137 a prévu tout d'abord « qu'un *délai raisonnable pourra être accordé pour l'exécution du jugement (...)* ». De plus, l'alinéa 5 du même article énonce que « *le juge pourra accorder au débiteur la faculté de se libérer par paiements échelonnés* ».

Cependant, dans tous les cas précédents, il y a exclusion de l'octroi du délai de grâce, si l'engagement du débiteur consiste en des obligations de ne pas faire[1988]. En effet, lorsque l'obligation consiste à ne pas faire, le débiteur est tenu à des dommages-intérêts par le seul fait de la contravention, conformément aux articles 262 marocain, 276 tunisien et 279 mauritanien des Codes des obligations et des contrats et les articles 215 libyen et 173 algérien des Codes civils.

618. Dans le cadre de la protection des catégories des contractants plus faibles, la Cour de cassation française[1989] estime qu'en statuant ainsi alors que, s'agissant

---

1983 Cass.1er civ., n°10-16096, 22 juin 2011 : *RTD civ.* 2011, 524, obs. **J. HAUSER** ; Sur ce sujet V. égal., la Cour de cassation française qui a estimé du 10 avril 2014 que « *(...). En statuant ainsi alors que l'article 1244-1 du code civil exclut son application aux dettes d'aliments, le tribunal d'instance a violé le texte susvisé* » (Cass.2er civ., n° 13-13469, 10 avr. 2014, *Bull.* 2014, II, n° 100).

1984 V. Arts. 243 marocain et 260 mauritanien des Codes des obligations et des contrats. Dans le même sens V. égal., Art. 149 de la loi marocaine n° 31-08 édictant des mesures de protection des consommateurs.

1985 En revanche, l'article 281 du Code civil algérien énonce que « *les juges peuvent néanmoins, en considération de la position du débiteur et compte tenu de la situation du débiteur et compte tenu de la situation économique, accorder pour le paiement, des délais (...)* ».

1986 Dans le même sens, Art. 333 du Code civil libyen.

1987 **M. AL-BADWI ALAZHARI**, *Les obligations en droit libyen ; Les dispositions d'obligations*, op. cit., p. 120.

1988 **D. HOUTCIEFF**, « Acte de commerce », *Rep. com. Dalloz*, avril 2016, n° 193.

1989 Cass. Soc., n° 91-40596, 18 nov. 1992, *Bull.* 1992, V, n° 555, p. 351.

de créances salariales, le juge ne peut accorder aucun délai de paiement, le conseil de prud'hommes a ainsi violé l'article 1244 (devenu 1343-5) du Code civil.

Aussi, l'exclusion du délai de grâce peut être déduite du caractère impératif ou spécial de certaines réglementations. En ce sens, la Cour de cassation[1990] française a jugé que, sauf disposition spéciale, il convient d'appliquer « *la loi générale qui exclut l'octroi de délais de grâce pour certaines créances, notamment fiscales* ».

La Cour de cassation française[1991] a estimé que les dispositions spéciales relatives à l'omission du tableau pour non-paiement des cotisations professionnelles de l'avocat, prenant « *en considération l'éventualité d'un motif valable de non-paiement, sont exclusives de l'application de l'article 1244-1 (devenu 1343-5) du Code civil* ». De même, la chambre sociale de la Cour de cassation française retient la même solution à l'égard des cotisations de sécurité sociale[1992].

En outre, l'octroi d'un délai de grâce n'est pas incompatible avec l'ouverture d'une procédure de conciliation, selon l'article 611-7, al. 5 du Code français de commerce[1993].

Cette réticence résulte parfois de la loi elle-même. Les législations des pays étudiés disposent ainsi en matière d'effets de commerce qu'aucun jour de grâce ni légal ni judiciaire n'est admis. Cette interdiction ne concerne que l'action cambiaire du porteur et non l'action de droit commun. Ici, il faut également noter que cette interdiction ne concerne pas souvent les catégories classiques de parties faibles, mais plutôt des professionnels. Etant donné que ces derniers peuvent être en situation de faiblesse comme on l'a vu ci-dessus[1994], on va examiner brièvement cette question dans les droits des pays étudiés.

Ainsi, le droit cambiaire de ces pays refuse expressément d'octroyer au débiteur un délai de grâce, afin de conférer toute sa rigueur à l'échéance des effets de commerce[1995].

Dans les droits de ces pays, les articles 464 algérien, 338 tunisien, 925 libyen, L. 511-81 français, 231 marocain et 850 mauritanien des Codes de commerce disposent qu'aucun jour de grâce ni légal, ni judiciaire n'est admis, sauf dans

---

[1990] Cass. com., n° 96-15525 96-16349, 16 juin 1998, *Bull. civ.* IV, n° 193, p. 160.

[1991] Cass.1er civ., n° 98-15528, 18 oct. 2000, *Bull. civ.* I, n° 251.

[1992] Cass. soc. n° 90-11243, 16 avr. 1992, *Bull.* 1992, V, n° 286 p. 175; V. égal. Cass.2er civ., n° 16 juin 2016, *Bull. civ.*, n° 15-18390, *RTD civ.* 2016. 935, obs. **N. CAYROL**. Dans ce dernier arrêt, la Cour de cassation a indiqué que « *l'article 1244-1 du code civil n'est pas applicable devant la juridiction du contentieux général de la sécurité sociale saisie aux fins de paiement des cotisations et contributions sociales instituées par la loi* ».

[1993] L'article 611-7, al. 5 du Code français de commerce dispose que « *au cours de la procédure, le débiteur mis en demeure ou poursuivi par un créancier peut demander au juge qui a ouvert celle-ci de faire application de l'article 1343-5 du code civil. Le juge statue après avoir recueilli les observations du conciliateur. Il peut subordonner la durée des mesures ainsi prises à la conclusion de l'accord prévu au présent article. (...)* ».

[1994] Supra., p. 184 et s.

[1995] **D. GIBIRILA**, « Lettre de change », *Rep. com. Dalloz*, oct. 2015, n° 559.

certains cas prévus par les législations en question. En dépit de leurs similitudes, les cas prévus dans ces pays différents par certains détails.

Tout d'abord, les articles 426 algérien, 306 tunisien et 875 libyen des Codes de commerce énoncent que les garants pourront adresser, au Président du Tribunal de leur domicile (en droits algérien et tunisien) et le juge des référés (en droit libyen), une requête pour solliciter des délais. Cela doit être dans les trois jours de l'exercice des recours suivants : dans le cas de faillite du tiré, accepteur ou non, de cessation de ses paiements, même non constatée par un jugement, ou de saisie de ses biens demeurés infructueuse, dans le cas de faillite du tireur d'une lettre de change non acceptable.

De même, les articles L. 511-38 français, 196 marocain et 847 mauritanien des Codes de commerce autorisent le président du tribunal de commerce (en droit français) et le président du tribunal du domicile des garants (en droits marocain et mauritanien) saisi sur requête d'octroyer des délais aux garants contre lesquels un recours est exercé. Cependant, selon les articles susmentionnés en droits français, marocain, ces délais ne sont accordés que pour des remboursements d'effets avant l'échéance dans les cas suivants : – le redressement ou la liquidation judiciaire du tiré accepteur ou non, la cessation de ses paiements même non constatée par un jugement ou la saisie de ses biens demeurée infructueuse ; – le redressement ou la liquidation judiciaire du tireur d'une lettre non acceptable. De plus, les délais consentis ne peuvent dépasser la date fixée pour l'échéance.

Ensuite, il convient de noter que les articles L. 511-50 français, 438 algérien, 207 marocain, 859 mauritanien, 316 tunisien et 886 libyen des Codes de commerce n'édictent pas de délai de grâce pour le paiement, mais seulement la prorogation des délais de présentation au paiement et de confection des protêts, quand ces actes ont été empêchés par un cas de force majeure. Rien n'interdit, cependant, aux parties de convenir entre eux des délais de grâce[1996].

De même, en matière d'un billet à ordre[1997] et en matière de chèque[1998], il n'est pas possible d'octroyer un délai de grâce.

De manière générale, on peut dire que dans le domaine cambiaire, l'interdiction vise toute la créance cambiaire. Ainsi, des juges du fond, déclarant qu'une créance est représentée par des lettres de change, par des billets à ordre ou des chèques acceptées par le débiteur en remboursement d'un prêt, ont à bon droit refusé tout délai de grâce au débiteur[1999].

[1996] **D. GIBIRILA**, « Lettre de change », *op. cit.*, n° 565.

[1997] L'article 512-3 du Code français de commerce dispose que « *sont applicables au billet à ordre, en tant qu'elles ne sont pas incompatibles avec la nature de ce titre, les dispositions des articles (...), relatives à la lettre de change* ». De même, Art. 426 du Code algérien de commerce ; Art. 930 du Code libyen de commerce ; Art. 234 du Code marocain de commerce ; Art. 341 du Code tunisien de commerce.

[1998] L'article L. 131-66 du Code monétaire et financier français énonce que « *aucune prorogation de délai, ni légale, ni judiciaire, n'est admise, sauf dans les cas prévus par l'article L. 511-61 du Code de commerce* ».

[1999] **D. HOUTCIEFF**, « Acte de commerce », op. cit., n° 193

Dans ce contexte, l'article 512 du Code français de procédure civile a également prévu que « *le délai de grâce ne peut être accordé au débiteur dont les biens sont saisis par d'autres créanciers ni à celui qui a, par son fait, diminué les garanties qu'il avait données par contrat à son créancier. Le débiteur perd, dans ces mêmes cas, le bénéfice du délai de grâce qu'il aurait préalablement obtenu* ».

619. Par ailleurs, on peut se demander si le juge peut être saisi pour prononcer un délai de grâce en présence d'une clause résolutoire.

Tout d'abord, on doit d'indiquer qu'il a existé des divisions doctrinales sur cette question, notamment en droit français. En effet, selon certains auteurs[2000], il convient de tenir compte du fait qu'en précisant que toute stipulation contraire aux dispositions d'octroi du délai de grâce est réputée non écrite (les articles 1343-5 du Code civil français), le législateur français aurait donné à ces dispositions un caractère d'ordre public qu'aucune clause contractuelle ne saurait tenir en échec. Ainsi, le juge peut toujours être saisi pour suspendre le jeu d'une clause résolutoire.

Par contre et pour d'autres auteurs[2001], le caractère d'ordre public de l'institution du délai de grâce ne serait pas un argument pertinent pour autoriser le juge à suspendre le jeu d'une clause résolutoire. Outre l'idée selon laquelle la stipulation d'une clause résolutoire manifesterait la volonté des parties d'exclure l'appréciation par le juge de l'opportunité de la résolution, c'est également la considération de ce que la finalité du délai de grâce « *est de différer l'exécution forcée de l'obligation et non de s'attaquer à la résolution conventionnelle* » qui justifierait l'interdiction pour le juge de paralyser le jeu d'une clause résolutoire en octroyant un tel délai. Si cette définition de la finalité du délai de grâce emporte à coup sûr l'adhésion, il est en revanche excessif d'en déduire ipso facto l'exclusion des clauses résolutoires du champ d'application des articles 1244-1 (devenu 1343-5) du Code civil français[2002].

620. En effet, il convient d'opérer une distinction, qui ne ressort pas toujours de la discussion, selon que l'on se place à un moment où la clause résolutoire a déjà produit effet ou en amont, c'est-à-dire au stade de la mise en demeure. Une

---

2000 **A. BENABENT**, *Droit civil, Les obligations*, op. cit., n° 397, p. 283 ;

2001 **J. MESTRE**, *RTD civ.* 1992, p. 764 et s ; **F. OSMAN**, *Le pouvoir modérateur du juge dans la mise en œuvre de la clause résolutoire de plein droit*, Défrénois, 1993, p. 65 et s. **M. JAOUEN**, *La sanction prononcée par les parties au contrat ; Etude sur la justice privée dans les rapports contractuels de droit privé*, n° 451, p. 354.

2002 En ce sens, la Cour de cassation française a estimé qu'en raison d'un incident technique survenu dans le service informatique de la banque de la locataire, la dernière échéance de paiement d'un contrat de bail n'avait pas pu être réglée à la date fixée par l'échéancier judiciaire. Les juges, après avoir constaté que la locataire avait mis en place des ordres de virement permanent pour garantir chaque échéance de paiement, ont estimé que le problème informatique auquel s'était trouvée confrontée sa banque était la seule cause du non-respect du règlement de la dernière mensualité et ont déclaré que cet incident de paiement constituait un cas de force majeure, permettant ainsi à la locataire d'éviter l'application de la clause résolutoire. Le commandement de quitter les lieux et le procès-verbal de tentative d'expulsion devaient, en conséquence, être annulés (Cass. 3e civ., 17 févr. 2010, no 08-20.943 , Bull. civ. III, no 47, *JCP* 2010. I. 516, obs. **P. GROSSER**).

fois la clause résolutoire acquise, il n'est plus possible de réclamer un délai de grâce puisque le contrat est résolu et donc, « *par hypothèse, il n'y a plus rien à exécuter* ». C'est l'efficacité même du mécanisme de la clause résolutoire qui est en jeu. Il n'en va autrement que lorsqu'un texte spécial autorise le juge à octroyer un délai de grâce en vue de suspendre la réalisation et les effets d'une clause résolutoire, y compris après l'expiration du délai de la mise en demeure[2003].

Par exemple, l'article L. 145-41 alinéa 2 du Code français de commerce admet que le preneur puisse saisir le juge aux fins d'obtenir un délai de grâce, non seulement dans le délai d'un mois après un commandement demeuré infructueux, mais encore « *postérieurement à cette échéance, tant que la résiliation n'a pas été constatée ou prononcée par une décision ayant acquis l'autorité de chose jugée* ». De même, l'article 24 de la loi français n° 89-462 du juillet 1989 tendant à améliorer les rapports locatifs précise-t-il que, pendant le délai de grâce octroyé par le juge au preneur en situation de régler sa dette locative, « *les effets de la clause de résiliation de plein droit sont suspendus* ». Ces dispositions légales offrent ainsi au juge le pouvoir de bloquer le jeu d'une clause résolutoire afin d'assurer la survie d'un contrat menacé d'anéantissement lorsque la situation de l'une des parties mérite une protection particulière[2004].

Sauf textes spéciaux l'excluant expressément, l'octroi d'un délai de grâce en présence d'une clause résolutoire est donc possible, mais sa mise en œuvre suppose une grande réactivité du débiteur qui doit impérativement agir avant l'expiration du délai de la mise en demeure. Cette remarque doit être doublement précisée au regard de deux considérations déjà évoquées. D'une part, il résulte de l'article 511 du Code français de procédure civile que le délai de grâce ne court qu'à compter du jour du jugement contradictoire ou, en cas de jugement non contradictoire, du jour de la notification de ce jugement. D'autre part, l'effet résolutoire ne se produit pas, de façon automatique, à l'expiration du délai de mise en demeure : il suppose une manifestation de volonté de la part du créancier de se prévaloir de la clause résolutoire.

Par conséquent, il convient de distinguer selon que le jugement intervient avant ou après que le créancier a manifesté sa volonté de faire jouer la clause. Ce n'est que dans le premier cas qu'un délai de grâce est susceptible d'être prononcé, la résolution n'était pas encore acquise. Il en résulte qu'un délai de grâce ne peut produire son effet suspensif en présence d'une clause résolutoire que si, saisi dans le délai de la mise en demeure, le juge rend son jugement avant l'expiration de ce délai et avant la notification de la résolution par le créancier.

Ainsi, dans l'hypothèse où le délai de mise en demeure est très court, le débiteur a-t-il tout intérêt à demander un délai de grâce par la voie du « référé d'heure à heure ». Une telle situation est en effet susceptible d'entrer dans la catégorie des cas qui requièrent une particulière « célérité » et pour lesquels

---

[2003] **C. CHABAS**, « Résolution – Résiliation », *Rép. civ. Dalloz*, oct. 2010, n° 139 et s.

[2004] **M. JAOUEN**, *La sanction prononcée par les parties au contrat ; Etude sur la justice privée dans les rapports contractuels de droit privé*, op. cit., n° 452, p. 355.

l'article 485, alinéa 2 du Code français de procédure civile admet que le juge des référés puisse autoriser le demandeur à assigner à heure indiquée, y compris les jours fériés ou chômés[2005].

Pour conclure, il convient de rappeler que le délai de grâce court à compter du jugement l'accordant lorsque celui-ci est contradictoire et du jour de sa notification lorsqu'il ne l'est pas.

B. La mise en œuvre du délai de grâce

621. Le débiteur peut, dès la mise en demeure adressée par son créancier, prendre l'initiative de saisir le juge pour obtenir un délai de grâce qui n'est pas automatique. C'est au juge qu'il revient d'apprécier l'opportunité de consentir ou de refuser au débiteur une telle faveur à son égard. Mais, avant tout ça, la personne doit rencontrer des difficultés qui l'empêchent de respecter son engagement. Par conséquent, ces difficultés le conduisent à échouer à s'acquitter de ses obligations, c'est-à-dire que le débiteur n'est pas à même de satisfaire son obligation. Dans ces hypothèses, et parmi des solutions juridiques retenues, le débiteur peut se voir accorder la prorogation de l'exécution de son obligation (le report de l'échéance ou l'échelonnement de la dette).

Le contractant peut demander au juge le report de ses dettes si, par exemple, il a perdu son emploi et qu'il ne perçoit pas encore ses allocations chômage, le juge peut alors décider qu'il ne payera plus la dette pendant une durée déterminée. Pour ce faire, il doit satisfaire un certain nombre de conditions posées par la loi. En tout état de cause, il existe différentes voies qui permettent au débiteur de demander et d'obtenir un délai de grâce (1). Par conséquent, le juge peut apprécier la situation de chaque partie pour octroyer ou non un tel délai (2).

1. Les différentes configurations de demande de délai de grâce

622. En principe, la faculté pour le juge d'accorder au débiteur un délai de grâce est limitée au cas dans lequel c'est le créancier qui a saisi le juge du fond d'une demande principale tendant à obtenir l'exécution forcée de l'obligation par le débiteur, celui-ci ayant alors reconventionnellement sollicité l'octroi d'un délai de grâce. Dans ce cas, le juge compétent pour accorder un délai de grâce était uniquement celui saisi par le créancier pour statuer sur l'inexécution de l'obligation[2006].

Cependant, il est apparu nécessaire d'offrir également au débiteur une possibilité de saisir un juge à titre principal d'une demande de délais de grâce.

En principe, le débiteur peut solliciter un délai de grâce permettant de différer l'exécution : soit à la juridiction qui prononce la décision, puisque c'est à elle que

---

[2005] **M. JAOUEN**, *La sanction prononcée par les parties au contrat ; Etude sur la justice privée dans les rapports contractuels de droit privé*, op. cit., n° 453, p. 356.

[2006] **M. JAOUEN**, *La sanction prononcée par les parties au contrat ; Etude sur la justice privée dans les rapports contractuels de droit privé*, op. cit. n° 446, p. 350 ; **M. AL-BADWI ALAZHARI**, *Les obligations en droit libyen ; Les dispositions d'obligations*, op. cit, p. 143.

la loi accorde compétence de principe pour différer l'exécution et soit au juge des référés qui statue en cas d'urgence[2007]. En droit français, l'article 510 du Code de procédure civile précise que *« après signification du commandement ou de l'acte de saisie, selon le cas, le juge de l'exécution a compétence pour accorder un délai de grâce »*. Ainsi, le juge de l'exécution ne peut être saisi qu'après signification d'un commandement ou d'un acte de saisie[2008].

Cette définition du point de départ de la compétence du juge de l'exécution est conforme à un avis qu'avait donné la Cour de cassation à plusieurs reprises. Elle a estimé que le juge de l'exécution « *ne peut être saisi de difficultés relatives à un titre exécutoire qu'à l'occasion des contestations portant sur les mesures d'exécution forcée engagées ou opérées sur le fondement de ce titre* »[2009], dès lors, si la mesure d'exécution a pris fin, le juge de l'exécution n'est plus compétent pour accorder un délai de grâce.

D'ailleurs, l'article 510 du Code français de procédure civile énonce que la compétence de l'octroi du délai de grâce « *appartient au tribunal d'instance, en matière de saisie des rémunérations* ». Ce pouvoir s'explique par le fait que les textes réservent la compétence en ce domaine au tribunal d'instance, qui exerce les pouvoirs du juge de l'exécution[2010].

Au terme d'une évolution quelque peu erratique, l'article 510, alinéa 1, du Code de procédure civile dispose que « *le délai de grâce ne peut être accordé que par la décision dont il est destiné à différer l'exécution* », ce principe ne vaut que « sous réserve des alinéas suivants », aux termes desquels tant le juge des référés (alinéa 2) que le juge de l'exécution (alinéa 3) sont compétents pour accorder des délais de grâce à titre principal. Une telle configuration procédurale paraît particulièrement adaptée à la situation du débiteur qui, informé de la volonté de son cocontractant de prononcer une sanction s'il n'est pas remédié à l'inexécution dans un certain délai, peut utilement saisir un juge à titre principal d'une demande

---

[2007] A ce sujet, l'article 510 du Code français de procédure civile dispose que « (…) *en cas d'urgence, la même faculté appartient au juge des référés* ». L'article 281 du Code civil algérien dispose également que « (…) *en cas d'urgence, la même faculté appartient, en tout état de cause, au jugement des référés* ».

[2008] V., **J.-L. VIVIER**, « Les nouvelles règles en matière de délai de grâce et de procédure devant le juge de l'exécution », *Pet. Aff.*, 21 avril 1997, n°48, p. 10 ; **D. MAZEAUD**, « d) Nature et régime du pouvoir du juge en matière de délai de grâce », *RDC*. 01 avril 2007, n° 2, p. 263.

[2009] Cass. civ. 16 juin 1995, n° 0950008, https://www.courdecassation.fr ; Cass. 2e civ. 16 mai 2013, n° 12-15.101, *Bull. civ.* 2013, II, n° 94 ; Cass. 2e civ. 5 janv. 2017, n° 15-26.694, Inédit, https://www.legifrance.gouv.fr. V. sur ce sujet, **Ch. LEFORT**, « Juge de l'exécution », *Rép. civ., Dalloz*. juin 2018, n° 166.

[2010] V., **C. BERLAUD**, « Point de départ du délai de forclusion après l'octroi d'un délai de grâce », *Gaz. Pal.* 23 juill. 2015, n° 204, p. 25 ; **N. FRICERO et S. GUINCHARD**, « Force exécutoire du jugement », Dalloz action Droit et pratique de la procédure civile, 2017, n° 423 ; **Ch. LEFORT**, « Juge de l'exécution », op. cit., n° 166.

de délai supplémentaire sans avoir, par conséquent, à attendre les poursuites judiciaires de son créancier[2011].

623. Par ailleurs, si le débiteur veut solliciter l'octroi d'un délai de grâce, il faut distinguer selon la nature de la mise en demeure qui lui a été adressée par son créancier pour savoir quel juge est compétent pour examiner cette demande à titre principal. Si la mise en demeure prend la forme d'un commandement de payer, ce qui est obligatoire en matière de baux d'habitation et de baux commerciaux, c'est le juge de l'exécution qui est seul compétent[2012]. Dans le cas contraire, le débiteur doit porter sa demande devant le juge des référés[2013].

Il est probable que l'intervention du juge, des référés ou de l'exécution, dès la mise en demeure pour octroyer à titre principal un délai de grâce ne constitue qu'une hypothèse assez théorique. Outre le fait que la condition d'urgence est ici requise, à contre-courant de l'évolution du référé, c'est surtout la spécificité de la configuration procédurale visée qui risque de faire obstacle à une telle saisine. Cela suppose en effet que, dès après la mise en demeure, le débiteur soit suffisamment prévoyant pour saisir le juge à titre principal d'une demande de délai de grâce, les rédacteurs des décrets ayant tablé sur « un débiteur entreprenant et fort bien averti de ses droits ».

Or, comme on n'a pas manqué de le souligner, ce schéma procédural « *cadre mal avec l'inertie dont font généralement preuve les débiteurs, simples particuliers. Il y a fort à parier que le juge de l'exécution restera, pour les petits débiteurs, le juge des délais de grâce* »[2014]. La justesse d'une telle remarque se fait particulièrement sentir en présence d'un contrat déséquilibré. Dans ce contexte, en effet, la partie faible, mal informée de ses droits, hésitera souvent à saisir le juge immédiatement ; elle ne formulera une telle demande que lorsqu'elle sera acculée. A l'inverse, une telle conclusion doit certainement être relativisée lorsque le débiteur concerné est une grande entreprise dotée d'un service juridique performant et au fait des différentes procédures[2015].

En droit de la consommation, l'article 149 de la loi marocaine sur la protection du consommateur[2016] exige que « *(...) l'exécution des obligations du débiteur peut être, notamment en cas de licenciement ou de situation social imprévisible, suspendue par ordonnance du président du tribunal compétent. L'ordonnance*

2011 **M. JAOUEN**, *La sanction prononcée par les parties au contrat ; Etude sur la justice privée dans les rapports contractuels de droit privé*, op. cit., n° 446, p. 350 ; V. égal. **B. MELIN-SOUCRAMANIEN**, *Le juge des référés et le contrat,* PUAM. 2000, n° 153 et s, p. 111.

2012 La Cour de cassation française a traité cette question dans le contrat de bail, lorsqu'elle avait suspendu les effets de la clause résolutoire d'un bail. V., Cass. 2re civ., 26 janv. 2017, no 16-10426, *Gaz. Pal.* 14 mars 2017, n° 11, p. 83, note. **R. CONSEIL**.

2013 **M. JAOUEN**, *La sanction prononcée par les parties au contrat ; Etude sur la justice privée dans les rapports contractuels de droit privé*, op. cit., n° 447, p. 351.

2014 **Ph. SOUSTELLE**, « Le retour de la compétence du juge des référés pour octroyer un délai de grâce », op. cit., p. 522.

2015 **M. JAOUEN**, *Ibid.*, n° 448, p. 352.

2016 Art. 149 de la loi marocaine n° 31-08 édictant des mesures de protection des consommateurs, *Bull. O. Mar.*, n° 5932 du 7 avril 2011.

peut décider que, durant le délai de grâce, les sommes dues ne produiront point intérêt. (...) »[2017]. On peut constater que sans justification et contrairement aux règles du droit commun, le législateur marocain a attribué la compétence d'accorder un délai seulement au président de la cour et non pas aux juges du siège. Sur cette question, le Tribunal de Première Instance de Casablanca, datée du 10/08/2012 a jugé que « attendu que l'octroi d'un délai de grâce relève de la compétence du président du Tribunal de première instance, qui est le seul habilité à suspendre par ordonnance l'acquittement des obligations du débiteur en cas de rupture de son contrat de travail. Ce qui fait en sorte, que la partie demanderesse a renoncé à ce droit en recourant au juge de fond, par conséquent sa demande a été rejetée »[2018]. Il est clair que le législateur marocain a limité les possibilités d'octroi du délai de grâce, en effet, seul le président du Tribunal de première instance a compétence pour l'accorder. Pourtant, il est regrettable que le juge du fond ne puisse pas intervenir dans l'octroi de ce délai de grâce, car le juge de fond est incompétent en la matière selon l'article 149 du Code des obligations et des contrats.

624. On a déjà indiqué que le délai de grâce fait partie de l'ordre public fondamental pour la défense de l'individu. Il se justifie par des raisons d'humanité et d'intérêt social. C'est pourquoi, le juge peut l'accorder d'office même si le débiteur ne le demande pas[2019]. Cela peut être justifié par la formulation des textes concernant le délai de grâce des pays étudiés. En effet, les droits des pays comparés confèrent aux juges la faculté d'octroyer un délai de grâce sous des conditions particulières, mais ils doivent prendre en compte de la position des parties. Ainsi, les termes utilisés dans les droits des pays étudiés sont « *les juges peuvent* », en considération de la position du débiteur et compte tenu de la situation économique[2020], ainsi que les juges doivent prendre en compte les besoins du créancier et le délai octroyé ne doit présenter aucun inconvénient grave pour le créancier[2021], comme on va l'analyser dans le point suivant.

Quoi qu'il en soit, la faculté de l'octroi d'un délai de grâce, soit par demande du débiteur ou par l'intervention du juge, s'effectue toujours sous l'appréciation du juge.

[2017] En revanche, l'article L. 314-20 du Code français de la consommation dispose que « *l'exécution des obligations du débiteur peut être, notamment en cas de licenciement, suspendue par ordonnance du juge d'instance dans les conditions prévues à l'article 1343-5 du code civil. L'ordonnance peut décider que, durant le délai de grâce, les sommes dues ne produiront point intérêt* ».

[2018] Le Tribunal de Première Instance de Casablanca, datée du 10/082012, cité par **D. HALIMI**, « L'endettement et le surendettement du consommateur marocain : Quelle protection ? », op. cit. p. 212.

[2019] **CH. BOURRIER**, *La faiblesse d'une partie au contrat*, op. cit, n° 209, p. 221.

[2020] V., Les articles 1343-5 français, 333 libyen et 281 algérien des Codes civils et les articles 137 tunisien, 243 marocain et 260 mauritanien des Codes des obligations et des contrats.

[2021] Sur ce point, les articles 1343-5 français et 333 libyen des Codes civils et les articles 137 tunisien du Code des obligations et des contrats énoncent explicitement qu'un délai de grâce pourra être accordé par les juges s'il ne doit en résulter aucun inconvénient grave pour le créancier.

2. L'appréciation de la situation du débiteur

625. Selon la formulation des articles concernés ce délai, le juge peut et non doit accorder un délai. Ainsi, les juges du fonds disposent d'un pouvoir souverain d'appréciation. Par ailleurs, la doctrine a souligné le rôle d'assouplissement conféré à l'équité. Comme le précise Ch. LARROUMET[2022], « *si le strict respect de la force obligatoire du contrat suppose une exécution de son obligation par le débiteur au moment prévu pour cette exécution l'équité, qui n'était pas absente de la disposition originaire de l'article 1244 du Code civil doit autoriser, lorsqu'elle n'est pas contraire à la loi, un assouplissement de cette exigence* ».

Cette référence, néanmoins implicite, à l'équité n'a pas pour objet de modifier le contrat initialement conclu ou de suppléer à une absence relevée au sein de ce contrat, mais elle n'intervient que pour permettre au juge de « *fléchir la rigueur, jugée excessive, du droit strict* », en accordant au débiteur en état de faiblesse un délai de grâce de deux ans maximums. Ainsi, les faiblesses personnelles sont prises en compte par le juge, l'article 1244 du Code civil constituant alors une disposition empreinte d'équité[2023].

Si en principe, le débiteur doit s'acquitter des obligations et/ou des sommes mise à sa charge par un jugement de condamnation, il se peut que ce dernier soit, compte tenu de sa situation, dans l'impossibilité de s'exécuter.

Ainsi, et selon les droits de tous les pays étudiés[2024], le délai de grâce doit être accordé en prenant en compte la situation du débiteur. Les textes des droits de ces pays exigent de considérer la position et/ou les besoins du débiteur selon ses difficultés réelles à faire face à ses engagements en raison de revenus modestes ou d'un changement brutal dans sa situation professionnelle[2025]. En droit marocain, l'article 194 de la loi n° 81-03 précitée sur la protection du consommateur précise également de manière claire que l'appréciation du juge doit prendre en considération « *la situation sociale imprévisible* » du débiteur pour octroyer un délai de grâce.

626. En vertu de la jurisprudence[2026], le débiteur doit être malheureux et de bonne foi pour pouvoir prétendre obtenir de tels délais. Le débiteur "malheureux" signifie qu'en raison de circonstances indépendantes de sa volonté, il a des

---

[2022] **Ch. LARROUMET**, *Les obligations, Le contrat*, op. cit., n° 142, p. 126.

[2023] **CH. BOURRIER**, *La faiblesse d'une partie au contrat*, op. cit, n° 210, p. 222.

[2024] V. les articles 137 tunisien, 243 marocain et 260 mauritanien des Codes des obligations et des contrats et les articles 1343-5 français, 333 libyen et 281 algérien des Codes civils.

[2025] **Ch. GAVALDA**, *Le délai de grâce judiciaire de l'article 1244 et s. du Code civil*, Dr., et patrimoine 1997, p. 62 ; **A. SERIAUX**, « Réflexion sue les délais de grâce », *RTD civ*, 1993, p. 789.

[2026] Cass. Com 30 avril 1968 : *Bull civ*, III n° 213 ; selon la Cour d'appel Orléans, « *les délais de paiement seront refusé au débiteur dont les revenus sont corrects et qui entretient un bateau et trois voitures* » (CA Orléans 18 mars 1997 : JurisData n°040231). Sur la question du débiteur de bonne foi, V., Cass. 3e civ. 16 avril 1973, n° 72-11.628, *Bull. civ.*, n. 299, p. 215 ; CA Paris 27 mai 1992 : *JurisData* n° 021366. En droit marocain V., une Ordonnance sur référé du Tribunal de Première Instance de Meknès, n° 13/150 Dossier n°966/08/2012 datée du 12/02/2013, en arabe, cité par **D. HALIMI**, « L'endettement et le surendettement du consommateur marocain : Quelle protection ? », op, cit., p. 213.

difficultés réelles à faire face à ses engagements[2027] en raison de revenus modestes, du chômage, de difficultés financières de l'entreprise dans laquelle il travaille ou dont il est propriétaire ou exploitant.

Ici, le débiteur doit justifier d'une part, d'une situation altérée parce qu'il rencontre des difficultés qui objectivement ne lui permettent pas de satisfaire à son obligation de paiement, d'autre part, il est nécessaire que les difficultés rencontrées résultent de circonstances indépendantes de sa volonté. Tel est le cas, à titre d'exemple, d'une personne âgée percevant une faible retraite et titulaire d'une carte d'invalidité[2028]. Aussi, le président du Tribunal de Première Instance de Meknès, a rendu une ordonnance datée du 12/12/2013 en accordant au débiteur un délai de grâce, en vertu de l'article 149 de la loi sur la protection du consommateur, après que ce dernier s'est retrouvé en état de surendettement suite à la rupture de son contrat de travail[2029].

En revanche, le débiteur de bonne foi est celui qui a montré par son attitude qu'il était tout disposé à payer ses dettes, qu'il a fait de son mieux pour arranger sa situation. En d'autres termes, le débiteur doit justifier qu'il est de bonne foi, ce qui signifie qu'il a mis en œuvre tous les moyens dont ils disposent pour remplir son obligation. De façon générale, les juges ont tendance à exiger que le débiteur soit encore in bonis : s'il ne possède plus rien ou presque, l'octroi d'un délai de grâce serait parfaitement inutile. L'immixtion de la notion de bonne foi dans l'octroi d'un délai de grâce n'est pas innocente[2030]. L'état de faiblesse doit être manifeste et découler de circonstances dramatiques exceptionnelles. Le recours à la notion de bonne foi est justifié par le fait que le débiteur a bien démontré, notamment par son comportement qu'il était disposé « *à payer ses dettes, qu'il a fait de son mieux pour arranger sa situation* »[2031].

627. Néanmoins, il est important de noter que si les droits marocain, algérien et mauritanien n'invitent à considérer que la position du débiteur[2032], l'article 1244-1 (devenu 1343-5) du Code civil français, l'article 333 du Code civil libyen et l'article 137 du Code tunisien des obligations et des contrats imposent également au juge de comparer la situation respective du débiteur et du créancier. Selon les droits de ces derniers pays, le juge doit prendre en compte la situation

---

2027 **A. SERIAUX**, « Réflexion sue les délais de grâce », op. cit., p. 795.

2028 V., CA Orléans 5 mai 1992 : JurisData n° 043085.

2029 Une Ordonnance sur référé du Tribunal de Première Instance de Meknès, n° 13/150 Dossier n°966/08/2012 datée du 12/02/2013, en arabe, cité par **D. HALIMI**, « L'endettement et le surendettement du consommateur marocain : Quelle protection ? », op, cit., p. 213.

2030 A ce sujet, la Cour de cassation française énonce dans son arrêt du 15 janvier 2009 que « *la mauvaise fois suppose un comportement frauduleux... le simple constat matériel de l'accumulation de crédits est insuffisant pour rejeter la bonne foi* » (15 janv. 2009, n° 07-20.067, Bull. civ. 2009, II, n° 20).

2031 **A. SERIAUX**, « Réflexion sue les délais de grâce », op. cit., p. 795.

2032 V. Arts. 243 marocain et 260 mauritanien des Codes des obligations et des contrats et Art. 281 du Code civil algérien.

du débiteur et en considération les besoins du créancier. Il convient que ce délai ne doit pas mettre en péril les intérêts du créancier[2033].

Plus précisément, le juge effectue alors une balance entre les intérêts respectifs des parties au contrat. Aussi n'est-il pas suffisant de vérifier que le débiteur défaillant est malheureux, c'est-à-dire placé dans une situation économique difficile pour des raisons indépendantes de sa volonté, et de bonne foi. Encore faut-il s'assurer de ce que l'octroi à ce dernier d'un délai de grâce ne va pas placer le créancier dans une situation économique encore plus difficile, le texte de l'article 1244-1 (devenu 1343-5) du Code civil français visant plus largement les « besoins du créancier »[2034]. Aux termes des textes précités des droits libyen et tunisien, il ne doit résulter du délai de grâce aucun inconvénient grave pour le créancier.

Les législateurs tunisien, libyen et français[2035] renforcent la protection du créancier tout en accroissant les pouvoirs du juge. En effet, les textes précités de ces pays précisent de manière explicite que l'appréciation du juge devait être prise compte tenu de la situation du débiteur et, en même temps, en considération des besoins du créancier[2036]. Ainsi, l'introduction de ce dernier élément était une nouveauté appréciable destinée à rendre le juge également attentif au sort du créancier. Dans ce même intérêt du créancier, les droits de ces pays ont permis au juge de subordonner les mesures prises à l'accomplissement, par le débiteur, d'actes propres à faciliter ou à garantir le paiement de la dette et/ou l'obligation[2037].

Ainsi, venir en aide au débiteur pour l'aménagement de l'exécution de son obligation ne doit pas entraîner la ruine du créancier. Le professeur SERIAUX constate donc que « *la pitié qu'inspire le débiteur ne doit pas leur faire oublier aux juges que le créancier a peut-être lui aussi des raisons personnelles pour obtenir paiement immédiat. Si, le plus souvent, il peut et même a intérêt à attendre, parfois cette attente le mettrait à son tour dans la gêne. Dès lors, le juge doit arbitrer les intérêts en présence et tâcher de trouver un équilibre raisonnable* »[2038].

2033 **M. AL-BADWI ALAZHARI**, *Les obligations en droit libyen ; Les dispositions d'obligations*, op. cit., p. 120.

2034 **M. JAOUEN**, *La sanction prononcée par les parties au contrat ; Etude sur la justice privée dans les rapports contractuels de droit privé*, op. cit., n° 449, p. 352.

2035 Tout d'abord, cette question a traité par la loi française n° 91-650 du 9 juillet 1991 portant réforme des procédures civiles d'exécution (*JORF*, n°163, 14 juill. 1991, p. 9228). Ensuite, l'article 1244-1 (devenu 1343-5) du Code civil français dispose expressément que « *le juge peut, compte tenu de la situation du débiteur et en considération des besoins du créancier, reporter ou échelonner, dans la limite de deux années, le paiement des sommes dues* ».

2036 **M. AL-BADWI ALAZHARI**, *Les obligations en droit libyen ; Les dispositions d'obligations*, op. cit., p. 120.

2037 **Ph. MALINVAUD, D. FENOUILLET, M. MEKKI**, *Droit des obligations*, op. cit., n° 525, p. 480.

2038 **A. SERIAUX**, « Réflexion sue les délais de grâce », op. cit., p. 796.

628. De surcroît, l'appréciation du juge doit être encadrée dans une durée fixée. En effet, comme on l'a vu précédemment, la durée du délai doit normalement être un délai raisonnable. Cependant, on constate qu'il existe des différents autour de la durée de ce délai entre les droits des pays comparés. Les droits français, tunisien, et algérien ainsi que la loi marocaine sur la protection du consommateur autorisent au juge d'accorder le délai de grâce qui ne doit pas dépasser le délai fixé par la loi. En effet, selon l'article 137 du Code tunisien des obligations et des contrats et l'article 281 du Code civil algérien, le juge peut suspendre l'exécution d'obligation du débiteur pendant délai maximum d'un an. Par contre, l'article 1343-5 du Code civil français, l'article L. 314-20 du Code français de la consommation et l'article 149 de la loi marocaine n° 31-08[2039] précisent que le délai de grâce ne doit pas dépasser de deux ans[2040]. D'ailleurs, on peut indiquer qu'en pratique, cette durée se trouvait parfois augmentée en matière d'expulsion en raison des sursis accordés par l'administration[2041].

Cependant, les articles 243 marocain et 260 mauritanien des Codes des obligations et des contrats et l'article 333 du Code civil libyen ne précisent que le délai modéré, c'est-à-dire les législateurs de ces pays ne plafonnent pas une durée maximale dudit délai. Mais, ils ont accordé un pouvoir discrétionnaire au juge de siège d'octroyer un délai modéré et ce, en tenant compte de l'individualisation des circonstances de chaque débiteur[2042].

De manière générale, la faculté conférée aux juges du fond d'accorder un délai de grâce relève ainsi de leur pouvoir souverain d'appréciation. Mais la durée du délai doit être impérativement fixée dans leur décision. Les mesures prévues à l'article 1343-5 du Code civil français peuvent être invoquées en tout état de cause, donc pour la première fois en appel[2043].

Par ailleurs, et dans cadre de l'extension du pouvoir d'appréciation du juge, l'article 1343-5 du Code civil français et l'article 137 du Code tunisien des obligations et des contrats ont expressément reconnu au juge non seulement le

---

[2039] Art. 149 de la loi marocaine précitée n° 31-08 édictant des mesures de protection des consommateurs.

[2040] En droit de la consommation, l'article L. 314-20 du Code français de la consommation et l'article 149 de la loi marocaine n° 31-08 énoncent que « *le juge peut déterminer dans son ordonnance les modalités de paiement des sommes qui seront exigibles au terme du délai de suspension, sans que le dernier versement puisse excéder de plus de deux ans le terme initialement prévu pour le remboursement du prêt* ». V., **S. PIEDELIEVRE**, « Crédit à la consommation et délai de grâce », *Gaz. Pal.* 8 oct. 2015, n° 281, p. 16.

[2041] **Ph. MALINVAUD, D. FENOUILLET, M. MEKKI**, *Droit des obligations*, op. cit., n° 525, p. 480.

[2042] Certains auteurs marocains définissent le délai modéré comme étant « *une exemption exceptionnelle accordé à un débiteur qui n'a pas pu honorer son obligation à l'échéance prévue, en lui accordant un nouveau délai pour payer sa dette si les circonstances qui ont nécessité l'octroi de ce délai n'ont pas entrainé un préjudice au créancier* ». V., **R. HASSAN RACHOUAN AHMED**, *L'effets des circonstances économiques sur la force probante du contrat*, en droit marocain, Dar Hani, en arabe, 1994, p. 314 ; **D. HALIMI**, « L'endettement et le surendettement du consommateur marocain : Quelle protection ? », op, cit., p. 216.

[2043] **J. FRANCOIS**, *Traité de droit civil, Les obligations, Régime général*, op. cit., n° 356, p. 347.

pouvoir de conférer des délais, mais également celui d'échelonner le paiement des sommes dues. Autrement dit, le juge peut, s'il l'estime nécessaire, plutôt que de suspendre le paiement de la dette, seulement l'échelonner, là encore dans la limite de deux années. Ainsi, en cas de report des échéances, il pouvait réduire le taux d'intérêt jusqu'à la limite du taux légal, ou même décider de l'imputation des paiements sur le capital[2044]. Sur ce sujet, la cour de cassation[2045] française a jugé que « *aucune disposition n'exige que la situation d'endettement du débiteur bénéficiaire d'une procédure de redressement judiciaire civil soit apurée au terme des mesures de report ou de rééchelonnement que le juge peut prononcer* ».

629. Par contre, les législateurs d'autres pays comparés n'adoptent pas de manière explicite cette faculté. Mais, il semble qu'il n'existe aucun empêchement d'appliquer cette technique, si elle amène ou aide le débiteur à s'acquitter de ses obligations. De plus, les textes de ces pays utilisent la formule "des délais modérés". En effet, les textes de ces droits affirment que les juges peuvent accorder des délais modérés pour le paiement, le tout dans la même limite de la durée (un an) que précédemment.

En outre, il convient de noter que l'octroi d'un délai de grâce a pour effet principal d'empêcher l'engagement de poursuites judiciaires et non d'affecter le terme de l'obligation, en ce que son exigibilité serait suspendue, soit pour partie en cas d'échelonnement de la dette, soit totalement en cas de report de l'échéance à une date ultérieure[2046]. Ainsi, les droits des pays étudiés[2047] ont prévu que la décision prise par le juge, quelle qu'elle soit, entraînerait suspension des procédures d'exécution qui auraient été engagées par le créancier, par exemple suspension de la réalisation et des effets d'une clause de résiliation ; de même, les majorations d'intérêts ou les pénalités encourues à raison du retard cessent d'être dues pendant le délai fixé par le juge.

De plus, l'article 513 du Code français de procédure civil tempère néanmoins cette règle en disposant que « le délai de grâce ne fait pas obstacle aux mesures conservatoires ». Cette faculté offerte au créancier lui permet de se garantir contre une éventuelle défaillance de paiement à l'issue du délai de grâce.

Ainsi, le juge peut ordonner que les sommes correspondantes aux échéances reportées porteront intérêt à un taux réduit au moins égal au taux légal, ou que les

---

[2044] **Ph. MALINVAUD, D. FENOUILLET, M. MEKKI**, *Droit des obligations*, op. cit., n° 525, p. 480.

[2045] Cass. Civ. 1ère 27 janv. 1993, *Bull. civ.* I, n° 41, p. 28.

[2046] L'article 1347-3 du Code civil français prévoit encore que le délai de grâce ne fait pas obstacle à la compensation, de sorte que la dette qui pèse sur la tête du débiteur peut être éteinte en cas de compensation avec une créance dont il serait titulaire contre son créancier. V. **C. BERLAUD**, « Point de départ du délai de forclusion après l'octroi d'un délai de grâce », op. cit., p. 25.

[2047] L'article 1343-5 du Code civil français dispose que « *(...) la décision du juge suspend les procédures d'exécution qui auraient été engagées par le créancier. Les majorations d'intérêts ou les pénalités prévues en cas de retard ne sont pas encourues pendant le délai fixé par le juge. Toute stipulation contraire est réputée non écrite* ». Les articles 243 marocain, 260 mauritanien des Codes des obligations et des contrats et l'article 281 du Code civil algérien disposent également que les juges peuvent surseoir à l'exécution des poursuites, toutes choses demeurant en état.

paiements s'imputeront d'abord sur le capital. Aussi, le juge peut subordonner les mesures prises à l'accomplissement par le débiteur d'actes propres à faciliter ou à garantir le paiement de la dette.

Le paiement de la dette ou l'exécution de l'obligation est parfois difficile en raison du changement imprévisible de circonstances. Ainsi, on peut se demander quelle est la portée du pouvoir du juge dans cette circonstance.

Paragraphe 2 : La révision pour imprévision ; en droit libyen, algérien et français

630. La théorie de l'imprévision qui permet la révision du contrat, apparaît comme un remède exceptionnel contre l'instabilité économique des prestations, permettant d'assurer la pérennité du contrat et aussi de rétablir l'équilibre contractuel des prestations. Ainsi, les principes de la force obligatoire du contrat et de son exécution de bonne foi étant posés respectivement par cette théorie de l'imprévision[2048].

Certes, le mécanisme de la théorie de l'imprévision ne concerne pas directement une question de protection de partie faible. Elle n'en demeure pas moins importante au regard de notre étude. D'une part, la théorie d'imprévision peut jouer un rôle efficace pour protéger certaines catégories des contractants en situation faiblesse. Comme on l'a vu dans plusieurs techniques protectrices précitées (le contrat d'adhésion, les clauses abusives), les législateurs visent à étendre le champ d'application de la protection pour assimiler la plupart des contractants en situation de faiblesse. Cela peut sous-entendre, par exemple, dans la protection qui découle du contrat d'adhésion et de la lutte contre les clauses abusives. La tendance actuelle de la protection ne concerne plus seulement la personne physique, mais elle peut s'étendre à toutes les personnes morales voire certains professionnels.

D'autre part, la théorie pourrait être utile à élargir la conception de la partie faible. Celle-ci s'identifie en principe au moment de la conclusion du contrat. Cependant, on peut considérer que les circonstances de nature à justifier une révision du contrat sont tout aussi de nature à influer sur la situation d'une partie et à la placer dans une situation de faiblesse si le contrat devait être exécuté conformément aux conditions initiales. La révision pour imprévision éviterait presque de créer une partie faible, en tant que victime des circonstances de l'exécution du contrat.

631. Cette théorie est ainsi généralement présentée comme un dispositif susceptible de limiter une injustice dans l'exécution d'une obligation devenu onéreuse. De plus, dans la vie actuelle, les contrats de consommation sont, pour la plupart, des contrats déséquilibrés qui risquent de ne pas être exécutés aisément,

---

[2048] **A. BENCHENEB**, *Le droit algérien des contrats*, op. cit., n° 307, p. 223 ; V. égal. **D. ZENNAKIA**, « La protection de la partie faible lors de la formation du contrat en droit algérien de la consommation », op. cit., p. 314 ; **P. STOFFEL-MUNCK**, « L'imprévision et la réforme des effets du contrat », *RDC.*, 2016, n° 112z5, p. 30

c'est pourquoi l'intervention du juge s'impose parfois en cas de changements de circonstances imprévisibles durant l'exécution du contrat.

C'est pourquoi, le rôle de correction équitable que pourrait jouer la révision pour imprévision explique sans doute pourquoi certains auteurs[2049] consacrent des développements non négligeables à une théorie juridique qui n'est pourtant pas de droit positif[2050]. Autrement dit, la possibilité du réajustement éventuel des prestations suivant les changements constatés dans les circonstances économiques est nécessaire d'admission par textes spécifiques.

Il convient ici de noter qu'il n'y a pas des dispositions spécifiques concernant la révision pour imprévision dans les régimes juridiques tunisien, marocain et mauritanien[2051], alors que les législateurs libyen et algérien se sont intéressés à cette théorie dans la relation contractuelle depuis la codification de leur droit civil. Par ailleurs, le législateur français, par la réforme du droit des obligations de 2016, a récemment suivi les invitations doctrinales répétées d'adoption de la révision pour imprévision.

Dans le cadre de notre étude, on examinera en premier lieu les conditions retenues qui permettent au juge de réviser pour imprévision (A). Ensuite, on analysera le processus suivi de cette révision (B).

A. Les conditions d'application de la théorie de l'imprévision

632. L'admission de la théorie de l'imprévision rompt dite du « *canal de Craponne* » qui avait refusé aux juges la possibilité de modifier les clauses d'un contrat au prétexte d'un changement de circonstances au nom de l'équité[2052].

[2049] V. égal. **A. BENCHENEB**, « L'imprévision dans le nouveau droit des contrats : remarques et questionnements », ni, **C. JOURDAIN-FORTIER** et **M. MIGNOT** (dir), *Analyse comparée du droit français réformé des contrats et des règles matérielles du commerce international*, LexisNexis, 2016, p. 282 et s ; **M. ABOU KMASH**, *Le pouvoir du juge de modification du contrat dans le Code civil algérien et les jurisprudences islamiques*, op. cit., p. 241.

[2050] Cass. com., 17 févr. 2015, *RDC* 2015, n° 3, p. 458, obs. **Y.M. LAITHIER**, selon cet arrêt, la Cour de cassation française a estimé que le juge - lequel justifiait son intervention par les principes UNIDROIT- peut connaître d'une altération fondamentale de l'équilibre des prestations, qualifiée de hardship.

[2051] Cependant, il est utile de noter que les législateurs tunisien, marocain et mauritanien ont adopté chacun un texte général à propres « *de la force majeure et du cas fortuit* ». En effet, les articles 282 tunisien, 268 marocain et 284 mauritanien des Codes des obligations et des contrats disposent que « *il n'y a lieu à aucuns dommages-intérêts, lorsque le débiteur justifie que l'inexécution ou le retard proviennent d'une cause qui ne peut lui être imputée, telle que la force majeure, le cas fortuit ou la demeure du créancier* ».

[2052] Civ. 6 mars 1876, *Bull.* n° 25 ; DP 1876, 1, p. 193, note **GIBOULOT.** En effet, depuis 1876, la Cour de cassation française rejetait régulièrement la théorie de l'imprévision en refusant la possibilité d'adapter le contrat en cas de changement de circonstances. Cette position, différente de celle adoptée en droit administratif et isolée au regard de ce que retiennent les droits étrangers, avait depuis quelques années été timidement infléchie par quelques décisions, sans pour autant que ces dernières n'induisent un véritable changement. Sur ce point V., **Y. BUFFELAN-LANORE et V. LARRIBAU-TERNEYRE**, *Droit civil ; Les obligations*, SIREY, 15e éd. 2017, n° 1581, p. 514 ; **M. DAVY**, « Le renforcement des pouvoirs du juge dans la réforme du droit des contrats : faut-il s'en réjouir ? », www.altanalaw.com, consulté le 15 juin 2017.

Cependant, pour appliquer cette théorie de l'imprévision, certaines conditions doivent être réunies.

Ainsi, les articles 147/2 libyen et 107/2 algérien des Codes civils disposent que « lorsque, par suite d'évènements exceptionnels, imprévisibles et ayant un caractère de généralité, l'exécution de l'obligation contractuelle, sans devenir impossible, devient excessivement onéreuse, de façon à menacer le débiteur d'une perte exorbitante, le juge peut, suivant les circonstances et après avoir pris en considération les intérêts des parties, réduire, dans une mesure raisonnable, l'obligation devenue excessive ». L'Ordonnance française du 10 février 2016 a introduit l'article 1195 dans le Code civil qui prévoit que « si un changement de circonstances imprévisible lors de la conclusion du contrat rend l'exécution excessivement onéreuse pour une partie qui n'avait pas accepté d'en assumer le risque, celle-ci peut demander une renégociation du contrat à son cocontractant. Elle continue à exécuter ses obligations durant la renégociation. En cas de refus ou d'échec de la renégociation, les parties peuvent convenir de la résolution du contrat, à la date et aux conditions qu'elles déterminent, ou demander d'un commun accord au juge de procéder à son adaptation. À défaut d'accord dans un délai raisonnable, le juge peut, à la demande d'une partie, réviser le contrat ou y mettre fin, à la date et aux conditions qu'il fixe ».

A la lecture des textes précédents des droits libyen, algérien et français, l'imprévision semble inextricablement liée à une prise en compte d'un changement de circonstances. Certes, cette théorie n'est mise en œuvre que lors de l'exécution du contrat et n'est par conséquent pas appropriée à établir l'équilibre contractuel lors de la formation du contrat. En effet, les textes montrent principalement que la théorie de l'imprévision ne s'applique qu'en présence d'un changement imprévisible de circonstances (1). Ce changement doit rendre excessivement onéreuse l'exécution du contrat (2).

1. Le changement imprévisible de circonstances

633. Une des conditions principales exigées par les textes des droits des pays concerné est un événement et/ou un changement imprévisible de circonstances. En effet, ce changement d'imprévision peut rendre l'exécution d'obligation inéquitable au point que l'intervention du juge peut s'imposer par dérogation au principe de la force obligatoire du contrat pour procéder à une adaptation du contrat[2053].

On peut constater que le point central de cette disposition est l'événement ou la circonstance imprévisible qui justifie son application. Cependant, ces derniers ne sont pas définis expressément par les textes de trois pays. Par conséquent, on ne peut a priori exclure qu'elles puissent être de nature économique (augmentation du prix des matières premières), financière (crise économique,

---

[2053] **A. FORTUNATO**, « Les circonstances de la révision du contrat », *Pet. Aff.*, 11 janv. 2018, n°009, p. 6.

effondrement de la place boursière), commerciale, juridique (modifications législatives), technologique ou même d'ordre politique y compris dans ses aspects militaires et, bien entendu, procéder d'une combinaison d'évènements[2054].

Toutefois, les articles 147/2 libyen et 107/2 algérien des Codes civils renforcent la condition de l'imprévisibilité de l'événement par l'exigence du caractère exceptionnel de l'événement (« *par suite d'événements exceptionnels* »). En effet, l'événement doit être exceptionnel ; s'il ne l'est pas, s'il est habituel ou se répète de manière cyclique, cet événement ne peut être considéré comme imprévisible[2055]. Plus précisément, Le Professeur BENCHENEB indique « qu'*il ne faut pas confondre l'événement et ses conséquences* »[2056]. En réalité, l'appréciation du changement de circonstances imprévisibles doit porter sur le moment où le contrat a été conclu et non sur ses effets sur le contrat ou sur l'une des parties. Si une circonstance prévisible peut conduire à des conséquences imprévisibles ou simplement imprévues, celles-ci n'ont pas à être prises en charge au titre de la condition qui peut déclencher la mise en œuvre de la théorie de la révision pour l'imprévision.

634. En outre, par rapport à l'article 1195 du Code civil français, les articles 147/2 libyen et 107/2 algérien des Codes civils manifestent un point spécificité ou originalité lorsqu'ils exigent un caractère de généralité. Les textes libyen et algérien disposent expressément que « *lorsque, par suite d'événements exceptionnels, (...) ayant un caractère de généralité, (...)* ». Ainsi, on peut dire que cette exigence conduit, tout d'abord à affirmer qu'il ne s'agit pas de prendre en compte un événement simplement imprévu, c'est-à-dire qui n'a pas été pris en compte par les parties par omission ou par négligence, mais bel et bien un événement imprévisible. D'ailleurs, le caractère de généralité signifie qu'il revêt un caractère global, en sorte qu'il n'est pas spécifique aux parties contractantes mais affecte une collectivité plus ou moins grande de débiteurs, en particulier mais non exclusivement ceux qui interviennent sur le même marché de produits ou de services. C'est en même temps dire que l'événement est extérieur à la volonté des parties[2057].

De surcroit, en droit français, le Professeur A. FORTUNATO[2058] a indiqué que l'article 1195 du Code civil français réserve son application aux changements imprévisibles lors de la conclusion du contrat. L'importance de cette limite interne

---

2054 V. **T. REVET**, « Le juge et la révision du contrat », *RDC*, 2016, n° 2 ; **A. BENCHENEB**, « L'imprévision dans le nouveau droit des contrats : remarques et questionnements », op. cit., p. 293 ; **L. ARCHAMBAULT et D. FAUCHER**, « Le juge judiciaire, troisième partie au contrat ? », *Gaz. Pal.* 9 mai 2017, n° 18, p. 18.

2055 **M. AL-BADWI**, *Les obligations en droit libyen*, vol. 1, Les sources d'obligations, op. cit. p. 202 ; **M. ABOU KMASH**, *Le pouvoir du juge de modification du contrat dans le Code civil algérien et les jurisprudences islamiques*, op. cit., p. 243 et s.

2056 **A. BENCHENEB**, *Le droit algérien des contrats*, op. cit., n° 309, p. 224.

2057 **A. BENCHENEB**, *Le droit algérien des contrats*, op. cit., n° 309, p. 225 ; V. égal. **Y. BUFFELAN-LANORE et V. LARRIBAU-TERNEYRE**, *Droit civil ; Les obligations*, Dalloz, 16e éd. 2108-2019, n° 1627, p. 540.

2058 **A. FORTUNATO**, « Les circonstances de la révision du contrat », op. cit., p. 6.

au texte ne doit pas faire oublier une limite externe, prévue par l'article 1105 du Code civil, qui réserve l'application des règles de droit commun aux situations dans lesquelles il n'existe pas de règle spécifique[2059]. Il convient alors, face à l'article 1195 du Code civil, de se demander s'il n'existerait pas des règles spécifiques en matière de changement de circonstances économiques. La réponse est assurément positive, et, pour ne prendre que quelques exemples, certaines circonstances économiques sont réputées par la loi ne pas justifier une modification contractuelle, tandis que d'autres justifient une telle modification dans des conditions très précises. Malgré la réforme qui généralise la prise en considération du changement de circonstances économiques, des lois spécifiques préexistaient, et leur régime doit assurément primer sur la disposition nouvelle. Certaines circonstances économiques doivent donc justifier le recours au droit spécial plutôt qu'au droit commun[2060].

En tout état de cause, et selon les textes de trois pays, la détermination des critères d'appréciation du caractère imprévisible d'un événement ou du changement peut être source d'interrogations. D'autant que certaines jurisprudences[2061] de ces pays ont pris des positions différentes autour des critères qui permettent l'appréciation de la situation d'imprévision.

635. Dans ce domaine, la Cour suprême libyenne a estimé que la chute du taux de change de la monnaie ne constituait pas un événement imprévisible. Par conséquent, le Cour suprême, dans cet arrêt, a refusé appliquer la théorie de l'imprévision à ce cas[2062]. Ainsi, on peut ici constater que le critère d'appréciation est objectif, car il n'a pas pris en compte la situation des contractants (professionnel ou non), mais des circonstances économiques extérieure. Dans un autre arrêt, la Cour suprême[2063] libyenne a également jugé que l'adoption de la loi n° 89 du 20 novembre 1974[2064] qui a interdit la vente d'alcool est un évènement prévisible dans un pays musulman comme la Libye. Mais, on pense que la décision de cet arrêt est discutable. En effet, la vente et la consommation d'alcool

---

[2059] L'article 1105 du Code civil français dispose que « *les contrats, qu'ils aient ou non une dénomination propre, sont soumis à des règles générales, qui sont l'objet du présent sous-titre. Les règles particulières à certains contrats sont établies par des dispositions propres à chacun d'eux. Les règles générales s'appliquent sous réserve de ces règles particulières* ».

[2060] Sur le même sujet, V. **P. STOFFEL-MUNCK**, « L'imprévision et la réforme des effets du contrat », op. cit., p. 30 ; **C. WITZ**, « Le juge et la révision du contrat : vision du droit français », *Pet. Aff.*, 30 mars 2018, n°065, p. 10.

[2061] La Cour Suprême libyenne, 22 juin 1971, Revue de la Cour suprême, en arabe, n° 8-1, 1971, p. 182. En droit français, V., CA. Dijon, 4 févr. 1999, *RTD civ.* 1999. 396, obs. **J. MESTRE** ; Cass. 3e civ. 18 mars 2009, *LEDC.* mai 2009. 7, obs. **A.-C. MULLER**.

[2062] La Cour Suprême libyenne, 22 juin 1971, *Revue de la Cour suprême*, en arabe, n° 8-1, 1971, p. 182 ; sur ce point V., **M. AL-BADWI**, *Les obligations en droit libyen, vol. 1, Les sources d'obligations*, op. cit. p. 203.

[2063] Arrêt cité par **M. AL-BADWI**, *Les obligations en droit libyen*, vol. 1, Les sources d'obligations, op. cit. p. 203.

[2064] L'Ordonnance du conseil du commandement révolutionnaire du 2 septembre 1969 sur l'interdiction de la consommation ou de la vente de l'alcool ; La loi libyenne n° loi n° 89 du 20 novembre 1974 sur l'interdiction de vente de l'alcool, *J.O.L.*, n°89, 10 déc. 1974.

ont été stabilisées et organisées par la loi n° 3 du 1951[2065] pendant une certaine période. Mais le changement de régime politique lors de la révolution de 1969 ne peut pas être considéré comme un événement prévu.

Ainsi, le changement imprévisible de circonstances peut être justifié par la survenance d'un événement qui ne peut entrer dans les prévisions des contractants. La finalité de la théorie de l'imprévision n'est pas d'excuser une légèreté des parties dans leurs estimations initiales tant il est vrai que le contrat est avant toutes choses un acte de prévision[2066].

636. De manière générale, on peut poser certaines hypothèses générales applicables dans plusieurs cas.

En effet, la première hypothèse constitue la position objective. Dans ce cas, le caractère imprévisible de l'événement ou le changement est celui qui n'aurait pas pu être envisagé par une personne raisonnable placée dans la même situation que les parties. Par conséquent, le juge se livrera ainsi à une appréciation in abstracto des circonstances qui ont porté atteinte à l'équilibre contractuel. Ainsi, si l'on retient la position objective, on ne devrait tenir compte que des évènements que les parties n'ont pas pu prévoir. C'est le point de vue du droit français (l'article 1195 du Code civil).

En revanche, la deuxième hypothèse peut consister en une position subjective. Selon ce point de vue, le caractère imprévisible de l'événement ou le changement de circonstances est celui que les parties n'avaient pas prévu, d'où l'absence de clause dans le contrat anticipant cet aléa. L'imprévision sera alors appréciée dans cette hypothèse in concreto, ce qui supposera pour le juge de ne se focaliser que sur la commune intention des parties. Par conséquent, si l'on opte pour la position subjective seules les circonstances que les parties n'ont pas prévues devraient être prises en compte.

Il ressort de la comparaison entre les deux hypothèses que la position subjective confèrerait à la théorie de l'imprévision un champ d'application bien plus étendu que ne le ferait la position objective. En effet, l'appréciation de l'imprévisibilité de l'événement peut ici être différente selon que le contractant est une personne physique ou morale et un consommateur ou un professionnel. Aussi, selon que le contractant agit à des fins professionnelles ou non.

En outre, les demandes pour cause d'imprévision impliquent de la part des personnes qui s'en prévalent la preuve de diligences raisonnables dans l'anticipation des risques en fonction du contrat litigieux, des donnés du marché en cause comme des bonnes pratiques. Si l'on veut que la bonne foi contractuelle garde sens[2067].

2065 La loi libyenne n° 3 du 1951 sur le contrôle de la consommation et de vente de boissons alcoolisées, *J.O. L.* 22 janv. 1951.

2066 **P. ANCEL**, « Imprévision », *Rép. civ., Dalloz*, mai 2017, n° 114 et s ; **D. HOUTCIEFF**, « Une imprévisible application de l'imprévision », op. cit., n° 31, p. 28.

2067 **A. BENCHENEB**, *Le droit algérien des contrats*, op. cit., n° 309, p. 224.

2. L'obligation devenue excessivement onéreuse

637. Contrairement à la force majeure[2068], il n'est pas nécessaire que l'évènement ou le changement de circonstances rende impossible l'exécution du contrat. Les articles 147/2 libyen, 107/2 algérien et 1195 français des Codes civils impliquent seulement que celui-ci rende l'obligation contractuelle excessivement onéreuse.

Autrement dit, pour ouvrir la possibilité d'une renégociation en cas d'événement imprévisible, les droits de ces pays exigent l'existence d'un critère d'ordre financier, c'est-à-dire l'exécution du contrat deviendrait ainsi « excessivement onéreuse » pour l'une des parties[2069]. Cela étant, l'excessive onérosité ne signifie pas que l'obligation soit impossible à exécuter. L'excessive onérosité ne remet pas en cause le contrat mais la situation du débiteur de l'obligation, celle de l'acheteur ou celle du vendeur dans le contrat de vente. En réalité, cette excessive onérosité est une situation qui menace surtout le débiteur parce qu'elle le conduit à devoir supporter des surcoûts anormaux par rapport aux coûts prévus avant l'évènement ou le changement de circonstances, que ce soit en termes de prix ou de contreprestation[2070].

Ici, contrairement à l'article 1195 du Code civil français, les articles 147/2 libyen et 107/2 algérien des Codes civils sont plus claires en prévoyant que l'excessive onérosité suppose la démonstration d'un risque de « *perte exorbitante* » pour le débiteur, c'est-à-dire d'une perte anormale qui menace son activité[2071]. Ceci suppose non pas une perte importante sur un laps de temps court mais la preuve d'une perte durable exposant à péril la poursuite de son activité et pour ainsi dire son entreprise[2072].

Pour être caractérisée, l'imprévision doit donc seulement porter atteinte à l'équilibre du contrat. Cette atteinte aussi préjudiciable soit-elle pour l'une des parties ne fait toutefois pas obstacle à l'exécution de ses obligations. Les dispositions de cette théorie exigent que, en plus de l'établissement d'un

---

2068 V., **R. IBARA**, *L'aménagement de la force majeure dans le contrat* : essai de théorie générale sur les clauses de force majeure dans les contrats internes et internationaux de longue durée. Thèse, Université de Poitiers, 2012, n° 160, p. 333 et s ; **A. EJIBOUDA**, « La force majeure entre le droit civil libyen et les contrats FIDIC », *Almjala ALJAMIA*, n° 16, avril 2014, p. 13 et s.

2069 **L. ARCHAMBAULT et D. FAUCHER**, « Le juge judiciaire, troisième partie au contrat ? », op. cit., n° 18, p. 18 ; V. **M. ABOU KMASH**, *Le pouvoir du juge de modification du contrat dans le Code civil algérien et les jurisprudences islamiques*, op. cit., p. 247.

2070 **A. BENCHENEB**, « L'imprévision dans le nouveau droit des contrats : remarques et questionnements », *op. cit.*, p. 296.

2071 Les articles 147/2 libyen et 107/2 algérien des Codes civils disposent que « *par suite d'événements exceptionnels, imprévisibles (...), l'exécution de l'obligation contractuelle, sans devenir impossible, devient excessivement onéreuse, de façon à menacer le débiteur d'une perte exorbitante, (...)* ».

2072 **A. BENCHENEB**, *Le droit algérien des contrats*, op. cit., n° 310, p. 225.

bouleversement de l'économie du contrat, il faut démontrer que ce bouleversement est grave, sans quoi il n'ouvrira pas droit à révision[2073].

Aussi, les petits déséquilibres contractuels devront-ils être entièrement assumés par les parties au nom de la force obligatoire du contrat. De fait, le contrat est une acceptation de risques économiques et les surcoûts qui ne seraient pas trop élevés ne seraient pas de nature à justifier l'adaptation du contrat. La remise en cause de risques acceptés serait tout autant contraire au principe de bonne foi[2074].

La gravité de perte doit s'apprécier selon chaque transaction et quelle que soit la situation de la partie, car la gravité peut être existée bien que le débiteur soit une grande entreprise[2075]. Donc, le caractère est objectif sans faire un lien avec le statut ou la compétence de la partie au contrat.

Lorsqu'un événement caractérisé bouleverse les données économiques du contrat ainsi comprises, son adaptation par le juge trouve alors à se justifier, façon de comprendre que le principe de la force obligatoire doit s'incliner devant la réalité et qu'il n'est pas conçu pour ruiner l'activité économique[2076].

3. Le caractère supplétif en droit français : le cas du refus d'une solution amiable par l'une des parties

638. L'article 1195 du Code civil français énonce que « *si un changement de circonstances imprévisible lors de la conclusion du contrat rend l'exécution excessivement onéreuse pour une partie qui n'avait pas accepté d'en assumer le risque, celle-ci peut demander une renégociation du contrat à son cocontractant (...)* ».

Selon ce texte, la dernière condition d'application de la révision pour l'imprévision exige que les parties ne doivent pas avoir accepté d'assumer les risques de l'imprévision. Il semble que le législateur français a recouru à la voie de la conciliation entre les parties par la renégociation. Dès lors que l'aléa a été envisagé par les contractants, il ne relèverait plus de l'imprévision[2077]. Autrement dit, l'imprévision n'a vocation à être admise que strictement, une partie ne pouvant, par exemple, l'invoquer si elle a accepté un déséquilibre du contrat dès sa conclusion par sa négligence ou son imprudence[2078].

Si, dans ces conditions, les parties souhaitent confiner à la portion congrue le champ d'application de la théorie de l'imprévision, elles auront tout intérêt à soigner la rédaction de la clause d'acceptation des risques (le caractère supplétif de volonté). La liberté contractuelle pourra s'épanouir sous diverses formes « *mise*

[2073] **J.-L. THAUMIAUX**, « Le juge consulaire face à la réforme du droit des contrats », *Pet. Aff.*, 30 déc. 2016, n° 261, p. 30

[2074] V. **P. STOFFEL-MUNCK**, « L'imprévision et la réforme des effets du contrat », op. cit., p. 30

[2075] **M. AL-BADWI**, *Les obligations en droit libyen*, vol. 1, Les sources d'obligations, op. cit. p. 203.

[2076] **A. BENCHENEB**, *Le droit algérien des contrats*, op. cit., n° 310, p. 225.

[2077] **P. ANCEL**, « Imprévision », *Rép. civ., Dalloz*, mai 2017, n° 113.

[2078] **L. ARCHAMBAULT et D. FAUCHER**, « Le juge judiciaire, troisième partie au contrat ? », op. cit., p. 18.

à l'écart pure et simple de l'article 1195 ; adoption de clauses prévoyant une renégociation du contrat par les parties, sans intervention judiciaire ou avec une intervention judiciaire limitée à des mesures ciblées »[2079]. Donc, le droit veut laisser aux cocontractants la possibilité, s'ils le souhaitent, d'insérer dans le contrat des clauses allant écarter le jeu de l'imprévision[2080].

Dans cette perspective, il appartiendra au juge de rechercher toujours si le changement de circonstances invoqué par les parties n'était pas entré dans le champ contractuel. En s'abstenant de procéder à cette recherche, il s'exposerait à une censure de la Cour de cassation pour défaut de base légale.

B. Le processus de révision du contrat

639. On peut constater selon les textes des pays étudiés que le processus de révision du contrat est différent entre le régime juridique des pays concernés.

Ainsi que les articles 147 libyen et 107 algérien des Codes civils confèrent au juge la faculté de réviser directement les conditions du contrat litigieux, l'article 1195 du Code civil français exige plusieurs étapes avant la possibilité de la révision.

En effet, les articles 147 libyen et 107 algérien des Codes civils disposent explicitement que « le juge peut, suivant les circonstances et après avoir pris en considération les intérêts des parties, réduire, dans une mesure raisonnable, l'obligation devenue excessive ».

Ici, l'intervention du juge peut être concernée le prix ou les quantités ou les deux en même temps[2081]. Cependant, il ne s'agit pas de donner gain de cause à la demande du débiteur et pas davantage de menacer à son tour le créancier d'une … « *perte exorbitante* » selon les textes libyen et algérien précités. Ces textes commandent au juge de prendre en considération l'intérêt des deux parties[2082].

Normalement, le juge ne peut pas résilier le contrat selon la demande du débiteur. Dans ce cas, la résolution du contrat conduit le créancier à subir seul le préjudice. Mais, il est admis que le juge peut résoudre le contrat si le créancier veut la résolution du contrat sans dommages et intérêts. Dans cette dernière hypothèse, le débiteur ne doit pas prendre en charge une partie des pertes[2083].

Dès lors le juge ne doit pas compenser les pertes du débiteur, fussent-elles exorbitantes. Son intervention doit conduire à éviter la ruine du débiteur, c'est-à-

---

[2079] V., **C. WITZ**, « Le juge et la révision du contrat : vision du droit français », *Pet. Aff.*, 30 mars 2018, n°065, p. 10.

[2080] **G. DEBERNARDI**, « Imprévision : de l'expérience italienne à l'innovation française », *Pet. Aff.*, 23 mars 2018, n° 060, p. 7.

[2081] **M. AL-BADWI**, *Les obligations en droit libyen, vol. 1, Les sources d'obligations*, op. cit. p. 204.

[2082] **A. BENCHENEB**, *Le droit algérien des contrats*, op. cit., n° 314, p. 227.

[2083] **M. AL-BADWI**, *Les obligations en droit libyen, vol. 1, Les sources d'obligations*, op. cit. p. 205 ; **M. ABOU KMASH**, *Le pouvoir du juge de modification du contrat dans le Code civil algérien et les jurisprudences islamiques*, op. cit., p. 2.

dire une situation analogue à la cessation de paiements et à assurer en même temps le sauvetage du contrat.

Il s'agit, en préservant le contrat, de faire en sorte que l'exécution du contrat puisse se poursuive sans que la ruine du débiteur ne survienne mais sans qu'il ne tire profit de la situation provoquée par l'imprévision.

En outre, les articles 147 libyen et 107 algérien des Codes civils énoncent que « *tout convention contraire est nulle* ». Ces textes constituent donc une disposition impérative. Ceci veut dire qu'il n'est pas du pouvoir des parties d'y déroger, c'est-à-dire d'interdire par un accord la possibilité de recourir à cette disposition.

640. En revanche, l'article 1195 du Code civil français précise que le processus de révision du contrat comporte plusieurs étapes.

Tout d'abord, l'alinéa 1 de l'article 1195 du Code civil français dispose que « *pour une partie qui n'avait pas accepté d'en assumer le risque, celle-ci peut demander une renégociation du contrat à son cocontractant* ». Ainsi, comme on l'a vu précédemment, le débiteur en raison d'un changement des circonstances est fondé à solliciter une renégociation du contrat auprès de son cocontractant. Il s'agit là d'un droit qui est conféré aux contractants dont l'exercice ne saurait, en aucune manière, constituer une faute. L'une des parties pourra demander la renégociation du contrat à son cocontractant. Cette phase repose sur l'initiative des parties[2084].

Certes, les parties sont libres de solliciter une révision de la convention, elles sont libres aussi de refuser de renégocier. Ainsi, le législateur n'a pas voulu mettre à la charge des parties une obligation de renégociation du contrat contrairement à ce qui avait pu être suggéré par certains auteurs.

Il est important de noter que l'article 1195 du Code civil français énonce que la partie « *continue à exécuter ses obligations durant la renégociation* ». Donc, le débiteur n'est pas dispensé de poursuivre l'exécution de ses obligations. S'il suspendait la fourniture de sa prestation, sa responsabilité contractuelle pourrait être engagée. Ainsi, l'exécution du contrat devra en conséquence nécessairement se poursuivre jusqu'à ce que le juge se prononce[2085].

Il faut rappeler que cette disposition n'existe pas dans les textes d'autres pays comparés. Selon certain auteur[2086], cette disposition est superflue. En réalité, il apparaît que le contrat conclu doit être exécuté jusqu'à l'arrivée de son terme ou par suite de résolution, sauf à considérer qu'une personne puisse se faire justice à elle-même, puisse de manière unilatérale user de la possibilité de suspendre ou

---

[2084] **L. ARCHAMBAULT et D. FAUCHER**, « Le juge judiciaire, troisième partie au contrat ? », op. cit., p. 18.

[2085] **Y. BUFFELAN-LANORE et V. LARRIBAU-TERNEYRE**, *Droit civil ; Les obligations*, op. cit., n° 1634, p. 541 ; V. égal. **J.-L. THAUMIAUX**, « Le juge consulaire face à la réforme du droit des contrats », op. cit., p. 30

[2086] V. **A. BENCHENEB**, « L'imprévision dans le nouveau droit des contrats : remarques et questionnements », ni, **C. JOURDAIN-FORTIER** et **M. MIGNOT** (dir), *Analyse comparée du droit français réformé des contrats et des règles matérielles du commerce international*, op. cit., p. 291.

réduire l'exécution de son obligation pour négocier dans des conditions plus favorables une modification du contrat.

De plus, l'exigence de l'exécution du contrat en cas d'imprévision peut soulever d'une contradiction entre la disposition de l'article 1195 et celle de l'article 1221 du Code civil français. L'article 1221 du Code civil dispose que « *le créancier d'une obligation peut, après mise en demeure, en poursuivre l'exécution en nature sauf si cette exécution est impossible ou s'il existe une disproportion manifeste entre son coût pour le débiteur et son intérêt pour le créancier* ». Il est vrai que la dernière exception de cette disposition peut renforcer la partie faible par la lutte contre la disproportion dans la relation contractuelle. Cependant, cette seconde exception met en place au droit du créancier de demander l'exécution. Ainsi, il est possible de penser que « *le droit du créancier peut avoir à être neutralisé pour une raison économique tenant au caractère manifestement disproportionné entre le coût de l'exécution et l'intérêt de respecter l'engagement souscrit* »[2087]. Donc, il est concevable que l'article 1221 du Code civil français pose des questions en pratique, sauf si l'on admet que cet article a une vocation générale qui ne peut le rendre applicable dans le contexte spécial causé par un changement de circonstances imprévisibles.

641. Ensuite, en cas de refus ou d'échec de la renégociation, l'article 1195 du Code civil français propose deux solutions devant les parties.

D'une part, les parties peuvent convenir de la résolution du contrat, à la date et aux conditions qu'elles déterminent. Ainsi, cette position suppose que les parties expriment un *mutus dissensus*. Dans le cas contraire, la voie de la résolution amiable leur demeurera fermée.

D'autre part, les parties peuvent demander d'un commun accord au juge de procéder à l'adaptation du contrat aux nouvelles circonstances (l'alinéa 2 de l'article 1195 du Code civil français). Nous pouvons ici constater que les parties peuvent saisir le juge aux fins de constater leur accord amiable. Mais, la question alors se pose de l'intérêt pratique de cette saisine du juge, dans la mesure où elle ne peut intervenir que si les parties se sont au préalable entendu. Néanmoins, si tel est le cas, pourquoi saisir le juge pour demander la révision d'un contrat qu'elles pourraient d'un commun accord modifier seules ?

De plus, l'article 1195 du Code civil français ne prévoit aucune sanction lorsqu'il y a absence de toute collaboration de la part de l'une des parties, ou pire encore un comportement frauduleux. Pour autant, selon un auteur[2088] cette disparition n'implique pas qu'une éventuelle violation du devoir de bonne foi, devoir qui fait aujourd'hui partie des dispositions liminaires du droit général des contrats, reste impunie. Par conséquent, un tel comportement peut toujours être condamné pour violation du devoir de bonne foi.

[2087] **A. BENCHENEB**, « L'imprévision dans le nouveau droit des contrats : remarques et questionnements », op. cit., p. 293.

[2088] **G. DEBERNARDI**, « Imprévision : de l'expérience italienne à l'innovation française », op. cit., p. 7.

En outre, la demande « d'un commun accord » et non pas sur requête conjointe a pour objet la seule adaptation du contrat. Elle n'est donc pas en principe concevable en cas de refus de renégociation. Elle ne l'est que si les parties sont d'accord sur la situation, sont d'accord sur le fait que les conditions de l'article 1195 sont réunies, et également sur le fait qu'il faut éviter la résiliation et enfin sont en désaccord sur le traitement à donner à la situation. Compte tenu de l'ensemble des conditionnalités, on ne saurait dire que ce scénario est de l'ordre du probable et d'ailleurs la loi n'en fait qu'une simple possibilité[2089].

642. Enfin, l'alinéa 2 de l'article 1195 du Code civil français précise qu'à défaut d'accord dans un délai raisonnable, le juge peut, à la demande d'une partie ainsi qu'à la date et aux conditions qu'il fixe soit réviser le contrat ou y mettre fin.

En pratique, il est toutefois fort peu probable que le juge soit saisi lorsque les parties auront trouvé un point d'accord. Le juge ne sera dès lors sollicité que lorsque la voie de la renégociation amiable sera sans issue.

La disposition de l'article 1195 du Code civil manifeste vraiment un pouvoir de résolution ou de révision judiciaire. Néanmoins, il ressort de l'économie de l'article 1195 du Code civil français que cette possibilité pour le juge de résilier ou de réviser judiciairement le contrat est envisagée comme une mesure ultime. C'est à la condition exclusive qu'aucun « accord dans un délai raisonnable » ne puisse être trouvé entre les parties que le juge pourra alors leur imposer sa propre volonté.

Il est utile de souligner que contrairement aux articles 147 libyen et 107 algérien des Codes civils, l'article 1195 du Code civil français permet au juge de choisir entre les deux solutions légales de réviser le contrat ou d'y mettre fin, sans donner aucune priorité à l'une ou à l'autre de ces possibilités. Ainsi, il n'impose pas uniquement la révision comme c'est le cas en droit libyen et algérien[2090]. Dans le cas du droit français, on peut se demander si le juge peut être amené à prononcer la résolution alors que la demande porte sur la révision du contrat.

Devant cette interrogation, la doctrine[2091] reprend certaines hypothèses : Premièrement le demandeur fait une demande principale et une demande subsidiaire ; deuxièmement le demandeur fait une demande exclusive qui expose à une demande reconventionnelle ; troisièmement, le demandeur ne se trouve pas dans l'une ou l'autre des situations précitées

Au-delà de ces hypothèses, l'article 1195 du Code civil français confère au juge deux pouvoirs sans distinction, le juge décide ainsi de sa propre initiative. Cependant, le juge, c'est une évidence, doit être mis en mesure de se faire une

---

2089 **A. BENCHENEB**, « L'imprévision dans le nouveau droit des contrats : remarques et questionnements », op. cit., p. 299.

2090 Les articles 147 libyen et 107 algérien des Codes civils prévoient expressément que « *(...) le juge peut, suivant les circonstances et après avoir pris en considération les intérêts des parties, réduire, dans une mesure raisonnable, l'obligation devenue excessive* ».

2091 **A. BENCHENEB**, « L'imprévision dans le nouveau droit des contrats : remarques et questionnements », op. cit., p. 300.

opinion sur la solution la plus appropriée pour le contrat en cause et pour la partie faible[2092].

En tout état de cause, les juges des pays concernés peuvent apprécier équitablement la part d'excessivité dans l'exécution de l'obligation visée et réduire d'autant le coût de l'exécution du contrat ainsi maintenu actif essentiellement en intervenant sur les conditions financières du contrat et/ou sur les quantités stipulées. D'ailleurs, le juge français peut exclure le contrat en cause selon le texte précité.

2092 Ibid.

Conclusion du chapitre II

643. Le souci de garantir une protection efficace de la partie faible nécessite non seulement une intervention judiciaire contre les clauses obscures et ambiguës ou abusives, mais appelle également l'intervention d'allègement des obligations en cas d'inexécution du contrat.

En effet, l'utilisation de la clause pénale est devenue, dans certains cas, un instrument d'exploitation par le professionnel pour imposer des conditions arbitraires au parti faible. C'est pourquoi, le juge doit réviser de ce type de clauses. Pour assurer l'efficacité de cette révision, le juge doit intervenir dans le cas d'une clause pénale manifestement excessive, dérisoire ainsi que dans le cas d'absence du préjudice subi par le professionnel (le créancier). Ce ne sont pas les cas selon les législations libyenne, algérienne, tunisienne et mauritanienne. Ainsi, il serait efficace d'accorder au juge la faculté d'augmenter de telle clause lorsqu'elle est dérisoire ou minorée en droits libyen et algérien. Par ailleurs, l'adoption des textes spécifiques s'impose en droits tunisien et mauritanien pour traiter toutes les questions dans le domaine.

En outre, les législateurs des pays étudiés permettent aux juges d'intervenir par certaines techniques dans un souci de procurer au débiteur (partie faible), présumé de bonne foi et en situation difficile, une chance pour répondre à ses dettes exigibles et échues. Ces techniques montrent que la partie faible a besoin dans certains cas d'une occasion ou délai pour réaliser ses obligations. Ainsi, l'intervention du juge vise ici à atténuer la rigueur d'une règle de droit tout en tenant compte de la situation des parties, notamment la partie la plus faible du contrat.

L'octroi du délai de grâce est une technique ancienne et contemporaine dans ce domaine. En effet, l'importance de cette technique existe dans l'adoption des textes spécifiques au droit commun des pays étudiés. De plus, les législateurs français et marocain renforcent cette technique par des textes de droits spéciaux, notamment le droit de la consommation. Le délai de grâce est, ainsi, un outil efficace prenant en considération les circonstances de la partie faible. Par conséquent, l'étendue de l'octroi de cette technique est concrète et efficace dans la relation contractuelle entre le professionnel et le consommateur.

Par ailleurs, compte tenu des situations du contractant en position de faiblesse se trouve dans la théorie de la révision pour l'imprévision. Cette théorie permet au juge d'équilibrer les intérêts des partis et de protéger certaines catégories des contractants en situation de faiblesse. L'adoption de la révision pour imprévision témoigne le dépassement de la distinction stricte entre le professionnel et le consommateur dans le cadre de protection de la faiblesse du contractant. Ici, le juge peut prendre en compte la situation de faiblesse d'un des contractants. Comme on il a été démontré précédemment, l'esprit des textes législatifs et la tendance actuelle de la protection ne concernent plus seulement la personne physique, mais aussi ils peuvent s'étendre à toutes les personnes morales voire même à certains professionnels.

Les législateurs libyen et algérien ont été les premiers à adopter cette théorie dans le cadre du contrat civil. Le législateur français a consacré des textes spécifiques par l'ordonnance n° 2016-131 portant réforme du droit des contrats. En revanche, les législateurs mauritanien, tunisien et marocain restent muet sur cette théorie.

Conclusion du titre I

644. En principe, la révision judiciaire des conditions du contrat montre une atteinte significative à la souveraineté du principe de la force obligatoire du contrat, en particulier quand la révision est faite par une partie tierce au contrat, comme un juge. Néanmoins, la situation faiblesse d'une des parties au contrat justifie une telle révision dans certains cas. Par exemple, les contrats de consommation sont pour la plupart aujourd'hui, des documents unifiés, unilatéralement pré-rédigés par les professionnels et obéissant à l'adhésion de ses cocontractants sans qu'aucune modification ne leur soit permise.

Par ailleurs, la clause pénale n'est plus actuellement une clause comme les autres. Elle n'a plus la même force obligatoire puisque le juge, s'il apparaît que la clause est manifestement excessive ou dérisoire, peut la réviser. Pour cette raison, il est admis qu'il faut promouvoir un système propre à assurer une protection significative du débiteur, mais qui ne dénature pas pour autant la clause pénale, et qui ne lui fasse pas perdre sa fonction comminatoire de garantie de l'exécution.

Le système de la clause pénale doit constituer un compromis satisfaisant entre une prohibition générale de celle-ci, qui ne serait pas souhaitable, et l'application pure et simple de la liberté contractuelle en la matière, qui serait synonyme d'abus.

De plus, face à l'évolution économique et sociale actuelle, l'allégement par le réajustement du mode d'exécution s'impose dans la relation contractuelle.

Titre II : La protection non judiciaire

645. La protection judiciaire de la partie faible a été autorisée par les différentes législations de pays étudiés tant a priori qu'a posteriori. Les mêmes sources permettent aussi aux organismes administratifs ou associatifs d'exercer leurs rôles dans le cadre de protection des intérêts du contractant faible. Ainsi, au-delà de la protection judiciaire, les lois modernes ont imaginé des moyens collectifs de protection non-judiciaire de la partie supposée la plus faible dans la relation contractuelle.

Il convient de marquer que dans le cadre de notre étude, la protection judiciaire et la protection non judiciaire visent le même objectif qui consiste à renforcer le respect et la bonne application des règles du droit. Néanmoins, elles varient quant à leur forme, à leur portée en matière de protection, etc.

En général, la mission principale du juge (protection judiciaire) réside dans la résolution du conflit entre les parties en tenant compte de l'équité, de la justice ou l'équilibre contractuel. En revanche, on constatera que depuis quelques années, la protection non-judiciaire (administrative et associative) a acquis beaucoup d'attributions et de compétences en la matière. De plus, certaines institutions administratives ont commencé à jouer un rôle proche de celui du juge, c'est-à-dire elles tendent à se substituer au juge en matière jurisprudentielle.

Plus précisément, l'étendue et la substance de la protection non judiciaire s'appuient non seulement sur des mesures protectrices préalables à la survenue de litiges mais aussi sur des mesures protectrices post-litiges. Ainsi, la protection non-judiciaire sera parfois d'autant plus importante et active pour l'ensemble des parties faibles en matière des contrats que la protection judiciaire. En effet, la première peut toucher et assimiler un vaste éventail de domaines (information, orientation, sensibilisation, éducation de la partie faible ainsi que la lutte contre toutes les pratiques illicites ou abusives). Aussi, la protection non judiciaire traite à la fois de questions juridiques mais aussi judicaires, allant même jusqu'à la possibilité d'intenter une action en justice.

Dans les droits des pays étudiés, l'idée est contemporaine de la législation consumériste qui pourchasse les inégalités contractuelles en cherchant à protéger la partie faible par tous les moyens efficaces. Ainsi, la protection de la partie faible est souvent assurée en aval par des dispositions préventives et/ou bénéfice du relais des autorités administratives indépendantes et d'interventions associatives.

646. Dans chaque société consumériste, existent des organismes étatiques ou privés qui ont pour mission de protéger et de défendre les intérêts du contractant le plus faible, notamment du consommateur. A travers cette mission ces organismes peuvent servir d'une manière ou d'une autre à établir l'équilibre des relations contractuelles entre les professionnels et les parties faibles (les consommateurs), qui dans la plupart du temps sont des relations déséquilibrées.

Ainsi, dans la protection de l'intérêt collectif des consommateurs, la voie administrative et associative est souvent privilégiée.

Conscients de cette réalité, les législateurs des pays étudiés s'entourent des institutions administratives (chapitre I) et des organismes associatifs (chapitre II) dans la mission de protection de la partie faible.

Chapitre I : La protection par les institutions administratives

647. Le rôle de l'Etat dans le processus consumériste ne se limite plus seulement à garantir l'existence des biens et services et à lutter contre les pratiques commerciales illicites et abusives, mais aussi s'est beaucoup affirmé dans le domaine de la protection du consommateur (la partie faible) face aux professionnels, eu égard au déséquilibre flagrant qui régit leurs relations. Ainsi, on peut admettre au nom de l'intérêt général que les pouvoirs publics puissent prendre des mesures pour sauvegarder les intérêts essentiels des contractants économiquement plus faibles[2093].

Autrement dit, l'intervention des institutions administratives est ici un des moyens de contrôle et supervision des différents acteurs et activités sur le marché des biens et services. Cela signifie que les institutions administratives sont pour l'Etat un des moyens de veiller au respect des législations et des principes du droit en vigueur.

C'est pourquoi, la protection par les institutions administratives est indispensable, car elle permet d'apprécier l'opportunité de telle ou telle convention. Les contrats et ses clauses qui ne sont pas utiles ou qui sont dangereux pour la société, notamment pour la partie faible, ne doivent pas être conclus. Cette sorte de protection évite également les inconvénients de techniques purement jurisprudentielles ou purement légales. D'ailleurs, les institutions administratives peuvent rechercher et enquêter sur les infractions commis par les professionnels[2094]. Elles peuvent aussi formuler des avis et des propositions sur l'application, l'orientation et l'évaluation de la politique nationale de développement social dans le cadre de protection des consommateurs (parties faibles). Ainsi, nous pouvons maintenant dire que les organismes ou les institutions administratives sont concrètement *des superviseurs ou observateurs effectifs et réels* de l'efficacité de telle ou telle législation.

En tout état de cause, il existe plusieurs types des institutions qui ont un rôle à jouer en matière de protection de la partie faible dans les pays étudiés. Le signe distinctif de protection par les institutions administratives réside dans le fait qu'elle paraît protéiforme. En effet, elle va de la prévention jusqu'à la répression avec des degrés divers de gradation et d'efficacité. De manière générale, cette protection porte sur des moyens préventifs, mais aussi sur des moyens curatifs.

La protection par les institutions administratives a pris un développement considérable dans les droits des pays étudiés. Ce développement se manifeste d'une part, dans l'émergence des divers types d'institutions administratives

---

[2093] **Z.-H. SY-YOUSSEF**, *La responsabilité civile des producteurs, en droit algérien*, en arabe, Houma, Algérie, 2012, p. 84 et s ; **E. CAMOUS**, *Règlements non-juridictionnels des litiges de la consommation contribution critique à l'analyse des modes alternatifs de règlement des conflits*, LGDJ 2002, p. 7 et s.

[2094] V., **N. REKIK**, *L'ordre public et le contrat civil*, LATRACH, 2015, n° 286, pp. 292 et s.

(Section I), et d'autre part, dans l'extension et le renforcement de leurs rôles et/ou leurs moyens pour l'objectif en cause (Section II).

Section I : Les diverses institutions administratives de la protection de la partie faible

648. Certes, on ne conteste plus actuellement que l'Etat ou les autorités administratives prennent des mesures tendant à protéger le consommateur la partie la plus faible.

Mais, plusieurs organismes administratifs, émanation de l'Etat, participent d'une manière ou d'une autre à la protection du consommateur, telles l'administration des douanes, des contributions diverses, de l'agriculture, de la santé etc[2095]. Or, il ne peut être question dans le cadre de cette étude de faire l'inventaire de toutes les missions confiées aux différentes institutions en la matière, on se contentera d'examiner très brièvement celles relevant de l'Etat ou d'autorités indépendantes traitant de questions de la protection du consommateur[2096]. A cet égard, il s'agit ici de montrer clairement que la protection de la partie faible est l'une des préoccupations majeures des pouvoirs publics qui ont tenu à conforter les moyens d'action de l'administration et des institutions spécialisées mises en place.

Parmi les organismes administratifs visés, il existe ainsi des organismes qui constituent la première génération de services publics voués à la protection, parfois indirecte, du consommateur ; mais le souci de garantir une protection plus efficace des consommateurs et une loyale concurrence entre les professionnels impose de créer d'autres organismes qui les renforcent et soutiennent ces domaines[2097].

[2095] A titre d'exemple, Le Conseil national français de l'alimentation a été créé par un décret du 27 novembre 1985. Il est consulté sur l'adaptation de la consommation aux besoins nutritionnels, sur la sécurité alimentaire des consommateurs, et sur l'information des consommateurs relativement à ces denrées selon l'article D. 541-1 du Cod de la consommation ; L'Agence nationale français de sécurité sanitaire des aliments a été créé par la loi du 1er juillet 1998. Il évalue les risques engendrés par les aliments et donne des avis sur les mesures à prendre pour protéger la santé des consommateurs ; Laboratoire national d'essais a été créé par la loi n° 78-23 du 10 janvier 1978 (actuellement les articles L. 561-1 et L. 562-1 du Code français de la consommation). En droit tunisien, les services de la répression des fraudes qui s'assurent de la conformité des produits aux textes réglementaires en vigueur régissant la qualité des produits et la sécurité aussi bien au niveau de la production qu'au niveau de la distribution (Arrêté du Ministre du Tourisme, du Commerce et de l'Artisanat du 21 juillet 2003, portant modification de l'arrêté du Ministre de l'économie nationale du 18 septembre 1993, fixant les modalités de prélèvement des échantillons prévues par la loi n° 92-117 du 7 décembre 1992 relative à la protection du consommateur, *JORT*, n° 60, 29 juill. 2003, p. 2390).

[2096] **A. FILALI**, « Le droit de la consommation : une adaptation du droit commun des contrats », Les Annales De l'Université d'Alger 1, n° 27, Tome II, juill. 2015, p. 8 ; V. égal. **H. KALLEL**, « La sécurité du consommateur en droit tunisien ; De la prévention à la répression », *Revue de l'association des Juristes de Sfax*, n° spécial 11/2015, LATRACH, p. 82 et s ; **N. SABIK**, *Le rôle de la propriété industrielle dans la protection du consommateur*, Thèse, Université Jean Moulin Lyon 3, 2010, p. 222.

[2097] **R. SAVY**, « La protection des consommateurs en droit français », *RID comp.* Vol. 26, n°3, juillet-septembre 1974. p. 601 ; **A. MOHIM**, *La protection du consommateur à l'encontre des dommages causés par les produits proposés sur le marché en droit marocain*, Dar AL-AFAK, en arabe, 2018, p. 2019 et s.

Par ailleurs, on peut observer que les différentes institutions administratives dans chaque pays, ayant quelquefois des missions connexes, pouvaient par manque de coordination, nuire à la cohérence de l'action menée en faveur de la protection des consommateurs. De plus, on constatera que le défaut de coordination entre ces diverses institutions administratives dans un même pays peut être source de confusion : en effet, si une institution donnée sait déjà qu'un autre organe possède une compétence qu'elle exerce également, alors il peut arriver qu'elle hésite à intervenir en pensant que l'organe en question s'en chargera. Ce manque de coordination soulève donc des questions sur l'aptitude de ces institutions à accomplir efficacement leurs missions. On en déduira qu'une meilleure coordination s'impose, afin d'éviter qu'un organisme donné empiète sur les compétences d'un autre.

Ainsi, l'attention portée par les gouvernements à la protection de la partie faible va aujourd'hui croissant. Ici, on constate qu'il y a des institutions administratives communes à certains pays étudiés (Paragraphe 1) et les institutions administratives spécifiques en droit français et marocain (Paragraphe 2)

Paragraphe 1 : Les institutions administratives communes à certains pays

649. L'administration veille à la protection de la partie faible dans ses diverses relations contractuelles. Les législateurs des pays étudiés ont prévu à ce propos, des structures diverses et plusieurs moyens d'action.

Ainsi, il existe plusieurs organes, institutions administratives ou autorités indépendantes de contrôle dans le domaine de la protection des consommateurs sur le plan national.

Ces institutions administratives, visant à la protection du consommateur, ont été progressivement mis en place dans les régimes juridiques des pays étudiés. Cependant, elles diffèrent d'un pays à l'autre[2098].

Malgré les similitudes de noms de certaines institutions administratives, les structures et les attributions de compétences ne sont pas forcément identiques. Ainsi, on examinera les institutions administratives communes entre deux pays ou plusieurs des pays pour connaître les points forts et faibles dans leurs structures, leurs organisations, leurs missions et leurs compétences.

Pour autant que la composition de telles institutions administratives contienne des experts en matière de droit en général et de droit de la consommation en particulier, elles seront à même d'avoir une connaissance pertinente des problèmes des consommateurs et donc d'avoir des solutions concrètes à proposer.

Ainsi, les institutions administratives communes sont nombreuses et diverses. Sans prétendre à l'exhaustivité, on peut citer : les commissions des clauses abusives en droits français et algérien (A), les conseils de la concurrence en droits français, algérien, libyen, marocain et tunisien (B), la Direction (générale) de la

[2098] **H. BUREAU**, *Le droit de la consommation transfrontière*, Litec, 1999, n° 359, p. 239.

concurrence, de la consommation et de la répression des fraudes en droit français, mauritanien et algérien (C), les Conseils nationaux de protection des consommateurs en droits algérien, français et tunisien (D) et l'Institut national de la consommation en droits français et tunisien (E).

A. Les commissions des clauses abusives en droits français et algérien

650. Par l'incitation à la suppression des clauses abusives qui figurent dans les contrats entre professionnels et consommateurs, ces commissions jouent un rôle important dans la lutte contre les abus et pour la protection de la partie faible[2099].

En France, la commission des clauses abusives a été créée par la loi n° 78-23 du 10 janvier 1978[2100], concomitamment à l'apparition de la notion de clause abusive. La structure et les missions de cette commission sont organisés par les textes du Code de la consommation, notamment les articles L. 822-4 et suivants et R. 822-18 et suivants R. 822-21 du Code de la consommation.

Selon l'article R. 822-18 du Code français de la consommation, la commission des clauses abusives comprend treize membres répartis de la manière suivante : un président qui est un magistrat de l'ordre judiciaire ; deux magistrats de l'ordre judiciaire ou administratif ou membres du Conseil d'Etat parmi lesquels est désigné le vice-président ; deux personnalités qualifiées en matière de droit ou de technique des contrats, choisies après avis du Conseil national de la consommation ; quatre représentants des professionnels ; quatre représentants des consommateurs. D'ailleurs, l'article R. 822-9 du Code de la consommation dispose qu'un commissaire du Gouvernement, désigné par le ministre chargé de la consommation, siège auprès de la commission mentionnée à l'article L. 822-4.

De manière générale, on peut dire que la composition de cette commission, qui repose sur la parité entre professionnels et consommateurs, révèle l'intention du législateur de résoudre le problème des clauses abusives par la concertation plutôt que par la contrainte[2101].

De plus, le directeur général de l'Institut ou son représentant peut participer aux séances de la commission des clauses abusives. Il ne prend pas part aux votes sur les recommandations et avis[2102].

L'impartialité est exigée pour éviter les risques de conflits d'intérêt. En effet, elle est de mise puisqu'aucun membre de cette Commission ne peut participer à

[2099] V., **N. SAUPHANOR-BROUILLAUD**, « La Commission des clauses abusives recommande la suppression de clauses abusives dans les contrats de soutien scolaire », *LEDC.*, 01 juill. 2010, n° 07, p. 2 ; V. égal. **S. BERNHEIM-DESVAUX**, « Louée soit la recommandation de la Commission des clauses abusives sur les réseaux sociaux ! », *LEDC.* 10 janv. 2015, n° 01, p. 3.

[2100] La loi française n° 78-23 du 10 janvier 1978 sur la protection et l'information des consommateurs de produits et de services, *JORF*, 11 janv. 1978, p. 301. Sur ce sujet, V., **N. SAUPHANOR-BROUILLAUD**, « Clauses abusives », *Rép. civ., Dalloz*, sept. 2018, n° 62.

[2101] V., **C-M. PEGLION-ZIKA**, *La notion de clause abusive ; (au sens de l'article L. 132-1 du Code de la consommation)*, Thèse, Université Panthéon-Assas (Paris II), 2013, n° 360, p. 384.

[2102] Art. R. 822-18 du Code français de la consommation. V., **L. CALANDRI**, « Le pouvoir de recommandation de la Commission des clauses abusives », *Pet. Aff.*, 15 sept. 2006, n° 185, p. 4.

une délibération lorsqu'il a un intérêt direct et personnel à l'affaire ou s'il représente une des parties ou l'a représentée moins de cinq ans avant la délibération (l'article R. 822-19 du Code de la consommation).

Par ailleurs, les règles de fonctionnement de la commission sont fixées par le Code de la consommation et par son règlement intérieur. La commission siège en formation plénière, le président étant chargé de désigner, le cas échéant, un rapporteur pour l'instruction d'une affaire. Mais elle ne peut régulièrement délibérer qu'en présence de son président ou de son remplaçant (ayant voix prépondérante en cas de partage, l'article R. 822-29) et d'au moins six autres de ses membres. La Commission peut entendre toute personne susceptible de fournir des informations concernant l'affaire traitée et se faire communiquer tout document utile (article L. 822-10), ses membres étant astreints au secret professionnel (article L. 822-11 du Code français de la consommation)[2103].

Il convient de mentionner que la Commission réalise un rapport annuel de son activité, faisant le bilan et qui peut, le cas échéant, proposer des modifications législatives ou réglementaires[2104]. Par ailleurs, la Cour de cassation[2105] a jugé que les juges du fond peuvent appuyer sur une recommandation dès lors qu'ils ont pris le soin au préalable de vérifier que les critères légaux de la clause abusive étaient remplis. Cet arrêt montre que l'idée selon laquelle les recommandations de cette Commission sont totalement dépourvues de portée normative ne tient pas la route. De plus, la Cour de cassation atteste de la source d'inspiration que peuvent constituer les recommandations[2106].

Les modes de saisine de la commission sont, à l'image de ses missions, variés. Elle peut être ainsi saisie, selon les cas, par le ministre chargé de la Consommation, par des associations agréées de défense des consommateurs, par des professionnels, par une juridiction, soit enfin se saisir d'office d'une question[2107].

651. En droit algérien, le législateur a aussi adopté de son côté un système de commission des clauses abusives. Cette commission a été créée par le décret exécutif n° 06.306 du 10 septembre 2006 relatif aux éléments essentiels des contrats conclus entre les agents économiques et les consommateurs et les clauses considérées comme abusives[2108].

2103 **J.-D. PELLIER**, *Droit de la consommation*, op. cit., n° 106, p. 127.

2104 **N. SAUPHANOR-BROUILLAUD**, « Les remèdes en droit de la consommation : clauses noires, clauses grises, clauses blanches, clauses proscrites par la jurisprudence et la Commission des clauses abusives », *RDC*. 01 oct. 2009, n° 4, p. 1629 ; **J.-D. PELLIER**, *Droit de la consommation*, op. cit., n° 106, p. 128.

2105 Cass. Civ. 1er, 10 févr. 1998, *Bull. civ.* I, n° 53, p. 34 ; *D*. 1998, p. 539, note **D. MAZEAUD**.

2106 **L. LEVENEUR**, « La Commission : Source de droit ? in La Commission des clauses abusives en action : 30 éme anniversaire », Colloque organisé par la Commission des clauses abusives le 20 mars 2009, www.clauses-abusives.fr, consulté le 27 mars 2018.

2107 **J. JULIEN**, *Droit de la consommation*, LGDJ, 2e éd., 2017, n° 47, p. 74.

2108 Le décret exécutif algérienne, n° 06.306, 10 sept. 2006, relatif aux éléments essentiels des contrats conclus entre les agents économiques et les consommateurs et les clauses considérées comme abusives, *JORA*, n° 56, 11 sept. 2006, p. 15 ; Le décret exécutif algérienne n° 08-44, 3 févr.

Les missions à la charge de cette commission sont déterminées par l'article 07 du décret 06-306 susmentionné. En effet, cette commission recherche dans tous les contrats liant les agents économiques aux consommateurs, les clauses qui peuvent présenter un caractère abusif et formule des recommandations au ministre chargé du commerce et aux institutions concernées. D'ailleurs, elle peut effectuer toute étude et ou expertise se rapportant à l'état d'application des contrats à l'égard des consommateurs. Enfin, elle peut engager toute autre action s'inscrivant dans le cadre de son champ de compétence[2109].

Contrairement au législateur français, le législateur algérien ne prévoit pas qu'il soit fait appel à des magistrats siégeant dans la commission des clauses abusives. En effet, placée auprès du ministre chargé du commerce, comme l'indique l'article 8 du décret exécutif algérien n° 08-44[2110], la commission des clauses abusives est composée de cinq membres titulaires et de cinq membres suppléants répartis comme suit : deux représentants du ministre chargé du commerce, compétents dans le domaine des pratiques commerciales ; deux représentants du ministre de la justice, garde des sceaux, compétents dans le droit des contrats ; deux représentants du conseil de la concurrence ; deux opérateurs économiques, représentants de la chambre algérienne de commerce et d'industrie, qualifiés dans le domaine du droit des affaires et des contrats ; deux représentants des associations de protection des consommateurs, qualifiés dans le domaine du droit des affaires et des contrats. La commission peut faire appel à toute autre personne dont la contribution est utile à ses travaux[2111].

La liste nominative des membres de la commission est fixée par arrêté du ministre chargé du commerce, sur proposition des ministres et des institutions concernés et les membres de la commission sont désignés pour une durée de trois

---

2008, modifiant le décret exécutif n° 06-306 du 10 septembre 2006 fixant les éléments essentiels des contrats conclus entre les agents économiques et les consommateurs et les clauses considérées comme abusives, *JORA*., n° 07, 10 févr. 2008, p. 15. Sur ce sujet V., **F. SAKHRI**, « La protection juridique du consommateur contre les clauses abusives à travers la loi 04/02 du 23/06/2004 et le décret exécutif 06/306 du 10/09/2006 » *Revue des sciences juridiques, économiques et politiques*, n°12 juin 2008, p. 227.

[2109] Selon l'article 11 du même décret n° 06-306, la commission des clauses abusives peut également s'autosaisir ou être saisie par le ministre chargé du commerce par toute administration, par toute association professionnelle, par toute association de protection des consommateurs ou par toute autre institution ayant un intérêt. Ses avis sont rendus publics par tous les moyens appropriés et elle peut éditer et rendu public toute information utile liée à son objet à travers tout support approprié. V., **M. LACHACHI**, « Les clauses abusives : Notions et Moyens de lutte en droit algérien et français », op. cit., p. 230

[2110] Le décret exécutif algérien n° 08-44, 3 févr. 2008, modifiant le décret exécutif n° 06-306 du 10 septembre 2006 fixant les éléments essentiels des contrats conclus entre les agents économiques et les consommateurs et les clauses considérées comme abusives, *JORA*., n° 07, 10 févr. 2008, p. 15.

[2111] **S. ZOUBAH**, *Les nouvelles dispositions de la protection du consommateur*, en droit algérien, Thèse, Université Mouloud Mammeri -Tizi-Ouzou, 2016, p. 121.

années renouvelable[2112]. Le secrétariat de la commission est assuré par les services concernés du ministre chargé du commerce.

L'alinéa 3 de l'article 12 du décret algérien précité n° 06.306 relatif aux éléments essentiels des contrats conclus entre les agents économiques et les consommateurs et les clauses considérées comme abusives précise que la commission des clauses abusives élabore chaque année un rapport d'activités qui est communiqué au ministre chargé du commerce et publié en totalité ou par extraits par tout moyen approprié. En vue d'exercer sa tâche d'une façon crédible, la commission des clauses abusives ne permet à aucun de ses membres de délibérer sur une question dans laquelle il a intérêt ou s'il a un lien de parenté jusqu'au quatrième degré avec les parties concernées par la question ou s'il représente ou a représenté l'une de celles-ci[2113].

652. En résumé, s'agissant de la composition de deux commissions, on constate que le droit français est plus précis que le droit algérien. En effet, il existe des différences formelles. La législation française précise que le présidant de la commission est un magistrat de l'ordre judiciaire assisté deux autres magistrats de l'ordre judiciaire ou administratif. De plus, la commission doit comporter deux personnalités qualifiées en matière de droit ou de technique des contrats, quatre représentants des professionnels et quatre représentants des consommateurs. En revanche, le droit algérien dispose que la commission est composée de cinq membres titulaire et suppléant qui n'ont pas forcement la qualité de magistrats bien que nommé par le ministre de commerce et de la justice (ils sont justes représentants du pouvoir exécutif) ; en plus, des représentants des professionnels et de consommateurs. A priori, la structure de la commission française des clauses abusives apparaît plus protectrice de la partie faible du fait même de sa composition, car les représentants des consommateurs sont renforcés par deux personnalités qualifiées indépendantes ainsi que des trois magistrats.

On constate par ailleurs que les missions dont sont chargées les commissions des clauses abusives dans les droits français et algérien sont similaires, même si le droit algérien ne donne pas explicitement un caractère impératif à leurs avis sur les projets de législation. En effet, les deux commissions peuvent être chargées de rendre un avis sur les projets de décrets qui déterminent les clauses qui doivent être regardées comme interdites ou présumées abusives. Elles sont également chargées de rechercher si les modèles de conventions habituellement proposés aux consommateurs par les professionnels contiennent des clauses qui pourraient présenter un caractère abusif.

[2112] Art. 9 du décret exécutif algérien précité n° 06.306 relatif aux éléments essentiels des contrats conclus entre les agents économiques et les consommateurs et les clauses considérées comme abusives.

[2113] Art. 16 du décret exécutif algérien précité n° 06.306 relatif aux éléments essentiels des contrats conclus entre les agents économiques et les consommateurs et les clauses considérées comme abusives.

B. Les Conseils de la concurrence (l'autorité de concurrence) : les droits français, algérien, libyen, marocain et tunisien

653. Selon un auteur[2114], « *l'ouverture à la concurrence n'est pas un objectif en soi, mais un moyen d'assurer de meilleures prestations à un moindre coût pour le consommateur. Celui-ci devrait donc être au cœur des activités des régulateurs chargés de veiller à une mise en œuvre effective de la concurrence* ». C'est pourquoi, l'existence d'une autorité publique s'impose pour suivre et assurer le respect des législations et la protection de la partie la plus faible.

C'est pour cette raison que les législateurs de pays étudiés ont organisé cette institution, chargée de promouvoir la concurrence sur les marchés au bénéfice des consommateurs par de nombreux textes. Certes, ces différentes autorités ont le même objectif, mais l'étendue de leurs attributions et leur composition respective diffère d'un pays à l'autre.

Tout d'abord, on doit noter qu'en droit français, le Conseil de la concurrence, selon sa dénomination officialisée par l'ordonnance du 1er décembre 1986, est devenu, depuis le 13 janvier 2009 et conformément à la loi du 4 août 2008 de modernisation de l'économie, l'Autorité de la concurrence. Par cette réforme, le législateur français a renforcé de manière significative les attributions de l'Autorité de la concurrence. Cette dernière, anciennement Conseil de la concurrence, est une autorité administrative indépendante chargée de lutter contre les pratiques anticoncurrentielles et d'étudier le fonctionnement des marchés[2115].

En tout état de cause, l'article L. 461-1 du Code français de commerce dispose que « *l'Autorité de la concurrence est une autorité administrative indépendante. Elle veille au libre jeu de la concurrence. Elle apporte son concours au fonctionnement concurrentiel des marchés aux échelons européen et international* ». D'ailleurs, l'Autorité français de la concurrence comprend dix-sept membres. Outre le Président et les quatre Vice-présidents exerçant leurs fonctions à temps plein, le collège comporte douze membres non permanents. Le Président est nommé par décret du Président de la République sur avis des commissions de l'Assemblée nationale et du Sénat compétentes en matière de concurrence. Les Vice-présidents et les membres non permanents sont nommés sur décret du Président de la République. Le mandat de l'ensemble des membres du collège est de cinq ans. Ils ne sont pas révocables, sauf dans les cas strictement définis aux articles L. 461-1 et L. 461-2 du Code de commerce[2116].

[2114] **V. BARBE**, « La protection du consommateur de services ouverts à la concurrence : approche comparée », *Pet. Aff.*, 6 juill. 2006, n° 134, p. 8

[2115] V. **O. DUFOUR**, « Quand le Conseil de la concurrence s'apprête à laisser la place à l'Autorité de la concurrence », *Gaz. Pal.* 17 juill. 2008, n° 199, p. 2 ; **O. DUFOUR**, « La nouvelle Autorité de la concurrence est née ! », *Pet. Aff.*, 19 janv. 2009, n°13, p. 4 ; **S. PIETRINI**, « Indépendance et interdépendance des juridictions et autorités de concurrence (Éléments de droit comparé) », *Pet. Aff.* 27 mars 2009, n°62, p. 7.

[2116] **M. MALAURIE-VIGNAL**, *Droit de la concurrence interne et européen*, Dalloz, 7e éd., 2017, n° 481, p. 213.

654. Ensuite, on remarque que les droits algérien, libyen, marocain et tunisien conservent toujours le nom du Conseil de la concurrence alors que les missions qui leurs sont confiées sont principalement similaires à celles de l'Autorité français de la concurrence.

En droit algérien, l'article 2 du décret exécutif n°11-241[2117] dispose que « *le Conseil de la concurrence est une autorité administrative autonome jouissant de la personnalité juridique et de l'autonomie financière, placée auprès du ministre chargé du commerce* ». L'article 10 de la loi algérienne n° 08-12 du 25 juin 2008[2118] prévoit que le conseil de la concurrence est composé de douze (12) membres relevant des catégories ci-après : 1- six (6) membres choisis parmi les personnalités et experts titulaires au moins d'une licence ou d'un diplôme universitaire équivalent et d'une expérience professionnelle de huit (8) années au minimum dans les domaines juridique et/ou économique (…) ; 2- quatre (4) membres choisis parmi des professionnels qualifiés titulaires d'un diplôme universitaire exerçant ou ayant exercé des activités de responsabilité et ayant une expérience professionnelle (…) ; 3- deux (2) membres qualifiés représentant les associations de protection des consommateurs. Les membres du conseil de la concurrence exercent leurs fonctions à plein temps[2119]. Les articles 34 à 47 de l'Ordonnance n° 03-03 du 19 juillet 2003 relative à la concurrence ont fixé les attributions du Conseil algérien de la concurrence. De manière générale, ce dernier a compétence de décision, de proposition et d'avis qu'il exerce de son initiative ou à la demande (y compris la demande de l'Etat), sur toute question ou toute action ou mesure de nature à assurer le bon fonctionnement de la concurrence et à favoriser la concurrence[2120].

D'ailleurs, le Conseil de la concurrence est consulté sur tout projet de texte réglementaire ayant un lien avec la concurrence ou introduisant de certaines mesures prévues par cette ordonnance[2121]. Pour le traitement des affaires liées aux pratiques restrictives, les juridictions peuvent également saisir le Conseil de la concurrence pour avis. De plus, l'article 44 de l'Ordonnance susmentionnée dispose que ce Conseil peut être saisi par le ministre chargé du commerce, mais peut également s'autosaisir ou être saisi par toute entreprise ou institutions et organismes visés par la loi. Le Conseil de la concurrence peut déclarer, par décision motivée, la saisine irrecevable s'il estime que les faits invoqués n'entrent

---

[2117] V. Art. 9 du décret exécutif algérien n°11-241 du 10 juillet 2011 fixant l'organisation et le fonctionnement du conseil de la concurrence, *JORA*., n° 39. 13 juill. 2011, p. 16.

[2118] La loi algérienne n° 08-12 du 25 juin 2008 modifiant et complétant l'ordonnance n° 03-03 du 19 juill. 2003 relative à la concurrence, *JORA*, n° 36, 2 juill. 2008, p. 11. V., **M. MENOUER**, *Droit de la Concurrence*, en droit algérien, BERTI, Algérie, 2013, p. 143 et s.

[2119] V. **M. TIORSSI**, *Les contrôles juridiques de la liberté de la concurrence en Algérie*, Houma, Algérie, en arabe, 2013, pp. 327 et 380.

[2120] Arts 34 et 35 de l'ordonnance algérienne précitée n° 03-03 du 19 juill. 2003 relative à la concurrence.

[2121] Art. 36 de l'ordonnance algérienne précitée n° 03-03 du 19 juill. 2003 relative à la concurrence. V., **A. FILALI**, « Le droit de la consommation : une adaptation du droit commun des contrats », op. Cit., p. 10.

pas dans le champ de sa compétence, ou ne sont pas appuyés d'éléments suffisamment probants. Il ne peut être saisi d'affaires remontant à plus de trois (3) ans, s'il n'a été fait aucun acte tendant à leur recherche, leur constatation et leur sanction.

En droit algérien, il ressort de la lecture des dispositions consacrées aux attributions du Conseil de la concurrence une grande diversité quant à son rôle. En effet, ce Conseil peut intervenir dans le champ de la fonction juridictionnelle en raison de sa compétence, de son pouvoir de sanction et d'injonction, de sa procédure juridictionnelle et des voies de recours contre ses décisions. Ainsi, le Conseil de la concurrence est considéré comme juridiction de première instance, tout en étant une autorité administrative indépendante[2122].

De même, en droit tunisien, le Conseil de la concurrence est chargé, depuis sa création en 1995, d'une double fonction : une fonction contentieuse et une fonction consultative. Ces deux fonctions se trouvent expressément dans l'article 11 de la loi n° 2015-36 relative à la réorganisation de la concurrence et des prix[2123] lorsqu'il énonce que « *le Conseil de la concurrence est appelé à connaître des requêtes afférentes aux pratiques anticoncurrentielles, telles que prévues par l'article 5 de la présente loi et à donner des avis sur les demandes de consultation* »[2124]. Dans le cadre de notre étude, l'article 11 indique que les organisations professionnelles et syndicales, les organisations de consommateurs légalement établis et les chambres de commerce et d'industrie peuvent également requérir l'avis du conseil sur les questions de concurrence dans les secteurs relevant de leur ressort. Une copie de la demande de consultation ainsi que de l'avis du conseil de la concurrence y afférent sont obligatoirement notifiées au ministre chargé du commerce. De manière générale, on note que le choix du législateur tunisien consiste d'une part à consolider progressivement le rôle du Conseil de la concurrence en tant qu'autorité plutôt juridictionnelle, et d'autre part à lui faire partager la fonction de régulation du marché avec le ministère du Commerce[2125].

S'agissant de sa composition (majorité de magistrats), on remarque qu'il ne comporte pas des représentants des associations de consommateurs, mais il indique seulement dans l'article 13 de la loi précitée n° 2015-36 que le conseil de la concurrence est composé de quinze (15) membres parmi lesquels quatre

---

[2122] V., **M. MENOUER**, *Droit de la Concurrence*, en droit algérien, op. cit., p. 144 et 150.

[2123] La loi tunisienne n° 2015-36 du 15 sept. 2015, relative à la réorganisation de la concurrence et des prix, *JORT*, n° 77 – 78, 25 et 29 sept. 2015, p. 2320.

[2124] Aussi, la loi tunisienne n° 2015-36 relative à la réorganisation de la concurrence et des prix dispose que « *le conseil est obligatoirement consulté sur les projets de textes législatifs et réglementaires tendant de manière directe à imposer des conditions particulières pour l'exercice d'une activité économique ou d'une profession ou à établir des restrictions pouvant entraver l'accès à un marché donné* ».

[2125] Sur ce sujet V., **H. ABBES**, « L'évolution du Conseil tunisien de la concurrence à la lumière de l'accord d'association », en droit tunisien, Blogdroiteuropeen, juill. 2017, p 01. De plus, Monsieur ABBES indique que le Conseil tunisien de la concurrence tend à devenir « *une juridiction administrative spécialisée* ».

personnalités choisies en raison de leur compétence dans les domaines suivants : - économie, - droit, - concurrence, - consommation. De plus, l'alinéa 6 de l'article 13 de cette loi prévoit également que le conseil de la concurrence « *est composé (...) quatre personnalités ayant exercé ou exerçant dans : - le secteur de l'industrie et du commerce, - le secteur des services, - le secteur de l'agriculture, - le domaine de protection du consommateur* »[2126].

Ainsi, le droit tunisien substitue au représentant des associations de consommateurs des personnalités choisies en fonction de leurs compétences et spécialités. Ici, on pense que le consommateur peut être plus efficacement protégé par des associations que par des « experts », puisque les premières fondent leurs requêtes sur un travail d'équipe organisé qui appréhende en général toutes les questions relatives à la protection du consommateur (la partie faible).

En droit libyen, le Conseil de la concurrence a été créé par l'article 1292 de la nouvelle annexe des textes sur la protection du consommateur du Code de commerce qui dispose qu'il jouit de la personnalité morale et de l'autonomie financière.

Comme le droit tunisien, le droit libyen ne permet pas explicitement aux associations d'être représentées au Conseil de la concurrence. En effet, l'article 1293 du Code libyen de commerce précise sa composition : de onze (11) membres comme suit ; 1. Un président nommé parmi les personnalités ayant de la compétence en matière juridique et économique ; Un vice-président qui est expert en matière des entreprises ; Six personnalités choisies en raison de leur compétence dans les domaines juridique et économique (…) ; Trois personnalités ayant exercé dans le secteur de la production, de la distribution et de la prestation de service., Même si des associations de consommateurs peuvent porter des requêtes devant le Conseil libyen de la concurrence, elles n'en sont pas membres pour autant[2127].

L'article 1294 du Code libyen de commerce a déterminé des différentes missions du Conseil de la concurrence. En général, ses missions se fondent sur la réception de requêtes, sur des enquêtes, sur des avis et des propositions ou des mesures à prendre contre des pratiques anticoncurrentielles sur le marché[2128]. Par conséquent, le Conseil de la concurrence joue un rôle dans le cadre de la protection de la partie faible par les fonctions et les pouvoirs que lui sont conférés.

En résumé, et comme on l'a vu précédemment, la structure du Conseil de la concurrence en droit tunisien et ses attributions en droit des pays étudiés peuvent soulever des questions sur sa nature : s'agit-il d'un organe administratif ou juridictionnel ?

[2126] L'article 13 de la loi tunisienne n° 2015-36 relative à la réorganisation de la concurrence et des prix dispose que « *les membres du conseil visés aux paragraphes 1, 2 et 3 sont nommés pour une durée de cinq ans non renouvelables, et les membres du conseil visés aux paragraphes 4 et 5 sont nommés pour une durée de quatre ans non renouvelables par décret gouvernemental sur proposition du ministre chargé du commerce* ».

[2127] Art. 1299 du Code libyen de commerce.

[2128] V., Arts. 1294 et 1295 du Code libyen de commerce.

Cependant, on peut de manière générale dire que les conseils de la concurrence dans les différents pays ont surtout pour objet la régulation de la concurrence. La diversité de leurs attributions n'est qu'un moyen de réaliser cet objectif économique qui est une mission d'intérêt général[2129].

C. DGCCRF en droit français, DCCRF en droit mauritanien et DGCERF en droit algérien

655. La Direction générale de la concurrence, de la consommation et de la répression des fraudes est un organe qui existe en droit français et mauritanien. De même, en droit algérien, il existe la Direction générale du contrôle économique et de la répression des fraudes.[2130].

En droit français, la Direction générale de la concurrence, de la consommation et de la répression des fraudes (DGCCRF) est une importante administration qui joue un grand rôle pour la protection du consommateur et l'application du droit de la consommation[2131]. Cette administration a créé par un décret du 5 novembre 1985[2132], elle résulte de la fusion de deux administrations jusque-là séparées.

La première est le Service de la répression des fraudes (SRF) qui avait été créé au début du xxe siècle pour veiller à l'application de la loi du 1er août 1905 et qui dépendait jusqu'en 1981 du ministre de l'Agriculture. La deuxième consiste à la Direction générale de la concurrence et de la consommation (DGCC), qui avait succédé à la direction des prix créée par l'ordonnance du 30 juin 1945[2133]. Il convient donc de souligner selon le Code français de la consommation que les pouvoirs des agents sont définis par deux séries de textes ; l'article L. 141-1(devenu L. 512-25) d'une part (DGCC), Les articles L. 215-1 à L. 215-8 (devenus 512-1 et suivants) du Code de la consommation d'autre part (SRF).

La Direction générale de la concurrence, de la consommation et de la répression des fraudes, qui était auparavant la Direction générale de la

---

2129 V., **M. MENOUER**, *Droit de la Concurrence*, en droit algérien, op. cit., p. 145.

2130 En droit marocain, la Direction de la qualité et de la surveillance du marché (DQSM) du ministère marocain de l'Industrie, du Commerce, de l'Investissement et de l'Economie numérique joue un rôle semblable ou proche à celui des organismes français, mauritanien et marocain ; conformément, surtout, aux dispositions de la loi marocaine n° 24-09 relative à la sécurité des produits et des services et complétant le dahir du 12 août 1913 formant code des obligations et des contrats (*Bull. O. Mar.*, n°5984, 6 oct. 2011, p. 2166) et le décret n° 2-12-502 du 13 mai 2013 pris pour l'application du titre premier de la loi n° 24-09 relative à la sécurité des produits et des services et complétant le dahir du 12 août 1913 formant code des obligations et des contrats (*Bull. O. Mar.*, n° 6158, 6 juin 2013, p. 1972).

2131 **J. CALAIS-AULOY et H. TEMPLE**, *Droit de la consommation*, op. cit., n° 33, p. 30.

2132 Le décret français n°85-1152 du 5 novembre 1985 portant création d'une direction générale de la concurrence, de la consommation et de la répression des fraudes au ministère de l'économie, des finances et du budget par suppression d'une direction générale, d'une direction, d'une mission et d'un service, *JORF*, 6 nov. 1985, p. 12839.

2133 L'Ordonnance n°45-1483, 30 juin 1945 relative aux prix, *JORF*, 8 juill. 1945, p. 4150. V. **N. SAUPHANOR**, *L'influence du droit de la consommation sur le système juridique*, LGDJ, 2000, n° 295, p. 183.

concurrence et de la consommation, relève du ministère de l'Economie, des Finances et du Budget. Elle comprend une administration centrale et des agents répartis sur tout le territoire. Ceux-ci ont pour mission essentielle de rechercher et de constater les infractions aux règles du droit de la concurrence et du droit de la consommation[2134]. Dans l'année 2009, le législateur français a adopté deux décrets (du 10 novembre et du 3 décembre 2009) qui ont réorganisé les directions déconcentrées dans les régions et les départements[2135].

En droit mauritanien, selon le décret n° 198/2014[2136], la Direction de la concurrence, de la protection des consommateurs et de la répression des fraudes est chargée de l'élaboration, de la mise en œuvre et du suivi, en coordination avec les services concernés du département, de la politique du Gouvernement dans les domaines de la concurrence, de la protection des consommateurs et de la répression des fraudes.

L'article 18 du décret mauritanien susvisé dispose que la direction de la concurrence, de la protection des consommateurs et de la répression des fraudes est dirigée par un directeur, assisté par un directeur adjoint. De plus, cette direction comprend cinq services : - Service des approvisionnements ; - Service de la concurrence ; - Service de la réglementation et de la coordination ; - Service d'encadrement des associations de protection des consommateurs ; - Service de la répression des fraudes[2137]. Cette organisation montre déjà clairement les différentes missions dévolues à cette administration.

656. En tout état de cause, les deux directions susmentionnées en droit français et en droit mauritanien[2138] ont pour mission de veiller au bon fonctionnement des marchés en vue d'atteindre principalement deux objectifs : assurer une concurrence ouverte et loyale et protéger les consommateurs[2139]. Ses agents sont chargés notamment de constater, en saisissant le cas échéant l'autorité judiciaire compétente, les infractions aux textes regroupés dans les législations en vigueur qui comprennent, en particulier, les dispositions relatives aux fraudes, à la sécurité, à la protection et à l'information des consommateurs.

Par ailleurs, il semble que dans leurs missions, les deux organismes administratifs susmentionnés en droits français et mauritanien correspondent à la Direction générale du contrôle économique et de la répression des fraudes en droit algérien. Cette dernière, par abréviation DGCERF, a été créée en 2002 en vertu

---

[2134] **S. LE GAC-PECH**, *Droit de la consommation*, op. cit., p. 145.

[2135] Le décret n° 2009-1377, 10 nov. 2009, relatif à l'organisation et aux missions des directions régionales des entreprises, de la concurrence, de la consommation, du travail et de l'emploi, *JORF*, n°0263, 13 nov. 2009, texte n° 11 ; Le décret n° 2009-1484, 3 déc. 2009 relatif aux directions départementales interministérielles, *JORF*. n°0281, 4 déc. 2009, texte n° 1.

[2136] Le décret mauritanien n° 198/2014 PM fixant les attributions du Ministre du Commerce, de l'Industrie et du Tourisme et l'organisation de l'administration centrale de son département.

[2137] V. Arts. 18 à 23 du décret mauritanien précité n° 198/2014.

[2138] V. Art. 18 du décret mauritanien précité n° 198/2014 fixant les attributions du Ministre du Commerce, de l'Industrie et du Tourisme et l'organisation de l'administration centrale de son département.

[2139] **J. RANC**, « Instruments de mesure réglementés », *Rép. com. Dalloz*, n° 150.

des dispositions du décret exécutif n°02-454 du 21 décembre 2002 portant organisation de l'administration centrale du Ministère du Commerce[2140].

La direction générale algérienne du contrôle économique et de la répression des fraudes comprend quatre (4) directions : 1/ La direction du contrôle des pratiques commerciales et anticoncurrentielles. 2/ La direction du contrôle de la qualité et de la répression des fraudes. 3/ La direction des laboratoires d'essais et d'analyses de la qualité. 4/ La direction de la coopération et des enquêtes spécifiques.

De manière générale, l'article 4 de ce décret a énoncé que cette direction a pour mission essentielle d'assurer la protection de la santé et la sécurité des consommateurs et le respect aux règles de loyauté et de transparence des pratiques commerciales.

D. Les Conseils nationaux de protection des consommateurs : les droits algérien, français et tunisien

657. Au contraire des régimes juridiques libyen, marocain et mauritanien, les législateurs algérien, français et tunisien organisent le Conseil national de protection des consommateurs par des textes spécifiques.

En France, le Conseil national de la consommation (CNC) a été créé par un décret du 12 juillet 1983[2141]. Ce conseil est, conformément à l'article D. 821-1du Code français de la consommation, un organisme consultatif placé auprès du ministre chargé de la consommation. Le même article précise son objectif lorsqu'il énonce que le Conseil national de la consommation a pour objet de permettre la confrontation et la concertation entre les représentants des consommateurs et les représentants des professionnels, des services publics et des pouvoirs publics pour tout ce qui a trait aux problèmes de la consommation[2142].

Selon l'article D. 821-5 du Code de la consommation, le Conseil national de la consommation est présidé par le ministre chargé de la consommation ou son représentant. De plus, il est composé de deux collèges, l'un constitué des associations de défense des consommateurs agréées au niveau national, l'autre de professionnels représentant les activités industrielles, commerciales, artisanales et agricoles et de services privés ainsi que d'entreprises assurant des missions de service public[2143]. Les membres de ce conseil nommés pour une durée de trois

---

[2140] Le décret exécutif algérien n°02-454, 21 déc. 2002 portant organisation de l'administration centrale du Ministère du Commerce, *JORA.*, n° 85, 22 déc. 2002, p. 15.

[2141] Le décret français, n° 83-642 du 12 juill. 1983 portant création d'un Conseil national de la consommation, *JORF.*, 16 juill. 1983, p. 2206.

[2142] Arts. D. 821-2, D. 821-3 et D. 821-4 du Code français de la consommation.

[2143] L'article D. 821-6 du Code français de la consommation dispose que « *le Conseil national de la consommation est composé : 1° D'un collège constitué des associations de défense des consommateurs disposant de l'agrément prévu à l'article L. 811-1 ; 2° D'un collège comprenant des organisations professionnelles les plus représentatives des activités industrielles, commerciales, artisanales et agricoles et de services privés ainsi que d'entreprises assurant des missions de service public (...)* ».

ans, par arrêt du ministre chargé de la consommation pour les associations, et après avis des ministres concernés par les activités pour les autres. Par ailleurs, l'article D. 821-11 du même Code énonce que les associations bénéficiant d'une reconnaissance spécifique sont membre de droit du bureau du CNC[2144].

Le CNC donne son avis, notamment sur les projets de lois et sur les grandes orientations politiques concernant les consommateurs. Il peut aussi faire des propositions[2145]. D'ailleurs, il donne un avis sur le choix des personnalités qualifiées de la Commission des clauses abusives.

Ainsi, le CNC rend des avis qui constituent une force de proposition indéniable. L'exemple très connu en droit français est l'avis du 1er octobre 2008[2146] qui a approuvé la réalisation (plus exactement la réédition) d'un guide pratique des communications électroniques, fruit d'un travail de concertation entre les représentants des usagers et ceux des prestataires, tandis qu'en 2012 il rendit un avis sur l'action de groupe. Plus récemment, il s'est prononcé sur les plateformes numériques collaboratives, selon l'avis du 28 janvier 2016[2147].

En droit algérien, le CNC est de même une instance consultative comme en droit français. En effet, l'article 24 de la loi n° 09-03 … dispose que « *il est créé un conseil national pour la protection des consommateurs qui émet son avis et propose des mesures qui contribuent au développement et à la promotion de politiques de protection du consommateur* ». D'ailleurs, l'article 2 du décret exécutif algérien n° 12-355 fixant la composition et les compétences du conseil national de protection des consommateurs[2148] affirme que le conseil est un organe consultatif dans le domaine de la protection des consommateurs, chargé d'émettre des avis et de proposer des mesures susceptibles de contribuer au développement et à la promotion de la politique de protection du consommateur. Ce Conseil est composé d'un représentant : - au titre des ministères[2149] : - au titre des organismes

---

2144 V., **J. JULIEN**, *Droit de la consommation*, op. cit., n° 42, p. 72.

2145 **J. CALAIS-AULOY et H. TEMPLE**, *Droit de la consommation*, op. cit., n° 34, p. 31.

2146 L'avis du 1er octobre 2008 relatif à un guide pratique des communications électroniques, https://www.economie.gouv.fr, consulté 21 févr. 2018.

2147 L'avis du CNC a adopté le 28 janvier 2016, un avis sur les plateformes numériques collaboratives - 01/02/2016, https://www.economie.gouv.fr, consulté 21 févr. 2018.

2148 Le décret exécutif algérien n° 12-355 du 2 octobre 2012 fixant la composition et les compétences du conseil national de protection des consommateurs, *JORA*, n° 56, 11 oct. 2012, p. 8. V. **A. FILALI**, « Le droit de la consommation : une adaptation du droit commun des contrats », op. cit., p. 11.

2149 Ce conseil est composé d'un représentant : A/ Au titre des ministères ; - de l'intérieur et des collectivités locales ; - des ressources en eau ; - de l'agriculture et du développement rural ; - du commerce ; - de la santé, de la population et de la réforme hospitalière ; - de l'industrie, de la petite et moyenne entreprise et de la promotion de l'investissement ; - de la communication ; - de la pêche et des ressources halieutiques ; - de l'énergie et des mines ; - de la solidarité nationale et de la famille.

et établissements publics[2150] : - au titre du mouvement associatif[2151] : - au titre des personnalités expertes[2152]. Par ailleurs, le droit algérien précise que les membres du conseil sont désignés par arrêté du ministre chargé de la protection du consommateur, pour une période de cinq années renouvelables, sur proposition de l'autorité ou de l'association dont ils relèvent. Des membres suppléants sont désignés dans les mêmes conditions que les membres titulaires (article 3 du décret exécutif algérien n° 12-355)[2153].

En droit tunisien, aux termes de l'article 15 de la loi n° 92-117 du 7 décembre 1992 relative à la protection du consommateur[2154], le Conseil national de protection du consommateur est chargé notamment : d'émettre des avis et de présenter des propositions de nature à assurer la sécurité des produits, et l'information et l'orientation du consommateur, à améliorer la qualité des produits, et tout ce qui est de nature à assurer une protection efficace du consommateur et à consolider son rôle[2155].

De surcroit, l'article 2 du décret tunisien n° 2004-1108, du 17/05/2004 modifiant le décret n° 93-1886 du 13 septembre 1993, portant composition et modalités de fonctionnement du conseil national de protection du consommateur[2156], précise que le Conseil national de protection du consommateur est présidé par le ministre chargé du commerce et comprend les 33 membres, dont cinq représentants de l'organisation de défense du consommateur. Par ailleurs, le président de ce Conseil peut faire appel à toute

---

[2150] Ce conseil est composé d'un représentant : B/ Au titre des organismes et établissements publics ; - du centre algérien du contrôle de la qualité et de l'emballage (CACQE) ; de l'institut national de médecine vétérinaire (INMV) ; du centre national de toxicologie (CNT) ; de l'institut national de santé publique (INSP) ; de l'institut national de la protection des végétaux (INPV) ; de l'institut algérien de la normalisation (IANOR) ; de l'institut national algérien de la propriété industrielle (INAPI) ; de l'office national de la métrologie légale (ONML) ; de la chambre algérienne de commerce et d'industrie (CACI) ; de la chambre nationale de l'agriculture (CNA).

[2151] Ce conseil est composé d'un représentant : C/ Au titre du mouvement associatif : de chaque association de protection des consommateurs légalement constituée.

[2152] Ce conseil est composé d'un représentant : D/ Au titre des personnalités expertes : de cinq (5) experts, dans le domaine de la protection des consommateurs, de la sécurité et de la qualité des produits, choisis par le ministre chargé de la protection du consommateur.

[2153] L'article 4 du décret exécutif algérien susmentionné n° 12-355 du 2 octobre 2012 fixant la composition et les compétences du conseil national de protection des consommateurs.

[2154] La loi tunisienne n° 92-117, 7 déc. 1992 relative à la protection du consommateur, *JORT*, n° 83, 15 déc. 1992, p. 1571 ; V. égal. **H. KALLEL**, « La sécurité du consommateur en droit tunisien ; De la prévention à la répression », op. cit., p. 88

[2155] Sur ce sujet V., l'article 1er du décret tunisien n° 93-1886 du 13 septembre 1993 portant composition et modalités de fonctionnement du conseil national de protection du consommateur, *JORT*, n° 72, 24 sept. 1993, p. 1580.

[2156] Le décret tunisien n° 2004-1108, du 17/05/2004 modifiant le décret n° 93-1886 du 13 septembre 1993, portant composition et modalités de fonctionnement du conseil national de protection du consommateur, *JORT*, n° 41, 21 mai 2004, p. 1352.

personne reconnue pour sa compétence en la matière pour assister aux réunions[2157].

658. Comme précisé ci-dessus dans les droits de ces trois pays, le Conseil national de protection du consommateur est une instance de consultation et de concertation ; composé de représentants de tous les acteurs concernés en la matière, il donne des avis consultatifs sur la plupart de questions liées au sujet de protection du consommateur. Mais, malgré la diversité et la représentativité de ses membres et de ses attributions, ce conseil dans les trois pays ne joue pas pleinement son rôle en pratique, car comme instance consultative, il se limite à donner des avis aux instances administratives qui sont, elles, chargées d'intervenir dans le cadre de la protection du consommateur. Par conséquent, les législateurs de ces différents pays ne leur ont pas accordé les moyens de suivre l'effectivité de l'application pratique des avis qu'il est amené à donner.

E. L'Institut national de la consommation (INC) ; en droit français et tunisien

659. En France, l'Institut national de la consommation est un établissement public à caractère industriel et commercial, et jouit ainsi de la personnalité morale. Il a été créé par une loi du 22 décembre 1966 (l'article L. 822-1 du Code de la consommation). Cet institut est un centre de recherche, d'information et d'étude sur les problèmes de la consommation.

L'organisation de l'INC tente de faire la part égale à l'influence de l'Etat et à celle des associations de consommateurs. D'un côté, l'Etat finance l'INC et nomme son directeur, qui est responsable de l'organisation de l'établissement ainsi que de son fonctionnement. D'un autre côté, le conseil d'administration de l'INC comprend 16 membres ayant voix délibérative, qui se répartissent de la manière suivante ; cinq représentants des consommateurs et usagers, désignés par le ministère chargé de la Consommation ; cinq représentants de l'Etat, désignés conjointement par le ministre chargé de la Consommation et le ministre chargé de l'Economie ; deux représentants élus par le personnel de l'Institut ; le président de la Commission de la sécurité des consommateurs ; le président de la Commission des clauses abusives ; un représentant du collège des professionnels du Conseil national de la consommation ; un ingénieur des corps de l'Etat désigné par le ministre chargé de la Consommation[2158].

Selon l'article L. 822-2 du Code français de la consommation, la mission de l'INC est de renforcer des informations pour le consommateur. Pour ce faire, il :

[2157] L'article 6 du décret tunisien susvisé n° 2004-1108 dispose que le conseil national de protection du consommateur « *peut se réunir en formation restreinte, soit à la diligence du ministre chargé du commerce, soit à la demande du tiers au moins de ses membres, pour débattre un problème particulier* ». V., **H. KALLEL**, « La sécurité du consommateur en droit tunisien : de la prévention à la répression », *Revue de l'association des juristes de Sfax*, n° spéc. 11, 2015, p. 75 et s.

[2158] **Ph. GRAVELEAU**, « Le directeur de l'INC occupe un emploi supérieur à la décision du Gouvernement », *Gaz. Pal.* 20 juin 2017, n° 23, p. 37.

1/ fournit un appui technique aux organisations de consommateurs agréées ; 2/ regroupe, produit, analyse et diffuse des informations, études, enquêtes et essais ; 3/ met en œuvre des actions et des campagnes de formation, de communication, de prévention, de formation et d'éducation sur les questions de consommation ; 4/ apporte un appui technique aux commissions placées auprès de lui et collaborer à l'instruction de leurs avis et recommandations. Ainsi, les missions principales d'institut national français de la consommation sont tournées à la fois vers les organisations de consommateurs et vers le public[2159].

Il est utile de souligner que la loi française du 1er juillet 2010 a prévu la création de services communs à l'INC, la commission des clauses abusives et la commission de la sécurité des consommateurs (l'article L. 531-3 du Code de la consommation).

En droit tunisien, l''article 1er de la loi n° 2008-70[2160] portant création de l'institut national de la consommation précise qu' « *est créé un établissement public à caractère administratif, doté de la personnalité morale et de l'autonomie financière, dénommé institut national de la consommation. L'institut national de la consommation est placé sous la tutelle du ministre chargé du commerce* ». Comme le rôle de l'Institut national français de la consommation, l'Institut tunisien de la consommation a pour mission de fournir l'appui technique aux organisations et institutions concernées par les domaines de la consommation. Il contribue également à la promotion de l'information du consommateur, à son orientation et à la rationalisation de son comportement, conformément à l'article 2 de la loi n° 2008-70.

D'ailleurs, l'article 8 du décret tunisien n° 2009-634[2161] fixant l'organisation administrative et financière de l'institut national de la consommation et les modalités de son fonctionnement a prévu que « *le conseil d'orientation de l'institut national de la consommation est composé comme suit : le directeur général de l'institut national de la consommation ; un représentant du ministère chargé du commerce ; un représentant de l'institut national de la statistique ; trois représentants de l'organisation de défense des consommateurs ; un représentant de l'union nationale de la femme tunisienne ; un représentant de l'organisation tunisienne de l'éducation et de la famille ; cinq personnalités qui seront choisies pour leurs compétences dans le domaine de la consommation* »[2162].

[2159] V., **J. JULIEN**, *Droit de la consommation*, op. cit., n° 40, p. 70.

[2160] La loi tunisienne n° 2008-70 du 10 nov. 2008 portant création de l'institut national de la consommation, *JORT*., n° 94, 21 nov. 2008, p. 3629.

[2161] Le décret tunisien n° 2009-634 du 2 mars 2009, fixant l'organisation administrative et financière de l'institut national de la consommation et les modalités de son fonctionnement, *JORT*, n° 19, 6 mars 2009, p. 711.

[2162] L'article 8 ajoute également que « *(...) les membres du conseil d'orientation sont nommés par arrêté du ministre chargé du commerce sur propositions des ministères, organisations et structures concernés pour une durée de trois ans renouvelable une seule fois* ».

Paragraphe 2 : Les institutions administratives spécifiques

660. Comme nous l'avons vu dans le paragraphe précédent, il existe de multiples institutions administratives communes dans les différents pays chargées d'une manière ou d'autre de la protection du consommateur. De même, nous pouvons trouver dans les régimes juridiques de chaque pays une institution spécifique ayant pour objet directement ou indirectement de réaliser cette protection.

Dans le cadre de notre étude, nous n'analyserons que les institutions administratives qui jouent un rôle réel en la matière. Ainsi, nous nous en tiendrons à certains exemples, sans doute les plus significatifs dans le cadre de protection de la partie faible (consommateur).

Sans prétendre à l'exhaustivité, nous pouvons examiner trois institutions comme exemples ; la Commission de la médiation de la consommation en droit français (A), le Conseil consultatif supérieur marocain de la consommation (B) et le Fonds national pour la protection du consommateur en droit marocain (C).

A. La Commission de la médiation de la consommation en droit français

661. La Commission de médiation au service des consommateurs, a été créée en 2010[2163], chargée de déployer le processus de médiation entre les citoyens (consommateurs) et les entreprises (professionnels). Cette Commission a pour mission d'émettre des avis et proposer des mesures de toute nature pour évaluer, améliorer et diffuser les pratiques de médiation non judiciaires en matière de consommation[2164]. Elle peut être saisie par le ministre chargé de la Consommation, une association agréée au plan national ou par tout membre du collège des professionnels du Conseil national de la consommation[2165].

Il est utile de noter que cette commission a émis une recommandation en 2013 pour garantir une formation appropriée des médiateurs en matière de consommation[2166], et un avis également en 2013 sur l'action de groupe[2167].

Toutefois, l'Ordonnance n° 2015-1033 du 20 août 2015[2168], relative au traitement extra-judiciaire des litiges de consommation, a supprimé cette

---

[2163] La loi du 1er juill. 2010 portant réforme du crédit à la consommation, *JORF.*, n°0151, 2 juill. 2010, p. 12001.

[2164] **D. BAZIN-BEUST**, *Droit de la consommation*, op. cit., p. 23.

[2165] **E. BERNARD**, « La médiation de la consommation s'invite dans les entreprises », *Pet. Aff.* 18 avril 2016, n°77, p. 4

[2166] Recommandation française de la commission de la médiation de la consommation du 14 mai 2013 pour garantir une formation appropriée des médiateurs dans le secteur de la consommation, *Bulletin officiel de la concurrence*, de la consommation et de la répression des fraudes n° 2013/06, www.legifrance.gouv.fr.

[2167] Avis de la commission de la médiation de la consommation du 20 mai 2013 relatif à la médiation et à l'action de groupe, Bulletin officiel de la concurrence, de la consommation et de la répression des fraudes n° 2013/06, www.legifrance.gouv.fr.

[2168] L'Ordonnance n° 2015-1033 du 20 août 2015 relative au règlement extrajudiciaire des litiges de consommation, *JORF.*, n° 0192, 21 août 2015, p. 14721.

commission et l'a remplacé par la Commission d'évaluation et de contrôle de la médiation de la consommation. Contrairement à l'ancienne commission, la nouvelle n'est pas placée auprès de l'INC, mais auprès du ministre de l'économie conformément à l'article L. 615-1 du Code de la consommation. Cette commission a pour mission d'établir et de mettre à jour la liste des médiateurs, y compris les médiateurs publics, de la notifier à la Commission européenne, et enfin d'en évaluer et d'en contrôler l'activité.

Il en résulte qu'un médiateur qui ne présenterait pas, ou plus, les conditions requises se verrait refuser son inscription sur la liste, ou en serait retiré. Elle peut être saisie par le ministre de l'économie, le ministre chargé de la consommation, l'Autorité de contrôle prudentiel et de résolution, une association de consommateurs ou une organisation professionnelle de toute pratique ou condition d'exercice qui serait contraire aux règles posées en la matière. De plus, cette commission peut se saisir d'office. Elle devra, tous les quatre ans, rédiger un rapport sur l'évolution et le fonctionnement de la médiation en matière de consommation[2169].

On peut relever que contrairement aux droits des pays maghrébins, le droit français contient une institution spécifique chargée de résoudre les problèmes évidents entre la partie faible et son cocontractant[2170]. On peut regretter que l'absence de ce type d'institution dans les régimes juridiques des pays magrébins. En effet, la commission de la médiation de la consommation permet aux usagers d'éviter des délais judiciaires trop longs, de frais de justice, l'encombrement des tribunaux et surtout permet de trouver une solution amiable acceptable par les deux parties.

B. Le Conseil consultatif supérieur marocain de la consommation

662. En droit marocain, il s'agit d'un organe indépendant, ayant une fonction consultative et de conseil sur toute mesure visant à promouvoir la culture consumériste et à augmenter le niveau de la protection du consommateur. L'article 204 de la loi précitée n° 31-08 édictant des mesures de protection des consommateurs dispose explicitement que « *il sera créé un conseil consultatif supérieur de la consommation, organe autonome, chargé notamment de la mission de proposer et de donner son avis sur les mesures relatives à la promotion de la culture consumériste et au développement du niveau de protection des consommateurs* ».

Ainsi, ce conseil est pensé exclusivement comme un organe au service des pouvoirs publics, législatifs et exécutifs, pour renforcer les droits des consommateurs. L'article 205 de la même loi précise également que la composition de ce conseil consultatif supérieur et ses modalités de fonctionnement seront conforme à la législation en vigueur.

[2169] **J. JULIEN**, *Droit de la consommation*, op. cit., n° 52, p. 77.

[2170] **E. NEMADEU DJUITCHOKO**, *Le traitement du contentieux bancaire*, Thèse, Université de Saint-Etienne, 2011, n° 345, p. 220.

Néanmoins, cette instance n'a pas encore vu le jour. Cependant, on peut examiner et analyser le projet proposé dans ce domaine[2171]. En effet, l'article 2 du projet prévoit que Le CCSC sera présidé par le Ministre chargé du Commerce et de l'Industrie, ou par son représentant. Ce conseil va comprendre 5 représentants des associations de protection du consommateur et 5 représentants des associations professionnelles en plus de deux experts spécialisés dans le domaine juridique, économique ou de la consommation. En plus, 5 départements ministériels sont appelés à participer de plein droit aux travaux du CCSC[2172].

En outre, le conseil consultatif supérieur de la consommation aura pour missions de : Procéder à titre consultatif à l'examen préalable des projets de textes relatifs à la protection du consommateur qui lui seront soumis par les pouvoirs publics ; Emettre des avis consultatifs sur les questions d'ordre général ou spécial se rapportant à la défense, à la protection, au respect et au renforcement des droits du consommateur ; Conseiller les pouvoirs législatifs et exécutifs sur les questions intéressant le consommateur ; Etudier et proposer les orientations susceptibles d'éclairer l'action gouvernementale dans le domaine de la consommation et la protection du consommateur tenant compte de la situation du consumérisme au Maroc et des pratiques internationales en la matière[2173].

En tout état de cause, on peut dire que le conseil consultatif supérieur de la consommation nécessite des acteurs (administrations, professionnels et associations de consommateurs) formés, disponibles et convaincus. Ce n'est pas encore le cas compte tenu de l'adoption très récente du dispositif.

Les associations de consommateurs sont très nombreuses, mais, même les plus actives d'entre elles ne sont pas en situation de se fédérer et n'ont pas encore la capacité de mettre en place une concertation efficace et régulière. Il est à souligner aussi que ces associations ne disposent pas d'assistance technique appropriée (avocats, personnels qualifiés, etc.).

Par ailleurs, il convient de noter que le conseil consultatif supérieur marocain de la consommation n'est pas encore en place, mais le projet de décret prévoit une structure et des missions similaires à celles existant dans les conseils nationaux français, algérien, tunisien de protection du consommateur.

C. Le Fonds national pour la protection du consommateur en droit marocain

663. L'article 156 de la loi marocaine précitée n° 31-08 édictant des mesures de protection des consommateurs dispose qu'est institué, conformément à la

---

[2171] Le projet du décret relatif au Conseil Consultatif Supérieur de la Consommation, publié sur le site de Secrétariat général du gouvernement ; http://www.sgg.gov.ma/portals/0/AvantProjet/10/projet_dec_CCSC_Fr.pdf consulté le 14 sept. 2018.

[2172] V., **Al-M., EL AZZOUZI**, *La résolution des conflits de la consommation à la lumière de la loi n° 31-08 édictant des mesures de protection du consommateur*, Dar nachr Almaarifa, en arabe, 2013, pp. 124 et 125.

[2173] Art. 1er du projet susmentionné relatif au Conseil Consultatif Supérieur de la Consommation.

législation en vigueur, un Fonds national pour la protection du consommateur en vue de financer les activités et les projets visant à la protection du consommateur, à développer la culture consumériste et à soutenir les associations de consommateur constituées conformément aux dispositions de la présente loi.

La spécificité de ce fonds est d'être gérée directement par l'administration ministérielle à travers ses directions centrales.

En effet, l'article 156 de la même loi précise que « le Ministère chargé du Commerce, de l'Industrie et des Nouvelles Technologies est chargé de la gestion de ce fonds. Les ressources de ce fonds sont constituées : - des dotations du budget général ; - d'un pourcentage des amendes perçues à la suite des contentieux sur lesquels il a été statué en vertu de la présente loi ; - Des dons et legs au profit du fonds ; - De toutes autres ressources obtenues légalement ».

Ainsi, ce fonds est destiné à apporter un appui financier aux actions programmées et réalisées par les structures étatiques et associations opérant dans le domaine de la protection du consommateur, dans le cadre de contrats de programme à signer entre les associations et l'Etat. Il va servir à aider financièrement les associations pour éviter notamment que ces dernières n'aient recours à des financements de sociétés commerciales.

L'article 156 de la loi marocaine précitée n° 31-08 ajoute que « seront fixés par décret, le régime d'administration du fonds, de gestion de ses finances ainsi que le pourcentage des amendes et la nature des ressources, qui lui sont affectés en vertu du présent article ».

Le décret d'application définissant le régime d'administration du fonds, de gestion de ses finances ainsi que la nature de ses ressources n'est pas encore adopté. La perspective d'un fonds pour le financement de leurs actions a sans doute contribué à freiner le programme d'action des associations de protection des consommateurs en les confirmant dans l'idée que sans financement elles ne pouvaient pas réaliser leurs missions, ou du moins pas à l'échelle qu'elles souhaiteraient.

Cependant, la gestion de ce fonds par le Ministère peut soulever un certain nombre de questions quant à l'indépendance des bénéficiaires (associations) vis-à-vis de l'état et de l'administration. Par contre, il faut souligner l'originalité de cet outil, dans le droit marocain, pour autant qu'il soit utilisé de façon adéquate et équitable par les pouvoirs publics.

En tout état de cause, ces différentes institutions administratives déjà évoquées disposent des différents moyens d'action pour remplir leurs missions de protection.

Section II : Les moyens de protection par les institutions administratives

664. Dans le souci d'aboutir à une protection efficace de la partie faible contre les pratiques illicites et abusives des professionnels, les législateurs ont instauré un certain nombre de mesures de nature administrative.

En principe, les institutions administratives jouent un rôle préventif, curatif et même répressif pour la protection des consommateurs. En réalité, s'il existe des litiges dans le cadre de la relation contractuelle, le recours direct de la partie faible (le consommateur) au professionnel concerné est parfois inefficace[2174]. Ainsi, la négociation directe entamée à l'initiative du consommateur insatisfait peut souvent échouer. Le professionnel peut ne pas se sentir obligé de se plier spontanément à la réglementation en vigueur ni même de répondre au simple courrier du consommateur. Sa réputation et son image ne risquent pas d'être ternies du fait de la réclamation extrajudiciaire isolée d'un consommateur mécontent. En général, les recours directs à la négociation ne sont pas couronnés de succès en raison du rapport déséquilibré de forces entre les deux parties[2175]. Ainsi, l'autre moyen consiste pour le consommateur à s'adresser des institutions administratives qui lui serviront d'intermédiaire pour conduire ses revendications et protéger ses intérêts (quelquefois même recours à des émissions de radio ou de télévision).

De plus, les institutions administratives jouissent d'autres moyens préventifs et de coercition qui peuvent assurer le respect des règles du droit et qui permettent aux institutions concernées de lutter contre toutes les clauses abusives, les pratiques commerciales illicites ou déloyales et l'abus de faiblesse des professionnels[2176].

Les institutions administratives sont chargées d'assurer le respect de l'intérêt général. Les tribunaux, garants classiques de la conformité du contrat à la législation en vigueur, voient leur rôle se réduire de plus en plus face à la montée du rôle de ces institutions administratives. En effet, comme on l'a souligné précédemment, les organismes ou les institutions administratives sont concrètement *des superviseurs ou observateurs effectifs et réels* de l'efficacité de telle ou telle législation.

Nous examinerons ici les pouvoirs des institutions administratives (paragraphe 1) avant d'aborder leurs rôles dans le cadre de protection de la partie faible (paragraphe 2).

Paragraphe 1 : Les pouvoirs des institutions administratives

665. Le juge n'a pas en général le monopole d'intervention à l'occasion de manquement par le professionnel de ses obligations, il partage actuellement cette

---

[2174] **N. SABIK**, *Le rôle de la propriété industrielle dans la protection du consommateur*, Thèse, Université Jean Moulin Lyon 3, 2010, p. 222.

[2175] V. **S. LEGAC-PECH**, *Droit de la consommation*, op. cit., p. 115.

[2176] **H. BUREAU**, *Le droit de la consommation transfrontière*, op. cit, n° 359, p. 239 ; **H. KALLEL**, « La sécurité du consommateur en droit tunisien : de la prévention à la répression », op. cit., p. 76.

tâche avec les agents administratifs qui, de plus en plus, ont le pouvoir de prendre des mesures à l'encontre des professionnels mis en cause[2177].

Si les institutions administratives constatent que les contrats proposés par le professionnel ou des pratiques commerciales ne sont pas conformes aux législations en vigueur, elles peuvent réagir contre en vertu des pouvoirs et des compétences qui leur sont accordés par la loi.

Plus précisément, la protection de la partie faible contre la tromperie peut être influencée par des considérations, aussi bien d'ordre administratif que judiciaire. L'instauration par les législateurs d'une diversité de mesures coercitives, incitatives, préventives à l'encontre des professionnels vise à assurer l'efficacité de la protection.

En d'autres termes, les législateurs permettent à certains organismes administratifs d'ordonner la cessation de certaines infractions comme la publicité trompeuse, les falsifications ou encore de cesser tout agissement illicite ou de supprimer toute clause interdite ainsi que de sanctionner le professionnel qui ne respecte pas les législations en vigueur[2178].

De manière générale, les institutions administratives sont, par leur pouvoir d'enquête et d'investigation, habilitées à rechercher et constater les infractions (A). Ensuite, elles peuvent formuler des injonctions à l'encontre du professionnel ayant manqué à ses obligations (B). Enfin, il existe des sanctions administratives pour assurer l'effectivité de ces obligations (C).

A. Pouvoirs d'enquête

666. Les législateurs prévoient d'élargir graduellement les compétences des organismes ou institutions administratives aux fins de recherche et de constatation d'infractions ou de manquements aux obligations légales s'imposant aux professionnels. C'est pourquoi, certains auteurs[2179] ont pu dire que ces institutions ont un pouvoir « de police judiciaire », c'est-à-dire d'enquête et de contrôle.

En principe, il semble que les agents administratifs habilités dans les pays étudiés n'ont pas de compétence pour constater les infractions survenues hors du territoire national, et ne peuvent rechercher que celles commises à la législation

---

[2177] **S. PIETRINI**, « Indépendance et interdépendance des juridictions et autorités de concurrence (Éléments de droit comparé) », *Pet. Aff.* 27 mars 2009, n°62, p. 7.

[2178] Il convient de noter que les législateurs des pays étudiés confèrent aux agents de l'administration habilités dans chaque pays de prendre des mesures applicables aux établissements, aux produits et aux prestations de services. Ces mesures sont justifiées par le non-respect des obligations de conformité et de sécurité pesant sur le professionnel ou par un danger grave ou immédiat. En général, ces mesures consistent à ordonner toutes mesures correctives, notamment le renforcement des autocontrôles, la réalisation de travaux ou d'opération de nettoyage, la fermeture de tout ou partie de l'établissement, l'arrêt d'une ou de plusieurs de ses activités, la suspension ou le retrait des produits de la mise sur le marché, la diffusion d'une mise en garde, etc. A titre d'exemple, en droit français V. Arts. L. 521-5 à L. 521-20 du Code français de la consommation.

[2179] **P. GUILLERMIN**, « Droit de la consommation : l'absence d'une véritable alternative à la voie pénale », *Actualité Juridique de Droit pénal*, 2008, p. 73 ; **A. GILLOTOT**, *Relevé d'office du juge et droit de la consommation*, Thèse, Université d'Avignon, 2015, n° 688, p. 542.

nationale. Cette question peut être soulevée en France dans le cadre de l'Union européenne et peut-être dans les pays maghrébins dans le cadre de l'Union du Maghreb arabe. Par exemple, si un professionnel trompe les consommateurs français sur les qualités substantielles des produits qu'il leur vend, il s'expose à être sanctionné selon les droits français. Or, si ce même professionnel est domicilié à l'étranger, et qu'il y fabrique le produit litigieux, les institutions administratives concernées ne pourront pas procéder aux vérifications nécessaires, ni dresser un procès-verbal constatant le délit[2180]. Par conséquent, leurs enquêtes seront limitées au territoire national.

Ainsi, la coopération entre les pays, soit dans le cadre de telle ou telle Union, soit entre eux, reste un moyen effectif dans ce domaine[2181].

En tout état de cause, nous pouvons constater au niveau national que dans le domaine de pouvoir d'enquête et d'investigation, la multiplicité des organismes administratifs dans les six pays étudiés impose une recherche qui porte uniquement sur l'administration pouvant jouer un rôle efficace dans ce domaine.

667. Il convient avant tout de noter qu'il existe, en principe, deux types d'enquête : les enquêtes simples et les enquêtes sous contrôle judiciaire ou « enquêtes lourdes »[2182]. A la différence des enquêtes simples, les enquêtes lourdes doivent être autorisées judiciairement, impliquant des moyens coercitifs : tels que les perquisitions et saisies de documents. Elles ne peuvent être effectuées que sous certaines conditions permettant de garantir les droits de la personne concernée par l'enquête[2183].

668. Pour chercher les infractions, les différents législateurs confèrent aux pouvoirs d'enquête à certaines des institutions administratives principales. Ainsi, on peut distinguer en premier lieu les directions (générale) de la concurrence, de la protection des consommateurs et de la répression des fraudes en droits français, mauritanien et algérien. En deuxième lieu les conseils de la concurrence, et enfin tous les autres organes et agents habilités par des législations consuméristes de ces différents pays.

En droit français, s'agissant de la DGCCRF, l'Ordonnance de recodification leur a fait une place toute particulière puisque le livre V est tout entier consacré aux « *pouvoirs d'enquêtes et suites données aux contrôles* », ayant par ailleurs accru leurs moyens. Il faut observer que les dispositions qui y étaient relatives étaient éparpillées et qu'ici, comme ailleurs, la nouvelle codification a véritablement fait œuvre de clarification, au moins formelle. Les articles L. 511-5 et suivants fixant les diverses habilitations des agents à rechercher et constater les infractions longuement énumérées. Au titre de leurs pouvoirs d'enquête, ils

---

2180 **H. BUREAU**, *Le droit de la consommation transfrontière*, op. cit, n° 359, p. 239.

2181 Ibid., n° 364, p. 242 et s.

2182 En droit français, les enquêtes simples régies par l'article L. 450-3 du Code de commerce et les enquêtes lourdes régies par l'article L. 450-4 du Code de commerce. V. **M. MALAURIE-VIGNAL**, *Droit de la concurrence interne et européen*, Dalloz, 7e éd., 2017, n° 483, p. 214 et 215.

2183 Sur ce sujet V., **E. DAOUD et S. ALBERTIN**, « L'Autorité de la concurrence : les pouvoirs d'enquête au crible des droits de la défense », *RLDA*, n° 93, mai 2014, p. 102.

peuvent opérer sur la voie publique, pénétrer dans les locaux professionnels dès 8 heures et jusqu'à 20 heures, ainsi que procéder au contrôle des véhicules professionnels. Ils peuvent même pénétrer dans ces lieux en dehors de ces heures lorsqu'ils sont ouverts au public ou si des activités de production, de fabrication, de transformation, de conditionnement ou de commercialisation sont en cours.

Une fois sur la place, les agents de la DGCCRF peuvent se faire communiquer tout document utile, sans que le secret professionnel puisse leur être opposé, et procéder à des saisies, ainsi qu'au prélèvement d'échantillons. En cas de prélèvement, trois échantillons sont saisis, et mis sous scellés, l'un destiné au laboratoire pour analyse, les deux autres éventuellement destinés aux experts[2184]. Ils peuvent alors dresser un procès-verbal et enjoindre au contrevenant de cesser la pratique illicite ou de retirer ces produits.

Il faut noter qu'entre la constatation de l'infraction et la saisine du tribunal, s'écoule nécessairement un délai, durant lequel les pratiques illicites peuvent faire de nouvelles victimes, c'est la raison pour laquelle, à titre de précaution, le droit de la consommation autorise les agents à saisir ou consigner les pratiques en cause (qu'il s'agisse de biens ou de services), sans attendre la décision judiciaire.

Enfin, lorsque cela permet la constatation de l'infraction, les agents peuvent ne décliner leur qualité qu'au moment où ils informent la personne contrôlée du résultat de leur constatation selon l'article L. 512-7 du Code français de la consommation. De plus, l'article L. 512-16 du même Code énonce que pour le contrôle de la vente de biens et de la fourniture de services sur internet, faire usage d'une identité d'emprunt est illicite[2185].

En droit mauritanien, s'agissant de la DCPCRF, l'article 18 du décret mauritanien n° 198/2014 fixant les attributions du Ministre du commerce, de l'industrie et du tourisme et l'organisation de l'administration centrale de son département dispose que la Direction mauritanienne de la concurrence, de la protection des consommateurs et de la répression des fraudes assure : la vérification et le contrôle des instruments de mesure en coordination avec les autres services du Département, institutions et acteurs concernés ; le contrôle de la qualité des produits de grande consommation en coordination avec les autres services du Département, institutions et acteurs concernés, le retrait des produits insalubres et dangereux pour la consommation et l'application des pénalités des infractions ; la surveillance régulière, en concertation avec les institutions et acteurs concernés, de la situation des approvisionnements et de l'évolution des stocks ; le suivi et le contrôle des procédures de facturation des produits sensibles et de grande consommation de même que de la publicité des prix.

De même, en droit algérien, la Direction générale du contrôle économique et de la répression des fraudes (DGCERF) contribue à la mise en œuvre des dispositifs de contrôle intersectoriel, notamment en matière de fraude et

---

[2184] V., **J. JULIEN**, *Droit de la consommation*, op. cit., n° 35, p. 67.

[2185] **H. SEFIANE**, « La pratique du client mystère en droit de la concurrence et la loyauté de la preuve », *CCC*. 2016, étude n° 1.

s'implique de plus en plus dans la lutte contre la contrefaçon et le commerce informel. L'article 4 du décret exécutif n° 02-454 du 21 décembre 2002 portant organisation de l'administration centrale du Ministère du Commerce[2186] dispose ainsi que la DGCERF est chargée de définir les grands axes de la politique nationale de contrôle dans les domaines de la qualité, de la répression des fraudes et de la lutte contre les pratiques anticoncurrentielles et commerciales illicites (…). Cet article du décret algérien énonce également que la direction de la coopération et des enquêtes spécifiques « *est chargée : - de contribuer à l'organisation et à la coordination des activités de contrôle avec les services homologues relevant d'autres départements ministériels et organismes concernés ; (...) - d'effectuer directement ou en coordination avec les services homologues d'autres secteurs chargés du contrôle, toutes enquêtes économiques spécifiques ; (...)* ». De plus, la sous-direction des enquêtes spécifiques est chargée de réaliser ou de faire effectuer des enquêtes spécifiques sur les activités commerciales pouvant porter préjudice à la santé des consommateurs et/ou au fonctionnement transparent des marchés, conformément à l'article 4 de ce décret.

669. Par ailleurs, les Conseils (l'Autorité) de la concurrence des pays étudiés peuvent également ouvrir une enquête qui se fonde sur des indices laissant présumer qu'une infraction a été commise ou est sur le point de l'être[2187].

En droit libyen, l'article 1294 du Code de commerce confère au Conseil de la concurrence le pouvoir d'enquête en se basant sur les requêtes présentées ou l'auto-saisine d'office des pratiques anticoncurrentielles constatées sur le marché.

En droit algérien, l'article 34 de l'ordonnance précitée n° 03-03 relative à la concurrence dispose que le Conseil de la concurrence peut saisir les services chargés des enquêtes économiques pour effectuer tout contrôle, enquête ou expertise portant sur des questions relatives aux affaires relevant de sa compétence. Plus loin, l'article 37 de la même ordonnance énonce que « *le Conseil de la concurrence peut effectuer des enquêtes sur les conditions d'application des textes législatifs et réglementaires ayant un lien avec la concurrence. Dans le cas où ces enquêtes révèlent que l'application de ces textes donne lieu à des restrictions à la concurrence, le Conseil de la concurrence engage toutes les actions pour mettre fin à ces restrictions* ».

En droit français, les pouvoirs d'enquête des agents consistent au droit d'accès et au droit à la communication en vertu de l'article L. 450-3 du Code de commerce. En effet, le droit d'accès signifie que les agents des services d'instruction de l'Autorité de la concurrence peuvent pénétrer dans tous lieux utilisés à des fins professionnelles et dans les lieux d'exécution d'une prestation de services ainsi qu'accéder à tous moyens de transport à usage professionnel. Entre 8h et 20h, ils peuvent pénétrer dans ces lieux lorsque ceux-ci sont ouverts

---

[2186] Le décret exécutif algérien n°02-454, 21 déc. 2002 portant organisation de l'administration centrale du Ministère du Commerce, *JORA*., n° 85, 22 déc. 2002, p. 15 ; V., **A. FILALI**, « Le droit de la consommation : une adaptation du droit commun des contrats », op. cit., p. 9.

[2187] **J. CARMINATI**, *La loyauté dans les relations commerciales au sens du code de commerce*, Thèse, Université de Toulouse 1 capitole, 2013, n° 342, pp. 104 et s.

au public ou lorsqu'à l'intérieur de ceux-ci sont en cours des activités de production, de fabrication, de transformation, de conditionnement, de transport ou de commercialisation.

Cependant, lorsque ces lieux sont également à usage d'habitation, les contrôles ne peuvent être effectués qu'entre 8 et 20h et que sur autorisation du juge des libertés et de la détention du tribunal de grande instance dans le ressort duquel sont situés ces lieux, si l'occupant s'y oppose, conformément à l'article L.450-3 du Code français de commerce.

Cet article prévoit le droit à la communication lorsqu'il dispose que les agents peuvent également exiger la transmission de documents, par tout moyen et sur tout support, de copies, de livres, factures et autres documents professionnels de toute nature, entre quelques mains qu'ils se trouvent, propres à faciliter l'accomplissement de leur mission. Ils peuvent exiger la mise à leur disposition des moyens indispensables pour effectuer leurs vérifications. Ils peuvent également recueillir, sur place ou sur convocation, tout renseignement, document ou toute justification nécessaire au contrôle[2188].

Pour suivre les évolutions technologiques, le droit français dans l'article L. 450-3 du Code français de commerce énonce que pour le contrôle des opérations faisant appel à l'informatique, les agents ont accès aux logiciels et aux données stockées ainsi qu'à la restitution en clair des informations propres à faciliter l'accomplissement de leurs missions. Ils peuvent en demander la transcription par tout traitement approprié des documents directement utilisables pour les besoins du contrôle.

Sur ce sujet, la jurisprudence française considère dans plusieurs reprises que la saisie globale de documents, informatiques ou manuscrits, est valide dès lors que les éléments saisis ne sont pas divisibles et contiennent des documents présentant, même pour partie, un lien avec l'autorisation accordée[2189].

Toutefois, l'article L. 450-4 du Code français de commerce dispose que « *les agents mentionnés à l'article L. 450-1 ne peuvent procéder aux visites en tous lieux ainsi qu'à la saisie de documents et de tout support d'information que dans le cadre d'enquêtes demandées par la Commission européenne, le ministre chargé de l'économie ou le rapporteur général de l'Autorité de la concurrence sur proposition du rapporteur, sur autorisation judiciaire donnée par ordonnance du juge des libertés et de la détention du tribunal de grande instance dans le ressort duquel sont situés les lieux à visiter* »[2190].

2188 **M. CHAGNY-IRENE LUC**, « Quels contrôles des contrats d'affaires par les autorités de concurrence ? », *AJCA*, 2015, p.112.

2189 Cass. crim., française, 30 nov. 2011, n° 10-81.748, *Bull. crim.*, 2011, n° 242 ; CA Paris, pôle 5 - ch. 15, 8 nov. 2017, n° 14/13247, https://www.doctrine.fr, consulté le 7 sept. 2018. Cass. crim., française, 20 déc. 2017, 16-83.469, Inédit.

2190 D'ailleurs, l'article L. 450-4 du Code français de commerce dispose que les agents des services d'instruction de l'Autorité de la concurrence « *peuvent également, dans les mêmes conditions, procéder à la pose de scellés sur tous locaux commerciaux, documents et supports d'information dans la limite de la durée de la visite de ces locaux. Lorsque ces lieux sont situés dans le ressort de*

670. En outre, des législations consuméristes de certains pays ont conféré aux autres agents habilités le pouvoir de constater les infractions du professionnel.

En droit tunisien, ayant déterminé les agents habilités à la constatation des infractions[2191], la loi tunisienne n° 92-117 relative à la protection du consommateur, leur permet d'enquêter sur les produits et les activités du professionnel. En effet, l'article 22 de la même loi précise que les agents chargés de la constatation des infractions sont autorisés dans l'accomplissement de leurs multiples missions. D'abord, ils peuvent pénétrer, pendant les heures habituelles d'ouverture ou de travail, dans les locaux professionnels et sont également autorisés à accomplir leurs missions au cours du transport des marchandises. Ils peuvent procéder à toutes les constations nécessaires et se faire produire, sur première réquisition et sans déplacement, les documents, pièces et registres nécessaires à leurs recherches et constatations et en lever copies.

Ensuite, ces agents peuvent saisir, contre récépissé, ceux des documents visés par cette loi qui sont nécessaires pour prouver l'infraction ou pour rechercher les co-auteurs de l'infraction ou leurs complices. Ils peuvent prélever des échantillons suivant les modes et les conditions réglementaires. Chaque prélèvement comporte, à moins d'impossibilité matérielle, la prise de quatre échantillons identiques, dont deux destinés au laboratoire pour analyses. Et les deux autres à soumettre éventuellement aux expertises.

Enfin, ils peuvent faire des visites dans les lieux à usage d'habitation, après autorisation préalable du procureur de la république ; ces visites dans les lieux à usage d'habitation doivent s'effectuer conformément aux prescriptions du code de procédure pénale. Les agents peuvent exiger de l'annonceur d'une publicité la mise à leur disposition de tous les éléments propres à justifier les allégations, indications ou présentations publicitaires. Ils peuvent également exiger de l'annonceur, de l'agence de publicité ou du responsable du support, la mise de leur disposition des messages diffusés.

En droit algérien, l'article 49 de la loi n° 04-02 du 23 juin 2004 fixant les règles applicables aux pratiques commerciales précise que « *dans le cadre de l'application de la présente loi, sont habilités à effectuer des enquêtes et à constater les infractions à ses dispositions, les fonctionnaires désignés ci-dessous : - les officiers et agents de police judiciaire prévus par le code de procédure pénale ; - les personnels appartenant aux corps spécifiques du contrôle relevant*

---

plusieurs juridictions et qu'une action simultanée doit être menée dans chacun d'eux, une ordonnance unique peut être délivrée par l'un des juges des libertés et de la détention compétents ». **P. ARHEL**, « Activité de l'Autorité de la concurrence en 2016 », *Pet. Aff.*, 6 déc. 2017, n° 243, p. 7.

[2191] L'article 21 de la loi tunisienne n° 92-117 du 7 décembre 1992 relative à la protection du consommateur dispose que « *les infractions aux dispositions des titres I, II et III de la présente loi sont constatées par : - les officiers de police judicaire ; - les inspecteurs du contrôle économique, désignés conformément au statut particulier régissant le corps du contrôle économique ; - les ingénieurs, les médecins, les médecins vétérinaires, les pharmaciens, inspecteurs et les techniciens supérieurs, assermentés et spécialement habilités à cet effet par le ministre chargé de l'agriculture ou par le ministre chargé de la santé publique ; - les agents de la réglementation municipale* ».

de l'administration chargée du commerce ; - les agents concernés relevant des services de l'administration fiscale ; - les agents de l'administration chargée du commerce classés au moins dans la catégorie 14, désignés à cet effet »[2192].

L'article 50 de la loi algérienne n° 04-02 dispose également que « *les fonctionnaires visés à l'article 49 ci-dessus peuvent, sans se voir opposer le secret professionnel, consulter tout document administratif, commercial, financier ou comptable ainsi que tout support magnétique ou informatique. Ils peuvent exiger leur communication en quelque main où ils se trouvent et procéder à leur saisie. Les documents et supports saisis sont joints au procès-verbal de saisie ou restitués à l'issue de l'enquête* ».

D'ailleurs, l'article 52 de la même loi énonce que les agents habilités par l'article 49 précité ont libre accès aux locaux commerciaux, bureaux, annexes, locaux d'expédition ou de stockage et d'une manière générale, en quelque lieu que ce soit, à l'exception de l'accès aux locaux à usage d'habitation, qui doit se faire conformément aux dispositions du code de procédure pénale. Leur intervention peut s'exercer aussi durant le transport des marchandises. De plus, ils peuvent pour l'accomplissement de leurs missions procéder à l'ouverture de tous colis et bagages en présence de l'expéditeur, du destinataire ou du transporteur[2193].

671. En droit marocain, le régime du Mohtassib[2194] peut exercer des fonctions importantes en matière de contrôle de la qualité et des prix de certains produits ou services et de protection de consommateurs en général. Selon les articles 1, 2 et 7 de la loi n° 02-82 relative aux attributions du mohtassib et des oumana des corporations, le mouhtassib est chargé d'assurer la surveillance des marchés en veillant tant à la bonne observation des textes relatifs à la répression des fraudes et au contrôle des prix qu'à la loyauté des transactions. Cependant, les attributions du Mohtassib restent limitées car le premier article de cette loi dispose que « *dans les limites du ressort territorial où il exerce ses fonctions, le mohtassib est chargé, à l'exclusion de toute autre autorité, du contrôle de la qualité et des prix des services et produits de l'artisanat ainsi que des produits agricoles, des denrées alimentaires, des boissons et des produits de toilette ou d'hygiène* »[2195].

2192 La loi algérienne n° 04-02 du 23 juin 2004 fixant les règles applicables aux pratiques commerciales, *JORA*, n° 41, 27 juin 2004, p. 3. V., **M. MENOUER**, *Droit de la concurrence*, en droit algérien, op. cit., p. 82.

2193 **Z.-H. SY-YOUSSEF**, *La responsabilité civile des producteurs*, en droit algérien, op. cit., p. 84 et s.

2194 Mohtassib est une notion issue de la loi islamique, le législateur marocain l'a introduit dans son régime juridique par la loi n° 02-82 relative aux attributions du mohtassib et des oumana des corporations (*Bull.O. Mar.* 7 juill. 1982). A ce sujet V., **A. ALSBAII**, « Al-Hissba entre la charia et la loi marocaine du 1982 », en arabe, *Majalat Dar Alhadit*, n° 4, 1984, p. 168.

2195 L'article 6 de cette loi marocaine énonce également que « *le mohtassib peut, en vertu d'une délégation conférée par les autorités compétentes conformément aux dispositions de la loi n° 008-71 du 21 chaabane 1391 (12 octobre 1971) et nonobstant toutes dispositions contraires, imposer le paiement d'une amende n'excédant pas 50 000 dirhams. En cas d'infraction grave ou lorsque le délinquant a déjà été sanctionné pour deux infractions au moins depuis moins d'un an, le mohtassib*

Le Mohtassib, dans l'exercice de ses fonctions prévues par cette loi, a libre accès à tous les lieux où peuvent pénétrer les agents chargés de la répression des fraudes ou du contrôle des prix dans les conditions prescrites par les lois et règlements en vigueur. D'ailleurs, il peut, dans les cas où il l'estime nécessaires, faire opérer des prélèvements ou des saisies conservatoires en vue de faire procéder aux analyses nécessaires, conformément à l'article 3 de cette loi[2196].

B. Un pouvoir d'injonction

672. Comme pour leurs pouvoirs d'enquêtes, les institutions administratives des pays étudiés peuvent enjoindre les professionnels à respecter les législations en vigueur. Une injonction fait en général figure de préliminaire à l'amende qui sera éventuellement prononcée, pour donner au professionnel l'occasion de se conformer à ses obligations[2197]. Ce pouvoir d'injonction se trouve dans les différents textes les régissant dans les pays étudiés.

En droit français, l'article L. 521-2, alinéa 1er, du Code français de la consommation dispose que « *les agents habilités peuvent (...) enjoindre à tout professionnel de cesser tout agissement illicite ou de supprimer toute clause illicite ou interdite* ».

En outre, l'article L. 521-2, alinéa 2, du même Code énonce que cette injonction peut « *faire l'objet d'une mesure de publicité, dans des conditions fixées par décret en Conseil d'Etat. Dans ce cas, le professionnel est informé, lors de la procédure contradictoire préalable au prononcé de l'injonction, de la nature et des modalités de la publicité envisagée. La publicité est effectuée aux frais du professionnel qui fait l'objet de l'injonction* »[2198].

Les agents peuvent toutefois opter pour l'injonction, dont le non-respect est également passible d'une amende administrative. La DGCCRF était certes déjà investie du pouvoir d'enjoindre aux professionnels de supprimer toute clause illicite. La création, par le décret n° 2009-302 du 18 mars 2009, d'une liste noire de 10 clauses présumées abusives de façon irréfragable et partant illicites était de nature à renforcer l'assise de son pouvoir d'injonction. Cependant, ce pouvoir, « noyé » au sein du catalogue des pouvoirs des agents de la DGCCRF dressé par l'ancien article L. 141-1, V, du Code de la consommation, n'était pas assorti de sanction. L'injonction était conçue comme un avertissement adressé aux contrevenants, destiné à les inciter à rectifier leurs comportements. La loi Hamon en a largement renforcé l'effectivité. D'une part, en mentionnant

---

peut, également par mesure conservatoire, ordonner la fermeture de l'établissement commercial ou professionnel en attendant qu'il soit statué sur l'infraction constatée. La durée de cette fermeture ne peut toutefois excéder 6 jours ».

[2196] **A. LYOUBI**, « Le rôle du Mohtassib dans la protection du consommateur », *Revue de droit et d'économie*, Fès-Maroc, n° 10/1995, p. 159 ; **A. MOHIM**, *La protection du consommateur à l'encontre des dommages causés par les produits proposés sur le marché, en droit marocain*, en arabe, Dar Al Afak AlMaghribia, 2018, p. 196.

[2197] **A. GILLOTOT**, *Relevé d'office du juge et droit de la consommation*, n° 690, p. 543.

[2198] **S. LE GAC-PECH**, *Droit de la consommation*, op. cit., p. 147.

expressément ce pouvoir au sein des dispositions sur les clauses abusives, elle lui a conféré une meilleure lisibilité et intelligibilité, lesquelles sont autant de préalables formels à l'effectivité d'une norme.

L'article L. 132-2, alinéa 2, du Code de la consommation précise en effet que « *l'injonction faite à un professionnel, en application du VII de l'article L. 141-1, tendant à ce qu'il supprime de ses contrats ou offres de contrat une ou plusieurs clauses mentionnées au premier alinéa du présent article peut faire l'objet d'une mesure de publicité, dans des conditions fixées par décret en Conseil d'État* ». D'autre part, en assortissant l'injonction d'une publicité, la loi Hamon en améliorait le caractère dissuasif. L'article R. 132-2-2, créé par le décret n° 2014-1109 du 30 septembre 2014[2199], avait précisé les deux modalités de cette publicité – l'affichage et la diffusion –, lesquels peuvent être ordonnés cumulativement.

673. La loi Macron[2200] apporte deux importantes précisions à l'égard de la publicité de l'injonction, par le biais d'un nouvel alinéa ajouté à l'article L. 132-2 du Code de la consommation qui a prévu que le professionnel est informé, lors de la procédure contradictoire préalable au prononcé de l'injonction, de la nature et des modalités de la publicité envisagée. Cette dernière est effectuée aux frais du professionnel qui fait l'objet de l'injonction. Cet article reproduit ici une disposition plus générale introduite dans la procédure entourant le prononcé des décisions en matière d'amendes administratives.

Il s'agit en effet de tirer les conséquences de mise à la charge de la personne sanctionnée des frais de publication des décisions administratives. Au regard du respect des droits de la défense, il est logique que le professionnel soit préalablement informé, lors de la procédure contradictoire entourant le prononcé de la sanction, de « la nature et des modalités de la publicité envisagée ». À peine entré en vigueur, ce pouvoir d'injonction a été utilisé par les inspecteurs de la DGCCRF en vue d'obtenir la cessation de clauses noires présentes dans les conditions générales d'utilisation du réseau social Facebook, dont certaines avaient été signalées par la Commission des clauses abusives[2201].

Bien que l'Autorité de la concurrence, en droit français, ne soit pas considérée comme une juridiction, elle prononce des injonctions, prend des décisions, et le cas échéant, inflige des sanctions, susceptibles de recours devant la cour d'appel de Paris et la Cour de cassation. Elle rend également des avis[2202].

[2199] Le décret français n° 2014-1109, 30 sept. 2014 portant application des dispositions de la loi n° 2014-344 du 17 mars 2014 relative à la consommation, renforçant les moyens de contrôle de l'autorité administrative chargée de la protection des consommateurs et adaptant le régime de sanctions, *JORF*, n° 0228, 2 oct. 2014, p. 15999.

[2200] La loi française n° 2015-990, 6 août 2015 pour la croissance, l'activité et l'égalité des chances économiques, *JORF*, n° 0181, 7 août 2015, p. 13537.

[2201] **N. SAUPHANOR-BROUILLAUD**, « L'incidence de la loi Macron sur le droit contractuel de la consommation », *RDC*. 01 mars 2016, n° 01, p. 97.

[2202] **O. DUFOUR**, « Quand le Conseil de la concurrence s'apprête à laisser la place à l'Autorité de la concurrence », *Gaz. Pal.* 17 juill. 2008, n° 199, p. 2.

En droit mauritanien, de manière implicite, le décret n° 198/2014 fixant les attributions du Ministre du commerce, de l'industrie et du tourisme et l'organisation de l'administration centrale de son département, le législateur indique un pouvoir d'injonction de la DCPCRF, qui est chargé de la lutte contre les fusions anticoncurrentielles, contre les accords restrictifs entre producteurs et distributeurs et les actes commerciaux frauduleux. Aussi, elle est chargée de la répression des infractions et des pratiques frauduleuses, restrictives ou anticoncurrentielles conformément aux lois et règlements en vigueur[2203].

En droit algérien, l'article 45 de l'Ordonnance algérienne n° 03-03 relative à la concurrence[2204] dispose que dans le cas où les requêtes et les dossiers dont il est saisi ou dont il s'autosaisit et entrant dans le champ de ses compétences, le Conseil de la concurrence fait des injonctions motivées visant à mettre fin aux pratiques restrictives de concurrence constatées. Il peut également ordonner la publication, la diffusion ou l'affichage de sa décision ou d'un extrait de celle-ci[2205].

De même, le législateur libyen dans le Code de commerce a accordé au Conseil de la concurrence de pouvoir d'injonction vis-à-vis des professionnels qui ne respectent pas les principes de concurrence. D'ailleurs, ce conseil peut prendre des mesures contre toutes pratiques anticoncurrentielles constatées sur les marchés de biens et services. Aussi, il peut obliger le professionnel à supprimer toutes les pratiques constituant un danger pour les consommateurs[2206].

En droit tunisien, l'article 27 de la loi n° 2015-36 relative à la réorganisation de la concurrence et des prix[2207] prévoit que « *le conseil de la concurrence peut : adresser des injonctions aux opérateurs concernés pour mettre fin aux pratiques anticoncurrentielles dans un délai déterminé, ou leur imposer des conditions particulières dans l'exercice de leur activité ; prononcer la fermeture provisoire de ou des établissements incriminés, pour une période n'excédant pas trois mois ; transmettre le dossier au parquet en vue d'engager les poursuites pénales* ». Le ministre chargé du commerce procède, en collaboration avec les services compétents à la prise de toutes les mesures nécessaires pour le suivi de l'exécution des décisions du conseil de la concurrence rendue à l'encontre des contrevenants et relatives aux injonctions qui leur sont adressées pour la cessation des pratiques anticoncurrentielles, pour la fermeture provisoire des établissements incriminés et pour le paiement des amendes dues. Une grosse des décisions du conseil de la

---

[2203] V. Arts. 18, 20 et 23 du décret mauritanien précité n° 198/2014 fixant les attributions du Ministre du Commerce, de l'Industrie et du Tourisme et l'organisation de l'administration centrale de son département.

[2204] L'Ordonnance algérienne n° 03-03, 19 juill. 2003, relative à la concurrence, *JORA.*, n° 43, 20 juill. 2003, p. 23

[2205] V. **M. TIORSSI**, *Les contrôles juridiques de la liberté de la concurrence en Algérie*, op. cit., p. 330.

[2206] V. Arts 1294 et 1296 du Code libyen de commerce.

[2207] La loi tunisienne n° 2015-36, 15 sept. 2015, relative à la réorganisation de la concurrence et des prix, *JORT*, n° 77 – 78, 25 et 29 sept. 2015, p. 2320.

concurrence est délivrée au ministre chargé du commerce conformément à l'article 44 de la loi précitée n° 2015-36.

Pour l'efficacité du pouvoir d'injonction, des sanctions (amendes administratives) peuvent être prononcées si le professionnel concerné ne défère pas à l'injonction qui lui a été faite dans le délai imparti. Plus précisément, ce professionnel aura donc tout intérêt à se conformer aux injonctions formulées à son encontre afin d'éviter que la procédure n'aille plus loin.

C. Les pouvoirs de sanction

674. En principe, les sanctions en matière du contrat sont de la compétence propre du juge. Cependant, on se rend compte qu'avec l'évolution dans la vie économique, s'impose de plus en plus de la nécessité d'une intervention rapide à l'encontre de pratiques illicites constantes des professionnels. Ainsi, les législateurs des pays étudiés ont accordé ces pouvoirs aux autorités publiques indépendantes qui généralement, sont à même de contrôler les comportements délictueux des professionnels et de réagir directement lorsqu'elles constatent des infractions. Par conséquent, ces institutions administratives prononcent des sanctions administratives en cas de manquements aux obligations qui leurs incombent en vertu des textes[2208]. Ces pouvoirs des sanctions se trouvent dans les différents textes des pays étudiés.

On constate que les dispositions prévues par les droits des pays maghrébins ne sont pas détaillées. C'est pourquoi, on traite de façon approfondie les pouvoirs des sanctions en droit français qui en a une approche beaucoup plus détaillée. Ainsi, ces dispositions peuvent être un exemple d'inspiration pour l'évolution des législations de la consommation dans les pays du Maghreb.

En droit français, la loi du 17 mars 2014 relative à la consommation a multiplié les sanctions administratives sous forme d'amendes pouvant être prononcées par la DGCCRF dans un nombre considérable de domaines.

En effet, cette loi a prévu que la stipulation par le professionnel de clauses de la liste noire, dans les contrats qui les liens aux non-professionnels ou consommateurs, est passible d'une amende administrative infligée par le DGCCRF. L'article L. 241-2 du Code français de la consommation dispose que « *(...), la présence d'une ou de plusieurs clauses abusives relevant du décret pris en application du quatrième alinéa de l'article L. 212-1 est passible d'une amende administrative dont le montant ne peut excéder 3 000 euros pour une personne physique et 15 000 euros pour une personne morale. Cette amende est prononcée dans les conditions prévues au chapitre II du titre II du livre V* ».

[2208] **A. GILLOTOT**, *Relevé d'office du juge et droit de la consommation*, op. cit., n° 688, p. 543 ; **A. MOHIM**, *La protection du consommateur à l'encontre des dommages causés par les produits proposés sur le marché, en droit marocain*, op. cit., p. 255.

Il convient de noter que l'insertion d'une clause de la liste noire peut donc être sanctionnée « directement » par les agents de la DGCCRF, sans passer la voie de l'injonction[2209].

La DGCCRF se voit dotée de nouveaux pouvoirs de sanctions, qu'il s'agisse des amendes sanctionnant l'inexécution, par les professionnels, des injonctions administratives ou de celles sanctionnant leurs manquements[2210].

En France, l'action de l'administration est soumise à une prescription, dont la durée varie en fonction du montant de l'amende. Selon l'article L. 522-2 du Code de la consommation, si ce montant est supérieur à 3 000 euros pour une personne physique et à 15 000 euros pour une personne morale, le délai de prescription est de trois ans. En revanche, l'article L. 522-3 du Code de la consommation énonce que si le montant de cette sanction est inférieur ou égal à 3 000 euros pour une personne physique et à 15 000 euros pour une personne morale, le délai de prescription est d'un an. Dans ces deux cas, le point de départ de la prescription se situe au jour où le manquement a été commis si, dans ce délai, il n'a été fait aucun acte tendant à la recherche, à la constatation ou à la sanction de ce manquement[2211]. De plus, l'article L. 522-4 du Code français de la consommation dispose que « *une copie du procès-verbal constatant les manquements passibles d'une amende administrative en est transmise à la personne mise en cause* ».

Par ailleurs, avant toute décision, l'article L. 522-5 du Code de la consommation énonce que la DGCCRF informe la personne par écrit de la sanction envisagée à son encontre, en lui indiquant qu'elle peut se faire assister par le conseil de son choix et en l'invitant à présenter, dans un délai précisé par décret, ses observations écrites et, le cas échéant, ses observations orales. Passé ce délai, elle peut, par décision motivée, prononcer l'amende. Ainsi, l'article R. 522-2 du Code de la consommation dispose que « *le délai mentionné à l'article L. 522-5 est d'un mois* »[2212].

En outre, l'article L. 522-6 du Code français de la consommation dispose que la décision prononcée par l'autorité administrative peut être publiée aux frais de la personne sanctionnée. Selon l'alinéa 2 de cet article, celle-ci devant être informée de la nature et des modalités de la publicité envisagée. A ce sujet, l'article R. 522-3 du Code de la consommation précise de manière claire que « *la publication prévue à l'article L. 522-6 s'effectue par voie de presse, par voie électronique ou par voie d'affichage. La diffusion et l'affichage peuvent être ordonnés cumulativement. Les modalités de la publication sont précisées dans la décision prononçant l'amende* ».

[2209] **N. SAUPHANOR-BROUILLAUD**, « L'incidence de la loi Macron sur le droit contractuel de la consommation », op. cit., p. 97

[2210] **N. SAUPHANOR-BROUILLAUD**, « Les sanctions des règles protectrices des consommateurs dans la loi relative à la consommation », *RDC*. 01 sep. 2014, n° 3, p. 471.

[2211] **J.-D. PELLIER**, *Droit de la consommation*, op. cit., n° 284, p. 327.

[2212] **S. LE GAC-PECH**, *Droit de la consommation*, op. cit., p. 147.

675. Ici, on peut rappeler que comme on l'a vu dans la première partie de notre recherche[2213], la publication des sanctions prononcées est un des autres moyens d'action contre le professionnel qui n'assume pas le respect de ses obligations.

De plus, malgré l'importance de ces sanctions financières (amendes), elles n'ont toujours pas une efficacité et une influence dissuasives sur la pratique de certains professionnels, si on établit une comparaison entre le coût de l'amende et le gain financier en cas de non-respect du règlement. Ainsi, la mesure de publicité peut être comme une forme de punition supplémentaire de ce dernier complétant l'amende administrative.

D'ailleurs, il est important de préciser que lorsque plusieurs sanctions administratives ont été prononcées à l'encontre du même auteur pour des manquements en concours passibles d'amendes dont le montant maximal excède 3000 euros pour une personne physique et 15 000 euros pour une personne morale, ces sanctions s'exécutent cumulativement, dans la limite du maximum légal le plus élevé, conformément à l'article L. 522-6 du Code de la consommation.

Sur cette question, le Conseil constitutionnel français affirme dans sa directive n° 2014-690 que lorsqu'une sanction administrative est susceptible de se cumuler avec une sanction pénale, le principe de proportionnalité implique qu'en tout état de cause, le montant global des sanctions éventuellement prononcées ne dépasse pas le montant le plus élevé de l'une des sanctions encourues[2214].

En droit mauritanien, comme pour son homologue, la DGCCRF française, la DCPCRF mauritanienne dispose d'un pouvoir de sanction défini par l'article 18 du décret mauritanien n° 198/2014 fixant les attributions du Ministre du commerce, de l'industrie et du tourisme et l'organisation de l'administration centrale de son ministère qui énonce que la DCPCRF assure le contrôle de la qualité des produits de grande consommation en coordination avec les institutions et acteurs concernés, le retrait des produits insalubres et dangereux pour la consommation et l'application des pénalités pour les infractions constatées.

676. Par ailleurs, les sanctions administratives peuvent être appliquées par l'Autorité française de la concurrence et les Conseils algérien et tunisien de la concurrence.

Selon l'article L. 464-2 du Code français de commerce, l'Autorité de la concurrence peut imposer des sanctions pécuniaires aux organismes et aux entreprises ayant enfreint les articles L. 420-1 ou L. 420-2 du Code de commerce. Cette Autorité détermine précisément le montant des sanctions individuelles en tenant compte de la gravité des faits, de l'importance du dommage causé à l'économie, de la situation de l'organisme ou de l'entreprise sanctionné(e) ou du

---

[2213] *Supra.*, p. 264 et s.

[2214] La directive du Conseil constitutionnel français n° 2014-690 du 13 mars 2014, considérant 86, https://www.conseil-constitutionnel.fr, consulté le 14 août 2018.

groupe auquel l'entreprise appartient, et de l'éventuelle réitération d'infractions antérieures aux règles de concurrence[2215].

A son tour, le législateur tunisien, dans l'article 43 de la loi n° 2015-36 relative à la réorganisation de la concurrence et des prix[2216] énonce, plus précisément, que nonobstant les sanctions prononcées par les tribunaux, les opérateurs ayant méconnu l'une des prohibitions édictées à l'article 5 de la présente loi[2217], sont sanctionnés, par une amende pécuniaire infligée par le conseil de la concurrence. Le montant de ladite amende ne peut excéder 10 % du chiffre d'affaires réalisé en Tunisie par l'opérateur concerné au cours du dernier exercice écoulé[2218].

De plus, l'article 43 a une portée générale ; il dispose qu'est puni également, de la même amende prévue par cet article toute personne ne respectant pas l'exécution des mesures provisoires ou les injonctions prévues par les articles 15 et 27 de la présente loi que l'on les a déjà abordés. D'ailleurs, le Conseil tunisien de la concurrence peut, après avoir entendu le commissaire du gouvernement, et dans certains des cas prévus par la loi[2219], accorder une exemption totale de la sanction ou sa réduction à toute partie complice à une entente ou à un accord anticoncurrentiel.

On remarque que les sanctions de droit tunisien apparaissent lourdes car pouvant représenter jusqu'à 10 % du chiffre d'affaires réalisé. Cela peut soulever

---

2215 **M. MALAURIE-VIGNAL**, *Droit de la concurrence interne et européen*, op. cit., n° 483, p. 214.

2216 La loi tunisienne n° 2015-36 du 15 sept. 2015, relative à la réorganisation de la concurrence et des prix, *JORT*, n° 77 – 78, 25 et 29 sept. 2015, p. 2320.

2217 Dans le cadre de notre étude, on peut dire que l'article 5 de cette loi prohibe certaines pratiques anticoncurrentielles qui présentent un danger pour les intérêts des consommateurs (parties faibles). L'article 5 de la loi tunisienne susmentionnée n° 2015-36 dispose « *sont prohibées, les actions concertées, les cartels et les ententes expresses ou tacites ayant un objet ou un effet anticoncurrentiel et lorsqu'elles visent à : 1- faire obstacle à la fixation des prix par le libre jeu de l'offre et de la demande, 2- limiter l'accès au marché à d'autres entreprises ou le libre exercice de la concurrence, 3- limiter ou contrôler la production, les débouchés, les investissements, ou le progrès technique, 4- Répartir les marchés ou les sources d'approvisionnement* ». L'article 5 ajoute « qu'est *également prohibée, l'exploitation abusive d'une position dominante sur le marché intérieur ou sur une partie substantielle de celui-ci, ou d'un état de dépendance économique dans lequel se trouve une entreprise cliente ou fournisseur qui ne dispose pas de solutions alternatives, pour la commercialisation, l'approvisionnement ou la prestation de service. L'exploitation abusive d'une position dominante ou d'un état de dépendance économique peut consister notamment en refus de vente ou d'achat, en ventes ou achats liés, en l'imposition d'un prix minimum pour la revente, en l'imposition des conditions de vente discriminatoires ainsi que la rupture de relations commerciales sans motif valable ou au seul motif que le partenaire refuse de se soumettre à des conditions commerciales abusives (...)* ».

2218 Cet article 43 dispose également « qu'*au cas où le contrevenant aux dispositions de l'article 5 est une personne morale ou une organisation n'ayant pas un chiffre d'affaires propre, l'amende pécuniaire varie de 2000 dinars à 100.000 dinars, et ce, sans préjudice des sanctions qui pourraient être infligées à titre individuel à ses membres contrevenants* ».

2219 V. Art. 26 de la loi tunisienne précitée n° 2015-36 relative à la réorganisation de la concurrence et des prix.

des problèmes en pratique, car les montants élevés peuvent remettre en question la survie même de l'entreprise.

En droit algérien, l'article 45 de l'Ordonnance n° 03-03 relative à la concurrence[2220] dispose que dans le cas où les requêtes et les dossiers dont il est saisi ou dont il se saisit relèvent de sa compétence, le Conseil de la concurrence « *peut prononcer des sanctions pécuniaires applicables soit immédiatement, soit en cas d'inexécution des injonctions dans les délais qu'il aura fixés* ».

Par ailleurs, le droit algérien énonce d'autres sanctions pécuniaires. Ces sanctions consistent à accepter une amende transactionnelle avec l'administration. Selon l'article 60 de la loi algérienne n° 04-02 fixant les règles applicables aux pratiques commerciales, l'administration a la possibilité de proposer une transaction au professionnel contrevenant[2221]. En effet, l'article 60 détermine trois seuils pour l'amende de transaction. Le premier seuil lorsque l'amende encourue est inférieure ou égale à un million de dinars permet au directeur de Wilaya de proposer l'amende de transaction sans autre précision. Le deuxième seuil lorsque l'amende dépasse un million et est inférieure à trois millions de dinars permet au ministère de fixer un montant de transaction sans précision. Le dernier seuil échappe à l'administration puisque le dossier est transmis au procureur de la république lorsque l'amende dépasse trois millions de dinars[2222]. En cas d'acceptation de l'amende de transaction, l'article 61 de cette loi prévoit deux conséquences : d'une part elle entraîne un abattement de 20 % du montant de l'amende retenue et d'autre part elle met fin aux poursuites judiciaires. Toutefois, à défaut de paiement dans un délai de quarante-cinq jours à compter de la date d'acceptation de la transaction, « *le dossier est transmis au procureur de la République territorialement compétent, aux fins de poursuites judiciaires* ».

677. En substance, la sanction vise ici principalement au soutien de l'effectivité des droits. En effet, l'amende est un pouvoir administratif prévu par les législations en la matière pour encadrer et garantir le respect par les professionnels des obligations qui leurs incombent, afin de maintenir un équilibre à la fois économique sur le terrain du droit de la concurrence, mais aussi contractuel sur le terrain de la protection des consommateurs. Certes, cette sanction n'empêche pas celles pénales qui peuvent se joindre à l'amende administrative[2223].

[2220] L'Ordonnance algérienne n° 03-03 du 19 juill. 2003 relative à la concurrence, *JORA.*, n° 43, 20 juill. 2003, p. 23 ; V. égal. V. **M. TIORSSI**, *Les contrôles juridiques de la liberté de la concurrence en Algérie*, op. cit., p. 330.

[2221] L'article 60 de la loi algérienne précitée n° 04-02 du 23 juin 2004 fixant les règles applicables aux pratiques commerciales dispose que « *les infractions aux dispositions de la présente loi relève de la compétence des juridictions. Toutefois, le directeur de wilaya chargé du commerce peut consentir, aux agents économiques en infraction, une transaction (...)* ». Sur ce sujet V. Arts 45 et suivants de la loi algérienne n° 18-05 du 10 mai 2018 relative au commerce électronique, *JORA*, n°28, 16 mai 2018, p. 4.

[2222] **M. MENOUER**, *Droit de la concurrence*, en droit algérien, op. cit., p. 85.

[2223] **V. VALETTE-ERCOLE**, « La loi n°2014-344 du 17 mars 2014 relative à la consommation : entre dépénalisation et pénalisation », *Dr. pén.*, juin 2014, n° 6, étude 13, n° 13 et s.

Il convient également de noter que la possibilité pour l'administration de publier la décision rendue à l'encontre du professionnel est un moyen efficace et supplémentaire pour assurer le respect des législations en vigueurs. Cependant, il semble que les législateurs des pays maghrébins n'ont pas traité cette question de manière claire et approfondie, alors que l'article L. 522-6 du Code français de la consommation prévoit explicitement que la décision prononcée par l'autorité administrative peut être publiée aux frais de la personne sanctionnée. La mesure de publicité reste ainsi comme une des formes efficaces de punition du professionnel, comme on l'a vu précédemment.

En résumé, les institutions administratives jouissent non seulement de pouvoirs d'enquêtes, d'injonction et de sanctions pour la protection de la partie faible, mais en plus, elles participent de multiples façons à une plus grande efficacité de la protection en la matière.

Paragraphe 2 : Le rôle des institutions administratives

678. Donc à coté de leurs pouvoirs conférés par les textes, les institutions administratives peuvent jouer un rôle important dans la protection de la partie faible. Plus précisément, ces institutions administratives sont considérées de plus en plus comme des participants à la formation du contrat. Dans ce contexte, certains auteurs[2224] estiment que « *le contrat n'est plus bipartite, ce dernier est devenu tripartite* ». Cependant, d'autres auteurs[2225] considèrent explicitement que l'administration ne peut être qualifiée de partie ; « *une fois, observent-ils, sa mission remplie, elle n'a plus aucune des prérogatives qui caractérisent les parties, à savoir la faculté de mettre fin au contrat ou de la modifier* ». A cet égard, les deux analyses se tiennent même si le rôle de l'administration devrait être normalement plus arbitral entre les parties tout en veillant au respect des législations.

Sans entrer dans les détails de cette question, les institutions concernées sont dotées des moyens qui permettent d'assurer la protection des intérêts de la partie faible.

Ainsi, les législateurs règlementent, informent, contrôlent les clauses des contrats et veillent à la conciliation entre les parties au contrat en cas de litiges. Telles sont les trois fonctions essentielles que les institutions administratives assument en matière de la consommation. A chacune de ces missions correspond un ou plusieurs institutions administratives précitées. En effet, il s'agit du rôle lié à l'information de la partie faible (A), celui lié ensuite à la lutte contre les clauses abusives (B) et enfin celui lié à la conciliation (C).

[2224] **P.Y. GAUTIER**, « Qu'est-ce qu'un cocontractant ? à propos de l'intervention du propriétaire dans l'acte de cession du bail », *RTD Civ.* 1993, p. 155 et s ; V., **N. REKIK**, *L'ordre public et le contrat civil*, op. cit., n° 288, p. 295.

[2225] **J. GHESTIN** avec le concours de **Ch. JAMIN** et **M. BILLIAU**, *Les effets du contrat*, op. cit., n° 346, p. 403 ; **F. TERRE, Ph. SIMLER** et **Y. LEQUETTE**, *Droit civil, Les obligations*, op. cit., n° 462, p. 446.

A. Le rôle lié à l'information de la partie faible

679. D'emblée, il faut observer que la plupart des institutions administratives jouent un rôle lié à l'information. Cette information fait partie des tâches principales des organismes administratifs chargées de protection des consommateurs. En réalité, la publicité émanant des professionnels peut trouver son contrepoids dans des informations fournies aux consommateurs par ces organismes[2226].

Mais, les moyens de cette mission ne sont pas forcément identiques. Chaque institution utilise ses moyens propres pour fournir à la partie faible des informations sur le contrat, les produits ou le prix, l'objectif étant ici toujours le même, c'est-à-dire l'information exhaustive de la partie faible pour que cette dernière puisse contracter à bon escient.

A titre d'exemple, en France, l'information du consommateur est une des grandes missions de l'institut national français de la consommation (INC). Ses actions peuvent être regroupées en plusieurs catégories : la collecte des informations, qu'il diffuse par tout moyen approprié ; la réalisation d'études, d'essais comparatifs, etc...

Ces missions sont largement connues des consommateurs, notamment grâce aux moyens de diffusion dont l'INC disposent, à la fois par presse écrite, émission télévisée et diffusion électronique. En réalité, il y a d'abord un magazine mensuel, 60 millions de consommateurs[2227] ; ensuite un programme télévisé, appelé Consomag, diffusé chaque semaine sur les chaînes publiques ; et enfin une diffusion d'information par voie électronique. L'INC, ayant son site internet conso.net, publie chaque semaine une lettre d'information, intitulée INC Hebdo qui contient notamment des études, jurisprudences et fiches pratiques[2228].

En droit tunisien, l'article 2 de la loi n° 2008-70[2229] portant création de l'institut national de la consommation dispose, de même, expressément que l'institut a pour mission de fournir l'appui technique aux organisations et institutions concernées par les domaines de la consommation. Il contribue également à la promotion de l'information du consommateur, à son orientation et à la rationalisation de son comportement. A cet effet, l'institut est notamment chargé des misions suivantes : la réalisation, sur sa propre initiative ou sur demande des autorités publiques ou des organisations de défense du consommateur, les analyses et d'essais comparatifs sur les produits et ce, par des laboratoires habilités à cet effet et / ou accrédités ; la réalisation d'études et de

---

[2226] V., **J. CALAIS-AULOY et H. TEMPLE**, *Droit de la consommation*, op. cit., n° 74, p. 82.

[2227] Le revue « 60 millions de consommateurs » en France publie régulièrement de tels essais, sur toutes sortes de produits ou de services, depuis les voitures automobiles jusqu'aux préservatifs en passant par les tendeuses à gazon. V. **J. CALAIS-AULOY et H. TEMPLE**, *Droit de la consommation*, op. cit., n° 77, p. 83.

[2228] V., **J. JULIEN**, *Droit de la consommation*, op. cit., n° 40, p. 70.

[2229] La loi tunisienne n° 2008-70, 10 nov. 2008, portant création de l'institut national de la consommation, n° 94, 21 nov. 2008, p. 3629.

recherches sur les aspects scientifiques, économiques, juridiques et sociaux de la consommation des biens et services.

Il est également chargé d'autres misions telles que la contribution à l'élaboration et à la collecte, sur le marché des biens et services, des documents scientifiques, techniques et juridiques en rapport avec les domaines de la consommation ; telles que la publication, la mise à disposition des résultats des analyses et essais comparatifs auprès des consommateurs et des professionnels ainsi qu'auprès des autorités et des institutions concernées par leur publication.

Par ailleurs, l'institut tunisien assure toute autre mission, qui lui sera confiée par l'autorité de tutelle, dans le cadre de ses attributions[2230].

En droit algérien, le Conseil national de protection des consommateurs émet des avis et propose des mesures qui se rapportent. Ce conseil contribue et améliore la prévention des risques que peuvent engendrer les produits mis sur le marché, en vue de sauvegarder la santé et les intérêts matériels et moraux des consommateurs. Il peut aussi collecter, exploiter et diffuser l'information spécifique à la protection des consommateurs[2231].

Aussi, le comité national algérien du Codex Alimentarius est chargé notamment (…) de contribuer à l'information et à l'éducation du consommateur dans le domaine de la qualité et de la sécurité sanitaire des produits alimentaires[2232]. De même, l'article 12 du décret algérien susmentionné n° 06.306[2233] dispose que la commission des clauses abusives « *rend publics, par tous les moyens appropriés, ses avis et recommandations. En outre, elle peut éditer et rendre publique toute information utile liée à son objet à travers tout support approprié* ». Ainsi, la partie faible peut être informée des clauses présumées interdites ou abusives dans tel ou tel contrat.

En outre, l'activité déployée par les conseils (l'Autorité) de la concurrence dans les pays étudiés est particulièrement riche d'informations. Les législations de ces pays s'en tiennent, pour l'essentiel, aux éléments qui présentent une importance particulière en termes juridiques ou économiques. Ils figurent en

---

2230 Pour cet objectif, l'article 12 du décret tunisien n° 2009-634 fixant l'organisation administrative et financière de l'institut national de la consommation et les modalités de son fonctionnement énonce que « *l'unité des études, des recherches et des analyses et essais comparatifs est chargée notamment de : - la programmation des études et des recherches que l'institut se propose de réaliser et la préparation de leurs termes de référence et le suivi de leur exécution, - la programmation des analyses et des essais comparatifs et l'élaboration des cahiers des charges, des manuels de procédures, des critères scientifiques et le suivi de leur exécution, - l'analyse des données résultant des études, des recherches et des analyses et essais comparatifs* » (*JORT*, n° 19, 6 mars 2009, p. 711).

2231 V. Art. 22 du décret exécutif algérien n° 12-355, 2 oct. 2012 fixant la composition et les compétences du conseil national de protection des consommateurs, *JORA*, n° 56, 11 oct. 2012, p. 8.

2232 Art. 3 du décret exécutif algérienne n° 05-67, 30 janv. 2005 portant création du comité national du Codex Alimentarius et fixant ses missions et son organisation, *JORA*, n° 10, 6 févr. 2005, p. 4.

2233 Le décret exécutif algérien, n° 06.306, 10 sept. 2006, relatif aux éléments essentiels des contrats conclus entre les agents économiques et les consommateurs et les clauses considérées comme abusives, *JORA*, n° 56, 11 sept. 2006, p. 15. V., **D. ZENNAKIA**, « La protection de la partie faible lors de la formation du contrat en droit algérien de la consommation », op. cit., p. 318.

particulier dans les nombreux avis et décisions rendus par ces autorités tout au long de l'année et qui concernent des secteurs d'activité très variés[2234].

680. De manière générale, les voies d'information possible utilisées par les divers organismes administratifs sont les revues spécialisées, les journaux, la radio, la télévision et les sites internet[2235]. Mais ici, la question qui se pose toujours dans l'objectif d'information du consommateur est la suivante : est-ce que l'excès d'informations ne nuit pas à la difficulté de compréhension ?

En effet, trop d'informations peuvent décourager le consommateur *lamda* : on peut rappeler que *« Trop d'informations tue l'information »* comme le dit le proverbe français. Donc, la coordination et la coopération entre les organismes chargés de protection dans chaque pays sont nécessaires dans le cadre de la diffusion de l'information pour éviter les longueurs et les redondances.

Par ailleurs, la seule information fournie par les institutions administratives n'est pas suffisante, il faut aussi renforcer leurs missions de lutte contre les clauses et les pratiques abusives ou illicites.

B. Le rôle lié à la lutte contre les clauses abusives

681. Les institutions administratives chargées de lutter contre les clauses abusives disposent de différents moyens. En effet, les commissions des clauses abusives en droit français et algérien, par le biais de leurs avis et recommandations, jouent un rôle préventif en la matière (a). Aussi, la Direction générale de la concurrence, de la consommation et de la répression des fraudes en droit français et les agents habilités en droit algérien, préviennent les abus en réclamant leur suppression (b).

1. Par les prérogatives de la Commission des clauses abusives

682. En droit français, l'article L. 822-4 du Code de la consommation présente de manière générale le rôle de la commission des clauses abusives, lorsqu'il énonce que cette commission « *connaît des modèles de conventions habituellement proposés par les professionnels à leurs contractants consommateurs ou non professionnels. Elle est chargée de rechercher si ces documents contiennent des clauses qui pourraient présenter un caractère abusif* ».

Les missions de la commission des clauses abusives peuvent être réparties en quatre grandes catégories. Sa mission principale consiste à rechercher dans les modèles de conventions habituellement proposés aux consommateurs les stipulations qui correspondent à la définition de la clause abusive. Si cela se justifie, elle émet alors des recommandations proposant la suppression ou la

---

[2234] **P. ARHEL**, « Activité de l'Autorité de la concurrence en 2016 », *Pet. Aff.*, 6 déc. 2017, n° 243, p. 7

[2235] **V. BARBE**, « La protection du consommateur de services ouverts à la concurrence : approche comparée », *Pet. Aff.*, 6 juill. 2006, n° 134, p. 8.

modification de telle ou telle clause. Elle émet également des avis sur les projets de décret ayant pour objet de déterminer les clauses qui sont abusives par nature ou qui sont présumées comme telles. Elle peut ensuite être saisie pour avis par une juridiction à l'occasion d'une instance dans laquelle le caractère abusif d'une clause est soulevé. Elle rédige enfin annuellement un rapport d'activité[2236].

En droit algérien, selon l'article 12 du décret algérien susmentionné n° 06.306[2237] dispose de même que « *la commission rend publics, par tous les moyens appropriés, ses avis et recommandations. En outre, elle peut éditer et rendre publique toute information utile liée à son objet à travers tout support approprié* ». Cependant, on doit marquer qu'à la différence de la commission française qui a émis des dizaines de recommandations et d'avis, la commission algérienne des clauses abusives n'a rien donné, à notre connaissance, à ce jour, elle reste une instance peu active, depuis sa création. C'est pourquoi les activités de la commission française des clauses abusives restent la référence unique de notre étude.

a. Les avis

683. Les commissions des clauses abusives émettent des avis, soit sur les projets de décret ayant pour objet de déterminer les clauses qui sont abusives, soit à l'occasion d'une instance dans laquelle le caractère abusif d'une clause est soulevé.

En droit algérien, l'article 7 du décret exécutif précité n° 06-306[2238], qui détermine les missions de cette commission, n'a pas traité de manière claire et précise les avis de la commission. Mais, de manière générale, cet article énonce que la commission des clauses abusives est chargé, notamment des missions suivantes : « *elle recherche dans tous les contrats appliqués par les agents économiques aux consommateurs les clauses qui peuvent présenter un caractère abusif et formule des recommandations au ministre chargé du commerce et aux institutions concernées ; elle peut réaliser toute étude et/ou expertise se rapportant à l'état d'application des contrats à l'égard des consommateurs ; elle peut engager toute autre action s'inscrivant dans le cadre de son champ de compétence* ».

Cette dernière mission, vaste et peu définie par le décret, permet à la commission de donner son avis sur toutes législations concernant des clauses abusives, car cela peut entrer dans son champ de compétence. De plus, l'article

---

[2236] **J. JULIEN**, *Droit de la consommation*, LGDJ, 2e éd., 2017, n° 47, p. 74 ; **N. SAUPHANOR-BROUILLAUD**, « Les remèdes en droit de la consommation : clauses noires, clauses grises, clauses blanches, clauses proscrites par la jurisprudence et la Commission des clauses abusives », *RDC.* 01 oct. 2009, n° 4, p. 1629

[2237] Le décret exécutif algérien, n° 06.306, 10 sept. 2006, relatif aux éléments essentiels des contrats conclus entre les agents économiques et les consommateurs et les clauses considérées comme abusives, *JORA*, n° 56, 11 sept. 2006, p. 15.

[2238] Le décret exécutif algérien précité n° 06-306, 10 sept. 2006 fixant les éléments essentiels des contrats conclus entre les agents économiques et les consommateurs et les clauses considérées comme abusives.

12 de ce décret dispose que « *la commission rend publics, par tous les moyens appropriés, ses avis et recommandations* ». Mais, si cette commission peut participer et donner son avis sur les projets de législation, ce texte ne lui donne pas un caractère obligatoire à cette participation.

684. En droit français, les avis de la Commission des clauses abusives sont, tout d'abord, obligatoirement donnés sur les projets de décrets qui déterminent les clauses présumées, irréfragablement ou simplement, abusives[2239]. Cependant, en dehors de cette saisine obligatoire, la pratique s'est développée, pour le gouvernement, de saisir la commission pour avis sur d'autres textes, cette saisine étant donc simplement facultative. D'ailleurs, il y a les avis qui peuvent être sollicités par une juridiction, à l'occasion d'un litige. C'est l'article R. 822-21 du Code français de la consommation qui ouvre cette possibilité. La commission, une fois saisie, dispose d'un délai de trois mois pour rendre son avis, lequel ne lie pas le juge. Pendant ce délai, le juge sursoit sur le fond de l'affaire, jusqu'à réception de l'avis[2240].

A titre d'exemple, nous pouvons indiquer que la Commission français des clauses abusives dans son avis du 24 septembre 2015 émet un avis sur une clause figurant fréquemment dans les contrats de restructuration de crédit concernant l'engagement du client à ne pas souscrire de nouveaux crédits[2241].

En outre, la Commission français des clauses abusives est placée auprès du ministre chargé de la Consommation. Composée de magistrats, de personnalités qualifiées en droit ou technique des contrats, de représentants des consommateurs, de représentants des professionnels, elle examine les modèles de conventions habituellement proposés par les professionnels et recommande la suppression ou la modification des clauses qui ont pour objet ou pour effet de créer, au détriment du non-professionnel ou du consommateur, un déséquilibre significatif entre les droits et obligations des parties au contrat[2242].

[2239] C'est l'article L. 212-1 du Code français de la consommation qui les évoquent, comme on l'a vu dans la première partie. Mais, il est outil de souligner que seulement trois décrets, entre 1978 et 2008, ont été publiés.

[2240] V., **N. SAUPHANOR-BROUILLAUD**, « Clauses abusives », *Rép. civ., Dalloz*, sept. 2018, n° 65 et s ; **L. LEVENEUR**, « La Commission : Source de droit ? in La Commission des clauses abusives en action : 30 éme anniversaire », Colloque organisé par la Commission des clauses abusives le 20 mars 2009, www.clauses-abusives.fr, consulté le 27 mars 2018.

[2241] Comm. clauses abusives, 24 sept. 2015, avis n° 15-01, http://www.clauses-abusives.fr, consulté le 12 août 2018. Cet avis a estimé que « *attendu que la clause insérée dans un contrat de crédit stipulant que "L'(es) emprunteur(s) s'engage(nt) à ne pas souscrire de nouveaux crédits et à ne pas accepter de nouvelles charges financières susceptibles d'aggraver leur endettement, sauf accord exprès de la société Créancière", a pour effet de créer, au détriment du non-professionnel ou du consommateur, un déséquilibre significatif entre les droits et obligations des parties au contrat, (...)* ».

[2242] **J.-L. CAPDEVILLE**, « Avis de la Commission des clauses abusives sur les restructurations de crédit », *LEDB*, 01 déc. 2015, n° 11, p. 5.

Avant que ne soit apprécié le caractère abusif d'une clause contractuelle durant le jugement, le juge est encouragé à demander préalablement l'avis de la Commission des clauses abusives.

A titre d'illustration, suite à la demande d'avis présentée par le Tribunal d'Instance de Bourganeuf par jugement du 5 janvier 2005[2243], la Commission a émis l'avis suivant : La clause de résiliation de plein droit du crédit sans information préalable est abusive en ce qu'elle peut jouer soit pour des obligations accessoires du contrat de crédit, soit pour des obligations dont la date d'exécution n'est pas contractuellement déterminée, soit pour des faits étrangers à l'exécution du prêt personnel[2244].

Ainsi, la coopération entre le juge et la commission se trouve mis effectivement en valeur, car la composition de cette dernière permet d'être plus en phase avec les réalités du terrain.

b. Les recommandations

685. L'émission de recommandations est une mission essentielle des commissions des clauses abusives en droits algérien[2245] et français[2246]. De fait, ces commissions ont pour mission d'étudier les modèles de conventions habituellement proposés aux consommateurs et peuvent, à cette fin, être saisie par le ministre chargé de la consommation en droit français et par le ministre chargé du commerce en droit algérien, par toute administration, associations de protection des consommateurs, toute autre institution y ayant un intérêt ou encore s'autosaisir, conformément à l'article R. 822-21 du Code français de la consommation et à l'article 11 du décret exécutif algérien n° 06-306 relatif aux éléments essentiels des contrats conclus entre les agents économiques et les consommateurs et les clauses considérées comme abusives.

Selon L. CALANDRI[2247], l'acte recommandataire émis par la Commission des clauses abusives semble pouvoir être défini comme une demande, non obligatoire, adressée à un ou plusieurs destinataires, publics ou privés, qui restent libres des réponses apportées au comportement suggéré, le contenu de cette

---

[2243] Bourganeuf, 5 janv. 2005, http://www.finances.gouv.fr/clauses_abusives/activ/ra2005.htm.

[2244] **M. HAMMOUD**, *La protection du consommateur des services bancaires et des services d'assurance*, Thèse en cotutelle l'Université Panthéon-Assas (paris II) et l'Université libanaise, 2012, n° 613, p. 292.

[2245] L'article 7 du décret exécutif algérien n° 06.306 relatif aux éléments essentiels des contrats conclus entre les agents économiques et les consommateurs et les clauses considérées comme abusives dispose que la commission des clauses abusives « *formule des recommandations au ministre chargé du commerce et aux institutions concernées* ». **D. ZENNAKIA**, « La protection de la partie faible lors de la formation du contrat en droit algérien de la consommation », op. cit., p. 318.

[2246] V. **D. FENOUILLET**, « d) Clauses abusives, Commission des clauses abusives et recommandations », *RDC*, 01 juill. 2008, n° 3, p. 823 ; **S. LE GAC-PECH**, *Droit de la consommation*, Dalloz, 2017, p. 44.

[2247] **L. CALANDRI**, « Le pouvoir de recommandation de la Commission des clauses abusives », *Pet. Aff.*, 15 sept. 2006, n°185, p. 4 ; V. égal. **S. BERNHEIM-DESVAUX**, « Louée soit la recommandation de la Commission des clauses abusives sur les réseaux sociaux ! », *LEDC*. 10 janv. 2015, n° 01, p. 3.

demande étant défini de façon plus ou moins précise par l'auteur de l'acte, sans que l'éventuelle précision de son objet ne transforme cet acte incitatif en une décision administrative.

Dans le cadre de notre étude, on peut s'interroger sur la portée et l'influence de ces recommandations de la commission des clauses abusives.

Les recommandations de la commission des clauses abusives ne lient ni les parties au contrat ni le juge. Par conséquent, elles n'ont donc aucune force obligatoire. En, effet, depuis 1978, la commission française des clauses abusives a formulé plus de soixante-dix recommandations[2248]. A ce sujet, la Cour de cassation[2249] française a estimé que ces recommandations « *ne sont pas génératrices de règles dont la méconnaissance ouvre la voie de la cassation* ». De plus, la Cour de cassation a jugé dans un autre arrêt[2250] que « *les juridictions judiciaires ne sont pas liées par les recommandations de la Commission des clauses abusives* ».

Sur ce point, le Conseil d'Etat français[2251] a confirmé cette idée, en considérant que « la commission des clauses abusives, lorsqu'elle émet des recommandations, n'édicte pas des règles qui s'imposeraient aux particuliers ou aux autorités publiques, mais se borne à inviter les professionnels concernés à supprimer ou modifier les clauses dont elle estime qu'elles présentent un caractère abusif ; qu'il n'appartient qu'au juge compétent, en cas de litige, de prononcer la nullité de telles clauses ; que, par suite, les recommandations émises par la commission ne constituant pas des décisions administratives susceptibles de faire l'objet d'un recours pour excès de pouvoir ». Ainsi, une telle recommandation ne s'impose pas principalement aux professionnels, mais ces derniers peuvent en tenir compte pour prévenir tout contentieux ; par conséquent le consommateur bénéficie préventivement de la protection de la commission des clauses abusives.

686. S'agissant de l'influence de ces recommandations, même si elles ne sont pas des sources formelles du droit, les recommandations de la CCA peuvent parfois être une des sources réelles de la loi[2252]. On peut également dire que leur

---

2248 Ces recommandations sont constables sur le site de la commission française des clauses abusives ; (http://www.clauses-abusives.fr/).

2249 Cass. 1er civ. 13 nov. 1996, n° 94-17369, *Bull. Civ.* 1996, I, n° 399, p. 279.

2250 Cass. 1er civ. 8 nov. 2007, n° 05.20637, Inédit. A ce sujet, V., **N. SAUPHANOR-BROUILLAUD**, « La Commission des clauses abusives recommande la suppression de clauses abusives dans les contrats de soutien scolaire », *LEDC.*, 01 juill. 2010, n° 07, p. 2 ; **I. ALKHALFAN**, *La protection contre les clauses abusives du contrat d'assurance*, Thèse, Université de Montpellier I, 2012, n° 181, p. 95.

2251 CE., 16 janv. 2006, n° 274721, *Fédération du Crédit Mutuel Centre Est Europe*, https://www.legifrance.gouv.fr ; **C. PERES**, « Le juge administratif et les recommandations de la Commission des clauses abusives », *RDC.*, 2006/3, p. 670.

2252 Les sources formelles sont les formes sous lesquelles les règles de droit sont adoptées et viennent prendre place dans l'ordonnancement juridique. Mais ces sources formelles ne coulent pas toutes seules, c'est sous la pression des forces créatrices, appelées les sources réelles, que le droit jaillit par les sources formelles. A ce sujet, V., **L. LEVENEUR**, « La Commission : Source de droit ? in La Commission des clauses abusives en action : 30 éme anniversaire », www.clauses-abusives.fr, consulté le 27 mars 2018 ; **F. SAHRI**, « La protection juridique du consommateur contre les clauses

force réside dans la notion de « persuasion par l'autorité »[2253] et ce, aussi bien à l'égard du législateur que du juge. De plus, L. LEVENEUR indique que « *la commission est à la fois source de textes généraux et impersonnels et source quasijurisprudentielle* »[2254].

A titre d'illustration, la loi française n° 90-1129 du 19 décembre 1990, a consacré, en la reprenant partiellement, une partie de la recommandation n° 81-02 relative aux contrats de construction de maison individuelle. On peut également souligner que le législateur français a pris en compte de la recommandation n° 87-02 sur les agences matrimoniales dans la loi n° 89-421 du 23 juin 1989 relative à la protection des consommateurs[2255].

Quant à leur influence sur la jurisprudence, on peut dire que ces recommandations peuvent être prises en compte par le juge, qui se fondent sur celles-ci pour considérer une clause comme abusive. En réalité, il importe que la décision de justice ne soit pas exclusivement fondée sur une recommandation, car cela reviendrait à lui conférer une force normative, et donc à transformer sa nature. Il faut donc que la motivation du juge soit fondée sur les critères de l'article L. 212-1 déjà abordé du Code français de la consommation. Ce n'est qu'à ce prix que la force de la loi est respectée, même s'il faut bien admettre qu'il y a là bien souvent un artifice[2256].

Cette influence de la recommandation peut aussi se constater dans l'arrêt de la Cour de cassation du 10 février 1998[2257]. En effet, basé sur la recommandation n° 91-09 du 7 juillet 1989 concernant les contrats proposés par les établissements d'enseignement, la Cour de cassation a estimé qu'une clause d'un contrat de formation, qui prévoyait « qu'*aucun motif ne sera retenu pour une éventuelle annulation* », était abusive. En l'espèce, le juge du fond avait retenu que cette clause « *procurait à l'Ecole un avantage excessif en imposant à l'élève le paiement des frais de scolarité, même en cas d'inexécution du contrat imputable à l'établissement ou causé par un cas fortuit ou de force majeure* ». De plus, cet arrêt a considéré que « la Cour d'appel a, par ce seul motif et rejoignant la recommandation n° 91-09 du 7 juillet 1989 de la Commission des clauses abusives, légalement justifié sa décision ». A ce sujet, L. LEVENEUR[2258] indique que les recommandations de cette Commission n'ont pas « *une normativité de*

---

abusives à travers la loi 04/02 du 23/06/2004 et le décret exécutif 06/306 du 10/09/2006 », op. cit., p. 229.

2253 **Ph. JESTAZ**, in « Rapport de synthèse », dans le renouvellement des sources du droit des obligations, *LGDJ.*, 1998, p. 175.

2254 **L. LEVENEUR**, « La Commission des clauses abusives et le renouvellement des sources du droit des obligations », in Le renouvellement des sources du droit des obligations, Association H. Capitant, *LGDJ*, 1997, p. 167.

2255 Sur ce sujet, V., **J.-D. PELLIER**, *Droit de la consommation*, op. cit., n° 108, p. 130 ; **N. SAUPHANOR-BROUILLAUD**, « Clauses abusives », *Rép. civ., Dalloz*, sept. 2018, n° 65.

2256 **J.-D. PELLIER**, *Droit de la consommation*, op. cit., n° 108, p. 130.

2257 Cass. 1er civ., 10 févr. 1998, n° 96-13316, *Bull. civ.*, 1998, I, n° 53, p. 34.

2258 **L. LEVENEUR**, « La Commission des clauses abusives et le renouvellement des sources du droit des obligations », *op. cit.*, p. 155.

droit mais une normativité de fait ». Ainsi, les recommandations peuvent toujours servir de guide aux juges qui s'en inspirent.

En outre, les recommandations de la Commission des clauses abusives exercent sur les professionnels un effet dissuasif, sorte de « *pression morale* » qui a des conséquences pratiques, soit au stade de la rédaction des contrats et soit après l'adoption d'une recommandation par la modification des clauses du contrat afin d'en tenir compte de cette dernière[2259].

Au-delà des cas précédemment évoqués, les clauses abusives peuvent aussi faire l'objet de réclamation en vue de leurs suppressions par des institutions administratives.

2. Par l'action en suppression

687. La DGCCRF peut, depuis l'ordonnance n° 2005-1086 du 1er septembre 2005, agir en suppression d'une clause illicite, interdite ou abusive. Ce pouvoir a été étendu par la loi n° 2015-990 du 6 août 2015 afin de protéger les non-professionnels (actuellement l'article L. 524 du Code français de la consommation).

L'article L. 524-1 du Code français de la consommation a reconnu l'action DGCCRF d'en matière de suppression des clauses abusives ou illicites. En effet, selon cet article, elle peut demander à la juridiction administrative ; « *1° d'ordonner, le cas échéant sous astreinte, la suppression d'une clause illicite, interdite ou abusive insérée par un professionnel dans tout contrat ou type de contrat proposé ou destiné aux consommateurs ou aux non-professionnels ou dans tout contrat en cours d'exécution ; (...)* ». Ainsi, le tribunal administratif peut ordonner non seulement la suppression d'une clause abusive dans des modèles de contrats à conclure, mais également dans les contrats en cours, ce qui confère une vertu curative à l'action collective.

En outre, l'article L. 524-1/ 2° du Code de la consommation permet aux institutions habilitées d'étendre la portée de cette action en suppression. Ainsi, selon cet article, la DGCCRF demande au juge de « *déclarer que cette clause est réputée non écrite dans tous les contrats identiques conclus par le même professionnel avec des consommateurs ou des non-professionnels* ». De plus, afin que cette décision ne soit pas lettrée morte, le juge peut se fonder sur l'article L. 524-1/ 3° du même Code pour ordonner au professionnel d'en informer à ses frais les intéressés par tous moyens appropriés. C'est au prix de la méconnaissance de l'article 5 du Code civil et l'autorité relative de la chose jugée que les consommateurs (la partie faible) se trouvent ainsi mieux protégés, en accord avec la jurisprudence communautaire[2260].

Cela montre le rôle non seulement protecteur préventif de la commission des clauses abusives, mais aussi protecteur curatif en matière de suppression de telle

---

[2259] **C-M. PEGLION-ZIKA**, *La notion de clause abusive* ; (au sens de l'article L. 132-1 du Code de la consommation), op. cit., n° 374, p. 298.

[2260] **J.-D. PELLIER**, *Droit de la consommation*, op. cit., n° 110, p. 133.

ou telle clause réputée non écrite, pour les contrats en cours d'exécution et les contrats ultérieurs.

En droit algérien, et de manière indirecte, les agents habilités par la loi n° 04-02 précitée peuvent lutter contre les clauses abusives en réclamant leur suppression. En effet, l'article 63 de cette loi[2261] énonce que « *dans le cadre de la poursuite judiciaire des infractions résultant de l'application des dispositions de la présente loi et même si l'administration chargée du commerce n'est pas partie à l'instance, le représentant du ministre chargé du commerce dûment habilité peut de plein droit présenter des conclusions écrites ou orales auprès des juridictions concernées* ». D'ailleurs, il est utile de souligner que le Conseil national algérien de protection des consommateurs peut indirectement lutter contre les clauses abusives lorsqu'il émet des avis et propose des mesures qui se rapportent, notamment : - aux projets de lois et de règlementations susceptibles d'avoir une incidence sur la consommation ainsi que sur les conditions de leur application ; -aux programmes annuels de contrôle de la qualité et de la répression des fraudes ; à la stratégie de promotion de la qualité des produits et de protection des consommateurs (…)[2262].

De manière générale, les clauses abusives sont dénoncées par les différentes institutions administratives. Mais, la lutte contre de telles clauses n'empêche pas l'existence possible de conflit sur d'autres clauses. Aussi, les législations confèrent-ils aux organismes concernés un rôle de conciliation et de médiation entre les contractants dans ce dernier cas.

C. Le rôle lié à la conciliation et à la médiation

688. Dans certains cas, l'évitement du contentieux n'a pas été possible, et on est alors en présence d'un litige entre consommateur et professionnel qu'il faut régler. En ce sens, le Professeur A. JEAMMAUD estime « qu'*au moins l'idée est-elle largement partagée que le droit a pour fonction, parmi d'autres, de régler ou permettre de régler les conflits dont il ne peut éviter l'éclatement* »[2263].

La procédure de conciliation ou de médiation par les institutions administratives est beaucoup plus élaborée en droit français de la consommation que dans les droits des pays magrébins où les textes sont absents ou plus disparates[2264]. C'est pour cette raison que notre recherche se fonde sur le droit

---

[2261] La loi algérienne précitée n° 04-02 du 23 juin 2004 fixant les règles applicables aux pratiques commerciales.

[2262] V. Art. 22 du décret exécutif algérien n° 12-355 du 2 octobre 2012 fixant la composition et les compétences du conseil national de protection des consommateurs, *JORA*, n° 56, 11 oct. 2012, p. 8.

[2263] **A. JEAMMAUD**, « Conflit, différend, litige, Droits », *Revue française de théorie juridique*, 2001, n° 34 [Mots de la justice], PUF, p. 15.

[2264] Le Professeur **BENCHENEB** a indiqué que les pays de de l'espace maghrébin « *se gardent en effet d'avoir une approche commune au sujet de cette question. Seuls l'Algérie et le Maroc offrent un cadre juridique encore que perfectible, le premier optant pour la médiation judiciaire, le second envisageant la médiation sous l'angle conventionnel* ». **A. BENCHENEB**, « La médiation dans l'espace maghrébin », *Revue d'arbitrage et de médiation*, Vol. 3, n° 1, 2013, p. 13 ; **Al-M. EL**

français comme illustration concrète de la procédure de conciliation et médiation dans le cadre du droit de la consommation.

Mais rien n'empêche des institutions ou organismes administratifs des pays maghrébins d'assurer la promotion de ces types de traitement de litiges en élaborant un cadre adéquat dans la relation contractuelle entre le professionnel et le consommateur. De plus, les législateurs des pays étudiés ont, en général, reconnu la conciliation et la médiation comme mode de règlement des litiges sous l'angle conventionnel[2265].

Il est important de noter que la loi marocaine précitée n° 31-08 édictant des mesures de protection du consommateur dispose qu'en matière du contrat de location assortie d'une promesse de vente, de location-vente ou de location avec option d'achat, « *si le défaut de paiement des échéances résulte d'un licenciement ou d'une situation sociale imprévisible, l'action en paiement ne peut être formée qu'après opération de médiation. Le délai de forclusion ne prend effet qu'après l'épuisement de la procédure de médiation qui doit débuter durant l'année suivant la date à laquelle l'emprunteur est déclaré en défaillance. En cas de recours à la procédure de médiation, il ne peut être mis d'intérêts de retard ou de frais quelconques résultant de cette procédure à la charge de l'emprunteur* »[2266].

Ainsi, l'intervention d'une tierce personne telle un médiateur est généralement présenté comme un gage d'indépendance, d'efficacité et de souplesse. Mais, l'absence des dispositions spécifiques de conciliation et de médiation en matière

---

AZZOUZI, *La résolution des conflits de la consommation à la lumière de la loi n° 31-08 édictant des mesures de protection du consommateur*, Dar nachr Almaarifa, en arabe, 2013, p. 84 et s.

[2265] En droit algérien, les articles 466 à 459 du Code civil organisent les dispositions de la transaction (la reconciliation) et les articles 990 à 1005 du Code de procédure civile et administrative abordent les dispositions générales de la conciliation et de la médiation. En droit libyen, les articles 548 à 556 du Code civil organisent la transaction (la reconciliation) et les articles 116 et 133 et 205 du Code de procédure civile et administrative indiquent la possibilité de conciliation et de médiation entre les parties aux litiges. En droit tunisien, les articles 1458 à 1477 du Code des obligations et des contrats organisent les dispositions de la transaction (la reconciliation). En droit mauritanien, les articles 354 et 355 du Code de procédure civile, commerciale et administrative énoncent que la conciliation est confiée au président du tribunal. En droit marocain, les articles 1098 à 1116 du Code des obligations et des contrats organisent les dispositions de la transaction (la reconciliation) et le Code de procédure civile organise la médiation conventionnelle de l'article 327-55 à l'article 327-69. En droit marocain V., **ABD-AL-K. SHAHBUN**, *ALSHAFI pour expliquer le droit des obligations et des contrats, en droit marocain*, L.R, 1999, Tome 7, p. 13 ; **M. KADIRI**, *Le modes alternatifs de règlement des litiges dans le cadre de commerce électronique*, SOMADIL, Casablanca, en arabe, 2013, p. 199.

[2266] **Al-M. EL AZZOUZI**, *La résolution des conflits de la consommation à la lumière de la loi n° 31-08 édictant des mesures de protection du consommateur*, op. cit, p. 90.

de consommation dans les droits des pays maghrébins[2267] conduit la recherche à se baser plutôt sur les dispositions du droit français dans ce domaine[2268].

689. Tout d'abord, il faut indiquer que l'objectif de la conciliation et de la médiation est de parvenir à une solution acceptée par les parties dans le droit commun. Ainsi, l'article 1530 du Code français de procédure civile énonce que la médiation et la conciliation conventionnelles sont définies par « *tout processus structuré, par lequel deux ou plusieurs parties tentent de parvenir à un accord, en dehors de toute procédure judiciaire en vue de la résolution amiable de leurs différends, avec l'aide d'un tiers choisi par elles qui accomplit sa mission avec impartialité, compétence et diligence* ».

Malgré l'existence de la différence entre les deux notions, elles font ainsi l'objet, depuis 2012, d'une définition légale commune en droit français[2269]. En réalité, il est vrai que la médiation et la conciliation constitue une notion unique aux fonctions identiques[2270]. Le choix entre l'une ou l'autre de ces procédures tient ainsi à la personne du tiers, le médiateur extra-judiciaire pouvant être toute personne physique ou morale tandis que le conciliateur extra-judiciaire est nécessairement un conciliateur de justice, intervenant bénévolement[2271].

[2267] Dans le cadre de protection des catégories supposées faibles, il convient de souligner à titre d'exemple que le droit libyen du travail, en ses articles 102 et 104, dispose que s'il existe un conflit entre le travailleur et son employeur, les autorités concernées essayent de régler le litige dans le cadre de conciliation dans les 10 jours (droit libyen du travail n° 12 du 2010, *JOL.*, 28 janv. 2010). En droit tunisien, l'article 376 du Code du travail dispose de même que « *toute difficulté surgie entre l'employeur et les travailleurs, susceptible de provoquer un conflit collectif, doit être soumise à la commission consultative d'entreprise en vue de lui trouver des solutions convenant aux deux parties au conflit* ». De plus, l'article 377 du même Code énonce que « *le bureau régional de conciliation ou à défaut l'inspection du travail territorialement compétente procède, après avoir recueilli les données, à la soumission de l'objet du conflit à la commission régionale de conciliation* ». En matière administrative, il existe en Tunisie les Services du Médiateur Administratif qui ont été institués par la loi du 3 mai 1993 (Loi n° 93-51 du 3 mai 1993, relative aux services du médiateur administratif). Cette même institution existe au Maroc instaurée par Dahir portant création de l'Institution du Médiateur n° 5926 du 17 Mars 2011, *Bull. O. Mar*, 2011.

[2268] **E. BERNARD**, « La médiation de la consommation s'invite dans les entreprises », *Pet. Aff.* 18 avril 2016, n°77, p. 4.

[2269] L'article 1530 du Code français de procédure civile, issu du décret n° 2012-66 du 20 janvier 2012 relatif à la résolution amiable des différends, (*JORF*, n°0019, 22 janv. 2012, p. 1280).

[2270] **J. VALIERGUE**, *Les conflits d'intérêts en droit privé : contribution à la théorie juridique du pouvoir*, Thèse, Université de Bordeaux, 2016, n° 422, p. 196.

[2271] **M. DOUCHY-OUDOT et J. JOLYHURARD**, « Médiation et conciliation », *Rép. proc. civ.* Dalloz, 2013, n° 89. Selon certains auteurs français, le terme de conciliation serait ici employé dans un sens générique, englobant tout mode amiable de règlement de conflits, y compris la médiation, la transaction et la conciliation stricto sensu. En effet, ces trois notions se définissent semblablement comme un accord des parties sur la solution du litige, une solution conventionnelle du litige. V. **M. GUILLAUME-HOFNUNG**, « Médiation éthique et déontologie », in A.-M. TOURNEPICHE, *La médiation aspects transversaux*, Litec, 2010, p. 154 ; **I. BEYNEIX et L.-C. LEMMET**, « L'arbitrage international est-il encore véritablement un mode alternatif de règlement des différends ? », *RTD com.* 2012, p. 255 ; **J. VALIERGUE**, *Les conflits d'intérêts en droit privé : contribution à la théorie juridique du pouvoir*, op. cit., n° 419, p. 195.

Néanmoins, la conciliation est un mode de règlement alternatif des conflits dans lequel un tiers neutre, vise à écouter les parties et rapprocher leurs points de vue afin de parvenir à une solution négociée[2272], alors que dans la médiation, où, après avoir entendu les points de vue des deux parties, le médiateur recommande une solution mettant fin au conflit qui les oppose en trouvant la solution la plus satisfaisante possible pour elles[2273]. Cependant, il convient de souligner que la décision du médiateur ou du conciliateur ne s'impose pas aux parties.

690. Par ailleurs, la conciliation et/ou la médiation par des commissions habilitées sont renforcées depuis quelques années par plusieurs textes en droit français. Ainsi, on trouve différents organismes qui jouent un rôle dans les relations contractuelles entre le consommateur (la partie faible) et le professionnel (la partie forte)[2274].

En effet, il existe dans chaque département une commission de règlement des litiges de consommation[2275] qui est chargée de trouver une solution amiable pour les litiges dont elle est saisie dans le cadre départemental. Cette commission peut être jointe par l'intermédiaire d'une boite à lettre dédiée dans les départements.

La boîte postale 5000 permet aux consommateurs de poser réclamation ; ces réclamations sont ensuite collectées et orientées auprès de la DGCCRF ou auprès des associations de consommateurs. Dans la pratique, il s'agit d'une boîte postale unique à laquelle le consommateur peut s'adresser en cas de difficulté. Selon les cas, la demande est ensuite dirigée vers des services de la direction de la concurrence, de la consommation et de répression des fraudes, ou vers une association de consommateurs[2276].

Il existe aussi auprès des tribunaux d'instance des conciliateurs de justice chargés de trouver une solution amiable pour régler un différend entre des parties, qu'elles aient ou non déjà saisi un juge.

Dans le secteur de l'énergie, le Médiateur national de l'énergie joue un rôle considérable sur le processus de médiation. Ce Médiateur est une autorité administrative indépendante[2277].

En outre, la Commission de la médiation de la consommation (réorganisée par l'Ordonnance n° 2015-1033 du 20 août 2015[2278]) est considérée comme une

---

[2272] Il convient de souligner que Monsieur JULIEN fait la distinction entre le médiateur et le conciliateur. Il estime que le médiateur met simplement en présence les parties, et tente de les accorder au moyen d'une solution qui émergera seule des débats. En revanche, le conciliateur a lui « *un rôle plus actif dans la direction des débats, en pouvant proposer aux parties une solution* ». **J. JULIEN**, *Droit de la consommation*, op. cit., n° 434, p. 575.

[2273] **M. HAMMOUD**, *La protection du consommateur des services bancaires et des services d'assurance*, op. cit., n° 758, p. 360.

[2274] V., **S. LE GAC-PECH**, *Droit de la consommation*, Dalloz, 2017, p. 118.

[2275] A titre d'exemple, la commission de règlement des litiges de consommation d'Ille et Vilaine, https://www.inc-conso.fr.

[2276] **J. JULIEN**, *Droit de la consommation*, op. cit., n° 435, p. 575.

[2277] www.energie-mediateur.fr.

[2278] L'Ordonnance n° 2015-1033 du 20 août 2015 relative au règlement extrajudiciaire des litiges de consommation, *JORF.*, n° 0192, 21 août 2015, p. 14721. Cette Ordonnance a été complétée par le

institution importante pour le développement de la conciliation et de la médiation en matière de la consommation. Cette ordonnance du 20 août 2015 a mis en place un système de médiation, opérationnel depuis le 1er janvier 2016. Ici, l'idée étant que tout consommateur, quel que soit son litige, puisse accéder à cette commission[2279]. L'article L. 615-1 du Code français de la consommation énonce que « *la commission d'évaluation et de contrôle de la médiation de la consommation, placée auprès du ministre chargé de l'économie, a pour mission : 1° D'établir et de mettre à jour la liste des médiateurs, y compris les médiateurs publics, qui satisfont aux exigences prévues par les articles L. 613-1 à L. 613-3 ; 2° De procéder à la notification des médiateurs inscrits sur cette liste auprès de la Commission européenne ; 3° D'évaluer leur activité de médiation et d'en contrôler la régularité* ».

Ici, on va illustrer la mission de cette dernière Commission comme exemple important dans le cadre de la médiation[2280]. Selon les dispositions de l'Ordonnance précitée, on peut préciser le champ d'application de cette médiation. En effet, l'article 611-2 du Code français de la consommation prévoit que « *la médiation de la consommation s'applique à un litige national ou transfrontalier entre un consommateur et un professionnel (...)* ». Ainsi, ce texte montre que certains types de litiges et certaines relations contractuelles peuvent être exclus du champ d'application de la médiation.

Ne sont pas considérés comme litige de consommation les litiges qui concernent certains services : ceux qui sont d'intérêt général non économique ; les services de santé ; les prestations publiques de l'enseignement supérieur.

Selon la disposition précitée, la médiation ne concerne pas les litiges entre professionnels ; elle ne peut pas, de plus, être mise en œuvre quand il s'agit de réclamations portées par le consommateur auprès du service clientèle du professionnel, l'exclusion est logique dans la mesure où la réclamation est une condition préalable de la médiation.

Il en est de même des tentatives de conciliation ou de médiation si elles sont ordonnées par un tribunal saisi du litige de consommation. Enfin, la médiation ne peut concerner les poursuites introduites par le professionnel à l'encontre du consommateur ; en d'autres termes, elle ne peut être introduite que par la réclamation préalable du consommateur[2281].

---

décret n° 2015-1382 du 30 octobre 2015 relatif à la médiation des litiges de la consommation (*JORF*. n°0253, 31 oct. 2015, p. 20408) et le décret n° 2015-1607 du 7 décembre 2015 relatif aux conditions de désignation des médiateurs d'entreprises (*JORF*, n°0285, 9 déc. 2015, p. 22702).

2279 **E. PETIT**, « La médiation de la consommation : une procédure obligatoire pour toutes les entreprises à partir du 1er janvier 2016 », *D*. 2015, p. 2571 ;

2280 V., **B. MALLET-BRICOUT**, « Médiation et droit de la consommation : une avancée vers la généralisation du règlement extrajudiciaire des litiges », *RTD civ*. 2015. 652.

2281 **V. BARBE**, « La protection du consommateur de services ouverts à la concurrence : approche comparée », *op. cit*, n° 134, p. 8.

En outre, l'article L. 612-2 du Code français de la consommation précise qu'en cas de litiges, le médiateur de la consommation ne peut être saisi que dans deux grandes catégories de cas :

Les cas inhérents « intuitu personae » au consommateur, tels que ce dernier n'a pas justifié avoir tenté, au préalable, de résoudre son litige directement auprès du professionnel par une réclamation écrite selon les modalités prévues, le cas échéant, dans le contrat, tels qu'une demande manifestement infondée ou abusive ou hors délai « *auprès du médiateur dans un délai supérieur à un an à compter de sa réclamation écrite auprès du professionnel* ».

Les cas extérieurs à la volonté du consommateur tels qu'un litige précédemment examiné ou en cours d'examen par un autre médiateur ou par un tribunal, tels qu'un litige n'entrant pas dans le champ de compétence du médiateur saisi. Dans ce dernier cas, le consommateur est informé par le médiateur, dans un délai de trois semaines à compter de la réception de son dossier, du rejet de sa demande de médiation.

En tout état de cause, il est ici utile de noter que par l'article L. 612-1 du Code de la consommation, le droit français accorde à tout consommateur (partie faible) un droit de recourir gratuitement à un médiateur de la consommation en vue de la résolution amiable du litige qui l'oppose à un professionnel. Ce qui implique pour le professionnel l'obligation d'en garantir un recours effectif.

Pour cette raison, l'alinéa 2 de l'article L. 612-1 énonce que « *le professionnel peut mettre en place son propre dispositif de médiation de la consommation ou proposer au consommateur le recours à tout autre médiateur de la consommation répondant aux exigences du présent titre* ». Si, dans un secteur d'activité il existe un médiateur dont la compétence s'étend à l'ensemble de ses entreprises, le professionnel a donc l'obligation de le proposer au consommateur conformément de l'alinéa 3 du même article.

691. S'agissant des modalités selon lesquelles le processus de médiation est mis en œuvre, l'article R. 616-1 du Code de la consommation dispose que « *le professionnel communique au consommateur les coordonnées du ou des médiateurs de la consommation dont il relève, en inscrivant ces informations de manière visible et lisible sur son site internet, sur ses conditions générales de vente ou de service, sur ses bons de commande ou, en l'absence de tels supports, par tout autre moyen approprié. Il y mentionne également l'adresse du site internet du ou de ces médiateurs* »[2282].

De manière générale, on peut dire que la médiation ne peut être une réussite que si elle repose sur une généralisation de ce mode de règlement à tous les secteurs d'activité, et si elle fait l'objet d'un encadrement strict. Tel est le rôle dévolu à la Commission d'évaluation et de contrôle de la médiation de la

---

[2282] V., **E. BERNARD**, « La médiation de la consommation s'invite dans les entreprises », op. cit., n° 77, p. 4.

consommation, chargée d'établir la liste des médiateurs qui satisfont aux exigences du Code et d'évaluer et contrôler leur activité[2283].

En outre, on peut dire que l'absence ou défaut d'information auprès du grand public autour la conciliation et/ou la médiation voire la possibilité même d'y recourir constitue un frein au développement de cette forme de règlement[2284].

Au contraire des législations consuméristes des pays maghrébins, la loi française du 17 mars 2014 relative à la consommation[2285] essaie de remédier à cette lacune par l'obligation d'informer le consommateur de l'existence de la conciliation ou de la médiation comme procédures de résolution des litiges en matière de consommation. En effet, l'article L. 211-3 du Code de la consommation dispose explicitement que « *lors de la conclusion de tout contrat écrit, le consommateur est informé par le professionnel de la possibilité de recourir, en cas de contestation, à la procédure de médiation de la consommation dans les conditions prévues au titre Ier du livre VI* ».

En Tunisie, le site internet officiel du gouvernement annonce que les consommateurs peuvent s'adresser au service des relations avec le consommateur, ce service rattaché à la direction de la qualité et de la protection du consommateur a pour mission le règlement des litiges qui oppose les consommateurs aux professionnels (commerçants ou prestataires de services). D'ailleurs, les consommateurs peuvent s'adresser aux directions régionales concernées. A cet effet le consommateur dispose d'un formulaire de réclamation qu'il doit remplir et y joindre les pièces nécessaires (bon de commande, facture, devis, attestation de garantie, bon de livraison, etc...)[2286].

En résumé, il existe différentes institutions administratives chargées des multiples missions de la protection des consommateurs et de veiller à l'équilibre des relations contractuelles entre les professionnels et les consommateurs. Néanmoins, on n'a abordé jusqu'ici, à titre d'illustration, que certains des missions et pouvoirs de quelques institutions pour montrer leur influence de plus en plus grand en la matière.

Par ailleurs, l'efficacité de la protection des consommateurs par ces institutions conforte, de manière générale, le rôle accru des associations et notamment celui des associations de défense des consommateurs.

2283 **J. JULIEN**, *Droit de la consommation*, op. cit., n° 439, p. 579.

2284 **A. AYEWOUADAN**, *Les droits du contrat à travers l'internet*, Larcier, 2012, n° 271, p. 303 et s.

2285 La loi française n° 2014-344 du 17 mars 2014 relative à la consommation, *JORF*, n° 0065, 18 mars 2014, p. 5400.

2286 V. http://www.commerce.gov.tn/Fr/reglement-des-reclamations-des-consommateurs_11_338, consulté le 17 janv. 2018.

Conclusion du Chapitre I

692. En résumé, nous avons noté que les législateurs des pays comparés ont adopté des institutions administratives traitant de questions de la consommation mais aussi protégeant la partie faible en général. Ces institutions jouissent de beaucoup compétences et de pouvoirs pour veiller au respect des législations.

Néanmoins, on peut regretter l'absence d'existence de certains organes tels la commission des clauses abusives. A titre d'exemple, les législateurs marocain, libyen, mauritanien et tunisien n'ont pas créé une instance telle la commission des clauses abusives qui joue un rôle considérable dans la recherche et la lutte contre les clauses abusives.

De manière générale, nous avons remarqué qu'existent diverses institutions administratives dans chaque pays dédié à la consommation et à la protection de la partie faible.

Ainsi que nous l'avons vu dans ce chapitre, le manque de coordination entre les diverses institutions administratives dans un même pays peut être considéré comme un défaut dans les régimes juridiques des pays étudiés (entraînant une « dilution des responsabilités »). Or nous pensons qu'il existe une institution administrative, dans les pays étudiés (à l'exception de la Libye et de la Mauritanie)[2287], qui peut jouer ce rôle de coordination. En effet, dans ces pays, les Conseils nationaux de protection des consommateurs nous apparaissent capables de faire la coordination entre toutes les institutions administratives liées à la protection de la partie faible (le consommateur), attendu que leur composition (des représentants de l'Etat, des administrations, des professionnels et des associations des consommateurs) reflète l'ensemble des parties en cause et que celles-ci ont donc la possibilité d'y faire entendre leur voix et leurs points de vue. Notons en outre que cette composition permet à ces conseils d'avoir facilement accès à toutes les données, informations pertinentes et problèmes relatives aux intérêts des consommateurs.

Donc, nous pouvons ici dire que la quantité ne fait pas tout. Mais c'est la qualité qui compte.

[2287] En droit marocain, le Conseil consultatif supérieur de la consommation peut jouer le même rôle, V. Arts 204 et 205 de la loi marocaine précitée n° 31-08 édictant des mesures de protection du consommateur. En droit mauritanien, l'Autorité mauritanienne chargée de la coordination de la lutte contre la pauvreté et du développement à la base peut se substituer au Conseil national de protection des consommateurs. Selon le rôle attribué par la loi mauritanienne n° 2000-043, 26 juill. 2000 relative au régime juridique particulier des associations de développement, l'Autorité mauritanienne chargée de la coordination de la lutte contre la pauvreté et du développement à la base peut réaliser l'objectif de coordination entre toutes les institutions administratives. L'article 3 de cette loi énonce que « *au sens des dispositions de la présente loi et des règlements pris pour son application, on entend par (autorité chargée de la coordination de la lutte contre la pauvreté et du développement à la base), le ministre, ou toute autre autorité nationale quel que soit son statut juridique, chargé(e), aux termes d'un texte législatif ou réglementaire, de la conception, de la mise en œuvre et du suivi de la politique nationale de lutte contre la pauvreté et de développement à la base* » (*JORIM.*, 30 oct. 2000, n° 985).

Chapitre II : La protection par les associations de consommateurs

693. Consacré par les différentes constitutions, le droit de créer des associations est organisé par des textes législatifs et règlementaires spécifiques. Dans le cadre de notre étude, on constate que tous les législateurs des pays comparés permettent aux individus de créer des associations ou des organismes traitant de questions de la consommation.

Ces organismes associatifs ou associations sont d'apparition récente, peut-être parce que le citoyen est plus attentif à défendre ses intérêts de producteur, qui déterminent sa situation sociale, que ses intérêts de consommateur, qui sont largement dépendants de celle-ci.

De fait, dans nos sociétés consuméristes, les associations de consommateurs apparaissent utiles et nécessaires pour une bonne régulation des rapports entre consommateurs (la partie faible) et les professionnels. En effet, leurs activités sont multiples : sensibiliser les consommateurs à leurs droits et obligations, les alerter quant aux clauses abusives qui présentent un danger réel pour eux, les informer sur les moyens de recours et procédures de dépôt et de traitement de requêtes, et plus généralement répondre à toutes leurs interrogations concernant le droit de la consommation. Ainsi, dans toute transaction, la partie faible peut trouver information et conseil auprès des associations de consommateurs[2288].

Dans certains cas, l'intervention des associations de consommateurs ou d'organismes associatifs permet de rééquilibrer le rapport de force entre consommateurs et professionnels. D'ailleurs, les législations attribuent aux associations de consommateurs le pouvoir d'agir en justice pour défendre les intérêts collectifs des consommateurs (partie faible) afin d'obtenir la réparation contre tout professionnel (partie forte) qui déroge à la loi.

694. Par ailleurs, chez le législateur, la volonté de développer ces organismes associatifs se mesure non seulement à la possibilité juridique de créer ces associations, mais aussi à la facilité (par la simplicité des modalités de création) avec laquelle on peut les créer et aux pouvoirs étendus dont elles disposent. En réalité, le développement des organismes associatifs manifeste la volonté des individus de participer, en dehors des organismes publics quelquefois lointains, à la vie sociale, économique et culturelle de leur pays[2289].

Aujourd'hui, les associations de consommateurs développent leur action et tendent à modifier profondément les rapports de force entre des producteurs très puissants et des consommateurs encore isolés et inorganisés, rééquilibrant un peu la balance en faveur de ces derniers. Sans doute est-ce l'amorce d'une prise de conscience, par les consommateurs, de leur pouvoir.

[2288] **S. ZOUBAH**, *Les nouvelles dispositions de la protection du consommateur*, en droit algérien, op. cit., p. 136.

[2289] **J. CALAIS-AULOY et H. TEMPLE**, *Droit de la consommation*, op. cit., n° 31, p. 27.

Quoi qu'il en soit, la prise en charge par les consommateurs de leur propre protection implique qu'ils sachent s'organiser et qu'ils disposent d'une information suffisante[2290]. D'où l'importance des associations de consommateurs.

Nous étudierons tout d'abord les modalités de création de ces associations (Section I), et ensuite leurs rôles (Section II).

[2290] **R. SAVY**, « La protection des consommateurs en droit français », *RID comp.* Vol. 26, N°3, juillet-septembre, 1974, p. 612.

Section I : Les modalités de création des associations du consommateur

695. Par des textes spécifiques, les législateurs des pays étudiés ont montré qu'il est nécessaire d'encourager la création des associations ou les organismes associatifs. En France, les associations en général sont régies par la loi du 1er juillet 1901[2291] qui les définit comme « *la convention par laquelle deux ou plusieurs personnes mettent en commun d'une façon permanente leurs connaissances et leurs activités dans un but autre que de partager les bénéfices* ». Dans leurs législations relatives aux associations, les législateurs marocain, tunisien et mauritanien se sont inspirés de cette définition[2292].

Dans le même sens, l'article 2 de la loi algérienne n°12-06 du 12 janvier 2012 relative aux associations dispose que « *au sens de la présente loi, l'association est le regroupement de personnes physiques et/ou de personnes morales sur une base contractuelle à durée déterminée ou à durée indéterminée. Ces personnes mettent en commun, bénévolement et dans un but non lucratif, leurs connaissances et leurs moyens pour promouvoir et encourager les activités dans les domaines, (...)* »[2293].

En droit libyen, le législateur n'a pas défini de manière explicite la notion d'association. Cependant, l'article 1er de la loi n°19 du 14 octobre 2001 relative à la réorganisation des associations de la société civile[2294] énonce que, étant donnée une association de la société civile, celle-ci vise à offrir ou fournir des services sociaux, culturels, sportifs, caritatifs ou humanitaires.

Pour défendre leurs intérêts individuels et collectifs, les consommateurs s'organisent dans des associations dites : associations de consommateurs. Ces dernières ne s'occupent que de questions de la consommation et elles peuvent jouer une variété de rôles en matière de protection des consommateurs. Les modalités de création de ces associations sont différentes d'un pays à l'autre. Cependant, le point commun entre ces pays tient au fait que la création des associations de protection du consommateur doit tout d'abord respecter les

---

2291 La loi française du 1er juillet 1901 relative au contrat d'association, *JORF*. 2 juill. 1901, p. 4025.

2292 Au Maroc, l'article 1er du dahir n° 1/58/376 du 15 novembre 1958 concernant la constitution des associations tel qu'il a été modifié et complété par le dahir n° 73.283 du 10 avril 1973, (*J.O.M.* 11 avril 1973). En droit tunisien, l'article 1er de la loi n° 59-154 du 7 nov. 1959 relative aux associations *JORT*, n° 63, 22 déc. 1959, p. 1534 et la loi organique n° 92-25 du 2 fév. 1992 complétant la loi n°59-154 du 7 novembre 1959 relative aux associations. V. égal., l'article 2 du décret-loi tunisien n ° 2011-88 du 24 sept. 2011 relative à l'organisation des associations, *JORT*, n° 74, 30 sept. 2011, p. 1977. En droit mauritanien, l'article 1er de la loi mauritanienne n° 64.098 du 9 juin 1964 relative aux associations, *JORIM*, 15 juill. 1964.

2293 En Algérie, la loi n° 90-31 du 04 décembre 1990 relatives aux associations représente le cadre juridique des associations de protection des consommateurs, cette loi vient d'être remplacée par une nouvelle loi qui a été publiée au journal officiel n° 2 de l'année 2012 sous le n°12-06 du 12 janvier 2012 relative aux associations. La loi algérienne n°12-06 du 12 janvier 2012 relative aux associations, *JORA*, n° 02, 15 janv. 2012, p. 28.

2294 En Libye, la loi n° 111 du 1970 relative aux associations représente le cadre juridique général des associations. Cette loi est abrogée par la loi n° 19 du 14 octobre 2001 relative à la réorganisation des associations de la société civile, *JOL*., 28 déc. 2001.

dispositions générales relatives aux associations en général, ensuite les conditions exigées pour les associations de consommateurs, conditions qui varient selon les législations dans chaque pays.

D'une manière générale, et dans le cadre de protection du consommateur (la partie la plus faible), nous pouvons principalement distinguer d'une part les associations de protection des consommateurs sans exigence de reconnaissance d'utilité publique dans tous les droits des pays étudiés (paragraphe 1), et d'autre part, les associations de protection du consommateur avec exigence de reconnaissance d'utilité publique en droit marocain (paragraphe 2).

Paragraphe 1 : Les associations sans reconnaissance d'utilité publique

696. Par nature, la spécificité de toute association est d'être un groupement développant des activités légitimes et nécessaires sans but lucratif et qui, pour ces raisons, bénéficie de divers avantages juridiques et fiscaux. Il s'ensuit que toutes les associations peuvent, d'une manière ou d'une autre, jouer un rôle protecteur du consommateur. Néanmoins, certains législateurs exigent des conditions particulières pour les associations de défense du consommateur, car ils leur accordent des compétences ou des attributions spécifiques.

En droit français, algérien, mauritanien, tunisien et libyen, les associations de protection des consommateurs peuvent jouer tous les rôles prévus par les législations sans exigence de reconnaissance d'utilité publique. Au contraire, en droit marocain, les associations sans reconnaissance d'utilité publique ne peuvent jouer qu'un rôle limité dans la cadre de la protection de la partie faible ou consommateur.

Parmi les associations sans reconnaissance d'utilité publique dans les pays comparés, il existe plusieurs types d'associations de protection des consommateurs. Nous analyserons tout d'abord les différents types d'associations dans les pays comparés (A). Ensuite, nous examinerons la possibilité de l'extension des attributions de certaines associations dans ces pays (B).

A. Les différents types d'associations dans les pays étudiés

697. La structure des organisations de consommateurs est différente selon chaque pays. Mais, il s'agit toujours ici d'organismes privés, organisés habituellement sous forme d'associations et fonctionnant en principe en toute indépendance vis-à-vis des pouvoirs publics. Les associations offrent ainsi des garanties au citoyen.

En principe, les législateurs des pays étudiés ont attaché une grande importance pour renforcer la modalité de création des associations de consommateurs et étendre leurs activités. Cependant, pour être une association de défense des intérêts des consommateurs, les conditions de sa création varient d'un pays à l'autre.

En droits algérien et libyen, la déclaration de l'association auprès des autorités publiques est suffisante pour exercer les activités des associations de protection de consommateurs. En revanche, en droits français et mauritanien, seules les associations agréées peuvent représenter les consommateurs et agir pour eux en justice sans l'exigence de la reconnaissance d'utilité publique. Plus précisément, l'agrément des associations dans ces pays n'est nullement une condition d'existence desdites associations. Mais, il est indispensable pour que celles-ci puissent être représentées au sein de certaines institutions et surtout ester en justice au nom des consommateurs et d'eux seuls[2295].

Dans ce paragraphe, nous nous pencherons d'abord sur les associations déclarées auprès des autorités publiques (1), après quoi nous examinerons les dispositions relatives aux associations agréées en droits français et mauritanien (2).

1. Les associations déclarées auprès des autorités publiques

698. De manière générale, après l'accomplissement des formalités de constitution de l'association, les membres fondateurs doivent procéder aux formalités de déclaration de l'association auprès des pouvoirs publics pour, d'une part, lui conférer une existence légale, et lui permettre, d'autre part, d'acquérir la personnalité morale et la capacité juridique. L'association est régulièrement constituée après dépôt de la déclaration de constitution auprès de l'autorité publique concernée.

La déclaration de l'association auprès des autorités publiques est une question essentielle : il s'agit en effet de la première étape dans la vie de l'association, c'est-à-dire son acte de naissance. Les modalités de cette déclaration varient d'un pays à l'autre, ce que nous allons présentement examiner.

En droits français et mauritanien, la déclaration est un acte très important dans la vie de l'association (a), mais les associations de protection des consommateurs ont besoin encore d'obtenir un agrément pour exercer pleinement leurs activités. Ce n'est pas le cas dans les droits libyen, tunisien et algérien car dans ces droits, dès qu'elle est déclarée, une association de consommateurs peut exercer pleinement ses activités (b).

a. En droits français et mauritanien

699. Etant donné que la déclaration est la première étape dans la vie d'une association, on va se pencher sur les dispositions du droit français, puis sur les dispositions du droit mauritanien.

En droit français, lorsque l'association souhaite bénéficier de la personnalité juridique et de la capacité correspondante, elle doit respecter les exigences de l'article 5 de la loi de 1901 qui requiert une déclaration à la préfecture puis une publication au Journal officiel[2296].

Les associations déclarées sous le régime de la loi de 1901 ont la capacité d'agir en justice pour la défense de leurs intérêts personnels (par exemple leurs

---

[2295] **J.-D. PELLIER**, *Droit de la consommation*, op. cit., n° 290, p. 334.
[2296] **K. RODRIGUEZ**, « Association », *Rép. soc.*, Dalloz, sept. 2018, n° 88.

intérêts patrimoniaux), la défense des intérêts communs de leurs membres ou la défense de certains intérêts collectifs de portée générale, ces deux derniers domaines étant entourés de conditions plus restrictives. Ce n'était pas la question dans une affaire tranchée par la Cour de Grenoble puisque l'intérêt à agir de l'association n'était pas contesté. En l'espèce, il s'agissait tout simplement d'un problème de représentation, personne dans cette association n'étant habilité à agir en justice pour le compte de la structure[2297].

En droit français, la procédure de la déclaration des associations de consommateurs est facile. En pratique, la formalité gratuite de la déclaration préalable à la préfecture ne donne lieu à aucune vérification administrative autre que celle de la régularité formelle[2298]. Dès lors, ces associations peuvent jouer un rôle dans le cadre de la protection du consommateur (partie faible) en l'informant ou en l'orientant.

En revanche, pour créer une association en Mauritanie, la loi générale des associations n° 64.098 du 9 juin 1964[2299] ne se contente d'une simple déclaration d'existence, mais exige une autorisation préalable pour créer les associations. En effet, l'article 3 de la loi mauritanienne n° 64.098 du 9 juin 1964 dispose que les associations de personnes ne pourront se former ou exercer leurs activités sans une autorisation préalable délivrée par le Ministre de l'Intérieur. Cette autorisation peut être assortie de certaines conditions et le fonctionnement de l'association limité à une période déterminée. De toute manière, l'autorisation ci-dessus ne saurait être accordée lorsque l'association projetée est fondée sur une cause ou en vue d'un objet illicite, contraire aux lois, aux bonnes mœurs, ou qu'elle aurait pour but de porter atteinte à l'intégralité du territoire national ou d'attenter à la forme républicaine du gouvernement.

L'article 5 de la loi mauritanienne susmentionnée précise également que « *les demandes d'autorisation sont adressées au chef de circonscription administrative où fonctionne l'association et à Nouakchott au Ministère de l'Intérieur* ».

[2297] **M. JOSEPH**, « Les dirigeants d'associations : statut, responsabilité, rémunération et remboursement de frais », *Gaz. Pal.*, 18 déc. 2001, n° 352, p. 36.

[2298] **S. TORRICELLI-CHRUFI**, « Association déclarée et capacité de recevoir : évolution », *Gaz. Pal.* 9 juin 2015, n° 160, p. 27.

[2299] La loi mauritanienne n° 64.098 du 9 juin 1964, relative aux associations, *JORIM*, 15 juill. 1964. De plus, le législateur mauritanien a adopté une nouvelle loi qui renforce la loi n° 64.098 susmentionné dans certains domaines ; La loi mauritanienne n° 2000-043 du 26 juill. 2000 relative au régime juridique particulier des associations de développement, *JORIM*, 30 oct. 2000, n° 985. Ainsi, l'article 2 de la loi n° 2000-043 dispose que « *les associations de développement visent à améliorer, dans un esprit de dévouement et de sacrifice hors de toute préoccupation lucrative, et dans le respect des lois et règlements les conditions de vie des populations. Elles poursuivent leurs objectifs dans le cadre d'une approche de développement à la base, participative et Concertée, fondée sur la solidarité des collectivités, groupes et individus et sur la pleine mobilisation de leurs capacités humaines et matérielles, à travers notamment la promotion de l'emploi et la répartition équitable des services sociaux de base. (...) les associations de développement sont régies par les dispositions de la loi n° 64.098 du 9 juin 1964 relative aux associations, (...)* ».

En outre, pour être recevables, les demandes d'autorisation doivent mentionner le titre et l'objet de l'association, le lieu de son fonctionnement ou le siège de ses établissements, les noms, professions, domiciles et nationalités de ceux qui à un titre quelconque sont chargés de l'administration ou de la direction de l'association[2300]. Par conséquent, les associations qui ne demanderaient pas l'autorisation dans les conditions fixées ci-dessus sont nulles de plein droit[2301].

Pour ce qui concerne notre sujet d'étude, l'article 11 de la loi mauritanienne susmentionnée énonce que « *toute association légalement autorisée peut sans aucune autorisation spéciale, ester en justice, acquérir à titre onéreux, posséder et administrer en dehors des subventions de l'Etat ou des communes : • a) les cotisations de ses membres; • b) le local destiné à l'administration de l'association et à la réunion de ses membres • c) les immeubles strictement nécessaires à l'accomplissement du but qu'elle se propose* ». Ainsi, le droit mauritanien permet aux associations des consommateurs d'intenter une action en justice à l'encontre des professionnels.

Néanmoins, le droit mauritanien précise que l'association ne pourra jouir de la capacité juridique prévue à l'article précédent qu'après avoir observé certaines règles de publicité. En effet, dans le délai d'un mois qui suit la délivrance de l'autorisation accordée par le ministre de l'intérieur, la déclaration d'association est rendue publique au moyen de l'insertion au Journal officiel d'un extrait indiquant le titre et l'objet de l'association, son siège social, la liste des personnes chargées de son administration, le numéro et la date de l'autorisation ministérielle. Cette insertion est faite par les soins des personnes chargées à un titre quelconque de la direction de l'association et aux frais de cette dernière[2302].

b. En droits libyen, tunisien et algérien

700. Selon les droits libyen, tunisien et algérien, la déclaration auprès des autorités publiques est la pierre angulaire de la création des associations, y compris les associations de protection du consommateur. Or, nous constatons qu'au contraire de la loi libyenne n° 19 du 2001 et du récent décret-loi tunisien n ° 2011-88, la loi algérienne n° 12-06 du 1 janvier 2012 relative aux associations traite la question de la déclaration de manière relativement détaillée. Ainsi, après avoir d'abord examiné les législations libyenne et tunisienne, nous nous pencherons plus longuement sur la législation algérienne.

701. En droit libyen, l'article 1309 de la nouvelle annexe des textes sur la protection du consommateur du Code de commerce énonce que chacun peut librement adhérer à une association de consommateurs. Cet article dispose également que les consommateurs, seuls ou en recourant aux associations des

---

2300 Art. 6 de la loi mauritanienne n° 64.098 du 9 juin 1964, relative aux associations…

2301 Art. 7 de la loi mauritanienne précitée n° 64.098 relative aux associations.

2302 Art. 12 de la loi mauritanienne précitée n° 64.098 relative aux associations.

consommateurs, sont habilités à intenter une action en dommages-intérêts contre les pratiques des professionnels[2303].

Cependant, le droit libyen de commerce n'a pas organisé et déterminé ou spécifié tous les détails relatifs au cadre juridique et aux activités des associations de protection du consommateur. Ainsi, les associations des consommateurs sont soumises aux dispositions générales relatives aux associations en droit libyen.

Selon la loi libyenne n° 19 relative à la réorganisation des associations de la société civile, les associations doivent être déclarées et enregistrées pour avoir la personnalité morale[2304]. D'ailleurs, l'article 2 de cette loi dispose que pour créer une association, cette dernière doit tout d'abord rédiger ses propres statuts signés par des membres fondateurs[2305]. Ces fondateurs doivent être un minimum de 50 personnes[2306]. Cependant, on peut dire qu'il n'y a pas d'explication rationnelle ou logique qui justifie ce nombre de 50 personnes fondatrices de l'association. À ce sujet, AL-K. ABBOUDH estime que cela révèle, en fait, que le législateur libyen ne veut pas voir croître le nombre d'associations[2307]. De fait, cette condition peut constituer un frein au développement des associations de défense des consommateurs.

702. En droit tunisien, les associations de protection du consommateur sont principalement soumises aux dispositions légales concernant des associations en général. Ces dispositions exigent seulement que l'association doive être déclarée pour exercer ses activités. Ainsi, l'article 3 de la loi tunisienne n° 59-154[2308] disposait que « *les personnes désirant former une association doivent déposer au siège du gouvernorat ou délégation dans laquelle est situé le siège social : a) Une déclaration mentionnant : le nom, l'objet, le but et le siège de l'association (...)* »[2309]. Cette disposition est reprise par l'article 10 du récent décret-loi tunisien

---

2303 La loi libyenne n° 19 du 14 oct. 2001 relative à la réorganisation des associations de la société civile, *JOL*., 28 déc. 2001.

2304 Arts. 6 à 10 de la loi libyenne précitée n° 19 sur la réorganisation des associations de la société civile.

2305 L'article 3 de la loi libyenne précitée n° 19 énonce également que « *les statuts doivent comprendre les mentions suivantes : La dénomination de l'association, son objet, ses objectifs, son siège ; Les noms et prénoms des personnes fondatrices de l'association, ses âges et ses travails ; Les conditions d'adhésion de l'association et les cas de son extinction ; La présentation de l'organigramme de l'association ; Les ressources financières de l'association (...)* ».

2306 **AL-K. ABBOUDH**, *Fondamentaux du droit positif libyen ; Introduction de science du droit*, Centre national de la recherche et des études scientifiques, Tripoli, 4e éd, 2003, p. 197.

2307 **AL-K. ABBOUDH**, *Fondamentaux du droit positif libyen ; Introduction de science du droit*, op. cit., p. 198.

2308 La loi tunisienne n° 59-154, 7 nov. 1959 relative aux associations, *JORT*, n° 63, 22 déc. 1959, p. 1534 et la loi organique n° 92-25 du 2 fév. 1992 complétant la loi n°59-154 du 7 novembre 1959 relative aux associations. Cette loi a abrogé par le décret-loi tunisien n ° 2011-88 du 24 sept. 2011 relative à l'organisation des associations, *JORT*, n° 74, 30 sept. 2011, p. 1977. L'article 46 de ce décret dispose que « *sont abrogées, la loi n° 59-154 du 7 novembre 1959, relative aux associations et la loi organique n° 93-80 du 26 juillet 1993 relative à l'installation des organisations non gouvernementales en Tunisie* ».

2309 L'article 3 de la loi tunisienne n° 59-154 susvisée avait disposé également que « *les personnes désirant former une association doivent déposer au siège du gouvernorat ou délégation dans laquelle*

n ° 2011-88 lorsqu'il énonce que « *la constitution des associations est régie par le régime de déclaration* »[2310]. Il est utile de noter qu'alors que la création d'une association requérait une autorisation préalable de la part des autorités, l'article 10 susvisé du nouveau décret-loi ne requiert plus qu'une déclaration de constitution adressée au Secrétaire général du Gouvernement.

D'ailleurs, on peut noter que l'article 4 de l'ancienne loi n° 59-154 sur les associations avait précisé que « *à l'expiration d'un délai de trois mois à compter de la date de la déclaration visée à l'article 3 ci-dessus et sous réserve des dispositions de l'article 5 de la présente loi, l'association sera légalement constituée et pourra alors commencer à exercer ses activités dès l'inscription au Journal officiel de la République tunisienne (...)* »[2311].

Autrement dit, en Tunisie, il n'existe pas des textes spécifiques pour les associations des consommateurs. Par conséquent, les associations de protection du consommateur peuvent jouer leurs rôles selon toutes les législations relatives aux associations. A cet égard, les associations des consommateurs peuvent se fonder sur l'article 13 du décret-loi tunisien n° 2011-88 pour défendre les intérêts des consommateurs. Cet article dispose que les associations légalement constituées ont le droit d'ester en justice, d'acquérir et de posséder des biens et d'administrer leurs propres ressources. L'association peut également accepter les aides, dons, donations et legs[2312]. De façon un peu plus explicite, le décret-loi tunisien n° 2011-88 soutient et renforce le rôle et les attributions des associations, y compris les associations de protection du consommateur, dans divers domaines,

---

est situé le siège social : (...) b) Des listes en cinq exemplaires mentionnant notamment : les nom, prénoms, date et lieu de naissance, profession et domicile de ses fondateurs et de ceux qui, à un titre quelconque, sont chargés de son administration ou de sa direction ainsi que les numéros, date et lieu de délivrance de leurs cartes d'identité nationale. c) Cinq exemplaires des statuts. La déclaration et les pièces annexées sont signées par deux fondateurs ou plus et sont assujetties aux timbres de dimension à l'exception de deux exemplaires. Il en sera donné récépissé ».

[2310] Le décret-loi tunisien n ° 2011-88 du 24 sept. 2011 relative à l'organisation des associations, *JORT*, n° 74, 30 sept. 2011, p. 1977.

[2311] Il convient de souligner que l'article 4 la loi tunisienne n° 59-154 a prévu que en cas de nécessité et compte tenu de l'objet et du but de l'association, le ministre de l'intérieur peut par décision réduire le délai de trois mois. De plus, l'article 5 de la même loi énonce que « *le ministre de l'intérieur peut, avant l'expiration d'un délai de trois mois à compter de la date de la déclaration visé à l'article 3 de la présente loi prendre une décision de refus de la constitution de l'association. La décision de refus de constitution doit être motivée et notifiée aux intéressés. Elle est susceptible de recours selon la procédure en matière d'excès de pouvoir prévue par la loi n° 72-40 du 1er juin 1972 relative au tribunal administratif* ».

[2312] L'article 8 de l'ancienne loi tunisienne n° 59-154 du 7 nov. 1959 relative aux associations dispose également que « *toute association régulièrement constituée peut, sans aucune autorisation spéciale, ester en justice, acquérir à titre onéreux, posséder et administrer en dehors des subventions de l'Etat et des collectivités publiques : 1) les cotisations de ses membres ou les sommes au moyen desquelles ces cotisations en été rédimées, celle-ci ne pouvant être supérieur à trente dinars. 2) Les locaux et les matériels destinés à l'administration de l'association et à la réunion de ses membres ; 3) Les immeubles strictement nécessaires à l'accomplissement, du but qu'elle se propose* ». Cet article ajoute aussi que « *lorsque l'association poursuit un but d'assistance ou de bienfaisance, elle peut recevoir des libéralités après agrément de secrétaire d'Etat à l'intérieur* ».

notamment dans celui de l'information et de l'éducation du consommateur. Ce décret affirme en outre leur droit d'intenter une action en justice, d'acquérir, de posséder et d'administrer leurs ressources et biens. Aussi, les associations tunisiennes peuvent désormais librement accepter des subventions, des dons et des legs[2313]. De plus, elles peuvent aujourd'hui obtenir des fonds étrangers sans autorisation[2314].

De surcroît, selon l'ancienne loi n° 59-154, les associations étaient tenues de se conformer à un modèle obligatoire de statuts imposé par les autorités publiques ; à présent, le décret-loi tunisien n° 2011-88 supprime cette obligation et permet ainsi à chaque association de rédiger librement ses statuts[2315].

Par ailleurs, il convient de souligner que l'article 26 du décret-loi tunisien n° 2011-88 autorise deux ou plusieurs associations de protection du consommateur à constituer un réseau d'associations. Ainsi, le dispositif proposé par ce texte permet aux associations de consommateurs d'échanger rapidement et régulièrement des données et des informations.

703. De même, en Algérie, le droit ne distingue pas entre la création des associations de protection du consommateur et la création d'autres associations quel que soit leurs objectifs et la nature de leurs activités. Toutes les associations doivent être créées selon les dispositions de la loi n° 12-06 du 1 janvier 2012 relative aux associations[2316]. Ainsi, l'article 21 de la loi algérienne n° 09-03 relative à la protection du consommateur et à la répression des fraudes[2317] énonce que « *est association de protection des consommateurs toute association légalement constituée dont le but est d'assurer la protection du consommateur à travers son information, sa sensibilisation, son orientation et sa représentation* ». Quant à la création des associations de protection du consommateur, le législateur

---

[2313] V., par ex., Arts, 1, 5, 6, 13, 14, 26 du décret-loi tunisien précité n ° 2011-88, 24 sept. 2011 relative à l'organisation des associations.

[2314] Art. 34 du décret-loi susvisé. Par ailleurs, un peu plus de deux ans après, le législateur tunisien a adopté un décret n°2013- 5183 du 18 novembre 2013 fixant les critères, les procédures et les conditions d'octroi du financement public pour les associations (*JORT*, n°102, 24 déc. 2013, p.3579) qui est complété par le décret gouvernemental n° 2016-568 du 17 mai 2016 (*JORT*, n° 40, 17 mai 2016, p. 1572). En effet, les textes de deux décrets prévoient généralement que le financement public est octroyé aux associations soit pour promouvoir leurs activités et développer leurs moyens de travail suite à des demandes directes présentées par les associations, soit pour réaliser des projets d'utilité publique et ce, suite à un appel à candidatures lancé par l'organisme public concerné ou suite à un accord de partenariat à l'initiative de l'association. Le décret prévoit dans le même temps la manière dont le contrôle et le suivi de ce financement seront assurés. V. notamment Arts. 3 et Arts 19 à 23 du décret n°2013-5183 ainsi que art. 1er du décret gouvernemental n° 2016-568 du 17 mai 2016.

[2315] V. Arts 8 à 12 du décret-loi tunisien précité n° 2011-88, 24 sept. 2011 relative à l'organisation des associations. S'agissant de disposition majeure du décret-loi, l'âge minimal requis est de 13 ans pour être membre d'une association et de 16 ans pour en être fondateur ou dirigeant, conformément aux articles 8 et 17 du décret-loi susvisé.

[2316] La loi algérienne précitée n° 12-06 du 12 janv. 2012 relative aux associations est une nouvelle loi qui est venue abroger la loi 90-31.

[2317] La loi algérienne n° 09-03, 25 févr. 2009, relative à la protection du consommateur et à la répression des fraudes, *JORA*., 8 mars 2009, n° 15, p. 10.

algérien soumet toutes les associations à la même procédure de création quels que soient leurs objectifs (dans les domaines du sport, de la culture, de la science, de l'éducation, des loisirs, d'aide et de défense des consommateurs, etc.).

En général, l'article 2 de la loi algérienne n° 12-06 du 12 janvier 2012 relative aux associations a conditionné que « *(...) l'objet de l'association doit être défini avec précision et sa dénomination doit exprimer le lien avec cet objet. Toutefois, l'objet et les buts de ses activités doivent s'inscrire dans l'intérêt général et ne pas être contraires aux constantes et aux valeurs nationales ainsi qu'à l'ordre public, aux bonnes mœurs et aux dispositions des lois et règlements en vigueur* ».

Le droit algérien précise les conditions exigées pour les personnes qui veulent créer ou diriger une association. S'agissant des personnes physiques, ces dernières doivent être de nationalité algérienne et âgées de 18 ans et plus. Elles doivent aussi jouir de leurs droits civils et politiques et ne pas avoir été condamnées pour crime et/ou délit incompatible avec le domaine d'activité de l'association[2318]. Quant aux personnes morales de droit privé, ces personnes doivent être constituées conformément à la loi algérienne et ne pas être frappées d'une interdiction d'exercer leur activité. Pour la constitution d'une association, la personne morale est représentée par une personne physique spécialement déléguée à cet effet[2319].

Il est important de souligner que le droit algérien des associations affirme la liberté des créateurs ou fondateurs de l'association attendu que l'article 6 de la loi n° 12-06 dispose que « *l'association se constitue librement par des membres fondateurs. Ces derniers se réunissent en assemblée générale constitutive constatée par procès-verbal d'huissier de justice. L'assemblée générale constitutive adopte le statut de l'association et désigne les responsables des instances exécutives* ». Cependant, cet article précise également que les membres fondateurs sont au minimum au nombre de dix (10) pour les associations communales ; quinze (15) pour les associations de wilaya, issus de deux (2) communes au moins ; vingt-et-un (21) pour les associations inter-wilayas, issus de trois (3) wilayas au moins ; vingt-cinq (25) pour les associations nationales, issus de douze (12) wilayas au moins.

On peut considérer que la nature associative et bénévole de l'association impose l'existence de capacités matérielles, de soutiens moraux et, dans certains cas, de compétences personnelles des adhérents des associations. Plus précisément, la réussite de l'association repose raisonnablement sur un travail collectif (plusieurs personnes sont souvent nécessaires pour réaliser les objectifs que s'est fixés l'association). Ajoutons que le contrat d'association a une spécificité par rapport des contrats de vente, location, assurance, etc. Il convient toutefois de remarquer ici que l'exigence d'un nombre déterminé de membres fondateurs peut être incompatible avec la notion d'association vue comme

---

[2318] Art. 4 de la loi algérienne précitée n° 12-06 du 12 janv. 2012 relative aux associations. V. égal. **BEN-N. BOUTAIIB**, « Le régime juridique des associations en Algérie ; Lecture critique à la lumière de la loi n° 12-06 », *Cahiers politiques et droit*, en arabe, janv. 2014, n° 10, p. 253.
[2319] Art. 5 de la loi algérienne précitée n° 12-06 du 12 janv. 2012 relative aux associations.

contrat : en effet, un contrat se définit comme un accord de volontés entre deux ou plusieurs personnes destinées à créer, modifier, transmettre ou éteindre des obligations[2320].

En tout état de cause, l'article 7 de la loi algérien n° 12-06 énonce explicitement que la constitution de l'association doit être soumise à une déclaration constitutive et à la délivrance d'un récépissé d'enregistrement. Cette déclaration constitutive doit être déposée auprès d'une autorité qui varie selon le type de l'association. Ainsi, cette déclaration est déposée auprès de l'assemblée populaire communale pour les associations communales ; de la wilaya pour les associations de wilaya ; du ministère chargé de l'intérieur pour les associations nationales ou inter- wilayas[2321].

A compter de la date de dépôt de la déclaration, l'administration dispose d'un délai maximum pour procéder à un examen de conformité avec les dispositions de la présente loi[2322]. Au cours de ce délai et au plus tard à son expiration, l'administration est tenue, soit de délivrer à l'association un récépissé d'enregistrement ayant valeur d'agrément, soit de prendre une décision de refus[2323].

De plus, la décision de refus de délivrance du récépissé d'enregistrement doit être motivée par le non-respect des dispositions de la présente loi. L'association dispose d'un délai de trois mois pour intenter une action en annulation devant le tribunal administratif territorialement compétent. Néanmoins, si une décision est prononcée en faveur de l'association, le récépissé d'enregistrement lui est alors obligatoirement délivré. Par contre, l'administration dispose, dans ce cas, d'un délai maximum de trois mois, à compter de la date d'expiration du délai qui lui a été imparti, pour intenter une action devant la juridiction administrative compétente aux fins d'annulation de la constitution de l'association. Ce recours n'est pas suspensif[2324].

2320 V., **A. BENCHENEB**, *Le droit algérien des contrats ; Données fondamentales*, op. cit., n° 34, pp. 29 et s.

2321 L'article 8 de la loi algérienne précitée n° 12-06 du 12 janv. 2012 relative aux associations dispose que « *la déclaration accompagnée de toutes les pièces constitutives est déposée par l'instance exécutive en la personne du président de l'association ou son représentant dûment habilité, contre un récépissé de dépôt délivré obligatoirement par l'administration concernée, après vérification contradictoire immédiate des pièces du dossier* ».

2322 L'article 8 de cette loi précise que ce délai est de : trente (30) jours pour l'assemblée populaire communale, en ce qui concerne les associations communales ; quarante (40) jours pour la wilaya, en ce qui concerne les associations de wilaya ; quarante-cinq (45) jours pour le ministère chargé de l'intérieur, en ce qui concerne les associations inter-wilayas ; soixante (60) jours pour le ministère chargé de l'intérieur, en ce qui concerne les associations nationales.

2323 L'article 9 de la loi algérienne précitée dispose que « *le récépissé d'enregistrement est délivré par : le président de l'assemblée populaire communale pour les associations communales ; le wali pour les associations de wilayas ; le ministre chargé de l'intérieur pour les associations nationales et inter-wilayas* ».

2324 Art.10 de la loi algérienne précitée n° 12-06 du 12 janv. 2012 relative aux associations. V. **BEN-N. BOUTAIIB**, « Le régime juridique des associations en Algérie ; Lecture critique à la lumière de la loi n° 12-06 », op. cit., p. 257.

Par ailleurs, les fondateurs sont libres vis-à-vis du statut des associations. Mais le législateur algérien fixe une forme d'organisation commune à toutes les associations. En effet, le droit algérien dispose que l'association dispose d'une assemblée générale qui est l'instance suprême et d'une instance exécutive qui assure l'administration et la gestion de l'association[2325]. En outre, le législateur algérien permet aux associations et de manière large de bénéficier de toutes les sources possibles de financement. L'article 29 de la loi algérienne précitée n° 12-06 du 12 janvier 2012 relative aux associations prévoit que « *les ressources des associations sont constituées par : les cotisations de leurs membres ; les revenus liés à leurs activités associatives et à leur patrimoine ; les dons en espèces ou en nature et les legs ; les revenus des quêtes ; les subventions consenties par l'Etat, la wilaya ou la commune* »[2326].

Ainsi, les associations de défense du consommateur peuvent se prévaloir de certaines ressources, contrairement à ce que permettent les droits des autres pays, comme on le verra plus loin. Pour éviter de gaspiller l'argent de l'Etat et réaliser les objectifs pour lesquels des subventions ont été octroyées, le droit algérien dispose que l'octroi de subventions publiques pour toute association est subordonné à la conclusion d'un contrat programme en adéquation avec les objectifs poursuivis par l'association, et conforme avec les clauses d'intérêt général.

De plus, le législateur algérien dispose que les subventions de l'Etat ou des collectivités locales ne sont accordées qu'après présentation de l'état des dépenses des subventions précédemment accordées, lequel doit traduire la conformité des dépenses pour lesquelles ces subventions ont été affectées[2327].

704. En résumé, on peut ainsi dire qu'en droit algérien, la création des associations de protection du consommateur est soumise les dispositions de la loi n° 12-06 du 12 janvier 2012 relative aux associations. Cette dernière précise toutes les procédures de création de l'association, les droits et obligations des associations, l'organisation et le fonctionnement des associations. Ainsi, la loi algérienne n° 09-03 du 25 février 2009, relative à la protection du consommateur et à la répression des fraudes, encourage du rôle de l'association de défense du consommateur mais, sans adopter des dispositions particulières de création de ces types des associations contrairement au droit français qui adopte, dans le Code de la Consommation, des dispositions spécifiques aux associations de consommateurs (associations agréées).

[2325] Art.10 de la loi algérienne précitée n° 12-06 du 12 janv. 2012 relative aux associations.

[2326] En revanche, l'article 30 de la même loi dispose que « *sous réserve des dispositions de l'article 23 ci-dessus, en dehors des relations de coopération dûment établies, il est interdit à toute association de recevoir des fonds provenant des légations et organisations non gouvernementales étrangères. Ce financement est soumis à l'accord préalable de l'autorité compétente* ».

[2327] Art. 35 de la loi algérienne précitée n° 12-06 du 12 janv. 2012 relative aux associations.

2. Les associations agréées en droits français et mauritanien

705. Selon S. DAMAREY, l'agrément constitue une reconnaissance pour l'association qui en bénéficie et conduit à établir une relation privilégiée avec l'autorité administrative qui aura délivré cet agrément et au-delà, avec les pouvoirs publics et les autres administrations. Il constitue une garantie de ce que l'association se présente comme un partenaire fiable pour les autorités publiques[2328].

En droits français et mauritanien, l'obtention de l'agrément est la condition préalable pour qu'une association de consommateurs puisse intenter une action en justice, car ne peuvent agir en justice que les seules associations de consommateurs qui, compte tenu de leur représentativité sur le plan national ou local, ont été agréées à cette fin dans les conditions fixées par la loi.

En principe, déclarées en préfecture conformément à la loi française précitée du 1er juillet 1901, les associations de consommateurs doivent obtenir un agrément pour pouvoir représenter les consommateurs auprès de l'administration et en justice[2329]. Ainsi, l'article L. 811-1 du Code français de la consommation énonce que « *les associations de défense des consommateurs peuvent être agréées après avis du ministère public* ».

De même, l'article 1261 du Code mauritanien de commerce dispose expressément que « *les consommateurs peuvent s'organiser dans le cadre d'associations créées pour la défense de leurs intérêts collectifs par tout moyen licite. Un décret définira, sur proposition du ministre chargé du commerce, les conditions auxquelles ces associations doivent satisfaire pour être agréées* ». Ainsi, le législateur mauritanien a adopté une loi concernant du régime juridique particulier applicable aux associations de développement, y compris les associations de protection du consommateur (la loi n° 2000-043 du 26 juillet 2000 relative au régime juridique particulier des associations de développement)[2330]. En effet, l'article 3 de cette loi dispose également que « *(...) les associations de*

2328 **S. DAMAREY**, sous la direction de **Ph.-H. DUTHEIL**, « Étude 7 - Agrément des associations », *Juris Corpus Droit des associations et fondations*, Dalloz, juil. 2018, n° 7.02.

2329 V. **B. DONDERO**, « L'incidence de la modification de l'objet social d'une association de consommateurs sur son agrément », *BJS*, 01 févr. 2012, n° 2, p. 143 ; **D. BAZIN-BEUST**, *L'essentiel du droit de la consommation*, Gualino Lextenso, 2e éd. 2017, p. 18.

2330 La loi mauritanienne n° 2000-043, 26 juill. 2000 relative au régime juridique particulier des associations de développement, *JORIM.*, 30 oct. 2000, n° 985. Le premier article de cette loi prévoit que « *au sens des dispositions de la présente loi et des règlements pris pour son application, on entend par "association de développement", les associations, nationales ou de droit étranger, telles que définies aux termes de la loi n° 64.098 du 9 juin 1964 relative aux associations, ayant pour objet la réduction des inégalités et la lutte contre la pauvreté, à travers la poursuite de l'un ou plusieurs des objectifs suivants : - la sécurité alimentaire – L'intégration des couches vulnérables de la population dans le processus de développement économique et social, notamment par la promotion de l'emploi ; - l'accès des populations aux services sociaux de base et, en particulier, à l'éducation, à la santé et à l'habitat, - la protection de la femme et de l'enfant ; - la protection de l'environnement ; - les secours d'urgence - et, en général, les objectifs visant à améliorer les conditions de vie des populations* ».

développement nationales ou de droit étranger, dûment autorisées conformément aux dispositions de la loi n°64.098 du 9 juin 1964, peuvent être agréées au régime particulier prévu par la présente loi, (...) ».

Il résulte donc de ces deux textes que l'agrément est nécessaire pour qu'une association de consommateurs puisse pleinement exercer ses activités, notamment une action en justice d'intérêt collectif[2331].

Pour être agréée selon le droit français de la consommation et le droit mauritanien, une association de consommateurs doit tout d'abord être régulièrement déclarée et avoir pour objet statutaire explicite la défense des consommateurs. Ensuite, elle doit réunir les conditions d'agrément fixées par la législation.

a. Les conditions de l'agrément des associations

706. En principe, les associations régulièrement déclarées ayant pour objet statutaire explicite la défense des intérêts des consommateurs peuvent, si elles ont été agréées à cette fin, exercer les droits reconnus à la partie civile relativement aux faits portant un préjudice direct ou indirect à l'intérêt collectif des consommateurs[2332].

Selon J. CALAIS-AULOY et H. TEMPLE[2333], le droit de représenter les consommateurs et le droit d'agir en justice dans l'intérêt des consommateurs ne peuvent être reconnus à toutes les associations de consommateurs. Le risque serait de confier ces droits à des associations sans envergure, ou même à des associations qui, sous le masque de l'intérêt des consommateurs, serviraient d'autres intérêts.

Ainsi, en France et en Mauritanie, les législateurs ont organisé par des textes spécifiques la possibilité, pour une association, d'avoir les droits précités. Les associations doivent être représentatives. Cette qualité dépend de conditions qui doivent obligatoirement être réunies.

On peut ainsi distinguer des conditions liées à la période probatoire (1), des conditions liées à l'activité des associations (2), et des conditions liées au contenu des statuts (3).

i. Des conditions liées à la période probatoire

707. L'ancien article L. 411-1 (devenu l'article L. 811-1) du Code français de la consommation pose un principe général lorsqu'il dispose que les conditions dans lesquelles les associations de défense des consommateurs peuvent être agréées, après avis du ministère public, compte tenu de leur représentativité sur le plan national ou local, sont fixées par décret, de même que les conditions de retrait

---

[2331] **D. FENOUILLET**, « Actions en justice des associations agréées de consommateurs », *RDC.*, 01 juill. 2006, n° 3, p. 743

[2332] V. **H. KOBINA GABA**, « Conditions de validité de l'agrément d'une association de consommateurs après modification postérieure de son objet statutaire et de sa dénomination sociale », *Pet. Aff.*, 27 févr. 2012, n°41, p. 7.

[2333] **J. CALAIS-AULOY et H. TEMPLE**, *Droit de la consommation*, op. cit., n° 32, p. 29 ;

de cet agrément. Ainsi, l'ancien article R. 411-1 (devenu R. 811-1) du Code français de la consommation exige une durée d'existence d'un an au moins lorsqu'il énonce que *« l'agrément des associations de défense des consommateurs prévu à l'article L. 811-1 peut être accordé à toute association : 1° Qui justifie à la date de la demande d'agrément d'une année d'existence à compter de sa déclaration ; (...) »*[2334].

La loi mauritanienne susmentionnée n° 2000-043 relative au régime juridique particulier des associations de développement n'a pas traité la question de la période probatoire de manière claire. Cependant, l'article 4 de cette loi dispose que la demande d'agrément est adressée à l'autorité chargée de la coordination de la lutte contre la pauvreté et du développement, à la base. Le dossier qui y est obligatoirement joint doit comporter les pièces suivantes : un exposé indiquant l'origine, le but d'intérêt public de l'association, son expérience et en particulier le (ou les) programme(s) réalisé(s). Ainsi, contrairement au droit français qui exige de l'association une durée minimale d'existence d'un an, le droit mauritanien ne prend en compte que l'expérience de l'association, ce qui est peut-être une autre façon d'exprimer une condition d'ancienneté. Cela soulève toutefois la question de la manière dont on peut évaluer l'expérience d'une association, ce que ne précise pas la législation mauritanienne.

ii. Des conditions liées à l'activité des associations

708. L'ancien article R. 411-1 (devenu R. 811-1) du Code français de la consommation énonce que l'agrément des associations de défense des consommateurs prévu à l'article L. 811-1 peut être accordé à toute association qui, pendant sa première année d'existence, justifie d'une activité effective et publique en vue de la défense des intérêts des consommateurs, activité appréciée notamment en fonction de la réalisation et de la diffusion de publications de la tenue de réunions d'information et de permanences[2335].

L'article 2 de la loi mauritanienne précitée n° 2000-043 relative au régime juridique particulier des associations de développement dispose que les associations de développement (y compris les associations de consommateurs) visent à améliorer, dans un esprit de dévouement et de sacrifice hors de toute préoccupation lucrative, et dans le respect des lois et règlements les conditions de vie des populations. Elles cherchent à atteindre leurs objectifs dans le cadre d'une approche de développement à la base, participative et concertée, fondée sur la solidarité des collectivités, groupes et individus et sur la pleine mobilisation de leurs capacités humaines et matérielles, à travers notamment la promotion de l'emploi et la répartition équitable des services sociaux de base.

De plus, l'article 4 de la loi mauritanienne susvisée précise que le dossier de demande d'agrément qui y est obligatoirement joint doit comporter les pièces

[2334] **S. DAMAREY**, sous la direction de **Ph.-H. DUTHEIL**, « Étude 7 - Agrément des associations », *Juris Corpus Droit des associations et fondations*, Dalloz, juill. 2018, n° 7.32.
[2335] **J.-D. PELLIER**, *Droit de la consommation*, op. cit., n° 290, p. 335.

suivantes : « *(...) un exposé indiquant l'origine, le but d'intérêt public de l'association, (...)* ».

iii. Des conditions liées au contenu des statuts

709. L'ancien article L. 412-1 (devenu L. 812-1) du Code français de la consommation dispose que « l'agrément ne peut être accordé qu'aux associations indépendantes de toutes formes d'activités professionnelles. Toutefois, les associations émanant de sociétés coopératives de consommation, régies par la loi du 7 mai 1917 modifiée ayant pour objet l'organisation du crédit aux sociétés coopératives de consommation, peuvent être agréées si elles satisfont par ailleurs aux conditions qui sont fixées en application de L. 811-1 ».

L'ancien article R. 411-1 (devenu R. 811-1) du Code français de la consommation énonce que l'agrément des associations de défense des consommateurs prévu à l'article L. 811-1 peut être accordé à toute association : (…) 3° qui réunit, à la date de la demande d'agrément, un nombre de membres cotisant individuellement :

a) au moins égal à 10 000 pour les associations nationales, cette condition pouvant ne pas être exigée des associations se livrant à des activités de recherche et d'analyse de caractère scientifique ;

b) suffisant, eu égard au cadre territorial de leur activité, pour les associations locales, départementales ou régionales.

Lorsque l'association a une structure fédérale ou confédérale, il est tenu compte du nombre total de cotisants des associations le constituant[2336].

Il est important de noter que, si toutes ces conditions sont réunies, l'agrément des associations nationales est accordé par arrêté conjoint du ministre chargé de la consommation et du ministre de la justice (article R. 811-2 du Code de la consommation). Il est publié au Journal officiel de la République française. Par contre, l'agrément des associations locales, départementales ou régionales est accordé par arrêté du préfet du département dans lequel l'association a son siège social. Il est publié au Recueil des actes administratifs. Dans tous les cas, cet article prévoit que « *l'agrément est accordé pour cinq années. Il est renouvelable dans les mêmes conditions que l'agrément initial* »[2337].

Par ailleurs, en 2011, la Cour de cassation française a estimé que la modification de l'objet social statutaire de l'association ne remettait pas en cause son agrément[2338]. En effet, comme on le verra plus tard, l'agrément permet à l'association de mettre en œuvre les différentes actions prévues par le Code de la consommation. Ainsi, dans cette affaire, la Cour de cassation a relevé simplement

---

[2336] **B. DONDERO**, « L'incidence de la modification de l'objet social d'une association de consommateurs sur son agrément », op. cit., p. 143.

[2337] **J. JULIEN**, *Droit de la consommation*, op. cit., n° 30, p. 53.

[2338] Cass. 1re civ., française, 20 oct. 2011, n° 10-25402, *Bull. civ.* 2011, I, n° 171. Cet arrêt porte sur la modification des statuts l'association Confédération générale du logement et de la consommation 35 (CGLC 35). Ainsi, la Cour de cassation a jugé que la modification statutaire n'avait affecté aucun des éléments constitutifs de l'objet social en considération desquels l'agrément lui avait été accordé.

qu'il résultait des constatations de la décision attaquée que la modification des statuts de l'association n'avait affecté aucun des éléments constitutifs de l'objet social en considération desquels l'agrément lui avait été accordé, en sorte que, sous sa nouvelle dénomination, celle-ci pouvait continuer de se prévaloir de cet agrément. On comprend donc que l'agrément accordé à une association reste valable dès lors que la modification postérieure de ses statuts n'emporte pas celle des éléments essentiels de son objet social en considération desquels l'agrément lui avait été accordé[2339].

En droit mauritanien, l'article 4 de la loi n° 2000-043 relative au régime juridique particulier des associations de développement dispose que le dossier de demande d'agrément qui y est obligatoirement joint doit comporter les pièces suivantes : a) un exemplaire du Journal Officiel contenant l'extrait de récépissé d'agrément pour les Associations nationales, ou de l'autorisation du Ministre de l'Intérieur, pour les associations de droit étranger ; (...) c) Les projets de programmes d'action à court, moyen et long terme et les sources de financement projetées ; d) les statuts de l'association en trois exemplaires ; e) un document indiquant la localisation du siège et des représentations de l'Association en Mauritanie ; f) la liste des membres composant les organes dirigeants de l'association ; g) Pour les associations mauritaniennes le compte financier du dernier exercice et un état de l'actif mobilier et immobilier et du passif, (...).

En outre, l'article 6 de cette loi mauritanienne précise que « *ne peuvent être agréées que les associations de développement qui justifient de la réalisation, dans des conditions jugées satisfaisantes, d'un programme significatif de lutte contre la pauvreté et de développement à la base. Sont agréées de plein droit, les associations de développement, nationales ou de droit étranger, reconnues d'utilité publique sur le fondement des dispositions de la loi n° 64.098 du 9 juin 1964* ». Par conséquent, les associations peuvent avoir l'agrément par deux voies : soit par demande d'agrément proprement dit selon les dispositions de la loi n° 2000-043 relative au régime juridique particulier des associations de développement, soit par demande de reconnaissance d'utilité publique selon les dispositions de la loi n° 64.098 du 9 juin 1964. Ici, il faut noter que les conditions requises sont similaires dans les deux cas (reconnaissance d'utilité publique et demande d'agrément), la différence portant sur l'organe ou l'administration à qui il faut adresser la demande (agrément ou reconnaissance). Ainsi, la demande en reconnaissance d'utilité publique est adressée au ministre intéressé[2340], alors que la demande d'agrément est adressée à l'autorité chargée de la coordination de la lutte contre la pauvreté et du développement[2341].

[2339] Sur ce sujet, V. **H. KOBINA GABA**, « Conditions de validité de l'agrément d'une association de consommateurs après modification postérieure de son objet statutaire et de sa dénomination sociale », op. cit., n°41, p. 7.

[2340] V., Art. 23 de la loi mauritanienne précitée n° 64.098 du 9 juin 1964 relative aux associations.

[2341] Art. 4 de la loi mauritanienne précitée n° 2000-043, 26 juill. 2000, relative au régime juridique particulier des associations de développement.

En tout état de cause, d'après les législations françaises et mauritaniennes, il existe deux types d'associations de consommateur (celles qui sont simplement déclarées et celles qui sont déclarées et agrées) et donc toutes sont des associations déclarées qui ont par conséquent la personnalité morale. Mais ce qui est plus essentiel pour une association de consommateurs, c'est de recevoir « l'agrément » qui lui permet d'ester en justice et de participer, à travers ses représentants aux institutions publics chargées de la protection du consommateur.

Par ailleurs, les législations des pays étudiés permettent aux différents types d'associations de consommateurs d'étendre leurs attributions dans certains cas et selon des conditions prévues par la loi.

B. Cas particuliers d'extension des attributions des associations

710. Comme on l'a vu, les associations sans reconnaissance d'utilité publique peuvent jouer des rôles en matière de la protection de la partie faible selon les fonctions et les pouvoirs prévus dans chaque législation des pays comparés. Néanmoins, les législateurs de ces pays permettent sous condition à certaines associations d'étendre leurs attributions. Cette extension des attributions peut donner aux associations des compétences supplémentaires.

En droit français, aux termes de la loi du 1er juillet 1901, la capacité juridique des associations diffère de manière claire selon qu'elles sont reconnues d'utilité publique (l'article 11 de cette loi : capacité juridique étendue) ou qu'elles sont simplement déclarées (l'article 6 de la même loi : capacité juridique limitée)[2342]. De même, les droits algérien, tunisien, mauritanien et marocain ont adopté des dispositions qui permettent aux associations d'obtenir des attributions supplémentaires dans certains cas.

De manière générale, et dans le cadre de notre recherche, nous allons examiner tout d'abord la possibilité d'obtention de reconnaissance d'utilité publique dans les pays étudiés (1). Nous analyserons ensuite la reconnaissance spécifique des associations en droit français (2) et l'obtention d'une autorisation spéciale en droit marocain (3).

1. La possibilité d'obtention de la reconnaissance d'utilité publique

711. Les législateurs français, tunisien et mauritanien adoptent l'option facultative de reconnaissance d'utilité publique des associations. De même, le droit algérien introduit cette possibilité par la loi n° 09-03 du 25 février 2009 relative à la protection du consommateur et à la répression des fraudes[2343]. Nous allons examiner les cas des droits français, mauritanien et tunisien d'une part, et la spécificité du droit algérien d'autre part.

[2342] **S. TORRICELLI-CHRUFI**, « Association déclarée et capacité de recevoir : évolution », *Gaz. Pal.* 9 juin 2015, n° 160, p. 27.

[2343] La loi algérienne n° 09-03, 25 févr. 2009, relative à la protection du consommateur et à la répression des fraudes, *JORA.*, 8 mars 2009, n° 15, p. 10.

a. En droits français, mauritanien et tunisien

712. Une fois déclarée, l'association est dotée de personnalité morale ; mais sa capacité est limitée, car elle ne peut recevoir ni dons ni legs. Pour acquérir pleine capacité, l'association doit être reconnue d'utilité publique[2344], par décret en Conseil d'Etat : elle peut alors recevoir des dons et legs. Mais il est plus important, pour une association de consommateurs, d'être dotée de l'agrément examiné ci-dessus[2345].

Ainsi, on peut dire que l'association simplement déclarée a une personnalité juridique, mais seulement la « petite personnalité ». Si l'association souhaite acquérir la « grande personnalité », elle doit solliciter la reconnaissance d'utilité publique[2346]. C'est pourquoi l'association doit remplir un certain nombre de conditions requises par les législations selon chaque pays.

Comme le prévoient les articles 10 et 11 de la loi française du 1er juillet 1901, certaines associations peuvent être reconnues d'utilité publique. Cette reconnaissance est prononcée « par décret en Conseil d'Etat, à l'issue d'une période probatoire de fonctionnement d'une durée au moins égale à trois ans ». Ne peuvent donc être reconnues d'utilité publique que des associations ayant « remplis au préalable les formalités imposées aux associations déclarées » (décret du 16 août 1901, article 8)[2347]. Cette reconnaissance d'utilité publique permet essentiellement aux associations, quel que soit leur but, de recevoir des dons et legs. Toutefois, il ne leur est pas permis de conserver des biens immobiliers qui ne seraient pas nécessaires au fonctionnement de l'association ou à l'accomplissement du but qu'elle s'est assigné[2348].

La liste des pièces à produire pour la demande de reconnaissance d'utilité publique est fixée par l'article 10 du décret du 16 août 1901 : un exemplaire du journal officiel contenant l'extrait de la déclaration ; un exposé indiquant l'origine, le développement, le but d'intérêt public de l'œuvre ; deux exemplaires des statuts ; liste des établissements de l'association avec indication de leur siège ; liste des

---

[2344] En droit français, pour être reconnue d'utilité publique, une association doit remplir les conditions suivantes : être d'intérêt général (si l'activité de votre association est non lucrative, sa gestion désintéressée et si elle n'est pas mise en œuvre au profit d'un cercle restreint de personnes, elle peut être considérée comme d'intérêt général) ; avoir une influence et un rayonnement dépassant le cadre local ; avoir un nombre minimum d'adhérents (à titre indicatif au moins 200) ; avoir un fonctionnement démocratique et organisé en ce sens par ses statuts (l'administration fournit à cet effet un modèle de statuts) ; avoir une solidité financière tangible (montant minimum de ressources annuelles de 46 000 € , montant de subvention publique inférieur à la moitié du budget et résultats positifs au cours des 3 derniers exercices) ; Une période probatoire de fonctionnement d'au moins 3 ans après la déclaration initiale de l'association à la préfecture est nécessaire. Cette période n'est toutefois pas exigée si les ressources prévisibles sur un délai de 3 ans de l'association sont de nature à assurer son équilibre financier. V., **K. RODRIGUEZ**, « Association », *Rép. soc.*, Dalloz, sept. 2018, n° 104 à 106.

[2345] **J. CALAIS-AULOY et H. TEMPLE**, *Droit de la consommation*, op. cit., n° 31, p. 28.

[2346] V., **K. RODRIGUEZ**, « Association », *Rép. soc.*, Dalloz, sept. 2018, n° 104.

[2347] V., **S. TORRICELLI-CHRIFI**, « Association déclarée et capacité de recevoir : évolution », *Gaz. Pal.* 9 juin 2015, n° 160, p. 27.

[2348] V., **D. HIEZ**, « Association », *Rép. civ.*, Dalloz, avr. 2018, n° 239 à 251.

membres de l'association avec indication de leur âge, de leur nationalité, de leur profession et de leur domicile ou s'il s'agit d'une union, la liste des associations qui la composent avec indication de leur titre, de leur objet et de leur siège ; compte financier du dernier exercice et état de l'actif mobilier et immobilier et du passif ; extrait de la délibération de l'assemblée générale autorisant la demande en reconnaissance d'utilité publique.

Par ailleurs, en application des statuts-types des associations reconnues d'utilité publique, on doit trouver dans le dossier un rapport annuel avec les comptes.

L'article 13-1 du décret français du 16 août 1901, rajouté par le décret n° 80-1074 du 17 décembre 1980, article 3, prévoit enfin que les modifications apportées aux statuts ou la dissolution volontaire d'une association reconnue d'utilité publique prennent effet après approbation donnée par décret en Conseil d'Etat pris sur le rapport du ministre de l'intérieur ou tout au moins par arrêté du ministre de l'intérieur conforme à l'avis du Conseil d'Etat. Ceci implique donc que les associations doivent informer le ministère de l'intérieur de toute modification de leurs statuts[2349].

Les obligations liées à la reconnaissance d'utilité publique ainsi que le circuit de transmission des documents expliquent que les services préfectoraux conservent également des pièces liées à ce statut. Le décret de reconnaissance est joint au dossier de déclaration de l'association, le rapport annuel adressé par l'association également.

Une association reconnue d'utilité publique peut recevoir, en plus des dons manuels dont peut bénéficier toute association, des donations et des legs. Elle doit cependant en faire la déclaration en préfecture.

En pratique, s'il s'agit d'un legs, la déclaration est effectuée par le notaire chargé de la succession. S'il s'agit d'une donation, c'est à l'association de faire la déclaration, par courrier recommandé avec accusé de réception, à la préfecture du département de son siège.

En droit mauritanien, l'article 20 de la loi n° 64.098 du 9 juin 1964 dispose que les associations peuvent être reconnues d'utilité publique par décrets pris sur rapport du ministre intéressé. En principe, les associations qui sollicitent la reconnaissance d'utilité publique doivent avoir rempli au préalable les formalités prévues aux législations pour toutes les associations[2350]. De plus, la demande en reconnaissance d'utilité publique est adressée au ministre intéressé et le dossier qui y est obligatoirement joint doit comporter certaines pièces[2351]. L'article 27 de la loi mauritanienne précitée précise que « les associations reconnues d'utilité

[2349] **G. WICKER et J.-Ch. PAGNUCCO**, « Personne morale », *Rép. civ., Dalloz*, mai 2018, n° 78 et s.

[2350] Art. 22 de la loi mauritanienne n° 64.098 du 9 juin 1964,

[2351] Art. 23 de la loi mauritanienne précitée n° 64.098 du 9 juin 1964. L'article 25 de la loi mauritanienne susvisée dispose que « *une copie du décret de reconnaissance d'utilité publique est transmise au chef de circonscription pour être jointe au dossier de la déclaration, ampliation du décret est adressée par ses soins à l'association reconnue d'utilité publique* ».

publique peuvent recevoir des dons et des legs. Toutefois les immeubles compris dans un acte de donation ou dans une disposition documentaire qui ne seraient pas nécessaires au fonctionnement de l'association sont aliénés dans les délais et la forme prescrits par l'arrêté qui autorise l'acceptation de la libéralité. Le prix en est versé à la caisse de l'association. Elles ne peuvent accepter une donation mobilière ou immobilière avec réserve d'usufruit au profit du donateur »[2352].

En droit tunisien, l'article 3 du décret[2353] n°2013- 5183 du 18 novembre 2013 fixant les critères, les procédures et les conditions d'octroi du financement public pour les associations dispose que « *le financement public est octroyé aux associations : - soit pour promouvoir leurs activités et développer leurs moyens de travail suite à des demandes directes présentées par les associations, - ou pour réaliser des projets d'utilité publique s'inscrivant dans le cadre de l'activité de l'organisme public, et ce, suite à un appel à candidatures lancé par l'organisme public concerné ou suite à un accord de partenariat à l'initiative de l'association* »[2354].

b. En droit algérien

713. Une des innovations de la loi algérienne n° 09-03 relative à la protection du consommateur et à la répression des fraudes consiste en la possibilité de reconnaissance d'utilité publique des associations de protection du consommateur[2355]. Constatons que la reconnaissance de cette qualité n'est pas une condition de création, mais une simple possibilité pour ce type d'association. Par comparaison, en droit français de la consommation, les associations de protection du consommateur doivent posséder un agrément, tandis qu'en droit marocain de la consommation, la reconnaissance d'utilité publique est exigée par la loi. Ainsi, sur cette question, la conception algérienne est différente des droits français et mauritanien (qui exigent l'agrément), et du droit marocain (qui exige la reconnaissance d'utilité publique).

De manière générale, l'alinéa 2 de l'article 21 de la loi n° 09-03 énonce que « *les associations de protection des consommateurs visées à l'alinéa ci-dessus, peuvent être reconnues d'utilité publique selon les conditions et les modalités prévues par la législation et la réglementation en vigueur* ».

[2352] Il convient de noter que l'article 26 de la loi mauritanienne susmentionné énonce que « *toute association, (...) qui reçoit une subvention inscrite au budget de l'Etat ou à un budget annexe au budget de l'Etat est tenue à fournir ses comptes à l'autorité administrative qui accorde la subvention. Elle peut en outre être invitée à présenter les pièces justificatives des dépenses et ses autres documents dont la production serait jugée utile (...)* ».

[2353] Le décret tunisien n° 2013-5183, 18 nov. 2013 fixant les critères, les procédures et les conditions d'octroi du financement public pour les associations, *JORT*, n°102, 24 déc. 2013, p.3579.

[2354] Le décret tunisien n° 2013-5183 a déterminé des conditions et procédures pour l'obtention du financement public par les articles 6 à 12.

[2355] La loi algérienne n° 09-03, 25 févr. 2009, relative à la protection du consommateur et à la répression des fraudes, *JORA*., 8 mars 2009, n° 15, p. 10. V. **Z. LATTOUF**, « Le rôle des associations de protection des consommateurs dans le cadre de la loi 09-03 », *Revue de droit économique et environnement*, n°2, sep. 2009, p.21.

Par nature, les associations bénéficiant d'une reconnaissance d'utilité publique ont pour objectif la protection de l'intérêt public. La législation fixe les conditions d'obtention d'un tel statut.

Sur ce sujet, la loi algérienne n° 12-06 du 12 janvier 2012 relative aux associations fait référence dans son article 34 à ce type d'association. Cet article prévoit que « *les modalités de reconnaissance d'intérêt général ou d'utilité publique sont fixées par voie réglementaire* ».

Il est important de signaler que la réglementation en vigueur confère le caractère d'utilité publique à deux associations nationales, en l'occurrence : 1- le Croissant rouge algérien[2356] ; 2 - les Scouts musulmans algériens[2357].

Le décret exécutif algérien n° 72-176 du 27 juillet 1972 fixant les modalités applicables de l'ordonnance n° 71-79 du 3 décembre 1971[2358] précise les conditions pour avoir le caractère de reconnaissance d'utilité publique. Ainsi, les articles 19, 20 et 21 du décret précité énoncent que si elle veut demander la reconnaissance d'utilité publique, une association doit exercer son activité pendant au moins une année après la date de sa déclaration et justifier qu'elle peut continuer cette activité ; elle doit également compter plus de cent adhérents et posséder des biens meubles pour une valeur minimale de 50 000 DA. Lorsque ces conditions sont réunies, l'association peut déposer sa demande de reconnaissance d'utilité publique

714. D'un point de vue général, la qualité d'association reconnue d'utilité publique présente des avantages. Ainsi, l'article 34 de la loi précitée n°12-06, indique que l'association reconnue d'utilité publique ou d'intérêt général bénéficie « (...) de la part de l'Etat de la wilaya ou de la commune de subventions, aides matérielles et toutes autres contributions assorties ou non de conditions (...) ». De plus, l'article 22 de la loi algérienne n° 09-03 relative à la protection du consommateur et à la répression des fraudes dispose explicitement que « *nonobstant les dispositions de l'article 1er de l'ordonnance n° 71-57 du 5 août 1971 relative à l'assistance judiciaire, les associations de protection des consommateurs reconnues d'utilité publique peuvent bénéficier de l'assistance judiciaire* ». Autrement dit « l'utilité publique » constitue une innovation importante car elle permet aux associations de consommateurs de bénéficier de l'assistance judiciaire, ce qui n'est pas le cas de toutes les associations en général[2359].

2356 Le décret algérien n° 62-524, 06 sept. 1962, *JORA.*, n°14 du 14 sept. 1962, modifié par le décret exécutif n° 98-319 du 06 oct. 1998, *JORA*, n°75, 07 oct. 1998.

2357 Le décret Présidentiel n° 03-217 du 19 mai 2003, portant reconnaissance du caractère d'utilité publique à l'association nationale dénommée « Scouts musulmans algériens », *JORA*, n° 35, 25 mai 2003.

2358 L'Ordonnance algérienne n° 71-79 du 3 déc. 1971, modifiée par les ordonnances n° 72-21 du 7 juin 1972 et 73-13 du 3 avril 1973, relative à l'association et les textes pris pour son application, *JORA*, 24 déc. 1971, n° 105, p. 1410.

2359 **Z. LATTOUF**, « Le rôle des associations de protection des consommateurs dans le cadre de la loi 09-03 », op. cit., p. 22 ;

Il est utile de noter que le bénéficie de l'assistance judiciaire dispense non seulement l'association intéressée du paiement des sommes exigibles au titre des droits de timbre et d'enregistrement, des droits de greffe, de la taxe judiciaire, mais également du paiement des sommes dues aux greffiers, notaires, huissiers, avocats pour les émoluments et honoraires. Les avances éventuelles des frais de transports des magistrats, honoraires des experts, les frais d'audition de témoins, les frais postaux etc. sont à la charge du trésor public[2360].

De fait, la possibilité de bénéficier d'une assistance juridique incite les associations de protection des consommateurs à intenter des actions en justice. En effet, ces dernières n'assument pas de frais déjà évoqués, notamment si elles perdent leurs procès. Cette disposition, propre au droit algérien, pourrait être fructueusement transposée dans les droits des pays que nous étudions.

En résumé, au contraire du droit marocain, la reconnaissance d'utilité publique reste un choix facultatif pour les associations de consommateur en droit français, mauritanien, tunisien et algérien. Ces associations peuvent être reconnue d'utilité public, auquel cas, elles pourront bénéficier de l'assistance judiciaire (le cas du droit algérien) et recevoir plus facilement des dons, legs ou subventions (les cas des droits des autres pays). En outre, le droit français consacre de plus une reconnaissance spécifique pour certaines associations de défense des consommateurs.

2. La reconnaissance spécifique des associations en droit français

715. La reconnaissance spécifique a été créée par l'article 1er du décret n° 2010-801 du 13 juillet 2010[2361]. Celle-ci est régie par les articles R. 812-1 à 812-3 du Code français de la consommation. Dans les faits, pour renforcer le rôle des associations en matière de consommation, le droit français distingue, au moyen de cette reconnaissance spécifique, les associations les plus actives et les plus représentatives[2362].

L'article R. 812-1 du Code de la consommation précise que « la reconnaissance spécifique est accordée, pour une durée de trois ans, à l'association qui en fait la demande, par arrêté du ministre chargé de la consommation ».

L'article R. 812-1 exige des conditions pour que la reconnaissance spécifique soit accordée aux associations de consommateurs. Sont prévues des conditions statutaires mais aussi des conditions d'expérience et de capacité.

S'agissant des premières, l'association doit être titulaire de l'agrément prévu au premier alinéa de l'article R. 811-2, conformément à l'alinéa 1. Elle doit

---

[2360] V. **A. FILALI**, « Le droit de la consommation : une adaptation du droit commun des contrats », op. cit., p. 15.

[2361] Le décret français n° 2010-801 du 13 juillet 2010 relatif à la représentation des associations de défense des consommateurs et aux institutions de la consommation, *JORF*, n° 0162, 16 juill. 2010, p. 13184.

[2362] **G. WICKER et J.-Ch. PAGNUCCO**, « Personne morale », *Rép. civ., Dalloz*, mai 2018, n° 78 et s.

prouver avoir exercé au cours de la dernière année civile dans quarante départements, directement ou à travers les associations locales, départementales ou régionales qui lui sont affiliées, une activité d'accueil des consommateurs, d'expertise et de règlement amiable des litiges en matière de consommation dans une ou plusieurs de ses permanences départementales ou locales ouvertes à cet effet à tous publics au moins huit heures par semaine (l'alinéa 3). Cette association doit avoir inscrit à son compte de résultat au cours de la dernière année civile un produit de cotisations provenant d'adhérents, personnes physiques ou morales, excédant 1,5 fois le montant prévu à l'article D. 612-5 du Code de commerce (alinéa 4).

S'agissant des secondes conditions, l'association doit démontrer avoir une expérience, une organisation et des ressources humaines lui donnant une capacité effective à renseigner les consommateurs ou à les défendre dans tous les secteurs d'activité, notamment dans les produits alimentaires, l'habillement, le logement, l'énergie, l'ameublement et les équipements ménagers, la santé, les transports, les communications et les autres biens et services (alinéa 2 de l'article R. 811-2)[2363].

Les modalités procédurales de la reconnaissance spécifique sont prévues par l'article R. 812-2 du Code de la consommation[2364]. L'article R. 812-3 prévoit en outre que la liste des associations bénéficiaires est mise à jour et tenue à la disposition du public sur un site internet relevant du ministre chargé de la consommation.

716. La reconnaissance spécifique confère des avantages, le principal ayant trait au Bureau du Conseil national de la consommation (CNC). En effet, une primauté est accordée à la représentation des associations bénéficiaires de la reconnaissance spécifique. Le bureau du CNC comprend, pour chaque collège, sept membres titulaires et sept membres suppléants. Les associations nationales de défense des consommateurs qui bénéficient de la reconnaissance spécifique sont membres de droit du bureau (article D. 821-11 du code de la consommation). Elles y sont représentées par leur titulaire et leur premier suppléant au CNC. (Les règles de composition, de fonctionnement et les attributions du bureau sont précisées par l'arrêté du 14 mars 2005 modifié par celui du 23 mai 2011.)

D'autre part, les associations de consommateurs agréées ayant obtenu la reconnaissance spécifique doivent être consultées préalablement à la décision d'homologation du cahier des charges relatif à une indication géographique

---

[2363] **J.-D. PELLIER**, *Droit de la consommation*, op. cit., n° 291, p. 336.

[2364] L'article R. 812-2 du Code français de la consommation dispose que « *la composition du dossier et les modalités d'instruction des demandes de reconnaissance spécifique sont fixées par arrêté du ministre chargé de la consommation. La décision est notifiée à l'association dans un délai maximum de quatre mois. La décision de rejet de la demande est motivée. La reconnaissance spécifique peut être retirée par arrêté du ministre chargé de la consommation avant l'expiration de la période de trois ans mentionnés à l'article R. 812-1 si l'association cesse de remplir l'une des conditions énumérées à cet article. L'association est mise à même de présenter ses observations dans un délai raisonnable. L'arrêté de retrait de la reconnaissance spécifique est motivé et notifié à l'association concernée* ».

protégeant les produits industriels et artisanaux (signe officiel de qualité créé par l'article 73 de la Loi n° 2014-344 du 17 mars 2014)[2365]. En effet, selon l'article L. 721-3 du code de la propriété intellectuelle : « *La demande d'homologation ou de modification du cahier des charges est déposée auprès de l'Institut national de la propriété industrielle par un organisme de défense et de gestion, défini à l'article L. 721-4, représentant les opérateurs concernés.*

« *La décision d'homologation est prise après : (...) ; 3° La consultation : (...) d) Des associations de consommateurs agréées ayant obtenu la reconnaissance spécifique prévue au livre IV du code de la consommation. A défaut de réponse dans les deux mois de leur saisine, les avis sont réputés favorables (...)* ».

3. L'obtention d'une autorisation spéciale en droit marocain

717. L'alinéa 2 de l'article 157 de la loi marocaine n° 31-08 prévoit une dérogation à la condition de l'utilité publique sous réserve de l'obtention d'une autorisation spéciale. Lorsqu'il dispose de manière claire que « (...) *les associations de protection du consommateur non reconnues d'utilité publique et dont le but exclusif est la protection du consommateur, ne peuvent exercer les droits qui leur sont reconnus par le premier alinéa ci-dessus qu'après l'obtention d'une autorisation spéciale de la partie compétente pour ester en justice et selon les conditions fixées par voie réglementaire (...)* ».

Ainsi, on peut se demander quels sont les voies et moyens pour obtenir cette autorisation. Selon l'article 3 du décret marocain n° 2.12.503 pris pour l'application de certaines dispositions de la loi n°31-08[2366], « *l'autorisation visée à l'article 157 de la loi n° 31-08 précitée nécessaire aux associations de protection du consommateur non reconnues d'utilité publique pour ester en justice est délivrée par l'autorité gouvernementale chargée de la justice après avis des autorités gouvernementales chargées des secteurs d'activités concernés par la demande d'ester en justice* ».

Le décret du 11 septembre 2013 a fait réagir le mouvement consumériste. En effet, celui-ci impose aux associations de protection des consommateurs, non reconnues d'utilité publique, de remplir une série de conditions cumulatives et que des acteurs associatifs jugent « insurmontables ».

Un arrêté fixe les modalités d'octroi d'une autorisation spéciale pour les associations de protection des consommateurs non reconnues d'utilité publique. Leur droit d'ester en justice se heurte à des obstacles. Le Fonds de protection des consommateurs est laissé aux oubliettes. Depuis l'arrêté marocain n° 895.18 du 22 mars 2018, les associations non reconnues d'utilité publique peuvent désormais ester en justice. A charge pour elles d'obtenir une autorisation spéciale,

---

[2365] Les modalités de cet article sont précisées par le décret n°2015-595 du 2 juin 2015 (sur les modalités de la consultation, voir l'article R. 721-4 du code de la propriété intellectuelle).

[2366] Le décret marocain n° 2.12.503 pris pour l'application de certaines dispositions de la loi n°31-08 édictant des mesures de protection du consommateur, *Bull. O. Mar.*, n° 6192, 3 oct. 2013, p. 2395.

dont les modalités d'octroi sont fixées par un arrêté qui vient d'être publié[2367]. Cependant, à ce jour, aucune organisation marocaine opérant dans ce secteur ne dispose encore de cette autorisation. D'où l'intérêt de ce nouveau texte, qui fait figure de palliatif.

Cet arrêté est cosigné par deux ministres : celui de l'Industrie, du Commerce et de l'Economie numérique et celui de la Justice. Les autorisations sont délivrées et valables, le cas échéant, pour une durée de trois années renouvelables pour des périodes équivalentes et selon les mêmes conditions d'octroi. Le ministère de la Justice examine le dossier du demandeur et en envoie une copie à l'administration qui exerce la tutelle sur le secteur d'activité concerné par la demande. Ce dernier doit délivrer ses observations dans un délai ne dépassant pas 30 jours.

718. En pratique, le recours en justice signifie que les associations autorisées pourront enclencher des actions, mais aussi intervenir dans des actions en cours, se constituer partie civile devant le juge d'instruction et exercer tous les droits reconnus à la partie civile relatifs aux faits et agissements qui portent préjudice à l'intérêt collectif des consommateurs.

Il faut savoir que pour avoir l'autorisation spéciale, les associations visées doivent justifier, entre autres, d'un accord avec un avocat ou un cabinet d'avocats pour assurer leur représentation devant la justice (article 35 du décret n° 2-12-503).

Selon l'article 3 de l'arrêté précité, l'octroi de l'autorisation spéciale d'ester en justice reste tributaire de l'avis du ministère concerné par les actions en justice éventuelles. Par exemple, si une association doit traiter de litiges immobiliers, il faut que le ministère de l'Habitat donne au préalable un avis favorable. Par conséquent peut-on solliciter l'autorisation préalable du ministre de l'habitat pour le poursuivre en justice en tant que représentant de l'Etat ? En l'espèce, Cela montre une conception contradictoire très particulière de la liberté d'action. En effet, il apparait un réel conflit d'intérêt, car on ne peut pas être juge et partie.

L'alinéa 2 de l'article 1 de l'arrêté n° 895.18 du 22 mars 2018 énonce que dans sa demande d'autorisation, l'association doit mentionner le secteur où elle souhaite exercer. Cette disposition semble principalement justifiée car sinon l'association pourrait vouloir se mêler de tout et par la même « se substituer » à l'Etat dont c'est la vocation première. Mais, de fait, l'intérêt général est incarné par l'Etat.

Cependant, l'exigence de détermination préalable du secteur d'action peut être un frein à l'obtention de cette autorisation. En effet, une association peut avoir plusieurs centres d'intérêt et lier l'obtention d'une autorisation d'ester en justice à la définition d'un domaine précis dénote d'une volonté de contrôle de sa capacité d'action et comme un obstacle.

[2367] L'arrêté marocain n° 895.18 du 22 mars 2018, fixant les modalités d'octroi d'une autorisation spéciale pour les associations de protection des consommateurs non reconnues d'utilité publique, *Bull. O. Mar.*, n ° 6670, en arabe, 03 mai 2018, p. 2561.

L'alinéa 5 de l'article 2 de l'arrêté évoqué soulève une autre question, à savoir la disposition qui oblige les associations à fournir la liste de leurs adhérents. On peut se demander quelle valeur accorder à ce document, même si rien dans la loi ne fixe un nombre minimum d'adhérents pour qu'une association de protection du consommateur soit reconnue par la tutelle. Il faut savoir que la majorité des personnes qui sollicite une association de consommateurs n'est pas adhérente[2368].

En résumé, la volonté du législateur marocain semble être de contrôler totalement la liberté d'action des associations et toutes les dispositions annoncées (autorisation préalable, liste des adhérents, subvention etc…) vont dans ce sens[2369].

C'est le cas de la demande de l'autorisation d'ester en justice, mais peut se poser la question de savoir quelles sont les conditions exigées dans le cas de la demande de reconnaissance d'utilité publique en droit marocain.

Paragraphe 2 : Les associations reconnues d'utilité publique en droit marocain

719. En principe, l'article 9 du Dahir marocain n° 1-58-376 du15 novembre 1958 réglementant le droit d'association[2370] dispose qu' « à l'exception des partis politiques et des associations à caractère politique, visés au titre IV de la présente loi, toute association, après enquête préalable de l'autorité administrative sur son but et ses moyens d'action, peut être reconnue d'utilité publique, par décret sur demande présentée à cet effet. Il doit être statué sur cette demande par décision motivée dans un délai maximum de six mois courant à partir de la date de son dépôt auprès de l'autorité administrative locale ».

Dans le cadre de notre étude, seule la fédération nationale et les associations de protection du consommateur reconnues d'utilité publique peuvent former des actions en défense des intérêts collectifs des consommateurs. En effet, l'article 157 de la loi marocaine n° 31-08 dispose que « *la fédération nationale et les associations de protection du consommateur reconnues d'utilité publique conformément aux dispositions de l'article 154 peuvent former des actions en justice, intervenir dans les actions en cours, se constituer partie civile devant le juge d'instruction pour la défense des intérêts du consommateur et exercer tous les droits reconnus à la partie civile relatifs aux faits et agissements qui portent préjudice à l'intérêt collectif des consommateurs.* Ainsi, les associations de protection des consommateurs ainsi que leurs fédérations nationales peuvent

[2368] **S. NHAILI**, « Protection du consommateur : Des associations fortes, ce n'est pas pour demain », en droit marocain, www.medias24.com, consulté le 20 août 2018.

[2369] **A. El-HOURRI**, « Les associations de protection des consommateurs peuvent désormais agir en justice », en droit marocain, www.medias24.com, consulté le 27 août 2018.

[2370] Dahir marocain n° 1-58-376 du 15 novembre 1958 réglementant le droit d'association, tel qu'il a été modifié et complété (notamment par la loi n° 75-00 promulguée par le Dahir n° 1-02-206 du 23 juill. 2002) pourraient comporter), *Bull. O. Mar.*, n° 2404-bis, 27 nov. 1958, p. 1909.

intenter une action en justice, intervenir dans les actions en cours, ou encore se constituer partie civile.

Selon certains auteurs marocains, l'exigence de reconnaissance d'utilité publique est considérée comme un critère qui montre le sérieux de l'association. En effet, si l'association a réellement pour objectif la défense des intérêts du consommateur, elle doit respecter les conditions légales et demande à être reconnue d'utilité publique[2371]. En revanche, d'autres auteurs estiment que cette reconnaissance d'utilité publique est un obstacle mis devant les associations pour limiter leur capacité d'action, notamment, face aux conditions draconiennes exigées ; de plus on sait que les associations reconnues d'utilité publique sont limitées au Maroc[2372].

Dans l'objectif de l'efficacité de la protection du consommateur (la partie faible), notamment face à la justice, les associations doivent toutes remplir toutes les exigences demandées par la loi. Quelles sont les conditions de reconnaissance d'utilité publique (A) ? Quelle est la spécificité de la fédération nationale de protection du consommateur en droit marocain (B) ?

A. Les conditions de fond : en droit marocain

720. De manière générale, les associations de consommateurs ont pour mission de coordonner les actions en matière d'information, de sensibilisation, d'orientation, d'éducation et de défense. Elles ont vocation aussi à représenter les consommateurs auprès des organismes tiers, à leur offrir un cadre adapté de partenariat et d'échange d'expertise, à dégager des positions communes et des avis éclairés.

Mais, pour agir en justice, les associations marocaines ne peuvent pas intenter une action, si elles ne remplissent pas certaines conditions prévues par la législation.

De manière générale, le décret[2373] marocain n° 2-04-969 du 10 janvier 2005 précise la plupart des conditions de la reconnaissance d'utilité publique qui doivent être réuni. De plus, la loi n° 31-08 sur la consommation rajoute et précise les conditions supplémentaires qui renforcent encore les conditions prévues par le décret précité.

[2371] V., **Al-M., EL AZZOUZI**, « La résolution des conflits de la consommation à la lumière de la loi n° 31-08 édictant des mesures de protection du consommateur », *Dar nachr Almaarifa*, en arabe, 2013, p. 160 ; **S. TYALI**, « Le rôle des associations dans la protection du consommateur par le biais de la loi n° 31-08 », *Revue du droit et des affaires*, n° 2, en arabe, déc. 2011, p. 29.

[2372] **Al-M., EL AZZOUZI**, « La résolution des conflits de la consommation à la lumière de la loi n° 31-08 édictant des mesures de protection du consommateur », op. cit., p. 160 ; **Abou. EL-KARATI**, « Lecture critiqué et la proposition de modification à propos de projet de la loi n° 31-08 relative à la protection du consommateur », Revue de l'économie et de la société, n° 10, mai **2009**, p. 36.

[2373] Le décret marocain n° 2-04-969, 10 janv. 2005 pris pour l'application du dahir n° 1-58-376 du 15 novembre 1958 réglementant le droit d'association, *Bull. O. Mar.*, 2005-08-04, n° 5340, pp. 583-584.

Les conditions de reconnaissance d'utilité publique peuvent être liées au contenu des statuts (a), aux objectifs de l'association (b) et enfin à la capacité financière de l'association (c).

1. Des conditions liées au contenu des statuts

721. Tout d'abord, la création d'une association de consommateurs doit être soumis aux dispositions du dahir n° 1/58/376 du 15 novembre 1958 concernant la constitution générale des associations tel qu'il a été modifié et complété par le dahir n° 73.283 du 10 avril 1973 et publié dans le journal officiel le 11 avril 1973[2374].

De surcroît, l'article 154 de la loi marocaine n° 31-08 édictant des mesures de protection du consommateur énonce que « les associations de protection du consommateur doivent être régies par des statuts conformes à un statut-type fixé par voie réglementaire ». En application de cet article, le législateur marocain a adopté le décret n° 2-12-462 du 14 novembre 2012 fixant le modèle de statut-type des associations de protection du consommateur pouvant être reconnues d'utilité publique[2375].

Cependant, il semble que la mise en place du modèle de statuts-type peut être un frein à la liberté de création de l'association conférée par le dahir n° 1/58/376 du 15 novembre 1958 concernant la constitution des associations. De plus, cette obligation de statut type peut avoir une influence négative sur l'indépendance et l'action de ces associations[2376].

Quoi qu'il en soit, les points principaux de ce décret s'articulent autour de constitution, dénomination, objectifs, étendue de missions, siège, durée. Dans le cadre de notre étude, nous pouvons indiquer que l'article 5 du décret précité n° 2-12-462 du 14 novembre 2012 précise que « *lors de la réalisation de ses objectifs prévus dans ses statuts, l'association exerce ses activités en toute neutralité, elle s'interdit également toute discussion politique ou religieuse, de tisser des liens de partenariat et/ou de coopération avec les fournisseurs de biens, de produits ou de services. De même toute campagne de communication commerciale en faveur d'un bien, d'un produit ou d'un service lui est interdite* ».

En outre, il est utile de souligner que les articles 7, 8 et 9 du décret n° 2-12-462 du 14 novembre 2012 abordent la question des membres, les conditions d'adhésion et de suspension ou de perte de la qualité de membre. Quant à leur organisation, l'article 10 prévoit que les instances de l'association sont :

[2374] Dahir marocain n° 1-58-376, 15 nov. 1958 réglementant le droit d'association, tel qu'il a été modifié et complété, *Bull. O. Mar.*, n° 2404-bis, 27 nov. 1958, p. 1909.

[2375] Le décret n° 2-12-462, 14 nov.2012 fixant le modèle de statuts-type des associations de protection du consommateur pouvant être reconnues d'utilité publique, *Bull. O. Mar.*, n° 6110, 20 déc. 2012.

[2376] **Al-M., EL AZZOUZI**, « La résolution des conflits de la consommation à la lumière de la loi n° 31-08 édictant des mesures de protection du consommateur », op. cit., p. 161.

l'assemblée générale ordinaire et l'assemblée générale extraordinaire ; le conseil d'administration ; le bureau[2377].

S'agissant de la dissolution de l'association, le droit marocain dispose dans l'article 26 du décret précité n° 2-12-462 que l'assemblée générale extraordinaire est habilitée à prendre la décision de dissoudre l'association. (…) A cet effet, les biens meubles et immeubles appartenant à l'association sont transférés à une ou plusieurs associations ayant les mêmes objectifs. Les aides et les subventions qui lui sont fournies par l'Etat ou les collectivités territoriales ou les établissements publics et non encore utilisées sont restituées à l'Etat ainsi que les biens acquis à travers ces aides et subventions pour être consacrés à des œuvres d'assistance, de bienfaisance ou de prévoyance.

Par ailleurs, il convient ici de noter également que l'alinéa 5 de l'article 1 du décret marocain n° 2-04-969 du 10 janvier 2005 dispose que « *toute association qui demande à être reconnue d'utilité public doit (...) s'engager à fournir les informations requises et s'astreindre au contrôle administratif prévu par la législation et la réglementation en vigueur* ».

Ainsi, on peut toujours sentir que la volonté de contrôle par les pouvoirs publics de l'action des associations perdure.

2. Des conditions liées aux objectifs de l'association (Intérêt public)

722. Les objectifs poursuivis par les associations de protection de consommateurs se trouvent dans la législation générale, puis dans les législations spécifiques.

L'alinéa 3 de l'article 1 du décret n° 2-04-969 du 10 janvier 2005 dispose que « toute association qui demande à être reconnue d'utilité public doit (…) poursuivre des objectifs d'intérêt public au niveau local, régional ou national (…) ».

En ce sens, l'article 154 de la loi marocaine n° 31-08 édictant des mesures de protection du consommateur confirme que « *les associations de protection du consommateur, constituées et fonctionnant conformément à la législation et la réglementation en vigueur relatives au droit d'association, assurent l'information, la défense et la promotion des intérêts du consommateur, et concourent au respect des dispositions de la présente loi* ». De même, l'article 6 du décret précité n° 2-12-462 du 14 novembre 2012 énonce que d'une manière générale, l'association vise la protection des droits fondamentaux du consommateur tels qu'ils sont édictés par la loi n° 31 -08.

Plus précisément, l'article 154 de la loi n° 31-08 dispose que « *les associations de protection du consommateur peuvent être reconnues d'utilité publique si elles satisfont à la législation et la réglementation en vigueur relatives au droit*

[2377] Ces organes de l'association ont abordé par les articles 11 à 15 du décret n° 2-12-462 du 14 novembre 2012 fixant le modèle de statuts-type des associations de protection du consommateur pouvant être reconnues d'utilité publique (Bull. *O. Mar.*, n° 6110, 20 déc. 2012).

d'association ; elles doivent en outre avoir pour objet statutaire exclusif la protection des intérêts du consommateur (...) ».

Par ailleurs, le législateur marocain exclut certains organismes associatifs de cadre des associations de défense du consommateur. L'article 153 de la loi n° 31-08 précise que au sens de la présente loi, ne peuvent être considérées comme associations protection du consommateur : - l'association qui compte parmi ses membres des personnes morales ayant une activité à but lucratif ; - l'association qui perçoit des aides ou subventions d'entreprises ou de groupements d'entreprises fournissant des produits, biens ou services au consommateur ; - l'association qui fait de la publicité commerciale ou qui promeut des informations sur des biens, produits ou services commerciaux ; - l'association qui se consacre à des activités autres que la défense des intérêts du consommateur ou qui poursuit, un but à caractère politique.

Il faut noter que les conditions liées aux statuts et aux objectifs de l'association restent toujours dépendantes de la capacité financière exigée par la loi.

3. Des conditions liées à la capacité financière de l'association

723. L'alinéa 2 de l'article 1 du décret[2378] n° 2-04-969 du 10 janvier 2005 énonce explicitement que « *toute association qui demande à être reconnue d'utilité public doit (...) disposer des ressources financières lui permettant d'accomplir notamment les missions d'intérêt général fixées par ses statuts (...)* ».

Sur ce sujet, l'alinéa 4 du même article exige que toute association, qui cherche à acquérir ou à obtenir de reconnue d'utilité publique, doit tenir une comptabilité permettant l'établissement d'états de synthèse donnant une image fidèle de son patrimoine, de sa situation financière et de ses résultats, dans les conditions fixées par arrêté de l'autorité gouvernementale chargée des finances.

Pour exercer ses activités, l'article 20 du décret marocain précité n° 2-12-462 du 14 novembre 2012 a prévu que « les ressources de l'association se composent des : cotisations des membres ; subventions publiques ; dons et legs ; revenus de ses activités et de ses services, conformément aux dispositions législatives et réglementaires ; fonds collectés dans le cadre d'un appel à la générosité publique ; toutes autres ressources non interdites par les lois et règlements en vigueur ».

Ainsi, les ressources prévues par cet article sont susceptibles de financer l'association de protection de consommateurs. Nous pouvons cependant constater que ces ressources ne sont pas constantes dans le temps et peuvent limiter la capacité d'action de l'association[2379]. En effet, nous pouvons remarquer que

---

[2378] Le décret marocain n° 2-04-969 du 10 janv. 2005 pris pour l'application du dahir n° 1-58-376 du 15 nov. 1958 réglementant le droit d'association, *Bull. O. Mar.*, 2005-08-04, n° 5340, pp. 583-584.

[2379] V. **Al-M., EL AZZOUZI**, *La résolution des conflits de la consommation à la lumière de la loi n° 31-08 édictant des mesures de protection du consommateur*, Dar nachr Almaarifa, en arabe, 2013, pp. 159 et 162.

l'existence de moyens financiers réguliers est la condition de réussite pérenne des activités de l'a association.

Si cette dernière n'a pas les moyens financiers suffisants pour diffuser les informations importantes auprès des consommateurs et intenter une action en justice, elle se trouve paralysée dans son action. En réalité, les frais de justice peuvent dépasser la capacité financière des adhérents de telle ou telle association.

C'est pourquoi, certains auteurs marocains[2380] indiquent en outre que toutes associations devraient bénéficier du système d'aide judiciaire, dans le cas où elles ne pourraient pas prendre en charge les frais de justice.

Ainsi, nous pouvons indiquer qu'une des ressources efficaces pour financier les activités des associations sont l'imposition des taxes sur la publicité commerciale en faveur des associations de défense du consommateur.

Par ailleurs, il est important de marquer que l'article 22 du décret précité n° 2-12-462 précise que l'exercice comptable commence le premier janvier et se termine le 31 décembre de chaque année. La comptabilité de l'association est annuellement soumise à l'appréciation d'un expert-comptable dûment inscrit au tableau de l'ordre des experts comptables. L'appréciation cette comptabilité porte sur la sincérité et la régularité des états comptables et financiers de l'association, de la situation de son patrimoine, de sa situation financière ainsi que de ses résultats.

B. La fédération nationale marocaine de protection du consommateur un cas particulier

724. A priori, on peut dire que considérant la nécessité qu'il y a de coordonner et de renforcer l'action des associations de consommateurs au Maroc, le législateur dans l'article 155 de la loi n° 31-08 édictant des mesures de protection du consommateur énonce que « *les associations de protection du consommateur reconnues d'utilité publique conformément aux dispositions de l'article 154 doivent se constituer en une Fédération Nationale de protection du consommateur régie par la législation relative au droit d'association et les dispositions de la présente loi.*

La Fédération Nationale de protection du consommateur acquiert de plein droit la reconnaissance d'utilité publique. Les statuts de la Fédération Nationale de protection du consommateur sont fixés par décret. La reconnaissance d'utilité publique lui est conférée par décret ».

Cette initiative a pour objectifs de construire un cadre légal de concertation et de collaboration entre les associations de consommateurs et avec leurs partenaires et de créer un cadre favorable pour le renforcement de leur action.

Comme les missions des associations de consommateurs, cette fédération a pour missions de coordonner des actions des associations de consommateurs en

[2380] V., à ce sujet, **Abdl.A. AKRIF**, « La lecture dans le de projet de la loi n° 31-08 édictant des mesures de protection du consommateur », *Revue marocaine de droit et d'économie*, 2010, n° 3, en arabe, p. 202.

matière d'information, de sensibilisation, d'orientation, d'éducation et de défense du consommateur ; de représenter ces associations auprès des organismes tiers ; de leur offrir un cadre adapté de partenariat et d'échange d'expertise ; de dégager des positions et des avis concertés des associations de consommateurs.

Cependant, on peut se demander si l'exigence de se regrouper en une Fédération Nationale de protection du consommateur est compatible avec l'esprit de la loi, avec la liberté et l'indépendance des associations. En effet, la nature de l'activité associative et des activités bénévoles, se fonde principalement sur la volonté des créateurs. Par conséquent, ces derniers sont les mieux à même de déterminer l'étendue de leurs activités, et avec qui ils veulent contracter, ainsi que le statut de leur organisation. Normalement, le rôle du législateur consiste ici uniquement à établir d'un cadre général sans entrer dans les détails de cette fédération.

725. Pour conclure, il est regrettable que les associations de consommateurs des pays étudiés ne puissent pas jouir des toutes attributions essentielles de protection sans passer par de procédures au long cours, notamment en droit français et mauritanien. En effet, il existe des procédures spécifiques pour jouir la personnalité morale, d'autres procédures pour avoir l'agrément (qui permet d'agir en justice ou de participer à des institutions publics), et enfin des procédures particulières pour avoir la reconnaissance d'utilité publique (qui permet de recevoir des dons, legs ou subventions et l'assistance judiciaire). Ainsi, cette complexité procédurale peut constituer un frein au développement du mouvement associatif, notamment en matière de la protection des consommateurs.

C'est pourquoi, il serait souhaitable de revoir l'ensemble de ces procédures notamment pour les associations de protection des consommateurs. Pour jouer un rôle efficace, ces dernières devraient pouvoir, par une seule demande, jouir de la personnalité morale et de la capacité d'ester en justice ainsi que de la reconnaissance d'utilité publique.

De manière générale, nous pouvons remarquer dans tous régimes juridiques des pays étudiés que les législateurs imposent aux associations beaucoup d'obligations juridiques et administratives. Face à ces exigences voire à ses complexités, on peut se demander si les associations peuvent parvenir à avoir une efficacité réelle, sous ces conditions, dans le cadre de la protection de la partie faible.

Section II : Les conditions d'exercice de l'action des associations

726. A côté des institutions administratives, l'exercice des associations dans la protection de la partie faible (du consommateur) est devenu indispensable, car l'Etat et ses institutions ne peuvent pas assimiler tous les aspects de cette protection. Ainsi, la protection des intérêts du consommateur (la partie faible) est de la responsabilité de tous, (le législateur, l'Etat et ses institutions, le juge, les associations ainsi que le consommateur qui, poursuivent en réalité les mêmes objectifs).

Les associations de protection de consommateurs ont en charge la protection des intérêts individuels et collectifs des consommateurs, notion qui est très étendue. Ces associations recherchent, en réalité, la protection des intérêts non seulement économiques, mais aussi la sécurité, la santé ou du bien-être des consommateurs.

Pour mener à bien ces objectifs, les associations de consommateurs recourent à différents moyens : représentation des consommateurs dans divers organismes publics, information et conseil des consommateurs, traitement des réclamations des consommateurs via des actions en justice ou des procédés amiables de type médiation, moyens de lutte, telle la manifestation, le boycott ou la pétition, ou encore le happening, et enfin, des actions de lobbying.

Autrement dit, ces associations informent, assistent, soutiennent et éduquent les consommateurs. Elles les aident à régler les litiges de la vie quotidienne, soit à l'amiable, soit par l'action en justice. Elles peuvent les représenter auprès des décideurs publics et au sein d'instances nationales.

Ainsi, les associations de protection des consommateurs peuvent globalement jouer deux rôles principaux dans le cadre de protection des consommateurs. Le premier est relatif aux exercices d'aide de la partie faible (Paragraphe 1) et le deuxième est relatif aux exercices de défense de la partie faible (le consommateur).

Paragraphe 1 : L'assistance à la partie faible (en amont)

727. L'assistance ou l'aide à la partie faible est une mission essentielle des associations de protection des consommateurs. D'ailleurs, cela montre l'esprit de bénévolat et de coopération dans la cadre de la diffusion d'une culture de consommation rationnelle.

Les associations de consommateurs informent et assistent les consommateurs soit dans l'indication de l'étendue de leurs droits que les professionnels doivent respecter, soit dans le règlement des litiges éventuels qui peuvent les opposer à des professionnels. Elles sont ainsi connues des consommateurs, et sont aisément accessibles. S'adresser à l'une d'entre elles ne soulève pas les mêmes problèmes économiques et psychologiques que peut susciter le recours aux tribunaux[2381].

[2381] **H. BUREAU**, *Le droit de la consommation transfrontière*, op. cit, n° 487, p. 317.

Les législations des pays étudiés incitent à la promotion de l'action préventive (il vaut mieux prévenir que guérir) mais aussi curative des associations de consommateurs dont le rôle est d'aider la partie faible en matière d'information (A) et en matière d'éducation à la consommation (B).

A. En matière d'information

728. Le droit de la consommation se caractérise par un particularisme au niveau de l'exécution du contrat en octroyant aux associations de consommateurs un rôle vulgarisation.

On peut dire que si l'information est principalement à la charge des professionnels, mais aujourd'hui, elle fait partie l'une des tâches principales des associations de consommateurs. Ce rôle d'information est très important dans le cadre de protection de la partie faible. En effet, la reconnaissance législative d'un rôle d'information par les associations renforce les efforts déployés par les législateurs afin de rétablir l'équilibre dans la relation contractuelle entre le professionnel et le consommateur.

Concrètement, en quoi consiste ce rôle d'information ?

On peut constater que des informations proposées et fournies par les associations peuvent être non seulement juridiques ou théoriques mais aussi pratiques.

Cela signifie d'une part, informer le consommateur sur ses obligations et ses droits vis-à-vis de son cocontractant (le professionnel), et plus largement lui donner toutes les informations juridiques concernant les processus de conclusion et d'exécution du contrat ; d'autre part, toutes les informations sur les caractéristiques des produits ou prestations de services.

Les associations éclairent par exemple le consommateur sur les caractéristiques ou les dangers éventuels desdits produits. De manière générale, les associations doivent informer aux consommateurs sur leurs obligations et leurs droits vis-à-vis de son cocontractant (le professionnel)[2382].

C'est pourquoi, les législations des pays étudiés affirment le rôle des associations dans l'information et l'orientation des consommateurs.

S'agissant du droit algérien, l'article 21 de la loi algérienne n° 09-03 relative à la protection du consommateur et à la répression des fraudes[2383] énonce de manière claire que « *est association de protection des consommateurs toute association légalement constituée dont le but est d'assurer la protection du consommateur à travers son information, sa sensibilisation, (...)* ». Sur ce sujet, l'article 3 de la loi organique algérienne n° 12-05 du 12 janvier 2012 relative à

2382 V., **J. CALAIS-AULOY et H. TEMPLE**, *Droit de la consommation*, op. cit., n° 74, p. 82 et 83.

2383 La loi algérienne n° 09-03, 25 févr. 2009, relative à la protection du consommateur et à la répression des fraudes, *JORA*., 8 mars 2009, n° 15, p. 10.

l'information[2384] énonce que par activités d'information, il est entendu au sens de la présente loi organique, toute publication ou diffusion de faits d'actualité, de messages, d'opinions, d'idées et de connaissances, par tout support écrit, sonore, télévisuel ou électronique, à destination du public ou d'une catégorie de public. L'article 4 de la même loi dispose également que « *les activités d'information sont assurées notamment par : (...) les médias appartenant (...) ou des associations agrées, (...)* ».

En droit tunisien, l'article 5 du décret-loi tunisien n° 2011-88 relative à l'organisation des associations[2385] dispose que l'association a le droit de demander des informations auprès des professionnels, et ensuite de les publier à travers des rapports et des publications ainsi que procéder à des sondages d'opinions.

A son tour, le législateur marocain dans l'article 152 de la loi n° 31-08 édictant des mesures de protection des consommateurs dispose que « *les associations de protection du consommateur, constituées et fonctionnant conformément à la législation et la réglementation en vigueur relatives au droit d'association, assurent l'information, la défense et la promotion des intérêts du consommateur, et concourent au respect des dispositions de la présente loi* »[2386]. De plus, l'article 5 du décret marocain n° 2-12-462 du 14 novembre 2012[2387] dispose que « *(...) l'association peut mener des campagnes de communication informatives (...) destinées au grand public dans le domaine de la protection du consommateur* ».

En droit libyen, on ne trouve pas des textes qui abordent directement le rôle d'informations des associations de protection de consommateurs. Mais, et de manière implicite, l'article 13 de la loi n°19 du 14 octobre 2001 relative à la réorganisation des associations de la société civile[2388] permet à de telles associations d'informer, de sensibiliser et de conseiller les consommateurs ; cet article énonce que tout association, y compris les associations de consommateurs, doit travailler pour atteindre les objectifs en faveur de laquelle elle a été créée. Par conséquent, l'association qui a été créé pour protéger et défendre les intérêts des consommateurs, doit formellement informer et orienter tous les consommateurs par tout moyen approprié et efficace sur tout ce qui concerne leurs sécurités.

De même, le premier article de la loi mauritanienne n° 2000-043 relative au régime juridique particulier des associations de développement énonce que les associations de développement, y compris les associations de consommateurs, ayant pour objet la réduction des inégalités et la lutte contre la pauvreté, à travers

---

2384 La loi organique algérienne n° 12-05 du 12 janvier 2012 relative à l'information, *JORA.*, 15 janvier 2012, n° 2, pp. 18-27.

2385 Le décret-loi tunisien n ° 2011-88 du 24 sept. 2011 relative à l'organisation des associations, *JORT*, n° 74, 30 sept. 2011, p. 1977.

2386 La loi marocaine n° 31-08 édictant des mesures de protection des consommateurs, *Bull. O. Mar.* n° 5932, 7 avril 2011, p. 347.

2387 Le décret marocain n° 2-12-462 du 14 novembre 2012 fixant le modèle de statuts-type des associations de protection du consommateur pouvant être reconnues d'utilité publique, *Bull. O. Mar.*, n° 6110, 20 déc. 2012.

2388 La loi libyenne n° 19 du 14 oct. 2001 relative à la réorganisation des associations de la société civile, *JOL.*, 28 déc. 2001.

la poursuite de l'un ou plusieurs des objectifs suivants : « - la sécurité alimentaire - L'intégration des couches vulnérables de la population dans le processus de développement économique et social, notamment par la promotion de l'emploi ; - l'accès des populations aux services sociaux de base et, en particulier, à l'éducation, à la santé et à l'habitat, - la protection de la femme et de l'enfant ; - la protection de l'environnement ; - les secours d'urgence - et, en général, les objectifs visant à améliorer les conditions de vie des populations »[2389]. Pour réaliser ces objectifs, les associations de protection du consommateur sont forcément obligées d'informer, conseiller, orienter, ... les consommateurs.

729. Il est important de souligner que l'information fournie par les associations de protection de consommateur n'est pas la même que celle due par le professionnel. En effet, comme on l'a vu dans la première partie, l'obligation d'information du professionnel s'articule principalement sur des informations relatives au produit ou service, des informations relatives au prix et des informations quant aux obligations du professionnel. En revanche, les associations de défense des consommateurs peuvent, de manière plus précise et plus détaillée, informer les consommateurs sur tout ce qui concerne leurs intérêts. En effet, elles peuvent examiner et apprécier les produits ou le service à travers des essais comparatifs pour découvrir les imperfections et avertir les consommateurs. D'ailleurs, elles peuvent comparer la publicité du professionnel sur ses produits ou services et la réalité de ces produits et ces services, c'est-à-dire les associations font « *la contre publicité* »[2390].

Pour avoir les informations contre les publicités des professionnels, les associations peuvent, à leur frais et sous leur responsabilité, faire procéder à des études et des expertises. Elles peuvent aussi, dans les mêmes conditions, procéder à leur publication. Ainsi, les consommateurs (la partie la plus faible) seront en possession d'informations objectives par une personne neutre et indépendante des professionnels (la partie forte).

S'agissant de la mise en œuvre des études et des expertises, les associations, en cas de plaintes répétées concernant tel ou tel produit ou service, doivent les acquérir et ensuite les analyser et les examiner afin de les comparer avec la publicité du professionnel. De plus, les associations peuvent faire des études sur la qualité des prestations de service pour déterminer dans quelle mesure le service prévu est conforme aux objectifs du consommateur. Pour révéler la réalité, ces analyses doivent faire dans le cadre d'études scientifiques rigoureuses et objectives par des spécialistes en la matière.

D'ailleurs, il faut prévenir le professionnel concerné par le résultat de ces études pour pouvoir émettre un avis sur le résultat de ces analyses. En revanche,

---

[2389] La loi mauritanienne n° 2000-043, 26 juill. 2000 relative au régime juridique particulier des associations de développement, *JORIM.*, 30 oct. 2000, n° 985.

[2390] V., **M. LUBY**, « Publicité commerciale », *Répertoire de droit européen*, juil. 2018, n° 49. Sur ce point V. égal. **V. CASSIERS** et **I. FERRANT**, « Les moyens d'action des associations de consommateurs dans le domaine de la publicité en droit belge », *Gaz. Pal.* 20 mai 2008, n° 141, p. 16

il convient de noter que les associations engagent leur responsabilité, si elles publient des informations fausses ou erronées[2391].

A titre illustration, nous pouvons citer l'étude effectuée par l'association de protection, de conseil du consommateur et de son environnement de Willaya d'ORAN. Cette étude concernait l'analyse de la qualité du lait pour voir sa conformité avec les normes nationales ; elle a montré la non-conformité de ce produit avec les normes nationales[2392].

Quant aux moyens d'information, le rôle des associations en la matière est loin d'être négligeable. Les associations disposent de différents moyens comme le support de revues spécialisées, ainsi que des grands médias. Plus précisément, les associations de défense des consommateurs peuvent informer les consommateurs par l'édition de plaquettes, de brochures, éventuellement de revues, etc. Elle assure également des informations personnalisées (notamment par téléphone ou internet). Ces informations sont gratuites ou payantes (par exemple, les consultations juridiques). Cependant, il est certain que l'information se diffuse beaucoup plus rapidement et globalement que par le passé, et que les consommateurs, notamment grâce aux ressources de l'internet, sont souvent bien au fait de leurs droits[2393].

B. En matière d'éducation à la consommation

730. Une des missions très importante des associations de protection des consommateurs est de favoriser l'orientation du consommateur pour éviter autant que possible d'être victimes de l'abus des professionnels ; ainsi que leur sensibilisation contre tous les dangers qui menacent leur santé, leur sécurité, et leur droit. Cela conduit à éduquer le consommateur par la prise de conscience des dangers qu'ils peuvent courir.

Les droits des pays étudiés ont consacré le rôle d'éducation à la consommation des associations par différents textes.

Ainsi, l'article 21 de la loi algérienne n° 09-03 relative à la protection du consommateur et à la répression des fraudes[2394] énonce de manière claire que « *est association de protection des consommateurs toute association légalement constituée dont le but est d'assurer la protection du consommateur à travers (...) sa sensibilisation, son orientation et sa représentation* ».

[2391] V., **Ph.-H. DUTHEIL**, « Association », *Répertoire de droit pénal et de procédure pénale*, janv. 2016, n° 13 et s ; **K. RODRIGUEZ**, « Association », *Répertoire de droit des sociétés*, sept. 2018, n° 208.

[2392] Cette étude état publié par le journal « Echourouk », Algérie, n° 3113, en arabe, 12 nov. 2010, p. 16.

[2393] **J. JULIEN**, *Droit de la consommation*, op. cit., n° 433, p. 574.

[2394] La loi algérienne n° 09-03, 25 févr. 2009, relative à la protection du consommateur et à la répression des fraudes, *JORA*., 8 mars 2009, n° 15, p. 10.

Dans ce contexte, l'article 5 du décret marocain n° 2-12-462 du 14 novembre 2012[2395] dispose que « *(...) l'association peut mener des campagnes de communication informatives ou de sensibilisation destinées au grand public dans le domaine de la protection du consommateur ». De même, l'alinéa 2 de l'article 6 du décret marocain précité n° 2-12-462 du 14 novembre 2012 énonce que l'association a pour objectifs : l'éducation, l'orientation et la sensibilisation des consommateurs sur les aspects sanitaires, nutritionnels, environnementaux et commerciaux ; (...)* ».

De manière générale, les législations tunisienne[2396], libyenne[2397] et mauritanienne[2398] encouragent aussi les associations de protection de consommateurs à sensibiliser et éduquer les consommateurs par plusieurs textes.

Par ailleurs, les associations possèdent des moyens multiples dans le cadre d'éducation à la consommation.

Elles peuvent organiser des séminaires, des rencontres des expositions, des caravanes, tenir un stand sur un marché pour encourager de la contribution aux programmes de développement de la prise de conscience du consommateur. Ces associations peuvent conseiller et assister les consommateurs démunis face à leurs difficultés.

Elles peuvent également les aider à lire et comprendre les documents, vérifier avec eux s'ils sont dans leur bon droit, les aider à réunir les preuves et à trouver les arguments juridiques à opposer au professionnel pour constituer un dossier solide[2399]. De plus, ces associations peuvent orienter les consommateurs vers les administrations compétentes lorsqu'il y a lieu.

Ces moyens d'éducation à la consommation se trouvent dans plusieurs textes des pays étudiés. L'article 24 de la loi algérienne[2400]n°12-06 relative aux associations dispose que « *dans le cadre de la législation en vigueur, l'association peut : organiser des journées d'études, séminaires, colloques et toutes rencontres liées à son activité ; (...)* ». L'alinéa 2 de l'article 6 du décret marocain précité n° 2-12-462 énonce également que « *l'association a pour objectifs : (...) la contribution aux programmes de développement de la conscience de citoyenneté notamment à travers des séminaires, des expositions artistiques, des spots publicitaires et des manifestations* ».

2395 Le décret marocain n° 2-12-462 du 14 novembre 2012 fixant le modèle de statuts-type des associations de protection du consommateur pouvant être reconnues d'utilité publique, *Bull. O. Mar.*, n° 6110, 20 déc. 2012.

2396 Par ex. Art. 5 du décret-loi tunisien n° 2011-88 du 24 sept. 2011 relative à l'organisation des associations, *JORT*, n° 74, 30 sept. 2011, p. 1977.

2397 Par ex. Art. 13 de la loi libyenne n° 19 du 14 oct. 2001 relative à la réorganisation des associations de la société civile, *JOL.*, 28 déc. 2001.

2398 Par ex. Arts. 1, 2 et 6 de la loi mauritanienne précitée n° 2000-043, 26 juill. 2000 relative au régime juridique particulier des associations de développement.

2399 **Z. LATTOUF**, « Le rôle des associations de protection des consommateurs dans le cadre de la loi 09-03 », *Revue de droit économique et environnement*, n°2, sep. 2009, p.21.

2400 La loi algérienne n°12-06 du 12 janvier 2012 relative aux associations, *JORA*, n° 02, 15 janv. 2012, p. 28.

En droit tunisien, l'article 5 du décret-loi tunisien n° 2011-88 relative à l'organisation des associations[2401] dispose également que « *l'association a le droit (...) d'organiser des réunions, manifestations, congrès, ateliers de travail et toute autre activité civile* ».

Par la consultation de certains site-internet des associations des pays étudiés[2402], on peut marquer que l'organisation des séminaires et des rencontres ou des manifestations est le moyen le plus répandu et le plus utilisé par les associations de protection des consommateurs. En effet, l'avantage de ce moyen réside en ce qu'il permet aux associations de prendre directement contact avec les consommateurs pour les orienter, conseiller et sensibiliser.

De plus, telles manifestations ou séminaires traitent et analysent de manière précise sujet par sujet selon son importance dans la vie pratique.

731. Par ailleurs, les associations de protection des consommateurs peuvent recourir aux médias audiovisuels pour envoyer ces messages. Ce moyen peut viser de nombreux consommateurs en même temps. Cependant, nous pouvons, en réalité, constater que le recours à ce moyen est chose rare car il n'existe pas une émission régulière l'éducation, de l'orientation et de la sensibilisation des consommateurs dans les pays étudiés.

Mais malgré cela, ce moyen peut être bénéfique à certains moments, notamment au moment des jours de fête dans les pays maghrébins (le mois de Ramadan et l'aïd par exemple) où les gens consomment beaucoup et les professionnels exploitent, par l'abus ou des pratiques illicites, ce désir de consommation. Ainsi, les associations ont la possibilité pendant ces jours pour sensibiliser, conseiller et mettre en garde les consommateurs vis-à-vis de certains produits ou prestation de services[2403].

732. En outre, et de manière générale, les législations des pays étudiés confèrent à toutes ces associations le droit pour éditer et diffuser des bulletins, revues, documents d'information et brochures, en rapport avec son objet[2404]. Ainsi, les associations de défense du consommateur peuvent publier dans la

---

[2401] Le décret-loi tunisien précité n ° 2011-88 du 24 sept. 2011 relative à l'organisation des associations.

[2402] A titre d'exemple V., en France https://www.quechoisir.org/; au Maroc http://www.khidmat-almostahlik.ma; en Algérie https://www.commerce.gov.dz/rubriques/consommateur; En Mauritanie http://cridem.org/. En Tunisie, l'Organisation Tunisienne de Défense du Consommateur (http://www.odc.org.tn/); L'association « 20 Millions de consommateurs » (https://www.turess.com/fr/businessnews/32159) consulté 12 sept. 2018; https://consominfo.com/index.php/a-propos-a-t-i-c/. En Mauritanie, L'Association mauritanienne pour la protection des consommateurs (http://www.almostahlik.info/trd).

[2403] Sur ce sujet, l'article 5 du décret marocain n° 2-12-462 fixant le modèle de statuts-type des associations de protection du consommateur pouvant être reconnues d'utilité publique prévoit que « *l'association peut mener des campagnes de communication informatives ou de sensibilisation destinées au grand public dans le domaine de la protection du consommateur* » (*Bull. O. Mar.*, n° 6110 du 20 décembre 2012).

[2404] Par exemple, l'article 24 de la loi algérienne n°12-06 du 12 janvier 2012 relative aux associations (*JORA*, n° 02, 15 janv. 2012, p. 28).

presse, les journaux et périodiques le guide du consommateur pour informer, éduquer et orienter les consommateurs[2405].

Toutefois, le moyen la plus facile et utilisé par les associations existe dans la création de sites Web dédiés à cette question. Ces sites permettent aux consommateurs d'avoir facilement l'accès à l'information pertinente[2406]. Mais, ce moyen ne permet pas de toucher toute la population concernée. La plupart des utilisateurs d'internet est jeune, notamment dans les pays où son utilisation est encore limitée (comme dans les pays du Maghreb).

De plus, l'alinéa 2 de l'article 6 du décret marocain précité n° 2-12-462 énonce que l'association a pour objectifs : (…) l'établissement de relations de coopération avec les associations œuvrant dans le même domaine tant au niveau national qu'international ; La contribution à la résolution extrajudiciaire des litiges de consommation.

Enfin, il convient de noter que pour protéger la partie faible, l'éducation, l'orientation et la sensibilisation des associations de défense des consommateurs ne doivent pas se limiter seulement aux consommateurs. Mais elles peuvent également s'étendre aux professionnels. En effet, les associations peuvent avertir et/ou attirer l'attention des professionnels, si ces professionnels ignorent les dispositions légales dans les relations contractuelles ou ne respectent pas des normes légales des produits, sur les conséquences de leurs fonds de commerce.

Outre, l'assistance des associations à l'aide aux consommateurs, elles assurent aussi la défense de leurs intérêts.

Paragraphe 2 : La défense de la partie faible

733. L'idée principale qui préside à la création d'associations de protection des consommateurs s'articule autour de la défense et la représentation de ces derniers, quand ils ne sont pas en mesure de défendre eux même leurs propres intérêts. De fait, le consommateur est souvent isolé et mal informé, c'est la raison pour laquelle il doit s'adresser à un organisme spécialisé.

Selon un auteur[2407], « *la raison est toute simple : le mouvement associatif à l'origine des revendications collectives, est fondé essentiellement sur la solidarité*

[2405] A titre d'exemple V., en France, le magazine de Que Choisir. Ce dernier est un magazine mensuel de l'association Union Fédérale des Consommateurs - Que Choisir de type presse de défense des consommateurs, qui publie des tests comparatifs de produits et de services ainsi que des enquêtes (https://kiosque.quechoisir.org/magazine-mensuel-1-0/). En Tunisie, L'organisation de défense du consommateur est une organisation non gouvernementale crée le 21 février 1989 à caractère socio-économique. Elle œuvre pour l'intérêt du consommateur. L'ODC a été reconnue d'utilité publique par le décret n° 318 du 8 février 1993.

[2406] Ici, on peut indiquer que dans les pays étudiés, on peut juste taper dans l'internet les associations de protection des consommateurs pour trouver facilement des divers sites dans ce domaine. Par exemple, en Algérie www.acpc-bba.gov; www.aappc.gov.

[2407] **A. FILALI**, « Le droit de la consommation : une adaptation du droit commun des contrats », op. cit., p. 13.

de ses membres, et plus ceux-ci sont nombreux, plus le mouvement est crédible, … ».

Les associations de consommateurs constituent un groupe de pression qui entend faire valoir et défendre le point de vue des consommateurs auprès des pouvoirs publics. Cette action est aujourd'hui institutionnalisée puisque les organisations associatives participent de droit aux organes consultatifs ou de règlement de litiges crées par la loi. Elles sont admises à ester en justice pour la défense des intérêts collectifs des consommateurs.

De manière générale, ces associations se sont, ici, assignés un double rôle, de représentation de la partie faible devant l'administration (A), et d'accompagnement de cette dernière dans l'accès à la justice ensuite (B).

A. La représentation de la partie faible devant l'administration

734. Le droit à l'écoute par l'administration est considéré comme un droit essentiel du consommateur. De fait, la mise en œuvre de ce droit se traduit par le fait de pouvoir être entendu par l'administration, d'être conseillé ou encore d'être représenté par une association de protection de consommateurs.

L'une des actions importantes des associations de consommateurs est représenter ces derniers dans les différents organismes publics ou semi publics. Elles peuvent ainsi agir plus efficacement pour faire cesser les pratiques portant atteinte à l'intérêt des consommateurs. Ainsi, les associations représentatives des consommateurs font l'interface entre l'administration et les consommateurs.

A ce stade, nous examinerons les procédures de représentation devant l'administration (1), et l'étendue de la revendication des droits des consommateurs (2).

1. Les procédures de représentation devant l'administration

735. De manière générale, pour les associations, l'avantage d'être représenté devant l'administration est de faciliter la communication et le dialogue avec les représentants des ministères ou des organismes et établissements publics chargés de la protection des consommateurs. Ainsi, ces associations peuvent se faire entendre dans divers contextes et à différents niveaux, voire même peuvent participer aux décisions quotidiennes qui les concernent. Plus précisément, cet espace organisé permet un échange d'expériences et de capacités techniques avec les autres parties intéressées.

En droit français, les associations de consommateurs agréées représentent les consommateurs au sein d'instances nationales, régionales et départementales, notamment : 1/le Conseil national de la consommation (CNC), 2/ l'Institut national de la consommation (INC), 3/ la Commission d'évaluation et de contrôle de la médiation de la consommation, 4/ les commissions de surendettement des particuliers. Ces associations peuvent également saisir pour avis : 1/ l'Autorité de la concurrence, 2/ la Commission d'examen des pratiques commerciales, 3/

l'Agence nationale chargée de la sécurité sanitaire de l'alimentation, de l'environnement et du travail.

De façon comparative, dans les droits français et algérien, les associations de protection des consommateurs ont un rôle préventif dans la défense de l'intérêt collectif des consommateurs ; lorsqu'elles ont membres des commissions des clauses abusives qui ont pour missions de rechercher dans tous les contrats liant les professionnels aux consommateurs les clauses qui peuvent présenter un caractère abusif et de formuler des recommandations au ministre chargé et aux institutions concernées.

En droit algérien, l'article 2 du décret exécutif n°11-241[2408] dispose que « *le conseil de la concurrence est une autorité administrative autonome jouissant de la personnalité juridique et de l'autonomie financière, placée auprès du ministre chargé du commerce* ». L'article 10 de la loi algérienne n° 08-12 du 25 juin 2008[2409] prévoit que le conseil de la concurrence est composé de douze membres relevant de différentes catégories, dont deux membres qualifiés représentent les associations de protection des consommateurs. Ainsi, cette représentation permet aux associations de protection du consommateur de participer aux décisions, de proposer et de donner leur avis auprès du conseil de la concurrence. Ce dernier exerce de sa propre initiative, à la demande du ministre chargé du commerce ou de toute autre partie intéressée, par tous moyens utiles, la régulation efficiente du marché. Il arrête aussi toute action ou disposition de nature à assurer le bon fonctionnement du marché en vue de promouvoir la concurrence dans les zones géographiques ou les secteurs d'activité où elle n'existe pas ou est insuffisamment développée[2410].

Par ailleurs, selon l'article 3 du décret exécutif algérien n° 12-355 fixant la composition et les compétences du conseil national de protection des consommateurs[2411], chaque association de protection des consommateurs légalement constituée peut en être membre. De plus, l'article 6 du décret susmentionné dispose que « *dans le cadre de ses activités, le conseil peut, à la demande de son président ou de la majorité de ses membres, faire appel à toute personne physique ou morale susceptible de l'éclairer dans ses travaux en raison de ses compétences* ». Ainsi, les associations de protection des consommateurs ont davantage de chances d'être actives et efficaces dans ce Conseil, car elles ont principalement des compétences en matière de consommation.

[2408] Le décret exécutif algérien n°11-241, 10 juill. 2011, fixant l'organisation et le fonctionnement du conseil de la concurrence, *JORA*., n°39,13 juill. 2011, p. 16.

[2409] La loi algérienne n° 08-12 du 25 juin 2008 modifiant et complétant l'ordonnance n° 03-03 du 19 juill. 2003 relative à la concurrence, *JORA*, n° 36, 2 juill. 2008, p. 11.

[2410] Sur ce sujet V., l'article 18 de la loi algérienne précitée n° 08-12 du 25 juin 2008 modifiant et complétant l'ordonnance n° 03-03 du 19 juill. 2003 relative à la concurrence. V. **M. TIORSSI**, *Les contrôles juridiques de la liberté de la concurrence en Algérie*, op. cit., p. 380.

[2411] Le décret exécutif algérien n° 12-355 du 2 octobre 2012 fixant la composition et les compétences du conseil national de protection des consommateurs, *JORA*, n° 56, 11 oct. 2012, p. 8.

En outre, les associations du consommateur en droit algérien peuvent être représentées dans le comité national du Codex Alimentarius. L'article 4 du décret exécutif n° 05-67[2412] dispose que « *le comité, présidé par le ministre chargé de la protection du consommateur ou son représentant, est composé des représentants des ministères suivants : (...) et d'un représentant des associations de protection du consommateur à vocation nationale* ».

Il convient de souligner que ces associations participent à la mission de protection des consommateurs encouragées par les directions et sous-directions qui dépendent du Ministère du Commerce. En effet, l'article 3 du décret algérien n°14-18 du 21 janvier 2014 portant organisation de l'administration centrale du Ministère du Commerce[2413] prévoit que « *la sous-direction de la promotion de la qualité et de la protection du consommateur, chargée : d'initier et mettre en œuvre des programmes et actions d'information, de sensibilisation et de prévention en matière de qualité et de protection du consommateur ; d'encourager le développement des laboratoires d'analyses et d'essais et l'autocontrôle ; de proposer toutes mesures liées à l'instauration de systèmes de labels, de protection des marques et d'appellation d'origine ; d'encourager la création d'associations de consommateurs et de participer à l'animation de leurs activités* ».

De même, l'article 3 du décret exécutif algérien n° 03-409 portant organisation, attributions et fonctionnement des services extérieurs du ministère

---

[2412] Aussi, l'article 2 du décret exécutif n° 05-67 énonce que « *il est créé, auprès du ministère chargé de la protection du consommateur, un comité national du Codex Alimentarius, ci-après désigné « le comité », ayant pour mission de coordonner les travaux et de donner des avis et recommandations relatifs à : - la qualité des denrées alimentaires liée à la protection du consommateur ; - la facilitation du commerce international des denrées alimentaires* ». Le décret exécutif algérienne n° 05-67 du 30 janvier 2005 portant création du comité national du Codex Alimentarius et fixant ses missions et son organisation, JORA, n° 10, 6 févr. 2005, p. 4. V. égal. Arrêté du 21 février 2017 fixant la liste nominative des membres du Comité national du Codex alimentarius, JORA, n° 36, 14 juin 2014, p. 24.

[2413] Le décret exécutif algérien n°14-18 du 21 janvier 2014 modifiant et complétant le décret exécutif n°02-454 du 17 Chaoual 1423 correspondant au 21 décembre 2002 portant organisation de l'administration centrale du Ministère du Commerce, *JORA*, n° 04, 26 janv. 2014, p. 7. En effet, l'article 3 de ce décret prévoit que la direction générale de la régulation et de l'organisation des activités qui comprend quatre (4) directions. Une de ces directions est la direction de la qualité et de la consommation. Cette article dispose que la direction de la qualité et de la consommation « *est chargée :- d'élaborer les textes à caractère législatif ou réglementaire de portée générale et spécifique relatifs à la promotion de la qualité et à la protection des consommateurs ; - de contribuer à l'instauration du droit de la consommation ; - de participer à toutes études se rapportant aux normes en matière de qualité, d'hygiène et de sécurité, applicables à tous les stades de la fabrication et de la commercialisation des produits ; - de proposer toutes mesures visant l'instauration de systèmes de label, de protection des marques et d'appellation d'origine ; - de favoriser par des actions appropriées, le développement de l'autocontrôle de la qualité au niveau des opérateurs économiques ; - d'animer, encourager et suivre la normalisation des produits et services et des méthodes d'analyse de la qualité ; - de promouvoir des programmes d'information et de sensibilisation des professionnels et des consommateurs; - de proposer toutes mesures concernant le développement des laboratoires d'analyses de la qualité et de la répression des fraudes* ».

du commerce[2414] énonce que la direction de wilaya du commerce est « *chargée (...) de développer l'information et la sensibilisation des professionnels et des consommateurs en coordination avec leurs associations ; de proposer toutes mesures visant l'amélioration et la promotion de la qualité des biens et services mis sur le marché et la protection du consommateur ; de participer avec les organismes concernés à toutes études, enquêtes, ou actions d'élaboration de normes générales ou spécifiques en matière de qualité, d'hygiène et de sécurité, applicables aux produits et services ; (...)* ».

En droit tunisien, l'article 2 du décret tunisien n° 2004-1108, du 17/05/2004 modifiant le décret n° 93-1886 du 13 septembre 1993, portant composition et modalités de fonctionnement du conseil national de protection du consommateur[2415], précise que le Conseil national de protection du consommateur est présidé par le ministre chargé du commerce et comprend les 33 membres, dont cinq représentants de l'organisation de défense du consommateur[2416].

736. Il faut souligner que dans les législations des pays comparés, il n'est pas explicitement stipulé la coopération entre les associations de protection des consommateurs.

Cependant, l'incitation à la coopération dans le secteur associatif, par la mise en place de programmes réalistes, conçus de façon à permettre l'échange des données, d'expériences et de points de vue entre différentes associations ayant le même objectif leur permet d'être plus efficients dans leurs actions. A titre d'illustration, les législateurs peuvent inciter les associations concernées à créer un site Web commun permettant d'informer sur les problématiques des consommateurs, d'échanger les expériences ou encore des propositions en la matière.

2. L'étendue de la revendication des droits des consommateurs

737. Les associations de protection des consommateurs peuvent revendiquer les droits des consommateurs soit directement et soit par l'intermédiaire de l'administration.

L'article 35 l'Ordonnance algérienne n° 03-03[2417] énonce que le Conseil de la concurrence donne son avis sur toute question concernant la concurrence à la

---

[2414] Le décret exécutif algérien n° 03-409 du 5 nov. 2003 portant organisation, attributions et fonctionnement des services extérieurs du ministère du commerce, *JORA*, n° 68, 9 nov. 2003, p. 13.

[2415] Le décret tunisien n° 2004-1108, du 17/05/2004 modifiant le décret n° 93-1886 du 13 septembre 1993, portant composition et modalités de fonctionnement du conseil national de protection du consommateur, *JORT*, n° 41, 21 mai 2004, p. 1352.

[2416] L'article 6 du décret tunisien susvisé n° 2004-1108 dispose que le conseil national de protection du consommateur « peut se réunir en formation restreinte, soit à la diligence du ministre chargé du commerce, soit à la demande du tiers au moins de ses membres, pour débattre un problème particulier ».

[2417] L'Ordonnance algérienne n° 03-03 du 19 juill. 2003 relative à la concurrence, *JORA*., n° 43, 20 juill. 2003, p. 23.

demande du Gouvernement et formule toute proposition sur les aspects de concurrence. Il peut également être consulté sur les mêmes questions par les collectivités locales, les institutions économiques et financières, les entreprises, les associations professionnelles et syndicales, ainsi que les associations de consommateurs. Plus précisément, l'article 44 de la même Ordonnance dispose que le Conseil de la concurrence peut être saisi par le ministre chargé du commerce. Il peut se saisir d'office ou être saisi par toute entreprise ou, pour toute affaire dans laquelle elles sont intéressées, (...) par les associations de protection des consommateurs. Ainsi, le Conseil de la concurrence examine si les pratiques et actions dont il est saisi entrent dans le champ d'application des pratiques restrictives de la concurrence[2418].

Ce texte subordonne le rôle des associations à l'intérêt du consommateur qu'elles sont censées défendre. Ainsi, les associations défendent l'intérêt collectif des consommateurs par leur capacité de réclamation devant le Conseil de la concurrence.

S'agissant des conditions de la saisine, le droit algérien précise que le Conseil de la concurrence est saisi par requête écrite adressée au président du Conseil de la concurrence en quatre exemplaires ; soit par lettre recommandé avec accusé de réception ; soit par dépôt contre remise d'un récépissé au service de la procédure[2419]. D'ailleurs, la saisine dont l'objet doit être précisée, comporte la mention des dispositions légales et réglementaires ainsi que les éléments probants sur lesquels la partie saisissante entend fonder sa demande (...). L'auteur de la saisine doit préciser l'adresse à laquelle les notifications et les convocations devront lui être envoyées et aviser, sans délai, le conseil de la concurrence de tout changement d'adresse par lettre recommandée avec accusé de réception[2420].

Comme le cas du Conseil de la concurrence, les associations de protection du consommateur peuvent réclamer les droits des consommateurs par sa représentation dans la commission des clauses abusives. De plus, cette dernière peut s'autosaisir ou être saisie par le ministre chargé du commerce, par toute administration, (...) par toute association de protection des consommateurs ou par toute autre institution ayant un intérêt[2421].

2418 Sur les pratiques restrictives de la concurrence V., Arts 6 à 12 de l'Ordonnance algérienne précitée n° 03-03 du 19 juill. 2003 relative à la concurrence.

2419 Arts. 15 et 16 du décret présidentiel algérien n° 96-44, 17 janv. 1996 fixant le règlement intérieur du conseil de la concurrence, *JORA*., n° 05, 21 janv. 1996. De plus, l'article 30 de l'Ordonnance algérienne précitée n° 03-03 relative à la concurrence dispose que « *pour les affaires dont il est saisi, le Conseil de la concurrence entend contradictoirement les parties intéressées qui doivent présenter un mémoire. Les parties peuvent se faire représenter ou se faire assister par leurs avocats ou par toute personne de leur choix (...)* ».

2420 Art. 17 du décret algérien précité n° 96-44, 17 janv. 1996 fixant le règlement intérieur du conseil de la concurrence.

2421 Art. 11 du décret exécutif algérien, n° 06.306, 10 sept. 2006, relatif aux éléments essentiels des contrats conclus entre les agents économiques et les consommateurs et les clauses considérées comme abusives, *JORA*, n° 56, 11 sept. 2006, p. 15. Sur cette question, **F. SAKHRI**, « La protection juridique du consommateur contre les clauses abusives à travers la loi 04/02 du 23/06/2004 et le

En droit tunisien, le Conseil de la concurrence est chargé d'une double fonction : une fonction contentieuse et une fonction consultative. Ainsi, l'article 15 de la loi n° 2015-36 relative à la réorganisation de la concurrence et des prix[2422] précise que « *les requêtes sont portées devant le conseil de la concurrence par : (...) les organismes de consommateurs légalement établis, (...)* ».

Le législateur tunisien indique que les associations peuvent toujours défendre et revendiquer des droits des consommateurs devant l'administration. En effet, l'alinéa 2 de l'article 5 du décret-loi tunisien n° 2011-88 relative à l'organisation des associations[2423] dispose que « *l'association a le droit (...) d'évaluer le rôle des institutions de l'Etat et de formuler des propositions en vue d'améliorer leur rendement* ».

De même, le Code libyen de commerce dans l'article 1299 énonce que tous les commerçants peuvent requérir l'avis du conseil sur les questions de concurrence. D'ailleurs, les associations de protection du consommateur peuvent aussi signaler des pratiques interdites en matière de la concurrence. Ainsi, les associations des consommateurs peuvent attirer l'attention du Conseil de la concurrence sur toutes les pratiques des professionnels qui menacent les intérêts des consommateurs.

B. L'accompagnement de la partie faible dans l'accès à la justice

738. Malgré les diverses mesures préventives de protection de la partie faible, cette dernière est parfois obligée d'ester en justice face aux pratiques illicites ou abusives du professionnel. Cependant, la perte de temps et l'effort ainsi que la capacité financière, juridique et économique de la partie faible lui imposent de renoncer à réclamer devant la justice.

C'est pourquoi, le recours aux associations de protection des consommateurs est la meilleure solution pour la partie faible dans l'accès à la justice. En effet, ces associations dont c'est la vocation, sont les mieux à même d'agir pour le compte de la partie faible, car tout simplement elles ont créé pour cela[2424].

---

décret exécutif 06/306 du 10/09/2006 », *Revue des sciences juridiques, économiques et politiques*, n°12 juin 2008, p. 227.

[2422] La loi tunisienne n° 2015-36 du 15 sept. 2015, relative à la réorganisation de la concurrence et des prix, *JORT*, n° 77 – 78, 25 et 29 sept. 2015, p. 2320.

[2423] Le décret-loi tunisien n ° 2011-88 du 24 sept. 2011 relative à l'organisation des associations, *JORT*, n° 74, 30 sept. 2011, p. 1977.

[2424] **A. GILLOTOT**, Relevé d'office du juge et droit de la consommation, op. cit., p. 549 et s.

Les droits français, marocain, algérien[2425], tunisien[2426], libyen[2427] et mauritanien[2428] ont reconnu aux associations de consommateurs le droit de représenter en justice les consommateurs.

Certes, cette représentation renforce et encourage les associations concernées jouer un rôle efficace dans le cadre de protection des consommateurs. Cependant, cette possibilité peut rester lettre morte si elle n'existe que sur le papier. En effet, les législateurs libyen et mauritanien, algérien et tunisien ont conféré ce droit aux associations sans l'adoption des textes spécifiques d'application.

Par exemple, le législateur algérien n'exprime pas dans la loi 09-03 le genre d'actions exercées par les associations de consommateurs, il indique seulement dans l'alinéa 2 de l'article 21 que « *les associations de protection des consommateurs visées à l'alinéa ci-dessus, peuvent être reconnues d'utilité publique selon les conditions et les modalités prévues par la législation et la réglementation en vigueur* ». Il a admis dans l'article 23 de la même loi que les associations de consommateurs peuvent se constituer partie civile[2429]. On peut en dire la même chose en droits libyen et mauritanien, comme on verra plus loin.

Par contre, les législateurs français et marocain abordent cette question de manière plus précise et efficace[2430]. En effet, ces derniers ont principalement accordé aux associations de protection du consommateur la capacité d'agir dans quatre types d'actions en justice : l'action en suppression des clauses abusives, l'action en intervention, l'action en représentation conjointe et l'action civile d'intérêt collectif. Enfin, le législateur français a récemment adopté de l'action de groupe (*class action*).

Pour cette raison, qu'on peut, dans un premier temps, se baser sur les droit français et marocain pour traiter la question de l'action en justice par les

---

[2425] En droit algérien, depuis la loi abrogé n°89-025 du 7 février 1989 (relative aux règles générales de protection du consommateur, *JORA*., n°6), le législateur a donné aux associations de consommateurs le droit d'agir devant la juridiction compétente pour défendre l'intérêt collectif des consommateurs, l'article 12 de cette loi énonce que « *les associations de consommateurs régulièrement constituées ont le droit d'exercer, devant la juridiction compétente relativement au fait portant préjudice à l'intérêt collectif des consommateurs, l'action de droit en vue d'une réparation du dommage moral par elle subit* ». Ensuite, ce droit organise par plusieurs textes, notamment, l'article 65 de la loi algérienne précitée n° 04-02 sur les pratiques de commerce, et l'article 23 de loi algérienne n° 09-03, qui a abrogé la loi n°89-02 précitée, du 25 février 2009 relative à la protection du consommateur et à la répression des fraudes (*JORA*., n° 15, 08 mars 2009, p. 14) ;

[2426] Arts 13 et 14 du décret-loi tunisien précité n° 2011-88 du 24 sept. 2011 relative à l'organisation des associations.

[2427] Art. 1309 de la nouvelle annexe des textes sur la protection du consommateur du Code libyen de commerce.

[2428] Art 11 de la loi mauritanienne précitée n° 64.098 du 9 juin 1964 relative aux associations et Art. 1262 du Code mauritanien de commerce.

[2429] **Z. LATTOUF**, « Le rôle des associations de protection des consommateurs dans le cadre de la loi 09-03 du 25 février 2009 », en droit algérien, *Revue de droit économique et environnement*, n° 2, sept. 2009, p. 21.

[2430] V., **Abdel-K. EL-AARAARY**, *Les sources des obligations ; La théorie du contrat*, en droit marocain, op. cit., n° 228, p. 202.

associations des consommateurs, et dans un deuxième temps, on présentera les solutions retenues dans chaque pays selon les cas.

De manière générale, le droit français prévoit deux séries d'actions, d'une part, des actions dans l'intérêt collectif des consommateurs (1) et, d'autre part, des actions dans l'intérêt commun d'un groupe de consommateurs (2).

1. Les actions exercées dans l'intérêt collectif des consommateurs

739. Les associations de consommateurs peuvent se constituer partie civile pour des faits portant un préjudice direct ou indirect à l'intérêt collectif des consommateurs. A ce sujet certains auteurs[2431] estiment que par intérêt collectif, il faut entendre un « *intérêt qui se trouve à mi-chemin entre les intérêts individuels de quelques consommateurs et l'intérêt général de tous les citoyens* ». Ainsi, à titre d'exemple, l'intérêt collectif des consommateurs est au droit de la consommation ce que l'intérêt général est au droit pénal ou encore ce que l'intérêt collectif de la profession est au droit du travail[2432]. Il est l'expression de l'existence d'une certaine collectivité mue par des finalités communes[2433].

S'agissant des actions en justice, elles sont réservées aux associations de consommateurs. Celles-ci peuvent, notamment, exercer les droits reconnus à la partie civile relativement aux faits portant un préjudice direct ou indirect à l'intérêt collectif des consommateurs. Elles ne peuvent exercer que l'action civile, c'est-à-dire l'action en réparation d'un dommage causé par une infraction pénale, et non pas l'action publique, qui a pour objet la poursuite de l'auteur d'une telle infraction. Sur le plan civil, elles sont habilitées à exercer l'action en cessation d'agissements illicites du professionnel, de même que l'action préventive spécifique en suppression des clauses abusives contenue dans tout contrat ou type de contrat proposé ou destiné au consommateur.

Dans les droits français et marocain, il existe trois types d'actions qui permettent de défendre l'intérêt collectif des consommateurs. La première réside dans l'action civile (a), le deuxième consiste à l'action en suppression de clauses abusives ou illicites (b) et la troisième dans l'intervention en justice (c).

a. L'action civile

740. En droit français, l'article L. 621-1 du Code français de la consommation dispose que « *les associations régulièrement déclarées, ayant pour objet statutaire explicite la défense des intérêts des consommateurs, peuvent, si elles ont été agréées à cette fin en application de l'article L. 811-1, exercer les droits reconnus à la partie civile relativement aux faits portant un préjudice direct ou indirect à l'intérêt collectif des consommateurs. Les organisations définies à*

[2431] **J. CALAIS-AULOY et H. TEMPLE**, *Droit de la consommation*, op. cit., n° 669, p. 669.
[2432] **B. BOULOC**, *Procédure pénale*, Dalloz, 25e éd., 2015, n° 180 et s. ; V. égal., **E. DOCKES et G. AUZERO**, *Droit du travail*, Dalloz, 30e éd., 2015, n° 1074.
[2433] **J.-D. PELLIER**, *Droit de la consommation*, op. cit., n° 292, p. 338.

l'article L. 211-2 du Code de l'action sociale et des familles sont dispensées de l'agrément pour agir en justice dans les conditions prévues au présent article ».

La lecture de cet article montre que certaines conditions doivent être réunies pour que l'action civile d'une association de défense des consommateurs soit recevable :

En premier lieu, sont visées les associations agréées de défense des consommateurs ainsi que les organismes définis à l'article L. 211-2 du Code de l'actions sociale et des familles[2434], ces dernières étant dispensées de l'agrément. En deuxième lieu, quant aux faits sur le fondement desquels l'action peut être intentée, ils doivent être constitutifs d'une infraction pénale. L'on doit cependant se garder de croire que seules les infractions prévues par le Code de la consommation entrent dans le champ de cette action. Il faut, mais il suffit, qu'une infraction à l'encontre d'un consommateur soit caractérisée[2435]. Enfin, quant aux conséquences des faits considérés, ils doivent porter un préjudice direct ou indirect à l'intérêt collectif des consommateurs. Sur ce point, certains auteurs[2436] estiment que l'atteinte à l'intérêt collectif est présumée lorsque l'infraction est définie par le Code de la consommation.

A ce sujet, J.-D. PELLIER estime que « *cette hypothèse est séduisante, mais quelque peu formelle et parfois erronée. Il suffit de songer, par exemple, aux infractions ayant pour objet la protection des intérêts des professionnels* »[2437].

Il y a des conséquences dès lors qu'une association intente une action civile. En effet, elle peut demander à la juridiction civile ou à la juridiction répressive, statuant sur l'action civile, d'ordonner au défendeur ou au prévenu, le cas échéant sous astreinte, toute mesure destinée à faire cesser des agissements illicites ou à supprimer une clause illicite dans le contrat ou le type de contrat proposé aux consommateurs ou dans tout contrat en cours d'exécution. De plus, elle peut également demander au juge de déclarer que cette clause est réputée non écrite dans tous les contrats identiques en cours d'exécution conclus par le défendeur ou le prévenu avec des consommateurs et de lui ordonner d'en informer à ses frais les consommateurs concernés par tous moyens appropriés, conformément à l'article L. 621-2 du Code français de la consommation.

Cependant, les effets précités ne concernent que la juridiction répressive, un ajournement du prononcé de la peine peut être obtenu. Ainsi, l'article L. 621-3 du Code français de la consommation précise par ailleurs que « *la juridiction répressive saisie dans les conditions de l'article L. 621-1 peut, après avoir*

[2434] L'article L. 211-2 du Code français de l'actions sociale et des familles dispose que « *il peut être créé : -dans chaque département, une fédération départementale dite union départementale des associations familiales, composée comme il est prévu à l'article L. 211-4 ; -au niveau national, une fédération dite union nationale des associations familiales, composée comme il est prévu à l'article L. 211-5* ».

[2435] V. **N. SAUPHANOR**, *L'influence du droit de la consommation sur le système juridique*, op. cit, n° 299, p. 186 et s.

[2436] **J. CALAIS-AULOY et H. TEMPLE**, *Droit de la consommation*, op. cit., n° 687, p. 685.

[2437] **J.-D. PELLIER**, *Droit de la consommation*, op. cit., n° 293, p. 340.

déclaré le prévenu coupable, ajourner le prononcé de la peine en lui enjoignant, sous astreinte le cas échéant, de se conformer, dans un délai fixé, aux prescriptions qu'elle détermine et qui ont pour objet de faire cesser l'agissement illicite ou de supprimer une clause illicite dans le contrat ou le type de contrat proposé aux consommateurs ». Cet ajournement ne peut intervenir qu'une seule fois et peut être décidé même si le prévenu ne comparaît pas en personne, le juge pouvant en outre ordonner l'exécution provisoire de la décision d'injonction selon l'article L. 621-4 du même Code.

C'est au stade de l'audience de renvoi qui doit intervenir au plus tard dans le délai d'un an à compter de la décision d'ajournement, que la juridiction statue sur la peine et liquide l'astreinte s'il y a lieu, cette dernière pouvant être supprimée ou réduite. Cependant, elle est de plein droit supprimé à chaque fois qu'il est établi que la personne concernée s'est conformée à une injonction sous astreinte prononcée par un autre juge répressif ayant ordonné de faire cesser une infraction identique à celle qui fonde les poursuites, conformément à l'article L. 621-5 du Code français de la consommation[2438].

Enfin, il convient de remarquer que l'association de défense des consommateurs peut obtenir des dommages et intérêts destinés à réparer les préjudices subis par la collectivité des consommateurs.

741. En droit marocain, l'article 157 de la loi marocaine n° 31-08 édictant des mesures de protection des consommateurs[2439] dispose, par ailleurs, que la fédération nationale et les associations de protection du consommateur reconnues d'utilité publique « *peuvent former des actions en justice, (...), se constituer partie civile devant le juge d'instruction pour la défense des intérêts du consommateur et exercer tous les droits reconnus à la partie civile relatifs aux faits et agissements qui portent préjudice à l'intérêt collectif des consommateurs* ».

Il faut remarquer que selon l'article 157 de la loi marocaine précitée n° 31-08, les associations de consommateurs peuvent seulement « *se constituer partie civile devant le juge d'instruction* ». De toute évidence, il n'y a aucune raison pouvant exiger ou imposer cette limitation[2440].

En outre, on constate également que le texte marocain susvisé montre que les associations de consommateurs peuvent ester en justice de manière générale sans distinction entre les actions en justice. Donc, leur action en justice peut prendre la forme d'une demande initiale ou d'une intervention volontaire.

Les associations marocaines peuvent choisir de l'exercer soit en même temps que l'action publique (constitution de partie civile) devant les juridictions pénales, soit séparément devant les tribunaux civils. Ce point de vue se justifie par l'article 159 de la même loi qui énonce que « *la compétence territoriale en matière d'actions civiles appartient à la juridiction du lieu où s'est produit le fait ayant*

[2438] Ibid., n° 294, p. 340.

[2439] La loi marocaine n° 31-08 édictant des mesures de protection des consommateurs, *Bull. O. Mar.* n° 5932, 7 avril 2011, p. 347.

[2440] V. **Al-M., EL AZZOUZI**, *La résolution des conflits de la consommation à la lumière de la loi n° 31-08 édictant des mesures de protection du consommateur*, op. cit. p. 171.

causé le préjudice ou à la juridiction dont relève le lieu de résidence du défendeur, au choix de la Fédération nationale ou de l'association de protection du consommateur. Les actions civiles accessoires sont formées devant la juridiction répressive, conformément aux conditions fixées par la loi n° 22-01 relative à la procédure pénale ». Ainsi, nous croyons comprendre que le texte précédent permet de manière directe aux associations des consommateurs de prendre la décision d'intenter une action en justice[2441].

742. En droit algérien, les associations de protection des consommateurs ont aussi le droit de se constituer partie civile. En effet, le législateur, dans la loi n°12-06 relative aux associations, ne limite pas à dire quelles sont les infractions, qui peuvent être l'objet de l'action des associations de consommateurs. L'alinéa 4 de l'article 2 de cette loi dispose que « *l'objet et les buts de ses activités doivent s'inscrire dans l'intérêt général et ne pas être contraires aux constantes et aux valeurs nationales ainsi qu'à l'ordre public, aux bonnes mœurs et aux dispositions des lois et règlements en vigueur* », et l'intérêt général recouvre l'intérêt collectif des consommateurs.

Cependant, l'article 65 de la loi algérienne n° 04-02 du 23 juin 2004 fixant les règles applicables aux pratiques commerciales[2442] a été plus claire sur cette question, lorsqu'il a énoncé que « *sans préjudice des dispositions de l'article 2 du code de procédure pénale, les associations de protection du consommateur et les associations professionnelles légalement constituées ainsi que toute personne physique ou morale y ayant intérêt, peuvent ester en justice tout agent économique qui a enfreint les dispositions de la présente loi. Elles peuvent, en outre, se constituer partie civile en vue de la réparation du préjudice subi* »[2443].

De manière générale, la situation du droit algérien est la même, lorsque la partie civile qui n'a pas mis l'action publique en mouvement ne peut exiger l'extension des poursuites exercées par le ministère public à d'autres infractions, fussent-elles connexes à celles dont est saisi le juge d'instruction, par le moyen d'une constitution de partie civile incidente, conformément à l'article 74 du Code algérien de procédure pénale qui dispose « *la constitution de partie civile peut avoir lieu à tout moment au cours de l'instruction. Elle est portée à la connaissance des autres parties par le juge d'instruction. Elle peut être contestée par le ministère public, par l'inculpé ou par une autre partie civile* ».

En cas de contestation, ou s'il déclare d'office irrecevable la constitution de partie civile, le juge d'instruction statue, après communication du dossier au ministère public, par ordonnance motivée après communication du dossier au ministère public, pour réquisitions », aussi, par l'article 25 de la loi algérienne n°

2441 **Al-M., EL AZZOUZI**, *La résolution des conflits de la consommation à la lumière de la loi n° 31-08 édictant des mesures de protection du consommateur*, en arabe, op. cit., pp. 169 et 170.

2442 La loi algérienne n° 04-02 du 23 juin 2004 fixant les règles applicables aux pratiques commerciales, *JORA*, n° 41, 27 juin 2004, p. 3.

2443 **M. BOUDALI**, *Les clauses abusives des contrats en droit algérien, Étude comparée avec les droits français, allemand et égyptien*, op. cit., p. 101.

08-09[2444] qui dispose que « *l'objet du litige est déterminé par les prétentions respectives des parties contenues dans la requête introductive d'instance et par les mémoires en défense. Toutefois, il peut être modifié par des demandes incidentes quand elles se rattachent aux prétentions originaires* ».

Les associations algériennes de consommateurs peuvent, donc, exercer leur action soit devant la juridiction pénale soit devant la juridiction civile, conformément à l'article 17 de la loi n° 12-06. Elles peuvent aussi bien agir par voie de demande initiale que par voie de demande incidente, conformément à l'article 25 du code de procédure civile et administrative.

743. En droit tunisien, ayant accordé aux associations un droit général pour ester en justice[2445], le législateur tunisien dans l'article 14 du décret-loi n° 2011-88 énonce que « *toute association a le droit de se constituer partie civile ou d'intenter une action se rapportant à des actes relevant de son objet et ses objectifs prévus par ses statuts* ».

De même, en droit libyen, l'article 1309 de la nouvelle annexe des textes sur la protection du consommateur du Code de commerce énonce que les consommateurs seuls à titre individuel ou par l'intermédiaire des associations des consommateurs sont habilités à intenter une action en dommages-intérêts pour les préjudices subis résultant de l'utilisation des produits ou services. Mais la loi libyenne ne donne aucune précision supplémentaire dans ce cas. Par conséquent, les dispositions du Code de la procédure civile s'appliquent, alors que les autres régimes juridiques réorganisent cette action civile dans les législations de la consommation.

744. En droit mauritanien, et de manière générale, l'article 11 de la loi n° 64.098 du 9 juin 1964 relative aux associations[2446] dispose aussi que « *toute association légalement autorisée peut sans aucune autorisation spéciale, ester en justice, (...)* ». De la même manière, l'article 1262 du Code mauritanien de commerce énonce que « *l'action en justice des associations de consommateurs pour la défense de leurs intérêts collectifs est exercée dans les conditions fixées par le droit commun* ». Cependant, il convient de noter que M. SALECK AHMEDNA a indiqué que « *le difficile accès au juge mauritanien, la longueur des procédures et finalement l'excès des frais poussent les associations de*

[2444] La loi algérienne 08-09, 25 févr. 2008 portant le Code de la procédure civile et administrative, *JORA*, n°21. 2008.

[2445] L'article 13 du décret-loi tunisien précité n° 2011-88 relative à l'organisation des associations dispose que « *les associations légalement constituées ont le droit d'ester en justice, (...)* ».

[2446] Art 11 de la loi précitée n° 64.098 du 9 juin 1964 relative aux associations. Cet article ajoute également que « *toute association légalement autorisée peut sans aucune autorisation spéciale, ester en justice, acquérir à titre onéreux, posséder et administrer en dehors des subventions de l'Etat ou des communes : • a) les cotisations de ses membres ; • b) le local destiné à l'administration de l'association et à la réunion de ses membres • c) les immeubles strictement nécessaires à l'accomplissement du but qu'elle se propose* ».

consommateurs à privilégier les voies préventives afin de déjouer les pratiques portant à la transparence et au bon fonctionnement du marché »[2447].

b. L'action en suppression de clauses abusives ou illicites

745. Pour lutter contre les clauses abusives par tous les moyens appropriés et effectifs, les législateurs de certains pays étudiés ont accordé aux associations de consommateurs la possibilité d'agir en suppression de clauses illicites ou abusives. Cette possibilité part d'un constat relativement simple : le fait qu'une clause ait été judiciairement déclarée abusive n'empêche pas le professionnel de la maintenir dans les autres contrats qu'il proposera aux consommateurs, car il considère que beaucoup d'entre eux n'exerceront pas une action en justice. C'est pourquoi, les législations permettent aux associations de protection du consommateur de solliciter au juge d'ordonner la suppression d'une clause illicite ou abusive dans tout contrat ou type de contrat proposé pour assurer une éradication plus complète de ces clauses[2448].

Tout d'abord, il faut préciser qu'en droit libyen, tunisien et mauritanien, on ne trouve pas de textes spécifiques concernant de l'action en suppression des clauses abusives ou illicites par les associations de protection du consommateur. Par ailleurs, il semble que le droit algérien a traité cette question de manière implicite. Par contre, l'action en suppression de clauses abusives ou illicites est explicite expressément en droit français marocain.

En droit algérien, l'article 23 de la loi n° 09-03 ne fait pas mention de l'action en suppression des clauses abusives. Cependant, nous pouvons trouver des textes qui permettent aux associations d'intervenir en justice pour lutter contre les clauses abusives ou illicites. En effet, l'article 65 de la loi n° 04-02 du 23 juin 2004 fixant les règles applicables aux pratiques commerciales[2449] dispose que « *(...), les associations de protection du consommateur (...), peuvent ester en justice tout agent économique qui a enfreint les dispositions de la présente loi. Elles peuvent, en outre, se constituer partie civile en vue de la réparation du préjudice subi* ». Ainsi, la réclamation par les associations de la suppression des

---

[2447] **M.-O. SALECK AHMEDNA**, *Les médias et le droit de la concurrence en Mauritanie*, Thèse, Université de Perpignan, 2017, p. 293.

[2448] **G. CHABOT**, « L'action des associations agréées de consommateurs en suppression de clauses abusives (article L. 421-6 du Code de la consommation) », *Pet. Aff.*, 10 oct. 2000, n° 202, p. 16 ; **S. PIEDELIEVRE**, « Clauses abusives et action d'une association de consommateurs », *Gaz. Pal.* 13 sept. 2016, n° 31, p. 29.

[2449] La loi algérienne n° 04-02 du 23 juin 2004 fixant les règles applicables aux pratiques commerciales, JORA, n° 41, 27 juin 2004, p. 10. Il convient d'indiquer également que l'article 96 de l'Ordonnance algérienne n° 95-06 du 25 janvier 1995 relative à la concurrence (abrogé par la loi susmentionnée n° 04-02) avait disposé que « *les associations de protection de consommateurs et les associations professionnelles légalement constituées ainsi que toute personne physique ou morale ayant intérêt à le faire, peuvent ester en justice tout agent économique qui, par un procédé quelconque, a enfreint les dispositions de la présente ordonnance ; elles peuvent en outre se constituer partie civile en vue de la réparation du préjudice subi* ».

clauses abusives[2450], des pratiques anticoncurrentielles ou des pratiques illicites, etc., est toujours possible selon les textes précités.

En outre, il faut enfin souligner que l'Ordonnance algérienne n° 03-03[2451] relative à la concurrence a implicitement reconnu des associations de protection de consommateur la capacité d'ester en justice pour réparation des préjudices résultant des pratiques restrictives. Ainsi, l'article 48 de cette Ordonnance énonce que toute personne physique ou *morale* (dont les associations) « *qui s'estime lésée par une pratique restrictive telle que prévue par la présente ordonnance, peut saisir pour réparation la juridiction compétente conformément à la législation en vigueur* ». Donc, puisque l'objectif de ces associations est de défendre les intérêts collectifs des consommateurs, elles peuvent demander l'indemnisation pour préjudice moral liée aux pratiques restrictives.

En droit marocain et français, de manière explicite, l'action en suppression de clauses abusives ou illicites est une des voies d'action en justice à disposition des associations de consommateurs, qui peuvent agir seules et à titre préventif. Le but étant de contraindre le professionnel à amender l'ensemble de ses modèles de contrats contenant de telles clauses[2452].

L'article 162 de la loi marocaine précité n° 31-08 précise que la Fédération nationale ou l'association de protection du consommateur visées à « *peut demander à la juridiction statuant sur l'action civile ou sur l'action accessoire d'enjoindre au défendeur ou au prévenu, de cesser les agissements illicites ou de supprimer, dans le contrat ou le contrat-type proposé ou adressé aux consommateurs, une clause illicite ou abusive* ». Il est clair que la demande de suppression des clauses abusives ou illicites est juste possible à la Fédération nationale ou l'association de protection du consommateur en droit marocain.

De même, l'article L. 621-7 du Code français de la consommation a ouvert à associations agréées de défense des consommateurs une action en suppression des clauses abusives ou illicites. De plus, il dispose explicitement que « *les associations mentionnées à l'article L. 621-1 et les organismes justifiant de leur inscription sur la liste publiée au Journal officiel de l'Union européenne en application de l'article 4 de la directive 2009/22/ CE du Parlement européen et du Conseil du 23 avril 2009 modifiée relative aux actions en cessation en matière de protection des intérêts des consommateurs, peuvent agir devant la juridiction civile pour faire cesser ou interdire tout agissement illicite au regard des dispositions transposant les directives mentionnées à l'article 1er de la directive précitée* ». Fondé sur cet article, on peut dire que les associations agréées de défense des consommateurs ainsi que certains organismes prévus peuvent agir

---

2450 L'article 1er de la loi susmentionnée n° 04-02 précise que « *la présente loi a pour objet de fixer les règles et principes de transparence et de loyauté applicables aux pratiques commerciales réalisées entre les agents économiques et entre ces derniers et les consommateurs. Elle a également pour objet d'assurer la protection et l'information du consommateur* ».

2451 L'Ordonnance algérienne précitée n° 03-03 du 19 juill. 2003 relative à la concurrence.

2452 **D. FENOUILLET**, « g) L'action des associations de consommateurs », *RDC.*, 01 avril 2007, n° 2, p. 355.

devant la juridiction civile pour faire cesser ou interdire tout agissement illicite au regard des dispositions transposant certaines directives. Ainsi, c'est uniquement dans les domaines prévus par lesdites directives qu'une telle action est possible, aussi bien à l'échelle nationale qu'à l'échelle communautaire[2453].

746. En tout état de cause, selon les droits de ces deux pays, ce type de l'action est exercée, de manière autonome, devant la juridiction civile et cette action peut également être menée en l'absence de tout dommage individuel subi par un consommateur et sans que le texte n'exige qu'un préjudice collectif à l'intérêt des consommateurs soit établi[2454].

Les législations des pays comparés énoncent que les documents visés par cette action sont les contrats proposés prérédigés aux clients (encore appelé contrats d'adhésion). Ils doivent, lors de l'assignation et de l'enquête, être encore d'actualité ou constituer des contrats futurs. Mais pas question d'agir ici contre une ancienne version du contrat.

Aussi, les textes précités des droits de ces pays montrent que cette suppression peut concerner certaines clauses figurant dans les contrats habituellement proposés par les professionnels aux consommateurs. Cela conduit à soulever la question de l'étendue de la protection accordée, notamment en droit français qui fait la distinction entre le consommateur (personne physique) et le non-professionnel (personne morale), comme on l'a vu dans la première partie de notre recherche. Sur cette question, la Cour de cassation française considère explicitement que le syndicat des copropriétaires est un non-professionnel. De là, elle en a déduit « *que la représentation d'un syndicat de copropriétaires par un syndic professionnel ne lui fait pas perdre sa qualité de non-professionnel, en sorte qu'il peut bénéficier des dispositions de l'article L. 136-1* » relatif aux clauses abusives. Mais comme il ne peut être considéré comme un consommateur, l'action en suppression des clauses abusives n'est pas ouverte aux associations de consommateur, dans le cas où le contrat conclu lie un professionnel à un non professionnel (personne morale)[2455].

747. Il semble que le texte français ne concerne que le consommateur, ce qui exclut théoriquement les non-professionnels, c'est-à-dire les personnes morales. Cela est regrettable, parce qu'une discrimination est ainsi créée par rapport à l'article L. 212-1 du Code de la consommation[2456]. Ici, il faut rappeler que le rôle des associations est étroit, si on le compare à celui de la DGCCRF vis-à-vis de la

---

[2453] V. **S. LEGAC-PECH**, *Droit de la consommation*, op. cit., p. 128 ; **A. GILLOTOT**, *Relevé d'office du juge et droit de la consommation*, op. cit., n° 700, p. 550 et s.

[2454] **S. PIEDELIEVRE**, « Clauses abusives et action d'une association de consommateurs », op. cit., p. 29 ; **J. LASSERRE CAPDEVILLE**, « Action des associations de consommateur en présence d'une clause abusive », *LEDB*, 01 oct. 2014, n° 09, p. 4

[2455] Cass. 1re civ., 17 mars 2016, no 15-14287, Inédit. A ce sujet, V., **S. PIEDELIEVRE**, « Information sur le renouvellement du contrat et non-professionnel », *Gaz. Pal.* 12 avril 2016, n° 14, p. 34

[2456] **J.-D. PELLIER**, *Droit de la consommation*, op. cit., n° 109, p. 131.

protection du non-professionnel selon l'article L. 524 du Code français de la consommation, comme on l'a vu précédemment.

Ainsi, on ne trouve pas de réponse à la question de savoir pourquoi la DGCCRF est habilitée à défendre les intérêts des non-professionnels et pas les associations de défenses des consommateurs[2457].

Sur ce sujet, la Cour de cassation française[2458] dans son arrêt du 4 juin 2014 a jugé que « *l'action en suppression des clauses illicites ou abusives des associations visées à l'article L. 421-1 du Code de la consommation est limitée aux contrats destinés ou proposés aux seuls consommateurs, (...)* », ce qui exclut la défense des intérêts des syndicats de copropriétaires, non-professionnels mais pas consommateurs. La solution est extensible à toutes les autres actions en justice exercées par les associations de consommateurs.

748. Par ailleurs, il est important de noter que selon les droits marocain et français, la condamnation à supprimer une clause abusive peut être accompagnée d'une astreinte. Ainsi, l'article 162 de la loi marocaine précité n° 31-08 édictant des mesures de protection du consommateur dispose que l'injonction émanant du juge est assortie d'une astreinte d'exécution provisoire, fixée par la juridiction. Cette astreinte s'applique à compter du huitième jour suivant la date de l'injonction si celle-ci est prononcée contradictoirement, et à compter du 8ème jour suivant la notification si elle prononcée par défaut, sauf si la juridiction fixe un autre délai pour l'application de l'astreinte ne dépassant pas trente jours.

En outre, l'article 163 de la loi marocaine susmentionné n° 31-08 prévoit concrètement le cas, si le défendeur ou le prévenu exprime son désir de faire cesser les agissements illicites ou de supprimer dans un contrat ou un contrat-type proposé ou adressé au consommateur une clause illicite ou abusive, le juge applique les dispositions de l'article précédent et donne à l'intéressé un délai ne dépassant pas trente jours renouvelable une seule fois. L'astreinte s'applique alors immédiatement après l'expiration du délai fixé par la juridiction et elle est recouvrée lors du prononcé du jugement[2459].

De même, l'article L. 621-8 du Code français de la consommation énonce que « *(...) le juge peut ordonner, le cas échéant sous astreinte, la suppression d'une clause illicite ou abusive dans tout contrat ou type de contrat proposé ou destiné au consommateur ou dans tout contrat en cours d'exécution* »[2460].

Enfin, l'article L. 621-8 prévoit également que « *les associations et les organismes mentionnés à l'article L. 621-7 peuvent également demander au juge de déclarer que cette clause est réputée non écrite dans tous les contrats identiques conclus par le même professionnel avec des consommateurs, et de lui ordonner d'en informer à ses frais les consommateurs concernés par tous moyens*

2457 *Ibid.*, n° 109, p. 132.

2458 Cass. 1er civ., n° 13-13779 et 13-14203, 4 juin 2014, *Bull. civ.*, 2014, I, n° 102.

2459 **Al-M., EL AZZOUZI**, *La résolution des conflits de la consommation à la lumière de la loi n° 31-08 édictant des mesures de protection du consommateur*, op. cit. p. 175.

2460 **G. CHABOT**, « L'action des associations agréées de consommateurs en suppression de clauses abusives (article L. 421-6 du Code de la consommation) », op. cit., p. 16.

appropriés ». Dans le même sens, l'article 165 de la loi marocaine n° 31-08 dispose que « *la juridiction saisie peut ordonner la publication du jugement rendu, par tous les moyens qu'elle détermine ; cette publication s'effectue dans les conditions et sous les peines prévues par le code pénal. La publication a lieu aux frais du condamné ou de la partie déboutée* ». Certes, cette procédure vise forcement à sanctionner les auteurs de l'infraction et en même temps qu'à informer les consommateurs sur telles clauses.

C. Interventions en justice

749. Dans ce cas, les associations de consommateurs ont la possibilité d'agir au bénéfice de consommateurs isolés, si ce dernier s'estime lésé et a un intérêt à agir en justice. L'association de protection du consommateur peut soutenir sa position une fois la procédure judiciaire enclenchée et demander réparation du préjudice subi à ce titre.

C'est pourquoi, les droits français, marocain, tunisien et algérien ont adopté cette technique pour défendre les intérêts des consommateurs. Cependant, les droits marocain et tunisien traitent cette question de manière générale, ce qui permet d'étendre l'intervention des associations des consommateurs dans plusieurs cas.

De manière comparative, l'intervention en justice par les associations de consommateurs est limitée en droit marocain. En revanche, il semble que la loi algérienne n° 09-03 relative à la protection du consommateur et à la répression des fraudes est proche du droit français, mais la loi algérienne n° 12-06 relative aux associations précitées présente une approche différente.

En droit algérien, les associations peuvent intervenir en soutien d'une action engagée par un ou plusieurs consommateurs lorsque la demande initiale a pour objet la réparation d'un préjudice subi par un ou plusieurs consommateurs à raison de faits non constitutifs d'une infraction pénale, conformément à l'article 23 de la loi précitée n° 09-03 relative à la protection du consommateur et à la répression des fraudes.

En effet, la loi algérienne n° 09-03 du 25 février 2009[2461] attribue aux associations de consommateurs le droit de se constituer partie civile pour défendre l'intérêt collectif des consommateurs. L'article 23 de cette loi dispose que « *lorsqu'un ou plusieurs consommateurs ont subi des préjudices individuels, causés par le fait d'un même intervenant et ayant une origine commune, les associations de protection des consommateurs, peuvent se constituer partie civile* ».

De plus, l'article 17 de la loi algérienne n°12-06 susmentionnée[2462] dispose de manière générale que « *l'association agréée acquiert la personnalité morale et la capacité civile dès sa constitution et peut de ce fait : ester en justice et*

[2461] La loi algérienne n° 09-03 du 25 février 2009 relative à la protection du consommateur et à la répression des fraudes, *JORA.*, n° 15, 08 mars 2009, p. 14 ; **Z. LATTOUF**, « Le rôle des associations de protection des consommateurs dans le cadre de la loi 09-03 », op. cit., p.21.

[2462] La loi algérienne n°12-06, 12 janv. 2012 relative aux associations, *JORA*, n° 02, 15 janv. 2012, p. 28.

entreprendre toutes les procédures devant les juridictions compétentes, pour des faits en rapport avec son objet et ayant porté préjudice aux intérêts de l'association et aux intérêts individuels ou collectifs de ses membres ». Donc, contrairement à l'article 23 de la loi algérienne n° 09-03 sur la protection du consommateur, l'article 17 de la loi n° 12-06 permet aux associations de consommateurs d'intenter une action en justice dans tous les cas (devant les juridictions compétentes), si elles acquièrent la personnalité morale et la capacité civile dès leur constitution.

Par contre, l'article L. L621-9 du Code français de la consommation dispose expressément qu' « *à l'occasion d'une action portée devant les juridictions civiles et ayant pour objet la réparation d'un préjudice subi par un ou plusieurs consommateurs à raison de faits non constitutifs d'une infraction pénale, les associations mentionnées à l'article L. 621-1 peuvent agir conjointement ou intervenir pour obtenir réparation de tout fait portant un préjudice direct ou indirect à l'intérêt collectif des consommateurs et demander, le cas échéant, l'application de mesures prévues à l'article L. 621-2* ».

Cela signifie qu'en l'absence d'une telle infraction ou d'un agissement illicite au regard de l'une des directives visées par l'article L. 621-7 déjà évoqué, une association ne saurait donc être à l'origine d'une action ; il faut que celle-ci ait été préalablement engagée par un ou plusieurs consommateurs. En outre, les conditions de cette action conjointe ou intervention sont en définitive assez restrictives : sur le plan procédural, seules les juridictions civiles sont visées et non les juridictions administratives et répressives.

750. Sur le plan substantiel, seules les actions en réparation d'un préjudice subi par un ou plusieurs consommateurs sont concernées, ce qui exclut tout le reste du contentieux civil, qui est pourtant foisonnant[2463].

En d'autres termes, on peut confirmer qu'au regard de telles dispositions en droit français, l'action en justice litigieuse exercée par une association agréée de consommateurs ne pouvait être formée que par voie d'intervention à l'instance introduite par la demande initiale formée par voie d'assignation par le consommateur et uniquement devant les juridictions civiles[2464]. Donc, cette action n'est recevable que devant les juridictions civiles ; elle ne concerne ni les tribunaux répressifs ni les tribunaux administratifs et uniquement dans les procès en responsabilité délictuelle ou contractuelle du professionnel, ce qui exclut les litiges portant sur la validité du contrat[2465].

Ainsi, et dans le cadre de la comparaison, les associations françaises des consommateurs peuvent intervenir pour obtenir réparation du préjudice causé à l'intérêt collectif des consommateurs à l'instance déjà introduite sur la demande

---

[2463] V., **N. SAUPHANOR**, *L'influence du droit de la consommation sur le système juridique*, op. cit, n° 299, p. 186 et s.

[2464] V., Cass. 1er civ., n° 04-10.879, 21 févr. 2006, *Bull. civ.*, 2006, I, n° 95 ; V., à ce sujet, **D. FENOUILLET**, « Actions en justice des associations agréées de consommateurs », *RDC.*, 01 juill. 2006, n° 3, p. 743.

[2465] V. **S. LEGAC-PECH**, *Droit de la consommation*, op. cit., p. 128.

initiale d'un consommateur, elle ne peut pas se joindre au consommateur dès l'acte introductif d'instance. C'est la même chose en droit algérien selon l'article 23 de la loi précitée n° 09-03, parce que cet article fait mention de préjudices individuels.

En effet, le législateur tunisien a introduit une disposition générale à cette question selon laquelle : l'article 14 du décret-loi n° 2011-88 portant organisation des associations[2466] énonce que toute association a le droit d'intenter une action se rapportant à des actes relevant de son objet et des objectifs prévus par ses statuts. De même, l'article 157 de la loi marocaine précitée n° 31-08[2467] énonce que « *la fédération nationale et les associations de protection du consommateur reconnues d'utilité publique (...) peuvent former des actions en justice, intervenir dans les actions en cours, (...) pour la défense des intérêts du consommateur (...)* ».

Les dispositions très générales des textes précédents prouvent qu'il n'y aucune raison juridique de ne pas admettre l'intervention en justice par une demande initiale de l'association de protection du consommateur et ce, devant toutes les juridictions. Plus précisément, nous pouvons dire que quelle que soit la juridiction, les associations de consommateurs dans les deux pays, peuvent prendre l'initiative d'un procès en soumettant au juge leurs prétentions.

En tout état de cause, et dans tous les régimes juridiques des pays comparés, on peut également rappeler que les associations concernées peuvent toujours obtenir des dommages et intérêts en réparation du préjudice direct ou indirect causé à l'intérêt collectif des consommateurs ainsi que demander, le cas échéant, la cessation d'agissement illicites.

En résumé, on peut donc regretter que les conditions de ces actions en droit français ne soient pas plus ouvertes par rapport aux droits marocain, tunisien et algérien[2468]. Néanmoins, les droits des pays comparés confèrent également aux associations des consommateurs la capacité d'ester en représentation conjointe.

2. L'action en représentation conjointe

751. Nous pouvons généralement dire que c'est un moyen d'action qui permet à une association d'envergure nationale d'agir en justice au nom de plusieurs personnes, qui ont subi chacun le même préjudice causé par le fait d'un même professionnel. Il est essentiel que le préjudice ait une origine unique, des produits

---

[2466] Le décret-loi tunisien n° 2011-88 n° 2011-88 du 24 sept. 2011, portant organisation des associations, *JORT.*, n° 74, 30 sept. 2011, p. 1977.

[2467] La loi marocaine précitée n° 31-08 édictant des mesures de protection des consommateurs. V., **Abdel-K. EL-AARAARY**, *Les sources des obligations ; La théorie du contrat*, en droit marocain, op. cit., n° 228, p. 202.

[2468] Les associations françaises peuvent intervenir devant les juridictions civiles et demander l'application des mesures de l'article L. L621-2 du Code français de la consommation lorsque la demande initiale a pour objet la réparation d'un préjudice subi par un ou plusieurs consommateurs à raison de faits non constitutifs d'infraction pénale.

défectueux vendus, une loterie ou des dommages subis de touristes résultant d'inexécution d'une des conditions du contrat par exemple[2469].

Les droits français, marocain, tunisien et algérien ont explicitement reconnu aux associations de consommateurs la capacité d'action en représentation conjointe. Ici, il faut indiquer que même si des différences dans la formulation apparaissaient entre les textes législatifs de ces pays, les conditions d'exercice de cette action sont identiques, notamment en droit français, marocain et tunisien. En revanche, le droit algérien traite cette action de façon différente de celui des autres pays comparés.

Ainsi, on va examiner et analyser le traitement des droits français et marocain et tunisien, et puis la solution retenue en droit algérien.

En effet, l'article L. 622-1 du Code français de la consommation[2470] détermine les conditions qui doivent être réunies pour que puisse être exercée une action en représentation conjointe. Cet article dispose que « *lorsque plusieurs consommateurs identifiés ont subi des préjudices individuels qui ont été causés par le fait d'un même professionnel, et qui ont une origine commune, toute association agréée et reconnue représentative sur le plan national en application de l'article L. 811-1 peut, si elle a été mandatée par au moins deux des consommateurs concernés, agir en réparation devant toute juridiction au nom de ces consommateurs* ».

De même, l'article 158 de la loi marocaine n° 31-08 édictant des mesures de protection des consommateurs dispose que la fédération ou toute association de protection du consommateur « *peut, lorsque plusieurs consommateurs, personnes physiques identifiées ont subi des préjudices individuels causés par le même fournisseur et qui ont une origine commune, agir en réparation devant toute juridiction au nom de ces consommateurs, si elle a été mandatée par au moins deux consommateurs concernés* ».

Dans le droit tunisien, cette action n'est abordée que par un seul texte, lorsqu'il dispose de manière générale dans l'article 14 du décret-loi tunisien n ° 2011-88 relative à l'organisation des associations[2471] que « *si les actes sont commis contre des personnes déterminées, l'association ne peut intenter cette action que si elle en est mandatée par ces derniers et ce, par écrit explicite* ». Ainsi, les associations de protection des consommateurs ne peuvent, dans le cas où de tels actes ont été commis à l'encontre de certaines personnes en tant qu'individus, engager cette procédure qu'après avoir reçu une autorisation écrite et expresse de la part des personnes concernées.

2469 **N. SAUPHANOR-BROUILLAUD**, « e) Action des associations de consommateurs en représentation conjointe », *RDC.*, 01 oct. 2011, n° 4, p. 1252.

2470 Tout d'abord, cette action a été instituée en droit français par la loi du 18 janvier 1992 qui a complété la loi du 5 janvier 1988 (la loi française n° 92-60, 18 janv. 1992 renforçant la protection des consommateurs, *JORF*, n°170017, 21 janv. 1992, p. 968). Ensuite, les textes ont été introduits dans le Code français de la consommation.

2471 Le décret-loi tunisien n ° 2011-88 du 24 sept. 2011 relative à l'organisation des associations, *JORT*, n° 74, 30 sept. 2011, p. 1977.

752. Quoi qu'il en soit, la lecture des dispositions précédentes de ces trois pays montre que des conditions doivent préalablement être réunies.

1/ Toute association, y compris de protection du consommateur en droit tunisien, seule association agréée en droit français et la Fédération nationale ou l'association de protection du consommateur visées à l'article 157[2472] en droit marocain, peuvent agir devant une juridiction. Aucune précision n'étant posée à ce sujet, il faut admettre que ces organismes associatifs puissent indifféremment agir devant une juridiction civile, pénale ou administrative[2473].

2/ l'on doit être en présence de plusieurs consommateurs identifiés. Cela signifie forcement selon les droits français et marocain que les consommateurs visés sont uniquement des personnes physiques identifiées[2474].

3/ les textes précédents dans les trois pays exigent de manière claire que des préjudices individuels doivent avoir été causés par le fait d'un même professionnel et avoir une origine commune.

4/ dans les droits de ces trois pays comparés, la dernière condition consiste un mandat d'au moins deux consommateurs concernés, en France et au Maroc, qui doit avoir été donné à l'association exerçant l'action selon les conditions strictes prévues par les législations de ces pays. Notons également qu'à la différence des droits français et marocain, le droit tunisien, n'exige pas de minimum de personnes ; une seule personne concernée peut déclencher l'action en représentation conjointe.

Pour expliquer cette dernière condition, on peut indiquer que l'article L. 622-2 du Code français de la consommation[2475] et l'article 158 de la loi marocaine n° 31-08 affirment de manière explicite que le mandat ne peut être sollicité ni par voie d'appel public télévisé ou radiophonique, ni par voie d'affichage, de tract et

---

[2472] L'article 157 de la loi marocaine précité n° 31-08 édictant des mesures de protection des consommateurs dispose que « *la fédération nationale et les associations de protection du consommateur reconnues d'utilité publique conformément aux dispositions de l'article 154 peuvent former des actions en justice, (...). Toutefois, les associations de protection du consommateur non reconnues d'utilité publique et dont le but exclusif est la protection du consommateur, ne peuvent exercer les droits qui leur sont reconnus par le premier alinéa ci-dessus qu'après l'obtention d'une autorisation spéciale de la partie compétente pour ester en justice (...)* ».

[2473] **J.-D. PELLIER**, *Droit de la consommation*, op. cit., n° 300, p. 345.

[2474] **Al-M., EL AZZOUZI**, *La résolution des conflits de la consommation à la lumière de la loi n° 31-08 édictant des mesures de protection du consommateur*, op. cit. p. 183.

[2475] Par exemple, l'article R. 622-2 du Code français de la consommation précise que « *le mandat est écrit. Il mentionne expressément son objet et confère à l'association nationale agréée de consommateurs le pouvoir d'accomplir au nom du consommateur tous les actes de procédure. Le mandat peut prévoir en outre : 1° L'avance par l'association nationale agréée de consommateurs de tout ou partie des dépenses et des frais liés à la procédure ; 2° Le versement par le consommateur de provisions ; 3° La renonciation de l'association nationale agréée de consommateurs à l'exercice du mandat, après mise en demeure au consommateur par lettre recommandée avec demande d'avis de réception dans le cas où l'inertie de celui-ci est susceptible de ralentir le déroulement de l'instance ; 4° La représentation du consommateur par l'association nationale agréée lors du déroulement de mesures d'instruction ; 5° La possibilité pour l'association nationale agréée d'exercer au nom du consommateur les voies de recours, à l'exception du pourvoi en cassation, sans nouveau mandat* ».

de lettre personnalisée ou n'importe quel moyen de communication à distance. Certes, l'objectif de ces deux textes est ici d'éviter l'atteinte à la réputation des professionnels. Cependant, certains auteurs ont critiqué la limitation des moyens de l'appel public à mandat pour cette action. De plus, certains ont pu dire que cette action semble n'avoir jamais été utilisée et est donc restée lettre morte[2476].

Quoi qu'il en soit, les droits de ces pays précisent expressément que le mandat doit être donné par écrit par chaque consommateur. De plus, l'article 160 de la loi marocaine précitée n° 31-08 dispose clairement que « *le mandat s'exerce à titre gratuit* ».

Selon les droits français et marocain, on peut également souligner que le mandat se limite à l'accomplissement des actes de procédure puisque « nul ne plaide par procureur ».

Ainsi, l'article R. 622-5 du Code français de la consommation dispose également que « *si le mandat est révoqué, la partie qui l'avait donné peut poursuivre l'instance engagée comme si elle l'avait introduite directement. La partie qui révoque son mandat doit en aviser aussitôt le juge et la partie adverse* ». De plus, le droit français de la consommation a traité l'information des consommateurs mandants et prévoit les modalités procédurales de l'action selon les articles R. 622-6 à R. 622-10 du Code de la consommation.

Dans ce sens, l'article 161 de la loi marocaine n° 31-08 édictant des mesures de protection des consommateurs prévoit également que « *tout consommateur peut retirer le mandat visé à l'article 158 à tout moment. Toutefois, l'action formée par la Fédération nationale ou l'association de protection du consommateur suit son cours quel que soit le nombre des consommateurs au nom desquels elle est intentée* ».

Enfin, on peut marquer selon les droits de ces trois pays concernés qu'en cas d'échec de l'action, les mandants perdent leur droit à agir en raison de l'autorité de la chose jugée. Il y a alors un risque pour l'association, qui verra peut-être sa responsabilité engagée, d'autant plus que les mandataires salariés sont jugées plus sévèrement à cet égard[2477].

753. En droit algérien, l'action en représentation conjointe existe de manière claire, car le législateur l'aborde dans l'article 23 de la loi déjà invoquée n° 09-03 de la représentation en justice de l'association des consommateurs la réparation

---

[2476] **N. SAUPHANOR-BROUILLAUD**, « e) Action des associations de consommateurs en représentation conjointe », op. cit., p. 1252 ; V. égal. **L. BORE**, « L'action en représentation conjointe ; class action française ou action mort-née ? », *D.* 1995, p. 267 et s.

[2477] A titre d'exemple, l'article 1992 du Code civil français dispose que « *le mandataire répond non seulement du dol, mais encore des fautes qu'il commet dans sa gestion. Néanmoins, la responsabilité relative aux fautes est appliquée moins rigoureusement à celui dont le mandat est gratuit qu'à celui qui reçoit un salaire* ». V. égal. **J. JULIEN**, *Droit de la consommation*, op. cit., n° 448, p. 607 ; V. égal. **M. JOSEPH**, « Les dirigeants d'associations : statut, responsabilité, rémunération et remboursement de frais », *Gaz. Pal.*, 18 déc. 2001, n° 352, p. 36.

du préjudice subi individuellement par des consommateurs du fait du même intervenant[2478].

Autrement dit, l'article 23 précédent exige explicitement que des préjudices individuels doivent avoir été causés par le fait d'un même professionnel et avoir une origine commune. Cependant, la lecture de ce texte montre également que rien n'est dit à propos du mandat que l'association doit obtenir pour agir[2479]. Il semble que le législateur algérien ajoute ce concept à l'article 23. Ainsi, les associations algériennes de protection des consommateurs peuvent éviter toutes les responsabilités éventuelles résultantes de l'exigence du mandat. Cela n'est pas le cas en droits français et marocain, comme on l'a vu précédemment. Plus précisément, ce point de vue est souvent expliqué par le fait que cette action prévoit un mandat entre le consommateur et l'association qui agit, ce qui implique un risque de mise en œuvre de la responsabilité contractuelle de l'association en cas d'échec de l'action. Il est donc nécessaire de rendre une telle action plus accessible.

Ainsi, on peut dire qu'en droit algérien, il s'agit ici, plus de défense collective d'intérêts individuels que de défense de l'intérêt collectif conformément à l'article 23 susmentionné.

En effet, l'article 23 de la loi n° 09-03 n'indique pas que les consommateurs doivent être des personnes physiques, identifiées. Il dispose seulement que « *lorsqu'un ou plusieurs consommateurs ont subi des préjudices individuels, causés par le fait d'un même intervenant et ayant une origine commune, les associations de protection des consommateurs, peuvent se constituer partie civile* ». En revanche, les droits français et marocain énoncent, comme on l'a vu précédemment, que l'action en représentation conjointe n'est recevable que si elle émane de personnes physiques notamment identifiées ayant subi un dommage en tant que consommateurs, ce qui signifie que la loi exige l'identification des victimes et ce qui exclut de même les personnes morales.

Par conséquent, on peut remarquer que l'étendue du rôle des associations des consommateurs est plus vaste en droit algérien qu'en droit français. Les associations algériennes peuvent exercer l'action en représentation pour tous les consommateurs (personne physique ou morale) selon la notion du consommateur retenue par la loi.

754. En tout état de cause, nous constatons de manière générale que tous les textes des pays concernés ne permettent ici, l'intervention en justice de l'association que lorsqu'un préjudice a été causé au consommateur (un ou plusieurs consommateurs ont subi des préjudices). Cela va à l'encontre du rôle préventif de telles associations, car si le consommateur n'a pas subi un préjudice, ces associations ne peuvent pas recourir aux juges. Par contre, il serait préférable

---

[2478] **S. ZOUBAH**, *Les nouvelles dispositions de la protection du consommateur*, en droit algérien, op. cit., p. 137.

[2479] **Z. LATTOUF**, « Le rôle des associations de protection des consommateurs dans le cadre de la loi 09-03 », op. cit., p. 22.

de permettre aux associations de défendre des intérêts des consommateurs dans le cas de dommages constatés ou de dommages susceptibles d'advenir.

En France, il est utile de souligner que le développement de l'internet, qui n'existait pas à l'époque de la consécration de l'action, aurait pu permettre de contourner cette restriction, mais la Cour de la cassation française ne l'a pas admis, faisant ainsi prévaloir l'esprit du texte sur sa lettre. Dans ces conditions, certaines auteurs français[2480] ont constaté que le maintien de l'action en représentation conjointe ne se justifiait pas, surtout depuis la consécration de l'action de groupe en droit français. Néanmoins, il semble que le jugement est quelque peu sévère, car cette voie demeure utile lorsqu'une action devant le juge administratif est en cause, aucune autre action collective ouverte aux associations de défense des consommateurs ne permettant de saisir une juridiction administrative[2481]. Ainsi, on peut dire que l'action en représentation conjointe n'est pas limitée à la réparation de certains préjudices. Cela relève plutôt de l'action de groupe comme on va le voir plus loin.

Par ailleurs, on doit remarquer que bien qu'intéressante pour le consommateur, cette action alourdit le travail des associations qui engagent les procédures. De plus, l'action en représentation conjointe semblerait plus adaptée pour le règlement de litiges locaux or le législateur français ne l'a autorisé qu'au plan national. Enfin, le coût des procédures peut être contraignant pour les associations, qui même si elles remportaient leur procès, ne bénéficieraient pas de dommages et intérêts suffisants pour couvrir les frais engagés.

C'est le lieu de montrer l'intérêt de la disposition propre au droit algérien (l'assistance judiciaire) qui laisse à la charge du Trésor Public les frais que représentent le coût des procédures pour les finances des associations reconnues d'utilité publique[2482].

Par ailleurs, l'ultime réticence provient des juridictions qui sont très rétives à admettre un préjudice collectif distinct de celui des consommateurs[2483].

De manière générale, face aux lacunes de l'action en représentation conjointe, le législateur français adopte l'action de groupe qui parait plus attractive et efficace sur certains points.

3. La consécration de l'action de groupe en droit français

755. L'innovation la plus récente du Code français de la consommation, introduite par la loi du 17 mars 2014[2484], consiste en l'action de groupe, destinée

---

[2480] **G. PAISANT**, *Défense et illustration du droit de la consommation*, LexisNexis, 2015, n° 181.

[2481] V., **N. SAUPHANOR**, *L'influence du droit de la consommation sur le système juridique*, op. cit, n° 304, p. 188 et s. **J.-D. PELLIER**, *Droit de la consommation*, op. cit., n° 300, p. 346.

[2482] *Supra.*, p. 534 ; Sur ce sujet V. égal. Art. 22 de la loi algérienne précitée n° 09-03 relative à la protection du consommateur.

[2483] **Al-M., EL AZZOUZI**, *La résolution des conflits de la consommation à la lumière de la loi n° 31-08 édictant des mesures de protection du consommateur*, op. cit. pp. 182 et 185.

[2484] La loi française n° 2014-344 du 17 mars 2014 relative à la consommation, *JORF*. n° 0065, 18 mars 2014, p. 5400. Cette loi a été complétée par le décret n° 2014-1081 du 24 septembre 2014 relatif

à obtenir la réparation de micro-préjudices, pour lesquels le consommateur saisit rarement la justice. Celle-ci permet à une association de consommateurs agréée de poursuivre en justice « *la réparation des préjudices patrimoniaux résultant des dommages matériels subis par les consommateurs* » (l'article L. 623-2 du Code de la consommation) dès lors que ces derniers sont, selon l'article L. 623-1, « *placés dans une situation similaire ou identique et [que ces préjudices ont] pour cause commune un manquement d'un ou des mêmes professionnels à leurs obligations légales ou contractuelles* », notamment « à l'occasion de la vente de biens ou de la fourniture de services »[2485].

De plus, le droit français a pris le soin de préciser dans l'article L. 623-32 du même Code « qu'*est réputée non écrite toute clause ayant pour objet ou effet d'interdire à un consommateur de participer à une action de groupe* ».

L'action de groupe est un modèle d'action en justice qui permet à une association, avec ou sans mandat, d'exercer une demande en justice au nom d'un groupe de personnes ayant subi, du fait d'un même acteur économique, des préjudices similaires[2486].

a. Le domaine de l'action de groupe

756. En droit français, le domaine de l'action de groupe peut principalement être précisé par l'article L. 623-1 du Code de la consommation. En effet, cet article dispose qu'« *une association de défense des consommateurs représentative au niveau national et agréée en application de l'article L. 811-1 peut agir devant une juridiction civile afin d'obtenir la réparation des préjudices individuels subis par des consommateurs placés dans une situation similaire ou identique et ayant pour cause commune un manquement d'un ou des mêmes professionnels à leurs obligations légales ou contractuelles : 1° A l'occasion de la vente de biens ou de la fourniture de services ; 2° Ou lorsque ces préjudices résultent de pratiques anticoncurrentielles au sens du titre II du livre IV du code de commerce ou des articles 101 et 102 du traité sur le fonctionnement de l'Union européenne* ».

La lecture de cette disposition montre que le domaine ou le champ d'application de l'action de groupe peut être limité par rapport aux personnes et aux finalités.

Tout d'abord, l'action de groupe est limitée par rapport aux personnes pouvant l'intenter puisque seules les associations de défense des consommateurs ont l'initiative de la procédure. En dépit des vœux exprimés par le barreau, les avocats

---

à l'action de groupe en matière de consommation (*JORF*, n° 0223, 26 sept. 2014, p. 15643) et la circulaire du 26 septembre 26 septembre 2014 de présentation des dispositions de la loi n° 2014-344 du 17 mars 2014 relative à la consommation et du décret n° 2014-1081 du 24 septembre 2014 relatif à l'action de groupe en matière de consommation.

2485 V., **F. G'SELL**, « L'action des associations de consommateurs : à la recherche du groupe perdu », *Gaz. Pal.* 11 oct. 2014, n° 284, p. 15.

2486 V., **P. HILT**, « L'action de groupe consacrée par la loi n° 2014-344 du 17 mars 2014 relative à la consommation : peut-on s'en satisfaire ? », *Gaz. Pal.*, 24 avril 2014, n° 114 ; **B. VIAL-PEDROLETTI**, « L'action de groupe refusée pour les litiges nés d'un bail d'habitation », *LEDIU*, 01 févr. 2018, n° 111e1, p. 2.

n'ont pas obtenu cette prérogative. Toutefois, l'article L. 623-13 du Code français de la consommation énonce que l'association peut s'adjoindre, avec l'autorisation du juge, toute personne appartenant à une profession judiciaire réglementée pour l'assister, notamment afin qu'elle procède à la réception des demandes d'indemnisation des membres du groupe et plus généralement afin qu'elle représente les consommateurs lésés auprès du professionnel, en vue de leur indemnisation. Selon l'article R. 623-5 du même Code[2487], les avocats et les huissiers de justice peuvent assister l'association[2488].

En outre, nous pouvons constater que l'article L. 623-31 du Code de la consommation prévoit également que « *toute association de défense des consommateurs représentative au niveau national et agréée en application de l'article L. 811-1 peut demander au juge, à compter de sa saisine en application de l'article L. 623-1 et à tout moment, sa substitution dans les droits de l'association requérante, en cas de défaillance de cette dernière* ». Cela signifie qu'il y a donc un principe de continuité dans la défense des intérêts des consommateurs, qui est salutaire en ce qu'il permet d'éviter la perte de la procédure[2489].

757. S'agissant des finalités de l'action de groupe, nous pouvons dire que tout d'abord, cette action ne peut être exercée que dans le cadre défini par l'article L. 623-1 déjà évoqué du Code de la consommation. Il faut ici observer que la jurisprudence française dans l'arrêt du 27 janvier 2016 interprète ce cadre de manière large puisqu'elle a admis la possibilité d'une action de groupe dans le cadre de rapports locatifs[2490].

D'ailleurs, l'article L. 623-2 du même Code vient borner encore plus son domaine en prévoyant que l'action de groupe « *ne peut porter que sur la réparation des préjudices patrimoniaux résultant des dommages matériels subis par les consommateurs* ». Les préjudices moraux et corporels sont donc exclus du domaine de l'action de groupe[2491].

Par ailleurs, la jurisprudence française[2492] estime dans l'arrêt n° 16/05321 du 9 novembre 2017 qu'une association de consommateurs ne peut pas intenter une action de groupe pour un litige entre locataires et bailleur puisque le contrat de

---

2487 L'article 623-5 du Code français de la consommation dispose que « *les professions judiciaires réglementées auxquelles appartient la personne que les associations peuvent s'adjoindre conformément à l'article L. 623-13 sont les avocats et les huissiers de justice* ».

2488 V. **S. LEGAC-PECH**, *Droit de la consommation*, op. cit., p. 132.

2489 V., **J.-D. PELLIER**, *Droit de la consommation*, op. cit., n° 303, p. 348.

2490 TGI Paris, 27 janv. 2016, n° 15/00835 ; *D.* 2016, p. 1690 et s. Sur ce sujet, V., **B. VIAL-PEDROLETTI**, « L'action de groupe refusée pour les litiges nés d'un bail d'habitation », op. cit., p. 2.

2491 V., **J. JULIEN**, *Droit de la consommation*, op. cit., n° 461, pp. 618 et s.

2492 CA Paris, 9 nov. 2017, no 16/05321, https://www.doctrine.fr, consulté le 17 juin 2018 ; Cass. 3er civ., 26 janv. 2017, n° 16-10389, Inédit ; Cass. 3er civ., 26 janv. 2017, n° 15-27688, Inédit ; Cass. 3er civ., 26 janv. 2017, n° 15-25791

bail n'est pas un contrat de prestation de services et qu'il n'est pas régi par le Code de la consommation[2493].

En effet, la lecture de l'article L. 623-1 du Code français de la consommation semble qu'elle ne permet que de prendre comme cette décision. L'article L. 623-1 du Code de la consommation dispose de manière explicite que « *une association de défense des consommateurs représentative au niveau national et agréée en application de l'article L. 811-1 peut agir devant une juridiction civile afin d'obtenir la réparation des préjudices individuels subis par des consommateurs placés dans une situation similaire ou identique et ayant pour cause commune un manquement d'un ou des mêmes professionnels à leurs obligations légales ou contractuelles :* 1° À l'occasion de la vente de biens ou de la fourniture de services (…) ».

Ainsi, il faudrait une conception particulièrement extensive de cette notion. De plus, Monsieur, S. PIEDELIEVRE se demande si la Cour de cassation est prête ainsi à élargir le domaine d'application de l'action de groupe[2494].

b. La mise en œuvre de l'action

758. Pour rappeler, Parmi les règles classiques qui composent la théorie de l'action, celle avec laquelle l'action de groupe se heurte frontalement est certainement le principe selon lequel, en procédure civile française, « nul ne plaide par procureur ». Cette règle signifie notamment que lorsqu'une personne agit en justice au nom et pour le compte d'une autre, elle doit avoir reçu de la part de cette dernière un mandat pour agir dont elle est tenue de justifier tant auprès du juge que de la partie adverse. Dans le système de l'action de groupe, l'association requérante plaide assurément par procureur. Il n'est d'ailleurs pas possible qu'il en soit autrement puisque, au moment de l'introduction de l'instance, le groupe n'est pas encore constitué[2495]. Ainsi, les associations de consommateurs peuvent intenter une action en justice et être un représentant des consommateurs sans mandat.

En tout état de cause, l'action de groupe met principalement en œuvre par deux phases, la première est liée au jugement sur la responsabilité et la deuxième est liée à la mise en œuvre du jugement, la liquidation des préjudices et l'exécution[2496].

Quant au premier temps, le juge doit, selon l'article L. 623-4 du Code de la consommation, statuer « *sur la responsabilité du professionnel au vu des cas individuels présentés par l'association requérante, définit le groupe des consommateurs à l'égard desquels la responsabilité du professionnel est engagée et en fixe les critères de rattachement* ». De plus, l'article L. 623-5 du même Code

---

[2493] V., **S. PIEDELIEVRE**, « Action de groupe et bail », *Gaz. Pal.*, 3 avril 2018, n° 13, p. 29.

[2494] *Ibid.*

[2495] **P. HILT**, « L'action de groupe consacrée par la loi n° 2014-344 du 17 mars 2014 relative à la consommation : peut-on s'en satisfaire ? », op. cit., n° 114.

[2496] Le législateur français a abordé cette question dans les articles L. 623-4 à L. 623-13 et R. 623-6 à R. 623-10 du Code de la consommation.

ajoute que le juge doit déterminer « *les préjudices susceptibles d'être réparés pour chaque consommateur ou chacune des catégories de consommateurs constituant le groupe qu'il a défini, ainsi que leur montant ou tous les éléments permettant l'évaluation de ces préjudices* ».

Par ailleurs, selon l'article L. 623-6 du Code de la consommation, la réparation ne prend pas forcément la forme de dommages et intérêts ; elle peut avoir lieu en nature. Mais, la détermination de la responsabilité du professionnel ne suffit pas, car, contrairement à l'action en représentation conjointe, les consommateurs visés ne sont pas déterminés, raison pour laquelle le Code de la consommation dans l'article L. 623-7 exige que le juge ordonne les mesures adaptées pour informer les consommateurs susceptibles d'appartenir au groupe, les mesures de publicité de la décision étant à la charge du professionnel et ne pouvant être mises en œuvre qu'une fois que la décision sur la responsabilité n'est plus susceptible de recours ordinaires ni de pourvoi en cassation[2497]. Il est important ici de noter que l'article R. 623-16 du Code français de la consommation prévoit des modalités supplémentaires pour informer les consommateurs[2498].

759. De surcroît, le délai dont disposent les consommateurs pour adhérer au groupe doit également être déterminé, ce délai ne pouvant être inférieur à deux mois ni supérieur à six mois après l'achèvement des mesures de publicité précitées. Les modalités de l'adhésion doivent aussi être déterminées conformément à l'article L. 623-8 du Code de la consommation[2499]. Il reste à préciser que l'adhésion au groupe vaut mandat aux fins d'indemnisation au profit de l'association requérante, mais pas adhésion à l'association requérante[2500]. De plus, cette adhésion ne fait pas obstacle au droit d'agir selon les voies de droit

---

[2497] V., **J.-D. PELLIER**, *Droit de la consommation*, op. cit., n° 304, p. 350.

[2498] L'article R. 623-16 du Code français de la consommation dispose que « *les mesures d'information ordonnées en application des dispositions de l'article L. 623-7 comportent, outre les mentions éventuellement prescrites par le jugement : 1° La reproduction du dispositif de la décision ; 2° Les coordonnées de la personne auprès de laquelle chaque consommateur manifeste son adhésion au groupe et éventuellement de l'association qui doit en être informée ; 3° La forme, le contenu et le délai de cette adhésion ainsi que l'indication que celle-ci vaut mandat aux fins d'indemnisation au profit de l'association requérante auprès de laquelle le consommateur a manifesté son adhésion au groupe ou qu'il a informée de son adhésion, ou, en cas de défaillance de celle-ci, au profit de celle qui lui aura été substituée ; 4° L'indication que, à défaut d'adhésion reçue selon les modalités et dans le délai prévus par le jugement, le consommateur défaillant ne sera plus recevable à obtenir une indemnisation dans le cadre de l'action de groupe ; 5° L'indication que le consommateur ne pourra plus agir individuellement à l'encontre du professionnel concerné en réparation du préjudice déjà indemnisé dans le cadre de l'action de groupe mais qu'il pourra toujours agir en indemnisation de ses autres préjudices ; 6° L'indication que les consommateurs doivent produire tout document utile au soutien de leur demande* ».

[2499] Il convient de souligner que les modalités d'adhésion au groupe abordent par l'article R. 623-17 à R 623-22 du Code français de la consommation.

[2500] L'article L. 623-9 du Code français de la consommation dispose que « *l'adhésion au groupe vaut mandat aux fins d'indemnisation au profit de l'association requérante. L'adhésion au groupe ne vaut ni n'implique adhésion à l'association requérante* ».

commun pour obtenir la réparation des préjudices n'entrant pas dans le champ défini par la décision du juge[2501].

Une action de groupe simplifiée est prévue dans l'hypothèse où l'identité et le nombre des consommateurs lésés sont connus et lorsque ces consommateurs ont subi un préjudice d'un même montant, d'un montant identique par prestation rendue ou d'un montant identique par référence à une période ou à une durée. Ainsi, selon l'article L. 623-14 du Code de la consommation, le juge, après avoir statué sur la responsabilité du professionnel, « *peut condamner ce dernier à les indemniser directement et individuellement, dans un délai et selon des modalités qu'il fixe* ». Les consommateurs concernés devant là encore être informés, mais cette fois-ci de manière individuelle puisqu'ils sont, par hypothèse, connus[2502].

Cependant, il faut avouer que cette procédure fait double emploi avec l'action en représentation conjointe dans la mesure où elle sert la même finalité, c'est-à-dire indemniser un groupe déterminé de consommateurs[2503]. Cette dernière demeure néanmoins plus ouverte en ce qui concerne les juridictions pouvant être saisies que les préjudices réparables[2504].

Aussi, il est utile de marquer que l'article L. 623-27 du Code de la consommation prévoit que l'action de groupe suspend la prescription des actions individuelles en réparation des préjudices résultant des manquements constatés par le jugement. Le délai de prescription recommence à courir, pour une durée qui ne peut être inférieure à six mois, à compter de la date à laquelle n'est plus susceptible de recours ordinaire ou de pourvoi en cassation ou de l'homologation prévue à l'article L. 623-23. De plus, l'article L. 623-28 du même Code précise que le jugement a également autorité de la chose jugée à l'égard de chacun des membres du groupe dont le préjudice a été réparé au terme de la procédure[2505].

760. Quant à la mise en œuvre du jugement, la liquidation des préjudices et l'exécution, l'article dispose que une fois établie la responsabilité du professionnel, ce professionnel doit procéder à l'indemnisation individuelle des préjudices subis par chaque consommateur, dans les conditions, limites et délais fixés par le jugement mentionné à l'article L. 623-5.

2501 L'article L. 623-29 du Code français de la consommation. V., **F. G'SELL**, « L'action des associations de consommateurs : à la recherche du groupe perdu », op. cit, p. 15.

2502 L'article L. 623-15 du Code français de la consommation précise que « *préalablement à son exécution par le professionnel et selon des modalités et dans le délai fixés par le juge, la décision mentionnée à l'article L. 623-14, lorsqu'elle n'est plus susceptible de recours ordinaires ni de pourvoi en cassation, fait l'objet de mesures d'information individuelle des consommateurs concernés, aux frais du professionnel, afin de leur permettre d'accepter d'être indemnisés dans les termes de la décision* ». De plus, les modalités procédurales de cette action simplifiée sont prévues par les articles R. 623-11 à R. 623-15 du Code de la consommation.

2503 **J. CALAIS-AULOY et H. TEMPLE**, *Droit de la consommation*, op. cit., n° 666.

2504 V., **J.-D. PELLIER**, *Droit de la consommation*, op. cit., n° 304, p. 351.

2505 L'article L. 623-30 du Code français de la consommation énonce également que « *n'est pas recevable l'action prévue à l'article L. 623-1 lorsqu'elle se fonde sur les mêmes faits, les mêmes manquements et la réparation des mêmes préjudices que ceux ayant déjà fait l'objet du jugement prévu à l'article L. 623-4 ou d'un accord homologué en application de l'article L. 623-23* ».

D'ailleurs, l'article L. 623-19 du Code de la consommation énonce que le juge demeure compétent pour trancher les éventuelles difficultés liées à cette mise en œuvre. Il se peut que certains consommateurs membres du groupe n'aient pas été indemnisés dans les conditions déterminées par le jugement, auquel cas l'association les représente toujours aux fins de l'exécution forcée du jugement statuant sur les demandes d'indemnisation auxquelles le professionnel n'a pas fait droit, selon l'article L. 623-20 du Code de la consommation. Le droit français ajoute explicitement dans l'article L. 623-21 du même Code que les frais et droits proportionnel de recouvrement ou d'encaissement est à la charge du professionnel.

Par ailleurs, il est important de noter que dans ce cas, le législateur français encourage fortement les modes alternatifs de règlement des conflits, y compris lorsque ces conflits sont collectifs, comme en témoigne l'article L. 623-22, prévoyant que l'association requérante peut participer à une médiation dans les conditions fixées par la loi n° 95-125 du 8 février 1995 relative à l'organisation des juridictions et à la procédure civile, pénale et administrative.

En outre, l'article 623-23 du Code français de la consommation dispose que « *tout accord négocié au nom du groupe est soumis à l'homologation du juge, qui vérifie s'il est conforme aux intérêts de ceux auxquels il a vocation à s'appliquer et lui donne force exécutoire. Cet accord précise les mesures de publicité nécessaires pour informer les consommateurs concernés de la possibilité d'y adhérer, ainsi que les délais et modalités de cette adhésion* ».

Conclusion du Chapitre II

761. Les associations de consommateurs sont un instrument effectif et efficace dans le domaine de protection de la partie faible. Leurs activités portent sur l'information, l'éducation, les études, la recherche et la représentation dans les instances officielles.

Les modalités de leurs créations doivent refléter la volonté des législateurs dans le renforcement et la consécration de leurs rôles et de leurs champs d'action.

Nous avons constaté que la procédure de création des associations de consommateurs est moins difficile en droits algérien et tunisien que dans les autres droits des pays comparés. En général, l'exigence de conditions strictes et sévères peut être vue comme un obstacle face à l'action de ces associations devant l'objectif de protection de la partie faible.

En général, les associations de consommateurs jouent un rôle préventif et curatif. A titre préventif, elles peuvent informer et éduquer les consommateurs ainsi que réclamer le retrait du marché d'un produit dangereux ou la suppression de clauses abusives. C'est pourquoi, elles doivent être habilitées à saisir les institutions administratives concernées.

En général, la consommation comme toute activité est source de litiges qui relèvent de l'ordre processuel de droit commun habituel. Ce qui signifie, que le consommateur est celui qui agit devant la justice pour défendre son intérêt personnel direct face au professionnel (partie forte). C'est pourquoi, les législateurs des pays étudiés ont donné aux associations de protection des consommateurs le pouvoir d'exercer devant les juridictions l'action en réparation.

A titre curatif, ces associations orientent les consommateurs et les aident à régler les litiges, soit à l'amiable, et soit par l'action en justice. Les législations des pays étudiés permettent aux associations de défendre en justice l'intérêt collectif des consommateurs. En droits libyen, tunisien, algérien et mauritanien, l'action en justice par les associations de consommateurs doit encore être clairement définie et développé.

Conclusion du Titre II

762. De manière générale, la différence entre la protection judiciaire et non judiciaire montre que l'intervention du juge est principalement quand le conflit commence alors que la protection non judiciaire (administrative et associative) peut soutenir la partie faible avant la naissance du contrat, pendant sa conclusion et son exécution et après sa fin ainsi que pendant le litige.

Le point commun entre la protection par l'organisme administratif et associatif réside dans son aspect préventif mais aussi curatif.

Les deux types de protections offertes apparaissent imbriquées : leurs compétences se chevauchent.

En effet, les associations de consommateurs peuvent attirer l'attention des institutions administratives sur les infractions commises par les professionnels et sur tous les problèmes de la consommation en pratique. En outre, ces associations ont prié instamment les organismes ou institutions administratives de sanctionner, d'enjoindre et de prendre immédiatement des mesures vis-à-vis de tel ou tel professionnel.

De plus, par leurs représentants auprès ces institutions, les associations de protection de consommateurs peuvent participer à la prise ses décisions, son avis, ses recommandations et sa proposition sur les projets des lois et/ou sur les solutions concrètes en matière de la consommation en général.

Pour cela, on en déduit que la représentation des associations dans les organes de décision sectoriels est importante et essentielle au développement et soutien la protection non judiciaire dans le cadre de protection de la partie faible.

Conclusion de la partie II

763. Nous pouvons dire que la partie faible dans les différents pays comparés dispose d'outils divers pour réclamer ses droits, soit dans le cadre d'une entente à l'amiable, soit dans le cadre administratif ou dans le cas échéant, devant la justice.

Nous avons constaté que le juge dans les droits des pays étudiés peut principalement intervenir dans la relation contractuelle à plusieurs niveaux. La faculté offerte au juge lui donne le pouvoir d'intervenir notamment dans l'économie du contrat, de modifier le contrat, ce qui est contraire aux principes traditionnels de la force obligatoire et de l'intangibilité du contrat[2506].

Nous avons pu également noter que le juge devient, presque, une troisième partie au contrat. Il possède toute une série d'anciens et de nouveaux pouvoirs : il peut vérifier si le contrat a été conclu de bonne foi, si l'obligation d'information a été respectée par le professionnel. Dans ce large éventail de pouvoirs, il dispose d'une capacité de contrôle sur l'erreur de droit, les clauses abusives, l'abus de faiblesse, l'équilibre des clauses, la révision du contrat en cas d'imprévision (en droit libyen, algérien et français), la révision du prix fixé unilatéralement dans les contrats types, etc.

Or, nous avons remarqué que le juge voit son rôle se réduire de plus en plus face à la montée du rôle des institutions administratives. En effet, comme on l'a dit, les institutions administratives sont concrètement *des superviseurs ou observateurs effectifs et réels* de l'efficacité de telle ou telle législation.

En tout état de cause, ces institutions administratives jouent un rôle réel en matière de la protection des consommateurs. Cependant, quelquefois ces consommateurs ne parviennent pas à se faire entendre et défendre leurs droits devant les juges ou les institutions administratives. Pour cela, il est maintenant important de renforcer les prérogatives de ces associations de consommateurs chargées de la défense et de la coordination des intérêts de ces derniers ; elles sont également chargées de leur représentation devant les organismes ou institutions administratives concernés voire devant le juge.

[2506] Sur ce point, V. **Y. BUFFELAN-LANORE et V. LARRIBAU-TERNEYRE**, *Droit civil ; Les obligations*, Dalloz, 16e éd. 2108-2019, n° 495, p. 166.

Conclusion générale

764. Nous avons analysé les législations sur la protection de la partie faible et l'étendue de l'intervention du juge et des organismes administratifs et associatifs. Peuvent être, par conséquent, présentées des remarques et des recommandations.

765. Nous pouvons présenter des remarques générales et particulières selon les régimes juridiques des pays étudiés.

La première remarque d'ordre général porte sur la notion de partie faible. Il apparaît qu'au-delà des faiblesses inhérentes à la situation du contractant, d'autres faiblesses peuvent lui être extérieures. Il y a, en effet, des cas où une personne morale ou un professionnel, agissant par exemple en dehors de son domaine de compétence, se trouve en situation de faiblesse. Plus précisément, les législations de la consommation ont pour but de protéger les parties en situation de faiblesse patente face à des professionnels avertis, situation accentuée par le fait que les premières contractent pour leurs besoins privés. Or, bien que moins renseignées, les personnes agissant hors de leur domaine de compétence, mais pour les besoins de leur activité, n'en restent pas moins des professionnels. Celles-ci peuvent être plus vulnérables qu'un professionnel avisé.

La deuxième remarque générale a trait aux différents types de protection. La protection comporte en principe deux éléments essentiels.

Tout d'abord, elle apparaît indissociable d'un danger, d'un risque qu'il soit identifié ou non, réel ou potentiel. La protection en l'absence d'un danger précis prend en compte la situation de vulnérabilité de la personne (intuitu personae). C'est le cas par exemple des informations données à la partie non avertie. En présence d'un risque manifeste, elle traite la personne en tant que victime. C'est le cas par exemple de l'obligation de conseil et de mise en garde de la partie faible par le professionnel contre le risque éventuel. Il y a donc une logique d'anticipation qui semble faire partie intégrante de la protection. Il s'agit de prévenir pour éviter la survenance d'un risque ou d'en limiter les conséquences.

766. Ensuite, la protection peut fonctionner a posteriori, mettant ici en place une logique de réparation, par l'intervention du juge et, quelquefois, par celle des organismes administratifs et/ou associatifs.

La technique de protection a donc pour finalité d'anticiper ou de corriger, autrement dit, la protection préventive et la protection curative.

Ayant été une exception par le passé dans certains cas limités, l'intervention du juge semble devenir la norme dans la relation contractuelle ; et ce, par plusieurs moyens et tout au long des différentes phases du contrat : Cette intervention accrue du juge survient non seulement sur la demande des parties mais aussi, quelquefois, en s'autosaisissant d'office, obligatoirement dans certains cas, pour rétablir les équilibres contractuels. De fait, certains ont pu dire que le juge deviendrait la « *troisième partie au contrat* »[2507].

A cet égard, et devant le développement constant des pouvoirs du juge, nous pouvons nous demander si l'exception d'intervention du juge dans la relation contractuelle, n'a pas tendance à se structurer ou à se formaliser pour devenir un principe dans le cadre de son pouvoir d'interprétation, de suppression, de modification, d'allégement, de révision des clauses et des pratiques abusives ou illicites aux contrats.

767. Enfin, il y a des points de divergence entre les techniques de protection dans les législations des pays étudiés.

Les techniques de protection des pays étudiés ne diffèrent ni sur les caractères ni sur les finalités ou les contenus de la protection. Cependant, nous pouvons remarquer que l'ampleur de la protection de la partie faible varie en fonction des régimes juridiques étudiés et selon les législations adoptées dans chaque pays. Alors, en dépit de la similitude entre le droit français et les droits des pays maghrébins, il y a cependant quelques différences subtiles qui sont liées à la protection de la partie faible. Ces différences s'expliquent par la diversité des sources du droit dans ces pays. Par exemple, le Code civil libyen et le Code civil algérien se sont inspirés du droit égyptien[2508]. Alors que le Code des obligations et des contrats tunisiens a subi l'influence du Code fédéral suisse des obligations, du Code civil italien, du Code civil allemand et du droit musulman ainsi que du Code civil français[2509]. D'ailleurs, les législateurs marocain et mauritanien se sont inspirés, presque totalement, des dispositions du Code tunisien des obligations et des contrats. Ainsi, les points de divergences trouvent leurs sources dans le droit commun et les droits spéciaux des pays étudiés.

768. Le droit français en général et les législations consuméristes en particulier ont été influencés et développés par voie de directives européennes. Par contre, l'Union du Maghreb arabe n'a eu aucune influence sur le développement de législations des pays membres à cet égard. L'Algérie, la Libye, la Mauritanie, le Maroc et la Tunisie sont membres de cette Union (UMA). Mais, il est regrettable de voir que -malgré les points communs entre ces pays (liés économiquement et historiquement et ont une proximité géographique), cette Union n'est pas en tant que telle productrice d'un système normatif quelconque. L'on ne peut en

---

[2507] **L. VOGEL**, « Le nouveau droit des contrats : obsolète et conne-productif », *AJCA*, 2016, p. 309 ; **J. VOGEL**, « Réforme du droit des contrats : "Le juge devient une troisième partie au contrat", pour Joseph Vogel », http://www.actuel-direction-juridique.fr, 18 févr. 2016 ; **B. ATMANI**, « Le juge nouvelle partie du contrat civil », *Revue Académique de la Recherche Juridique*, Université Abderrahmane Mira de Béjaïa, Algérie, n° 15, 01-2017, p. 429.

[2508] V. **A. BENCHENEB**, *Introduction générale à la règle de droit en Algérie*, EUD, 2012, n° 13, p. 19.

[2509] Le Code tunisien des obligations et des contrats s'est inspiré du Code civil français, du Code fédéral suisse des obligations (datant de 1881), des Codes italiens (Code civil de 1865 et Code de commerce de 1882) et de droit islamique. Sur ce sujet, Cf., **M. MAHFOUD**, *Théorie générale des obligations I, « Le contrat »*, LATRACH des ouvrages spécieux, Tunis, 2012, p. 11.

conséquence s'attendre à ce que les organes de l'UMA jouent un rôle dans la mise en place de législations de la consommation communes[2510].

769. Au-delà, de ces remarques générales, nous pouvons aussi faire des remarques particulières selon les régimes juridiques de chaque pays.

Les législateurs tunisien, marocain et mauritanien n'ont pas adopté des textes spécifiques aux contrats d'adhésion. Les contrats d'adhésion existent mais n'ont pas de régime propre et sont soumis au droit commun. Alors que les législateurs libyen, algérien et récemment le législateur français ont adopté des textes spécifiques pour assurer une protection supplémentaire à la partie adhérant au contrat qui est considérée comme la plus faible.

Selon l'article 1152 (devenu 1231-5) du Code civil français et l'article 264 du Code marocain des obligations et des contrats, le juge peut modérer ou augmenter la clause pénale alors que le droit libyen et le droit algérien, n'autorisant pas l'augmentation de cette dernière, dénie un tel pouvoir au juge. Les législateurs tunisien et mauritanien n'ont pas abordé la clause pénale de manière claire dans les Codes des obligations et des contrats. Cependant, la jurisprudence tunisienne, après des hésitations sur les dispositions de la clause pénale, a jugé dans l'arrêt du 28 avril 1994 que le juge peut moduler ainsi qu'annuler la clause pénale[2511]. On peut en conclure que les systèmes français et marocain permettent une meilleure protection de la partie faible, notamment lorsqu'une clause pénale d'un montant faible ou négligeable a été prévue en faveur de la partie forte.

770. Enfin, notre étude nous conduit à formuler un certain nombre de recommandations :

- Les différentes législations des pays étudiés disposent que les clauses des contrats doivent être rédigées de manière claire et compréhensible. Mais, ces législations ne prévoient pas de manière explicite les modalités de cette exigence. Ainsi, le droit libyen peut être une référence pour la clarté de certaines clauses du contrat. En effet, L'article 150 du Code civil libyen, inspiré du droit italien, impose à la partie qui rédige le contrat de rédiger certaines clauses d'une manière particulière ; par exemple, de les souligner d'une forme ou d'une couleur différente et distincte. Plus précisément, l'article 150 du Code civil libyen distingue entre les clauses. Ainsi toutes les clauses qui contiennent un danger potentiel pour l'intérêt de la partie faible doivent être rédigées de manière différente ou comporter des couleurs différentes par rapport aux autres clauses.

- Le législateur libyen a apporté des modifications à son Code civil et son Code de commerce et adopté quelques articles intégrés dans d'autres lois ou des décrets pour traiter du contrat électronique. Pour la protection du consommateur en matière de contrat électronique, le législateur libyen invite à adopter une loi

---

[2510] Sur cette réflexion V., **A. BENCHENEB**, « La médiation dans l'espace maghrébin », *Revue d'arbitrage et de médiation*, Vo. 3, n° 1, 2013, p. 15.

[2511] Cass. civ., tunisienne, n° 42624, 28 avril 1994, cité par **N. BEN AMMOU**, « La clause pénale après trente ans », *Revue Tunisienne de Droit*, 1996, p. 230.

spécifique au commerce électronique pour traiter toutes les questions en la matière.

- Comme en droits français et algérien, il faudrait que les législateurs des autres pays comparés prévoient des sanctions spécifiques en cas de manquement à l'obligation d'information par les professionnels.

- La nécessité d'améliorer le système de lutte contre les clauses abusives s'impose en droits libyen et mauritanien. Les législateurs libyen et mauritanien n'ont ni défini ni prévu des listes d'exemples sur les clauses abusives. Pourtant, comme on l'a vu, la bonne méthode de lutte contre les clauses abusives est la détermination de critères abusifs généraux d'une part ainsi que de listes de clauses supposées préalablement toujours abusives.

- Pour renforcer le rôle des institutions administratives, nous avons aussi remarqué le manque de coordination entre diverses institutions administratives dans un même pays peut être considéré comme une faille dans les régimes juridiques des pays étudiés (entraînant une « dilution des responsabilités »). En effet, En Tunisie, en Algérie et en France, les Conseils nationaux de protection des consommateurs nous apparaissent en situation de favoriser une meilleure coordination entre toutes les acteurs liés à la protection de la partie faible. Le Conseil consultatif supérieur marocain de la consommation et l'Autorité mauritanienne chargée de la coordination de la lutte contre la pauvreté et du développement à la base peuvent jouer le même rôle dans cette coordination.

Le développement de la conciliation et de la médiation administrative comme outil devient de plus en plus nécessaire dans la relation contractuelle entre le professionnel et la partie faible, notamment dans les droits des pays maghrébins. Dans ces pays, et contrairement au droit français, cette voie de résolution des litiges a encore besoin de se développer et d'être renforcé par des textes spécifiques.

Par ailleurs, le législateurs tunisien, libyen, algérien et mauritanien devraient étendre les attributions des associations de consommateurs afin qu'elles puissent jouer leur rôle protecteur et surtout de leur permettre d'ester en justice en utilisant les moyens d'action en suppression des clauses abusives, qui présentent une plus efficacité en matière de protection préventive.

De plus, au contraire du législateur français, tous les législateurs des pays maghrébins n'ont pas encore adopté la technique de l'action de groupe. Par conséquent, il faudrait préconiser des textes spécifiques à même d'étendre, de façon claire, les prérogatives des associations devant les juges.

Pour pouvoir agir en justice, les associations sont soumises à des conditions très strictes et souvent rédhibitoires, notamment en droits marocain, mauritanien et français.

Enfin, il convient de rappeler que le travail humain n'est jamais parfait.

Dans ce contexte, on peut également ajouter, selon un proverbe traduit par mes soins : l'homme et la perfection sont des choses opposés et contradictoires qui ne se croisent jamais.

Cela veut dire que l'imperfection fait partie de la nature humaine.

Bibliographie

I. OUVRAGES GENERAUX

A. En Langue Française

1. En droit français

AUBERT (J-L.) et COLLART DUTILLEUL (F.), *Le contrat : droit des obligations*, Dalloz, 5e éd., 2017.

AUGUET (Y.), *Droit de la concurrence*, Ellipses, Paris, 2002.

B. FAGES, *Droit des obligations*, LGDJ, 7e éd., 2017.

BART (J.), *Histoire du droit privé ; de la chute de l'Empire romain au XIXe siècle*, Montchrestin- Lextenso, 2e éd., 2009, p. 357 et s.

BAZIN-BEUST (D.), *L'essentiel du droit de la consommation*, Gualino Lextenso, 2e éd. 2017.

BENABENT (A.), *Droit des obligations*, LGDJ, 16e éd., 2017.

BLAISE (J.B.) et DESGORCES (R.), Droit des affaires ; commerçants, concurrence et distribution, LGDJ, 9e éd. 2017.

BOCQUILLON (J-F.) et MARIAGE (M.), *Introduction au droit*, DUNOD, 2018.

BONNARD (J.), *Droit des assurances*, LexisNexis, 5e éd., 2016.

BOULOC (B.), *Procédure pénale*, Dalloz, 26e éd., 2017.

BRUSORIO AILLAUD (M.), *Droit des obligations*, Bruylant, 8e éd., 2017.

BUFFELAN-LANORE (Y.) et **LARRIBAU-TERNEYRE (V.)**, *Droit civil ; Les obligations*, Dalloz, 16e éd. 2108-2019.

BUY (F.), RODA (J.-C.), LAMOUREUX (M.), *Droit de la distribution*, LGDJ., 2017.

CADIET (L.) (dir.), *Dictionnaire de la justice*, PUF., 2004.

CALAIS-AULOY (J.) et TEMPLE (H.), *Droit de la consommation*, Dalloz, 10e éd., 2018.

CHANTEPIE (G.) et LATINA (M.), *La réforme du droit des obligations : Commentaire théorique et pratique dans l'ordre du Code civil*, Dalloz, 2016.

COMU (G.), *Vocabulaire juridique*, Ass. H. Capitant, PUF, 11e éd., 2016.

CONTE (Ph.), *Droit pénal spécial*, LexisNexis, 2016.

COURBE (P.), *Droit civil, Les personnes, La famille, Les incapacités*, Dalloz, 9e éd., 2015.

CRISTAU (A.), *Droit du travail*, Hachette, 11e éd., 2014.

DECOCQ (G.) et BALLOT-LENA (A.), *Droit commercial*, Dalloz, 8e éd., 2017.

DEROUSSIN (D.), *Histoire du droit des obligations*, ECONOMICA, 2e éd., 2012.

DESHAYES (O.), GENICON (T.) et LAITHIER (Y.-M.), *Réforme du droit des contrats, du régime général et de la preuve des obligations*, LexisNexis, 2016.

DOCKES (E.) et AUZERO (G.), *Droit du travail*, Dalloz, 31e éd., 2018.

FABRE-MAGNAN (M.), *Droit des obligations : Contrat et engagement unilatéral*, PUF, 4e éd., 2016.

FAVENNEC-HERY (F.) et VERKINDT (P.-Y.), *Droit du travail*, LGDJ, 5e, 2016.

FLOUR (J.), AUBERT (J.-L.) et SAVAUX (E.), *Droit des obligations, t. 1, L'acte juridique*, Sirey, 17e éd., 2019.

FRANCOIS (J.), *Traité de droit civil, Les obligations, Régime général*, Économica, 4e éd. 2017.

GHESTIN (J.) et al., *Traité de droit civil, Les Contrats de consommation ; Règles communes*, LGDJ, 2012.

GHESTIN (J.), LOISEAU (G.) et Y-M. SERINET (Y-M), *La formation du contrat « Tome 1 Le contrat, le consentement »*, LGDJ, 4e éd., 2013.

HOUTCIEFF (D.), *Droit des contrats*, Bruylant, 3e éd., 2017.

JULIEN (J.), *Droit de la consommation*, LGDJ, 2e éd. 2017.

LE GAC-PECH (S.), *Droit de la consommation*, Dalloz, 2017.

LEGEAIS (D.), *Droit commercial et des affaires*, Sirey, 25e éd., 2018.

LEVY (J.-Ph.) et CASTALDO (A.), *Histoire du droit civil*, Dalloz, 2e éd., 2010.

MALAURIE-VIGNAL (M.), *Droit de la concurrence interne et européen*, Dalloz, 7e éd., 2017.

MALINVAUD (P.), FENOUILLET (D.), MEKKI (M.), *Droit des obligations*, LexisNexis, 14e éd., 2017.

MALINVAUD (PH.) et al., *Droit des obligations*, LexisNexis, 14e éd., 2017.

MALINVAUD (PH.), *Introduction à l'étude du droit*, LexisNexis, 17e éd., 2017.

MAZEAUD (A.), *Droit du travail*, LGDJ, 10e, 2016.

MAZEAUD (H., L.) et (J.), *Leçons de droit civil, t. II, vol. I, Obligations, Théorie générale*, par F. Chabas, Montchrestien, 9e éd., 1998.

PICOD (Y.), *Droit de la consommation*, SIREY-DALLOZ, 4e éd., 2018.

PIEDELIEVRE (S.), *Droit commercial*, Dalloz, 11e éd., 2017.

RAYMOND (G.), *Droit de la consommation*, LexisNexis, 4e éd., 2017.

RAYNARD (J.) et SEUBE (J-B.), *Droit des contrats spéciaux*, LexisNexis, 9e éd. 2107.

RENAULT-BRAHINSKY (C.), *Droit des obligations*, Gualino, Lextenso, 14e éd. 2017-2018.

RENAULT-BRAHINSKY (C.), *L'essentiel de la Réforme du Droit des obligations*, Gualino-Lextenso, 2016.

RIPERT (G.), *La règle morale dans les obligations civiles*, LGDJ, 2013.

RZEPECKI (N.), *Droit de la consommation et théorie générale du contrat*, PUAM., 2015.

SIMLER (PH.), *Commentaire de la réforme du droit des contrats et des obligations*, LexisNexis, 2016.
TERRE (F.), SIMLER (P.), LEQUETTE (Y.) et CHENEDE (F.), *Droit civil, Les obligations*, Dalloz, 12e éd., 2018.
VERON (M.), *Droit pénal des affaires*, Dalloz, 11e éd. 2016.
VOIRIN (P.) et GOUBEAUX (G.), *Droit civil, personnes, famille, incapacité, biens, obligations, sûretés*, LGDJ, 37e éd., 2017.

2. En droit algérien

ALLAG-ZENNAKI (D.), *Contrats : Négociation ; Construction ; Rédaction*, en droit algérien, DAR EL ADIB, 2016.
BENCHENEB (A.), *Introduction générale à la règle de droit en Algérie*, E.U.D, 2012.
BENCHENEB (A.), *Le droit algérien des contrats, Données fondamentales*, E.U.D, 2015.
MENOUER (M.), *Droit de la Concurrence*, en droit algérien, BERTI Editions, Algérie, 2013.

B : En Langue Arabe

1. En droit algérien

ALI SOLAYMMAN (A.), *La théorie générale d'obligation en droit algérien*, Dioun l'imprimerie d'Universitaire, 5e éd., 2003.
LASHAB (M.), *Principes généraux du droit civil algérien*, DIWAN ALMATBOUAT ALJAMIA, Algérie, 5e éd. 2011.
SRAISH (Z.), *Al WAJIZ pour les sources des obligations*, Houma – Algérie, 2013.
SY-YOUSSEF (Z-H.), *La responsabilité civile du fabricant*, Houma – Algérie, 2009.
TIORSSI (M.), *Les contrôles juridiques de la liberté de la concurrence en Algérie*, Houma, Algérie, 2013.

2. En droit libyen

ABBOUDH (AL-K.), *Fondamentaux du droit positif libyen ; Introduction de science du droit*, Centre national de la recherche et des études scientifiques, Tripoli, 4e éd, 2003.
AL-BADWI ALAZHARI (M.), *Les obligations en droit libyen*, vol. 1, Les sources d'obligations, 4e éd, Centre National, Tripoli- Libye, 2013.
AL-BADWI ALAZHARI (M.), *Les obligations en droit libyen*, vol. 2, Les dispositions d'obligations, 2e éd, Bibliothèque Nationale, Benghazi- Libye, 2010.

CHELEBK (M.), *L'interdiction en droit libyen*, Université Ouverte Tripoli, 2002.
CHELEBK (M.), *Les sources des obligations en droit libyen*, 1e éd, Bibliothèque Nationale, Benghazi- Libye, 2008.
EHEBOUDA (A.), *Code procédure civile*, Centre National, Tripoli-Libye, 1er éd, 1998.
HABIB (S.), *Les sources des obligations dans le Code civil libyen*, Université de Libye, Benghazi -Libye, 1972.

3. En droit marocain

ATTAR BEN AHMED (AL-M.), *Théorie générale des obligations à la lumière du droit marocain*, Imprimerie ALNAJAH-Casablanca, 2011.
EL-AARAARY (Abdel-K.), *Les ressources des obligations ; La théorie du contrat*, en droit marocain, Dar Elamane, en arabe, 6e éd., 2018.
SHAHBUN (ABD-AL-K.), *ALSHAFI pour expliquer le droit des obligations et des contrats, en droit marocain*, L.R, 1999.
SHARKANI (M.), *La théorie générale de droit des obligations ; le contrat*, en droit marocain, imprimerie de Sijilmassa, Miknassa, 2005, p. 141.

4. En droit mauritanien

OULD ABDEDAYM (A), *La théorie générale des obligations en droit mauritanien*, 3e éd., 2009.

5. En droit tunisien

ALZAIN (M.), *Le droit civil tunisien ; La théorie générale de l'obligation ; Le contrat*, 2e éd., 1997.
KAHLOUN (A.), *La théorie générale des obligations « les sources des obligations et les actes juridiques »*, LATRACHE, Tunis, 2015.
MAHFOUD (M.), Théorie générale des obligations I, « Le contrat », LATRACH, Tunis, 2012.
MAHFOUD (M.), *Théorie générale des obligations II, « La responsabilité civile »*, LATRACH, Tunis, 2012.
MAHFOUD (M.), *Théorie générale des obligations, Acte unilatéral, Contrat et Responsabilité civile*, Publications du Centre d'études juridiques et judiciaires, Orbis, 2008.

II- OUVRAGES SPECIAUX, MONOGRAPHIES et THESES

A. En Langue française :

1. En droit français

AL SHATTNAWI (S.), *Les conditions générales de vente dans les contrats électroniques*. En droit comparé franco-jordanien, Thèse, Université de Reims CHAMPAGNE-ARDENNE, 2012.

AL SURAIHY (Y.), *La fin du contrat de franchise*, Thèse, Université de Poitiers, 2008.

ALBIGES (C.), *De l'équité en droit privé*, Préface R. CABRILLAC, LGDJ, 2000.

ALKHALFAN (I.), *La protection contre les clauses abusives du contrat d'assurance*, Thèse, Université de Montpellier I, 2012.

ALKHASAWNEH (A.), *L'obligation d'information dans les contrats informatiques* : Étude comparative du droit français et droit jordanien, Thèse, Université de Reims CHAMPAGNE – ARDENNE, 2008.

ARSAC-RIBEYROLLES (A.), *Essai sur l'notion d'économie du contrat*, Thèse, Université Clermont I, 2005.

AUGUET (Y.), *Concurrence et clientèle : contribution à l'étude critique du rôle des limitations de concurrence pour la protection de la clientèle*, LGDJ, Préface Y. SERRA, 2000.

AYEWOUADAN (A), *Les droits du contrat à travers l'internet*, Préface H. KENFACK, Larcier, 2012.

BADDOUR BOUKARAM (S.), *La protection des parties faibles dans le règlement « Rome I »*, Thèse, Université d'Aix-Marseille, 2015.

BAKOUCHE (D.), *L'excès en droit civil*, LGDJ., 2005.

BEAUGENDRE (S.), *Contrat d'assistance et activité d'assurance*, Thèse, Préface F. COLLART DUTILLEUL, LGDJ, 2000.

BENJAMIN (D.), *L'information du salarié : contribution à l'étude de l'obligation d'informer*, Thèse, Préface A. LYON-CAEN, Dalloz, 2013.

BERLIOZ (G.), *Le contrat d'adhésion*, LGDJ, 2e éd., 1976.

BERLIOZ-HOUIN (B.) et BERLIOZ (G.), *Le droit des contrats face à l'évolution économique*, Dalloz-Sirey, 1985, p. 3.

BERTHIAU (D.), *Le principe d'égalité et le droit civil des contrats*, Thèse, Préface J.-L. SOURIOUX, LGDJ, 1999.

BITAN (H.), *Droit et expertise des contrats informatiques*, LAMY, 2e éd., 2017.

BLOND (C.), *La protection de l'acheteur insatisfait de l'état de l'immeuble*, PUAM, 1999.

BOUCARD (F.), *Les obligations d'information et de conseil du banquier*, PUAM, 2002.

BOURRIER (CH.), *La faiblesse d'une partie au contrat*, Thèse, Université de Bourgogne, 2001.

BOUTROS (M.), *Le droit du commerce électronique : Une approche de la protection du cyber consommateur*, Thèse, Université Grenoble Alpes, 2014.
BREESE (P.) et KAUFMAN (G.), *Guide juridique de l'internet et du commerce électronique*, Librairie Vuibert, Paris, 2000, p.194.
BRUNEAU (L.), *Contribution à l'étude des fondements de la protection du contractant*, Thèse, Université de Toulouse, 2005.
BUCHER (C.-E.), *L'inexécution du contrat de droit privé et du contrat administratif*, Dalloz, Préface, L. LEVENEUR, 2011.
BUREAU (H.), *Le droit de la consommation transfrontière*, Préface J. CALAIS-AULOY, Litec, 1999.
CAMOUS (E.), *Règlements non-juridictionnels des litiges de la consommation contribution critique à l'analyse des modes alternatifs de règlement des conflits*, LGDJ 2002.
CAPRIOLI (É.), *Signature électronique et dématérialisation : droit et pratiques*, LexisNexis, 2014.
CARMINATI (J.), *La loyauté dans les relations commerciales au sens du code de commerce*, Thèse, Université de Toulouse 1 capitole, 2013.
CAUMES (C.), *L'interprétation du contrat au regard des droits fondamentaux*, Thèse, Université d'Avignon et des pays de Vaucluse, 2010.
CHENDEB (R), *Le régime juridique du contrat de consommation étude comparative*, (droit français, libanais et égyptien), LGDJ et Alpha, 2010.
COLLET-THIRY (N.), *L'encadrement contractuel de la subordination*, Thèse, Université Panthéon-Assas (paris II), 2012.
DE BOÜARD (F.), *La dépendance économique née d'un contrat*, LGDJ, 2007.
DUTHEIL-WAROLIN, (L.), *La notion de vulnérabilité de la personne physique en droit privé*, Thèse, Université de Limoges, 2004.
El RAJAB (D.), *L'opposabilité des droits contractuels : Étude de droit comparé français et libanais*, Thèse, Université Panthéon-Assas, 2013.
EL-SAMAD (F.), *La protection des consommateurs en France, en Egypte, au Liban (étude comparée)*, Thèse, Université de Montpellier 1 et Université libanaise, 2000.
FABRE-MAGNAN (M.), *De l'obligation d'information dans les contrats, essai d'une théorie*, LGDJ, 2014.
FAGES (B.), *Le comportement du contractant*, Thèse, Préface J. MESTRE, PUAM, 1997.
FIL (P.), *L'obligation d'information et de conseil en matière d'assurance*, Préface LECAT Jacques, PUAM, 1996.
FIN-LANGER (L.), *L'équilibre contractuel*, Orléans, 2002.
FISCHER (J.), *Le pouvoir modérateur du juge : en droit civil français*, PUAM, 2004.
FLOUR (J), *Quelques remarques sur l'évolution du formalisme*, Le droit français au milieu du XXe siècle, Études offertes à Georges Ripert, Paris, LGDJ, 1950.

GELOT (B.), *Finalités et méthodes objectives d'interprétation des actes juridiques : aspects théoriques et pratiques*, LGDJ, 2003.

GHAZOUANI (Ch.), *Le contrat de commerce électronique international*, Thèse. Université Paris 2 Panthéon-Assas, 2008.

GILLOTOT (A.), *Relevé d'office du juge et droit de la consommation*, Thèse, Université d'Avignon, 2015.

GORPHE (F.), *Le principe de la bonne foi*, Dalloz, 1928.

GOUBINAT (M.), *Les principes directeurs du droit des contrats*, Thèse, Université Grenoble Alpes, 2016.

GOUNOT (E.), *L'autonomie de la volonté*, Thèse, Dijon, 1912.

GROSS (B.) et BIHR (PH.), Contrats ; *Ventes civiles et commerciales, baux d'habitation, baux commerciaux*, PUF, 2e éd. 2002.

HAMMOUD (M.), *La protection du consommateur des services bancaires et des services d'assurance*, Thèse en cotutelle l'Université Panthéon-Assas (paris II) et l'Université libanaise, 2012.

IBARA (R.), *L'aménagement de la force majeure dans le contrat* : essai de théorie générale sur les clauses de force majeure dans les contrats internes et internationaux de longue durée. Thèse, Université de Poitiers, 2012.

JABER (A-Y.), *Les contrats conclus par voie électronique : étude comparée*, Thèse, Université Montpellier I, 2012.

JACQUEMIN (H.), *Le formalisme contractuel, mécanisme de protection de la partie faible*, LARCIER, 2010.

JACQUES (P.), *Regards sur l'article 1135 du Code civil*, Dalloz, 2005.

JAOUEN (M.), *La sanction prononcée par les parties au contrat* ; Etude sur la justice privée dans les rapports contractuels de droit privé, ECONOMICA, 2013.

JOSSERAND (L.), *De l'esprit des droits et de leur relativité : théorie dite de « l'abus des droits »*, Dalloz, 2e éd. 1939.

KARIMI (A.), *Les clauses abusives et la théorie de l'abus de droit*, Thèse, Préface PH. SIMLER, LGDJ, 2001.

LAFAY (F.), *Le pouvoir modérateur du juge en droit privé*, Thèse, Université Jean Moulin Lyon 3, 2004.

LARTIGOLLE (J.), *Justice commutative et droit positif*, Thèse, Bordeaux, 1955.

LASBORDES (V.), *Les contrats déséquilibrés*, Thèse, Préface C. SAINT-ALARY HOUIN, PUAM, 2000.

LE TOURNEAU (PH.), *Contrats du numérique ; informatiques et électroniques*, Dalloz, 10e éd., 2018.

LE GAC-PECH (S.), *La proportionnalité en droit privé des contrats*, LGDJ, Préface H. MUIR-WATT, 2000.

LECLERC (F.), *La protection de la partie faible dans les contrats internationaux* (Étude de conflits de loi), Bruylant, 1995.

LEVENEUR-AZEMAR (M.), *Etude sur les clauses limitatives ou exonératoires de responsabilité*, Thèse, Université Panthéon-Assas (Paris II), 2016.

LITTY (O.), *Inégalité des parties et durée du contrat*, « étude de quatre contrats d'adhésion usuels, L.G.D.J, 1999.

LOPEZ SANTA MARIA (J.), *Les systèmes d'interprétation des contrats*, Thèse, Université de Paris, 1968, p. 26.

MADOU (K.), *L'obligation d'information dans les suretés personnelle*, Thèse, Université Paris VIII - Vincennes Saint-Dennis, 2011-2012.

MAFFRE-BAUGE (A.), *Les indispensables du droit de la consommation*, Ellipses, 2015.

MAHI-DISDET (D.), *L'obligation d'information dans les contrats du commerce électronique*, Thèse, Université d'Avignon et des Pays de Vaucluse, 2011.

MAINGUY (D.), *Contrats spéciaux*, Dalloz, 11e éd., 2018.

MAJDANSKI (D.), *La signature et les mentions manuscrites dans les contrats*, Presses universitaires de Bordeaux, 2000.

MAS (F.), *La conclusion des contrats du commerce électronique*, Thèse, Université Montpellier 1, 2004.

MAZEAUD, (D.), *La notion de clause pénale*, Préface F. CHABAS, LGDJ, 1998.

MEILHAC Epouse REDON (G.), *Les clauses abusives à l'épreuve de l'harmonisation*, Etude comparative des droits français Allemand et anglais, Thèse, Université de Lyon III, 2001.

MELIN-SOUCRAMANIEN (B.), *Le juge des référés et le contrat*, PUAM. 2000.

MONTFORT (C.), *La loyauté des pratiques commerciales en droit communautaire de la marche*, Thèse, Université Jean Moulin Lyon 3, 2004.

MORVAN (P.), *Le principe de droit privé*, Préface J.-L. SOURIOUX, LGDJ., 1999.

MOULY-GUILLEMAUD (C.), *Retour sur l'article 1135 du Code civil, Une nouvelle source du contenu contractuel*, LGDJ, 2006.

NEMADEU DJUITCHOKO (E.), *Le traitement du contentieux bancaire*, Thèse, Université de Saint-Etienne, 2011.

NOEL (S.), *Les effets pervers du formalisme* : (étude à partir du contrat d'auteur), Thèse, Université Panthéon-Assas, 2012.

NORDMAM (PH.), *Le contrat d'adhésion, abus et remèdes*, Université de Lausanne, 1974.

OMRANE (A.-S.), *La protection du consommateur dans la formation du contrat*, Beyrouth, librairie Al-jamiiya, 2e éd., 2003.

OUERDANE-AUBERT DE VINCELLES (C.), *Altération du consentement et efficacité des sanctions contractuelles*, Dalloz, 2002.

PAISANT (G.), *Défense et illustration du droit de la consommation*, LexisNexis, 2015.

PANCRAZI-TIAN (M.-E.), *La protection judiciaire du lien contractuel*, PUAM, 1994.

PEGLION-ZIKA (C-M.), *La notion de clause abusive ; (au sens de l'article L. 132-1 du Code de la consommation)*, Thèse, Université Panthéon-Assas (Paris II), 2013.

PICOD (Y.), *Le devoir de loyauté dans l'exécution du contrat*, LGDJ, 1989.

QIN (L.), *L'interprétation du contrat : étude comparative en droits français et chinois*, Thèse, 2012.

RABAGNY-LAGOA (A.), *Droit du commerce électronique*, Ellipses, 2011.

RAMPARANY-RAVOLOLOMIARANA (H.), *Le raisonnable en droit des contrats*, Thèse, Préface (J.) BEAUCHARD et RAMAROLANTO-RATIARAY, LGDJ, 2009.

RAYNARD (J.) et SEUBE (J.-B.), *Droit des contrats spéciaux*, LexisNexis, 9e éd., 2017.

ROCHFELD (J.), *Cause et type de contrat*, LGDJ, 1999.

ROLAND (H.) et BOYER (L.), *Adages du droit français*, Litec, 4e éd., 1999.

ROUSPIDE-KATCHADOURIAN (M-N.), *Le juge et le contrat de travail, essai sur la relecture judiciaire d'un contrat*, Thèse, Préface (B.) TEYSSIE, LGDJ, 2014.

ROUVIERE (F.), *Le contenu du contrat : Essai sur la notion d'inexécution*, PUAM, 2005.

SABIK (N.), *Le rôle de la propriété industrielle dans la protection du consommateur*, Thèse, Université Jean Moulin Lyon 3, 2010.

SAUPHANOR (N.), *L'influence du droit de la consommation sur le système juridique*, Préface J. GHESTIIN, LGDJ, 2000.

SERAGELDIN (S.), *Les clauses ayant effet à l'échelle des groupes de contrats*, Thèse, Université Jean Moulin (Lyon 3), 2014.

SHANDI (Y.), *La formation du contrat à distance par voie électronique*, Thèse, Université Robert Schuman Strasbourg III, 2005.

STOFFEL-MUNCK (Ph.), *L'abus dans le contrat, essai d'une théorie*, LGDJ, 2000.

TIEN DIEN (N.), *Le formalisme en matière contractuelle dans les droits français et vietnamien*, Thèse, Université Panthéon-Assas, 2011.

TRABELSI (R.), *Contrats d'affaires et fonds de commerce dans le monde électronique*, Thèse en cotutelle Université Pierre Mendès France Grenoble II et Université de Tunis EL MANAR, 2008.

VALIERGUE (J.), *Les conflits d'intérêts en droit privé : contribution à la théorie juridique du pouvoir*, Thèse, Université de Bordeaux, 2016.

VALLET (N.), *Les techniques de protection du client de la banque*, Thèse, Université de Reims-Champagne-Ardennes, 2009.

VENANDET (Guy.), *La protection de l'intégrité du consentement dans la vente commerciale*, Thèse, Université de Nancy II, 1976.

VERBIEST (TH.), *La protection juridique du cyberconsommateur : publicité, contrats, contentieux*, LITEC, 2002.

VERONIQUE (N.), *Essai d'une nouvelle analyse du contrat d'assurance*, Thèse, Préface J. HERON, L.G.D.J, 1996.

2. En droit marocain

ELHABBOULI (H.), *Le contrat d'assurance vie en droit comparé franco-marocain*, Thèse, Université de Rennes 1, 2015.

MASRAR (S.), *La clause pénale en droit marocain : bilan d'une réforme inachevée*, Thèse, Université de Perpignan Via Domitia, 2005.

3. En droit mauritanien

SALECK AHMEDNA (M.-O.), *Les médias et le droit de la concurrence en Mauritanie*, Thèse. Université de Perpignan, 2017.

THIOYE (M.), *Le droit mauritanien de la responsabilité civile : approche des notions de faute et de dommage*, Thèse, Université de Perpignan, 2017.

4. En droit tunisien

BEN AHMED (N.), *La signature en droit privé*, LATRACHE, Tunis, 2012.

BEN SLIMA (H.), *De l'équilibre du contrat*, Thèse en droit, Université de Tunis-EL MANAR, 2007.

BOUZGUENDA SNOUSSI (S.), *Le temps et le contrat*, Thèse, Université de Tunis- EL MANAR, 2011.

ELLOUMI (A.), *Le formalisme électronique*, Thèse en droit, Université de SFAX (Tunis), 2010.

REKIK (N.), *L'ordre public et le contrat civil*, en droit tunisien, LATRACH, Tunis, 2015.

ZARROUK (A.), *L'implicite et le contenu contractuel, étude de droit comparé : droit français et droit tunisien*, L'Harmattan, 2012.

B. En Langue Arabe :

1. En droit algérien

ABOU KMASH (M.), *Le pouvoir du juge de modification du contrat dans le Code civil algérien et les jurisprudences islamiques*, Thèse, Université de Batna Hadj Lakhder, Algérie, 2012.

Al-ARABI BELHAJ (M.), *Le cadre juridique de période précontractuelle à la lumière du droit civil algérien*, (étude comparé), DAR WAEL, 2010.

ARARAH (A.), *L'équilibre contractuel lors de la formation du contrat*, Thèse, Université D'Alger, en arabe, 2014-2015.

ATA ALLAH (T.), *La femme travailleuse dans le Code de travail algérien, entre l'égalité et la protection juridique*, Étude comparée, DIWAN ALMATBOUAT ALJAMIA, Algérie, 2006.

BEN AMAR (M.), *Les dispositions générales d'interprétation et ses applications dans les conflits du travail et la sécurité sociale*, Thèse, Université d'Oran, 2008-2009.

BEN KHADRA (Z.), *La nature juridique du contrat électronique*, Thèse, en arabe, Université d'Alger, 2015.

BEN RAJAL (A.), *La protection du salarié à la fin de la relation du travail en droit algérien*, BERTI édition, Algérie, 2010.

BENSAIID (L.), *Le régime juridique des contrats du commerce électronique*, Houma, Algérie, 2012.

BODALI (M.), *Les clauses abusives des contrats en droit algérien, Étude comparée avec les droits français, allemand et égyptien*, Houma, Algérie, 2010.

BOU RAAS (M.), *La publicité des produits et des services, Etude comparée*, Thèse, Université ABOUBAKER BELKAID de Tlemcen, Algérie, 2012.

HAMAK (D.), *L'obligation d'information dans les contrats*, Thèse, l'Université Alger-Ben Aknoun, Algérie, 2009.

HAMIDI (B.), *La conclusion du contrat électronique*, en droit algérien, Thèse, Université de Hadj Lakhdar Batna-1, en arabe, 2014/2015.

HASANI (A.), *L'encadrement juridique de l'obligation de garantie dans les produits*, Etude comparée, Thèse, Université ABOUBAKER BELKAIID de Tlemcen- Algérie, 2012.

HOUHOU (Y.), *Le contrat de vente dans la loi et la jurisprudence algérienne*, Dar BelKeise, Alger, 2016.

HOUHOU (Y.), *Le contrat de vente électronique, étude comparée*, Thèse, Université Ben Aknoun-Alger, Algérie, 2012.

IMAD-EDDIN (R.), *Les moyens juridiques pour prouver la propriété immobilière privée en droit algérien*, Thèse, en Arabe., Université Mouloud Mammeri de Tizi-Ouzou, 2014.

JADIDI (M.), *Le régime juridique d'assurance d'Algérie dans la lumière du nouveau changement économique*, Thèse, Université Alger-Ben Aknoun, Algérie, 2007.

MAKLOUFI (A.), *Le commerce électronique par l'Internet*, Thèse. Université BATANAH, Algérie, 2012.

RAMUSH (F.), *L'obligation d'information*, Thèse, Université Ben Aknoun-Alger, Algérie, 2012.

REBBAHI (A.), *La protection des contractants contre les clauses abusives suivant la doctrine islamique et le droit algérien*, Thèse, Université d'ORAN, 2008, p. 68.

SADAWI (S.), *Les contrats du commerce électronique*- Étude comparée, Dar Alkhaldonia– Algérie, 2008.

SHOUÏIRB (K.), *La loi applicable au contrat de commerce international*, Thèse, Université Alger BEN YOUSEF BEN KODAH, Algérie, 2009.

SY-YOUSSEF (Z-H.), *AL WADIH pour le contrat de vente*, Houma, Algérie, 2012.

SY-YOUSSEF (Z-H.), *La responsabilité civile des producteurs, en droit algérien*, en arabe, Houma, Algérie, 2012.

TIORSSI (M.), *Les contrôles juridiques de la liberté de la concurrence en Algérie*, Houma, Algérie, en arabe, 2013.

WALAD OMAR (T.), *Le régime juridique d'indemnisation des dommages atteinte à la sécurité et à l'innocuité du consommateur*, Thèse, Université ABOUBAKER BELKAID de Tlemcen, Algérie, 2010.

ZOUBAH, (S.), *Les nouvelles dispositions de la protection du consommateur*, en droit algérien, Thèse, Université Mouloud Mammeri -Tizi-Ouzou, 2016.

2. En droit libyen

AL-RAFAJI (SA.), *Les circonstances environnant et ses impacts sur les indemnisations*, Thèse en droit, Université Al-Fatah Tripoli- Libye, 2001.

AL-SOUDANAIS (S.), *La responsabilité civile dans la relation de travail*, Thèse, en arabe, Université Al-Fatah Tripoli- Libye, 2001.

MASOUD (A.), *Le juge et les éléments factuels du conflit civil*, en arabe, Centre Ben Obaid-Allah Edition, AlKomesse-Libye, 2007.

MESHIRI (A.), *La spécificité de conclusion du contrat par l'internet*, Thèse, en arabe, Université Al-Fatah Tripoli- Libye, 2008.

3. En droit marocain

AL ZAWJAL (Y.), *Le régime protecteur du consommateur dans le contrat de prestation de service : Le contrat d'assurance comme exemple*, DAR Alaman, Rabat- Maroc, Préface W. ALABDONI, 2013.

ALKRGI (A.), *Le système contractuel numérique et les régimes de la protection électronique, en droit marocain*, Librairie Rachad (Settat-Maroc), 2015.

ALRAHALY (N.-A), *Les pratiques modernes dans les affaires de consommation*, en droit marocain, La librairie AR-RASHAD (LR), en arabe, 2014.

BOUKIR (A.), *Le notariat moderne marocain*, Dar ASSALM, en arabe, 2e éd., 2010.

ECHERKAOUI (A.), *Le droit des contrats spéciaux ; contrat de vente*, en droit marocain, en arabe, 4e éd., oct. 2017.

EL AZZOUZI (Al-M.), *La résolution des conflits de la consommation à la lumière de la loi n° 31-08 édictant des mesures de protection du consommateur*, Dar nachr Almaarifa, en arabe, 2013.

EL-AARAARY (Abdel-K.), *Les contrats spéciaux ; Le contrat de vente*, en droit marocain, Dar Elamane, en arabe, 4e éd., 2017.

ELTASSAOILI (M.), *L'avocat et la rédaction des contrats, en droit marocain*, Imprimerie papeterie El Watanya, en arabe, 2e éd., 2013.

HASSAN RACHOUAN AHMED (R.), *L'effets des circonstances économiques sur la force probante du contrat*, en droit marocain, Dar Hani, en arabe, 1994.

KADIRI (M.), *Problématiques dans la conclusion des contrats dans le commerce électronique*, SOMADIL, Casablanca, en arabe, 2013.
KADIRI (M.), *Le modes alternatifs de règlement des litiges dans le cadre de commerce électronique*, SOMADIL, Casablanca, en arabe, 2013.
LASHAGAR (M.), *La protection juridique d'acheteur dans le contrat de la vente d'immobile d'habitation*, DAR Assalam, Rabat-Maroc, 2012.
MOHIM (A.), *La protection du consommateur à l'encontre des dommages causés par les produits proposés sur le marché*, en droit marocain, Dar Al Afak AlMaghribia, en arabe, 2018
MOHIM (A.), *La protection du consommateur-contractant ; étude et analyse approfondies à la lumière de l'actualité de la loi n° 31-08 édictant des mesures de protection du consommateur*, Dar Al Afak AlMaghribia, en arabe, 2017.
NOUAMAN (D.), *La responsabilité civile découlant de paiement électronique par la carte bancaire* : Etude comparée, Imprimerie nationale Marrakech, Maroc, 2010.

4. En droit tunisien

AL AHMAR (I.), *Les relations de loyer entre les règles du droit et la jurisprudence*, ISBN, Tunis, 2014.
AL KHROUBI (KH.), *Les contrats nommés*, LATRACHE, Tunis, 2e éd.2013
AL MANSOURI (O.), *L'impossibilité dans la théorie générale du contrat*, Université de Tunis El Manar, 2008/2007.
ALJIRBI (S.), *L'interprétation du contrat*, Centre d'édition universitaire, en arabe, Tunis, 1999.
ANNOURI (M.), *Le juge et le droit de travail, en droit tunisien*, RAOUF YAICH, Tunis, en arabe, 2002.
AYEWOUADAN (A.), *Les droits du contrat à travers l'internet*, LARCIER, 2012.
BEN MASOUD (N.), *L'obligation d'information au contrat*, Thèse, Université de Tunis El Manar, 2008.
BENSALIMAH (H.), *La bonne foi dans l'exécution du contrat ; selon la disposition de l'article 243 du Code tunisien des obligations et des contrats*, sans éditeur, 1993.
BOU LAABI (K.), *La bonne foi dans la matière de contractuelle*, Thèse, Université de Tunis El Manar, 2008.
HOUSSEINE (A.), *Le contrat d'adhésion* ; Etude comparée, Thèse, Université de Tunis El Manar, 2013.
MHAMDI (H.), *Les biens, les contrats spécieux et les sûretés*, « des législations après la révolution : des ambitions révolutionnaires et un projet non-révolutionnaire », LATRACHE, Tunis, 2013.

III - OUVRAGES COLLECTIFS, MELANGES

AUBERT de VINCELLES (C.) et **SAUPHANOR-BROUILLAUD (N.)** (dir.), *Les 20 ans du Code de la consommation. Nouveaux enjeux*, Lextenso, 2013.

CALAIS-AULOY (J.) (dir.), *Les droits et le Droit*, Mélanges dédiés à Bernard Bouloc, Dalloz, 2006.

CHAGNY (M.) (dir.), *Réforme du droit des contrats et pratique des affaires*, coll. « Thèmes & commentaires », Dalloz, 2015.

GHESTIN (J.) (dir.), *Le contrat au début du XXI ième siècle*, LGDJ., 2001, p. 180.

GHESTIN (J.) et FONTAINE (M.) (dir.), La protection de la partie faible dans les rapports contractuels « comparaisons franco-belges », LGDJ, 1996.

JOURDAIN-FORTIER (C.) et **MIGNOT (M.)** (dir), *Analyse comparée du droit français réformé des contrats et des règles matérielles du commerce international*, LexisNexis, 2016.

LEVENEUR (L.) (dir.), *Le renouvellement des sources du droit des obligations*, Association H. Capitant, LGDJ, 1997.

MAZEAUD (D.) (dir.), *l'avenir du droit*, Mélanges en hommage à F. TERRE, Dalloz, P.U.F., Jurisclasseur, 1999.

MESTRE (J.), et RODA (J-C) (dir.), *Les principales clauses des contrats d'affaires*, Lextenso, 2011.

MOUSSERON (J-M.), *Technique contractuelle*, Levallois : F. Lefebvre, 4e édition, ouvrage collective sous la direction de **MOUSSERON (J-M.), MOUSSERON (P.), RAYNARD (J.) et SEUBE (J-B.),** Francis Lefebvre, 2010.

ROCHFELD (J.) (dir.), *L'acquis communautaire. Le contrat électronique*, Economica, coll. Etudes juridiques, 2010.

ROCHFELD (J.), (dir.), *L'acquis communautaire* : le contrat électronique, Economica, 2010.

ROUVIERE (F.) (dir.), *Le droit à l'épreuve de la vulnérabilité : études de droit français et comparé*, Bruylant-Bruxelles, 2010.

STORCK (M.), « Du devoir d'alerte dans le droit des marchés financiers », in Mélanges offerts à Philippe Simler, éd. Litec et Dalloz, 2006.

IV- ARTICLES DE DOCTRINE, CHRONIQUES ET RAPPORTS

A. En Langue Française

1. En droit français

ALÈS (T.), Le futur arsenal au bénéfice des victimes de pratiques anticoncurrentielles. - Ou quand l'office du juge n'est plus de juger mais d'indemniser, JCP éd. E. n°14, 2 avril 2015, 1164.

ALLAMELOU (A.), « Le délit de pratiques commerciales trompeuses : un délit d'équivalence ? », *Pet. Aff.*, 24 juin 2015, n° 125, p. 10.

AMBROISE-CASTEROT (C.), « Consommation », *Rép. civ., Dalloz, juill.* 2016, n° 86.

AMBROISE-CASTEROT (C.), « Les nouvelles pratiques commerciales déloyales après la loi LME du 4 août 2008 », *AJ pénal.* 2009, p. 24.

AMRANI-MEKKI (S.), et MEKKI (M.), « Droit des contrats », *D.*, 13 mars 2014, n° 10, p. 630.

ANCEL (P.), « Imprévision », *Rép. civ., Dalloz*, mai 2017, n° 114

ARCHAMBAULT (L.) et FAUCHER (D.), « Le juge judiciaire, troisième partie au contrat ? », *Gaz. Pal.* 9 mai 2017, n° 18, p. 18.

ARHEL (P.), « Activité de l'Autorité de la concurrence en 2016 », *Pet. Aff.*, 6 déc. 2017, n° 243, p. 7.

ARTZ (J.-F.), « La prohibition des envois forcés », *D.* 1975, Chron. 129.

ATTARD (J.), « De nouvelles limites à l'obligation de conseil du banquier », *Pet. Aff.*, 27 juill. 2015, n° 148, p. 9.

ATTARD (J.), « Notaire et opportunité économique d'une opération de prêt », Def. 22 févr. 2018, n° 08, p. 16

AUBERT De VINCELLES (C.), « Interdiction d'interdire les ventes avec primes, la Cour de justice persiste et signe », *RDC.*, 1 avr. 2011, n°2, p. 497.

AUBERT de VINCELLES (C.), « La mise en conformité du Code de la consommation au droit européen par la loi Hamon », *RDC.*, 01 sept. 2014, n° 03, p. 456.

AUBERT DE VINCELLES (C.), et SAUPHANOR-BROUILLAUD (N.), « Loi du 17 mars 2014 : nouvelles mesures protectrices du consommateur », *D.*, 17 avril 2014- n° 15, p. 879.

AUBERT DE VINCELLES (C.), FENOUILLET (D.) et SAUPHANOR-BROUILLAUD (N.), « Clauses abusives », *RDC.*, 01 janv. 2013 n° 1, P. 153.

AUBERT DE VINCELLES (C.), Protection des intérêts économiques des consommateurs. Contrats spécifiques, *JCl.*, 30 juill. 2014

AVENA-ROBARDET (V.), « Cautionnement d'une personne illettrée », *Dalloz actu.* 07 sept. 2015.

AZEMA (J.), Législation - Loi relative à la consommation : (Loi n° 2014-334 du 17 mars 2014, JO 15 mars 2014), *RTD com.* 2014. P. 355

BACACHE (M.) et LEROYER (A-M.), « Acte d'avocat : Acte sous seing privé contresigné par l'avocat - Acte authentique », *RTD Civ.* 2011 p.403.

BACACHE (M.), « Le défaut d'information sur les risques de l'intervention : quelles sanctions ? », *D.*, 2008 p. 1908.

BALLET (Ph.) et BENSOUSSAN-BRULE (V.), « La lettre recommandée électronique, enfin ? », *Gaz. Pal.*, 23 avril 2011, n°113, p. 9.

BARBE (V.), « La protection du consommateur de services ouverts à la concurrence : approche comparée », *Pet. Aff.*, 6 juill. 2006, n° 134, p. 8

BARBIER (H.), « Ébauche d'un régime général du droit de rétractation », *RTD civ.*, 2016, p. 605.

BARBRY (E.), « Les contrats souscrits sous forme électronique : de nouvelles conditions de "validité" », *Gaz. Pal.*, 12 oct. 2004, n° 286, p. 24.

BARRET (O.), « Vente : formation », *Rep. Civil Dalloz*, avr. 2018, n° 706.

BEGUIN-FAYNEL (C.), « La réparation civile du préjudice de la victime d'abus de faiblesse en assurance-vie », *LDA.*, 01 mai 2017, n° 05, p. 5.

BEHAR-TOUCHAIS (M.), « L'expansion stoppée de l'article L. 442-6, I, 2°, du Code de commerce sur le déséquilibre significatif », *RDC.*, 09 mars 2018, n° 01, p. 68.

BEHAR-TOUCHAIS (M.), « Le déséquilibre significatif dans le Code civil », *JCP G.*, n ° 14, 4 avril 2016, p. 391.

BEHAR-TOUCHAIS (M.), « Quand la cour d'appel de Paris tente de systématiser le déséquilibre significatif », *RDC.*, 01 juill. 2014 n° 2, P. 231

BENABENT (A.), « L'équilibre contractuel : une liberté contrôle », *Pet. Aff.*, 1998, n° 54, p. 14.

BENICHOU (M.), « De la création à l'exportation de l'acte d'avocat en Europe et à l'international », *CNB*, 17 avril 2014, p. 2.

BERLAUD (C.), « Droit de rétractation du consommateur et sanction du défaut de remboursement », *Gaz. Pal.*, 30 janv. 2018, n° 04, p. 33.

BERLAUD (C.), « Office du juge dans la caractérisation d'une pratique commerciale trompeuse », *Gaz. Pal.*, 14 mars 2017, n° 11, p. 37

BERLAUD (C.), « Point de départ du délai de forclusion après l'octroi d'un délai de grâce », *Gaz. Pal.* 23 juill. 2015, n° 204, p. 25.

BERLAUD (C.), « Pratique commerciale trompeuse : le prix réel et les (promos) », *Gaz. Pal.*, 12 sept. 2017, n° 30, p. 36.

BERNHEIM-DESVAUX (S.) et **SAUPHANOR-BROUILLAUD (N.)**, « Pas de nullité sans texte ? L'exemple de l'obligation générale d'information précontractuelle du droit de la consommation », *RDC.*, 2018, n° 01, p. 122.

BERNHEIM-DESVAUX (S.), « Louée soit la recommandation de la Commission des clauses abusives sur les réseaux sociaux ! », *LEDC.* 10 janv. 2015, n° 01, p. 3.

BERNHEIM-DESVAUX (S.), « Précision utile sur la définition d'une pratique commerciale trompeuse », *LEDC.*, 06 nov. 2013, n° 10, p. 7.

BERNHEIM-DESVAUX (S.), « L'évolution de la jurisprudence française : En matière de lutte contre les clauses abusives », Revista. Luso-Brasileira. Direito. Consumo. Março., 2011, p. 199.

BERREBI (C.), « Favoriser l'innovation. À propos de l'acte d'avocat dématérialisé », *Gaz. Pal.* 20 juill. 2013, n° 201.

BERTRAND (P.), « Réforme du droit des contrats : quel impact sur le contrat d'assurance ? », *D.*, 2 juin 2016, n° 20/7689 p. 1156.

BLAISE (H.), « La révision judiciaire des indemnités contractuelles de licenciement », *Dr. soc.* 1980. 365.

BLANC (N.), « À la recherche du lien de causalité… », *Gaz. Pal.*, 15 janv. 2015, n° 015.

BLANC (N.), « Le notaire face aux déclarations erronées d'une partie », *Gaz. Pal.*, 15 janv. 2015, n° 015, p. 20.

BOCCARA (B.), « La réforme de la clause pénale : conditions et limites de l'intervention judiciaire », *JCP.*, 1975, I, 2742, n°41.

BOFFA (R.), « Le contrat d'adhésion », *RDC*, 01 sept. 2015, n° 3, p. 736.

BORE (L.), « L'action en représentation conjointe ; class action française ou action mort-née ? », *D.* 1995, p. 267.

BOSKOVIC (O.), « La protection de la partie faible dans le règlement Rome I », *D.*, 2008, p. 1, n° 2 et 4.

BOULOC (B.), « Abus de faiblesse. Peine complémentaire. Champ d'application », RTD com., 2011, p. 430.

BOULOC (B.), « Consommateurs et non-professionnels : notions voisines et distinctes », *RTD Com.* 2006, p. 182.

BOULOC (B.), « Interdiction de la vente avec prime », *RTD com.*, 2008, p. 408.

BOULOC (B.), « La mauvaise foi dans la publicité trompeuse », *RSC.*, 1996, p.114.

BOURDEAU (M.), « À propos de la révision judiciaire de la clause pénale moratoire », *AJCA.*, 21 oct. 2014, p. 73.

BOURQUE (J-F.), « Spécificité des contrats du commerce électronique : clauses et contrats-types en matière de vente internationale », *Revue Tunisienne de l'Arbitrage*, n° 2, 2002, p. 91.

BOURREAU-GUERINIERE (M.), « Assurance sur la vie et vente avec primes », LEDA., 15 déc. 2010, n° 03, p. 7.

BOYER (L.), « Contrats et conventions », *D.*, mars 2014, n° 253.

BRETZNER (J-D.) et BENDAVID (M.), « Analyse critique des dispositions relatives aux sanctions administratives », *AJ Contrats d'affaires, Concurrence, Distribution*, n° 1, avril 2014, p. 19.

BRUGIERE (J.-M.), « La protection du cyber-consommateur dans la loi pour la confiance dans l'économie numérique », *Revue Lamy droit de l'immatériel*, n° 1, janv. 2005, p. 60.

BRUGUIERE (J-M.), « Commerce électronique et protection du consommateur », *JCl.* Communication, 30 avril 2014, 4810.

BRUNENGO-BASSO (S.), « L'acte contresigné par avocat, entre intérêts corporatistes et intérêt du public », *LEDIU.*, 01 mai 2011, n° 05, p. 1.

BRUNET (F.), DUPUIS (A.), et PAROCHE (E.), « L'action de groupe : l'indemnisation des consommateurs favorisé au détriment de la détection des cartels ? », *D.*, 31 juillet 2014- n °28, p. 1600.

BRUSCHI (M.), « Le rôle du notaire et le respect de l'obligation d'assurance des risques de la construction », *Pet. Aff.*, 15 mai 2003, n° 97, p. 38.

BUCHER (Ch.-E.), « L'influence de la réforme du droit des contrats sur le droit spécial antérieur », *AJ contrat*, 2017, p.480.

BURGARD (M.), « L'obligation de conseil et d'information du vendeur professionnel ; une obligation de se renseigner sur les professionnels ; une obligation de se renseigner sur les besoins de l'acheteur », *Pet. Aff.*, 08 févr. 2011, n° 27, p. 11.

BUSSEUIL (G.), « La quasi-gratuité de l'exercice du droit de rétractation du consommateur : l'application aux frais de livraison », *D.*, 2010, p. 2132.

BUY (F.), « Entre droit spécial et droit commun : l'article L. 442-6, I, 2° du Code de commerce », *Pet. Aff.*, 17 déc. 2008, n° 252, p. 3.

CAILLÉ (C.), « Échange », *D.*, avril 2015.

CALAIS-AULOY (J.), L'influence du droit de la consommation sur le droit des contrats, *RTD. Com.* 1998, p. 115.

CALANDRI (L.), « Le pouvoir de recommandation de la Commission des clauses abusives », *Pet. Aff.*, 15 sept. 2006, n° 185, p. 4.

CANNARSA (M.), « Les facultés de rétractation en droit de la consommation et en droit des assurances : continuité en droit interne, changements en droit communautaire », *RGDA.*, 01 janv. 2009, n° 2009-01, p. 25.

CAPDEVILLE (J.-L.), « Abus de faiblesse d'une cliente de banque », *LEDB.*, 01 déc. 2010, n° 04, p. 7.

CAPDEVILLE (J.-L.), « Avis de la Commission des clauses abusives sur les restructurations de crédit », *LEDB*, 01 déc. 2015, n° 11, p. 5.

CAPRIOLI (E.), « Première décision sur la preuve et la signature électroniques d'un contrat de crédit à la consommation », *CCE., JCP éd. G*, n° 6, Juin 2013, étude 11, p.866 à 869.

CARON (C.), « Les clauses résolutoire en droit français, Etudes juridiques », *Revue de la faculté de droit de Sfax*, 2000, n° 7, p. 69.

CARON (M.), « Nouveautés et constances de la clause pénale », *Cah. soc.* 01 juill. 2014, n° 265, p. 455.

CARVAL (S.), « La responsabilité contractuelle à l'épreuve des listes « noire » et « grise » du décret n° 2009-302 du 18 mars 2009 », *RDC.*, 01 juill. 2009, n° 3, p. 1055.

CASADO (A.), « Mise en œuvre d'une technique de vente abusive et complicité d'abus de faiblesse », *Cah. Soc.*, 01 mars 2017, n° 294, p. 144.

CASSIERS (V.) et FERRANT (I.), « Les moyens d'action des associations de consommateurs dans le domaine de la publicité en droit belge », *Gaz. Pal.* 20 mai 2008, n° 141, p. 16.

CASTETSRENARD (C.), « Le formalisme du contrat électronique ou la confiance décrétée », *Def.*, 30 oct. 2006 n° 20, p. 1529.

CATTALANO-CLOAREC (G.), « Le déséquilibre significatif, un mécanisme à deux visages », *EDCO.*, 01 mars 2017, n° 03, p. 1.

CATTALANO-CLOAREC (G.), « Pratiques commerciales trompeuses : il ne suffit pas d'être sur la liste », *LEDC.*, 01 avril 2017, n° 4, p. 4.

CHABAS (C.), « Résolution – Résiliation », *Rép. civ. Dalloz*, oct. 2010, n° 139.

CHABAS (F.), « La réforme de la clause pénale », *D.*, 1976, 110.

CHABOT (G.), « L'action des associations agréées de consommateurs en suppression de clauses abusives (article L. 421-6 du Code de la consommation) », *Pet. Aff.*, 10 oct. 2000, n° 202, p. 16.

CHAGNY (M.), « La démonstration du déséquilibre significatif dans les droits et obligations des parties », *RTD com.*, 2017, p. 603.
CHAGNY (M.), « Le domaine d'application de la règle sur le déséquilibre significatif : le flux et le reflux ? », *RTD com.*, 2017, p. 593.
CHAGNY (M.), « Le droit (substantiel) des pratiques restrictives de concurrence s'invite dans la loi consommation (1re partie) ... », *RTD com.*, janvier-mars 2014, pp.74-77.
CHAGNY (M.), « Une révolution du droit français de la concurrence ? A propos de la loi LME du 4 août 2008 », *JCP G*, 15 oct. 2008, n° 42, I 196, p. 21.
CHAGNY (M.), « Vers un droit européen des pratiques commerciales déloyales entre professionnels : la méthode des (petits pas) », *RTD com.*, 2014, p. 571.
CHAGNY (M.), « L'essor jurisprudentiel de la règle sur le déséquilibre significatif cinq ans après ? », *RTD Com.* 2013, p. 500
Chambre des Notaires de Paris, Les principaux domaines d'intervention du notaire en France, oct. 2012.
CHANTEPIE (G.), « L'exigence de clarté dans la rédaction du contrat », *RDC.*, 01 juill. 2012 n° 3, p. 989.
CHANTEPIE (G.), « Appréciation du déséquilibre significatif au sens de l'article L. 442-6, I, 2° du Code de commerce », *JCP E.*, n° 40, 6 oct. 2011, 1701.
CHARBONNEAU (C.), PANSIER (F.-J.), « Le droit de la « preuve » est un totem moderne (le commerce électronique) », *Gaz. Pal.*, 1 avril 2000, n° 092, p. 2.
CHATAIN (A.) et ERB (J-Ph.), « Les conséquences de la réforme du droit des contrats sur l'intervention du juge », *JCP E*, n° 18, 4 mai 2017.
CHAZAL (J.-P.), « Le consommateur existe-t-il ? », D. 1997, p.260.
CHAZAL (J.-P.), « Les nouveaux devoirs des contractants. Est-on allé trop loin ? », Préc., pp. 114-119.
CHAZAL (J-P.), « La contrainte économique : violence ou lésion », *D.*, 2000, p. 879.
CHENEDE (F.), « L'équilibre contractuel dans le projet de réforme », *RDC.*, 01 sept. 2015, n° 03, p. 655.
CHENEDE (F.), « Le contrat d'adhésion dans le projet de réforme », *D.*, 11 juin, 2015, p. 1226.
CHENEDE (F.), « Le contrat d'adhésion et l'article 1110 du Code civil », *JCP*, 2016, p. 776.
CHRISTIANOS (V.), « Délai de réflexion : théorie juridique et efficacité de la protection des consommateurs », *D.*, 1993 p. 28.
CLARET (H.), « Contrats et Obligations. - Protection du consommateur », JCl. Civil Code, 14 août 2014, n° 95.
CLARET (H.), « Étiquetage », *JCl. Concurrence – Consommation*, 26 oct. 2014, n° 76
CLARET (H.), « Interprétation des contrats d'assurance et droit de la consommation », *D.*, 2003, p. 2600.

CLEMENT (F.), « Présentation des articles 1113 à 1122 de la nouvelle sous-section 2 (L'offre et l'acceptation) », https://iej.univ-paris1.fr/openaccess/reforme-contrats, consulté le 7 mai 2017.

COHEN (D.), « Ampleur et qualités du consentement donné par clic de souris », *Pet. Aff.*, 18 août 2014, n°164, p. 3

COHET (F.), « Droit de rétractation : sécurité des promesses de vente d'immeuble », *AJDI*, 2018, p. 62.

COHET (F.), « Pas de faculté de rétractation lors de la vente d'un terrain à bâtir en secteur diffus », *AJDI*, 2016, p. 786.

COMERT (A.), « Le préjudice constitue-t-il un élément constitutif de l'abus de faiblesse ? », *Pet. Aff.*, 29 mai 2015, n° 107, p. 13.

D'ANTIN (E.), « Le doute profite à celui qui s'engage », http://www.magazine-decideurs.com, Posté le 26-11-2015, consulté le 07 janv. 2017.

D'ESTAIS (C.), « Les points essentiels de la loi Hamon sur l'information du consommateur », www.village-justice.com, consulté le 16 déc. 2017.

DAGOME-LABBE (Y.), « Agences de Voyages - Mandataire - Quelle sanction au défaut d'information ? », *JT.*, 2014, n°169, p.12.

DAGORNE-LABBE (Y.), « Une exception au droit de rétractation de l'acquéreur à distance », *D.*, 2011, p. 802.

DAOUD (E.) et ALBERTIN (S.), « L'Autorité de la concurrence : les pouvoirs d'enquête au crible des droits de la défense », *RLDA*, n° 93, mai 2014, p. 102.

DAUDET (V.), « Droit de rétractation du consommateur dans les ventes à distance », *Pet. Aff.*, 14 juin 2013, n° 119, p. 20.

DAVY (M.), « Le renforcement des pouvoirs du juge dans la réforme du droit des contrats : faut-il s'en réjouir ? », www.altanalaw.com, consulté le 15 juin 2017.

DE JUGLART (M.), « L'obligation de renseignements dans les contrats », *RTD civ.* 1945.

DE LA ASUNCION-PLANES (K.), « La personne morale peut-elle être protégée par le droit de la consommation ? », *Pet. Aff.* 03 mars 2010, n° 44, p. 3.

DE LAFORCADE (A.), « L'évolution du droit d'agir des associations de consommateurs : vers un détachement du droit pénal de leur action en justice », *RTD Com.*, 2011 p. 711

De POULPIQUET (J.), « Le notaire », *Rep. Civ. Dalloz*, 2018, n° 295.

De SAINT REMY (A.), « L'acte d'avocat : pour sécuriser vos accords », http://www.emo-hebert.com, consulté le 10 oct. 2016.

DEBERNARDI (G.), « Imprévision : de l'expérience italienne à l'innovation française », *Pet. Aff.*, 23 mars 2018, n° 060, p. 7.

DELEBECQUE (Ph.), « Que reste-t-il du principe de validité des clauses de responsabilité ? » *D.* Aff. 1997, p. 235.

DELESALLE (B.), **LOTZ (J.)** et **GESSEY (N.)**, « Le notaire au cœur de nouveaux dispositifs », *Def.*, 1 sept. 2017, n° 127, p. 11.

DELPECH (X.), « Information et droit de rétractation des consommateurs : le décret est paru », *Dalloz actu.*, 23 sept. 2014.

DELPECH (X.), « QPC en matière de sanction du droit de rétractation du consommateur », Dalloz actu., 21 juillet 2017.

DELPECH (X.), « Une nouvelle définition pour le non-professionnel », *AJ contrat*, 2017, p. 100.

DEMOULIN (M.) et MONTERO (É.), « Le formalisme contractuel à l'heure du commerce électronique », Commerce électronique : de la théorie à la pratique, *Cahier CRID*, n°23, Bruxelles, Bruylant, 2003, p. 170.

DESHAYES (B.), « Un nouvel espace pour le droit des affaires », *Gaz. Pal.*, 12 juin 2017, n° hors-série 3, p. 34.

DESHAYES (O.), « L'acte contresigné par avocat est né (conjugaison à l'imparfait du législatif) », *LEDC.*, 3 mai 2011, n° 05, p. 1.

DESHAYES (O.), « Le droit des clauses abusives se dote d'une liste (grise) », *EDCO*, 01 sept. 2008, n° 03, p. 3.

DESHAYES (O.), « Le manquement au devoir de mise en garde est sanctionné par l'indemnisation d'une perte de chance de ne pas contracter », *LEDC.* 01 déc. 2009, n°11, p. 7.

DESHAYES (O.), « Les directives d'interprétation du Code civil : la cohérence des textes », *RDC.*, 31 mars 2015 n° 1, p. 159.

DESURVIRE (D.), « La vente multi-niveaux », *Pet. Aff.*, 17 juill. 1995, n° 85, p. 6.

DETRAZ (S.), « Abus de faiblesse : relaxe trop psychologue », *Gaz. Pal.*, 24 oct. 2017, n° 36, p. 51.

DIAS (D.), « Mise en œuvre de la protection des consommateurs dans les pays émergents et en développement », *QCGAP.*, 16 août 2013.

DISSAUX (N.), « Les nouvelles sanctions en matière contractuelle », *AJ Contrat.*, 2017, p.10.

DJOUDI (J.), « Le consentement du salarié illettré », D., 1997, p. 612.

DONDERO (B.), « L'incidence de la modification de l'objet social d'une association de consommateurs sur son agrément », *BJS*, 01 févr. 2012, n° 2, p. 143.

DONDERO (B.), « Le nouveau régime du démarchage bancaire et financier », *Pet. Aff.*, 14 nov. 2003, n° 228, p. 39.

DOUCHY-OUDOT (M.) et JOLYHURARD (J.), « Médiation et conciliation », *Rép. proc. civ. Dalloz*, 2013, n° 20.

DREYER (E.), « L'abus fait présumer la faiblesse », *Gaz. Pal.*, 26 janv. 2016, n° 04, p. 52.

DREYER (E.), « Tout abus de faiblesse est gravement préjudiciable », *Gaz. Pal.*, 24 févr. 2015, n° 055, p. 34.

DUFOUR (O.), « L'acte contresigné par un avocat est né ! », *Pet. Aff.*, 30 mars 2011, n° 63, p. 3.

DUPICHOT (J.), « Pour un retour aux textes : défense et illustration du petit guide-âne des articles 1156 à 1164 du Code civil », *Etudes offertes à Jacques Flour, Répertoire du Defrénois*, 1979, n° 23, p. 179.

DUTHEIL (Ph.-H.), « Association », *Répertoire de droit pénal et de procédure pénale*, janv. 2016, n° 13.

ENKAOUA (C.), « Le notariat modernisé », *Rev. droit et patrimoine*, n°221, janvier 2013, p. 6 et s.

ERESEO (N.), L'encadrement par la loi *Hamon* des relations entre fournisseurs et distributeurs, *Gaz. Pal.*, 24 avril 2014, n° 110 à 114, p. 33.

ETIENNEY de SAINTE MARIE (A.), « L'« interprétation créatrice » : l'interprétation et la détermination du contenu du contrat », *RDC.*, 31 mars 2015, n° 1, p. 166.

ETIENNEY de SAINTE MARIE (A.), « La durée du contrat et la réforme du droit des obligations », *D.*, 2011, p. 2672.

ETIENNEY de SAINTE MARIE (A.), « Extinction du contrat. - Effets », *JCP*, 2010, p 176.

FABRE-MAGNAN (M.), « Le devoir d'information dans les contrats : essai de tableau général après la réforme », *JCP*, n° 25, 20 juin 2016, p. 706.

FAGES (B.), « Principe d'interprétation favorable des contrats proposés par les professionnels aux consommateurs », *RTD Civ.*, 2008, p. 478.

FELDMAN (J.-P.), « Le consommateur est-il pieds et poings liés à son logiciel ? », CCC., juin 2009, alertes, focus 39, p. 3.

FENOUILLET (D.), « Actions en justice des associations agréées de consommateurs », *RDC.*, 01 juill. 2006, n° 3, p. 743.

FENOUILLET (D.), « c) Vente à primes, loi du 10 août 1981 relative au prix du livre », *RDC.* 01 oct. 2008, n°4, p, 1222.

FENOUILLET (D.), « d) Clauses abusives, Commission des clauses abusives et recommandations », *RDC.*, 01 juill. 2008, n° 3, p. 823.

FENOUILLET (D.), « d) Pratiques commerciales déloyales », *RDC.*, 01 avril 2012, n°2, p. 485.

FENOUILLET (D.), « g) L'action des associations de consommateurs », *RDC.*, 01 avril 2007, n° 2, p. 355.

FENOUILLET (D.), « Langue française, usage obligatoire », *RDC.*, 01 avril 2007, n° 2, p. 360.

FENOUILLET (D.), « Loi du 3 janvier 2008, pratiques commerciales déloyales, trompeuses, agressives », *RDC.*, 2008, p. 345.

FENOUILLET (D.), « Formalisme informatif », *RDC.*, 01 avril 2005, n° 2, p. 323.

FERNANDEZ (J.-M.), « L'acte sous seing privé : La faiblesse de sa force probante », *Pet. Aff.*, 6 août 1997, n° 94, p. 9.

FERRAND (F.), « Preuve », *Rép. pro. Civ. Dalloz*, janv. 2018, n° 607.

FERRE (D.) et TITONE (Th.), « Le contrat de distribution sélective et le contrat de distribution exclusive dans un contexte international : les clauses essentielles », AJCA Concurrence–Distribution, 2015, p. 256.

FERRIE (S.-M.), « Quelle sanction pour la violation du devoir d'information médicale ? », *D.* 2017, p. 555.

FERRIER (D.), « Loi du 17 mars 2014 relative à la consommation et pour un encadrement renforcé des relations entre professionnels », *D.*, n° 15, 17 avril 2014, p. 889.

FERRIER (N.), et MARTIN (A.-C.), « Loi relative à la consommation en faveur des consommateurs et de certains professionnels », JCP éd. G, 31 mars 2014, p. 590.

Fiche pratique, Délais de réflexion-Délais de rétractation, INC, 24/10/2014

FLOUR (Y.) et GHOZI (A.), « Les conventions sur la forme », *Def.*, 2000, n° 14, p. 920.

FORTUNATO (A.), « La protection des personnes morales contre les clauses abusives », *AJ Contrat, 2017*, p. 25.

FORTUNATO (A.), « Les circonstances de la révision du contrat », *Pet. Aff.*, 11 janv. 2018, n° 009, p. 6.

FOURNIER (A.), « Hypothèque conventionnelle », *Rép. droit immo., Dalloz*, janv. 2015, n° 25.

FRANCOIS (C.), « « L'interprétation du contrat », La réforme du droit des contrats présentée par l'IEJ de Paris 1, https://iej.univ-paris1.fr, consulté le 13 sept. 2018.

FRANCOIS-MARTIN (L.), L'action de groupe et les pouvoirs accrus de la DGCCRF, jurisprudence automobile, N° 862, mai 2014, P. 16.

FRICERO (N.) et GUINCHARD (S.), « Force exécutoire du jugement », Dalloz action Droit et pratique de la procédure civile, 2017, n° 423.

G'SELL (F.), « L'action des associations de consommateurs : à la recherche du groupe perdu », *Gaz. Pal.* 11 oct. 2014, n° 284, p. 15.

G'SELL-MACREZ (F.), « L'acte sous signature juridique : un projet d'actualité - Justification et régime de l'acte sous signature juridique », *Gaz. Pal.* 14 oct. 2008, n° 288, p. 12.

GALLOIS (J.), « Offre d'adhésion à une chaîne : éclairage tant au niveau moral que pénal », *D.*, 6 mai 2016, Actu. 6.

GAUTIER (P.-Y.) et de BELLEFONDS (X. L.), « De l'écrit électronique et des signatures qui s'y attachent », *JCP G.*, n°24, 14 juin 2000, I 236, p. 1.

GAUTIER (P.Y.), « Qu'est-ce qu'un cocontractant ? à propos de l'intervention du propriétaire dans l'acte de cession du bail », *RTD Civ.* 1993, p. 155.

GAUTIER (P-Y.), « Morceaux de code », *D.*, 2015, p. 1112

GAUTIER (P-Y.), « Où la contrainte économique devient une nouvelle ouverture pour la violence dans le contrat de transaction », *RTD Civ.*, 2000, p. 863.

GELOT (B.) et DAUBLON (G.), « Droit de rétractation et délai de réflexion dans les avant-contrats et les ventes d'immeubles (éléments rédactionnels) », *Def.*, 30 avril 2001, n° 8, p. 504.

GENICON (T.) et MAZEAUD (D.), « L'équilibre contractuel : trop c'est trop ? », *RDC*, 01 oct. 2012, n° 4, p. 1469.

GHUELDRE (R.), « Ventes d’assurances liées », *RGDA*, 01 oct. 2010, n° 2010-04, p. 953.
GIAUME (Ch.), « Le non-professionnel est-il un consommateur ? Ou des problèmes de la redondance en droit de la consommation », *Pet. Aff.*, 1990, p. 25, n° 88.
GIBIRILA (D.), « Lettre de change », *Rep. com. Dalloz*, oct. 2015, n° 559.
GOBERT (D.) et MONTERO (E.), « La signature dans les contrats et les paiements électroniques : l’approche fonctionnelle », *Cahier du CRID*, n° 17, Bruylant, 2000, n°21, p. 65.
GRIMALDI (C.) et SAGAUT (J-F.), « L’obligation d’information du vendeur », *RDC.*, 01 juill. 2012, n° 3, p. 1091.
GRIMALDI (C.), « Les limites à la libre détermination du contenu du contrat dans le nouveau droit des contrats », *Pet. Aff.*, 27 oct. 2016, n° 215, p. 6.
GRIMALDI (C.), « Quand une obligation d'information en cache une autre : inquiétudes à l’horizon… », *D.*, 19 mai 2016, n° 18/7687, p. 1009.
GRIMALDI (C.), « Paradoxes autour de l'interprétation des contrats », *RDC.* 01 avril 2008, n° 2, p. 207.
GRYNBAUM (L.), « La preuve littérale. – Dispositions générales. – Écrit électronique », *JCl. Civil Code*, 17 juin 2016, n° 39.
HAERI (K.), et JAVAUX (B.), « L’action de groupe à la française, une curiosité », JCP éd. G, 31 mars 2014, p. 586.
HALPHEN (J.) et EID (I.), « Nouveau code civil : une obligation d’information consacrée (étendue ?) par l’ordonnance portant réforme du Code civil », La lettre d’Option Droit et Affaires, 24 juin 2015, p. 8.
HEINICH (J.), « Clause de défaut croisé et confusion des patrimoines », BJS., 01 janv. 2017, n° 01, p. 43.
HEINICH (J.), « Retour sur le préjudice de ne pas contracter de la victime de dol qui ne demande pas la nullité du contrat : un revirement inattendu ! », Rev. Sociétés, 2016, p. 730.
HENAFF (G.), « Le nouveau droit du surendettement des particuliers après les réformes J21 et Sapin 2 », *RLDC*, juin 2018, n° 160, p. 38.
HEUGAS-DARRASPEN (H.), Le devoir de mise en garde du prêteur est conditionné à l'existence d'un risque d'endettement Cour de cassation, civ. 1re, 18 févr. 2009, Mme X. c/ Sté Sygma finance, pourvoi n° 08-11.221, publié au Bulletin, RDI 2009 p. 235
HIEZ (D.), « Association », *Rép. civ., Dalloz*, avr. 2018, n° 239 à 251.
HILT (P.), « L’action de groupe consacrée par la loi n° 2014-344 du 17 mars 2014 relative à la consommation : peut-on s’en satisfaire ? », *Gaz. Pal.*, 24 avril 2014, n° 110 à 114, p. 28.
HONTEBEYRIE (A.), « 1171 contre L. 442-6, I, 2° : la prescription dans la balance », *D.*, 2016, p. 2180.
HOUTCIEFF (D.), « Acte de commerce », *Rep. com. Dalloz*, avril 2016, n° 193.

HOUTCIEFF (D.), « L'obligation d'information du vendeur professionnel à l'égard du consommateur n'est pas une obligation de conseil », *Gaz. Pal.* 5 janv. 2016, n° 01, p. 34.

HOUTCIEFF (D.), « La notion de déséquilibre significatif peut-elle significativement varier ? », *Gaz. Pal.*, 18 avril 2017, n° 15, p. 37.

HOUTCIEFF (D.), « Une imprévisible application de l'imprévision », *Gaz. Pal.* 18 sept. 2018, n° 31, p. 28.

HUET (J.), « Conditions de validité d'une clause attributive de compétence dans les conditions générales d'un contrat conclu par voie électronique ».

HUET (J.), « Le Code civil et les contrats électroniques, in Le Code civil : un passé, un présent, un avenir », *D.*, 2004, p. 539.

HUET (J.), « Vente d'adresses électroniques », *RDC*, 01 déc. 2014 n° 4, P. 639

HUET (J.), « Dysfonctionnement de système informatique », *RDC*, 01 déc. 2014, n° 4, p. 637.

HUET (J.), « Incidences de la loi Hamon, sur les contrats électroniques », *RDC*, 01 déc. 2014, n° 4, p. 634.

HUET (J.), « Logiciel de contrôle parental d'internet », *RDC.*, 01 déc. 2014, n° 4, p. 636

HUET (J.), « Maintenance de système informatique », *RDC.*, 01 déc. 2014, n° 4, p. 640.

IAMIN (Ch.), « La recherche de nouveaux équilibres entre les parties dans les réseaux intégrés de distribution », *Pet. Aff.*, 6 mars 1996, p. 24, n° 29.

IVAINER (T.), « Qu'est-ce qu'un texte clair ? », in Le droit en procès, ouvr. coll., *PUF.*, 1983, p. 147.

IZORCHE (M.-L.), « Abus de faiblesse ou d'ignorance », *Rép. pén. Dalloz*, n° 29.

JAKOULOFF (K.), « Pratiques commerciales trompeuses et agressives : de la restriction à l'assouplissement, résumé d'une jurisprudence incertaine », *D.*, 2013, p. 2835.

JEAMMAUD (A.), « Conflit, différend, litige, Droits », Revue française de théorie juridique, 2001, n° 34 [Mots de la justice], PUF, p. 15.

JEANDIDIER (W.), « Infractions économiques », *Rép. pén., Dalloz*, oct. 2016, n° 182.

JEANNIN (M-V.), « Le déséquilibre significatif ou une atteinte significative à la liberté contractuelle ? », *Pet. Aff.*, 06 oct. 2011, n° 199, p. 15.

JOBARD-BACHELLIER (M. N.) et BREMOND (V.), « De l'utilité du droit de la responsabilité pour assurer l'équilibre des intérêts des contractants », *RTD. Com.* 1999, p. 327.

JOSEPH (M.), « Les dirigeants d'associations : statut, responsabilité, rémunération et remboursement de frais », *Gaz. Pal.*, 18 déc. 2001, n° 352, p. 36.

JOUFFIN (E.), « Pratiques commerciales trompeuses : rien ne va plus ! », *Pet. Aff.*, 28 juin 2016, n° 128, p. 17.

JOURDAIN (P.), « Les clauses relative, la responsabilité contractuelle en droit français », Etudes juridiques ; *Revue publiée par la faculté de droit de Sfax*, 2000, n° 7, p. 143.

KEBIR (M.), « Responsabilité du notaire : impossibilité d'atténuer le devoir de conseil », *Dalloz actu.* 29 nov. 2012.

KOBINA GABA (H.), « Conditions de validité de l'agrément d'une association de consommateurs après modification postérieure de son objet statutaire et de sa dénomination sociale », *Pet. Aff.*, 27 févr. 2012, n°41, p. 7.

KOCHER (V.), « Contrats ; L'intervention du juge dans le contrat », *RDC.*, 01 janv. 2013 n° 1, p. 235.

KULLMANN (J.), « Clauses abusives et contrat d'assurance », *RGDA*. 1996, p. 13.

LAITHIER (Y-M.), « L'avenir des clauses limitatives et exonératoire de responsabilité contractuelle : Rapport péruvien », *RDC.*, n° 3, juill. 2010, p. 1091.

LAITHIER (Y-M.), « L'obligation d'exécuter le contrat de bonne foi est-elle susceptible de clause contraire ? », *D.*, 2014, p. 33.

LAJNEF (N.), « Le déséquilibre significatif dans les contrats d'affaires : cinq ans après. Bilan de l'application judiciaire de l'article L. 442-6, I, 2° du code de commerce », *RLC*, n° 39, I, avril juin, 2014, p. 171

LAMOUREUX (M.), « L'interprétation des contrats de consommation », *D.*, 2006, p. 2848.

LARROUMET (Ch.), « Obligation essentielle et clause limitative de responsabilité », *D.*, 1997, Chron., p. 145.

LASSERRE CAPDECILLE (J.), « Nouvelles clauses abusives en matière de crédit à la consommation affecté à l'acquisition d'un véhicule automobile », *AJ Contrat*, 2017, p. 30.

LASSERRE CAPDEVILLE (J.), « Action des associations de consommateur en présence d'une clause abusive », *LEDB*, 01 oct. 2014, n° 09, p. 4.

LASSERRE CAPDEVILLE (J.), « Précisions utiles sur l'élément matériel du délit de pratiques commerciales trompeuses », *Pet. Aff.*, 24 févr. 2017, n° 40, p. 8.

LAVRIC (S.), « Simplification du droit en matière pénale », *D.* 2009. Actu. 1338.

LE BARS (B.) et BURY (B.), « Mécanismes de gestion du risque d'abus », *Gaz. Pal.*, 11 févr. 2010, n° 42, p. 15.

LE BIDEAU (C.), « À propos du droit de rétractation contenu dans la proposition de règlement », *Pet. Aff.*, 24 déc. 2013, n° 256, p. 29.

Le GAC-PECH (S.), « Les nouveaux remèdes au déséquilibre contractuel dans les nouveaux remèdes au déséquilibre contractuel dans la réforme du Code civil », *Pet. Aff.*, 16 août 2016, n° 162, p. 7.

Le TAVERNIER (B.), « Comparaison internationale des délais de rétractation et de réflexion prévus par les réglementations relatives à la protection du consommateur », *Rev. Conc. consom.* 1995, n°87, p. 72.

LE TOURNEAU (PH.) et **POUMAREDE (M.)**, « Contrats et obligations. – Classification des obligations. – Autres distinctions des obligations de moyens et des obligations de résultat », *JCl. Civil Code*, 22 sept. 2014, n°12.

LECOURT (A.), « L'impact de la réforme du droit des contrats sur le droit des sociétés : aspects théoriques et pratiques », *RTD com.* 2016, p. 767.

LEFEBVRE (Ch.), « La guerre du droit n'aura pas lieu », *Gaz. Pal.*, 21 févr. 2012, n° 52, p. 11.

LEFORT (Ch.), « Juge de l'exécution », *Rep. civ., Dalloz*. Juin 2018, n° 166.

LEGRAND (V.), « L'amélioration de l'information et des droits contractuels des consommateurs dans la loi "Hamon" », *Pet. Aff.* 07/05/2014, n° 91, p. 4

LEGRAND (V.), « Le nouveau droit de la vente à distance et du démarchage », *Pet. Aff.*, 12 mars 2014, n° 51, p. 8.

LEGRAND (V.), « Offres conjointes d'ordinateurs équipés de logiciels : quelles perspectives ? », *D.* 2011, p. 2886.

LEGRAND (V.), « La protection du consommateur dans les ventes transfrontalières : nouvelles précisions de la CJUE », *Pet. Aff.*, 29 nov. 2013 n° 239, p. 16

LEROYER (A-M.), « Langue française », *JCP*. Concurrence - Consommation, 15 Mars 2010

LETARTRE (Y.), « Requiem pour une clause pénale ? », *R.J. Com*, 1978, 101, n°4.

LEVENEUR (L.), « La Commission des clauses abusives et le renouvellement des sources du droit des obligations », Journées nationales de l'association Henri Capitant, T. 1, 1997, p. 155.

LEVENEUR (L.), « La Commission : Source de droit ?in La Commission des clauses abusives en action : 30 éme anniversaire », Colloque organisé par la Commission des clauses abusives le 20 mars 2009, www.clauses-abusives.fr, consulté 27 mars 2018.

LEVENEUR (L.), « La clause de dédit moyennant indemnité n'entre pas dans le pouvoir judiciaire de révision des clauses pénales », *CCC.*, n° 4, Avril 2011, comm. 86.

LIENHARD (C.), « L'acte contresigné par avocat, à l'évidence une fort belle avancée », *AJ Famille*. 2011 p.171

LIGER (M.), « La notion de non-professionnel ou consommateur », Rev. conc. consom. 1999, n° 107, p. 19.

LLOP (E.), « Hommes & professions - Information précontractuelle - Quelle posture pour l'agent de voyages à l'aune de la loi Hamon ? », JT, 2015, n°173, p.41

LOISEAU (G.), « La puissance du contractant en droit commun des contrats », *AJCA.*, 2015, p. 496.

LOISEAU (G.), « Les contrats du commerce électronique dans la loi n° 2014-344 du 17 mars 2014 relative à la consommation », *CCE.*, n° 4, avril 2014, comm. 36.

LOKIEC (P.), « Rupture du contrat (VI - Rupture conventionnelle) », *Rép. droit du travail Dalloz.*, mars 2018, n° 24.

LOKIEC (P.), « Garantir la liberté du consentement contractuel », *D.*, 2009, p. 127

LOQUIN (E.), « Clauses dissuasives des litiges », *j.-cl. contrats-distribution*, 4 févr. 2008, n° 33.

LUBY (M.), « La notion de consommateur en droit communautaire : une commode inconstance », *CCC.*, 2000, p. 1.

LUBY (M.), « Publicité commerciale », *Répertoire de droit européen*, juil. 2018, n° 49.

LUC (I.), « L'application judiciaire du déséquilibre significatif aux contrats d'affaires », *AJCA.*, 2014, p. 110.

LYLIAN ONDO (A.), « Droit commun des obligations et interprétation des conventions et accords collectifs du travail », Cahiers sociaux, 01 déc. 2008 n° 205, p. 375.

MAFFRE-BAUGE (A.), « Actualité du droit de l'internet (janvier 2016) : Contrats. Sur internet, cliquer c'est s'engager », *RLDC.*, n° 138, juin 2016, p. 29 et 30.

MAGGIAR (A.-A.), « La conclusion de contrats par voie électronique », *Gaz. Pal.* 17 nov. 2005, n° 321, p. 7.

MAGNIER (V.), « Les sanctions du formalisme informatif », *JCP. G.*, n° 5, 28 janv. 2004, I 106.

MAGNIN (F.), « Droit de rétractation et délai de réflexion dans la loi S.R.U. : ne pas confondre ! », *Pet. Aff.*, 26 févr. 2001, n° 40, p. 6.

MAGNIN (F.), « Réflexions critique sur une extension possible de la notion de dol dans la formation des actes juridiques. L'abus de situation », *JCP*, 1976, p. 2780.

MALAURIE (Ph.), « La révision judiciaire de la clause pénale », *Rép. Déf.* 1976, p. 541.

MALAURIE-VIGNAL (M.), « Parrainage, vente à la boule de neige et vente pyramidale : la délicate frontière entre le licite et l'illicite », *RTD Com.*, 2016, p. 407.

MALEVILLE (M.-H), « Les leçons de l'interprétation ou l'art de la rédaction », *RGAT*, 1993, p. 514 à 517.

MALLET-BRICOUT (B.), « Médiation et droit de la consommation : une avancée vers la généralisation du règlement extrajudiciaire des litiges », *RTD civ.* 2015. 652.

MARECHAL (J.-Y.), « Un abus de faiblesse préjudiciable... sans préjudice », *D.*, 2001, p. 813.

MATHEY (N.), « Contrats et obligations ; Des contrats sous forme électronique », *JCl. Civil Code*, 1er mars 2016, n° 30.

MATHEY (N.), « Le déséquilibre significatif : approches civiliste et consumériste », CCC., n° 5, mai 2013, dossier 3

MATHEY (N.), « Le déséquilibre significatif devant la Cour de cassation », CCC., n° 5, mai 2015, comm. 115

MATHIEU (M.-E.), « Cautionnement disproportionné et charge de la preuve », *Gaz. Pal.* 19 juin 2014, n° 170, p. 19.

MAUME (F.), « L'avenir de la notion de non-professionnel en droit de la consommation », CCC, 2016, comm.5.

MAUME (F.), « Une SCI, promoteur immobilier, peut être considérée comme un non-professionnel au sens du droit de la consommation », *Pet. Aff.*, 01 juill. 2016, n° 131, p. 16.

MAYAUD (Y.), « Interprétation stricte pour l'abus frauduleux de l'état d'ignorance ou de faiblesse », *RSC.*, 2017, p. 507.

MAYAUD (Y.), « Le délit d'abus de faiblesse entre faits et droit », *RSC.*, 2017, p. 283.

MAZEAUD (D.) et GENICON (T.), « Protection des professionnels contre les clauses abusives », *RDC.*, 01 janv. 2012, n° 1, p. 276.

MAZEAUD (D.), « d) Nature et régime du pouvoir du juge en matière de délai de grâce », *RDC.* 01 avril 2007, n° 2, p. 263.

MAZEAUD (D.), « L'acte sous seing privé contresigné par avocat », *RDC*, 01 juill. 2011, n° 3, p. 873.

MAZEAUD (D.), « L'encadrement des pouvoirs du juge : l'efficacité des clauses relatives à l'interprétation », *RDC.*, 31 mars 2015 n° 1, p. 187.

MAZEAUD (D.), « Protection des professionnels contre les clauses abusives : l'imbroglio… », *Gaz. Pal.*, 22 mars 2016, n° 12, p.20.

MAZEAUD (D.), « Validité des clauses abusives entre professionnels », *D.*, 1995, p. 89.

MAZEAUD (D.), « Droit des contrats : réforme à l'horizon ! », *D.*, 6 févr. 2014, n° 5, p. 291.

MAZEAUD (D.), « Possibilité pour le juge de supprimer une clause pénale lorsque le créancier n'a subi aucun préjudice du fait de l'inexécution invoquée », *D.*, 1992, p. 365

MAZEAUD (H.) et (L.), « commentaire », *RTD civ.*, 1948, p. 468.

MEDINA (A.), « Formalisme et consentement dans le contrat de cautionnement : évolution de la jurisprudence », *D.*, 2002 p. 2787.

MEDJNAH (M.), « L'intervention du notaire dans la gestion de patrimoine immobilier : quelle responsabilité ? », https://www.legavox.fr/blog/mourad-medjnah, consulté le 17 févr. 2017.

MEILLER (E.), « La distinction du formalisme et de la formalité : Réflexion sur les prescriptions imposées au mandat de l'agent immobilier », *D.*, 2012 p. 160

MEKKI (M.), « Contrats : Le formalisme électronique, la neutralité technique n'emporte pas neutralité axiologique) », *RDC.*, 01 juill. 2007, n° 3, p. 681.

MEKKI (M.), « Fiche pratique sur le clair-obscur de l'obligation précontractuelle d'information », *Gaz. Pal.*, n° 14, 12 avril 2016, p. 15.

MEKKI (M.), « Fiche pratique sur les clauses abusives : quel modus operandi pour les professionnels du droit ? », *Gaz. Pal.*, 10 mai 2016, n° 17, p. 11.

MEKKI (M.), « L'ordonnance n° 2016-131 du 10 février 2016 portant réforme du droit des contrats, du régime général et de la preuve des obligations », *D.*, 3 mars 2016, n° 9/7678, p. 497.

MEKKI (M.), « La notion de clause pénale : la Cour de cassation se donne la peine…, », *Gaz. Pal.*, 8 févr. 2012, p. 400.

MEKKI (M.), Le formalisme électronique : la « neutralité technique » n'emporte pas « neutralité axiologique », *RDC.*, 01 juill. 2007 n° 3, P. 681

MEKKI (M.), Les principes généraux du droit des contrats au sein du projet d'ordonnance portant sur la réforme du droit des obligations, *D.*, 2015 P. 816.

MERCIER (J.-Y.), ROCHMANN (Ph.), RASKIN (E.) et **UETTWILLER (J.-J.)**, « L'acte d'avocat : de la polémique à l'acte », *Gaz. Pal.*, 1 mars 2011, n° 60, p. 7.

MESA R., « Appréciation du préjudice réparable et recevabilité de la constitution de partie civile en matière d'abus de faiblesse », *Gaz. Pal.*, 23 févr. 2010, n° 54, p. 19.

MESTRE (J.) et LAUDE (A.), « L'interprétation active du contrat par le juge, in le juge et l'exécution du contrat », presse universitaire d'Aix-Marseille, 1993, p. 11.

MESTRE (J.), « de quelques nouvelles avancées de l'obligation de renseignement », RTD civ. 14 sept. 1990, p. 466.

MIGNOT (M.), « Nouvelles précisions sur le domaine et le libellé de la mention manuscrite de l'article L. 341-2 du Code de la consommation », *Gaz. Pal.*, 01 oct. 2015 n° 274, p. 9.

MOLINIE (L.) et CONTIS (N.), « Déséquilibre significatif » : derniers enseignements de la jurisprudence, JCP G., n° 16, 20 avril 2015, p. 488

MONTELS (B.), « La violence économique, illustration du conflit entre droit commun des contrats et droit de la concurrence », *RTD Com.*, 2002, p. 417.

MONTOUX (D.) et PILLEBOUT (J-F.), « ACTE NOTARIE. - Notion d'acte authentique. Force probante. Force exécutoire », JCl. Notarial Formulaire, 17 avril 2015

MORACCHINI-ZEIDENBERG (S.), « Le relevé d'office en droit de la consommation interne et communautaire », *JCP CCC.*, juill. 2013, n° 7, étude 9.

MOUIAL-BASSILANA (E.), « Appréciation de la disproportion dans la clause pénale et situation de surendettement », *Gaz. Pal.* 10 mai 2016, n° 17, p. 46.

MOURALIS (J-L.), « Preuve (1° modes de preuve) », *Rép. civ. Dalloz*, juill. 2018, n° 37 et 65.

NEVEU (Y.), « Le devoir de loyauté pendant la période précontractuelle », *Gaz. Pal.*, 2000, p. 2112.

NOGUÉRO (D.), « Assurances terrestres ; La détermination du contenu du contrat d'assurance par son interprétation (1re partie) », *Gaz. Pal.*, 26 nov. 2011, n° 330, p. 6.

NOGUÉRO (D.), La détermination du contenu du contrat d'assurance par son interprétation (1re partie), *Gaz Pal.*, 26 nov. 2011 n° 330, p. 6.

NOURISSAT (C.), « La violence économique, vice du consentement : beaucoup de bruit pour rien ? », *D.*, 2000, p. 369.

OLIVIER (S.), « La revente d'un terrain acquis par acte sous seing privé, ou le cauchemar du rédacteur d'actes », *AJDI.*, 2014, p. 672.

OLLARD (R.), « L'abus de faiblesse, infraction hybride en quête d'identité », *RDC.*, 09 mars 2018, n° 01, p. 84.

OLLARD (R.), « La désertion du délit d'abus de faiblesse », *RDC.*, 01 mars 2016, n° 01, p. 92.

OLLARD (R.), « Regards sur la consécration de l'abus de l'état de nécessité ou de dépendance à la lumière des solutions du droit pénal », *RDC.*, 01 mars 2016, n° 01, p. 94.

ONDO (A.), « Droit commun des obligations et interprétation des conventions et accords collectifs du travail », Cah. Soci. 01 déc. 2008, n° 205, p. 375

OTTENHOF (R.), « Abus de faiblesse. Article 313-4 du Code pénal et articles L 122-8 et 10 du Code de la consommation », *RSC.*, 2000, p. 614.

PAISANT (G.), « A la recherche du consommateur : Pour en finir avec l'actuelle confusion née de l'application du critère du "rapport direct" », *JCP G.*, 2003, I, 121.

PAISANT (G.), « Dix ans d'application de la réforme des articles 1152 et 1231 du Code civil relative à la clause pende (loi du 9 juillet 1975) », *RTD civ.* 1985, p. 667.

PAISANT (G.), « Le « non-professionnel » en quête d'identité (de la Cour de cassation au nouveau Code de la consommation) », *Pet. Aff.*, 14 avril 2016, n° 75, p. 9.

PAISANT (G.), « Le décret portant listes noire et grise des clauses abusives », *JCP G*, 2009, p. 116.

PAISANT (G.), « Les clauses pénales sont-elles encore licites dans les contrats de bail et de travail ? », *JCP G*, 1986, I, p. 3238.

PAISANT (G.), « Les nouveaux aspects de la lutte contre les clauses abusives », *D.* 1988. Chron., p. 253.

PAISANT (G.), « L'art. 1231 c. civ., et les conditions de la réduction judiciaire de la clause pénale pour exécution partielle », *D.*, 1993, p. 56.

PAISANT (G.), « Les clauses abusives et la présentation des contrats dans la loi n° 95-96 du 1er février 1995 », *D.*, 1995, p. 99.

PASQUALINI (F.), « La révision des clauses pénales », *Def.*, 1995, p. 769.

PASSA (J.), « Les règles générales du commerce électronique et leur application dans les rapports avec les consommateurs », *Pet. Aff.*, 06 févr. 2004, n° 27, p. 35

PASSA (J.), « Commerce électronique et protection du consommateur », *D.*, 2002 p. 555.

PELLET (S.), « Recours contre le notaire et faute dolosive du client », *RDC.*, 01 juin 2017, n° 02, p. 246.

PELLIER (J.-D.), « Le domaine de l'article L. 132-1 du Code de la consommation : la question des sociétés commerciales (Cass. com., 3 décembre 2013) », *Pet. Aff.*, 06 mai 2014, n° 90, p. 12.

PERINET-MARQUET (H.), « La responsabilité des fabricants de matériaux de construction », *Gaz. Pal.*, 24 févr. 2007, n° 55, p. 2.

PERINET-MARQUET (H.), « Les difficultés de délimitation du champ d'application des droits de rétractation et de réflexion offerts à l'acquéreur immobilier », *JCP.*, n° 2002, n° 1390.

PERRUCHOT-TRIBOULET (V.), « Loi Doubin : l'information précontractuelle donnée, même non obligatoire, doit toujours être sincère », *Pet. Aff.*, 17 sept. 2003, n°186, p. 3.

PETIT (B.) et ROUXEL (S.), « Contrats et obligations ; Obligation d'information », 18 juill. 2016, *JCl. Civil Code*, n° 70.

PETIT (E.), « La médiation de la consommation : une procédure obligatoire pour toutes les entreprises à partir du 1er janvier 2016 », *D.* 2015, p. 2571.

PETIT (E.), « Le premier bilan d'application de la directive pratiques commerciales déloyales », *D.*, actu. 29 janv. 2014.

PHILLIPPE (D.-M.), « Changement de circonstances et bouleversement de l'économie contractuelle », Revue internationale de droit comparé, 1988, n° 40-3, pp. 675-676.

PICARD (J.), « Quel avenir pour le notaire français ? », *Pet. Aff.*, 1 sept. 2017, n° 174-175, p. 5.

PIEDELIEVRE (S.) et MATHIEU (M-E.), « Chronique de jurisprudence de droit de la consommation (chronique) », *Gaz. Pal.*, 21 février 2013 n° 52, p. 15.

PIEDELIEVRE (S.), « Abus de faiblesse et personnes vivant seules », *Gaz. Pal.*, 13 sept. 2016, n° 31, p. 22.

PIEDELIEVRE (S.), « Action de groupe et bail », *Gaz. Pal.*, 3 avril 2018, n° 13, p. 29.

PIEDELIEVRE (S.), « Caractère abusif des clauses de paiement intégral dans les contrats d'enseignement », *Gaz. Pal.*, 21 févr. 2013, n° 052.

PIEDELIEVRE (S.), « Clauses abusives et action d'une association de consommateurs », *Gaz. Pal.* 13 sept. 2016, n° 31, p. 29.

PIEDELIEVRE (S.), « Clauses abusives et pouvoirs du juge », *Gaz. Pal.* 19 févr. 2015, n° 050, p. 22.

PIEDELIEVRE (S.), « Crédit à la consommation », *Rep. civ. Dalloz*, 2018, n° 113.

PIEDELIEVRE (S.), « Crédit à la consommation et délai de grâce », *Gaz. Pal.* 8 oct. 2015, n° 281, p. 16.

PIEDELIEVRE (S.), « Information sur le renouvellement du contrat et non-professionnel », *Gaz. Pal.* 12 avril 2016, n° 14, p. 34.

PIEDELIEVRE (S.), « L'obligation d'information et de conseil du banquier a ses limites », *Def.* 30 sept. 2005, n°18, p. 1425.

PIEDELIEVRE (S.), « Les SCI : professionnelles ou non ? », *Def.*, 08 févr. 2018, n° 06, p. 41.
PIEDELIEVRE (S.), « Pratique commerciale trompeuse et concurrence déloyale », *Gaz. Pal.*, 19 sept. 2017, n° 31, p. 28.
PIEDELIEVRE (S.), « Pratiques commerciales déloyales et ventes d'ordinateurs avec logiciels », *Gaz. Pal.*, 19 sept. 2017, n° 31, p. 29.
PIEDELIEVRE (S.), « Pratiques commerciales trompeuses et promotions », *Gaz. Pal.*, 5 déc. 2017, n° 42, p.31.
PIEDELIEVRE (S.), « Remarques sur les nouvelles règles relatives au démarchage bancaire et financier », *Gaz. Pal.*, 27 sept. 2003, n° 270, p. 2.
PIEDELIEVRE (S.), « Ventes pyramidales et sanctions pénales », *Gaz. Pal.*, 13 sept. 2016, n° 31, p. 21.
PIEDELIEVRE (S.), « Chronique de jurisprudence de droit de la consommation », *Gaz. Pal.*, 19 févr. 2015 n° 50, p. 22
PIERRE-MAURICE (S.), « Compétence commerciale », *Rép. comm. Dalloz*, janv. 2018, n° 335.
PIETTE-COUDOL (T.), « L'écrit électronique et la signature électronique depuis la LCEN », *CCE*, n° 9, sept. 2004, n° 13.
PIETTE-COUDOL (T.), « LCEN. L'écrit électronique et la signature électronique depuis la LCEN », *CCE.*, n° 9, sept. 2004, étude 29.
PILLEBOUT (J-F.), « L'illettré peut être caution », *JCP N et I*, n° 17, 25 avril 1997, p. 615.
PIMONT (S.), « b) Supporter les frais de l'exécution de son obligation de délivrance est licite », RDC, 01 janv. 2009, n°1, p. 147.
PIZZIO (J. P.), La protection des consommateurs par le droit commun des obligations, *RTD. Com*, 1998, p. 53.
POISSONNIER (G.), « Vers des critères plus objectifs en matière d'exception à la règle de l'interdiction de la vente liée », *Gaz. Pal.*, 17 févr. 2011, n°48, p. 19.
PRIETO (C.), « f) Multiples pratiques contractuelles abusives de France Télécom et Orange Caraïbes pour maintenir un monopole de fait », *RDC.*, 1 avril 2010, n° 2, p. 637.
PUECH (M.), « La vente multiniveau au regard du droit pénal », *D.*, 1995, p.117.
RABU (G.), « Extension de l'obligation de conseil à la charge du vendeur professionnel », *Def.*, 15 déc. 2010, n° 21, p. 2309.
RANC (J.), « Instruments de mesure réglementés », *Rép. com. Dalloz*, n° 150.
RANDOUX (N.), « Les dernières vies du formalisme », *Pet. Aff.*, 20 août 2013, n° 166, p. 5.
RAYMOND (G.), « Clauses abusives », *CCC.*, n° 7, juill. 2003, p. 118.
RAYMOND (G.), « Information du consommateur », *JCl. Conc. Cons.*, 9 juill. 2015, n° 10.
REBEYROL (V.), « La nouvelle action de groupe », *D.*, n° 16, 1er mai 2014, pp. 942-943

REGNAULT (S.), « Une application extensive du déséquilibre significatif », *AJ contrat*, 2017, p. 537.

RERET (T,), Le projet de réforme et les contrats structurellement déséquilibrés, *D.* 11 juin 2015, p. 1217.

RETTERER (S.), « Ventes réglementées », *Rép. com., Dalloz.*, fév. 2018, n° 187.

REVET (T.), « Le juge et la révision du contrat », *RDC*, 2016, n° 2.

REVET (Th.), « L'uniformisation de l'interprétation : contrats types et contrats d'adhésion », *RDC.*, 31 mars 2015, n° 1, p. 199.

RIERA (A.), « L'obligation d'information précontractuelle dans les contrats de distribution après la réforme du droit des contrats », *AJ contrat*, 2017, p.155.

RIERA-THIEBAULT (K.), « La notion de déséquilibre significatif visée à l'article L. 4426, I, 2° du Code de commerce : un nouveau droit des clauses abusives entre professionnels ? », *Gaz. Pal.*, 14 février 2013 n° 45, P. 6

ROBBE (Ch.) et SCHLEMMER-BEGUE (C.), « La situation de faiblesse au sens de l'article 223-15-2 du Code pénal : une notion indépendante de celle d'altération des facultés mentales », *Gaz. Pal.* 09 janv. 2018, n° 01, p. 78.

ROCHFELD (J.), « Clauses abusives. Listes réglementaires noire et grise », *RTD civ.* 2009, p. 383.

ROCHFELD (J.), « Protection du consommateur - Pratiques commerciales déloyales ou trompeuses », *RTD Civ.*, 2008, p.732.

ROCHFELD (J.), « Droit commun et droit « spécial » du contrat : le droit contractuel de la consommation existe-t-il toujours ? », *RDC.*, 01 avril 2013 n° 2, p. 489.

RODRIGUEZ (K.), « Association », *Rép. Soc., Dalloz*, sept. 2018, n° 88 et s.

ROIG (E.), « Contrat : les clauses interdites et les clauses abusives, Droit-Finances », déc. 2014

ROIG (E.), « Obligation de conseil (définition), Droit-Finances », juin 2014

RONDEY (C.), « Clause abusive : une personne morale est protégeable... », D. 2005, p. 887.

ROULET (V.), « Interprétation du contrat de travail : justification de l'interprétation en faveur du salarié », Les Cahiers Sociaux, 01 mai 2016, n° 285, p. 229.

RZEEPECKI (N.), « Le renforcement de la protection pour les contrats conclus à distance et hors établissement », *Gaz. Pal.*, 24 avril 2014, n° 110.

RZEPECKI (N.), « Les clauses abusives et illicites », *Pet. Aff.*, 28 juill. 2017, n° 150, p. 8.

SABARD (O.), « Contenu de l'obligation précontractuelle d'information du vendeur », LEDC., 06 nov. 2015, n°10, p. 7.

SABARD (O.), Le juge national n'est pas habilité à réviser le contenu d'une clause abusive, *EDCO.*, 01 oct. 2012 n° 9, P. 3.

SACHS (K.), « La protection de la partie faible en arbitrage », *Gaz. Pal.*, 17 juill. 2007 n° 198, p. 22.

SAGAUT (J.-F.), « Le devoir de conseil », *Def.* 28 févr. 2013, n° 4.

SAINTOURENS (B.), « Le rôle du notaire en cas de fausse déclaration lors de la vente du fonds de commerce », *RTD Com.*, 2017, p. 822.

SAINT-PAU (J-CH.), « Droit à réparation. – Conditions de la responsabilité contractuelle », *JCl. Civil Code*, 16 mai 2016, n° 81.

SALVAGE (Ph.), « Abus frauduleux de l'état d'ignorance ou de faiblesse », JCL. *pén*, art. 223-15-2 à 223-15-4, 15 mars 2011, n° 23.

SAUPHANOR-BROUILLAUD (N.), « Clauses abusives », *Rép. civ., Dalloz, sept.* 2018, n° 62.

SAUPHANOR-BROUILLAUD (N.), « Clauses abusives dans les contrats de consommation : critères de l'abus », CCC., juin 2008, n° 7, p. 7.

SAUPHANOR-BROUILLAUD (N.), « e) Action des associations de consommateurs en représentation conjointe », *RDC.*, 01 oct. 2011, n° 4, p. 1252.

SAUPHANOR-BROUILLAUD (N.), « Florilège de décisions et intervention du législateur sur la définition du non-professionnel », *RDC.*, 01 mars 2017, n° 01, p. 110.

SAUPHANOR-BROUILLAUD (N.), « Il faut prouver l'altération du comportement économique du consommateur pour caractériser une pratique commerciale trompeuse », LEDC., 02 janv. 2012, n° 01, p. 4.

SAUPHANOR-BROUILLAUD (N.), « L'incidence de la loi Macron sur le droit contractuel de la consommation », *RDC.*, 01 mars 2016, n° 01, p. 97.

SAUPHANOR-BROUILLAUD (N.), « L'interdiction générale des ventes avec primes est contraire à la directive sur les pratiques commerciales déloyales », LEDC., 01 déc. 2010, n° 11, p. 3.

SAUPHANOR-BROUILLAUD (N.), « La Commission des clauses abusives recommande la suppression de clauses abusives dans les contrats de soutien scolaire », *LEDC.*, 01 juill. 2010, n° 07, p. 2.

SAUPHANOR-BROUILLAUD (N.), « La notion d'invitation à l'achat doit être interprétée de façon extensive », *LEDC.*, 03 oct. 2011, n°09, p. 6.

SAUPHANOR-BROUILLAUD (N.), « La refonte du droit contractuel général de la consommation par l'Ordonnance n° 2016-301 du 14 mars 2016 », *RDC.*, 01 sep. 2016, n° 03, p. 492.

SAUPHANOR-BROUILLAUD (N.), « Le droit de rétractation ne s'applique pas aux contrats de prestation d'hébergement conclus par voie électronique », *EDCO.*, 01 févr. 2011, n° 02, p. 7.

SAUPHANOR-BROUILLAUD (N.), « Les remèdes en droit de la consommation : clauses noires, clauses grises, clauses blanches, clauses proscrites par la jurisprudence et la Commission des clauses abusives », *RDC.* 01 oct. 2009, n° 4, p. 1629.

SAUPHANOR-BROUILLAUD (N.), « Les sanctions des règles protectrices des consommateurs dans la loi relative à la consommation », *RDC.*, 01 sep. 2014, n° 3, p. 471.

SAUPHANOR-BROUILLAUD (N.), Clauses abusives dans les contrats de consommation : critères de l'abus, CCC., n° 6, Juin 2008, étude 7

SAUPHANOR-BROUILLAUD (N.), Clauses abusives, D., Oct. 2014.

SAUPHANOR-BROUILLAUD (N.), Les sanctions des règles protectrices des consommateurs dans la loi relative à la consommation, *RDC.*, 01 sept. 2014 n° 3, p. 471

SAVY (R.), « La protection des consommateurs en droit français », *RID com.* Vol. 26, N°3, juillet-septembre 1974. p. 601.

SCHULTZ (Ph.), « Les mesures renforçant la protection des consommateurs dans les contrats de consommation en général », *Gaz. Pal.*, 24 avril 2014, n° 110 à 114, P. 11.

SEFIANE (H.), « La pratique du client mystère en droit de la concurrence et la loyauté de la preuve », *CCC.* 2016, étude n° 1.

SEGAME (M.), « Ethique et relations contractuelles dans le doc (Lecture de l'article 231 DOC) », en droit marocain, http://juridika.net/droit-civil/procedure-civile/, consulté le 12 juin 2017.

SERIAUX (A.), « Réflexion sue les délais de grâce », *RTD civ*, 1993, p. 789.

SERINET (Y.-M.), « Ventes ou prestations de services avec prime : d'une prohibition à l'autre », *D.*, 2002, p. 3252.

SEUBE (J.-B.), « Comment savoir si une clause crée un déséquilibre significatif ? », *Def.*, 14 sept. 2017, n° 18, p. 35.

SIMLER (Ph.), « Cautionnement. – Preuve », *JCl. Civil Code*, 2 juin 2015, n° 62

SIMON (F.-L.), « Panorama de jurisprudence sur les clauses créant un déséquilibre significatif dans les droits et obligations des parties en vue de l'application de l'article L. 442-6, I, 2°, du Code de commerce (2016-2017) », *Pet. Aff.*, 20 févr. 2018, n° 037, p. 3.

SOULEZ (M.) et LANGLOIS (J.), « Clarification des notions de consommateur et non-professionnel », https://www.alain-bensoussan.com, le consulté 21 nov. 2017.

SOUSTELLE (Ph.), « Le retour de la compétence du juge des référés pour octroyer un délai de grâce », *D.*, 1999, chron., 517.

STOFFEL-MUNCK (P.), « L'imprévision et la réforme des effets du contrat », *RDC.*, 2016, n° 112z5, p. 30.

STOFFELMUNCK (PH.), « Interprétation des contrats », *RDC.*, 01 oct. 2004, n° 4, p. 933

STORCK (M.), « Les obligations d'information, de conseil, et de mise en garde des prestataires de services d'investissement », Bulletin Joly Bourse (JBB), 01 mai 2007, n° 03, p. 311.

STRICKLER (Y.), « La protection de la partie faible en droit civil », *Pet. Aff.*, 25 oct. 2004, n° 213, p. 6.

TALON D., « Le droit de la rétractation en matière de vente immobilière », *Gaz. Pal.*, 12 juill. 2001, n° 193, p. 2.

TARRADE (J.), « Réformes du notariat dans le monde : (Davantage une reconnaissance du rôle du notaire que sa remise en cause) », *Def.* 28 févr. 2012, n° 04, p. 213.

TESTU (F. X.), « Le juge et le contrat d'adhésion », JCP, éd. G., 1993, I, 3673, p. 197.
THAUMIAUX (J.-L.), « Le juge consulaire face à la réforme du droit des contrats », *Pet. Aff.*, 30 déc. 2016, n° 261, p. 30.
THERY (PH.), « L'efficacité de l'acte notarié : forces et faiblesses », *JCP.N.*, n° 23, 8 Juin 2012, 1249
THIBIERGE-GUELFUCCI (C.), « Libres propos sur la transformation du droit des contrats », *RTD. Civ.* 1997, n°29, p. 379.
THILMANY (J.), « Fonctions et ré-visibilité des clauses pénales en droit comparé », RID comp, Vol. 32 n° 1, janvier-mars, 1980, p. 17-54.
THIRY-DUARTE (M-O.) et TERREYGEOL (M.), « Clauses abusives, mode d'emploi », INC, 245 / 01-2010.
THOUMYRE (L.), « L'échange des consentements dans le commerce électronique », http://www.lex-electronica.org, consulté le 12 mai 2018.
TISSEYRE (S.), « Paradoxes autour de la notion de non-professionnel », *D.*, 2011, n° 14, p. 2245.
TORRICELLI-CHRIFI (S.), « Association déclarée et capacité de recevoir : évolution », *Gaz. Pal.* 9 juin 2015, n° 160, p. 27.
TOUCHENT (D.), « La protection du consommateur contre les pratiques commerciales déloyales », *Pet. Aff.*, 02 août 2006, n°153, p. 11.
TOURNAFOND (O.) et TRICOIRE (J.-Ph.), « Les contrats de construction face aux nouvelles orientations du droit des contrats », *RDI.*, 2016, p. 393.
TOURNAFOND (O.), « Les clauses abusives relatives à l'inexécution du contrat », Etudes Juridiques ; Revue publiée par la faculté de droit de Sfax, 2000, n° 7, p. 129.
TRICOT (D.), « Le juge : le contrôle de dénaturation et la liberté de l'interprétation des conventions », *RDC.*, 31 mars 2015 n° 1, p. 149.
UTZSCHNEIDER (Y.) et LAMOTHE (A.), « Que penser d'une règle de protection contre les clauses abusives dans le Code de commerce ? », *RDC.*, 01 juill. 2009, n° 3, p. 1261.
VALETTE-ERCOLE (V.), « La loi n°2014-344 du 17 mars 2014 relative à la consommation : entre dépénalisation et pénalisation », *Dr. pén.*, juin 2014, n° 6, étude 13, n° 13 et s.
VERVES (E.), « La réforme du droit de la preuve civile : enjeux et écueils d'une occasion à ne pas manquer », *D.*, 13 mars 2014- n° 10, p. 617.
VIAL-PEDROLETTI (B.), « L'action de groupe refusée pour les litiges nés d'un bail d'habitation », *LEDIU*, 01 févr. 2018, n° 111e1, p. 2.
VILLAIN (A.), « L'immixtion du juge dans les contrats », HAL., 07 oct. 2013.
VIVIER (J.-L.), « Les nouvelles règles en matière de délai de grâce et de procédure devant le juge de l'exécution », *Pet. Aff.*, 21 avril 1997, n°48, p. 10.
VOGEL (J.), « Réforme du droit des contrats : "Le juge devient une troisième partie au contrat", pour Joseph Vogel », http://www.actuel-direction-juridique.fr, 18 févr. 2016.

VOGEL (L.), « Le nouveau droit des contrats : obsolète et conne-productif », *AJCA*, 2016, p. 309.

VOLANSKY (A. A. L.), « Essai d'une définition expressive du droit basée sur l'idée de bonne foi », Paris, *librairie de jurisprudence ancienne et moderne*, 1929, n° 13, p. 284.

VRAY (H.), « Validité d'un cautionnement donné par une caution analphabète », *JCP., éd. G*, n° 10, 5 Mars 1997, II, 22793.

WEISS-GOUT (B.) et MULON (E.), « L'acte d'avocat est entré dans le Code civil », *Gaz. Pal.* 19 avril 2016, n° 15, p. 43.

WICKER (G.) et PAGNUCCO (J.-Ch.), « Personne morale », *Rép. civ., Dalloz*, mai 2018, n° 78.

WILHELM (P.) et FERCHICHE (L.), « Le sort des ventes subordonnées et des ventes avec prime en droit français de la consommation après l'arrêt de la CJCE du 23 avril 2009 », *CCC*, 2009. Étude 8.

WILHELM (P.) et PRIOUX (D.), « Retour sur le contentieux de la vente d'ordinateurs avec logiciels préinstallés », *CCC.*, 2012. Étude 4.

WITTMANN (V.), « Crédit à la consommation : le formulaire de rétractation face au droit de la preuve », *D.* 2011, p. 2716.

WITZ (C.), « Le juge et la révision du contrat : vision du droit français », *Pet. Aff.*, 30 mars 2018, n°065, p. 10.

ZALEWSKI-SICARD (V.), « Garantie intrinsèque et responsabilité du notaire », *Gaz. Pal.*, 12 sept. 2017, n° 30, p. 60.

ZALEWSKI-SICARD (V.), « Vente en l'état futur d'achèvement : réticence dolosive et délai de rétractation », *Gaz. Pal.*, 26 juill. 2016, n° 28, p. 72.

ZOLYNSKI (C.), « Les loteries publicitaires, les ventes liées et les ventes avec prime ne sont plus interdites per se », *LEDC.*, 01 juin 2011, n° 06, p. 5.

2. En droit algérien

BENCHENEB (A.), « Aspects caractéristiques du droit algérien des contrats d'affaires », *RDAI*, n°1, 2001, p. 31.

BENCHENEB (A.), « La médiation dans l'espace maghrébin », *Revue d'arbitrage et de médiation*, Vol. 3, n° 1, 2013, p. 11.

FILALI (A.), « Le droit de la consommation : une adaptation du droit commun des contrats », en droit algérien, *Les Annales De l'Université d'Alger* 1 n° 27, Tome II, juill. 2015, p. 5.

LACHACHI (M.), « Les clauses abusives : Notions et Moyens de lutte en droit algérien et français », *Revue des études juridiques comparatives en Algérie*, n° 3, déc. 2016, p. 229.

LATTOUF (Z.), « Le rôle des associations de protection des consommateurs dans le cadre de la loi 09-03 », *Revue de droit économique et environnement*, n°2, sep. 2009, p.21.

SAADNA (L.), « La protection des professionnels contre les pratiques commerciales déloyales et parasitaires », *Revue du droit et des sciences politiques*, juill. 2014, n° 2, p. 224.
SAHRI (F.), « La protection juridique du consommateur contre les clauses abusives à travers la loi 04/02 du 23/06/2004 et le décret exécutif 06/306 du 10/09/2006 », *Revue des sciences juridiques, économiques et politiques*, n°12, juin 2008, p. 227.
ZENNAKIA D., « La protection de la partie faible lors de la formation du contrat en droit algérien de la consommation », *Revue franco maghrébine de droit*, n° 20, 2013, p. 319.

3. En droit marocain

EL HATTAB (A.), « La protection de la partie faible dans la relation contractuelle en droit marocain », *Revue des doctrines et la loi du Maroc*, 22 juin 2012, p. 4.
El-HOURRI A., « Les associations de protection des consommateurs peuvent désormais agir en justice », en droit marocain, www.medias24.com, consulté le 27 août 2018.
FAIZ (A.), « L'abus de faiblesse ou d'ignorance du consommateur, infraction sans définition légale ! », en droit marocain, www.Juridika.net, 10 janv. 2014.
HALIMI (D.), « L'endettement et le surendettement du consommateur marocain : Quelle protection ? », *JURISMAT* Portimão, 2017, n, 10, p. 210.
NHAILI (S.), « Protection du consommateur : Des associations fortes, ce n'est pas pour demain », en droit marocain, www.medias24.com, consulté le 20 août 2018.
SKOUKED (E.), « Notaire », XXVI Congrès international du notariat, Marrakech, 2010, https://www.uinl.org/fr, consulté le 16 mai 2017.

4. En droit mauritanien

SALAH (MMO.), « Droit des contrats en Mauritanie, t. 1, Théorie générale du contrat », *RIDC*, 49 N°3, juillet-septembre 1997, pp. 742-743.

5. En droit tunisien

ABBES (H.), « L'évolution du Conseil tunisien de la concurrence à la lumière de l'accord d'association », en droit tunisien, Blogdroiteuropeen, juill. 2017, p 01.
EL-ANNABI (H.), « Les notaires musulmans de Tunisie », Cahiers de la Méditerranée, n° 63, 2001, p. 3.
ELLOUMI (A.), « La protection de la partie faible dans les contrats électroniques », en droit tunisien, *Revue de l'association des juristes de Sfax*, n° spéc. 11, 2015, p. 57.

GHAZOUANI (CH.), « La protection du consommateur dans les transactions électroniques selon la loi du 9 Août 2000 », *Revue tunisien de Jurisprudence et de Législation RJL*, juin 2000, p. 11.

JAIDANE (R.), « Les abus de domination économique en droit tunisien et en droit français », *Revue Tunisienne de Droit, Centre de Publication Universitaire*, 2001, p. 258.

KALLEL (H), « La sécurité du consommateur en droit tunisien : de la prévention à la répression », *Revue de l'association des juristes de Sfax*, n° spéc. 11, 2015, p. 75.

KHALED (S.), « Le droit commercial existe-il encore ? », Etudes Juridiques, en droit tunisien, *Université de Sfax*, 2013 n° 20, p. 113.

LOKSAIER (F.), « La clause pénale en droit tunisien », Etudes juridiques, Revue de la faculté de droit de Sfax, 2000, n° 7, p. 76.

MELLOULI (S.), « Le juge et l'équité, réflexion sur le recours à l'équité par le juge en droit privé interne », en droit tunisien, RTD. 1983, p. 507.

MZID (N.), Essai sur la négociation du contrat en droit civil, Revue Tunisienne de Droit, centre de Publication Universitaire, 2000, p. 313.

REKIK (N.), « Réflexion sur la nullité des clauses relatives à la garantie légale des vices cachés et du défaut de qualité dans le contrat de vente », en droit tunisien, *Revue études juridiques*, 1997, n 5, p.103.

REKIK (N.), Les clauses abusives et la protection du consommateur, Revue publiée par la Faculté de Droit de Sfax (Tunis), étude juridiques, 7e éd., 2000, p.112.

REKIK (N.), Les contrats de financement islamique à l'épreuve du droit positif, Etudes Juridique, Revue de la Faculté de Droit de Sfax, Tunis, n° 20, 2013.

B. En Langue Arabe

1. En droit algérien

AKILI (F.), « La protection du consommateur dans le cadre de la liberté de la concurrence en droit algérien », en arabe, https://platform.almanhal.com/, consulté le 13 déc. 2017.

ALLAL (Q.), « La signature électronique », Revue algérienne des Sciences, Juridiques, Economiques et Politique, n° 1/2007, p. 169.

ATMANI (B.), « Le juge nouvelle partie du contrat civil », *Revue Académique de la Recherche Juridique, Université Abderrahmane Mira de Béjaïa*, Algérie, n° 15, 01-2017, p. 429.

AUMAIIRAT (A.), « La protection du consommateur contre forcé à contracter selon les législations algériennes », *MAJALT AL-MOUFAKER, Université Mohamed Khider Biskra*, n° 13, p. 492.

BANNASI (Sh.), « La lutte contre les clauses abusives à la lumière de la loi n° 04/02 déterminant les règles applicables aux pratiques commerciales », *Revue* *algérienne des Sciences, Juridiques, Economiques et Politique*, n° 2/2009, p. 141.

BATLI (G.), « La champ d'application de la loi de concurrence en droit algérien », *Revue ELMOFAKER*, n° 12 mars 2015, P. 335

BEN ANTAR (L.), « Les associations de protection du consommateur : existent-elles ou doivent-elles exister ? », *Revue Académique de la Recherche Juridique, Université Abderrahmane Mira de Béjaïa*, Algérie, n° 2, 2010, p. 173.

BEN OMAR (E.), « Le contrat électronique, entre l'inexistence du support matériel lors de sa formation et les effets immatériels de son exécution », *Revue de la Jurisprudence et de la Législation*, Tunis, n° 10, déc. 2001, p. 87.

BENASII (SH.), « L'abus de droit à la lumière du nouvel article 124 bis du Code civil algérien », *Revue algérienne des Sciences, Juridiques, Economiques et Politique*, n° 4/2009, p.185.

BENAZOUZ (D.), « La protection du consommateur dans le domaine du commerce électronique », *Revue algérienne des Sciences, Juridiques, Economiques et Politique*, n° 02/2011, p. 375.

BOUTAIIB (BEN-N.), « Le régime juridique des associations en Algérie ; Lecture critique à la lumière de la loi n° 12-06 », *Cahiers politiques et droit*, en arabe, janv. 2014, n° 10, p. 253.

DAMANA (M.), « La clause exonératoire de responsabilité entre l'autonomie de volonté et le pouvoir du droit », *Cahiers de Politique et de Droit*, Université Kasdi Merbah-Ouargla, Algérie, n°5 juin 2011, p. 240.

HAJ BEN-ALI (M.), « La distinction entre l'obligation d'information et le devoir de conseil pour garantir la qualité de la chose vendue », *Académie des sciences sociales et des sciences humaines*, Algérie, n° 6, 2011, p. 76.

HAMLIL (N.), « Contractuel électronique, Équilibre des dispositions du droit civil et le principe de liberté contractuelle », *Revue Semestrielle de l'Université Abou Bekr Belkaid, TLEMEN*, Algérie, n° 4, 2007, p.245.

JIRIFILI (M.) et BAHMAWI (Sh.), « La protection du consommateur dans le contrat du crédit à la consommation en droit algérien », *Revue Al-ijtihed des études juridiques et économiques*, en arabe, janv. 2017, n° 11, p. 37.

KHALIFI (M.), « L'obligation d'information électronique et la transparence dans le domaine des transactions de commerce électronique », *Cahiers de Politique et de Droit, Université Kasdi Merbah- Ouargla*, Algérie, n°4, janv. 2011, p. 201.

KHELFI (ABD.), « La protection des e-consommateurs dans le droit algérien », *Revue de l'Université NAJAH*, n° 27 (1), 2013, p. 13.

LAHOUR (B.), « La protection de concurrence des offres de prix ou pratiques de prix de vente aux consommateurs abusivement bas », *Revue ELMOFAKER*, n° 10 janv. 2014, p.357

LATTOUF (Z.), « Le rôle des associations de protection des consommateurs dans le cadre de la loi 09-03 du 25 février 2009 », *Revue de droit économique et environnement*, n° 2, sept. 2009, p. 22.

MEZGHICHE (A.), « L'exploitation abusive de l'état de dépendance économique comme pratiques restrictives de la concurrence », *Revue ELMOFAKER*, n° 11, sept. 2014, p. 493

MOHAMEDY (S.), « La protection du consommateur des clauses abusives de contrat de vente de l'immobilière sur plan », *Revue algérienne des Sciences, Juridiques, Economiques et Politique*, n° 02/2010, p. 61.

NECCACHE Nabil (M.), « La médiation relative aux contentieux bancaires et aux assurances dans le droit tunisien, La conférence internationale autour de la médiation », Algérie, *Centre Juridique et Judiciaire*, 2009.

RABAHI (A.), « L'effet de la supériorité économique du professionnel à imposer des clauses abusives en droit algérien et droit comparé », *Revue des économies d'Afrique du Nord*, Algérie, p. 347.

RABAHI (A.), « La nature juridique du contrat électronique », *Revue de l'Académie des sciences sociales et Humaines*, Université Hassiba Ben Bouali de Chlef, Algérie, n° 10 juin 2013, pp. 96 et 105.

SOUROR (M.), « La théorie d'abus et la nullité en droit de travail algérien », *Revue algérienne des Sciences, Juridiques, Economiques et Politique*, n° 2/2012, p. 191.

TAHARAT (A.), et IMHEMMED (B.), « Les Implications pour l'application de l'Accord des "ADPIC" pour protéger le consommateur dans le monde arabe, et le manque de législation visant la lutte contre la contrefaçon : Cas de l'Algérie. Huitième conférence internationale de l'économie et du financement islamique, Qatar », 18 au 20 déc. 2011.

TRTAG (N.), « Le pouvoir du juge dans l'octroi du délai de grâce » *Revue Al-Ijtihad des études juridiques et économique*, en arabe, 5 janv. 2014, p. 124.

YOUSSEF (F.), « La carte bancaire comme instrument de payement électronique », *Revue algérienne des Sciences, Juridiques, Economiques et Politiques*, n° 2/ 2009, p. 327.

ZABI (A.), « Le droit de rétractation du contrat et son rôle de protection du consommateur », *Revue ELMOFAKER*, n° 9 mai 2013, P. 117.

ZAHIYA SY-YOUSSEF (H.), « La protection civile du consommateur des publicités mensongère ou déloyaux », *Revue algérienne des Sciences, Juridiques, Economiques et Politiques*, n° 04/2010, p. 183.

ZOUHBI (A.), « Le droit de rétractation du contrat et son rôle dans la protection du consommateur », en droit algérien, *Revue, ALMOFAKER*, en arabe, n° 9, Mai 2013, p. 118.

2. En droit libyen

ABDA ALHAMID (A.), « L'authenticité des documents électroniques dans la preuve en droit libyen et en droit comparé », un article présent au premier colloque maghrébin sur l'informatique et le droit, Académie des études supérieures, Tripoli- Libye, 28 et 29 octobre 2009.

ABOU-ISSA ABDALHMID (A.), « L'étendue de l'efficacité de la formation scientifique et pratique de l'exercice de profession du notaire », Revue de l'Université, AZZAWIYA (Libye), n° 16, vol. 2, avril 2014, p. 29

ALANSARI (A.), « La politique pénale en matière de prix dans le droit libyen », Revue de recherche juridique, Université Misurata (Libye), oct. 2014, p. 297.

ALAYCHE (A.), « Le formalisme des contrats de l'internet et le commerce électronique », non publié.

AL-SAMOURAII (D.), « Le pouvoir du juge dans la modification des clauses du contrat », Majalat AL-Asmarya (Libye), en arabe, n° 3, 2004, p. 314.

EJIBOUDA (A.), « La force majeure entre le droit civil libyen et les contrats FIDIC », Almjala ALJAMIA, n° 16, avril 2014.

OALAD ALAMIN (M-F.), « L'arbitrage électronique et le droit libyen, un article présent au premier colloque maghrébin sur l'informatique et le droit », Académie des études supérieures, Tripoli- Libye, 28 et 29 octobre 2009.

TIBAR (M.), « L'authenticité des documents électroniques dans le domaine de la preuve en droit libyen », non publié.

3. En droit marocain

ABAD (A-K), « Le droit à la rétractation du consommateur dans le cadre de prestation touristique », http://www.droitetentreprise.org, consulté le 20 mars 2017.

ABANI (ABDOU-.R.), « L'intervention législative dans le cadre de la relation contractuelle », *Rev. marocaine de droit*, n° 14, mai 2013, p. 220.

ABUZAYYAN (M.), « La solennité du Dahir des obligations et des contrats au Code des droits réels », Série de publications marocaine des juges et le droit, en arabe, 20 juin 2014.

ADIK (K.), « L'astreinte à la lumière du droit et de la jurisprudence marocaine », www.justice.gov.ma, 4 févr. 2014.

AHFOUD (R.), « Les femmes et la profession d'Adoul », Akhbar Alsabah, 29 mai 2016.

AKKHALDY (N.), (sous la direction de), « Manifestations insuffisantes des règles du droit commun au Code des obligations et des contrats en matière de protection des consommateurs », Faculté Polydisciplinaire – FP Tétouan, 2014-2015.

AKRIF (Abdl.A.), « La lecture dans le de projet de la loi n° 31-08 édictant des mesures de protection du consommateur », *Revue marocaine de droit et d'économie*, 2010, n° 3, p. 202.

ALAAYOUD (Y.), « La rédaction des transactions financières à la lumière de certaines lois spéciales », en arabe, *MarocDroit.com*, consulté le 26 fév. 2017.

ALABOUDI (H.), « La langue utilisée devant les tribunaux », www.justice.gov.ma.

AL-ARABI (M.), « La lutte contre les clauses abusives dans le contrat », Revue du droit marocain REDMAR, DAR Assalam, Rabat-Maroc, n°13 mars, 2009.

ALAROUSI (M.), « Le contrat de commerce par l'internet », Revue marocaine de droit des affaires et des entreprises, n° 10 mars 2006.
ALAZZOUZY (M.), « Le droit de la protection du consommateur : Résultats et Horizons », ALKANOUNIA, 28 avril 2014.
ALBARFAOII (H.), « La résolution des conflits électroniques », www.justice.gov.ma.
ALHINI (M.), « La problématique des personnes illettrées dans le cadre des effets de commerce au regard de la jurisprudence marocaine », www.justice.gov.ma.
ALHINI (M.), « La problématique relative à la représentation des associations de protection du consommateur devant le juge », www.justice.gov.ma.
ALJAZOULI (A.) et ALDAK (K.), « La vente d'immeuble en l'état futur d'achèvement », MarocDroit.com, consulté le 16 juin 2017.
ALMASSADA (A.), « Le chéquier électronique comme l'un des nouveaux moyens de paiement électroniques », Revue du droit marocain REDMAR, DAR Assalam, Rabat-Maroc, n°12, 2012.
ALMOURABET (A.), « L'évolution historique de l'authenticité marocaine », en arabe, Revue du droit et des affaires, www.droitetentreprise.org, consulté le 17 déc. 2014.
ANJOUM (O.), « La protection du consommateur dans les contrats conclus à distance à la lumière de la loi n° 08-31 », 07 déc. 2015.
ASILH (Y.), « L'avocat et la rédaction des contrats, en droit marocain », en arabe, MarocDroit.com, consulté le 10 janv. 2018.
ATAWIIV (M.), « La conclusion du contrat électronique » en droit marocain, www.marocdroit.com, 28 juill. 2017.
BALGA (H.), « La sécurité juridique dans le commerce électronique », en droit marocain, www.marocdroit.com. 21 févr. 2017.
BAMOU (K.), La protection du consommateur contre les clauses abusives en droit marocain, MarocDroit.com, 31 janvier 2014.
BELKNFAR (H.), « Questions autour de preuve dans les transactions électroniques », MarocDroit.com, 24 septembre 2012.
BENOMAR (Z.), L'authenticité des documents électronique dans la preuve en droit marocain, La Cour d'appel, Marrakech- Maroc, 27 janvier 2011.
BLKANFAR (H.), « Le droit à la rétractation comme technique de protection du consommateur dans le contrat à distance », *Rev., marocaine de droit et des affaires*, n° 7, juill. 2016, p. 7.
BOU-ASSAL (A.), « La problématique de l'écrit dans la vente immobilière de droit positif marocain », en arabe, MarocDroit.com, consulté le 14 mars 2018.
BOUCHAN (A.), « Quelle protection pour le consommateur dans le cadre de la prestation bancaire ? », en droit marocain, http://www.droitetentreprise.org, consulté le 15 mars 2017.
BOUKIBR (A.), « La preuve électronique des transactions commerciales au Maroc à la lumière de la loi n°53-05 », www.marocdroit.com, consulté le 7 janv. 2016.

BOUKIR (A.), « Les fondements du notaire moderne au Maroc », en arabe, *Revue Al-malaf*, n°11, oct. 2007.p. 55.

COULIBALY (S.), « La réforme de la profession du notaire au Maroc », univ-jurisocial.over-blog.com, 31 mars 2015, p. 3.

EL-KARATI (Abou.), « Lecture critiqué et la proposition de modification à propos de projet de la loi n° 31-08 relative à la protection du consommateur », *Revue de l'économie et de la société*, n° 10, mai 2009, p. 36.

HAMIDA (B.), « La fiabilité de la signature électronique », *Revue du droit marocain*, en arabe, n° 17, avril 2011, p. 68.

HAMZA (A.), « Des contrôles de l'interprétation des contrats entre les textes de droit et la jurisprudence », Revue Almanara pour les études juridiques et administratives, n°1 janvier 2012.

IBN KHALDOUN (Y.), « La protection du consommateur contre les clauses abusives à la lumière de la loi n° 31-08 », https://www.maroclaw.com, en arabe, consulté le 08 avril 2018.

JABER (M.), « L'obligation d'information », en droit marocain, www.marocdroit.com, consulté le 14 août 2016.

JBILOU (M.-A.), « La protection du consommateur à travers la transparence des pratiques commerciales selon la loi 31-08 », http://frssiwa.blogspot.fr/, le consulté 9 oct. 2017.

KARTA (A.), « L'authenticité de l'acte adoulaire à travers la date sa réception ; Lecture des certains articles de la loi n° 19-03 relative à la profession d'Adoul », en arabe, Revue des doctrines et du droit, 21 juin 2012, p. 4.

KARTA (A.), « La possibilité des femmes d'accès à la profession d'Adoul », en arabe, www.hespress.com, consulté, 16 févr. 2017.

KETTANI (A.), « Modes d'exercice des professions juridiques », en arabe, Rapport marocain, 14 avril 2011, http://www.alkanounia.com, consulté 11 juin 2015.

LAMLILI (N.), « La profession Adoul II, Portail marocain des professionnels du droit », www.juristique.com, consulté le 3 Mars 2017.

LASHGAR (M.), « Le commentaire de l'arrêt du Tribunal de première instance de Marrakech du 03/03/2011 relatif au contrat de vente d'immeuble en l'état futur d'achèvement », en arabe, www.marocdroit.com, consulté le 02 févr. 2016.

MAALAL (F.), « L'avenir de la clause pénale après la loi n° 95-27 », Revue des juges et des lois, en droit marocain, en arabe, n° 14, 1997, p. 80.

MAHBOUBI (M.), « Manifestations de protection des consommateurs à la lumière de la législation marocaine », MAJALAH de Jurisprudence et Droit, 26 nov. 2010.

MAHROK (M.), « La spécificité de la signature électronique et sa valeur probatoire » en droit marocain, www.marocdroit.com, consulté le 07 févr. 2016.

NAHMII (D-A.), « La limite d'une clause de non-concurrence à la lumière du Code du travail », www.justice.gov.ma.

Rapport Annuel 2013, Le Conseil de la Concurrence. 2013.
RIAD (M.), « Le preuve de l'acte authentique et de l'acte sous seing privé en matière de transactions immobilières », en droit marocain, Alkanounia.com, en arabe, consulté le 7 juill. 2015.
RZIWAL (M.), « La lecture de la loi relative à l'échange électronique », Revue électronique des tribunaux de Fès-Maroc, n°7, oct. 2008.
TYALI (S.), « Le rôle des associations dans la protection du consommateur par le biais de la loi n° 31-08 », *Revue du droit et des affaires*, n° 2, en arabe, déc. 2011, p. 29.
ZAOUJAL (Y.), « Etude de la méthodologie de l'obligation d'information selon le nouveau Code des assurances », MarocDroit.com, 11 févr. 2011.
ZNAIDI (Z.), « La protection du consommateur contre les clauses abusives insérées dans les contrats de prêt immobilier », http://www.marocdroit.com, consulté le 17 mai 2017.

4. En droit mauritanien

MOHAMED YAHTA (A.), « L'authentification des actes de vente immobilières », http://www.coursupreme.mr/page/categories/idcateg, en arabe, Colloque sur les exigences de réalisation de la sécurité immobilière en Mauritanie, 24-25 nov. 2016, p. 5 et s.

5. En droit tunisien

AKROUT (S.), « La publicité de commerce et la protection du consommateur », Revue de la jurisprudence et de la législation, Tunis, n° 8, 47eme, oct. 2005, p. 149.
ALBANNANI (ALH.), « La théorie générale des obligations et l'évolution informatique », Revue de la jurisprudence et de la législation, Tunis, n° 8, 47eme, oct. 2005, p. 291.
ALSHAII (Th.), « Le dol électronique », Revue de la jurisprudence et de la législation, Tunis, n° 8, 47eme, oct. 2005, p. 97.
ALZARLAMI (S.), « La problématique de la rédaction des contrats immobilières », en droit tunisien, Revue de l'association des justices de Sfax, en arabe, 2015, n° 10, p. 171.
AZARIBI (A.) et ALKACHOU (A.), « Pour un renforcement du rôle des avocats en Tunisie XXIe siècle », Rencontres scientifiques de Hammamet (Tunis), du 28 au 30 janv. 2005, Ordre national des avocats de Tunisie, en arabe, www.tunisia-sat.com, consulté le 7 août 2015.
BELHAJ HAMOUDA (A.), « Le Code des obligations et des contrats et les conditions de validité du contrat », *Revue Tunisienne de Droit, Centre de Publication Universitaire*, 1997, p.16.
BEN AMMOU (N.), « La clause pénale après trente ans », Revue Tunisienne de Droit, Centre de Publication Universitaire, 1996, p. 230.

BEN ISMAÏL KAMOUN (S.), « La formation du contrat de vente électronique et le droit commun des contrats », Revue Tunisienne de droit (RTD), 2004, p.131.

BEN MASSOUD (N.), « Étude critique de la théorie des vices du consentement », Actualités Juridique Tunisienne, n° 20, 2011, p. 153.

BENOMAR (AZZ-E), « Le contrat électronique », Revue de la jurisprudence et de la législation, Tunis, n° 10, 43eme, déc. 2001, p. 87.

BLHAJ (A.), « La protection de la partie faible et les clauses exonératoires de la responsabilité », *Revue de l'association des juristes de Sfax*, en arabe, n° spéc. 11, 2015, p. 28.

JERBI (S.), « L'interprétation du contrat », en droit tunisien, Centre de publication universitaire, 2006, p. 400 et s.

KAHLON (A.), « Le contrat électronique », Revue de la jurisprudence et de la législation, Tunis, n° 10, 43eme, déc. 2001, p. 43.

KAMOUN (S.), « La formation du contrat de vente électronique et le droit commun des contrats », en droit tunisien, http://www.urdri.fdspt.rnu.tn/articles, consulté le 14 mai 2018.

QAQAYA (H.), « Révision des principes des nations unies pour la protection du consommateur », Conférence des nations Unis sur le commerce et le développement, Tunis, 18 Mars 2014.

V. Site Internet

http://www.legifrance.gouv.fr
www.mjustice.dz
www.droit.mjustice.dz
www.ism-justice.nat.tn
www.e-justice.tn
www.iort.gov.tn
http://www.legislation.tn
http://aladel.gov.ly
www.justice.gov.ma
www.ism.ma
www.khidmat-almostahlik.ma
www.justice.gov.mr
www.almostahlik.info

Tableau de textes

1 : En droit français

- Code civil
- Code de la consommation
- Code de commerce
- Code pénal
- Code de la procédure civile
- Loi n 94-665 du 4 août 1994 relative à l'emploi de la langue française, JORF, du 5 aout 1994, p. 11392.
- La loi n° 2000-230 du 13 mars 2000 portant adaptation du droit de la preuve aux technologies de l'information et relative à la signature électronique, JORF n°62 du 14 mars 2000 page 3968.
- La Loi n° 2004-575 du 21 juin 2004 pour la confiance dans l'économie numérique (LCEN), 10 n°143 du 22 juin 2004 p 11168.
- La loi n° 2014-344 du 17 mars 2014 relative à la consommation, JORF., n°0065 du 18 mars 2014 page 5400.
- La loi n° 2014-366 du 24 mars 2014 pour l'accès au logement et un urbanisme rénové JORF., 26 mars 2014.
- Loi n° 2015-990 du 6 août 2015 pour la croissance, l'activité et l'égalité des chances économiques, JORF., n°0181, 7 août 2015, p. 13537.
- Décret n° 2014-1061 du 17 septembre 2014 relatif aux obligations d'information précontractuelle et contractuelle des consommateurs et au droit de rétractation
- Ordonnance no 2005-648 du 6 juin 2005 relative à la commercialisation à distance de services financiers auprès des consommateurs, JORF, 7 juin 2005.
- Ordonnance n° 2011-1012 du 24 août 2011 relative aux communications électroniques, JORF n°0197 du 26 août 2011 page 14473.

2 : En droit des pays du Maghreb

I : Algérie

1. Codes et Lois

- Code civil
- Code de commerce
- Loi n° 04-02 du 5 Joumada El Oula 1425 correspondant au 23 juin 2004 fixant les règles applicables aux pratiques commerciales, J.O. R. A., n° 41 27 juin 2004.

- Loi n° 09-03 du 29 Safar 1430 correspondant au 25 février 2009 relative à la protection du consommateur et à la répression des fraudes, J. O. R. A., n° 15, 8 mars 2009.
- Loi n° 10-05 du 5 Ramadhan 1431 correspondant au 15 août 2010 modifiant et complétant l'ordonnance n° 03-03 du 19 Joumada El Oula 1424 correspondant au 19 juillet 2003 relative à la concurrence, J. O. R. A., n 46 18 août 2010
- Loi n° 10-06 du 5 Ramadhan 1431 correspondant au 15 août 2010 modifiant et complétant la loi n° 04-02 du 5 Joumada El Oula 1425 correspondant au 23 juin 2004 fixant les règles applicables aux pratiques commerciales, J. O. R. A., n 46 18 août 2010
- Loi n° 12-06 du 12 Janvier 2012 relative aux associations J. O. R. A., n° 02 du 21 Safar 1433 correspondant au 15 janvier 2012, p. 28
- Loi n° 15-04 du 11 Rabie Ethani 1436 correspondant au 1er février 2015 fixant les règles générales relatives à la signature et à la certification électroniques, J. O. R. A., 10 février 2015.
- Loi n° 18-05 du 24 Chaâbane 1439 correspondant au 10 mai 2018 relative au commerce électronique, J.O.R.A., n° 28, 16 mai 2018, p. 4

2. Décrets

- Décret exécutif n° 06-306 du 17 Châabane 1427 correspondant au 10 septembre 2006 fixant les éléments essentiels des contrats conclus entre les agents économiques et les consommateurs et les clauses considérées comme abusives, J. O. R. A., n° 15, 2006.
- Décret exécutif n° 07-162 du 13 Joumada El Oula 1428 correspondant au 30 mai 2007 modifiant et complétant le décret exécutif n° 01-123 du 15Safar 1422 correspondant au 9 mai 2001 relatif au régime d'exploitation applicable à chaque type de réseaux, y compris radioélectriques et aux différents services de télécommunications, J.O.R.A., n° 37, 7 juin 2007.
- Décret exécutif n° 12-355 du 16 Dhou El Kaada 1433 correspondant au 2 octobre 2012 fixant la composition et les compétences du conseil national de protection des consommateurs, J. O. R. A. n° 56, 11 octobre 2012
- Décret exécutif n° 13-328 du 20 Dhou El Kaada 1434 correspondant au 26 septembre 2013 fixant les conditions et les modalités d'agrément des laboratoires au titre de la protection du consommateur et de la répression des fraudes, J. O. R. A., n° 49, 2013.
- Décret exécutif n° 13-378 du 5 Moharram 1435 correspondant au 9 novembre 2013 fixant les conditions et les modalités relatives à l'information du consommateur, J.O.R.A., n° 58, 18 novembre 2013.

II : Libye

- Le Code civil libyen, J. O. L., 28 novembre 1953.
- Le Code de commerce libyen n° 23 de l'année 2010, J. O. L., 2010.
- La loi n° 74 de l'année 1972 relative à l'interdiction de l'intérêt dans les relations civiles et commerciales, J. O. L., 9 juin 1972.
- La loi n° 6 de l'année 1982, relative à la réorganisation de la Cour suprême libyenne, J. O. Libyenne, 1982.
- La loi de la situation des mineurs de Libyen n° 17 1992, J. O. L., 28 octobre 1992.
- La loi n° 1 de l'année 2005 sur les banques libyennes, J. O. L., 12 janvier 2005.
- La loi n° 10 de l'année 2010 relative au marché financier libyen, J. O. L., 28 janvier 2010.
- La loi n°46 de l'année 2012 pour modifier des dispositions de la loi n° 1 de l'année 2005 et pour ajouter des dispositions l'ASAIIRAFA Islamique, J. O. L., n°13, 5 juillet 2012, p. 760.
- Le projet de la loi de commerce électronique 2014 présente par le ministère d'économie libyen

III : Maroc

1. Codes et Dahir

- Code des obligations et des contrats marocain, B. O. R.M., 19 mars 2015.
- Code de commerce, B. O. R.M., n° 5984, 15 septembre 2014.
- Code des sociétés commerciales, B. O. R.M., 16 mars 2009.
- Code de la famille, B. O. R.M., 5 Aout 2010.
- Dahir n° 1-00-225 du 2 Rabii I 1421 (05 juin 2000), portant promulgation de la loi n° 06-99 sur la liberté des prix et de la concurrence, B. O. R., n° 4810, 6 juin 2000, p. 645.
- Dahir n° 1-04-22 du 3 février 2004 portant promulgation de la loi n° 70-03 portant code de la famille, B. O. R.M., n° 5358 du 6 octobre, 2005, p. 667.
- Dahir n° 1-07-129 du 30 novembre 2007 portant promulgation de la loi n° 05-53 relative à l'échange électronique des données juridiques, B. O. R.M., n° 5584, 06 décembre 2007, pp. 3879 à 3888.
- Dahir n° 1-11-03 du 18 février 2011 portant promulgation de la loi n° 31-08 édictant des mesures de protection du consommateur, B. O. R.M., centième année, n°5932, 7 avril 2011.
- Dahir n° 1-14-116 du 2 ramadan 1435 (30 juin 2014) portant promulgation de la loi n° 104-12 relative à la liberté des prix et de la concurrence, B. O. R.M., n° 6280, 7 août 2014.

- Dahir n° 1-14-117 du 2 ramadan 1435 (30 juin 2014) portant promulgation de la loi n° 20-13 relative au Conseil de la concurrence, B. O. R.M., n° 6280, 7 août 2014.

2. Décrets

- Décret n° 2-00-854 du 28 joumada Il 1422 pris pour l'application de la loi n° 06-99 sur la liberté des prix et de la concurrence, B. O. R.M., 4 octobre 2001, p. 961.
- Décret n° 2-08-518 du 25 Joumada I 1430 (21 mai 2009) pris pour l'application des articles 13, 14, 15, 21, et 23 de la loi n° 53-05 relative à l'échange électronique des données juridiques, B. O. R. M., n° 5744, 08 juin 2009, p. 990.
- Décret n° 2-12-503 du 4 Kaada 1434 (11 septembre 2013) pris pour l'application de certaines dispositions de la loi n° 31-08 édictant des mesures de protection du consommateur, B. O. R.M., n° 6192, 03 octobre 2013, p. 2395.

IV : Mauritanie

- Code des obligations et des contrats mauritanien, J.O.R.I.M., Nouakchott, 2001.
- Code de commerce, J.O.R. I.M., 18 janvier 2000.
- Code de la famille, J.O.R. I.M., 2001.
- Loi n° 2010-044 du 22/07/2010 portant Code des marchés publics, J.O.R. I.M., 2010.
- Le projet de la loi de commerce électronique, 2014.

V : Tunis

1. Codes et Lois

- Code des obligations et des contrats, J. O. R. T., n° 68 du 26 août 2005.
- Code de droit international privé, J. O. R. T., Publications de l'imprimerie Journal Officiel de la République Tunisienne, 2010
- Code de commerce, J. O. R. T., 2009.
- Code des sociétés commerciales, J. O. R. T., 2013.
- La loi n° 92- 117 du 7 décembre 1992, relative à la protection du consommateur, J. O. R. T., 135eme, N° 83, p. 1571.
- La loi n° 98-39 du 2 juin 1998 relative aux ventes avec facilités de paiement, J. O. R. T., 2 juin 1998, 1201.
- Loi n° 98-40 du 2 juin 1998, relative aux techniques de vente et à la publicité commerciale, J. O. R. T., 2 juin 1998, p. 1203.

- La loi n° 2000-83 du 9 août 2000, « *relative aux échanges au commerce électroniques »,* J. O. R. T., 11 août 2000, pp. 1887 à 1892.
- La loi organique n° 2004-63 du 27 juillet 2004, portant sur la protection des données à caractère personnel, Journal Officiel de la République Tunisienne, 30 juillet 2004, p. 1988.
- La loi n°51 2005 relative au transfert électronique de fonds, J. O. R. T., 28 juin 2005, p1428.
- La loi n° 2008-70 du 10 novembre 2008, portant création de l'institut national de la consommation, J. O. R. T., 21 novembre 2008, p. 3629.
- Loi n° 2009-69 du 12 août 2009, relative au commerce de distribution, J. O. R. T., n° 65 du 5 février 2009, page 2349 à 2352.
- La loi n° 2010-39 du 26 juillet 2010, portant unification de l'âge de la majorité civile, J. O. R. T., 2010.
- La loi n° 2011-7 du 31 décembre 2011, portant loi de finances pour l'année 2012, J. O. R. T., n° 1, 3 janvier 2012, p. 3.
- La loi n° 2012-1 du 16 mai 2012, portant loi de finances complémentaire pour l'année 2012, J. O. R. T., n° 39, 18 mai 2012, p. 919.
- Loi n° 2013-30 du 30 juillet 2013, relative aux SUKUK islamiques, J. O. R. T., n° 62, 2 août 2013, p. 2301.

2. Décrets

- Décret 8 février 1993 de l'Organisation Tunisienne de Défense du Consommateur, J. O. R. T., 19 février 1993.
- Décret n° 2001-1667 du 17 juillet 2001, portant approbation du cahier des charges relatif à l'exercice de l'activité de fournisseur de services de certification électronique. J. O. R. T., n° 60, 27 juillet 2001, p. 2382.
- Décret n° 2001-1668 du 17 juillet 2001, fixant les procédures d'obtention de l'autorisation d'exercice de l'activité de fournisseur de services de certification électronique, J. O. R. T., n° 60, 27 juillet 2001, p. 2384.
- Décret n° 2006-1881 du 10 juillet 2006, fixant les conditions d'exercice de l'activité de médiateur bancaire, J. O. R. T., n° 56 17 juillet 2006 p. 1861.
- Décret n° 2008-2639 du 21 juillet 2008, fixant les conditions et les procédures d'importation et de commercialisation des moyens ou des services de cryptage à travers les réseaux de télécommunications, J. O. R. T., n° 61, 29 juillet 2008.

3 : Les lois types :

- La loi type de la CUNDCI (UNCITRAL) sur le commerce électronique, 1996
- La loi type de la CUNDCI (UNCITRAL) sur la signature électronique, 2001.

Index alphabétique

(Les numéros renvoient aux paragraphes)

Table des matières

Structures éditoriales du groupe L'Harmattan

L'Harmattan Italie
Via degli Artisti, 15
10124 Torino
harmattan.italia@gmail.com

L'Harmattan Hongrie
Kossuth l. u. 14-16.
1053 Budapest
harmattan@harmattan.hu

L'Harmattan Sénégal
10 VDN en face Mermoz
BP 45034 Dakar-Fann
senharmattan@gmail.com

L'Harmattan Cameroun
TSINGA/FECAFOOT
BP 11486 Yaoundé
inkoukam@gmail.com

L'Harmattan Burkina Faso
Achille Somé – tengnule@hotmail.fr

L'Harmattan Guinée
Almamya, rue KA 028 OKB Agency
BP 3470 Conakry
harmattanguinee@yahoo.fr

L'Harmattan RDC
185, avenue Nyangwe
Commune de Lingwala – Kinshasa
matangilamusadila@yahoo.fr

L'Harmattan Congo
67, boulevard Denis-Sassou-N'Guesso
BP 2874 Brazzaville
harmattan.congo@yahoo.fr

L'Harmattan Mali
Sirakoro-Meguetana V31
Bamako
syllaka@yahoo.fr

L'Harmattan Togo
Djidjole – Lomé
Maison Amela
face EPP BATOME
ddamela@aol.com

L'Harmattan Côte d'Ivoire
Résidence Karl – Cité des Arts
Abidjan-Cocody
03 BP 1588 Abidjan
espace_harmattan.ci@hotmail.fr

L'Harmattan Algérie
22, rue Moulay-Mohamed
31000 Oran
info2@harmattan-algerie.com

L'Harmattan Maroc
5, rue Ferrane-Kouicha, Talaâ-Elkbira
Chrableyine, Fès-Médine
30000 Fès
harmattan.maroc@gmail.com

Nos librairies en France

Librairie internationale
16, rue des Écoles – 75005 Paris
librairie.internationale@harmattan.fr
01 40 46 79 11
www.librairieharmattan.com

Lib. sciences humaines & histoire
21, rue des Écoles – 75005 Paris
librairie.sh@harmattan.fr
01 46 34 13 71
www.librairieharmattansh.com

Librairie l'Espace Harmattan
21 bis, rue des Écoles – 75005 Paris
librairie.espace@harmattan.fr
01 43 29 49 42

Lib. Méditerranée & Moyen-Orient
7, rue des Carmes – 75005 Paris
librairie.mediterranee@harmattan.fr
01 43 29 71 15

Librairie Le Lucernaire
53, rue Notre-Dame-des-Champs – 75006 Paris
librairie@lucernaire.fr
01 42 22 67 13